ALEXANDRE LEBRETON

MK ULTRA
Abuso rituale e controllo mentale
Strumenti di dominazione della religione senza nome

OMNIA VERITAS®

Alexandre Lebreton

MK ULTRA
Abuso rituale e controllo mentale,
Strumenti di dominazione della
religione senza nome

MK ULTRA, Abus rituel et contrôle mental,
outils de domination de la religion sans nom, 2016.

Tradotto dal francese da Omnia Veritas Limited.

Pubblicato da
Omnia Veritas Ltd

*Ø*MNIA VERITAS.

www.omnia-veritas.com

© Omnia Veritas Limited – Alexandre Lebreton - 2022

ATTENZIONE

C uesto libro tratta un argomento particolarmente doloroso e contiene informazioni scioccanti che possono essere molto inquietanti per tutti. Il suo contenuto a volte molto brutale, soprattutto nelle testimonianze, ha lo scopo di rivelare una dura realtà mascherata da una massiccia sindrome di negazione della società. Alcuni dei contenuti possono anche potenzialmente scatenare reazioni negative nei sopravvissuti all'abuso rituale e al controllo mentale, ma anche in chiunque sia stato vittima di incesto o di abuso e abbandono infantile. Bisogna quindi esercitare cautela e interrompere la lettura se questa scatena emozioni o reazioni inappropriate. Questo libro è destinato solo a lettori adulti.

Questo libro è strettamente informativo, in nessun modo può essere un sostituto del trattamento terapeutico.

È destinato sia ai credenti che ai non credenti, anche se alcuni passaggi con contenuto biblico o escatologico possono disturbare il lettore ateo. Una conoscenza relativa della teologia e della guerra spirituale che ha luogo qui sulla terra può aiutare a cogliere pienamente il contenuto di questo libro. Si consiglia ai lettori credenti di prepararsi nella preghiera prima di tale lettura.

Tutto ciò che è nascosto deve essere portato alla luce,
tutto ciò che è segreto deve venire alla luce. Marco 4:22

PREFAZIONE

Cuando esaminiamo i casi pedocriminali, a un certo punto ci imbattiamo in racconti di stupri di gruppo, rituali occulti, schiavitù mentale e persino sacrifici umani, dove il terrore e la sofferenza delle vittime sono portati al culmine. Una soluzione può essere quella di distogliere lo sguardo, di rifiutare queste testimonianze perché sono troppo scioccanti e sconvolgono troppo il nostro paradigma; oppure prenderle in considerazione e accettarle come una possibile realtà del mondo in cui viviamo... Un'eventualità che diventerà gradualmente una certezza, viste le moltissime testimonianze che riferiscono le stesse pratiche. Da lì si può scavare nell'argomento e rendersi conto che è una specie di *vaso di Pandora*. L'innocenza dell'infanzia è una fonte di giovinezza per certi ambienti? La coscienza immacolata dell'infanzia è una pagina bianca sulla quale alcune persone si concedono il diritto di incidere ciò che vogliono per servire i propri interessi? Il satanismo elitario, chiamato anche *pedo-satanismo*, esiste davvero?

Canalizzare la coscienza è una chiave per dominare qui sulla terra. Il controllo mentale assume molte forme, dalle più semplici alle più complesse. I metodi di apprendimento che plasmano il cervello, i programmi scolastici e universitari che formano le credenze e il pensiero critico, sono una prima forma di plasmare il futuro adulto per essere compatibile e utile al sistema sociale attuale. L'informazione "giornalistica" e l'intrattenimento mediatico sono altri fattori che influenzano la vostra coscienza in un certo modo. La pressione sociale per sottomettersi al cosiddetto "pensiero unico" è anche una forma di controllo mentale. I vari inquinamenti alimentari e ambientali alterano il cervello e di conseguenza la capacità di ragionamento e di analisi... In questa fase, la popolazione ha ancora una parvenza di libero arbitrio. Ogni individuo ha la possibilità di mettere in discussione tutto ciò che gli è stato insegnato fin dall'infanzia. Può ri-informarsi scegliendo altre fonti, sbarazzarsi della televisione, cambiare il suo modo di mangiare, alleggerirsi del mondo materiale per rivolgersi al mondo spirituale, ecc. Potremmo anche menzionare il subliminale o la psicotronica come strumenti che possono influenzare e controllare la coscienza umana.

La "religione senza nome" (da definire nel capitolo 2) ama e ha bisogno di robot e automi. Ha bisogno di creare un pianeta di illusioni dove i vostri pensieri, idee e creatività sono sotto il suo controllo. Il suo mondo è una guerra permanente per manipolare il tuo subconscio in ogni modo possibile. Dalla disinformazione ai simboli nascosti alle armi tecnologiche invisibili, il modus operandi della "religione senza nome" è il CONTROLLO MENTALE.

Quello che verrà studiato in questo libro è uno strumento di schiavitù dove il libero arbitrio della vittima non esiste più, o quasi. È un controllo mentale basato sul trauma e la manipolazione del mondo psichico, un processo che inizia nella prima infanzia. Il controllo mentale o *Mind-Kontrol* (MKprogrammazione) può essere definito come una tortura sistematica che blocca la capacità della vittima di prendere coscienza del trattamento inflitto. Suggerimenti e condizionamenti sono usati per impiantare pensieri e direttive nella mente subconscia, di solito in nuove identità (personalità dissociate o "alter") create artificialmente da traumi estremi e ripetitivi, forzando la vittima attraverso un naturale meccanismo protettivo del cervello, ad agire, sentire, pensare o percepire le cose come il programmatore desidera. L'obiettivo è far sì che la vittima esegua le istruzioni senza esserne consapevole. L'installazione di questi programmi MK si basa sulla capacità della vittima di dissociarsi profondamente. I bambini molto piccoli che hanno già gravi disturbi dissociativi sono quindi "candidati privilegiati" per la programmazione.

Il bambino è come un pezzo di argilla che può essere modellato. Durante i primi sei anni, il cervello è in pieno sviluppo, i suoi neuroni sono organizzati secondo l'esperienza, è in modalità "registrazione" e non è in grado di criticare le informazioni che riceve. Immagazzina quindi i dati e costruisce così le basi del suo subconscio che dirigerà la sua vita adulta. È per questo che le strutture interne della programmazione della personalità scissa sono impostate durante la prima infanzia, prima dei 6 anni. Stiamo parlando di un vero e proprio *intervento psichico*. Il bambino sarà molto rapidamente incoraggiato a dissociarsi durante le sedute traumatiche, a *passare attraverso lo specchio*, ad *attraversare l'arcobaleno*, ad accedere ad una realtà alternativa, ad altre dimensioni. In un bambino, gli stati di coscienza profondamente alterati durante un'esperienza traumatica creano una sorta di "sblocco" psichico ed energetico.

La *cultura degli* stati dissociativi è vecchia come il mondo ed è parte integrante delle pratiche della "religione senza nome" che la usa sistematicamente sui suoi discendenti. Questo processo psico-spirituale è quindi una sorta di porta verso altre dimensioni e dà *l'illuminazione alla persona* che sperimenta gli stati dissociativi. Il modo più diretto di accedere a questo stato modificato di coscienza è attraverso il puro trauma causato dal terrore e dal dolore estremo, che può arrivare fino alle esperienze di pre-morte, come vedremo. Queste tecniche sono sistematicamente impiegate dalle confraternite sataniche/lucifere come un processo di inversione della santificazione: la contro-iniziazione. Sono usati come strumenti per controllare la società. Come dice il famoso hacker Kevin Mitnick: *"L'anello debole di ogni sistema di sicurezza è il fattore umano"*. Al fine di garantire un sistema di dominio globale, è quindi imperativo attuare un *hacking* delle menti delle pedine umane collocate in posizioni strategiche dietro le facciate democratiche. L'MK è il punto focale delle varie organizzazioni occulte su questo pianeta. L'asse principale su cui si basa questo strumento di controllo è il disturbo dissociativo dell'identità, cioè la sindrome della personalità multipla, una conseguenza delle iniziazioni rituali traumatiche praticate dalla prima infanzia.

Questo libro è come un ricordo diviso in mille pezzi che è stato messo insieme come un puzzle. In effetti, i temi dell'abuso rituale e del controllo mentale sono difficili da capire quando si ha accesso solo a frammenti di testimonianze o a rari articoli sulle reti pedocriminali, il satanismo e il controllo mentale. Questo è tanto più vero in quanto l'informazione disponibile nel mondo francofono è ancora molto limitata.

Per cominciare a capire questo pesante argomento, questo puzzle ha richiesto di mettere insieme pezzi di antropologia, psicotraumatologia, programmi governativi MK-Ultra, satanismo transgenerazionale, i *"frammenti d'anima"* delle tradizioni sciamaniche, demonologia, ma anche l'aspetto sociale della cosa: cioè tutto il simbolismo MK infuso sotto i nostri occhi nella cultura popolare attraverso l'industria dell'intrattenimento. Una volta che tutti questi pezzi sono collegati tra loro in modo coerente, una parte degli arcani di questo mondo diventa accessibile al profano... l'occhio del ciclone, una chiave essenziale per comprendere il sistema pedo-satanico e più globalmente quello che oggi chiamiamo il *Nuovo Ordine Mondiale*.

Questo libro cerca di mettere insieme il *puzzle MK nel* miglior modo possibile, e dovrebbe aiutarvi ad afferrare uno degli aspetti più oscuri del nostro mondo, e forse anche illuminarvi sulla nostra situazione attuale, sia materiale che spirituale.

Il sociologo canadese Herbert Marshall McLuhan ha detto: "Solo i segreti più piccoli hanno bisogno di protezione". I grandi sono sorvegliati dall'incredulità del pubblico. '

Quelli che non soffrono della comune follia sono chiamati pazzi...

CAPITOLO 1

CONTROLLO MENTALE:
DA SEMPLICE A COMPLESSO

L a influenza interindividuale o sociale affascina e spaventa. (...) gli eventi terribili che le sono stati attribuiti (suicidi collettivi, crimini rituali...) così come gli inquietanti studi scientifici (lavori sull'ipnosi, studi sperimentali sul conformismo o la sottomissione all'autorità...) affermano l'esistenza di una forza quasi irresistibile che potrebbe spingerci a fare o pensare cose che non vorremmo fare, una forza che potrebbe addirittura portarci alla nostra stessa distruzione. C'è, con l'influenza, l'idea di un'intrusione, un vero e proprio stupro della coscienza, della volontà... che sembra poter passare sotto il controllo o la volontà di un altro. Non è più se stessi che vogliono o agiscono, è la volontà di un altro che è entrata in se stessi ed è un altro che agisce attraverso se stessi (sensazione di possesso) - Stéphane Laurens, "Les dangers de la manipulation mentale".

Ci sono diversi tipi di controllo mentale. C'è il controllo su larga scala, di massa, e il controllo individuale, che si concentra su un singolo soggetto. Può essere diretta e violenta o indiretta e non violenta (conosciuta come *guerra silenziosa* o *invisibile*). Nel controllo mentale di massa, gli individui conservano il loro libero arbitrio complessivo, mentre il controllo mentale individuale più complesso lo sopprime totalmente. Attraverso la biologia, la neurologia e la psicologia applicata, i *maghi-controllori* hanno raggiunto una conoscenza avanzata dell'essere umano, sia biologicamente che psicologicamente. Questo sistema è arrivato a conoscere gli esseri umani meglio di loro stessi, il che significa che ha un grande potere di controllo sugli individui, perché il modo più efficace per conquistare un uomo è catturare la sua mente. Controllate la mente di un uomo e controllerete il suo corpo, non tutti gli uomini hanno gli stessi pensieri, ma tutti pensano con lo stesso meccanismo: il cervello. Il controllo mentale di massa o individuale può anche essere chiamato controllo mentale duro o morbido, diretto o indiretto, attivo o passivo. Il lavaggio del cervello di tipo militare è il metodo attivo e diretto, mentre il lavaggio del cervello di tipo televisivo è il metodo passivo e indiretto, certamente il più efficace perché le vittime sono inconsapevoli di quello che gli sta succedendo e continuano il lavaggio del cervello instancabilmente e volontariamente.

1 - CONTROLLO MENTALE DELLE MASSE

Non sono solo le vittime di MK-Ultra (programma americano di controllo mentale individuale, capitolo 3) ad essere programmate, ma il mondo intero, sottoposto ad una forma di controllo mentale. Per esempio, siamo stati programmati a credere che i nostri leader politici siano uomini d'onore e di lealtà con grande rispettabilità a causa del loro status sociale... Mentre le nostre attuali élite di governo non sono altro che psicopatici corrotti, violentatori di bambini e cocainomani, individui immersi nell'occulto più oscuro. La morte di un bambino o l'uso di uno schiavo umano ridotto allo stato di un robot non li rende caldi o freddi. Questa affermazione deliberatamente affermativa e provocatoria vi scandalizza? Erosione del vostro paradigma? ... Forse chiuderete qui questo libro per proteggere la vostra immagine del mondo in cui vivete. Questa sarebbe una reazione difensiva molto naturale: la conservazione istintiva del proprio paradigma.

L'ormai famosa parabola di *"Matrix"* in cui siamo immersi non potrebbe essere più accurata, le persone sono permanentemente collegate ad una *corrente* che le mantiene in un sicuro e infantilizzante sogno ad occhi aperti. Il funzionamento del nostro cervello, della nostra mente, delle nostre emozioni e persino del nostro mondo spirituale è perfettamente conosciuto dagli "architetti del controllo", che devono solo premere questo o quel pulsante per scatenare questa o quella reazione.

Un principio importante del controllo mentale è la distrazione. La distrazione permette di concentrare la coscienza su uno o più dei cinque sensi (vista, tatto, udito, olfatto, gusto) per programmare in parallelo la mente subconscia. Questo principio si applica tanto ai trucchi di magia quanto alla propaganda statale, al marketing e alla pubblicità. Il secondo principio del controllo mentale che accompagna il primo è la ripetizione. La combinazione di distrazione e ripetizione è molto efficace nella programmazione del subconscio umano. La televisione, la radio, i vari circhi (intrattenimento e varietà), sono tutti diretti al tuo subconscio, l'arte della propaganda è rivolgersi direttamente al tuo subconscio. E quest'arte è diventata ora una vera e propria scienza applicata su larga scala. Gli esseri umani hanno bisogno di intrattenimento, in effetti, ma oggi possiamo vedere che ciò che ci viene offerto di continuo in televisione, con i reality per esempio, è più un sabotaggio della coscienza che un innocente gioco di belote...

La gente si sottomette al controllo mentale perché ci è nata. La scienza dell'ingegneria sociale (l'analisi e l'automazione di una società) che lavora sul controllo delle masse imposta la manipolazione, la dominazione e l'oppressione in modo graduale in modo che la gente non possa mai essere in grado di vederla arrivare... È la famosa allegoria della rana in una pentola di acqua calda. Se mettete una rana in acqua molto calda, reagirà molto rapidamente per scappare. Ma se la mettete in acqua fredda e la riscaldate gradualmente fino a farla bollire, la rana si abituerà alla temperatura, diventerà insensibile e non avrà la forza di scappare, finirà per scottarsi. Questa è una buona illustrazione del fenomeno dell'assuefazione che porta a non reagire a una situazione grave e la nostra società moderna è totalmente intorpidita in questa *"Matrix"* il cui punto di ebollizione non sembra essere lontano...

a/ Televisione

La stupidità dei media non è un epifenomeno. Sta conducendo una guerra di annientamento contro la cultura. Ci sono molte battaglie da combattere. Ma se l'industria dei media vince la sua guerra contro la mente, tutto sarà perduto. '
Pierre Jourde

Una delle fonti che immergono le masse in questa *"Matrix"* è direttamente nel vostro salotto, la televisione, che ha sostituito il camino come "cuore della casa"... Questo dispositivo è uno strumento di controllo mentale di primo ordine, forse anche il più importante in termini di controllo globale. Immaginate per qualche minuto una società senza televisione, inutile dire che le coscienze avrebbero un modo di funzionare completamente diverso, i desideri e i bisogni non avrebbero nulla a che vedere con quelli di oggi. Immaginate una società senza l'infantilizzazione, l'ottundimento, la polemica, la divisione, la paura, il condizionamento pubblicitario, la deculturazione, la standardizzazione e il conformismo che questo dispositivo trasmette continuamente. Immaginate il *"tempo cerebrale disponibile"* (termine usato da Patrick Le Lay, CEO di TF1) che potrebbe essere reso disponibile per altre attività familiari, sociali, creative, veramente educative e pedagogiche, sapendo che in media il 75% del nostro tempo libero (INSEE) è occupato da programmi televisivi! Nessun elettrodomestico è mai riuscito a entrare in casa così rapidamente e in modo così massiccio. La famiglia organizza i suoi mobili intorno al televisore, l'ora dei pasti e quella della nanna sono organizzate secondo il palinsesto (e viceversa), esso è diventato in un certo senso il padrone di casa, programmando il programma familiare e le menti dei membri più assidui della famiglia a questo programma...

Si tratta di una vera e propria tecnologia di controllo mentale, la televisione ha un potente effetto ipnotico. In *'Vie et Santé'* (1992) Liliane Lurçat scrive: *"Bambini e adulti sono affascinati dalle immagini e dalle parole. Una volta che lo spettatore è davanti al televisore, non può staccarsene. Questo comportamento è particolarmente impressionante nei bambini, poiché la televisione è l'unica cosa capace di immobilizzare un bambino piccolo, che di solito è molto attivo in altre circostanze."*

Nel 1997, il filosofo Jean-Jacques Wunenberg scriveva su Télérama: "Come primo agente della globalizzazione della morale, la televisione dà luogo a un insieme quasi rituale di comportamenti uniformi, qualunque sia l'ambiente e i messaggi visivi: disposizione dei mobili, montaggio degli spettatori orientati verso la sorgente luminosa, orari vincolati da uno spettacolo generalmente programmato a un'ora fissa, ecc.[1]

Sono stati condotti diversi studi sugli effetti della televisione sul cervello. La conclusione generale è che indebolisce la capacità di attenzione e il pensiero critico. La televisione crea uno stato di ipnosi con la scusa del rilassamento. Il passatempo più popolare del mondo porta anche a una forma di dipendenza, i cui criteri sono: *'passare molto tempo a usare la sostanza, usarla più spesso di quanto si vorrebbe, pensare di ridurre l'uso o fare sforzi ripetuti ma infruttuosi*

---

[1] *Télérama'*, 15/10/97

per ridurre l'uso, abbandonare importanti attività sociali, familiari o lavorative per usarla, e mostrare sintomi di astinenza quando si smette di usarla. Tutti questi criteri possono essere applicati ai forti utenti della televisione.

Nel 1986, Byron Reeves dell'Università di Stanford, Esther Thorson dell'Università del Missouri e i loro colleghi iniziarono a studiare se le caratteristiche formali del contenuto televisivo, cioè tagli, montaggi, zoom, pans, rumori improvvisi, ecc., attivassero una risposta di orientamento nell'individuo e di conseguenza mantenessero la sua attenzione concentrata sullo schermo. La risposta di orientamento è la mobilitazione dell'attenzione in seguito a un cambiamento nell'ambiente del soggetto, accompagnata da un complesso insieme di cambiamenti sensoriali, somatici e autonomici che hanno lo scopo di preparare il soggetto a reagire a una possibile contingenza. Osservando come le onde cerebrali erano influenzate dalle caratteristiche formali della televisione, i ricercatori hanno concluso che i montaggi video potevano effettivamente innescare risposte involontarie nell'individuo... È la forma, non il contenuto, che rende la televisione unica. Questa risposta orientativa può spiegare in parte osservazioni come: *"Se la televisione è accesa, non posso smettere di guardarla"* o *"Mi sento ipnotizzato quando guardo la televisione"*. I produttori di programmi educativi per bambini hanno scoperto che queste caratteristiche formali possono migliorare l'apprendimento, ma che l'aumento del numero di tagli e riprese alla fine sovraccarica il cervello. I clip e gli spot che usano tagli rapidi con scene non correlate sono progettati per catturare l'attenzione dello spettatore più che per fornire informazioni. La gente può ricordare il nome del prodotto o il nome della marca, ma i dettagli dell'annuncio entrano da un orecchio ed escono dall'altro; o dovremmo dire da un occhio e dall'altro. Questa è la conseguenza di una risposta di orientamento sovraccarica.[2]

Nel 1964, il filosofo Marshall McLuhan pubblicò *"Understanding the Media"*, un libro in cui spiegava che la televisione è lo strumento preferito dai pubblicitari perché è capace di far scendere la sensazione di esteriorità con le scene guardate, proprio come se fosse un'estensione del cervello. Questo fenomeno è confermato da un esperimento condotto da Marshall e suo figlio Eric McLuhan, riprodotto vent'anni dopo all'Università di Toronto da suo figlio nel documentario di Peter Entell *"The Tube"*. L'esperimento consiste nel dimostrare che un film visto in televisione o al cinema non sarà percepito allo stesso modo. In questo esperimento, due gruppi di individui guardano lo stesso film su entrambi i lati di uno schermo sospeso, uno ricevendo la luce riflessa dallo schermo (simile al cinema), l'altro (dall'altro lato dello schermo) ricevendo la luce direttamente dalla fonte (simile alla televisione). Poi ad ogni partecipante di entrambi i gruppi viene chiesto di scrivere un commento di una pagina sulle loro impressioni e su ciò che hanno trovato significativo sulla proiezione. L'esperimento dimostra che la "luce riflessa" e la "luce diretta" non hanno gli stessi effetti sul corpo e sulla mente. Nel gruppo "luce riflessa" (cinema), le persone erano consapevoli di qualcosa al di fuori di loro stesse ed erano relativamente obiettive sul contenuto del film. Al contrario, nel gruppo "luce

---

[2] *'Addiction to Television'* - Kubey, Csikszentmihalyi - Scientific American, 2003.

diretta" (televisione), le persone hanno parlato di più di se stesse, dei loro sentimenti e dei loro pensieri. I loro commenti erano molto più soggettivi di quelli dell'altro gruppo. Nella luce diretta, come la televisione, lo spettatore è né più né meno che lo schermo su cui viene proiettata la luce e vive il contenuto dei programmi con un'impregnazione emozionale molto più forte, con una perdita del sentimento di esteriorità delle scene guardate. Non c'è più distanza: tu sei lo schermo e la proiezione dell'immagine ti è impressa come un tatuaggio. Questa luce diretta dà alle immagini televisive il potere di invadere la mente come in un sogno, neutralizzando la mente critica. Come dimostrato nell'esperimento precedente sulla risposta di orientamento, è più il mezzo (lo strumento) che il contenuto ad agire sul cervello.

Il neurologo americano Thomas Mulholland ha dimostrato per mezzo di un elettroencefalogramma (EEG) che la televisione crea uno stato di rilassamento profondo, persino sonnolenza nel soggetto. Ha scoperto che l'EEG ha mostrato onde cerebrali Alpha quando il soggetto guarda la televisione. Queste onde cerebrali sono le stesse che si vedono quando gli esseri umani sono inattivi, meno il cervello lavora, più onde Alfa produce. Questo rilassamento ipnotico spiega in gran parte la dipendenza causata dalla televisione, soprattutto dopo una giornata di lavoro. Il rilassamento ipnotico è quindi un modo efficace di assorbire i contenuti pubblicitari e altri messaggi di propaganda. Grazie a questo effetto ipnotico e al suo ruolo di intrattenimento, la televisione mantiene il cittadino in una distrazione illusoria e lo distacca dalle questioni reali per meglio governarlo. Frederick Emery, uno dei più brillanti scienziati sociali della sua generazione e membro del Tavistock Institute disse: "La *televisione può essere concettualizzata come l'analogo tecnologico dell'ipnosi.*"

Anche quello che Herbert Krugman ha detto sulla televisione è molto interessante. Krugman è un ex dirigente di un'agenzia pubblicitaria, quando era consulente per l'Office of Intelligence Research del Dipartimento di Stato americano, e il suo lavoro era sull'infiltrazione del comunismo nella società americana, così come sul lavaggio del cervello durante la guerra di Corea e la resistenza alla propaganda. Nel documentario "*The Tube*", Herbert Krugman afferma che i pubblicitari erano affascinati dalle tecniche di lavaggio del cervello, e dice che lui stesso conosceva alcuni "*lavatori di cervello*" di prim'ordine che poi reclutava per i suoi servizi... Non esita a paragonare la televisione a certe tecniche usate dai militari, come le camere di deprivazione sensoriale, che erano anche usate nel progetto MK-Ultra. Secondo lui, tali tecniche si basano su una fase di desensibilizzazione molto simile allo stato mentale causato dalla televisione. L'immagine televisiva è infatti povera di dati sensoriali, il che fa perdere allo spettatore la sensazione del suo corpo. Nel caso del lavaggio del cervello individuale, la perdita degli spunti sensoriali con cui la persona si riconosce è la fase preparatoria del cambiamento imposto al suo mondo mentale. Nel caso della televisione, le immagini immergono lo spettatore in un sonno di veglia, il suo cervello lavora in onde alfa, la sua identità si dissolve e la 'scatola delle immagini' gli fornisce sogni programmati a orari fissi per lui.[3]

---

[3] *Gli studi attaccano la televisione* - Louise Renard.

La televisione è lo strumento ideale per l'applicazione del principio "tensione e rilascio". Permette di creare tensione in un ambiente controllato, aumentando così il livello di stress, e poi fornisce una serie di opzioni per il rilascio della tensione e dello stress. Finché la vittima crede che le scelte offerte siano le uniche soluzioni possibili, anche se a prima vista sembrano inaccettabili, finirà per fare una di queste scelte inaccettabili. In una tale situazione, gli esseri umani sono condizionati a rispondere alla tensione come un animale che cerca la valvola di rilascio della pressione. La chiave del successo di questo processo di controllo mentale è la gestione equilibrata della tensione e le scelte per alleviare la tensione. Finché queste due cose sono controllate, la vittima può essere indotta a scegliere e accettare sempre più cose inaccettabili. Questa è ingegneria sociale, *psichiatria culturale,* e la televisione è il veicolo essenziale per infondere in ogni casa la tensione da un lato e la valvola per rilasciare quella tensione dall'altro. La televisione infonde immagini che creano tensione e poi serve le soluzioni su un piatto.[4]

La televisione con il suo mondo di semi-realtà, illusione ed evasione, trasmessa 24/7, è una vera scatola di programmazione mentale, il suo ruolo veramente culturale ed educativo rimane molto secondario.

Anton Szandor Lavey, il fondatore *della Chiesa di Satana* e autore della Bibbia Satanica, ha un'idea molto chiara del ruolo della televisione nella nostra società moderna... scrive nel suo libro *"The Devil's Notebook"*: *La nascita della televisione è un evento magico con un significato satanico (...) Ciò che è iniziato modestamente nelle famiglie con piccole scatole è cresciuto gradualmente in grandi parabole e antenne che dominano l'orizzonte e sostituiscono le croci in cima alle chiese. La televisione, o l'altare satanico, è cresciuta rapidamente a partire dagli anni '50, passando da un piccolo schermo sfocato a un'enorme apparecchiatura che copre intere pareti. Quello che è iniziato come un innocente intrattenimento nella vita quotidiana delle famiglie ha finito per sostituire la vita reale per milioni di persone, è diventato una religione importante per le masse.*

Il clero della religione televisiva sono gli artisti, i presentatori, soprattutto quelli che propagano le tenebre attraverso i raggi del tubo catodico. I presentatori della rete sono i sommi sacerdoti e le somme sacerdotesse del mercato dei consumatori. I presentatori locali sono i parroci, che sfruttano l'ultima tragedia locale. Le celebrità, siano esse locali, nazionali o internazionali, fanno tutte parte della gerarchia della chiesa, del web.

Commedie, drammi e sitcom vengono trasmessi notte e giorno, sette giorni su sette, per attivare e sostenere lo stile di vita dei parrocchiani, prima solo i più fanatici praticavano la devozione quotidiana. Con l'intensificarsi della stratificazione satanica (aiutata da questa macchina diabolica), uno dei nostri compiti è quello di sviluppare gradualmente un sistema che permetta alle persone di adattarsi perfettamente al loro stile di vita televisivo."[5]

---

[4] *Spegni la tua TV',* Lonnie *Wolfe,* New Federalist, p.6, 1997.

[5] *Il quaderno del diavolo* - Anton Lavey, 1992, p. 86.

È anche interessante notare, a proposito della televisione, che il suo elemento centrale, il tubo catodico, è stato inventato da un occultista britannico di nome William Crookes. Crookes era un membro della società segreta *Golden Dawn* e presidente della Psychic Research Society, e fu lui che ispirò la ricerca di Oliver Lodge sull'etere e il mondo degli spiriti. Questo fisico inventò diversi dispositivi il cui scopo era quello di interagire con piccole particelle elementari come gli elettroni. Crookes, che era un fan dello spiritismo, credeva che gli spiriti fossero in grado di interagire con particelle come elettroni e protoni per manipolarli. Nella sua autobiografia, Crookes disse che doveva essere possibile per gli spiriti influenzare queste minuscole particelle; lavorando su questa questione, inventò il *'Crookes Tube'*. Un dispositivo per proiettare elettroni in un fascio: fu la nascita dei raggi catodici. La versione di Crookes del tubo catodico sarebbe diventata la base per lo sviluppo della televisione, inventata quarant'anni dopo dallo scozzese John Logie Baird. La televisione, un'invenzione che finirà per sottomettere e ipnotizzare il mondo intero, fu ispirata in parte dalla ricerca sul mondo degli spiriti...

b/ Il subliminale

Subliminale significa "*sotto la soglia*" della coscienza, è una percezione inconscia che penetra nella cosiddetta area "subconscia" del cervello. Il messaggio subliminale può essere formale con una o più parole, o visivo con un'immagine, una foto, un simbolo. Ma possono anche essere onde sonore.

Le immagini subliminali non sono rilevabili a occhio nudo, ma il cervello le percepisce e le elabora a livello subconscio. Il cervello elabora molte informazioni ma sembra avere diversi livelli di percezione e alcune informazioni possono poi influenzare le nostre azioni ed emozioni senza che il cervello cognitivo vi abbia accesso. Nel 1997, un esperimento di Ahmed Channouf ha dimostrato che le reazioni elettrodermiche (E.D.R.) si verificano quando i soggetti sono esposti a volti famosi o non familiari in modo subliminale (i volti sono presentati per 50 millisecondi). Le reazioni elettrodermiche dei soggetti erano più lunghe quando il volto era noto. Hanno concluso che anche quando il soggetto non è consapevole di vedere questi volti, ci sono spunti fisiologici che dimostrano che c'è comunque una percezione e un riconoscimento impliciti.[6]

Le immagini subliminali possono quindi essere utilizzate come mezzo di manipolazione della folla. Ci sono molti casi di immagini subliminali trasmesse in televisione. Nel 1958, i messaggi subliminali sono stati vietati negli Stati Uniti, in Inghilterra e in Australia. Nel 1992, la Francia ha emesso un decreto (n. 92-280) che vieta le *tecniche subliminali*, che afferma: "La *pubblicità non deve utilizzare tecniche subliminali intese come volte a raggiungere il subconscio dello spettatore attraverso l'esposizione molto breve delle immagini"*. Nonostante questa legge e la supervisione della CSA, sono stati osservati diversi casi di immagini subliminali inserite in programmi televisivi, film o pubblicità.

---

[6] *Emozioni e cognizioni'* - Ahmed Channouf e Georges Rouan, 2002.

In Francia, il caso più noto ha avuto luogo durante una campagna elettorale nel 1988: il ritratto di François Mitterrand è stato inserito subliminalmente nel logo di Antenne 2 durante i titoli di testa del telegiornale. Questa foto subliminale è stata trasmessa da settembre 1987 a maggio 1988, 2949 volte. François Mitterrand è stato eletto l'8 maggio 1988. I titoli dei telegiornali furono infine sostituiti con discrezione il 28 maggio 1988 su richiesta della CNCL (Commission Nationale de la Communication et de la Liberté, predecessore del CSA). Questo caso fu provato in tribunale ma il processo fu perso perché l'immagine durò più di 60 ms (millisecondi), il che esclude la qualifica di subliminale, la legge considera che un'immagine è subliminale quando dura meno di 50 ms.

Nel 2000, durante un'elezione americana, un'immagine subliminale incorporata in una pubblicità per George W. Bush fu scoperta per caso. Era un messaggio subliminale formale. L'insulto 'ratti' è apparso nello stesso momento in cui la pubblicità si riferiva al concorrente Al Gore.

Nel 2008, sempre negli Stati Uniti, *FOX 5 News* ha introdotto un'immagine molto furtiva del candidato repubblicano John McCain e di sua moglie nei suoi titoli di testa. Anche il canale televisivo francese M6 è stato inchiodato due volte per aver trasmesso immagini pubblicitarie subliminali durante i programmi *'Popstars'* e *'Caméra café'*.

Nella rivista militare *Orienteer* del febbraio 1997, il comandante Shemishev dell'esercito russo ha elencato una lista di "psy-armi" in cui cita l'*"effetto 25° quadro"*. Si tratta di una tecnica in cui ogni 25° fotogramma di una bobina di film o di un lungometraggio contiene un messaggio catturato dall'inconscio. Questa tecnica, in caso di successo, potrebbe essere usata per frenare l'abuso di alcol e tabacco, ma potrebbe anche essere applicata ad altre aree più preoccupanti se usata su spettatori televisivi o operatori di sistemi informatici. Chemishev sostiene anche che i giapponesi hanno sviluppato la capacità di inserire sequenze di voci a frequenze sub-basse nella musica, voci che vengono rilevate solo a livello subconscio. I russi sostengono di usare un simile "bombardamento subliminale" in combinazione con programmi informatici per trattare l'alcolismo o il fumo.[7]

Alcuni negozianti giapponesi mettono persino dei CD con messaggi subliminali nei loro negozi per combattere il taccheggio. Questi CD per il controllo mentale suonano musica o suoni della natura ma sono codificati con un messaggio in sette lingue che avverte che chiunque venga sorpreso a rubare sarà denunciato alla polizia.[8]

Nel 1993 e 1994, diversi articoli della stampa americana[9] riportarono che Igor Smirnov, un esperto russo di armi non letali, aveva sperimentato per i servizi

[7] *'La mente non ha software di intrusione'*, Timothy L. Thomas, in Parameters, pp. 84-92, 1998.

[8] *'Mind Control Music' ferma i taccheggiatori'* - McGill, Peter, The Sydney Morning Herald, 04/02/1995.

[9] Defense Electronics, luglio 1993, "DOD, intel Agencies Look at Russian Mind Control Technology, Claims FBI Concidered testing on Koresh"; Newsweek, 7 febbraio 1994, "Soon Phasers on Stun"; Village Voice, 8 marzo 1994, "Mind Control in Waco".

segreti americani e l'FBI una tecnologia capace di inserire subliminalmente pensieri nella mente degli individui per controllare le loro azioni. L'FBI considerò l'uso del dispositivo di Smirnov contro David Koresh del *culto di David* durante l'assedio di Waco. Smirnov ha detto: *"Ho suggerito che le voci dei bambini e delle famiglie che esortano i suicidi a tornare a casa potrebbero essere mescolate con i suoni delle auto della polizia* (l'edificio ne era circondato)". Si trattava anche di inviare messaggi a Koresh per fargli credere che stava sentendo la voce di Dio direttamente nella sua testa. L'FBI ha riferito che non ha perseguito questa opzione per la ragione (ufficiale) che Smirnov garantiva solo il 70% di possibilità di successo. La stampa russa ha anche pubblicato articoli su Igor Smirnov. La *Pravda* ha scritto il 6 marzo 1994: *'Village Voice ha pubblicato la 'notizia scandalosa' che i russi sono in grado di controllare il comportamento umano'.*[10] Due settimane dopo il *Moscow News* pubblicò un lungo articolo che spiegava come lo scienziato, per scopi medici, usasse la "psico-correzione". I "rumori" contenenti domande, che non sono udibili ma vengono percepiti dal cervello, vengono inviati nelle orecchie del paziente. Il cervello risponde a queste domande, e queste risposte sono registrate sull'elettroencefalografo e analizzate dal computer, permettendo a Smirnov di eseguire una psicoanalisi molto rapida. In seguito, i "rumori" contenenti messaggi terapeutici vengono inviati al cervello del paziente, che li integra a livello subconscio. Smirnov nega di usare questa tecnologia per scopi diversi da quelli medici o non etici.[11]

c/ *"Pressione dei pari"* o pressione sociale

L'abitudine, dunque, è un enorme motore della società, il suo fattore conservatore più prezioso. Solo questo è ciò che ci tiene tutti entro i limiti decretati, e ciò che salva i figli dei ricchi dalle rivolte invidiose dei poveri. ' - William James - *I principi della psicologia*

La televisione è senza dubbio uno strumento di controllo mentale di primo ordine. *A causa della* conformità e dell'uniformità delle masse che porta, è un importante vettore di ciò che si chiama "*pressione dei pari*" o pressione sociale di gruppo, un altro strumento di controllo, o si potrebbe dire di autocontrollo o autoregolazione del popolo.

Tutti hanno avuto l'esperienza di arrivare al lavoro la mattina dopo la trasmissione di una partita di calcio "importante". Vi accorgerete di essere in qualche modo emarginati se non avete visto la partita, perché non potrete partecipare ai vivaci scambi tra colleghi sull'argomento... E se non avete nemmeno una televisione, allora sarete molto rapidamente etichettati come un 'outsider', un individuo marginale o addirittura un 'settario'. Non seguire il campionato di calcio può essere ancora socialmente accettabile, ma appena si esprime un'opinione contraria al mainstream in materia di salute, per esempio,

---

[10] "L'arte di controllare la folla", *Pravda*, 6 marzo 1994.

[11] Estratto dal dossier "Tecnologie offensive per il controllo politico".

come i vaccini o la dieta, ci si scontra molto rapidamente con il "Pensiero Unico" che forma e dirige le masse. Nel 2015, un esempio lampante è stato il massiccio movimento '*Je Suis Charlie*', che ha stigmatizzato gli individui che si sono rifiutati di adottare questo slogan. Questo pensiero unico porta l'individuo a conformarsi al gruppo per paura del rifiuto. Le reazioni possono davvero essere molto violente quando una persona si sente destabilizzata dalle conquiste che hanno plasmato la sua *realtà*. Lui o lei può quindi svolgere il ruolo di guardiano del pensiero unico attaccando la pecora nera... La *pressione dei pari*, che varia in intensità a seconda del paese, della cultura, della religione e del regime politico, è esercitata su ognuno di noi dalla famiglia, dai vicini, dai colleghi e dagli amici... È una funzione umana naturale che fa sì che "*la pecora faccia la guardia alla pecora*", l'individuo si autodisciplina inconsciamente per seguire il modello sociale imposto, così la gente si limita e si autocensura attraverso la pressione sociale. Questa pressione permette di stabilire delle regole alla base di tutta la comunità e quindi di compartimentare il pensiero in un quadro ben definito. Questo è un altro fattore importante nel controllo mentale delle masse.

Direi che entro 50 anni, se molte persone non diventano consapevolmente resistenti al controllo mentale che viene esercitato sulla società, vedremo sempre più persone che sembrano androidi. Le persone lo inducono loro stesse a guardare il mondo e a dire: È troppo pericoloso per me dire la verità, dire davvero quello che credo o esprimere quello che sento. È molto più facile se mi invento una falsa personalità che mi mantenga passivo. È così che funziona..." John Rappoport - State of Mind (Infowar)

È la paura che è alla radice di questo autocontrollo del popolo, la paura del rifiuto, dell'esclusione, del fallimento e a volte anche la paura della violenza fisica e del carcere. La pressione sociale funziona molto bene per impedire alle persone di parlare di certe cose intorno a loro... specialmente quando si tratta di argomenti sensibili come la pedofilia in rete, che è un argomento insolito per la maggior parte delle persone perché è totalmente assente dalla sfera ufficiale dei media. La loro difesa sarà spesso quella di chiudersi all'argomento perché questo scalfirà rapidamente il loro paradigma. Alcuni useranno l'ironia e la derisione come diversivo e come una sorta di autoprotezione contro l'inimmaginabile, per cambiare molto rapidamente il soggetto della conversazione... la negazione è massiccia. Le persone interessate sono in qualche modo emarginate, la pressione sociale esacerbata dalla propaganda (o dal silenzio) dei media è passata...

Noterete che stiamo parlando di *programmi televisivi* e *scolastici*... È tutta una programmazione mentale su larga scala, ma a quel livello non vi toglie ancora il libero arbitrio.

Questa pressione del gruppo sociale gioca anche un ruolo importante nella scuola e nel sistema educativo. Per una media di 17 anni,[12] l'individuo funzionerà per la maggior parte del suo tempo in una classe, un gruppo, in cui gli verranno dati programmi che devono essere perfettamente integrati se vuole raggiungere i livelli superiori. Se l'individuo non si conforma al gruppo o non è in grado di integrarsi e adattarsi ai contenuti dei programmi o ai metodi di

---

[12] OCSE, Education at a Glance 2011.

apprendimento, allora sarà escluso da questa macchina che costruisce e forma i futuri lavoratori. La formazione e l'indottrinamento dei giovani è ovviamente la base per il controllo di una società, e il sistema scolastico e universitario svolge il suo ruolo allo stesso modo della televisione, del cinema e della musica. La linea tra educazione e propaganda è molto sottile o inesistente, la propaganda non può funzionare efficacemente senza programmi di educazione e controllo dell'informazione. La formattazione delle menti di bambini, adolescenti e giovani adulti che costruiranno la società di domani è il terreno in cui il pensiero unico attecchisce e porta a questa pressione sociale permanente. È un cemento difficile da rompere in un adulto che rifiuta di mettere in discussione le sue conoscenze e il suo paradigma.

d/ Cibo, acqua e vaccini

Il generale de Gaulle ha detto che i *francesi sono vitelli, tutta la Francia è un paese di vitelli. Il* consumo quotidiano di latte di mucca ha qualcosa a che fare con la nostra condizione di esseri umani ridotti allo stato di "vacche da latte"? Una semplice riflessione che può portare a un sorriso, ma quando guardiamo gli effetti di ciò che ingeriamo sul nostro cervello, ci suggerisce che lo stato psicologico ed emotivo di una società dipende in gran parte da ciò che consuma mattina, mezzogiorno e sera...

Il cibo ha una grande influenza sull'uomo. Il suo sistema nervoso, la sua mente e le sue emozioni sono in parte influenzati dal tipo di cibo che mangia. Il controllo delle masse è ottenuto attraverso tutta una serie di sostanze chimiche introdotte nel nostro corpo attraverso il cibo, l'acqua, le vaccinazioni e l'atmosfera. Queste sostanze chimiche indeboliscono il sistema nervoso e le capacità mentali, per non parlare dell'alterazione del sistema endocrino e dei danni al patrimonio genetico. Non entreremo qui nella questione (controversa) delle diete alternative i cui seguaci esaltano i benefici delle loro varie scuole. Invece, guarderemo le sostanze chimiche che interagiscono con il nostro cervello attraverso ciò che ingeriamo, ma anche attraverso ciò che ci viene iniettato dalla nascita o spruzzato sulla nostra testa...

Nel documentario *"Sweet Remedy"* (2006), il neurologo Russell Blaylock ha dichiarato che c'è effettivamente un "scempio chimico della società": *"A causa di queste varie tossine che influenzano la funzione del cervello in modo famigerato, vediamo una società che sta producendo non solo un aumento di una popolazione con un QI sempre più basso, ma anche una diminuzione della popolazione con un QI elevato. In altre parole: un'otturazione chimica della società. Così tutti diventano mediocri, il che riduce la popolazione a dipendere dal governo perché non può più esibirsi intellettualmente. Ci sono le persone con il QI più basso che sono completamente dipendenti, abbiamo questa popolazione massiccia che crederà a qualsiasi cosa gli venga detta perché non possono davvero pensare chiaramente. Poi c'è una minoranza di persone con un alto QI, con un buon funzionamento del cervello, che può capire tutto questo, ed è quello che vogliono! Così si può capire perché insistono a spendere centinaia di miliardi di dollari in pubblicità: l'obiettivo è quello di instupidire la popolazione."*

Cominciamo con il fluoro, raccomandato dagli *esperti* tre volte al giorno negli spazzolini da denti, nelle pastiglie per i bambini e in diluizione massiccia nell'acqua potabile per tutti! La fluorizzazione delle forniture di acqua potabile è comune, ma ciò che è molto meno noto è che il fluoro ha un certo impatto sul cervello delle popolazioni. Il fluoruro è un importante repressore delle funzioni intellettuali. Studi indipendenti dimostrano che il fluoro causa vari disturbi mentali, rende le persone stupide, docili e sottomesse, oltre a diminuire la longevità e danneggiare la struttura ossea. Il primo uso del fluoro nell'acqua potabile risale ai campi di concentramento nazisti. La società farmaceutica I.G. Farben ha fornito il fluoruro. I nazisti ovviamente non usavano questo prodotto per migliorare la salute dentale dei loro prigionieri, certo che no, questa massiccia medicazione della fornitura d'acqua con fluoruro era usata per sterilizzare i prigionieri e stupefarli per assicurare la loro docilità. Il chimico Charles Perkins fu uno dei primi a denunciare gli effetti nocivi della fluorizzazione dell'acqua potabile in un saggio che pubblicò nel 1952. Egli afferma che dosi ripetute di fluoruro, anche in quantità infinitesimali, riducono la capacità di un individuo di resistere alla dominazione avvelenando lentamente una parte specifica del suo cervello attraverso il narcotismo. Lo sottopone così alla volontà di coloro che vogliono governarlo... Niente di meno! Dichiara persino che il fluoro è una *"lobotomia leggera e conveniente"* e che la vera ragione dietro la fluorizzazione dell'acqua non ha nulla a che fare con la salute dentale dei bambini.[13] La questione del fluoro sembra essere davvero importante, ma non è l'unica.

L'acqua potabile destinata alla popolazione riceve diversi additivi durante il suo processo di trattamento, oltre al fluoro, possiamo citare anche l'alluminio, implicato in gravi disturbi neurologici, come l'Alzheimer. Su questo argomento, si veda l'eccellente inchiesta di Sophie Le Gall intitolata *'Du poison dans l'eau du robinet'* (France 3, 2013), che mostra esplicitamente l'immobilismo degli eletti e delle organizzazioni come l'AFSSA (Agence Française de Sécurité Sanitaire et Alimentaire) di fronte all'acqua cosiddetta 'potabile' che è in realtà totalmente avvelenata in certe regioni della Francia. Questo alluminio lo troviamo anche nelle vaccinazioni, così come il mercurio che è anche un veleno per il sistema nervoso. Il mercurio causa l'autismo nei bambini piccoli, anche se l'industria farmaceutica si sforza di dimostrare che non c'è alcun legame a causa della colossale posta in gioco finanziaria. Alcuni vaccini contengono anche un adiuvante chiamato polisorbato 80, che è usato in farmacologia per permettere ad alcuni farmaci di passare attraverso la barriera emato-encefalica. Qual è esattamente il ruolo di tale sostanza chimica nel processo di vaccinazione? I metalli pesanti neurotossici come l'alluminio e il mercurio contenuti nei vaccini attraversano la barriera emato-encefalica?

Tutto questo accumulo di metalli pesanti nel corpo (introdotto dall'acqua, dai vaccini, dalle amalgame dentarie, dal cibo...) porterà al blocco degli enzimi

---

[13] *Operazione Fluoruro* - vivresansogm.org.

destinati a degradare le proteine alimentari come il glutine o la caseina, con conseguente avvelenamento cronico del corpo. Infatti, quando le proteine dei cereali e del latte non sono completamente degradate, passano attraverso la parete intestinale ed entrano nel flusso sanguigno. Questi "peptidi oppiacei" si comportano nel corpo come certe droghe di morfina e si legano ai recettori biochimici specifici per queste sostanze. Nel suo libro intitolato *"Gluten and dairy free diet"*, Marion Kaplan spiega che occupando e saturando i recettori degli oppiacei, i peptidi del glutine (contenuti in cereali come grano, avena, segale e orzo) e la caseina (contenuta nel latte vaccino) portano a disturbi comportamentali e favoriscono lo sviluppo di alcune 'malattie'. Questi disturbi comportamentali causati dalla scomposizione parziale del glutine e della caseina sono stati evidenziati in diverse pubblicazioni mediche, tra cui quelle del professor Reichelt e dell'Istituto di ricerca pediatrica dell'Università di Oslo. Reichelt è un pioniere nella ricerca di peptidi oppioidi, che ha scoperto nel 1981 nelle urine di bambini iperattivi, autistici e schizofrenici. Tra il 1986 e il 1991, ha visto notevoli miglioramenti e persino guarigioni in seguito all'eliminazione del glutine e della caseina dalla dieta dei suoi pazienti. L'intossicazione da glutine e caseina è la causa di una vasta gamma di disturbi comportamentali, dall'iperattività all'autismo, dai disturbi della personalità all'epilessia. Le sostanze oppioidi che saturano il cervello hanno l'effetto di inibire i legami sociali. Indifferenza, ritiro e mancanza di linguaggio sono le conseguenze principali. Allo stesso tempo, questi peptidi nocivi che ingombrano il corpo disturbano la gestione della serotonina. A volte c'è troppa serotonina e a volte troppo poca. Questo porta ad un'eccessiva trasmissione di informazioni attraverso i sensi, insonnia, reazioni impulsive, ecc.[14]

Oggi basta leggere le etichette delle confezioni degli alimenti industriali per vedere che glutine e caseina vengono sistematicamente aggiunti a piatti pronti, dessert, salse, zuppe, ecc. Questo si aggiunge al costante aumento della presenza di additivi chimici di ogni tipo negli alimenti industriali, già denaturati, inquinati e persino geneticamente modificati. Questo si aggiunge alla sempre maggiore presenza di additivi chimici di ogni tipo nel cibo industriale che è già denaturato, inquinato e persino geneticamente modificato. Non dobbiamo quindi sorprenderci di vedere sempre più bambini che sviluppano disturbi comportamentali, noti come iperattività, funzione cerebrale minima o sindrome psico-organica. Questi disturbi hanno ripercussioni sul rendimento scolastico e creano un certo malessere che porta a varie dipendenze. Altri additivi, come l'acido citrico, alcuni conservanti e coloranti sintetici possono scatenare intolleranze in individui suscettibili, con un impatto significativo sui sistemi neurologici che regolano i gesti, i movimenti e la concentrazione.[15]

In Australia, uno studio intitolato *"The role of diet and children's behaviour"* è stato condotto da J. Breakey e pubblicato nel 1997 nel *Journal of Pediatrics & Child Health*. La ricerca ha mostrato che le diete possono influenzare il comportamento di alcuni bambini. È stato riportato che sintomi

---

[14] *Dieta senza glutine e latticini* - Marion Kaplan, 2010.

[15] "Alimentazione e comportamento dei bambini – fosfati", Aldo Massarotti, chimico bromatologo.

come il disturbo da deficit di attenzione, la sindrome da iperattività, i problemi di sonno e soprattutto i cambiamenti di umore possono essere corretti dalla dieta. Un altro studio australiano, condotto dall'*Institute for Child Health Research*, ha osservato l'attività elettrica del cervello di quindici bambini affetti da sindrome ipercinetica con deficit di attenzione indotta da alcuni alimenti. Durante l'assunzione degli alimenti offensivi, è stato osservato un aumento significativo dell'attività cerebrale beta nella regione frontotemporale del cervello. Questa indagine del 1997, che è stata la prima del suo genere, ha dimostrato chiaramente un'associazione tra l'attività elettrica del cervello e l'ingestione di alcuni alimenti in bambini con ADHD (Attention Deficit Hyperactivity Disorder). Questi dati scientifici convalidano l'ipotesi che in alcuni bambini, gli alimenti possono non solo influenzare i sintomi clinici, ma anche alterare l'attività elettrica del cervello.[16]

In un articolo intitolato *"Fosfati nel cibo: bambini spinti sull'orlo della follia"*, il pediatra Frédérique Caudal riporta ciò che ha osservato. Dopo due anni di esperimenti nel suo studio, ha scoperto che una dieta senza additivi fosfatici compensa la condizione dei bambini iperattivi in quattro giorni ed evita così il famigerato 'farmaco' *Ritalin*. I fosfati sono presenti in quasi tutti gli alimenti che contengono additivi. Il loro uso è tale che, negli ultimi 10 anni, la loro presenza è aumentata del 300%! I nostri industriali non si risparmiano quando si tratta di additivi neurotossici!

La questione dei fosfati è stata sollevata in Germania già nel 1976 dalla signora Hafer, una farmacista specializzata nell'equilibrio acido-base del corpo umano. Questa donna aveva osservato e studiato le anomalie comportamentali del suo figlio adottivo ed era giunta alla conclusione che il fattore scatenante era costituito da alimenti ricchi di fosfati naturali (latte, uova, ecc.) o fosfati aggiunti (acido fosforico nelle cole, difosfati nei formaggi lavorati, prosciutti cotti e polveri di cottura nelle torte di lecitina). Il lavoro di Hafer ha avuto un grande impatto nei paesi di lingua tedesca.[17]

Passiamo al glutammato di sodio o E621. Si tratta di un esaltatore di sapidità particolarmente vizioso e diffuso negli alimenti industriali. È presente in tutti i tipi di additivi come il caseinato di sodio, l'estratto di lievito o il famoso *"aroma naturale"*... Il glutammato è una eccitotossina, cioè un prodotto tossico per il sistema nervoso del consumatore. Questo additivo alimentare causa disturbi dell'umore, confusione mentale, attacchi d'ansia e problemi comportamentali, soprattutto nei bambini.

Nel 1991, il programma televisivo americano *60 Minutes ha* trasmesso un servizio sui pericoli del MSG. In questo documentario, il dottor John Olney, professore di neuropatologia e psichiatria, afferma di essere convinto che le persone sono a rischio per questo additivo dannoso per i nervi, soprattutto i neonati e i bambini. È stata la ricerca del dottor Olney che indicava il probabile pericolo per i bambini che ha portato alla rimozione del glutammato dagli alimenti per bambini negli anni '70. Ma oggi Olney è ancora preoccupato per i

---

[16] Uhlig T., Merken schlager A, Brandmaier R, Egger J. - Eur. J. Pediatr. luglio 1997.

[17] *Alimentation et comportement des enfants - Phosphates*, Aldo Massarotti, chimico bromatologo.

milioni di bambini che sono esposti ad esso nei loro cibi preferiti - fast food e snack - che sono completamente senza controllo. Il rapporto ci mostra il caso di un bambino di dieci anni, Jeremy Larrows, che è stato diagnosticato come iperattivo, il che ha portato al suo fallimento a scuola. Si è provato di tutto per aiutarlo, dai trattamenti chimici ai programmi educativi speciali, ma niente ha aiutato il bambino. Tutti pensavano che avesse un disturbo da deficit di attenzione. Per cinque anni, Jeremy è stato arrabbiato e aggressivo con i suoi coetanei e la sua famiglia, al punto da essere infelice. Non riusciva più a gestire il suo comportamento. La sua famiglia lo portò dal dottor Schwartz che ordinò immediatamente la rimozione totale del glutammato dalla sua dieta. Molto rapidamente ci sono stati cambiamenti drammatici, la sua iperattività è scomparsa, i suoi voti sono migliorati notevolmente, così come le sue relazioni con gli amici e la famiglia. Sua madre ha detto ai giornalisti: *"Lo abbiamo perso per cinque anni, ora lo abbiamo di nuovo, ed è un bambino bello e brillante". E' stata una ricerca lunga e difficile..."*

Nella stessa famiglia di eccitotossine, altrettanto vizioso e diffuso del glutammato di sodio, è l'aspartame (E951), un dolcificante neurotossico che si trova in più di 6.000 alimenti! Questo neurotossico ha la sfortunata capacità di distruggere i neuroni. Nel 1971, il dottor John Olney, che aveva già dimostrato il pericolo del glutammato di sodio, riuscì a dimostrare che l'acido aspartico (il 40% del quale compone l'aspartame) provoca letteralmente dei buchi nel cervello dei giovani topi. Nonostante questo, l'aspartame è ancora permesso come additivo alimentare ed è anche usato in alcuni prodotti farmaceutici. L'acido aspartico si accumula nel nostro corpo, colpisce il nostro cervello e attraversa anche la placenta per raggiungere il cervello del feto.[18]

Nonostante l'evidenza della sua tossicità, è ancora presente nei vostri supermercati... soprattutto alla cassa, in graziose scatoline di tutti i colori che attirano i vostri bambini. Regolarmente, *"pareri di esperti"* (come *l'Autorità europea per la sicurezza alimentare*) confermano nei titoli dei nostri media che l'aspartame è sicuro per noi, sottolineando persino la sua utilità! Perché una tale guerra dell'informazione con grandi colpi di "competenza" cerca di confermare sistematicamente l'innocuità di questi additivi neurotossici? Sta a te rispondere...

e/ Ingegneria sociale: *"strategia d'urto"*, Istituto Tavistock

Se il terrore può essere indotto su una base ampiamente diffusa in una società, allora la società ritorna a una 'tabula rasa', una lavagna bianca, una situazione in cui il controllo può essere facilmente stabilito. Kurt Lewin, psichiatra tedesco, direttore dell'Istituto Tavistock negli anni 30.

Lewin sosteneva che attraverso la creazione di un caos controllato, la popolazione poteva essere portata a un punto in cui si sarebbe sottomessa volontariamente a un maggiore controllo.

---

[18] *Pericolo additivi alimentari* - Corinne Gouget, 2006.

La "*strategia dello shock*", termine reso popolare da Naomi Klein nel suo libro "*The Strategy of Shock: The Rise of Disaster Capitalism*" (2007), si basa su tecniche di lavaggio del cervello che mirano a distruggere la memoria del soggetto, ad abbattere la sua capacità di resistenza, per ottenere una pagina bianca su cui stampare una nuova personalità. Queste tecniche possono essere applicate a un'intera popolazione creando una "*tabula rasa*" (tabula *rasa*), cioè cancellando il patrimonio di un paese e le sue strutture sociali ed economiche per costruire una nuova società, un nuovo ordine dopo il caos pianificato e controllato. Una volta che il popolo viene privato dei suoi punti di riferimento, messo in uno stato di shock e infantilizzato, è indifeso e facilmente manipolabile e depredabile. Questo processo può essere applicato dopo una grave crisi economica o politica, un disastro ambientale o anche un attacco o una guerra. Ma può anche essere applicato in modo progressivo, a lungo termine.

Il Tavistock Institute è un punto chiave nei progetti fondatori del controllo mentale globale, dell'ingegneria sociale o più precisamente qui del "caos sociale organizzato". Questa complessa organizzazione è riuscita a cambiare completamente il paradigma della nostra società moderna... Secondo il suo sito ufficiale, il *Tavistock Institute* è un'organizzazione senza scopo di lucro costituita in Inghilterra nel 1947. L'Istituto si descrive come focalizzato sull'applicazione delle scienze sociali in una varietà di campi professionali, tra cui governo, industria, affari, salute e istruzione. L'organizzazione scrive e pubblica la rivista mensile '*Human Relations*'. I suoi clienti vanno dalle grandi aziende multinazionali ai piccoli gruppi comunitari, sia a livello nazionale che internazionale. Il Tavistock Institute è uno dei gruppi più misteriosi e influenti degli ultimi cinquant'anni, ma è poco conosciuto. Diversi elementi lo rendono insolito e unico: è indipendente, essendo interamente autofinanziato e non ricevendo alcun finanziamento governativo; il suo campo di attività è a cavallo tra il mondo accademico e quello della consulenza; e le sue aree di ricerca includono antropologia, economia, comportamentismo (behaviourism), scienze politiche, psicoanalisi, psicologia e sociologia.

Questo istituto ha iniziato le sue attività con la creazione della "*Tavistock Clinic*", fondata a Londra nel 1920. All'epoca era un istituto psichiatrico. Fu Herbrand Arthur Russell, duca di Bedford e marchese di Tavistock, che decise di assegnare un edificio nel centro di Londra a un gruppo di medici, per lo più psicologi, affinché potessero sviluppare le loro ricerche. L'istituto ha iniziato con lo studio della psicosi traumatica e del "*punto di rottura*" nei sopravvissuti della prima guerra mondiale. Il "*punto di rottura*" è il momento in cui la psiche del soldato crolla sotto l'effetto del trauma, una sorta di punto di svolta psicologico di fronte a uno stress intollerabile. Lo scopo di questa ricerca era di applicare i risultati di questi studi sui sopravvissuti alla guerra direttamente alle popolazioni civili. Il progetto fu supervisionato dall'*Ufficio di guerra psicologica* dell'esercito britannico sotto la direzione dello psichiatra John Rawling Rees, che in seguito divenne cofondatore della *Federazione mondiale per la salute mentale*. Nel 1940, Rees definì così gli obiettivi di questa guerra psicologica: "*Dall'ultima guerra mondiale abbiamo fatto un grande lavoro per infiltrarci nelle varie organizzazioni sociali in tutto il paese (...) Abbiamo lanciato un'offensiva particolarmente efficace in molte professioni. I due più facili erano l'insegnamento e la chiesa, mentre i due più difficili erano la legge e la medicina. Chiunque abbia la memoria di una dozzina d'anni si renderà conto dell'importanza del cambiamento nella mente dei professionisti (...) Se vogliamo infiltrarci in altre attività sociali e professionali, penso che dobbiamo imitare i regimi totalitari e creare un'attività di tipo quinta colonna (...) Il Parlamento, la stampa e altre pubblicazioni sono i mezzi più sicuri per diffondere la nostra propaganda (...) Dobbiamo puntare a infiltrarci in ogni attività educativa della vita nazionale.*"[19]

Nel 1932, la direzione dell'Istituto passò allo psichiatra tedesco Kurt Lewin, fondatore del *National Training Laboratories* (NTL, centro di ricerca di psicologia clinica di Harvard, fondato nel 1947), specializzato nello studio del comportamento umano e della psicologia comportamentale. Lewin è noto per il suo lavoro sulla manipolazione del comportamento di massa, cioè il lavaggio del cervello su larga scala... Gran parte della sua ricerca per il Tavistock ha coinvolto lo sviluppo del lavaggio del cervello di massa applicando i processi traumatici della tortura ripetuta per il controllo mentale individuale su tutta la società. Fu Lewin ad originare la teoria della "*tabula rasa*" secondo la quale il terrore indotto su larga scala in una società porterà ad una sorta di stordimento in quella stessa società, una situazione in cui "il *controllo può essere facilmente ottenuto da un punto esterno*".[20]

Per Lewin, la società deve essere "infantilizzata", secondo lui bisogna sviluppare uno stato mentale immaturo nella popolazione per poterla controllare al meglio. Ha chiamato questo caos sociale controllato "fluidità". Nel 1963, il capo del Tavistock Institute Trustees, Eric Trist, disse esattamente la stessa cosa sul controllo della società: "La somministrazione di una serie di shock traumatici successivi a una società ha l'effetto di destabilizzarla e di creare condizioni permanenti di turbolenza sociale..."[21] che servirà a generare una nuova società, un nuovo paradigma di società, un'opportunità per modellare un nuovo volto di questo pianeta. Per questo, la "psichiatria sociale" doveva essere sviluppata e applicata su larga scala.[22]

Il dottor William Sargant, un altro ricercatore Tavistock, scrisse nel 1957 nel suo libro Battle for the Mind: A Physiology of Conversion and Brain-Washing: "Vari tipi di credenze possono essere impiantati dopo che il funzionamento del cervello è stato sufficientemente disturbato dall'induzione deliberata di paura, rabbia o eccitazione."

Traumatizzare per riprogrammare è il *modus operandi* standard di Tavistock. Qui troviamo il protocollo di programmazione mentale individuale

---

[19] *Strategic Planning for Mental Health*, Colonnello John Rawlings Rees, Mental Health Vol.1, No.4, Ottobre 1940, pp. 103-104.

[20] *Cinquant'anni di clinica Tavistock* - Henri Victor Dicks, Londra, Routledge and Paul, 1970.

[21] Controllo della mente Controllo del mondo' - Jim Keith 1997, Cap 5.

[22] La psichiatrizzazione della società, la cospirazione e la psichiatria vanno insieme? - Alain Gossens, Karmapolis.com.

basato sul trauma. Si tratta di cancellare la personalità originale del soggetto attraverso una successione di traumi, per installare una nuova personalità programmata, un nuovo Ordine... *Ordo Ab Chao*, l'ordine nasce dal caos, il motto della Massoneria. Oppure *"Sciogliere"* gli elementi e poi *"Coagularli"*, il grande mistero degli alchimisti... formule che sembrano applicarsi bene nel campo del controllo mentale, sia individuale che collettivo.

Il Tavistock Institute divenne il centro di ricerca psichiatrica per eccellenza e cambiò il suo nome nel 1947 in *Tavistock Institute for Human Relations*. Ha poi continuato il suo lavoro sulla strategia e la guerra psicologica per l'OSS e il suo successore, la CIA. Questa organizzazione ha una potente rete di influenza che la aiuta a infiltrarsi e a permeare i vari settori della società materialista in cui viviamo. Questa rete comprende generosi mecenati che permettono all'Istituto di durare e funzionare efficacemente. Mecenati come il Ministero degli Interni britannico, la Fondazione Rockefeller, la Fondazione Ford, il Carnegie Institute, ecc. Tavistock è anche strettamente legato a molti *think tank* e altre organizzazioni globaliste come l'OMS (Organizzazione Mondiale della Sanità), la Federazione Mondiale per la Salute Mentale, l'UNESCO e la Rand Corporation.[23]

La famiglia Rockefeller ha sempre avuto un ruolo importante nel progresso di Tavistock. Nel suo libro *"Mind Control, World Control"*, Jim Keith riporta la seguente dichiarazione di un editorialista ufficiale di Tavistock: *"La Fondazione Rockefeller, prima di finanziarci, aveva bisogno di rassicurazioni, non solo sulle nostre politiche... ma anche sulle persone che vi lavorano."*

In un documento di finanziamento per il gruppo, sono indicati alcuni degli obiettivi del Tavistock:[24]

a/ L'invenzione dell'"ordine psichiatrico" come ruolo medico-sociale che porta all'osservazione e al riconoscimento dei problemi nel campo delle relazioni umane e della loro gestione."

b/ L'invenzione della "psichiatria sociale" come scienza politica per intervenire per la prevenzione dei problemi su larga scala.

c/ La creazione di tutta una serie di istituzioni militari che attueranno concretamente le politiche raccomandate.

d/ L'invenzione di nuovi tipi di comunità terapeutiche.

e/ L'invenzione della "psichiatria culturale".

Il Tavistock Institute è stato il primo del suo genere e ha visto centinaia di altri centri simili come l'*ISR*, il *Cornell ILR*, l'*Hudson Institute*, il *National Training Laboratories*, il *Walden Research*, lo *Stanford Research Institute* e molti altri istituiti nel mondo secondo il modello Tavistock. Dieci grandi istituzioni sono direttamente sotto il suo controllo, con quattrocento filiali e non meno di tremila diversi gruppi e *think tank* specializzati in organizzazione comportamentale, scienze politiche, psicoanalisi, psicologia e sociologia. Secondo John Coleman, autore di *"Conspirator's Hierarchy: the Story of The Committee of 300"*, Tavistock ha un vero e proprio *"esercito invisibile"* di attori

---

[23] *La gerarchia dei cospiratori* - Dr John Coleman.

[24] *Mind Control World Control* - Jim Keith 1997, p.45.

nei tribunali, nella polizia, nelle università, nei media, ecc. Tavistock sceglie gli artisti che guardiamo, forma e introduce nella società gli esperti che ascoltiamo e i politici che eleggiamo...

Si dice che Tavistock abbia addestrato leader mondiali da utilizzare da posizioni strategiche in tutto il mondo. Questo è stato il caso di Henry Kissinger, un rifugiato tedesco ed ex studente di John R. Reese, che è uno dei leader più importanti che sono passati attraverso il Tavistock. Come risultato della sua formazione, Kissinger fu rapidamente promosso ad alte posizioni di potere politico e strategico ed è ancora oggi un uomo di grande influenza. Un altro esempio è Jimmy Carter. Negli anni '70, il futuro presidente degli Stati Uniti era sospettato di essere uno *"zombie con lavaggio del cervello ad Arancia Meccanica"*. Nel luglio 1976, il giornale di Lyndon Larouche, *New Solidarity International Press Service* (No. 27), pubblicò un articolo intitolato: *"Jimmy Carter ha subito il lavaggio del cervello? Ci sono molte prove che suggeriscono che il sorriso "tavistockiano" e la pseudo-religione di Carter sono il risultato diretto di un programma di modifica comportamentale condotto dal suo "amico intimo", lo psichiatra Peter Bourne, e da sua sorella Ruth Carter Stapleton... Carter ha una storia di instabilità psicologica che lo rende altamente suscettibile di essere programmato per una completa sottomissione in un'elezione presidenziale Nel 1966, poco dopo aver perso le elezioni in Georgia, Carter cadde in depressione e disse: "La vita non ha scopo... il più piccolo fallimento è un disastro insormontabile per me"*. Questa non è una prova di programmazione mentale, ma Carter era sotto il controllo del dottor Peter Bourne, uno psichiatra di Tavistock. Bourne lo accompagnò durante tutta la sua ascesa politica fino a diventare il suo direttore di campagna durante le elezioni presidenziali. Bourne ha visto in Carter l'opportunità di creare un *Manchurian Candidate* (il termine usato in MK-Ultra per un assassino che non è consapevole della sua programmazione). Secondo il padre di Bourne, un maggiore delle forze speciali dell'esercito britannico che ha condotto regolarmente studi su gorilla e babbuini al centro di ricerca Yerkes, suo figlio *"era sempre interessato a come far eleggere un presidente da un punto di vista sociologico e comportamentale. Nella squadra di Carter, è lui che conduce una vera campagna presidenziale scientifica."*

Tavistock è anche dietro alcuni movimenti sociali su larga scala. Prendiamo l'esempio della "controcultura" degli anni '60, dove la rete Tavistock ha chiaramente guidato la diffusione e l'uso delle droghe, specialmente l'LSD. Il malcontento e le proteste dei giovani erano una porta aperta per infondere certe ideologie con la droga. Questa destabilizzazione sociale doveva essere una scappatoia per testare nuovi metodi di controllo, come le feste giganti dove l'LSD sarebbe stato fornito su larga scala. Così le giovani cavie finivano per diventare agenti della nuova cultura conosciuta anche come *New Age* (il progetto spirituale di occultisti luciferiani come Alice Bailey e Helena Blavatsky). Uno dei primi di questi festival giganti si tenne nel 1967, il *Monterey Pop International* in California, con oltre 100.000 partecipanti. Un concerto di tre giorni che sarebbe diventato il modello per festival di massa come Woodstock, organizzato due anni dopo con la piena complicità dell'FBI. Il festival di

Woodstock era una gigantesca operazione di controllo mentale all'aperto basata sull'LSD. La rivista *Time ha* chiamato il raduno di Woodstock il *'Festival Acquariano'* in riferimento alla fine dell'Era dei Pesci e l'inizio dell'Era dell'Acquario: la *Nuova Era,* o Nuovo Ordine (più avanti su questo), che doveva essere stabilita dopo la destabilizzazione sociale degli anni 60.

Anche l'enorme promozione mediatica dei Beatles negli Stati Uniti (un gruppo su cui torneremo nel capitolo 9) fu organizzata come parte di questo esperimento sociale su larga scala. Non fu una rivolta spontanea dei giovani contro il sistema sociale, ma i grandi gruppi di 'musica rock' dell'epoca servirono, tra l'altro, a introdurre un nuovo vocabolario ed espressioni per formare una nuova cultura. Droghe, sesso, rock'n'roll, proteste a livello nazionale... il nuovo e il vecchio mondo si scontrarono frontalmente e tutti questi hippies non avevano idea che questo faceva parte di un piano sociale deciso e organizzato dietro prestigiose fondazioni filantropiche, corporazioni e centri di ricerca dipendenti dalla Fondazione Rockefeller tra gli altri. Questi maestri burattinai della finanza e della politica hanno usato la cultura pop per manipolare lo sviluppo sociale.

Allo stesso modo, possiamo anche menzionare la musica rap, che è stata usata per stabilire un'ideologia liberale negli Stati Uniti e successivamente in Europa. La tecnica 'tavistockiana' era la stessa dei movimenti hippie, cioè operazioni di *Cointelpro* (*Counter Intelligence Program*) che consistevano in un'infiltrazione diretta nel movimento originale per destabilizzarlo, distorcerlo per screditarlo o deviarlo verso fini specifici, come fu il caso per esempio delle *'Black Panther'* (movimento politico rivoluzionario americano) Rapper e hippy sono due movimenti che sembrano essere totalmente opposti l'uno all'altro... eppure è interessante notare che la *Zulu Nation* (l'organizzazione di punta del rap) ha adottato come motto nel 1974 "*Peace, Unity, Love and Having Fun*". Questa è la stessa formula che il movimento hippie aveva usato dieci anni prima, "*Peace and Love!*" Questa è una filosofia libertaria che dice "*fate l'amore non la guerra*". Una dottrina che consiste nel fare la rivoluzione attraverso la sublimazione dei piaceri, attraverso l'apologia della droga e del sesso, niente di più e niente di meno. Oggi vediamo che il rap industriale, che raccoglie milioni di dollari, continua a propagare in modo sempre più virulento un materialismo esacerbato e decadente, con produzioni propagate in continuazione sulle grandi reti mediatiche. In effetti, questo processo di ingegneria sociale, iniziato negli anni '50, non si è fermato e ora ne vediamo le conseguenze. John Coleman (autore ed ex spia del MI6) ha scritto: "*La bancarotta morale, spirituale, razziale, economica, culturale e intellettuale in cui ci troviamo oggi non è un fenomeno sociale accaduto per caso. Piuttosto, è il risultato di un programma Tavistock accuratamente organizzato.*"[25]

Questi programmi di ingegneria sociale rivolti in particolare ai giovani sono continuati oggi con la propulsione alla ribalta della scena di 'starlette' ipersessualizzate e idolatrate a livello mondiale come Lady Gaga, Beyoncé,

---

[25] *The Tavistock Institute Of Human Relations: Shaping the Moral, Spiritual, Cultural, Political and Economic Decline of the United States of America* - Johan Coleman, 2006, p.14.

Miley Cirus, ecc, la lista è lunga. Stelle i cui testi delle canzoni e il cui comportamento sul palco stanno diventando sempre più devianti, per non dire completamente squilibrati. Torneremo su questo nel capitolo 9 sull'industria dello spettacolo.

In termini di ingegneria sociale, il cinema è anche uno strumento essenziale, allo stesso modo della televisione e della musica trasmessa in loop su onde radio e canali televisivi specializzati. Il cinema, la televisione e la musica hanno un effetto "alienante" spersonalizzandoci. La nostra immagine esterna e interna tende ad essere un riflesso o una copia dei modelli realizzati da star, attori, idoli e altri *sex symbol*... Questi scenari di 'vita' che ci vengono esposti in continuazione, dai film di Hollywood alla 'reality TV' quotidiana, alle serie TV coinvolgenti e ai video musicali, hanno una notevole influenza sul nostro look, il nostro stile, i nostri pensieri, i nostri atteggiamenti, il nostro comportamento, persino le nostre emozioni e sentimenti. L'onnipotenza dell'immagine mira a mantenerci in uno stato di infantilizzazione e quindi più docile e manipolabile.

C'è anche molto da dire su certi videogiochi ultra-violenti o intrisi di occultismo. Alcune produzioni sono veri e propri mondi alternativi che, a differenza di un film che dura un'ora o due, qui gli scenari possono durare decine e decine di ore durante le quali il giocatore è un attore della propria programmazione, l'effetto sul subconscio è quindi decuplicato.

È molto più facile gestire una società con il controllo mentale che con la coercizione fisica, e non mancano i metodi per programmare le masse. La base per controllare la popolazione è mantenerla ignorante dei fondamenti del sistema in cui vive e tenerla confusa, disorganizzata e permanentemente distratta.

Il professor Noam Chomsky, linguista e filosofo americano, ha descritto alcune strategie per manipolare le masse:

- La strategia della diversione

Consiste nel distogliere l'attenzione del pubblico da questioni importanti attraverso una continua raffica di distrazioni e informazioni banali. Questa strategia impedisce alla massa di essere interessata alla conoscenza nei campi della scienza, dell'economia, della psicologia, della neurobiologia, ecc. Il dirottamento delle attività mentali si ottiene anche attraverso curricula di bassa qualità e metodi di apprendimento che sabotano il pensiero critico e la creatività. Le scuole mantengono così i giovani nell'ignoranza della matematica reale, delle leggi reali, della storia reale, ecc. I media, d'altra parte, tengono accuratamente il pubblico lontano dai veri problemi sociali.

- La strategia del piromane o "problema-reazione-soluzione".

Si tratta di creare problemi per offrire soluzioni. In primo luogo, si crea una situazione che ha lo scopo di provocare una certa reazione da parte del pubblico, in modo che il pubblico stesso esiga le misure che voi volete che accetti. Per esempio, permettendo lo sviluppo della violenza, organizzando attentati sanguinosi, aggressioni, per far sì che l'opinione pubblica chieda leggi liberticide e di sicurezza. Allo stesso modo, organizzare una crisi economica per far accettare come un male necessario la riduzione dei diritti sociali e lo smantellamento dei servizi pubblici.

- Il gradiente e la strategia di rinvio

Consiste nel far accettare una misura, una legge o condizioni socio-economiche inaccettabili. Per fare questo, è sufficiente applicarlo progressivamente, in modo "degradato", su un periodo di una decina d'anni. La strategia del rinvio consiste nel far accettare all'opinione pubblica una decisione impopolare *"dolorosa ma necessaria"* ottenendo il suo consenso ad applicarla in futuro. Le masse tendono sempre a sperare ingenuamente che *"tutto andrà meglio domani"* e che il sacrificio richiesto possa essere evitato. Questo dà al pubblico il tempo di abituarsi all'idea del cambiamento e di accettarlo con rassegnazione quando arriva il momento.

- La strategia dell'infantilizzazione

Consiste nel rivolgersi al pubblico come se fosse un bambino. La maggior parte delle pubblicità rivolte al grande pubblico, in particolare le pubblicità radiofoniche, utilizzano un discorso, degli argomenti, dei personaggi e un tono particolarmente infantilizzanti, addirittura debilitanti, come se lo spettatore fosse un bambino o un handicappato mentale. Più si cerca di ingannare il pubblico, più si usa un tono infantile. La propaganda della "sottocultura" o "ignoranza grossolana" che incoraggia il pubblico a crogiolarsi nella mediocrità, a trovare "figo" essere volgari, stupidi e ineducati è particolarmente presente nei programmi di reality TV, che si rivolgono a una gioventù molto impressionabile. Queste produzioni televisive agiscono come programmazione su individui che sono già stati sradicati e non hanno veri punti di riferimento spirituali che permettano loro di mettere in discussione ciò che guardano e integrano ogni giorno.

Il controllo della maggior parte dei media è ovviamente necessario perché questo funzioni. La programmazione mentale degli individui in posizioni chiave/strategiche è necessaria per il corretto funzionamento e la sicurezza del sistema, i milioni bassi non sono un'opzione. La guerra invisibile con le sue armi silenziose non spara missili, non fa rumore, ma senza dubbio provoca danni fisici e mentali. Il pubblico nel suo insieme farà fatica a credere di poter essere sottoposto a un'arma del genere, sentirà istintivamente che qualcosa non va, ma non sarà in grado di esprimere questo sentimento in modo coerente e razionale. Pertanto, la richiesta di aiuto e l'organizzazione collettiva di una difesa contro un'arma così invisibile diventa molto difficile.

- Onde elettromagnetiche / psicotronica

Tutte le nostre azioni, pensieri e sensazioni fisiche sono alimentate dalla bioelettricità prodotta dai nostri neuroni e trasmessa attraverso complessi circuiti neurali all'interno del nostro cranio. Un'onda elettromagnetica esterna può quindi interferire con questa bioelettricità cerebrale.

Il controllo mentale psicotronico può essere applicato a grandi popolazioni così come a un singolo individuo. Lo sviluppo di armi antipersona elettromagnetiche è iniziato a metà degli anni '40, forse anche prima. Il primo riferimento conosciuto si trova nell'American Strategic Bombing Survey (Pacific Survey, Military Analysis Division, Volume 63) che menziona la ricerca giapponese per sviluppare un *"raggio della morte"*. Lo sviluppo di queste tecnologie è legato alle ricerche sul controllo mentale e la modifica del comportamento condotte dai servizi militari e di intelligence statunitensi e sovietici all'inizio della guerra fredda. L'obiettivo era quello di sviluppare mezzi tecnici in grado di manipolare, modificare o controllare la coscienza e il comportamento di individui o gruppi di individui. Poiché questi programmi sperimentali avevano un interesse militare, furono molto rapidamente coperti dal segreto della difesa, sia negli Stati Uniti che nell'URSS.

La *"ricerca comportamentale"* studia i campi della bioelettricità, la stimolazione elettrica o radio del cervello, la distruzione elettronica della memoria, ma anche la psicochirurgia, l'ipnosi, la parapsicologia, la telepatia, la telecinesi, il subliminale, la *visione a distanza*, l'irradiazione, le microonde, gli ultrasuoni, ecc.

Nel 1940, lo scienziato Walter Hess ricevette il premio Nobel per essere riuscito a influenzare il comportamento dei gatti (rendendoli improvvisamente feroci) per mezzo di elettrodi impiantati nel loro ipotalamo. Già nei primi anni '50, il dottor Lilly aveva mappato le funzioni del corpo legate a varie aree del cervello. Usando gli elettrodi, è stato in grado di attivare i centri nervosi legati alla paura, all'ansia, alla rabbia o alle funzioni sessuali. La sua ricerca è stata fatta sulle scimmie. Durante gli anni '50 e '60, il dottor Jose Delgado dimostrò che il comportamento umano e il sistema nervoso potevano essere completamente controllati da segnali elettrici trasmessi al cervello da piccoli elettrodi.[26]

Influenzare il cervello umano a distanza con l'energia elettromagnetica era ovviamente il passo successivo in questo campo di ricerca. All'epoca, un documento della CIA affermava: *"La fattibilità del controllo a distanza delle attività di diverse specie di animali è stata dimostrata (...) Saranno condotte ricerche e valutazioni specifiche per l'applicazione di alcune di queste tecniche sugli esseri umani".*[27]

Già nel 1959, un documento della CIA (ottenuto da Harlan Girard, presidente della *Commissione internazionale sulle armi elettromagnetiche offensive*, attraverso una richiesta di Freedom of Information Act), sottoprogetto 119 del programma MK-Ultra, proponeva di "stabilire una revisione critica della letteratura e degli sviluppi scientifici relativi alla registrazione, analisi e

---

[26] *Il controllo fisico della mente, verso una società psicocivile* - Jose M.R. Delgado, 1969.

[27] *La ricerca di The Manchurian Candidate* - John Marks, 1979.

interpretazione dei biosegnali.), MK-Ultra sottoprogetto 119, si prefiggeva già di *"stabilire una revisione critica della letteratura e degli sviluppi scientifici relativi alla registrazione, analisi e interpretazione dei segnali bioelettrici dal corpo umano e l'attivazione del comportamento umano a distanza (...) Tecniche di attivazione del corpo umano con mezzi elettronici a distanza. Sono stati fatti progressi e si sta preparando la lista dei laboratori, dei ricercatori e delle risorse nello studio della Bioelettronica. "*

Nel 1985, la giornalista Kathleen McAuliffe ha incontrato José Delgado nel suo laboratorio in Spagna, dove stava sperimentando la stimolazione elettromagnetica del cervello. In un articolo per la rivista *OMNI*, scrisse che José Delgado le aveva mostrato come poteva addormentare una scimmia o renderla iperattiva, o come poteva calmare i pesci nervosi usando radiazioni di microonde opportunamente modulate.[28]

Il lavoro di Delgado fu fondamentale nel campo della psicotronica, i suoi esperimenti su esseri umani e animali dimostrarono che la stimolazione elettronica di certe aree del cervello poteva scatenare emozioni intense, tra cui rabbia, desiderio o stanchezza. Nel suo articolo intitolato *"Stimolazione intracerebrale e osservazione dei tracciati nei pazienti"*, Delgado osservò che *"la stimolazione radio di diversi punti dell'amigdala e dell'ippocampo nei suoi quattro pazienti provocava vari effetti, tra cui sensazioni piacevoli, euforia, concentrazione profonda, rilassamento intenso (un precursore essenziale dell'ipnosi profonda), visioni colorate (allucinazioni), ecc.*[29]

Già nel 1966, Delgado affermava: "La mia ricerca conferma la spiacevole conclusione che il movimento, l'emozione e il comportamento possono essere diretti da forze elettriche e che gli esseri umani possono essere controllati come robot premendo dei pulsanti. Nel 1974, Delgado parlò al Congresso degli Stati Uniti e dichiarò che "abbiamo bisogno di un programma di psicochirurgia per il controllo della nostra società. L'obiettivo è il controllo fisico della mente. La [30]maggior parte del lavoro di Delgado sull'influenza delle percezioni e del comportamento a distanza per mezzo di onde elettromagnetiche è rimasta classificata e inaccessibile al pubblico.

Offensive Behaviour Control - USSR è un rapporto dell'esercito americano (1972) che presenta 500 studi sulla sperimentazione sovietica sul controllo elettronico della mente, più precisamente sull'uso delle *Oscillazioni elettromagnetiche ad altissima frequenza*. Il programma russo di armi ad energia diretta si è concentrato sugli individui, non sui gruppi. Alcuni dissidenti sovietici furono presi di mira con armi a microonde antiuomo, ma anche con tecniche di alterazione della mente che miravano alla *totale sottomissione della volontà individuale a una forza esterna.*

---

[28] *The Mind Fields* - Kathleen McAuliffe, rivista OMNI, febbraio 1985.

[29] *'Thought Control and the US Government'* - Martin Cannon, LOBSTER 23 - Da un'analisi del giornalista G. Guyatt presentata al Comitato Internazionale della Croce Rossa Symposium su *'The Medical Profession and the Effects of Weapons'*.

[30] José Delgado, 24 febbraio 1974, trascrizione nell'edizione degli *'Atti delle sessioni del Congresso americano'*, numero 26, vol. 118.

Nel marzo 1967 *un gruppo di coordinamento per la ricerca psicotronica* fu formato a Praga sotto la presidenza del professor Jaroslav Stuchlik. Nel 1970, questo gruppo divenne la Sezione di Ricerca Psicotronica della Società Scientifica e Tecnica Cecoslovacca sotto la guida del dottor Zdenek Rejdak. Fu il dottor Rejdak che organizzò il primo simposio russo sulla ricerca psicotronica a Praga nel giugno 1973, dopo di che si formò un'*Associazione Internazionale per la Ricerca Psicotronica*, il cui secondo congresso si tenne a Montecarlo nel luglio 1975.

Il programma del simposio di Praga comprendeva i seguenti cinque argomenti
- Cancellare il subconscio
- Sviluppo dell'ESP (percezione extrasensoriale)
- Induzione di effetti paranormali nei sogni
- L'equivalente meccanico dell'energia neuropsichica
- Igiene psichica'.

Nel 2001, il deputato americano Dennis J. Kucinich ha proposto un disegno di legge sulla conservazione dello spazio alla Camera dei Rappresentanti (*Space Preservation Act - 107th Congress 1st Session H.R. 2977 - A Bill*). Nella sezione 7 del disegno di legge, le tecnologie che accedono al cervello umano, alterano la salute o uccidono sono state definite come *"sistemi terrestri, marini o spaziali che usano radiazioni, elettromagnetiche, psicotroniche, soniche, laser o altre energie dirette contro individui o popolazioni mirate allo scopo di guerra dell'informazione, controllo dell'umore o controllo mentale di quegli individui o popolazioni."*

La *psicotronica* menzionata nella lista della proposta di legge di Kucinich è descritta in un libro degli scienziati russi Vladimir Tsygankov e Vladimir Lopatin (*'Psychotronic Weapons and the Security of Russia'*), come un'arma che utilizza la radiazione del 'campo di torsione' (onde scalari).

Ci sono accordi internazionali sui diritti umani che proibiscono la manipolazione non consensuale degli esseri umani. Su iniziativa del senatore americano John Glenn, nel gennaio 1997 sono state aperte delle discussioni al Congresso (*Human Reasearch Protection Act*) sui rischi dell'irradiazione delle popolazioni civili. Oggi, le microonde pulsate sono presenti nel nostro ambiente su vasta scala. Pochi si interrogano sul funzionamento di questa tecnologia e non si rendono necessariamente conto dell'impatto e, soprattutto, del potenziale di controllo e manipolazione generato dall'allestimento sistematico di una rete di "comunicazione" globale.

Gli impulsi nervosi nel cervello sono effettuati attraverso segnali elettrici che innescano cambiamenti chimici nel cervello. Il cervello umano opera all'interno di una banda relativamente stretta di frequenze dominanti, queste frequenze indicano il tipo di attività che ha luogo nel cervello. Ci sono quattro gruppi principali di frequenze di onde cerebrali, che sono associate alla maggior parte delle attività mentali. Il primo gruppo comprende le onde Beta (13-35 Hertz), che corrispondono a un normale stato di veglia, qualsiasi cosa al di sopra di questa frequenza sarà associata allo stress, stati di agitazione che possono compromettere il nostro pensiero e indebolire le nostre capacità di ragionamento.

Il secondo gruppo di frequenze comprende le onde Alfa (da 7 a 13 Hertz), corrispondono ad uno stato di rilassamento che ci permette di concentrarci mentalmente, queste onde facilitano l'apprendimento. Il terzo gruppo, le onde Theta (da 4 a 7 Hertz) corrispondono all'immaginazione mentale (immaginazione e sogno ad occhi aperti), accesso alla memoria e concentrazione mentale interna. L'ultimo gruppo comprende le onde Delta (da 0,5 a 3 Hertz), che sono onde ultra-lente che corrispondono al sonno profondo. In generale, la frequenza delle onde cerebrali sarà al minimo quando l'individuo è in uno stato di profondo rilassamento e al massimo quando la persona è molto attiva o agitata.[31]

Qualsiasi segnale esterno al cervello, con segnali elettromagnetici identici, può quindi interferire con le onde cerebrali influenzando la sua banda di frequenza. In altre parole, un segnale esterno può imporre il proprio ritmo al cervello di una persona: le frequenze normali vengono quindi alterate artificialmente e le onde cerebrali si adattano alla nuova banda di frequenza, innescando un cambiamento nella chimica del cervello e modificando così pensieri, emozioni e condizione fisica. Sapendo che la maggior parte dell'attività cerebrale umana si svolge in frequenze tra 1 e 100 Hertz e che le onde elettromagnetiche di questo tipo di frequenza hanno lunghezze d'onda di centinaia o addirittura migliaia di chilometri che impediscono loro di colpire il cervello umano, gli scienziati hanno iniziato a sperimentare le microonde pulsate. Questo è il tipo di microonde che si usa nei telefoni cellulari. Ci sono frequenze di microonde pulsate che penetrano abbastanza in profondità nel tessuto cerebrale per innescare l'attività neurale.

Il dottor Ross Adey, uno dei pionieri nello studio del controllo della mente tramite onde elettromagnetiche, ha dimostrato che il comportamento e gli stati emotivi possono essere influenzati a distanza ponendo il soggetto in un campo elettromagnetico. Adey e i suoi colleghi hanno dimostrato che le microonde modulate in modi diversi possono imporre un tipo di attività cerebrale su diverse aree del cervello. Lavorando con i gatti, hanno scoperto che la frequenza di certe onde cerebrali che apparivano durante un comportamento condizionato poteva essere aumentata selettivamente. Questo si ottiene modificando la forma delle microonde con variazioni ritmiche di ampiezza, equivalenti alle frequenze dell'EEG (elettroencefalogramma). Per esempio, una modulazione di 3 Hertz ha diminuito il numero di onde Alfa di 10 Hertz in un'area del cervello dell'animale e ha aumentato le onde Beta di 14 Hertz in un'altra.[32] Dirigendo una frequenza per stimolare il cervello e utilizzando la modulazione di ampiezza per rendere la forma d'onda imitare una frequenza

---

[31] *Mega Brain, Nuovi strumenti e tecniche per la crescita del cervello e l'espansione della mente* - Michael Hutchinson, 1986.

[32] 'Effetti dei campi modulati ad altissima frequenza su specifici ritmi cerebrali nei gatti', Brain Research, Vol 58, 1973.

EEG desiderata, Adey è stato in grado di imporre un tasso di onde Theta di 4,5 cps (cicli al secondo) ai suoi soggetti.[33]

Dal 1965 al 1970, la *Defense Advanced Projects Research Agency (DARPA)*, con oltre il 70-80% di finanziamenti militari, ha lanciato l'operazione *Pandora* per studiare gli effetti sulla salute e psicologici delle microonde a bassa intensità. Questo progetto ha condotto studi che hanno dimostrato come causare attacchi di cuore, perdite nella barriera emato-encefalica e allucinazioni uditive. Nonostante i tentativi di nascondere il Progetto *Pandora*, i documenti FOIA hanno rivelato un memorandum di Richard Cesaro, allora direttore della *DARPA*, che confermava che l'obiettivo iniziale del programma era quello di *"scoprire se un segnale a microonde controllato con precisione potesse controllare la mente"*. Cesaro ha incoraggiato tali studi *"per sviluppare potenziali applicazioni di armi"*. Anche se molti dei progetti ruotavano intorno all'uso di narcotici e allucinogeni, i progetti *Artichoke*, *Pandora* e *Chatter* dimostrarono chiaramente che i dispositivi "psico-elettronici" avevano la massima priorità. Dal 1963 in poi, la ricerca sul controllo comportamentale si è quindi concentrata sull'elettronica.

Nel settembre 1977, il direttore del progetto *MK-Ultra*, il dottor Sydney Gottlieb, testimoniò davanti al Senato degli Stati Uniti. Quando il senatore Richard Schweicker gli chiese dei sottoprogetti MK-Ultra che potevano essere collegati all'ipnosi, o più precisamente al controllo intracerebrale radio-ipnotico (una combinazione di trasmissione di onde e ipnosi), Gottlieb rispose al senatore: *"C'era un grande interesse per gli effetti osservati sui soggetti che si trovano in un campo di onde ed è probabile che tra gli innumerevoli sottoprogetti, qualcuno abbia cercato di verificare che era possibile ipnotizzare una persona mentre si trovava in un raggio di onde."*[34]

Nel 1974, J. F. Schapitz condusse uno studio per dimostrare che "le parole pronunciate da un ipnotizzatore possono essere trasmesse da un'energia elettromagnetica modulata direttamente nelle parti subconsce del cervello umano, cioè, senza utilizzare alcun dispositivo tecnico per riceverle, senza dover transcodificare i messaggi, e senza che la persona esposta a tale influenza possa controllare coscientemente l'ingresso delle informazioni". Questo studio è stato divulgato in base al Freedom of Information Act,[35] ma i risultati di Schapitz, finanziati dal Pentagono, non sono mai stati resi pubblici.

Nel 1986, la US Air Force ha pubblicato *"Low Intensity Conflict and Modern Technology"*. Il documento ha un capitolo intitolato *"Lo spettro elettromagnetico nei conflitti a bassa intensità"* che è stato scritto dal capitano Paul Tyler. Tyler è stato il direttore del *Progetto Radiazioni Elettromagnetiche* della Marina degli Stati Uniti dal 1970 al 1977. All'inizio di questo capitolo, Tyler cita da un rapporto dell'Air Force del 1982 intitolato: *"Final Report on*

---

[33] Estratto da un'analisi del giornalista David G. Guyatt presentata al Simposio del Comitato Internazionale della Croce Rossa su *"La professione medica e gli effetti delle armi"*.

[34] *Controllo della mente, controllo del mondo* - Jim Keith, 1997.

[35] *Body Electric: Electromagnetism and the Foundation of Life* - Robert Becker, William Morrow and comp. New York, 1985.

Biotechnology Research Requirements for Aeronautical Structures for the Year 2000" che afferma: *100 milliampere attraverso il miocardio possono causare l'arresto cardiaco e la morte... Un sistema di radiazioni potrebbe causare vertigini o morte su una vasta area. L'efficacia di questo dispositivo dipenderà dalla forma dell'onda, dall'intensità del campo, dall'ampiezza dell'impulso, dalla ripetizione della frequenza radio e dalla frequenza del dispositivo portante."*

In modo meno intensivo, l'uso delle microonde potrebbe essere adattato per influenzare semplicemente le emozioni e il comportamento umano. Tyler scrive anche: "A *causa dei molti parametri coinvolti e della specificità di ogni parametro, ognuno può essere personalizzato per un effetto specifico. Avere questo tipo di flessibilità fornisce una vasta gamma di opzioni per l'utente. Questo apre la porta a risposte appropriate per la guerra, sia convenzionale che non convenzionale."*

All'obiezione che la gamma di frequenze in cui opera un sistema nervoso umano è troppo stretta per fornire una così ampia scelta di risposta, Tyler scrive: "*Ci sono rapporti non confermati che un cambiamento di 0,01 Hertz può fare la differenza.*"[36] Tuttavia, le frequenze utilizzate negli esperimenti scientifici pubblici non hanno questo grado di precisione. Tyler menziona qui una ricerca militare che, se non è confermata, è coperta dal segreto della difesa.

Nel 1960, il dottor Joseph Sharp e il dottor Allen Frey hanno cercato di trasmettere parole parlate direttamente nella corteccia uditiva utilizzando microonde pulsate simili alle vibrazioni sonore che può inviare un altoparlante. Questa ricerca ha dato origine *all'"effetto Frey"*, più comunemente noto come *"sistema uditivo a microonde"*. Già nel 1962, il dispositivo di Frey permetteva, con una modulazione appropriata, di indurre suoni sia nelle persone sorde che in quelle senza problemi di udito, sia che si trovassero a pochi centimetri o a diverse migliaia di chilometri di distanza dal trasmettitore. All'inizio degli anni '70, Sharp, che stava lavorando al progetto militare *Pandora*, ampliò gli studi del suo collega Frey sulla trasmissione del suono direttamente nel cervello. Nei suoi esperimenti al Walter Reed Military Institute, ha trovato un modo per riprodurre e trasmettere non solo suoni nel cervello, ma anche parole pienamente comprensibili. Questa sperimentazione, coperta dal segreto della difesa, fu finalmente resa pubblica nel 1975 in un articolo di Don R. Justesen intitolato *"Microonde e comportamento"*.[37]

Nel luglio 1968, l'Ufficio Brevetti degli Stati Uniti registrò il brevetto n. 3.393.279 per un'invenzione di Patrick Flanagan descritta come un *"dispositivo di stimolazione del sistema nervoso"*, che non era altro che il *"Neurofono"*: un dispositivo per trasmettere suoni direttamente al cervello a distanza, con una qualità sonora naturale e senza bisogno di alcun impianto cerebrale. L'invenzione sembrava così incredibile che l'ufficio brevetti non la brevettò fino

---

[36] *Low Intensity Conflict and Modern Technology*, ed. Lt.Col. J. Dean, USAF, Air University Press, Center for Aerospace Doctrine, Research and Education, Maxwell Air Force Base, Alabama, giugno 1986 - Chapt: The Electromagnetic Spectrum in Low-Intensity Conflict, Capt Paul E. Tyler.

[37] *Microonde e comportamento* - Don R. Justesen, American Psychologist, marzo 1975, p. 391.

a sei anni dopo, pensando che non fosse seria. Non appena il brevetto fu depositato, la *Defense Intelligence Agency* classificò l'invenzione come "sicurezza nazionale". Flanagan è stato bandito da ulteriori ricerche.

Secondo il Dipartimento di Correzione Psichica dell'Accademia Medica di Mosca, la psico-correzione acustica comporta la trasmissione di comandi specifici attraverso bande di rumore bianco nel subconscio umano senza interrompere altre funzioni intellettuali. Questo dipartimento dell'Accademia Medica di Mosca ha chiaramente riconosciuto il potenziale pericolo di questa tecnologia. Gli esperti russi, tra cui George Kotov, un ex generale del KGB che ha servito in un'alta posizione ministeriale, hanno presentato un rapporto contenente una lista di software e hardware associati al programma di correzione psichica, che potrebbe essere fornito per la modica cifra di 80.000 dollari. Secondo il generale Kotov: *"Una volta che è diventato possibile sondare e correggere il contenuto psicologico degli esseri umani, contro la loro volontà e con mezzi materiali, i risultati possono sfuggire al nostro controllo ed essere utilizzati in modo maligno e disumano per manipolare la psiche collettiva."*

Alcuni autori russi notano che l'opinione mondiale non è pronta ad affrontare adeguatamente i problemi causati dalla possibilità di accesso diretto alla psiche umana. Pertanto, questi autori russi hanno proposto un centro bilaterale per queste tecnologie psico-elettroniche attraverso il quale gli Stati Uniti e la Russia potrebbero monitorare e limitare queste tecnologie emergenti. Il dottor Igor Smirnov, un esperto russo di armi non letali, fu invitato negli Stati Uniti nel 1993 per una serie di incontri dedicati al tema della psicoelettronica. Le riunioni includevano rappresentanti della CIA, DIA, FBI e DARPA, così come civili tra cui rappresentanti del National Institute of Mental Health e della ricerca biomedica. Come menzionato sopra, Igor Smirnov è il creatore di una tecnologia capace di inserire subliminalmente pensieri nella mente degli individui. Una ditta chiamata *Psychotechnologies Incorporated (Psi-Tech),* con sede a Richmond, Virginia, ha ottenuto un accordo con i russi per condividere e sviluppare questa tecnologia per l'uso in America. Il dottor Smirnov è morto di infarto nel 2005 e il suo brevetto è ora detenuto esclusivamente da *Psi-Tech.* Si noti che la *Psi-Tech* è controllata dal colonnello John B. Alexander, dal generale della NASA Michael Aquino (membro della Chiesa di Satana e fondatore del Tempio di Set) e dal tenente colonnello Albert Stubblebine, tra gli altri...

Forse il documento declassificato che meglio descrive le capacità delle armi psico-elettroniche è l'articolo del colonnello statunitense Timothy L. Thomas intitolato "*La mente non ha un software anti-intrusione*" (1998), da cui i seguenti sono estratti:

Un arsenale completamente nuovo di armi, basato su dispositivi progettati per proiettare messaggi subliminali o per cambiare le capacità psicologiche e di elaborazione dei dati, potrebbe essere usato per inabilitare gli individui. Queste armi mirano a controllare o alterare la psiche, o ad attaccare i vari sistemi sensoriali e di analisi dei dati del corpo umano. In entrambi i casi, lo scopo è quello di distorcere o distruggere i segnali che normalmente mantengono il corpo in equilibrio (...) Il corpo non solo può essere ingannato, manipolato o disinformato, ma può anche essere paralizzato o addirittura distrutto - proprio come qualsiasi altro sistema di elaborazione dati. I 'dati' che il corpo riceve da fonti esterne - come onde di energia elettromagnetica, vorticosa o acustica - o che crea attraverso i propri stimoli chimici o elettrici possono essere manipolati o cambiati esattamente nello stesso modo in cui i dati (informazioni) in qualsiasi sistema elettronico possono essere cambiati (...) Infatti, le regole del gioco (della guerra dell'informazione) includono la protezione e l'accesso ai segnali, onde e impulsi che sono in grado di influenzare gli elementi di elaborazione dati dei sistemi, dei computer e delle persone (...). La dottoressa Janet Morris, co-autrice di *The Warrior's Edge,* ha fatto diverse visite all'Istituto di Psico-Correzione di Mosca nel 1991. Le è stata presentata una tecnologia che permette ai ricercatori di analizzare elettronicamente la mente umana per poterla influenzare. Inseriscono comandi subliminali usando parole chiave trasmesse su "rumore bianco" o musica. Utilizzando l'infrasuono, una trasmissione a frequenza molto bassa, il messaggio acustico psico-correttivo viene trasmesso per conduzione ossea."[38]

Nel 1996, l'US Air Force Scientific Advisory Board ha annunciato in un documento pubblico: "Nella prima metà del XXI secolo, ci sarà un'esplosione di conoscenze nel campo delle neuroscienze. Arriveremo ad una chiara comprensione di come funziona il cervello umano, come controlla effettivamente le varie funzioni del corpo, e come può essere manipolato (sia positivamente che negativamente). Si può immaginare lo sviluppo di una fonte di energia elettromagnetica che potrebbe essere pulsata e concentrata per agire sul corpo umano in modo tale da inibire i movimenti muscolari volontari, controllare le emozioni (e quindi le azioni), indurre il sonno, trasmettere suggerimenti, interferire con la memoria a breve e lungo termine, e così via. Questo aprirà la porta allo sviluppo di nuove capacità che possono essere utilizzate nei conflitti armati, in situazioni di terrorismo o di presa di ostaggi, e in situazioni di addestramento."[39]

Luc Maempey del Groupe de Recherche et d'Information sur la Paix et la Sécurité (*GRIP) ha detto a proposito della* psicoelettronica: *"L'abbondanza di pubblicazioni disponibili, articoli della stampa specializzata, siti web mantenuti dalle varie istituzioni del Dipartimento della Difesa, potrebbe darci l'illusione che la trasparenza sia perfetta, che le informazioni siano complete e obiettive. Tuttavia, questo non è il caso. Le informazioni non classificate rimangono molto superficiali e riguardano solo alcuni aspetti politici, dottrine o informazioni tecniche di base, mentre la maggior parte dei programmi relativi alle armi non letali è ancora coperta dalla segretezza dei "programmi neri" che beneficiano di grandi dotazioni di bilancio che sfuggono a qualsiasi controllo (...) Gli inganni e gli insabbiamenti utilizzati dal Dipartimento della Difesa e dai suoi appaltatori per nascondere la vera natura di certi programmi hanno*

---

[38] *'La mente non ha un software anti-intrusione'* - Tenente Colonnello Timothy L. Thomas, analista dell'Ufficio degli Affari Militari Esteri, Fort Leavenworth, Kansas, 1998.

[39] "USAF Scientific Advisory Board, New World Vistas Air and Space Power for the 21st Century", Volume ausiliario, 1996, p.89.

assunto una tale portata che talvolta sfuggono al controllo delle stesse autorità militari."[40]

Ciò che è presentato in questo sottocapitolo sono archivi disponibili su internet, in particolare in un dossier francofono intitolato *"Les Technologies Offensives de Contrôle Politique"*. Data l'evoluzione esponenziale della tecnologia, è inutile dire che le ricerche nel campo della psicoelettronica che risalgono agli anni '70, '80 o addirittura '90 sono molto superate al momento attuale... Inoltre, qualsiasi tecnologia o informazione declassificata che esce dai militari ha almeno cinquant'anni, e la ricerca accademica, soprattutto in Europa, è almeno una o due generazioni indietro rispetto ai progressi militari. Già nel 1952, il progetto *Moonstruck* della CIA aveva l'obiettivo di impiantare dispositivi elettronici nelle persone per poterle seguire a distanza... Un programma ora declassificato. Quali sono le tecnologie e gli obiettivi dei programmi in corso oggi nel 2016? La mancanza d'informazione e l'assenza di dibattito pubblico su questo grave argomento è, da un lato, molto pericolosa, perché diversi stati hanno sviluppato e stanno ancora sviluppando armi di questo tipo. D'altra parte, lascia un margine di manovra impressionante per l'uso di questa tecnologia, che può essere utilizzata dai privati, e uno dei suoi pregi è proprio la discrezione...

Nel dicembre 2012, Jesse Ventura ha fatto un documentario sulla questione delle armi elettromagnetiche e delle *"voci nella testa"* indotte artificialmente. Il documentario, intitolato *"Brain Invaders"*, dà voce a molte vittime, ma anche a persone strettamente legate alla ricerca sul controllo mentale. Alla fine della sua indagine, Jesse Ventura incontra il dottor Robert Duncan, uno scienziato che ha lavorato per la CIA. Duncan ammette di aver contribuito a sviluppare sistemi che hanno permesso al governo di *"entrare nella testa della gente"*. È una combinazione di diverse tecnologie per creare uno strumento che può inserire idee e voci nella testa degli americani, che lui chiama *'Voice of God'*. Ecco la trascrizione della loro conversazione:

- **Jesse Ventura**: Qual è il lato negativo di quello che hai fatto?
- **Robert Duncan**: Ho potenziato il lato oscuro con alcuni dei miei lavori.
- **JV**: Cosa vuoi dire con questo?
- **RD**: La tecnologia è neutra, può essere usata sia per il bene che per il male. Ho lavorato a progetti per la CIA, il Dipartimento della Difesa e il Dipartimento di Giustizia.
- **JV**: Quando lavoravi in questi programmi per la CIA e il governo, cosa facevi esattamente? E dove ha lavorato?
- **RD**: Sono informazioni riservate, non posso parlarne.
- **JV**: Si trattava di "voci nella testa", questo genere di cose?
- **RD**: Sì
- **JV**: Abbiamo incontrato persone che dicono di sentire voci nella loro testa e di dover dormire in gabbie di Faraday. Fanno cose folli, ma quando ci

---

[40] *Armi non letali, la nuova corsa agli armamenti*. Groupe de Recherche et d'Information sur la Paix et la Sécurité - Luc Maempey, 1999.

parlano sembrano perfettamente normali, sembrano sani di mente come voi e me. Sono davvero pazzi? O è il governo che fa le cose per loro?

- **RD**: Il governo fa questo a loro. Si chiama "Voce di Dio".

- **JV**: Quindi sai che le armi su cui hai lavorato vengono ora usate sui civili?

- **RD**: Assolutamente. Bisogna ricordare che la CIA ha una lunga storia di esperimenti sui nostri civili, LSD, ecc.

- **JV**: Certo. Sentiamo parlare del programma MK-Ultra negli anni '60 e '70 e ci viene detto che si è fermato, è vero?

- **RD**: Non è vero! Il programma è continuato sotto un nuovo nome e con un nuovo budget. Questa è l'arma definitiva.

- **JV**: Riconosce oggi che ci sono persone, cittadini di questo paese che vengono molestati da questa tecnologia?

- **RD**: È peggio che essere molestati, è una parola leggera... Sono veramente torturati.

- **JV**: Come entrano nella tua testa? Ho sentito parlare di queste torri GWEN, sarebbero state attive in passato e sostengono che ora sono inutili.

- **RD**: Con questo strumento, hanno la capacità di trasmettere facilmente messaggi attraverso il paese nella testa delle persone o causare loro un dolore intenso. Questo fa parte della strategia per il dominio del mondo, controllando la popolazione dal conscio al subconscio.

- **JV**: Chi sono i controllori? È il presidente? La Federal Reserve?

- **RD**: No.

- **JV**: Quindi queste persone sono effettivamente a qualche livello nel nostro governo, prendono decisioni senza essere ufficialmente eletti.

- **RD**: È esattamente questo.

- **JV**: Rende tutto più difficile perché non possono essere rimossi dalla loro posizione.

- **RD**: Non possono essere rimossi e sono anche difficili da trovare. Si nascondono nei recessi oscuri del governo.

- **JV**: Hai lavorato per queste persone, le hai aiutate a sviluppare questa tecnologia.

- **RD**: Ero ingenuo, non sapevo come queste tecnologie sarebbero state assemblate per creare l'arma definitiva.

- **JV**: Non lavori più per loro?

- **RD**: No...

- **JV**: Lei mi guarda dritto negli occhi e mi dice che non ha più legami con questa ricerca, e che è qui per denunciarla...

- **RD**: Esattamente...

- **JV**: Hai paura per la tua vita?

- **RD**: No.

- **JV**: Perché?

- **RD**: Non ho paura di morire (...)

Nel suo libro *Project: Soul Catcher - Secrets of Cyber and Cybernetic Warfare Revealed*, il dottor Robert Duncan chiarisce che c'è un divario di 60 anni tra la tecnologia militare e l'hardware civile in questo settore. Scrive: *"La mente non ha firewall e nessun software anti-virus, il che rende il pubblico molto vulnerabile a questi tipi di attacchi psicotronici". In un'intrusione diretta nella mente, la manipolazione è fatta con la telepatia sintetica, che è una tecnologia di bio-comunicazione. Suoni e voci possono essere pulsati verso un obiettivo. A causa delle credenze religiose, "la voce di Dio" (che è il nome dato a questa tecnologia) diventa una realtà per coloro che non hanno mai sentito parlare di questa tecnologia. Altri crederanno che si tratti di alieni perché, di nuovo, è una tecnologia che sembra troppo avanzata per venire da questa terra...".*

Nel 1994, i primi test dell'attrezzatura radar più potente del mondo, il sistema HAARP, iniziarono in Alaska. Questa apparecchiatura ha la caratteristica di poter riscaldare la ionosfera e quindi farle cambiare altitudine. Manipolando questo strato della nostra atmosfera, è possibile utilizzarlo per inviare onde elettromagnetiche in una zona mirata del pianeta. Le applicazioni di questa tecnologia vanno dai cambiamenti climatici ai terremoti, fino a influenzare le comunicazioni senza fili. Ufficialmente, il sistema HAARP è progettato per la ricerca scientifica, ma è molto probabile che sia stato sviluppato per scopi militari. Cosa ha a che fare la manipolazione ionosferica con la manipolazione mentale e comportamentale degli umani? Nick Begich e Jeane Manning, gli autori del libro *"Angels Don't Play This HAARP"* che hanno indagato su questo dispositivo per oltre sette anni, riferiscono che John Heckscher, il direttore del programma HAARP, ha detto in un'intervista che le frequenze e le energie utilizzate in questo sistema sono regolabili e in alcune applicazioni sarebbero pulsate nella banda da 1 a 20 Hertz. Le bande di frequenza sono strette e i livelli di energia sono bassi, ma sono distinti dagli impulsi della Terra.[41] Heckscher entra in ulteriori dettagli quando dice: "Le *onde ELF e ULF che saranno prodotte da HAARP interagendo con l'elettroprogetto polare avranno livelli di potenza così bassi rispetto al rumore circostante, che saranno necessari ricevitori integratori molto sensibili per registrarli.*[42] Il punto più importante è quello dei segnali coerenti controllati che, come già detto, sono 1/50 del livello energetico dei campi naturali della Terra, ma che, tuttavia, possono avere effetti profondi sull'attività cerebrale. Il sistema HAARP crea un campo elettromagnetico enorme, coerente e regolabile, che potrebbe essere paragonato all'EMF (campo elettromagnetico) di José Delgado, tranne che quello di HAARP non si estende ad una sola stanza. Ha il potenziale per coprire un'area delle dimensioni di un grande stato occidentale, o addirittura un emisfero. Patrick Flanagan, l'inventore del Neurophone, ha detto della tecnologia: *"Il progetto HAARP potrebbe essere non solo il più grande 'radiatore ionosferico' del mondo, ma anche il più colossale strumento di controllo del cervello mai concepito."*[43]

---

[41] "John Heckscher, responsabile del programma HAARP", intervistato da Jeane Manning il 21/02/1995.

[42] Lettera di John Heckscher a Mr Arthur Grey, Segretario di Gabinetto, Dipartimento del Commercio degli Stati Uniti, Amministrazione per le telecomunicazioni nazionali e l'informazione e responsabile per l'assegnazione delle frequenze radio - 08/11/1994.

[43] "Gli angeli non giocano a questo HAARP" - Jeane Manning e il dottor Nick Begich.

Infine, diamo uno sguardo alla telefonia mobile e alla sua ondata sociale simile a quella della televisione... In Francia, il numero di SMS inviati è passato da 1,5 miliardi nel 2000 a più di 100 miliardi nel 2010 (cifre della Fédération Française des Télécoms). Mai prima d'ora una tecnologia si è imposta così rapidamente; i satelliti di telecomunicazione e le antenne di trasmissione hanno coperto i territori in modo invasivo e sistematico. Le aree urbane sono sovraccariche di antenne relè, che a volte si moltiplicano in modo anarchico senza che i residenti locali abbiano voce in capitolo. Questo mezzo di telecomunicazione combina tecnologie radar, radio e telefoniche, e funziona utilizzando microonde pulsate a bassa frequenza. Comprando telefoni e abbonamenti, stiamo finanziando l'installazione di una gigantesca rete di trasmettitori e ricevitori di microonde pulsate che copre ogni centimetro quadrato del paese. A causa della natura delle onde che utilizza, questa rete di telecomunicazioni ha un enorme potenziale per influenzare le onde cerebrali delle persone.

Un telefono cellulare emette microonde tutto il tempo anche quando è spento (per localizzare la stazione base più vicina). La maggior parte delle persone non lasciano mai il loro telefono e dormono anche a pochi centimetri da esso (problema di dipendenza). Il Dr. Richard Gautier, autore di "*Votre GSM, votre santé: On vous ment - 100 pages pour rétablir la vérité*" ha elencato non meno di trentadue esperimenti pubblicati tra il 1995 e il 2003 che mostrano un cambiamento notevole nell'EEG (elettroencefalogramma) di soggetti umani esposti per un breve periodo di tempo (da pochi minuti a una notte) a microonde pulsate a bassa frequenza. Questo conferma ancora una volta tutte le ricerche che sono state fatte in questo campo da oltre cinquant'anni. Secondo il dottor Richard Gautier: "È in corso *un esperimento a lungo termine* su *scala planetaria, di cui siamo tutti cavie.*"[44]

La telefonia mobile o l'arte di introdurre un'arma silenziosa nella tasca di ogni cittadino? Una cosa è certa: abbiamo poca esperienza di questa tecnologia e tuttavia richiede un'attenzione molto speciale, sia per quanto riguarda il suo impatto sulle nostre cellule che sulle nostre onde cerebrali. Eppure notiamo un silenzio assordante da parte delle autorità sanitarie francesi sull'argomento. La situazione è diversa in Russia, dove la *Commissione nazionale per la protezione contro le radiazioni non ionizzanti* ha redatto una lista di raccomandazioni riguardanti la telefonia mobile:

- I bambini sotto i 16 anni non dovrebbero usare i telefoni cellulari.
- Le donne incinte non dovrebbero usare telefoni cellulari.
- Disturbi neurologici come neurastenia, psicopatia, psicostenia, così come tutte le nevrosi con disturbi astenici, ossessivi o isterici che riducono l'attività mentale e fisica, perdite di memoria, disturbi del sonno, epilessia e sindrome epilettica, predisposizione all'epilessia
- Le chiamate dovrebbero essere limitate a un massimo di tre minuti, e dopo ogni chiamata l'utente dovrebbe aspettare quindici minuti prima di fare un'altra chiamata. L'uso di cuffie e kit vivavoce è fortemente incoraggiato.

[44] Annie Lobé - NEXUS n°30 di gennaio-febbraio 2005.

- I produttori e i rivenditori di telefoni cellulari dovrebbero includere nelle specifiche tecniche le seguenti informazioni: tutte le raccomandazioni d'uso di cui sopra, tutti i dati sanitari ed epidemiologici rilevanti sui telefoni cellulari, così come i livelli di radiazione associati al telefono e il nome del laboratorio di misurazione.[45]

2 - CONTROLLO MENTALE INDIVIDUALE

Il lavaggio del cervello è "un indottrinamento così intenso e profondo da creare una trasformazione radicale dei caratteri psicologici e delle credenze". - Dizionario del Nuovo Mondo Webster

Il controllo mentale individuale è una pratica comune negli ambienti politici, militari, criminali, mafiosi e di culto. Ma il controllo mentale può essere presente anche nelle aziende o nella struttura familiare quando un pervertito narcisista molesta e manipola un dipendente, un coniuge o un figlio.

Alcuni gruppi si sono sempre affidati a tecniche di interrogatorio coercitive, le cosiddette "armi forti", così come a vari metodi di lavaggio del cervello per costringere la vittima alla sottomissione, per estrarre informazioni o per indottrinarla. Queste tecniche intrusive e violente sono utilizzate oggi da alcune organizzazioni politiche e militari, dai servizi di intelligence e dal mondo criminale (pornografia, reti di prostituzione, traffico di esseri umani, armi e droga). Il lavaggio del cervello è un processo di indottrinamento che fu usato su alcuni prigionieri americani durante la guerra di Corea (1950-1953). Nel 1951, il giornalista Edward Hunter riferì di questi metodi sotto il termine *"riforma del pensiero"*. Una tecnica sviluppata e applicata dai comunisti dopo la loro presa della Cina nel 1949. I comunisti cinesi hanno anche cercato di manipolare alcuni dei loro stessi cittadini, allo stesso modo dei prigionieri di guerra, per cambiare le loro credenze e convinzioni. L'obiettivo era quello di far loro accettare e integrare una 'verità' che prima era stata rifiutata e considerata falsa. Questi metodi usano la privazione del cibo, del sonno, l'isolamento e il confinamento delle vittime in un piccolo spazio per un lungo periodo di tempo. La vittima, totalmente indebolita fisicamente e psicologicamente, arriva a credere che morirà davvero o impazzirà. Il risultato finale è che le sue convinzioni politiche, religiose e sociali si conformano a quelle dei torturatori che tengono la sua vita nelle loro mani. Qualsiasi gruppo che ha bisogno di sottomettere e dominare gli individui usa questi metodi di *"riforma del pensiero"*. Intimidazione, minacce, isolamento sociale, indottrinamento spirituale, tortura, privazione dei bisogni fondamentali come il sonno o il cibo, ecc. sono le tecniche utilizzate per soggiogare le persone. Intimidazione, minacce, isolamento sociale, indottrinamento spirituale, tortura, privazione dei bisogni fondamentali come il

---

[45] "Cellulari: come proteggersi" - Annie Lobé, 2006.

sonno o il cibo, ecc. sono le tecniche utilizzate per la sottomissione e l'indottrinamento di un umano.

Il condizionamento del soggetto è un passo importante nel controllo mentale individuale. Ivan Pavlov e Frederic Skinner (padre del comportamentismo radicale) sono i precursori in questo campo. Pavlov è noto per il suo lavoro con i cani; i suoi esperimenti includevano prima dare un segnale con una campana per destare l'attenzione del cane (lo stimolo condizionato), e poi cinque secondi dopo gli dava del cibo (lo stimolo incondizionato). Dopo un po', il solo suono della campana produsse un riflesso condizionato nel cane, che iniziò a salivare senza alcun cibo davanti a sé. Questo tipo di reazione condizionata si chiama *riflesso di Pavlov*. Pavlov descrive due tipi di riflessi: riflessi innati, che sono presenti dalla nascita, e riflessi condizionati, che sono acquisiti attraverso l'apprendimento.

Una cosa meno nota è che Ivan Pavlov studiò l'effetto dello stress estremo sul condizionamento dei cani. Per questo usava le scosse elettriche. [46]Questa forma di condizionamento estremo è la base del controllo mentale, usando la paura e il dolore della vittima per programmare codici e segnali che innescano reazioni automatiche.

Durante l'inondazione del 1924 a Leningrado, l'acqua inondò il laboratorio di Pavlov e i cani furono quasi sommersi, nuotando con solo la testa fuori dall'acqua in cima alle gabbie, erano totalmente terrorizzati. Molti di loro hanno poi perso il loro precedente condizionamento. Pavlov riferì che i cani avevano subito una sorta di dissociazione cerebrale ed erano in uno stato ipnotico simile ad alcuni "disturbi mentali" umani. Pavlov ha poi dedotto che in caso di grave trauma, *"il cervello può subire una cancellazione, almeno temporanea, di tutti i comportamenti condizionati precedentemente impiantati in esso"*.[47]

Dopo diversi mesi, Pavlov, che aveva ricondizionato la maggior parte dei cani, fece scorrere intenzionalmente l'acqua nel laboratorio per vedere come reagivano. I cani si sono fatti prendere dal panico e sono stati nuovamente traumatizzati, perdendo di nuovo tutto il condizionamento che era stato appena "riprogrammato". Il lavoro e le osservazioni di Pavlov sui cani possono essere messi in parallelo con le testimonianze dei sopravvissuti ai metodi di controllo mentale della *tabula-rasa*, dove tutto l'apprendimento precedente è perso, come una lavagna cancellata, e dove un innesco/stimolo di condizionamento può riattivare lo stato traumatizzato.[48]

Un metodo per sottomettere e manipolare efficacemente un individuo è quello di applicare le *tre D* o *DDD*, che stanno per *"Debility, Dependency, Dread"*. Gli psichiatri Farber, Harlow e Jolyon West hanno descritto questo protocollo nel loro libro *"Brainwashing, conditioning and DDD"*. Secondo questi psichiatri, la vittima deve essere debilitata, dipendente e spaventata per spezzarla in modo che possa essere dominata...

---

[46] Riflessi condizionati e psichiatria, Vol.2 di Lectures on Conditioned Reflexes - Ivan Pavlov, 1941.

[47] *Battle for the Mind: A physiology of Conversion and Brain-washing* - William Sargant, 1957.

[48] *Abuso rituale e controllo mentale: la manipolazione dei bisogni di attaccamento* - Ellen P. Lacter, 2011.

Noterete che questo protocollo di controllo mentale individuale *"DDD"* è oggi applicato su larga scala nei programmi di ingegneria sociale che mirano a condizionare la società. Chi potrebbe negare oggi che il nostro mondo moderno non ci infantilizza, non ci debilita continuamente, non ci rende dipendenti da tutto e da tutti togliendoci un massimo di autonomia, e non induce una paura costante?

C'è anche il metodo *"PDH"*, che sta per *Pain, Drug and Hypnosis*, cioè l'uso di dolore, droga e ipnosi per sottomettere e programmare un individuo. Una combinazione *PDH* che troviamo nel tipo di controllo mentale Monarch (sviluppato nel capitolo 7).

Nel libro (rapporto) per la CIA intitolato "Communist Control Technics" (1956), gli psichiatri Laurence Hinkle e Harold Wolff hanno scritto: "L'uomo con cui l'interrogatore ha a che fare può essere considerato come un paziente creato intenzionalmente. L'interrogatore ha a sua disposizione tutti i vantaggi e le opportunità di cui un terapeuta potrebbe godere nel trattare con un paziente in disperato bisogno di aiuto."

Si tratta di creare il caos per portare ordine. Creare intenzionalmente un *"paziente"* è quindi prendere un soggetto sano e indebolirlo e terrorizzarlo, al fine di *"aiutarlo"* come *"terapeuta"*. Questa inquietante corrispondenza tra interrogatorio coercitivo e psicoterapia mostra il ruolo intercambiabile che gli psichiatri possono avere con i torturatori e viceversa. La scienza psichiatrica è il nervo del controllo mentale.

L'elenco che segue contiene diverse forme di controllo mentale che possono essere applicate ad un individuo. Combina i metodi di lavaggio del cervello riportati dai prigionieri di guerra con i metodi usati nei culti distruttivi e nei programmi governativi come MK-Ultra. Si va dalla "semplice" manipolazione mentale della vittima che ne è pienamente consapevole e se ne ricorda, alle forme più complesse in cui la vittima non ha memoria del trauma e non è consapevole della sua programmazione mentale. La "formula" del lavaggio del cervello è sempre la stessa: destrutturare e cancellare l'identità e sostituirla con un nuovo "programma". Ognuna di queste tecniche può essere usata isolatamente, ma di solito vengono combinate in una sorta di processo di "morte" e "rinascita". Analizzando queste tecniche specifiche di controllo mentale individuale, è possibile rilevare le strategie di potere applicate in modo più globale e diffuso, su scala più ampia.

- **L'individuo si trova solo** in un gruppo o comunità che continuerà a professare particolari credenze e dottrine, mentre allo stesso tempo l'individuo viene gradualmente isolato dalla sua famiglia e dalle attività esterne.

- **Il restringimento del mondo.** La vittima viene spogliata di tutti gli oggetti personali, poiché essi simboleggiano la sua vita passata e possono essere una fonte di forza morale. L'obiettivo è quello di tagliare la vittima da ciò che la collega al mondo e agli altri per sabotare la sua capacità di resistenza e perseveranza. Il senso di questa separazione deve essere intensificato con tutti i mezzi, in modo che la vittima si convinca di essere tagliata fuori da qualsiasi relazione che possa aiutare. Un mondo falso, in miniatura, è anche creato intorno alla vittima, come una cassaforma per lavorare sulla sua psiche. Si tratta di sostituire il mondo dell'interrogatorio al mondo esterno, il mondo esterno viene quindi cancellato e allineato agli standard di un micro-mondo, un incontro a porte chiuse tra quattro mura. In questo mondo in scala ridotta costruito dai torturatori, la vittima si convince rapidamente della loro onnipotenza.

- **Destrutturazione dell'identità**. Alla vittima viene detto che è ciò che non è e che non è ciò che è veramente. Questo viene fatto per fargli perdere l'orientamento e iniziare a mettere in discussione la propria identità. La vittima è costretta a mettere in discussione convinzioni che non aveva mai messo in discussione prima. Le sue certezze sono scosse.

- **Disorientamento e confusione**. L'obiettivo è quello di sconvolgere le aspettative naturali e le reazioni condizionate della persona. L'individuo è abituato a un mondo logico, un mondo che ha senso ed è naturalmente prevedibile, e vi si aggrapperà per preservare la sua identità e la sua capacità di resistenza. La destabilizzazione comincia con l'interruzione sistematica dei punti di riferimento temporali: orologi guasti, che vanno avanti e poi indietro, orari irregolari e notti a geometria variabile. I torturatori diventano padroni dello spazio e del tempo, interrompono i ritmi naturali per far precipitare il soggetto in uno stato di disorientamento totale. Oltre alla strategia del disorientamento temporale, la vittima sarà attaccata nei suoi punti di riferimento logici e semantici da una valanga di domande assurde e incoerenti, affermazioni contraddittorie e inverosimili, toni di voce totalmente inadeguati a ciò che viene detto, etc. Questo disorientamento si ottiene anche attraverso l'uso dei segni "io" e "io". Questo disorientamento comporta anche la saturazione della sua capacità interpretativa. Di fronte alla valanga di assurdità da cui è inondato, l'individuo si perderà in una sorta di spirale di ipotesi interpretative tanto vane quanto infinite... fino alla follia. Lasciare che la vittima cerchi di capire qualcosa dove non c'è niente da capire fa parte di questi metodi sadici.

- **Senso di colpa**. Fare ripetutamente accuse contro la vittima per impregnarla di colpa. L'individuo arriverà a sentire di aver fatto qualcosa di sbagliato e si convincerà di essere colpevole e che la punizione è quindi meritata. I perpetratori possono anche costringere la vittima a commettere un illecito in modo da trovarsi essi stessi in una posizione di colpa e quindi di colpevolezza. Il comportamento della vittima è modellato dall'uso di premi e punizioni, insieme ad altri processi di condizionamento.

- **Autopredazione**. Mettendo l'individuo contro se stesso fino a che non diventa finalmente l'agente della sua stessa sconfitta. Si tratta di ripiegare il soggetto su se stesso privandolo del mondo esterno e degli altri, radicalizzando la sua soggettività per renderlo responsabile dei propri tormenti. Si può allora porre la domanda: "Ma perché ti fai questo? '. Il senso di colpa e l'auto-previsione vanno di pari passo.

- **Tradimento e auto-tradimento**. Costringendo la vittima a denunciare i suoi amici, colleghi, entourage e famiglia. Questo rafforza il senso di colpa e di vergogna ma anche la sensazione di tradire la propria vita. La vittima è portata a credere che nessuno nella sua famiglia o nella sua comunità si preoccupi di ciò che è diventata.

- **Presentazione volontaria**. La vittima si sottomette volontariamente al torturatore in cambio di un compenso, che può essere costituito da beni materiali, droga, sesso, ma anche "affetto" e "libertà". La vittima può essere in grado di scegliere il suo padrone.

- **La sottomissione attraverso il terrore**. Il torturatore ottiene una forma di rispetto terrorizzando la vittima, questo può essere fatto anche se la vittima conserva le proprie convinzioni e la propria personalità.

- **Il punto di rottura**. Gli effetti combinati del forte senso di colpa e della vergogna portano la vittima a sentirsi alienata da se stessa. Comincia a temere la follia e l'annientamento totale. La vittima è anche sottoposta a violenza, degradazione e umiliazione pubblica che mira a distruggere la sua autostima. Inoltre, la deliberata imprevedibilità del comportamento degli autori rende impossibile individuare le loro aspettative e i loro pensieri, il che rafforza la sensazione della vittima di non avere alcun controllo.

- **Lavaggio del cervello** attraverso la privazione dei bisogni fondamentali come il sonno, il cibo, l'acqua, ecc. combinato con l'isolamento sociale.

- **Associa gli ordini al dolore**. Le direttive e i comandi sono dati allo stesso tempo della tortura. Questo per convincere l'individuo che la violenza si ripeterà se gli ordini e le direttive non saranno seguiti. Le ingiunzioni: *"Dimenticherai"*, *"Non parlarne"*, ecc. sono verbalizzate e impresse nella mente dell'individuo. Le ingiunzioni: "Dimenticherai", "Non parlarne", ecc., sono verbalizzate e impresse nella psiche nello stesso momento in cui il dolore viene iniettato nel sistema nervoso. Si tratta di mantenere una tortura fisica e psicologica ripetitiva per installare questi comandi profondamente nella vittima attraverso la convinzione (di solito subconscia) che ci saranno conseguenze estremamente dolorose se mai violerà le direttive. La ri-esperienza di queste torture iniziali comporta spesso manifestazioni somatiche, come lievi lividi o gonfiori delle lesioni iniziali.

- **Clemenza**. L'inevitabile annientamento è improvvisamente invertito dall'inaspettata clemenza dei carnefici. Una breve pausa negli interrogatori, un breve momento di acquiescenza in cui la vittima viene trattata come un essere umano rispettabile. Improvvisamente l'annientamento non è più l'unico risultato possibile. Per un individuo in una tale situazione, questa improvvisa decompressione psicologica servirà ad ammorbidirlo e a portarlo nel campo dei colpevoli. L'individuo diventa allora quasi grato per il processo di "riforma" in corso, e dovrà partecipare al proprio indottrinamento, per esempio scrivendo istruzioni o organizzando attività.

- **Sindrome di Stoccolma**. Situazioni di stress intenso portano gradualmente alla dipendenza e a una certa fedeltà della vittima all'aggressore. Il termine *"sindrome di Stoccolma"* risale all'agosto 1973, quando un ostaggio fu preso in una banca di Stoccolma, in Svezia. Un evaso di 32 anni di nome Jan-Erik Olsson ha preso in ostaggio quattro impiegati di banca per cinque giorni e mezzo. Alcuni giorni dopo la loro liberazione, anche se i prigionieri non sono stati in grado di spiegare questa reazione, hanno testimoniato di aver mostrato una strana vicinanza al loro sequestratore, hanno cercato di identificarsi con lui e sono arrivati a temere la polizia. In alcuni casi, le vittime hanno persino testimoniato a favore del sequestratore o hanno raccolto fondi per la sua difesa legale.

- **Confessione**. La vittima alla fine accetta di fare delle "confessioni" per liberarsi dal senso di colpa schiacciante che gli viene fatto portare. Confessare, 'confessare' anche se non c'è nulla da confessare, diventa un atto irresistibile per l'individuo per porre fine agli orrori della confusione mentale, del senso di colpa e della perdita di identità.

- **Armonia**. Quando la riformazione della vittima è ben avviata, quando i suoi bisogni emotivi sono stati soddisfatti grazie al suo buon comportamento, la vittima può allora ritrovare una certa vita relazionale in un gruppo, le viene permesso di partecipare alle attività comuni. Questo porta sollievo, la pressione è alleviata e l'alienazione può scomparire per fare spazio a una migliore relazione con l'ambiente. Il bisogno di relazioni umane porta la vittima ad avvicinarsi ai suoi abusatori.

- **Rinascita e rieducazione**. In questo nuovo stato d'animo "armonioso", la vittima è pronta a condannare e rifiutare tutto ciò che è stata in passato. Attraverso la confessione, deve condannare tutti gli aspetti della sua vita passata, vedendoli come una lunga serie di atti vergognosi per ricostruire qualcosa su nuove basi. È una forma di rinascita.

- **Indottrinamento spirituale**. La vittima psicologicamente debole o dipendente è sottomessa a un leader carismatico che sostiene di essere collegato a qualche tipo di dio. Sostiene di essere stato scelto per una missione spirituale e diventa una bussola per la vittima disorientata.

- **Inquinamento spirituale**. Si tratta di rituali di stregoneria che mirano ad "attaccare" entità maligne a vittime traumatizzate e dissociate (vedi capitolo 5). Queste entità molesteranno e parteciperanno al controllo mentale. Patti, incantesimi, maledizioni, alleanze, ecc. sono usati per inquinare e rendere la mente della vittima inadatta allo scopo. Patti, incantesimi, maledizioni, alleanze, ecc. sono usati per inquinare e rendere la vittima malvagia e malsana, malata fisicamente o psicologicamente, isolata socialmente, svalutata e schiavizzata.[49]

- **"Guida psichica"**. Un metodo che coinvolge messaggi registrati che vanno in loop per ore mentre la vittima è in uno stato alterato di coscienza come risultato di elettroshock, privazione sensoriale, privazione di cibo, acqua, sonno, ossigeno, confinamento e altri atti di tortura.[50]

- **Ipnosi e trance**: uno stato di trance è uno stato ipnotico dissociativo in cui la memoria e le percezioni sono alterate. La dissociazione è una separazione, una scissione tra elementi psichici/mentali, che di solito sono uniti e comunicano tra loro (questo argomento sarà sviluppato nel capitolo 5). Gli effetti di uno stato di trance possono essere causati da alcune condizioni come: esaurimento mentale o fisico, terrore, canti ripetitivi, rituali o droghe. La suscettibilità alla trance o alla dissociazione varia da persona a persona. La ricerca ha dimostrato che le persone con alta suggestionabilità ipnotica hanno apparentemente delle predisposizioni genetiche, ma anche i traumi, specialmente gli abusi sessuali

---

[49] Rapporto della task force sugli abusi rituali, Los Angeles County Commission for Women, 1989.

[50] The Manipulated Mind: Brainwashing, Conditioning, and Indoctrination', Denise Winn, 2002.

infantili, predispongono ad un'alta suggestionabilità ipnotica. Alcuni stati di trance sembrano essere autoindotti e funzionano come un meccanismo di difesa contro il dolore massiccio e un ambiente violento. In alcuni casi, la trance autoindotta e la dissociazione da gravi abusi possono portare alla creazione di una personalità multipla. La trance può anche essere indotta da un'altra persona, un ipnotizzatore. L'ipnotista può dare suggerimenti post-ipnotici alla persona per eseguire certe azioni o provare certe emozioni o sensazioni fisiche come risultato della trance ipnotica. Queste azioni o emozioni sono di solito innescate da certi "codici" discreti che sono stati dettati al soggetto mentre lui (o lei) era in trance. Il controllo mentale che molte vittime di abusi rituali subiscono è in parte dovuto al fatto di essere state ripetutamente messe in stati di trance e di aver ricevuto una complessa serie di suggestioni post-ipnotiche. Tuttavia, l'ipnosi e la trance hanno anche un ruolo importante nel trattamento delle vittime di abusi rituali. L'uso della trance in un contesto terapeutico permette spesso alla vittima di recuperare i ricordi dissociati dalla coscienza. Questo processo è un aspetto molto importante del recupero per le vittime di abusi rituali.[51]

- **Manipolazione perversa** del mondo psichico della vittima (in questo caso di solito un bambino). Si tratta, tra l'altro, di eliminare dal bambino qualsiasi nozione di desiderio e qualsiasi desiderio interiore. Il bambino deve rivolgersi sistematicamente all'adulto per avere il permesso in tutti i settori della sua vita, compreso il mondo interiore. Questo distrugge tutti i luoghi sicuri che il bambino ha creato internamente per sfuggire agli orrori che ha vissuto. Crea la sensazione che non ci sia un luogo reale (interno o esterno) dove possa essere al sicuro e che i suoi tormentatori siano onnipresenti e sappiano tutto quello che pensa. In questa fase comincia a crearsi un sistema interno con alter (doppia personalità) con il quale la setta lo manipolerà e controllerà per tutta la vita.

- **Controllo mentale** informato dal trauma. Questo è un protocollo basato sul fenomeno della dissociazione, o "frammentazione" della personalità in risposta a traumi estremi e ripetitivi. La personalità di un individuo può essere frammentata in diverse identità che possono prendere il controllo del corpo a turno. Un "muro dell'amnesia" isola ogni alter personalità, impedendo alla vittima di diventare consapevole delle attività del suo alter. Questo metodo di controllo mentale, chiamato programmazione *Monarch*, è simboleggiato dalla farfalla Monarch, che rappresenta, tra le altre cose, la (triste) rinascita del bruco-vittima in una farfalla-schiava, la crisalide che rappresenta il processo di "riformazione" o "programmazione".[52]

In un articolo intitolato '*Behind the Democratic* Facades: *Mind-Control and the Satanic Cult of National Security*', il dottor Hans Ulrish Gresch ha diviso questo processo di controllo mentale basato sul trauma in tre fasi:

Fase 1: Preparare la mente e il sistema nervoso della vittima per la programmazione. La vittima viene messa in una condizione di estrema vulnerabilità, disorientamento e terrore, e viene poi sottoposta a un estremo

---

[51] La relazione tra la programmazione del controllo mentale e l'abuso rituale' - Ellen P. Latteria.

[52] Kubark, il manuale segreto della CIA sul controllo mentale e la tortura psicologica - www.editions-zones.fr.

stress fisico e psicologico. Il senso di autoconservazione della vittima è minacciato, la sua identità è indebolita o distrutta e regredisce allo stato emotivo e cognitivo di un bambino, la sua mente è dissociata.

Fase 2: Programmare la vittima come un robot o un computer, con nuovi atteggiamenti, modelli di comportamento e quadri di riferimento in cui questi atteggiamenti e comportamenti avranno senso. Si creano almeno due personalità:
- Una personalità robotica che è coscientemente in contatto con i controllori e riceve la programmazione.
- Una nuova personalità artificiale che è totalmente inconsapevole di essere stata programmata ed è anche inconsapevole dell'esistenza della personalità del robot.

La personalità robotica è una specie di automa, mentre la personalità artificiale si definisce come umana. Il robot sarà programmato con indottrinamento ripetitivo e vari mezzi di condizionamento (punizioni e ricompense). Il robot è chiamato "schiavo". Lo slave è l'interfaccia tra il controllore e la o le personalità artificiali.

Fase 3: cancellazione selettiva della memoria della vittima. Non si tratta di una vera e propria cancellazione della memoria nel senso di distruzione, ma piuttosto della soppressione della capacità della vittima di ricordare certe esperienze. Questa amnesia riguarda tutte le esperienze direttamente o indirettamente legate al processo di controllo mentale, così come tutti gli elementi biografici che non rientrano nella logica della personalità artificiale, che è di fatto la personalità anteriore.

Lo scopo generale di questo processo è quello di programmare la vittima a diventare totalmente impotente, sono i controllori che poi diventano onnipotenti, sono come degli "dei".[53]

È questo tipo di controllo mentale complesso che sarà esplorato nei prossimi capitoli.

---

[53] *Behind the Democratic Facades: Mind-Control and the Satanic Cult of National Security* - Hans Ulrich Gresch, Phoenix Journal 155, 1995.

CAPITOLO 2

LE RADICI DELL'ABUSO RITUALE TRAUMATICO E DEL CONTROLLO MENTALE

I metodi dell'iniziazione religiosa sono spesso così simili alle moderne tecniche politiche di lavaggio del cervello e di controllo del pensiero che l'uno fa luce sui meccanismi dell'altro. - William Sargant

Quando guardiamo la letteratura storica e antropologica, troviamo contenuti relativi a religioni, culti, organizzazioni fraterne che apparentemente fanno riferimento a rituali traumatici allo scopo di creare stati alterati di coscienza. Questi stati di coscienza sono stati a volte visti come qualcosa di sacro, come un catalizzatore magico per visioni profonde o possessioni da parte degli dei. In altri casi, questi metodi sono stati utilizzati per stabilire una sorta di potente controllo psicologico, in modo sotterraneo e segreto, sconosciuto ai professionisti della salute mentale. Culto e abuso rituale - James Randall Noblitt & Pamela Perskin Noblitt

Le tecniche di controllo mentale di questi gruppi (secondo i funzionari di polizia e i sopravvissuti ritenuti credibili) sono state riconosciute come un ponte tra la scienza applicata e lo sciamanesimo. L'occulto come espressione del religioso esiste da migliaia di anni. È solo negli ultimi 150 anni che la scienza ha cercato aggressivamente le verità sulle manipolazioni psicologiche coinvolte in questi sistemi di credenze occulte. Il dizionario Random House descrive l'occultismo come "l'uso della pseudoscienza che rivendica la conoscenza di intermediari soprannaturali al di là della portata della conoscenza ordinaria". Questo per ricordarci ancora una volta che "informazione segreta" è uguale a "potere". L'America nel mezzo della trasformazione - Cathy O'Brien & Mark Phillips

1- INTRODUZIONE

N L'abuso rituale satanico sarà approfondito nel capitolo 4, ma la seguente definizione fornirà una migliore comprensione del contenuto di questo capitolo: *"Abuso grave e sistematico di uno o più bambini, adolescenti o adulti, di solito da parte di più autori di entrambi i sessi, per un periodo di diversi anni. L'abuso rituale è associato a un sistema di credenze che coinvolge l'adorazione di Satana e comporta abusi sessuali, fisici, psicologici, emotivi e spirituali, di solito su bambini piccoli, spesso in cerimonie che coinvolgono rituali, simboli e altre pratiche "magiche". L'obiettivo principale è l'indottrinamento e il controllo mentale, che si ottiene attraverso la dissociazione, l'uso di droghe, l'ipnosi, la tortura, l'umiliazione, ecc. Nel caso del satanismo transgenerazionale, la maggior parte di queste cose si svolgono 'a casa', con i membri della famiglia."*[54]

L'abuso rituale e le tecniche di controllo mentale basate sul trauma e la scissione della personalità sono utilizzate da molte organizzazioni in tutto il mondo, risalenti a Babilonia, all'antico Egitto e alle religioni misteriche. I culti con rivelazioni e rituali, la cui conoscenza e pratica è limitata a un piccolo numero di iniziati, sono chiamati "religioni misteriose". Il *Libro dei Morti egiziano* è uno dei primi scritti che fanno riferimento all'uso dell'occulto per la manipolazione mentale. Tortura, droghe, magia, ipnosi e demonologia venivano utilizzate per mettere l'individuo in un profondo stato di dissociazione e controllo mentale. La demonologia è un ramo della teologia che studia i demoni così come l'angelologia studia gli angeli. Questi riti di passaggio iniziatici sono gli antichi Misteri della "morte" e della "rinascita" o "resurrezione", una procedura segreta e sacra che implicava potenti alterazioni della coscienza. Questi culti erano particolarmente presenti nel bacino del Mediterraneo, per esempio le cerimonie babilonesi di *Inanna* e *Tammuz*, i Misteri egiziani di *Iside* e *Osiride*, il culto *orfico*, il culto di *Bacco*, i Misteri di *Eleusi*, *Mitra*, i riti *coribantici* o i Misteri di *Attis* e *Adonis*. I rituali dei Misteri si svolgevano senza interruzione per un periodo di tempo molto lungo, la rivelazione dei segreti iniziatici di questi culti era punita con la morte.

Éliphas Lévi (ecclesiastico e occultista francese nato Alphonse-Louis Constant) descrive così certi rituali iniziatici che permettono l'accesso *ai* Misteri: '*Le grandi prove di Memphis e di Eleusi avevano lo scopo di formare re e sacerdoti, affidando la scienza a uomini coraggiosi e forti. Per essere ammessi a queste prove, bisognava darsi anima e corpo al sacerdozio e rinunciare alla propria vita. Si scendeva allora in oscuri passaggi sotterranei dove si doveva attraversare, a turno, falò accesi, profondi e rapidi corsi d'acqua e ponti mobili gettati su abissi, senza lasciare che una lampada tenuta in mano si spegnesse e scappasse. Chi vacillava o aveva paura non vedeva più la luce; chi superava intrepidamente tutti gli ostacoli veniva accolto tra i mistici, cioè veniva iniziato ai misteri minori. Ma la sua fedeltà e il suo silenzio restavano da mettere alla prova, e solo dopo parecchi anni divenne un epicista, titolo che corrisponde a quello di adepto (...) Non è nei libri dei filosofi, è nel simbolismo religioso degli antichi che bisogna cercare le tracce della scienza e trovare i suoi misteri (...) Tutti i veri iniziati hanno riconosciuto l'immensa utilità del lavoro e del dolore. Il dolore", disse un poeta tedesco, "è il cane di quel pastore sconosciuto che guida ihl gregge degli uomini. Imparare a soffrire, imparare a morire, è la ginnastica dell'Eternità, è il noviziato immortale."*[55]

[54] "Ritual Abuse: An European Cross-Country Perspective" - Thorsten Becker & Joan Coleman, ISSD Conference 'The Spectrum of Dissociation', Manchester, 09/05/1999.

[55] *La storia della magia* - Eliphas Levi, 1999, p.122.

I rituali iniziatici di tipo traumatico sono destinati a trascendere la coscienza. Nel suo libro *"A Course of Severe and Arduous Trials"* Lynn Brunet spiega che *le prove degli antichi culti misterici erano progettate per produrre stati alterati di coscienza, un'esperienza mistica con uno stato di estasi e di unione con il divino. I metodi prevedevano lo sfruttamento del dolore, della paura, dell'umiliazione e dell'esaurimento. Queste tecniche sembrano essere emerse nelle culture guerriere, dove dopo l'esposizione alla violenza estrema e la paura della morte imminente, un guerriero poteva sperimentare questo stato di beatitudine con un senso di immortalità (...) Questa relazione tra il sentimento del terrore e la sensazione di un'esperienza 'sublime' divenne uno dei temi chiave dell'illuminismo filosofico (...) Immanuel Kant e Edmund Burke furono due massoni che studiarono questo argomento. Kant affermava che l'esperienza del Sublime, indotta dalla sensazione di essere sopraffatti dal terrore, è una situazione in cui l'individuo non può più afferrare ciò che sta accadendo. In modo simile, Burke affermava che il terrore ha la capacità di indurre reazioni che mettono l'individuo in uno stato particolare, 'quello stato d'animo in cui tutto è sospeso', producendo così 'l'effetto del Sublime al suo massimo livello' (...) 'per rendere le cose terrificanti'. "Nell'iniziazione druidica, i candidati sono rinchiusi in grotte, devono strisciare attraverso lunghi tunnel, o sono chiusi in casse o bare per diversi giorni, solo per emergere 'nati di nuovo'. Queste pratiche iniziatiche erano conosciute come il 'fuoco mistico', e il risultato di queste torture era talvolta espresso come una 'vampata di luce' (...) Come nota Ross Nichols, i maghi druidi 'immergevano o cuocevano il bambino nel fuoco mistico', un eufemismo che significa che in tempi precristiani il bambino era talvolta sottoposto a queste prove iniziatiche. "*[56]

Nel 1756, Edmund Burke parlò del "Sublime" come segue: "Qualunque cosa possa provocare nella mente il sentimento del dolore o del pericolo, produce l'emozione più forte che la mente umana è capace di provare. Quando il pericolo e il dolore diventano troppo intensi, diventano assolutamente terrificanti e quindi a priori incapaci di portare piacere, eppure, a posteriori, osserviamo che tali cose sono deliziose."[57]

Immanuel Kant ha descritto il *'Sublime'* come l'incontro tra l'io e ciò che ha il potenziale di annientarlo completamente, cioè il trauma che può annientare la volontà e disarticolare la personalità. Per esempio, Glenn Gray descrive gli stati alterati di coscienza dei soldati sul campo di battaglia: *"In pericolo di morte, molti soldati entrano in uno stato di stordimento in cui la chiarezza della mente è completamente scomparsa. In questo stato possono essere presi dal calore dell'estasi collettiva fino al punto di dimenticare la morte a causa della loro perdita di individualità, o possono funzionare come le cellule di un organismo militare per fare qualsiasi cosa ci si aspetti da loro mentre diventano automi. "*[58]

---

[56] 'Un corso di prove severe e ardue: Bacon, Beckett e Spurious' - Lynn Brunet, 2009, p.6, 7, 11.

[57] *A Philosophical Enquiry into the Origin of Ideas of the Sublime and Beautiful* - Edmund Burke, 1998, p.37-38.

[58] *I guerrieri: Riflessioni sugli uomini in battaglia* - Jesse Glenn Gray, 1998, p.102.

Questo stato alterato di coscienza di fronte al terrore e/o al dolore estremo, che alcuni chiamavano il *"Sublime"* nel XVIII secolo, questa *"vampata di luce"* o *"illuminazione"*, è ciò che oggi è conosciuto come *dissociazione*, un punto essenziale su cui torneremo nel corso del libro. La dissociazione è il fondamento su cui è costruita la programmazione degli schiavi MK-Monarch.

Nel suo libro *'Religion: An Anthropological View'*, Anthony Wallace descrive un *'processo di apprendimento rituale'* che funziona essenzialmente con ciò che chiama la *'legge della dissociazione'*. Egli scrive che queste pratiche di indurre uno stato spirituale estatico manipolando direttamente e rozzamente il funzionamento fisiologico umano si trovano in tutti i sistemi religiosi (antichi e primitivi). Wallace classifica queste manipolazioni in quattro grandi categorie:
- 1) Droghe
- 2) Privazione sensoriale e mortificazione della carne attraverso il dolore
- 3) Privazione del sonno che porta all'affaticamento
- 4) Privazione di cibo, acqua o ossigeno

Nel suo libro del 1966, Wallace descrive indirettamente, su base antropologica, le origini dell'abuso rituale satanico e del controllo mentale. Descrive come il neofita è messo in uno stato in cui è radicalmente dissociato da tutte le sue conoscenze passate per ricevere nuove informazioni. In effetti, la ristrutturazione cognitiva ed emozionale (programmazione) è facilitata in questi stati dissociativi dove la suggestionabilità del soggetto è aumentata. Wallace scrive: *"L'efficacia di queste procedure nell'indurre cambiamenti fisiologici è stata dimostrata anche in contesti non religiosi, compresi gli esperimenti clinici sugli effetti della deprivazione sensoriale e varie tecniche di 'lavaggio del cervello' o 'riforma del pensiero'...* Queste includono il programma MK-Ultra che sarà discusso nel prossimo capitolo.

Anthony Wallace parla di uno *"stato spirituale estatico"* provocato da certi rituali, un'estasi causata da un profondo stato dissociativo. La parola 'estasi', che deriva dalla parola greca *'ekstasis'* che significa 'lasciare il corpo', questa 'illuminazione' dissociativa durante il trauma è effettivamente considerata da alcuni come estatica, cioè uno stato di coscienza dove passato, presente e futuro sono trascesi e unificati. Alcuni rituali traumatici estremi arrivano al punto di provocare la cosiddetta NDE (*Near Death Experience*), un'esperienza di pre-morte in cui il nostro spazio-tempo viene trasceso... Le vittime di stupro spesso riportano questo fenomeno di dissociazione estrema, in cui sentono di lasciare il loro corpo fisico durante la tragedia.

Nel libro *Le monde grec antique*, la storica e archeologa Marie-Claire Amouretti scrive: "I misteri di Eleusi portano all'iniziato una comunicazione con le grandi dee della terra Demetra e Korah, e con il loro parèdre Pluto. Molto probabilmente, si riceve anche un viatico per l'aldilà. L'iniziazione si fa in tre tappe: i piccoli misteri di Agrai, in primavera, i grandi misteri in settembre-ottobre, dove lo stadio finale si raggiunge solo nel secondo anno; dal 13 al 20 di Boedromion si svolgono i preparativi, dal 20 al 23 l'iniziazione. Le cerimonie preliminari ci sono piuttosto note: processione, sacrifici, consumo di prodotti della terra, manipolazione di oggetti possibilmente sessuali, dramma mistico che evoca la ierogamia (ndr: alleanza sessuale tra il divino e l'umano). Ma l'obbligo di segretezza era così ben rispettato che non conosciamo la fase finale o "epicopia": sembra che abbia provocato una sorta di estasi contemplativa. L'iniziato entrava in una relazione personale con la divinità; riceveva la promessa di beatitudine. Nel Fedro, Platone parla della "beatitudine suprema" raggiunta dal myste (l'iniziato). Abbiamo l'impressione che queste cerimonie abbiano indotto il partecipante a superare l'angoscia della morte attraverso la convinzione di essere integrato in una catena di vita, proprio come il grano muore e rinasce attraverso il seme."[59]

Nella pubblicazione A.M.O.R.C. "Rosicrucian Digest" si legge (Digesto Rosacroce), si legge: "Il cammino della conoscenza è un cammino esoterico, in opposizione a quello exoterico, la religione della devozione. Questa conoscenza, che è lo scopo della vera filosofia, ha un duplice scopo. In primo luogo c'è l'insegnamento di tecniche e pratiche per superare i limiti umani, come il trauma della morte. In secondo luogo c'è lo studio dell'ordine cosmico e il lavoro al suo interno. Quando questi due aspetti si incontrano, otteniamo una forma di ermetismo."[60]

Gli antichi greci erano ben consapevoli degli effetti di un profondo stress fisiologico nell'alterare le percezioni del mondo di un individuo. Gli antichi sacerdoti greci usavano rituali traumatici per "curare" certi pazienti. La persona veniva preparata per questo rito attraverso il digiuno, la lustrazione (una cerimonia di purificazione dell'acqua) e la privazione del sonno. La persona è stata poi portata nel sottosuolo e lasciata sola nella completa oscurità. I gas intossicanti che venivano esalati in questa grotta, o forse la mancanza di ossigeno, avevano presto un effetto sulla persona, causando sogni e visioni terribili. Fu allora che sarebbe stata salvata appena in tempo e portata fuori dalla grotta per tornare alla luce e all'aria. Questo tipo di calvario ha causato un vero e proprio trauma che avrebbe dovuto guarire il paziente. Lo psichiatra William Sargant non esita a usare il termine 'lavaggio del cervello' per descrivere i rituali dell'oracolo di *Trophonios*, durante i quali il soggetto sperimentava la deprivazione sensoriale, tecniche di confusione visiva e uditiva e l'assunzione di droghe psicotrope. Proprio come oggi andiamo da uno psichiatra quando abbiamo bisogno di consigli o cure, gli antichi greci consultavano gli oracoli per lo stesso scopo. Prima di andare all'oracolo, la persona doveva prima sperimentare la privazione del sonno, il canto ripetitivo, l'assunzione di droghe e infine avventurarsi da sola in grotte profonde e buie. Questa lunga ed estenuante lotta, che poteva durare diversi giorni, la metteva in uno stato di estremo stress fisiologico. Poi, quando l'oracolo rivelava certe cose, la persona era in grado di capirne il significato grazie a questo stato alterato di coscienza che gli dava un'altra visione del mondo. Troviamo lo stesso tipo di iniziazione tra gli amerindi, con privazioni di sonno e cibo, isolamento e condizioni estreme volte ad accedere ad uno stato alterato di coscienza che provoca visioni e rivelazioni legate al mondo degli spiriti. Il Culto dei Misteri *Eleusini* usava nei suoi rituali una pozione sacra chiamata *Kykeon*, che conteneva segale cornuta ed

---

[59] *Le monde grec antique* - Marie-Claire Amouretti & Françoise Ruzé, 1978, p.108.

[60] *Rosicrucian Digest* - Volume 89, N°1, 2011, p. 5.

era molto simile all'odierno LSD (un potente allucinogeno). In *Orations XII*, Dion Chrysostom scrive a proposito dei riti di iniziazione che utilizzano droghe psicotrope: *"È come se ci fosse una mano sopra l'uomo, greco o barbaro, iniziato in un santuario di eccezionale bellezza e grandezza. Avrà molte visioni mistiche e sentirà molte voci mistiche. Le tenebre e la luce gli appariranno alternativamente e migliaia di altre cose gli accadranno."*[61]

Anche l'ipnosi è coinvolta in questi processi iniziatici. Il papiro *Ebers*, che ha più di tremila anni, è uno dei più antichi trattati medici che descrive chiaramente l'uso dei processi ipnotici da parte degli indovini egiziani. Nel Tempio di Iside, gli egittologi hanno trovato numerose incisioni che raffigurano figure con evidenti caratteristiche di trance ipnotica. Gli ierofanti (sacerdoti) delle antiche scuole misteriche egiziane praticavano una forma molto avanzata di ipnosi in cui l'iniziato entrava in una trance profonda che poteva innescare ciò che oggi chiamiamo una *NDE* (*Near Death Experience*). (Come vedremo più avanti in questo libro, alcuni gruppi moderni luciferiani praticano rituali traumatici chiamati "Resurrezione", che immergono la vittima in una esperienza di pre-morte) Oggi, alcuni ipnotisti riconoscono che devono molto agli antichi sacerdoti greci *Asklepiades* che praticavano l'ipnosi come una forma di medicina di modifica del comportamento. Hanno chiamato queste tecniche di ipnosi 'guarigione dei sogni'. Un'incisione greca del 928 a.C. mostra Chirone che mette in trance ipnotica il suo allievo Esculapio. Gli oracoli di *Delfi*, tra gli altri, usavano l'ipnosi, le droghe e l'inalazione di vapori per ottenere profonde alterazioni della coscienza.

Magia, psicofarmaci e demonologia sono sempre stati combinati nei riti religiosi. Le droghe, ma anche i traumi profondi possono rimuovere la barriera naturale che di solito protegge gli umani dagli spiriti demoniaci, sono considerati strumenti potenti per interagire con altre dimensioni.

Il progetto MK-Ultra non ha inventato nulla nel campo del lavaggio del cervello, se non aver creato un quadro scientifico utilizzando cavie umane per scopi politici e militari. Le cerimonie di iniziazione delle religioni misteriche comportavano riti di passaggio che potrebbero essere descritti come elaborati programmi di controllo mentale. Questi protocolli di controllo mentale sono ancora con noi nei tempi moderni, un processo per indurre un profondo stato alterato di coscienza al fine di impiantare un nuovo paradigma. Tutte queste cose sono state sperimentate e perfezionate più e più volte per ottenere il controllo mentale di un individuo che poi diventa un automa, un golem. L'ordine attraverso il caos... la rinascita attraverso la morte simbolica. Questi stati di trance e di dissociazione della mente generati durante i rituali traumatici risalgono all'umanità. Si possono trovare in tutto il mondo, in particolare nel voodoo haitiano, nel juju africano, ma anche nello sciamanesimo del Nord e Sud America, in Asia, in Polinesia e in Europa con la cultura druidica. Quando un trauma estremo altera la chimica del cervello, le percezioni della realtà cambiano e gli antichi occultisti credevano che la reazione della vittima fosse mistica o magica. Oggi la chiamiamo dissociazione e il suo meccanismo biochimico

---

[61] *Fonte per lo studio della religione greca* - David Rice, John Stambaugh, 1979, p.144.

comincia ad essere ben compreso dagli specialisti del trauma, ma il meccanismo energetico e spirituale è molto meno compreso... almeno nei circoli secolari. Il paganesimo e il satanismo hanno sempre usato questo processo psico-spirituale chiamato "dissociazione della personalità" per accedere ad altre dimensioni dell'essere, ma è anche usato come strumento di controllo mentale e schiavitù. Per il Dr. James Randall Noblitt, la programmazione mentale basata sul trauma iniziò quando gli uomini scoprirono che i traumi accidentali e certi rituali traumatici potevano produrre stati alterati di coscienza e persino creare personalità totalmente dissociate dalla personalità originale dell'individuo. Nel suo libro *"Blood Secret"*, lo sciamano nigeriano Isaiah Oke chiama queste personalità alter dissociate *Iko-Awo*, personalità che servono come schiavi agli stregoni.

Queste conoscenze sulle funzioni del cervello, che consistono nel provocare la dissociazione della personalità, l'occultamento dei ricordi e un'apertura verso altri mondi durante le esperienze traumatiche, possono essere state codificate in certe storie mitologiche, certi rituali o simboli, totalmente ermetici per il profano. È così che questa conoscenza iniziatica ha potuto attraversare le epoche. Questi misteri della mente umana sono stati e sono ancora oggi molto studiati da certe società segrete. Questa conoscenza occulta dà accesso ai poteri psichici e al mondo degli spiriti. La dissociazione della psiche può quindi essere considerata come una sorta di *illuminazione*, ma soprattutto permette di padroneggiare le tecniche di controllo mentale sugli altri e quindi di ottenere un certo potere. La magia nera combinata con la programmazione mentale basata sul trauma è una conoscenza iniziatica che ora è diventata un potente strumento di controllo politico e sociale.

2 - "LA RELIGIONE SENZA NOME

L'eredità dell'antica religione misterica sumero-accadica babilonese con i suoi sacrifici di sangue e la schiavitù degli esseri umani è stata tramandata attraverso le generazioni. Jay Parker, un sopravvissuto all'abuso rituale satanico, ha rivelato che i suoi nonni, discendenti di stirpi luciferiane, una volta gli dissero sulla Statua della Libertà che in realtà era Semiramide, la regina di Babilonia, la moglie di Nimrod. Nimrod fu il costruttore della Torre di Babele, il primo uomo a stabilire un governo mondiale con una religione universale in opposizione a Dio. Nimrod sembra essere un ovvio modello di ruolo per le élite della massoneria internazionale. *Nella Storia della Massoneria*, pubblicata dalla *Masonic History Company, si* afferma che Nimrod fu onorato come *"Grande Muratore"* e che il suo tentativo di costruire un *"Nuovo Ordine Mondiale"* gli valse la distinzione di *"Primo Gran Maestro"*. Il massone Albert Mackey ha scritto che *"La leggenda attribuisce a Nimrod la creazione dei massoni come corpo organizzato ed egli fu il primo a dare loro una costituzione o leggi per un governo. La massoneria, secondo la leggenda, fu fondata a Babilonia, da dove fu trasmessa in tutto il mondo. "*[62]

La tradizione dell'abuso rituale per creare schiavi si dice provenga da un'antica dottrina, l'antica tradizione babilonese del culto dei demoni, la devozione agli angeli caduti, che chiameremo "la religione senza nome". In queste antiche religioni, gli dei malvagi erano temuti e dovevano essere placati costantemente. Il politeismo dei mesopotamici, sumeri, assiri, persiani e babilonesi era completamente legato alle entità demoniache. Il demonismo è la dinamica dietro la magia e i poteri spirituali di queste religioni primitive e antiche. Le molte divinità cananee, egiziane, greche e romane sono dello stesso tipo di quelle babilonesi. Tutte le pratiche di magia, la ricerca dell'immortalità, i sacrifici animali e umani, ecc. derivano da questi antichi culti demoniaci. Nella *Revised Encyclopedia of Freemasonry di* Mackey, Albert Mackey ci informa che: *"Secondo Warburton, ogni dio pagano riceve, oltre a ciò che appare pubblicamente e apertamente, un culto segreto in cui nessuno è ammesso se non coloro che sono stati selezionati da cerimonie preparatorie che costituiscono l'iniziazione. Questo culto segreto è stato chiamato i Misteri. "*[63]

Oggi, questi culti non hanno più i loro altari sulla pubblica piazza, e per i non addetti ai lavori esistono solo nei libri di storia, e anche allora... Ma sono scomparsi completamente? Il culto dei demoni, i rituali di sacrificio di sangue e le pratiche traumatiche di iniziazione che creano profondi stati dissociativi sono storia antica?

Esiste ancora oggi un culto che perpetua questa tradizione, come una "religione senza nome" che trasmette i *Misteri* di generazione in generazione. Perché una "religione senza nome"? Perché non esiste ufficialmente. Questo culto, o meglio questa dottrina, non dovrebbe esistere per la gente comune del nostro tempo. Si potrebbe anche chiamare la "religione dai mille volti", le sue molteplici forme non sono altro che manifestazioni di un ceppo di base che si adatta ai tempi e alle civiltà umane. È un ceppo che si esteriorizza in tale e quale secondo le circostanze che gli si offrono e che si adatta ai pericoli materiali, ma che rimane uno in ciò che mira sul piano spirituale. È una dottrina clandestina, una *Gnosi Transtorica* che non ha un nome preciso, ma che tuttavia ha plasmato la nostra società moderna per infiltrazione durante secoli. Lascia il suo segno con un simbolismo che gli iniziati amano esibire nel mondo profano, ma anche con un'influenza che porta ad una decadenza sempre più marcata della morale. È sottocultura che emerge poco a poco e cerca di impregnare il profano per diventare una cultura egemonica mondiale. Questa "religione senza nome" è divisa in una moltitudine di sette e gruppi che non hanno a prima vista gli stessi interessi, ma tutti hanno in comune il fatto che lavorano più o meno ardentemente per istituire un governo mondiale, un *Nuovo Ordine Mondiale*, la culla dell'Anticristo. La "religione senza nome" è il culto di Lucifero, e si divide in diversi rami, cabalisti, martinisti, rosacrociani, teosofi, luciferiani, gnostici e

---

[62] *La storia della massoneria: le sue origini leggendarie* - Albert Gallatin Mackey, 2008, cap.19.

[63] Mackey's Revised Encyclopedia of Freemasonry - Albert Mackey, The Masonic History Company, 1946, Vol.2, p.689.

neo-gnostici, etc. (tutte queste scuole si sovrappongono tra loro). (I suoi veri seguaci (cioè coloro che sono consapevoli dei veri problemi che stanno difendendo e della guerra che viene condotta qui sulla terra) discendono da famiglie transgenerazionali luciferiane o sono iniziati e corrotti nelle alte logge delle società segrete strutturate piramidalmente. Tutti lavorano per stabilire il regno del loro principe, l'angelo caduto Lucifero, il dio "civilizzatore", mentre il Dio della Bibbia è per loro un Dio "distruttivo" che deve essere rovesciato. Uno dei loro metodi è l'infiltrazione e la sovversione di religioni, governi e importanti organizzazioni per infondere pazientemente e metodicamente la loro dottrina luciferiana. Questo è accompagnato da una formidabile discrezione grazie al principio della *"Massa Duma"*, la legge del silenzio, garantita dagli stati dissociativi in cui molti adepti sono "inghiottiti". L'obiettivo è distruggere l'ordine sociale (nazione, famiglia, religione...) e rovesciare la moralità e i valori tradizionali per imporre un nuovo ordine attraverso la distruzione: *Ordo ab Chao*, ordine attraverso il caos. Nelle nostre società moderne, possiamo vedere i risultati di questa dottrina distruttiva della "redenzione attraverso il peccato" o della "santità attraverso il male". È una filosofia particolarmente malsana che mira a un'inversione sistematica dei valori morali, dove il male diventa bene e il bene diventa male. Nel suo libro intitolato *"The Militant Messiah"*, Arthur Mandel definisce questa nozione di "redenzione attraverso il peccato" come segue: *"Non è altro che la vecchia idea paolino-gnostica della felix culpa, il santo peccato della strada verso Dio attraverso il peccato, il desiderio perverso di combattere il male con il male, di liberarsi del peccato peccando."*[64]

Questo flagello sembra avere le sue radici nelle antiche pratiche babilonesi e nei culti misterici. Una dottrina ripresa dal frankismo e dal sabbataismo, una degenerazione satanica del giudaismo e della cabala, fondata dai falsi messia Sabbataï Tsevi (XVII secolo) e Jacob Frank (XVIII secolo). Il *Sabbatao-Frankismo* può essere considerato uno stretto antenato degli *Illuminati* bavaresi, del sionismo, del comunismo e del fascismo. In senso stretto, non esiste un culto frankista o sabbataista, poiché si tratta di una dottrina e di una filosofia propagata dall'infiltrazione delle religioni, ma anche della massoneria e di altre società segrete che lavorano dietro le quinte dei governi e dietro le facciate democratiche.

Nel suo libro Jacob Frank, il falso Messia, Charles Novak scrive: "Così, mentre il giudaismo predica la verginità, la fedeltà e l'amore, Sabbatai e i suoi successori come Jacob Frank predicano il sesso fin dalla più tenera età per le ragazze, le orge sessuali per i giovani ragazzi, e lo scambio di moglie durante lo Shabbat. Tanto che alcuni bambini frankisti non conoscono il loro vero padre biologico. Jacob e i suoi seguaci furono colti nel mezzo di uno Shabbat orgiastico nel gennaio 1756 nella città di Landskron e furono, su richiesta dei rabbini, espulsi dalla città per orge. Una donna stava in mezzo, nuda, mentre i seguaci maschi cantavano la preghiera ebraica dello Shabbat: Lekhu doidi likrass kalo (Preghiera cantata ogni venerdì sera per celebrare l'arrivo dello Shabbat. Istituito

---

[64] *The Militant Messiah or Flight from the Ghetto: A History of Jacob Frank and the Frankist Movement* - Arthur Mandel, 1989, p.57.

da Rabbi Alkabets nel XVI secolo). Poi si precipitavano da lei, trasformando il rituale in un'orgia collettiva. I riti sessuali franchi consistevano in seguito in canti, danze estatiche, mescolando uomini e donne. Frank si inginocchiava e fissava due candele accese ad una panca di legno, piantava un chiodo tra di esse e sventolava la croce in tutte le direzioni, esclamando: Forsa damus para vert, seibuml grandi asserverti (giudeo-spagnolo), Dacci la forza di vederti, la grande felicità di servirti. Le luci furono poi spente, gli uomini e le donne si spogliarono e iniziò l'orgia collettiva, la nudità ricordava Adamo ed Eva prima della caduta. Frank, tuttavia, non ha partecipato. Rimase nel mezzo, in contemplazione mistica (...) I Frankisti erano noti per le loro orge sessuali collettive, a volte violente. Attraverso questi comportamenti nichilisti, dove il 9 diventava una festa di gioia, si scambiavano le donne, dove volevano distruggere ogni dogma: 'Affinché il vero Buon Dio possa apparire', secondo le loro stesse parole."[65]

Qui troviamo le orge sacre praticate nelle antiche religioni conosciute come "Misteri", come il culto di Dioniso (Bacco per i romani), un culto fallico legato alla fertilità, proprio come il culto shivaico in India o il culto di Osiride nell'antico Egitto con i suoi obelischi che simboleggiano il fallo.

Questa "religione senza nome", luciferiana ed elitaria, ha le sue radici nelle antiche religioni misteriche di Babilonia e dell'Egitto, ma anche nel druidismo celtico. Ha incorporato nella sua dottrina ciò che considera il "meglio" di ciascuna di queste tradizioni, le loro pratiche fondamentali. Divinità come "El", "Iside", "Osiride" o "Baal" continuano oggi a ricevere un culto segreto.

Questa "religione" ha uno strumento di dominazione quasi impercettibile, cioè il controllo mentale basato sul trauma. L'élite che governa il mondo sta applicando militarmente questa scienza mentale del trauma e della dissociazione. Questo fenomeno di scissione della personalità è stato scoperto dalle culture antiche e preindustriali, ma oggi è una conoscenza occulta che viene utilizzata da un'élite luciferiana per controllare non solo i propri membri, la propria prole, ma soprattutto per dominare l'intera umanità e stabilire un dominio assoluto. In una testimonianza pubblicata su internet nell'aprile 1999, Kim Campbell (Philippe-Eugène de Rothschild), uno dei tanti figli adulteri di Édouard Philippe de Rothschild, ha detto: *"Quando guardo la CNN, non posso credere a quanti volti familiari occupano il centro della scena nella politica, nelle arti, nella finanza, nella moda e negli affari. Sono cresciuto con queste persone. Li ho incontrati nei rituali e nei corridoi del potere. Finanzieri, artisti, teste coronate e persino capi di stato, sono tutte persone con personalità dissociate, che ora lavorano per portare l'umanità in un Nuovo Ordine Mondiale, dove l'essere umano occupa il posto più alto e Dio è solo un'astrazione secondaria. Tutte queste persone, come me, avevano subìto un abuso rituale satanico che aveva dissociato le loro personalità."*

Cosa sono queste iniziazioni? Cosa sono questi antichi misteri? Il loro simbolismo contiene chiavi iniziatiche che attraversano i secoli? Attraverso quali

---

[65] *Jacob Franck, il falso messia: devianza della cabala o teoria del complotto* - Charles Novak, 2012, p.50-62.

organizzazioni moderne questi Misteri continuano ad essere trasmessi di generazione in generazione?

3 - DAGLI ANTICHI CULTI MISTERICI ALLE MODERNE SOCIETÀ SEGRETE

La questione del coinvolgimento delle organizzazioni fraterne di tipo massonico in abusi rituali, controllo mentale e pratiche occulte malsane è stata a lungo oggetto di dibattito. Alcuni scrittori massoni suggeriscono che l'Ordine massonico si basa su un'ascendenza che contiene non solo i rituali dei costruttori di cattedrali, ma anche riti di iniziazione che provengono da vari culti antichi come le religioni misteriche che comportano rituali traumatici. Altri massoni sostengono che esiste una Massoneria Nera che disonora la cosiddetta Massoneria *"pura e autentica"*. Le accuse sono regolarmente fatte che i massoni sono coinvolti nell'abuso sessuale dei minori e il termine *"abuso rituale massonico"* è usato. Ecco alcuni libri che riportano testimonianze che accusano i membri della massoneria: *The brotherhood: The secret world of the freemasons* di Stephen Knight - *Larson's new book of cult* di Bob Larson - *The deadly deception* di Shaw & McKenney - *Inside the brotherhood: Ulteriori segreti dei massoni* di Martin Short - *Abuso rituale, cos'è, perché succede, come aiutare* di Margaret Smith - *Terrore, trauma e l'occhio nel triangolo* di Lynn Brunet. Purtroppo, ci sono poche o nessuna fonte in francese.

Nel suo libro sugli abusi rituali, la sopravvissuta Margaret Smith lancia accuse contro la massoneria. Era una vittima di un gruppo di persone che a volte si prendeva gioco della stupidità di coloro che li etichettano come *"satanisti"*. Secondo lei, dal loro punto di vista sono luciferiani e vedono *Satana* come un mito giudeo-cristiano o una semplice metafora. Alcuni sopravvissuti riferiscono anche di essere stati incoraggiati a frequentare le messe cristiane per sviluppare una parte della loro personalità sul "lato chiaro", mentre un'altra parte di loro si sottopone e partecipa a pratiche malsane e traumatiche. Questa è la teologia gnostica dove questo concetto di *'luce'* contro *'tenebre'* è qualcosa di essenziale.[66] È questa una delle ragioni per cui le nostre élite *massoniche* hanno fondato potenti fondazioni filantropiche? Questa nozione di *"luce contro oscurità"* è comunemente usata dai sopravvissuti all'abuso rituale e al controllo mentale per descrivere il loro mondo interiore. La dottrina cristiana distorta sarà spesso usata come sfondo per manipolare il bambino. Margaret Smith e molti altri sopravvissuti hanno parlato di una certa filosofia gnostica negli abusi che hanno vissuto e hanno anche riferito la presenza di massoni durante questi abusi, di regalia massonica o di cerimonie di tipo massonico. Questo non è per accusare tutta la massoneria di perpetrare rituali sadici e violenti, è probabile che alcuni massoni operino senza il consenso della maggioranza dei membri della loggia. Tuttavia, ci sono alcune cose della massoneria che possono essere discutibili:

---

[66] Manicheismo un antico 'gnosticismo' mesopotamico, Journal of Ancient Near Eastern Religions, Vol. 5 - Mehmet-Ali Atac.

prendiamo l'esempio del simbolo dell'*Ordine della Stella dell'Est* (un'organizzazione massonica femminile) che è un pentagramma rovesciato, un simbolo generalmente usato per rappresentare Baphomet o il satanismo più in generale.[67]

Nel 2011, durante una conferenza alle riunioni annuali del gruppo S.M.A.R.T. (*Stop Mind Control and Ritual Abuse Today*), Kristin Constance ha testimoniato di essere stata vittima di abusi rituali e controllo mentale da parte dei suoi nonni, fondatori e membri di una loggia dell'*Ordine della Stella Orientale* in Australia. Riferisce che l'emblema massonico della Stella dell'Est è stato usato come mezzo per la sua programmazione mentale. (La sua testimonianza è trascritta per intero nel capitolo sulla programmazione di Monarch)

Neil Brick, sopravvissuto agli abusi rituali e fondatore del gruppo S.M.A.R.T., ha detto: "Credo che la massoneria sia una delle più grandi organizzazioni responsabili degli abusi rituali satanici nel mondo. La sua connessione arriva fino al governo (federale e locale), così come alcune delle istituzioni economiche del paese... Sono nato nella massoneria."[68]

Il sociologo Stephen Kent, che ha indagato sui culti religiosi devianti, in particolare Scientology, ha incontrato molte persone che hanno testimoniato di aver subito abusi rituali di tipo massonico, compresi figli di massoni: *"Fin dall'inizio della mia ricerca, le persone si sono fatte avanti con testimonianze, alcune delle quali erano legate ad abusi massonici. Alcune persone hanno affermato che il loro padre era stato un massone e che l'abuso era legato a una loggia e ai suoi membri. A volte l'abuso sembrava aver avuto luogo all'interno delle stesse logge massoniche, ma non posso dirlo con certezza. Queste apparizioni della massoneria in un numero abbastanza grande di testimonianze mi hanno lasciato veramente perplesso."*[69]

La canadese Lynn Moss-Sharman, sopravvissuta e fondatrice del giornale *The Stone Angels* e portavoce di ACHES-MC Canada (*Advocacy Committee for Human Experimentation Survivors & Mind-Control*), ha dichiarato in un'intervista del 1998 con Wayne Morris che la massoneria è un denominatore comune nei racconti di abuso rituale e controllo mentale. ... *Ci sono state conversazioni su questo che hanno avuto luogo nelle riunioni, la paura era su questa connessione massonica. Ho messo alcuni piccoli annunci nel Globe and Mail su questo e sulle prossime conferenze. Quelle poche parole sulla connessione massonica hanno generato telefonate e lettere dalle vittime di tutto il Canada. Persone che si sono descritte come sopravvissute agli abusi rituali massonici, che vivono ancora nel terrore. Erano sempre figlie di massoni di rito scozzese o figlie di Shriners (ramo massonico). Da tutto il Canada, queste persone hanno cominciato a testimoniare sui ricordi di ciò che potrebbe essere*

---

[67] *Culto e abuso rituale* - James Randall Noblitt & Pamela Perskin Noblitt, 2014.

[68] Sopravvivere all'abuso rituale massonico - Neil Brick, rivista Beyond Survival. 07/1996.

[69] *Intervista con il Dr. Stephen Kent*, Wayne Morris, CKLN-FM - Mind Control Series Parte 13.

descritto come una sperimentazione di controllo mentale. Questo ha cominciato a manifestarsi nel novembre 1994.[70]

In un libro pubblicato nel 2007, *Terror, Trauma and The Eye In The Triangle: The Masonic Presence in Contemporary Art and Culture*, Lynn Brunet rivela che suo padre, massone e rosacrociano, ha abusato sessualmente di lei da bambina. Ha anche confessato l'esistenza di certe fazioni massoniche che praticano abusi rituali traumatici sui bambini. Ecco alcuni estratti della sua testimonianza: *"Con il passare degli anni, ho ricordato l'abuso sessuale di mio padre da bambino (...) Ho anche scoperto che l'abuso sessuale e l'incesto erano intrecciati nella storia della famiglia per almeno tre generazioni (...).Dall'esterno, la mia famiglia sembrava normale, ma il peso accumulato di questa storia familiare, irta di traumi e tensioni, era un pesante fardello da portare per ogni generazione (...) Negli ultimi anni, man mano che gli enigmi della mia esperienza venivano risolti, ho cercato di parlare con loro di ciò che ricordavo. Fortunatamente per me, mia madre ha potuto ricordare la notte in cui mio padre mi violentò all'età di quattro anni e convalidare così le dichiarazioni di sua figlia. Tuttavia, l'abuso rituale era al di là della loro comprensione, il che è comprensibile in molti modi. A metà del 2004, mio padre ha cominciato a sviluppare il morbo di Alzheimer. Durante il periodo iniziale del disturbo, in uno stato alterato di coscienza, cominciò a raccontarmi il lato oscuro del suo coinvolgimento massonico. Mi ha confessato che era a conoscenza dell'esistenza di certi gruppi che usavano rituali massonici in contesti violenti per iniziare i bambini. Mi ha detto: "Ci sono molti di questi gruppi, ci sono molte persone che li conoscono, ma non ne parlano perché è imbarazzante". Aveva alternato conversazioni coerenti con me in cui mi raccontava del suo coinvolgimento con altri uomini in questi gruppi. A volte, la sera, riusciva ad uscire dalla casa di cura e allora si arrampicava sugli alberi come un militare in missione per, credeva, osservare le attività della setta al fine di "far uscire i bambini dalla setta". Questa "missione strategica" durò per una quindicina di giorni, finché non pensò di aver recuperato ognuno dei bambini. Dopo di che sembrò essere molto soddisfatto di ciò che aveva realizzato e tutti i segni della sua agitazione interiore si placarono (...) I ricordi riguardanti le attività massoniche irregolari erano chiaramente da attribuire a qualche parte della sua psiche che non è normalmente accessibile alla coscienza e che potrebbe essersi intrecciata con le sue esperienze di guerra in quel periodo. È possibile che, sollevando la questione, io abbia fatto sprofondare mio padre in un conflitto interiore, dato che la sua perdita di memoria è iniziata subito dopo il mio confronto con lui. Tuttavia, il suo breve periodo di onestà con me ha senza dubbio contribuito a un processo di guarigione reciproca. Questa confessione, unita alla conoscenza dell'Ordine Massonico che ho potuto acquisire, ha reindirizzato la mia attenzione dalla rabbia verso l'uomo stesso. Sono ora portato a capire i principi che stanno dietro queste pratiche 'magiche' millenarie, che dividono la psiche di questi uomini in due: da una parte, cittadini*

---

[70] *Intervista con Lynn Moss Sharman*, Wayne Morris, CKLN-FM - Mind Control Series Parte 16.

e uomini devoti, e dall'altra, la più infantile, assurda e crudele delle creature umane."[71]

In Francia, Maude Julien ha dato una testimonianza inquietante nel suo libro intitolato *"Derrière la grille"* pubblicato nel 2014. Suo padre, che era un ricco imprenditore, iniziato alla massoneria, la sottoponeva a un condizionamento estremo volto a renderla una *"dea"*, ma soprattutto un robot che obbediva ad ogni sua parola. Maude Julien ha sofferto un isolamento sociale totale per quindici anni, è stata rinchiusa in una camicia di forza mentale (proprio come sua madre) con un allenamento della mente e del corpo per renderla un *"essere superiore"*, una *"Prescelta"*. Gli esercizi fisici e mentali estremi e traumatici sfidavano la fede. Maude Julien ha detto: *"Questo libro è un manuale di disobbedienza silenziosa. Volevo mostrare come viene messa la presa. È un crimine perfetto in cui la vittima si vergogna così tanto che non parla. Oggi, sto bene nella mia vita personale e professionale, le mie figlie sono cresciute. Volevo scrivere la mia storia. Per lui conta solo il suo mondo mentale. Gli altri sono strumenti o ostacoli. Ha chiuso me e mia madre in questa camicia di forza mentale. L'orco dimostra di essere Amore, con la A maiuscola. Tutto quello che fa è per il vostro bene. Organizza una vita a tempo in cui tiene il telecomando. Poi instilla la paura. Il mondo esterno è il pericolo."*[72]

In un'intervista televisiva[73] con Thierry Ardisson, Maude Julien ha confidato di avere un'amnesia traumatica per le cicatrici sulle cosce e sul petto. Non sa quale sia l'origine e i medici dicono che non sono incidenti. In questa intervista, Maude Julien dice: *"L'obiettivo di mio padre era effettivamente quello di fare di me un 'sovra-essere', aveva una missione molto importante per me. E per questo ho dovuto fare un allenamento fisico e mentale affinché lo spirito fosse più forte della materia (...)*

- **Thierry Ardisson**: E poi c'è la cantina, quindi lì è abbastanza violento, cioè ti sveglia in piena notte e ti mette seduto su una sedia in una cantina.

- **Maude Julien**: Sempre per restare in piedi. Ma lo scopo di questa missione capitale alla quale mi ha dedicato era che io potessi spostarmi tra gli universi, imparare a comunicare con i morti (...)

- **T.A**: C'è anche il test dell'elettricità, è incredibile. Ti chiede di tenere un filo elettrico e prendere delle scosse per dieci minuti.

- **M.J**: Quando ci sono scariche, non bisogna reagire (...)

- **T.A**: (...) alle otto vai a svegliare tuo padre, e lì devi tenergli il vaso da notte mentre urina (...) la cosa più inquietante sono queste cicatrici sulle cosce e sul petto, di cui non si conosce l'origine. Sono riti di iniziazione, secondo voi?

- **M.J**: Quello che è certo per i medici è che non sono stati fatti da professionisti della salute, il che esclude la teoria dell'incidente (...) e temo che non lo saprò mai.

---

[71] Terrore, trauma e l'occhio nel triangolo - Lynn Brunet, 2007, p.236-240.

[72] 'Mon père m'a séquestrée pendant 15 ans: le récit terrifiant de Maude', Julien Balboni, www.dhnet.be, 2014.

[73] 'Torturata da suo padre per farne un essere superiore' - 'Salut les terriens', 10/2014.

Sono gli insegnamenti occulti delle logge massoniche che ispirano tali progetti per creare *"esseri superiori"*, schiavizzati e traumatizzati per diventare medium collegati ad altre dimensioni? Come vedremo più avanti in questo libro, il trauma estremo causa profondi stati dissociativi che *"sbloccano"* spiritualmente il bambino, permettendo la connessione ad altre dimensioni. Esistono *abusi rituali massonici il* cui scopo sarebbe quello di iniziare il bambino, cioè di creare una *"illuminazione"* nel bambino durante la dissociazione?

Ma torniamo ora ai Culti Misteriosi legati allo Gnosticismo, la Gnosi a cui certa letteratura attribuisce un ruolo importante nella storia del satanismo e degli abusi rituali. Gli gnostici erano talvolta chiamati *Borboriti* o *libertini a* causa delle pratiche devianti che indulgevano nei loro "misteri". Secondo Kurt Rudoph, l'autore di *Gnosis: The Nature and History of Gnosticism*, il segreto di alcuni gnostici include una stretta di mano rituale simile alla stretta di mano massonica, una stretta di mano specifica alla quale alcuni sopravvissuti all'abuso rituale spesso reagiscono con un cambiamento di coscienza senza sapere perché sta succedendo loro. Queste reazioni possono significare che c'è stata una programmazione mentale e che la particolare stretta di mano agisce come un innesco che cambia lo stato di coscienza dell'individuo. Torneremo su questo in modo più dettagliato nel capitolo 7 sul controllo mentale *di tipo Monarch*.

Nel testo gnostico intitolato *"Vangelo di Filippo"*, si dice che *"Dio è un mangiatore di uomini"*. *È per questo che gli uomini sono (sacrificati) a lui.* Diverse fonti riportano che alcuni gruppi gnostici praticavano cerimonie che includevano cannibalismo e orge sessuali. Dalla loro descrizione, alcune di queste cerimonie rientrano chiaramente nella categoria delle messe nere e degli abusi rituali satanici. La più scioccante delle pratiche gnostiche riportate è certamente quella di Epifanio. Si dice che un monaco sia stato testimone dei riti orgiastici praticati da un gruppo gnostico chiamato *Phibionites* (o Barbotians). Il vescovo Epifanio di Salamina scrisse nel suo *Panarion (Adversus Haereses: Contro le eresie)* che la setta ofitica dei Fibioniti praticava l'aborto e che il feto smembrato, ricoperto di miele e spezie, veniva divorato dal gruppo come una sorta di eucarestia. Queste cerimonie orgiastiche sono legate alla visione del cosmo da parte dei Phibioniti e a come liberarsi da esso. Oltre a soddisfare le richieste degli arconti (demoni), queste "usanze" rispondono alla necessità di raccogliere il seme divino impiantato nel mondo, che attualmente è disperso nel seme maschile e nelle mestruazioni femminili. Nel suo libro *"Gli Gnostici"*, Jacques Lacarriere afferma che la violazione della morale sessuale e altri orrori blasfemi dimostrano la chiara convinzione "luciferiana" dei praticanti. Alcuni gnostici associano Lucifero a Promotheus, il Titano della mitologia greca.[74]

Il satanista Aleister Crowley praticò con i suoi seguaci una versione 'telemica' della messa nera che chiamò *'Messa Gnostica'*. La Massoneria mostra una "G" al centro del compasso e del quadrato, una lettera che si riferisce alla sua fonte primaria: la Gnosi. Nel suo discorso di iniziazione al grado di cavaliere scozzese, Adam Weishaupt (fondatore degli "Illuminati di Baviera") dichiarò:

---

[74] *'Cult and Ritual Abuse'* - James Randall Noblitt & Pamela Perskin Noblitt, 2014. p.132.

"Solo gli illuminati sono in possesso dei segreti del vero massone. Anche per gli illuminati una gran parte dei suoi segreti resta da scoprire. Il nuovo cavaliere deve dedicare la sua ricerca a questo. Egli è specialmente avvertito che è dallo studio degli antichi gnostici e manichei che potrà fare grandi scoperte su questa vera massoneria."[75]

Nel suo libro intitolato *"Figlio della vedova"*, il professor Jean Claude Lozac'hmeur analizza i legami tra la tradizione massonica gnostica contemporanea e la mitologia. Egli conclude che il mito del 'Figlio della Vedova', così caro ai massoni, contiene una vera e propria parabola che trasmette, in modo velato, una tradizione segreta alla quale era originariamente associato un culto iniziatico. Secondo lui, una volta decifrato, questo racconto simbolico rivela una religione dualistica che oppone un "dio cattivo", autore del Diluvio, a un "dio buono", di tipo prometeico (luciferiano). *In altre parole, la religione del Figlio della Vedova si basa sullo stesso sfondo tradizionale della Bibbia, con la differenza fondamentale che i valori sono invertiti e che il Dio giudeo-cristiano appare come un tiranno geloso e spietato.*[76]

Il "dio buono" dei vari gnostici sarebbe dunque Lucifero nascosto nella sua veste più bella, *illuminando* gli iniziati con la luce della conoscenza... Un "dio civilizzatore" che mette l'uomo al centro di tutte le cose. Le sue ricerche sulle origini occulte della Massoneria portano anche Jean Claude Lozac'hmeur a concludere: *"In tutte le civiltà è esistita una religione primitiva diametralmente opposta alla tradizione biblica, e di cui si trovano vestigia nelle mitologie e nel folklore. In questo culto misterioso, che corrisponde alla "Tradizione Primordiale" degli gnostici moderni, Satana era rappresentato come il "Dio civilizzatore della luce".*[77]

Nel libro "Le monde grec antique", Marie-Claire Amouretti scrive sul culto di Bacco ai Misteri: "Dioniso appare come il dio liberatore. Il mito ne fa un esule, collegandolo al Vicino Oriente per farlo tornare trionfalmente sul suolo greco, accompagnato da un corteo di satiri e menadi, musicisti e danzatori. Dio del vino e del desiderio sfrenato, Dioniso si offre ai suoi seguaci sotto forma di un potente animale che essi scuoiano e mangiano crudo per appropriarsi della sua forza. Le donne in particolare partecipano a questo culto. Tutto il quadro civico e familiare si rompe in occasione di queste celebrazioni, di cui Euripide fa una straordinaria evocazione ne "Le Baccanti": l'ubriachezza fisica o spirituale, la gioia, la corsa allo sbando nelle terre desolate, il canto e la danza, la libertà sessuale e la dominazione femminile, tutto ciò esprime un profondo bisogno di liberarsi da un sistema civico, morale e familiare che viene organizzato con grande rigidità. Uno sbocco necessario ma pericoloso.[78]

Tutto questo è chiaramente legato a ciò che stiamo vivendo oggi nella nostra società dei consumi in cui l'uomo è messo al centro di tutto grazie al dio

---

[75] *'Memorie'* - Barruel, vol. 111, p.107.

[76] *Figlio della vedova* - Jean-Claude Lozac'hmeur, 2002, p.136.

[77] 'Les Origines Occultistes de la Franc-Maçonnerie' - Jean Claude Lozac'hmeur, 2015, p.42.

[78] *'Le monde grec antique'* - Marie Claire Amouretti & Françoise Ruzé, 1978, p.107.

liberatore dei *"fratelli della luce"*. "Consumatori" sfrenati, privi di qualsiasi spiritualità e la cui moralità continua a diminuire anno dopo anno, essendo questo il risultato del piano luciferiano globale, basato precisamente su questa gnosi trans-storica il cui scopo è realizzare il regno del *"dio civilizzatore e liberatore"*.

Secondo lo storico romano Tito Livio, l'autore di *"Roma e il Mediterraneo"*, i romani che indagarono sul culto dei misteri di Bacco scoprirono che i suoi rituali includevano trasgressioni sessuali e sacrifici di sangue. Una delle profetesse del culto aveva organizzato con i suoi seguaci una vasta truffa che portò a diversi omicidi, lo "scandalo baccanale", che è ben documentato nella storia. Questo culto ammetteva alle sue cerimonie di iniziazione solo i giovani sotto i vent'anni, che erano più docili durante le orge... *Quando suo figlio si stava riprendendo, doveva iniziarlo ai riti bacchici (...) Allora la sua padrona Hispala gli disse che quando era schiava, era entrata in questo santuario come subordinata alla sua padrona, ma che quando era libera non vi era mai stata vicina. Sapeva che era un laboratorio per ogni sorta di corruzione, e si sapeva che da due anni nessuno sopra i vent'anni era stato iniziato qui. Lo portarono in un luogo che risuonava di grida, canti, musica con cembali e tamburi, in modo che la voce dell'iniziato non potesse essere udita, mentre pratiche vergognose venivano perpetrate su di lui con violenza...".*[79]

Nel suo libro *"Les Divinités Génatrices"*, Jacques-Antoine Dulaure (all'epoca massone della Loggia *Osiris di Sèvres*) ci dice che il culto misterico di Bacco ebbe origine in Egitto e che era legato al culto fallico (il culto del pene). Dulaure scrive nel suo libro: *"Erodoto e Diodoro di Sicilia concordano sul fatto che il culto di Bacco fu introdotto in Grecia da un uomo chiamato Melampo, che fu istruito dagli Egiziani in un gran numero di cerimonie. Melampo, figlio di Amythaon, aveva, dice Erodoto, una grande conoscenza della sacra cerimonia del fallo. Fu lui, infatti, a istruire i greci nel nome di Bacco, nelle cerimonie del suo culto, e a introdurre tra loro la processione del Fallo. È vero che non scoprì loro la profondità di questi misteri, ma i saggi che vennero dopo di lui diedero una spiegazione più completa. Fu Melampo, aggiunge, che istituì la processione del fallo che si porta in onore di Bacco, e fu lui che istruì i greci nelle cerimonie che praticano ancora oggi.*'[80]

Il massone Dulaure scrive anche di questo culto del fallo al quale ha dedicato un intero libro: "Una setta particolare e poco conosciuta, chiamata la setta dei Battisti, celebrava ad Atene, a Corinto, nell'isola di Chio, in Tracia e altrove, i misteri notturni di Cotitto, una specie di Venere popolare. Gli iniziati, che indulgevano in tutti gli eccessi della dissolutezza, usavano i falli in modo particolare; erano fatti di vetro e servivano come recipienti per bere. Chi vede in questo simbolo di riproduzione solo il carattere del libertinaggio, deve stupirsi che fosse parte integrante delle cerimonie dedicate a Cerere, divinità tanto

---

[79] 'Livio, Storia di Roma', 'Fonte per lo studio della religione greca' - David Rice, John Stambaugh, 1979 p.149.

[80] *Le divinità generatrici o il culto del fallo negli antichi e nei moderni* - Jacques-Antoine Dulaure, 1805, p. 106-107.

raccomandata per la sua purezza, e soprannominata la Santa Vergine; che comparisse nei misteri di questa dea a Eleusi, chiamati misteri per eccellenza, ai quali tutti gli uomini dell'antichità, distinti per i loro talenti e virtù, si onoravano di essere iniziati (...)È Tertulliano che ci dice che il fallo era, ad Eleusi, parte degli oggetti misteriosi. Nessun altro scrittore dell'antichità aveva fatto conoscere questa particolarità, nessun iniziato aveva rivelato questo segreto prima di lui: "Tutto ciò che c'è di più santo in questi misteri", dice, "ciò che è nascosto con tanta cura, ciò che non è permesso conoscere fino a molto tardi, ciò che i ministri del culto, chiamati Epoptes, desiderano così ardentemente, è il simulacro del membro virile.[81]

Ecco alcuni estratti del libro 'Shiva et Dionysos' (Alain Daniélou - 1979) riguardanti le somiglianze tra le iniziazioni delle religioni antiche e quelle delle società segrete moderne che mirano a divinizzare l'uomo: "Certe tecniche rituali ci permetteranno di agire sulle energie latenti presenti nell'essere umano e quindi di trasformarlo e di farne il veicolo di trasmissione di certi poteri, di elevarlo ad un piano superiore nella gerarchia degli esseri, di farne una specie di semidio o superuomo più vicino al mondo invisibile degli spiriti. Questo è il ruolo dell'iniziazione. Questo processo di trasformazione dell'essere umano è lungo e difficile, per questo l'iniziazione può essere fatta solo per gradi. Il pashu (uomo animale) diventerà prima un sâdhaka (apprendista), poi un vîra (eroe) o un adepto, cioè un essere che può dominare e andare oltre le apparenze del mondo materiale. Il grado successivo è quello di siddaha (realizzato), chiamato anche, tra i Tantrikas, lo stadio di kaula (membro del gruppo), una parola che corrisponde al titolo di "compagno" nell'iniziazione massonica, dove si trova anche il grado di apprendista. Il kaula ha raggiunto lo 'stato di verità'. Solo allora le barriere tra l'umano e il divino scompaiono e l'adepto può essere considerato divya (divinizzato). Nel linguaggio dei misteri greco-romani, l'adepto, l'iniziato, era chiamato "eroe". I gradi più alti erano probabilmente tenuti segreti. Questa trasformazione riguarda tutto l'essere umano. (...) Solo un iniziato può trasmettere poteri ad un nuovo iniziato. Questo è essenziale perché la trasmissione iniziatica sia valida. Ecco perché una tradizione interrotta non può essere ristabilita. L'iniziazione è la trasmissione effettiva di una shakti, un potere, che prende la forma dell'illuminazione. La continuità della trasmissione da un iniziato all'altro è paragonata alla trasmissione di una fiamma che ne accende un'altra. Gli iniziati formano gruppi di uomini diversi dagli altri. Questi gruppi sono chiamati kula (famiglie) nel tantrismo, da cui il nome kaula (familiari o "compagni") dato ai loro seguaci. La kula corrisponde alla tiasi dionisiaca. (...) Il bagno rituale precedeva, per i misteri eleusini, la fase considerata la più misteriosa delle iniziazioni. Era preceduto, secondo Plutarco, da un'astinenza di dieci giorni dai rapporti sessuali. La stessa regola è applicata in India. (...) 'Il novizio viene poi condotto nella zona di iniziazione, accuratamente segnata sul terreno. L'entrata occidentale è la migliore per i discepoli di tutte le caste, ma specialmente per quelli della casta reale, gli Kshatriya... Il novizio deve camminare tre volte intorno all'immagine fallica e,*

---

[81] Ibidem, p. 117-118.

secondo i suoi mezzi, offrire a Dio una manciata di fiori mescolati con oro, o solo oro se mancano i fiori, mentre recita l'inno a Rudra (Rudrâdhyaya). Poi mediterà su Shiva ripetendo solo il pranava, la sillaba AUM. (Linga Purâna, II, cap. 21, 40-42). Allo stesso modo, nel rito dionisiaco, 'l'iniziato ha il capo velato e viene guidato dall'officiante... Un cesto pieno di frutti e di oggetti simbolici, tra cui uno a forma di fallo, viene posto sulla testa dell'iniziato. (H. Jeanmaire, Dionysus, p.459) (...) 'La benda che ha accecato il discepolo viene poi tolta e lo yantra gli viene mostrato...' (Linga Purana, II, cap.21, 45)."

Troviamo lo stesso protocollo nella massoneria quando l'apprendista deve essere bendato per ricevere l'iniziazione.

Alcune testimonianze attuali sembrano confermare che il culto di Dioniso/Bacco e in generale tutti questi culti luciferiani sono praticati ancora oggi in Occidente. Il libro *"Ritual Abuse and Mind Control: The Manipulation of Attachment Needs"* contiene la testimonianza di una sopravvissuta all'abuso rituale satanico e al controllo mentale. La donna è nata in una famiglia che presumibilmente pratica questi rituali di generazione in generazione, ecco un estratto della sua testimonianza: *"Il primo omicidio di un bambino che posso ricordare coscientemente è stato quando avevo quattro o cinque anni. Mia madre è stata messa incinta da X (...) Siamo stati portati in una grande casa signorile, era durante l'estate in occasione di una data importante (...) Il venerdì sera c'era un rituale seguito da un'orgia con un sacco di gente vestita in costume che faceva 'buffonate' in questo enorme salone. Bacco era uno degli dei che adoravano. Il giorno dopo siamo andati fuori in un grande prato, c'erano un centinaio di persone, era un grande rito. Mia madre era sdraiata per terra, aveva le doglie mentre X cantava (...) Il bambino è nato, era una bambina. Poi mi ha messo un coltello nella mano sinistra e mi ha detto certe cose sul bambino. Poi ha messo la sua mano sulla mia e abbiamo puntato il coltello sul petto del bambino e lo abbiamo ucciso. Ha rimosso il cuore, tutti hanno applaudito e si sono scatenati, poi il bambino è stato smembrato e consumato."*[82]

Nel suo libro The Occult Conspiracy: Secret Societies, Their Influence and Power in World History, Michael Howard scrive a proposito dei Culti Misteriosi dell'antichità: "I Culti Misteriosi eseguono cerimonie di iniziazione che contengono simbolismo arcano e dramma per rivelare all'iniziato le realtà spirituali nascoste dietro l'illusione del mondo materiale. Durante l'iniziazione, il neofita viene messo in trance e sperimenta il contatto con gli dei in un viaggio nell'"altro mondo". Gli iniziati passano attraverso una morte simbolica e rinascono con un'anima perfetta. '

Ciò che Howard riporta qui è interessante perché mostra le somiglianze tra gli antichi culti misterici, lo sciamanesimo, i culti di possessione e la stregoneria... Ma ciò che descrive mostra anche una somiglianza con le società segrete contemporanee di tipo massonico, cioè la morte simbolica per rinascere a una nuova vita. Un simbolismo che ritroviamo anche tra i cristiani con la rinascita in Gesù Cristo attraverso il sacramento del battesimo: *'Così chi è unito*

[82] *Abuso rituale e controllo mentale: la manipolazione dei bisogni di attaccamento* - Orit Badouk Epstein, Joseph Schwartz, Rachel Wingfield Schwartz, 2011, p.149.

a Cristo è una nuova creatura: il vecchio è passato; ecco, il nuovo è già qui' (2 Corinzi 5:17). Gesù Cristo è venuto sulla terra per riformare tutte quelle religioni pagane che praticavano il sacrificio di sangue in onore degli angeli caduti. Il battesimo di sangue fu sostituito dal battesimo d'acqua e dello Spirito Santo, e il sacrificio di sangue fu permanentemente sostituito dal Suo stesso sacrificio.

Benjamin Walker, l'autore di *The Woman's Encyclopedia of Myths and Secrets*, descrive una cerimonia di iniziazione del culto di Mitra, che era un'altra di queste religioni misteriche, come segue: *"Prima ci sono alcuni giorni di astinenza dal cibo e dal sesso, poi una cerimonia di abluzione dopo la quale le mani del candidato sono legate dietro la schiena, e poi giace a terra come se fosse morto. Dopo alcuni riti solenni, la sua mano destra viene afferrata dallo ierofante ed egli risorge. Poi arriva il battesimo di sangue. L'iniziato si trova nudo in una fossa coperta da una grata, sopra questa grata viene sacrificato un animale in modo che il sangue scorra sul candidato. Non importa quale animale sia coinvolto, simboleggia sempre il toro di Mitra. Il poeta cristiano Prudenzio ha descritto questo rituale nella sua memoria personale: "Attraverso la grata scorre nella fossa il liquido rosso che il neofita riceve sul suo corpo, sulla sua testa, sulle sue guance, sulle sue labbra e sulle sue narici. Si fa gocciolare il liquido sugli occhi e sulla bocca per impregnare la lingua di sangue e per ingoiarne il più possibile. Simbolicamente, l'iniziato è stato resuscitato dalla morte e purificato dal sangue rivitalizzante del toro. Ora è considerato "nato di nuovo nell'eternità". Sarà accolto nella comunità degli iniziati come un fratello e gli sarà ora permesso di partecipare al pasto sacramentale di pane e acqua, stabilendo così il suo status di eletto. '*

La sopravvissuta "Svali", una ex-illuminata, lei stessa nata in un culto luciferiano, riferisce nella sua testimonianza che il gruppo a cui apparteneva ha pratiche simili alle antiche religioni misteriche babilonesi con battesimo di sangue: *"Loro* (i bambini) *parteciperanno a riti durante i quali gli adulti indossano vesti, e dovranno, tra l'altro, prostrarsi davanti alla divinità guardiana del loro culto. Moloch, Ashtaroth, Baal, Enokkim, sono demoni comunemente adorati. Il bambino può essere testimone di un sacrificio reale o inscenato che serve come offerta per queste divinità. I sacrifici di animali sono comuni. Il bambino sarà costretto a partecipare ai sacrifici e dovrà passare attraverso il battesimo di sangue. Dovrà prendere il cuore o altri organi dell'animale sacrificato e mangiarli (...) Fanno riti di iniziazione con bambini o con adepti più anziani, l'iniziato viene legato e un animale viene fatto morire dissanguato sopra di lui."*[83]

Un documento[84] contenente le udienze e i verbali del caso Dutroux in Belgio riporta alcune testimonianze su sacrifici di sangue durante i rituali, a volte con una sorta di battesimo di sangue. Si tratta di deposizioni e denunce, e nessuna indagine adeguata è stata condotta per determinare se queste testimonianze erano vere. Tutti questi casi vengono sistematicamente messi a tacere... Perché? Ecco alcuni estratti:

---

[83] *Come il culto programma le persone* - Svali.

[84] 'Belgio: Dutroux X-Dossier summary', 2005 - Wikileaks.org.

X1 ha ucciso due conigli e una capra nana su ordine di B. L'orgia ha avuto luogo nel garage. I partecipanti con costumi speciali: pelle, mantelli, maschere... C. devono mangiare il cuore del coniglio sacrificato. Bambini legati ad anelli nel garage. Il sangue del capro viene versato su C." (PV 118.452, 10/12/96, Audizione del testimone X1 (Regina Louf), pagina 542)

C'erano messe nere a questo indirizzo (...) Il paragrafo 29 (il diario di W.) menziona una famiglia che fa sacrifici umani, compresa la loro stessa figlia (...) E' stata portata in una casa dove c'è una grande piscina all'esterno. Ci sono molti uomini e donne. La fanno bere in macchina. C'è un grande fuoco in giardino. Ci sono altre tre ragazze (...) Durante un gioco in questa casa, le è stato versato del sangue caldo (PV 117.753, 754 e 118.904, audizione di W., pagina 749)

Ha partecipato a una messa nera nel sobborgo elegante di Gent nell'aprile 1987. Messa satanista. Gli animali venivano sacrificati, sventrati e poi uccisi. Il sangue degli animali è stato bevuto dai partecipanti (...) T4 non ha potuto assistere a tutta la cerimonia. Descrizione della villa. Veicoli di lusso (...) J. ed E. hanno riferito che c'erano parlamentari e altre personalità. Incantesimi in una lingua sconosciuta. Sacerdoti e sacerdotesse nudi sotto i loro mantelli. Tutti in mantello e maschera. La sofferenza degli animali sacrificati è il mezzo per ottenere potere e potenza. (PV 118.220, 04/12/96, informazione T4, pagina 125)

Conosce le chiese sataniche di Hasselt, Bruxelles, Gent, Knokke, Liegi, Charleroi e Mozet (...) I sacrifici vanno dagli animali agli umani. I sacrifici sono seguiti da orge (...) A volte la donna viene sacrificata e il suo sangue viene usato per i riti. (PV 100.693, 06/01/97, audizione di L. P., pagina 126)

W. avrebbe partecipato a "messe nere" con altri minori. Parla di minori marchiati con ferro rovente e di sacrifici umani. Parla anche di carne umana preparata che le ragazze dovevano mangiare. Durante queste feste, le ragazze venivano violentate dai partecipanti. (PV 116.780 21/11/96, audizione di W., pagina 746)

Ha partecipato nel 1985 a diverse sedute sataniche vicino a Charleroi. In un'occasione, il sangue di una ragazza di 12 anni è stato offerto al pubblico. Non ha assistito all'omicidio (...) Sul posto, è stato drogato prima di essere portato in una stanza con persone che indossavano maschere e abiti neri. I partecipanti bevevano sangue. C'era una ragazza nuda stesa su un altare, era morta. (PV 250 e 466, 08/01/97 e 16/01/97, audizione di T.J., pagina 260)

È andata per la prima volta al castello quando aveva 14 anni nella Jaguar beige di V. (...) durante le lune piene (...) Scrive: In cerchio intorno al fuoco - ci sono candele - tutti stanno in piedi tranne il bambino e la pecora - il bambino piange (...) Descrive l'uccisione del bambino e la mescolanza del suo sangue con quello della pecora. Poi il bambino e la pecora vengono bruciati e tutti "fanno l'amore insieme". Il cuore del bambino viene strappato. (PV 150.035, 30/01/97, audizione di N. W., pagina 756)

Nel 2000, France 3 ha trasmesso un servizio intitolato *"Stupro di bambini, la fine del silenzio?"*. Il documentario contiene la testimonianza di una bambina vittima di abusi rituali satanici. Descrive una scena di culto a Parigi o nei dintorni: *"Poi siamo scesi in un labirinto dove faceva freddo, era buio e sembrava una cantina. Qui c'era uno spogliatoio dove andavamo a vestirci con i vestiti bianchi e rossi. Poi andavamo qui* (nota: mostrando il suo disegno), *c'era una stanza dove violentavano i bambini, era una grande stanza, come una grande grotta a forma di cattedrale o di culla e c'erano molte, molte persone qui. C'era anche una statua molto, molto grande di un dio africano o nero, e quando ringhiava, la gente metteva dei soldi in grandi cesti che venivano passati in giro. Intorno a questa statua c'erano ceneri, con teste di bambini su punte nella cenere. "*

L'Antico Testamento non descrive ripetutamente sacrifici di bambini? Rituali che consistono nel sacrificare bambini al fuoco in onore del demone Moloch (vedere la fine di questo capitolo). Queste pratiche di culti sacrificali non sembrano essere finite con il mondo moderno... In forme diverse, i *Misteri* sono come funerali oscuri, che celebrano una morte mistica e la resurrezione sotto forma di una figura eroica o divina. Nel suo libro *"Antichrist Osiris"*, Chris Relitz spiega che questa iniziazione rituale dei Misteri potrebbe assumere diverse forme che consistono in un replay della vita, morte e resurrezione di una divinità. La conoscenza segreta era codificata in queste cerimonie di iniziazione e poteva così essere tramandata attraverso i secoli. In primo luogo, il candidato all'iniziazione deve morire simbolicamente rimettendo in scena la storia di un dio. Poi viene la ricerca e il ritrovamento del suo corpo, e infine la *'resurrezione'* dove l'iniziato riceve un segreto che deve mantenere. Un segreto che a prima vista sembra insignificante, ma il prete è perfettamente consapevole che questa informazione è di estrema importanza. Ciò che è stato appena affidato all'iniziato è in effetti *"il segreto di tutti i segreti"*, si tratta di informazioni codificate e velate nel simbolismo che l'iniziato non sarà solitamente in grado di comprendere direttamente. Tutto quello che possono fare è continuare a trasmettere ciecamente ed eternamente questo simbolismo occulto ad altri candidati all'iniziazione.[85]

Nel 1928, il fondatore della Revue Internationale des Sociétés Secrètes (R.I.S.S.), Mons. Jouin, dichiarò nel primo numero del "Supplemento Occultista" della R.I.S.S.: "Sì, il grande segreto dell'occultismo è lì: cioè, non nella scoperta sensazionale di una confessione o accusa ancora inedita, ma nell'ovvietà della verità. Sì, il grande segreto dell'occultismo è lì: cioè, non nella scoperta sensazionale di una confessione o di un'accusa ancora inedita, ma nella conclusione ovvia e serena di una specie di grammatica comparata del simbolismo di tutte le sette. Infatti gli adepti, condannati a nascondere la loro "verità" sotto veli impenetrabili, si sono indubbiamente proibiti in ogni momento le formule categoriche, poiché ciò che insegnano sarebbe così ripugnante per la mente e il cuore degli uomini...(...) Ma è facile vedere che un'interpretazione fissa di questi simboli è sempre stata in uso tra gli uomini, che una cabala tradizionale, a lungo orale, poi scritta, si è sviluppata da tempo immemorabile accanto al canone delle Scritture e si trova infine in un certo numero di opere, a prima vista incomprensibili o contraddittorie, ma il cui vero significato può essere ricostruito dalla chiave del simbolismo."

---

[85] 'Antichrist Osiris: The History of the Luciferian Conspiracy' - Chris Relitz, 2012.

Christian Lagrave, autore del libro intitolato *Les Dangers de la Gnose Contemporaine*, ha dichiarato durante una conferenza: "Come hanno potuto questi errori gnostici essere trasmessi e persistere dall'antichità? Diversi modi di trasmissione sono possibili e possono essere combinati tra loro. Innanzitutto, c'è la persistenza clandestina di queste dottrine nelle sette religiose o nelle società segrete, con una trasmissione "esoterica" (riservata a un piccolo numero di iniziati) effettuata in modo occulto, cioè queste dottrine perverse non sono mai rivelate completamente ed esplicitamente, ma sono nascoste sotto simboli e miti, portando gradualmente l'iniziato a scoprirle da solo. Questa tattica di iniziazione progressiva era già in uso nelle sette manichee antiche e medievali. È ancora praticata nei moderni culti occultisti, in particolare nella massoneria. Lo scopo di questa tattica è di condurre i nuovi iniziati gradualmente alle dottrine che li spaventerebbero se fossero rivelate loro completamente in una volta."

Tutte queste sette, chiamate scuole dei Misteri o religioni dei Misteri, erano dunque destinate a trasmettere una certa conoscenza esoterica e occulta. Solo gli aristocratici potevano unirsi a questi gruppi per ricevere l'iniziazione ai *"famosi"* Misteri. Questi iniziati venivano formati con una combinazione metodica di insegnamenti e indottrinamenti. La privazione del sonno, la tortura ritualizzata, le droghe e a volte la demonologia erano usate per programmare le menti degli "studenti". Questi aristocratici, iniziati ai Misteri e legati da rituali a certe entità demoniache (che potevano fornire loro assistenza materiale), si sentivano così superiori al resto della popolazione. Così, a poco a poco, nacque una sorta di casta aristocratica che sviluppò un sentimento di superiorità spirituale che si tradusse in *"illuminazione"*. Cioè, l'accesso a una conoscenza nascosta alla maggioranza degli umani profani. Diversi autori hanno rilevato chiaramente la forte somiglianza tra questi antichi culti misterici e le moderne organizzazioni fraterne, le società segrete che apparvero più tardi in Europa. Jean-Marie R. Lance, membro dell'A.M.O.R.C. (Rosacroce), ha dichiarato in un documentario della televisione canadese: *"La storia dell'Ordine, nel suo aspetto tradizionale, risale all'antico Egitto e possiamo addirittura risalire a 1500 anni prima di Cristo con, per esempio, Akhenaton che era associato a queste scuole dei Misteri, con queste 'Case della Vita' che erano luoghi che permettevano a uomini e donne di studiare insieme i misteri della vita."*[86]

Alcuni autori sostengono che la Massoneria è stata costruita da un lato sulla tradizione dei costruttori di cattedrali e dall'altro sul modello di quelle antiche scuole dei Misteri con la pratica di riti di iniziazione malsani e traumatici. In questi rituali traumatici, il terrore che il candidato subisce è il punto centrale del processo di iniziazione, la sua vulnerabilità in questa esperienza segna il potere del gruppo sull'individuo: *"Avremmo potuto ucciderti, ma non l'abbiamo fatto"*. Dopo aver attraversato questo processo, l'iniziato sarà aiutato e protetto dal gruppo/culto a condizione che rispetti le severe esigenze di segretezza. Questo principio di iniziazione attraverso il trauma è comune a tutte le strutture fraterne luciferiane o sataniste, dove l'iniziazione nella prima infanzia è il modo migliore per ottenere un adulto leale e fedele che rispetterà perfettamente la legge

---

[86] 'Il segno segreto: Ordine dei Rosacroce' - Historia, 03/2012.

del silenzio perpetuando la tradizione oscura. I rituali che implicano atti perversi e immorali, compresa la pedocriminalità vile, forniscono anche un mezzo di ricatto per coloro che vi hanno partecipato. Questo permette la creazione di legami *"fraterni"*, tanto più forti quando un sacrificio umano, un crimine rituale, veniva commesso in gruppo e le telecamere riprendevano la scena per immortalarla. Gli adepti che si immergono in questa violenza assuefacente si sentono legati gli uni agli altri da un segreto che è rigorosamente impossibile da rivelare al mondo esterno; è un cemento malsano che lega i membri e dà loro un sentimento di superiorità sulla massa umana.

Un esempio relativamente noto di una società segreta che praticava rituali satanici è il *Brethren of St Francis of Wycombe*, meglio conosciuto come *'The Hell Fire Club'*. Questo gruppo fu fondato nel maggio 1746 da Francis Dashwood nella *casa pubblica George and Vulture* a Londra. Francis Dashwood era un amico intimo di re Giorgio III, che in seguito divenne ministro delle finanze della Gran Bretagna. Questo *'club'* si trovava nei sotterranei di un edificio simile a una chiesa, con una serie di tunnel, sale e caverne che venivano utilizzate dai membri (i 'fratelli') per le loro attività occulte, che consistevano nel fornicare con prostitute, adorare Bacco e Venere e offrire sacrifici a Satana. Sebbene non fosse un membro diretto, Benjamin Franklin partecipava occasionalmente alle riunioni dell'*Hell Fire Club*. Franklin era egli stesso un massone, Gran Maestro della Loggia di San Giovanni a Filadelfia e Gran Maestro della Loggia delle Nove Sorelle a Parigi. Era anche un Gran Maestro Rosacroce.

Nel febbraio 1998, un operaio di un cantiere ha scoperto le ossa di sei bambini e quattro adulti. Il sito era il restauro di una casa londinese al 36 di Craven Street, che era la casa di Benjamin Franklin, il padre della Costituzione americana. I corpi sono stati datati al periodo in cui Franklin ha occupato la casa, cioè dal 1757 al 1762 e dal 1764 al 1775. La scoperta delle ossa fu persino annunciata dalla stampa britannica, in particolare dal *Sunday Times*. Evangeline Hunter-Jones, deputata e presidente degli *Amici di Benjamin Franklin House*, ha riferito che *"le ossa bruciate furono sepolte in profondità, probabilmente per nasconderle, e ci sono tutte le ragioni per credere che ce ne siano ancora.* Per scagionare Benjamin Franklin, fu subito avanzata l'ipotesi che durante le sue assenze, il suo amico Dr. Hewson avrebbe potuto utilizzare la casa per eseguire dissezioni di cadaveri umani per i suoi studenti.[87]

Albert Mackey è un famoso massone (quello che ha cooptato Albert Pike) che ha studiato le radici filosofiche della massoneria risalendo ai tempi biblici. Mackey ha dedotto che la forma *"pura"* che era praticata dagli israeliti (Noachiti) implicava la credenza in un solo Dio e l'immortalità dell'anima. Egli sostiene che la sua forma *"parassitaria"* era quell'insieme di riti iniziatici praticati dai pagani, e in particolare le pratiche dionisiache dei Tiri. Pratiche pagane che secondo lui comportavano *"prove severe e difficili... un'iniziazione lunga e dolorosa... con una serie di gradi iniziatici"*. Secondo Mackey, queste due forme di massoneria si fusero durante la costruzione del Tempio di Salomone per

---

[87] 'Il satanista e massone Benjamin Franklin' - Laurent Glauzy, 2014.

produrre un prototipo dell'istituzione (massonica) moderna. Mackey identifica così una forma corrotta di massoneria combinata con una forma pura che risale alle sue origini. Egli sostiene che questo dà a questa istituzione segreta sia un lato chiaro che uno scuro. Egli definisce questo lato oscuro, questa forma "parassitaria" di massoneria, come una sorta di massoneria nera con pratiche iniziatiche terrificanti e traumatiche, che utilizza la rappresentazione simbolica della mitica discesa nell'Ade, la tomba o l'inferno, per poi tornare alla luce del giorno: la rinascita iniziatica.[88]

Mackey rivela che ci sono due lati della massoneria, uno dei quali è all'oscuro dell'esistenza dell'altro, che può essere tradotto come *"i buoni non conoscono i cattivi, ma i cattivi conoscono i buoni"*.

L'autore massonico Manly P. Hall, onorato dal Journal of the Scottish Rite come *"il più grande filosofo della Massoneria"*, descrisse chiaramente i due aspetti distinti dell'organizzazione massonica: *"La Massoneria è una fraternità nascosta in un'altra fraternità: un'organizzazione visibile che nasconde una fraternità invisibile di eletti... È necessario stabilire l'esistenza di questi due ordini separati e tuttavia interdipendenti, uno visibile, l'altro invisibile. L'organizzazione visibile è uno splendido cameratismo composto da "uomini liberi e uguali", dedicati a progetti etici, educativi, fraterni, patriottici e umanitari. L'organizzazione invisibile è una confraternita segreta, augustissima, maestosa per dignità e grandezza, i cui membri sono dedicati al servizio di un misterioso "arcanum arcandrum", cioè un mistero nascosto. "*[89]

Per completare questa descrizione di Hall, ecco cosa dice Albert Pike in *Morals and Dogma*: "Come tutte le Religioni, tutti i Misteri, l'Ermetismo e l'Alchimia, la Massoneria non rivela i suoi segreti a nessuno se non agli Adepti, ai Saggi e agli Eletti. Essa ricorre a false spiegazioni per interpretare i suoi simboli, per ingannare coloro che meritano di essere ingannati, per nascondere loro la Verità, che essa chiama Luce, e tenerli così lontani da essa (...) La Massoneria nasconde gelosamente i suoi segreti, e inganna intenzionalmente i suoi pretenziosi interpreti."[90]

Nel suo libro *"L'esteriorizzazione della Gerarchia"*, la famosa occultista *New Age* Alice Bailey, scrive di questa frangia totalmente occulta della Massoneria: *"Il Movimento Massonico è il guardiano della legge. È la Casa dei Misteri e la sede dell'iniziazione. Trattiene nel suo simbolismo il rito della Divinità, e conserva nella sua opera pittorica la via della salvezza. I metodi della Divinità sono dimostrati nei suoi Templi. Il mondo può avanzare sotto lo sguardo di questo Occhio al quale nulla sfugge. La massoneria è un'organizzazione molto più occulta di quanto si possa immaginare. È destinato*

---

[88] 'The Symbolism of Freemasonry: Illustrating and Explaining its Science and Philosophy, its Legends, Myths and Symbols' - Mackey, Albert G, 1955.

[89] 'Lectures on Ancient Philosophy', Manly P. Hall, p.433.

[90] *'Morali e dogmi'*, Volume 1, Albert Pike, p.104.

ad essere la scuola di formazione dei futuri occultisti più avanzati (...) Questi Misteri, quando saranno restaurati, unificheranno tutte le credenze. "[91]

Alice Bailey ci parla di Lucifero (*l'Occhio da cui nulla sfugge*) e della costruzione di un nuovo ordine mondiale (*i Misteri che unificheranno tutte le credenze*).

Esiste un certo numero di fonti massoniche che riguardano la connessione tra le religioni misteriche e la Massoneria contemporanea. Alcuni fratelli lo hanno riconosciuto apertamente in diverse pubblicazioni. Il libro massonico intitolato *"The Master Mason"* descrive chiaramente il legame tra i culti misterici dell'antichità e la massoneria moderna: *"L'idea dietro la leggenda di Hiram è vecchia quanto il pensiero religioso tra gli uomini. Gli stessi elementi esistevano nella storia di Osiride, celebrata dagli egiziani nei loro templi, così come gli antichi persiani vi facevano riferimento con il loro dio Mitra. In Siria, i misteri dionisiaci contengono elementi molto simili con la storia di Dioniso e Bacco, un dio morto e risorto. C'è anche la storia di Tammuz, vecchia come tutte le altre. Tutti questi si riferiscono agli antichi Misteri. Sono celebrati da società segrete, proprio come le nostre, con cerimonie allegoriche in cui gli iniziati progrediscono attraverso queste antiche società da un grado all'altro. Leggete queste storie antiche e meravigliatevi di quanti uomini hanno ricevuto tutti la stessa grande verità nello stesso modo.* "[92]

Il libro del *Maestro Massone* invita quindi i lettori massoni a leggere le storie delle antiche religioni misteriche per vedere come esse insegnano la stessa *"grande verità"* della Massoneria. Nel libro *"A Bridge to Light"*, il massone di 32° grado Rex R. Hutchens parla anche delle *"grandi verità" dei* Misteri. Ecco come descrive il 23° grado del Rito Scozzese: *"Qui iniziamo l'iniziazione simbolica ai Misteri praticati dagli antichi e attraverso i quali la Massoneria ha ricevuto le grandi verità.* "[93]

Nel suo libro Symbolism of Freemasonry or Mystic Masonry, il massone di 32° grado J.D. Buck scrive che "la Massoneria è modellata sugli Antichi Misteri, con i loro simboli e allegorie, il che è più che casuale a causa delle forti somiglianze."[94]

Henry C. Clausen, un massone di 33° grado, ha scritto nel suo libro "Your Amazing Mystic Powers": "La massoneria è sulla soglia di un nuovo giorno. A causa dell'inadeguatezza della teologia moderna, dell'impossibilità del materialismo e della sterilità della filosofia accademica, gli uomini si rivolgono alle verità eterne perpetuate negli arcani degli antichi Misteri."[95]

Il massone S.R. Parchment ha dichiarato nel suo libro Antica Massoneria Operativa: "Gli ierofanti della scienza universale e della filosofia sublime

---

[91] L'esternalizzazione della gerarchia' - Alice Bailey, 1974, pp.511-573.

[92] *Il Maestro Muratore,* p.9-10 - Grande Loggia F. & A. M. dell'Indiana, Comitato per l'educazione massonica.

[93] *Un ponte verso la luce'* - Rex R. Hutchens, 1988, p.194.

[94] 'Simbolismo della Massoneria o Massoneria Mistica' - J.D. Bruck, 1925.

[95] *I tuoi incredibili poteri mistici* - Henry C. Clausen, 1985, p.xvii.

insegnano i Grandi Misteri dell'Egitto, dell'India, della Persia e di altre nazioni antiche. Rivelano i segreti riguardanti le forze sottili della natura a candidati degni e qualificati. Questi devoti vengono anche istruiti nella dottrina della Fratellanza Universale, e infine iniziati alla coscienza di "Io sono quello che sono". Questi ideali sono i punti di riferimento, i simboli e le tradizioni della Massoneria Antica Operativa, niente di più."[96]

Nel 1896, nella Storia della Massoneria, Albert Mackey scrisse delle religioni misteriche: "È noto che nei Misteri come nella Massoneria, ci sono obblighi solenni di segretezza con pene per la violazione del giuramento (...) Ho tracciato le analogie tra gli antichi Misteri e la moderna Massoneria: 1/ La Preparazione, che si chiama "Lustrazione" nei Misteri, è la prima tappa dei Misteri ed è anche il lavoro da fare nel grado di Apprendista Muratore (che dovrà "lucidare" o irruvidire la sua pietra). 2/ Iniziazione (...) 3/ Perfezione (...) La Massoneria è la continuità ininterrotta degli antichi Misteri, la successione di ciò che fu trasmesso attraverso le iniziazioni di Mitra."

In effetti, le analogie tra il culto misterico di Mitra e la massoneria contemporanea sono numerose e innegabili. Nel suo libro *"Son of the Widow"*, Jean-Claude Lozac'hmeur cita diverse di queste somiglianze. Prima di tutto, la Sala dei Misteri di Mitra era sotterranea e aveva una cripta il cui soffitto poteva essere decorato con stelle che simboleggiavano l'universo, proprio come il soffitto dei templi massonici. I due culti hanno la stessa disposizione: su ogni lato della sala, nel senso della lunghezza, c'erano delle panche tra le quali si trovavano quattro piccoli pilastri per il tempio mitraico e tre pilastri nel tempio massonico. Le due colonne Jakin e Boaz delle logge moderne corrispondono alle due colonne che incorniciano i bassorilievi di Mitra. Infine, ma non meno importante, entrambi i culti comportano un'iniziazione che è preceduta da prove e comportano anche diversi gradi di iniziazione. Il rituale di iniziazione del primo grado massonico è quasi identico alle rappresentazioni dell'iniziazione al Mitraismo. In entrambi i casi, gli occhi del candidato sono velati da una benda tenuta dietro di lui da una figura e in entrambi i casi il maestro della cerimonia gli presenta una spada. Nell'iniziazione Mitra il candidato è nudo e sta seduto con le mani legate dietro la schiena, mentre nell'iniziazione massonica il candidato ha un braccio e una gamba nudi e sta in piedi con le mani libere. È più che probabile che si tratti dello stesso culto che è sopravvissuto nei secoli. Come abbiamo visto sopra, il culto misterico di Mitra praticava veri e propri sacrifici di sangue per battezzare l'iniziato in una forma di resurrezione e purificazione attraverso il sangue del toro.

Albert Pike stesso ammise che la Massoneria era una vestigia della religione antidiluviana, cioè la religione dei Misteri, la religione babilonese: *"La leggenda delle colonne di granito, di ottone o di bronzo che sopravvissero al diluvio, si suppone che simboleggino i Misteri, di cui la Massoneria è la legittima successione."*[97]

---

[96] 'Antica massoneria operativa e i misteri dell'antichità' - S.R. Parchment, 1996, p.11.

[97] *Morale e dogma*, livello 8 - Albert Pike.

Albert Mackey afferma in *The History of Freemasonry* che "la storia tradizionale della Massoneria inizia prima del diluvio. C'era un sistema di istruzione religiosa che, a causa della sua somiglianza con la massoneria a livello leggendario e simbolico, è stato chiamato da alcuni autori "massoneria antidiluviana".[98]

Nel suo libro *La Symbolique Maçonnique*, Jules Boucher, anch'egli massone, afferma che 'la massoneria attuale non è un sopravvissuto dei misteri dell'antichità, ma una continuazione di questi misteri'.[99]

Di fronte a tutte queste citazioni, è dunque legittimo porsi questa domanda: la massoneria moderna trasmette iniziazioni e conoscenze simili a quelle insegnate prima del diluvio, quindi al tempo di Nimrod e di Babilonia? Questa conoscenza massonica segreta ha mantenuto una dottrina puramente luciferiana, cioè basata sul paganesimo e sul satanismo, includendo tra l'altro pratiche sessuali depravate e sacrifici di sangue (magia sessuale e demonologia)? Sacrificano ancora il *toro* di Mitra? Praticano ancora il battesimo di sangue? È questa la *"massoneria parassita"*, la massoneria nera con riti di iniziazione traumatici di cui parla Albert Mackey? I traumi che portano a stati alterati di coscienza, i sacrifici di sangue e la magia sessuale pedocriminale sono chiavi iniziatiche che alcune società segrete moderne usano per stabilire connessioni con certe entità e acquisire così potere e potenza?

Questa pretesa di discendenza dai più vergognosi misteri dell'antichità da parte di molti scrittori massoni dimostra che la Massoneria tende con le sue dottrine e pratiche alla restaurazione del paganesimo antico nella sua più grande perversione. Le moderne società segrete di tipo massonico sono i discendenti diretti delle antiche religioni misteriche e dei culti della fertilità? Culti che adoravano divinità come Baal, Moloch o Dioniso (Bacco) e i cui riti includevano sacrifici. La sessualità di gruppo era anche un elemento essenziale di questi culti pagani, il culto fallico solare è rappresentato oggi dagli obelischi che si ergono in onore del 'segreto reale massonico' nelle nostre grandi piazze pubbliche...

L'autore di *Who Was Hiram Abiff*, J.S.M. Ward riferisce che i rituali di sacrificio umano erano praticati nei culti misterici di *Astarte*, *Tammuz* e *Adonis*, egli scrive: *"Abbiamo abbondanti prove che un tempo le vittime umane erano regolarmente sacrificate ad Astarte ... Il metodo più usuale sembrava essere il fuoco, la vittima veniva uccisa prima di essere posta su una pira funeraria. Era questa particolare forma di sacrificio che era associata a Melcarth o Moloch. Melcarth era Baal, il dio della fertilità* (vedi alla fine di questo capitolo 'Rituali sacrificali nell'Antico Testamento') (...) *Questi inizi arcaici si sono evoluti nei grandi Riti Misteriosi e nella stessa Massoneria, in cui si insegna agli uomini la dottrina della resurrezione dell'anima e della vita oltre la tomba. Tutti questi rituali primitivi sono associati al culto della fertilità."*[100]

---

[98] 'La storia della Massoneria: le sue origini leggendarie, Pt.1 Massoneria preistorica' - Albert Gallatin Mackey, 2008, p.61.

[99] *La Symbolique Maçonnique* - Jules Boucher, 1985, p.253.

[100] *Chi era Hiram Abiff?* - J.S.M.Ward, 1925, pp.50-34-195.

Nel suo libro *The Golden Bough*, Sir James Frazer scrive che i culti della fertilità rappresentano una religione primitiva universale in cui si praticavano regolarmente sacrifici umani. Nel 1921, Margaret Murray rese popolare la conoscenza di queste religioni segrete con la pubblicazione del suo libro *The Witch Cult in Western Europe*. Murray afferma che i *"cacciatori di streghe"* del XVI e XVII secolo avevano scoperto ed esposto un vero e proprio culto delle dee legato *alla "Vecchia Religione"*: cioè culti organizzati gerarchicamente e che si riunivano in assemblee secondo un certo calendario. Queste cerimonie sono conosciute come *sabba*. I riti orgiastici del *Sabbath, che* possono includere sacrifici di sangue, sono culti legati alla fertilità.[101]

Per lo storico indiano Narendra nath Bhattacharyya, esiste una sorta di substrato matriarcale arcaico su cui si radicano tutte le religioni dell'India e del Medio Oriente, la maggior parte delle quali sono legate a una forma di magia sessuale. Bhattacharyya suggerisce anche che gli antichi culti delle dee-madri di Iside, Astarte, ecc., sono radicati in un *"rito sessuale primitivo basato sull'associazione magica tra la fertilità della natura e la fertilità umana"*.[102]

Ecco alcuni estratti dal libro *"Il mondo greco antico"* che illustrano le pratiche rituali delle religioni antiche, in particolare i culti legati alla fertilità: *"Subito, in ordine intorno al vasto altare, dispongono per il dio la splendida hecatomb (un gran numero di animali destinati ad essere sacrificati) (...) braccia alzate, pregano ad alta voce: tu il cui arco è d'argento, ascolta le mie parole... Così prega, e Febo Apollo ascolta la sua preghiera. Si interrompe la preghiera, si gettano i chicchi d'orzo, si alza al cielo la testa delle vittime, si sgozzano, si toglie la pelle, si staccano le cosce, si ricoprono di grasso in doppio strato; si mettono sopra di esse pezzi di carne cruda (...) Sacrificio di beni di consumo, pasto collettivo con ciò che resta. Tutto si svolge all'aria aperta intorno ad un semplice altare (...) Il sacrificio dell'animale rimane il rito più caratteristico. Può essere di tipo uraniano, come qui, con il sangue dell'animale diretto verso il cielo, e le frattaglie mangiate con gioia nonostante la gravità delle circostanze (i Greci sono minacciati dalla peste). Il culto ctonio è praticato sopra una fossa dove il sangue scorre direttamente nella terra; la carne è interamente bruciata come olocausto (...) Notiamo che entrambi i riti possono essere utilizzati per lo stesso dio, a seconda delle circostanze. I riti ctonie sono indirizzati alle divinità infernali, accompagnano certi sacrifici espiatori, spesso giuramenti, sacrifici al mare e ai fiumi, agli eroi morti (...) Offerte semplici di culti popolari, spesso di natura magica, statuette d'argilla, le primizie del raccolto, capelli (...)La figlia di Demetra, Kore-Persefone, la fanciulla del grano, scende in estate, dopo la trebbiatura dei cereali, per raggiungere il suo marito infernale, Plutone - o Ploutos, cioè il ricco, ricco dei silos scavati nella terra o delle giare semisepolte piene del nuovo raccolto. In ottobre torna da sua madre per assistere alla semina e alla ripresa della vegetazione. Questo ritorno è segnato dalla festa della Thesmophoria (...) è riservata alle donne sposate, che sono le sole portatrici di*

---

[101] The Oxford Handbook of New Religious Movements - James R. Lewis, 2008.

[102] Magia Sexualis: Sex, Magic and Liberation in Modern Western Esotericism - Hugh B. Urban, 2006, p.22.

fertilità. È allora che i maiali putrefatti vengono tolti dalle fosse dove erano stati gettati in sacrificio a Eubouleus, e i loro resti, mescolati a semi di cereali, assicureranno la fertilità della terra (...) Questo è solo un esempio delle innumerevoli cerimonie destinate ad assicurare la fertilità del suolo (...) Un certo numero di santuari trae anche la sua reputazione dalla sua funzione oracolare. Si ammette che ci sono molti segni con cui gli dei si rivolgono agli uomini (...) il volo degli uccelli, le viscere delle vittime sacrificate (...) Il più famoso è senza dubbio l'oracolo di Delfi, che Apollo ha ereditato dalla terra che lo aveva preceduto. La consultazione della Pizia è la procedura preferita. Dopo aver completato le formalità preliminari (purificazioni, consacrazione del 'pelanos', sacrificio di una vittima ad Apollo, un'altra ad Atena) e aver fatto in modo che il dio acconsentisse ad ascoltare, il consultante viene introdotto nel retro del tempio, 'l'adyton', dove si trova la Pizia, installata sul tripode che copre la fossa oracolare."[103]

Nel Dictionnary of Satanism, Wade Baskin scrive sui culti della fertilità: "Nella mitologia classica, Dioniso è il dio del vino e della fertilità. Il suo culto si diffuse in Tracia, e le donne erano particolarmente coinvolte in questi riti orgiastici. Le Menadi, nella loro frenesia estatica, abbandonarono le loro case, vagarono per i campi e le colline, danzando mentre facevano roteare le loro torce fiammeggianti. Nella loro passione, catturavano e sbranavano animali, a volte anche bambini, e ne divoravano la carne, acquisendo così la comunione con la divinità (...) Alcune religioni pagane davano iniziazioni attraverso riti segreti, non divulgati al pubblico. La conoscenza segreta che l'iniziato riceveva gli dava vantaggi nella vita presente e nella vita dopo la morte... I Misteri Dionisiaci erano presenti in molti luoghi. Le cerimonie orgiastiche richiedevano di bere il vino sacro, mangiare la carne cruda dell'animale sacrificato e bere il suo sangue. Il fine ultimo di un tale culto era quello di raggiungere l'immortalità."

Walter Leslie Wilmshurst ha affermato nel suo libro *"The Meaning of Masonry"* che la Massoneria discende effettivamente dagli antichi Misteri dove il raggiungimento dell'immortalità, cioè "diventare un dio", è il punto centrale. Questa ricerca dell'immortalità è una costante di tutti i culti luciferiani, di tutte le dottrine pagane: *"Questa nozione, che riguarda l'evoluzione dell'uomo in un "superuomo", è sempre stata l'obiettivo degli antichi misteri. Il vero scopo della massoneria moderna non sono le opere sociali o caritatevoli che vengono proposte, ma piuttosto l'accelerazione dell'evoluzione spirituale di coloro che aspirano a perfezionare la loro natura umana per trasformarsi in una specie di dio. Questa cosa è una scienza precisa, un'arte reale, che ognuno di noi può mettere in pratica. Unirsi a quest'Arte per qualsiasi altro scopo che non sia lo studio e la pratica di questa scienza significa fraintendere il suo vero significato... che è la realizzazione cosciente delle nostre potenzialità divine."*[104]

Nel suo libro *The Lost Keys of Freemasonry*, il luciferiano Manly Palmer Hall dice: "Quando un massone impara che il significato del guerriero sulla tavola rappresenta in realtà una dinamo che sprigiona potenza viva, scopre allora

---

[103] *Le monde grec antique* - Marie Claire Amourreti & Françoise Ruzé, 1978, cap.8.

[104] *Il significato della massoneria* - Walter Leslie Wilmshurst, 1922, p.47.

il mistero della sua nobile professione. Le energie ribollenti di Lucifero sono nelle sue mani. Prima che possa iniziare ad avanzare e ad ascendere, deve dimostrare di essere capace di usare queste energie in modo appropriato (...) L'uomo è un dio in formazione, e proprio come nei miti mistici dell'Egitto con il tornio del vasaio, deve essere modellato."[105]

Scrive Wilmshurst in *L'iniziazione massonica*: "Pochi massoni sanno cosa comporta la vera iniziazione... La vera iniziazione consiste in un'espansione della coscienza dallo stato umano a quello divino... L'uomo ha questa cosa dentro di sé, che gli permette di evolvere dallo stadio di animale mortale allo stadio di essere immortale, super-umano, divino... Questo processo di evoluzione umana può essere accelerato? Per trasformare l'umano animale in un essere divino illuminato? A queste domande, gli Antichi Misteri rispondono che "Sì, l'evoluzione umana può essere accelerata negli individui iniziati"."[106]

Quali sono queste pratiche occulte che accelerano l'evoluzione spirituale dell'essere umano, portandolo a diventare un essere divino e persino un dio? Questi Misteri rimangono riservati agli iniziati delle Alte Logge e delle Logge posteriori, o piuttosto dell'*Arcanum Arcandrum*, la Fratellanza Invisibile descritta sopra da Manly P. Hall. Tuttavia, alcuni sembrano aver rotto il giuramento di silenzio, come Bill Schnoebelen che descrive questa *"Arte Reale"* o *"Segreto Reale"* massonico come la chiave dell'immortalità. Sarebbe un'apertura verso altri universi alternativi dove l'individuo si evolve come un dio... Wilmshurst parla di una vera accelerazione dell'evoluzione ma senza rivelare alcun dettaglio sulle pratiche che permettono di accedervi. Secondo Schnoebelen, quest'arte reale impiegherebbe la magia sessuale operativa, la magia *trans-yuggothiana*, per permettere l'accesso a certe dimensioni. Alcuni autori sostengono che l'uso della magia sessuale può essere un mezzo per accedere al subconscio molto più velocemente di qualsiasi tecnica di meditazione. Gli stati di trance dissociativa permettono anche di raggiungere altre dimensioni dell'essere, portando *una* sorta di *illuminazione*. L'abuso rituale satanico, che è legato sia al trauma che alla sessualità, combina quindi la dissociazione (profondi stati alterati di coscienza) e la magia sessuale. Due potenti catalizzatori per accedere ad altre dimensioni e ottenere "potere". La terapeuta Patricia Baird Clarke parla di "sacrifici viventi" che servono letteralmente come "batterie": *"Un neonato o un bambino indifeso sarà scelto per essere il sacrificio vivente a Satana. Il bambino viene poi sottoposto a molti rituali dolorosi e terrificanti in cui i demoni sono chiamati a possedere il bambino, rendendolo un 'serbatoio' o batteria per immagazzinare poteri satanici che possono essere usati a volontà dai membri del culto (...) Il modo più comune in cui si accede a questi poteri è attraverso la perversione sessuale sul bambino.[107]* Torneremo alla magia sessuale più avanti in questo capitolo..."

---

[105] *The Lost Keys To Freemasonry* - Manly P. Hall, 1976, p.48.

[106] *Iniziazione massonica* - Walter Leslie Wilmshurst, 1992, p.27.

[107] 'La santificazione al contrario: l'essenza dell'abuso rituale satanico' - Patricia Baird Clarke, Five Stone Publishing, 2013.

In *L'iniziazione massonica*, Wilmshurst descrive bene come gli stati alterati di coscienza, gli stati dissociativi profondi, siano un punto essenziale dell'iniziazione massonica: *"Certi stati dissociativi si verificano naturalmente anche nelle persone più equilibrate e sane (...) una completa 'estasi', uno stato in cui la coscienza si separa dall'ego e dal corpo fisico. Le apparizioni e anche le azioni a distanza sono fatti ben riconosciuti. Tali fenomeni sono spiegabili con l'esistenza di un veicolo più sottile del corpo fisico lordo e la coscienza può trasferirsi temporaneamente dall'uno all'altro. Questi due corpi sono capaci di funzionare insieme in completa indipendenza (...) Un Maestro è colui che ha superato quelle incapacità a cui è soggetto l'uomo medio sottosviluppato. Ha piena conoscenza e controllo di tutte le sue parti, sia che il suo corpo fisico sia sveglio o addormentato, mantiene un continuo stato di coscienza. Egli è in grado di tagliarsi fuori e disconnettersi dagli affari temporali e sostituirli con altri di natura sovra-fisica. Può funzionare a distanza dal suo corpo fisico, può passare oltre il mondano ai piani superiori della scala cosmica... L'iniziazione avviene sempre quando il corpo fisico è in uno stato di trance o di sonno e quando la coscienza, temporaneamente liberata, viene trasferita ad un livello superiore."*[108]

In questo estratto, Wilmshurst descrive chiaramente uno stato dissociativo con decorazione, una "uscita astrale". Egli descrive anche nel suo libro il 'cordone d'argento' che collega il corpo fisico al corpo astrale durante queste uscite (di più su questo nel capitolo 6). Per innescare questi profondi stati alterati di coscienza e uscite astrali, il trauma è una delle tecniche più radicali e tristemente efficaci. Fin dove può arrivare un iniziato per ricevere la *luce*... o per darla a qualcun altro? Per avviare un bambino, per esempio? Imparare a soffrire e imparare a far soffrire gli altri è una delle iniziazioni più oscure? La dissociazione causata dalla sofferenza può essere uno strumento per accedere all'*"illuminazione"*, tanto ricercata in certi ambienti?

Una rivista massonica del 1929 intitolata *"Freemasonry Universal (Vol.5)"* descrive una parte del rito di iniziazione al grado di Apprendista in cui si parla di elettroshock. Questo suona piuttosto benevolo, ma bisogna notare che l'elettroshock è uno dei metodi più efficaci per creare una dissociazione mentale e uno stato senza tempo. I sopravvissuti all'abuso rituale e al controllo della mente spesso riportano l'uso di pungoli elettrici per torturare gli schiavi in stati dissociativi. Ecco la descrizione del rituale massonico: *"Certe forze sono inviate attraverso il corpo del candidato durante la cerimonia, in particolare nel momento in cui è stato nominato e ricevuto come Apprendista Muratore. Alcune parti della loggia erano fortemente caricate di forza magnetica in modo che il candidato potesse assorbire la maggior parte possibile di questa forza. La prima cosa in questo curioso metodo di iniziazione è esporre a questa influenza le varie parti del proprio corpo che vengono utilizzate durante la cerimonia. Nell'antico Egitto, una debole corrente elettrica veniva inviata attraverso il candidato per mezzo di un'asta o di una spada con la quale veniva toccato in certi punti. È in parte per questa ragione che durante questa prima iniziazione il candidato viene*

---

[108] *'Iniziazione massonica'* - Walter Leslie Wilmshurst, 1992, p.84-86.

privato di tutti i metalli, poiché questi possono facilmente interferire con il flusso della corrente elettrica."

Il *Maestro Venerabile* (*V.W.*M.) deve essere un eccellente occultista, perché è lui che "carica" il candidato all'iniziazione. Come è scritto nella *Massoneria Universale*: *"La V.M.T. dà la luce, la pura luce bianca della verità e dell'illuminazione.* Illuminazione', alias Kundalini, il Potere del Serpente, alias forza elettromagnetica, alias energia sessuale, ecc."[109]

Il libro di Lynn Brunet *'Terror, Trauma and The Eye In The Triangle'*, menzionato sopra, è un'indagine sull'influenza delle pratiche di iniziazione massonica nella produzione artistica contemporanea. Brunet sostiene che i riti e i concetti della tradizione massonica contengono simbolicamente il processo e l'impato del trauma sul funzionamento della psiche umana. Ecco un estratto: *"Questa capacità umana di sfuggire al terrore e all'intenso dolore emotivo o fisico attraverso la negazione e la dissociazione può essere stata sfruttata dalla massoneria per ottenere esperienze mistiche. Interferendo con il processo cerebrale attraverso un trauma fisico o psichico (shock, terrore, ipnosi), la mente può sperimentare un'interruzione del senso del tempo e un senso di assenza di tempo. Come sottolinea William James in Exploring the World of the Celts, tali esperienze possono produrre un senso di coraggio assoluto, invincibilità e immortalità. Il senso di invincibilità che questo produce è chiaramente utilizzato nelle culture guerriere. Prudence Jones e Nigel Pennick nel loro libro "A History of Pagan Europe" affermano che la massoneria è collegata alle antiche pratiche del druidismo, della cultura guerriera, dei sacrifici e della magia."*[110]

Ecco un'illustrazione di queste nozioni di atemporalità, invincibilità e immortalità causate dagli stati dissociativi. Nella tradizione scandinava, il *Berserk* è un guerriero che combatte in uno stato di trance causato dal suo spirito animale (un orso, un lupo o un cinghiale). Questo spirito animale lo rende superpotente, entra in uno stato di invincibilità e diventa capace di imprese incredibili. In inglese il termine *'to go berserk'* significa nel linguaggio colloquiale 'impazzire' o 'perdere il controllo di se stessi'. Questi guerrieri di Odino erano riuniti in confraternite dove ogni aspirante doveva superare un'iniziazione come uccidere ritualmente l'orso e poi bere il suo sangue in modo che il potere della bestia potesse essere infuso in lui. Il guerriero diventa allora un *Berserker* e, oltre alla sua furia, ottiene il dono della metamorfosi che gli permette di modificare la percezione che gli altri hanno di lui apparendo in una forma animale. Durante i loro attacchi di rabbia, i *Berseker* lasciavano che la loro mente umana svanisse e che la mente animale prendesse il controllo. Tutti i giovani guerrieri dovevano passare attraverso un importante rituale con lo stregone della loro confraternita: il Rituale del Risveglio. Questo rituale era la fonte della loro *sacra rabbia...* o sopravvivevano o morivano. La *Saga di Ynglinga* descrive questi guerrieri come segue: *"I suoi (di Odino) uomini*

---

[109] *Teocrazia occulta* - Edith Queenborough, 1933.

[110] 'Terrore, trauma e l'occhio nel triangolo: la presenza massonica nell'arte e nella cultura contemporanea' - Lynn Brunet, 2007, p.75.

uscivano disarmati, infuriati come cani o lupi, mordendo i loro scudi, forti come orsi o tori, e uccidendo le persone in un colpo solo, ma non erano punti dal ferro o dal fuoco. Erano chiamati berserker." (Wikipedia)

Qui abbiamo un buon esempio di cosa sia uno stato profondo di coscienza alterata, uno stato di trance dissociativa in cui il guerriero raggiunge quel *coraggio assoluto* che provoca un senso di invincibilità fisica e di immortalità. Lasciare che la mente umana svanisca e lasciare che la mente animale prenda il controllo può significare che si tratta di una scissione della personalità del guerriero, un profondo disturbo dissociativo che porta alla creazione di un alter animale, in questo caso un orso o un lupo. Questo è ciò che è conosciuto oggi come Disturbo Dissociativo d'Identità, dove una delle personalità altera crede veramente di essere un animale (vedi capitolo 5). L'aspetto di fratellanza che coinvolge i rituali di iniziazione con un sacerdote-stregone rafforza la possibilità di una programmazione basata sul trauma, se il *Rituale del Risveglio è da* credere, da cui il candidato potrebbe non uscire vivo! ... se ne è uscito vivo, è stato con una *rabbia sacra*, cioè una personalità scissa dai traumi. Il guerriero è rimasto con una personalità altera "infuriata" dai traumi vissuti durante il rituale. Il processo dissociativo è una chiave di iniziazione che si può trovare in vari tipi di culture. È probabile che la dissociazione e la scissione della personalità siano ancora un punto chiave nei protocolli di iniziazione delle moderne società segrete.

Nella sua opera intitolata *"Metamorfosi"*, lo scrittore Apuleio sembra descrivere la propria iniziazione ai Misteri di Iside e Osiride, ai quali si dice sia stato iniziato durante il suo soggiorno in Grecia: *"Il sommo sacerdote allora congeda i profani, mi fa vestire con una veste di lino grezzo e, prendendomi per mano, mi conduce nella parte più profonda del santuario. Senza dubbio, amico lettore, la tua curiosità sarà suscitata da ciò che viene detto e fatto dopo. Io lo direi, se mi fosse permesso di dirlo; voi lo imparereste se vi fosse permesso di impararlo. Ma sarebbe un crimine nella stessa misura per le orecchie fiduciose e per la bocca rivelatrice. Se invece è un sentimento religioso che vi anima, avrei lo scrupolo di tormentarvi. Ascoltate e credete, perché quello che dico è vero. Ho toccato le porte della morte, il mio piede si è posato sulla soglia di Proserpina. Al mio ritorno ho attraversato gli elementi. Nel profondo della notte ho visto il sole brillare. Dei dell'inferno, dei dell'Empireo, tutti sono stati visti da me faccia a faccia, e adorati da vicino. Questo è ciò che ho da dirvi, e non sarete più illuminati."*[111]

Troviamo quindi qui tre componenti essenziali delle società segrete di tipo massonico: la morte e la resurrezione, la prova degli elementi e infine l'illuminazione. È possibile che si tratti di un rituale traumatico che coinvolge il candidato all'iniziazione in un'esperienza ai confini della morte (*ho toccato le porte della morte*) con un profondo stato di dissociazione *che illumina* la sua coscienza (*ho visto il sole brillare*), proprio come gli Amerindi entrano in una trance dissociativa durante la "Danza del Sole". Una "danza" che non è né più né

---

[111] *'La Symbolique Maçonnique'* - Jules Boucher, 1985, p.253-254.

meno che un rituale traumatico volto a far entrare l'iniziato in stati alterati di coscienza (torneremo di seguito su questa "Danza del Sole" amerindia).

L'antico Egitto sembra essere il punto d'incontro tra il lato oscuro delle moderne società segrete e il satanismo, le radici del culto fallico. Il lavoro di David L. Il lavoro di Carrico intitolato *'The Egyptian-Masonic-Satanic Connection'* ci dà alcuni spunti su questa questione.

Il satanista americano Michael Aquino, che è stato ripetutamente accusato di abusi rituali e controllo mentale di bambini (senza alcuna condanna), ha fondato il *Tempio di Set,* un famoso ordine satanico occulto negli Stati Uniti, nel 1975. *Set* è il nome egiziano di Satana, Albert Churchward scrive: *'Questo Sut o Set era originariamente un dio degli Egizi, ma era anche il dio del Polo Sud, o dell'emisfero meridionale, questo è ampiamente provato e confermato dai monumenti così come dal Rituale. Set o Sut, secondo Plutarco, è il nome egiziano di Tifone, il Satana del culto cristiano.'[112]*

Nel suo libro *"Anticristo Osiride"*, Chris Relitz scrive che secondo Plutarco, lo storico greco dell'antica Roma, fu la vedova di Osiride a fondare la religione misterica. Mentre le religioni misteriche si diffusero in tutto il mondo dall'antica Babilonia, si manifestarono in vari luoghi cambiando solo i nomi degli dei e apportando alcune variazioni nei rituali. È in Egitto che i misteri sembrano essersi sviluppati al massimo livello. Il massone di 33° grado Manly Palmer Hall scrisse nel suo libro *Freemasonry of the Ancient Egyptians:* "*È ormai generalmente riconosciuto che di tutti i popoli antichi, gli egiziani erano i meglio addestrati nelle scienze occulte della Natura. I più saggi filosofi di altre nazioni visitano l'Egitto per essere iniziati ai sacri misteri dai sacerdoti di Tebe, Memphis ed Hermopolis.* "[113]

È innegabile che il culto misterico egiziano ha una profonda connessione con la moderna massoneria. Nel suo libro *Freemasonry its Hidden Meaning,* George H. Steinmetz scrive: "*Indipendentemente dall'origine della loggia moderna, o del nome 'Freemason', possiamo, dopo aver rimosso il simbolismo degli adattamenti moderni, discernere nella Massoneria i contorni degli insegnamenti degli antichi Misteri d'Egitto.* "[114]

Manly P. Hall scrisse in *The Lost Keys of Freemasonry*: 'I primi storici massonici come Albert Mackey, Robert Freke Gould e Albert Pike avevano un obiettivo comune che era quello di stabilire una corrispondenza definitiva tra la leggenda di Hiram della Massoneria e il mito di Osiride esposto nei rituali iniziatici degli Egizi.'[115]

Nel suo libro intitolato *Les Origines Égyptiennes des Usages et Symboles Maçonniques,* lo storico massonico Jean Mallinger afferma senza dubbio che il candidato al grado di Maestro rappresenta simbolicamente Horus: *'Il nostro*

[112] *The Arcana of Freemasonry: A History of Masonic Symbolism* - Albert Churchward, 2008, p.55.

[113] *La massoneria degli antichi egizi* - Manly P. Hall, 1965, p.7.

[114] *'La massoneria, il suo significato nascosto'* - Georges H. Steinmetz, 1976, p.46.

[115] *Le chiavi perdute della Massoneria"* - Manly P. Hall, Macoy Publishing & Masonic Supply Co, p.101.

Fratello Calice d'Alviella ci ha mostrato nel suo studio sulle Origini del Grado Maestro che l'Iniziato era in realtà simboleggiato dal giovane Horus, figlio della Vedova, la sua madre divina Iside, il cui marito Osiride era stato ucciso da Set (o Tifone).'[116]

Questo è confermato nell'ufficialissimo 'Catechismo interpretativo del grado di Maestro': Alla domanda 'Chi è la vedova di cui i massoni dicono di essere figli?' il postulante al grado deve rispondere: 'È Iside, personificazione della Natura, la Madre Universale, Vedova di Osiride, il dio invisibile che illumina le intelligenze.'

Si tratta quindi di un culto della 'Dea Madre', in opposizione a Dio Padre (che come abbiamo visto sopra è considerato da questa dottrina luciferiana come il 'dio cattivo'). La Dea Madre è legata alla fertilità, una credenza che si ritrova sistematicamente nelle religioni misteriche, che praticavano il sesso rituale di gruppo accompagnato da sacrifici di sangue come parte di un culto della fertilità. Secondo Sir James George Frazer, i riti egiziani includevano il sacrificio umano. Nel suo libro *The Golden Bough,* Frazer scrive: *"Per quanto riguarda gli antichi egizi, possiamo dire da Manetho (storico e sacerdote egiziano) che essi erano soliti sacrificare e bruciare uomini dai capelli rossi e poi spargere le loro ceneri (...) questi sacrifici barbari venivano offerti dai re alla tomba di Osiride. Possiamo supporre che le vittime rappresentassero Osiride stesso, che veniva ucciso, smembrato e cremato ogni anno attraverso queste vittime per accelerare la crescita dei semi nella terra (...) Il colore rosso delle povere vittime è significativo. In Egitto, i buoi che venivano sacrificati dovevano anche avere i capelli rossi, un solo pelo nero o bianco sulla bestia la squalificava per il sacrificio."[117]*

Gli antichi culti misterici egiziani di cui la moderna massoneria sembra essere così orgogliosa contengono rituali traumatici con orge e sacrifici di sangue in onore della "Dea"? Tutte queste dottrine legate al culto della fertilità sono ancora rilevanti nelle nostre società "moderne"? Tutti questi dei e dee ricevono ancora oggi offerte da alcune sette? Il tempo dei faraoni non è storia antica? I numerosi obelischi (il culto fallico) che sono sorti nelle grandi piazze delle nostre capitali moderne indicano forse che non lo è... Proprio come certi rivoluzionari e pensatori dell'"Illuminismo" per i quali Iside era la dea di Parigi (Parisis). I faraoni e i templari moderni non sembrano essere totalmente scomparsi...

Passiamo ora al *Libro dei Morti egiziano.* Si tratta di una serie di scritti (papiri) che sono stati scoperti in tombe egiziane. Gli antichi egizi attribuivano il *Libro dei Morti* al dio Thoth, che si dice sia il mitico autore delle formule magiche di questo libro sacro. Il *Libro dei Morti egiziano,* che risale al 1500 a.C., descrive chiaramente la pratica di rituali magici e traumatici. Nel suo libro *The Soul in Egyptian Metaphysics and The Book of the Dead*, Manly P. Hall paragona questo antico libro sacro egiziano alla magia trascendentale: *'Al Libro dei Morti è stato dato un titolo moderno che purtroppo non corrisponde realmente al suo significato letterario egiziano. La ragione di questo titolo è ovvia, ma*

---

[116] Les Origines Égyptiennes des Usages et Symboles Maçonniques' - Jean Mallinger, 1978, p.47.

[117] *Il ramo d'oro'* - George Frazer, 1922, p.439.

l'impressione che dà è stranamente inadeguata. Il testo è infatti dominato da uno spirito di magia trascendentale.[118]

In *The Lost Keys of Freemasonry*, Manly P. Hall scrive anche che "se si accetta l'identificazione del mito di Osiride con quello di Hiram, allora il 'Libro dei Morti' è la chiave del simbolismo massonico, rivelando una bellezza nascosta sotto i rituali, uno splendore insospettato nei simboli, e uno scopo divino che attiva l'intero processo massonico."[119]

Come vedrete, *il Libro dei Morti egiziano* contiene dottrine sanguinarie e pratiche (simboliche?) che possono essere paragonate ad alcune prove di abuso rituale satanico moderno. Il libro sacro descrive in alcuni passaggi l'interazione tra l'anima dei morti e gli dei (demoni). Un simbolismo pieno di *"splendore"* secondo l'occultista luciferiano Manly P. Hall... Gli dei, che non sono altro che angeli caduti, sono descritti come *"divoratori di sangue"*, *"mangiatori di budella"* e *"spaccaossa"*. Il libro si riferisce alcune volte a una *"camera di tortura"*, un termine che certamente parlerà molto ai sopravvissuti al controllo mentale basato sul trauma. Ecco alcuni stralci di una traduzione: *"Ecco dunque questo grande dio del massacro, potente con il terrore, si lava nel tuo sangue, si bagna nel tuo sangue. Ho ottenuto il potere sugli animali con il coltello nella loro testa"* / *"Ha preso i cuori degli dei, ha mangiato il rosso, ha ingoiato il verde, i loro incantesimi (magia) sono nel suo ventre, ha ingoiato la conoscenza di ogni dio."* / *"Unas (il re) divora gli uomini e vive al di sopra degli dei, colui che taglia gli scalpi"* / *"Unas ha pesato le sue parole con il dio nascosto che non ha nome, nel giorno dello strappo del neonato"* / *"che divora i corpi dei morti e ingoia i loro cuori, ma si mantiene invisibile."*[120]

I sacerdoti dei culti misterici egiziani praticavano la teurgia, una cosiddetta magia superiore volta a comunicare direttamente con gli dei. Porfirio (filosofo neoplatonico) riferisce che il filosofo greco-romano Plotino una volta accettò di partecipare a una seduta di teurgia: *"Un sacerdote egiziano che venne a Roma e fu presentato a Plotino da qualche amico, aveva il desiderio di dimostrargli i suoi poteri e si offrì di evocare una manifestazione sensibile dello spirito guida di Plotino. Plotino accettò prontamente, e l'evocazione fu fatta nel Tempio di Iside, l'unico luogo puro, si dice, che poté trovare a Roma. Alla chiamata, apparve una divinità che non era della classe dei daimon, e l'egiziano esclamò: 'Sei singolarmente favorito, perché il daimon che dirige in te non è di grado inferiore, ma un dio."*[121]

La parola "daimon" è una parola greca che significa "demone" o "essere soprannaturale" che a volte può essere interpretata come un "genio personale", uno "spirito guardiano", un demone "familiare" o un intermediario tra gli dei e i

[118] L'anima nella metafisica egiziana e nel libro dei morti" - Manly P. Hall, 1965, p.15.

[119] *Le chiavi perdute della Massoneria"* - Manly P. Hall, Macoy Publishing & Masonic Supply Co, p.106.

[120] *Il libro egiziano dei morti* (il papiro di Ani), traslitterazione e traduzione del testo egiziano - E.A. Wallis Budge, 1967.

[121] *I greci e l'irrazionale* - E.R. Dodds, 1977, p.286.

mortali. In questo libro MK, la parola "demone" o "demoniaco" sarà usata regolarmente per descrivere entità luciferiane, cioè angeli caduti che lavorano per *abbattere l'*uomo con qualsiasi mezzo con l'intenzione dichiarata di *elevarlo* allo status di dio. Questa è l'inversione che sta avvenendo attualmente nel nostro mondo ed è la principale preoccupazione delle nostre élite: la caduta spirituale che provoca l'adorazione materiale per portare all'adorazione dell'uomo, adorando finalmente il principe di questo mondo, Lucifero, il dio "civilizzatore" che porta la luce, la conoscenza e l'emancipazione da un dio cosiddetto "cattivo": questa è la Gnosi Transtorica descritta dal Prof. Jean Claude Lozac'hmeur.

L'uso di rituali magici e traumatici per contattare i demoni, cioè la ribellione luciferiana, al fine di ottenere una guida per fare dell'uomo un dio, è una delle principali prerogative delle sette luciferiane di tipo massonico. Il massone Oswald Wirth chiama queste entità di un'altra dimensione le *intelligenze costruttive del mondo* o i *Maestri* che trasmettono i loro direttive agli alti iniziati (i *Superiori Ignoti*) collegati alle *alte sfere dell'aldilà...*[122] Un intero programma, il capitolo 6, tratterà questa questione cruciale della connessione con altre dimensioni.

Secondo Charles Webster Leadbeater, esiste una *"Massoneria Nera"* che è dedicata allo studio del male tra il 19° e il 30° grado del Rito Scozzese, il 30° grado è conosciuto come il *Cavaliere Kadosh*. Nel suo libro *The Ancient Mystic Rites*, Leadbeater definisce questa Massoneria Nera come segue: *"Pochi dei fratelli egiziani sembrano essere andati oltre il grado di Rosacroce, sono quelli che hanno bisogno di conoscere più della splendida rivelazione dell'amore di Dio che hanno ricevuto in quello che noi chiamiamo il 18° grado. Ma per coloro che sentono che c'è ancora molto da imparare sulla natura di Dio, e che desiderano comprendere il significato del male e della sofferenza e la sua relazione con il piano divino, esiste il prototipo di una Massoneria Nera, il cui insegnamento si trova tra il 19° e il 30° grado. Questa sezione dei Misteri era particolarmente interessata a lavorare sul Karma nei suoi vari aspetti (...) Così, il primo stadio dell'istruzione superiore, quello della Croce Rosa o Massoneria Rossa, è dedicato alla conoscenza del bene, mentre il secondo stadio, quello del Kadosh o Massoneria Nera, è dedicato alla conoscenza del male."*[123]

Certo, tutto questo rimane ermetico per un profano, ma lascia comunque una domanda...

Nel suo libro *La Conjuration Antichrétienne*, Mons. Henri Delassus afferma che alcune sezioni dei Cavalieri Kadosh adorano Eblis (Iblis), che in Oriente è il nome del diavolo, lo Sheitan. Nella sua *Enciclopedia della Massoneria*, Albert Mackey spiega che la dottrina Kadosh rappresenta le persecuzioni subite dai Cavalieri Templari. Egli scrive che *"i moderni Cavalieri Kadosh sono gli antichi Cavalieri Templari e che il Costruttore del Tempio di*

---

[122] 'La Massoneria resa comprensibile ai suoi seguaci' Volume III - Oswald Wirth, 1986, p.219-130

[123] 'The Ancient Mystic Rites' - C.L. Leadbeater, The Theosophical Publishing House, Wheaton, III, pp. 41-42.

Salomone è ora sostituito da Jacques de Molay, il Gran Maestro Templare martirizzato."[124]

Bisogna notare che l'Ordine dei Templari, a cui questa Massoneria Nera si riferisce con la dottrina Kadosh, praticava riti satanici. Eliphas Levi scrisse nel suo libro *Storia della magia*: "*I Templari avevano due dottrine, una nascosta e riservata ai maestri, era quella del giovanilismo; l'altra pubblica, era la dottrina cattolica romana. La dottrina giovannea dei seguaci era la cabala degli gnostici, presto degenerata in un panteismo mistico spinto fino all'idolatria della natura e all'odio di ogni dogma rivelato. Per avere successo e guadagnare sostenitori, hanno coltivato i rimpianti dei culti caduti e le speranze dei nuovi culti, promettendo la libertà di coscienza e una nuova ortodossia per tutti, che sarebbe stata la sintesi di tutte le credenze perseguitate. Così arrivarono a riconoscere il simbolismo panteista dei grandi maestri della magia nera, e, per staccarsi dall'obbedienza alla religione che li aveva condannati in anticipo, resero omaggio divino al mostruoso idolo di Baphomet, come un tempo le tribù dissidenti avevano adorato i vitelli d'oro di Dan e Bethel. Monumenti scoperti di recente, e preziosi documenti risalenti al XIII secolo, provano più che sufficientemente tutto ciò che abbiamo appena affermato. Altre prove sono nascoste negli annali e sotto i simboli della massoneria occulta.*"[125]

Nel suo libro *The Occult Conspiracy*, Michael Howard elenca le accuse mosse ai Cavalieri Templari quando furono arrestati nel 1307: "I Cavalieri Templari erano accusati di negare i principi della fede cristiana, sputare e urinare sul crocifisso durante i rituali segreti di iniziazione, adorare un teschio o una testa di Baphomet, ungere con il sangue o il grasso dei bambini non battezzati, adorare il diavolo sotto forma di un gatto nero, e commettere atti di sodomia e zoofilia (...) I candidati che entravano nell'Ordine erano anche tenuti a baciare il loro iniziatore sulla bocca, sull'ombelico, sul pene e alla base della spina dorsale. Questi baci erano considerati dai critici dell'Ordine come prova delle loro attività sessuali perverse, ma nella tradizione occulta, l'ombelico, gli organi sessuali e il perineo sono le sedi fisiche dei centri psichici del corpo umano, conosciuti in Oriente come Chakra."[126]

Accuse riportate anche da Helen Nicholson nel suo libro *The Knights Templar: A New History*. Lo storico britannico Nesta H. Webster scrive che "Le confessioni dei Cavalieri (Templari) sono il risultato della pura immaginazione che uomini sotto la costrizione della tortura avrebbero potuto inventare? È difficile credere che i resoconti della cerimonia d'iniziazione possano essere pura invenzione, sono stati dati in dettaglio da uomini in diversi paesi, tutti i resoconti erano simili, solo la fraseologia era diversa. Se fossero stati portati ad inventare una storia, le testimonianze si sarebbero contraddette a vicenda (...) Ma

---

[124] Mackey's Revised Encyclopedia of Freemasonry - Albert G. Mackey, 1946, p.514.

[125] *Storia della magia* - Éliphas Lévy, 1930, libro IV, capitolo VI.

[126] *La cospirazione occulta'* - Michael Howard, 1989, p.36-37.

no, ognuno sembra aver descritto più o meno completamente la stessa cerimonia."[127]

L'autore Donald Michael Kraig afferma che i Cavalieri Templari svilupparono i loro rituali sessuali dagli insegnamenti Sufi del mondo arabo, che a loro volta provenivano dalla tradizione tantrica indiana, insegnamenti che furono poi trovati tra gli alchimisti medievali e infine tra i moderni maghi occultisti. Torneremo più tardi sulla magia sessuale.

La massoneria nera si vendica così contro i persecutori dei Cavalieri Templari: la Chiesa cattolica. In *The Ancient Mystic Rites*, Leadbeater scrive che *"La tradizione della vendetta contro l'esecrabile Re, il Papa e il Traditore è stata tramandata attraverso i secoli, ed è intimamente connessa con la tradizione egizia corrispondente alla nostra Massoneria Nera che culmina in quello che noi oggi chiamiamo il 30° grado."*[128]

La massoneria nera con i Cavalieri Kadosh, i moderni Cavalieri Templari, lavorò così ardentemente per la distruzione del Regno di Francia e della sua Chiesa. La lotta occulta della Massoneria contro il Re e la Chiesa Cattolica è spiegata in dettaglio nell'eccellente libro del vescovo Henri Delassus intitolato *La Congiura anticristiana*. Il massone fatto Cavaliere Kadosh è quindi fermamente anti-cattolico e la "vendetta" è un punto centrale in questo grado di iniziazione massonica. *Quando il cavaliere Kadosh ha fatto il suo giuramento, il pugnale viene messo nella sua mano e un crocifisso viene deposto ai suoi piedi, allora il 'Grande' gli dice: 'Distruggi questa immagine di superstizione, rompila. Se non lo fa, per non far indovinare nessuno, applaudono e il 'Grande' gli fa un discorso sulla sua pietà. Lo si riceve senza rivelare i grandi segreti. Ma se schiaccia il crocifisso, allora viene fatto avvicinare all'altare, dove ci sono tre rappresentazioni, tre cadaveri se si possono ottenere. Le vesciche piene di sangue si trovano nel punto in cui gli si grida di colpire. Egli esegue l'ordine e il sangue gli sgorga di nuovo addosso, e prendendo le teste tagliate per i capelli, grida: "Nekam, la vendetta è fatta! Allora il 'Grandissimo' gli parla così: Con la vostra costanza e fedeltà vi siete guadagnati il diritto di imparare i segreti dei veri massoni. Questi tre uomini che avete appena colpito sono la superstizione, il re e il papa. Questi tre idoli del popolo sono solo tiranni agli occhi dei saggi. È in nome della superstizione che il re e il papa commettono ogni crimine immaginabile."*[129]

Eliphas Levi scrisse che "la massoneria non solo è stata profanata, ma è servita persino come velo e pretesto per le trame dell'anarchia, attraverso l'influenza occulta dei vendicatori di Jacques de Molay, e dei continuatori dell'opera scismatica del tempio (...) Gli anarchici hanno preso il righello, la piazza e il martello, e vi hanno scritto sopra libertà, uguaglianza, fraternità. Vale

---

[127] *'Società segrete e movimenti sovversivi'* - Nesta H.Webster, Christian Book Club of America, p.57.

[128] *The Ancient Mystic Rites* - C.W. Leadbeater, The Theosophical Publishing House, Wheaton, III, p.167.

[129] *Conservateur belge, t.* XIX. p. 358, 259 - Eckert, la *Franc-maçonnerie*, 1.1, p. 333.

a dire, la libertà per la cupidigia, l'uguaglianza per la bassezza e la fraternità per la distruzione."[130]

Una cosa importante da chiarire è che le alte logge massoniche internazionali, siano esse *"nere"* o cosiddette *"pure"* o *"autentiche"*, sono tutte d'accordo e parlano la stessa lingua quando si tratta della distruzione della Chiesa cattolica. È quindi una forza occulta anticristiana.

È interessante notare che Eliphas Levi nel suo libro *"La storia della magia"* attribuisce l'istituzione della massoneria egiziana nel vecchio continente al conte Cagliostro. Egli è infatti il fondatore del *Misraïm* o Rito *Egiziano*, che si occupa principalmente della ricerca esoterica. Cagliostro ebbe anche un ruolo essenziale nella propagazione della massoneria cabalistica. Eliphas Levi accusò Cagliostro di disonorare l'Ordine e afferma nel suo libro che Cagliostro usava la magia nera per il culto di Iside, ipnotizzando giovani ragazze per farle diventare sacerdotesse: *"Cagliostro era l'agente dei Templari, e così scrisse in una circolare a tutti i massoni di Londra che era giunto il momento di mettersi al lavoro per ricostruire il Tempio del Signore. Come i Templari, Cagliostro era dedito alle pratiche di magia nera, e praticava la disastrosa scienza delle evocazioni; indovinava il passato e il presente, prediceva il futuro, faceva cure meravigliose e sosteneva anche di fabbricare oro. Aveva introdotto nella massoneria un nuovo rito che chiamava rito egiziano, e cercava di far risorgere il misterioso culto di Iside. Lui stesso, con la testa fasciata e pettinata come una sfinge tebana, presiedeva le solennità notturne in appartamenti pieni di geroglifici e torce. Aveva come sacerdotesse delle fanciulle che chiamava colombe e che esaltava fino all'estasi per far loro pronunciare degli oracoli per mezzo dell'idromanzia (...) Questo adepto non è tuttavia senza importanza nella storia della magia; il suo sigillo è importante quanto quello di Salomone e attesta la sua iniziazione ai più alti segreti della scienza. Questo sigillo, spiegato dalle lettere cabalistiche dei nomi di Acharat e Althotas, esprime i caratteri principali del grande arcano e della grande opera (...).Il nome di Althotas, il maestro di Cagliostro, è composto dal nome di Thoth e dalle sillabe al e as, che, lette kabbalisticamente, sono Sala che significa messaggero, inviato; l'intero nome significa quindi Thoth, il messia degli Egizi, e tale era infatti colui che Cagliostro riconosceva soprattutto come suo maestro."[131]

Secondo Fritz Springmeier, scrittore e conferenziere americano sul controllo mentale dei monarchi, uno dei segreti di queste religioni misteriche, in particolare il culto misterico egiziano di Iside, era la capacità di usare droghe, torture e ipnosi per creare personalità multiple in un essere umano. Secondo lui, schiavi sessuali controllati dalla mente sono usati oggi negli alti gradi massonici e in altre logge nere posteriori. Un'alter personalità dissociata può servire come sacerdotessa in certi rituali. Questi schiavi MK subiscono trance, possessioni demoniache e ogni sorta di rituali perversi basati sulla magia sessuale. Questa conoscenza iniziatica non si è dissolta con la caduta dell'antico Egitto: il mondo occulto non ha mai smesso di dividere e programmare gli schiavi attraverso un

---

[130] *Storia della magia* - Eliphas Levi, 1913, Libro V, Cap.VII.

[131] *Ibidem*, libro VI, capitolo II.

processo di dissociazione psichica basato sul trauma. Questa conoscenza è stata trasmessa al mondo moderno attraverso società iniziatiche segrete che custodiscono preziosamente il vaso di Pandora...

Nel suo libro *Terror, Trauma and The Eye In The Triangle*, Lynn Brunet scrive che il mito di Osiride e Iside, che gioca un ruolo molto importante nel rito massonico scozzese, può essere un'illustrazione metaforica del processo di trauma e scissione della personalità. Brunet traccia dei paralleli tra i miti, i rituali, il simbolismo massonico e la psicologia del trauma, cioè le funzioni del cervello che possono essere collegate alle pratiche iniziatiche volte a creare un'esperienza mistica. Il corpo umano può essere preso come una rappresentazione simbolica esterna del cosmo con una realtà mistica interna e una fisiologia che fornisce una struttura per la sua comprensione. Lynn Brunet espone qualcosa di complesso che può non essere molto comprensibile in questa fase del libro, motivo per cui l'estratto è stato messo nell'appendice 1 sotto il titolo: *Trauma e dissociazione nella mitologia massonica*.

4 - MAGIA SESSUALE E SOCIETÀ SEGRETE

*L'*occultista Pierre Manoury, autore di un *trattato pratico di magia sessuale,* definisce questa "disciplina" come segue:

La sessualità magica può quindi essere classificata secondo tre criteri principali.

1) Astinenza, privazioni, macerazioni e castità. Questo viene fatto in un contesto mistico, un processo simbolico o in comunione con gerarchie spirituali di natura elevata.

2) Da un'esacerbazione delle energie di potenziamento del desiderio applicate ai riti e alle cerimonie della cosiddetta magia pratica, essendo l'erotizzazione in questo caso solo cerebrale. Questo è il principio più diffuso nella maggior parte delle magie cerimoniali e nei rituali di base dell'alta stregoneria.

3) Infine, nelle magie e stregonerie raggruppate sotto il termine generico di magie sessuali, dove l'esacerbazione e il potenziamento del desiderio e delle energie sono seguiti da una liberazione nel contesto rituale stesso, secondo modalità molto speciali... Le applicazioni in questi casi specifici sono di una formidabile efficacia sul piano materiale, fisico e psichico (...)

La magia sessuale può quindi essere considerata come una base per pratiche rituali applicabili ad un livello molto alto, da persone addestrate (e responsabili), e che costituiscono uno dei grandi strumenti di potere, se non il più potente (...) La magia sessuale è quindi una pratica essenzialmente basata sull'uso dell'energia vitale, che dovrà essere addomesticata, filtrata, catturata, accumulata, sviluppata, potenziata e poi incanalata nel quadro del rituale.[132]

---

[132] 'Traité pratique de Magie Sexuelle' - Pierre Manoury, 1989, cap.1.

La magia rossa (magia del sangue) e la magia del sesso sono le due magie più potenti perché utilizzano la forza vitale umana per potenziare il praticante. Questo è il motivo per cui di solito sono combinati. La magia sessuale si ispira al tantrismo orientale e mira a padroneggiare la *"Kundalini"* e l'immenso potenziale energetico sessuale. Nel tantrismo, Kundalini è identificata con *"Shakti"*, la dea serpente presente nel corpo umano alla base dell'osso sacro, che si suppone salga lungo la spina dorsale, durante un'*ascesa di Kundalini*, per raggiungere il cervello irrigando con il suo potere tutti i centri di energia (*Chakras*). In *The Voudon Gnostic Workbook*, Michael Bertiaux scrive sul tantrismo: *"Il segreto dei bramini sta nei fondamenti della magia fisica tantrica. Questo segreto è la radice dell'induismo organico e si trova nei livelli più profondi del cervello indù, manifestandosi in strane mutazioni genetiche, dovute all'intervento diretto della stessa Dea Madre. Questo segreto manifesta il suo potere (Shakti) attraverso un particolare stato di coscienza, un livello di ultra-coscienza."*[133]

Fin dai loro primi incontri con le religioni indiane nel diciottesimo e diciannovesimo secolo, gli occidentali sono stati sia affascinati che respinti dalla tradizione del Tantra; una forma molto particolare di pratica religiosa dovuta all'uso deliberato di sostanze impure e rituali trasgressivi. I Tantra sono opere esoteriche legate al culto della dea, che trattano di yoga, cosmologia, alchimia, magia e sacrifici. Il tantrismo condensa tutte queste discipline millenarie al fine della realizzazione erotico-magica e spirituale. Per molto tempo, è stato allo stesso tempo ripugnante e allettante per gli scrittori occidentali. Oggi, specialmente attraverso la crescente influenza della *'New Age'*, il tantrismo è visto come un semplice metodo di liberazione del corpo e della mente, una forma di 'sessualità spirituale' in cui il piacere sessuale diventa un'esperienza religiosa. È visto come un modo di trasgredire la cosiddetta morale occidentale "repressiva" sulla sessualità. Il tantrismo è diventato una moda molto lucrativa per alcuni guru, eppure pochi seguaci occidentali della filosofia *New Age* sanno cosa comportano alcuni dei rituali del Tantra autentico.

Krsnananda Aagamavagisa è uno dei più grandi autori del tantrismo, vissuto nel Bengala del VI secolo. Nelle sue opere, descrive pratiche rituali esoteriche che coinvolgono l'uso di sostanze organiche come il sangue, lo sperma e i fluidi mestruali. Krsnananda descrive anche i rituali tantrici tra cui il sacrificio di animali, che è ancora praticato nel Bengala oggi. I sacrifici di sangue sono legati ai Veda e alle pratiche rituali brahamiche, tuttavia, nel tantrismo i sacrifici deliberatamente trasgrediscono e violano le linee guida date nella tradizione vedica. Per esempio, i Veda raccomandano di sacrificare l'animale con la minor violenza e sofferenza possibile, mentre nel sacrificio tantrico l'animale viene decapitato in modo molto cruento, e il rituale si concentra sul sangue e sulla testa decapitata, che sono le offerte alla dea. Sembrerebbe che i sacrifici tantrici comportino un'inversione calcolata degli antichi testi vedici: l'animale impuro sostituisce l'animale puro, una decapitazione cruenta

---

[133] *The Voudon Gnostic Workbook: Expanded Edition* - Michael Bertiaux, 2007, p.308.

sostituisce uno strangolamento non violento, la Dea prende il posto del Dio maschio (anche qui troviamo questa nozione di Dea contro Dio).[134]

Il testo sacro del *Kalachakra* Tantra, la "Ruota del Tempo", contiene un trattato di alchimia e demonologia. Dice nella strofa 125: *"Il consumo di feci e urina, sperma e sangue mestruale, mescolati con carne umana, prolunga la vita. Questi sono i cinque ingredienti nella composizione delle pillole di nettare (...) Il consumo delle cinque carni, con miele e ghee, mette fine a tutti i malanni.* Da notare che nello stesso testo, si afferma nella strofa 154 che la venerazione delle entità sottili 'porta la felicità suprema': *'I serpenti, i demoni, i pianeti che influenzano gli uomini, i malvagi Nâga che si deliziano del sangue umano, il folletto Kushma, le divinità tutelari dei luoghi, i vampiri, gli spiriti che causano l'epilessia e Garuda possono portare la felicità suprema, se sono venerati in un mandala."*

Le antiche pratiche tantriche furono riprese da occultisti occidentali del ventesimo secolo come Aleister Crowley, una figura di spicco nell'importazione del Tantra in Occidente con tutta la trasgressione e il "potere attraverso l'impurità" (o redenzione attraverso il peccato) che implica. Crowley fu introdotto al tantrismo durante il suo viaggio in India e Sri Lanka nel 1902, ma combinò questa pratica tantrica con varie altre tecniche di magia sessuale.

Il tantrismo con la sua energia fenomenale può essere deviato e combinato con una potente magia nera, che era già praticata nei tempi vedici a rischio e pericolo degli iniziati. La magia sessuale non è qualcosa di innocuo che è semplicemente un elaborato *"Kamasutra". Gli* arcani di queste pratiche occulte possono portare gli iniziati più ambiziosi a commettere abomini, tanto che la ricerca del potere e dei poteri psichici può trasformarli in veri e propri mostri perversi... Lilian Silburn scrive nel suo libro *Kundalini: The Energy of the Depths*: *"La misteriosa energia scatenata dal Kundalini Yoga si manifesta con violenza e non può essere manipolata senza correre certi rischi. Alcune deviazioni sono chiamate 'demoniache' perché portano alla depressione e alla follia... Il risveglio della Kundalini può avere conseguenze disastrose."*[135]

Nel 1922, Krishnamurti ebbe un'impennata di Kundalini che chiamò "risveglio spirituale" e che cambiò la sua vita. Ecco un estratto dal libro *di* Darrel Irving *Serpent of Fire, a Modern View of Kundalini*, che ci mostra che questa Kundalini apre le porte ad altre dimensioni e permette il contatto con entità demoniache: *"Krishnamurti cominciò ad avere brividi e tremori e si lamentava di un intenso mal di testa. Soffriva molto, sembrava essere mezzo incosciente e stava vivendo esperienze extracorporee... A questo punto l'entità che Krishnamurti chiamava 'l'elementale' prese il sopravvento e fece quello che voleva... 'Mi butto a terra, gemo, mi lamento e sussurro cose strane, proprio come una persona posseduta. Mi alzo pensando che qualcuno mi stia chiamando, ma crollo immediatamente sul pavimento. Vedo facce e luci strane... di continuo. Ho un violento dolore alla testa e al collo... diventerò una*

---

[134] Il potere dell'impuro: trasgressione, violenza e segretezza nel Sakta Tantra bengalese e nella moderna magia occidentale - Hugh B. Urban, 2003.

[135] *Kundalini: l'energia delle profondità* - Lilian Silburn, 1988, introduzione.

chiaroveggente quando tutto questo sarà finito o forse sto impazzendo!!! '... La personalità di Krishnamurti passava in secondo piano ed era l'entità che assumeva le funzioni del corpo... C'era la percezione di questa presenza invisibile che lavorava sul suo corpo, aprendolo e preparandolo per la grande missione spirituale... Il processo continuava anno dopo anno... ' Krishnamurti diceva addirittura che era ferito dentro perché 'loro' lo avevano bruciato dentro."[136]

Nel suo libro *Theories of the Chakras, Bridge to Higher Consciousness*, il giapponese Hiroshi Motoyama riporta cose simili durante un aumento di Kundalini: *"Sento come un ronzio di api... e vedo una specie di palla di fuoco che sta per esplodere... il mio corpo levita... tutto il mio corpo è in fiamme e ho un forte mal di testa. Sono rimasto in uno stato febbrile per due o tre giorni. Mi sentivo come se la mia testa stesse per esplodere... Durante questa esperienza ho incontrato un'orribile entità demoniaca. È stata un'esperienza terrificante e indescrivibile.*"[137]

La Kundalini è rappresentata simbolicamente da un serpente che si arrampica su e intorno alla spina dorsale attraverso i vari *Chakra*. Nel suo libro *The Secret Teachings of All Ages*, il massone Manly P. Hall scrive che l'albero nel giardino dell'Eden rappresenterebbe questo fuoco. Hall scrive che l'albero nel giardino dell'Eden si dice che rappresenti questo fuoco Kundalini e che la conoscenza di come usare questo fuoco sacro sia il dono del grande serpente, la tentazione del frutto proibito: *"C'è sufficiente somiglianza tra il CHiram massonico e la Kundalini del misticismo indù per giustificare l'ipotesi che il CHiram possa anche essere considerato come un simbolo del Fuoco dello Spirito che si muove attraverso il sesto ventricolo della spina dorsale. La scienza esatta della rigenerazione umana è la Chiave Perduta della Massoneria, poiché quando il Fuoco dello Spirito viene sollevato attraverso i trentatré gradi, o segmenti della spina dorsale, ed entra nella camera a cupola del cranio umano, passa infine nel corpo pituitario (Iside) dove invoca Ra (la ghiandola pineale) e richiede il Nome Sacro. La Massoneria Operativa, nel pieno significato del termine, significa il processo attraverso il quale l'Occhio di Horus viene aperto (...) Nel cervello umano c'è una piccola ghiandola chiamata corpo pineale (...) La ghiandola pineale è la pigna sacra nell'uomo. L'unico occhio che non può essere aperto senza CHiram (il Fuoco dello Spirito) e aumentato dai punti sacri che sono chiamati le Sette Chiese in Asia (i Chakra).*"[138]

Nella mitologia greca, gli adoratori di Dioniso erano spesso raffigurati mentre portavano un bastone con una pigna in cima. Questo rappresenta l'energia della Kundalini che risale la spina dorsale (il bastone) verso la ghiandola pineale al sesto *chakra*, qui simboleggiata dalla pigna. In effetti, ritroviamo le concezioni e le pratiche del tantrismo nel dionisismo, Marcel Détienne scrive nel suo libro *Dioniso messo a morte: "Il superamento del*

---

[136] *Serpente di fuoco, una visione moderna di Kundalini* - Darrel Irving, 1995, p.27-32.

[137] *Teorie dei Chakra, ponte verso la coscienza superiore* - Hiroshi Motoyama, 2003, p.240-250.

[138] *The Secret Teachings of All Ages, An Encyclopedic Outline of Masonic, Hermetic, Qabbalistic and Rosicrucian Philosophy* - Manly P. Hall, 1988, p.273.

sacrificio che gli Orfici e i Pitagorici operano dall'alto, il dionisismo lo compie dal basso... I seguaci di Dioniso... sono schiavi e si comportano come bestie feroci. Il dionisismo offre una fuga dalla condizione umana fuggendo nella bestialità dal basso, dalla parte degli animali, mentre l'orfismo offre la stessa fuga dalla parte degli dei. Nel mondo dionisiaco, le pratiche corrispondenti a quelle del tantrismo sono chiamate *"Orgiasmo".* L'orgiasmo consiste in cerimonie di gruppo in cui hanno luogo sacrifici di sangue, danze estatiche e riti erotici. Dioniso si presenta come un dio della natura e un dio delle pratiche orgiastiche, proprio come Shiva in India o Osiride in Egitto. L'orgiasmo mira al decondizionamento dell'essere, che ritorna per un momento alla sua natura più profonda e repressa. Questo ritorno agli istinti bestiali è un aspetto importante del metodo tantrico.

La magia sessuale e l'esperienza di Kundalini fanno parte degli insegnamenti di alcune società segrete occidentali. È un'iniziazione riservata ai membri che hanno già una buona conoscenza dell'occulto. Come il sacrificio rituale, la magia sessuale satanica fornisce poteri, "potere spirituale" e favori materiali. D'altra parte, l'astinenza totale e la trasmutazione dell'energia sessuale porteranno una felicità intensa e molto più stabile di quella portata dalla pratica sessuale tantrica.

Un articolo intitolato *Sex and the Occult* nella rivista della *Dark Lily* Society si riferisce all'uso del sesso come *mezzo di accesso al subconscio.* L'autore di questo articolo afferma che *attraverso un rituale sessuale, i partecipanti sono in grado di accedere al proprio subconscio molto più velocemente che con altre tecniche come la meditazione prolungata.* Con un tale metodo *'il lavoro di diverse settimane può essere fatto in pochi giorni o ore'.* La magia sessuale potrebbe essere l'"Arte Reale" (massonica) di cui parla Wilmshurst, un massone? Una pratica che accelererebbe l'evoluzione spirituale per raggiungere lo status di un Dio?

Gli insegnamenti tantrici ci dicono che una relazione carnale e sessuale è una condivisione di energia e karma. Questo significa che l'individuo può essere contaminato dai disturbi psichici o dal "cattivo karma" del partner, o al contrario, essere profondamente ispirato se il partner è un essere spiritualmente molto puro. Nelle pratiche tantriche, è l'organo sessuale di una donna molto giovane che viene venerato. Secondo il *Mahamudra Tilaka Tantra: "Le ragazze giovani oltre i vent'anni non hanno alcun potere occulto.* La purezza e l'innocenza dell'infanzia è ricercata nelle pratiche sataniche di magia sessuale? Probabilmente sì, proprio come in un sacrificio di sangue, si tratta di prosciugare questa riserva di energia e di purezza. Tanto più quando il bambino è in un profondo stato di trance dissociativa che lo collega ad altre dimensioni. È usato come strumento di potere. Il bambino è la purezza incarnata, l'innocenza della creazione di Dio, la sua contaminazione e il suo sacrificio l'ultima offerta a Satana. Ecco perché troviamo sistematicamente perversioni sessuali e sacrifici di sangue negli abusi rituali satanici. Il sangue del bambino è di grande purezza ed è alla pubertà che il principio più puro del bambino passa nel seme. Questa è la base della magia sessuale e delle sue aberrazioni.

Nel suo trattato di magia sessuale, Pierre Manoury descrive il corso di un rituale durante il quale la donna avrà molteplici incontri sessuali con diversi uomini allo stesso tempo, con lo scopo di effettuare una "carica energetica" nella donna. Ecco cosa ha scritto: *"Queste descrizioni un po' scabrose non sono in alcun modo un'incitazione alla dissolutezza, sono pratiche molto discrete, derivanti da tradizioni millenarie. Bisogna notare che si tratta di pratiche rituali di manipolazione dell'energia in diverse tradizioni. Da certe società occidentali molto chiuse, ai sabba dell'alta stregoneria, dai baccanali greci alle priapées, passando per i riti orgiastici di Shiva, ecc. (...) certi rami della magia sono abbastanza elitari, e la magia sessuale è uno di questi."*[139]

Nel suo libro *"Memoria del sangue: contro-iniziazione"*, Alexandre de Dànann ci racconta che nella tradizione assiro-babilonese, le sacerdotesse avevano il compito, durante il *"coitus sacer"* (copulazione sacra) con gli iniziati dei Misteri, di imporre, mediante tecniche specifiche di magia sessuale, gli ordini provenienti dal potere della casta sacerdotale caldea. Questo era per preparare gli eventi desiderati da colui che questa casta chiamava *"Giustizia o Prima Virtù"*, che non era altro che Lucifero.

Uno dei "padri" della magia sessuale occidentale è Paschal Beverly Randolph. Secondo lui, *"il vero potere sessuale è il potere di Dio"*, che può essere usato sia come esperienza mistica che per pratiche magiche per ottenere denaro, il ritorno di una persona amata, o per qualsiasi altro scopo. Gli insegnamenti di Randolph sulla magia sessuale furono ampiamente diffusi in molte società segrete e altre fraternità esoteriche in Europa, in particolare nell'*Ordo Templi Orientis* (O.T.O.). Randolph, oltre ad essere un medium, aveva fondato un ordine religioso dedicato alla *rigenerazione spirituale dell'umanità*, chiamato la Confraternita di Eulis, fondata ufficialmente nel 1874. Randolph sosteneva che la sua nuova setta era radicata nei Misteri Eleusini, una delle tante antiche religioni greche. Randolph era anche legato alla tradizione rosacrociana, ma sosteneva che la Confraternita di Eulis era molto più legata ai Misteri di quanto lo sia l'Ordine dei Rosacroce, che secondo lui è solo una porta d'accesso al santuario di Eulis. I segreti più profondi di Eulis sono in gran parte incentrati sui rituali di magia sessuale, legati al culto della fertilità delle antiche religioni misteriche.[140]

Queste varie sette antiche sembrano aver mescolato la nozione di fertilità della madre terra con quella della fertilità umana, bagnandosi così in orge rituali e sacrifici di sangue legati a un certo calendario per onorare e fare offerte a dei e dee. Gli abusi rituali, i sacrifici di sangue e la magia sessuale che hanno luogo ancora oggi, derivano da queste antiche pratiche babilonesi: è la "religione senza nome", il culto dei demoni.

Sarane Alexandrian, l'autrice di *La Magie Sexuelle: Bréviaire des sortilèges amoureux*, riferisce nel suo libro che sono le organizzazioni iniziatiche, cioè le società segrete, che hanno assunto il compito di insegnare la

---

[139] 'Traité pratique de Magie Sexuelle' - Pierre Manoury, 1989, cap.6.

[140] *Magia Sexualis: Sex Magic and Liberation in Modern Western Esotericism* - Hugh B. Urban, 2006, p.65.

magia sessuale agli iniziati. Karl Kellner e Theodor Reuss, due massoni di alto grado, sono i due fondatori dell'*Ordo Templi Orientis*, che secondo l'Alessandrino, è una vera e propria scuola di magia sessuale. Nel 1912, l'O.T.O. pubblicò nell'*Oriflamme*: *"Il nostro Ordine ha riscoperto il grande segreto dei Cavalieri Templari, che è la chiave che apre tutto il misticismo massonico ed ermetico, cioè l'insegnamento della magia sessuale. Questo insegnamento spiega, senza eccezione, tutti i segreti della natura, tutto il simbolismo della massoneria e tutto il funzionamento della religione."*[141]

Il massone Karl Kellner sostiene di essere stato iniziato da un fachiro arabo e da due yogi indiani attraverso i quali ha ricevuto *"i misteri dello yoga e la filosofia del sentiero della mano sinistra, che lui chiama 'magia sessuale'"*[142]. Kellner era a capo di un piccolo gruppo chiamato *"Triangolo interno"*, che praticava rituali di tipo tantrico con lo scopo di creare un elisir composto da fluidi maschili e femminili...

Il satanista Aleister Crowley ha creato una Messa Gnostica (un rituale sessuale), una cerimonia in cui lo sperma e le mestruazioni simboleggiano l'ostia sacra. Un rituale che divenne una pratica centrale per l'*Ordo Templi Orientis*. L'Alessandrino afferma che l'O.T.O. comprende 12 gradi iniziatici e che è solo a partire dall'ottavo grado che si può cominciare ad avvicinarsi alla magia sessuale... cominciando dalla masturbazione iniziatica. Il settimo grado si concentra sull'adorazione del fallo sotto il simbolo di Baphomet. Il nono grado insegna la magia sessuale stessa, cioè come eseguire l'atto sessuale per ottenere poteri. Questo grado è considerato l'Arte Reale e Sacerdotale, rendendo gli adepti capaci della Grande Opera Erotica. È così che l'iniziato diventa superiore al profano. Nel suo libro *"Stealing from Heaven: the rise of modern western magic"*, Nevill Drury afferma anche che l'O.T.O. pratica riti sessuali con l'uso di sangue, escrementi e sperma (rosso, nero e bianco, i colori della Grande Opera alchemica). Il libro *"Secrets of the German Sex Magicians"* dà i tre gradi iniziatici della magia sessuale insegnata da Aleister Crowley e praticata dai membri dell'O.T.O.:

VIII°= Insegnamento di pratiche magiche autosessuali (masturbazione).

IX°= Insegnamento di pratiche magiche eterosessuali, interazione tra sperma e sangue mestruale o secrezioni femminili.

XI°= Insegnamento di pratiche magiche omosessuali, isolamento dell'ano (*per vas nefandum*), sodomia, interazione con gli escrementi.

Troviamo che gli insegnamenti sulla magia sessuale che arrivano per ultimi sono quelli relativi al retto. Nel suo libro *"Shiva e Dioniso: la religione della natura e dell'eros"*, Alain Daniélou scrive: *"C'è tutto un rituale legato alla penetrazione anale attraverso la porta stretta che si apre sul labirinto (nell'uomo, l'intestino). Nello Yoga tantrico, il centro di Ganesha, il guardiano, è nella regione del retto. L'organo maschile, se penetra direttamente nella zona dell'energia arrotolata (Kundalini), può permettere di risvegliarla brutalmente e portare a stati di illuminazione e percezione improvvisa di realtà di ordine*

---

[141] *Modern Ritual Magic: The Rise Of Western Occultism* - Francis King, 1989.

[142] *La magia di Aleister Crowley* - John Symonds, 1958.

trascendente. Ecco perché questo atto può giocare un ruolo importante nell'iniziazione. Questo spiega un rito di iniziazione maschile, diffuso tra i popoli primitivi, anche se raramente riportato dagli osservatori occidentali, in cui gli iniziati maschi adulti fanno sesso nell'ano con i novizi (...) Questo atto fa peraltro parte delle accuse rivolte alle organizzazioni dionisiache dai loro detrattori, e a certi gruppi iniziatici nel mondo cristiano e islamico."

La psicologa australiana Reina Michaelson, che ha ricevuto un premio nel 1996 per il suo lavoro sulla prevenzione degli abusi sessuali sui minori, sostiene che in alcuni rituali O.T.O. i bambini vengono letteralmente massacrati. L'O.T.O. fece causa a Michaelson per queste accuse e vinse la causa. La psicologa aveva dichiarato, secondo le sue fonti, che questa società segreta era un *giro di pedofilia*, alcuni dei cui membri praticano il controllo mentale basato sul trauma e l'abuso rituale con la magia sessuale. Ha anche affermato che *questa setta satanica ha molto potere perché è gestita da famiglie molto potenti e influenti,* implicando anche che politici di alto livello e altri personaggi televisivi fanno parte di una rete pedofila di alto livello coperta dalle autorità. Nel 2008, una coppia è stata condannata alla prigione per essersi rifiutata di ritirare le sue accuse che l'O.T.O. era un vero e proprio giro di pedofilia. Vivienne Legg e Dyson Devine hanno dovuto scusarsi pubblicamente per essere rilasciati dopo sette settimane di prigione.[143] Queste molteplici smentite e i sistematici attacchi legali dell'O.T.O. servono a destabilizzare gli investigatori e a creare disorientamento sulla natura e le pratiche del culto. Sotto questo rigonfiamento superficiale, la gerarchia occulta rimane intatta e perfettamente funzionante.

Frater U∴D∴ l'autore di '*Secrets of the German Sex Magicians*' sostiene che gli occultisti ricercano stati alterati di coscienza attraverso riti sessuali per ottenere ciò che chiamano *'poteri magici'*. Cita, per esempio, un'esperienza che chiama *"trance gnostica"*. Questo autore incoraggia i suoi lettori a praticare rituali che portano al superamento dei tabù sessuali e insiste sul fatto che *"attraverso l'uso di pratiche bizzarre e insolite, si ottiene l'accesso a stati alterati di coscienza che forniscono la chiave dei poteri magici".* Questo è il tipo di affermazioni che potrebbero spiegare le testimonianze di abusi rituali la cui perversità va oltre la comprensione, fino al sacrificio umano.

I rituali violenti e a volte omicidi e l'estrema dissolutezza sessuale di questi culti sono legati alle nozioni di trasgressione, eccesso di ogni tipo e violazione della morale sociale. Sono visti come il mezzo ultimo per superare la condizione umana e l'ordine sociale al fine di raggiungere una sorta di trascendenza umana, soprattutto quando sono accompagnati da stati alterati di coscienza dovuti a droghe e stati dissociativi: *"L'estasi dionisiaca significa soprattutto il superamento della condizione umana, la scoperta di una liberazione totale, il raggiungimento di una libertà e di una spontaneità solitamente inaccessibili agli esseri umani... Oltre a queste libertà, c'è anche la*

---

[143] 'Australia: come un caso di anello pedofilo e satanista viene messo a tacere' - *Donde Vamos*, 19/10/2013.

liberazione dal divieto, dalle regole e dalle convenzioni dell'etica e dell'ordine sociale."[144]

"Fai quello che vuoi è tutta la Legge", "Non c'è altra Legge che Fare quello che vuoi". (Aleister Crowley)

La Società Thule, o Ordine Thule, era una società segreta tedesca che ha largamente ispirato il misticismo e l'ideologia nazista. Nel suo libro *Spear of Destiny*, Trevor Ravenscroft (ex ufficiale militare e giornalista britannico) spiega che i membri di Thule, che praticavano la magia nera, erano dietro l'ascesa al potere di Hitler prima della seconda guerra mondiale. Secondo Ravenscroft, i membri del culto, in quanto satanisti, erano *"unicamente preoccupati di elevare la loro coscienza attraverso la pratica di rituali che potevano collegarli alle intelligenze maligne e non umane dell'universo, ma anche permettere loro di ottenere un mezzo di comunicazione con queste intelligenze. Uno dei principali seguaci di questo circolo fu Dietrich Eckart.* I membri di Thule praticavano anche una forma di magia sessuale derivata dagli insegnamenti del satanista Aleister Crowley, che Dietrich Eckart usò per iniziare Adolf Hitler.

Hitler si unì all'Ordine Thule nel 1919. Fino al 1923, Dietrich Eckart, che era il suo mentore, non risparmiò sforzi per fare di Hitler un seguace particolarmente devoto dell'occultismo e della magia nera. Eckart aveva ricevuto un messaggio dal suo *"spirito guida"* che avrebbe avuto il privilegio di addestrare l'*"Anti-Cristo"*. Dall'inizio della loro relazione, Eckart credeva che Hitler fosse questo avatar e quindi non lasciava intatto nessun insegnamento, nessun rituale, nessuna perversione, tutto per addestrare spiritualmente Hitler al suo futuro ruolo. Fu dai suoi studi sui poteri generati dalle pratiche occulte perverse che Eckart ideò un rituale che utilizzò quando aprì i centri chakra di Adolf Hitler per dargli la visione e i mezzi di comunicazione con i "Poteri". Una volta completato il suo addestramento iniziatico, Hitler sentì di essere *"rinato"* con una forza *"super-personale"*, una forza che gli sarebbe servita per portare a termine il mandato che gli era stato affidato. Hitler ha usato il termine cristiano "nato di nuovo" per descrivere la sua iniziazione. È interessante notare qui che durante un'intervista televisiva della campagna presidenziale del 1988 con George W. Bush, la giornalista Barbara Walters gli fece una domanda che lo sorprese. Il futuro presidente fece una pausa per un momento, guardando perplesso, e dopo qualche secondo rispose: *"Se per cristiano intendi nato di nuovo, allora sì, sono cristiano".* Questa è la risposta che ci si aspetterebbe da un occultista per il quale i riti iniziatici a cui ha partecipato lo rendono un *"Nato di nuovo".* Questo è il processo simbolico di "morte e rinascita" applicato nell'abuso rituale e nel controllo mentale. La società segreta *Skull and Bones* attraverso la quale sono passati Bush Sr. e Jr. (e molti altri) pratica rituali identici a quelli dell'Ordine di Thule, dove Hitler fu iniziato, cioè pratiche di magia nera. Ron Rosenbaum ha scritto sullo *Skull & Bones* in un articolo per la rivista *Esquire*: '*La morte (rituale) dell'iniziato dovrà essere così terrificante da richiedere l'uso di scheletri umani e rituali psicologici (...) la perversione sessuale fa parte di questi rituali psicologici (...) nudo in una bara, l'iniziato*

---

[144] *Una storia delle idee religiose*, vol.1 - Mircea Eliade, 1978, p.365.

dovrà anche raccontare i suoi più oscuri e profondi segreti sessuali all'iniziazione. Torneremo su questa questione della *"resurrezione iniziatica"* in modo [145]più dettagliato nel capitolo 4.

Questa iniziazione di magia nera che trascendeva Adolf Hitler combinava la perversione sessuale e *l'illuminazione* portata da profondi stati alterati di coscienza, cioè un misto di magia sessuale e dissociazione legata al trauma. Questi rituali comportavano pratiche altamente perverse e sadiche: sodomia, orge, sacrifici di animali, fustigazioni, ecc. Ravenscroft riferisce che Hitler fu gravemente torturato durante questi rituali traumatici, compreso un *"rituale magico, sadico e mostruoso"* dopo il quale divenne impotente. Questa impotenza non ha niente a che vedere con la castrazione fisica, ha una profonda origine psicologica a causa dell'estremo sadismo e masochismo dei riti. La relazione di Hitler con Eva Braun era dello stesso ordine. Anche Trevor Ravenscroft ha scritto di Hitler: *"La perversione sessuale era centrale nella sua vita. Una mostruosa perversione sessuale che era davvero il cuore della sua esistenza ed era la fonte dei suoi poteri medianici e chiaroveggenti.* Nel suo libro *"Hitler - A study in Tyranny",* Alan Bullock scrive: *"Il suo potere di ammaliare una folla è legato all'arte occulta degli sciamani africani o asiatici; altri lo hanno paragonato alla sensibilità medianica o al magnetismo di un ipnotizzatore. "*

Questi rituali di magia nera e magia sessuale aprono le porte al mondo degli spiriti, che forniscono agli iniziati potere e capacità psichiche. Nel 1921, all'età di 33 anni, Hitler fu totalmente posseduto da una gerarchia di spiriti demoniaci e fu finalmente pronto ad assumere la direzione del Partito Nazionalsocialista. Nessuno può capire la mostruosità dei piani di Hitler senza conoscere la perversione satanica in cui era sprofondato molto prima di arrivare al potere. Hitler ha ricevuto la protezione reale di un ordine soprannaturale per svolgere la sua missione. Nel suo libro 'Hitler, Médium de Satan', Jean Prieur riferisce che in diverse occasioni il futuro Fürher fu salvato da 'forze oscure' durante la prima guerra mondiale: *"Tuttavia, una voce parla in lui con voce ovattata e gli ordina di allontanarsi il più possibile dalla trincea; così continua a camminare come un sonnambulo. Improvvisamente un'esplosione di ferro e fuoco lo costrinse a terra. L'esplosione era vicina (...) Quando ci fu silenzio, si affrettò a tornare alla trincea e non riconobbe più nulla. Invece del rifugio della squadra, era un gigantesco imbuto disseminato di detriti umani. Tutti i suoi compagni erano stati uccisi. Da quel giorno fu convinto della sua missione divina. Per la quinta volta, la Provvidenza intervenne in suo favore... Nell'estate del 1915 fu nuovamente salvato in circostanze straordinarie che raccontò anni dopo a un giornalista inglese, Ward Price: "Stavo cenando in trincea con alcuni compagni, quando sentii una voce che mi diceva: "Alzati e vai laggiù! La voce era così acuta, così insistente che obbedii meccanicamente come se fosse un ordine militare. Mi alzai subito e mi allontanai di venti metri, portando la mia cena nel cestino del pranzo. Poi mi sono seduto per continuare il mio pasto; la mia mente si è calmata. Non appena l'ho fatto, un lampo e un botto assordante*

---

[145] Gli ultimi segreti di Skull and Bones - Ron Rosenbaum, *Esquire Magazine*, 1977.

sono arrivati dalla trincea che avevo appena lasciato. Una granata vagante era scoppiata sul gruppo, uccidendo tutti.[146]

Durante la prima guerra mondiale, Hitler sembrava già avere un serio background di conoscenze occulte e pagane. Jean Prieur riporta nel suo libro: *"Fu durante l'autunno del 1915 che compose questo poema curioso e inquietante, in cui si dovrebbe vedere molto più di un esercizio letterario:*

Nelle notti amare, vado spesso
Nella radura silenziosa della quercia di Wotan
Per unirsi ai poteri oscuri...
Con la sua formula magica
La luna traccia le lettere runiche,
E tutti quelli che sono pieni di impudenza di giorno
Sono resi piccoli dalla formula magica[147]

In questo poema, Hitler si riferisce a *"Wotan"*, chiamato anche *"Wodan"*, corrispondente a Odino, il dio norreno dei morti, il dio della vittoria e della conoscenza. La Scandinavia lo chiamava Odino e la Germania lo chiamava Wotan. Adolf Hitler era un seguace totale di questo vecchio paganesimo nordico. Per questo i nazisti crearono (o forse assorbirono) l'*Ahnenerbe*, una società per la ricerca e l'insegnamento del patrimonio ancestrale esoterico.

Hitler sfuggì anche a diversi attacchi in modo straordinario, come nel 1936 ai Giochi Olimpici di Berlino, ma anche nel 1937 e nel 1939. Quando alcune persone intorno a lui si stupirono della mancanza di misure prese per la sua sicurezza, Hitler rispose: *"Devi avere fede nella provvidenza, devi ascoltare la voce interiore e credere nel tuo destino". Credo profondamente che il destino mi abbia scelto per il bene della nazione tedesca.* Una volta disse a Eva Braun: *"La Provvidenza mi protegge e non dobbiamo più temere i nostri nemici".* Ravenscroft riferisce che in un'intervista alla stampa, Hitler disse: *"Cammino come un sonnambulo dettato dalla provvidenza".* Di quale provvidenza sta parlando? Certamente la 'provvidenza luciferiana', in altre parole la possessione demoniaca alla quale era stato preparato durante anni di iniziazioni...

Aleister Crowley era un autoproclamato "Bestia 666". Il suo biografo, John Symonds, ha detto: "Il sesso era diventato per Crowley il mezzo per raggiungere Dio... Egli eseguiva l'atto sessuale non per gioia emotiva o scopi procreativi, ma per rinnovare la sua forza psichica. Credeva di adorare così il dio Pan. Nel suo diario Rex de Arte Regia, Crowley descrive le sue pratiche dell'Arte Regia' (magia sessuale), affermando che esprime un desiderio durante i rituali, di solito per un afflusso di denaro, e che finisce sempre per ottenere i suoi desideri.

L'ex-occultista William 'Bill' Schnoebelen ha fatto diverse rivelazioni pubbliche sui rituali dell'Alta Massoneria Luciferiana. Schnoebelen era un membro della Chiesa di Satana, un massone per 9 anni, iniziato al 32° grado del Rito Scozzese, al 90° grado del Rito Memphis-Misraim, e al 9° grado dell'O.T.O. Ha anche raggiunto il 9° grado con i Rosacroce. Nel 1984 uscì

---

[146] *Hitler médium de Satan* - Jean Prieur, 2002, p.41-38.

[147] Ibidem p.38.

completamente dall'occultismo e divenne cristiano. Ecco un estratto di una conferenza in cui afferma che l'"*Arte Reale*" massonica è legata alla pratica della magia sessuale sui bambini: "*Questi rituali contengono un aspetto profondamente sinistro, ma che devo affrontare. Mi scuso in anticipo perché è qualcosa di volgare. Ma dobbiamo parlare del 'Segreto Reale' della Massoneria e di come opera in questa piramide gerarchica spirituale (...) Nel 1904, Crowley ebbe un contatto con un essere extraterrestre (demone) chiamato Iwas. Questa entità gli ha dettato un libro durante le trance medianiche di sua moglie: il Libro della Legge. Questo libro afferma che Dio è caduto dal suo trono e che un nuovo dio-bambino conquistatore sta arrivando per prendere il suo posto. Come risultato, Crowley dichiarò la fine del cristianesimo e l'avvento del 'Crowlianesimo'. In effetti, era un genio, poteva giocare a scacchi ad occhi chiusi. Era un abile poeta, pittore e scrittore. Era così coperto di titoli massonici che avrebbe potuto riempire cinque pagine di un libro. Quest'uomo era uno dei massoni più onorati del mondo, ma era anche l'uomo più pericoloso del XX secolo. Seguendo il Libro della Legge, cominciò a fare dei rituali per riportare questo dio bambino. Per fare questo fondò quella che chiamò la setta del "Bambino Affascinante", e così facendo svelò e rivelò il Segreto Reale della Massoneria. Dopo la pubblicazione del suo libro, un uomo venne da lui. Quest'uomo era Theodore Reuss, un occultista tedesco e leader dell'O.T.O. (Ordine del Tempio d'Oriente) che è l'ordine dei Cavalieri Templari orientali... Quest'uomo disse poi a Crowley che aveva rivelato il più grande mistero nella storia dell'occultismo. Al che Crowley rispose che non capiva di cosa stesse parlando. Reuss lo iniziò quindi al 9° grado dell'O.T.O. e gli rivelò il segreto. Il segreto è che come massone ti viene promessa l'immortalità. Se andate a un funerale massonico, sentirete una predica sull'immortalità. Sentirete le promesse che dopo la loro morte, andranno nelle grandi logge celesti superiori per l'eternità. Come ottengono questa immortalità? Non credono in Gesù. Il nome di Gesù non è nemmeno permesso di essere citato nelle logge blu della massoneria (...) Allora da dove prendono questa promessa di immortalità? Il segreto che Crowley ha scoperto indirettamente, probabilmente per intervento demoniaco, è che questa immortalità è accessibile attraverso la magia sessuale operativa. Il tipo di magia sessuale di cui stiamo parlando qui è lo stupro di un bambino piccolo, purtroppo. Crowley insegnava che si può vivere per sempre attraverso la vampirizzazione sessuale dei bambini piccoli (...) Mi scuso per questo, è così orribile... Ma i massoni fanno questo. Non tutti! Vi prego di capire. Ma è un problema abbastanza grande che mi sento in dovere di parlarvene. Questa è la ragione per cui i massoni pensano di poter raggiungere l'immortalità. Ogni volta che defilano un bambino, rubano un po' della sua giovinezza. (...) Poi pensano di poter accedere ad universi alternativi in cui diventeranno dei (...) Crowley rivela il segreto del simbolismo dell'"Occhio che vede" in uno dei suoi libri, il Libro di Toth, che è un manuale molto avanzato. Questo è l'occhio di Lucifero, ma che ci crediate o no, questo simbolo corrisponde anche ad un organo che chiamiamo delicatamente retto. Il che è ironico quando si sa che rappresenta anche Lucifero. Questo si riferisce alla dottrina occulta e archeometrica della massoneria che sostiene che attraverso la sodomia, specialmente con giovani ragazzi, si può accedere a dimensioni alternative della realtà, attraverso quelli che chiamano 'tunnel del tifone' (vortici). Hanno questa convinzione che attraverso la perversione sessuale possono accedere a questi tunnel, e lo scopo di questo tipo di magia è quello di trovare il proprio universo e diventare il dio di quell'universo. Satana tradisce queste persone, invogliandole a praticare il male. Tuttavia, l'importante non è che funzioni o meno, ma che queste persone ci credano veramente (...) Questa forma di magia è la magia 'Trans-Yuggothic'. Questo significa che è una magia che opera al di là dello spazio plutoniano, un pianeta che pensano sia al di là della portata del Sole, e quindi al di là della portata dei raggi del Dio giudeo-cristiano. Pensano che ci siano entità oltre Plutone che sono molto più potenti, pericolose e mortali di Dio o del diavolo. Questa è la cosa che queste persone stanno cercando di ottenere. Comprendetemi bene! Non lo dirò mai abbastanza: uno o due massoni su cento praticano queste cose... Ma è più che sufficiente! E questo è un problema serio!"*[148]

Secondo Bill Schnoebelen, la magia sessuale praticata sui bambini è una chiave per accedere ad altre dimensioni e per ottenere potere. Un bambino che è stato torturato e violentato durante un abuso rituale satanico è in uno stato di dissociazione, cioè diventa una porta aperta ad altre dimensioni (vedi capitolo 6 sulla connessione tra trauma, dissociazione e accesso ad altre dimensioni). La pratica della magia sessuale su un bambino in stato di trance dissociativa potrebbe essere una *fonte di ringiovanimento*? In un tale stato di dissociazione, il bambino sarebbe una specie di ponte, un medium che funge da intermediario per collegare il mondo terreno e il mondo degli spiriti? Sfortunatamente, questa domanda viene posta perché tutto suggerisce che si tratta di un vaso di Pandora di cui il controllo mentale è una componente essenziale.

Nel suo libro *Do What You Will: A History of Anti-Morality*, Geoffrey Ashe scrive che Crowley aveva *"poteri ipnotici"* che usava spesso per sedurre le donne ma scrive anche che era *"come tre o quattro uomini diversi"*.[149] Crowley stesso ha descritto i suoi stati alterati di coscienza in cui si confrontava con altre entità immaginarie, dissociative o spirituali. Lo stesso Crowley aveva una personalità multipla, una personalità scissa da un trauma infantile? Aveva un disturbo dissociativo dell'identità? Nel suo libro *Magick in Theory and Practice*, Crowley raccomanda l'autopunizione tramite scarificazione con una lama di rasoio. I terapeuti che lavorano con i sopravvissuti agli abusi rituali riferiscono che l'autolesionismo tramite scarificazione è la caratteristica più comune dei pazienti con gravi disturbi dissociativi. Crowley si unì all'*Ordine Ermetico della Golden Dawn* nel 1898 e fu infine espulso nel 1900. Nel 1901, uno scandalo travolse la Golden Dawn quando Theo Horos (Frank Jackson) e sua moglie furono accusati di aver violentato una ragazza di sedici anni. All'epoca, il giudice concluse che la coppia aveva usato i rituali della Golden Dawn per lo sfruttamento sessuale dei minori. Secondo Richard Kaczynski, l'autore di *Of Heresy And Secrecy: Evidence of Golden Dawn Teachings On Mystic Sexuality*,

---

[148] 'Exposing the illuminati from within' - The Prophecy Club - Bill Schnoebelen.

[149] Do What You Will: A History of Anti-Morality - Geoffrey Ashe, 1974, p.235.

le pratiche di magia sessuale sarebbero comuni in questa società segreta. È probabile che la magia sessuale sia un insegnamento comune in tutte queste diverse logge luciferiane.

Si dice che la Golden Dawn sia stata creata in seguito alla scoperta di misteriosi documenti germanici. Questi erano manoscritti codificati che furono decifrati e trascritti da uno dei membri fondatori dell'Ordine, il dottor William Wyn Westcott, un massone. Successivamente, i documenti furono sospettati di essere falsificati e per chiarire la questione, l'autore di *The Magicians of the Golden Dawn*, Ellic Howe, passò le traduzioni di Westcott a un esperto di grafologia. L'esperto concluse che Westcott aveva probabilmente un disturbo di personalità multipla (disturbo dissociativo dell'identità) a causa dei suoi stili di scrittura diversi e molto particolari. Nel suo libro *What You Should Know About The Golden Dawn*, Gerald Suster, un avvocato della Golden Dawn, ha sfidato l'argomento del disturbo di personalità multipla notando che anche un altro membro di spicco dell'Ordine, Israel Regardie, aveva uno stile di scrittura che variava e che non gli era mai stata diagnosticata la personalità multipla o alcun disturbo psichiatrico... Un'interpretazione di queste variazioni di scrittura sarebbe che questi uomini hanno entrambi disturbi dissociativi causati da esperienze rituali traumatiche. Ma questa è una diagnosi accurata che viene fatta raramente perché pochi professionisti della salute mentale sono addestrati a rilevare questi tipi di disturbi della personalità.[150]

Un'altra società segreta con una dottrina e una struttura di tipo massonico è la F.S., *Fraternitas Saturni* o Fratellanza di Saturno. Nel suo libro *Fire & Ice: Magical Teaching of Germany's Greatest Secret Occult Order,* Eldred Flowers si riferisce alle F.S. come ad una *"amichevole organizzazione luciferiana".* Come l'O.T.O. e molte opere massoniche, la F.S. dà notevole importanza a concetti e termini gnostici. In questo libro, Eldred Flower si riferisce frequentemente alla *"Gnosi di Saturno"* e a specifici rituali sessuali. Va notato che Linda Blood, nel suo libro *"The New Satanists",* riferisce che Eldred Flowers, per il quale le F.S. sono una *"organizzazione luciferiana amica",* assisteva Michael Aquino come capo del Tempio di Set. Linda Blood sa di cosa sta parlando perché era l'amante di Aquino e un membro di questa setta.[151]

5 - SACRIFICI, STREGONERIA, SCIAMANESIMO E PERSONALITÀ MULTIPLE

Le prove archeologiche mostrano che i Moches, gli Incas, i Maya e gli Aztechi praticavano tutti rituali violenti e sanguinosi. Da ulteriori indagini, sembra anche che il sacrificio umano fosse praticato anche in Europa. In un articolo intitolato '*Vessels of Death: Sacred Cauldrons in Archaeology and*

---

[150] '*Cult & Ritual Abuse*' - James Randal Noblitt & Pamela Perskin Noblitt, 2014, p.141.

[151] Ibidem p.142.

Myth', [152]Miranda Green fa riferimento ai sacrifici umani praticati dal popolo cimbro germanico e riportati dal geografo greco Strabone. L'articolo descrive che la cerimonia era eseguita da "donne sante", una delle quali avrebbe tagliato la gola di un prigioniero di guerra e raccolto il suo sangue in un grande calderone di bronzo. Poi il suo corpo veniva aperto per ispezionare le viscere e gli organi a scopo divinatorio. Il sacrificio umano è un patrimonio comune nella storia dell'umanità, una pratica legata al culto di divinità demoniache e luciferiane. Storicamente, i primi riti pagani includevano sia sacrifici animali che umani. Il sacrificio umano e il cannibalismo sembrano aver avuto un posto nei rituali ancestrali e anche contemporanei. In *"Kingship and Sacrifice: Ritual and Society in Ancient Hawaii"*, Valerio Valeri riferisce dell'esistenza di sacrifici umani rituali praticati dai sacerdoti fino al 1819, prima che fossero vietati. Valeri afferma che i sacrifici umani erano usati anche nei riti di stregoneria. L'antico culto Voodoo haitiano praticava il sacrificio della *"capra senza corna"*, un eufemismo per il sacrificio umano.[153] Così come il termine *"maiale lungo" si riferisce* alla carne umana tra i cannibali della Polinesia. Il cannibalismo è stato anche attribuito a certe pratiche sciamaniche. Un rituale cannibalistico è probabilmente un'esperienza traumatica sia per la vittima prima della morte, sia per coloro che partecipano e sopravvivono al rito. In *'Dictionary of Folklore, Mythology and Legend (Funk & Wagnalls)'* R.D. Jamison scrive: *'La spedizione di Cambridge nello Stretto di Torres riportò che gli stregoni mangiavano la carne dei cadaveri o la mescolavano al loro cibo dopo le pratiche rituali. Questo li porta a diventare violenti e a commettere omicidi per rabbia. Sappiamo poco dei processi che inducono la trance sciamanica, tranne che il cannibalismo fa entrare il consumatore in uno stato inumano o sovrumano.'*

In un articolo intitolato *"Sacrifici umani crudi, cotti e bruciati"*,[154] Terje Oestigaard nota che il sacrificio umano è una pratica comune usata come offerta agli dei. Questa offerta può essere sepolta cruda, cucinata come pasto per le divinità, o cremata per salire direttamente al cielo. La cremazione è una trasformazione e un mezzo attraverso il quale avviene una certa trasmutazione dell'offerta. Il sacrificio animale o umano può essere visto come una comunione tra l'uomo e gli dei attraverso un pasto, ed era spesso il rito centrale del paganesimo perché permetteva di *"condividere la tavola degli dei"*, ma serviva anche come atto catartico.

L'imperatore romano Giuliano era noto per la sua inclinazione per gli atti sacrificali e sono universalmente decantati dai suoi contemporanei, sia fedeli che detrattori. È stato descritto come se non lasciasse mai i suoi "amuleti e talismani" e dividesse la sua vita tra la preoccupazione per lo stato e la devozione agli altari. Libanios gli dà il titolo di gloria di aver compiuto più sacrifici animali in dieci anni che tutti i greci messi insieme. L'imperatore Giuliano faceva sacrifici di

---

[152] The Antiquaries Journal 78, 1998.

[153] *Voodoo* - Jacques d'Argent, 1970.

[154] *Norwegian Archeological Review*, Vol 33, No 1, 2000.

sangue nel tempio di Zeus così come in quello di Tyche (fortuna) o Demetra (fertilità).[155]

Nella *'Storia delle guerre'*, lo storico Procopio si riferisce al sacrificio umano come il più 'nobile', preferibilmente il primo umano catturato in guerra. Il dio della guerra, Marte, doveva essere placato con i riti più selvaggi e sanguinosi mettendo a morte i prigionieri. Per questi popoli antichi, lo spargimento di sangue era un mezzo per placare il principe della guerra.

In un resoconto di un viaggio tra i Bulgari del Volga (Vichinghi), Ibn Fadlan racconta come vari animali furono sacrificati mentre gli uomini del clan violentavano una ragazza schiava prima che fosse uccisa e messa su una barca dal suo padrone. La barca è stata poi data alle fiamme per ridurre l'offerta umana in fumo.[156]

L'uccisione rituale sembra essere una pratica comune tra gli stregoni della cultura *cebuana* nelle Filippine. Nel libro *"Cebuano Sorcery: Malign Magic in the Philippines"*, Richard Lieban scrive: *"Per diventare uno di coloro che possono praticare 'Hilo', si dice che un uomo deve prima uccidere un membro della propria famiglia, e poi deve reclamare una o più vittime ogni anno. Uno di questi stregoni ha rivelato che l'obbligo di uccidere cresce ogni anno. Più a lungo lo stregone pratica la sua magia, più spesso deve uccidere. Tutti gli informatori concordano sul fatto che quando lo stregone si assume tali obblighi, se non commette gli omicidi secondo il calendario, diventerà egli stesso una vittima, colpito dai suoi stessi strumenti di stregoneria che gli si rivolteranno contro. Come dice uno stregone: "Se non uccide, si ammalerà gravemente, e non guarirà finché non sarà morto". Se non uccide, morirà."*[157]

In una delle sue conferenze sul tema della *"New Age"*, padre Jean Luc Lafitte riporta ciò che ha vissuto in Gabon: *"Ho predicato diversi ritiri nella boscaglia (...) Ogni notte sentivamo le melodie di questi stregoni che lavoravano sui seguaci della loro religione. Mi è stato detto che venivano fatti ballare, ma che prima di farli ballare, il guru, lo stregone, si preoccupava di far bere a tutti i suoi seguaci una bevanda chiamata iboga. Si tratta di un allucinogeno che ha ridotto in polvere e che ha fatto bere ai seguaci per farli ballare tutta la notte al suono del tamburo. Dopo un po', tutte queste persone andavano in trance (...) Una volta che erano in trance, lo stregone riusciva a svuotare completamente la loro personalità, tanto che per progredire in questo sistema di falsa religione, dovevi fare qualcosa che il guru ti chiedeva di fare. La prima iniziazione era quella di uccidere un animale, quindi all'inizio si doveva tagliare il collo di un pollo, per esempio. Il secondo passo è stato quello di uccidere un nemico e il terzo quello di uccidere un membro della famiglia. Il quarto passo era quello di uccidersi..."* Qui troviamo tre cose comuni ai racconti dei moderni abusi rituali: droghe, stati di trance e sacrifici di sangue. I sopravvissuti occidentali riferiscono di essere stati prima costretti a uccidere un animale e poi a volte un essere umano,

---

[155] 'Condividere la tavola degli dei: l'imperatore Giuliano e i sacrifici' - Nicolas Belayche.

[156] Il Risalah di Ibn Fadlan: una traduzione commentata con introduzione' - Mc Keithen, 1979.

[157] 'Cebuano Sorcery: Malign Magic in the Philippines' - Richard Lieban, 1967, p.23.

di solito un bambino. Il quarto stadio descritto dall'Abbé Lafitte, che consiste nell'uccidersi, può corrispondere alla programmazione del suicidio delle vittime del controllo mentale (MK), ma l'Abbé non specifica in quale ambiente o in che modo questo quarto stadio può essere attivato nella tradizione che descrive.

I rituali di iniziazione traumatici sono un fattore comune a molte tradizioni che praticano la stregoneria e il culto degli spiriti. Nel suo libro *"La Conjuration antichrétienne"*, Mons. Henri Delassus scrive: *"Satana fece costruire templi ed erigere altari in tutti i luoghi della terra, e si fece adorare in essi in modo empio e superstizioso. Quante volte lo stesso popolo eletto si è lasciato trasportare da lui, fino a sacrificare persino i suoi figli a "Moloch"! (...) I missionari del XII secolo rimasero abbastanza sorpresi quando, lasciando la Francia un po' scettica dell'epoca, sbarcarono nelle Indie Orientali e si trovarono in mezzo alle più strane manifestazioni diaboliche. I viaggiatori e i missionari di oggi sono testimoni degli stessi prodigi. Il signor Paul Verdun ha pubblicato un libro: "Il diavolo nelle missioni" (...) Apparizioni e possessioni sono frequenti tra loro, conosciute e accettate da tutti. In tutti questi paesi ci sono stregoni. Per diventarlo, bisogna sottoporsi a prove crudeli che vanno ben oltre le più dolorose pratiche di mortificazione cristiana. Nella maggior parte di queste iniziazioni, una manifestazione del diavolo mostra che accetta il candidato come suo, ne fa un posseduto o lo porta via."*[158]

In Papua Nuova Guinea, i rituali traumatici per terrorizzare l'iniziato sono parte integrante dei culti locali. Nel suo libro *"Ritual and Knowledge Among the Baktaman of New Guinea"*, Frederik Barth descrive come un novizio *Baktaman* che era così terrorizzato dal processo di iniziazione ci defecò letteralmente sopra. Nel libro *Rituals of Manhood: Male Initiation in Papua New Guniea*, Gilbert Herdt riferisce che nell'iniziazione *Bimin-Kuskusmin*, i novizi sono totalmente terrorizzati dalla cerimonia di farsi bucare il setto nasale e bruciare l'avambraccio. Questo crea un grave trauma e l'autore riferisce che segni di profondo shock psicologico sono stati osservati in diversi individui che sono passati attraverso questa iniziazione. Nella sua analisi dell'iniziazione Orokaiva dei Papuani, nel libro *Exchange in the Social Structure of the Orokaiva*, Erik Schwimmer scrive che una delle funzioni di questi riti è provocare *"un terrore assoluto e duraturo nel candidato"*. Tutti gli etnografi che hanno studiato gli Orokaiva hanno sottolineato il carattere particolarmente terrificante della cerimonia *embahi*. Diversi autori hanno riferito che un vero panico è deliberatamente indotto nei giovani candidati all'iniziazione, ma descrivono anche l'angoscia dei genitori che assistono alla sofferenza dei bambini. In *"The Concept of the Person and the Ritual Sytem; An Orokaiva View"*, André Iteanu scrive addirittura che c'è sempre il rischio che il bambino non sopravviva alle prove dell'iniziazione. Nel suo libro *"Prey into Hunter: The Politics of Religious Experience"*, Maurice Bloch analizza la cerimonia *embahi* con il suo carattere sacro e trascendentale. Secondo Bloch, l'effetto più importante di questa cerimonia è che l'iniziato viene simbolicamente ucciso, o più precisamente che la sua vitalità viene neutralizzata, e diventa un essere puramente trascendentale

---

[158] *'La Conjuration antichrétienne'* - Mons. Henri Delassus, 2008 (Saint-Remi), p.259.

(dissociato?). Dopo questa iniziazione, il bambino diventa sacro, quindi si tratta di conquistare la sua vitalità e di metterla sotto un certo controllo. Per fare questo, il bambino viene simbolicamente ucciso per trasformarlo, per trascendere la sua persona in modo che egli stesso diventi un assassino e non più una vittima.[159]

Qui abbiamo una descrizione che può adattarsi al *"moderno"* abuso rituale satanico con il relativo controllo mentale. Questi sono rituali di iniziazione traumatici che mirano a sacralizzare il bambino attraverso profondi stati dissociativi e la rinascita come un bambino 'Monarch'; rendendolo un *assassino* piuttosto che una *vittima,* un membro a pieno titolo del culto luciferiano/satanico.

Cult and Ritual Abuse: Narratives, Evidence and Healing Approaches di James Randall Noblitt e Pamela Perskin Noblitt affronta l'aspetto antropologico dell'abuso rituale e del controllo mentale utilizzando i disturbi dissociativi dell'identità (disturbo di personalità multipla). Il libro riporta numerose fonti che riguardano rituali traumatici in cui la linea tra dissociazione e possessione demoniaca rimane molto confusa. Ecco alcune delle fonti che riportano nel loro libro...

Il libro di Isaiah Oke, '*Blood Secrets: The True Story of Demon Worship and Ceremonial Murder*', affronta chiaramente la questione degli abusi rituali in Africa occidentale. Isaiah Oke è il nipote e il successore di un importante *Babalorisha*, un alto sacerdote Juju. Nel suo libro, racconta l'*educazione e la formazione* che ha ricevuto per succedere a suo nonno. Oke descrive le traumatiche cerimonie che ha vissuto nel suo apprendistato per diventare un sommo sacerdote. Descrive anche le sofferenze che doveva infliggere agli altri, cerimonie che implicavano la tortura e persino l'omicidio, come la cerimonia dei *"200 tagli"* in cui doveva mettere a morte un uomo. Riporta quelle che sembrano essere classiche esperienze di dissociazione quando si riferisce alla perdita di memoria e alla possessione da parte degli spiriti degli antenati del villaggio. Oke scrive nel suo libro: "*I nostri riti servono a placare il più orribile dei nostri dei. Questi dei sono così temibili che i nostri rituali devono esserlo altrettanto. Crediamo che non ci sia niente di meglio del sangue per placare i feroci spiriti del Juju.*"[160]

Oke paragona il Juju africano al satanismo americano. Spiega che questo culto è praticato apertamente in Africa occidentale e persino sfruttato commercialmente per i turisti, ma che ha un'altra facciata in cui la segretezza è tale che alcuni dicono che c'è un'altra religione, sconosciuta al mondo esterno, all'interno del Juju stesso: "*C'è un altro luogo di sacrificio che noi chiamiamo la 'Tomba', di solito nella foresta, lontano da occhi e orecchie indiscrete. Di solito è una capanna semplice e ben mimetizzata che chiamiamo Igbo-Awo (il*

---

[159] 'Riti di terrore, metafora e memoria nei culti di iniziazione melanesiani' - Harvey Whitehouse, The Journal of the Royal Anthropological Institute, Vol. 2, No. 4, 1996.

[160] *Blood Secrets: The True Story of Demon Worship and Ceremonial Murder* - Isaiah Oke, 1989, p.19.

segreto della foresta). Ciò che viene praticato nella 'Tomba' non sono cerimonie innocue, ma piuttosto dei macabri rituali di sangue. "[161]

Nel suo libro *Ritual: Power, Healing and Community*, Malidoma Somé conferma le dichiarazioni di Isaiah Oke sulla religione africana del Juju. Originario dell'Africa occidentale, Somé ha studiato alla Sorbona e alla Brandeis University negli Stati Uniti. Descrive rituali in cui le persone parlano con voci diverse e mostrano personalità diverse. Egli afferma che il sacerdote che conduce i rituali è in grado di agire sulla mente dei presenti in modo che essi non siano in grado di ricordare gli eventi che hanno avuto luogo. Riporta l'esempio di un uomo delle tribù che voleva rivelare i segreti del culto agli estranei. Prima che fosse in grado di farlo, si dice che abbia avuto un crollo psicotico e si sia suicidato. Queste testimonianze possono essere confrontate con quelle riportate dai sopravvissuti agli abusi rituali satanici in Occidente. Alcuni dicono che sentono la loro mente bloccata o "chiusa" quando cercano di ricordare i dettagli del loro abuso. Dicono anche che diventano particolarmente autodistruttivi, persino suicidi, quando stanno per parlare o hanno appena parlato con qualcuno di cose che dovrebbero essere tenute segrete. In Occidente, questo allestimento del segreto interiore è fatto da ciò che si chiama programmazione MK-Monarch. Questa è una forma di condizionamento estremo che crea e manipola reazioni programmate attraverso un trauma profondo. (Vedi capitolo 7)

Lo psichiatra britannico William Sargant (che ha lavorato per il progetto MK-Ultra), ha dichiarato nel suo libro '*The Mind Possessed: A Physiology of Possession, Mysticism and Faith Healing*' che la dissociazione, l'amnesia, la modifica della personalità e la programmazione mentale, erano una parte essenziale del culto *Orisha*.

Orisha è il termine *Yoruba* per gli dei o la rappresentazione dello spirito di Dio. È una tradizione afro-americana che ha origine in Africa. Il termine è usato nel *Juju* ma anche nella *Santeria* che è un derivato della cultura *Yoruba*. Nel suo libro, William Sargant cita l'autore Pierre 'Fatumbi' Verger, che si dice sia stato iniziato a questi riti *Orisha*: "*Pierre Verger stesso divenne un sacerdote del culto degli Orisha. Non poteva dirmi molto sulle cerimonie segrete che si svolgevano nel convento, ma fu in grado di rivelare che si trattava di un severo processo di lavaggio del cervello in cui la personalità ordinaria dell'adepto viene sostituita da una nuova personalità. All'iniziato non viene mai permesso di ricordare chi era, che aspetto aveva e come si comportava con la sua vecchia personalità. Quando l'iniziato lascia il convento, gli viene restituita la sua vecchia personalità attraverso un processo speciale, ma conserva ben poca memoria di ciò che è accaduto nel convento. Quando le adepte tornano al convento, per lo stesso processo ipnotico inverso, riacquistano la loro personalità devozionale, che scomparirà di nuovo nella loro personalità ordinaria quando torneranno nel mondo secolare.* "[162]

---

[161] Ibidem, p. 19.

[162] *The Mind Possessed: A Physiology of Possession, Mysticism and Faith Healing* - William Sargant, 1974, p.149.

Qui abbiamo un esempio di controllo mentale basato sullo sdoppiamento della personalità con memorie divise da pareti amnesiche (vedi capitolo 5). William Sargant ha anche affermato che *"Alcune persone sono in grado di indurre su se stesse o su altri uno stato di trance e di dissociazione causato da uno stress emotivo forte e ripetitivo, al punto che può diventare un sistema di condizionamento dell'attività cerebrale (...) Se la trance è accompagnata da uno stato di dissociazione mentale, la persona può essere profondamente influenzata nel suo pensiero e nel successivo comportamento.* Sargant fa qui un chiaro riferimento al processo di controllo della mente utilizzando gli stati dissociativi.

L'autore Fritz Springmeier ha descritto le cerimonie voodoo haitiane che coinvolgono fenomeni di trance e dissociazione. Springmeier traccia dei paralleli tra queste pratiche rituali voodoo e la programmazione MK-Monarch: *'I primi rapporti sul voodoo haitiano furono scritti nel 1884 da Spencer St John. I suoi scritti descrivono i rituali di sangue e il cannibalismo praticati in questa religione (...) I sacrifici di sangue sono spesso associati ai demoni e la persona posseduta berrà il sangue dell'animale sacrificato. Gemme, erbe, trance e stati dissociativi sono usati per attirare gli spiriti. Mentre lo schiavo MK-Monarch subisce degli stati dissociativi indotti dal trauma, gli stati dissociativi dei praticanti Voodoo sono indotti ritualmente. I rituali Voodoo coinvolgono canti, tamburi, a volte battendo le mani e danze frenetiche per indurre stati dissociativi. Diversi fattori che inducono questi stati alterati di coscienza sono stati identificati nelle religioni afro-caraibiche o sudamericane. In primo luogo, c'è la danza a un ritmo veloce e a scatti. In secondo luogo, gli stati dissociati seguono spesso un periodo di privazione di cibo, l'iperventilazione è anche usata per raggiungere questi particolari stati di coscienza. L'inizio della possessione demoniaca è caratterizzato da un breve periodo di inibizione muscolare con un collasso (...) Durante la trance, le membra del corpo così come la testa sono scosse, la persona diventa così dissociata che può raccogliere a mano dei tizzoni incandescenti. La persona posseduta può essere cosciente, semicosciente o incosciente di ciò che gli sta accadendo (...) I rituali voodoo che inducono stati dissociativi sono solitamente accompagnati da amnesia. Durante questo periodo di amnesia, la persona si è comportata come se fosse uno spirito (un dio). Quello che è stato descritto qui è più uno stato dissociativo indotto da un rituale che uno stato dissociativo indotto da un trauma. La programmazione MK-Monarch mira a combinare entrambi: rituale e trauma, al fine di creare e rafforzare uno stato profondamente dissociato. Ecco perché è difficile separare il fattore religioso dalla programmazione MK-Monarch."*[163]

Ora rivolgiamo la nostra attenzione allo sciamanesimo, un argomento che non può essere ignorato quando si studiano gli stati alterati di coscienza e le interazioni con altre dimensioni. Gli sciamani sono i cosiddetti *"uomini della medicina"* o *"stregoni"*. Si tratta di un sistema primitivo di medicina che risale ai tempi più antichi, una disciplina che combina la comunicazione con gli spiriti e la pratica di esercizi per ottenere certi "poteri spirituali". A volte ci si riferisce a

---

[163] 'La formula degli Illuminati usata per creare uno schiavo totale non rilevabile controllato dalla mente' - Fritz Springmeier & Cisco Wheeler, 1996.

un *"guerriero sciamanico"*, un individuo che è in grado di raggiungere profondi stati di trance nei rituali, di solito con l'aiuto di un tamburo, canti e danze cerimoniali. A volte usa la privazione del sonno e/o droghe per facilitare questi stati di dissociazione profonda. Una volta in trance, lo sciamano entra nel *mondo degli spiriti*, una dimensione parallela alla nostra ma altrettanto reale per lo sciamano. Questi viaggi gli portano visioni che gli permettono di diagnosticare problemi di salute per esempio, ma può anche avere a che fare con altri problemi che riguardano la sua comunità. Nel suo lavoro spirituale, lo sciamano è assistito da entità chiamate talvolta *"spirito guardiano"* o *"spirito guida"*.

Alcuni sciamani non si limitano ad attività spirituali *"benevole"* e possono usare la stregoneria legata alle forze oscure quando ne hanno bisogno. Francis Huxley, nel suo libro *The Way of the Sacred*, fa una chiara distinzione tra sciamanesimo bianco e nero. Harry B. Wright, nel suo libro *"Witness to Witchcraft"*, fa un'osservazione simile tra gli stregoni amerindi dell'Amazzonia, con i *curanderos* benevoli e i *feiteceros* malevoli. È anche interessante notare che nel libro *The Shaman and the Magician: Journeys Between the Worlds*, Nevil Drury riporta delle somiglianze tra le pratiche sciamaniche tradizionali e alcuni dei moderni rituali di magia praticati in certe logge occulte di tipo massonico. Per esempio, cita l'Ordine Ermetico della Golden *Dawn*. È chiaro che la funzione psico-spirituale, chiamata dissociazione psichica, è un punto essenziale dell'occultismo luciferiano.

È necessario chiarire qui cosa si intende per *"magia bianca"* e *"magia nera"*, o per stregoni *"benevoli"* e *"malevoli"*. Ecco cosa dice Anton LaVey, il fondatore della Chiesa di Satana, sulla magia:

LaVey non fa distinzione tra magia bianca e magia nera, dicendo che la stregoneria bianca Wicca e i new-agers chiamano liberamente le forze dell'oscurità per sollecitarle nei loro desideri ipocriti. LaVey ha detto: "Tutta la magia viene dal regno del diavolo, non importa come la si vesta. La credenza che la magia "nera" sia usata solo per la distruzione e la "bianca" per la guarigione è sbagliata. La magia satanica è usata per invocare il potere della giustizia, può essere usata per aiutare voi o qualcun altro, così come può essere usata per danneggiare qualcuno."[164]

"Non c'è differenza tra magia bianca e magia nera, tranne che nella beata ipocrisia e nell'autoinganno dei 'maghi bianchi' (...) Nessuno su questa terra ha mai studiato occultismo, metafisica, yoga, o qualsiasi altra cosa della cosiddetta 'luce bianca', senza gratificazione dell'ego e allo scopo di ottenere potere personale."[165]

Pierre Manoury scrive anche che non esiste una cosa come la "magia bianca" o la "magia nera": "Si può spesso riconoscere uno specialista dal leggero sorriso che ha quando menziona le parole 'magia bianca'. La ragione è abbastanza semplice, la magia bianca non esiste! (...) Comunque sia per queste

---

[164] 'Dinner with the Devil: An evening with, the High Priest of the Church of Satan' - Bob Johnson, High Times Magazine, 1994.

[165] The Re-Enchantment of the West, Vol 2: Alternative Spiritualities, Sacralization, Popular Culture and Occulture - Christopher Partridge, 2006, p.229.

brave persone e per il gregge senza cervello che fa loro da pubblico, la magia bianca non esiste e non è mai esistita. Il termine mago bianco è comunemente usato in letteratura per designare un adepto che compie solo operazioni benefiche, in opposizione al mago nero che si allea con le forze dell'oscurità. Ma questa è letteratura, non iniziazione! In realtà, esiste un solo tipo di magia, che si suddivide in diverse specialità. La nozione di magia bianca o nera è puramente manichea, semplicistica e primaria."[166]

Una domanda importante sullo sciamanesimo è se queste pratiche implicano un abuso rituale traumatico. Come fanno gli sciamani a ottenere queste comunicazioni con gli "spiriti"? L'ipotesi che questi "spiriti" possano in alcuni casi essere personalità dissociate dello sciamano non può essere esclusa, ed è possibile che questa scissione della personalità sia creata dai rituali. Alcuni rituali non sono traumatici, altri sono traumatici e comportano traumi che funzionano per produrre alter identità feroci e intrusive che possono essere facilmente scambiate per entità demoniache.

Nel suo libro *The Way of the Shaman*, Michael Harner descrive il viaggio iniziatico di uno sciamano, ma non approfondisce il modo in cui le cosiddette entità spirituali *"guida"* o *"guardiane"* entrano a far parte del mondo psichico interno dell'iniziato sciamanico. Secondo Harner, *lo spirito guardiano* deve venire dallo sciamano in seguito ad una grave malattia o si deve andare deliberatamente ad incontrarlo durante una *"ricerca di visione"*. Nel suo libro, Harner usa termini come *"un'altra identità"*, *"alter ego"* o *"un altro sé"* in riferimento allo *spirito guardiano* dello sciamano. In *Primitive Magic: The Psychic Powers of Shamans and Sorcerers*, Ernesto De Martino cita un racconto etnografico di Martin Gusinde che usa i termini *'doppia personalità'*, *'seconda personalità'*, *'personalità media'* per descrivere l'interazione dello sciamano con gli spiriti. De Martino cita anche un testo di un altro sciamano, Shirokogoroff, per il quale il tamburo è destinato a *"produrre l'attenuazione della coscienza di veglia"* e a *"favorire la scissione (la venuta dello 'spirito')* (...).Durante l'estasi, il grado di scissione della personalità e l'eliminazione degli elementi coscienti è variabile, ma in ogni caso ci sono limiti in entrambe le direzioni, cioè lo stato dello sciamano non deve trasformarsi in una crisi di isteria incontrollata, e d'altra parte l'estasi non deve cessare: Infatti, né la crisi di isteria incontrollata né la soppressione dell'estasi permettono l'attività regolare della seconda personalità e la conseguente autonomia del pensiero intuitivo'*. De Martino riprende poi la storia di *Aua* che ha interpretato la sua malattia *"come un invito a diventare sciamano, come una vocazione* (...) Dopo vari disturbi, trova finalmente un equilibrio psichico, e *"invece della minaccia di una dissoluzione della presenza unitaria, costituisce ora un'esistenza doppia (...) ma un'esistenza che, sebbene doppia, è sotto il controllo di una sola presenza unitaria, che esce vittoriosa da questa straordinaria avventura psichica"*.[167]

---

[166] 'Cours de haute magie de sorcellerie pratique et de voyance', Vol.2 - Pierre Manoury, 1989, cap.1.

[167] 'Approccio antropologico alla dissociazione e ai suoi dispositivi di induzione' - Georges Lapassade, 2004.

Tutti i termini usati qui possono corrispondere a personalità alterate a causa di una scissione della personalità dello sciamano. Può essere una dissociazione controllata e padroneggiata dell'identità, in un certo senso una gestione sciamanica del disturbo dissociativo d'identità (vedi capitolo 5). Lo sciamano trasformerebbe così uno stato subìto in uno stato dominato, una dissociazione passiva in una dissociazione attiva. Lo sciamano è soprattutto un malato che è riuscito a guarire, un guaritore che ha guarito se stesso. Nel *corso di battaglie drammatiche e dolorose con gli spiriti maligni, gli sciamani sono impegnati in una battaglia feroce con le forze fisiche e psicologiche che hanno sperimentato durante la loro malattia."*[168]

Nel suo libro *How about Demons? Possessione ed esorcismo nel mondo moderno*, Felicitas Goodman scrive: "Lo sciamano Yanomamo Hekura entrato non è la stessa persona di prima. La sua espressione facciale è radicalmente diversa, si muove in un modo che non assomiglia per niente al suo solito... Anche la sua voce è irriconoscibile. Raramente un praticante di questo tipo ricorderà cosa è successo dopo."[169]

Abbiamo a che fare con una vera possessione o con una profonda dissociazione con una personalità scissa e un'amnesia dissociativa? Forse è anche un misto di entrambi... Svilupperemo questo argomento particolarmente interessante nel capitolo 6, riguardante il legame tra trauma, dissociazione e connessione con altre dimensioni.

Un elemento che potrebbe collegare le "possessioni" sciamaniche al disturbo dissociativo dell'identità (personalità multipla) è che a volte questa "possessione" dello sciamano è solo parziale. Lo sciamano va in trance ma l'entità non prende necessariamente il controllo del corpo. Questa esperienza è spesso descritta come un "viaggio interiore" in cui lo sciamano cerca di comunicare con gli spiriti. Questo tipo di funzionamento mentale può essere collegato alla categoria DSM-5 dei disturbi dissociativi e della trance dissociativa.

Michael Harner aggiunge che una persona può talvolta ottenere uno "spirito guardiano" in *modo "involontario"*, ma non dice in che modo. È per un trauma accidentale? Più avanti nel libro, Harner spiega che la tribù *Jivaro* dà comunemente ai neonati una droga allucinogena, il cui scopo è quello di accompagnare il bambino in un processo per ottenere uno spirito guardiano... Dopo aver menzionato brevemente questa pratica di drogare il neonato, indica che ci sono altri modi involontari in cui il bambino può acquisire uno "spirito guardiano", ma senza entrare nei dettagli.

Nel suo libro *The Occult: A History*, Colin Wilson sostiene che il trauma fa parte dell'addestramento sciamanico di alcune tribù, scrive: '*Lo sciamano stesso ha completato il suo sacerdozio attraverso i riti più terrificanti e le iniziazioni attraverso il dolore.'*[170]

---

[168] '*Animismo e sciamanesimo per tutti'* - Igor Chamanovitch, 2010, p.106.

[169] 'E i demoni? Possessione ed esorcismo nel mondo moderno' - Felicitas D. Goodman, 1988, p.12.

[170] *The Occult: A History* - Colin Wilson, 1971, p.147.

Dushan Gersi, l'autore di *Face in the Smoke: An* Eyewitness *Experience of Voodoo, Chamanism, Psychic Healing and Other Amazing Human Powers* ha scritto: *"Diventare uno sciamano richiede anni di dolorose iniziazioni. Ho sentito che molti neofiti muoiono a causa della durezza dell'iniziazione. Il neofita sopporta i peggiori tormenti fisici e psicologici che portano anche alla follia."[171]*

In un articolo intitolato "Il ruolo della paura nello sciamanesimo tradizionale e contemporaneo", Michael York scrive: "L'uso delle tecniche sciamaniche come strumento rapidamente accessibile per sviluppare il potenziale umano è in contrasto con lo sciamanesimo tribale tradizionale in cui è molto raro che l'individuo scelga di diventare uno sciamano di sua spontanea volontà. In un contesto indigeno, l'individuo si sottopone a un lungo e arduo addestramento per diventare uno sciamano, di solito come risultato dell'esperienza di un profondo trauma indesiderato."[172]

Mircéa Eliade descrive un rituale di iniziazione di un "uomo medicina" australiano come segue: "Infine, il terzo metodo comporta un lungo rituale in un luogo deserto dove il candidato deve soffrire, in silenzio, l'operazione viene eseguita da due vecchi uomini medicina: Questi strofinano il suo corpo con cristalli di roccia in modo da scorticare la pelle, premono i cristalli sul suo cuoio capelluto, praticano un foro sotto l'unghia della mano destra e fanno un'incisione sulla lingua (...) Dopo questa iniziazione il candidato è sottoposto ad una dieta speciale con innumerevoli tabù."[173]

Nel suo libro intitolato *L'Héritage Makhuwa au Mozambique*, Pierre Macaire scrive delle iniziazioni sciamaniche: "Le iniziazioni si svolgono in luoghi isolati, capanne, dove il neofita viene consegnato a sofferenze simili a quelle di un mostro che inghiotte e digerisce (smembra, strappa la carne dalle ossa e gli occhi dalle orbite) (...) La morte del neofita significa allora una regressione allo stato embrionale, una regressione che non è di ordine puramente psicologico, ma fondamentalmente cosmologico."[174]

Forse questo mostro che inghiotte e digerisce è da paragonare al grande dio del massacro che si trova nel Libro dei Morti egiziano, un mangiatore di carne e schiacciatore di ossa, potente con il terrore che lava nel sangue. Un simbolismo morboso forse legato ai rituali iniziatici di morte e resurrezione.

Mircéa Eliade riferisce che le iniziazioni sciamaniche a volte comportano rituali traumatici dopo i quali l'iniziato ritorna al villaggio con una tale amnesia che persino i gesti basilari della vita quotidiana devono essere reimparati... e gli viene poi dato un nuovo nome... Troviamo qui il principio della *tabula rasa* dopo un trauma radicale, una lavagna bianca su cui può essere riscritta una nuova

---

[171] *Face in the Smoke: An Eyewitness Experience of Voodoo, Chamanism, Psychic Healing and Other Amazing Human Powers* - Dushan Gersi, 1991, p.45.

[172] 'Il ruolo della paura nello sciamanesimo tradizionale e contemporaneo' - Michael York, Bath Spa University College, 2012.

[173] *Lo sciamanesimo e le tecniche arcaiche dell'estasi* - Mircéa Eliade, 1951, p.54.

[174] *'Animismo e sciamanesimo per tutti'* - Igor Chamanovich, 2010, p.104.

identità. Questa è la base della programmazione mentale di tipo MK-Monarch. Proprio come lo sciamano tradizionale svilupperà connessioni con il mondo degli spiriti durante la sua iniziazione, gli abusi rituali satanici/traumatici che il bambino subisce creeranno una frattura spirituale e una scissione nella sua personalità rendendolo un *iniziato*. Diventa allora un medium che fa da ponte tra il nostro mondo e quello degli spiriti, un pezzo indispensabile per incarnare e portare avanti progetti stabiliti da altre sfere...

Jean Eisenhower, una sopravvissuta al controllo mentale, ha descritto un metodo usato da una tribù per addestrare uno sciamano inducendo intenzionalmente un trauma in un bambino piccolo. Il bambino viene separato dalla tribù per alcuni anni e rinchiuso in una gabbia a poca distanza dal villaggio. Non si parla al bambino e non ci si prende cura di lui se non per le cure di base. Il bambino può sentire la tribù ma non può interagire con i membri e quindi si dividerà psicologicamente e rivolgerà la sua coscienza verso la *grandezza del cosmo*, le altre dimensioni dell'essere. Queste altre dimensioni sono abitate da entità che interagiranno con il bambino e con le quali egli stabilirà forti relazioni. Alla fine la tribù lo reintegra con onore e gentilezza nel villaggio, ma il giovane sciamano non sarà mai più come gli altri. Per il resto della sua vita, farà un lavoro spirituale per la sua tribù.[175]

Il film *A Man Called Horse* (1970) rappresenta pratiche sciamaniche traumatiche ispirate a eventi reali. Il film racconta la storia di un uomo bianco tenuto prigioniero da una tribù Sioux. Una volta che il *viso pallido è* riuscito a dimostrare la sua abilità nella caccia e a guadagnarsi il rispetto della tribù, gli viene permesso di partecipare a un rituale di iniziazione alla tortura tribale. La cerimonia consiste nel sospenderlo in aria per mezzo di ganci conficcati nei suoi muscoli pettorali. Durante la tortura, l'uomo entra in una trance che sembra essere il risultato della sofferenza fisica. Il suo stato di coscienza alterato gli fa vedere delle visioni spettacolari. Secondo gli esperti di indiani nordamericani, tali rituali erano praticati in passato e sono ancora praticati oggi da alcune tribù. Gli uomini bianchi a volte si riferiscono a questo rituale come *la Danza del Sole*, ma il termine indiano per questa cerimonia è meglio tradotto come *la* Danza della Vista del Sole. L'autore di '*Lame Deer Seeker of Visions: The life of a Sioux Medicine Man*', John Lame Deer, descrive la cerimonia come segue: '*La danza non è più violenta come una volta, ma richiede ancora un grande sforzo da parte di un uomo. Anche oggi, un uomo può svenire per mancanza di cibo o acqua. Può essere così assetato quando soffia nel suo fischietto a forma di osso d'aquila che la sua gola diventa screpolata come il letto di un fiume secco. Per un certo periodo perderà la vista mentre fissa il sole e i suoi occhi vedranno solo spirali incandescenti e luci brillanti. Quando gli artigli dell'aquila* (n.d.t.: ganci alla fine di una corda) *penetrano nel suo petto, il dolore nella sua carne può diventare così intenso che arriverà un momento in cui non li sentirà affatto* (n.d.t.: stato dissociato). *È a questo punto, quando il sole gli brucia in testa, la sua forza è sparita e le sue gambe si sono piegate, che entra in trance e avvengono le visioni. Visioni della sua trasformazione in uomo di medicina,*

---

[175] 'Sciamanesimo, controllo mentale, Cristo, 'Alieni' e me' - Jean Eisenhower, 2014.

visioni del futuro (...) E' quando digiuniamo sulla collina o ci strappiamo la carne alla Danza del Sole, che sperimentiamo l'improvvisa illuminazione del Grande Spirito. Questa illuminazione, questo discernimento, non viene facilmente, e non vogliamo che angeli o santi ce lo portino di seconda mano. Le [176]autorità americane hanno vietato la Danza del Sole e altri riti tribali nel 1881. Tuttavia, la pratica continuò clandestinamente fino al 1934, quando il divieto fu revocato dall'*Indian Reorganization Act.*

Di nuovo, troviamo che i rituali che implicano un'estrema sofferenza fisica e psicologica portano a profondi stati dissociativi che aprono la porta a una forma di *illuminazione* spirituale... Nel libro *"Kahuna Magic"*, Brad Steiger indica che la circoncisione era praticata tra gli hawaiani come una sorta di rituale di sangue. Senza anestesia, la circoncisione è un'esperienza rituale estremamente dolorosa che provoca certamente una profonda alterazione della coscienza - per sfuggire al dolore insopportabile - il bambino entra allora in un profondo stato dissociativo... Quali sono le conseguenze future?

M.D. Lemonick, l'autore di un articolo del *Time* intitolato *The Secret of Maya*, riferisce che nella cultura Maya (del Messico e del Guatemala) gli stati di coscienza profondamente alterati avevano un significato religioso per la comunità. Lemonick scrive che *"macabri rituali di salasso accompagnavano ogni grande evento politico o religioso nell'antica cultura Maya... L'intenso dolore di tali rituali provocava visioni che permettevano agli iniziati di comunicare con antenati ed entità mitologiche."*[177]

Il dottor James Randall Noblitt ipotizza che ripetute esperienze di trauma siano necessarie per la creazione di identità dissociate. Tuttavia, alcuni rituali di sangue che coinvolgono il sacrificio e il cannibalismo possono probabilmente risultare nell'integrazione mentale dell'immagine della vittima, o dell'entità (dio o dea) che la vittima simboleggia, facilitando così la creazione di identità dissociate o alter personalità nei cultisti.

Con la scoperta degli stati profondi di dissociazione causati dai rituali traumatici, alcuni sciamani diedero vita a una nuova tradizione spirituale: la stregoneria e la magia nera. Una pratica così traumatica e diabolica ha evidenti svantaggi (violenza, dolore e l'abbandono totale di ogni moralità) ma d'altra parte, questa stregoneria è capace di produrre potenti e durature esperienze di possessione e dissociazione creando legami con entità demoniache, fornitrici di vari poteri.

In molte culture preindustriali, c'era il desiderio di avere la presenza immediata degli dei nella comunità. Una cosa del genere era possibile quando un dio prendeva possesso di un individuo. Di tutti i metodi di invocazione degli dei, l'uso di tecniche traumatiche era il più efficace per produrre la possessione e quindi ottenere la presenza immediata di un dio o di una divinità. Nella maggior parte delle culture, i rituali traumatici dovevano essere tenuti segreti, dove la scissione della personalità e l'amnesia traumatica funzionavano efficacemente,

---

[176] 'Lame Deer Seeker of Visions: The life of a Sioux Medicine Man' - John Lame Deer, 1972, p.189-197.

[177] *Archeologia: i segreti dei Maya* - Michael D. Lemonick, 09/08/1993.

così la vittima non poteva rivelare i dettagli della cerimonia. È stato dimostrato con i pazienti dissociativi che quando la dissociazione scompare gradualmente, facilita il ritorno dei ricordi traumatici.

Attraverso l'osservazione ripetuta, gli stregoni malevoli hanno capito che possono creare delle "entità" particolari che possono servirli. Isiah Oke chiama questa entità *Iko-Awo* o *spirito schiavo*. Lo spirito schiavo è probabilmente una personalità altera dissociata che si crea nella vittima durante un rituale traumatico. L'*Iko-Awo viene* istruito a fare tutto ciò che lo stregone comanda, compreso il suicidio. La vittima avrà un'amnesia sul rituale traumatico e non sarà consapevole della programmazione malvagia che ha avuto luogo durante il rituale di iniziazione. La "mente schiava" è quindi uno stato mentale dissociato, paragonabile a un'identità alterata in un individuo con una personalità multipla. Lo spirito schiavo è creato dallo stregone durante un rituale traumatico, di solito durante l'infanzia. La vittima rimarrà amnesica dell'abuso e dell'esistenza di questa programmazione. Questo processo può essere riscontrato allo stesso modo in alcuni pazienti con disturbo dissociativo dell'identità. Di solito hanno un'amnesia sull'abuso che ha causato la loro dissociazione e le loro personalità alterate.

La magia nera legata al controllo della mente probabilmente funziona così. Quando viene lanciato un incantesimo, una maledizione o viene dato un segnale di attivazione, la "mente schiava" è chiamata a emergere e a prendere il controllo del corpo della vittima. Questo "spirito schiavo" è programmato dallo stregone per eseguire compiti particolari. I comandi possono essere un semplice segnale al quale la vittima è stata precondizionata in un rituale traumatico per rispondere alla richiesta dello stregone. Quando lo stregone ha effettivamente programmato diversi individui della stessa tribù, allora la sua comunità avrà grande paura e rispetto per lui, soprattutto dopo che tali "poteri magici" sono stati dimostrati pubblicamente. Gli stregoni che hanno essi stessi delle personalità dissociate (paragonate a dei o divinità dai non iniziati) sono probabilmente considerati ancora più "potenti". Tali pratiche sono segretamente tramandate di generazione in generazione nelle famiglie di stregoni e occultisti. È importante notare che in molte culture la stregoneria è considerata ereditaria. Negli Stati Uniti, il problema dell'abuso rituale è spesso multigenerazionale, e un'altra caratteristica inquietante della stregoneria in molte culture è l'incesto.[178]

Passiamo ora agli alchimisti e ai cabalisti. Gli alchimisti sono noti per le loro ricerche sulla "pietra filosofale", che si suppone trasformi il piombo in oro. Alcuni interpretano questo come una metafora del processo che l'individuo attraversa per trasformarsi in un essere spiritualmente più elevato. Secondo Robert Ziegler, nell'alchimia la sofferenza è vista come un processo di *"purificazione della natura di base dell'uomo per trasformarla".* In effetti, le prove e le sofferenze della vita permettono di evolvere, possono essere pericoli più o meno difficili che si presentano nel corso della vita di un individuo, esperienze talvolta dolorose che formano la persona e quindi gli permettono di superarle e di evolvere. Tuttavia, questa nozione di trascendenza attraverso la

---

[178] *Cult and Ritual Abuse* - James Randall Noblitt & Pamela Perskin Noblitt, 2014, p.116-117.

sofferenza e il dolore è applicata e incarnata in un modo molto più elementare attraverso rituali di iniziazione traumatici che causano sofferenza fisica diretta. Sofferenza che innesca un processo neurologico di trascendenza: la dissociazione, una funzione che permette all'*iniziato* di superare il dolore fisico e psicologico intenzionalmente provocato durante i rituali. Questo processo dissociativo permette anche di accedere ad un'altra realtà. Tutto questo si riassume nella formula massonica *'Ordo ab Chao'* (ordine attraverso il caos), una formula strettamente legata all'alchimia.

La ricerca degli alchimisti dell'elisir di lunga vita e della fonte della giovinezza può rappresentare il desiderio di sfuggire alle limitazioni della mortalità attraverso la magia. Il famigerato Gilles de Rais fu processato e condannato nel 1440 per l'omicidio di 140 bambini. L'uomo soprannominato 'Barbablù' cercava la pietra filosofale nel sangue dei bambini, con i quali lavorava alla maniera di un alchimista... Un pazzo isolato? Purtroppo, il Bambino è una fonte di gioventù per i peggiori occultisti di ieri e di oggi...

Gli alchimisti sono anche interessati alla creazione dell'homunculus, una replica di un essere umano creato artificialmente, proprio come il 'golem' dei cabalisti. Nel suo libro *The Sorcerer Handbook*, Wade Baskin spiega che un golem è una specie di homunculus. Nella tradizione cabalistica e nella mistica ebraica, il golem è un automa umanoide, uno zombie senza anima né coscienza creato da un mago, uno stregone. È possibile che l'homunculus degli alchimisti e il golem dei cabalisti siano in realtà riferimenti a stati dissociati della personalità che possono essere creati da rituali traumatici. In *The Golem and Ecstatic Mysticism,* Bettina Knapp ha scritto che i golem sono creati nel mondo fenomenico o sperimentale degli occultisti quando sono in uno stato alterato di coscienza. Nel misticismo ebraico, i golem sono corpi senz'anima e si può sostenere che un tempo, quando i rituali traumatici e la trance dissociativa creavano alla fine un'identità altera, questa frazione di personalità *magica* poteva essere considerata un guscio vuoto senza anima, in quanto creata unicamente dalla magia. Per lo stregone, questa alter personalità non esisteva come una persona reale, era semplicemente un golem. Potrebbe quindi essere abusato e usato come un robot senz'anima per servire da schiavo.

Nel 1932, Joseph Achron compose una suite per orchestra intitolata *"The Golem".* La prima parte dell'opera introduce il golem mentre l'ultima parte, che è l'esatta immagine speculare della prima parte, rappresenta la disintegrazione, la dissoluzione del golem. Fritz Springmeier sostiene che le tecniche di controllo mentale utilizzano sequenze musicali per far emergere le personalità alterne più profonde in un individuo programmato. L'inversione di questa sequenza musicale *dissolverà* l'alter, il golem, di nuovo nelle profondità della psiche della vittima. Troviamo qui ciò che William Sargant ha descritto con il culto degli *Orisha,* in cui le diverse personalità degli adepti vanno e vengono secondo certi processi occulti, il cui funzionamento è noto solo agli alti iniziati.

Nel suo libro Kabbalah, Gershom Scholem descrive la dottrina cabalistica con alcune delle sue pratiche magiche. Varie idee e pratiche legate al concetto di golem prendono posto anche nella pratica della Kabbalah attraverso la combinazione delle caratteristiche del Sefer Yezirah e un certo numero di tradizioni magiche. La parte operativa della cabala che riguarda la creazione del golem utilizza trance, magia e visualizzazioni. Scholem scrive: "In questo circolo, Sefer Yezirah è quasi sempre interpretato alla maniera di Saadiah e Shabbatai Donnolo, con la tendenza aggiunta a vedere questo libro come una guida per mistici e praticanti di magia. Lo studio e la comprensione di questo libro è considerato riuscito quando il mistico raggiunge la visione del golem, che è legato ad un rituale specifico con un notevole risultato estatico (ndr: stato alterato di coscienza)."

Gli stregoni ebrei usavano i nomi segreti cabalistici di Dio, secondo precise istruzioni per creare il golem. Una volta creato, il golem deve a sua volta recitare la combinazione di lettere ebraiche ma in ordine inverso. Inoltre, il 'Sigillo del Santo Nome' deve essere iscritto sulla fronte del golem insieme alla parola 'emet(h)' ('verità' in ebraico e uno dei nomi di Dio). Ad un certo punto, per fermare e dissolvere il golem, la prima lettera (Aleph) dell'iscrizione sulla sua fronte viene cancellata, dando luogo alla parola "met(h)" che significa "morte". Fritz Springemeier sostiene che questo tipo di programmazione occulta è usato oggi per manipolare le personalità alter più profonde degli schiavi MK.

È possibile che gli stessi alchimisti sapessero come creare personalità alterne. Attraverso la sperimentazione di personalità dissociate, sarebbero in grado di realizzare un'altra delle loro ricerche, che è la scoperta dell'"oro spirituale": cioè l'eterna giovinezza, la sensazione di giovinezza anche nella vecchiaia. Una cosa del genere può accadere quando una personalità di bambino alterato prende il controllo dell'individuo. Un'altra cosa che può anche produrre l'illusione dell'immortalità è la creazione di un'alter personalità la cui identità viene trasmessa di generazione in generazione. Alcuni sopravvissuti agli abusi rituali hanno testimoniato che le loro famiglie praticano una sorta di "culto degli antenati". Credono di poter raggiungere l'immortalità inserendo la loro identità in un altro individuo che vivrà dopo di loro e questa identità o personalità sarà trasmessa successivamente nelle generazioni future. Le anime dannate degli antenati si impossessano allora dei loro discendenti le cui personalità sono sdoppiate e quindi molto aperte per agire come medium?

Gli scienziati del XX secolo che hanno lavorato a progetti di controllo mentale come l'MK-Ultra non hanno inventato nulla, hanno semplicemente ripreso processi psicospirituali che erano stati scoperti molto tempo fa da stregoni, sciamani e occultisti.

Lo psichiatra William Sargant, che ha lavorato nel programma MK-Ultra, ha detto che "i metodi delle iniziazioni religiose sono spesso così simili alle moderne tecniche politiche di lavaggio del cervello e di controllo del pensiero che l'uno fa luce sui meccanismi dell'altro. Ha anche scritto nel suo libro Battle for the Mind: "Una cosa è spezzare la mente di una persona infliggendole uno stress estremo... un'altra è fare in modo che nuove idee mettano salde radici nella sua mente. Ecco cosa sono i programmatori MK...

Questo interesse governativo e scientifico per gli stati di trance, la dissociazione e i poteri psichici è stato motivato dal desiderio di controllo assoluto sull'individuo, e più globalmente su tutta la società e sul mondo intero;

a differenza degli sciamani e di altri stregoni tribali che non hanno piani di conquista globale e le cui pratiche toccano o influenzano solo la loro comunità.

Gli stregoni hanno capito il vantaggio di usare questa scienza della mente per manipolare individui programmati, amnesici e fedeli. La programmazione mentale MK-Ultra è una deviazione perversa dall'antica pratica dell'addestramento di uno sciamano. Attraverso l'isolamento sensoriale, la tortura, le droghe, l'ipnosi, le scosse elettriche e il trauma sessuale, il soggetto diventa sia amnesico che totalmente schiavo. Lui o lei può essere programmato per una funzione o un'altra; funzioni in cui le sue capacità fisiche e intellettuali saranno molto al di sopra della media. Durante questo processo traumatico, lui o lei può anche aver sviluppato abilità psichiche paranormali come la medianità e la visione remota (discusse nel Capitolo 6).

È solo di recente che il controllo mentale è stato modernizzato per diventare una scienza a sé stante. Migliaia di cavie umane non consenzienti sono state e sono tuttora sottoposte a tali esperimenti. È una vera scienza, una chirurgia psichica e spirituale che fa molti danni.

4 - RITUALI SACRIFICALI NEL VECCHIO TESTAMENTO

La Bibbia ci dice che i riti sacrificali erano una pratica comune nelle nazioni pagane dell'Antico Testamento. La Bibbia chiama questo tipo di rituale *"passare attraverso il fuoco"* (Geremia 32:35, Levitico 18:21, 2 Re 23:10). Questo rituale di sacrificare bambini al fuoco è citato da Mosè quando dichiara la lista delle leggi contro i crimini sessuali: "*Non consegnerai nessuno dei tuoi figli per essere bruciato nel fuoco a Moloch*" (Levitico 18:21).

Moloch è un'entità demoniaca rappresentata come una bestia cornuta, un idolo in forma di toro o di capra gigante. La Bibbia non ha incluso questi rituali di sacrificio di bambini nella lista dei crimini sessuali per niente. Il moderno abuso rituale satanico del sacrificio di bambini comporta anche stupri e orge sessuali. Ecco alcuni passaggi della Bibbia relativi ai sacrifici di bambini come offerte ai demoni:

> Chiunque tra gli Israeliti o tra gli immigrati che rimangono in Israele consegnerà a Moloch uno dei suoi discendenti, sarà punito con la morte. (Levitico 20:2).
> Non farai così all'Eterno, al tuo Dio, perché essi hanno fatto ogni sorta di male ai loro dèi, che sono odiosi all'Eterno, e hanno bruciato i loro figli e le loro figlie nel fuoco per onorare i loro dèi". (Deuteronomio 12:31)

> Quelli di Avva fecero Nibhaz e Tartak; quelli di Sepharvaim bruciarono i loro figli con il fuoco in onore di Adrammelech e Anammelech, divinità di Sepharvaim. (2 Re 17:31)

> Si mescolarono con le nazioni e impararono (a imitare le loro opere),
> Adoravano i loro idoli,
> Che erano una trappola per loro,
> Hanno sacrificato i loro figli e le loro figlie ai demoni,

Hanno versato sangue innocente,
Il sangue dei loro figli e delle loro figlie,
Che hanno sacrificato agli idoli di Canaan,
E la terra fu profanata dall'omicidio,
Si sono prostituiti con le loro azioni.
(Salmo 106:35-39)

Di chi stai ridendo?
Contro chi spalanca la bocca e tira fuori la lingua?
Non siete bambini in rivolta?
Una marmaglia piena di falsità,
Bruciando vicino ai terebinti,
Sotto qualsiasi albero verde,
Tagliare la gola ai bambini nei burroni,
Sotto le crepe delle rocce?
(Isaia 57:4-5)

Hanno costruito alti luoghi a Topheth,
Nella valle di Ben-Hinnom,
Per bruciare i loro figli e le loro figlie nel fuoco:
Quello che non avevo ordinato,
Questo non mi era venuto in mente.
(Geremia 7:31)

Perché mi hanno abbandonato,
Hanno reso questo posto irriconoscibile,
Lì offrivano incenso ad altri dei,
Che né loro, né i loro padri, né i re di Giuda conoscevano,
E hanno riempito questo posto con il sangue degli innocenti,
Costruirono alti luoghi per Baal,
Per bruciare i loro figli nel fuoco a Baal:
Quello che non avevo ordinato,
Quello che non avevo menzionato,
Questo non mi era venuto in mente.
(Geremia 19:4-5)

Avete preso i vostri figli e le vostre figlie, che mi avete portato, e li avete sacrificati per essere divorati da loro! Non erano sufficienti le vostre puttane? Hai massacrato i miei figli e li hai dati via, facendoli passare attraverso il fuoco in loro onore.
(Ezechiele 16:20-21)

Li ho contaminati con i loro doni, quando hanno fatto passare tutti i loro anziani attraverso il fuoco; così ho voluto precipitarli nella desolazione e far loro riconoscere che io sono l'Eterno.
(Ezechiele 20:26)

Il Signore mi disse:
Figlio di un uomo,
Giudicherete Oholah e Oholiba?

Descrivete loro i loro orrori,
Perché hanno commesso adulterio,
E c'è del sangue sulle loro mani:
Hanno commesso adulterio con i loro idoli;
Inoltre, i loro figli che mi avevano partorito,
Li hanno messi nel fuoco per loro,
In modo che siano divorati.
Ecco cosa mi hanno fatto:
Hanno profanato il mio santuario nello stesso giorno,
E hanno profanato i miei sabati.
Mentre immolano i loro figli ai loro idoli,
Sono andati al mio santuario lo stesso giorno,
Per dissacrarla.
Questo è quello che hanno fatto in mezzo a casa mia.
(Ezechiele 23:36-39)

Tu odi il bene
E tu ami il male,
Si toglie la pelle e la carne dalle ossa.
Divorano la carne del mio popolo,
Strappargli la pelle
E gli rompono le ossa.
E hanno messo i pezzi
Come (ciò che viene cucinato) in una pentola,
Come la carne in una pentola.
Allora grideranno al Signore,
Ma lui non risponde;
In quel momento nasconderà loro il suo volto,
Perché hanno commesso azioni malvagie.
(Michea 3:2-4)

Hai il diavolo per padre e vuoi eseguire gli ordini di tuo padre. Era un assassino fin dall'inizio, e non stava nella verità, perché la verità non è in lui. Quando dice una bugia, le sue parole vengono da se stesso, perché è un bugiardo e il padre della menzogna.
(Giovanni 8:44)

CAPITOLO 3

IL PROGRAMMA MK-ULTRA

Mk-Ultra è stato progettato con molti sottoprogetti per sviluppare il soldato perfetto, la spia perfetta. Quello che mi è stato detto è che serviva alla nostra sicurezza nazionale più di quanto qualsiasi soldato o diplomatico potesse mai fare... Nessuno mi ha detto che venivano usati per il traffico di droga e la prostituzione. Nessuno mi ha detto che venivano usati come terreno di coltura per fornire bambini a sceicchi e leader mondiali. Nessuno mi ha detto che li stavamo usando per operazioni di riciclaggio di denaro. Mark Philipps - *Mind-Control Out of Control* Conference, 31 ottobre 1996.

1 - BREVE STORIA

Durante la "guerra fredda", la corsa agli armamenti includeva la ricerca sul materiale bellico ma anche sul controllo mentale e la modifica del comportamento. L'obiettivo era quello di manipolare, alterare e controllare la coscienza e il comportamento di individui o gruppi mirati. Dopo la guerra, sia gli Stati Uniti che l'URSS considerarono quest'area di ricerca di evidente interesse militare, e lo sviluppo di queste "armi non letali" (comprese le armi psico-elettroniche) fu tranquillamente implementato nei programmi di sperimentazione militare e di intelligence statunitensi e sovietici, tutto sotto stretta segretezza.

I precursori degli esperimenti scientifici sul controllo mentale furono i nazisti. Nel nazismo, c'è la nozione di "guerra ideologica" per imporre la loro ideologia ai paesi che occupavano. Gli americani presero questa dottrina e la chiamarono "guerra psicologica". La guerra psicologica è *"l'uso della propaganda o di altre tecniche di controllo della mente per influenzare o confondere il pensiero, o per sovvertire la morale"* (*Webster's New World Dictionary*). Questa lotta psicologica del dopoguerra mirava a trasformare le menti delle popolazioni, dall'individuo alla scala globale. Questo è quello che abbiamo visto nel capitolo 1 con l'ingegneria sociale/psichiatria.

Le radici del programma MK-Ultra risalgono alla Germania nazista. Adolf Hitler aveva effettivamente individuato una certa "cultura" satanica nelle famiglie del Nord Europa intrise di incesto transgenerazionale. Famiglie che praticavano sistematicamente l'abuso rituale della loro prole, pratiche che comportavano torture fisiche e psicologiche. I nazisti capirono che le vittime di tali abusi infantili sviluppavano certe caratteristiche dissociative che li rendevano totalmente suscettibili al controllo mentale "robotico". Durante la seconda guerra mondiale, i nazisti hanno quindi sperimentato droghe, ipnosi, traumi e varie sostanze chimiche sui detenuti dei campi di concentramento come parte della loro ricerca sul controllo mentale e comportamentale. Dopo la guerra, nell'Operazione *Paperclip* (resa pubblica nel 1973), molti scienziati nazisti, compresi gli psichiatri, furono riportati segretamente nel continente americano e poi infiltrati nel settore militare, accademico e privato per ogni tipo di ricerca scientifica, compresa la psichiatria e i progetti governativi sulla programmazione mentale. Era chiaro agli americani che se non avessero riportato a casa questi scienziati, il loro nemico, l'Unione Sovietica, li avrebbe usati. Il maggior generale Hugh Knerr, vicecomandante della US Air Force in Europa, ha scritto: *"La scoperta e l'occupazione degli stabilimenti scientifici e industriali tedeschi ha rivelato che siamo allarmantemente indietro in molte aree di ricerca. Se non cogliamo l'opportunità di rimettere al più presto in funzione l'attrezzatura e i cervelli che l'hanno sviluppata, rimarremo diversi anni indietro prima di raggiungere un livello che viene già sfruttato."* [179]

Nell'agosto 1945, il presidente Truman approvò il Progetto *Paperclip* per trasferire i migliori scienziati di Hitler negli Stati Uniti. Nel novembre 1945, i primi scienziati nazisti arrivarono sul suolo americano. Dall'inizio degli anni '50, la CIA e l'esercito americano condussero i loro programmi di controllo mentale, chiamati in codice *Chatter, Bluebird, Artichoke, MK-Often, MK-Ultra* e poi *MK-Search, MK-Naomi, MK-Delta, Monarch...*

Nel 1977, il *New York Times* pubblicò una direttiva della CIA sugli obiettivi del Progetto Artichoke, lanciato nel 1951: "Per evolvere e sviluppare qualsiasi metodo con il quale possiamo ottenere informazioni da una persona contro la sua volontà e senza la sua conoscenza (...) Possiamo ottenere il controllo di un individuo al punto che egli compirà i nostri obiettivi contro la sua volontà e anche contro le leggi fondamentali della natura come l'autoconservazione?" [180]

Dopo l'operazione Paperclip, il progetto MK-Ultra, guidato da Sydney Gottlieb, fu lanciato il 13 aprile 1953 dall'allora direttore della CIA, Allan Dulles. Con un budget iniziale di 300.000 dollari, o il 6% del budget annuale di ricerca della CIA, era un programma di studio importante. Nel decennio successivo, i contribuenti statunitensi hanno dato più di 25 milioni di dollari al programma segreto MK-Ultra.[181] Durante questo periodo sono stati avviati molti sottoprogetti incentrati sul controllo della mente umana. Come il Progetto Bluebird e Artichoke, l'esistenza di MK-Ultra era nota a pochissime persone, e lo stesso Congresso americano era completamente all'oscuro di questo tipo di ricerca. Il programma MK-Ultra è stato condotto in 80 istituzioni tra cui prestigiose università e ospedali, ma anche istituti di pena. Gli esempi includono Princeton, Harvard, Yale, Columbia, Stanford, Baylor, Georgetown University Hospital, Boston Psychopathic Hospital, Mt Sinai Hospital...

---

[179] Project Paperclip: Dark side of the Moon - Andrew Walker, BBC News.

[180] 'Istituzioni private usate negli sforzi della CIA per controllare il comportamento' - *New York Times*, 02/081977.

[181] Una questione di tortura: gli interrogatori della CIA, dalla guerra fredda alla guerra al terrorismo - Alfred W. McCoy, 2006.

Molti scienziati parteciparono a questa ricerca, tra cui James Hamilton, Louis Jolyon West, William Sargant, Ewen Cameron, Leonard Rubenstein, John Gittinger, Robert Heath, William Sweat, Harold Wolff, Lawrence Hinkle, Carl Pfeiffer, Harold Abramson, Martin Orme, Jose Delgado e molti altri... I quattro direttori della CIA che si succedettero nel periodo di attività dei programmi MK-Ultra e MK-Search furono Allen W. Dulles, John A. McCone, William F. Raborn e Richard Helms.

Questa ricerca sul controllo della mente terminò ufficialmente all'inizio degli anni '70. La maggior parte dei file furono distrutti volontariamente nel 1973 su ordine di Richard Helms, che spiegò la sua azione nel 1975: *'C'erano relazioni in questo programma con scienziati stranieri che erano sensibili a questo genere di cose, così quando il progetto finì pensammo che se ci fossimo liberati dei file avremmo salvato tutti coloro che ci avevano aiutato da molestie imbarazzanti...'.*[182]

Richard Helms non solo ammise di aver distrutto i file, ma ammise anche che scienziati stranieri avevano condotto studi sul controllo mentale senza avere alcuna idea che fossero coinvolti nel programma MK-Ultra per contratto. Helms era determinato a proteggerli e a mantenere segreta la loro identità, certamente a causa della natura immorale di questi esperimenti psichiatrici.

Nonostante ciò, alcuni documenti sono stati conservati e le testimonianze al Senato degli Stati Uniti hanno successivamente reso pubbliche le tecniche che sono state utilizzate su centinaia, se non migliaia, di esseri umani non consenzienti. Il "controllo mentale" era indotto da droghe, elettroshock, sovrastimolazione o deprivazione sensoriale, ipnosi, ultrasuoni, radiazioni, psicochirurgia, compresi gli impianti, e vari traumi estremi progettati per creare una dissociazione e una vera e propria *tabula rasa* nelle vittime. Questo tipo di programma MK aveva tre obiettivi:

1/ Indurre l'ipnosi molto rapidamente in un soggetto involontario

2/ Creare un'amnesia duratura

3/ Attuare le suggestioni post-ipnotiche funzionali in modo sostenibile

Uno degli scopi di questa ricerca era quello di creare dei *candidati manciù*. Si tratta di un individuo a cui è stato fatto il lavaggio del cervello e programmato per uccidere con l'amnesia una volta che l'operazione è completa. Il Dr. Colin Ross, uno psichiatra canadese ed ex presidente della *Società Internazionale per lo Studio della Dissociazione* ha scritto nel suo libro *"Bluebird"*[183]:

L'obiettivo principale dei programmi di controllo mentale della guerra fredda era quello di creare deliberatamente disturbi dissociativi, compreso il disturbo di personalità multipla. The Manchurian Candidate è stato creato, non è una fiction. È stato creato dalla CIA negli anni '50 come parte delle operazioni Bluebird e Artichoke (...) Per capire questi esperimenti di "super-spia", bisogna

---

[182] "Comitato consultivo sugli esperimenti di radiazione umana: Rapporto intermedio" - Comitato della Chiesa, Libro I.

[183] *Bluebird: The Deliberate Creation of Multiple Personality by Psychiatrists* - Colin A. Ross, 2000, cap.4

inserirli nel loro contesto sociale e storico. Questa era un'epoca in cui gli esperimenti di controllo mentale erano onnipresenti e sistematici. Non si trattava di pochi "scienziati pazzi" isolati, ma dei capi delle istituzioni psichiatriche e delle principali scuole di medicina (...) Secondo la mia definizione, il Manchurian Candidate è un individuo con un disturbo dissociativo dell'identità creato sperimentalmente che soddisfa i seguenti quattro criteri:

1/ È creato deliberatamente.

2/ Gli viene impiantata una nuova identità.

3/ Si creano barriere amnesiche.

4/ Si usa in operazioni reali o simulate."

Un documento declassificato della CIA intitolato *'Hypnotic Experimentation and Reasearch, 10 febbraio 1954'* descrive una simulazione relativa alla ricerca sui candidati manciù. L'esperimento dimostra che è possibile programmare un individuo in un assassino impercettibile che è totalmente inconsapevole delle sue azioni:

La signorina X è stata incaricata (ha precedentemente espresso la sua paura delle armi da fuoco) di usare tutti i mezzi a sua disposizione per svegliare la signorina Y (tenuta in un profondo sonno ipnotico). Se non riesce a farlo, può prendere la pistola vicina e sparare alla signorina Y. È stata programmata per essere così arrabbiata che non esiterebbe a uccidere Y per non averla svegliata. La signorina X ha seguito le istruzioni alla lettera, compreso lo sparo (pistola scarica) contro Y, solo per cadere lei stessa in un sonno profondo. Dopo alcuni suggerimenti appropriati, entrambi furono risvegliati. La signorina X ha espresso una negazione totale di ciò che era appena successo (cioè aveva un'amnesia). ' (CIA Mori ID 190691, 2/10/54)

Questo lavoro sul controllo mentale e comportamentale dell'uomo portò anche alla stesura di un documento confidenziale sul controllo mentale e la tortura psicologica dal nome in codice *"Kubark"*. Scritto nel 1963, è stato reso pubblico nel 1997 quando i giornalisti del *Baltimore Sun* ne hanno ottenuto la declassificazione in nome della libertà d'informazione. Il documento di 128 pagine è stato presentato come un manuale di interrogatorio per il controspionaggio.

Le persone che soffrono di malattie mentali sono buoni soggetti per questi esperimenti perché sono spesso diseredati ed è facile screditarli in seguito dando la colpa della loro testimonianza alla loro malattia. Karen Wetmore è una di queste vittime del programma MK-Ultra e autrice del libro *"Surviving Evil: CIA Mind-Control Experiments in Vermont"*.

Da adolescente, nei primi anni '70, fu ricoverata per "schizofrenia" in un ospedale psichiatrico nel Vermont. Un lungo soggiorno di cui ha solo ricordi frammentari. Solo in età adulta le fu diagnosticato un disturbo dissociativo dell'identità, un disturbo della personalità che molto probabilmente fu rafforzato dai suoi esperimenti di controllo mentale.

Nel 1995, uno psicologo le consigliò di consultare la sua cartella clinica per scoprire cosa fosse successo esattamente nell'ospedale psichiatrico. Ha scoperto di essere stata sottoposta a un trattamento molto strano, che ha descritto come *"stupro psicologico"*. Quando fece delle ricerche sui medici che la curavano, scoprì un certo Dr. Robert W. Hyde che veniva regolarmente menzionato nella sua cartella. Indagando ulteriormente scoprì che questo medico era collegato a Sydney Gottlieb, uno dei leader del programma MK-Ultra. Secondo lo psichiatra Colin Ross, che ha indagato sul caso di Karen Wetmore, potrebbe essere stata selezionata perché soffriva già di un disturbo dissociativo dovuto a ripetuti abusi sessuali da bambina. Secondo Ross, gli scienziati del MK-Ultra erano interessati alle reazioni a stimoli programmati con, per esempio, parole chiave, codici per creare un innesco. Una persona con un disturbo dissociativo dell'identità ha già personalità multiple, quindi è più facile renderla un assassino che risponde agli ordini senza discutere che non con una persona non frazionata. Studiando la cartella di Karen Wetmore, Ross ha scoperto che i medici le avevano dato il pentilenetrazolo, una droga usata dai sovietici per gli interrogatori e il lavaggio del cervello. Inoltre, le sue cartelle mediche mostrano che ha ricevuto decine di trattamenti consecutivi di elettroshock in una sola sessione. Diversi psichiatri hanno dimostrato che l'elettroshock può portare all'amnesia. Il dottor Ross ritiene che non c'era alcuna giustificazione per tale trattamento di Karen Wetmore, che i medici della CIA le hanno fatto una terapia di elettroshock per cancellare la sua memoria e che è molto probabile che sia stata sottoposta a un programma di controllo mentale. Arrivò a questa conclusione osservando il trattamento che aveva subito, cioè il tipo di farmaci che le erano stati somministrati, le sistematiche e ripetitive sedute di elettroshock, ma anche le diagnosi che furono fatte dai medici che la seguivano all'epoca.

Un documento interno[184] della CIA del 1955 elenca i metodi utilizzati nei programmi MK:

- Sostanze che causano pensiero illogico e impulsività al punto che il soggetto si scredita pubblicamente.
- Sostanze che aumentano la capacità mentale e la percezione.
- Materiali che prevengono o contrastano gli effetti tossici dell'alcol.
- Materiali che aumentano gli effetti tossici dell'alcol.
- Materiali che producono i segni e i sintomi di malattie note in modo reversibile, e che possono quindi essere utilizzati per simularle.
- Materiali che aumentano l'efficacia dell'ipnosi.
- Sostanze che aumentano la capacità di un individuo di resistere a privazioni, torture e coercizioni durante un interrogatorio o un lavaggio del cervello.
- Materiali e metodi fisici che producono amnesia degli eventi che si verificano prima e durante il loro utilizzo.
- Metodi fisici per produrre shock e confusione per lunghi periodi di tempo che possono essere usati furtivamente.
- Sostanze che causano disabilità fisiche come paralisi delle gambe, anemia acuta, priapismo.
- Sostanze che provocano un'euforia "pura", senza "ridiscesa".

---

[184] Audizione MK-Ultra del Senato: Appendice C - Documenti che si riferiscono ai sottoprogetti, Comitato selezionato del Senato sull'intelligence e Comitato sulle risorse umane.

- Sostanze che alterano la personalità in modo tale che il soggetto tenderà a diventare dipendente da un'altra persona.
- Materiali che causano una tale confusione mentale che l'individuo avrà difficoltà a sostenere una storia inventata sotto interrogatorio.
- Sostanze che abbassano l'ambizione e l'efficacia generale del soggetto anche quando sono somministrate in quantità non rilevabili.
- Sostanze che causano debolezza e distorsione visiva o uditiva, preferibilmente senza effetti permanenti.
- Una pillola knockout che può essere somministrata surrettiziamente nel cibo, nelle bevande, nelle sigarette, o come aerosol che può essere usato in modo sicuro, causando la massima amnesia, e che può essere adatto a certi tipi di agenti su una base *ad hoc*.
- Materiali che possono essere somministrati surrettiziamente attraverso le vie respiratorie superiori, e che in quantità molto piccole rendono impossibile l'attività fisica.

Grazie a questi esperimenti, i servizi segreti americani hanno potuto fare un'indagine generale sulle varie tecniche e tecnologie destinate a modificare la psiche e il comportamento umano. In seguito, la ricerca si è rapidamente rivolta allo studio dell'attività elettrica e radioelettrica del cervello per la progettazione di armi elettromagnetiche, note come "psicotroniche". Il rapporto del Groupe de Recherche sur la Paix et la Sécurité (GRIP) intitolato *'Les armes non-létales: une nouvelle course aux armements'* (Luc Mampaey, GRIP 1999), definisce i dispositivi di alterazione del comportamento come segue: *"l'obiettivo di questi sistemi d'arma è quello di interferire con i processi biologici e/o psicologici dell'organismo umano, sottoponendolo a stimoli fisici, chimici, elettromagnetici o tecniche di 'morphing', senza l'intenzione di causare la morte, ma con lo scopo di indurre un certo comportamento, alterare le facoltà mentali o influenzare la memoria."*

Il *New York Times* ha rivelato pubblicamente questi programmi MK nell'agosto 1977. L'articolo in questione conteneva, tra le altre cose, il seguente estratto da un memorandum del 1950 sul reclutamento di psichiatri per condurre gli esperimenti: *"L'etica di un candidato potrebbe essere tale da non voler partecipare ad alcune delle fasi più rivoluzionarie del nostro progetto (...) Nel 1963, un rapporto dell'ispettore generale ha apparentemente portato alla fine di un programma, ha dichiarato che i concetti coinvolti nella manipolazione del comportamento umano sono considerati da molti, sia all'interno che all'esterno dell'agenzia, come ripugnanti e non etici."*[185]

Quello che segue è un estratto del rapporto su MK-Ultra dell'ispettore generale John S. Earman: "La ricerca sulla manipolazione del comportamento umano è considerata da molte autorità mediche e dai campi correlati come professionalmente non etica, e per questa ragione la reputazione dei professionisti coinvolti nel programma MK-Ultra può essere a rischio. Alcune di queste attività sollevano questioni di legalità e di etica. L'esame dei

---

[185] 'Istituzioni private usate negli sforzi della CIA per controllare il comportamento' - *New York Times*, 02/08/1977.

programmi MK-Ultra rivela che i diritti e gli interessi dei cittadini americani sono colpiti. La divulgazione pubblica di certi aspetti del programma MK-Ultra potrebbe indurre una forte reazione negativa nell'opinione pubblica americana."[186]

Il senatore Ted Kennedy ha dichiarato il 3 agosto 1977 davanti all'Intelligence Committee, Subcommittee on Health, Research Branch of the Human Resources Committee: *"Il vice direttore della CIA ha rivelato che più di trenta università e istituzioni sono state coinvolte in un progetto di sperimentazione su larga scala che includeva test di droga su soggetti non volontari di tutti i ceti sociali, alti e bassi, americani e stranieri. Molti di questi test prevedevano la somministrazione di LSD a soggetti non consenzienti in varie situazioni sociali. È stata registrata almeno una morte, quella del dottor Frank Olson. Una morte che è stata causata da queste attività. L'Agenzia stessa ha riconosciuto che questi esperimenti non avevano alcun valore scientifico. Gli agenti che facevano il monitoraggio non erano scienziati competenti."*

Il dottor Frank Olson era uno scienziato che lavorava per l'*esercito americano* in una divisione top secret a *Fort Detrick* a Frederick, Maryland. Olson è morto in circostanze sospette a New York (vedi il documentario *Project Artichoke: Secret CIA Experiments*). Le sue ricerche per i militari non sono molto conosciute, ma ha lavorato sulle armi biologiche e sul controllo mentale attraverso l'uso di droghe.

Tutte queste ricerche sul controllo mentale andavano molto più in là di quanto dichiarato dal senatore Kennedy, come ha fatto l'allora direttore della CIA Stanfield Turner, che ha descritto MK-Ultra come un semplice programma di sperimentazione di droghe. Ha detto al Senato il 21 settembre 1977: *"Non siamo in grado di dirvi tutti i fatti su queste attività, vi diremo solo quello che sappiamo. I file che abbiamo studiato raccontano solo una piccola parte dell'intera storia."*

Il programma MK-Ultra e i suoi sottoprogetti sono quindi un vero e proprio puzzle i cui pezzi sono stati distrutti o dispersi. Inoltre, la CIA aveva stabilito una rete di società "di facciata" come la *Society for the Investigation of Human Ecology*, il *Washington Geschikter Fund Medical Research* e la *Josiah Macy Jr. Foundation*. Questa divisione in una moltitudine di progetti diversi ha permesso di finanziare discretamente il programma MK-Ultra, compartimentando così i progetti, ma anche i ricercatori. In effetti, questi scienziati erano spesso all'oscuro dell'identità del loro vero datore di lavoro così come dei numerosi progetti di ricerca in corso, che erano apparentemente slegati ma formavano un unico quadro. Tutto questo forma i pezzi di un gigantesco puzzle di cui solo gli sponsor hanno il piano di montaggio. I metodi di compartimentazione di questi *"progetti neri"* sono ancora in uso: ogni individuo nella rete riceve solo ciò che è *"bene sapere"*, cioè avrà accesso solo a ciò che deve sapere per fare il suo "lavoro". Rimangono totalmente all'oscuro della globalità del progetto (o dei progetti), ricevendo solo ciò che è strettamente

---

[186] *American Torture: From the Cold War to Abu Ghraib and Beyond* - Michael Otterman, 2007.

necessario in termini di informazione per il lavoro che stanno facendo al loro livello.

Nel 1977, il giornalista freelance John Marks ha richiesto l'accesso a tutti i documenti dell'Ufficio di Ricerca e Sviluppo (ORD) della Direzione di Scienza e Tecnologia della CIA (un ufficio specializzato dell'Agenzia) riguardanti *"qualsiasi ricerca o attività operativa relativa a bioelettricità, stimolazione elettrica o radio del cervello, distruzione elettronica della memoria, chirurgia stereotassica, psicochirurgia, ipnosi, parapsicologia, radiazioni, microonde e ultrasuoni."* Sei mesi dopo fu informato che la ORD aveva identificato 130 scatole, ovvero circa 39 metri cubi di materiale. John Marks aveva ottenuto con la legge sulla libertà d'informazione la declassificazione di un migliaio di documenti segreti della CIA. Fu lui a rivelare pubblicamente la spaventosa portata di questi programmi MK pubblicando le sue ricerche nel 1979 nel libro *The Search of the Manchurian Candidate*. Il suo accesso ai documenti della CIA fu bruscamente interrotto dopo la pubblicazione del suo libro nel 1979.

Victor Marchetti, un ex agente della CIA che ha lavorato per 14 anni per l'agenzia, ha dichiarato in interviste che, contrariamente alle sue affermazioni propagandistiche, la CIA continua la sua ricerca sul controllo mentale. Marchetti ha pubblicato un libro con John Marks intitolato *La CIA e il culto dell'intelligence* (1973). Prima che il libro fosse pubblicato, la CIA fece causa a Marchetti per rimuovere 340 articoli dal suo libro, e l'autore si oppose, con il risultato che 110 articoli furono censurati. Questo è il primo libro che il governo federale americano ha fatto censurare legalmente. Ciononostante, la pubblicazione è stata determinante nell'istituire la prima inchiesta del *Comitato Church* sul progetto MK-Ultra nel Congresso degli Stati Uniti nel 1975.

Nel 1999, a seguito di una richiesta *FOIA*, Carol Rutz ha ricevuto tre CD-ROM dalla CIA.

Carol Rutz è una sopravvissuta di questi programmi MK, all'età di 52 anni ha finalmente ottenuto le prove concrete di tutti questi esperimenti. Per lei, questo era finalmente la conferma e la convalida delle sue memorie sugli esperimenti di controllo mentale. Questi file erano rimasti per 48 anni nei *caveau del* governo, 18.000 pagine di documenti declassificati riguardanti i programmi Bluebird, Artichoke e MK-Ultra. In uno di questi documenti si legge: *"Nel lavoro con i singoli soggetti, si presterà particolare attenzione agli stati dissociativi che tendono ad accompagnare spontaneamente l'ESP (stimolazione elettronica del cervello). Questi stati possono essere indotti e controllati in una certa misura con l'ipnosi e i farmaci... I dati per questo studio saranno ottenuti da particolari gruppi di individui, come gli psicotici, i bambini e i sensitivi... I ricercatori saranno particolarmente interessati agli stati dissociativi, all'"abbassamento del livello mentale", alla "perdita dell'anima", alla personalità multipla di coloro che vengono chiamati medium; e si cercherà di indurre un certo numero di stati alterati di coscienza usando l'ipnosi.* (CIA MORI ID 17396, p.18)[187]

---

[187] *Una nazione tradita: l'agghiacciante storia vera degli esperimenti segreti della guerra fredda eseguiti sui nostri figli e altre persone innocenti* - Carol Rutz, 2001.

I documenti declassificati della CIA mostrano chiaramente gli obiettivi di questi esperimenti di controllo mentale: la creazione di soggetti MK con personalità multiple e con pareti di amnesia che permettono loro di fare qualsiasi cosa... Ecco un estratto di un documento del 7 gennaio 1953 che descrive come due ragazze dissociate vengono programmate: *Questi soggetti hanno dimostrato chiaramente che possono passare da uno stato completamente sveglio a uno stato ipnotico profondo (H) innescato dal telefono, da una domanda, dall'uso di un codice, di un segnale o di parole. Questo controllo ipnotico può essere trasmesso senza grandi difficoltà. È stato anche dimostrato attraverso la sperimentazione con queste ragazze che possono agire come messaggeri inconsapevoli per scopi di intelligence.* (CIA Mori ID 190684, 1/7/53)

Il documento intitolato "SI e H Experimentation, September 25, 1951" (SI sta per Sleep Induction e H per Hypnosis) riporta: "X è stata istruita che quando si sveglia deve andare in tale e tale stanza dove aspetterà in ufficio una telefonata. Quando il telefono squilla, una persona chiamata "Jim" si impegna in una conversazione di base con lei. Durante la conversazione, questo individuo menzionerà un nome in codice. Quando sente questo nome in codice, entrerà in uno stato di trance IS, ma non chiuderà gli occhi e rimarrà perfettamente normale per continuare la conversazione telefonica. X viene istruito che dopo questa telefonata deve seguire il seguente protocollo: X, che in quel momento è in uno stato di SI profondo, viene portato in presenza di un dispositivo con un timer. Viene informata che questo dispositivo è una bomba incendiaria (...) Dopo la conversazione telefonica, viene programmata per prendere questa bomba che si trova in una valigetta, poi per andare alla toilette dove incontrerà una donna che le è sconosciuta e che si identificherà con il nome in codice "New-York". X mostra poi a questa persona come funziona il dispositivo e le dice che deve essere portato in questa o quella stanza e messo nel cassetto di sinistra della scrivania, il tutto entro gli 82 secondi fissati sul timer del dispositivo. X ha inoltre l'ordine di dire a questa ragazza che non appena il dispositivo viene posizionato e attivato, lei deve recuperare la valigetta, lasciare la stanza e andare a sdraiarsi sul divano della sala operatoria e cadere in un sonno profondo. X è anche programmato per tornare in sala operatoria e cadere in un sonno profondo dopo aver dato istruzioni all'altra ragazza (...) L'esperimento si è svolto perfettamente senza alcuna difficoltà o esitazione da parte delle ragazze. Ognuno ha agito in modo appropriato, il dispositivo è stato posizionato correttamente ed entrambe le ragazze sono tornate in sala operatoria per cadere in un sonno profondo. Durante tutto l'esperimento, il loro atteggiamento era naturale, non c'era nessuna difficoltà di movimento. (CIA Mori ID 190527 9/25/51)

Un altro documento interno descrive gli eccessi di questo tipo di sperimentazione: 'Il 2 luglio 1951 alle 13 circa, iniziò l'istruzione con X riguardo ai suoi studi sulla sessualità. X ha dichiarato di aver usato costantemente l'ipnosi come mezzo per indurre giovani ragazze a fare sesso con lui. Y, un artista musicale, è stato costretto a fare sesso con X sotto l'influenza dell'ipnosi. X ha dichiarato che prima l'ha messa in trance ipnotica e poi le ha suggerito di essere suo marito e che lei voleva fare sesso con lui. (CIA Mori ID 140393 7/2/51)

Il 3 ottobre 1995, di fronte all'accumulo di rivelazioni inquietanti su tutti questi esperimenti di controllo mentale, Bill Clinton, allora presidente, ha dovuto fare delle scuse pubbliche alla sua nazione: "*Migliaia di esperimenti governativi hanno avuto luogo in ospedali e università e nelle basi militari di tutto il paese... In troppi casi, non è stato richiesto alcun consenso formale, gli americani sono stati nascosti da ciò a cui erano sottoposti, e ben oltre i soggetti dei test stessi, questo inganno ha ingannato le loro famiglie e l'intera nazione. Questi esperimenti sono stati tenuti segreti e nascosti non per ragioni di sicurezza, ma per paura dello scandalo, e questo è anormale. Così oggi, a nome di una nuova generazione di leader e cittadini americani, gli Stati Uniti d'America si scusano sinceramente con i cittadini che furono vittime di questi esperimenti, e con le loro famiglie e i loro cari.*"[188]

È chiaro che Bill Clinton è stato costretto a fare delle scuse pubbliche perché il dossier MK-Ultra era stato rivelato pubblicamente, scuse di un'ipocrisia mostruosa perché questi programmi di controllo mentale non si sono mai realmente fermati, al contrario non hanno mai smesso di progredire come una corsa agli armamenti.

Negli Stati Uniti, il tema del controllo mentale è ormai intoccabile e inattaccabile perché è sepolto sotto *il National Security Act* del 1947. Questa legge sulla sicurezza *nazionale* permette la rimozione di qualsiasi caso veramente inquietante dai registri pubblici, in modo che non possa essere giudicato in modo equo come qualsiasi altro caso. Il caso di Cathy O'Brien (una vittima del programma MK-Monarch) dimostra pienamente come il *National Security Act* taglia sistematicamente ogni tentativo di portare in tribunale un caso di danno (la parola è debole) relativo al controllo mentale, nonostante tutte le prove. (Maggiori informazioni su questo nel capitolo 10)

2 - BAMBINI VITTIME DI MK-ULTRA: TESTIMONIANZE

Nel 1995, Christine DeNicola, Claudia Mullen e la terapeuta Valerie Wolf hanno testimoniato davanti a una commissione consultiva presidenziale americana. Christine DeNicola è stata una cavia nel programma MK-Ultra dall'età di 4 anni, dal 1966 al 1976. Claudia Mullen è stata sottoposta al controllo mentale all'età di 7 anni, dal 1957 al 1984. Valerie Wolf ha detto a questa Commissione che circa 40 terapeuti l'hanno contattata quando hanno saputo che avrebbe testimoniato pubblicamente, volendo parlare con lei di alcuni dei loro pazienti che erano stati sottoposti a radiazioni e tecniche di controllo mentale. Tutte queste testimonianze indicano la stretta correlazione tra la programmazione mentale e ogni sorta di tecniche traumatiche, dall'elettroshock all'abuso sessuale, all'ipnosi e alle droghe allucinogene. Non ci sono quasi pubblicazioni sulla programmazione mentale sui bambini, ma quattro sottoprogetti MK-Ultra erano specificamente rivolti a loro. Bambini che sono stati ufficialmente trattati per disturbi dissociativi ma che hanno finito per essere

---

[188] 'Un villaggio avvelenato dalla CIA? Pont Saint-Esprit 1951' - France 3, 08/07/2015.

vittime di traumi mirati a renderli ancora più dissociati e frammentati, e quindi più facilmente programmabili.

Ecco le trascrizioni delle testimonianze davanti alla Commissione Consultiva Presidenziale che riguardano l'irradiazione deliberata di esseri umani. Testimonianza che è stata filmata nel 1995:

- Valerie Wolf (terapeuta):

Ho ascoltato tutte le testimonianze precedenti e mi suonano molto familiari. Sono qui per parlare del possibile legame tra le radiazioni a cui queste vittime furono sottoposte e la programmazione mentale (...) I medici che li esposero alle radiazioni e somministrarono sostanze chimiche erano gli stessi che stavano facendo ricerche sulla programmazione mentale (...) È importante capire che le tecniche di controllo mentale potrebbero essere state usate per intimidire i soggetti, anche da adulti, per impedire loro di parlare e rivelare che erano vittime di questi programmi di ricerca finanziati dal governo. Sono stato un terapeuta per 22 anni. Mi sono specializzata nel trattamento delle vittime di questi programmi, e anche di alcuni dei loro perpetratori, e delle loro famiglie (...) Ora vediamo ex vittime in tutto il paese che non hanno contatti tra loro (...) molti di questi sopravvissuti hanno paura di raccontare le loro storie ai loro medici, perché temono di essere considerati pazzi. Molti di loro hanno nominato le stesse persone, come il dottor Green, che molti hanno accusato di torturare e violentare i bambini durante gli esperimenti di programmazione mentale. Uno dei miei pazienti riuscì persino a scoprire che il suo nome era Dr. L. Wilson Green. Abbiamo scoperto che uno dei direttori scientifici dei laboratori chimici e radiologici dell'esercito aveva questo nome. Sono inclusi anche i nomi del Dr. Sidney Gottlieb e del Dr. Martin Orne, anch'essi coinvolti nella ricerca radiologica (...) Abbiamo spesso cercato di ottenere informazioni in base al Freedom of Information Act, per avere accesso ai dati riguardanti la programmazione mentale. In generale, le nostre richieste sono state respinte, ma abbiamo potuto ottenere alcune informazioni che confermavano ciò che i nostri pazienti ci avevano detto (...) Abbiamo bisogno di accedere a questi archivi per permettere la riabilitazione e il trattamento delle molte vittime che hanno gravi disturbi psicologici e fisici (...) È vero che una Commissione è stata nominata alla fine degli anni '70 per indagare sulla programmazione mentale, ma non era interessata agli esperimenti sui bambini. All'epoca, questi bambini erano troppo giovani per parlarne, alcuni venivano ancora sottoposti a esperimenti. L'unico modo per porre fine alla sofferenza di tutte queste vittime è rendere pubblico tutto ciò che è successo durante la ricerca sul controllo mentale. Raccomandiamo di avviare un'indagine e di rendere pubbliche tutte le registrazioni degli esperimenti di controllo mentale sui bambini. Grazie.

- Christine DeNicola (vittima):

I miei genitori hanno divorziato nel 1966. Mio padre, Donald Richard Ebner, era associato al lavoro del dottor Green. Sono stato sottoposto a questi esperimenti tra il 1966 e il 1976. Per quanto riguarda le radiazioni, nel 1970 il Dr. Green ha concentrato i suoi esperimenti sul mio collo, gola e petto, e poi sul mio utero nel 1975. Ogni volta mi sono sentita stordita, nauseata e ho vomitato. Tutte queste esperienze erano sempre associate alla programmazione mentale. Questo era a Tucson, in Arizona. Il Dr. Green mi ha usato principalmente come cavia per la programmazione mentale tra il 1966 e il 1973. Il suo obiettivo era quello di controllarmi mentalmente per addestrarmi come spia e assassino.

I miei primi ricordi significativi risalgono al 1966, quando sono stato portato all'Università di Kansas City. Mio padre mi ci ha portato in aereo in un momento in cui mia madre era assente. Mi ha portato in un posto che sembrava un laboratorio. Credo che ci fossero altri bambini. Sono stato spogliato nudo e legato a un tavolo, sdraiato sulla schiena. Il dottor Green ha messo degli elettrodi sul mio corpo e sulla mia testa. Stava usando una specie di proiettore. Mentre un lampo di luce rossa era diretto sulla mia fronte, continuava a dirmi che stava impiantando diverse immagini nel mio cervello. Tra una sequenza e l'altra, mi dava delle scosse elettriche e mi chiedeva di andare sempre più a fondo nel mio cervello, nella mia mente. Ripeteva ogni frase più volte, dicendomi che mi entrava in profondità nel cervello e che dovevo obbedire a qualsiasi cosa mi chiedesse di fare. Ricordo che mi ha fatto un'iniezione all'inizio della sessione e mi sono sentito drogato. Quando fu tutto finito, mi fece un'altra iniezione. Poi mi ricordo che sono finito a casa dei miei nonni a Tucson. Avevo quattro anni. Questa esperienza dimostra che il Dr. Green stava usando droghe, traumi, suggestioni ipnotiche, e ogni altro tipo di trauma, per cercare di controllare il mio cervello e la mia intelligenza. Ha usato le radiazioni per studiarne gli effetti su varie parti del mio corpo, e anche per terrorizzarmi. Faceva parte del suo toolkit del trauma per programmarmi mentalmente.

Gli altri esperimenti sono stati fatti a Tucson, Arizona, da qualche parte nel deserto. Mi è stato insegnato come aprire le serrature, come mimetizzarmi, come usare la mia memoria fotografica e come usare certe tecniche digitali per sviluppare la mia memoria. Il dottor Green mi ha fatto 'uccidere' delle bambole che sembravano bambini veri. Una volta, dopo essere stato gravemente traumatizzato, ho accoltellato una bambola. Ma la volta successiva ho rifiutato. Conosceva molte tecniche per farmi soffrire, ma man mano che crescevo diventavo sempre più ribelle (...) A causa della mia crescente mancanza di cooperazione, alla fine abbandonarono il loro piano di farmi diventare una spia e un assassino. Perciò, durante gli anni dal 1974 al 1976, il Dr. Green usò varie tecniche per rimuovere la mia programmazione di assassino e per iniettarmi una programmazione di autodistruzione, suicidio e morte. Per quale motivo? Voleva semplicemente che morissi. Durante tutta la mia vita adulta, ho lottato per rimanere in vita. Se sono ancora vivo, credo di doverlo alla grazia di Dio. Queste terribili esperienze hanno segnato profondamente la mia vita. La mia personalità si è frammentata in un disturbo dissociativo dell'identità. L'obiettivo del Dr. Green era quello di frammentare il più possibile la mia personalità in modo da potermi controllare completamente. Ha fallito! Ma sono stato in costante dolore fisico, mentale ed emotivo per anni. Sono stato in terapia regolare per 12 anni. È stato solo 2,5 anni fa, quando ho incontrato il mio attuale terapeuta, che conosceva gli esperimenti di programmazione mentale, che ho finalmente iniziato a fare veri progressi e ho iniziato a guarire. Per concludere, vi chiedo di tenere presente che i ricordi che ho menzionato sono solo una piccola parte di tutto ciò che ho vissuto tra il 1966 e il 1976 (...) So che anche altre persone possono essere aiutate, a condizione che venga dato loro l'aiuto di cui hanno bisogno. Per favore, aiutateci nei nostri sforzi per assicurare che questi atti atroci non accadano mai più. Grazie.

- Claudia Mullen (vittima):

Tra il 1957 e il 1984, sono stato un giocattolo nelle mani del governo. Il suo obiettivo finale era quello di programmarmi mentalmente per diventare una spia perfetta. Questo è stato ottenuto attraverso l'uso di sostanze chimiche, radiazioni, droghe, ipnosi, elettroshock, isolamento sensoriale, privazione del sonno, lavaggio del cervello e abusi verbali, fisici, emotivi e sessuali. Sono stato sfruttato contro la mia volontà per quasi 30 anni. Le uniche spiegazioni che mi furono date furono che "il fine giustifica i mezzi" e che "stavo servendo il mio paese nella sua implacabile lotta contro il comunismo". Per riassumere la mia vita, direi che hanno preso una bambina di 7 anni, già traumatizzata dall'abuso sessuale, e hanno continuato a farla soffrire in modi che vanno oltre ogni immaginazione. La cosa triste è che sapevo di non essere l'unico ad essere trattato in questo modo. C'erano innumerevoli altri bambini nella stessa situazione. Finora nessuno è stato in grado di aiutarci.

Vi ho già fornito un rapporto scritto in cui ho incluso tutte le informazioni possibili, comprese le conversazioni che ho potuto ascoltare in diversi dipartimenti ufficiali responsabili di queste atrocità. Ho potuto descrivere tutto questo in modo così dettagliato grazie alla mia memoria fotografica, ma anche all'arroganza delle persone coinvolte. Erano sicuri di poter sempre controllare il mio cervello. Ricordare queste atrocità non è una cosa facile da fare, e non è sicuro per me e la mia famiglia. Ma penso che valga la pena rischiare. Il dottor Green una volta spiegò al dottor Charles Brown che preferiva scegliere i bambini come soggetti per i suoi esperimenti, perché era più divertente lavorare con loro, e anche più economico. Aveva bisogno di soggetti più facili da gestire rispetto ai militari o ai funzionari del governo. Così ha scelto di usare solo "ragazze volenterose". Ha aggiunto: "Inoltre, mi piace terrorizzarli. Alla CIA, pensano che io sia come un dio che può creare soggetti attraverso i suoi esperimenti che obbediranno a qualsiasi cosa Sid (Dr Sidney Gottlieb) e James (Dr James Hamilton) possano pensare senza fare domande."

Nel 1958 mi dissero che dovevo essere 'testato' da alcuni importanti medici della Società di Ecologia Umana. Mi è stato chiesto di collaborare con loro. Non dovevo cercare di guardare i loro volti, né dovevo cercare di scoprire i loro nomi, perché questo era un progetto molto segreto. Mi hanno detto questo per aiutarmi a dimenticare tutto. Naturalmente, come fanno tutti i bambini in questi casi, ho fatto il contrario e ho cercato di ricordare tutto. Un uomo di nome John Gittinger mi ha messo alla prova. La dottoressa Cameron mi ha dato delle scosse elettriche e il dottor Green mi ha fatto delle radiografie. Poi Sidney Gottlieb mi disse che ero "pronto per la grande A". Voleva parlare del programma Carciofo. Quando tornai a casa, potevo solo ricordare le ragioni date dal dottor Robert G. Heath della Tulane Medical School per tutti i segni sul mio corpo: lividi, segni di puntura, bruciature e dolore ai genitali. Non avevo motivo di credere che tutto questo fosse stato causato da qualcosa di diverso da ciò che Heath mi aveva spiegato. Avevano già iniziato a controllare il mio cervello.

L'anno seguente fui mandato in un campo nel Maryland chiamato Deep Creek Cabins. Lì mi è stato insegnato come soddisfare i desideri sessuali degli uomini. Mi è stato anche insegnato come costringerli a parlare di se stessi. C'era Richard Helms, il vice direttore della CIA, il dottor Gottlieb, il capitano George White e Morris Allan. Avevano pianificato di reclutare il maggior numero possibile di alti funzionari e presidenti di università in modo che i loro progetti potessero continuare, anche nel caso in cui i fondi per la programmazione mentale e gli esperimenti con le radiazioni fossero stati tagliati. Sono stato usato per intrappolare tutti i tipi di uomini ignari usando una telecamera nascosta. Avevo solo nove anni quando sono stata sottoposta a tutte queste umiliazioni sessuali. Un giorno ho sentito per caso una conversazione sull'ORD (Office of Research and Development). Questo ufficio era gestito dal dottor Green e dai dottori Steven Aldrich, Martin Orne e Morris Allan. Il dottor Gottlieb ha fatto un'osservazione piuttosto cinica su un rapporto trapelato di un gruppo piuttosto grande di bambini mentalmente ritardati che erano stati sottoposti a dosi massicce di radiazioni. Aveva chiesto al dottor Green perché fosse così preoccupato per questi bambini ritardati: "Dopotutto, non sono certo loro a spifferare tutto! In un'altra occasione ho sentito il dottor Martin Orne, che dirigeva l'Ufficio Scientifico e poi l'Istituto di Ricerca Sperimentale, dire che "per continuare a ricevere finanziamenti per i loro progetti, i loro esperimenti dovevano usare mezzi ancora più coercitivi, persino il ricatto. Ha aggiunto: 'Dobbiamo andare più veloce, e poi sbarazzarci dei soggetti, in modo che non tornino più tardi a chiederci cosa è successo'. Potrei raccontarvi molto di più su questi progetti di ricerca finanziati dal governo: i nomi dei progetti e dei sottoprogetti, i nomi delle persone coinvolte negli esperimenti, i luoghi, la natura dei test e i diversi modi in cui i soggetti venivano fatti soffrire (...) Preferirei tanto che tutto quello che abbiamo passato fosse solo un sogno da dimenticare in fretta. Ma dimenticare sarebbe un tragico errore, sarebbe anche una bugia.

Queste erano vere e proprie atrocità che io e tanti altri bambini abbiamo subito con il pretesto di difendere il nostro paese. A causa dell'accumulo di effetti nocivi di radiazioni, droghe, varie sostanze chimiche, sofferenze, traumi mentali e fisici, sono stato privato della capacità di lavorare normalmente, e persino di avere figli. È ovvio che queste esperienze non erano giustificate in alcun modo. Non avrebbero mai dovuto essere permessi in primo luogo. Il nostro unico modo per rivelare e portare alla luce l'orribile verità è rendere pubblici tutti i documenti che possono ancora esistere riguardo a questi progetti, attraverso la nomina di una nuova commissione presidenziale per indagare sulla programmazione mentale. Credo che tutti i cittadini della nostra nazione abbiano il diritto di sapere quanto di tutto questo è fatto e quanto è finzione. La nostra più grande protezione è che questo non accada mai più. In conclusione, posso solo offrirvi quello che vi ho offerto oggi: la verità. Grazie per aver trovato il tempo di ascoltarmi.

- Dr. Duncan C. Thomas (Professore alla University of Southern California, Scuola di Medicina, Dipartimento di Medicina Preventiva, Los Angeles):

Posso chiederle cosa facevano i suoi genitori in tutto questo? Ha idea di come sia stato reclutato per questi esperimenti? Avevi dei genitori? I suoi genitori sapevano cosa stava succedendo?

- Christine DeNicola:

Posso rispondere brevemente. Era mio padre che lavorava con il dottor Green. Mia madre non lo sapeva, perché i miei genitori hanno divorziato quando avevo quattro anni (...) Per quanto mi riguarda, è stato mio padre a "consegnarmi" per gli esperimenti. Si è preso cura di me quando ero molto giovane. Ha iniziato ad abusare di me sessualmente molto presto. Mi ha messo volontariamente nelle mani del dottor Green, ma mia madre non ne sapeva nulla.

- Claudia Mullen:

Quanto a me, sono stato adottato all'età di due anni e mezzo da una donna che ha abusato sessualmente di me. All'epoca era amica del presidente dell'Università di Tulane. In un'età molto giovane, ho cominciato a mostrare i sintomi di un bambino abusato sessualmente, compresa la dissociazione della mia personalità. Così chiese al presidente dell'Università di Tulane di raccomandare uno psichiatra infantile. Mi ha raccomandato il Dr. Heath, che era coinvolto in questa ricerca (MK). Ricordo molto bene tutti i test di personalità che mi ha dato. È così che sono stato reclutato per questi esperimenti. Mio padre non ne aveva idea. È morto quando ero molto giovane. Non so se mia madre lo sapesse davvero. A dire la verità, non credo che le importasse molto. È morta quando ero adolescente. In seguito, poiché ero orfano, potevano usarmi più facilmente.[189]

Nel suo libro *A Nation Betrayed: The Chilling True Story of Secret Cold War Experiments Performed On Our Children and other Innocent People* Carol Rutz testimonia:

Nella mia famiglia, la pedofilia si è trasmessa di generazione in generazione. Ero ancora in fasce quando mio padre ha iniziato ad abusare di me. Fu all'età di due anni che la mia mente si divise per affrontare il trauma dei continui abusi di mio padre e di altri membri della famiglia (...) Fui 'venduto' da mio nonno alla CIA nel 1952. Nei dodici anni successivi, sono stato sottoposto a vari esperimenti e addestramenti: Elettroconvulsioni, droghe, ipnosi, deprivazione sensoriale e altri tipi di traumi per condizionare e scindere la mia personalità per farmi eseguire compiti specifici. Ogni alter personalità è stata creata per attivarsi con un trigger post-ipnotico ed eseguire qualcosa che poi sarebbe stato dimenticato. Questa programmazione "Manchurian Candidate" era

---

[189] Traduzione di 'Parole de Vie' - Serie Sopravvissuti degli Illuminati

solo uno dei possibili usi del vasto programma di controllo mentale della CIA, finanziato dalle vostre tasse duramente guadagnate...

Mi è stato detto che stavo lavorando per 'L'Agenzia'. Si trattava in realtà di élite della CIA e di altri rami del governo che lavoravano in collusione con alcuni individui estremamente ricchi che volevano plasmare il mondo rimanendo nell'ombra (...)

Anch'io sono stato sottoposto alle torture del dottor Joseph Mengele nel 1956, avevo quasi nove anni... Sono stato condotto da mio padre lungo una strada tortuosa fino a un hangar per aerei in mezzo alla campagna. All'interno, appese alle travi con delle carrucole, c'erano delle gabbie con dentro dei bambini nudi, la maggior parte dei quali pensavo fossero più giovani di me. Sono stato messo in una delle gabbie e, come gli altri, sono stato privato di cibo e acqua. Avevo molto freddo e continuavo a raggomitolarmi per nascondere la mia nudità. Ogni volta che cercavo di dormire, qualcuno mi colpiva attraverso le sbarre con un pungolo elettrico. Il torturatore sembrava divertirsi a torturare i bambini. Stava in piedi all'altezza delle gabbie, appollaiato su quello che poteva. Quando non ci torturava, era sul pavimento con il dottor Black. Sorridevano entrambi malignamente, e le nostre lacrime non avevano assolutamente alcun impatto su di loro. Lo scopo di tutta questa tortura era di prepararci alla programmazione. C'era un ospedale dove ognuno di noi è stato portato dopo la tortura che ci ha reso "cooperativi". Ho ricevuto una formazione che mi ha insegnato i meridiani del corpo e come gestire l'energia che scorre attraverso questi meridiani. Questa era una preparazione per le esperienze successive in cui avrei dovuto usare la mia mente per cercare di uccidere psichicamente a distanza. In un altro esperimento, è stata creata un'alter personalità allo scopo di memorizzare codici binari. Se questo alter "Robert" non riusciva a ripetere perfettamente ciò che aveva imparato, venivo rimesso nella gabbia. La programmazione informata sui traumi è la forma più crudele di lavaggio del cervello. Lascia il bambino completamente dissociato e aperto alla programmazione mentale. Joseph Mengele era un maestro in questo.

3 - Dr. Ewen Cameron in Canada

Come ha ammesso Richard Helms, diversi scienziati stranieri hanno lavorato per il programma MK-Ultra della CIA. Tra questi c'era lo psichiatra canadese Ewen Cameron, che ha condotto esperimenti di lavaggio del cervello per sette anni. Tra il 1957 e il 1964, Cameron ha condotto i suoi esperimenti all'Allan Memorial Institute di Montreal, in Canada. Era anche a capo dell'Associazione *Psichiatrica* Mondiale (*WPA*). Trent'anni dopo, un programma radiofonico canadese descriveva così il suo lavoro: "*Durante il trattamento, i pazienti sono sottoposti a shock psichiatrici estremi. Sotto l'effetto di barbiturici e LSD, i soggetti sono storditi da messaggi preregistrati riprodotti in loop. Sono sottoposti a dosi massicce di elettroshock, sonno prolungato per diversi giorni, docce di ghiaccio, ecc. L'elettroshock, una procedura di trattamento che all'epoca non era ben padroneggiata, era da 20 a 40 volte più severo di quello che veniva normalmente prescritto. Le sessioni duravano cinque ore al giorno, cinque giorni alla settimana, e il loro scopo era quello di "deprogrammare" il cervello del paziente e poi "riprogrammarlo". Nel 1960, la CIA smise di finanziare la ricerca segreta dell'Allan Memorial Institute. Il dottor Cameron si rivolse allora al governo canadese, che lo finanziò fino al 1963. In tutto, una cinquantina di pazienti sono stati usati come cavie in questi esperimenti.* "[190]

Quando i canadesi seppero che la CIA stava conducendo esperimenti di lavaggio del cervello sui loro cittadini, e che il loro governo non solo ne era a conoscenza, ma aveva persino contribuito a finanziarli, lo shock fu enorme. Fu il programma televisivo *"The Fitfh Estate"* (*CBS*) a rivelare per primo l'affare nel 1984, rivelando il lavoro che era stato supervisionato dal dottor Ewen Cameron nella sua clinica di Montreal: scoppiò lo scandalo. Le vittime hanno intrapreso un'azione legale contro la dottoressa Cameron ma anche contro la CIA. Su questa vicenda è stato fatto anche un film: *"The Sleep Room"* di Bernard Zuckerman, 1998.

Ecco il protocollo di elettroshock in tre fasi usato dal dottor Cameron:

- Primo stadio: Questo è il primo stadio dell'amnesia post-electroshock, il soggetto perde gran parte della sua memoria a breve termine. Il soggetto conserva ancora l'"immagine spazio-temporale": sa dove si trova, perché è lì e riconosce i volti familiari, ma ha più difficoltà a ricordare i nomi.

- Secondo stadio: Nel secondo stadio dell'*amnesia elettroconvulsiva*, il soggetto perde l'"immagine spazio-temporale" ma è consapevole di questa perdita. Questa consapevolezza gli provoca estrema ansia e panico perché vuole ricordare ma non può. In questa fase chiederà ripetutamente: *"Dove sono?"*, *"Come sono arrivato qui?"*, *"Perché sono qui*?

- Terzo e ultimo stadio: in questa fase, il soggetto diventa estremamente calmo, tutta l'ansia precedente è scomparsa. Viene riportato nella sua stanza dove un registratore posto vicino al suo cuscino ripeterà le stesse istruzioni per ore. Questa tecnica è chiamata *guida psichica*. In questo stato, le vittime avevano incontinenza urinaria e fecale.

Anche Ewen Cameron stava lavorando all'"isolamento radicale". Si trattava di camere di isolamento sensoriale in cui il soggetto veniva rinchiuso per un certo periodo di tempo. Privato degli stimoli sensoriali, *"l'identità stessa del soggetto ha cominciato a disintegrarsi"*. Cameron stesso si vantava di aver riprodotto sperimentalmente su soggetti umani l'equivalente delle *"conversioni politiche straordinarie"* che avvenivano in Oriente, cioè[191] il lavaggio del cervello a fini politici. Nel 1957, la sua richiesta di una borsa di studio per studiare gli *"effetti della ripetizione di segnali verbali sul comportamento umano"* che, disse, poteva *"spezzare l'individuo come dopo un lungo interrogatorio"*, fu accettata dalla *Society for the Investigation of Human*

---

[190] '*Lavages de cerveaux financés par la CIA*' - Radio-Canada, archivi, 5 ottobre 1988, intervista della giornalista Pauline Valasse allo psichiatra Pierre Lalonde.

[191] Ibidem.

Ecology.[192] Il suo programma di ricerca è stato poi integrato nel progetto MK-Ultra.[193]

In un articolo pubblicato dalla rivista *Nexus*, Sid Taylor riferisce che in seguito ad un 'trattamento' su una donna, Cameron è citato come dicendo: *'Anche se la paziente è passata attraverso sia l'isolamento sensoriale prolungato (35 giorni) che la ristrutturazione ripetuta, ricevendo anche 101 giorni di 'guida positiva'* (presumibilmente 'guida psichica' con messaggi di contenuto positivo), *non abbiamo ottenuto risultati favorevoli.'*[194]

Cameron ha anche supervisionato gli esperimenti con le frequenze elettromagnetiche. Le cavie umane sono state trattate in un laboratorio di radiotelemetria allestito da Leonard Rubenstein nel seminterrato dell'Istituto. In questo laboratorio, i pazienti sono stati esposti a una serie di onde elettromagnetiche progettate per controllare e modificare il loro comportamento.[195]

Una delle vittime della dottoressa Cameron era Linda McDonald, una giovane madre di cinque figli. In un momento di debolezza e depressione, il suo medico le consigliò di andare a vedere il famoso psichiatra. Dopo tre settimane, Cameron concluse che Linda aveva una schizofrenia acuta e la mandò nella *"Stanza del sonno"*. Lì fu messa in un sonno artificiale per 86 giorni, uno stato comatoso. Il dottor Peter Roper, che era uno dei colleghi del dottor Cameron all'epoca, ha detto: *"L'obiettivo era davvero quello di cancellare gli schemi di pensiero e i comportamenti che mancavano al paziente perché ne soffriva e poi sostituirli con abitudini, pensieri e comportamenti sani."*

Secondo la sua cartella clinica, Linda McDonald ha subito un trattamento di elettroshock più di cento volte. Infatti è stata ricoverata in ospedale per quella che oggi chiamiamo depressione post-natale, ma le sue cartelle mostrano un trattamento farmacologico radicale e completamente inappropriato. Ecco un estratto del suo rapporto medico: *'15 maggio (1963): Soggetto a qualche confusione 3 giugno: Conosce il suo nome, ma questo è tutto 11 giugno: Non conosce il suo nome.'* Linda testimonia che è diventata molto rapidamente un vegetale, non aveva identità, nessun ricordo, era come se non fosse mai esistita nel mondo prima (*tabula rasa*). Era proprio come un bambino da nutrire e lavare.

Un'altra vittima del dottor Cameron fu Robert Loguey. Quando aveva 18 anni, aveva un dolore a una delle gambe e il suo medico, che non aveva trovato la causa del problema, pensava che fosse psicosomatico. Ha mandato il suo paziente all'Allan Memorial Institute. Come per Linda McDonald, anche questo era un incubo, una terapia d'urto con droghe, incluso un potente allucinogeno. Gli veniva iniettato LSD ogni due giorni, a volte mescolato con altre droghe e

---

[192] *American Torture: From the Cold War to Abu Ghraib and Beyond* - Michael Otterman, 2007.

[193] 'Kubark', il manuale segreto della CIA sul controllo mentale e la tortura psicologica - www.editions-zones.fr.

[194] 'A History of Secret CIA Mind-Control Research' - Sid Taylor, Nexus Magazine 1992.

[195] *Journey into Madness: The True Story of Secret CIA Mind Control and Medical Abuse* - Gordon Thomas, 1989.

psicotropi. La maggior parte di queste droghe erano sperimentali, ma sembravano essere adatte al lavaggio del cervello. Durante questi profondi stati alterati di coscienza creati dall'elettroshock e dalle droghe, le cavie umane erano costrette ad ascoltare messaggi audio che dovevano imprimere nuovi pensieri nelle loro menti, il cui contenuto era talvolta molto bizzarro: Robert riferisce che un registratore posto sotto il suo cuscino riproduceva continuamente le parole *"Hai ucciso tua madre"* (che era viva e vegeta in quel momento). Si trattava di messaggi molto brevi che duravano pochi secondi e venivano riprodotti in loop. Per Robert, questo processo è durato 23 giorni.

Questi pazienti non hanno mai saputo che il loro trattamento faceva parte di un progetto della CIA. In effetti, il dottor Cameron era lontano dall'essere uno "scienziato pazzo" isolato che ha deciso di applicare queste tecniche da solo. Stava infatti seguendo un programma di esperimenti su cavie umane. Velma Orlikow, la moglie di David Orlikow, un membro del Parlamento canadese, era una delle vittime di Cameron. Era andata all'Allan Memorial Institute alla fine degli anni '50 per curare la depressione. Aveva un'alta considerazione del famoso psichiatra prima di rendersi conto che non si preoccupava assolutamente della salute mentale dei suoi pazienti, ma li usava semplicemente come cavie, niente di più. Stava solo facendo quello che i suoi datori di lavoro, la CIA, gli hanno detto di fare. Così ha deciso, con l'aiuto di altre otto ex vittime, di fare causa a questa potente istituzione, la CIA. Il processo durò diversi anni e il caso divenne quasi un'ossessione per l'avvocato americano per le libertà civili Joseph Rauh. Rauh e il suo giovane assistente James Turner sapevano che stavano affrontando un nemico formidabile, ma avevano anche un alleato che poteva equilibrare il processo. Hanno contato molto sull'appoggio del governo canadese, guidato all'epoca da Brian Mulroney. Sfortunatamente, invece di aiutare i propri cittadini, il governo canadese, temendo di essere ritenuto responsabile, li ha pugnalati alle spalle durante tutto il processo; arrivando persino a sopprimere una prova chiave che i funzionari della CIA dell'ambasciata USA si erano scusati con il governo canadese quando gli esperimenti MK-Ultra furono rivelati pubblicamente. Queste scuse erano molto importanti, erano un'ammissione legalmente ammissibile in un tribunale che una delle due parti in causa aveva fatto qualcosa di sbagliato e riprovevole. Era la prova della negligenza e dell'illecito dell'epoca e il caso avrebbe potuto essere chiuso rapidamente a beneficio delle vittime. Invece, la battaglia legale è andata avanti per dieci anni.

Grazie a una campagna di sostegno e alla forza del caso messo insieme dalle vittime, la CIA ha ceduto alla vigilia del processo. È stato raggiunto un accordo per la somma di 750.000 dollari. All'epoca, questa era la più grande quantità di compensazione che la CIA avesse mai dovuto pagare. Tuttavia, rimangono ancora oggi domande preoccupanti, in particolare sul governo canadese. Perché ha agito in modo così ambiguo quando stava aiutando molti cittadini canadesi? La semplice risposta è che il governo canadese era in realtà ancora più coinvolto degli americani negli esperimenti dell'Allan Memorial Institute. Gli esperimenti del Dr. Cameron sono stati finanziati per un milione e mezzo di dollari dal Dipartimento federale della Salute e del Welfare durante gli anni '50, ma i finanziamenti non si sono fermati lì... Hanno pompato più di 51.000 dollari in questi esperimenti dopo che il progetto della CIA è finito nel 1961.

Quando Linda McDonald ha scoperto che il suo stesso governo aveva finanziato esperimenti di lavaggio del cervello su di lei, ha preso la difficile decisione di fare causa. L'ex vittima ha perseguitato il governo federale canadese per quattro lunghi anni finché alla fine, nel 1992, Ottawa ha accettato con riluttanza di risarcire lei e diverse altre vittime con una somma di 100.000 dollari a persona. In cambio, hanno dovuto accettare di fermare qualsiasi azione legale contro il governo canadese o l'Allan Memorial Institute. Tuttavia, Ottawa ha rifiutato con fermezza di riconoscere qualsiasi illecito nell'istituto psichiatrico, la roccaforte del dottor Ewen Cameron. È stata scritta una constatazione in cui si afferma, in primo luogo, che i pazienti non hanno subito danni irreparabili e, in secondo luogo, che hanno acconsentito al trattamento! Secondo le vittime, la dottoressa Cameron non aveva mai detto loro nulla del trattamento a cui sarebbero state sottoposte. Non ha mai dato una sola spiegazione o descrizione di ciò che sarebbe successo loro. Questo non era chiaramente un trattamento medico, erano esperimenti di lavaggio del cervello con cavie umane. Nonostante questo, l'Allan Memorial Institute di Montreal ha mantenuto la sua reputazione internazionale come leader nel trattamento delle malattie mentali.[196]

La comunità dei nativi americani in Canada è stata anche il bersaglio di tutti i tipi di esperimenti, soprattutto durante gli anni '50 e '60, soprattutto negli ospedali. Un gran numero di bambini sono stati portati via dalle loro famiglie nell'ambito del programma *"scoop anni sessanta"*, che riguardava ufficialmente 20.000 bambini amerindi. Furono automaticamente inseriti in scuole residenziali. Questi collegi erano destinati alla *"scolarizzazione"*, *"evangelizzazione"* e *"assimilazione"* dei bambini del paese, cioè i piccoli nativi, gli amerindi. Queste migliaia di bambini sono stati separati dalle loro famiglie senza che nessuno potesse dire nulla al momento. Si tratta di una questione molto seria, che comporta la sterilizzazione di giovani donne, esperimenti medici sulla psiche umana e la diffusione massiccia di malattie infettive per ridurre questa popolazione. La pedocriminalità e gli abusi rituali si sono inevitabilmente aggiunti a questo bacino di bambini separati dalle loro famiglie e messi in collegi. Alcune testimonianze suggeriscono che il programma MK-Ultra è stato condotto su molti amerindi, ovviamente non consenzienti e letteralmente serviti come cavie.

La figlia di un ufficiale canadese, Sara Hunter (pseudonimo), fu sperimentata con altri 25 bambini e altrettanti adulti. Secondo lei, questo avvenne al Lincoln Park air force di Calgary, Alberta, tra il 1956 e il 1958. Dice che fu un medico nazista a condurre gli esperimenti e dice di essere stata l'unica a sopravvivere ai due anni di torture, la maggior parte dei bambini uccisi erano nativi americani, altri erano fuggiti o orfani.[197]

---

[196] 'The Fifth Estate - MK-Ultra in Canada, Dr Ewen Cameron' - CBC, 1984.

[197] 'Canada: il massacro del popolo indiano comporta la distruzione e lo sfruttamento dei suoi figli' - *DondeVamos*, 27/10/2012.

Nel documentario *'Unrepentant: Kevin Annett and Canada's Genocide'* (2006) sul genocidio dei nativi americani in Canada, il pastore Kevin Annett dice quando gli viene chiesto se crede a tutte queste testimonianze dei nativi: *"Beh, quando persone che non si conoscono continuano a raccontare la stessa storia più e più volte, anche se sei scettico, devi ammettere questi fatti. Sapete, è una storia ampiamente raccontata e quando la gente ha iniziato ad andare oltre e a riportare cose che poi ho riscoperto e sono stato in grado di convalidare con documenti, allora non ho potuto negare quelle cose. Sai, quando sei un pastore, impari a riconoscere abbastanza rapidamente se la persona di fronte a te ti sta dicendo delle sciocchezze. Si può leggere il dolore negli occhi della gente. È incredibilmente doloroso per loro parlare delle loro esperienze, non hanno bisogno di aggiungere altro (...) Questo è successo nell'estate del 1998 a Vancouver. Ho portato molti sopravvissuti a testimoniare in questo tribunale. Tutto quello che si può immaginare su quello che è successo nei campi di sterminio nazisti... L'hanno raccontato. C'era un gruppo di persone dell'isola di Kuper che raccontava di essere stato vittima di esperimenti medici in cui medici che parlavano tedesco iniettavano loro sostanze chimiche che li uccidevano."*

Queste testimonianze, che affermano che gli "scienziati" che eseguivano gli esperimenti parlavano tedesco, possono suggerire che erano scienziati nazisti esfiltrati dalla Germania in America durante l'"Operazione *Paperclip"*, descritta all'inizio di questo capitolo.

Nello stesso documentario "Unrepentant", il poliziotto aborigeno George Brown della RCMP (Royal Canadian Mount Police) dice della sua infanzia: "Sono sicuro al 100% che siamo stati usati come cavie negli ospedali per qualche motivo. Siamo stati portati all'ospedale, ricordo che non era per vedere un dentista, e io non ero malato."

Un'altra testimonianza è quella di Nung Klaath Gaa (Douglas Wilson), che dice di essere del popolo Haida Gwaii. Dice: 'Ho letto il documento di Kevin Annett e mi ha aiutato a capire come la mia memoria sia così debole. In alcune parti del giornale si parla di trattamenti d'urto (...) Nel mio ultimo anno lì, nella primavera del 1961, sono stato portato dalla scuola al Charles Camsell Hospital, e dal Charles Camsell Hospital al Ponoka Psychiatric Institute. Non so se sono stato lì per una o due settimane, ma ho questo vago ricordo, un ricordo che mi è tornato come un flash. Ero sdraiato su questo tavolo con qualcosa sulla testa, con flash e luci che lampeggiavano continuamente. '

La sopravvissuta Lynn Moss Sharman, un'indigena canadese, ha anche testimoniato sugli abusi rituali e sul controllo mentale che ha subito da bambina. Ha fatto un grande lavoro per riunire i nativi americani vittime di questi orrori e per farlo conoscere al grande pubblico. Torneremo sulla sua testimonianza nel capitolo 7.

4 - DR. WILLIAM SARGANT IN INGHILTERRA

Lo psichiatra britannico William Walters Sargant ha scritto: "Anche se gli uomini non sono cani, devono umilmente ricordare a se stessi quanto le loro funzioni cerebrali assomiglino a quelle dei cani". o ancora: '' Dobbiamo eccitare la mente prima di poterla cambiare. William Sargant era direttamente coinvolto nei programmi di controllo mentale della CIA. Ha usato gli stessi protocolli di lavaggio del cervello di Cameron: elettroshock, terapia del sonno profondo, guida psichica e naturalmente l'uso di ogni tipo di droga.

L'attrice britannica Celia Imrie fu una delle vittime del dottor Sargant. All'età di 14 anni, Celia era anoressica e dovette essere ricoverata in ospedale, ma le sue condizioni non migliorarono nonostante le cure. In preda alla disperazione, i suoi genitori la mandarono al St Thomas' Hospital di Londra dove fu affidata alle cure dello psichiatra di fama internazionale William Sargant.

Ancora oggi dice che Sargant ritorna nei suoi incubi. Più di 20 anni dopo la sua morte, si sa che questo psichiatra ha lavorato per l'MI5 e la CIA, in particolare nel programma MK-Ultra.

In un articolo del *Daily Mail* del 2011 intitolato '*My electric shock nightmare at the hands of the CIA's evil doctor*', Celia Imrie dice di avere poca memoria delle sue sedute di elettroshock, ma di ricordare perfettamente le scosse elettriche che la donna nel letto accanto a lei stava ricevendo: "*Ricordo ogni piccolo dettaglio, sia di vista, suono o odore. L'enorme tappo di gomma incastrato tra i denti; lo strano urlo quasi silenzioso, come un sospiro di dolore; le contorsioni a scatti del corpo torturato; l'odore di capelli e carne bruciata. Ricordo anche la famosa "Camera della narcosi"* (l'equivalente della "Camera del sonno" del dottor Cameron), *una stanza dove i pazienti venivano messi in un sonno indotto dalla droga per diversi giorni mentre le macchine trasmettevano istruzioni sotto i cuscini. Posso descrivere perfettamente la "Narcosis Room" di Sargant perché uscivo di nascosto dalla mia stanza per guardare attraverso l'oblò o una porta basculante queste donne sdraiate sul pavimento su materassi grigi, come se fossero morte, in un silenzio crepuscolare elettroindotto. Quando mi si chiede se io stesso sono stato in questa stanza, rispondo "no", perché non mi ricordo. Ma recentemente mi sono reso conto che prima di essere messo nella camera, il soggetto è stato prima drogato e non ho mai visto nessuno tornare da lì sveglio. Sei entrato addormentato e sei uscito addormentato. Credo che chiunque sia stato trattato con la terapia del sonno di Sargant sia stato in quella camera una volta o l'altra. Tu eri totalmente incosciente lì dentro, quindi forse sono stato messo lì io stesso. Non potevo sapere (...) Non posso conoscere i metodi di controllo mentale che esercitava su di me, non so cosa c'era nelle registrazioni sotto il mio cuscino, cosa mi dicevano di fare o pensare...*

Qualche anno fa ho cercato la mia cartella clinica al St Thomas' Hospital, volevo controllare quale fosse stato il mio trattamento e se fossi stato in quella camera di narcosi. Volevo conoscere le istruzioni precise che erano registrate sul nastro registrato sotto il mio cuscino. Volevo sapere cosa Sargant aveva inesorabilmente indotto nel mio giovane cervello inconscio. Sfortunatamente, la mia ricerca non ha portato a nulla. Quando William Sargant lasciò il St Thomas's, portò illegalmente con sé tutte le cartelle dei suoi pazienti. Al momento della sua morte nel 1988, ogni prova e ogni documento riguardante il suo lavoro disumano sulle cavie umane era stato distrutto. Quindi non saprò mai la verità.

Ricordo che mi sono state somministrate dosi massicce del farmaco antipsicotico Largactil. L'effetto di questa droga era impressionante, le mie mani tremavano in modo incontrollabile, mi svegliavo per trovare ciuffi di capelli sul mio cuscino. Ma l'effetto peggiore fu che vidi tutto moltiplicato per quattro. Quando Sargant è entrato nella mia stanza, ho visto quattro uomini! È stato orribile e terrificante. Anche compiti semplici come sollevare un bicchiere d'acqua sono diventati impossibili. Mentre le dosi venivano aumentate, ricordo che un giorno sentii un'infermiera dire alla sua collega che stavo mostrando una "pericolosa resistenza" ai farmaci. Pericoloso per chi? Mi chiedo... In quel posto orribile, per quanto ho potuto vedere, i veri pazzi sono quelli che ci lavorano, non i pazienti. Sargant diceva che "ogni cane ha il suo punto di rottura, ci vuole solo più tempo per gli eccentrici". Immagino che la mia "resistenza pericolosa" fosse ciò di cui parlava, che ero uno di quei cani eccentrici che non poteva spezzare."[198]

5 - LA PROGRAMMAZIONE DI PALLE HARDRUP

Il libro del 1958 *Antisocial or Criminal Acts and Hypnosis: A Case Study* di Paul J. Reiter descrive il caso di un uomo danese che fu sottoposto alle tecniche di controllo mentale MK-Ultra. Palle Hardrup (o Hardwick) aveva 31 anni quando fu dichiarato colpevole il 17 luglio 1954 di aver rapinato una banca e ucciso due impiegati pochi mesi prima. Questo caso dimostra che un individuo può essere programmato per commettere crimini e poi avere un'amnesia sui propri atti criminali. Secondo lo psichiatra Colin Ross, il libro di Paul Reiter può essere preso come un vero e proprio manuale che descrive come creare un *Manchurian Candidate*.

I giudici danesi dichiararono all'epoca che Palle Hardrup aveva una personalità multipla (usando le loro stesse parole) e conclusero che questo disturbo di personalità era stato deliberatamente creato dal suo programmatore e maestro, un certo Bjorn Nielsen. Un rapporto del Consiglio Forense del 17 febbraio 1954 affermava che *"Anche se i sintomi del disturbo mentale sembrano essere scomparsi oggi, Hardrup non può essere considerato guarito. La profonda spaccatura della sua personalità, che è stata ben stabilita, guarirà solo molto lentamente. La* giuria ha trovato Hardrup colpevole di tutte le accuse ma non responsabile delle sue azioni. Bjorn Nielsen, l'uomo che ha trasformato Palle Hardrup in un rapinatore di banche con amnesia, è stato dichiarato colpevole di rapina e omicidio colposo, anche se non era fisicamente presente sulla scena. La giuria ha detto che Nielsen ha pianificato e organizzato i crimini istruendo Hardrup a commetterli, manipolandolo in vari modi, compresa

---

[198] 'Il mio incubo dell'elettroshock per mano del medico cattivo della CIA' - Celia Imrie, Daily Mail, 04/2011.

l'ipnosi. Nielsen fu condannato all'ergastolo, mentre Hardrup fu internato in un istituto psichiatrico. All'epoca, il caso fece molto scalpore in Danimarca. Per Nielsen, il crimine "perfetto" era assicurarsi che nessuno potesse risalire a lui, un crimine per il quale qualcun altro avrebbe dovuto inevitabilmente scontare la pena.

Hardrup e Nielsen erano entrambi membri delle S.S. naziste, il primo vi aderì per un ingenuo bisogno di fratellanza e il secondo, Nielsen, vi aderì nel 1940 per uscire da un riformatorio. Dopo la disfatta tedesca del 1945, furono entrambi arrestati e condannati a diversi anni di prigione. Fu lì che si incontrarono per la prima volta nel 1947. Ben presto divennero compagni e Nielsen divenne il leader e persino il maestro, facendo di Hardrup il suo discepolo e schiavo, proprio come un giovane studente verrebbe reclutato e indottrinato da una setta. Solo, lontano da casa, idealista, ingenuo, suggestionabile e infelice, una condizione che lo rendeva molto vulnerabile al controllo mentale e alla manipolazione. I due uomini ottengono finalmente il permesso di condividere la stessa cella e si isolano completamente dagli altri prigionieri. A poco a poco, si chiudono nella pratica di discipline esoteriche come lo yoga, la meditazione, l'ipnosi, ecc.

Per 18 mesi, Hardrup è stato continuamente solo nella cella con Nielsen, o lavorando al suo fianco nel laboratorio. Nielsen iniziò immediatamente i suoi esperimenti di controllo mentale, lavorando d'istinto. Non c'è alcuna prova, tuttavia, che abbia avuto una formazione precedente in programmazione mentale. Palle Hardrup era un soggetto eccellente per l'ipnosi e Nielsen iniziò un programma intensivo di condizionamento ipnotico che prevedeva diverse ore di esercizi di trance al giorno. Questo di solito avveniva la sera e Hardrup spesso andava a letto senza uscire dalla trance. Nielsen ha combinato le sessioni di ipnosi con lo yoga, il risveglio di *Kundalini* ed esercizi di autoipnosi. Insegnò ad Hardrup tecniche per svuotare la mente, per trascendere e sperimentare stati alterati di coscienza, che dovevano portare la pace interiore. Queste pratiche avevano lo scopo di stabilire un contatto diretto con una "divinità". Per esempio, Nielsen gli disse che l'ipnosi lo avrebbe aiutato a prendere coscienza delle sue vite passate. Attraverso "espansioni di coscienza", Hardrup doveva essere in grado di diventare uno con il "principio cosmico divino" e quindi avere una comunione diretta con Dio. Hardrup aveva anche l'ordine di isolarsi dagli altri prigionieri, il suo mondo doveva concentrarsi solo su Nielsen, il suo maestro, il suo guru. Il totale isolamento sociale combinato con questi esercizi spirituali ha fatto sì che Palle Hardrup fosse in uno stato di trance perpetuo in cui era costantemente rivolto verso il 'divino'.

Dopo qualche tempo, Nielsen presentò ad Hardrup lo spirito guardiano 'X'. X era uno spirito guida che comunicava attraverso Nielsen, che era quindi sensitivo. X disse ad Hardrup che tutta la sua precedente vita sfortunata era solo un test per prepararlo al suo futuro ruolo. È stato X a prendere il controllo dell'allenamento di yoga con Hardrup. Dopo un po', il condizionamento era tale che l'ipnosi non era più necessaria, per Palle Hardrup, Nielsen era l'incarnazione dell'entità X che gli parlava direttamente senza l'uso dell'ipnosi. Non appena Nielsen ha parlato, è stato X a parlare e a dare le istruzioni. Ad Hardrup è stato insegnato il *Samadhi*, lo stato che gli yogi raggiungono per trascendere i bisogni del loro corpo. L'entità X era lì per guidare Hardrup verso il *samadhi* e l'illuminazione, dandogli anche varie prove di iniziazione. X gli disse anche che aveva una missione politica divina di unire tutti gli scandinavi sotto una sola bandiera. Hardrup era quindi totalmente schiavo di un'entità demoniaca le cui intenzioni erano molto oscure.

Per rompere tutti i legami con il mondo materiale, Hardrup iniziò una serie di esercizi ipnotici legati al denaro. Per prima cosa, doveva visualizzare mentalmente lo spostamento di una somma di denaro nella loro cella per darla a una "povera mendicante"; Hardrup vedeva questo come un esercizio trascendente di amore e carità. Ma gli esercizi si moltiplicarono e peggiorarono. Sempre sotto gli ordini dell'Entità X, Hardrup doveva visualizzare se stesso mentre rapinava una banca e commetteva un omicidio.

Qualsiasi remora o rifiuto riguardo alla rapina o agli omicidi era interpretato da X come una reazione del corpo fisico che Hardrup doveva rifiutare e trascendere... La rapina virtuale alla banca in cui Hardrup era immerso durante le sessioni di trance ipnotica era provata e visualizzata in grande dettaglio, incluso l'omicidio degli impiegati...

Dopo un po' di tempo, Hardrup cominciò a sentire la voce di X che gli parlava anche quando la medium Nielsen non era presente: lo spirito guardiano X era ora collegato ad Hardrup. Dopo il loro rilascio dalla prigione, Nielsen ordinò e fece in modo che Palle Hardrup sposasse una donna di nome Bente. Nielsen la batteva nelle sessioni di magia nera e si approfittava di lei mentre Hardrup guardava da bordo campo come una macchina controllata dalla mente. I due uomini cercavano soldi per fondare un nuovo partito politico; Hardrup doveva diventare una macchina per rapinare e uccidere... Nielsen lanciò per la prima volta il suo robot programmato per una rapina in banca nell'agosto 1950. Il bottino era di 25.000 corone, una somma di denaro che Hardrup consegnò immediatamente a Nielsen dopo la rapina. Quella volta non ci furono vittime, ma due persone furono uccise nell'attacco del 21 marzo 1951. Alcuni giorni dopo il suo arresto, Hardrup disse alla polizia che uno "spirito guardiano" (X) gli aveva ordinato di commettere la rapina per scopi politici. Ha detto che questa entità X aveva totalmente riorientato la sua vita e influenzato le sue azioni da quando l'aveva incontrata in prigione. Ma ha affermato che lo spirito guardiano X non era Nielsen e che Nielsen non aveva nulla a che fare con il caso. Ha anche detto di aver incontrato lo spirito guardiano molto prima del suo primo incontro con Nielsen. Hardrup ha finalmente confessato nel dicembre 1951 il condizionamento ipnotico del suo guru Nielsen. Nell'aprile 1952, Hardrup fu sottoposto a un esame psichiatrico dal dottor Reiter, che scrisse un rapporto di 370 pagine sul suo caso. Il Dr. Reiter ha riferito che all'inizio dell'esame era impossibile ipnotizzare Hardrup fino a quando non fosse riuscito a rompere un meccanismo di 'blocco'. Hardrup era stato programmato da Nielsen per non essere ipnotizzato da nessun altro. George Estabrooks nel suo libro *Hypnotism* (1943) chiama questo processo "blocco". Una volta disattivato questo sistema di blocco, Hardrup divenne un soggetto facilmente ipnotizzabile. Il Dr. Reiter ha dichiarato nel suo rapporto che Hardrup era stato sotto un'intensa influenza ipnotica di Nielsen e che nel commettere i crimini aveva agito involontariamente. Ha dimostrato che Hardrup era stato sottoposto ad un'amnesia sonnambolica indotta dall'ipnosi e da suggestioni post-ipnotiche. Uno stato alterato di coscienza in cui il pensiero critico e il libero arbitrio sono completamente aboliti.

Nel novembre 1952, Nielsen ebbe una conversazione con Hardrup durante una riunione del tribunale. Durante le due settimane successive Hardrup cominciò a sentire di nuovo la voce dell'Entità X, mentre mostrava grande ansia e agitazione. Nel 1961 Hardrup fu finalmente rilasciato dal manicomio, ma ora doveva convincere il pubblico che non era più uno strumento programmato e che se avesse incontrato nuovamente Nielsen, il dramma non si sarebbe ripetuto[199]. Nielsen fu probabilmente introdotto all'occulto e alle tecniche di controllo mentale, forse durante il suo periodo nelle S.S. naziste, sapendo che erano molto interessate a tutte queste cose.[200]

6 - L'OCCULTISMO, IL PARANORMALE E LA C.I.A.

Ufficialmente, i programmi della CIA sul controllo del comportamento umano e la programmazione mentale cessarono nel 1963, ad eccezione del progetto MK-Search, che fu ufficialmente interrotto nel 1972. Tuttavia, simili programmi clandestini continuarono in altre forme, rifocalizzandosi sull'uso delle radiazioni elettromagnetiche per influenzare la psiche e il comportamento umano, ma anche attraverso l'uso di tecniche parapsicologiche. Nel 1976, la ricerca parapsicologica ricevette l'appoggio diretto dell'allora direttore della CIA, George Bush. Per la CIA, la parola "parapsicologia" è classificata, cioè qualsiasi documento che menzioni il termine *"psi"*, che si riferisce a tutti i fenomeni paranormali legati alla psiche umana, è automaticamente classificato come top-secret o superiore.[201]

Uno degli psichiatri della CIA, John Gittinger, ha detto a un'udienza del Senato degli Stati Uniti: "L'idea generale a cui eravamo arrivati era che il lavaggio del cervello comportava essenzialmente un processo di isolamento degli esseri umani, privandoli di ogni contatto esterno e sottoponendoli a lunghi periodi di stress ... senza bisogno di alcun mezzo esoterico."[202]

Questo significa che il campo di ricerca dell'esoterismo, l'occulto, non è da escludere se necessario. Nella loro ricerca del controllo assoluto sugli esseri umani, la CIA e l'esercito si sono interessati molto all'esoterismo e alla

---

[199] *I dottori della CIA: violazioni dei diritti umani da parte degli psichiatri americani*, Collin Ross, 2011.

[200] *Les Dossiers extraordinaires* Vol.1, 'L'hypnotiseur', Pierre Bellemare.

[201] *Mind Wars: The True Story of Government Research into the Military Potential of Psychic Weapons*, Ronald McRae, 1984.

[202] *Amercian Torture: From the Cold War to Abu Ghraib and Beyond* - Michael Otterman, 1977, p. 52.

parapsicologia. Questo non è sorprendente, dato che la fonte dei loro studi sul controllo mentale proviene dall'osservazione delle alterazioni della coscienza durante rituali traumatici, trance, possessioni demoniache e poteri psichici sviluppati nei culti religiosi. L'aspetto esoterico del controllo mentale è quindi altrettanto importante, se non di più, di quello puramente scientifico e psichiatrico. L'occultismo, le pratiche rituali e la magia nera sono punti essenziali nei protocolli di programmazione MK-Monarch perché sono legati ad altre dimensioni dell'essere.

Nella *Military Review del* dicembre 1980, il tenente John B. Alexander dell'esercito degli Stati Uniti ha scritto un articolo intitolato *"Il nuovo campo di battaglia mentale: teletrasportami, Spock! Il* nuovo campo di battaglia mentale". In questo articolo, Alexander sottolinea la crescente importanza della ricerca sovietica e americana sulle armi elettromagnetiche, ma anche la ricerca nel campo della parapsicologia. Cita discipline come i viaggi fuori dal corpo, la *visione a distanza,* la precognizione, la percezione extrasensoriale, la telepatia, la telecinesi, la circolazione bioenergetica (fluido, aura), ecc. Nel suo articolo, John B. Alexander scrive: *"La portata della ricerca parapsicologica negli Stati Uniti non è ben conosciuta e non è organizzata a livello centrale. Si dice che il governo degli Stati Uniti abbia finanziato alcuni progetti di ricerca, ma non sono stati pubblicati (...) Anche l'uso dell'ipnosi telepatica ha un grande potenziale. Questa capacità potrebbe permettere di impiantare profondamente la programmazione negli agenti senza la loro consapevolezza. Cinematicamente parlando, avremmo allora un Manchurian Candidate che non avrebbe nemmeno bisogno di una telefonata* per attivare la programmazione."

Il tenente Alexander conclude il suo articolo: "L'impatto che le armi psicotroniche e altre tecniche paranormali avranno in futuro è difficile da determinare in questo momento. Possiamo supporre che chi farà il primo grande passo avanti in queste aree avrà un notevole vantaggio sul suo avversario, simile al possesso di armi nucleari. Ovviamente, il progresso in una qualsiasi delle aree di cui sopra aggiungerà una nuova dimensione al campo di battaglia. I sovietici hanno lavorato su queste tecniche per diversi anni (...) L'informazione presentata qui può essere considerata da alcuni come ridicola perché non si adatta al loro paradigma, alcune persone credono ancora che il mondo sia piatto (...) Questo per sottolineare la necessità di una ricerca più coordinata nel campo del paranormale. Questo è un articolo pubblicato nel 1980, dov'è la ricerca 35 anni dopo? Sapendo che è esponenziale..."

Il tenente John B. Alexander ha lavorato con il colonnello Michael Aquino (fondatore del *Tempio di Set*) sugli schiavi Monarch. Secondo Fritz Springemeier, era uno dei militari più coinvolti nell'addestramento di unità d'elite di 'Warrior-Monks' che potevano combattere usando sia le arti marziali che i poteri psichici paranormali. Le reclute erano ovviamente soggetti che avevano subito un protocollo di programmazione mentale con conseguente personalità multipla, un processo traumatico che poteva sviluppare speciali abilità psichiche nelle vittime (vedi capitolo 6).[203]

Nel 1987, il *Seattle Times* pubblicò un articolo sul tenente colonnello Jim Channon intitolato "L'esperimento *del nuovo esercito* con il pensiero 'New Age'". Ecco un estratto: *"L'esercito è quindi interessato alla filosofia New Age, l'idea che il mondo può essere cambiato cambiando il modo in cui la gente pensa, e che la mente ha poteri invisibili ma tangibili che aspettano solo di essere sfruttati. Sono stati creati centri a Ford Ord, in California e a Washington DC per esplorare questa intrigante idea che il potere della mente potrebbe essere più efficace del potere delle armi per vincere una guerra. Dal 1980 al 1982, queste idee sono state testate a Fort Lewis dal tenente colonnello Jim Channon. L'esercito reclutò giovani ufficiali entusiasti di questo 'nuovo pensiero' per unire le forze con scienziati piuttosto scettici (...) un think tank fu istituito al Pentagono per valutare la questione dei fenomeni psichici paranormali. Questi incontri riguardavano i temi dell'ESP, della medianità e persino un casco progettato per sincronizzare la parte sinistra (logica) e la parte destra (intuizione) del cervello."[204]*

Questa unità militare d'elite *'new-age'* fondata da Jim Channon fu chiamata *il Primo Battaglione Terra*, con i soggetti MK (precedentemente divisi e programmati) che ricevevano un addestramento alle arti marziali così come un'introduzione all'esoterismo e all'occulto. Quello che segue è un estratto di una lettera di uno di questi soldati del Battaglione New Age che è stata inoltrata a Texe Marrs, un ex ufficiale dell'aeronautica statunitense diventato ministro protestante. Questa lettera è stata pubblicata nella sua newsletter *"Flashpoint"* nel settembre 1994:

Siamo un gruppo di soldati altamente selezionati. Dobbiamo essere 'Soldati psichici purificati'. Abbiamo tutti ricevuto le nostre direttive per "Il Piano". Ci stiamo preparando alla nascita di un "Nuovo Ordine". Siamo incoraggiati a leggere tutti i tipi di libri che riguardano la New Age e l'occulto, a studiare le varie arti marziali e ad esercitare i poteri dello spirito. La comunicazione con gli spiriti guida (ndr: entità demoniache) è anche incoraggiata. Ci viene insegnato a diventare "saggi". Io e il mio migliore amico studiamo e pratichiamo quotidianamente le nostre abilità di meditazione e di guerriero sensitivo. Studio anche Ninjutsu, Tai Kwon Do e Tai Chi. Non dobbiamo parlare con le persone di questa unità speciale (...) Alla fine dell'undicesima conferenza della Delta Force, l'istruttore ha detto: 'Sono stato testimone di un processo di valore unico e maestoso, un esercito di Eccellenza. (...) Mentre le nostre facoltà crescevano, ci veniva detto che stavamo diventando 'come dei', che non c'erano limiti per un soldato del Primo Battaglione Terra. Potremmo viaggiare in diversi luoghi con la nostra mente, camminare attraverso il fuoco, spostare o piegare oggetti con il potere della nostra mente, vedere nel futuro, fermare il nostro cuore (ndr: biofeedback estremo come praticato dagli

---

[203] 'La formula degli Illuminati usata per creare uno schiavo totale non rilevabile controllato dalla mente' - Fritz Springmeier & Cisco Wheeler 1996'.

[204] Ibidem.

yogi indiani), ecc. (...) Alla fine, tutte le arti marziali servono solo ad un vero scopo: Per portare il soldato-guerriero alla verità (...) Ci sono sei livelli di soldato psichico, dal principiante al più alto, che poi diventa un Guerriero-Minore o un Guerriero-Maestro (...) Le forze militari New Age comportano rituali, canti, meditazioni, preghiere alla Terra e giuramenti di fedeltà al pianeta e al popolo. Il primo libro che ci viene consigliato di leggere è The Aquarian Consipracy, il libro standard del movimento New Age...'.[205]

Gordon Thomas riferisce nel suo libro "Segreti e bugie": A History of CIA Mind-Control', che il dottor Stanley Gottlieb, direttore dell'ORD (CIA Office of Research and Development), ha lanciato l'operazione Often alla fine degli anni '60. Questo progetto mirava ad espandere la ricerca sui misteri della coscienza umana esplorando il mondo della magia nera e, secondo Thomas, "imbrigliare le forze dell'oscurità per dimostrare che i confini della mente umana sono accessibili". Come parte di questa operazione sul paranormale, la magia nera e la demonologia, si dice che la CIA abbia reclutato chiaroveggenti, astrologi, medium, specialisti in demonologia, ma anche stregoni Wicca, satanisti e altri esperti kabbalisti e occultisti... Secondo Thomas, la CIA finanziò persino una cattedra di stregoneria all'Università del Sud Carolina.

L'operazione Spesso ha avuto un forte interesse per la demonologia. Nell'aprile 1972, la CIA tentò un approccio discreto con l'esorcista dell'arcidiocesi cattolica di New York. Ha rifiutato categoricamente di collaborare. L'agenzia ha anche contattato Sybil Leek, una strega di Houston che lanciava incantesimi con l'aiuto del suo corvo addomesticato. Con l'uccello appollaiato sulla sua spalla, Sybil Leek dava lezioni di magia nera a "bei signori" a Washington, D.C., e dava loro un aggiornamento sullo stato dell'occulto negli Stati Uniti a quel tempo: 400 gruppi di stregoneria, guidati da 5.000 streghe o maghi iniziati... un mercato fiorente con migliaia di "indovini" e una crescente gamma di prodotti e articoli anticristiani. Satana non solo era vivo, ma fioriva in tutto il paese."[206]

In Trance formation of america, Mark Phillips scrive: "Nel 1971, il New York Times pubblicò un articolo sulla Central Intelligence Agency (CIA) e la ricerca occulta, che si basava su una raccolta di documenti ottenuti dal U.S. Government Printing Office in base al Freedom of Information Act. Si trattava di un rapporto al Congresso, che rendeva chiaro che la CIA era interessata a risultati clinici sulle relazioni causali riguardanti l'impatto delle pratiche religiose sugli utenti della magia nera e/o sulla mente di un osservatore. Di particolare interesse per la CIA erano gli aumentati livelli di suggestionabilità che certi rituali occulti producevano nelle menti dei praticanti. Il cannibalismo e i rituali di sangue hanno avuto un ruolo importante nella loro ricerca."[207]

---

[205] 'La minaccia New Age: la guerra segreta contro i seguaci di Cristo' - David N. Balmforth, 1997, p.76.

[206] 'Le armi segrete della CIA: tortura, manipolazione e armi chimiche' - Gordon Thomas, 2006.

[207] 'L'America nel mezzo della trance-formazione' - Cathy O'Brien & Mark Phillips - New Earth Publishing, 2013, p.22.

7 - CONCLUSIONE

Così eccoci negli anni '70 e il programma MK-Ultra viene ufficialmente chiuso... per fare spazio a nuovi progetti di controllo mentale che combinano le precedenti conquiste sulla programmazione mentale con l'occultismo, la magia nera, la demonologia ma anche con la tecnologia psicotronica nera.

Il progetto Monarch è la continuazione di tutte queste ricerche iniziate alla fine della seconda guerra mondiale. Monarch, che sembra essere il programma più importante, è ancora classificato come top-secret e sotto il pretesto della *"sicurezza nazionale"* (vedi capitolo 10). I programmi Bluebird, Artichoke e MK-Ultra alla fine sono diventati di dominio pubblico dopo 30, 40 o 50 anni... I progetti di ricerca sul controllo mentale sono ancora operativi, semplicemente sono stati spostati ancora più in profondità nei recessi delle istituzioni governative. Gli schiavi controllati dalla mente sono un fatto della vita, li vedi ogni giorno sul tuo schermo televisivo...

Bill Schnoebelen, descrive la programmazione MK-Monarch come segue: "Abbiamo buone ragioni per credere che MK-Ultra esista ancora oggi in una forma ancora più atroce come Progetto Monarch. La differenza tra il Progetto Monarch e il Progetto MK-Ultra è che esso fonde l'abuso dei bambini con il satanismo, sempre sotto gli auspici del governo... I bambini non sono solo torturati, drogati, fulminati, ecc. ma vengono anche ipnotizzati e subiscono l'inserimento scientifico di demoni all'interno delle loro personalità multiple con conseguente disturbo dissociativo dell'identità (DID)... Facendo questo, creano diversi tipi di "super-schiavi"...[208]

Questi "super-schiavi" possono essere usati come schiavi sessuali, spie, corrieri della droga, assassini... Le personalità alter sataniste/luciferiane di sacerdote o alta sacerdotessa faranno parte della programmazione più profonda. Gli schiavi MK possono essere iniettati in molti campi come la politica, la magistratura, la scienza, ecc. L'obiettivo è quello di avere i migliori soggetti in posizioni chiave di dominio dove l'opzione "anello debole" non è un'opzione. Si trovano anche nell'industria dello spettacolo e negli sport di punta. (Questo sarà sviluppato ulteriormente nel capitolo 7)

La *"rete Monarch"* si è formata dall'incontro di due ambienti che si adattano perfettamente per la loro natura nascosta e compartimentata, una comune sottocultura occulta, ma anche per i loro interessi reciproci: da un lato, i servizi segreti, l'esercito e il crimine organizzato, e dall'altro, le reti composte da famiglie che praticano l'incesto sistematico, la prostituzione infantile, la pedo-pornografia, gli abusi rituali satanici, ecc. Famiglie che sono impantanate in queste pratiche occulte di generazione in generazione. Oltre a condividere il gusto per la depravazione, la violenza, l'occultismo e il potere, i bambini dissociati dal trauma in alcune famiglie sono candidati ideali per i programmi di controllo mentale di altri... Che si tratti di gruppi mafiosi, religiosi, politici o militari, in generale e a livello internazionale, tutti sanno che la dissociazione, la

---

[208] 'Smascherare gli illuminati dall'interno' - The Prophecy Club, Bill Schnoebelen.

frammentazione della personalità, è il perno e la pietra angolare della segretezza e del potere. La terapeuta canadese Alison Miller scrive: *"Quale fonte migliore di un bambino già dissociato i cui genitori hanno abusato di loro in un gruppo di abuso rituale?"*

Per questi programmi di controllo mentale MK-Ultra e ora MK-Monarch, i bambini con disturbi dissociativi dell'identità sono quindi ricercati perché sono più facilmente programmabili di un bambino con una psiche non frazionata. Questo è stato il caso di Cathy O'Brien, che fu sottoposta a ripetuti stupri da parte del padre e degli zii durante la prima infanzia e sviluppò fatalmente gravi disturbi dissociativi. Suo padre, che produceva pornografia infantile, è stato "catturato" dall'intelligence. È stato costretto a mettere i suoi figli a disposizione del progetto governativo MK-Monarch in cambio di impunità e protezione per i suoi traffici. È così che Cathy O'Brien descrive la sua famiglia nella sua autobiografia *"America nel mezzo della trasformazione"*:

I soggiorni a casa di mio padre erano devastanti, ma istruttivi. Mia madre era arrivata a soffrire di profonde ferite psicologiche dalla sua stessa condizione di DID ed era diventata insonne. Mio padre viaggiava regolarmente a Londra, in Germania e in Messico, oltre a portare la sua famiglia a Disney World in Florida e a Washington D.C. Mio fratello maggiore Bill lavorava ancora per e con mio padre, viaggiando con lui ogni anno alla casa di caccia dei Cheney a Greybull, nel Wyoming, per "cacciare", e seguendo le istruzioni di mio padre per tenere sua moglie e i suoi tre figli sotto controllo mentale attraverso il trauma. Mio fratello Mike gestiva un'attività di video come copertura per alcuni dei succosi affari di mio padre e dello zio Bob Tanis con i video porno. Mia sorella Kelly Jo è diventata una danzatrice del ventre contorsionista che eccelleva nella "ginnastica" mentre diventava "agile come Gumby" secondo la sua programmazione della prostituzione. Il suo background educativo le ha permesso di lavorare in centri di assistenza diurna, dove ha effettivamente scovato per mio padre i bambini maltrattati come potenziali candidati per le cariche "elettive". Nel 1990, si è laureata per aprire un asilo nido formale, "I piccoli apprendisti", a Grand Haven, Michigan, per mio padre. Mio fratello Tom ("Beaver") è un Compu-Kid (progetto CIA), un genio del computer programmato. Mio fratello Tim si è rotto una gamba (dove mia madre si era rotta la sua anni prima) per aver seguito la programmazione sportiva di mio padre che andava ben oltre le capacità umane. La mia sorella minore Kimmy ha sviluppato un'ossessione isterica per un certo "Mr. Rogers". Esprimeva una paura smodata della sua enorme casa delle bambole 'elettrica', che si illuminava di notte per assomigliare alla Casa Bianca, ed era sotto cure mediche per anoressia all'età di sette anni."[209]

Le organizzazioni e le istituzioni di controllo mentale di tipo monarchico si infiltrano nei culti satanici e nelle famiglie luciferiane e incestuose per avere accesso a questi bambini che sono già profondamente dissociati. In cambio dell'accesso a questi bambini per installare la programmazione che serve i loro

[209] *'L'America nel mezzo della trance-formazione'* - Cathy O'Brien & Mark Phillips - New Earth Publishing, 2013, p.275.

interessi, queste organizzazioni forniscono alla rete o ai genitori una generosa remunerazione, favori che possono includere la protezione dalla legge, il sostegno alle loro attività occulte o illegali, e informazioni sulle tecniche di programmazione MK. In effetti, la programmazione MK basata sul trauma non è "riservata" ai progetti governativi, è una pratica sistematica sui bambini dei culti satanico/luciferiani che va molto più indietro della sperimentazione governativa. Questi vari culti che praticano l'abuso rituale traumatico della loro prole applicano i protocolli MK secondo il livello di conoscenza che hanno sull'argomento.

CAPITOLO 4

ABUSO RITUALE

... una stanza a volta a forma di cantina dove si celebravano le feste religiose. L'atmosfera ricorda quei riti di distruzione della personalità individuale, di quel secondo stato in cui l'uomo diventa un vaso vuoto in cui si riversano ubriacamente sentimenti edificanti. Descrizione della cripta del castello di Wewelsburg in Germania. Estratto dal documentario *Schwarze Sonne* (Il sole nero dei nazisti - Le radici occulte del nazismo, 1998)

1 - INTRODUZIONE

L a ricerca sul controllo mentale condotta dai nazisti e poi dalla CIA è stata sviluppata per fare dell'abuso rituale "religioso" e dei conseguenti disturbi della personalità una vera scienza psichiatrica. I programmi segreti del governo MK e gli abusi rituali satanici transgenerazionali sono quindi intimamente legati. Questa dottrina dell'oggettivazione dell'essere umano è satanica, che sia praticata da un medico in camice bianco o da un sacerdote in tonaca nera. Uno degli scopi dell'abuso rituale traumatico praticato da questi culti è quello di *avviare* il bambino alla dissociazione. Questo processo dissociativo provoca una breccia, una frammentazione dell'anima che apre la porta ad altre dimensioni, cioè i traumi profondi creano uno *sblocco dei* corpi energetici del bambino, è una vera rapina spirituale... (Questo sarà discusso ulteriormente nel capitolo 6). Durante questi rituali traumatici, il bambino diventa "iniziato e sacro", e viene così collegato al mondo degli spiriti suo malgrado, e questa connessione apre la strada alle possessioni demoniache e alle facoltà psichiche paranormali. Come risultato di questi protocolli *"iniziatici"*, di questa santificazione invertita, il bambino si trova scisso e parassitato da una o più entità, la crepa che lascia passare la *luce...* Un fatto è che la maggior parte dei sopravvissuti all'abuso rituale satanico soffre di un disturbo dissociativo dell'identità (precedentemente chiamato disturbo di personalità multipla). È una vera possessione demoniaca, una personalità multipla o un misto di entrambe? Torneremo su questo...

Ecco quello che padre Georges Morand, che è stato un prete esorcista per dieci anni, ha detto su *France Culture* nel 2011 nel programma *'Sur les docks'* sull'abuso rituale satanico:

- **Giornalista**: Padre Morand, quando parla di una ragazza nuda su una croce, cosparsa di sangue animale... Quando parla di feti strappati dal ventre della madre e sacrificati... Di cosa parla?

- **George Morand**: Parlo di persone che ho incontrato, aiutato e accompagnato per anni, che sono uscite dai loro affari solo grazie alla preghiera di esorcismo. Persone di cui potrei darvi i nomi... che sono cadute preda di gruppi satanisti estremamente temibili che praticano le cosiddette messe nere legate a riti di stregoneria e magia, con omicidi rituali... sotto la doppia copertura, e pondero le parole, da un lato della mafia, di tutte le reti mondiali della prostituzione di basso e alto livello, del traffico di droga e dall'altro di personalità che si potrebbe dire al di sopra di ogni sospetto che occupano posti chiave nella nostra civiltà, sia nel mondo della politica, tutte le tendenze politiche messe insieme... nel mondo giudiziario, nel mondo della scienza, nel mondo della finanza, nel mondo intellettuale... e direi anche ahimè, tre volte ahimè, nel mondo ecclesiastico."[210]

Nel 2012, padre Gary Thomas, esorcista della diocesi di San Jose negli Stati Uniti, ha detto in una conferenza alla Rutgers University: *'A volte eseguo il rito dell'esorcismo per i sopravvissuti agli abusi rituali. L'abuso rituale satanico è una realtà. È anche qualcosa di incredibilmente criminale, illegale e altamente segreto. Questi culti satanici che sono legati agli 'illuminati' sono reali e sono attivi, alcuni da centinaia di anni. Uccideranno le persone, abuseranno sessualmente di tutti i membri del culto per controllarli. A volte selezionano degli estranei per eseguire dei sacrifici umani. Tutto questo è reale. Se andate alla vostra polizia locale, non saranno in grado di parlarvene apertamente, ma le forze dell'ordine si occupano regolarmente di questo genere di cose.'*

Nel 1990, il vescovo mormone Elder Glenn Pace pubblicò un memorandum che denunciava le pratiche di abuso rituale all'interno della sua Chiesa, in cui si legge: *'Questo abuso rituale è il più vile di tutti gli abusi sui bambini. Lo scopo fondamentale e premeditato è quello di torturare e terrorizzare questi bambini fino a costringerli a dissociarsi sistematicamente e metodicamente. Questa tortura non è una conseguenza della "rabbia", è l'esecuzione di rituali ben pensati e pianificati, spesso eseguiti da parenti stretti. L'unica via d'uscita per questi bambini è quella di dissociarsi.'*

Nel 1989, il programma televisivo *ITV "The Cook Report"* ha dedicato un episodio alla questione dell'abuso rituale satanico. In questo documentario, il reverendo Kevin Logan ha detto: *"Nella mia capacità di ascolto e di consulenza, ho visto delle cose terribili. Ho sentito cose veramente disgustose che sono successe ai giovani, bambini che sono stati violentati sull'altare, l'iniziazione al satanismo. Bambini che hanno dovuto mangiare escrementi e bere sangue, tutte queste cose orribili in cui sono coinvolti i satanisti, e soprattutto ho visto l'effetto che tutto questo ha su questi giovani."*[211]

In un sondaggio su 125 agenti di polizia di Chicago nel 1992, riportato nel libro *What Cops Know*, l'autrice Connie Fletcher ha concluso che *"gli omicidi rituali satanici esistono. Questo non vuol dire che sia diffuso, ma la gente pratica questo genere di cose. In un omicidio satanico, il braccio destro*

---

[210] 'Spiriti, siete lì? Stregoneria ed esorcismo in Francia" - Sur les docks, France Culture, 12/2011.

[211] The Cook Report: The Devil's Work - Roger Cook, ITV, 17/07/1989.

della vittima può essere legato dietro il corpo; il testicolo destro può mancare; il corpo può essere prosciugato del sangue; il cuore può essere rimosso; escrementi umani o animali possono essere trovati nelle cavità del corpo. Mancheranno parti del corpo: il cuore, i genitali, un dito indice, la lingua... Alla faccia delle confidenze. "[212]

2 - L'ABUSO RITUALE NEL MONDO MODERNO

È ora di venire a patti con questa realtà. Vent'anni fa, se parlavi di pedofilia, venivi rinchiuso. Quindici anni fa era lo stesso con l'incesto. Oggi è il caso dell'abuso rituale. I bambini stanno ancora soffrendo. David Poulton, ex sergente della polizia federale australiana - Preston 1990[213]

Abbiamo appena capito che la pedofilia esiste. Non riusciamo ancora a capire che ci sono cose ancora peggiori della pedofilia, e ci sono persone che ancora resistono con tutta la loro forza e tutta la loro forza interiore. Martine Bouillon, ex procuratore aggiunto a Bobigny.[214]

a/ Definizione

Uno dei primi riferimenti all'abuso rituale satanico fu riportato in un libro del 1930 in *The Human Mind* di Karl Menniger, un libro di riferimento sulla psichiatria. Il libro menzionava l'esistenza delle messe nere, del satanismo e dell'adorazione dei demoni come eventi reali che avevano luogo in grandi città dell'Europa e degli Stati Uniti.[215]

Il termine *"abuso rituale"* fu usato per la prima volta nel 1980 da uno psichiatra canadese di nome Lawrence Pazder, che definì il fenomeno come *"attacchi fisici, emotivi, mentali e spirituali ripetitivi combinati con l'uso sistematico di simboli, cerimonie e manipolazioni per scopi malevoli".*

In un numero del 1992 del *Journal of Child Sexual Abuse*, David W. Lloyd ha definito l'abuso rituale come: "Abuso fisico, sessuale o psicologico intenzionale di un bambino da parte di una persona normalmente responsabile del benessere del bambino. Tali abusi sono ripetuti e praticati durante le

---

[212] *What Cops Know* - Connie Fletcher, 1992, p.90.

[213] Preston Y. - Annie's Agony, *Sydney Morning Herald*, 1990 / "Ritual Abuse & Torture in Australia", ASCA, aprile 2006.

[214] 'Stupro di bambini, la fine del silenzio?' - Francia 3, 2000.

[215] *'Cult and Ritual Abuse'* - James Randall Noblitt & Pamela Perskin Noblitt, 2014.

cerimonie religiose, e tipicamente comportano crudeltà verso gli animali e minacce al bambino."[216]

Per David Finkelhor, l'autore di "Child Sexual Abuse" e "Nursery Crime", si tratta di abusi che avvengono nel contesto di certi simboli o attività di gruppo che hanno una connotazione religiosa, magica o soprannaturale. Queste attività, ripetute nel tempo, sono usate per spaventare e intimidire i bambini. L'abuso rituale comporta sistematicamente il controllo mentale sulle giovani vittime.

Nel Regno Unito c'è un documento del Dipartimento della Salute sulla protezione dei bambini chiamato *"Working Together under the Children Act"*. Il documento non parla di abuso rituale, ma usa il termine *abuso organizzato,* cioè anelli pedofili. Un rapporto che almeno ha il merito di riconoscere l'esistenza di queste reti, generalmente negate dalle istituzioni politiche, giuridiche e giornalistiche, un'omertà che sembra essere internazionale...

Nel 1991, questo documento governativo lo definiva come segue: L'abuso organizzato è un termine ombrello per gli abusi che coinvolgono un certo numero di abusanti, un certo numero di bambini, e generalmente comprende diverse forme di abuso (...) Un'ampia gamma di attività sono coperte da questo termine, da piccole reti pedofile o pornografiche, spesso ma non sempre organizzate a scopo di lucro, dove la maggior parte dei partecipanti si conosce, a grandi reti di individui o famiglie che possono essere più ampiamente distribuite e dove non tutti i membri possono conoscersi. Alcuni gruppi organizzati possono mostrare un comportamento strano e rituale, a volte associato a particolari "credenze". Questo può essere un potente meccanismo per terrorizzare i bambini abusati dal rivelare ciò che stanno vivendo."[217]

Nel 2004, il documento aggiornato non si riferiva più a "comportamenti bizzarri e ritualizzati", ma aggiungeva che "gli abusatori agiscono di concerto per abusare dei bambini, a volte in isolamento o utilizzando una rete istituzionale o una posizione di autorità per reclutare i bambini a scopo di abuso". L'abuso organizzato e multiplo si verifica sia come parte di una rete di abuso che coinvolge le famiglie o una comunità, sia all'interno di istituzioni come scuole o case di riposo. Tali abusi sono profondamente traumatici per i bambini coinvolti. Le indagini sono lunghe e richiedono competenze specialistiche sia da parte della polizia che degli assistenti sociali. Alcune indagini diventano estremamente complesse a causa del numero di luoghi e persone coinvolte."[218]

Valerie Sinason, psicoterapeuta infantile e direttrice della Clinic *for Dissociative* Studies di Londra, ha definito l'abuso rituale e spirituale in una serie di conferenze intitolate *"Safeguarding London's Children"* nel 2007: 'L'abuso spirituale è l'instaurazione di una posizione di potere e di attaccamento che si traduce in una totale e cieca obbedienza di pensiero, parola e azione, su un

---

[216] 'Ritual Child Abuse: Definition and Assumptions' - David W. Lloyd, The Journal of Child Sexual Abuse, Vol.1(3), 1992.

[217] 'Working Together under the Children Act 1989' - Department of Health 1991: 38 - 'Beyond disbelief: The Politics and Experience of Ritual Abuse' - Sara Scott, 2001, p.2.

[218] Working Together under the Children Act 2004 p.225.

bambino, giovane o adulto, attraverso minacce di punizione fisica e spirituale da parte della vittima stessa, della sua famiglia o di coloro che vogliono aiutarla. In questo tipo di abuso non c'è spazio per una relazione con il divino, alla vittima non è permesso avere una relazione spirituale diversa da quella che ha con i suoi abusanti. Molti abusi comportano un protocollo ritualizzato, con date specifiche, orari e ripetizione degli stessi gesti e azioni. L'abuso rituale implica che i bambini siano coinvolti contro la loro volontà in violenze fisiche, psicologiche, emotive, sessuali e spirituali. Questo viene fatto sotto il pretesto di credenze religiose, magiche o soprannaturali. La sottomissione totale e l'obbedienza sono ottenute attraverso minacce di violenza contro le vittime, le loro famiglie o coloro che le aiuterebbero.'[219]

Nel 2006, l'*ASCA* (*Advocates for Survivors Child Abuse*), un'organizzazione australiana di avvocati, ha pubblicato un rapporto intitolato *"Ritual Abuse & Torture in Australia"*, da cui si estrae quanto segue: *"L'abuso rituale è un crimine a più livelli in cui famiglie disfunzionali si uniscono per organizzare questi crimini, sfruttando i bambini per profitto. Lo sfruttatore e l'abusatore primario del bambino abusato ritualmente è molto spesso un genitore. Questi gruppi di abusatori sono di solito composti da due o tre famiglie che formano una rete che offre i propri figli per l'abuso da parte di altri membri della rete. Nel suo libro "Trauma Organised Systems: Physical and Sexual Abuse in Families", Arnon Bentovim descrive queste famiglie come un "sistema traumatico organizzato" in cui il trauma grave definisce e modella la struttura familiare e l'interazione tra i suoi membri. Le vittime crescono fin dall'infanzia in un ambiente in cui la violenza, l'abuso sessuale e il trauma estremo sono la norma. In questo contesto di sfruttamento sessuale organizzato, le violenze e gli incesti commessi dagli abusatori contro i propri figli possono essere visti non solo come un comportamento sadico, ma anche come una sorta di allenamento per queste pratiche di sfruttamento sessuale."[220]*

Nel 1992, l'ufficio del procuratore generale dello Utah, negli Stati Uniti, ha istituito un'*unità per i crimini di abuso rituale*, collegata all'unità di *assistenza alla persecuzione degli abusi sui minori*. Questa unità specializzata era guidata dagli agenti di polizia Matt Jacobson e Michael King. Era responsabile delle indagini e dell'assistenza agli agenti di polizia dello Utah per quanto riguarda i crimini rituali o altre attività illegali dei culti locali. Dopo un anno di indagini su questo problema, il procuratore generale dello Utah Jan Graham ha chiesto di incontrarsi individualmente con ogni amministratore comunale, sceriffo, ufficiale di polizia senior e magistrato per discutere la creazione di una giurisdizione su questo problema. Durante due anni, questa unità ha investigato più di 125 casi relativi ad abusi rituali, di cui 40 casi di omicidi. Allo stesso tempo, gli investigatori hanno incontrato centinaia di cittadini che hanno affermato di essere stati loro stessi vittime di queste pratiche sataniche. Questa iniziativa governativa ha prodotto un rapporto di 60 pagine

---

[219] 'Abuso rituale e controllo mentale, la manipolazione dell'attaccamento' - cap. 'Cosa è cambiato in vent'anni? - Valerie Sinason, 2011, p.11.

[220] 'Abuso rituale e tortura in Australia' - Advocate for Survivors of Child Abuse, 04/2006, p.12-13.

intitolato *"Ritual Crime in the State of Utah"*, scritto nel 1995 dagli investigatori Jacobson e King per l'ufficio del procuratore generale. Il rapporto definisce il crimine rituale come segue: *"L'abuso rituale è una forma brutale di abuso su bambini, adolescenti o adulti che comporta violenza fisica, sessuale e psicologica con l'uso di rituali. L'abuso rituale raramente avviene in modo isolato, ma si ripete per un lungo periodo di tempo. L'abuso fisico è estremo, compresa la tortura, a volte fino all'omicidio. L'abuso sessuale è doloroso, sadico e umiliante. Per definizione, l'abuso rituale non è un crimine impulsivo, ma piuttosto un crimine maliziosamente pensato."[221]*

Questo rapporto del governo non era ovviamente inteso a screditare la questione dell'abuso rituale satanico e il suo contenuto è piuttosto oggettivo. Si legge per esempio: *"Ci sono prove che ci sono molti casi di abuso rituale di bambini da parte di individui o piccoli gruppi". A volte queste persone usano il satanismo o un'altra religione, così come pratiche "magiche" come parte dell'abuso. Ciò che non è stato corroborato è la moltitudine di testimonianze di "sopravvissuti" che dicono di essere stati coinvolti in sacrifici umani, abusi sessuali su bambini piccoli, torture o altre atrocità commesse da gruppi altamente organizzati, che riguardano tutti i livelli di governo, tutti gli strati sociali e tutti gli stati del paese. La mancanza di indagini e procedimenti giudiziari su tali denunce *non* significa che questi resoconti siano falsi. Questo rapporto ha lo scopo di evidenziare in dettaglio i problemi associati all'indagine e alla valutazione dei casi di crimini rituali. L'aiuto e l'assistenza di alti ufficiali di polizia, magistrati, terapeuti, ecc. è molto apprezzato (...) In conclusione, i casi di crimini rituali dovrebbero essere trattati come qualsiasi altro caso. Gli investigatori sono incoraggiati a mantenere una mente aperta quando si occupano di casi che coinvolgono l'occulto, le credenze religiose o le attività criminali rituali (...) La formazione e l'educazione riguardo alle molte sfaccettature del crimine/abuso rituale è necessaria e dovrebbe essere di grande valore per tutti i livelli delle forze di polizia. Gli agenti di polizia dovrebbero essere istruiti sugli elementi di base dei crimini rituali. Questa formazione dovrebbe includere i tipi di organizzazioni coinvolte in attività occulte, i loro obiettivi e i simboli utilizzati dai loro membri (...) Questa formazione dovrebbe includere informazioni sulla natura bizzarra dell'abuso rituale così come i problemi associati al disturbo di personalità multipla, l'amnesia e i ricordi repressi, l'ipnosi, ecc.[222]*

Nonostante le prove dettagliate degli abusi rituali da parte di bambini, famiglie, sopravvissuti adulti, agenti di polizia, terapeuti e associazioni che lavorano con le vittime; nonostante la notevole coerenza di questi rapporti sia a livello nazionale che internazionale; nonostante le somiglianze e le sovrapposizioni tra i diversi casi e testimonianze; la società nel suo insieme ancora resiste a credere nella dura realtà degli abusi rituali. Rimane l'errata convinzione che il satanismo e altre attività occulte siano isolate e rare (se non

---

[221] 'Ritual Crime in State of Utah, Investigation, Analysis & A Look Forward' - Utah Attorney General's Office, Michael R. King, Matt Jacobson, 1995, p.7.

[222] Ibidem, p. 5, 44, 46.

totalmente inesistenti). Questo non è un problema nuovo, ma la società sta solo cominciando a riconoscere la gravità e la portata di questo fenomeno. Abbiamo tutti bisogno di impararlo. Molti professionisti incontrano vittime di abusi rituali, ma non comprendono necessariamente la portata dell'abuso dietro i problemi di salute mentale dei loro pazienti. Il concetto di abuso rituale, per cui gruppi di adulti terrorizzano e torturano i bambini per controllarli e sfruttarli, è terrificante e quindi molto controverso (sempre questa nozione di paradigma da preservare).

Un culto distruttivo che pratica l'abuso rituale può essere definito come una rete, un sistema o un gruppo chiuso, i cui seguaci sono manipolati e condizionati attraverso l'uso di tecniche di controllo mentale. È un sistema che viene imposto senza il consenso della persona e mira a cambiare la sua personalità e il suo comportamento. Il leader o i leader sono onnipotenti, l'ideologia del gruppo è totalitaria e la volontà dell'individuo è totalmente subordinata al gruppo. Il culto distruttivo crea i propri valori con poco o nessun rispetto per l'etica e la morale. Si occupa di attività illegali come lo sfruttamento sessuale di bambini e adulti: prostituzione e pornografia infantile, produzione di snuff film, traffico di droga e di armi, ma anche tutti i tipi di schemi che portano denaro. In questo tipo di rete, tutti i membri si tengono la lingua a vicenda, poiché sono tutti coinvolti in attività altamente criminali.

La maggior parte delle vittime riferisce di essere stata abusata sessualmente e torturata da più persone allo stesso tempo e in compagnia di altri bambini vittime. Le testimonianze riportano che le donne sono attive quanto gli uomini in questi abusi ritualizzati. La parola 'rituale' non significa necessariamente 'satanico' ma piuttosto protocollo o metodico, così come ripetitivo. Per esempio, il culto del juju in Africa occidentale descritto da Isiah Oke pratica abusi rituali con stati alterati di coscienza, ma senza alcuna particolare credenza in Satana. Alcuni gruppi di occultisti gnostici potrebbero certamente essere scambiati per culti satanici, tuttavia in alcuni casi sarebbe più appropriato etichettarli come luciferiani o neognostici. Ci sono molti culti che incorporano rituali in cui Satana è invocato tra altre entità, ma non è costantemente considerato il dio centrale e unico del culto. Tuttavia, la maggior parte dei sopravvissuti nelle nostre società occidentali riferisce di essere stata abusata ritualmente come parte di un culto satanico, con lo scopo di indottrinarli alle credenze e alle pratiche sataniche. L'abuso rituale è raramente isolato, ma è solitamente ripetuto per un lungo periodo di tempo in modo sistematico. La violenza fisica è estrema, con torture, stupri e omicidi (simulati o reali) usati per traumatizzare e creare profondi stati dissociativi nelle vittime. L'abuso sessuale sadico ha lo scopo di umiliare e provocare dolore. Ha lo scopo di dominare, dissociare e sottomettere la vittima. Secondo la psicotraumatologa Muriel Salmona, la violenza sessuale è la peggiore forma di trauma psicologico. L'OMS ha anche dichiarato che la mutilazione sessuale è l'abuso più traumatico che può essere inflitto a un essere umano. Questo tipo di barbarie è quindi utilizzato ripetutamente in questi culti iper-violenti. Le molestie e la violenza psicologica oltre alla violenza fisica sono devastanti, l'indottrinamento comporta l'uso di droghe, ipnosi e tecniche di controllo mentale. L'intimidazione e la violenza estrema dei membri della setta terrorizzano profondamente la vittima che, in seguito ai traumi, si trova in uno stato di dissociazione e di controllo mentale (confusione mentale e persino amnesia traumatica) e la comunicazione con il mondo esterno è quindi estremamente difficile. Se il contatto con la rete non è stato interrotto e la terapia non è stata intrapresa, le vittime possono vivere sotto questo controllo per molto tempo. È importante capire che l'abuso rituale e il controllo mentale sono inestricabilmente legati; i ricordi traumatici sono una prigione senza pareti.

Questa violenza ritualizzata sembra avere tre scopi:

1- I rituali di alcuni gruppi fanno parte di un credo religioso in cui la vittima è indottrinata.

2- I rituali sono usati per intimidire e ridurre al silenzio le vittime.

3- Gli elementi del rituale (adorazione del diavolo, simboli satanici, sacrifici animali o umani...) sembrano così incredibili che minano la credibilità delle testimonianze e rendono molto difficile il perseguimento di questi crimini.[223]

La sopravvissuta belga, Regina Louf (testimone *X1* del caso Dutroux), ha riferito in un'intervista rilasciata ad Annemie Bulté e Douglas De Coninck (gli autori di *"Les dossiers X: Ce que la Belgique ne devait pas savoir sur l'affaire Dutroux'*, 1999) che *'quando ricevevano una nuova vittima nella loro rete, era estremamente importante che lei non potesse parlare con nessuno di ciò che le era successo. Ecco perché hanno organizzato delle 'cerimonie'... L'unico obiettivo di questi rituali era quello di disorientare totalmente le vittime."*[224]

Nel suo libro "Trauma and Recovery", Judith Lewis Herman scrive: "La segretezza e il silenzio sono la prima protezione degli abusatori. Se la segretezza viene infranta, l'abusatore attaccherà la credibilità della vittima. Se non può metterla completamente a tacere, cercherà di fare in modo che nessuno lo ascolti. I rituali contribuiscono a questo obiettivo di discredito, soprattutto in una società moderna sempre più materialista e totalmente chiusa all'esistenza di pratiche religiose "diaboliche" descritte come "medievali". La forza del diavolo è quella di far credere che non esiste... Tuttavia, non sembra esserci dubbio che queste pratiche "diaboliche" esistano e siano praticate nelle nostre società cosiddette "civili" e "moderne", forse più che mai...

Una tesi di 218 pagine intitolata *"Abuso rituale: il punto di vista degli operatori di violenza sessuale"* è *stata* presentata nel 2008 all'Université du Québec en Outaouais. Ecco il testo della presentazione di questa tesi: "L'*abuso rituale rimane un argomento poco conosciuto nei vari ambienti di intervento. La mancanza di consenso su come concettualizzare l'abuso rituale e la controversia che lo circonda ne ostacolano il riconoscimento. Questa ricerca qualitativa ha tre obiettivi: documentare e analizzare le informazioni sull'abuso rituale, far progredire la conoscenza e la comprensione di questo tipo di abuso dal punto di vista degli operatori di violenza sessuale che hanno sostenuto le donne che lo*

---

[223] Rapporto della task force sull'abuso rituale Commissione della contea di Los Angeles per le donne - 15/09/1989.

[224] *Intervista con Regina Louf, Testimone XI a Neufchateau* - Annemie Bulté e Douglas De Coninck, De Morgen, 1998.

hanno sperimentato nella prima infanzia, e contribuire all'avanzamento delle conoscenze sull'argomento nella comunità di intervento francofona. Sono state condotte interviste semi-strutturate con otto operatori che esercitano in vari servizi di violenza sessuale e che hanno riconosciuto di aver lavorato con almeno due sopravvissuti all'abuso rituale. I risultati ottenuti sono presentati in tre parti distinte: quelli che descrivono le caratteristiche generali del concetto di abuso rituale, quelli che ci permettono di conoscere le conseguenze di questo tipo di abuso, e quelli risultanti dalle esperienze dei partecipanti nei loro interventi con i sopravvissuti all'abuso rituale. Questa ricerca riconosce alcuni problemi con la concettualizzazione dell'abuso rituale, incluso l'uso della parola culto per affrontare l'argomento. Si spera che la definizione di abuso rituale sviluppata in questa ricerca sia usata come punto di partenza per la consultazione tra gli operatori che hanno esperienza di lavoro con i sopravvissuti all'abuso rituale, in modo che possano accordarsi su come definire questo tipo di abuso. Si raccomanda anche di fare più ricerche sull'abuso rituale, in particolare per quanto riguarda la programmazione, un metodo di controllo del pensiero, e la dissociazione nei sopravvissuti all'abuso rituale. Soprattutto, c'è bisogno di sviluppare più conoscenze pratiche di intervento in questo settore. Sono anche necessarie ulteriori ricerche sui legami tra l'abuso rituale e il sadismo sessuale, e l'abuso rituale e le reti di sfruttamento sessuale dei bambini."[225]

Nel 2011 la rivista 'Trauma & Dissociation' (International Society for the Study of Trauma and Dissociation) ha pubblicato un dossier in francese intitolato 'Lignes directrices pour le traitement du trouble dissociatif de l'identité chez l'adulte'. Questo file contiene un capitolo intitolato 'Abus organisés' che mostra che questo tema dell'abuso rituale è totalmente legato al fenomeno dei disturbi dissociativi:

Una minoranza sostanziale di pazienti con Disturbo Dissociativo d'Identità (DID) riferisce di abusi sadici, sfruttatori e coercitivi da parte di gruppi organizzati. Questo tipo di abuso organizzato vittimizza gli individui attraverso un controllo estremo del loro ambiente nell'infanzia e frequentemente coinvolge più abusatori. Può essere organizzato intorno alle attività di gruppi di pedofili, di pornografia infantile o di prostituzione infantile, di vari gruppi "religiosi" o di culto, di sistemi familiari multigenerazionali e di traffico di esseri umani e di prostituzione. L'abuso organizzato include spesso attività sessualmente perverse, orribili e sadiche, e può comportare la coercizione del bambino come testimone o partecipante all'abuso di altri bambini. I sopravvissuti all'abuso organizzato - in particolare l'abuso continuo - sono tra i più traumatizzati dei pazienti dissociativi. Sono più inclini all'autodistruzione e a gravi tentativi di suicidio. Molto spesso sembrano essere coinvolti in attaccamenti molto ambivalenti con i loro abusatori e spesso presentano forme complesse di IDD. Alcuni di questi pazienti altamente traumatizzati mostrano una marcata amnesia

---

[225] *'Abuso rituale: il punto di vista degli operatori della violenza sessuale'* - Jacques, Christine (2008). Dissertazione. Gatineau, Université du Québec en Outaouais (UQO), Dipartimento di lavoro sociale. Data di presentazione: 11 ottobre 2011 - http://dpndev.uqo.ca/id/eprint/339.

per gran parte del loro abuso e la storia dell'abuso organizzato emerge solo durante il trattamento."[226]

L'abuso rituale che porta ad un trauma profondo svilupperà una forma complessa di disturbo post-traumatico da stress che può portare a molti sintomi nelle vittime: attacchi di panico, pianto incontrollabile, rabbia incontrollabile, disturbi alimentari, tendenze suicide, automutilazione, iper-vigilanza, sintomi somatici, ossessioni, terrori, disturbi del sonno, incubi, flashback, memoria fotografica, dipendenze: alcool, droghe, sesso, reazioni eccessive a piccoli stress, reazioni violente o di fuga, sbalzi d'umore estremi, comportamenti a rischio, vergogna e senso di colpa, disumanizzazione, preoccupazione smodata per l'abusante, attribuzione di potere totale all'abusante, idealizzazione dell'abusante, gratitudine all'abusante, credenza in qualche forma di relazione speciale o soprannaturale con l'abusante, accettazione delle credenze e affermazioni dell'abusante, ripetuti fallimenti nel proteggersi, impotenza e disperazione.

Questi abusi rituali sono parte integrante della vita di alcune famiglie in cui uno o entrambi i genitori sono coinvolti o collaborano in una rete. Questo tipo di pratica viene effettuata anche da gruppi militari o politici con le conoscenze per programmare individui, di solito bambini. I bambini vengono così abusati sessualmente con rituali e intimidazioni per terrorizzarli e metterli a tacere; ma lo scopo è anche quello di convertirli e formarli in un sistema di credenze, un culto. In questi gruppi satanisti o luciferiani, la programmazione di base inculcata nel bambino è la lealtà e la fedeltà al gruppo e la legge del silenzio. Il bambino sarà indottrinato a credere che il modo di vivere del gruppo è l'unico modo e che i suoi leader e le sue entità (divinità e demoni) devono essere obbediti e fedeli. Il culto, la rete, deve rappresentare la sua unica "famiglia". Il bambino è condizionato a credere che gli abusi siano per il suo bene, è un condizionamento di tipo militare in cui non è tollerato pensare con la propria testa, i bambini devono obbedire senza pensare. In questi protocolli di controllo mentale, gli abusatori separano e isolano la vittima dal resto dell'umanità costringendola a fare cose vili e impensabili per un umano normale. Molto presto, i bambini dovranno partecipare agli stupri e alle torture. Questo è un modo per farli sentire colpevoli e complici in modo che non rivelino le attività criminali al di fuori del gruppo. Questo significa che il bambino assisterà e parteciperà a stupri, sacrifici di animali e sacrifici umani reali o simulati. Questi bambini vengono manipolati per fargli credere che gli abusi che possono aver commesso contro gli animali o altri bambini siano stati una loro scelta. Questo li fa sentire colpevoli e vergognosi, temendo la vendetta o addirittura la polizia e la prigione. Questo cementa la legge del silenzio così come la sensazione straziante e opprimente di essere essi stessi un carnefice e un criminale. Tutto questo, combinato con i disturbi dissociativi, porterà il bambino a isolare psicologicamente le esperienze dolorose e ad andare avanti con la vita "come se nulla fosse successo" e naturalmente senza alcuna rivelazione esterna.

---

[226] Linee guida per il trattamento del disturbo dissociativo dell'identità negli adulti - Journal of Trauma & Dissociation - ISSTD: Società internazionale per lo studio del trauma e della dissociazione

Queste pratiche coinvolgono quindi, da un lato, i figli di queste famiglie luciferiane, destinati ad occupare posti chiave nella nostra società, e dall'altro, piccole vittime destinate ad essere torturate e sacrificate dai primi. Sono letteralmente carne fresca usata nei rituali per programmare le giovani generazioni del culto elitario. Allo stesso modo in cui ci sono due categorie di schiavi MK-Monarch: in primo luogo, quelli che sono "di seconda classe", utilizzati per la prostituzione, il traffico di droga, ecc, destinati ad essere sacrificati; e in secondo luogo, quelli che fanno parte delle linee di sangue luciferiane che saranno destinati a servire la gerarchia per tutta la vita occupando posizioni strategiche (torneremo su questo nel capitolo 7 sulla programmazione MK-Monarch). Questa partecipazione forzata dei bambini all'abuso rituale serve anche ad esternare la "rabbia interiore" che si è accumulata come risultato dei loro stessi abusi e torture. Il bambino sviluppa una notevole carica emotiva negativa (memoria traumatica) durante l'abuso, che può rivolgere contro se stesso o contro altri bambini o animali. L'addestramento di questi "bambini con la rabbia" avviene anche costringendoli ad uccidere un animale domestico con il quale sono precedentemente diventati molto legati. Si fa di tutto per "rompere" il bambino, per neutralizzare tutta l'empatia naturale e l'innocenza dei primi anni, creando nel bambino profondi disturbi dissociativi. L'abuso rituale è praticato in famiglie che ripetono sistematicamente la violenza sui loro discendenti. Famiglie impantanate in una continuità patologica transgenerazionale e cariche di legami demoniaci a causa dell'occulto che indulgono di generazione in generazione. I figli di queste stirpi sono programmati per perpetuare l'infelice *tradizione*, il bambino vittima diventerà a sua volta un perpetratore riproducendo l'abuso che ha subito se non viene curato e allontanato dal culto distruttivo. Nel documentario tedesco *'Sexzwang'* (sesso forzato), il Dr. Jim Phillips (ex scienziato forense della polizia britannica) afferma: *'Tutti i satanisti hanno subito abusi, tutti! Non posso immaginare che un essere umano normale sia capace di fare qualcosa di così orribile, disgustoso e ripugnante...".*

La psicologa clinica Ellen P. Lacter ha scritto: "Tutte le vittime sono state costrette a commettere violenza contro gli altri, spesso fin dalla prima infanzia. Tutti gli abusatori sono stati loro stessi vittime di gravi abusi. È essenziale tenerlo presente quando si ha a che fare con i sopravvissuti. Lo schema 'Bianco-Nero' o 'Bene-Male' è da evitare perché alimenterà la paura del paziente di essere irrimediabilmente cattivo."[227]

Vivere in un ambiente così caotico causerà cambiamenti improvvisi nella chimica del corpo del bambino. Questo tipo di vita traumatica porta ad alti livelli di adrenalina che può essere molto coinvolgente per il bambino o l'adolescente. In età adulta (e anche prima) la vittima provocherà consciamente o inconsciamente delle situazioni per aumentare il suo livello di adrenalina. La violenza è un modo molto efficace per farlo. È quindi importante prendere in considerazione questo fenomeno di dipendenza dalla violenza e la sua ripetizione sistematica da una generazione all'altra nelle famiglie violente legate

---

[227] *Difendere i bambini abusati in modo rituale* - Dr. Ellen P. Lacter, 2002, Newsletter CALAPT.

o meno all'abuso rituale. Questa violenza contro gli altri provoca un'improvvisa produzione di endorfine nel perpetratore durante l'atto, che gli permette anche di dissociarsi e di anestetizzare la propria memoria traumatica sempre più esplosiva, il tutto in modo inconscio. L'aggressore (lui stesso ex vittima) allevia così il proprio dolore interiore con una *"iniezione"* di endorfine. Questo è un circolo vizioso e una vera e propria dipendenza dalle endorfine e dalla violenza (di più su questo nel capitolo 5). Il libro *"Ritual Abuse and Mind Control: The Manipulation of Attachment Needs"* contiene la testimonianza di una sopravvissuta che illustra questo fenomeno di disturbi dissociativi che si ripetono di generazione in generazione: *"Il mio primo ricordo di X fu quando entrò nella stanza e mi prese per i capelli e mi fece girare in cerchio. Quando si è fermato, tutti hanno riso perché ero tutto confuso. Poteva passare dall'essere incredibilmente freddo e crudele all'essere estremamente gentile. Molte volte ho cercato di compiacerlo per arrivare al suo lato gentile (...) anche lei* (ndr: la madre) *ha abusato di me fin dalla nascita, non solo nei riti, ma anche in casa. C'era una parte di lei che perdeva il controllo, mostrava i denti, i suoi occhi si illuminavano in un certo modo e diventava pazza..."*[228]

Questo fenomeno dissociativo con l'alternanza di un comportamento totalmente immorale e violento con un comportamento normale e amorevole creerà una sorta di dissonanza cognitiva nella mente del bambino. Il bambino bloccherà inconsciamente i ricordi contraddittori in cui un genitore che dovrebbe amare e prendersi cura di lui si comporta in modo totalmente anormale e pericoloso. Questo rafforza l'amnesia e gli stati dissociativi nei bambini. I traumi ripetitivi divideranno il bambino in diverse personalità e il bambino risponderà in modo diverso alla madre "buona" e alla madre "cattiva". Per esempio, quando la madre "cattiva" infligge torture, il bambino passa a una personalità che sa come reagire alla madre "cattiva". Se è la madre "buona" che si prende cura di lui, il bambino si trova in un altro stato di coscienza e non è consapevole della madre "cattiva" o dell'altro suo alter ego legato al lato oscuro della madre. Questo fenomeno di dissociazione e amnesia spiega le testimonianze di alcune vittime secondo le quali c'era il *"bambino della notte"* e il *"bambino del giorno"*, due personalità che non si conoscevano e che permettevano al bambino di condurre una vita normale, fino al giorno in cui i ricordi traumatici alla fine tornavano in età adulta (vedi capitolo 5).

Nel suo libro *Unshackled*, Kathleen Sullivan, una sopravvissuta all'abuso rituale e al controllo mentale, descrive anche gli stati dissociativi in cui si trovavano i suoi genitori quando abusavano della loro figlia: *"Ogni volta usava un lenzuolo bianco per appendermi a una trave. Quando ha fatto questo, la sua voce è diventata quella di una bambina. Sembrava che stesse rivivendo quello che qualcuno le aveva fatto da bambina. Poi, stranamente, la sua voce diventava quella di una persona anziana che diceva cose orribili su di me (...) In diverse occasioni, mi ha anche chiuso in una scatola di legno in cantina. A volte rimanevo chiuso nel dolore per ore in questa scatola angusta. Quando scendeva*

---

[228] *'Abuso rituale e controllo mentale: la manipolazione dei bisogni di attaccamento'* - Orit Badouk Epstein, Joseph Schwartz, Rachel Wingfield Schwartz, 2011, p.144.

a prendermi, mi "salvava" dalla scatola e mi chiedeva come ci fossi arrivato. Non sembrava ricordare e non potevo dirle che era responsabile. "[229]

La psicotraumatologa Muriel Salmona descrive così questo processo di dissociazione della personalità: "Inoltre, le donne dicono spesso di non riconoscere più il loro aggressore, il loro partner, quando diventa violento. Comincia ad avere un aspetto diverso, un'espressione diversa, modi diversi di parlare, di gridare, una voce diversa... Perché spesso riproducono la voce del padre in modo identico, per esempio. È impressionante perché non è più la stessa persona, gli aggressori sono improvvisamente colonizzati da qualcun altro che non possono controllare."[230]

Molte vittime o perpetratori che sono stati sotto l'influenza di queste pratiche altamente traumatiche durante l'infanzia e l'adolescenza sviluppano quindi gravi disturbi dissociativi; compresa una sindrome di personalità multipla (Disturbo Dissociativo di Identità, D.I.D.) che è il livello più estremo di dissociazione psichica. Il perpetratore può quindi essere una seconda personalità (un alter) dell'individuo che non sarà consapevole del suo funzionamento *Dr Jekyll & Mr Hide a* causa delle pareti amnesiche che separano le diverse personalità. Può essere perfettamente integrato nella società e la sua personalità pubblica non darà alcun indizio delle sue attività occulte e violente. L'alter personalità pubblica può essere quella di un buon cristiano sincero, mentre un'alter personalità molto più profonda sarà il peggior satanista. L'abuso rituale mirato alla scissione della personalità è la pietra angolare del controllo mentale, l'elemento chiave per sottomettere, sfruttare e mettere a tacere le vittime. Questo controllo si ottiene attraverso la creazione deliberata di un disturbo dissociativo dell'identità attraverso traumi ripetitivi, combinato con indottrinamento, condizionamento, ipnosi e vari psicofarmaci, il tutto accompagnato da una programmazione, la cui efficacia dipenderà dal livello di istruzione che la rete ha in questo tipo di controllo mentale.

Il dottor Lawrence Pazder descrive una certa ubiquità di carnefici nella nostra società che hanno "un aspetto normale e conducono una vita altrettanto normale a prima vista". Sono presenti in tutti gli strati della società, che hanno accuratamente infiltrato. Qualsiasi posizione di potere o di influenza sulla società deve essere considerata per loro come un obiettivo di infiltrazione. I boia hanno soldi a disposizione, molti hanno posizioni impeccabili: medici, ministri, professioni di ogni tipo."[231]

La dottoressa Catherine Gould, membro fondatore della Los Angeles *Task Force* on Ritual Abuse, è riconosciuta a livello internazionale per il suo lavoro terapeutico con i bambini vittime del satanismo. Nel 1994, nel documentario di Antony Thomas *"In Satan's Name"*, ha descritto la stessa cosa del Dr. Pazder sull'infiltrazione e il controllo della società da parte di questi culti:

[229] Unshackled: a Survivor's Story of Mind-Control - Kathleen Sullivan, 2003, p.34.

[230] Muriel Salmona - Pratis TV, 20/01/2014.

[231] Dr. Lawrence Pazder: *The Emergence of Ritualistic Crime in Today's Society,* Paper presented at the North Colorado-South Wyoming Detectives Association. Fort Collins, CO: 9-12 settembre 1986. *Crimini occulti: un primer per l'applicazione della legge.*

"Ci sono certamente banchieri, psicologi, gente dei media, abbiamo sentito anche i servizi di protezione dei bambini, ma anche gli agenti di polizia, perché hanno un interesse acquisito ad essere presenti in tutti questi ambienti sociali e professionali. Quando ho iniziato questo lavoro, pensavo che le motivazioni della pedofilia si limitassero al sesso e al denaro, ma nel corso dei miei dieci anni di ricerca ho cominciato a capire che le motivazioni sono molto più sinistre... I bambini vengono abusati a scopo di indottrinamento. L'abuso rituale dei bambini è un protocollo per la formattazione degli umani in un culto. Si tratta di formattare bambini che sono stati così abusati, così controllati mentalmente che diventano molto utili al culto, a tutti i livelli... Penso che lo scopo di tutto ciò sia quello di ottenere il massimo controllo, sia in questo paese che in un altro."

La psichiatra britannica Vera Diamond, che lavora anche con i sopravvissuti agli abusi rituali, dice nello stesso documentario: *"Le persone sono indottrinate in un modo che è molto difficile da capire. Attualmente sto lavorando con persone che hanno subito questo tipo di condizionamento. Si chiama 'controllo mentale', formattano completamente la vittima. Secondo le nostre fonti, questo coinvolge organizzazioni di alto livello come la CIA. Ho persino sentito parlare del coinvolgimento della famiglia reale, ma anche di altre famiglie altrettanto alte."*

Il pastore americano Bob Larson parla anche di un'infiltrazione sistematica nelle istituzioni per stabilire il loro controllo: "È perfettamente possibile che queste attività siano addirittura superiori alla mafia e ad altre organizzazioni criminali. È possibile che si tratti della più grande rete e organizzazione criminale del mondo. Si infiltrano nel sistema giudiziario, nei rami legislativo ed esecutivo del governo, nelle posizioni e professioni di potere e autorità. Così possono avere un po' di controllo. Credono, come profetizza la Bibbia, che un giorno l'Anticristo governerà il mondo intero."

Il rapporto governativo "Ritual Crime in the State of Utah" menzionato prima in questo capitolo descrive quello che chiama "Satanismo generazionale" come segue: "Questo tipo di gruppo include membri maschi e femmine di tutte le età. Di solito nascono nel gruppo e non sembrano poterne uscire se non con la morte. Sono altamente organizzati, molto disciplinati ed estremamente discreti. I gruppi locali hanno forti legami con gruppi nazionali e internazionali (n.d.t.: rete estesa). I rituali che eseguono sono elaborati e completamente pianificati. Sono adoratori di Satana e fanno di tutto per portare avanti la loro causa (...) Le loro radici e pratiche risalgono a centinaia di anni fa. Queste persone praticano abusi rituali e sacrifici di bambini (...) Le donne in questi gruppi sono usate come "allevatrici" per fornire bambini al culto. Questi culti raggiungono un controllo perfetto sui membri che non lasciano alcuna prova delle loro attività (...) Gli scettici non possono credere all'esistenza di tali gruppi, sostenendo che nessuno può torturare e sacrificare neonati e bambini. Tuttavia, in passato i bambini venivano sacrificati a Satana ma sotto altri nomi come Moloch. Ci sono anche casi storici documentati di sacrifici di bambini. Nel nostro tempo, molte persone segnalano l'esistenza di questo tipo di satanismo. Sono screditati dagli scettici come lo sono le molte persone che si sottopongono a terapia per i disturbi dissociativi causati da gravi traumi psicologici e fisici."[232]

Nel libro *Breaking the Circle of Satanic Ritual,* Daniel Ryder scrive che per il sergente Jon Hinchcliff (poliziotto di Mineapolis in pensione), uno dei fattori che permette a queste attività occulte di continuare è lo status sociale dei membri della rete. Hinchcliff riferisce che le testimonianze delle vittime mostrano che alcuni di questi membri sono medici, avvocati, rispettati uomini d'affari, ecclesiastici, giudici, ecc. L'ex ufficiale di polizia ha detto: *"Sembra che tutte le loro basi siano coperte e protette".* A causa della loro facciata di rispettabilità e del loro posizionamento strategico, queste persone possono fare dei contrattacchi molto calcolati prima che qualsiasi rivelazione pubblica di attività criminali possa essere fatta.

Nel suo libro *"The New Satanists",* Linda Blood (ex membro del *Tempio di Set* ed ex amante di Michael Aquino) riporta la testimonianza di un certo *Bill Carmody,* che è lo pseudonimo di un istruttore senior di intelligence al *FLETC (Federal Law Enforcement Training Center): "Carmody ha indagato per qualche tempo su sparizioni di bambini che sembravano legate ad attività di culto. Come membro di una squadra specializzata, ha indagato su una rete che operava in diversi stati del sud-ovest degli Stati Uniti. Carmody è stato in grado di infiltrarsi in un totale di tre culti satanisti criminali. Carmody ha detto di questi culti: 'I più gravi sono quelli più nascosti e coperti, infatti questi clan hanno organizzazioni molto sofisticate pur avendo i migliori mezzi di comunicazione, è una rete internazionale. Carmody afferma che questi gruppi sono coinvolti nel traffico di droga, di armi e di esseri umani, così come nella pornografia infantile (...) Secondo lui, i culti criminali meglio organizzati sono guidati da persone intelligenti e altamente istruite, persone provenienti dalle classi superiori della società dove occupano posizioni importanti nella loro comunità, posizioni cosiddette "rispettabili". Questi gruppi settari costituiscono una sottocultura molto segreta che fa parte della malavita in senso lato. Sono generalmente composti da membri di famiglie transgenerazionali i cui legami di sangue aiutano a mantenere il silenzio e la segretezza."[233]*

Durante la sua apparizione alla web TV *Meta-TV* nel 2015, l'ex gendarme e attivista francese Christian 'Stan' Maillaud ha descritto in parte questa rete elitaria che pratica abusi rituali sistematici per formare l'élite di domani:

In questo momento, quando tutti i posti chiave non sono ancora detenuti da "MK-Ultra", quando l'intera élite sociale non è ancora detenuta da questi malati di mente, ci sono ancora esseri umani nel campo delle forze armate e dobbiamo mettere tutta la nostra energia nella loro direzione (...).Perché ci deve essere una scissione delle loro forze e devono venire nel campo del popolo sovrano che deve liberarsi da questa presa (...) Parlo del morso del vampiro, cioè per me l'atto di sodomizzare un bambino martirizzato corrisponde al vampiro che morde una creatura per trasformarla in vampiro. Un bambino che viene

---

[232] 'Ritual Crime in State of Utah: Investigation, Analysis & A Look Forward' - Utah Attorney General's Office, Michael R. King e Matt Jacobson, 1995, p.15.

[233] *I nuovi satanisti'* - Linda Blood, 1994, p.29-30.

violentato, torturato, martirizzato durante la sua infanzia, che non trova né giustizia né protezione e che arriva all'età adulta così, mantenuto nelle reti che lo martirizzano, diventa lui stesso un predatore. Soprattutto quando gli viene spiegato che se a sua volta attacca altri bambini che vengono torturati e violentati, questo lo solleverà dalla sua stessa sofferenza. Questo è il protocollo che applicano (...) È una cosa ricorrente (...) le persone che sono collocate nell'élite sociale sono quelle che sono selezionate dalla massoneria o dai Rosacroce (...) Dovete sapere che nella massoneria, per salire di grado dovete passare attraverso dei rituali, quindi questa piccola piramide è da sovrapporre alla piramide della vostra carriera. Vuoi salire di grado? Poi devi passare dei rituali nella loggia a cui appartieni. Più siete avidi di potere e di successo, più chiederete di passare i ranghi e sarete poi coinvolti in rituali satanici. Le prime pratiche sono lo stupro collettivo di bambini, poi l'uccisione, ecc... Ciò che fa sì che ci siano persone completamente degenerate che arrivano a capo delle istituzioni e che queste persone in seguito portino i propri figli fin da piccoli a riti di questo tipo per farne la futura élite sociale. E questo è qualcosa che la gente ancora non capisce al momento. Quando abbiamo indagato, abbiamo visto che c'è un protocollo dove ci sono due tipi di vittime: ci sono bambini svantaggiati, bambini rapiti, bambini nati sotto X, di stupro, che vengono usati come "materia prima" per l'iniziazione di altri bambini. Cioè, da una parte hai dei bambini che vengono portati da un padre massone a queste feste, e dall'altra questi bambini che escono dalle gabbie e vengono messi lì perché il figlio dell'élite finisca per aprire l'utero di questo sfortunato che è stato violentato e torturato collettivamente da tutti... Perché? Perché questo creerà la frammentazione della personalità o la compartimentazione dei ricordi (...) Potete immaginare i mostri che vengono messi sul mercato... Ecco perché in questo momento in tutte le piccole élite sociali, tutti i posti vengono presi da questi mostri seguendo questi protocolli formali che sono veramente nati ad Auschwitz."

Nonostante il totale silenzio dei media tradizionali sull'argomento, molte persone stanno lavorando per denunciare queste pratiche disumane. Nel 1996, un articolo intitolato *"An Analysis of* Ritualistic *and Religion-Related Child Abuse Allegations"*[234] fu scritto da tre professori universitari di psicologia: Bette Bottoms, Phillip Shaver e Gail Goodman. L'articolo contiene una lista di criteri che possono essere utilizzati per definire i casi di abuso rituale, questi criteri sono stati compilati dalle testimonianze di vittime e terapeuti:

- Abuso da parte di uno o più individui di un gruppo in cui i membri sembrano seguire gli ordini di uno o più leader.
- Abuso legato a qualsiasi pratica o comportamento che si ripete in modo specifico (che può includere preghiere, canti, incantesimi, indossare abiti particolari...)
- Abusi legati a simboli (es. 666, pentagramma rovesciato, croci rovesciate o rotte), invocazioni, abbigliamento con simboli, credenze associate a Satana.

---

[234] 'An Analysis of Ritualistic and Religion-Related Child Abuse Allegations' - 'Law and Human Behaviour' Vol. 20, N°1, 1996.

- Abusi legati a una credenza nel soprannaturale, nel paranormale, nell'occulto o in poteri speciali (per esempio la *"chirurgia magica"* - dettagliata nel capitolo 7 - , lo spiritismo, ecc.)
- Rituali associati ad attività che coinvolgono tombe, cripte, ossa...
- Rituali che coinvolgono escrementi animali o umani o sangue.
- Rituali che coinvolgono pugnali specifici, candele, altari...
- Rituali che coinvolgono la tortura reale o simulata e il sacrificio di animali.
- Rituali che implicano sacrifici con uccisioni reali o simulate di esseri umani.
- Rituali che implicano atti reali o simulati di cannibalismo.
- Rituali che implicano l'obbligo di assistere o partecipare a pratiche sessuali.
- Rituali che coinvolgono la pornografia infantile.
- Rituali con droghe.
- Rituali per legare un bambino a Satana o a un'entità demoniaca.
- Abuso da parte di un prete, un rabbino o un pastore.
- Abusi commessi in un ambiente religioso, una scuola religiosa o un centro religioso.
- 'Allevamento' di neonati per riti sacrificali.
- Abuso che causa periodi di amnesia o disturbi ricorrenti in certe date.
- Abuso rivelato da un individuo con un disturbo dissociativo o personalità multipla causato da un abuso rituale o religioso.

Questo elenco non è esaustivo. Nel 1989, il Ritual Abuse Task Force Report fu pubblicato dalla Los Angeles Commission for Women, presieduta da Myra B. Riddell, con il contributo della dottoressa Catherine Gould e della dottoressa Lynn Laboriel. Riddell, con la partecipazione della dottoressa Catherine Gould e della dottoressa Lynn Laboriel. La commissione di studio era composta da professionisti del settore medico, della salute mentale, dell'educazione e della giustizia, così come da membri delle organizzazioni di sostegno alle vittime. Questo rapporto menziona i tipi di abuso fisico e psicologico descritti dai sopravvissuti e dai loro terapeuti:

- Chiudere la vittima in una gabbia, un armadio, una cantina o un'altra area ristretta, dicendole che morirà lì. Alcune vittime riferiscono di essere state chiuse in una bara e sepolte vive per simulare la morte. Uno dei membri del gruppo viene allora in "soccorso" del bambino traumatizzato che stabilirà un legame privilegiato con il suo salvatore che sarà percepito come un alleato. Il confinamento può essere fatto con insetti o animali. Questo "gioco" di isolamento e liberazione renderà il bambino ancora più vulnerabile all'indottrinamento e alle pratiche distruttive del gruppo.

- Umiliazione attraverso abusi verbali, nudità forzata di fronte al gruppo, ingestione forzata di urina, feci, sangue, carne umana o sperma. Costretti a commettere atti atroci come la mutilazione, l'omicidio, lo stupro di un bambino o di un neonato.

- Con il senso di colpa e le minacce di denuncia, la vittima è ingannata a credere che la sua partecipazione alle atrocità sia stata volontaria. Questo senso di colpa e di vergogna aiuta a mostrare lealtà e fedeltà al culto e alle sue dottrine. Le vittime sono indottrinate a credere che il gruppo iper-violento sia l'unico rifugio sicuro che può accettarle e proteggerle e che non ha senso cercare aiuto all'esterno. Il bambino viene indottrinato a credere che Dio lo ha rifiutato e abbandonato, che è legato a Satana e che non c'è modo di uscire dal gruppo.

- Violenza fisica con stupri e torture sessuali di solito eseguite in gruppo, zoofilia, scosse elettriche, impiccagione per le mani o i piedi, immersione in acqua fino al punto di annegamento, privazione di cibo, acqua e sonno. Una vittima in stato di esaurimento è molto più aperta al controllo mentale perché la stanchezza compromette la sua capacità di giudizio. La tortura dolorosa provoca la dissociazione del bambino, e come un prigioniero di guerra sotto tortura diventa disposto a fare qualsiasi cosa sia necessaria per far cessare il dolore. Il dolore fisico è spesso associato all'eccitazione sessuale che un bambino non è preparato ad affrontare. Il dolore e il piacere sono combinati per aiutare a stabilire una relazione malsana tra i bambini e gli abusatori. La sindrome di Stoccolma viene sfruttata al massimo per creare un attaccamento tra vittime e carnefici.

- Far sentire alla vittima che è costantemente osservata e controllata dai perpetratori e dai loro alleati spirituali (spiriti, demoni, divinità). Il bambino viene manipolato a credere che i "muri hanno orecchie" e che un "occhio onniveggente" osserva costantemente le sue azioni. Il bambino è sottoposto ad ogni sorta di bugie il cui scopo è quello di rafforzare l'onnipotenza e l'onnipresenza degli autori.

- Giuramento di segretezza sotto pena di morte se la vittima rivela qualcosa. Programmazione mentale per la vittima di suicidarsi in caso di ricordo o rivelazione di attività settarie e criminali. Alta vulnerabilità all'autosabotaggio e agli impulsi autodistruttivi quando la vittima inizia la terapia e tenta di lasciare il gruppo di culto.

- Uso di psicofarmaci che alterano e confondono la coscienza della vittima, facilitando così l'aggressione sessuale. Gli psicofarmaci possono essere iniettati, somministrati per via orale, sotto forma di supposte o incorporati in cibo o bevande. Gli effetti ipnotici e paralizzanti fanno sì che la vittima diventi mentalmente confusa, sonnolenta e con la memoria compromessa. I perpetratori fanno affidamento su questi cambiamenti di coscienza indotti dalla droga per rafforzare l'illusione di avere il potere assoluto sul bambino. Le vittime perdono anche la nozione di confine tra il gruppo e il sé, e arrivano a identificarsi con il gruppo e a sentirsi un'estensione di esso. La perdita di autostima contribuisce allo sviluppo della malizia e della rabbia interiore.

- Uso del controllo mentale, ipnosi, condizionamento e programmazione con l'uso di "trigger" per manipolare le diverse personalità della vittima. I sopravvissuti agli abusi rituali riferiscono di intense proiezioni di luce negli occhi durante le sessioni di programmazione. Queste luci sembrano causare disorientamento e indurre uno stato di trance, diminuendo così la resistenza della vittima e aumentando la sua suggestionabilità alla programmazione.

- Costringere la vittima a lavorare per la setta all'esterno, impegnandosi nella prostituzione, nel traffico di droga e in altre attività illegali. Infiltrazione delle istituzioni sociali (scuole, chiese, forze dell'ordine, tribunali, psichiatria, politica...) per espandere la sfera di influenza del gruppo.

- Sfruttamento delle gravidanze ricorrenti in seguito allo stupro di alcune giovani ragazze del gruppo utilizzate come "riproduttrici". L'obiettivo è di fornire regolarmente al culto dei bambini non dichiarati. Questi bambini sono usati per alimentare i sacrifici rituali o il mercato nero, mentre queste gravidanze e parti traumatici servono a "rompere" e a controllare ulteriormente la vittima. Le giovani vittime possono essere costrette a sottoporsi a trattamenti ormonali per accelerare la pubertà.

- Uso di rituali come la *"chirurgia magica"* (più su questo nel capitolo 7), vari "riti di passaggio" come il *"rito di rinascita"* e il *"matrimonio rituale"*, per rafforzare la sottomissione al culto. L'indottrinamento spirituale è una questione chiave in questi gruppi. Un matrimonio rituale può essere tra un bambino e il suo aguzzino, tra due bambini o tra il bambino e Satana. Questi rituali di "rinascita" e "matrimonio" hanno la conseguenza di legare la vittima psicologicamente ma anche spiritualmente al gruppo e alle potenze del male. Il gemellaggio non biologico è anche usato come mezzo di controllo mentale. Per esempio, due bambini piccoli saranno iniziati in una cerimonia con una *magica unione delle* loro anime, diventeranno poi *gemelli inseparabili per l'eternità*. Ognuno di loro condividerà la metà della stessa programmazione mentale, rendendoli interdipendenti l'uno dall'altro. Queste alleanze rituali incatenano le alter personalità create dai traumi estremi, alter personalità che rimarranno fedeli al culto fino a quando non saranno rimosse dal culto con un lavoro di deprogrammazione.

b/ Simbolismo di morte e rinascita

Come abbiamo visto nel capitolo 2, i "rituali di rinascita" con un passaggio attraverso una morte e rinascita simbolica erano una caratteristica comune delle religioni misteriche. Questa pratica di "resurrezione" simbolica è presente anche nelle tradizioni sciamaniche. Qui, Lloyd deMause riprende la descrizione di un rituale sciamanico paragonandolo al parto reale: *"Quando il rullo di tamburo accelera (battito cardiaco e contrazioni)... tutta la struttura si spacca come un'onda cosmica sopra la mia testa (rottura delle acque amniotiche)... e in uno sforzo supremo devo continuare ad andare, le mie gambe sono bloccate (passaggio attraverso il canale del parto)... il mio cranio è un tamburo, le mie vene scoppieranno e perforeranno la mia pelle (anossia)... Sono risucchiato e tirato a pezzi sia verso il basso che verso l'alto (nascita)... Infine, è come se tornassi da molto lontano, da una profondità infinita dove sono stato annidato. Poi improvvisamente la superficie, improvvisamente l'aria, improvvisamente questo bianco abbagliante."*[235]

Questo tipo di resurrezione iniziatica è frequentemente menzionato nelle testimonianze dei sopravvissuti agli abusi rituali moderni. Questa morte e

---

[235] 'La vita emotiva delle nazioni' - Lloyd deMause, 2002.

rinascita può essere simboleggiata da una vera e propria sepoltura in una bara o in una volta in un cimitero. Alcuni sopravvissuti riferiscono anche di essere stati messi nella carcassa di un animale morto e in alcuni casi in un cadavere umano. La dottoressa Judianne Densen-Gerber, avvocato e psichiatra americana specializzata in abusi sui bambini, parla di un rituale satanico in cui un bambino viene messo nell'utero spalancato di una donna che ha appena subito un parto cesareo per rimuovere il suo bambino. Questo rituale è stato descritto anche da Kathleen Sorenson e dal sopravvissuto Paul Bonacci (più avanti sulle loro testimonianze). Il senatore John De Camp riporta le parole di Densen-Gerber nel suo libro *"The Franklin Cover-up"*: *"Sono stato in questo business abbastanza a lungo e ho dovuto realizzare ciò che questi tre pazienti mi stavano dicendo. Era qualcosa di così orribile per me da immaginare. Prendere un bambino di due anni e metterlo nel grembo aperto di una donna morente. Avere quel bambino coperto di sangue. Io stesso uso la negazione dopo tutti questi anni... Secondo Sorenson, questo è successo in Nebraska, oggi è morta. Ma la stessa cosa, la stessa cerimonia, è stata descritta da Bonacci, sempre in Nebraska."*[236]

L'ex-satanista Stella Katz descrive così la cerimonia di rinascita in cui la personalità del bambino viene scissa: *'Può essere una carcassa di mucca, una grande capra o una pecora. Ai bambini viene detto che possono entrare nel regno delle tenebre solo se nascono dal sangue e dalla bestia. Questo è simile, ma in modo inverso alla credenza cristiana che solo i nati dall'acqua e dallo Spirito Santo potranno entrare nel Regno di Dio. Il bambino viene drogato e messo nudo in una carcassa. Lui o lei viene cucito nel corpo (...) La mano del 'consegnatore' viene inserita e il bambino viene tirato attraverso l'incisione che è stata fatta nell'animale. Durante questa esperienza, il bambino, che è abituato a dividersi quando è terrorizzato, creerà una nuova scissione* (ndr: nuovo alter/personalità). *L'alter ego del bambino viene poi solitamente identificato con un nome demoniaco da chi lo consegna.'*[237]

Fritz Springmeier descrive anche lo stesso tipo di rituali che servono anche come battesimo satanico: "Questa cerimonia può variare in alcuni dettagli, ma ecco il rituale eseguito per un bambino destinato al controllo mentale Monarch: il bambino viene spogliato e messo in una veste viola. È posto all'interno di un pentagramma con una donna nuda come altare davanti al quale viene presentato il bambino. Un cavallo o uno sciacallo con l'iscrizione 'Nebebka' sul collo o sulla fronte viene poi sacrificato in nome di Satana (il nome che gli viene dato può variare secondo il gruppo, può essere 'Set' o 'Saman' per esempio). L'addome della bestia viene aperto completamente e il fegato viene rimosso. I quattro spiriti guardiani dei quattro punti cardinali, le "torri di guardia", sono poi invocati. Il bambino Monarch viene poi spalmato con il grasso dell'animale morto. Uno spirito guardiano viene poi convocato con una campana e il bambino viene messo nella pancia dell'animale. Una parte del

---

[236] *The Franklin Cover-Up: Child Abuse, Satanism, and Murder in Nebraska* - John W. De Camp, 2011, p.212.

[237] 'Healing The Unimaginable: Treating Ritual Abuse And Mind-Control' - Alison Miller, 2012, p.110.

fegato crudo viene data al bambino e il resto viene mangiato dal gruppo. Il bambino viene infine battezzato con il sangue dell'animale sacrificato."[238]

La rievocazione del trauma della nascita (o anche la regressione intrauterina) è una caratteristica comune dell'abuso rituale satanico (forse inconsciamente collegato al trauma iniziale delle gravidanze gemellari in cui il feto sperimenta il suo gemello (o i suoi gemelli) che muore accanto a lui nel grembo materno...). Sembra che l'ansia dell'iniziato di rimanere permanentemente in unione con la madre, ed evitare così la ripetizione del trauma della nascita, sia illustrata negli antichi culti gnostici. Queste religioni misteriche esprimevano il loro rifiuto di Dio Padre con il desiderio di tornare alla Dea Madre. I rituali di nascita, o di rinascita, provengono dagli antichi culti di fertilità legati alla Dea Madre. La "Madre" e l'orgia incestuosa è stata elevata allo status di un rito divino in opposizione a "Dio Padre". Negli antichi Misteri, l'iniziato riceveva la promessa dell'onnipotenza divina, un'unione cosmica con il "tutto", attraverso l'unione simbolica con "La Madre". Nei Misteri Eleusini, c'era un'iniziazione chiamata "Discesa oscura" nella Madre. Lo ierofante era accompagnato in questa oscura iniziazione da una sacerdotessa che rappresentava la Dea Madre, la discesa nel suo grembo. Nel culto dei Misteri Frigi, l'iniziato scende in una fossa e il sangue di un animale viene versato su di lui, dopo di che riceve il *"latte nutriente"*. Come abbiamo visto nel capitolo 2, la setta dei Phibioniti mirava a raccogliere lo sperma maschile e le mestruazioni femminili in una sorta di *'culto dello sperma'* dove venivano consumati persino i feti umani. Tutti questi riti ruotano intorno alla fertilità, mescolando sia la fertilità della *'madre terra'* che quella umana, spesso sfociando in pratiche totalmente depravate e criminali.

Per lo psico-storico Lloyd deMause, l'unico modo per dare un senso a certi elementi presenti negli abusi rituali è considerare che essi rivivono simbolicamente e persino fisicamente il trauma della nascita. Questi includono il confinamento in uteri simbolici (gabbie, scatole, bare, ma anche veri e propri uteri organici), appesi a testa in giù, che riproduce la sensazione del feto nell'utero. L'immersione della testa nell'acqua durante la tortura replica l'esperienza del liquido amniotico, mentre il soffocamento replica l'anossia che tutti i bambini sperimentano durante il parto. La vittima è costretta a bere sangue e urina, così come il feto "beve" sangue placentare e "fa il bagno" nella sua urina. I rituali sono spesso eseguiti in tunnel o cantine, luoghi sotterranei bui e umidi che simboleggiano il confinamento del canale vaginale o dell'utero. I sedici elementi caratteristici dell'abuso rituale che i ricercatori Jean Goodwin e David Finkelhor hanno identificato sono tutti legati alla rievocazione del trauma della nascita. Senza una "nascita" simbolica, tutti questi atti non avrebbero senso. Alcuni ricercatori hanno posto una domanda su questi protocolli sistematici nell'abuso rituale: *"Perché stuprare in modo così complicato?"* Perché questo processo rappresenta il *dramma fetale* che deve essere riprodotto e rivissuto, certamente in modo inconscio.

---

[238] 'La formula degli Illuminati usata per creare uno schiavo totale non rilevabile controllato dalla mente' - Fritz Springmeier & Cisco Wheeler, 1996.

Nel libro "*The Witches' Way*: *Principles, Rituals and Beliefs of Modern Witchcraft*", Janet e Stewart Fenar riportano la testimonianza di una vittima che fu legata nuda e in stato di trance e portata in una grotta da un gruppo di donne nude. Una volta nella grotta, le donne la passarono sotto le loro gambe, gesticolando e urlando, come se partorissero. Poi è stato tagliato un cordone ombelicale simbolico e la vittima è stata immersa nell'acqua. Nel suo libro *Symbolic Wounds*, Bruno Bettelheim descrive anche i riti legati alla pubertà in cui i giovani ragazzi devono strisciare sotto le gambe di uomini più grandi, in una rinascita simbolica. Nel libro '*Michelle Remembers*', la sopravvissuta Michelle Smith ricorda il suo rituale di 'nascita'. Un bambino è stato prima pugnalato, poi messo tra le gambe di Michelle e il suo sangue spalmato su di lei, come se possedesse un "potere". Poi le vennero dipinti dei simboli rossi sul corpo e lei dovette mettere la testa tra le gambe di una donna e strisciare come se la donna la stesse facendo nascere. Descrive anche un altro rituale in cui è stata messa dentro una statua di gesso del diavolo e coperta di sangue. Dice di essersi sentita come in un "tubo di dentifricio" quando è stata espulsa: "*Sto nascendo, ho qualcosa di spesso avvolto intorno al collo ma un uomo taglia questa corda per non soffocare.*"[239]

La società segreta *Skull and Bones* pratica un rituale di morte simbolico in cui l'iniziato viene messo nudo in una bara e deve subire vari passaggi traumatici per rinascere e trasformare la sua vita. In questa bara, deve anche confessare le sue attività sessuali più oscure. Per gli *Skull and Bones*, durante la notte del rituale l'iniziato '*muore al mondo per rinascere nell'Ordine (...) Mentre è nella bara per un viaggio simbolico attraverso gli inferi per la sua rinascita, che avverrà nella camera numero 322, l'Ordine veste poi il cavaliere 'neonato' con abiti speciali, indicando che da ora in poi dovrà adattarsi alla missione dell'Ordine.*[240] Il giuramento fatto dall'iniziato durante questo rituale di rinascita giura una fedeltà all'Ordine segreto che supera tutto ciò che riguarda il mondo profano. È una fedeltà totale al gruppo...

Questo tipo di rituale è comune nel satanismo. Nel suo libro *The Satanic Rituals: Companion to the Satanic Bible*, Anton Lavey, il fondatore della Chiesa di Satana, ha scritto: "*La cerimonia di rinascita si svolge in una grande bara, analogamente questo simbolismo della bara si trova nella maggior parte dei rituali di loggia.*"[241]

L'ex-illuminata "Svali", una sopravvissuta all'abuso rituale e al controllo mentale che ha in qualche modo disertato il culto per dare la sua testimonianza, ha affermato che uno dei loro rituali più antichi è la "*cerimonia della resurrezione*". La Fenice è uno dei simboli che apprezzano di più, e la morte e la rinascita ad una nuova vita è molto presente nei rituali dell'élite luciferiana. Vedremo nel capitolo 6 in cosa consiste questo rituale di "resurrezione" (e

---

[239] 'Why Cults Terrorize and Kill Children' - Lloyd de Mause, *The journal of Psychohistory* 21, 1994.

[240] Gli ultimi segreti di Skull and Bones - Ron Rosenbaum, *Esquire Magazine*, 1977.

[241] The Satanic Rituals: Companion to the Satanic Bible - Aton Lavey, 1976, p.57.

programmazione MK), che arriva al punto di provocare un'esperienza di pre-morte (NDE) nella piccola vittima.

c/ Sacrificio di sangue

> *'I gruppi satanisti hardcore credono che il modo migliore per aumentare l'energia sia attraverso l'atto sessuale o attraverso il sacrificio, che si tratti di un animale o di un umano... Una quantità enorme di energia viene quindi rilasciata, ancora di più con un essere umano. Se si vuole aumentare questo potere finale, si sacrifica qualcuno. La maggior quantità di energia sarà con un bambino, poi con una vergine.'* - Bill Schnoebelen

Un sacrificio può essere un oggetto che serve come offerta a un dio, un'entità o una divinità al fine di stabilire, ripristinare o mantenere una buona relazione dell'uomo con il sacro. Si tratta anche di ottenere aiuto, favori materiali o potere spirituale come i poteri psichici e magici. La cremazione è un modo per rendere l'offerta direttamente disponibile agli dei. I rituali di sangue (sacrifici o salassi) si basano sulla credenza che la forza vitale dell'uomo o dell'animale sia nel suo sangue. I sacrifici seguono un certo calendario religioso che varia a seconda del culto, possono anche essere effettuati ad hoc per un compleanno ad esempio. In passato, l'offerta di una vita umana a un dio (demone) era generalmente usata come rituale per la fertilità terrena e i raccolti, oggi i sacrifici sono usati più per ottenere poteri e favori personali. Il cannibalismo è spesso combinato con il sacrificio umano a causa della credenza che l'ingestione di sangue e carne umana possa assorbire l'energia vitale della vittima. I sopravvissuti adulti e bambini agli abusi rituali riferiscono che lo scopo di tali pratiche è quello di ottenere certi poteri magici. I sopravvissuti spiegano che il consumo di sangue e il cannibalismo sono un modo per l'abusatore (o gli abusatori) di impossessarsi del potere spirituale della vittima. Wallis Budge ha scritto degli atti cannibalistici registrati nel *Libro dei Morti egiziano*: '*La nozione che mangiando carne, o più particolarmente bevendo il sangue di un altro essere vivente, l'uomo assorbe la vita della vittima nella sua propria vita, è qualcosa che appare nelle culture primitive in varie forme.*'[242]

Questi racconti di sacrifici umani sollevano sempre una questione di credibilità presso il pubblico. Da dove vengono le vittime sacrificate e dove sono i *resti*? Alcune testimonianze riferiscono che le vittime provengono spesso dall'interno del culto, cioè sono bambini nati dallo stupro per essere sacrificati. Ma possono anche essere senzatetto, adulti o bambini scomparsi. C'è un silenzio assordante nei media e una mancanza di cifre ufficiali sul numero annuale di sparizioni... La spiegazione dell'assenza di resti può anche essere il cannibalismo, l'accesso agli obitori e ai crematori da parte della setta, il congelamento della carne, la conservazione delle ossa per pratiche magiche...

---

[242] Il libro egiziano dei morti (il papiro di Ani), traslitterazione e traduzione del testo egiziano - E. A. Wallis Budge, 1967.

ecc. Nel 2000, su una televisione di France 3 *(Viols d'Enfants, la Fin du Silence?)*, l'ex procuratore aggiunto di Bobigny, Martine Bouillon, dichiarò che diverse fosse comuni di bambini erano state scoperte nella regione di Parigi e che un'indagine era in corso all'epoca...

La vittima, adulta o bambina, che è stata torturata e terrorizzata durante il rituale prima di essere uccisa, avrà il sangue carico di endorfine (morfina endogena). Queste endorfine sono secrete naturalmente dal corpo durante lo stress intenso o l'attività fisica e sono un oppiaceo naturale che agisce come antidolorifico. Negli sportivi, il rilascio di endorfine permette loro di mantenere alti livelli di sforzo e spesso sviluppano una dipendenza dalla sensazione fornita dagli ormoni, il cosiddetto *"runner's high"*. Una vittima di stupro e tortura, il cui dolore è stato spinto al limite, avrà un livello estremamente alto di endorfine nel suo sangue. Questo sangue sarà consumato come una droga dai partecipanti al rito, che sono già in uno stato dissociativo. Una forma di dipendenza può quindi svilupparsi attraverso il consumo di sangue umano o animale carico di endorfine.

L'ex-luciferiano Svali riferisce che "Il ramo celtico (della setta degli 'illuminati') crede che il potere venga trasmesso al momento del passaggio dalla vita alla morte. Eseguono rituali di iniziazione con i bambini o con i seguaci più anziani. L'iniziato viene legato e un animale viene fatto morire dissanguato sopra di lui. La credenza è che la persona riceva allora il potere dello spirito che esce dal corpo, questo potere 'entra' nell'iniziato (...) Queste persone credono veramente che ci siano altre dimensioni spirituali, e che per accedervi si debba fare un grande sacrificio per 'aprire un portale', di solito con il sacrificio di diversi animali. Ho visto anche sacrifici di animali fatti per protezione, il sangue viene usato per "chiudere il cerchio" in modo che certe entità demoniache non possano entrare. Troviamo ancora questa nozione di battesimo per sangue, l'animale dissanguato sull'iniziato per ricoprirlo di emoglobina, proprio come nel culto misterico di Mitra.

Per il satanista Aleister Crowley, il *'sangue migliore'* è il sangue mestruale di una donna, poi il *'sangue fresco di un bambino'* e infine quello dei *'nemici'*.[243] Nel suo libro *'Magick in Theory and Practice'*, Crowley ha scritto: *'Il sangue è vita. Questa semplice affermazione è spiegata dagli indù per i quali il sangue è il veicolo principale del 'Prana' vitale... Questa è la teoria degli antichi Maghi, per i quali ogni essere vivente è una riserva di energia che varia in quantità secondo la taglia e la salute dell'animale, e in qualità secondo il suo carattere mentale e morale. Quando l'animale muore, questa energia viene improvvisamente rilasciata. (Per scopi magici) L'animale deve essere prima ucciso in un cerchio, o triangolo a seconda dei casi, in modo che l'energia non possa uscire. La natura dell'animale scelto deve essere in accordo con la natura della cerimonia. Per il più alto lavoro spirituale, quindi, dovrebbe essere scelta la vittima più pura e potente. Un bambino maschio di perfetta innocenza e intelligenza è la vittima più adatta e desiderabile. Alcuni maghi che rifiutano l'uso del sangue hanno cercato di sostituirlo con l'incenso... Ma il sacrificio di*

---

[243] 'Painted Black: From Drug Killings to Heavy Metal: The Alarming True Story of How Satanism Is Terrorizing Our Communities' - Carl A. Raschke, 1990.

sangue, anche se più pericoloso, è il più efficace, e in quasi tutti i casi il sacrificio umano è il migliore."[244]

Fritz Springmeier spiega che il sesso e i sacrifici di sangue sono usati per interagire con i demoni. Le messe nere con sacrifici di sangue comportano anche orge. La depravazione e la magia sessuale sono modi di interagire con i demoni, inoltre rilascia la tensione presente durante la cerimonia omicida. Alcune entità particolarmente potenti possono essere evocate solo se ci sono dei sacrifici. I demoni non vengono gratis e il prezzo da pagare è il sangue. Satana esige un sacrificio e il bambino è l'offerta più grande perché è il più puro, aggiungete la tortura e l'abuso sessuale e avrete l'offerta definitiva. Proprio come nei sacrifici umani, dove la purezza del bambino viene sacrificata e vampirizzata, anche la magia sessuale satanica richiede questa innocenza e purezza per essere più efficace. La combinazione dei due è l'ultima profanazione e quindi l'ultima offerta. Il carnefice terrorizzerà il bambino per aumentare al massimo la sua paura e la sua *energia...* Poi lo violenterà, e lo ucciderà al momento dell'orgasmo per vampirizzare la totalità dell'energia vitale. Nella messa nera, è il sacrificio di sangue (magia rossa) e poi l'elemento orgiastico (magia sessuale) che costituirà la *"Vibrazione"* ricercata dai satanisti. Quando il sangue viene versato, attira certe potenze demoniache più o meno elevate gerarchicamente, ma anche le larve brulicanti che popolano l'astrale inferiore.

Il serial killer Ottis Tool ha dichiarato di essere stato coinvolto in cerimonie sataniche estreme. Ecco cosa ha detto a Stephane Bourgoin che lo ha intervistato in prigione per il suo documentario *"Paroles de Serial-Killers":*

- L'iniziato, che taglia la gola alla persona, prima "scopa" la persona, e gli animali "scopano" anche loro. Poi "scopano" gli animali e poi li uccidono. Cucinarono la persona e gli animali e fecero una grande festa.

- È stato quando faceva parte del culto satanico?

- Sì... Lo facevano... Erano in molti. Non potevi... non potevi riconoscerli, di solito avevano una maschera o una cuffia che copriva loro il volto. In alcuni casi sapevi chi era un membro, ma... non puoi rivelare gli obblighi principali, perché sarebbe un inferno, peggiore di quello che è già... Non puoi rivelare le password e quella merda...

In entrambi i culti luciferiani e satanisti, l'obiettivo è dimostrare che Satana o Lucifero è più potente di Dio Creatore. Alcuni gruppi strettamente satanisti usano un sistema basato sull'inversione della tradizione cristiana, sia nelle cerimonie che nei simboli. La croce sarà capovolta, il matrimonio con Dio sarà sostituito dal matrimonio con Satana. Il battesimo d'acqua e dello Spirito Santo è sostituito dal battesimo di sangue animale o umano. La messa nera inverte la messa cattolica nel senso che i partecipanti mangiano effettivamente la carne sacrificale (umana o animale) e bevono il sangue della vittima, quindi i satanisti praticano una sorta di comunione con il loro Maestro, una santificazione rovesciata. Come vedremo ora, c'è anche un *"sacrificio vivente"*, che è anche una totale deviazione e inversione degli insegnamenti cristici.

---

[244] 'Magick: in Theory and Practice' - Aleister Crowley, 1973, p.219.

d/ Il sacrificio vivente

La terapeuta Patricia Baird Clarke, nel suo libro *'Sanctification in Reverse: The Essence of Satanic Ritual Abuse'*, ha descritto come funziona il 'sacrificio vivente' di un bambino tra i satanisti:

- Le persone coinvolte in attività occulte hanno un certo grado di separazione tra anima e spirito che permette loro di vedere, sentire e percepire entità che vivono su un altro piano. Queste persone sono tutte, senza eccezione, illusi e mentalmente confusi. Molti credono, tra le altre cose, di poter comunicare con i morti, anche se la Bibbia afferma chiaramente che questo è impossibile. Gli spiriti demoniaci possono apparire o assumere qualsiasi forma, compresa quella umana, e quindi ingannare gli umani facendogli credere di poter dare fama, fortuna e persino benedizione e vita eterna.

Il potere spirituale può venire solo da due fonti: Gesù Cristo o Satana. Dio dà il potere di vincere ogni peccato e tentazione dando il Suo Spirito Santo a coloro che credono nel sacrificio espiatorio di Suo Figlio Gesù Cristo. Coloro che sono coinvolti nell'oscurità dell'occulto sono nutriti dai demoni. Nel mondo del culto satanico, i demoni sono poteri. Se qualcuno dicesse che ha il potere dell'ESP, potrebbe anche dire che ha il demone dell'ESP. Gli esseri umani non hanno poteri soprannaturali, questi poteri provengono da entità spirituali. Più demoni si hanno, più poteri si hanno a disposizione per soddisfare i propri interessi egoistici. Le grandi potenze (demoni) devono passare attraverso l'ignobile pratica dell'abuso rituale satanico.

Nell'abuso rituale satanico, un neonato o un bambino sarà "scelto" e selezionato come un individuo "speciale" attraverso il quale i seguaci possono ricevere energia. Per ricevere energia ci deve essere sempre un sacrificio; questo è un principio del Regno. Gesù Cristo è stato il sacrificio perfetto che si è dato una volta per tutte, e credendo in Lui, i cristiani ricevono il potere di vincere il male e vivere una vita cristiana vittoriosa. Tuttavia, questo potere è disponibile per i cristiani solo se sono disposti a vivere secondo le istruzioni di Dio, incluso Romani 12:1, dove ci viene detto: "Offrite i vostri corpi come un sacrificio vivente, santo, accettabile a Dio, che è un culto ragionevole da parte vostra. '. La maggior parte delle persone che sanno qualcosa del culto satanico hanno sentito parlare di bambini uccisi come sacrificio a Satana. Tuttavia, pochi hanno sentito parlare della nozione di un sacrificio vivente richiesto da Satana.

Dio comanda ai cristiani di diventare un sacrificio vivente per Lui. Un adoratore di Satana non sarebbe disposto ad essere un sacrificio vivente per nessuno, perché l'essenza stessa del satanismo è basata sull'egoismo e l'avidità, ma per avere accesso ai poteri e alla potenza, ci deve essere un sacrificio vivente. Pertanto, un bambino o una bambina indifesa saranno scelti per essere il sacrificio vivente a Satana. Il bambino viene poi sottoposto a molti rituali dolorosi e terrificanti in cui i demoni sono chiamati a possedere il bambino, rendendolo così un "serbatoio" o "batteria" per immagazzinare poteri satanici che possono essere usati a volontà dai membri del culto. Il modo più comune in cui si accede a questi poteri è attraverso la perversione sessuale sul bambino. Il bambino naturalmente crescerà e maturerà in un adulto, ma a causa della gravità dell'abuso e della programmazione psicologica, non si renderà mai conto di possedere questi poteri. Soffrirà per tutta la vita tanto per le molestie dei demoni quanto per la sua programmazione mentale e per gli stessi abusatori. Questa persona è diventata un sacrificio vivente a Satana e la sua vita è un inferno vivente.

Questa è un'abominevole appropriazione e perversione di una gloriosa verità scritturale data da Dio per portare il Suo popolo in una stretta e amorevole relazione con Lui e quindi riempire le loro vite di benedizioni!

Sta diventando chiaro che queste conseguenze dell'abuso rituale satanico richiedono un ministero spirituale. Le migliori tecniche o competenze psicologiche conosciute dall'uomo non saranno mai in grado di liberare una persona nel tormento causato dagli spiriti demoniaci. Soltanto i cristiani, rafforzati dallo Spirito Santo, hanno il discernimento e il potere di liberare le persone torturate dai demoni. Il nostro potere su queste entità è direttamente proporzionale alla misura in cui siamo stati disposti a morire a noi stessi per permettere a Cristo di riempirci di sé. Se siamo disposti ad essere un sacrificio vivente a Dio, abbiamo l'amore e il potere di liberare coloro che, contro la loro volontà, sono stati sacrifici viventi a Satana.[245]

Quando Patricia Baird Clarke scrive "Il modo più comune in cui si accede a questi poteri è attraverso la perversione sessuale del bambino", questa è vera magia sessuale.

e/ I bambini della rabbia

> ... *l'improvviso emergere in un bambino docile e amabile di una personalità che delira, urla, ride a squarciagola, pronuncia bestemmie spaventose e sembra invaso da un essere alieno.* 'La stregoneria in Inghilterra' - Barbara Rosen

> *Noi terapeuti ci identifichiamo molto di più con il dolore e la sofferenza dei nostri pazienti che con l'altro lato della scissione, cioè rabbia, vendetta, perpetrazione... Questi sentimenti, come tutti gli altri, sono difficili, ma devono essere affrontati in terapia.* Personalità multipla e dissociazione: capire l'incesto, l'abuso e il MPD - David Calof

A causa dell'estrema violenza coinvolta, l'abuso rituale crea un'enorme tensione interiore nel bambino. Questa rabbia interiorizzata viene sfruttata dal gruppo per indottrinare il bambino in un sistema in cui la violenza e la furia sono apprezzate e persino incoraggiate. Il bambino che è stato ripetutamente violentato e torturato in un gruppo non può esprimere la sua rabbia, questa violenza (o carica negativa) che deve evacuare può essere fatta solo torturando altri bambini e a volte anche uccidendoli. Questi comportamenti iper-violenti

---

[245] 'La santificazione al contrario: l'essenza dell'abuso rituale satanico' - Patricia Baird Clarke, Five Stone Publishing, 2013.

sono quindi incoraggiati e premiati dagli adulti che ne approfittano per far sentire al bambino che è già violento come loro e che questo è la prova che sta diventando veramente un membro del gruppo, e quindi colpevole come gli altri...

I comportamenti molto violenti hanno origine nei primi due anni di vita; lo stesso vale per il senso di colpa, che è prezioso perché è l'unico modo per evitare che si ripetano atti violenti. Quando questo sentimento non si forma in questo periodo precoce, è difficile acquisirlo in seguito; dietro gli atti violenti di un aspetto "primitivo", sommario, ci sono processi complessi le cui caratteristiche principali sono la non-differenziazione tra sé e gli altri, disturbi dello schema corporeo e del tono muscolare, l'incapacità di fingere, e disfunzioni neurologiche dovute a cure materne molto inadeguate Maurice Berger, "Soigner les enfants violents" (2012)

Per i gruppi che praticano l'abuso rituale e il controllo mentale, la mente del bambino deve essere *rotta* in tenera età. Per fare questo, verranno moltiplicate le esperienze estremamente traumatiche, con l'obiettivo di corrompere l'innocenza e creare stati dissociativi. Bambini che normalmente hanno una naturale empatia e gioia di vivere, diventano "soldati" o "sacerdoti" capaci di ferire e persino di uccidere senza provare alcuna empatia. L'unico modo per ottenere tale comportamento è il processo di dissociazione. Il frazionamento del bambino in diverse personalità dissociate è un fenomeno protettivo contro i traumi gravi. Sono i disturbi dissociativi profondi che permettono di torturare e uccidere in modo robotico senza una reale consapevolezza della gravità degli atti. Per questi gruppi iper-violenti, la compassione non è accettabile e deve essere neutralizzata fin dai primi anni di vita del bambino, che molto rapidamente, sotto il peso del trauma, svilupperà personalità multiple disumanizzate.

I bambini vittime di abusi fisici, psicologici e sessuali sviluppano una carica interna negativa in proporzione alla sofferenza e alla ripetizione del trauma. Questa carica negativa è una memoria traumatica latente, ma è comunque presente nel bambino che dovrà sopravvivere alle conseguenze psicotraumatiche della violenza. Per affrontare il risveglio di questa memoria traumatica, il bambino ricorrerà a comportamenti dissociativi per creare una disgiunzione che anestetizzi questa tensione intollerabile, questa carica emozionale negativa. Questa disgiunzione avverrà durante i comportamenti dissociativi in due modi: o con uno stress estremo che provocherà una produzione improvvisa di ormoni, o con l'uso di droghe. In un bambino piccolo, questi comportamenti dissociativi possono assumere la forma di comportamenti autodistruttivi come l'automutilazione, la scarificazione, il colpirsi, il mordersi o il bruciarsi; o anche la messa in pericolo attraverso giochi rischiosi o comportamenti violenti contro gli altri, con l'altro usato come miccia in una lotta di potere per *rendersi disconnessi* e *anestetizzati*. I culti distruttivi incoraggiano questa catena di violenza spingendo il bambino (già traumatizzato) a diventare un carnefice e a capire molto rapidamente che questo comportamento dissociante, cioè la violenza contro gli altri, allevia e anestetizza la memoria traumatica del bambino stesso: è un circolo vizioso (torneremo su queste nozioni di dissociazione e di memoria traumatica più in dettaglio nel prossimo capitolo).

Jean Cartry, autore ed educatore specializzato, ha scritto sul libro di Maurice Berger "Vogliamo dei bambini barbari? Per circa dieci anni, abbiamo accolto quattro fratelli, i due più grandi dei quali hanno vissuto per un anno con la madre, alternando relazioni erotiche e grande violenza. D'altra parte, i due più piccoli hanno beneficiato di una protezione giudiziaria precoce, soprattutto l'ultimo che abbiamo accolto all'età di cinque mesi. Il giudice non ha esitato e lo ha rimosso dal reparto maternità. I primi due ragazzi, di trenta e diciannove mesi, erano i bambini più violenti e pericolosi che abbiamo mai conosciuto. Al contrario, i loro fratelli minori non sono mai stati violenti. '

Nel 1990, un documentario intitolato *"Child of rage"* fu trasmesso dalla *HBO* nella sua serie *"America Undercover"*. Questo inquietante documentario rivela come una bambina di sei anni, Beth Thomas, torturava gli animali e abusava sessualmente di suo fratello minore Jonathan. Si tratta di una compilation di registrazioni video che il dottor Ken Magid, uno psicologo clinico specializzato nel trattamento di bambini gravemente abusati, ha fatto durante le sessioni di terapia con la piccola Beth. Questi bambini sono stati così traumatizzati nei loro primi mesi o anni che non sviluppano un legame con altri bambini o adulti. Sono bambini che non possono amare o accettare di ricevere amore. Non sono nemmeno consapevoli di poter ferire o addirittura uccidere (senza rimorso).

La madre di Beth è morta quando lei aveva un anno e lei e suo fratello minore Jonathan sono stati lasciati in balia del padre, un sadico pedofilo. I bambini sono stati gravemente trascurati e Beth ha subito abusi sessuali fino all'età di 19 mesi, quando i servizi sociali li hanno tolti al padre e li hanno dati in adozione. Nel 1984, i due bambini furono dati a una coppia, Tim e Julie, ai quali non fu data alcuna informazione sul passato traumatico dei bambini. Al momento dell'adozione, Jonathan aveva sette mesi, non riusciva a tenere la testa e non poteva rotolare su un fianco. Aveva una grave mancanza di stimoli e di alimentazione. Dopo alcuni mesi, Tim e Julie iniziarono ad osservare gli strani comportamenti dei bambini e a imparare alcune cose sul loro passato. Pensarono che Beth fosse stata probabilmente abusata sessualmente e non passò molto tempo prima che ne mostrasse i segni. Aveva un incubo ricorrente in cui *"un uomo era sdraiato sopra di lei e le faceva male"*. '

L'abuso da parte del padre biologico ha portato Beth ad avere un comportamento violento e sessualizzato, soprattutto con il fratello minore Jonathan. Aveva anche la tendenza a masturbarsi ripetutamente, al punto che sviluppò un'infezione e dovette essere ricoverata. Julie la sorprese mentre abusava sessualmente di Jonathan un giorno, lui stava piangendo e aveva i pantaloni abbassati. Quando Julie le chiese cosa fosse successo, lei disse che *gli aveva pizzicato il pene e messo un dito nelle natiche*, che lui l'aveva pregata di smettere ma lei aveva continuato. A volte Beth infilava degli aghi nel fratello e negli animali domestici. Quando era un po' più grande, ha anche spaccato la testa di Jonathan sul pavimento di cemento del garage, richiedendo diversi punti di sutura. Di notte, i genitori adottivi dovevano chiuderla nella sua stanza. L'intenzione di Beth non era solo quella di ferire suo fratello, ma voleva ucciderlo... Nelle registrazioni video, esprime in modo molto calmo e soprattutto molto freddo il suo desiderio di uccidere suo fratello, ma anche i suoi genitori. L'aspetto più inquietante del comportamento di Beth era la sua completa mancanza di rimorso e imbarazzo per il suo comportamento distruttivo. Era ben consapevole che le sue azioni erano sbagliate e pericolose, ma questo non le importava.

A Beth è stato diagnosticato *un "disturbo dell'attaccamento"*, caratterizzato da disturbi emotivi, comportamentali e sociali. Questo può assumere la forma di un'incapacità di stabilire interazioni sociali appropriate. Il bambino può mostrare un eccessivo distacco o un'eccessiva familiarità con gli estranei. Il caso di Beth comportava una completa incapacità di sviluppare empatia e un'incapacità di formare normali legami emotivi con un umano. Il comportamento di Beth era così estremo che nell'aprile 1989 fu rimossa dalla casa dei suoi genitori adottivi e messa in terapia intensiva con il terapeuta Connell Watkins. Nonostante il comportamento molto pericoloso di Beth, questa terapeuta era convinta di poterla aiutare come aveva fatto con altri bambini, a volte assassini non ancora decennali... A poco a poco, nel corso della terapia, Beth Thomas cominciò a sviluppare empatia, oltre che rimorso. Ha imparato cosa è giusto e cosa è sbagliato. A volte piangeva apertamente quando ricordava il suo comportamento abusivo nei confronti del fratellino. Ci sono voluti diversi anni per riportare Beth in equilibrio, ma come tutti i bambini gravemente abusati, le cicatrici rimarranno per tutta la vita. Da adulta, Beth ha ottenuto una laurea in infermieristica. Ha scritto un libro intitolato "*Più di un* filo *di speranza*".

Un altro caso famoso di una bambina iper-violenta, addirittura assassina, è quello della britannica Mary Flora Bell. All'età di undici anni, è stata giudicata colpevole dell'omicidio di due bambini di tre e quattro anni. Durante la sua prima infanzia, Mary ha subito gravi abusi sessuali e fisici. Sua madre, che era una prostituta sado-masochista, usava sua figlia durante le sessioni con i suoi clienti, per cui la ragazza era sottoposta ad atrocità. Crescendo, Mary sviluppò una grave rabbia che si manifestò nella tortura di animali e nei tentativi di strangolare altri bambini. Per lei, questi erano semplicemente *"massaggi"*, non era consapevole del pericolo mortale di tali pratiche. È probabile che abbia imparato lo strangolamento durante le sessioni sadomaso con sua madre. Come Beth Thomas, Mary non ha sviluppato alcun legame emotivo con i suoi genitori, non ha conosciuto suo padre e il suo patrigno era un criminale alcolizzato, quindi c'era un caos costante in casa.

Nel maggio 1968, Mary strangolò Martin Brown, di quattro anni. Qualche mese dopo, insieme alla sua amica Norma, strangolò un altro bambino, Brian Howe di tre anni. Mary ha firmato la sua iniziale 'M' con una lama di rasoio sull'addome della piccola vittima, le ragazze hanno anche presumibilmente mutilato sessualmente il corpo con le forbici. Mary è stata condannata per omicidio colposo sulla base della diminuzione della responsabilità, ma è stata condannata all'ergastolo anche se era ancora una bambina al momento del crimine: passerà dodici anni in prigione. Mentre era in prigione, Mary ha ricevuto una terapia comportamentale attraverso la quale ha sviluppato un senso di giusto e sbagliato. Ha mostrato segni di rimorso per le violenze e gli omicidi che aveva commesso.

Il dottor Robert Orton, la prima persona a parlare con Mary Bell durante la sua incarcerazione, disse di lei che mostrava i classici sintomi di una personalità psicopatica nella sua totale mancanza di sentimenti per gli altri. *Non ha mostrato il minimo rimorso, lacrima o ansia. Era completamente impassibile e senza risentimento per le sue azioni o la sua detenzione.* Lo psichiatra disse anche che aveva visto molti bambini psicopatici, ma non aveva mai incontrato un caso come Mary, così intelligente, così manipolatrice e così pericolosa. Un altro psichiatra, il dottor Westbury, ha detto: *'La manipolazione delle persone è il suo obiettivo principale.* Una biografia basata su interviste con Mary Bell è stata scritta nel 1998 da Gitta Sereny con il titolo *"Cries Unheard: Why Children Kill, The Story of Mary Bell".* ' Grida inascoltate: perché i bambini uccidono, la storia di Mary Bell.

Nel 1998 è stato pubblicato il libro *"Il castello magico",* la storia di una madre che ha adottato il piccolo Alex, un bambino multiplo e iperviolento. Nel 1984, all'età di 10 anni, Alex venne a vivere con Carole e Sam Smith. Aveva un file con molte informazioni sul suo passato. Alex ha vissuto con la madre e il patrigno fino all'età di 5 anni, quando è stato preso in custodia dal padre biologico a causa dell'alcolismo della madre. Poi, a causa di gravi abusi e trascuratezza, Alex è stato messo in una casa di riposo fino all'età di 7 anni. Ha poi trascorso 3 anni in affidamento prima di arrivare a Carole Smith. Quando Carole andò a prenderlo per la prima volta, vide il giovane Alex seduto sul prato con due grandi sacchi della spazzatura contenenti i suoi effetti personali accanto a lui. Ha detto in seguito: *"L'ho tenuto per due settimane e sono state le due settimane più lunghe della mia vita!"*

I problemi sono iniziati per Carol e Sam non appena Alex è arrivato a casa loro. Era costantemente arrabbiato e ritirato. Inoltre, aveva le reazioni di un bambino di 2 anni. Il suo comportamento era fuori controllo e ha rotto le cose in diverse occasioni. Carole aveva persino paura di portarlo fuori in pubblico: *"La spesa è diventata un missile e il carrello del supermercato un serbatoio distruttivo",* dice. Non ci volle molto perché Carol si rendesse conto del grave impatto psicologico dell'abuso che aveva subito e che di conseguenza avrebbero avuto bisogno di molto aiuto e sostegno. L'assistente sociale che si occupava del suo caso non fornì molto aiuto, così Carole e Sam alla fine si rivolsero a psichiatri e assistenti sociali del governo per avere aiuto.

Man mano che Alex cresceva, i suoi problemi aumentavano, ma Carole perseverava nelle sue cure per il ragazzo, che ormai era diventato un membro della sua famiglia. Quando i problemi di Alex si intensificarono, Carole intuì che ci poteva essere qualcosa di ancora più profondo nei suoi problemi comportamentali. Un terapeuta pensava che potesse avere personalità multiple, Alex aveva 14 anni all'epoca. In quel periodo stava vedendo un terapeuta che usava l'ipnosi come forma di trattamento. Con sorpresa di Carole, Alex riuscì ad essere ipnotizzato, e fu allora che le altre personalità iniziarono a rivelarsi. I tre anni successivi furono un'agitazione costante per Carole e Sam. Non sapevano mai quale personalità sarebbe emersa e imparavano sempre di più sugli orrori che Alex aveva subito nella sua prima infanzia. Attraverso la terapia, Alex ha imparato a costruire un *"castello magico"* per aiutarlo a gestire la sua doppia personalità. In tutto, sono state scoperte otto personalità, personalità che sono state create nell'infanzia per aiutarla a far fronte all'immenso stress degli abusi ripetuti. Nella conclusione del libro, Carole cita una dichiarazione di Alex: *"Essere multipli è un mezzo di sopravvivenza, non un segno di pazzia"*. Al momento di scrivere, nel 1998, Alex viveva ancora con Carole e Sam, lavorando a fianco del suo padre adottivo.[246]

Prendete un bambino di 7 anni cresciuto nell'abuso rituale che all'iniziazione riceve il pugnale del sommo sacerdote per sacrificare un bambino... immaginate cosa ne sarà di questo bambino a trent'anni se non ha lasciato il culto e non è stato curato. Molto probabilmente avrà sviluppato un profondo disturbo dissociativo con una personalità multipla contenente una o più alterazioni iper-violente profondamente sepolte nel suo sistema interno ed emergenti durante certe cerimonie.

f/ Film snuff

Georges Glatz è un politico svizzero e il fondatore della CIDE: *Comitato Internazionale per la Dignità del Bambino*. Questa ONG con sede a Losanna ha prodotto un rapporto esplosivo nel 2012 che mostra la portata del fenomeno della pedocriminalità in rete. Questa relazione ha lo scopo di spiegare perché una coperta di piombo copre tutti questi casi. Nel 2000, alla televisione France 3, George Glatz ha detto a Élise Lucet che in Belgio sono stati trovati dei film che mostrano la vera morte dei bambini:

- **Georges Glatz**: Le cassette di film snuff si vendono tra i dieci e i ventimila franchi...
- **Élise Lucet**: Cosa intende per "snuff-movies"? ...
- **Georges Glatz**: nastri con morte reale di bambini...
- **Élise Lucet**: ....?!?!...
- **Georges Glatz**: Sì, questi nastri esistono, sono stati scoperti qualche anno fa in Belgio, ma non se ne parla molto nei media.

'Stupro di bambini: La fine del silenzio', France 3 - 2000.

Una dichiarazione piuttosto sconvolgente che ha lasciato la giornalista Élise Lucet senza parole...

Nel 2008, padre François Brune, in un'intervista video[247] sul suo libro *"Dieu et Satan, le combat continue"*, ha detto:

- E' la storia di un ragazzo che è stato trascinato in ambienti satanici contro la sua volontà da un amico... ma ambienti veramente satanici, cioè che nessuno conosce, nemmeno i giornalisti o gli investigatori specializzati (...) ma che possono raggiungere persone con posizioni ufficiali nell'amministrazione di altissimo livello (...).) Quando io stesso parlo di satanismo come sacerdote, non

---

[246] The Magic Castle: A Mother's Harrowing True Story Of Her Adoptive Son's Multiple Personalities - And The Triumph Of Healing - Carole Smith, 1998 / Book Review by Annette Petersmeyer Graduate Student University of Minnesota-Duluth, Duluth, MN.

[247] 'Dieu e Satana, il combattimento continua' - Yann-Erick intervista padre François Brune, *Élévation*, 2008.

sono molto credibile; ma d'altra parte, avete investigatori specializzati, in particolare sulla pornografia e la pedopornografia, che vi riveleranno che ci sono effettivamente persone che filmano bambini che vengono torturati... e che questo viene venduto a caro prezzo...

- Questi si chiamano snuff-movies....
- Ecco qui...
- Quindi per lei, dietro a questo c'è Satana?
- Certo! Esiste... Quando lo dicono gli psicologi, la polizia o i servizi segreti, vengono presi sul serio, ma è la stessa cosa, è lo stesso fenomeno...
- È la distruzione della creazione di Dio...
- Certo... e nella sua forma più pura e fragile... appena Satana può sporcarla...

Uno *snuff-movie* o *snuff-film* (*To Snuff* significa uccidere in gergo inglese), è un autentico video di tortura e omicidio di bambini o adulti, non c'è finzione, è la cattura diretta su pellicola di atti criminali. Queste produzioni sono vendute sul mercato nero per diverse migliaia di euro e quindi raggiungono un profilo sociale piuttosto alto.

Molti resoconti di sopravvissuti ad abusi rituali riportano la presenza di telecamere durante gli abusi e i sacrifici, e questa è una caratteristica abbastanza comune. L'obiettivo è quello di immortalare gli atti sadici e criminali, ma anche di avere delle prove in modo che tutti i partecipanti (quando non hanno il volto mascherato) siano legati dal segreto. Ma soprattutto, queste registrazioni sono utilizzate per fare il massimo dei soldi, attraverso il ricatto o il commercio in reti specializzate.

Ufficialmente, gli snuff film sono solo una "leggenda urbana", una specie di *"vecchia fantasia"*. Nel 1978, Roman Polanski dichiarò nel documentario *Confessioni di una star del cinema blu:*

Tutti i tabù sessuali sono stati mostrati sullo schermo e possiamo chiederci quale sarà il prossimo passo? Potrebbe essere l'omicidio di qualcuno senza trucchi...'.

La produzione di *tabacco da fiuto è una* realtà terribile. Un traffico di questo tipo è stato smantellato in Gran Bretagna, dove Dimitri Vladimirovitch Kouznetsov, un russo di 30 anni, si era stabilito. Questo mostro è stato arrestato dalla polizia britannica nel 2000, produceva video per una lista di clienti italiani, inglesi, americani e tedeschi. Nel corso delle indagini, più di 600 case sono state perquisite e 1.500 persone sono finite sotto l'indagine della polizia, tra cui uomini d'affari e dipendenti pubblici. La polizia italiana ha sequestrato circa 3.000 video prodotti da Kuznetsov. Gli investigatori hanno detto ai giornalisti che il materiale includeva filmati di bambini che morivano sotto tortura e stupri. La procura di Napoli ha poi preso in considerazione le accuse contro i clienti per complicità in omicidio, alcuni dei quali hanno specificamente rivendicato registrazioni con l'uccisione di bambini. Un alto funzionario della dogana ha detto: 'Abbiamo visto cose molto, molto violente, abusi sadici che coinvolgono bambini molto piccoli, ma le morti reali ci portano ad un livello completamente nuovo...'.

Il giornale di Napoli *"Il Mattino"* ha pubblicato una trascrizione di uno scambio tra un cliente italiano e il fornitore russo, che è una registrazione dell'*MI5*:

- Promettimi che non mi fregherai, dimmi la verità", chiede l'italiano.
- Rilassati, ti posso assicurare che questo muore davvero", risponde il russo.
- L'ultima volta che ho pagato, non ho ottenuto quello che volevo.
- Che cosa vuoi?
- Vederli morire...
- Ecco perché sono qui...

Il prezzo di un singolo video variava da 340 a 6.000 euro, con il prezzo stabilito in base al tipo di contenuto. I film con giovani bambini nudi erano chiamati *'snipe video'*. La categoria più raccapricciante in cui i bambini vengono violentati e torturati a morte è stata chiamata in codice *"necros pedo"*.[248]

Nel 1997, è iniziato il 'processo Draguignan'. Per la prima volta in Francia, la legge contro il turismo sessuale ha potuto essere applicata e le indagini hanno permesso di scoprire una vasta rete di pedofili organizzata sia in Francia che all'estero. Durante il processo, sono stati mostrati i film snuff che erano stati sequestrati dalla polizia... La proiezione è stata interrotta dopo 20 minuti e il procuratore Etienne Ceccaldi ha dichiarato davanti alle telecamere di Canal +: *'La visione di bambini torturati a morte, e tutto questo per scopi commerciali, è veramente insopportabile. '*

Sempre nel 1997, il canale inglese *ITV ha* trasmesso un documentario intitolato *"The Boy Business"* sulla produzione di pornografia infantile ad Amsterdam. Produzioni cinematografiche in cui i bambini vengono violentati, torturati e uccisi. In questo documentario inglese, tre britannici che hanno vissuto ad Amsterdam nei primi anni 1990 testimoniano indipendentemente l'uno dall'altro. Descrivono i film *snuff* a cui hanno assistito da bambini o da adolescenti.

Nel documentario *Dutsh Injustice: When Child traffickers rule a nation.* Nel documentario sul caso Rolodex, una vittima della rete olandese testimonia: *'Ho anche incontrato persone che facevano snuff-movies. I film snuff sono video in cui diversi bambini, o un solo bambino, vengono abusati sessualmente e poi uccisi alla fine del film. Mi è stato chiesto di partecipare a uno di questi film in cambio di molti soldi, ma ho rifiutato perché sapevo da quello che mi avevano detto altri ragazzi che era molto pericoloso perché non si sopravvive. '*

Il rapporto della CIDE del 2012 citato sopra conferma l'esistenza di snuff film attraverso Michel Thirion, un investigatore privato che era incaricato di indagare sulla scomparsa di Julie Lejeune e Melissa Russo nel caso Dutroux. Le sue indagini lo hanno portato a un giro di *snuff* nei Paesi Bassi (lo stesso giro menzionato dai testimoni nel documentario *"The Boy Business"*). Racconta a Jean Nicolas e Frédéric Lavachery del suo incontro con un inglese che possedeva una chiatta ad Amsterdam: *'L'inglese mi ha offerto la cosa migliore che aveva:*

---

[248] *'Collegamento britannico al video 'snuff'* - theguardian.com / Jason Burke per *'The Observer'* 01/10/2000.

l'uccisione dei bambini. L'inglese ha allora suggerito la cosa migliore che aveva: l'uccisione dei bambini. L'idea era che diverse persone salissero sulla sua chiatta, salissero e si soddisfacessero sessualmente con un bambino prima che quest'ultimo fosse gettato in acqua, mi ha spiegato l'inglese.[249]

Anche in Belgio, la produzione di *snuff film* sembra essere andata oltre la semplice "fantasia"... Nel 1997, un caso di pedofilia e pedopornografia è scoppiato in parallelo al caso Dutroux. Il 22 gennaio 1997, la Nouvelle Gazette de Charleroi pubblicò un articolo che menzionava l'esistenza di questo tipo di film: *"E' a casa di Michel (e solo a casa sua, ci tengono a precisare gli investigatori) che i gendarmi hanno fatto l'orribile scoperta. Hanno sequestrato una dozzina di film snuff, videocassette che mostrano l'orrore assoluto. I bambini che mostrano (bambini europei, i più piccoli dei quali sembrano avere 7-8 anni e i più grandi 16-17 anni) non sono solo violentati da adulti sconosciuti. Sono anche torturati da sadici: gli investigatori fanno discretamente riferimento a scene dure di sado-maso. E, per finire, queste scene infernali terminano con l'uccisione (reale o simulata) delle piccole vittime. Non sappiamo se questi bambini sono veramente morti, ammettono gli investigatori. Per essere sicuri, i loro corpi dovrebbero essere trovati. Ma se sono state messe in scena, sono molto realistiche. Secondo gli investigatori, si sospettava che tali orrori circolassero, anche nel nostro paese. Tuttavia, i film snuff non erano mai stati sequestrati nel nostro paese. Avevo visto un nastro di questo tipo, sequestrato in Francia", dice un investigatore. Mostrava un pedofilo che strangolava un bambino. Ma quello che ho visto qui è al di là di qualsiasi cosa si possa immaginare."*[250]

Nel documento contenente i verbali e le udienze registrate durante il caso Dutroux, si afferma che nel 1997, una lettera relativa alla pedofilia è stata intercettata all'ufficio postale di Ixelles, che parlava di cassette con uccisioni e/o stupri. Si parla di una "Baronessa e Dutroux". (PV 150.123/97)

Nel 2004, il deputato belga Albert Mahieu ha scritto una lettera al presidente della Corte d'Assise di Arlon, Stéphane Goux, in cui menzionava l'esistenza di una videocassetta dell'omicidio di Julie Lejeune e Mélissa Russo. Sono le due piccole vittime trovate morte nella cantina di Marc Dutroux. Ufficialmente, sono morti di fame nella cantina di Marc Dutroux mentre era in prigione. Il deputato Mahieu inizia la sua lettera dicendo che non sono morti di fame ma di stupri, abusi e torture. Secondo le sue fonti, *'la registrazione, a colori e con il suono, attesta il calvario che Julie e Melissa hanno subito prima di essere messe a morte, in circostanze atroci, da un boia mascherato in presenza di un gruppo di dieci o dodici persone.* Secondo il deputato (ora deceduto), ci sono diverse copie di questa registrazione video.

Anche nel caso Dutroux, la testimone X1 (Regina Louf) ha descritto un mondo di violenza sessuale, tortura e omicidio. La sua testimonianza ha dimostrato che conosceva dettagli di omicidi irrisolti, cosa che non sarebbe stata possibile senza l'accesso ai file della polizia. Régina Louf ha citato la società

---

[249] 'Dossier pédophilie, le scandale de l'affaire Dutroux' - Jean Nicolas e Frédéric Lavachery, 2001.

[250] 'Snuff-movies, una realtà impensabile', Donde Vamos, 13/08/2014.

belga *ASCO* nella sua testimonianza. L'ha chiamata *"la fabbrica delle registrazioni video"*, e ha fatto i nomi delle persone coinvolte nelle torture e negli omicidi di bambini nella fabbrica, tutti registrati su cassette video.[251]

Nel suo libro *"L'enfant sacrifié à Satan"*, che racconta il calvario di Samir Aouchiche, Bruno Fouchereau nota che INTERPOL ha ripetutamente lanciato avvertimenti a livello europeo riguardo ai crimini satanici, come scrive nel suo libro: *"Scotland Yard ha recentemente tenuto una conferenza a Lione nel gennaio 1996, volta ad allertare la polizia europea sull'aumento dei crimini rituali. Il giudice Sengelin, l'anziano giudice istruttore di Mulhouse, indagando sul rapimento di una bambina nel 1990, fu informato dagli stessi poliziotti di Scotland Yard che avevano sequestrato una serie di film snuff in cui venivano uccisi dei bambini. Questi bambini, almeno 15 dei quali sono di origine europea, sono stati uccisi dalle telecamere dopo essere stati violentati e torturati. '*

g/ Alcune cifre

Nel 1984 si tenne a Chicago il primo incontro della *Società Internazionale per lo Studio del Trauma e della Dissociazione (ISSTD)*. In seguito a questo incontro, Naomi Mattis (che in seguito divenne co-presidente della *commissione legislativa dell'Utah sugli abusi rituali satanici*), disse al *Deseret News*: '*Dei 420 terapeuti presenti, circa il 75% ha alzato la mano quando gli è stato chiesto se avesse mai trattato vittime di abusi rituali.*'

Lo psichiatra Roland Summit, esperto di abusi sessuali sui bambini, ha detto che l'abuso rituale è la *minaccia più grave che dobbiamo affrontare per il bambino e per la società. Il* Dr. Summit sottolinea che ha avuto a che fare con *ben 1.000 bambini che hanno dimostrato di essere coinvolti in abusi rituali.*[252]

Mentre ottenere numeri reali sulla prevalenza del trauma rituale è un compito difficile data la segretezza e la criminalità che circonda il fenomeno, c'è tuttavia una crescente evidenza che il problema del trauma rituale è considerevolmente più prevalente che mai. La dottoressa Kathleen Coulborn Faller dell'Università del Michigan ha condotto analisi e ricerche empiriche sull'abuso rituale. Lei nota che c'è un alto grado di somiglianza nei rapporti di abuso da parte di singoli bambini o adulti, e che gli studi mostrano indipendentemente la conferma di tali accuse. Dei 2.709 membri dell'American Psychological Association (*APA)* che hanno risposto a un sondaggio, il 30% ha risposto di aver avuto a che fare con abusi rituali o legati alla religione. Di questo gruppo, il 93% ha risposto che credeva che si fosse verificato un danno legato al rituale. In un articolo del 1995 intitolato *"Cultural and Economic Barriers to Protecting Children from Ritual Abuse and Mind Control"*, la dottoressa Catherine Gould ha riferito che solo nel 1992, *Childhelp USA ha* registrato 1.741 chiamate relative ad abusi rituali, *Monarch Resources* a Los Angeles ne ha

---

[251] Scientology, the CIA & MIVILUDES: Cults of Abuse ' (video documentario).

[252] Lettera al comitato consultivo dei servizi sociali dello Stato della California. Summit, Roland - 26/10/1988, Il crimine occulto: un primer per l'applicazione della legge.

registrate circa 5.000, *Real Active Survivors* ne ha registrate quasi 3.600, *Justus Unlimited* in Colorado ne ha ricevute quasi 7.000, e *Looking Up* nel Maine ne ha gestite circa 6.000. Questo indica un numero molto allarmante di richieste di hotline.

Uno dei primi studi sull'esistenza dell'abuso rituale è stato condotto da Deborah Cole nel 1992. L'indagine era intitolata *"L'incidenza dell'abuso* rituale: *un'indagine preliminare"*. Su 250 terapeuti, il 46% ha indicato di aver avuto pazienti che hanno riportato abusi rituali o che hanno incontrato almeno uno dei criteri elencati da Cole.[253]

Nel 1995, uno studio sull'abuso rituale è stato condotto da psicologi britannici (Andrews, Morton, Bekerian, Brewin, Davies, Mollon). Questi ricercatori hanno raccolto dati da 810 membri della *British* Psychological Society che avevano trattato casi di abuso sessuale. Il 50% dei terapeuti ha detto di aver lavorato con pazienti che hanno riferito di aver subito abusi rituali satanici. L'80% dei terapeuti che avevano uno o più pazienti con una storia di abuso rituale credeva alle loro dichiarazioni. In uno studio britannico più recente del 2013, Ost, Wright, Easton, Hope e French hanno raccolto dati da un sondaggio online di 183 psicologi clinici e 119 ipnoterapeuti. Tra gli psicologi, il 38% aveva trattato uno o più casi di abuso rituale. Lo studio ha mostrato che il 25% degli ipnoterapeuti aveva sperimentato uno o più casi di abuso rituale.[254]

In Australia, Schmuttermaier e Veno hanno pubblicato uno studio nel 1999 nel *Journal of Child Sexual Abuse* intitolato *"Counselor's belief about ritual abuse: An Australian study"*. Lo studio si è rivolto ai lavoratori di 74 centri *Center Against Sexual Assault (CASA)*, sono stati intervistati 48 psicologi e 27 psichiatri di Victoria. Il 70% dei terapeuti ha convalidato la definizione di abuso rituale e 26 di loro hanno riportato 153 casi di abuso rituale identificati tra il 1985 e il 1995. Schmuttermaier e Veno concludono il loro studio dicendo che l'identificazione e la diagnosi dell'abuso rituale da parte dei professionisti è sempre simile, sia in Australia che negli USA o nel Regno Unito.[255]

In Sudafrica, gli studi sull'abuso infantile, incluso l'abuso rituale, sono stati fatti su adolescenti e giovani adulti. Lo studio di Madu S.N. e Peltze K. è stato pubblicato nel 1998 nel *Southern African Journal of Child and* Adolescent *Mental Health*. A 414 studenti delle scuole superiori è stato chiesto delle loro esperienze di abuso prima dei 17 anni, l'8% dei quali ha riportato esperienze di abuso rituale. In un altro studio su 559 studenti di tre scuole superiori nella provincia di Mpumalanga, Madu ha notato che il 10% ha riferito di aver subito abusi rituali prima dei 17 anni. Su 722 studenti universitari, il 6% ha riferito di aver subito tali abusi prima dei 17 anni.[256]

Nell'articolo *"Ritual Abuse: A review of research"* (1994), Kathleen Faller cita uno studio di Susan Kelley sull'abuso rituale transgenerazionale.

---

[253] *'Cult and Ritual Abuse'* James & Pamela Noblitt, 2014, p.53.

[254] Ibidem p.55.

[255] Ibidem p.55.

[256] Ibidem p. 68.

Questo studio intitolato *"Abuso rituale: riconoscimento, impatto e controversia attuale"* è *stato* presentato da Kelley nel 1992 in una conferenza di San Diego sull'abuso infantile. Kelley ha indagato sulla testimonianza di 26 bambini di 14 famiglie. Gli abusatori erano genitori, nonni, bisnonni, zii, zie, cugini e fratelli. Simile ad altri rapporti, un numero significativo di abusatori erano donne (45%) e il 61% dei bambini è stato abusato dalle due generazioni precedenti. Gli abusi riferiti includevano minacce e atti di terrore (89%), minacce di morte (77%), produzione di pornografia infantile (81%), minacce con la magia (89%), riferimenti satanici (92%), uccisione di animali (54%), ingestione di droghe (92%), canti e canti (69%) e ingestione o contatto con feci (85%)[257]

Uno studio internazionale sull'abuso rituale e il controllo mentale è stato condotto da ricercatori tedeschi e americani: Carol Rutz, Thorsten Becker, Bettina Overcamp e Wanda Karriker. Lo studio, lanciato nel 2007, è disponibile in inglese e tedesco e si intitola *"Extreme Abuse Survey"* (*EAS*). Tutti i questionari e i risultati del sondaggio sono disponibili sul sito web *extreme-abuse-survey.net*. Include una sezione per i professionisti, *il Professional Extreme Abuse Survey* (P-EAS), che è un questionario con 215 domande. 451 professionisti di 20 paesi diversi hanno risposto al sondaggio, che mostra che l'86% dei professionisti che hanno lavorato con almeno un sopravvissuto a un trauma estremo riferiscono di aver avuto almeno un caso di abuso rituale satanico:
- Il 61% di loro aveva pazienti che denunciavano abusi rituali nel clero.
- L'85% ha riferito che la maggior parte dei sopravvissuti adulti all'abuso rituale (RA)/controllo mentale (MC) aveva una diagnosi di disturbo dissociativo dell'identità.
- Il 65% ha riferito che i loro pazienti con AR/CM si basavano su ricordi continui e non dissociati.
- L'89% ha riferito che i ricordi della RA/CM avevano un'articolazione logica con altri aspetti della vita del paziente, formando un insieme piuttosto coerente.
- L'86% ha riferito che le personalità dissociate osservate hanno riportato RA/CM
- Il 79% ha riferito che il contenuto dei disegni, dei dipinti e delle poesie dei loro pazienti aveva un contenuto relativo alla RA/CM.
- Il 75% riferisce che alcune delle sequele mediche e fisiche dei loro pazienti possono essere spiegate dalle AR/CM.
- Il 47% riferisce che alcuni dei ricordi dei loro pazienti sono stati confermati e convalidati da altri.
Lo studio include anche una sezione sui sopravvissuti, ecco alcuni risultati da un campione di 1000 intervistati:
- Il 79% denuncia uno stupro di gruppo.
- Il 53% riferisce di essere stato chiuso in una gabbia.
- Il 44% denuncia il cannibalismo.
- Il 52% riferisce di zoofilia.

---

[257] Ibidem p. 67-68.

- Il 45% riferisce di essere stato sepolto vivo.
- Il 50% riferisce di aver ricevuto scosse elettriche.
- Il 52% riferisce di aver partecipato alla pornografia infantile.
- Il 46% denuncia la prostituzione infantile.
- Il 65% riferisce di aver ricevuto una diagnosi di disturbo dissociativo dell'identità.
- Il 63% riferisce che l'autore (o gli autori) hanno creato deliberatamente degli stati dissociativi (alterazione della personalità) per eseguire la programmazione su di loro.
- Il 41% riferisce di essere stato programmato come schiavo del sesso.
- Il 18% riferisce di essere stato programmato per essere un assassino.
- Il 21% riferisce di essere stato programmato per sviluppare poteri psichici.
- Il 57% riferisce di essere stato programmato per autodistruggersi quando comincia a ricordare l'abuso e la programmazione.
- Il 34% riferisce che una o più delle loro alter personalità hanno un codice di accesso.
- Il 28% riferisce di avere una personalità alterata di un robot.
- Il 53% riferisce che i torturatori hanno fatto loro credere che entità, spiriti o demoni avevano preso il controllo dei loro corpi.
- Il 15% riporta esperienze di viaggi nel tempo.
- Il 26% riferisce di essere stato vittima di esperimenti governativi di controllo mentale.

L'abuso rituale traumatico è stato o è ancora praticato in molte culture, con le vittime che riportano stati alterati di coscienza come dissociazione, amnesia e alterazione della personalità. Questa lista di sintomi di trauma psicologico è stata trovata quasi costantemente presente negli individui che riportano resoconti di abusi rituali. In Occidente, questi racconti provengono da persone che affermano di essere "sopravvissuti", molti di loro hanno i tipici sintomi di una grave dissociazione, e molti dei loro ricordi sono portati alla luce in terapia. Tuttavia, va notato che questi ricordi di abuso rituale ritornano come flashback anche al di fuori della terapia, un punto importante da sottolineare poiché i terapeuti sono talvolta accusati di indurre "falsi ricordi" nei loro pazienti (vedi Capitolo 10). Dato che ci sono testimonianze storiche di abusi rituali che risalgono a secoli fa, e che bambini di due anni e adulti novantenni continuano a raccontare di abusi rituali traumatici in tutto il mondo, è ora di lanciare l'allarme su quanto poco sia stato fatto per sensibilizzare i professionisti e le istituzioni al problema! Anche se è totalmente impossibile fermare o sradicare il problema, dobbiamo andare oltre la negazione e cominciare a capire le dinamiche di questi abusi in modo che i nostri paradigmi investigativi possano cambiare di conseguenza.

In una società prevalentemente cristiana, i simboli satanici possono trasmettere un potente messaggio archetipico alle vittime, specialmente se usati in combinazione con torture e traumi gravi. Non è quindi necessario che i responsabili abbiano un sistema di credenze spirituali dietro le loro pratiche o attività. Ciò significa che qualunque sia la motivazione, credo religioso, pulsione sessuale, potere o controllo mentale, questi gruppi usano abitualmente un quadro ritualizzato per abusare, sfruttare e manipolare bambini o adulti. Le loro strutture funzionano per fornire un rifornimento costante di bambini e per proteggere i membri della rete da possibili procedimenti giudiziari.[258]

3 - ALCUNE TESTIMONIANZE

a/ Introduzione

Le testimonianze di abuso rituale descrivono tutte la stessa cosa: stupri di gruppo, torture, riti occulti, droghe, ipnosi, stati di trance e dissociazione, sacrifici (reali o simulati), registrazioni video, ecc.

Molte delle testimonianze sono di lingua inglese: Cathy O'Brien, Mark Philips, 'Svali', Jeannie Riseman, Kathleen Sullivan, Kim Campbell, Brice Taylor, Jay Parker, Fritz Springmeier, Cisco Wheeler, Ted Gunderson, Paul Bonacci, John DeCamp, David Shurter, Dejoly Labrier, Anne A. Johnson Davis, Vicki Polin, Linda Wiegand, Jenny Hill, Lynn Moss Sharman, Kristin Constance, Kim Noble, Lynn Schirmer, Bill Schnoebelen, Neil Brick, Carol Rutz, Caryn Stardancer, Kathleen Sorenson, Patricia Baird Clarke, Ruth Zandstra, Glenn Hobbs, ecc. La maggior parte di questi racconti di abuso rituale coinvolgono anche il controllo mentale basato sul trauma, le due cose sono completamente intrecciate. Ma esamineremo l'aspetto della programmazione MK più in dettaglio nel capitolo 7.

Il contenuto di queste testimonianze è particolarmente atroce e scioccante. Il resto di questo capitolo può contenere alcune ripetizioni morbose, poiché alcune testimonianze sono così simili. Vi prego di perdonare queste ripetizioni, ma lo scopo qui è di presentare le parole dei bambini vittime e degli adulti sopravvissuti. Una parola che deve essere ascoltata e presa in considerazione nonostante il suo aspetto ovviamente molto inquietante. Si tratta anche di mostrare fino a che punto le pratiche di abuso rituale satanico sono simili da un paese all'altro e da un continente all'altro.

b/ Stati Uniti

Nel 1989, il tenente Larry Jones del Dipartimento di Polizia di Boise e direttore del *Cult Crime Impact Network* (*CCIN*) disse che coloro che screditavano le prove degli abusi rituali erano *"feccia! Abbiamo trovato bambini sacrificati ritualmente in Connecticut, Bend, Oregon e Los Angeles... Quando si aggiunge a questo la testimonianza credibile dei sopravvissuti che può essere verificata in modo circostanziale, non ci sono dubbi."*[259]

---

[258] Considerazione forense nei casi di trauma rituale - Sylvia Gilotte.

[259] *Occult Crime: a Law Enforcement Primer*, Intervista al tenente Larry Jones, Boise, Idaho Police Department e Direttore, Cult Crime Impact Network.

Nel documentario Devil Worship: The Rise of Satanism, Kurt Jackson del dipartimento di polizia di Beaumont dice: "Gli esseri umani vengono sacrificati? Sì, lo sono! Ci sono molte cose che sto guardando per determinare se questo è un crimine rituale. Potrebbe essere qualcosa come un pentagramma, potrebbe essere una croce rovesciata, il numero 666, il corpo prosciugato dal sangue, certe parti del corpo rimosse in un certo modo, ecc.

Nello stesso documentario, il sergente Randy Emon dice: "Un problema che affrontiamo è che gli alti funzionari delle agenzie governative non vogliono riconoscere che questa è una realtà. Dobbiamo sollevare questo velo di incomprensione e dire loro: Ehi, questi sono crimini che dobbiamo affrontare!"

- Ted Gunderson

Ted Gunderson ha diretto l'ufficio FBI di Memphis (1973), poi quello di Dallas (1975), e nel 1977 è stato nominato a capo dell'FBI di Los Angeles. È uno dei pochi (se non l'unico) alti funzionari americani ad aver denunciato la rete di criminali pedofili che controllano clandestinamente il sistema giudiziario. Si è interessato molto al caso Martin School e al caso Franklin.

Nel 1988, Ted Gunderson apparve in un programma televisivo condotto da Geraldo Rivera intitolato *"Devil Worship: Exposing Satan's Underground"*. Il dibattito riguardava la portata dei crimini satanici negli Stati Uniti, ecco un estratto:

- Ted Gunderson, agente dell'FBI in pensione, ex capo della divisione di Los Angeles. C'è davvero una rete responsabile di tutti questi omicidi satanici secondo lei?

- Quello che posso dire, sulla base di informazioni fornitemi da fonti confidenziali, informatori, ho anche intervistato decine di sopravvissuti ai culti satanici negli ultimi anni: affermo che esiste una rete di individui molto attivi nel paese.

- Pensi che queste terribili accuse di bambini sacrificati siano vere?

- Ne sono sicuro, non ci sono dubbi. Questo si basa sulle informazioni che ho raccolto in tutto il paese, da diversi sopravvissuti e da molti informatori.

Nel 1987, Ted Gunderson ha tenuto una conferenza intitolata *"Satanismo e traffico internazionale di bambini da parte della CIA"*. Durante questa conferenza, ha approfondito il caso della scuola materna Mc Martin, situata a Manhattan Beach nei sobborghi di Los Angeles, un caso che all'epoca fece molto scalpore. Alcuni dei bambini hanno affermato di essere stati costretti a partecipare a sacrifici di animali, ma anche a sacrifici di neonati e di altri bambini. Hanno detto di essere stati costretti a bere sangue e sottoposti a pratiche necrofile, zoofile e scatologiche. Ecco alcuni estratti della conferenza:

Parliamo del caso Martin. Nell'aprile 1985, le autorità hanno esaminato questo caso e hanno cercato dei tunnel sotto la scuola. I bambini avevano detto di essere stati portati nei tunnel sotto la scuola, compresa una stanza nel seminterrato. Lì sono state aggredite sessualmente, hanno descritto cerimonie con adulti in abiti, candele, canti religiosi (...) Gli adulti erano nudi sotto i loro abiti. Sono stati condotti in un tunnel, attraverso una botola nel bagno di un triplex. Sono stati portati via in una macchina... stiamo parlando di bambini di 2, 3 e 4 anni che sono stati prostituiti in questa rete (...)

Nella primavera del 1993, ho saputo che la proprietà della Martin School era stata venduta dalla famiglia Martin all'avvocato della difesa, come concordato. L'ha venduto a un appaltatore che doveva costruire un edificio per uffici al posto della scuola. Così l'ho contattato immediatamente e gli ho detto: "Caro signore, vorrei avere accesso alla proprietà". Mi ha dato due settimane. Ho firmato un documento per assumermi la responsabilità, e poi io e alcuni genitori abbiamo assunto un archeologo dell'UCLA, il dottor Gary Stickel, sapendo bene che non ero qualificato per convalidare l'esistenza di questi tunnel anche se li avevo trovati io stesso. Così abbiamo iniziato lo scavo (...) Il Dr. Stickel ci ha detto: "Ora posso dire senza alcun dubbio che c'erano tunnel sotto la scuola e che sono stati riempiti (...) Ho a disposizione un rapporto scientifico di 186 pagine su questo. Abbiamo trovato un grande ingresso sotterraneo di 2,70 metri sotto il muro ovest (...) Abbiamo trovato questi tunnel durante il secondo processo di Ray Buckey, quindi potrebbe essere stato usato per condannarlo. Abbiamo informato il procuratore che ha mandato il suo investigatore (...) Questo investigatore, non qualificato in archeologia, ha semplicemente detto: "Non ci sono tunnel qui". E naturalmente l'archeologo gli dava le spalle. In ogni caso, non hanno usato queste prove, prove solide per questo secondo processo, che hanno ignorato (...)

In questo tunnel abbiamo trovato un sacchetto di plastica Disney risalente al 1982 a circa 1,40 metri sotto il pavimento di cemento dell'aula, a 1-2 metri dall'ingresso delle fondamenta (...) Il tunnel è rivolto a sud per 14 metri sotto le aule 3 e 4 (...).Una camera larga 2,70 metri è stata trovata lungo il tunnel sotto la classe 4, il soffitto della camera e la parte superiore delle sezioni del tunnel avevano strati di compensato ricoperti di carta catramata e rinforzati con blocchi di brezza. Le caratteristiche dei tunnel hanno confermato che erano stati scavati a mano (...) I bambini hanno descritto bene l'entrata e l'uscita dei tunnel e questo è esattamente coerente con i tunnel scoperti con l'archeologo (...) Un altro fatto significativo è stata la scoperta da parte di questo archeologo di un piccolo piatto di plastica con tre pentagrammi disegnati a mano (...) Più di 2.000 manufatti sono stati trovati sotto il pavimento della scuola, tra cui circa 100 ossa di animali (...)

Il team dell'archeologo Gary E. Stickel ha trovato esattamente quello che i bambini avevano descritto sotto la scuola. Le gallerie erano state riempite con diversi tipi di terreno. Nel caso Martin, il direttore del *CII* e membro del *gruppo professionale dei bambini molestati in età prescolare*, Kee MacFarlane, fu incaricato nel 1983 dall'ufficio del procuratore. Ha intervistato circa 400 bambini che erano passati per la Martin School, compresi gli ex studenti, e ha stimato che l'80% di loro aveva effettivamente subito abusi sessuali. Di queste centinaia di bambini, solo 11 sono stati ascoltati al processo. L'investigatore privato Paul Bynum, assunto all'epoca dagli avvocati dei genitori delle giovani vittime, giunse anche lui alla conclusione che i bambini erano stati abusati nella scuola. Si è suicidato poco prima di poter testimoniare alla giuria sulle ossa di animali che aveva trovato nelle gallerie. Coloro che lo circondavano negavano fortemente che fosse un suicida.

Troviamo lo stesso sistema di tunnel nel caso dell'orfanotrofio Haut de la Garenne a Jersey, dove i bambini venivano anche torturati e violentati durante la notte. Questo caso è stato messo a tacere proprio come quello della scuola Martin. Nel 2012, la giornalista investigativa americana Leah MacGrath Goodman è stata bandita dal suolo inglese per aver cercato di indagare su questo caso nel Jersey, che risale al 2008. I bambini nell'orfanotrofio sono stati presumibilmente torturati, violentati e persino uccisi, e molte delle piccole vittime hanno testimoniato ma sono state totalmente ignorate. Secondo il giornalista, tutti coloro che hanno cercato di indagare sul caso sono stati espulsi dall'isola o licenziati dal loro lavoro. Tutto indica che si tratta di un grande insabbiamento. Proprio come la scoperta di una fossa comune di bambini alla fine del 2011 sul terreno del Mohawk Institute a Brantford, Ontario, Canada. Si trattava di bambini nativi americani provenienti da scuole residenziali.

Il caso della Martin's Nursery School non è quindi isolato. Nel 1988, uno studio intitolato *"Sexual Abuse in Day* Care*: a National Study"* ha esaminato 270 casi di abuso sessuale in centri diurni e asili, coinvolgendo 1.639 vittime. Secondo gli esperti che hanno scritto lo studio, gli abusi rituali sono stati segnalati nel 13% dei casi, che potrebbero essere veri rituali satanici o pseudo-rituali progettati per intimidire i bambini.[260]

Più tardi, Ted Gunderson lavorò anche al caso Franklin, uno dei più grandi scandali di pedofilia della storia degli Stati Uniti, un caso che fu soppresso con tutti i mezzi possibili, compreso l'omicidio. Il caso Franklin coinvolgeva un giro che faceva prostituire i bambini principalmente da *Boys Town* (una specie di villaggio orfanotrofio fondato nel 1917, con circa 5000 bambini che vivevano lì negli anni '80). I clienti di questo anello, gli stupratori designati dai bambini, erano tra i cittadini più ricchi e influenti dello stato del Nebraska, tra cui importanti uomini d'affari, politici, giornalisti e persino agenti di polizia. Nel caso Franklin, ci sono state anche segnalazioni di abusi rituali con sacrifici di bambini.

- John de Camp e Paul Bonacci

John de Camp è stato un senatore repubblicano del Nebraska dal 1971 al 1987 e un avvocato. Nel caso Franklin, è stato messo a capo del caso per dimostrare che queste gravissime accuse erano infondate. Ma come risultato delle sue indagini, è venuto in possesso di prove incontrovertibili che la pedofilia era praticata da alcuni politici americani, compresi quelli della Casa Bianca. Non poteva più adempiere alla sua missione di coprire l'affare. Per proteggere se stesso e la sua famiglia, John De Camp ha scritto un libro sul caso intitolato *"The* Franklin *Cover-up*: Child Abuse, *Satanism and Murder in Nebraska"*, un libro che fornisce prove dell'esistenza e del funzionamento di questa rete pedocriminale e satanica. Questa pubblicazione fa anche l'importante connessione tra la pedocriminalità della rete e gli esperimenti di controllo mentale del governo sui cittadini, specialmente sui bambini.

---

[260] 'Abuso sessuale rituale: il caso dell'asilo di Martin negli Stati Uniti' - *Donde Vamos* 20/05/2012.

C'è anche un rapporto giornalistico intitolato *"Conspiracy of Silence"*, che descrive l'intera vicenda in dettaglio. Un documentario che originariamente doveva essere trasmesso dal canale *Discovery*, che lo ha ritrattato qualche giorno prima a causa di pressioni o minacce. I diritti sono stati ricomprati per conservare il materiale nelle scatole. Tuttavia, una copia fu inviata anonimamente al senatore John de Camp che poi la diede a Ted Gunderson. Oggi, questo importante archivio video è online su internet.

Nel documentario, il senatore John de Camp afferma che questo anello è arrivato fino alle più alte autorità degli Stati Uniti: "Ovviamente, l'FBI stava proteggendo qualcosa di molto più importante di un gruppo di vecchi pedofili che avevano relazioni discutibili con dei ragazzini". Stavano proteggendo qualcosa di molto più importante di un gruppo di spacciatori. Secondo me, stavano curando gli interessi di alcuni politici molto importanti. Persone molto ricche e potenti erano associate a questi politici e al sistema politico in generale, comprese le più alte autorità del paese. '

Vediamo anche in questo documentario uno dei sopravvissuti della rete, Paul Bonacci, che riferisce al senatore John de Camp l'esistenza di feste organizzate nella casa di Larry King (Lawrence E. King), affittata per 5.000 dollari al mese, ma anche le sue scappatelle alla Casa Bianca:

- Avevo circa 14 anni nel 1981. All'inizio c'erano 3 o 4 feste in un anno, poi una al mese (...) Alcuni dei bambini venivano tenuti in stanze al piano inferiore, nel caso in cui si agitassero o si facessero prendere dal panico a causa della droga, perché erano drogati. Li chiudevano in una stanza per evitare che scappassero.

- Che tipo di droghe?

- Tutto ciò che si può immaginare, cocaina, eroina, velocità...

- Mi stai dicendo che tutto questo accadeva in queste feste, nello stesso posto dove hai visto Larry King e altri politici di spicco?

- Sì.

(...)

- Sei stato anche alla Casa Bianca?

- Sì.

- E come ha fatto ad accedervi?

- Sono andato con Larry King, ma Craig Spencer era una delle persone che l'ha organizzato per noi. Era una specie di regalo per i "servizi" che stavamo facendo per lui.

- Quante volte hai fatto questo tipo di feste lì?

- Ho partecipato due volte.

- E si è prostituito in queste occasioni?

- Sì, dopo aver lasciato la Casa Bianca a tarda notte. Era davvero strano essere alla Casa Bianca a quell'ora, di notte, e soprattutto andare in posti dove il tizio ci aveva detto che nessuno andava mai.

Paul Bonacci ha anche testimoniato di aver assistito a scene molto più sanguinose durante i rituali satanici in cui neonati o bambini molto piccoli potevano essere uccisi dopo essere stati violentati. Il rituale continuerebbe poi con atti di cannibalismo. Secondo Bonacci, Larry King era coinvolto in un culto satanico almeno dal dicembre 1980. Nella sua testimonianza scritta, riferisce di essere stato portato da King nel dicembre 1980 in un *"Triangolo"* situato in una zona boscosa vicino a *Sarpy County*, Nebraska. Lì ha assistito al sacrificio di un bambino. Il sangue del ragazzo è stato raccolto per essere mescolato con l'urina e consumato dalla congregazione. Lui stesso fu costretto a bere dal calice. Secondo Bonacci, i partecipanti stavano tutti cantando e facendo strani suoni, e lui sapeva di non dire una parola su ciò che aveva visto, temendo di essere lui stesso la prossima vittima sacrificata.

A Bonacci è stato diagnosticato un disturbo dissociativo dell'identità causato dai molteplici traumi subiti nella prima infanzia. Il senatore John DeCamp riferisce di questo nel suo libro *"The Franklin Cover-up"*:

La dottoressa Judianne Densen-Gerber, psichiatra e avvocato di cui sopra, è anche membro della *International Society of Multiple Personality and Dissociative States*. Ha confermato che Paul Bonacci soffre di Disturbo di Personalità Multipla (ora ribattezzato Disturbo Dissociativo di Identità, D.I.D.). Non è una psicosi, dice, ma una nevrosi derivante dal meccanismo di difesa della mente del bambino, una funzione di protezione dall'"atrocità inimmaginabile". Un totale di tre psichiatri hanno esaminato Paul Bonacci e tutti hanno convalidato la diagnosi di disturbo di personalità multipla.

Il 29 dicembre 1990, il dottor Densen-Gerber ha testimoniato davanti al comitato legislativo Franklin a Omaha. È stata interrogata da Robert Creager su Paul Bonacci:

- Dottore, credo che il gran giurì sia giunto alla conclusione che il signor Bonacci non era capace di mentire. Ha qualche commento al riguardo?

- Penso che sarebbe molto difficile per il signor Bonacci mentire... Quando si ha una personalità multipla, non si deve mentire, si cambia... Non c'è nulla che il signor Bonacci mi abbia detto che non abbia già sentito da altri pazienti o individui. Non è una sciocchezza e spesso ammette lui stesso di non saperlo. Non ha fabbricato nulla e non cerca di dare risposte come fa la maggior parte delle persone che vogliono piacere. Non vuole nemmeno dare l'impressione di voler piacere. [261]

Ecco cosa scrisse il dottor Densen-Gerber dopo aver visitato Bonacci in prigione (Bonacci fu effettivamente condannato per falsa testimonianza):

1) Ha una memoria straordinaria per i dettagli, il che lo rende un testimone prezioso.

2) Non mente.

3) Ha descritto accuratamente i rituali satanici praticati a livello internazionale dai culti, cosa che non poteva sapere senza avervi partecipato lui stesso.

Descrive una delle sue personalità come un chip di computer nella sua testa che gli permette di mantenere un'attenzione ossessiva ai dettagli. Può darvi date e orari con estrema precisione. Non ho mai visto un bambino che potesse

---

[261] *The Franklin Cover Up: Child Abuse, Satanism, and Murder in Nebraska* - John W. DeCamp, 1992, p.127.

farlo. Quindi è un testimone prezioso. Non si inventa le cose, dirà "non lo so" se davvero non lo sa.[262]

Nell'ottobre 1990, poco prima dell'apertura del Comitato Franklin, una psichiatra della polizia, la dottoressa Beverly Mead, ha risposto alle domande del senatore Schmit sul testimone Bonacci:

- **Senatore De Camp**: Dottore, lei ora crede in questi discorsi che abbiamo sentito qui e in quelli che abbiamo sentito insieme prima?

- **Dr. Beverly Mead**: Personalmente penso che questi dettagli che ci ha dato provengano da esperienze che ha realmente avuto...

- **Senatore Schmit**: Abbiamo sentito la testimonianza di diverse sue personalità (alter) nominando nomi come Larry King, Robert Wadman, ecc. In base alla sua esperienza professionale, pensa che queste descrizioni siano accurate?

- **Mead**: Vorrei vederli confermati da altre fonti, di sicuro. Ma al momento, la mia impressione è che Paul o Alexandrew (ndr: una delle alter personalità di Bonacci) stia riportando le cose onestamente, come se le ricorda.

- **Schmit**: Potrebbe averlo immaginato o sognato e poi raccontato qui oggi? Potrebbe essere possibile?

- **Mead**: Sarebbe piuttosto fenomenale fare qualcosa del genere. Non credo sia possibile. Penso che stia parlando di cose che ricorda veramente (...) Ci possono essere alcuni dettagli che non sono molto accurati, ma penso che la storia nel complesso sia accaduta come dice lui.[263]

Nonostante diversi rapporti psichiatrici che spiegano il fenomeno dei gravi disturbi dissociativi, sia Paul Bonacci che Alisha Owen, un'altra sopravvissuta di Franklin, sono stati condannati alla prigione per falsa testimonianza. Lo stato psicologico fratturato di Bonacci, con le sue incoerenze e contraddizioni, è stato ritenuto tale da minare la sua testimonianza e ha reso necessaria la sua incriminazione per falsa testimonianza! È tipico in questi casi mettere in evidenza lo stato psicologico della vittima dissociata per screditare la sua testimonianza. La diagnosi di disturbo dissociativo dell'identità dovrebbe, al contrario, essere una prova in più da mettere nel fascicolo per sostenere il fatto che la vittima ha effettivamente vissuto un grave trauma, anche mentale, e che l'indagine dovrebbe essere proseguita piuttosto che archiviata. Le vittime dovrebbero essere ascoltate e curate piuttosto che condannate. Ma in questi casi, la triste logica è piuttosto quella di insabbiare il caso per proteggere una rete di *intoccabili*.

John De Camp ha detto di aver parlato con diverse alter personalità di Paul Bonacci. Ha descritto come il suo stile di scrittura varia a seconda di quale alter è in controllo e come i ricordi possono anche variare da alter a alter. Bonacci ha persino una personalità che parla e scrive tedesco, anche se non ha studiato quasi per niente. Gli psichiatri che hanno lavorato con lui hanno riferito che le sue diverse personalità sono incapaci di mentire e hanno un'ottima memoria fotografica. Si crede che Bonacci sia stato sottoposto a un programma di

---

[262] Ibidem, p. 212.

[263] Ibidem, p. 127.

controllo mentale basato su traumi fin dalla più tenera età per renderlo uno schiavo di Monarch. Gli investigatori hanno riferito che la rete che lo ha trasformato in un satanista era centrata alla Offutt Air Force Base vicino a Omaha, un'importante base aerea. È stato lì che è stato trasportato per abusi sessuali quando aveva solo tre anni nei primi anni '70. A Offutt, e più tardi in altre strutture militari, la rete lo ha "addestrato" attraverso la tortura, la droga e la violenza sessuale per addestrarlo militarmente, anche per gli assassini. L'idea era di dividere la sua personalità attraverso un trauma e poi programmarlo.[264]

Paul Bonacci è una delle tante vittime che sono cadute in preda alla Rete e sono state sottoposte ai programmi MK. Lo scoppio del caso Franklin nei tribunali ha permesso di rivelare pubblicamente la sua testimonianza, ma quante altre vittime rimangono intrappolate, la cui parola non sarà mai ascoltata?

Nel 2004, il senatore John de Camp ha rilasciato un'intervista radiofonica ad Alex Jones. Ecco alcuni stralci riguardanti una testimonianza di Paul Bonacci che riporta una ripresa di snuff-film a cui ha partecipato: *'Ho appena preso il diario di Paul Bonacci e ne ho pubblicato una buona parte nel mio libro, un passaggio riguarda un viaggio che ha fatto nel 1984. Dice che è stato portato in un posto vicino a Sacramento "con grandi alberi". Poi andarono in un posto dove c'era un gufo, una specie di grande gufo intagliato o qualcosa del genere (...) Non sapevo allora che c'era un posto chiamato Bohemian Grove che corrispondeva alla descrizione, non ho scritto Bohemian Grove nel libro perché non sapevo cosa fosse in quel momento. (ndr: Il Bohemian Grove o Bohemian Club* è un gruppo riservato all'élite mondiale (principalmente americani), è uno dei più chiusi del mondo. I membri si incontrano una volta all'anno in una proprietà privata situata in una foresta di Sequoia a Monte Rio, California. Cerimonie di ispirazione pagana, druidica e babilonese si svolgono lì in riva a un lago, ai piedi di una gigantesca statua di gufo che rappresenta Moloch, una divinità babilonese che è il simbolo di questo club elitario). *Comunque, si può dire che è stato portato lì per una cerimonia in cui hanno fatto cose orribili a un altro ragazzo. C'erano tre ragazzi in tutto, e l'hanno filmato. Ho solo scritto le sue parole con i nomi che ha sentito lì (...) Ricordate che non sapevo cosa fosse il Bohemian Grove a quel tempo, non lo sapeva neanche il ragazzo che ha scritto questo. Sapeva solo che era stato portato lì. Lasciate che vi legga il brano, l'ha scritto Paolo Bonacci. Questo è parola per parola ciò che è scritto nel suo diario:*

"Ci sono andato nel gennaio 1984. Sono stato pagato dagli uomini che uscivano con King per le storie di prostituzione. Nell'estate del 1984, sono andata a Dallas, Texas, diverse volte e ho fatto sesso con diversi uomini che King conosceva, era in un hotel. Ho viaggiato su YNR (charter privato) e Cam (un'altra compagnia aerea privata), che King usava abitualmente. Non ho mai avuto a che fare personalmente con King, tranne quando mi diceva dove dovevo andare. Il 26 luglio sono andato a Sacramento, in California. King mi mise su un aereo privato da un aeroporto di Omaha a Denver, dove prendemmo Nicholas. Un ragazzo che aveva circa 12 o 13 anni, e poi siamo volati a Las Vegas dove

[264] *Ibidem*, p. 327.

siamo stati portati nei ranch a prendere l'attrezzatura. Poi siamo tornati a Sacramento. Siamo stati prelevati da una limousine bianca che ci ha portato in un hotel. Noi (Nicolas ed io) siamo stati poi condotti in una zona dove c'erano alberi alti, ci è voluta circa un'ora per arrivarci. C'era una gabbia con dentro un ragazzo nudo. Io e Nicolas dovevamo vestirci da Tarzan e cose del genere. Mi hanno detto di *** il ragazzo (non userò questa parola). All'inizio ho rifiutato e uno di loro mi ha puntato una pistola ai genitali (userò questa parola) e mi ha detto: fallo o li perderai. Ho iniziato a *** il ragazzo. Nicolas è stato sottoposto a sesso anale e altre cose. Ci hanno detto che era vergine e che dovevamo prendercela con lui. Ho fatto di tutto per non ferirlo. Ci hanno detto di mettergli il *** in bocca e altre cose... hanno filmato tutto. Abbiamo fatto queste cose al ragazzo per circa 30 minuti o un'ora quando un uomo è venuto e ha iniziato a colpirci sui genitali. Ha afferrato il ragazzo e ha cominciato a *** e a fargli altre cose (...) Poi hanno messo il ragazzo vicino a me, uno di loro ha preso una pistola e gli ha fatto saltare la testa. Avevo molto sangue addosso... Ho iniziato a gridare e a piangere, poi gli uomini hanno afferrato me e Nicolas e ci hanno costretti a sdraiarci. Hanno messo il ragazzo morto sopra Nicolas che stava piangendo e hanno messo le sue mani sul sesso del ragazzo. Hanno messo il ragazzo anche su di me e mi hanno costretto a fare lo stesso. Poi mi hanno costretto a *** con il bambino morto. Ci hanno puntato una pistola alla testa per costringerci, avevo sangue ovunque. Ci hanno fatto baciare il ragazzo sulla bocca. Poi mi hanno fatto fare un'altra cosa, ma non voglio nemmeno scriverla. Dopo di che, gli uomini hanno afferrato Nicolas e lo hanno drogato mentre urlava. Mi hanno messo contro un albero e mi hanno puntato una pistola alla testa, ma hanno sparato in aria. Ho sentito un altro colpo, poi ho visto l'uomo che aveva ucciso il ragazzo trascinarlo a terra come un giocattolo. Tutte queste cose, compreso quando gli uomini hanno messo il ragazzo in un baule, tutto è stato filmato (...) Più tardi siamo stati portati in una casa dove erano riuniti degli uomini, avevano il film e lo guardavano. Mentre gli uomini lo guardavano, io e Nicolas passavamo tra le loro mani come se fossimo dei giocattoli."[265]

Paul Bonacci descriverà questa stessa scena di snuff-film, piangendo, in un'intervista in prigione filmata con Gary Caradori, l'investigatore privato principale nel caso Franklin. Nel 1990, Caradori morì improvvisamente nello schianto del suo piccolo aereo privato mentre stava per rivelare alcune prove schiaccianti.

- Kathleen Sorenson

Kathleen Sorenson era un'assistente sociale e lei e suo marito Ron erano genitori affidatari di bambini con gravi difficoltà. In totale, la coppia ha raccolto circa 30 testimonianze di bambini di cui si sono presi cura da pochi mesi a diversi anni. Kathleen Sorenson decise di parlare di ciò che aveva imparato da alcuni dei bambini di cui si occupava. Lei e la sua figlia adottiva maggiore, una sopravvissuta all'abuso rituale, hanno testimoniato pubblicamente in forum e

---

[265] *The Alex Jones Show* - Intervista con John DeCamp, 21/07/2004.

conferenze in tutto il Nebraska. Ha rilasciato interviste alla radio e alla televisione. Nel 1988, è apparsa nel programma di Geraldo Rivera sul satanismo. Kathleen Sorenson era molto consapevole del pericolo di parlare pubblicamente di queste cose. Morì in un incidente d'auto nell'ottobre 1989, poco dopo aver testimoniato in un programma televisivo cristiano in Nebraska. Il senatore John De Camp ha pubblicato la sua testimonianza nel suo libro *"The Franklin Cover-Up"*. Ecco una trascrizione di alcune delle sue parole di allora:

Siamo venuti a conoscenza di questo argomento perché eravamo una famiglia adottiva e abbiamo lavorato con un certo numero di bambini. Alcuni anni fa, diversi bambini hanno iniziato a parlare dopo un periodo di costruzione della fiducia. Hanno riferito cose molto strane che erano accadute nelle loro vite, il che era spaventoso e allo stesso tempo molto confuso. Non sapevo davvero cosa farne. Siamo andati prima dalla polizia e poi dai servizi sociali, ma non c'era davvero nient'altro da fare. Questi bambini con cui abbiamo lavorato sono stati adottati in famiglie sicure. Probabilmente non avrebbero mai parlato se non si fossero fidati delle persone con cui vivevano.

Ci sono alcune somiglianze nelle storie dei bambini riguardanti i culti satanici. Ci sono cose identiche che vengono fuori in ogni testimonianza, come le candele per esempio. Parlano tutti di stupro. Il sesso è sicuramente una grande parte di esso, tutti i tipi di pratiche sessuali perverse. È la prima cosa che si sente, sesso, stupro, incesto, quindi è difficile da credere. Ma una volta accettato questo, possiamo continuare ad interrogare delicatamente per saperne di più. Impariamo poi che si tratta di pornografia infantile, è una pratica sistematica. Lo usano per minacciare i bambini: "Abbiamo delle foto, le mostreremo alla polizia se parlate". I bambini sentono allora un grande pericolo, una grande paura della polizia. Parlano di strani trucchi che indossano le persone del gruppo, parlano di canzoni che non hanno capito. Era ovviamente il canto, è qualcosa che viene fuori in ogni storia, ma nessuno dei bambini lo ha chiamato "canto". C'erano anche delle danze. Il più delle volte si tratta di pratiche sessuali. C'è sempre un capogruppo di cui i bambini hanno molta paura.

Questi bambini, fin dalla più tenera età, sto parlando di bambini piccoli, nascono nelle famiglie per adorare il diavolo. Questo è tutto quello che posso testimoniare e non pretendo di essere un esperto in materia. Tutto quello che posso dirvi è quello che mi hanno detto i bambini. Io e mio marito siamo ora consapevoli di alcune cose che non dovremmo sapere, è vero. Ecco perché ci ho pensato molto prima di andare in questo show, abbiamo sentito cose così brutte e spaventose che eravamo riluttanti a rivelare pubblicamente. È una cosa molto pesante e non voglio spaventare le persone, sconvolgere le loro vite o dare loro certe idee. Non voglio che pensino che se un bambino inizia a parlare di una cosa del genere, probabilmente ha visto il programma televisivo in cui ne parlo. Ma stiamo sentendo sempre di più, e sta diventando molto, molto chiaro. Penso che sia ora che la gente sappia che questo non è uno scherzo o un gioco, non è qualcosa che possiamo ignorare o di cui possiamo ridere.

I bambini con cui ho parlato hanno tutti dovuto uccidere in età molto giovane. Era qualcosa che andava oltre la mia comprensione. In qualche modo, con l'aiuto della mano di un adulto e facendolo partecipare alla cerimonia, fanno commettere un omicidio al bambino. E ciò che è grave è che i bambini credono davvero di averlo voluto fare di loro spontanea volontà. Vogliono replicare quello che fanno gli adulti e sono incoraggiati a farlo. Diventa il loro obiettivo, diventare come gli adulti. C'è ancora una piccola parte di loro che conserva quel naturale senso divino di giusto e sbagliato, ma con l'eccitazione del gruppo, vogliono farlo. Gli piace anche il sesso, non sapevo che ai bambini potesse piacere il sesso. Perché dovrebbero combatterlo? Un bambino mangerà un intero sacchetto di caramelle se glielo permettete. Prenderanno parte a queste cose volontariamente. Quando escono e cominciano a parlarne, è molto difficile per loro rendersi conto. All'inizio, noi stessi non ci siamo resi conto che si stavano "offrendo volontari" per farlo.

Gli si dice che non possono uscire, che nessuno gli crederà mai, che non c'è libertà. Sono senza speranza finché non incontrano qualcuno che sia disposto ad ascoltarli. Sono sistematicamente minacciati di morte. Ogni volta che un bambino viene ucciso nel gruppo, gli viene detto: "Se parli, questo è quello che ti succederà". E hanno tutte le ragioni per crederci... Così, anche quando arrivano in una casa di accoglienza e cominciano a sentirsi un po' al sicuro, si aspettano sempre che un giorno uno dei membri della setta si presenti alla porta e venga a cercarli. Credono che queste persone sappiano tutto quello che fanno e tutto quello che dicono. Un'adolescente mi ha detto che le era stato detto che se mai si fosse sposata e suo marito l'avesse tradita, sarebbe stato con una di loro. Li stanno preparando al fallimento in tutti i settori. Queste pratiche sembrano essere prevalenti in Iowa, Nebraska e Missouri. Alcune persone hanno recentemente suggerito che questi stati possono essere una sorta di quartier generale.

Mentre mi ascoltate parlare di queste cose, ci sarà certamente una parte di voi che rifiuterà naturalmente molto di quello che sentirete qui, e credetemi, anche noi lo abbiamo rifiutato all'inizio. Vorrei condividere con voi alcune delle cose che i bambini ci hanno rivelato, cose che nessun bambino può sapere o inventare. Questo è ciò che alla fine mi ha convinto con una profonda emozione. C'è questo dolore e questo dispiacere che viene fuori quando questi crudi scorticatori cominciano a parlare.

I bambini di cui parlo sono quelli che ho conosciuto personalmente a casa. Ora hanno tra i 5 e i 17 anni. Quando hanno parlato per la prima volta, avevano tra i 5 e i 15 anni e quando sono successe queste cose erano ancora bambini, stiamo parlando di bambini molto piccoli... Stiamo parlando di bambini la cui consapevolezza e l'apprendimento del giusto e dello sbagliato è allora in piena formazione. Questi bambini non sanno, non possono sapere cosa è giusto. Sono in totale confusione. Le mostruosità che hanno fatto prima, e per le quali sono stati premiati, sono di tale orrore che saranno sistematicamente respinti dagli altri quando ne parleranno. Di solito sono stati collocati più volte. Quando entrano in una famiglia, rubano, fanno male agli animali, ecc. Il bambino può, per esempio, fare a pezzi la casa e poi portarla via. Per esempio, il bambino potrebbe temperare le sue matite e cercare di accoltellare le persone. Ovviamente, le famiglie non vogliono quel tipo di comportamento in casa loro, ma non hanno la minima idea di cosa stia succedendo, penseranno solo: 'Abbiamo un bambino molto strano'. Molti di questi piccoli vengono mandati in ospedali psichiatrici dove saranno etichettati come "psicotici" o "schizofrenici", chi li vorrebbe dopo? Lodo il Signore che ha portato molti di loro nella mia vita, nella nostra famiglia. Ci sono altre famiglie come la nostra, è solo un modo per lo Spirito Santo... Questo è l'unico modo in cui posso spiegarlo...

Inizierò con le prime storie che abbiamo sentito. Questo vi sembrerà orribile, ma per me è abbastanza morbido, perché abbiamo avuto a che fare con storie molto più difficili. Il primo riguarda due ragazzini che avevano 7 e 9 anni quando hanno iniziato a parlare di violenza sessuale, avevano molta tristezza dentro. Un pomeriggio, mentre stavamo parlando di varie cose personali, sia negative che positive, il piccolo ha iniziato a piangere. Quando non siamo riusciti a ottenere una spiegazione, suo fratello maggiore ci ha confessato: "Probabilmente sta piangendo perché era nella stanza quando hanno ucciso il suo amico". Questo è stato il primo caso che abbiamo sentito. Hanno iniziato a descriverci la scena, parlavano di questa piccola vittima con le mani legate e la bocca imbavagliata. C'erano delle croci segnate sul suo corpo, situate in corrispondenza degli organi vitali. Era molto malsano... Qualche settimana dopo abbiamo saputo che non erano stati gli adulti ad uccidere questo bambino, ma che era stato quel ragazzo più grande, quello che ce ne aveva parlato.

Il prossimo caso di cui parleremo è un bambino che era molto limitato mentalmente. Aveva problemi di linguaggio, era molto difficile per lui esprimersi verbalmente. Quando ha iniziato a parlare di queste cose, tutti sono rimasti sorpresi dal modo in cui si è espresso. Eravamo sicuri, sapevamo che non poteva averlo sentito da altri bambini. Ma abbiamo iniziato a chiederci, c'era davvero qualcosa di strano con questi bambini che venivano a riversare su di noi tutte queste atrocità... La cosa che mi ha fatto credere nella verità della storia di questo bambino è che ha parlato di diversi bambini che sono stati uccisi, ma una volta si è raggomitolato in posizione fetale mentre raccontava la storia del bambino pugnalato, aveva 9 anni allora. Era in posizione fetale mentre i suoi occhi diventavano vitrei e diceva: "Cucinano il bambino sulla griglia... puzza di pollo o cervo marcio. Poi ci ha raccontato come hanno tagliato il cuore e i genitali per tenerli in frigo. Una cosa tipica che continua a venire fuori nelle testimonianze è il loro interesse per i genitali. Gli ho chiesto dove sono stati messi i resti dei corpi, non ho avuto risposta da questo bambino. Ma gli altri due ragazzi di cui ho parlato prima mi hanno detto dopo che "i bambini sono stati gettati nel fuoco". Ho chiesto loro se erano morti quando sono stati messi nel fuoco, il più piccolo ha detto: "No, no, erano vivi. A quel tempo eravamo davvero in preda al panico per tutte queste cose! Cosa avremmo fatto? Come potremmo aiutare questi bambini? Dove potremmo trovare un terapeuta che possa trattare questo problema? ... Ma Dio ha messo in atto un sistema di supporto. Altre famiglie ci hanno aiutato e questo ci ha aiutato molto.

Il prossimo bambino è una bambina che aveva 9 anni quando ha parlato. È stato molto doloroso quando ha iniziato a parlare degli abusi sessuali. L'abuso sessuale è così dannoso per i bambini... Sono imbarazzati a parlarne, è così intimo. Ha iniziato disegnando gatti... Tutti questi gatti avevano la coda disegnata sull'altro lato della pagina, o le gambe erano separate dal corpo. Quando abbiamo iniziato a parlare con lei, ci ha detto che ha dovuto uccidere un gatto che aspettava dei gattini. Ha confessato che ha dovuto uccidere il gatto: 'Con un coltello, gliel'ho messo nel sedere e l'ho girato. Ora mi direte: può un bambino inventare queste cose? Se chiedessi a un bambino come potrebbe uccidere un gatto, pensate che risponderebbe così? Questi sono il tipo di dettagli orribili che i bambini ci hanno riferito. Poi la bambina ci ha detto che hanno finito per aprire il gatto e così ha saputo che aspettava dei bambini. Secondo lei, hanno mangiato parti dell'animale, così come gli escrementi. Hanno anche bevuto il sangue. Quello era solo l'inizio, doveva anche uccidere un bambino, allo stesso modo, "mettere il coltello nella schiena e girare". Il bambino era vivo e urlava... Questo bambino ancora oggi ha terribili incubi e violenti flashback. Ci ha detto che hanno tagliato il bambino e l'hanno mangiato. I resti sono stati bruciati e le ossa schiacciate. La bambina ha parlato di benzina versata sui resti per bruciarli nel cortile. Ho pensato spesso di essere pazzo, ma l'ho sentito così tante volte che ora so che deve essere così... Sappiamo che ci sono degli obitori coinvolti nella cremazione dei corpi delle vittime.

La storia di cremazione più orribile che ho da raccontare, qualcosa di molto inquietante, è venuta da una vittima che era un'adolescente quando me l'ha detto. Ha descritto un raduno fuori da un granaio dove la gente cantava. Poi, quando sono entrati nel granaio, si sono divisi in due gruppi. Non era mai con tutta la sua famiglia, erano sempre separati per andare in posti diversi. Le chiesi allora dove doveva andare e lei disse: "Sono sempre stata nella camera di cremazione. Mentre descriveva la camera di cremazione, ho pensato tra me e me: "Come ha fatto a scappare con tutta la sua sanità mentale", non lo so. Allora era una bambina molto piccola.

Questa ragazza ci ha detto che questi gruppi rapiscono i bambini piccoli e li legano. Possono essercene 5 o anche 10 legati in fila. Nel rituale che mi ha raccontato, erano completamente vestiti, il che è insolito perché di solito sono nudi. Le candele sono state poi date ad altri bambini, tra cui questo adolescente, all'epoca bambino. Le candele venivano accese e poi gli adulti versavano sui vestiti dei bambini legati un liquido, che ovviamente era benzina. Poi davano un segnale ai bambini perché si facessero avanti con le candele per dare fuoco alle piccole vittime. Una volta fatto questo, alcuni di loro sono stati fucilati. Il primo bambino che questa ragazza ha dovuto uccidere è stato uno dei suoi cuginetti. Dice che non potrebbe obiettare, perché chi obietta viene anche ucciso (...) Due anni fa, questa ragazza è crollata a Natale. Tutti pensano che il Natale sia un periodo meraviglioso. Ci ha detto che odiava il Natale, che non lo sopportava perché sentiva solo piangere i bambini. Per lei, il Natale è il periodo in cui la maggior parte dei bambini muore. Si è coperta le orecchie e ha pianto per ore, gridando: "Basta! Smettila! Parla con Dio e digli di farlo smettere! Tutto quello che poteva sentire erano urla e pianti di bambini... Il Natale per i bambini con cui ho parlato è uno dei momenti peggiori. Tre bambini mi hanno raccontato una cerimonia molto simile. Sono stati portati in una chiesa dove tutti i bambini erano insieme, apparentemente era molto festoso. Un bambino piccolo si fa avanti, due di loro hanno parlato di bambini su un altare. Gli adulti sono tutti in festa, cantano e ballano. I bambini sono coinvolti in questa euforia e si forma un cerchio intorno a colui che è stato portato avanti, naturalmente rappresenta il bambino Gesù. Gli adulti allora cominciano a ridere di lui, a sputargli addosso, a insultarlo e poi a incoraggiare gli altri bambini a fare lo stesso... Potete immaginare come la situazione sfugga rapidamente di mano. Ad un certo punto danno a tutti i bambini un coltello per andare a pugnalare e tagliare il bambino o il neonato fino a farlo morire. Poi celebrano la morte del bambino Gesù...[266]

- Sandi Gallant

Nel 1988, Sandi Gallant era agente di polizia a San Francisco quando scrisse un rapporto che documentava numerosi casi di abuso rituale in tutti gli Stati Uniti, ma anche in Canada dove il fenomeno è anche presente. Ecco cosa ha scritto per i genitori delle vittime:

Negli ultimi anni, gli agenti di polizia sono stati confrontati con indagini che comportano un cambiamento di vocabolario. Questo vocabolario deve essere adattato ai crimini ora identificati come casi di "abuso sessuale rituale" o "abuso rituale sui bambini" (...) Fino a poco tempo fa, le leggi erano applicate in questi casi allo stesso modo che per l'abuso abituale sui bambini. Questo non è stato fatto per negare l'esistenza dell'abuso rituale, ma perché questi casi non sono mai stati classificati prima. In altre parole, questi casi sono stati trattati come tutti i casi perché nessuno sapeva che si adattavano a un particolare scenario criminale che si stava sviluppando nel paese. Tuttavia, questo ha causato problemi in termini di successo delle indagini (...) Le accuse riguardano tipi di abuso insopportabili e incredibili. Gli investigatori credono alle vittime, ma non sono in grado di trovare prove che portino all'accusa. Nel labirinto di problemi che sono sorti, gli investigatori si sono trovati, in molti casi, di fronte a casi che non sono in grado di provare. I genitori delle vittime, ora totalmente frustrati da questi fallimenti del sistema, hanno bisogno di risposte e, in effetti, hanno il diritto di sapere perché i loro figli che sono stati abusati non hanno diritto alla giustizia. Ecco perché è stato scritto questo articolo. Voi, i genitori, siete degni di far rispettare le leggi. Allo stesso tempo, abbiamo bisogno che tu capisca la situazione.

Perché le leggi sono così? Come investigatore di crimini rituali negli ultimi anni, posso dirvi onestamente che stiamo facendo progressi e questo settore del crimine viene riconosciuto come specifico e reale. Dico questo perché non passa giorno che io non sia in contatto con altre forze dell'ordine negli Stati Uniti e in Canada che cercano informazioni sul modus operandi e sulle modalità degli abusi rituali. A questo proposito, stiamo facendo progressi. Dove prima gli agenti non erano consapevoli di ciò che vedevano, ora sono in grado di identificare le cose più facilmente, mentre prima gli investigatori non avevano alcuna formazione su come identificare questi crimini quando li incontrano. Ora vengono addestrati. Tutto questo è molto buono, ma i genitori non vedono ancora i risultati. In molti casi, i sospetti non vanno nemmeno al processo, figuriamoci

---

[266] 'The Franklin Cover-Up: Child Abuse, Satanism, and Murder in Nebraska' - John W. DeCamp, 1992, p.204-210.

se vengono giudicati colpevoli. Al momento in cui scriviamo, ci sono stati solo pochi procedimenti giudiziari di successo negli Stati Uniti (...)

Nel suo rapporto Sandi Gallant scriverà ai suoi superiori:

Le informazioni contenute in questo documento sono sgradevoli e strane, a tal punto che si potrebbe scegliere di screditarle. Tuttavia, la mia ricerca in questo settore ha rivelato che molti casi simili stanno emergendo nel paese e in Canada. Le somiglianze nelle storie di ogni bambino vittima di questi crimini tendono a dare credibilità alle informazioni rivelate dagli altri. Inoltre, psichiatri e terapeuti che hanno seguito le vittime dicono che la coerenza dei racconti e i dettagli espliciti rivelati li portano a credere che i bambini stiano dicendo la verità. Ogni agente di polizia che ha presentato informazioni per questo rapporto crede che le vittime stiano dicendo la verità e che, in effetti, i bambini sarebbero incapaci di sviluppare tali storie.

Nel corso della mia ricerca, hanno cominciato ad emergere delle somiglianze, che indicano la forte probabilità che ci sia una rete di persone in questo paese coinvolte nell'abuso sessuale e nel probabile omicidio di bambini piccoli. Questi casi sembrano differire dai casi isolati di abuso di bambini perché i crimini menzionati qui sono commessi con l'intenzione deliberata di mutilare e uccidere i bambini per scopi rituali o sacrificali. Molti dei casi segnalati rivelano anche una pornografia infantile che va oltre il normale tipo di pornografia infantile, poiché i bambini vengono fotografati durante rituali in cui alcune persone indossano abiti, costumi e candele, serpenti, spade, altari sono anche presenti, ma ci sono ancora altri tipi di materiale rituale.

Questo rapporto non è mai stato trasmesso all'FBI, e anche il Dipartimento di Giustizia ha rifiutato di esaminarlo.[267]

- Anziano Glenn Pace

Il 19 luglio 1990, Glenn Pace, allora vescovo mormone, inviò una nota interna alla sua chiesa per denunciare gli abusi rituali. In effetti, Glenn Pace aveva condotto un'indagine sugli abusi rituali satanici all'interno *della Chiesa dei Santi degli Ultimi Giorni* (Mormoni) per denunciare la proliferazione sistematica e diffusa del controllo mentale. Aveva raccolto circa 60 testimonianze riguardanti rituali traumatici e sacrifici umani. All'epoca, questo memorandum suscitò un tale scalpore che l'anno successivo fu avviata un'indagine governativa sugli abusi rituali nello Utah (che sfociò nel rapporto citato prima in questo capitolo: *"Ritual Crime in the State of Utah"*). Da notare che nel suo libro *The Darker* Side *of Evil, Corruption, Scandal and the Mormon Empire*, Anson Shupe riporta a pagina 109 del suo libro che nel caso Hadfield, i bambini hanno *raccontato storie di orge sessuali dove i partecipanti indossavano costumi e gli adulti scattavano foto.*

Ecco la traduzione del memorandum di questo vescovo che ha avuto il coraggio di denunciare questi orrori:

---

[267] 'Abuso sessuale rituale: il caso dell'asilo di Martin negli Stati Uniti' - Donde Vamos 20/05/2012.

Conformemente alla richiesta del Comitato, scrivo questa nota per trasmettervi ciò che ho imparato sull'abuso rituale dei bambini. Spero che questo vi sia utile per continuare a monitorare questo problema. Avete già ricevuto il rapporto dei servizi sociali LDS sul satanismo datato 24 maggio 1989, un rapporto di Brent Ward e un memorandum da parte mia datato 20 ottobre 1989 in risposta al rapporto del fratello Ward. Pertanto, limiterò questa lettera trasmettendo solo le informazioni che non sono state incluse in questi documenti.

Ho incontrato sessanta vittime. Questo numero potrebbe essere moltiplicato per due o tre se non mi limitassi a una sessione alla settimana. All'inizio non volevo essere coinvolto in questo problema, che poteva diventare un handicap per la mia posizione di responsabilità. Ma più tardi, ho sentito che dovevo pagare il prezzo per ottenere una convinzione intellettuale e spirituale sulla gravità di questo problema nella Chiesa.

Delle circa sessanta vittime che ho incontrato, cinquantatre erano donne e sette uomini, otto dei quali erano ancora bambini. Questi abusi hanno avuto luogo nei seguenti luoghi: Utah (37), Idaho (3), California (5), Messico (2) e altre località (14). Cinquantatre vittime hanno riferito di aver assistito o partecipato a sacrifici umani. La maggior parte è stata abusata da parenti, spesso dai loro stessi genitori. Tutti hanno sviluppato problemi psicologici e alla maggior parte è stato diagnosticato un disturbo di personalità multipla o altre forme di disturbo dissociativo.

Questo abuso rituale sui bambini è il più spregevole di tutti gli abusi sui bambini. L'obiettivo fondamentale e premeditato è quello di torturare e terrorizzare questi bambini fino a costringerli a dissociarsi sistematicamente e metodicamente. Questa tortura non è il risultato della "rabbia", è l'esecuzione di rituali perfettamente studiati e ben pianificati, spesso eseguiti da parenti stretti. L'unica via d'uscita per questi bambini è la dissociazione. Sviluppano quindi una nuova personalità che permette loro di far fronte alle varie forme di abuso. Quando l'episodio traumatico è finito, la personalità centrale prende il controllo dell'individuo che non è consapevole di ciò che è successo. La dissociazione è anche usata per coprire tutte queste cose, con il passare del tempo i bambini non ricordano queste atrocità. Raggiungono l'adolescenza e l'età adulta senza memoria attiva di ciò che sta accadendo (o che è accaduto). Di solito continuano ad essere coinvolti nei rituali durante la loro adolescenza e la prima età adulta, senza essere pienamente consapevoli della loro partecipazione a queste attività occulte. Molte persone con cui ho parlato sono state utilizzate in certe missioni e solo molto più tardi hanno cominciato a ricordarle. Un individuo può avere ricordi di partecipazione ai rituali, mentre serve ancora il culto a tempo pieno.

Le vittime conducono una vita relativamente normale, i ricordi sono rinchiusi e compartimentati nella loro mente. Non sanno come affrontare alcune delle loro emozioni perché non riescono a trovarne la fonte. Quando diventano adulti e si trovano in un ambiente diverso, certe cose possono scatenare i ricordi e possono verificarsi anche flashback o incubi. Queste persone vivranno una vita normale, e poi da un giorno all'altro si ritroveranno in un ospedale psichiatrico in posizione fetale. I ricordi della loro infanzia ritornano in modo così dettagliato che le vittime sentono di nuovo il dolore che ha causato la dissociazione iniziale.

Ci sono due ragioni per cui gli adulti possono ricordare tali eventi in modo molto dettagliato sul loro passato: primo, il terrore che hanno vissuto è stato così intenso che è stato segnato indelebilmente nella loro mente. In secondo luogo, il ricordo è stato compartimentato in modo che una parte della mente non sia sottoposta al trauma. Quando questi ricordi riaffiorano, sono freschi come se fossero accaduti ieri.

I ricordi sembrano venire fuori a strati. Per esempio, il primo ricordo può essere di incesto, e poi tornano i ricordi di vestiti e candele. Poi le vittime si rendono conto che il loro padre o la loro madre (o entrambi) erano presenti durante l'abuso. Un altro strato conterrà i ricordi di aver visto altri torturati e persino uccisi, compresi i bambini, e infine la realizzazione che la persona è stata coinvolta in sacrifici. Uno dei ricordi più dolorosi è a volte che loro stessi hanno dovuto sacrificare il proprio bambino. Con ogni strato di memoria arrivano nuovi problemi che le vittime devono affrontare.

Alcuni sostengono che i testimoni che riferiscono un trattamento del genere non possono essere affidabili a causa dello stato instabile della vittima e perché quasi tutti soffrono di disturbi dissociativi. In effetti queste storie sono così bizzarre che sollevano effettivamente la questione della credibilità. L'ironia è che uno degli scopi di questi culti è quello di creare personalità multiple in questi bambini per mantenere i "segreti". Vivono nella società senza che la società si renda conto che qualcosa non va, perché questi bambini e adolescenti non si rendono nemmeno conto di avere un'altra vita nell'ombra e nel segreto. Tuttavia, quando sessanta vittime si fanno avanti per testimoniare lo stesso tipo di tortura e sacrificio, diventa personalmente impossibile per me non credergli (...)

La dottrina spirituale che è legata a questo abuso fisico è particolarmente difficile da superare. Oltre al dolore e al terrore, ai bambini viene anche insegnata la dottrina satanica. Tutto è completamente invertito: il bianco è nero, il nero diventa bianco, il bene diventa male e il male diventa bene, ecc.

I bambini vengono messi in situazioni in cui credono davvero che moriranno, come essere sepolti vivi o immersi nell'acqua. Prima di fare questo, il boia dice al bambino di pregare Gesù Cristo per vedere se verrà a salvarlo. Immaginate una bambina di sette anni, a cui è stato detto che sta per morire e che dovrebbe pregare Gesù... e che per lei non arriva nulla a salvarla fino all'ultimo momento in cui viene finalmente salvata da una persona che afferma di essere un rappresentante di Satana. Diventa una figlia di Satana e rischia di diventare fedele a lui.

Poco prima o poco dopo il loro battesimo nella Chiesa, i bambini vengono battezzati col sangue nell'ordine satanico che ha lo scopo di annullare il loro battesimo cristiano (...) Tutte queste cose vengono fatte con la personalità che è nata per sopportare il dolore fisico, mentale e spirituale. Di conseguenza, una sorta di "guerra civile" si sviluppa all'interno di queste persone. Quando i ricordi cominciano a riaffiorare, ci sono personalità che sentono di essere votate a Satana, senza speranza di perdono, mentre la personalità centrale è un membro attivo della Chiesa. Quando avviene l'integrazione (fusione dell'alter), è allora che scoppia la "guerra civile". A volte, in un'intervista, emerge la personalità del lato oscuro, forse pietrificata o piena di odio per me e per ciò che rappresento. Queste personalità devono essere trattate sia spiritualmente che psicologicamente.

La maggior parte delle vittime sono suicide. Sono stati indottrinati con droghe, ipnosi e altre tecniche per renderli suicidi appena iniziano a rivelare i segreti. La vittima è minacciata di morte, anche i suoi parenti sono minacciati, ecc. La vittima ha tutte le ragioni per credere a queste minacce perché ha già visto persone uccise (...)

Lo scopo di questo memorandum è di sottolineare la complessità della terapia psicologica e spirituale per queste persone. I nostri sacerdoti, di fronte a questi casi, sono naturalmente impotenti, non sapendo come rispondere. Per quanto riguarda il potere giudiziario, è totalmente inefficace. Per esempio, alcune vittime a volte dicono che tutte queste cose appartengono al passato e che dovrebbero metterle da parte e concentrarsi sulla loro vita presente. Questo è semplicemente impossibile. Parte della terapia spirituale è convertire le personalità che sono state indottrinate nel satanismo. Le vittime hanno bisogno di integrare tutte le loro personalità in modo che possano funzionare come un insieme coerente, permettendo loro di affrontare i problemi e poi di concentrarsi pienamente sulla loro vita (...)

I colpevoli vivono una doppia vita, molti di loro sono membri riconosciuti del tempio (mormone), per questo la Chiesa deve considerare la gravità di questo problema (...) Ho rifiutato che le vittime mi dessero i nomi dei colpevoli. Ho detto loro che la mia responsabilità era quella di aiutarli nella loro guarigione spirituale e che i nomi dei colpevoli dovevano essere dati ai terapeuti e agli agenti di polizia (...) Non pretendo di dire che questo problema sia diffuso, so solo che ho incontrato sessanta vittime. Quando sessanta vittime testimoniano gli stessi tipi di torture e uccisioni, personalmente diventa impossibile per me non credergli (...) Ovviamente, ho incontrato solo quelli che cercavano aiuto. La maggior parte di loro erano ventenni o trentenni. Posso solo immaginare, e sono inorridito, il numero di bambini e adolescenti attualmente coinvolti in queste pratiche occulte (...)

- Jenny Hill

Nell'ottobre 2012, il canale televisivo americano *ABC4 ha* trasmesso un breve servizio di Kimberley Nelson sulla testimonianza di Jenny Hill, una donna sopravvissuta ad abusi rituali a cui sono state diagnosticate 22 personalità diverse. La storia di Jenny Hill è riportata in '22 Faces', un libro scritto dalla sua terapeuta, Judy Byington, che ha detto al giornalista:

"E' stata aggredita sessualmente in rituali quando era molto giovane, ha sviluppato queste personalità multiple ogni volta che si trovava in una situazione traumatica. La sua prima alter personalità è *"nata"* quando aveva 4 anni. Proprio quando suo padre, un devoto mormone, cominciò a fare l'impensabile..."

Mi disse che mi amava più di mia madre e che questo era il nostro segreto.

Fu alcuni anni dopo, quando iniziarono gli abusi rituali, che la sua personalità si scisse nuovamente per far fronte agli stupri e alle torture. Jenny non aveva alcun ricordo dell'abuso, tutto quello che sapeva era che aveva una grave perdita di memoria... Finché un giorno si svegliò confusa in un ospedale psichiatrico. Il dottor Weston Whatcott si è preso cura di lei. Ha detto al giornalista di aver incontrato diverse alter personalità di Jenny Hill:

"Se questo fosse un film, allora meriterebbe di vincere diversi Oscar (...) Aveva una voce completamente diversa! Intendo un vero cambiamento di voce, un cambiamento di accento, ma anche un cambiamento di contegno, di espressioni facciali, tutto ciò è cambiato radicalmente."

Il dottor Whatcott ha anche scoperto che le sue diverse alter personalità vengono fuori negli scritti di Jenny. Sia nel diario che ha scritto da bambina che in quello che ha tenuto da adulta. In questo diario, le alter personalità rivelano ciò che è successo nel suo passato. Jenny stessa non era convinta di poter avere tutte queste diverse personalità, finché un giorno il dottor Whatcott fece una registrazione video di una delle sedute di terapia: '*Era affascinata da quello che stava vedendo lì, era come una bambina, si mise in ginocchio e si avvicinò allo schermo... Non poteva credere che fosse lei quella che era in quel video.* Il dottor Whatcott dice che la scoperta delle registrazioni è stata un vero punto di svolta per Jenny. I ricordi cominciarono ad affiorare, compresi quelli del sacrificio umano: "*Ero legato e minacciavano di fare a me la stessa cosa che avevano fatto alla vittima. A un certo punto della cerimonia, il dolore era così intenso che la vittima piangeva istericamente... e io non piangevo, non emettevo un suono... come se fossi stato programmato per farlo.*"

Jenny dice che il 21 giugno 1965 ha visto questa bambina che veniva uccisa. Dice che probabilmente sarebbe stata la prossima vittima, ma che è stata salvata dall'intervento divino...

Judy Byington: "Jenny ha detto di aver visto i piedi di un uomo in una luce bianca, lei era sdraiata sull'altare e lui era proprio sopra di lei, e ha interrotto la cerimonia."

Jenny pensava di essere davvero sola con i suoi ricordi, ma sua madre, prima della sua morte, ammise in una conversazione telefonica che era stata coinvolta in rituali satanici. Ha anche confermato e convalidato il ricordo di Jenny della luce bianca salvifica. La conversazione telefonica tra Mercy Hill (la madre di Jenny) e Judy Byington è stata registrata e trasmessa in questo servizio della *ABC4:*

- Giornalista: Ha menzionato questa luce bianca, può dirci di più?
- Mercy Hill: Non so, non ricordo molto, ma credo che ci fosse una luce bianca. Era un po' lontano da noi e stava venendo giù.
- Giornalista: Ha visto qualcosa nella luce?
- Mercy Hill: No, era così brillante che sai... era accecante...

- Vicki Polin

Nel 1989, Oprah Winfrey ha dedicato uno dei suoi spettacoli, *"The Oprah Winfrey Show"*, agli abusi rituali satanici. Il programma era intitolato *"Mexican Satanic Cult Murders"*. Durante la serata, una donna ha testimoniato gli orrori che aveva vissuto, sostenendo che la sua famiglia era stata coinvolta nei rituali per generazioni e generazioni. All'epoca della sua testimonianza, si stava sottoponendo a un'intensa terapia per il suo disturbo di personalità multipla o disturbo dissociativo dell'identità. Ecco la trascrizione della sua intervista con Oprah Winfrey:

- **Oprah Winfrey**: Anche lei ha subito abusi rituali nella sua famiglia?

- **Vicki Polin**: Sì, la mia famiglia proviene da una lunga linea di abusatori, che risale al 16° secolo.

- **OW**: E così hanno abusato di te?

- **VP**: Vengo da una famiglia che crede in questo...

- **OW**: E dall'esterno, tutti pensavano che fossero una rispettabile famiglia ebrea?

- **VP**: È esattamente questo.

- **OW**: Mentre c'era un culto a Satana all'interno della casa stessa...

- **VP**: Sì... Ci sono molte famiglie ebree in tutto il paese, non solo la mia.

- **OW**: Davvero? E chi conosce queste cose? Molte persone ora. (ride)

- **VP**: Ne ho parlato con un investigatore della polizia di Chicago e diversi miei amici lo sanno. Ne ho anche parlato pubblicamente prima...

- **OW**: Così sei cresciuto in mezzo a tutto questo orrore. Pensava che fosse normale?

- **VP**: Ho sepolto molti dei miei ricordi in me stesso a causa del mio disturbo di personalità multipla, ma sì... quando cresci con qualcosa, pensi che sia normale. Ho sempre pensato che...

- **OW**: Ma che tipo di cose? Non devi darci dettagli cruenti, ma che tipo di cose succedevano nella tua famiglia?

- **VP**: Beh, c'erano dei rituali in cui i bambini venivano sacrificati e si doveva...

- **OW**: I bambini di chi?

- **VP**: C'erano persone che portavano bambini alla nostra famiglia. Nessuno se ne accorgeva, molte donne erano obese, non si poteva vedere se erano incinte o no. E se c'era qualche sospetto, andavano via per un po' e poi tornavano. Un'altra cosa che voglio dire è che non tutti gli ebrei sacrificano i bambini, non è una cosa tradizionale.

- **OW**: Quindi hai assistito a un sacrificio?

- **VP**: Sì, quando ero molto giovane sono stato costretto a partecipare a questo e ho dovuto sacrificare un bambino.

- **OW**: Qual è lo scopo di questi sacrifici, cosa ne ricava?

- **VP**: Si tratta di potere, potere...

- **OW**: Sei stato usato anche tu?

- **VP**: Sono stato aggredito sessualmente, violentato diverse volte...

- **OW**: Cosa faceva tua madre? Qual era il suo ruolo?

- **VP**: Non sono sicuro di quale ruolo possa aver avuto, non ho ancora tutti i miei ricordi, ma la mia famiglia era estremamente coinvolta... Sai, mi ci hanno portato, entrambi i miei genitori mi ci hanno portato.

- **OW**: E dov'è ora?

- **VP**: Vive nella metropoli di Chicago, lavora alla Commissione per le relazioni umane della città in cui risiede. È una cittadina modello, nessuno sospetterebbe di lei...

- **OW**: Sei stato cresciuto con la nozione di giusto e sbagliato?

- **VP**: Sì... ho avuto entrambe le nozioni. Quello che voglio dire è che per il mondo esterno, tutto quello che facevamo era buono e rispettabile, e poi c'erano certe notti in cui le cose erano diverse... quando quello che era cattivo diventava buono, e quello che era buono era qualcosa di cattivo. Tutto questo è stato fatto per sviluppare disturbi di personalità multipla.

- **OW**: Nella tua famiglia, era davvero chiamata "adorazione del diavolo" o erano solo le cose che facevi ad essere malvagie?

- **VP**: No, non lo so. Cioè, io ho detto che era brutto e loro hanno detto che era buono. C'è un libro in cui mi sono imbattuto che si chiama "La grotta di Lilith", un libro sul misticismo ebraico e il soprannaturale. C'è molto lì dentro che si riferisce a ciò che ho vissuto da bambino. '

- Linda Weegan

Linda Weegan è madre di due bambini che sono stati vittime di abusi rituali. Ha dato la sua testimonianza durante una conferenza con Ted Gunderson. Qui descrive il protocollo sistematico di ingiustizia di attaccare e perseguitare giudizialmente il genitore protettivo (di solito la madre) per proteggere i presunti abusatori e le reti invece di condurre un'indagine adeguata. Ecco la trascrizione della sua testimonianza:

Sono qui per raccontarvi un esempio di cosa succede quando una setta satanica abusa dei vostri figli. Vado in chiesa, sono cattolico... vado in chiesa eppure il diavolo era qualcosa di esterno di cui non si parlava e che era addirittura nascosto. Era qualcosa che era molto nel regno della fantascienza. I miei figli hanno iniziato a parlare di abusi sessuali nel 1993. Si masturbavano, provavano cose con il cane come mettere una matita o un pennello nel suo retto. Questi comportamenti peggioravano sempre di più (...) Sapevo di avere un problema molto grande ma non avevo idea di cosa fosse. Così sono andato in giro per il paese in cerca di aiuto. Ho dato i disegni dei miei figli alla polizia. Così avevo tutti questi disegni con cerchi, persone, candele nere in mezzo ai tavoli, rappresentazioni di sodomia e così via. Sono andato in chiesa e ho detto loro: "Non so cosa sia, ma questi disegni sembrano molto significativi". Ci sono simboli che non capisco, teste di diavolo, fantasmi...' A quel tempo non avevo idea di cosa fosse l'abuso rituale satanico. L'unica risposta che ho avuto dalla Chiesa è stata che avevo già fatto una visita psichiatrica... Oggi posso dire che so cosa significano i simboli di questi disegni.

Anche se il padre era accusato di sodomia e sesso orale sui suoi figli, nessuno mi avrebbe aiutato. Anche se ci sono procedimenti in corso, dicono che lei ha inventato queste storie di abuso rituale satanico. La tua credibilità è pari a zero, semplicemente non esiste, "non succede niente del genere negli Stati Uniti"... Concentrati solo sulla "semplice" pedofilia che hanno subito i tuoi figli...

Così ho portato i miei ragazzi in un istituto specializzato in abusi sessuali su minori. Anche le madri potevano essere ammesse e io avevo la custodia legale dei miei due figli. Mio marito, i suoi avvocati e il giudice hanno scoperto che i miei figli erano in un istituto specializzato... Hanno poi confiscato la mia casa, tutto quello che avevo, dalle foto dei miei bambini ai miei vestiti, avevo solo una valigia con me. Hanno preso la mia macchina, la mia posta, il mio reddito, i miei beni... Ho perso tutto per aver presentato i miei figli a uno specialista di abusi sessuali! Stavano cercando di fermarmi a causa di ciò che i miei figli avrebbero potuto rivelare. Hanno cercato di spezzarmi finanziariamente affinché i miei figli non avessero più alcun aiuto terapeutico in questo istituto. È stato chiaramente riconosciuto che i miei figli sono stati abusati sessualmente e posso provarlo con documenti.

Un giorno, la terapeuta che si occupava di loro mi invitò nel suo ufficio, e lì mi disse che era un classico caso di S.R.A. (Satanic Ritual Abuse). (Satanic Ritual Abuse)... Non avevo idea di cosa stesse parlando, S.R.A.... Poi mi spiegò cosa fosse l'abuso rituale satanico. Mi ha mostrato i disegni che i bambini avevano fatto nel suo ufficio. C'era un'immagine di un sacrificio di sangue, dove la gente si tagliava le braccia e raccoglieva il sangue in un calice. Il calice era a forma di testa di diavolo... ecc... Comprendeva orge, sacrifici di bambini... Fu uno shock enorme, non sapevo cosa fare, non sapevo dove andare...

Ho chiamato tutte le associazioni e organizzazioni di protezione dell'infanzia del paese per chiedere aiuto, ma nessuno ha ammesso l'esistenza dell'abuso rituale satanico. Inoltre, tutte le associazioni di protezione dell'infanzia affermano solo di "amare i bambini"... ma in realtà non aiutano nessuno. Così la mia lotta per salvare i miei figli mi ha portato qui, e posso dirvi ora che ci sono altre madri qui oggi che mi hanno chiesto aiuto perché anche i loro figli sono vittime di abusi rituali. Questo è molto difficile per me, la mia vita è stata distrutta ma devo dire che è stata ricostruita in meglio. John e Ben, che hanno 11 e 8 anni, hanno vissuto per 15 e 16 mesi nella casa di un satanista membro di un gruppo di 25 persone situato a Turney, Connecticut. Sono attivamente coinvolti nell'abuso sessuale rituale. Né il governatore né nessun altro ha protetto i miei figli. Così mi chiedo: Fino a che punto si arriverà? (...)

- Glenn Hobbs

Nel 1988, la *Jeremiah Films ha* prodotto un documentario intitolato *"Halloween, Trick or Treat?* (in cui Caryl Matrisciana intervista un ex-satanista, Glenn Hobbs, nato in un culto di abusi rituali. Ecco la trascrizione dell'intervista:

- **Caryl Matrisciana**: Glenn Hobbs è stato iniziato da suo nonno in una setta satanista da bambino e ha continuato a partecipare a queste attività per anni. Ho recentemente intervistato Glenn sul suo coinvolgimento e sull'importanza di Halloween per questi occultisti.

- **Glenn Hobbs**: Il mio coinvolgimento nel culto satanico è iniziato nell'infanzia perché ero un satanista generazionale... Cioè, la mia famiglia e le sue generazioni precedenti erano coinvolte in queste pratiche occulte. Oggi, i miei primi ricordi di Halloween e di tutto ciò che lo riguarda mi ricordano che è stato un periodo molto buio della mia infanzia...

- **CM**: Glenn, puoi parlarci dei rituali di Halloween in cui eri coinvolto da bambino?

- **GH**: C'era un'altra bambina coinvolta con me. Il suo nome era Becky. Becky non era come me, era destinata ad essere sacrificata. Ero destinato ad essere un sommo sacerdote. È nata in questo culto per essere un sacrificio umano. Io e lei ci siamo sposati insieme in un rituale. Era un matrimonio offerto alla "Bestia". Quando io e questa ragazzina ci siamo sposati, ci sono stati molti abusi sessuali, molti spargimenti di sangue, tutto per unirci.

- **CM**: Quando inizia il rituale di Halloween? Qual è il vero scopo di Halloween?

- **GH**: I rituali che ricordo più chiaramente iniziano alla fine di settembre. Io e la ragazzina che ho appena menzionato, Becky... L'abuso era molto ripetitivo in questo periodo dell'anno. Siamo stati portati in diverse stanze dove siamo stati spogliati nudi. Abbiamo trascorso le due settimane successive in una specie di capanne dove si svolgevano molti rituali e si sacrificavano molti animali. Sono stati fatti incantesimi a Lucifero e ai suoi demoni perché venissero a prendere possesso di me. Ero destinato a diventare un sommo sacerdote quando sarebbe arrivato il momento. La notte di Halloween hanno portato me e la bambina sul retro di un furgone. Il viaggio sembrava lungo, ancora una volta eravamo drogati... Alla fine ci siamo fermati, hanno fatto uscire la bambina e mi hanno lasciato nel furgone. Sentivo un gran trambusto fuori, gente che gridava e urlava con questa specie di mormorio in sottofondo... una specie di canto. Quindi ero consapevole che c'era un rituale in corso, perché avevo sentito questo tipo di cose molte volte prima. Era qualcosa di abituale per me vedere persone sdraiate a terra e convulse durante questi rituali, con sempre questa presenza demoniaca intorno... Alla fine venne una donna e mi disse che era ora di andare... Così mi portò fuori dal furgone e lì potei vedere che c'era molta gente. Alcune persone erano vestite con una specie di abiti scuri con grandi cappucci. Mi hanno portato ad un altare di pietra. Ricordo di aver visto la bambina, era sull'altare... All'inizio mi chiedevo cosa sarebbe successo, perché non si sa mai, possono usare l'altare per molte cose, può essere un sacrificio di animali, un abuso sessuale del sommo sacerdote su una vittima, è difficile saperlo in anticipo... Alla fine mi hanno diretto davanti a questo altare, lì ho visto che le avevano legato i piedi e lei era legata all'altare. Anche le sue braccia erano legate all'altare con una specie di ganci. Era molto bianca... ricordo che era incredibilmente bianca... Le avevano fatto delle incisioni ai piedi e ai polsi. Avevano raccolto il sangue che scorreva dalle ferite in un calice, e poi passavano questo recipiente alle persone che erano presenti. Poi il sommo sacerdote prese il pugnale rituale... Lo puntò sulla piccola vittima, poi prese la mia mano e la mise sul pugnale e mi costrinse a trafiggere il petto...

Quindi, per quanto riguarda Halloween... Sai, era un momento culminante dell'anno, la notte di Halloween quando hanno ucciso quella piccola ragazza innocente. Questo è qualcosa che accade ogni notte di Halloween, non è solo un evento isolato. Ci sono bambini in tutto il mondo che vengono sacrificati nella notte di Halloween, e nelle nostre società la celebriamo andando di porta in porta a chiedere caramelle, è una 'grande festa' per noi. Ma penso che sia molto ironico, alcune persone pensano che sia qualcosa di divertente, mentre altri stanno prendendo vite umane... E tuttavia nessuno vuole affrontare ciò che sta realmente accadendo (...)

- Anna A. Johnson Davis

Anna A. Johnson Davis è l'autrice di *"Hell Minus One"*, un libro autobiografico pubblicato nel 2008 in cui racconta la sua infanzia traumatizzata da abusi rituali dall'età di 3 anni fino a quando, all'età di 17, è scappata. Anne, il cui vero nome è Rachel Hopkins, ci ha messo molto tempo per uscire dall'anonimato, scrivere la sua autobiografia ha richiesto 7 anni e mezzo.

Il libro contiene una prefazione del tenente ispettore Matt Jacobson dell'ufficio del procuratore generale dello Utah (Jacobson è uno degli autori del rapporto *"Ritual Crime in the State of Utah"* menzionato prima in questo capitolo). In questa prefazione, Jacobson convalida le testimonianze contenute nel libro, indicando che lui stesso ha incontrato e interrogato personalmente gli abusatori che hanno confessato in sua presenza. Più tardi, Anne ricevette anche delle confessioni scritte dai suoi abusatori, che non erano altri che sua madre e il suo patrigno.

Ecco un'intervista con Anne Johnson Davis che è stata condotta e pubblicata online dal gruppo S.M.A.R.T. (*Fermare il controllo mentale e l'abuso rituale oggi*)[268]
- Di cosa parla il libro 'Hell Minus One'?
- Questo libro è tutto sulla speranza e la libertà, è una biografia, un segmento della mia vita. Come dice il sottotitolo del mio libro, è "la mia storia di liberazione dagli abusi rituali satanici e il mio ritorno alla libertà".

Questo libro rivela che ci sono davvero persone che praticano abusi rituali satanici. Questo non è un mito, come alcuni sostengono. Dall'età di 3 anni, i miei genitori mi hanno usato come un oggetto nei rituali fino a quando ho lasciato la casa all'età di 17 anni. Questo libro parla dell'abuso che ho subito e dei passi che ho fatto per riconquistare la mia libertà, per guarire me stessa e per perdonare finalmente i miei abusatori. Il libro parla delle scelte che ho fatto, di alcuni miracoli e di alcuni aiuti cruciali che ho ricevuto. Un aiuto che mi ha permesso di superare questo tragico passato. Si tratta anche dell'impegno che ho preso per vivere una nuova vita in amore, determinazione e risoluzioni positive.

- Perché ha scritto questo libro?
- Quando ero in recupero, ho cominciato a capire che la mia vita e la mia salute mentale non sarebbero migliorate solo grazie a me. Ho sentito la chiamata a portare libertà e speranza agli altri. Anche mio marito, Bruce, era convinto di questa vocazione e mi ha sempre incoraggiato a scrivere questo libro. Sentiva che la mia esperienza poteva dare un contributo. All'inizio ho resistito perché non ero pronto a impegnarmi in qualcosa che richiedeva uno sforzo immenso e

---

[268] *'Intervista con l'autore di Hell Minus One'* - Anne A Johnson Davis, S.M.A.R.T. /ritualabuse.us.

doloroso. Ma mentre guarivo, questo desiderio di ispirare coraggio agli altri cresceva in me. Dalla mia esperienza, volevo che le vittime di abusi trovassero un po' di speranza di poter superare tutto questo, di poter superare gli ostacoli che sembrano totalmente insormontabili. Ciò che affrontiamo, possiamo superarlo - e persino fare meglio. Allora le porte si apriranno e l'aiuto arriverà quando daremo tutto per il BENE.

Ho le prove di un abuso rituale satanico. Ho anche dei ricordi che mi sono tornati in mente e ho registrato tutto questo chiaramente in lettere. Queste lettere sono state restituite con confessioni scritte dai miei abusatori, che erano mia madre e il mio patrigno. Anche i miei fratellastri hanno inviato lettere alle autorità per confermare le mie accuse. Due ispettori collegati all'ufficio del procuratore generale hanno successivamente ottenuto confessioni verbali e scritte dagli abusatori.

- Chi dovrebbe leggere il suo libro?

- La storia del mio libro vuole portare speranza alle vittime. Speranza per coloro che sono ancora prigionieri. Spero che ci siano altre opzioni e che abbiano una scelta. È anche un appello a coloro che sono in grado di aiutarli, come gli avvocati, i professionisti della salute mentale, la chiesa e anche le persone che si aprono alle testimonianze che a volte ricevono. Questo libro è anche per coloro che desiderano leggere una biografia dove il bene e la luce hanno vinto il male e le tenebre.

- Quali sono i messaggi più importanti del suo libro?

- Che la nostra avversità non è la nostra identità. Quello che abbiamo fatto, o quello che ci è stato fatto, non è quello che siamo. Non importa cosa ci è stato fatto - o quali errori abbiamo commesso - possiamo superarlo ed essere fedeli al nostro autentico, vero sé. La bontà e la luce vincono sempre il male e le tenebre. La nostra capacità data da Dio di dirigere la nostra vita non è mai persa, mai!

Questo libro è per coloro che hanno bisogno di incoraggiamento, o che sono in una situazione professionale o personale in cui hanno bisogno di sostenere e incoraggiare qualcuno. Il sottotitolo del mio libro è: "La mia storia di liberazione dagli abusi rituali satanici e il mio ritorno alla libertà". Dico "liberazione" piuttosto che "fuga" perché non avrei potuto farlo da solo. Ho ricevuto aiuto da un potere superiore. Non credo che nessuno possa uscire da questa schiavitù completamente da solo. Il messaggio di questo libro va oltre il semplice superamento dell'abuso rituale satanico, è ugualmente valido per tutti, individui, associazioni, aziende, in quanto affronta il tema del superamento di ostacoli apparentemente insormontabili. Tutti abbiamo dei Golia da affrontare e superare. Questo processo di affrontare e superare l'ostacolo non è mai facile e richiede impegno e duro lavoro. Ma il risultato di questo lavoro cambia la vita per sempre. L'unica via d'uscita è attraverso di essa.

- Quanto tempo ha impiegato per scrivere questo libro?

- Vediamo... Quanti anni ho? ... Mi ci è voluta una vita! Prima 47 anni per viverlo, poi ho dovuto "riviverlo" ed elaborarlo. Poi ci sono voluti 6 anni di scrittura e infine 18 mesi per correggere e modificare il manoscritto finale. Il libro è stato pubblicato nel dicembre 2008.

- Quali ricerche avete fatto?

- Ricerca? Non ho dovuto fare alcuna ricerca. L'ho vissuto, poi me lo sono ricordato. I ricordi sono tornati con chiarezza cristallina, uno per uno, giorno per giorno, settimana per settimana, mese per mese. Ha messo insieme un puzzle sconvolgente di cui ero totalmente all'oscuro. Ho scritto lettere esplicite su quello che era successo e alla fine ho ricevuto confessioni scritte dai miei genitori: mia madre e il mio patrigno. Queste confessioni scritte sono state integrate da confessioni verbali al procuratore generale dello Utah.

- Qual è stata la cosa più difficile, o la sfida, nello scrivere il suo libro "Hell Minus One"?

- Trovare la determinazione e il coraggio di rimanere su questo progetto per più di sette anni, scrivendo e rileggendo un manoscritto con dettagli orribili e dolorosi. Ma il lato oscuro della mia storia è stato bilanciato dal lato chiaro, che alla fine è il più importante. Queste fonti di positività sono la mia fede e le mie esperienze spirituali, così come le grandi circostanze e le persone che hanno attraversato la mia vita.

- Nei primi capitoli del libro, descrivi molti ricordi dettagliati di quando avevi tre anni. Come ha fatto a ricordare tutto? È sempre stato lì, o le è tornato in mente mentre scriveva?

- La maggior parte dei ricordi sono emersi durante la terapia. Ulteriori dettagli sono emersi nel corso degli anni mentre lavoravo per mettere per iscritto la mia storia. Io e il mio editore abbiamo lavorato insieme per finalizzare il manoscritto. A un certo punto mi ha chiesto se ne sapevo di più. Per preservare l'autenticità e l'accuratezza, ho preso tempo, in silenzio, per lasciare semplicemente emergere i dettagli.

- I tuoi fratelli e sorelle erano vittime come te? O erano satanisti come i tuoi genitori?

- I miei fratellastri hanno scritto lettere alle autorità della chiesa per sostenere e confermare la mia testimonianza. Rispetto la loro privacy e non voglio parlare per loro. Non erano vittime come me, ero una "toppa" in famiglia, considerato un "bastardo" e usato come oggetto sacrificale.

- Come sei riuscito a ottenere queste lettere di confessione dai tuoi genitori?

- All'inizio della mia terapia, quando avevo ancora contatti con loro, li ho chiamati e ho chiesto loro se potevano scrivere alle autorità della chiesa per confermare le mie accuse. E l'hanno fatto.

- Le lettere di confessione dei suoi genitori sono pubblicate in dettaglio nel suo libro. Hai usato le ellissi in diversi paragrafi. Cosa hai tralasciato e perché?

- Questi sono paragrafi troppo folli e violenti per essere pubblicati. Questo libro trasmette soprattutto un messaggio di speranza e di incoraggiamento, di liberazione e di guarigione. La mia intenzione nell'includere queste lettere confessionali era di dare al lettore abbastanza informazioni per sapere quanto fosse malsano. Ma non volevo che il contenuto fosse così offensivo e scioccante che il lettore avrebbe chiuso il libro.

C'erano anche riferimenti ai miei fratellastri, e per rispetto della loro privacy, ho rimosso questi passaggi.

- Dove sono le lettere di confessione dei tuoi genitori oggi?

- Gli originali sono conservati in una cassaforte.

- Sono disponibili al pubblico? Se no, perché no?

- Non sono disponibili al pubblico. Sono stati messi a disposizione del procuratore generale dello Utah durante la sua indagine. Sono stati anche messi a disposizione della casa editrice quando il manoscritto finale è stato scritto. Ma a causa della natura del contenuto di queste lettere, spesso con dettagli grafici scioccanti, così come una questione diffamatoria, poiché i nomi sono menzionati, non sono disponibili al pubblico.

- I tuoi genitori hanno iniziato a sottoporti ad abusi rituali all'età di 3 anni e questo è continuato fino a quando hai lasciato la casa all'età di 17 anni. Dopo di che hai iniziato ad avere attacchi di rabbia nei tuoi 30 anni... Alla fine degli anni 90 avevi completato la terapia ed eri sulla strada della guarigione. Questo accadeva più di dieci anni fa e oggi lei ha 50 anni. Dici che ci sono voluti sette anni per scrivere "Hell Minus One". Perché non ha scritto prima il suo libro? È stata una questione emotiva, ha dovuto sentirsi pronto prima di rivelare questo libro di memorie?

- Prima del 2001, non sentivo il bisogno di scrivere un libro che potesse aiutare gli altri. Scrivere "Hell Minus One" ha richiesto molto più tempo del previsto. Ma volevo che il manoscritto fosse autentico in ogni dettaglio e che fosse anche di buona qualità di scrittura. Ci sono voluti 18 mesi per rielaborare e modificare il manoscritto, dopo 7 anni di scrittura.

- I tuoi genitori ti hanno fatto cose orribili e sadiche. Dopo questi episodi, non ricordava nulla, non aveva nemmeno sentimenti ostili nei loro confronti. Qual è la definizione medica o psicologica di questo fenomeno? Come e perché il cervello funziona in questo modo? Si possono cancellare certe cose vissute?

- Le definizioni che ho sentito dai professionisti non sono convincenti. Tendo a basarmi sulla mia esperienza piuttosto che usare etichette che possano essere contraddittorie e incomprese. Nel mio caso, la mia psiche mi ha impedito di prendere coscienza dell'abuso finché non sono stato abbastanza maturo per reagire. Prima di allora, le minacce dei miei abusatori che sarei stata distrutta se avessi parlato di qualcosa hanno mantenuto questi ricordi di abuso in un silenzio psicologico a compartimenti stagni.

- Cos'è esattamente l'abuso rituale satanico?

- Per me, è una forma criminale, disumana e perversa di adorazione del diavolo. Questi crimini includono la tortura fisica, sessuale, mentale e spirituale di vittime innocenti.

- Qual è la sua origine? Qual è la sua storia?

- Prima di tutto, non sono un esperto di abusi rituali satanici e non voglio esserlo. A volte, durante gli abusi, sentivo i miei genitori e i loro complici parlare di tornare a un tempo lontano, quindi qualsiasi cosa si facesse in quelle notti non si riferiva al tempo presente. Ci sono diverse fonti su internet che descrivono in dettaglio l'origine dell'abuso rituale. Purtroppo, ci sono anche molte fonti che sostengono che tutto questo è falso e che si tratta di una leggenda metropolitana nata negli anni '80 e screditata alla fine degli anni '90. Principalmente a causa di affermazioni non provate e non dimostrate.

Quello che è successo a me - le lettere di confessione dei miei genitori - è un argomento in più da mettere sulla bilancia. Infatti, le lettere dei miei genitori, le loro confessioni verbali alla polizia e la loro scomunica dalla Chiesa, forniscono nuove prove che i ricercatori e gli scettici degli abusi rituali satanici non avevano prima. Senza prove, posso capire perché questo argomento non ha ricevuto più sostegno in passato. Una delle mie speranze è che "Hell Minus One" riceva buone recensioni, dalla magistratura, dai professionisti della salute mentale e anche dai media. Si tratta di riconsiderare la questione dell'abuso rituale.

- Perché queste persone si comportano così? Cosa ne ricavano?

- Dal mio punto di vista, questo è un mezzo per soddisfare una dipendenza dalla violenza sessuale e dalla perversione. Li ho visti comportarsi in modo completamente demente - determinati ad appellarsi ai poteri delle tenebre e del male - credendo che questo avrebbe dato loro un potere e una forza superiore sulle altre persone, oltre che un modo straordinario per ottenere denaro.

- L'abuso rituale che lei ha subito ha avuto luogo negli anni '50 e '60. Se si fa una ricerca su internet per "Satanic Ritual Abuse", vengono elencati centinaia di siti. Alcuni offrono aiuto, altri descrivono dettagli inquietanti delle pratiche odierne. Che paragone può darci su ciò che ha vissuto e su ciò che viene fatto oggi?

- Più di un anno fa, dopo alcune ore di ricerca su questo argomento su internet, ho deciso che non mi sarei mai più sottoposto a vedere o leggere cose del genere. Quello che capisco è che lo scopo e l'intento dell'abuso rituale non sembra essere cambiato, anche se le tecniche si sono sviluppate notevolmente. Sta diventando sempre più bizzarro, sempre più brutale e disumano.

- Ai lettori che sono vittime di abusi rituali, cosa consiglia?

- Soprattutto vorrei che sapessero che hanno una scelta. Vorrei esortarli ad essere coraggiosi e a chiedere aiuto in ogni modo possibile, per uscire e rimanere fuori da questo male, da questa schiavitù. Se la tua famiglia è tossica e completamente malata, se sono coinvolti in attività criminali, non dovresti più rivolgerti a loro. Non puoi salvare loro, ma puoi salvare te stesso. Vorrei che si rendessero conto che hanno un diritto dato da Dio alla loro identità e alla loro vita. Hanno e avranno segni e intuizioni interiori che li guideranno nel miglior modo possibile.

- Per i lettori che adorano Satana, o che praticano abusi rituali, cosa consigliate?

- Per coloro che praticano il satanismo, hanno il diritto di fare ciò che vogliono, purché non si tratti di atti criminali. Avendo sperimentato le pratiche sataniche di queste anime nauseanti, consiglio loro di uscire, a qualunque costo, prima che sia troppo tardi.

- Cosa spera di ottenere con il suo libro "Hell Minus One"?

- La mia speranza e preghiera è che questo libro sia un faro, una luce in mezzo all'oscurità. Un messaggio di speranza e di incoraggiamento. Tutti possiamo superare ostacoli apparentemente insormontabili. L'epigrafe del mio libro ci ricorda che siamo stati tutti dotati dal Creatore di un diritto inalienabile alla nostra vita, un diritto alla libertà e alla felicità.

- Nel suo libro, lei spiega perché lei e suo marito avete scelto di non denunciare i vostri genitori per i loro atti criminali. Ora che sono passati diversi anni da quella decisione, se ne pente? Perché ha preso questa decisione?

- No, non me ne pento. All'epoca, con la "sindrome della falsa memoria", il processo non sarebbe andato a mio favore. Che dicessi la verità o meno, sarebbe stata la mia persona ad essere messa sotto i riflettori dei media piuttosto che i miei genitori; anche se hanno fatto confessioni scritte e verbali e sono stati scomunicati dalla loro chiesa. Una forza dentro di me mi avvertì allora che questo avrebbe provocato un'esplosione mediatica che avrebbe fatto a pezzi la mia piccola famiglia e me con essa.

v/ Canada

- Manon e Josée

Nel 1995, il giornale canadese *La Presse* pubblicò un articolo della giornalista Marie-Claude Lortie intitolato: '*La SQ ha aperto un'indagine su una misteriosa setta satanica nelle Eastern Townships*' (SQ sta per Sûreté du Québec, la polizia nazionale del Quebec). Una pubblicazione che è ancora disponibile negli archivi del sito www.lapresse.ca.

L'articolo riporta le testimonianze di due giovani donne, *"Manon"* e *"Josée"*, che sono nate in una setta satanica e ne sono uscite nonostante tutto. All'età di 28 anni, Manon decise di parlare con Luc Grégoire, un investigatore della Sûreté du Québec. La donna ha descritto messe nere, stupri di gruppo, abusi fisici e sacrifici. Marie-Claude Lortie introduce il suo articolo con queste parole di Manon:

- Sono nato in una setta satanica. In una famiglia dove tutti i membri dovevano adorare Satana, amarlo incondizionatamente, fare di tutto per obbedirgli. Sono stato abusato dall'età di tre anni e mezzo, torturato, martirizzato, violentato. Ho visto sacrifici di animali, ma anche sacrifici umani...

- Umani?

- Sì, gli umani...

Manon racconta di essere stata sottoposta a riti iniziatici e traumatici come quello di essere sepolta viva in una bara. Parla di stupri e torture di gruppo, di sacrifici in cui era costretta a bere il sangue e a mangiare la carne delle offerte sacrificali. Come in molte testimonianze, dice che la sua famiglia è coinvolta in queste attività sataniche da generazioni e generazioni: "*È un culto che si trasmette per via di sangue*". Ed è anche con il loro sangue che gli adepti devono firmare il patto obbligatorio prima di entrare in qualsiasi messa nera, un patto con il quale si impegnano a non dire mai nulla di ciò che hanno visto o sentito durante le cerimonie."

La giovane donna ha spiegato all'investigatore che ogni luna piena, decine di persone si affollano nei seminterrati per assistere a rituali guidati da sacerdoti satanici. Parla di cerimonie che di solito riuniscono circa 100 persone.

Il gruppo a cui apparteneva spesso percorreva lunghe distanze per assistere alle messe nere e lei parla di alcune cerimonie in Quebec con fino a 500 fedeli. Dice di aver assistito ad un rito negli Stati Uniti dove ci saranno state 1500 persone, secondo lei "*molte persone devono essere state lì semplicemente per voyeurismo, per sensazionalismo, e per godere delle orge sessuali che si svolgevano dopo le messe nere*".

Le giovani donne affermano entrambe di essere state costrette a prostituirsi e che questo è il destino di tutte le ragazze della rete. Gli stupri avvenivano durante le cerimonie, ma venivano anche abusati sessualmente nelle loro famiglie, 'La *maggior parte delle atrocità non sono state risparmiate a nessuna delle giovani donne della setta*', spiega Josée. Fu un prete dei Fratelli del Sacro Cuore di Bromptonville, Guy Roux, che aiutò Manon attraverso la preghiera per "liberarla" da ciò che aveva vissuto. Il prete disse che la giovane donna era in preda al diavolo. Anche il suo psicoterapeuta l'ha aiutata molto a superare queste esperienze traumatiche.

- Pierre Antoine Cotnareanu

Un'altra testimonianza è quella dello psicoanalista Pierre Antoine Cotnareanu. Ha descritto un caso inquietante di uno dei suoi pazienti canadesi. La sua testimonianza è stata filmata e trasmessa su internet, ecco la trascrizione:
- Era una persona che veniva da una setta satanista, quello che ci ha raccontato era abbastanza atroce, non pensavo che esistesse vicino a casa mia. Ha detto che faceva parte di una famiglia che praticava un culto satanista di generazione in generazione. Quando era piccola, è stata educata, ipnotizzata, ad essere una specie di sacerdotessa, un altare per le cerimonie di magia nera.
- Chi ha fatto queste cose?
- Ha detto che erano persone importanti (...)
- Come terapeuta, sei stato destabilizzato da questa scoperta?
- Assolutamente... è stato molto destabilizzante.
- Quali sono i dettagli che l'hanno messa in crisi?
- Il fatto che sia stato usato come altare, che ci sia stata una certa magia sessuale intorno ad esso e che ci siano stati sacrifici di bambini... penso che sia sufficiente per depistare qualcuno.
- Sacrifici di bambini di quale età?
- Bambini piccoli, molto piccoli...
- Bambini?
- Era l'altare su cui si facevano i sacrifici (...) Era una persona in grande difficoltà quando l'ho incontrata e si vedeva che era stata ipnotizzata, così abbiamo lavorato per farla uscire da questa specie di 'cerchio'...
- Ha dato qualche cifra sul numero di persone?
- Ci saranno state 15 o 20 persone alle cerimonie, a volte meno. Erano famiglie, e intorno a queste famiglie, c'erano altre persone più o meno importanti che gravitavano.
- C'era un aspetto genetico che era importante per loro?

- Sì, sono stati così per generazioni, quindi i genitori educano i loro figli in quel modo e così via... Non c'è molta tenerezza lì.

- Hanno mai sacrificato uno dei loro figli?

- Non lo so... Ma già questa paziente è come un sacrificio, perché sottoporla a questo è piuttosto demoniaco.

- Quanto spesso venivano eseguiti questi rituali?

- Succedeva abbastanza regolarmente, iniziava con una telefonata e poi credo che la voce della persona li mettesse in trance e dopo di che erano disponibili a fare quello che dovevano fare.

- Si può uscire da un trauma del genere?

- Sì, credo che l'abbia superato. Ci vuole molto lavoro, ci vuole qualcuno che conosca i meccanismi dell'ipnosi per essere in grado di decodificare e disinnescare il processo. L'ho vista alcune volte quando piangeva, piangeva... quando se ne rendeva conto... quando c'era questo scontro di personalità diverse che si incontravano dentro di lei: era abbastanza intenso. Abbastanza intenso da destabilizzarmi e farmi pensare che ci sono persone più qualificate di me per questo. È davvero una qualifica speciale lavorare con queste vittime di culti che hanno subito l'ipnosi (ndr: controllo mentale).

d/ Francia

- Véronique Liaigre

Il 5 luglio 2001, il telegiornale TF1 ha trasmesso la testimonianza di Véronique Liaigre, che ha dichiarato senza mezzi termini di essere stata violentata e prostituita dai suoi genitori dall'età di 5 anni. Ha descritto chiaramente una setta satanista *martinista* nella regione di Agen che praticava il sacrificio di bambini nati da stupri e non di bambini dichiarati o stranieri. Ha detto che è stata costretta a partecipare a rituali di sangue sotto minaccia. Ecco la trascrizione di questo rapporto trasmesso in prima serata:

- **Patrick Poivre d'Arvor**: Ecco un terribile dossier sul quale Alain Ammar e la sua squadra stanno lavorando da diverse settimane. Le accuse fatte nella sua indagine da una giovane donna che era minorenne all'epoca dei fatti sono estremamente gravi, alcune sono anche difficili da credere, ma è la sua parola. I nomi che cita sono stati coperti con un 'bip' per non intaccare la presunzione di innocenza.

- **Voce fuori campo**: Véronique ha 20 anni e ha vissuto l'inferno dall'età di 5 anni. Violentata e prostituita dai suoi genitori, che ha denunciato e che sono in attesa di comparire davanti alla corte d'appello, è riuscita a fuggire da quelli che lei chiama i suoi carnefici. La sua storia non è una storia ordinaria e può anche sembrare inventata. Tuttavia, se è legittimo avere dei dubbi, quello che questa giovane donna ci ha detto e ripetuto spontaneamente è scioccante. In particolare quando afferma, nonostante le minacce che dice di aver ricevuto, di aver frequentato una setta satanista, i martinisti, e di essere stata lei stessa torturata e seviziata.

- **Véronique Liaigre**: Ci picchiano, ci mettono degli oggetti negli orifizi, ci sono a volte sacrifici di bambini per ringraziare Satana, ci sono molte cose del genere... Si uccide un animale, si versa il sangue sulla testa e il resto viene messo in una coppa che viene posta sull'altare.

- **Giornalista**: Quindi di fatto i tuoi genitori, come tutti i genitori di questi bambini di cui parli, vendevano i loro figli?

- **VL**: Esattamente, perché porta una certa percentuale di denaro. Un bambino sotto gli 8 anni vale 22.000 franchi.

- **J**: Da dove vengono questi bambini?

- **VL**: I bambini che vengono sacrificati non sono dichiarati, o sono bambini stranieri. In particolare quando ero ad Agen, erano piccoli africani, erano neri. A Jallais ne ho visti anche a Nanterre, ma erano bambini bianchi, francesi, ma erano bambini nati da uno stupro.

- **J**: Bambini nati da uno stupro?

- **VL**: Sì, che non sono stati dichiarati. Si tratta di consegne che vengono effettuate a casa dei genitori in condizioni abominevoli.

- **J**: Quindi, nella misura in cui non sono stati dichiarati, sono stati sacrificati?

- **VL**: Ecco qui...

- **J**: Non solo facevi parte della setta, ma partecipavi a questi rituali...

- **VL**: Sì, nel 1994, ho dovuto sacrificare un bambino sotto tiro con due miei amici a Jallais. E noi tre abbiamo dovuto ucciderlo... Sotto la minaccia di una pistola, se non lo avessimo fatto, saremmo stati... Lo avrebbero fatto ancora più violentemente e ci avrebbero fatto ancora più male. Così abbiamo dovuto farlo...

- **J**: E chi ti stava puntando una pistola?

- **VL**: 'beep' quello che gestisce la gendarmeria 'beep'.

- **J**: E questi cadaveri, cosa ne fanno dopo?

- **VL**: Quello che mi ha segnato di più è stato quello a cui ho partecipato. Lo portarono in una cantina a Cholet, lo portarono in una borsa nera con una croce bianca capovolta... E avevano un grosso barattolo, ci misero dentro qualcosa... Non so se fosse benzina o acido o qualcosa del genere, ma Cécile, Sophie e io, ci siamo salvate tutte.

- **J**: Quindi bruciano davvero i cadaveri.

- **VL**: Devono bruciarli, sì.

- **J**: Pensi che sia tutto una specie di rete, la gente che si tiene un po' per non cadere...

- **VL**: È così, ed è anche per proteggersi, perché dato che ci sono degli avvocati, è vero che farebbe uno strano scalpore se si venisse a sapere che ci sono dei giudici e tutto il resto che fanno parte di quella rete.

- **J**: Ne hai visto qualcuno personalmente?

- **VL**: Ho visto una mail di 'bip', del signor 'bip' ma non sapevo chi fosse...

- **J**: Chi ha detto cosa?

- **VL**: Era per un trasferimento di fondi...

- **J**: E lei pensa che queste persone facciano parte delle sette stesse? Questa élite di cui parli?

- **VL**: Li coprono... Non direi necessariamente che ne fanno parte, ma li coprono, questo è sicuro.

- **Voce fuori campo**: Jean-Claude Disses è l'avvocato di Véronique ad Agen. È stata trasferita da Maine-et-Loire in una casa frequentata da pedofili. Inizialmente scettico sulle accuse della sua cliente, ora è convinto che lei stia dicendo la verità.

- **Jean-Claude Disses** (avvocato di Véronique Liaigre): Le credo quando mi dice che è stata violentata in famiglia. Le credo quando dice che è stata prostituita da alcuni membri della sua famiglia. Le credo quando spiega che questa prostituzione è passata necessariamente e necessariamente attraverso molti adulti che sono venuti ad abusare di lei per denaro. Le credo quando dice allo stesso tempo che è stata fotografata durante queste scene e le credo ancora di più perché apparentemente troviamo queste foto su un CD-Rom in Amsterdan (ndr: Affaire Zandvoort).

- **Giornalista**: Quindi è lei, si è riconosciuta e ha detto "sono io".

- **JCD**: È così, è esattamente così. Dice 'sono io', lo dice davanti a un ispettore di polizia e nello stesso momento in cui si identifica, identifica anche cinque dei suoi amici d'infanzia. Ciò significa che se questo è vero, questi bambini devono essere stati sottoposti a scene pornografiche, queste scene devono essere state filmate, e queste foto devono essere state inviate ad Amsterdam e sono finite su un CD-Rom pedofilo che è stato sequestrato dalla polizia olandese nel contesto di un procedimento in Olanda. Quindi ci deve essere un'organizzazione che prende le foto, che le distribuisce, quindi c'è un'organizzazione e una rete!

- **Voce fuori campo**: Véronique ci ha portato in uno dei tanti luoghi dove, secondo lei, si tengono cerimonie sataniche il 21 di ogni mese.

Véronique Liaigre (ai piedi di un edificio nel centro della città, davanti a una porta cochere): Ecco, sono stata qui diverse volte. In particolare, ricordo bene una volta nel 1994, quando mi trovai ad un rituale satanico con un omicidio di bambini. Siamo saliti al secondo piano. Ci sono stati degli stupri, ci saranno stati 5 o 6 bambini, non era una riunione molto grande. C'erano 'bip', 'bip', c'erano molte persone, in particolare notabili di cui non conosco necessariamente i nomi.

- **Giornalista**: E lei stesso ha sofferto...

- **VL**: Sì, ero lì e ho sofferto... Mio padre era lì, mia madre non c'era quella volta.

- **Voce fuori campo**: La sua incredibile memoria permette a Véronique di ricordare anche una telefonata in cui sente parlare della piccola Marion Wagon, scomparsa il 14 novembre 1996.

- **Véronique Liaigre**: Ero a casa di uno dei pedofili, 'bip', e poi è squillato il telefono. Ha iniziato a gridare, lei era al piano di sopra, io ero nella sua stanza al piano di sotto. Così ho preso il telefono nella sua stanza e ho sentito un uomo che conoscevo, Walter, che chiedeva più soldi o avrebbe denunciato tutto alla polizia. Ha detto: "Comunque, non andrò in prigione, non l'ho uccisa io, l'ho solo messa dentro sotto i tuoi ordini, e solo per sei giorni. E ora voglio i soldi, non voglio andare in prigione. E poi ho sentito Jean-Marc dire: "Comunque, dove sono sepolti i cadaveri, non li troveranno tanto presto. '

- **Giornalista**: E sa dove sono sepolti?
- **VL**: Credo che siano sepolti a Granges sur Lot nel cortile.
- **J**: Il cadavere di Marion alla fine sarebbe stato lì...
- **VL**: Sì, penso di sì.
- **Voce fuori campo**: Recentemente sono stati fatti degli scavi, ma senza risultato... Véronique sta inventando delle storie? In ogni caso, la sua dichiarazione lascia il padre della donna scomparsa incredulo.
- **Giornalista**: Quando si parla di una setta, non ci hai mai pensato?
- **Michel Wagon**: Certo che lo è. Abbiamo ricevuto molte lettere, centinaia e centinaia di lettere. Ma questo è il lato a cui non vogliamo pensare, che ci rifiutiamo di discutere. Ora è vero che gli eventi dell'epoca, con l'affare Dutroux, ci hanno fatto... Ci siamo detti, beh, succede solo in Belgio ma alla fine, può succedere in Francia. Questo è il lato a cui non pensiamo...
- **Voce fuori campo**: Un ex comandante della gendarmeria che si occupava del caso Marion all'epoca ricorda la telefonata di cui parlava Véronique:
- **Michel Louvet**: Non siamo stati in grado di scoprire la provenienza della chiamata, la chiamata è arrivata in una casa privata. Non siamo stati in grado di rintracciare la chiamata, quindi non sappiamo chi l'ha fatta. È vero che ho sentito che c'era una ragazza che ha fatto delle dichiarazioni, ma non le conosco perché non sono attualmente in gendarmeria. Quello che voglio dire è che mi fido dei miei ex colleghi per controllare tutte le piste.
- **Jean-Claude Disses**: Come è possibile che questi cinque bambini violentati ad Angers abbiano le loro foto ritrovate ad Amsterdam dieci anni dopo... Questa è la domanda! E voi capite che questa domanda è troppo seria per non farcela!
- **Véronique Liaigre**: È molto difficile, ritorna negli incubi ogni notte. Ogni secondo, quando un bambino urla o piange... Per strada, in qualsiasi momento quando vedi un bambino, ti dici che forse ora sarebbe grande come quello.
- **Voce fuori campo**: La polizia e la magistratura hanno preso sul serio le dichiarazioni di Véronique e stanno cercando di verificarle una per una, per quanto implausibili possano sembrare. Lo sradicamento di certe reti pedofile e criminali può dipendere da queste verifiche...
- **Patrick Poivre d'Arvor**: Accuse gravi, dunque, che la gendarmeria e la giustizia stanno ora lavorando per verificare...

Si trattava di un servizio di 10 minuti che trattava esplicitamente degli abusi rituali satanici e della rete pedofila che dilaga in Francia. Un servizio relativamente lungo che è stato trasmesso in prima serata nel notiziario di Patrick Poivre d'Arvor, cosa impensabile oggi! Proprio come la trasmissione il 27 marzo 2000 da France 3 del rapporto *'Viols d'enfants, la fin du silence?* a cui è seguito un dibattito in cui un certo disagio era palpabile sul set, e per una buona ragione... Due bambini, "Pierre e Marie", hanno denunciato l'impensabile...

- Pietro e Maria

Nel 2000, il rapporto *"Stupro di bambini, la fine del silenzio?"* ha mostrato la testimonianza di due bambini (di 10 e 13 anni) che hanno detto che il loro padre li aveva portati a cerimonie con uomini e donne in toga. Questi bambini hanno descritto, a faccia in giù, davanti alle telecamere di France 3: sedute di ipnosi, droghe, torture, stupri e omicidi rituali di bambini. La piccola Marie descrive i sotterranei di un grande palazzo, una specie di catacomba sotto un edificio di lusso a Parigi o nella sua regione, dove gli abomini hanno avuto luogo. Durante il dibattito che ha seguito il rapporto, Martine Bouillon, ex procuratore aggiunto di Bobigny, ha dichiarato di essere a conoscenza di fosse comuni di bambini nella regione di Parigi e che un'indagine è in corso! Georges Glatz, anch'egli presente sul set, ha confermato l'esistenza di fosse comuni, aggiungendo un livello alla realtà dei *film snuff*. Martine Bouillon è stata trasferita entro 24 ore da questa scioccante dichiarazione. Ha anche detto durante il programma: *'Ci siamo appena resi conto che la pedofilia esiste... Non riusciamo ancora a capire che ci sono cose ancora peggiori della pedofilia, direi "semplici"...'*. Stranamente, questo documentario non è disponibile negli archivi di France 3, ma è stato registrato su VHS all'epoca, poi digitalizzato. Ora è ampiamente disponibile su Internet. È un documentario di riferimento sulle testimonianze di abusi rituali. Ecco alcuni estratti:

- Voce fuori campo: Dei due bambini, è il più grande, Marie (pseudonimo), che racconta la storia. Qui parla di suo padre e dei luoghi in cui li ha portati.

- **Marie** (disegno): C'era un posto a Parigi dove lui era il capo. Disse che era un grande mago e che il suo nome era "Bouknoubour". In questo luogo, indossavano grandi vesti bianche con bordi dorati (qui disegna una figura che indossa una toga con un triangolo in un cerchio sul busto). Poi hanno fatto delle preghiere, hanno violentato i bambini, li hanno spaventati... C'erano diverse altre persone che ci hanno violentato, ci hanno addormentato con una specie di porridge. Ci legavano anche ai tavoli e poi ci colpivano o ci mettevano degli aghi vicino agli occhi per farci credere che volevano cavarci gli occhi.

- **Giornalista**: Ti hanno davvero fatto del male? Ti hanno colpito?

- **M**: Sì, ci picchiavano...

- **J**: Cosa hai disegnato per noi Pierre (pseudonimo)?

- **Peter** (disegnando mentre piange): ...C'erano dei mostri... È stato orribile... Mi hanno violentato...

- **J**: Ti hanno violentato? Cosa sta violentando Pierre?

- **P**: Toccava il pisello... ci giocava... faceva... Avevo 6 anni, non capivo ancora cosa stavano facendo...

(...)

Marie (anche lei in lacrime): *Li stavano uccidendo...*

- **J**: Stavano uccidendo i bambini?

- **M**: ...sì...

- **J**: Come fai a saperlo?

- **M**: Perché l'ho visto... Erano piccoli bambini un po' arabi o qualcosa del genere.... Gli tagliavano la testa...

- **J**: Quando hai visto che tagliavano la testa a un bambino, era la verità, stava succedendo davanti a te o poteva essere un film?

- **M**: No, era per davvero, perché i bambini gridavano. E poi ci hanno detto che ci avrebbero anche tagliato la testa, così ci hanno messo su questo... E poi eravamo molto spaventati e pensavamo di essere morti...

- **J**: Ma perché lo facevano?

- **M**: Non lo so, perché sono cattivi, sono pazzi! Non so perché l'hanno fatto, sono cattivi! Non abbiamo fatto niente, eravamo bambini (Marie piange).

- **Voce fuori campo**: Nel luglio 1996, non appena furono fatte le prime rivelazioni, la madre affidò i bambini a uno psichiatra infantile che aveva già trattato casi simili. Per tre anni, il dottor Sabourin ha usato dei disegni per raccogliere le loro testimonianze. Decine di disegni, decine di ore di ascolto che hanno forgiato la sua convinzione: lui crede ai bambini.

- **Dr. Sabourin**: Certo, penso che abbiano vissuto cose incredibili, molto difficili da sintetizzare per loro e da mettere in scena. Entrambi hanno una capacità personale di disegnarli, il che non è sempre il caso...

- **Voce fuori campo**: Maria ha disegnato un'enorme statua, che ha detto che sarebbe stata al centro della sala della cerimonia. Poi ha disegnato il pendolo e la ruota che sarebbero stati usati per le sedute di ipnosi sui bambini, e sempre i travestimenti, grandi mantelli rossi o bianchi, e crocifissi. Abbiamo presentato al dottor Sabourin l'ultimo disegno che Marie ha fatto per noi.

- **Dr. Sabourin**: Nei suoi ultimi disegni, trovo diversi temi... 4 temi che già esistevano, dove abbiamo una cerimonia con persone visibilmente mascherate, con croci sulle spalle, che troviamo qui (mostrando altri disegni), ne abbiamo tre qui... e il crocifisso qui, è un crocifisso molto speciale... Ha detto che era un crocifisso circondato da erba. Allora da dove l'ha preso?! Non so... È la sua immaginazione, è una bambina delirante? Non credo... Cioè, di fronte a questo tipo di cose estremamente precise e sorprendenti, tendo a dire che è un elemento di memoria che riaffiora. Sempre quando è un bambino e naturalmente quando è un adolescente o un adulto, questi ricordi dei primi traumi sono in un milione di pezzi. Ed è con molta difficoltà, con molte emozioni, molte tensioni e paure interiori - sono bambini che hanno paura, sono sotto il terrore - che riescono a consegnare un piccolo passaggio, un piccolo pezzo di memoria, che lascia tutti a bocca aperta. Ci diciamo: "Beh, come mai non hanno parlato prima? Come mai non riescono a descriverlo come un adulto descriverebbe uno scenario, questo è il grande lavoro dei terapeuti e della polizia (...)

- **Voce fuori campo**: I bambini descrivono una vera e propria organizzazione che coinvolge molti adulti, e anche se non sono in grado di indicare il luogo delle cerimonie, Marie ci ha disegnato una mappa molto precisa dell'edificio e dei suoi sotterranei.

- **Marie** (descrivendo il suo disegno): Allora arriviamo qui... Stavamo girando in una rotonda. C'era un fattorino che è venuto ad aprirci la porta. Poi andavamo in quello che sembrava un hotel piuttosto elegante. Andava a prendere le chiavi e poi andavamo lungo un corridoio fino all'ascensore. Poi siamo scesi in un labirinto dove faceva freddo, era buio e sembrava una cantina. Qui c'era uno spogliatoio dove andavamo a vestirci con i vestiti bianchi e rossi, poi andavamo qui: una stanza dove violentavano i bambini. Qui c'era la parte dove c'erano soprattutto ragazze che violentavano i ragazzi e il mio fratellino, poi qui c'erano gli uomini che violentavano le ragazze. Poi qui, era una grande stanza, come una grande grotta a forma di cattedrale o di culla e c'erano molte, molte persone. C'era anche una statua molto, molto grande di un dio africano o nero qui, e quando ringhiava, la gente metteva soldi in grandi cesti che venivano passati in giro. Intorno a questa statua, c'erano ceneri, con teste di bambini su punte nella cenere...

- **Voce fuori campo**: Teste di bambini all'estremità di punte... Teste di bambini che Marie ci dice essere stati decapitati davanti ai suoi occhi, e che troviamo in diversi suoi disegni. Per accedere a questi sotterranei, Marie descrive un edificio in superficie, una sorta di grand hotel con un tappeto rosso di fronte a una rotonda di Parigi o della sua regione. Un edificio chic con una scala arrotondata (...)

- **Marie** (parlando di suo padre): Siccome ci violentava anche in casa, qualcuno veniva in casa e si spogliava. Ci mettevano il pisello in bocca e ci filmavano, oppure, con mio fratello, ci dicevano di fare delle cose...

- **Giornalista**: E stavano filmando tutto questo?

- **M**: Sì, filmavano... e poi portavano i nastri in un posto che credo fosse a Parigi, dove c'erano molti libri sul sesso e altre cose... e lasciavano lì i nastri. (…)

- **Voce fuori campo**: Quindi il quadro settario e i fatti descritti dai bambini sono credibili o inimmaginabili, come ha scritto il giudice istruttore? Abbiamo posto la domanda a Paul Ariès, un sociologo specializzato in sette e abusi sui bambini, che ha condotto studi per il Ministero della Salute. Gli abbiamo sottoposto tutte le dichiarazioni di Pierre e Marie:

- **Registrazione di Maria**: Facevano preghiere, dicevano di essere "donne pure", dicevano che un giorno tutti i popoli di questo pianeta erano stati sparsi sulla terra e che ora dovevano radunarli, i popoli... infatti c'era una specie di dio, un messaggero degli dei... che veniva a dire loro che dovevano partire presto per il loro pianeta o qualcosa del genere...

- **Paul Ariès**: Tenderei a dire che ciò che ci viene raccontato è completamente inimmaginabile, cioè che un bambino non può immaginarlo, un bambino non può inventarlo. Il primo elemento sono questi elementi della dottrina. Vale a dire che facciamo parte - se guardiamo la cosa dal punto di vista dei seguaci di questo gruppo - di un'élite che viene da un altro pianeta e che per il momento è sulla terra e che presto sarà chiamata a partire. Fa parte dello sfondo generale di tutti i tipi di reti oggi. Il bisogno di uccidere qualcuno per salvarlo o per salvare l'umanità. Ci sono anche tutti i tipi di riti in cui ad un certo punto ci viene detto che questi uomini sono "donne pure". Quindi questa è una cosa che troviamo relativamente frequente nella letteratura, la donna è quella che ingravida, e quello che dobbiamo fare qui è ingravidare effettivamente quello che si chiama 'Homonculus', cioè il superuomo. Mi sembra che siamo finalmente ad un incrocio tra due tipi di reti: da una parte le reti sauceriste - che credono negli alieni - e dall'altra le reti di magia sessuale, e sappiamo che queste connessioni si stabiliscono sempre di più.

Questa credenza 'piattista' si trova anche nel caso di Samir Aouchiche con la setta 'Alliance Kripten', come vedremo più avanti. Nel capitolo 2, abbiamo visto che gli gnostici, in questo caso la setta dei Fibioniti (o Barbotiani), praticavano cerimonie orgiastiche legate alla visione che i seguaci avevano del cosmo e del modo di liberarsi da esso. Oltre a soddisfare le richieste degli arconti (demoni), queste "usanze" rispondono alla necessità di raccogliere il seme divino impiantato nel mondo, che attualmente è disperso nel seme maschile e nel sangue femminile.

- **Registrazione di Marie**: C'erano persone con una specie di... non maschere da sub, ma una specie di occhiali con qualcosa sulla bocca (maschere antigas?)... vestiti con un camice. E c'era un tavolo con delle mani di bambino ritagliate, una testa di bambino e poi una specie di... non so se erano budella... cose del genere. E mettevano queste cose, le mani e tutto il resto, nei vasi.

- **Paul Ariès**: Queste mani tagliate nei vasi, è qualcosa che esiste... Quindi, di nuovo, ci sono diverse interpretazioni possibili. Si possono semplicemente avere pratiche del tipo cannibalismo, l'obiettivo è aumentare il proprio potere, anche per imparare a soffrire, stavo per dire imparare a far soffrire la gente per diventare più potente...

Questa inchiesta di France 3 fa anche il collegamento tra il caso Pierre e Marie e un altro caso di incesto nella Francia orientale con la piccola Sylvie, che descrive anche degli stupri di gruppo da parte del padre e del nonno, e parla anche di un omicidio di un bambino. La cosa più inquietante è che la piccola Sylvie ha riconosciuto in foto il padre-stupratore di Pierre e Marie, e anche loro hanno riconosciuto in foto il padre-stupratore di Sylvie. Proprio come la madre di Pierre e Marie, la madre di Sylvie ha sporto denuncia, e ha anche dato alla polizia la registrazione di un messaggio telefonico lasciato sulla segreteria telefonica personale del suo ex-partner da uno dei suoi amici, ecco la trascrizione, il cui audio è trasmesso nel rapporto:

"Ciao, bip qui, è sabato, 12.40, sto richiamando perché mi hai chiamato diverse volte e hai detto che era urgente, non abbiamo più parlato. Quello che vorrei sapere più di tutto... dobbiamo preparare i fine settimana diabolici e i gruppi che vogliamo fare. Ho bisogno che tu mi dica a quanti verrai. Arrivederci."

Il tribunale ha archiviato il caso, dichiarando che non c'era alcun legame tra i due casi, e ha persino deciso di ritirare la custodia di Sylvie e di sua sorella alla madre per darla al padre, una procedura classica della "giustizia" francese nei casi di pedocriminalità. La madre si è allora rifugiata all'estero con i suoi figli per evitare che fossero messi nelle mani del loro carnefice. Questa stessa "giustizia" non ha perseguito il padre di Pierre e Marie, permettendogli quindi di mantenere la custodia, e nessuna indagine approfondita è stata condotta per determinare se i bambini dicessero la verità, nonostante l'estrema gravità della testimonianza! Anche la madre è andata a cercare rifugio all'estero con i suoi due figli...

Ci sono molti casi simili in Francia dove la madre deve letteralmente fuggire dal paese per proteggere i suoi figli, che in questi casi vengono sistematicamente restituiti alla custodia del presunto pedocriminale dai *tribunali*. Il genitore protettivo è generalmente molestato, sopraffatto, persino imprigionato o internato, mentre il genitore abusivo è totalmente protetto da un sistema istituzionale ben oliato...

È importante notare qui che nel 2003, un'indagine è stata condotta in Francia dal relatore dell'ONU Juan Miguel Petit sul tema della pedocriminalità. Questo rapporto è stato presentato alla 59esima sessione della Commissione delle Nazioni Unite sui diritti umani. Questo rapporto ufficiale ha richiesto *un'indagine urgente da parte di un organismo indipendente sulle carenze del sistema giudiziario nei confronti dei bambini vittime di abusi sessuali e di coloro che cercano di proteggerli (...) Dato il numero di casi che indicano una grave negazione della giustizia per i bambini vittime di abusi sessuali e per coloro che cercano di proteggerli, sarebbe opportuno che un organismo indipendente, preferibilmente la Commissione consultiva nazionale per i diritti umani, indagasse urgentemente sulla situazione attuale.*

Per esempio, a pagina 14 del rapporto, si nota che: "Il relatore speciale ha fatto riferimento alle enormi difficoltà affrontate dagli individui, in particolare dalle madri, che presentano denunce contro coloro che sospettano abbiano abusato dei loro figli, sapendo che possono essere perseguiti per false accuse, che in alcuni casi possono portare alla perdita della custodia dei loro figli. Alcune di queste madri ricorrono ai rimedi legali fino a quando non possono più permettersi i costi dell'assistenza legale, a quel punto sono lasciate con la scelta di continuare a consegnare il bambino alla persona che credono stia abusando di loro, o cercare rifugio con il bambino all'estero. Sembrerebbe addirittura che alcuni giudici e avvocati, consapevoli delle debolezze del sistema giudiziario, abbiano informalmente consigliato ad alcuni genitori di farlo. Questi genitori si espongono a procedimenti penali per tali azioni in Francia e, spesso, nel paese in cui si recano."

- Deborah, Noémie e Pierre

All'inizio degli anni 2000, il canale tedesco *N24 ha* trasmesso un documentario che mostra le testimonianze di diversi bambini vittime di una rete pedo-satanista in Francia. Il rapporto con i sottotitoli in francese è intitolato *"Snuff-Movies and Black Masses in France"*. Come al solito, questi bambini provengono da famiglie che praticano queste atrocità di generazione in generazione. Davanti alle telecamere, raccontano di feste sataniche con crimini rituali, cannibalismo e riprese di film snuff. Pierre testimonia che ha partecipato alle messe nere dall'età di 5 anni e che a 7 anni è stato iniziato a diventare sommo sacerdote, durante il quale ha dovuto sacrificare un bambino in una cerimonia. Alcune di queste testimonianze sono legate al caso Dutroux, ma non sono mai state prese in considerazione. Ecco alcuni estratti dal documentario:

- Madre di un bambino vittima: Sono sempre stata ignorante in materia di pedofilia, come la maggior parte delle persone. Penso che si debba fare l'esperienza prima di poter capire cos'è la pedofilia. Ciò che era sconcertante era che Robert mi raccontava di feste dove andava con suo padre e altri adulti vestiti con abiti e maschere. Ciò che mi ha particolarmente colpito della sua storia è che ha detto: "Papà si è vestito, ma ho riconosciuto comunque la sua voce. E ha anche menzionato i sacrifici di animali e i sacrifici di bambini. Spiegava molte cose imitandole con i gesti. Non ha detto letteralmente "sacrifici di bambini", ha detto che li facevano sanguinare e poi li seppellivano.

- **Voce fuori campo**: Come molti altri bambini, Robert dice che c'erano anche delle telecamere. Abbiamo trovato delle foto di Robert sui CD-ROM di pornografia infantile di Zandvoort. La madre ha riconosciuto chiaramente suo figlio nelle foto. Ma anche questo non è una prova sufficiente per perseguire gli stupratori. (…)

Sulla strada da Scientrier al Lago di Ginevra, c'è una casa che Deborah chiama "la casa verde". Secondo lei, c'era più di un semplice abuso di bambini qui... Deborah, che ora ha 15 anni, dice che c'erano rituali satanici.

- **Deborah**: C'era un tavolo con delle candele... C'erano candele sul tavolo e tutto intorno e c'erano i miei aggressori.

- **Giornalista**: Lei dice che hanno messo due degli altri bambini che erano lì sul tavolo? Che cosa è successo? Senza entrare nei dettagli.

- **D**:... Stavano tagliando il bambino... parti del corpo.

- **J**: Con cosa l'hanno fatto?

- **D**: Con un coltello elettrico.

- **J**: Il bambino era vivo?

- **D**: ... sì...

- **J**: Poi l'hanno ucciso?

- **D**: No, l'hanno lasciato soffrire... Ha finito per morire.

- **J**: Tagliavano un dito per esempio?

- **D**: Un piede... e lo stavano violentando allo stesso tempo.

- **J**: Lo stavano violentando e gli altri dovevano guardare?

- **D**: ... sì...

- **Voce fuori campo**: Noémie è una donna di 18 anni che cerca di ricostruire la sua vita. Una vita apparentemente normale, tranne per il fatto che non potrà mai dimenticare gli orrori che ha vissuto.

- **Noémie**: Se testimonio oggi, è ovviamente per collaborare a questo rapporto, ma è soprattutto perché la gente ha bisogno di sentire queste cose. Affinché la gente sappia che è vero, che i bambini vengono violentati e uccisi ogni giorno. È una realtà! L'ho vissuto, l'ho visto con i miei occhi ed è per questo che voglio trasmettere questo messaggio. È necessario fare in modo che queste cose non possano accadere ad altri bambini, in modo che i bambini smettano di essere violentati. La gente deve svegliarsi ed essere consapevole di quello che sta succedendo, e smettere di dire che i bambini sono bugiardi o fabbricanti. Non è vero, i bambini dicono la verità, ma bisogna essere disposti ad ascoltarla.

- **Voce fuori campo**: Noémie è stata iniziata da suo padre e da altri criminali, uomini di ogni tipo, alle pratiche barbare che si svolgevano davanti ad una telecamera (...) Noémie aveva 5 anni quando sono avvenuti i primi abusi, ha perso la verginità a 8 anni.

- **Noémie**: È successo molto rapidamente e brutalmente. L'hanno appena fatto per me e mia cugina Camille. Un giorno mio padre mi portò a casa di mia cugina, mi piaceva andarci perché mi piaceva molto. Mio zio André era lì, così come i cugini Camille e Marie. E poi è successo (...)

- **Voce fuori campo**: Il padre di Noémie l'ha riempita di parole tenere, rassicurandola che toccarsi era perfettamente normale; lei gli ha creduto. Poi ha rivelato il suo grande segreto: un complesso, una cantina sotterranea dove teneva i bambini in gabbia. Noémie diventa così complice di suo padre.

- **Noémie**: I bambini rinchiusi in queste gabbie non rimanevano mai vivi a lungo, tra torture e stupri, i bambini venivano alla fine uccisi. Erano tutte sole lì, non potevano scappare, perché erano troppo picchiate, troppo stuprate o troppo drogate... o morte (...)

Mio padre e altri uomini avevano già violentato la ragazza. Quando sono entrato, ero un po' geloso perché sapevo che anche mio padre era stato coinvolto in questo. Ma poi ero soddisfatto, probabilmente perché potevo assistere alla cerimonia e di tutti i bambini che appartenevano a questo giro di pedofili e che venivano violentati da questi uomini, io ero l'unico che aveva il permesso di assistere agli stupri. Così, invece di essere abusato, potevo partecipare all'abuso. Mi hanno ordinato di far bollire dell'acqua e di versarla sul bambino. Nel frattempo, l'hanno colpita, prima con una cintura, poi con un pezzo di legno. Le hanno messo delle sigarette sul corpo e le hanno tagliato i capelli. Mi hanno ordinato di tagliare il clitoride della ragazza. Non sapevo cosa fosse, me l'hanno mostrato e mi hanno detto 'taglia qui! '. Mio padre mi ha detto che dovevo farlo, poi mi ha mostrato dove tagliare.

- **Voce fuori campo**: Noémie parla di una decina di omicidi di bambini in un anno. Mostra le entrate dei passaggi sotterranei su una mappa. I tribunali continuano a negare l'esistenza di tali complessi sotterranei, le catacombe, a Saint-Victor (Ardèche).

- **Jacques Berthelot**: Sono andato a Saint-Victor, lì ci sono dei tunnel sotterranei. Ho avuto la fortuna di poterli fotografare. Ho dato queste foto alla polizia di Privas, al signor Marron. Ha promesso che avrebbe messo la mia testimonianza nei rapporti della polizia. Sono stato sentito dalla polizia nell'aprile 1999. Ma oggi, il file sembra essere stato improvvisamente perso. Le mie foto e le mie dichiarazioni alla polizia non si trovano da nessuna parte.

- **Voce fuori campo**: Perché i presunti colpevoli non vengono assicurati alla giustizia? Dopo diversi anni di indagini, sono giunto ad una conclusione. Molti dei colpevoli sono in posizioni elevate, hanno il potere di coprirsi a vicenda e c'è molto denaro in ballo. Noémie dice dei bambini che vengono abusati, torturati, violentati e sacrificati davanti alle telecamere. Si dice che questi snuff-film vengano venduti fino a 20.000 euro l'uno.

- **Noémie**: Quando sono entrata, le tende erano chiuse, era buio. C'erano tappeti sul pavimento, mi è stato detto di sedermi, mi sono seduto a un tavolo. I sacerdoti erano in piedi con le candele... Indossavano abiti rosso scuro, quasi nero. Cantavano intorno al tavolo. Andò avanti per molto tempo... C'era qualcosa che era coperto da un panno dello stesso colore delle loro vesti. C'era un bambino, mio nonno lo prese in braccio, mio fratello Pierre era accanto a me.

Mio nonno ha poi mostrato a mio fratello come uccidere il bambino. E poi, naturalmente, il bambino ha iniziato a urlare... poi hanno detto alcune preghiere, e siamo usciti. Dopo 45 minuti o un'ora, non ricordo esattamente, sono usciti. Le cerimonie finiscono sempre allo stesso modo. La prima messa nera che ho visto, era più o meno la stessa, c'era il sacrificio del bambino e alla fine sulla terrazza c'erano due grandi piatti... con carne... carne, ora so che era carne umana.

- **Giornalista**: Sei sicuro che fosse carne umana?

- **N**: Sì, sono sicuro che faceva parte del culto. Fai parte del culto senza rendertene conto, tutto quello che devi fare è partecipare a una cerimonia ed eseguire certi rituali. Ma non ne ero consapevole quando è successo. Ora, guardando indietro, penso a tutte le cose che mi hanno fatto fare agli altri bambini durante i rituali, come tagliare parti dei loro genitali. (...)

- **J**: Il risultato di questi rituali, una volta completato, non è altro che il cannibalismo?

- **N**: ... hmm ...

- **J**: È cannibalismo?

- **N**: Sì.

- **Voce fuori campo**: Dopo aver parlato con lo psicologo, mi rendo conto che il padre di Noémie deve averla programmata in tenera età. Noémie non poteva sopportare le atrocità subite e si è divisa in diverse personalità. Una di queste personalità è un robot che segue meccanicamente suo padre e poi c'è la ragazza che gioca con le sue bambole a casa.

- **Lo psicologo**: Ci sono molteplici fattori nella sua storia che la rendono assolutamente credibile per me. Il primo è il fatto che oggi, a 18 anni, ha raccontato la stessa storia di quando ne aveva 11. Il secondo punto è che descrive tutti i dettagli e non si contraddice mai. Non dà mai due versioni diverse di tutto quello che è successo. Inoltre, mi ha dato la stessa impressione di altre persone traumatizzate che ho incontrato, cioè lo stesso distacco nel modo in cui parla delle sue esperienze traumatiche. Sembra paradossale, ma è proprio questo che mi fa pensare che quello che dice è la verità... Sembra perfettamente normale nonostante il suo passato, ha bisogno di mantenere questa distanza, altrimenti crollerebbe. Non dubito affatto della sua storia.

- **Peter** (fratello di Noémie): Le finestre sono chiuse, tutto è chiuso, le tende tirate e le tapparelle abbassate. I bambini sono legati alle sedie con le mani dietro la schiena. Sono imbavagliati per non parlare o urlare. In questa stanza c'erano mio padre, Christian N. il proprietario del locale, André D. e André L. Tutti loro erano presenti alle due sedute a cui sono stato costretto a partecipare. Cosa è successo: prima i bambini sono stati violentati, il bambino era quasi morto, era sdraiato sul pavimento... Mio padre ha preso la sua cintura e ha colpito il bambino, su tutta la faccia e sul corpo. Tutti vengono battuti. Colpiscono il bambino con un manico di scopa e poi mi dicono che ora è il mio turno. Non voglio... perché è come se fossi lì, senza essere lì (ndr: dissociazione). Mi prendono e mi dicono di andare avanti e farlo! Fallo! Non potevo fare nulla, non c'era via d'uscita. Ho dovuto farlo, me l'hanno ordinato. L'ho colpito per tipo... 10 secondi e poi me ne sono andato.

- **Voce fuori campo**: Pierre non solo è stato abusato sessualmente da suo padre, ma anche peggio. Anche suo nonno paterno, un sommo sacerdote di una setta, lo stupra. Dall'età di 5 anni, Pierre è stato programmato da suo nonno.

- **Peter**: Mi dice che sono il prescelto, che un giorno gli succederò e che entrerò in una cerchia di persone importanti che saranno la mia nuova famiglia. Mi dice che un giorno anch'io sarò un sommo sacerdote e che questa è una grande opportunità per me. Naturalmente ci ho creduto come un bambino di 5 anni. Poi sono arrivate le cerimonie, sono esistite davvero e la gente vi ha partecipato. Mi hanno spiegato rituali, messe, preghiere (...)

- **Pierre** descrive la cerimonia di iniziazione che ha vissuto all'età di 7 anni: La cerimonia è iniziata come sempre con canti e preghiere. Abbiamo pregato su tappeti rossi, un tappeto rosso per ogni partecipante. Ero sempre accanto a mio nonno, gli altri preti insieme. Abbiamo seguito una certa cronologia tra le canzoni e le danze. Abbiamo fatto questo per circa 20 minuti. Poi mia nonna, che non fa veramente parte della setta, che non partecipa mai alle grandi cerimonie, ha portato un bambino che portava in braccio. Ha dato il bambino alla mia madrina Collette. Collette si è poi avvicinata a noi e ha dato il bambino a mio nonno. Fece alcuni segni che non capivo, poi passarono il bambino da una mano all'altra, finché non tornò nelle mani di mio nonno. Mio nonno restituì il bambino alla mia madrina, poi tirò fuori un coltello piuttosto lungo, con simboli e pittogrammi incisi sul manico. Mio nonno mi prese per mano, ci avvicinammo al neonato e gli tagliammo la gola. Il bambino non ha emesso un suono, non ha nemmeno gridato. Morì dissanguato e il sangue fu raccolto con una tazza, una specie di grande coppa ...

- **Voce fuori campo**: L'iniziazione di un nuovo membro segue sempre lo stesso rituale. Ogni volta ai nuovi membri viene ordinato di uccidere. Questo dovrebbe renderli più forti e devono giurare di tacere. Pensavamo di aver raggiunto l'abominio... Ma Pierre ha descritto un altro rituale praticato da questa setta: il cannibalismo.

- **Peter**: Mia nonna ha portato un grande vassoio, c'erano i sette sacerdoti, eravamo in dieci intorno al tavolo. In seguito ci è stato servito un pezzo di carne del bambino. Dovevamo mangiarlo per celebrare il mio arrivo come nuovo sacerdote della setta. C'era anche un bicchiere con del sangue. Abbiamo dovuto mangiare e bere, abbiamo bevuto il sangue. Mio nonno diceva una preghiera all'inizio e un'altra alla fine. Si è congratulato con me dicendo che ero stato molto bravo, mi ha lusingato dicendo che ero il migliore ecc.

- I figli del giudice Roche

Nel caso Allègre, nella regione di Tolosa, alcune pratiche di abuso rituale con omicidio sono state rivelate in privato dallo stesso giudice Pierre Roche. Poco prima di morire, ossessionato dall'idea di sapere troppo (e dal rimorso?), l'alto magistrato ha dato ai suoi due figli, Diane e Charles-Louis, la testimonianza di ciò a cui ha assistito durante serate surreali tra *persone di potere* (nelle parole del figlio Roche). I figli di Roche hanno testimoniato davanti alle telecamere nel settembre 2005 su quella che chiamano *"la parte segreta dell'affare Allègre"*. Nelle loro testimonianze, si trova ancora questa depravazione estrema dove non sembrano esserci limiti e dove la tortura e l'assassinio di bambini sembrano essere comuni. Secondo i bambini Roche, queste serate di abuso rituale venivano filmate e queste registrazioni erano oggetto di un traffico molto lucrativo. Ecco alcuni estratti della testimonianza di Charles-Louis:

Nostro padre è venuto a Tolosa per rivelarci l'esistenza di un gruppo segreto, di persone di potere di ogni tipo di ambiente, politico, finanziario... Ci ha parlato di persone degli ambienti medici, persino delle università. Questo gruppo segreto reclutava molte persone dai circoli giudiziari e anche alti ufficiali di polizia erano molto popolari lì. Si tratterebbe dunque di un gruppo segreto le cui attività consistevano nel realizzare una specie di cerimonia nella massima segretezza, combinando pratiche strane e uniformemente disgustose come il sesso di gruppo, la scarificazione... Ha evocato davanti a noi immagini che ti farebbero rizzare i capelli. Ci ha parlato di carne carbonizzata, bruciature di sigarette, carne perforata. Ci ha detto che le persone che venivano torturate, a volte uccise durante queste sessioni - beh, le persone uccise non erano mai consenzienti - e che tra le persone torturate, c'erano persone malate che esigevano questo tipo di trattamento, e poi c'erano persone non consenzienti, a volte bambini, che venivano prima torturati, poi messi a morte, il tutto veniva filmato e oggetto di un traffico video illegale che veniva scambiato sotto banco a prezzi folli. Ci ha detto che le prede di questo gruppo di predatori dell'alta borghesia venivano reclutate dagli strati più bassi della società nelle categorie di persone che non sarebbero mai state desiderate. Ci ha parlato di prostitute, ci ha parlato di 'barboni', cito il termine usato da un magistrato, ha anche parlato a volte di stranieri in situazione irregolare a seconda di quello che avevano a portata di mano immagino. Vale a dire, persone che hanno rotto i legami con il loro ambiente o che non hanno esistenza legale, persone che nessuno andrà a cercare o sulle quali qualsiasi indagine sarà più o meno destinata a fallire dall'inizio. E poi, naturalmente, i membri di questo gruppo, a causa delle posizioni influenti che occupano, sono in grado, nel caso in cui certi casi minaccino di venire fuori, di stroncarli sul nascere manipolando le leve che sono loro, soprattutto perché si tengono tutti per i capelli...

- Samir Aouchiche

In Francia, abbiamo anche la testimonianza di Samir Aouchiche, rivelata nel libro di Bruno Fouchereau intitolato *"L'Enfant sacrifié à Satan"*, un'inchiesta pubblicata nel 1997. Lo stesso anno, il telegiornale di France 2 ha dedicato un breve servizio a questo caso di abuso rituale satanico praticato da un gruppo settario chiamato *"Alliance Kripten"*. Ecco la trascrizione del rapporto:

- Daniel Bilalian: La Francia non è purtroppo immune dai problemi posti dalle reti pedofile. Un giovane di 26 anni, Samir, ha appena raccontato la sua terribile storia in un libro appena pubblicato. Dall'età di 12 anni a Parigi, è stato vittima di una setta satanica, torturato e poi abusato per quasi dieci anni...

- **Voce fuori campo**: Quando ha dovuto percorrere quel corridoio, Samir sapeva che l'orrore era alle porte. All'epoca aveva solo 12 anni, ma già da un anno era stato sottoposto alle fantasie di veri aguzzini. Stupri ripetuti, sessioni di tortura, qui in mezzo a Parigi, non gli è stato risparmiato nulla. E la vita di questo bambino martirizzato sprofonda un po' di più nel delirio, agli stupri si aggiungono vere e proprie sessioni di tortura e barbarie.

- **Samir**: Sì, era lì... Mi hanno portato qui, mi hanno legato, mi hanno messo le manette e mi hanno messo dei prodotti...

- **Giornalista**: Che tipo di prodotti?

- **S**: Secondo il medico, era acido.

- **Voce fuori campo**: Bruciato con l'acido dai capi della setta, un piccolo gruppo di circa venti persone chiamato "Alleanza Kripten". Samir, come altri bambini, è diventato il loro giocattolo. Un giocattolo mutilato su 2500 cm quadrati di pelle...

- **S**: Non potevano vivere senza torturare i bambini. All'inizio si faceva attraverso rituali, attraverso cerimonie e poi si finiva in orge... Si finiva in atti sessuali... E poi si doveva fare sesso con adulti...

- **J**: Diversi adulti?

- **S**: Sì.

- **J**: C'erano diversi bambini?

- **S**: Sì, c'erano diversi bambini...

- **Voce fuori campo**: Guardandolo, Samir porta ancora le cicatrici della sua sofferenza fisica e morale. Martedì scorso, accompagnato dal suo amico Willy che lo ha tirato fuori dal suo calvario, Samir ha presentato una denuncia contro due membri della Kripten Alliance. Questo calvario poteva essere fermato. Tra il 1986 e il 1988, cioè due anni dopo i primi stupri, la Brigata per la Protezione dei Minori venne a conoscenza del suo caso attraverso casi che riguardavano altri bambini. L'avvocato di Samir, Jean-Paul Baduel, ha ora dei documenti che lo provano.

- **Jean Paul Baduel**: Ci sono elementi che sono ineluttabili, sono le conseguenze che il mio cliente porta sul suo corpo. Ci sono elementi che sono elementi oggettivi, sono fotocopie di documenti che mi sono stati comunicati dal mio cliente che dimostrano che durante gli anni 1986, 1987, e anche 1988, le autorità di polizia incaricate della protezione dei minori, e anche i magistrati, erano pienamente informati dell'esistenza di un gruppo chiamato "Kripten" e del comportamento dei suoi membri verso certi minori.

Il 26 febbraio 1997, il giornale in lingua francese *"La Nouvelle Gazette"* ha pubblicato un articolo su questo caso di abuso rituale satanico. L'articolo era intitolato *"La secte pédophile torturait les enfants"*. Nell'articolo, l'avvocato di Samir, Maître Baduel, afferma che Samir era diventato *un soggetto passivo sottoposto alle perversioni dei capi del Kripten* (...) *Venivano tutti abusati, alcuni venivano addirittura marchiati con un ferro rovente, erano in realtà dei giochi di ruolo satanici con torture e stupri* (...) *Le riunioni a cui doveva partecipare non avevano nulla a che fare con giochi di ruolo, anche per adulti, ma corrispondevano ad un rituale di magia sessuale.*

Samir rimase sotto l'influenza del Kripten fino al 1994. Una 'dipendenza' che lui dice essere stata mantenuta da ipnotici e altri lavaggi del cervello. L'articolo contiene anche un'intervista a Samir da cui sono tratti i seguenti estratti: *"Ho incontrato qualcuno di Kripten alla Foire du Trône. Eravamo una quindicina di bambini, ragazzi, tutti minorenni (...) Eravamo costretti a prostituirci con gli adulti, a volte durante le cerimonie. Era come essere in una setta, gli adulti avevano vesti nere con un triangolo viola. Per anni, le cerimonie si sono svolte nei sotterranei della stazione Saint-Lazare. All'inizio, ha iniziato con un piccolo discorso sugli alieni. Di solito c'erano tanti adulti quanti bambini. E poi c'erano cose piuttosto sordide con il sangue, e finivano sempre con orge sessuali. Hanno detto che era per "purificare l'anima". Alcuni degli adulti erano mascherati. (...) Sono stato portato due volte in Belgio, nella regione di Charleroi e Forchies-la-Marche. Ricordo una grande casa bianca con un grande giardino. Le pareti interne erano rivestite di malva. Ci furono diverse messe nere che finirono anche in orge. C'erano circa venti adulti e dieci bambini. Ricordo la presenza di svastiche e lo stupro di una bambina. So anche che alcuni bambini non sono tornati... ci hanno detto che erano partiti per Urano"*.

Nel libro *L'Enfant sacrifié à Satan* abbiamo una descrizione di una cerimonia della setta "Alliance Kripten". L'autore aggiunge in una nota che questo è uno dei rituali della *Golden Dawn*, una società segreta che è già stata menzionata nel capitolo 2:

Pochi minuti dopo, i tre scendono nei sotterranei della stazione fino alla sala del tai-chi-chuan (...) Anche qui, l'arredamento è cambiato. Le pareti sono ora coperte da un panno nero, le luci al neon sono spente e gli alogeni illuminano indirettamente la stanza. Un enorme triangolo viola è disegnato sul pavimento, e una specie di scacchiera è stata posta al suo centro. Su entrambi i lati del triangolo, due tipi di colonne alte circa due metri si ergono come obelischi. Uno è bianco e nero, l'altro rosso e verde. In fondo alla sala, di fronte all'entrata, su una specie di piattaforma incorniciata da quattro candelabri, due grandi poltrone rosse e oro sembrano aspettare una coppia reale da operetta.

Ci sono cinque o sei bambini, alcuni visibilmente accompagnati dai loro padri o da persone a loro vicine. Un bambino di circa sei anni che si rifiutava di lasciare la mano di suo padre ricevette un monumentale schiaffo che lo fece rotolare a terra sotto le risate degli adulti, visibilmente deliziati dallo spettacolo di questo ragazzo mezzo stordito (...)

Samir non può credere ai suoi occhi! Gli adulti sono vestiti in modo insolito. La maggior parte di loro indossa grandi sari bianchi, alcuni sono verdi e rossi. Altri sono vestiti tutti di pelle, come nel caso di Ondathom, che Samir ha appena visto passare davanti a sé. Altri sono a torso nudo ma indossano una maschera. Ce ne sono una ventina in tutto, che indossano una varietà di abiti. Sono tutti raggruppati vicino alla piccola stanza adiacente alla sala. In questo caso, sembra servire da guardaroba, perché gli uomini e le donne escono tutti con abiti più o meno bizzarri, mentre erano entrati in abiti da strada. Anche Ajouilark è lì, drappeggiato in un saie rosso. Sul suo petto c'è un enorme triangolo viola con un bordo nero e una croce bianca in cima. Il suo volto è mascherato, ma Samir conosce troppo bene i suoi occhi per non riconoscerlo. Ajouilark afferra Steelarow e indica una grande tazza di metallo. Con questo calice, il giovane va in giro per i partecipanti, in modo che ognuno metta un grosso fascio di denaro. Samir non ha mai visto così tanti soldi (...)

La musica di massa suona e l'Imperatore, seguito dal Comandante, si dirige verso il podio. Nel frattempo, Steerlarow è impegnato a preparare su piatti d'argento grandi quantità di quella che Samir imparerà più tardi essere cocaina. Ondathom afferra il braccio di Samir per condurre lui, le ragazze vincitrici e gli altri bambini davanti al palco, dove tutti si allineano. Gli adulti si sono distribuiti con una sorta di buon umore impertinente sui lati del triangolo, di fronte alle colonne e al palco. Pröhne, che si era assentato per un momento, ritorna con il suo cane e lo lega alla maniglia della porta d'uscita. Mentre i vassoi vengono fatti passare tra il pubblico, Ondathom e il cinese spogliano senza tante cerimonie i bambini. Alcuni singhiozzano, altri si schermano il viso come se si aspettassero di essere colpiti da un momento all'altro. Quando tutto sembra essere in ordine, il cinese si sposta alla destra della piattaforma e Ondathom alla sua sinistra. Le conversazioni vanno bene: un uomo con una maschera rossa si dichiara sensibile alle natiche di Samir, una donna vestita con una saie bianca ha solo disgusto per i vincitori di Steerlarow (...)

'Salutiamo il triangolo simbolo del nostro ordine, salutiamo la svastica, il sole eterno che rigenera le nostre anime, salutiamo le forze segrete che, nella notte, camminano accanto a noi.'

'Tutti hanno gridato 'Ave! alzando le braccia. Ondathom e il cinese fecero inginocchiare i bambini (...) Durante il discorso dell'imperatore, Ondathom, con un ciborio di rame in mano, fece bere ai bambini un sorso di un liquido rosso amaro. Tutti hanno sentito rapidamente la stessa cosa. Le loro teste giravano. Non cadono nell'incoscienza, ma sono improvvisamente presi da una specie di nebbia. Gli adulti notano gli effetti della droga mentre i bambini si accasciano l'uno sull'altro (...) Samir riesce a malapena a sentire le parole dell'imperatore, si sente come se stesse cadendo, preso in un vortice. Tutto gira, i volti si confondono e lui riesce a malapena a sentire il comandante che declama:

"I corpi di questi bambini sono il pane che condividiamo. Nascondono i nostri legami e, attraverso la nostra sessualità finalmente liberata dal giogo degli oppressori giudeo-cristiani, ci purifichiamo, reintegriamo il piano sacro dei cavalieri celesti dell'ordine dell'Alleanza Kripten. Il sesso e tutti i piaceri dei nostri sensi sono l'unica legge da soddisfare. Servitevi, fratelli miei, in nome del principe nostro signore, e onorate Thule..."

Il comandante ha messo i suoi soldi dove è la sua bocca e ha sollevato la sua camicia, rivelando un cazzo eretto. Si avvicina a una bambina di circa dodici anni che singhiozza dall'inizio della cerimonia. La bambina resiste a malapena ad Ajouilark quando lui la costringe a prenderlo in bocca. Già, uomini e donne si sono fatti da parte per abbandonarsi al loro piacere, altri stanno afferrando i bambini... Samir si sente palpato, rivoltato... poi sprofonda in una specie di coma vigile, un'insensibilità totale come se tutto questo non fosse vero, come se il suo corpo non fosse il suo corpo, come se fosse solo un osservatore di questa odiosa riunione... (ndr: uno stato dissociativo)

Quando Samir riapre gli occhi, non riconosce nulla. Né il letto, né la stanza, né gli strani quadri alle pareti. Si alza per guardare fuori dalla finestra, ma né il giardino né le case vicine che può vedere gli sono più familiari. Il rumore del bucato viene dalla stanza accanto, e l'odore del caffè gli solletica presto le narici. Samir ha fame e improvvisamente si rende conto di essere nudo. Cerca i suoi vestiti. Sono distesi in un mucchio su una sedia. Mentre si riveste, Samir sente il dolore nel suo corpo risvegliarsi. Gli fa male lo stomaco, gli fa male il sesso, gli gira la testa... Con i pantaloni sulle ginocchia, è costretto a sedersi di nuovo. La porta si apre su un uomo grassottello sulla cinquantina che gli sorride:
    - Cosa c'è, ragazzo? '
    Samir non risponde.
    - Ieri sera, la cerimonia ti ha messo fuori combattimento e l'imperatore ha pensato che saresti stato meglio a casa mia per passare la notte... Confesso che mi sono lasciato andare. '
    Un sorriso passa sulle labbra dell'uomo, ancora in accappatoio rosso, che rimane in silenzio per un momento davanti al bambino raggomitolato davanti a lui...[269]

e/ Germania

Nell'ottobre 1998, il governo australiano ha concesso lo status di rifugiato con un visto di protezione a un cittadino tedesco, sopravvissuto ad abusi rituali, che aveva passato 15 anni in una setta che praticava la pornografia infantile e il traffico. L'Australian *Refugee Review Tribunal ha* detto nell'udienza finale: *'È accettato che ... terzo, tali gruppi esistono in Germania, e le autorità sono state largamente inefficaci nel fermare le loro attività illegali. La* decisione, presa dal governo australiano, è stata quella di dare a questa vittima lo status di rifugiato bisognoso di protezione, ma non esiste una legge che si occupi di questi casi. Questo tribunale australiano ha persino dichiarato che *"il governo tedesco non vuole o non può proteggere le vittime di abusi rituali".*[270]

- Antje, Nicki e Lucie

Nel 2003, un servizio di Liz Wieskerstrauch intitolato "Living Hell - The Victims' Fight: Ritual Abuse in Germany" (Höllenleben - Der Kampf der Opfer: Ritueller Missbrauch in Deutschland) fu trasmesso dal canale tedesco NDR Fernsehen. Il documentario dà voce a diversi sopravvissuti agli abusi rituali. Ancora una volta, le testimonianze si sovrappongono e descrivono gli orrori che sono anche sistematicamente ripresi dalle telecamere. La maggior parte delle donne che testimoniano in questo documentario soffrono di un disturbo dissociativo dell'identità. Ecco alcuni estratti in trascrizione:

---

[269] *'L'Enfant sacrifié à Satan'* - Samir Aouchiche & Bruno Fouchereau, 1997, p. 66-71.

[270] 'Ritual Abuse: An European Cross-Country Perspective' - Thorsten Becker & Joan Coleman, ISSD Conference 'The Spectrum of Dissociation', Manchester, 09/05/1999.

- **Voce fuori campo**: Messe nere nelle chiese, riti nei cimiteri. Tortura e assassinio di neonati... Questi sono i ricordi di Antje che ha trascorso la sua infanzia in un ambiente satanista. Ha taciuto fino ad ora a causa delle atrocità... Ora vuole parlare e presentare una denuncia contro i colpevoli. Nel suo caso e in molti altri, gli estranei erano nascosti dietro maschere, ma anche i suoi stessi genitori partecipavano ai riti.

- **Antje**: Mia madre è ancora viva, era la "potente", la satanista (ndr: sacerdotessa?). Mio padre era il "messaggero", l'autista, il fattorino, il trasportatore... Mio padre morì nel 1979 e la polizia non sapeva se fosse un omicidio o un suicidio. Non è stata fatta nessuna autopsia e sospetto che sia stato ucciso da mia madre...

- **Giornalista**: Si è confidato con qualcuno?

- **R**: No.

- **J**: Perché?

- **R**: Avevo paura di morire... Sotto tortura, sono stato "programmato" diverse volte che se avessi parlato di quello che stava succedendo... sarei morto.

- **Nicki**: Mi facevano sdraiare su un tavolo e poi mi pungevano con degli aghi, a volte molto in profondità sotto le unghie. Ho sentito questo dolore intenso fino al punto in cui ho pensato che stavo per morire... A quel punto, si crea una nuova personalità che prende il sopravvento su questo dolore e terrore insormontabili...

- **Giornalista**: Quando è iniziato l'abuso?

- **N**: Non ricordiamo esattamente quando è iniziato, è iniziato molto presto.

- **Voce fuori campo**: Nicki usa il termine "noi" perché ha personalità multiple, una diagnosi che è ancora controversa. Come spiega, per far fronte al dolore lancinante, si è divisa in diverse personalità. I suoi ricordi sono così frammentati che è molto difficile collegare le atrocità al luogo in cui sono avvenute. Questo pone un problema nel fornire le prove (...) Più tardi, Nicki ha avuto il coraggio di presentare una denuncia. Da allora, anche altre vittime si sono fatte avanti, alcune apertamente, altre anonimamente per paura dei criminali (...) Anche Antje ha presentato una denuncia. Come Nicki, ha una personalità multipla, che complica i dettagli dei luoghi, delle date e dell'identità degli autori... Tuttavia, il procuratore prende sul serio queste testimonianze. Per garantire che l'indagine non sia compromessa dalle autorità, il suo avvocato testimonierà anonimamente nel nostro documentario.

- **L'avvocato di Antje**: Quando si ha a che fare con una persona con un problema psicologico come il disturbo di personalità multipla, allora sorgono delle domande: cos'è la fantasia, cosa appartiene a questa "identità" o a quella personalità? Tutto combacia, è coerente? Il problema è che, legalmente, queste persone sono meno credibili di una persona che non ha un disturbo di personalità.

- **Voce fuori campo**: In questo rapporto, ci sono anche donne che testimoniano di riti satanici ma che non hanno personalità multiple. Anche loro sono spinti da Nicki a sporgere denuncia, ma molti non osano rompere la legge del silenzio, altrimenti rimangono anonimi. Dicono anche che sono stati indottrinati dalle loro famiglie a perpetuare i riti di generazione in generazione.

In questo modo, ogni vittima diventa anche complice... Per Annegret, questa è una ragione in più per non andare alla polizia.

- **Annegret**: Il problema... non è così semplice... Innanzitutto, sappiamo quanto sia difficile trovare cifre, dati o prove. In secondo luogo, abbiamo un bambino, e se cominciamo a parlare di queste cose, abbiamo paura che ci venga portato via...

- **Voce fuori campo**: Il significato dei simboli occulti e la pratica del satanismo è un territorio inesplorato per la polizia e i procuratori.

- **Ingolf Christiansen** (specialista tedesco in materia di occultismo e satanismo, che tiene una conferenza): All'inizio, nei primi gradi, mi sottometto alla disciplina 'Arcanum', 'Arcanum' è un nome latino che significa 'il segreto'. Questa disciplina dell'Arcano non tollera che l'organizzazione del gruppo sia rivelata ad una persona esterna che non sia stata iniziata. La conseguenza del mancato rispetto di questa disciplina è la punizione marziale (ndr: la morte). Più comunemente, si dice: se parli con qualcuno in qualsiasi modo, ti verrà fatta pagare... e la gente ci crede.

- **Voce fuori campo**: Le feste sataniche, gli insegnamenti, i simboli... Le vittime non li dimenticheranno mai, spesso senza comprenderli veramente. Per loro, questi sono segni di dolore straziante, come per Lucie, che qui si esprime con la personalità altera di un bambino piccolo.

- **Lucie** (seduta a gambe incrociate sul pavimento): Avevano sempre segni strani, a volte disegnati sui nostri corpi... Era disegnato così credo... (gesticolando sul pavimento con il dito)...

- **Giornalista**: Tre volte il numero sei?

- **L**: Non lo so, ma era disegnato in un cerchio...

- **J**: Tre volte il numero sei intrecciato. C'erano altri segni?

- **L**: Sì, le stelle... Non mi piacciono le stelle (disegnando un pentagramma con il dito).

(...)

- **J**: Cosa significa il rituale di iniziazione?

- **L**: Lasciamoli... lasciamoli... lasciamoli insegnare, ci insegnano... cosa è importante per vivere... Per esempio essere felici quando fai male a qualcuno... perché è meglio così, per tutti... Per esempio, ci collegavano alla corrente elettrica... Ci chiudevano in una gabbia... Poi lasciavano liberi i cani nella gabbia... È fatto per renderci ubbidienti...

- **Ingolf Christiansen**: In primo luogo, non si tratta di adorare Satana, il diavolo o Lucifero, ma è un modo per sentirsi potenti. L'uomo vuole diventare Dio, e da quel punto in poi, secondo la visione dei satanisti o l'ideologia occulta, si tratta di ottenere energia e potere, e questo è disponibile in grandi quantità attraverso il consumo di sangue. Perché il sangue è vita e se questo sangue viene consumato, fornisce questa energia, questo potere. (...)

- **Voce fuori campo**: Annette ha sporto denuncia ad Amburgo contro i suoi genitori, ma anche contro se stessa... perché è stata costretta ad uccidere. Non le è stato diagnosticato un disturbo di personalità multipla, ma spiega che ha condotto una doppia vita. Una vita tranquilla nella casa di un pastore a Bielefeld e una vita violenta e distruttiva in una setta.

- **Annette**: I miei genitori mi hanno portato lì quando avevo 4 anni. I miei primi ricordi risalgono a quando mi hanno portato a uccidere un gatto alla stessa età... A poco a poco sono diventato più attivo in questo gruppo, ho dovuto guardare come altre persone violentavano i bambini. Una volta ho visto i miei genitori e mio fratello... Lui aveva 11 o 12 anni, io avevo 2 anni meno di lui... L'ho visto mentre veniva violentato, e poi subito dopo... era come un corpo senza vita, gemeva a terra e si muoveva a malapena... Era solo un corpo steso accanto a me... Ho giurato a me stesso in quel momento che non sarebbero stati capaci di farmi una cosa del genere.

- **Giornalista**: Cosa è successo a suo fratello?

- **R**: Mio fratello si è suicidato tre anni fa. Si è sparato...

- **Voce fuori campo**: Anche Antje sta cercando piste, testimoni, prove... È sicura che dietro i criminali mascherati ci siano i suoi genitori. Ha una testimone, Sandra, sua sorella che ha quattro anni meno di lei. Non si vedono da più di 10 anni. Hanno interrotto i contatti come hanno fatto con la loro madre... il passato è troppo doloroso. Le due sorelle sono state vendute ai pedofili.

- **Antje** (mostrando una sua foto da bambina): Questa foto è tipicamente destinata a circolare nelle reti pedofile. Qui siamo a quattro zampe, sulla mia mano destra si vede chiaramente un anello d'oro, che significa che sono disponibile per tutto, disponibile e obbediente. Che farò tutto quello che mi viene chiesto di fare.

- **Voce fuori campo**: Abbiamo cercato la sorella di Antje e l'abbiamo trovata, ma rimarrà anonima. Sandra non ha una personalità multipla come sua sorella maggiore. Si è offerta di aiutare nella ricerca di indizi e prove, ma anche di rilasciare una dichiarazione alla polizia. Le due donne hanno testimoniato separatamente e senza essersi parlate prima, hanno descritto in dettaglio gli stessi rituali... Ma non vogliono ancora incontrarsi di nuovo.

- **Giornalista**: Credevano in Satana?

- **Sandra**: Per la madre sì... Lei crede in questo potere dell'oscurità, pensa che le dia il potere di essere qualcuno che non è... di non essere più una vittima... Di sentirsi potente, sì, lei... sì!

- **L'avvocato di Antje**: I fatti concreti sono simili e in parte complementari.

- **Giornalista**: Questo autentica il caso?

- **Avvocato**: Sì, assolutamente! Si sa che una storia di questo tipo raccontata da una sola persona sembra poco plausibile. Quando sono raccontate da una sola persona, queste storie sono considerate piuttosto fantasiose, mentre se qualcun altro conferma e convalida la testimonianza, se possibile in modo indipendente, allora è diverso.

- **Voce fuori campo**: Antje ricorda una notte in particolare quando aveva nove anni. Deve essere stata una notte con un rituale molto speciale...

- **Antje**: Quella notte è successo in una chiesa, ne sono abbastanza sicuro. Ho rivisto la mia iniziazione, se così si può chiamare... Ho dovuto ricevere e canalizzare dei poteri satanici. Siamo andati al cimitero, la chiesa era vicina... una tomba era aperta... anche la bara... Dentro c'era un uomo che era morto da poco. Tutto era stato ripulito e io dovevo entrare in quella tomba per estrarre il suo cuore... Il sommo sacerdote prese questa coppa, e gli altri membri della loggia lo seguirono nella chiesa. Ai piedi dei gradini c'era il simbolo della loggia, non so se era disegnato o solo messo lì... Dovevo sdraiarmi sull'altare... Mi hanno disegnato delle cose sul corpo... Ci sono stati abusi sessuali. Alla fine della serata... avevo un nuovo status nella loggia e improvvisamente ero una persona importante.

- **Sandra**: L'hanno preparata e condizionata a diventare una persona malvagia. Erano davvero riusciti a instillare in lei un senso di potere e soprattutto a farle piacere quel potere...

- **Antje**: Mi è stato insegnato l'uso delle pratiche rituali... Per esempio il sacrificio di un bambino, o il privilegio di stare accanto al sommo sacerdote quando una persona era distesa sull'altare.

- **Sandra**: Antje aveva davvero sviluppato questo senso di potere, quindi si avvicinava sempre di più alla setta dove saliva di grado... Era un riconoscimento per lei, perché altrimenti non era niente... È così che fanno le iniziazioni, sistematicamente...

- **Voce fuori campo**: Quasi tutte le vittime testimoniano che durante questi rituali, film e foto "immortalano" le scene: pornografia infantile... Quindi si tratta anche di denaro e di reti criminali ben organizzate. Senza prove, Lucie non può presentare una denuncia. Ha una personalità multipla... chi le crederebbe? Oggi sta cercando prove fotografiche su internet (...) Anche le donne dell'epoca della DDR hanno denunciato questo tipo di abuso rituale, Lucie è una di loro. Sta cercando i luoghi della sua infanzia, sta cercando i suoi ricordi, sta trovando delle prove.

- **Lucie**: All'epoca non me ne rendevo conto perché non sapevo altro. Ora mi rendo conto che la mia famiglia aveva un tenore di vita molto alto. Avevamo videoregistratori, diverse macchine (...)

Ci sono 3 stanze, queste stanze non hanno finestre, erano fredde, pensiamo che fossero cantine. Il pavimento era irregolare, polveroso e sporco. Anche le pareti erano in cattive condizioni, c'erano lampade sui muri. C'era una stanza dove abbiamo aspettato e un'altra stanza dove è successo... Ricordiamo anche un'altra stanza, più che altro una grande sala con una specie di travi d'acciaio... Non so esattamente, sappiamo solo che sono travi d'acciaio... e che questa sala non era molto pulita...

- **Giornalista**: Cosa è successo in questa sala?

- **L**: Fa parte dei nostri ricordi, c'era un fuoco nel mezzo, c'erano uomini, uomini neri, per così dire... E poi abbiamo visto qualcuno che veniva condotto verso il fuoco, c'era paura...

- **J**: Sai come ci sei arrivato?

- **L**: Siamo arrivati lì con un trasportatore... Anche lì non c'erano finestre. Sì, siamo arrivati lì con un trasportatore. A volte c'erano altri bambini, ma non ci parlavamo mai... In queste situazioni, non si fa...

- **Voce fuori campo**: Stanze sotterranee con una grande sala... Cercarle è come cercare un ago in un pagliaio. I vicini, gli insegnanti e gli abitanti del villaggio non possono essere interrogati, i genitori di Lucie sospetterebbero qualcosa e il rischio per lei e le sue sorelle è troppo grande (...) Un altro luogo possibile per gli omicidi di bambini è il castello di Wewelsburg: Castello di Wewelsburg. Ma per la polizia e il pubblico ministero di Paderborn i fatti vanno troppo indietro (...) Karine, che ha anche una personalità multipla, ha testimoniato di abusi rituali nello stesso castello di Wewelsburg...

- **Karine**: Non sapevo che ci fosse un castello con questo nome, ma ho riconosciuto gli ornamenti di questa stanza... con le colonne... È il castello che spesso tornava negli incubi della mia infanzia. Quando ero piccola, riproducevo spesso questi ornamenti nei disegni. Nella cripta, prima di tutto c'è questa svastica sul soffitto... Mi ricordo che in questa cripta c'è un camino al centro per fare il fuoco. C'è una specie di pietra o di altare, ed era su questo altare che veniva sacrificato un bambino. Questo bambino era mio, è stato sacrificato all'età di 6 mesi.

(…)

Il documentario *Schwarze Sonne* (Sole nero dei nazisti), uscito nel 1998, racconta la storia di questo castello di Wewelsburg. Il castello fu completamente restaurato dai nazisti e utilizzato come luogo di culto e di addestramento per le SS durante il Terzo Reich. Ecco la descrizione della cripta citata nella testimonianza di Karin:

Proprio sotto la stanza dell'Obergruppenführer c'è quella che veniva chiamata la cripta. Una stanza a volta a forma di cantina in cui erano previste celebrazioni religiose. L'atmosfera ricorda quei riti di distruzione della personalità individuale, di quel secondo stato in cui l'uomo diventa un vaso vuoto in cui i sentimenti edificanti si riversano nell'ebbrezza... Anche i gruppi clandestini dell'estrema destra di oggi si sentono attratti da questa stanza. Di notte, a volte vi fanno anche irruzione per tenere dei rituali mistici...".

Il direttore del museo di Wewelsburg, Wulff E. Brebeck, afferma in questo documentario: "La vigilia di Natale del 1992, abbiamo trovato la porta rotta. Sui 12 podi c'erano fogli bianchi decorati con rune. Naturalmente, non abbiamo mai scoperto chi l'ha fatto, ma sappiamo dai nostri contatti con alcuni visitatori o gruppi di visitatori che la torre è facilmente spacciata per un luogo dove si tengono messe nere o cerimonie simili... E ci sono continui tentativi di corrompere i nostri portieri, di ottenere la chiave o di entrare in questa stanza a orari insoliti con ogni sorta di pretesto. Dobbiamo adottare misure di protezione molto severe per evitare questo tipo di cose. Una volta abbiamo avuto una confessione scritta da un gruppo che ha potuto avere un battesimo lì, un battesimo nero, un'ammissione nel loro ordine... e ci ringraziavano."

- Claudia Fliss

La psicoterapeuta tedesca Claudia Fliss è specializzata in traumi causati da abusi rituali. Ha aiutato molte vittime negli ultimi venti anni e ha esaminato molti casi. Nel documentario 'Sexzwang' (sesso forzato), del controverso Ivo Sasek, lei afferma:

- Le forme di violenza sono: violenza fisica, violenza sessuale, violenza psicologica, minacce, estorsione, la legge del silenzio, sacrifici animali e umani come parte di rituali, l'uccisione di neonati, bambini e donne. A volte è una persona che viene uccisa, a volte sono diverse persone (...) Gli omicidi sono sempre descritti in modo simile, ci sono modi diversi, ma le testimonianze si sovrappongono sempre. Ha sempre a che fare con il sangue, ha a che fare con la frenesia omicida, la sete di potere, ha a che fare con il cannibalismo: bere sangue e mangiare carne umana (...) Questi sono culti che esistono da generazioni, reclutano i loro membri tra le loro file, i bambini nascono in loro. Fin dalla loro prima infanzia sono abituati a questi rituali, saranno allenati quotidianamente per diventare adatti a queste cose... È brutale, ma è esattamente così che succede.

- Ha sentito parlare di casi simili in Germania dove la gente viene uccisa da un culto satanico?

- Sì, questo è quello che la gente riporta quasi sempre. Ho vissuto e lavorato in diverse parti della Germania e ho avuto persone in terapia che non si conoscevano ma che riferivano esattamente le stesse cose. So da colleghi che lavorano in tutto il paese che ci sono vittime che non si conoscono tra loro ma che riferiscono cose simili. Poi ti rendi conto che è qualcosa di strutturato.

- Gaby Breitenbach

Sempre in Germania, la psicoterapeuta Gaby Breitenbach ha creato all'inizio del 2014 un luogo sicuro per ricevere e aiutare le vittime di abusi rituali e controllo mentale. Il centro si chiama "*Vielseits*" ed è il primo del suo genere in Europa. Tutte le donne che vengono al centro sono state sottoposte al controllo mentale. Queste donne soffrono di gravi disturbi dissociativi e di amnesia traumatica. Gaby Breitenbach è stata intervistata dalla giornalista Antonia Oettingen:

"Dall'esterno, queste sono donne che sembrano avere un comportamento normale e una vita normale. La loro personalità quotidiana è inconsapevole degli abusi che subiscono di notte, nei fine settimana o nei periodi di vacanza. Queste esperienze traumatiche sono compartimentate nelle diverse parti della personalità, in modo che questi ricordi siano tenuti fuori dalla coscienza. La persona è quindi inconsapevole dell'abuso e del trauma (...) Le vittime sono sottoposte in tenera età a situazioni di quasi-morte, scosse elettriche, annegamenti simulati, ogni tipo di tortura in cui i loro aguzzini si atteggiano a "salvatori". Ad un certo punto, la psiche della vittima agirà in modo automatico: si dividerà, per sopravvivere. Come risultato di questa tortura sistematica, le vittime possono sviluppare diverse identità. I criminali che compiono questi abusi hanno la chiave di questo sistema interno composto da una personalità frammentata. Hanno quindi la capacità di indurre particolari comportamenti attraverso l'uso di trigger. Questi possono essere segnali con le mani, odori o suoni come una particolare suoneria (...) Le giovani vittime di abusi rituali sono più spesso usate per la prostituzione pedocriminale e addestrate a prendere parte loro stesse ad abusi sadici sui bambini, che vengono filmati e fotografati. Queste donne saranno prostitute per gran parte della loro vita, possono anche essere usate per la violenza sadica e a volte per lo spionaggio. Molte delle alter personalità create dai traumi non sentono il dolore."[271]

f/ Inghilterra

Nel documentario del 1989 Devil *Worship: The Rise of Satanism*, il politico e membro del Parlamento David Wilshire afferma:
"Il satanismo è presente in questo paese come altrove. È qualcosa di terribilmente violento, è un abuso sui bambini, è un abuso sessuale. Non c'è niente da ridere, deve essere preso molto seriamente, è un problema che deve essere affrontato. La cosa più tragica di questa storia sono i bambini che ne parlano e si sentono dire: "Non essere stupido, questo non succede nel nostro paese", oppure: "Ti stai inventando delle storie, stai mentendo"."
Nel 1989, la psichiatra Joan Coleman, con l'aiuto di altri medici, ha fondato *RAINS (Ritual Abuse Information Network & Support)*. Ha anche diretto la *Clinica di Studi Dissociativi* a Londra. *RAINS* sostiene le vittime di abusi rituali e pubblica studi sul trauma e le sue conseguenze. Nel libro *"Forensic Aspects of Dissociative Identity Disorder"*, Joan Coleman racconta i casi di diverse vittime di abusi rituali che ha incontrato, comprese le testimonianze di "Margaret", "Theresa" e "Monica" (pseudonimi).

- Margherita

Nel 1986, Joan Coleman lavorava in un ospedale psichiatrico da 17 anni. Ha lavorato con persone che avevano problemi di salute mentale con ripercussioni fisiche. Margaret era una delle sue pazienti, una donna sulla quarantina che era stata una frequente visitatrice dell'ospedale per quattro anni. Coleman era preoccupato per i suoi problemi di salute, soffriva di asma e di un'ulcera e di gravi emicranie. Questo era ovviamente legato ai suoi problemi psicologici, ma Coleman non poteva identificare la causa del problema. Margaret aveva molti visitatori e secondo lei non c'erano problemi familiari. Le sono stati prescritti dei farmaci, soprattutto quando era fuori nei fine settimana. Fatalmente, un giorno ci fu un incidente di overdose e fu portata di corsa in ospedale. Poco dopo questo incidente cominciò a confidarsi con un'infermiera, Eileen, su un amico di famiglia che apparentemente non le piaceva affatto. È stato da questo punto in poi che si sono aperte le cateratte della divulgazione...
Inizialmente, ha parlato di quello che sembrava essere un grande giro di pedofilia: ha descritto sadici abusi sessuali su bambini da parte di uomini. Ha detto che alcune di queste persone erano membri della famiglia o conoscenti, ma anche politici e personaggi noti dei media. Durante questo primo periodo di divulgazione, i suoi sintomi fisici migliorarono notevolmente. Ha smesso di vomitare e non ha quasi più avuto asma o emicranie. Poi ha interrotto il

---

[271] *'Il rifugio per le donne la cui mente è controllata dalle bande criminali'* - Intervista con Gaby Breitenbach di Antonia Oettingen - Vice.com, 12/02/2014.

trattamento e sembrava pronta a continuare a parlare... Coleman e l'infermiera decisero allora di contattare la polizia, che le dichiarazioni fossero vere o meno. Tuttavia, poiché i nomi dei presunti aggressori non erano presenti nei file della polizia, non è stata condotta alcuna indagine.

Nell'estate del 1987, a Margaret fu detto che aveva una malattia terminale. Voleva tornare a casa, ma ha ritrattato tutte le rivelazioni che aveva fatto sugli abusi rituali. Dopo solo poche settimane, era di nuovo in ospedale dopo essere stata trovata a vagare sulla strada, completamente drogata. Fu allora che fu spostata in un'altra parte dell'ospedale dove deve essersi sentita più sicura, visto che cominciò a parlare di nuovo e a dettagliare le sue precedenti dichiarazioni. Ha fornito i dettagli di bambini fuggitivi che ha incontrato alla stazione centrale di Londra e che sono stati riportati in un hotel. Lì venivano drogate con la forza in modo che diventassero presto dipendenti, con l'obiettivo di abusare sessualmente di loro. Margaret ha poi descritto una casa dove alcuni di questi bambini sono stati portati per essere drogati e stuprati. Ha spiegato che, anche se si è rifiutata, è stata costretta ad assistere agli abusi ed è stata fotografata allo stesso tempo per farla tacere. Dopo essere stati violentati o picchiati da diversi uomini, alcuni di questi bambini venivano riportati all'"hotel", altri venivano uccisi... Dice che gli omicidi sono stati fatti sempre con un coltello. I corpi sono stati poi smembrati e messi in sacchi di plastica per essere portati in quella che lei descrive come una fabbrica, un luogo dove vengono inceneriti. Gli omicidi vengono filmati e le registrazioni vendute a caro prezzo.

Margaret ha descritto lo stesso schema ogni volta, dicendo che *"sembrava essere una specie di rituale"*. Ha riferito che i carnefici indossavano abiti e maschere. Ha parlato di una ragazza vietnamita che è stata legata ad un altare e ad una croce rovesciata. Fu in seguito a queste rivelazioni che Joan Coleman iniziò a fare ricerche sul satanismo e sugli abusi rituali. Margaret avrebbe poi confessato che la sua famiglia era stata satanista per generazioni, e non ha mai ritrattato la sua testimonianza. Il suo stato mentale è migliorato molto dopo che si è confidata.

Joan Coleman e le sue colleghe contattarono di nuovo la polizia dopo essere state testimoni di omicidi di bambini, questa volta fornendo loro nomi, indirizzi e dettagli dei presunti colpevoli e dei bambini, così come l'indirizzo della "fabbrica". Ma tutto questo non ha portato a nulla... La polizia nominò allora uno psichiatra per intervistare Margaret: la conclusione di questo "esperto" fu che era la psichiatra, Joan Coleman, ad aver inventato tutta la storia. Margaret ha rivelato molto sulle attività rituali, con descrizioni di cerimonie, luoghi, ma anche sulla gerarchia del culto. Ha fatto una distinzione molto chiara tra le uccisioni puramente sadiche di bambini a Londra e i sacrifici rituali, cioè le cerimonie religiose a cui partecipavano sia uomini che donne. I sacrifici erano sempre eseguiti dal sommo sacerdote in determinate date del calendario. Margaret ha descritto i metodi di controllo mentale usati dalla setta, ha descritto come i bambini vengono drogati e ipnotizzati per credere nella *magia di Satana*. In certe date cerimoniali, Maragret si barricava ancora nella sua stanza...

Joan Coleman e l'infermiera Eileen videro Margaret poco prima che morisse e lei assicurò loro che tutto ciò che aveva detto sugli abusi rituali era vero e che voleva che tutti lo sapessero.

- Teresa

Nel 1989, nel corso del suo lavoro, Joan Coleman incontrò una ragazza di 15 anni che affermava di essere stata abusata dai membri della famiglia da cui era appena fuggita per un anno. Theresa ha descritto l'attività del culto con protocolli quasi identici a quelli che aveva descritto Margaret. Ha dato molti dettagli su una specie di castello in cui lei e altri bambini venivano portati regolarmente. Erano stati drogati prima di andarci, quindi non aveva idea di dove fosse esattamente questo posto. Secondo lei, questo posto era gestito da un medico perché una parte della casa era usata per operazioni sperimentali. In un'altra parte c'erano bambini piccoli imprigionati in gabbie, venivano portati fuori solo per abusi sessuali e torture, per esperimenti e infine per il sacrificio.

In questo caso, la polizia si è mobilitata e ha arrestato cinque uomini per stupro di minori e una donna per complicità e aborto illegale. Anche se Theresa ha testimoniato davanti alla polizia, non c'erano prove valide per dimostrare l'attività rituale, quindi questo non è stato incluso nelle accuse. Poco prima del processo, la polizia andò alla scuola di Theresa per ottenere i registri della sua frequenza, al che il preside diede loro appunti e disegni prodotti da Theresa alcuni mesi prima: uno dei disegni rappresentava il sacrificio rituale di un barbone. Theresa aveva messo insieme un dossier completo delle sue esperienze, ma nonostante questo, l'abuso rituale satanico non fu perseguito per mancanza di prove.

- Monica

Alla fine degli anni '90, Joan Coleman ricevette una telefonata da un'infermiera che chiedeva consigli su uno dei suoi pazienti. La paziente era una donna di 37 anni di nome Monica, che inizialmente era in cura per bulimia, ma aveva iniziato a parlare di abusi rituali della sua prima infanzia. Joan Coleman ha iniziato a incontrare regolarmente questo paziente. All'inizio Monica era terrorizzata all'idea di parlare della setta, ma dopo qualche settimana ha cominciato a dare dettagli sui suoi ricordi, che hanno riportato a galla il trauma. Ha descritto i suoi ricordi traumatici con voce, comportamento ed espressioni facciali da bambina. *Questa* "bambina" diceva che avevano nomi diversi e età diverse, a volte scriveva con la calligrafia di un bambino di 5 anni. Altre volte sembrava completamente diversa e divenne persino ostile verso Joan Coleman e l'infermiera. Gradualmente si scoprì che alcune delle sue personalità erano rimaste fedeli al culto. Mentre Monica pensava di aver smesso di essere coinvolta nei rituali all'età di 15 anni, alcune delle sue alter personalità non avevano mai smesso queste attività e non avevano intenzione di smettere... Queste alter personalità andavano regolarmente alle cerimonie, senza che Monica ne fosse consapevole.

Joan Coleman ha incontrato per la prima volta il disturbo dissociativo dell'identità (DID) con il caso di Monica. Ha imparato molto da questo paziente, sia sugli abusi rituali satanici che sul funzionamento di un sistema di personalità multiple, specialmente come lavorare con le personalità alter che sono ancora fedeli al culto. Man mano che le barriere dell'amnesia svanivano, Monica diventava sempre più consapevole del suo coinvolgimento in attività occulte e di culto, così come la consapevolezza delle sue altre personalità. Ha dato nomi e luoghi delle cerimonie. Mentre Joan Coleman non aveva mai parlato con lei di altri sopravvissuti ad abusi rituali, alcune delle informazioni che diede corrispondevano non solo a quelle date da Margaret, ma anche a dettagli di altri casi. Ha parlato di un "alto sacerdote", dando il suo nome di culto ma anche il suo vero nome. Coleman aveva già sentito parlare di lui, era un uomo importante a livello nazionale.

Una delle sue alter personalità era una bambina di 10 anni chiamata *"Scumbag"*. L'alter è stato creato quando sua madre si è prostituita in una stanza sul retro di un pub. Il denaro raccolto era destinato al culto satanico. *Scumbag* era un forte bevitore di birra, mentre Monica non beveva alcolici. Monica era una donna coraggiosa, ha testimoniato in un programma radiofonico nel 1996, e per questo è stata punita... questo è certamente ciò che ha portato alla sua morte poco dopo.[272]

L'associazione di Joan Coleman, RAINS, aveva istituito una linea telefonica che riceveva molte chiamate di terapeuti in cerca di aiuto e consigli. I loro pazienti parlavano esattamente delle stesse attività rituali di tipo satanico. Nel 2014, RAINS ha compilato una lista di persone coinvolte in abusi rituali in Inghilterra. La lista, che riporta sia i nomi che i luoghi di culto, è stata compilata grazie alla testimonianza di una vittima, ma anche grazie a un membro della rete che ha deciso di parlare. La lista comprende politici, attori, giornalisti, poliziotti, medici, imprenditori, uomini di chiesa... Torneremo sul caso della *'star'* Jimmy Savile nel capitolo sull'industria dello spettacolo.

g/ Belgio

- X-File (caso Dutroux)

In Belgio, durante il caso Dutroux, l'X-file era pieno di testimonianze relative ad abusi rituali. È stato anche il file X che ha portato alla rete elitaria belga... Ecco perché è stato chiuso rapidamente, Marc Dutroux è rimasto il *'predatore isolato'* e i media hanno tutti gridato che le reti pedofile: *'Non esistono!'*

Il giudice Jean-Marc Connerotte aveva comunque condotto bene l'indagine, così bene che il caso gli è stato tolto quando finalmente ha portato alle tracce di una rete molto imbarazzante con testimonianze di abusi rituali

---

[272] 'Forensic Aspects of Dissociative Identity Disorder' - Adah Sachs e Graeme Galton, 2008, p.11-20.

satanici legati ai vertici belgi... È stato poi il giudice Jacques Langlois che è stato incaricato di prendere in mano il caso, non sembrando affatto interessato a questi testimoni X che parlano di abusi rituali né alla trentina di testimoni morti in questo caso... È stato anche lui che non ha ritenuto necessario far analizzare i 6.000 capelli trovati nella cantina di Marc Dutroux. Inoltre, bisogna precisare che le autorità belghe hanno ritenuto che l'analisi di tutte queste tracce di DNA sarebbe stata troppo costosa... È così che il secondo dossier del caso Dutroux ha potuto essere chiuso così facilmente. L'ex deputato belga Laurent Louis ha detto sul suo blog: *'Come possiamo accettare che il dossier BIS di Dutroux sia stato chiuso senza alcuna azione ulteriore quando c'erano migliaia di tracce di DNA trovate nel nascondiglio di Marcinelle da analizzare. Possiamo accettare che l'argomento usato sia stato il costo di queste analisi quando ogni anno spendiamo cifre folli per garantire lo stile di vita dei nostri ministri e della famiglia reale? La ricerca della verità e l'incriminazione dei pedofili e degli assassini di bambini non vale tutti i soldi del mondo?'*

All'epoca, però, i testimoni di X hanno descritto chiaramente l'abuso rituale satanico con l'uccisione di bambini. Nell'aprile 2009, il sito *Wikileaks ha* messo online un documento PDF di 1235 pagine contenente le udienze e i verbali del caso Dutroux,[273] il documento contiene testimonianze che descrivono pratiche estreme come la caccia con bambini come selvaggina! Questi sono fatti presunti perché ovviamente nessuna indagine degna di questo nome è stata mai condotta per verificare le dichiarazioni. Ecco alcuni estratti del documento:

PV 151.044 - Audizione del testimone X2 - 27/03/97 (pagina 1065)

Fatti commessi a Chimay: è andata 5 o 6 volte in un enorme bosco per cacciare. Fu obbligata ad andarci (...) Vi parteciparono i membri più violenti della banda di Knokke, compresi i fratelli L. A Chimay sentì gridare e sparare, ma non sa a cosa si sparasse, non vide mai nessuna partita (...) Era intorno al castello di Chimay - una descrizione del castello che conosceva prima. Il bosco è murato. Erano grida di bambini, forse di 10 anni. Pensa che ci fossero 4 o 5 bambini. Le grida si sono fermate. Lei rimase con L. e in quel momento i fratelli L. se ne andarono con 1 o 2 altre persone tra cui il guardiacaccia. I partecipanti erano tutti di Knokke e Eindhoven (...) Le urla erano orribili e indescrivibili (...) All'inizio le urla non erano forti, piuttosto grida di dolore, poi urla molto più forti per alcuni secondi e poi hanno smesso. Anche a Faulx ci sono state delle urla, ma non si sono fermate. Non ha mai visto una ragazza tornare dalla casa di L.L. tutta intera. Quando le urla cessarono, L. smise di 'fare l'amore' con lei e tornò in macchina con lei molto velocemente.

PV 151.150 - Audizione del testimone X2 - 03/04/97 (pagina 1066):

Una battuta di caccia nel sud del paese con gente a cavallo - molti erano armati - Durante la caccia c'è uno stupro su X2 - Lei va con C. in un Ranch o Land Rover o Cherokkee (...) I cavalieri sono arrivati a cavallo, sparano ma lei non sa cosa, non ha visto nessuna selvaggina o cane. Uno dei cavalieri venne verso di lei, scese da cavallo e la violentò. Lo stesso cavaliere ha anche violentato Eva. La caccia ha luogo alle 17 circa. È stata anche violentata da uno più piccolo.

---

[273] *Belgio: Dutroux X-Dossier summary*, 1235 pagine, Wikileaks.org, 2005.

Violenza ma meno che a Eindhoven (colpi al viso e strangolamento). X2 è stato strangolato perché stava urlando. Eva è stata colpita solo al viso e allo stomaco. C'era un'altra minorenne sotto i 15 anni (bionda) ma non sa se è stata violentata - era con una donna.

PV 116. 022 - Audizione del testimone X1 - 31/10/96 (pagina 411):

Assassinio di bambini nelle Ardenne e a Luxemburg durante le battute di caccia. Villa con tetto di paglia. (...)

Dice che una volta è stata portata via da qualcuno che è venuto a prenderla: uomo che non conosceva bene - lo associa a cose serie: rituale. (30 anni, occhiali, capelli castani corti e ricci, baffi). Guidava una BMW nera (...) X1 descrive l'interno dell'edificio (foto aerea, piastrelle, tappeto marrone scuro nell'ufficio...). Presenti, la persona che l'ha portata, Tony, il vecchio del 'decascoop', e altri 2 uomini. X1 deve spogliarsi e viene portato in una stanza. L'uomo che l'ha portata entra con una bambina di 2 o 3 anni (bionda con i capelli lisci). Davanti a X1 l'uomo con la BMW gioca con il bambino e poi tira fuori un coltello e lo infila tra le gambe del bambino urlante. L'uomo con la BMW finisce il bambino. X1 viene poi violentato da lui, Tony e gli altri.

X1 aveva 12 anni e questa era la prima volta che assisteva a un evento del genere. Non aveva mai visto il bambino prima.

PV 100.403 - Informazioni (14/01/97) (pagina 435)

Château d'Ameroix. Lettera di un Gd in pensione (M.) All'inizio di aprile 1996 ospitava un sacerdote messicano. Un amico olandese del prete è venuto a prenderlo. L'olandese ha menzionato il castello di Ameroix come un luogo dove si svolgono feste sataniche e pedofile con sacrifici di bambini. L'informazione gli è stata data da un americano della NATO che era tornato negli Stati Uniti. Questo americano ha partecipato ad una festa ed è stato disgustato (...) Forse per essere collegato alle feste di caccia descritte dal testimone X1.

PV 150.364 - Audizione del testimone X1 - 01/03/97 (pagina 478)

X1 dice che è andata al castello di Anversa 15 o 20 volte tra il 1990 e il 1995. Ha assistito a 6 o 7 omicidi di bambini tra cui Katrien De Cuyper. Descrizione delle persone che hanno portato i bambini in un furgone (bianco - arrugginito - diesel). Sa fare degli schizzi. Gli uomini lasciano i bambini e se ne vanno (...) X1 conferma che questo è il castello visto a Gravenwezel. X1 non sa cosa sia stato fatto con i cadaveri - forse Tony se ne è occupato. Lo portava sempre sul posto e lo riportava solo quando non c'era la morte (...)

PV 118.452 - Audizione del testimone X1 - 10/12/96 (pagina 542)

M. fu ucciso nel novembre 1984 a Knokke nella villa della nonna di X1. Prima festa: B. ha portato un bambino di 8 anni. Proprietario della villa = uomo di più o meno 40 anni e sua moglie di circa 20 anni. Descrizione della villa. X1 ha ucciso due conigli e una capra nana su ordine di B. L'orgia ha avuto luogo nel garage. Due dobermann e un pastore tedesco erano coinvolti nell'orgia. Descrizione del garage: anelli sigillati nel muro, armadio murato con materiale sado-masochista e nastri pedofili. Partecipanti con costumi speciali: pelle, mantelli, maschere. C. è stata violentata da T., N., B. e dal proprietario. C. Deve mangiare il cuore del coniglio sacrificale. Bambini legati ad anelli nel garage. Il sangue del capro viene versato su C.

PV 151.829 - Audizione del testimone X3 - 02/06/97 (pagina 1072)
(Sezione famiglia reale)

Ritirati in un'auto americana rosa con tetto bianco guidata da Charly. Sempre case lussuose (...) Sul posto la macchina si è fermata su un prato di fronte alla casa circondata da un parco. C'erano due supervisori: Ralf e Walter. I bambini sono stati portati in una torretta di pietra naturale con una porta di legno. Probabilmente c'era un pavimento nella torretta. Un passaggio sotterraneo portava dalla torretta a una cantina. Un sottosuolo senza luce - terra e in pendenza. Nelle cantine c'erano delle celle dove i bambini erano rinchiusi in attesa del loro turno. C'erano anche celle per i cani (Dobermann). Il corridoio portava a un auditorium. Nella torretta: corpi di bambini morti in vari stadi di decomposizione (a volte smembrati e/o con pezzi mancanti) e carcasse di cani. Spettatori: sempre gli stessi ma difficili da identificare - circa 50. Ha riconosciuto C., B. e A. e altri due che chiama Charly e Polo. Le è sembrato di riconoscere W.C. e il dottor V.E.. I cani sono stati drogati per essere eccitati. Spettacoli = orge, uccisione di bambini e cani. Show room con forte odore di escrementi di cane. Cani che corrono liberi in giardino. Gilles (12 anni) è stato evirato da POLO. Gli altri bambini hanno dovuto bere il suo sangue. Pensa di averlo visto di nuovo a pezzi nella stanza dei morti. Ragazze tagliate con lame di rasoio (...) Caccia preparata da Charly e Polo.

In un altro luogo:

Grande casa bianca con piano superiore e stalle. Parco con piscina rotonda e fontana che esce da una statua. I bambini venivano lasciati liberi nudi e quando venivano catturati venivano violentati. La caccia si è conclusa con la tortura in teatro (...) (dettagli insopportabili)

PV 466 - Audizione di **** - 16/01/97 (pagina 260)

È molto spaventato. Era tesoriere dei Giovani PSC. Ha frequentato molto M.D., P.S. e J.P.D. Hanno cercato di indirizzarlo verso l'OPUS DEI che era il 'nec plus ultra' secondo loro. Con il pretesto di prove di iniziazione all'OPUS DEI, è stato portato alle messe nere con atti sessuali. Cita la presenza di giovani ragazze dei paesi dell'Est (13-14 anni). Nel 1986, dopo un incontro politico da ubriaco, andò con S. e D. ad un incontro che avevano annunciato come piccante. All'incontro è stato drogato e poi portato in una stanza con persone mascherate e vestite con "djellabas" neri. I partecipanti hanno bevuto sangue. Si trovò di fronte a una ragazza nuda stesa su un altare - era morta (12 anni). Si è svegliato il giorno dopo nella sua auto. Ha lasciato il partito e ha fatto una dichiarazione al BSR a Charleroi (...)

PV 114.039 - Audizione del testimone X1 - 13/01/96 (pagina 407)

In casa si parlava francese, inglese, tedesco e olandese (...) Una serata con un'atmosfera paragonabile alla festa di Capodanno. Dopo un'ora o due, quando tutti erano presenti, siamo scesi in cantina dove i bambini stavano aspettando. Descrizione della stanza: (...) Un armadio con oggetti sado-maso (...) Generalmente da 2 a 5 bambini per circa 10 persone, comprese le coppie (...) Violenza verso i bambini: legati al collo, tagliati con coltelli (...) Diversi bambini violentati da V.. Foto scattate (film?). Una ragazza è stata tagliata nella vagina, un medico che partecipava all'orgia l'ha ricucita. Più violenza durante le vacanze scolastiche. Consumo di droghe e medicine durante le orge. Uccidere animali (coniglio, gatto, pollo...) per far soffrire i bambini.

Lettera da **** - 13/12/96 (pagina 261)

Setta - Orge - Balletti rosa in Olanda.

Lettera alla giustizia olandese sulle sette in quel paese.

C'è un gruppo di 300 persone in OLANDA che forma una setta. Organizzano orge con minori (dai 3 anni in su). Membri = avvocati - giuristi - giudici - poliziotti...

Riunioni in tenute di campagna, hotel o a casa di un membro (...) Assemblea il primo sabato dopo la luna piena e nelle feste cristiane e compleanni. Gruppi di 12 persone con bambini. Stupro e tortura di bambini. Grandi assemblee = 50 adulti e 50 bambini - droghe, bevande, orge, stupri, registrazione video di abusi sui bambini. I figli dei membri del gruppo partecipano alle feste. Questo porta alla creazione di personalità multiple nei bambini. A Natale, un bambino di un anno viene simulato e abusato ma sostituito da una bambola quando avviene la vera tortura. Seppellimento simulato di un bambino di 15 anni come punizione. Le personalità multiple sono indotte, per esempio, facendo credere ai bambini piccoli che un gatto è introdotto in loro e cresce in una pantera che li guarderà se vogliono parlare o lasciare il clan. Queste personalità multiple sono mantenute dagli psicoterapeuti. Le personalità multiple indotte permettono un controllo continuo anche degli adulti creando un certo equilibrio. Questo rende tutti i perpetratori vittime (...)

- La personalità multipla di Regina Louf

Nel documento del caso Dutroux citato sopra, il PV N°116.231 del novembre 1996 riporta che X1 (Regina Louf) parla delle sue diverse personalità e la polizia nota differenze significative nella sua grafia. PV N° 116.232 riporta che Régina Louf parla di un'altra personalità chiamata *"Hoop"* ("speranza" in fiammingo) che può *"scomparire molto profondamente e riapparire subito"*. In PV N°116.234, si nota di Regina Louf: *"Si ritrova intera e capisce la ragione delle sue personalità multiple. Capisce che una sola persona non avrebbe potuto sopportare.* '

Nel dossier X del caso Dutroux, è la testimonianza di Régina Louf (testimone X1) che è la più completa e conosciuta. Fin dalla nascita, la sua famiglia l'ha condizionata a servire come schiava sessuale. Lei stessa afferma che questa era una pratica tramandata di generazione in generazione, che sua nonna abusava di sua madre e così via... L'abuso estremo e la violenza che ha subito dalla prima infanzia in questa rete ha finito per creare in lei una personalità multipla, un disturbo dissociativo dell'identità. Questo disturbo è stato diagnosticato da cinque terapeuti nominati dalla giustizia belga durante lo studio del dossier Dutroux X.

Ecco un estratto del libro *'Les dossiers X: Ce que la Belgique ne devait pas savoir sur l'affaire Dutroux'* che affronta chiaramente la questione della personalità multipla della testimone X1, Régina Louf:

Una delle poche decisioni prese durante una riunione di Obelix il 25 aprile è stata quella di coinvolgere un gruppo di cinque esperti psichiatrici per esaminare X1. La richiesta è stata fatta alcuni mesi fa dal Warrant Officer De Baets, ma dato che i magistrati di tutto il paese sono stati coinvolti nel caso, le cose si sono mosse un po' più lentamente. Ognuno dei cinque esperti ha la sua specializzazione. E ognuno deve valutare X1 e la sua testimonianza dal proprio punto di vista professionale. La commissione è guidata dal professor Paul Igodt, neuropsichiatra di Leuven, e il resto è composto dai suoi colleghi Peter Adriaenssens e Herman Vertommen, Johan Vanderlinden, medico dell'ospedale psichiatrico di Kortenberg, e lo psichiatra Rudy Verelst. A causa della sua specializzazione, lo psichiatra infantile Peter Adriaenssens fu incaricato di esaminare i bambini di X1, ma questo non avvenne mai.

Il gruppo di esperti deve verificare le capacità di memoria di X1 ed esaminare se c'è stato qualche dubbio di suggestione da parte degli investigatori durante le audizioni. Ciò che è letteralmente scritto nella postilla del giudice Van Espen mostra che era già stato informato alla fine di aprile del replay iniziato in segreto sotto la guida del comandante Duterme. Finora, nessuno ha mai commentato lo svolgimento delle audizioni, che sono descritte come esemplari. Solo Duterme e alcuni dei suoi seguaci non sono d'accordo. Lo sentivo chiaramente, dice Regina Louf, "gli psichiatri sapevano molto rapidamente che il loro lavoro non avrebbe cambiato nulla. Hanno iniziato più o meno nello stesso momento in cui De Baets è stato messo in disparte. In totale ho passato più di trenta ore a parlare e a sottopormi a test psicologici. A volte erano test davvero ridicoli, ma queste persone cercavano di fare il loro lavoro onestamente. Credo che siano stati presi nel fuoco incrociato. Erano in contatto con gli investigatori che sicuramente hanno detto loro che ero arrabbiato da morire. Quando mi parlavano, c'era sempre un'atmosfera di: pensiamo che tu stia bene, ma ci dicono che... All'ultimo colloquio, Vertommen mi ha consigliato di non accettare un'audizione sotto ipnosi. Mi disse di pensare alla mia famiglia e di rassegnarmi al fatto che non si poteva fare molto con la mia testimonianza."

Quando si chiede agli scienziati la loro opinione, la risposta è raramente bianca o nera, e più spesso è grigia con molte sfumature mutevoli. Questo è anche il caso del rapporto di otto pagine che il professor Igodt ha inviato a Van Espen l'8 ottobre 1997. Questo rapporto indica - proprio come aveva fatto X1 dal primo giorno - che abbiamo a che fare con una persona con un disturbo dissociativo dell'identità. Igodt parla addirittura nel suo rapporto di un "disturbo di personalità borderline". Ma, aggiunge: "Attraverso molti anni di terapia, tuttavia, è riuscita (...) a raggiungere una modalità integrata di funzionamento; le sue diverse personalità (alter), alcune delle quali può nominare, lavorano insieme abbastanza bene e riesce a controllare ciascuna di queste personalità parziali in modo tale che le perdite di controllo si verificano solo raramente e in misura limitata. Questo è stato notato anche durante l'esame clinico psichiatrico anamnestico: a parte qualche risata incontrollata, soprattutto quando si tratta dell'abuso sessuale più orribile, la paziente si controlla abbastanza bene e non si è potuto osservare alcun cambiamento dissociativo. Come già detto, questo è in gran parte attribuibile al periodo abbastanza lungo di psicoterapia che ha già completato."

Per quanto riguarda le cause di questi disturbi, Igodt si dichiara formalmente a favore di X1: 'L'esame clinico psichiatrico anamnestico, tuttavia, conferma il sospetto di abusi sessuali massicci nel passato della persona interessata. Alla domanda se questo abuso si è verificato ed è stato effettivamente di notevole intensità, sembra che la risposta sia sì. Questo abuso massiccio sembra essere il principale fattore eziologico delle sindromi psichiatriche osservate, il che è in linea con gli abbondanti risultati degli esami in questo settore.'

Il rapporto Igodt può probabilmente essere considerato come una delle poche prove oggettive che sono ancora in archivio dopo l'estate del 1997. Igodt richiama l'attenzione sui pericoli di 'contaminazione' per quanto riguarda la memoria di X1 - 'senza che si possa parlare di menzogna intenzionale' - a causa della sua terapia, della sua attenzione alla propria situazione, così come della sua evidente motivazione a lottare contro gli abusi sessuali sui bambini. Igodt spiega che la credibilità dei ricordi di gioventù di una persona può essere misurata dal modo in cui vengono raccontati. Se il racconto assume la forma di una "storia scorrevole" in cui il dubbio è assente, c'è una buona probabilità che la storia sia inventata o "ricostruita". Più la testimonianza appare confusa, più sarà autentica, crede. Perché una testimonianza su cose vissute da bambino deve suonare quasi come se fosse raccontata da un bambino.'[274]

In un documentario di France 3 intitolato 'Passé sous silence: Témoin X1 - Régina Louf' trasmesso nel 2002, lo psichiatra Paul Igodt, parlando dei disturbi dissociativi di Régina Louf, ha detto: 'Quando Régina Louf è stata esaminata, era chiaro da molti indizi che si trattava di una persona gravemente disturbata da abusi sessuali prolungati nella prima infanzia. Ma allo stesso tempo, e lo vediamo molto spesso, è una persona forte e intelligente che ha mantenuto intatti formidabili meccanismi di difesa e sopravvivenza. Penso che sia giusto dire che l'abuso sessuale prolungato e molto grave che ha subito ha dato origine allo sviluppo di una personalità multipla con alter-ego. Le vittime di stupri o abusi sessuali vi diranno: "Non ero lì in quel corpo, ero da un'altra parte... mi stavo dissociando. Ma questa non è follia, non è schizofrenia, né mitomania. È ovviamente una ricerca della propria storia, della propria verità, ed è un processo doloroso e a tentoni."

All'età di 11 anni, la madre di Régina Louf la presentò a un certo Tony V., dicendole: "D'ora in poi gli appartieni, è il tuo padrone". Questo individuo è poi diventato il suo "padrone". Aveva un rapporto ambiguo con lei, mescolando la prostituzione con un attaccamento malsano che passava per amore tra la bambina e il suo padrone. Questo non è né più né meno che un controllo mentale basato sul trauma. Era questo Tony che si occupava di Regina, ed è stato lui a "guidarla" nel giro della pedofilia. Anche dopo aver compiuto 18 anni, Tony ha continuato a perseguitarla, e anche se lei si era sposata, lui è

---

[274] 'Les dossiers X: Ce que la Belgique ne devait pas savoir sur l'affaire Dutroux' - Annemie Bulte e Douglas de Coninck, 1999, p.249-250.

riuscito a manipolarla per farla tornare a volte all'abuso rituale: lei non era riuscita a staccarsi completamente. L'avvocato di Regina Louf, Patricia van der Smissen, dice nel documentario *"The X-Files"* che lei pensava che *Tony l'avesse in qualche modo "protetta" e che questo spiegava il fatto che fosse rimasta viva.*[275] Gli schiavi controllati dalla mente sono di solito sotto la direzione di una o più persone che detengono i codici, i trigger, per controllare e manipolare la vittima. Troviamo la stessa cosa nella testimonianza di Cathy O'Brien che "apparteneva" ad un certo Alex Houston, che non era né suo marito, né suo amico, né il suo tutore... era il suo *"gestore"*, il suo "proprietario", il suo "sfruttatore", il suo "padrone", il suo "allenatore" che aveva le chiavi della sua mente e dirigeva la sua vita dalla A alla Z.

Nella sua autobiografia *'Zwijgen is voor daders - De getuigenis van X1'* (Il silenzio è per i colpevoli, la testimonianza di X1) pubblicata nel 1998, Regina Louf descrive come le sue alter personalità hanno sempre la stessa età di quando sono state create durante esperienze traumatiche. Spiega anche come la sua scrittura differisce a seconda di quale alterazione è attiva. In questo libro, descrive chiaramente il fenomeno della dissociazione che si verifica durante i traumi, disturbi dissociativi che possono arrivare fino a una doppia personalità.

Questo libro ha cominciato a prendere forma nel luglio 1988, quando per la prima volta ho scritto su un quaderno i miei ricordi e incubi. Ho scoperto che avevo diversi stili di scrittura, e ogni tipo di scrittura era una parte molto distinta di 'me'. Questo era molto spaventoso, soprattutto perché spesso non riuscivo a ricordare ciò che avevo scritto. Quando rileggevo le pagine, inciampavo nei ricordi che erano stati sepolti in me per molto tempo. In realtà non avevo mai dimenticato i fatti, semplicemente erano stati dispersi in diverse personalità, ognuna con i propri traumi... Nel giro di sei settimane avevo già scritto gran parte del contenuto del libro, un libro che è finito con gli investigatori del BOB (...)

Più che mai, ho scoperto di avere dei buchi neri. Andavo a scuola, avevo buoni voti, avevo anche diversi compagni di classe, ma in qualche modo è successo tutto senza di me. Era come se qualcun altro avesse preso il controllo non appena le porte della scuola si sono chiuse dietro di me. Come se l'abusato 'Ginie' fosse stato messo da parte fino a quando Tony non fosse stato di nuovo nel mio letto o al cancello della scuola. La 'Ginie' abusata era a malapena consapevole della vita scolastica e familiare, l'altra 'Ginie' non sembrava essere presente durante l'abuso, quindi poteva vivere 'normalmente' (...)

A Knokke, a casa di mia nonna, gli adulti si sono accorti che parlavo con le voci nella mia testa, che cambiavo rapidamente umore, o anche che a volte parlavo con un'altra voce o un altro accento. Anche se avevo solo 5 o 6 anni, ho capito che queste cose erano strane e non erano permesse. Così ho imparato a nascondere le mie voci interiori, i miei altri sé. Dopo quello che è successo a Clo, questa strana sensazione di essere a volte diretto da queste voci interiori è diventata più forte. Dopo l'iniziazione, non potevo più resistere alle voci nella mia testa. Ero felice di scomparire nel nulla, per poi riprendere conoscenza quando Tony era lì. Il dolore sembrava più sopportabile (...)

---

[275] Zembla TV NED3 - 2004.

Tony era l'unico adulto che capiva che qualcosa non andava nella mia testa. Questo non lo disturbava affatto, anzi, lo coltivava... Mi ha dato diversi nomi: Pietemuis, Meisje, Hoer, Bo. I nomi sono diventati lentamente parte di me. La cosa strana era che se menzionava un nome, la personalità che corrispondeva al nome veniva immediatamente chiamata.

Pietemuis' (topolino) divenne il nome della bambina che portò a casa dall'abuso - una bambina spaventata e nervosa che lui poteva consolare parlandole in modo premuroso e paterno.

Meisje' (ragazza) era il nome della parte di me che apparteneva esclusivamente a lui. Se ha abusato di me nel mio letto la mattina presto, per esempio, o se non c'era nessuno in giro.

Hoer' (puttana) era il nome della parte di me che lavorava per lui.

Bo' era la giovane donna che si occupava di lui quando era ubriaco e aveva bisogno di cure.

'Ora lascia fare a me', diceva quando gli chiedevo curiosamente perché mi dava tanti nomi, aggiungeva: 'Papà Tony ti conosce meglio di quanto tu conosca te stesso'... E questo era tristemente vero'.[276]

La domanda è: chi ha iniziato questo Tony su come coltivare e sfruttare il disturbo dissociativo d'identità di Regina Louf? Dove ha ricevuto istruzioni su queste tecniche di controllo mentale? È lui stesso un membro di una rete occulta, una società segreta? È stato vittima di abusi rituali da bambino e lui stesso ha una personalità sdoppiata e multipla? La scissione della personalità è sistematica nelle vittime, e di conseguenza negli aggressori che sono stati generalmente loro stessi vittime in queste reti infernali?

Uno dei verbali del caso Dutroux contiene un resoconto particolarmente interessante di una seduta di ipnosi eseguita dal Dr. Mairlot sulla testimone Nathalie W., sentita nell'ambito dell'inchiesta sugli X files: *'Il 12 dicembre, mentre Nathalie sta testimoniando, tre gendarmi e uno psicologo sono necessari per trattenerla e calmarla. Aveva appena iniziato una serie di audizioni in cui parlava di sadismo sessuale estremo, omicidi rituali di bambini e cerimonie che assomigliavano molto alle messe nere. Questo era il periodo in cui alcuni investigatori stavano seriamente indagando su gruppi satanici segreti con cui Dutroux e Weinstein avevano presumibilmente avuto contatti. Il 16, 23 e 30 gennaio 1997, Nathalie è stata ipnotizzata nella sala colloqui dal dottor Mairlot, uno specialista del settore. Questo non ha chiarito l'indagine. Mischiano il sangue del bambino con quello della pecora macellata (...). Bruciano il bambino e la pecora, e tutti dormono con tutti gli altri (...) Il mostro è sparito. Strappano il cuore del bambino. Dopo questa sessione, Nathalie dice che si sente come se avesse assistito allo spettacolo da diverse angolazioni contemporaneamente, come se lei stessa fosse presente attraverso diverse personalità. 'Se solo una parte di quello che ci dice è vero, è perfettamente normale che questo accada', dice Théo Vandyck ai suoi colleghi.'*[277]

---

[276] 'Zwijgen is voor daders - De getuigenis van X1' - Regina Louf, Houtekiet, 1998.

[277] 'Gli X-Files: quello che il Belgio non avrebbe dovuto sapere sul caso Dutroux' - Annemie Bulte e Douglas de Coninck, 1999, p.218.

Durante la trance ipnotica, Nathalie W. ha riferito per iscritto di un abuso rituale satanico che ha avuto luogo in un castello durante la luna piena. Descrive il sacrificio di una pecora e di un bambino intorno a un fuoco, una cerimonia seguita da un'orgia. La fine del rapporto afferma in modo criptico:

"Quando si è svegliata, ha avuto l'impressione che c'erano diverse persone che guardavano ciò che lei descriveva e che queste persone (queste Nathalie) stavano svanendo una di fronte all'altra. Pensa che è scomparsa una decina di volte."[278]

Se non si ha familiarità con il fenomeno dello sdoppiamento della personalità, il disturbo dissociativo dell'identità (DID), è difficile cogliere il significato di questo passaggio del verbale. Infatti, qui è riportato che al risveglio dalla trance ipnotica, Nathalie ha descritto che diverse sue personalità alter sono emerse in successione durante questa sessione di ipnosi. Ognuno di loro (*questi Nathalie*) ha portato pezzi di memoria su questo particolare evento. Si nota che *"queste persone sono svanite l'una di fronte all'altra, lei pensa che sia scomparsa una decina di volte"*. Ciò significa che una decina di alter personalità (o personalità alternate) si sono susseguite durante la sessione d'ipnosi, ognuna delle quali ha vissuto una parte della cerimonia in un momento o nell'altro. Il ricordo dell'evento è così frammentato in più pezzi, come i pezzi di un puzzle tenuti insieme dai diversi frammenti della personalità di Nathalie. È quindi difficile per una vittima ricordare l'intero evento in modo dettagliato, coerente e cronologico, a meno che non si acceda ai ricordi di ogni personalità altera che vi era coinvolta e si possa mettere insieme il puzzle. La sopravvissuta Carole Rutz descrive molto bene questo fenomeno di scissione della memoria di un momento di vita traumatico in un bambino già scisso: la piccola vittima passa da una personalità alterna all'altra durante tutto l'evento, una personalità vivrà il trasporto, l'altra l'abuso, un'altra assisterà o parteciperà ai sacrifici, ecc...

Nel servizio di France 3 '*Passé sous silence: Témoin X1 - Régina Louf*', il maresciallo Patrick de Baets, all'epoca responsabile del dossier X nel caso Dutroux, ha detto di Régina Louf: '*Ha avuto un problema a mettere tutto in una linea temporale, ma ha dato abbastanza elementi per fare una buona indagine. Si trattava infatti di un puzzle gettato su un tavolo, ma che si teneva insieme ed era coerente.*'

Una grande percentuale di vittime di abusi rituali e di controllo mentale ha quindi il Disturbo Dissociativo di Identità, precedentemente noto come Disturbo di Personalità Multipla, con il Disturbo Dissociativo di Identità che è lo stadio finale nella scala degli stati dissociativi. Ma è importante ricordare che non tutti coloro che hanno sviluppato disturbi dissociativi hanno vissuto un trauma legato all'abuso rituale come descritto in questo capitolo.

---

[278] *Belgio: Dutroux X-Dossier summary*, Wikileaks.org, 2005 - PV 150.035, 30/01/97, p.756.

CAPITOLO 5

LA DOPPIA PERSONALITÀ E AMNESIA

Un trauma di questa natura, l'aggressione sessuale, scatena effetti psicologici molto specifici che producono una sorta di dissociazione psicologica nella vittima. Questo significa, in parole povere, che il suo corpo è lì ma la sua testa è altrove per sopravvivere all'evento.[279] Martine Nisse, cofondatrice del centro Buttes-Chaumont

Le persone hanno una gamma di capacità per affrontare esperienze sconvolgenti. Alcune persone, specialmente i bambini, sono capaci di scomparire in un mondo di fantasia, di dissociarsi, di far finta che non sia mai successo. Sono in grado di continuare la loro vita come se nulla fosse successo. Ma a volte torna a perseguitarli. Bessel van der Kolk - Trauma e memoria, 1993

Man mano che impariamo sempre di più sulla dissociazione, arriviamo alla conclusione che negli individui altamente traumatizzati, è un processo di difesa abbastanza comune per tenersi al sicuro e compartimentare queste cose separatamente perché sono troppo difficili da integrare. Christine Courtois, autrice di 'Healing the Incest Wound: Adult Survivors in Therapy

1 - INTRODUZIONE

L a conoscenza e la comprensione dei disturbi dissociativi e più specificamente del disturbo dissociativo dell'identità (personalità multipla) e dell'amnesia traumatica è un punto essenziale quando si cerca di capire il processo di controllo mentale basato sul trauma. La conoscenza di questi disturbi psicotraumatici ci permette di capire che la mente umana può dividersi in diverse identità indipendenti, separate e partizionate da muri amnesici. Possiamo quindi capire che la mente di un individuo è potenzialmente programmabile come un computer con file e codici di accesso. Questo fenomeno di frattura della personalità è la pietra angolare dell'abuso rituale perché "sblocca" la psiche, che diventa allora accessibile per integrare la programmazione.

L'orrore e la paura sperimentati da un bambino abusato ritualmente fanno sì che il cervello reagisca con vari gradi di dissociazione in proporzione alla

---

[279] 'Stupro di bambini, la fine del silenzio?' - Francia 3, 2000.

gravità e alla ripetizione delle esperienze traumatiche. Questo è un meccanismo di difesa naturale contro l'intenso terrore psichico e l'estremo dolore fisico. La maggior parte dei bambini che sono stati abusati in questo modo nella prima infanzia si dissocia completamente dagli eventi e spesso non è in grado di ricordare coscientemente ciò che è successo. La dissociazione può arrivare fino alla scissione della personalità in alterazioni multiple, che è lo stadio più estremo, quello ricercato dagli abusatori che mirano a stabilire il controllo mentale sulla vittima.

2 - DISSOCIAZIONE

Nell'uomo, il fenomeno della dissociazione si manifesta in vari gradi. Può essere una leggera trance, una piccola dissociazione dalla vita quotidiana, come quando si legge una pagina di un libro e ci si rende conto alla fine che non si è trattenuto assolutamente nulla di ciò che si è appena letto. Ma questa funzione naturale può arrivare fino a una grave psicopatologia chiamata Disturbo Dissociativo d'Identità (DID): il grado più estremo di dissociazione derivante da un grave trauma. Il termine *"dissociazione"* fu usato per la prima volta nel 1812 in un testo medico di Benjamin Rush, uno dei padri della psichiatria americana.

Nel 1889, il dottor Pierre Janet (uno dei padri francesi del concetto di dissociazione) scrisse una tesi intitolata *"L'automatismo mentale"*, in cui presentava 21 casi di isteria e nevrastenia, più della metà dei quali erano traumatici. Janet dimostra che queste condizioni possono essere trattate e ridotte attraverso l'ipnosi. Per lui, si tratta di una *"dissociazione della coscienza"*, essendo l'isteria causata dal ricordo grezzo dell'esperienza traumatica che giace in un angolo della coscienza. Come un corpo estraneo, questa memoria inconscia dà luogo ad atti e fantasticherie arcaiche, disadattive, automatiche, senza alcuna connessione con il resto della coscienza, che continua a ispirare pensieri e atti dettagliati e adattati.[280]

Dall'inizio del XX secolo, Pierre Janet e Charles Myers hanno descritto questo processo di dissociazione come una *"scissione della personalità"*. Janet, molto prima che si stabilissero le cause neurochimiche di questo fenomeno, spiegava che si trattava, in forma primaria, di una dissociazione tra il sistema di difesa dell'individuo e i sistemi che riguardano la gestione della vita quotidiana e la sopravvivenza della specie. Myers descrive questa dissociazione strutturale primaria in termini di una divisione tra la *"personalità apparentemente normale"* (PAN) e la *"personalità emotiva"* (EP). Il PE è bloccato nell'esperienza traumatica e non riesce a diventare un ricordo del trauma, cioè una memoria narrativa. Mentre il PAN è associato all'evitamento dei ricordi traumatici, al distacco, all'anestesia e all'amnesia parziale o totale. Si tratta effettivamente di due entità molto diverse. C'è una certa evidenza clinica, per esempio, che sono associati con un diverso senso di sé, e i risultati preliminari della ricerca

---

[280] 'Psicotrauma: approcci teorici. Tempête Xynthia, étude sur les sinistrés de La Faute-sur-Mer deux ans après' - Tesi di Anne-Sophie Baron, 2012.

sperimentale sul disturbo dissociativo dell'identità (DID) suggeriscono che rispondono in modo diverso ai ricordi del trauma e agli stimoli minacciosi che vengono elaborati in modo preconscio.[281]

I disturbi psicotraumatici sono stati definiti negli anni '80, a partire dal Disturbo Post Traumatico da Stress (PTSD), che si manifesta dopo un'esperienza traumatica e che persisterà nel tempo con flashback, insonnia, incubi, ipervigilanza, ecc. La definizione dei disturbi dissociativi è arrivata più tardi nel DSM-IV (Manuale diagnostico e statistico dei disturbi mentali - USA) che li caratterizza come *"un disturbo improvviso o progressivo, transitorio o cronico delle funzioni normalmente integrate (coscienza, memoria, identità o percezione dell'ambiente)"*. Essi comprendono i seguenti cinque disturbi:

- Amnesia dissociativa: caratterizzata dall'incapacità di ricordare importanti ricordi personali, di solito traumatici o stressanti.

- Fuga dissociativa: caratterizzata da un improvviso e inaspettato allontanamento da casa o dal lavoro, con incapacità di ricordare il proprio passato, l'adozione di una nuova identità o la confusione sull'identità personale.

- Disturbo dissociativo dell'identità (personalità multipla): caratterizzato dalla presenza di almeno due identità distinte che prendono alternativamente il controllo dell'individuo; l'individuo è incapace di ricordare i ricordi personali.

- Disturbo da depersonalizzazione: caratterizzato da una sensazione prolungata o ricorrente di distacco dal proprio funzionamento mentale o dal proprio corpo, con un apprezzamento non influenzato della realtà.

- Disturbo dissociativo non altrimenti specificato, la cui caratteristica principale è un sintomo dissociativo che non soddisfa i criteri precedenti per i disturbi dissociativi specifici.

Lo psicologo clinico americano James Randall Noblitt ha classificato i tipi di dissociazione in cinque categorie:

- Dissociazione della coscienza: si verifica durante gli stati di trance. Tali stati variano in intensità, andando da uno stato leggermente annebbiato a un profondo stato di stupefazione e intorpidimento fisico.

- Memoria dissociativa: quando la persona ha grandi porzioni della sua memoria che scompaiono senza spiegazione. L'amnesia dissociativa non può essere spiegata da un colpo alla testa o da effetti neurochimici (droghe, alcol).

- Disturbo dissociativo dell'identità: quando l'individuo sperimenta improvvisamente (consciamente o inconsciamente) di essere un'altra persona o un'entità esterna. Questo fenomeno è il principale punto in comune tra il disturbo dissociativo d'identità e la possessione demoniaca.

- Dissociazione della percezione: si manifesta con cambiamenti nelle percezioni uditive, visive e tattili che possono essere considerati allucinazioni. La dissociazione percettiva può anche includere una distorsione del senso di realtà dell'individuo.

---

[281] *'Dissociation structurelle de la personnalité et trauma'* - Nijenhuis, van der Hart, Steele, de Soir, Matthess, Revue francophone du stress et du trauma, 2006.

- <u>Dissociazione della volontà</u>: la dissociazione della volontà comporta automatismi, comportamenti automatici e cataplessia o disturbo dissociativo di conversione (incapacità di muoversi e di esercitare il tono muscolare).

Il libro *"Thanks for the Memories"* del sopravvissuto Brice Taylor contiene un'interessante descrizione del fenomeno della dissociazione fisica e psicologica. È la testimonianza di una donna (Penny) che ha subito ripetuti abusi sessuali da bambina: *"La dissociazione è un modo per sfuggire all'intollerabile". È successo fin dal primo trauma, è stato un modo di far fronte al dolore fisico insopportabile ma anche a quello psicologico. Per me, ha preso la forma di un intorpidimento e di un raffreddamento del corpo, e da quel giorno, quando mi dissocio divento tutto insensibile. Prima le mani, poi i piedi, non li sento e se ho gli occhi chiusi non ho modo di localizzare i miei arti nello spazio. Poi inizia l'intorpidimento del mio viso, non riesco a sentire le mie labbra o le mie guance. Quando mi dissocio profondamente, si impadronisce di tutto il corpo e mi sento come un pezzo di legno... Ancora peggio della dissociazione fisica è quello che succede a livello mentale quando tutto il corpo è intorpidito. L'unica cosa a cui posso paragonarlo è il rumore bianco della radio statica, mi lascia le vertigini con gli occhi persi nello spazio. I pensieri che arrivano passano alla velocità della luce senza alcuna coerenza, organizzazione o forma. Sono in totale confusione. Può variare da uno stato leggermente nebuloso, un po' in bilico, a una vera e propria pagina bianca dove non riesco a vedere o sentire nulla (...) Quando torno in me stesso, non mi rendo conto immediatamente e consapevolmente di aver perso delle ore."*[282]

La dissociazione è un meccanismo di difesa psicologico e neurologico che si verifica al momento del trauma. Durante lo stress grave, l'amigdala del cervello si attiva per produrre ormoni dello stress per fornire al corpo i mezzi per far fronte al pericolo. Questi ormoni vengono prodotti immediatamente, come un allarme, e sono l'adrenalina e il cortisolo. In una seconda fase, la corteccia frontale gestirà e modulerà questa produzione ormonale, o addirittura la spegnerà, a seconda del grado di stress. Nel caso di una situazione estrema in cui si è bloccati e sequestrati, come uno stupro o una tortura, c'è allora una siderazione psicologica, cioè la corteccia è paralizzata, non risponde più. La conseguenza è che non sarà in grado di regolare la risposta emotiva controllando il flusso di ormoni dello stress provenienti dall'amigdala vigile. L'amigdala produrrà quindi adrenalina e cortisolo in grandi quantità, troppo grandi... Questi due ormoni sono utili per preparare il corpo a sforzi insoliti, ma in quantità troppo grandi possono rappresentare un rischio vitale a livello cardiovascolare e neurologico (arresto cardiaco ed epilessia). Di fronte a questa saturazione di ormoni dello stress, il corpo ha una funzione di protezione finale, si romperà proprio come un circuito elettrico che è sovraccarico. Per fare questo, isolerà l'amigdala cerebrale, che non sarà più in grado di secernere adrenalina o cortisolo.

Quando si verifica questo processo di disgiunzione, la vittima si trova in un "secondo" stato, in una sorta di irrealtà... questo è ciò che si chiama

---

[282] 'Grazie per i ricordi: La verità mi ha reso libero' - Brice Taylor, 1999, p.27.

dissociazione. Quando l'adrenalina e il cortisolo non vengono più iniettati nel corpo dall'amigdala, la vittima improvvisamente non sente più questa forte emozione ed è come se diventasse estranea alla situazione che sta vivendo. L'individuo diventa uno spettatore della scena traumatica in cui è coinvolto, è disconnesso, e ci può essere una sorta di decorazione. Alcune vittime riferiscono che non erano più nel loro corpo fisico al momento della dissociazione, potevano chiaramente vedere la scena dall'esterno (approfondiremo questo aspetto nel prossimo capitolo).

Secondo la psicotraumatologa Muriel Salmona,[283] questo ultimo processo di disgiunzione cerebrale avviene quando il cervello secerne morfina e sostanze simili alla ketamina. È questo cocktail chimico che sembra essere all'origine del fenomeno naturale della dissociazione durante un trauma estremo. Questo cocktail crea un'anestesia emotiva ma anche una forte anestesia fisica. La vittima non sente più nulla ed entra in una sorta di mondo parallelo, a volte lasciando il corpo fisico. Si dice che la vittima sia passata attraverso lo *specchio di Alice nel paese delle meraviglie*, andata *oltre l'arcobaleno* (in riferimento al Mago di Oz). Queste sono le immagini metaforiche che vengono utilizzate dai programmatori esecutori MK per rappresentare il processo di dissociazione. I programmatori spingono così le piccole vittime a dissociarsi durante i traumi guidandole verso una realtà alternativa per sfuggire al terrore e al dolore fisico che infliggono. Una volta che il bambino è in questo stato completamente dissociato, il lavoro di programmazione profonda può iniziare perché è in questo stato che le *porte del* subconscio e dello *spirito del* bambino sono spalancate. Una volta che il bambino è completamente dissociato e disconnesso dal corpo, avviene una scissione, un'altra personalità altera viene creata per "prendere il controllo" del corpo della piccola vittima. È questo alter, questa personalità scissa, che registra lo svolgersi della memoria traumatica, mentre la vittima (la personalità che è scivolata via durante l'esperienza traumatica) sarà totalmente amnesica di questo ricordo. Durante questa disgiunzione, tutto il solito lavoro di memorizzazione da parte dell'ippocampo sarà interrotto e il ricordo dell'evento rimarrà memorizzato in standby, come in una "scatola nera" che ha registrato tutti i dati. Questo si chiama memoria traumatica, o amnesia traumatica. In un disturbo dissociativo d'identità, queste "scatole nere" di ricordi sono detenute dalle diverse alter personalità.

In seguito a queste esperienze dolorose, le vittime continueranno generalmente ad autotrattarsi, ad autodissociarsi per poter continuare a vivere in modo relativamente normale. Ciò significa che adotteranno strategie per anestetizzare questa memoria traumatica. L'organismo che ha già sperimentato l'anestesia durante l'aggressione cercherà di riprodurre questo processo. Questo può essere fatto assumendo alcool o droghe che hanno effetti dissociativi, quindi ci possono essere forti dipendenze che si instaurano in una vittima. Ma una cosa importante da aggiungere è che lo stress può anche creare questi stati dissociativi, quindi può anche creare una forte dipendenza. Quando si risveglia un ricordo traumatico, la vittima rivive l'evento e il suo corpo riproduce la

---

[283] Muriel Salmona - Pratis TV, 16/01/2012.

disgiunzione con il cocktail morfina/ketamina, che sono droghe pesanti. Si instaura quindi rapidamente un fenomeno di tolleranza e dipendenza, da cui il comportamento estremo delle vittime che si scarificano, si bruciano, ecc. per calmarsi e uscire dalla situazione. È per questo che le vittime si comportano in modo così estremo, scarificandosi, bruciandosi, ecc., per calmarsi e anestetizzarsi aumentando il livello di stress al fine di provocare la disgiunzione e la dissociazione. Non sono consapevoli del processo che sta avvenendo, ma sentono l'effetto "calmante" di questi atti di autolesionismo. Non è né più né meno che una questione di sostanze chimiche nel cervello, una specie di *"colpo dissociativo"*. Anche la violenza contro gli altri crea questo stress, che inietta certe sostanze nel sangue.

Jay Parker, sopravvissuto all'abuso rituale e al controllo mentale, ha descritto come il sistema di controllo mentale Monarch crea dipendenza dalla chimica endogena del cervello che porta le vittime a perpetuare i loro stati dissociativi. Nella rete globale dell'abuso rituale e del controllo mentale, i perpetratori stanno semplicemente ripetendo sugli altri ciò che loro stessi hanno solitamente sperimentato. È un circolo vizioso, un processo vizioso. I bambini vittime svilupperanno una forte dipendenza dalla violenza contro gli altri per creare questi stati anestetici e dissociativi, diventeranno a loro volta abusatori. Proprio come un tossicodipendente e il fenomeno della dipendenza che gli fa aumentare costantemente le dosi, gli abusatori dovranno costantemente andare oltre nell'orrore per continuare ad anestetizzarsi.

Quanto prima l'individuo ha iniziato a praticare l'abuso rituale, tanto più avrà bisogno di pratiche estreme per dissociarsi... Questo è forse uno dei motivi per cui il sangue delle vittime terrorizzate e poi sacrificate viene talvolta consumato: esso contiene un cocktail di ormoni che agiscono come droghe che aiuteranno l'abusatore a raggiungere questo stato di disgiunzione, arroccato in una estrema anestesia dissociativa. I praticanti di abusi rituali satanici cercano di disgiungere se stessi, consapevolmente o no, al fine di autotrattare i propri ricordi traumatici. Più gli atti di barbarie sono inumani, più questo sarà tristemente efficace. Nelle famiglie sataniste transgenerazionali, questo è un vero circolo vizioso dove la dissociazione diventa uno stile di vita. È un processo che è la fuga automatica, naturale e vitale per questi bambini durante l'abuso rituale e il controllo mentale. Ma questi disturbi dissociativi continueranno a interferire per tutta la vita dell'individuo. Un bambino si dissocia facilmente, di fronte a situazioni traumatiche divide la propria coscienza in più parti, spesso per lunghi periodi. L'*io* è messo da parte, sepolto per essere protetto. Questa è la salvaguardia di ciò che è più prezioso al mondo, la sua essenza divina, la sua vera identità, la perla che Satana non può toccare. La vittima conserverà sempre questa radice divina, il suo vero "sé", da qualche parte dentro di sé. Questo prezioso seme è protetto dalle alter personalità che servono da corazza contro la violenza perché *incapsulano* i ricordi traumatici.

3 - AMNESIA TRAUMATICA (O DISSOCIATIVA)

L'amnesia traumatica è strettamente legata alla dissociazione e al disturbo dissociativo dell'identità. È caratterizzato da un'incapacità di ricordare importanti ricordi personali, di solito traumatici o stressanti, che non possono essere spiegati da una *scarsa memoria*. Il disturbo comporta una compromissione reversibile della memoria, durante la quale i ricordi di esperienze personali non possono essere espressi verbalmente. Né può essere spiegato dall'effetto fisiologico diretto di una sostanza o di un fattore neurologico o di un'altra malattia medica. L'amnesia traumatica si manifesta più spesso come un vuoto di memoria o una serie di dimenticanze di aspetti della storia personale dell'individuo. Questi vuoti di memoria sono spesso associati a eventi traumatici o estremamente pesanti. Nell'amnesia localizzata, la persona non ricorda gli eventi di un periodo di tempo specifico, di solito le prime ore dopo un evento estremamente pesante.

L'amnesia traumatica, che può essere completa o frammentaria, è un fenomeno frequente tra le vittime di violenza sessuale nell'infanzia. Questa conseguenza psicotraumatica non è purtroppo presa in considerazione dalla legislazione, il che significa che una vittima che ha avuto un lungo periodo di amnesia con l'impossibilità di denunciare in tempo i crimini sessuali non potrà sporgere denuncia perché il termine di prescrizione sarà scaduto. Numerosi studi clinici hanno descritto questo fenomeno, conosciuto dall'inizio del XX secolo e descritto nei soldati traumatizzati che soffrono di amnesia dopo il combattimento. Ma è tra le vittime di violenza sessuale che troviamo l'amnesia più traumatica. Gli studi hanno anche dimostrato che i ricordi recuperati sono affidabili e in ogni modo comparabili con i ricordi traumatici che sono sempre stati presenti nella coscienza dell'individuo. Questi ricordi riappaiono spesso all'improvviso e in modo incontrollato, con dettagli molto precisi e ovviamente con una grande quantità di emozioni, angoscia e confusione, poiché la vittima rivive il ricordo come se stesse accadendo nel momento presente.

Nel 1996, in una conferenza di psichiatria e neurologia a Tolone, Jean-Michel Darves-Bornoz ha spiegato che i ricordi traumatici non sono come gli altri ricordi. Infatti, il trauma modificherà i normali meccanismi di codifica e recupero dei ricordi dell'esperienza traumatica. Da un lato, il trauma può provocare un'ipermnesia (cioè un'esaltazione della memoria che permette l'accesso a ricordi autobiografici estremamente dettagliati collegati a tutto il sistema sensoriale) così come un'amnesia. In psicotraumatologia, l'ipermnesia e l'amnesia sono dunque paradossalmente legate (questo è un punto chiave, sul quale torneremo nel capitolo 8). In effetti, quando i ricordi traumatici amnesici riaffiorano nella coscienza, è con tale forza che diventa ipermnesia, cioè i ricordi che emergono diventano estremamente chiari, molto più chiari di un ricordo banale, assimilato dalla memoria esplicita (narrativa) e cosciente. L'esperienza traumatica *si imprime* molto più profondamente nella vittima di qualsiasi altra esperienza vissuta, ed è per questo che quando questi ricordi dissociativi riaffiorano, sono particolarmente invasivi e molto dettagliati, poiché tutti i sensi rivivono la scena. Questa questione della codifica e del recupero dei ricordi traumatici è importante perché c'è una controversia sui veri e falsi ricordi di violenza sessuale e di abuso rituale. È importante sapere che solo i ricordi che sono stati codificati in una forma linguistica (memoria esplicita) sono probabilmente accessibili, mentre la memoria non linguistica (memoria implicita) non è probabilmente accessibile alla coscienza. Questa codifica non verbale della memoria, che è quindi difficile da inserire in un contesto narrativo, cronologico e autobiografico, non sarà pienamente cosciente da parte della vittima.[284]

Queste amnesie traumatiche sono il risultato di un meccanismo dissociativo innescato dal cervello per proteggersi dal terrore e dallo stress estremo generato dalla violenza. C'è una disgiunzione del circuito emozionale ma anche del circuito della memoria in connessione con l'ippocampo: l'area del cervello che gestisce la memoria e la localizzazione spazio-temporale, senza la quale nessun ricordo può essere memorizzato, richiamato o temporalizzato. Finché c'è questa disgiunzione nel circuito della memoria, l'ippocampo non può fare il suo lavoro e questa memoria emotiva, come la *"scatola nera della violenza"*, è intrappolata fuori dal tempo e dalla coscienza... questa è la memoria traumatica. Al giorno d'oggi, è possibile rilevare i segni di deterioramento della memoria attraverso le scansioni cerebrali, poiché il complesso dell'amigdala e l'ippocampo mostrano un volume significativamente inferiore nelle persone che hanno subìto un grave trauma.

Quando la dissociazione cessa, la memoria traumatica può finalmente essere ricollegata alla coscienza e riemergere, per esempio, durante un evento che richiama la violenza. Invade poi lo spazio psichico della vittima, facendole rivivere la violenza come una macchina del tempo. Questi ricordi che tornano alla coscienza sono insopportabili per la vittima, così lei metterà in atto comportamenti di evitamento per proteggersi da tutto ciò che potrebbe scatenare di nuovo questi ricordi. Come abbiamo visto sopra, metterà in atto anche dei comportamenti dissociativi per anestetizzarsi e far disconnettere di nuovo il circuito emozionale e della memoria. L'alcool, le droghe, i comportamenti a rischio, la messa in pericolo, ma anche la violenza sugli altri, permettono questa dissociazione e disgiunzione producendo di nuovo uno stress estremo. La vittima può quindi oscillare tra periodi di dissociazione con grandi problemi di memoria e periodi di attivazione della memoria traumatica in cui rivivrà la violenza.

La memoria traumatica può essere trattata, ma purtroppo i professionisti non sembrano essere formati in psico-traumatologia e la stragrande maggioranza delle vittime di abusi sessuali infantili sono abbandonate e non identificate, protette e ancor meno trattate. Le vittime i cui ricordi traumatici riaffiorano spesso non sono credute. Viene detto loro che i ricordi sono fantasie, allucinazioni psicotiche o *"falsi ricordi"* indotti.[285]

Per complicare ulteriormente le cose, il trauma può causare una chiusura dell'area di Broca, l'area dell'emisfero sinistro del cervello che ci permette di trasmettere verbalmente un'esperienza, di mettere parole al trauma che abbiamo

---

[284] *'Sindromi traumatiche da stupro e incesto'* - Jean Michel Darves-Bornoz. Congresso di psichiatria e neurologia, Tolone, 1996.

[285] *'Stuprata a 5 anni, se lo ricorda a 37: con il terrore, il cervello può rompersi'* - Muriel Salmona, nouvelobs.com 2013.

vissuto. Poiché la comunicazione verbale è il modo in cui di solito raccontiamo agli altri le nostre esperienze, l'interruzione di questa funzione ostacolerà ulteriormente il riconoscimento della vittima.[286]

Nel 1993, uno studio sull'amnesia traumatica è stato pubblicato sul *Journal of Traumatic Stress*. Questo studio intitolato *"Sef-reported amnesia for abuse in adults molested as children"* è stato condotto dal Dr. John Briere. In questo studio, a un campione di 450 pazienti adulti (420 donne e 30 uomini) che avevano riferito un abuso sessuale è stato chiesto un questionario. La domanda relativa all'amnesia traumatica era: *"Tra il momento dell'abuso sessuale e il suo 18° compleanno, c'è stato un periodo in cui non ha ricordato l'esperienza dell'abuso sessuale?* I risultati hanno mostrato che su un totale di 450 soggetti, 267 o 59,3% hanno risposto che non avevano alcun ricordo dei loro abusi prima dei 18 anni.[287]

Il fenomeno dell'amnesia (ricordi traumatici) causato dalla dissociazione durante un trauma è ancora molto controverso all'interno delle istituzioni psichiatriche e giudiziarie. Perché questo campo molto serio della psicotraumatologia è così trascurato e persino screditato all'interno delle istituzioni responsabili della giustizia, della sicurezza e della cura delle vittime? Eppure non mancano esempi concreti di amnesia dissociativa, così come non mancano le ricerche su questa particolare funzione del cervello umano. Le testimonianze che seguono ci mostrano che si tratta di un problema ricorrente, ma che è coperto da una coltre istituzionale e mediatica che impedisce di portare in primo piano la questione dell'amnesia traumatica, così cruciale per la comprensione del sistema pedocriminale... In effetti, è ancora una questione di controllo dell'informazione, cara ai nostri "maghi-controllori" e all'ingegneria sociale imperante...

Durante la campagna francese *'Stop au Déni'* (2015) a sostegno delle giovani vittime di violenza sessuale, un collaboratore ha testimoniato sugli abusi sessuali nelle scuole. Questo è quello che ha detto sulla sua amnesia traumatica: *"Mi ci sono voluti più di 35 anni per sollevare la nebbia che cadde sui miei occhi quel giorno, per sapere, per integrare nella mia memoria, in quale anno e in quale regione ero in prima elementare. e altri due anni per uscire da questa amnesia traumatica, per ordinare, smontare e capire la strategia di punizione-stupro usata. Oggi, mi perdo ancora nei corridoi quando entro in una scuola, sento ancora la testa di quell'uomo, vicino, sento ancora il suo respiro sul mio viso, mi sento ancora trafitto, graffiato dentro, mi fa male. Vorrei poter finalmente far uscire le lacrime che ho ingoiato in gola quel giorno, ma non posso, non ancora. Non ancora."*[288]

Ecco anche una testimonianza di amnesia traumatica riportata da Isabelle Aubry, fondatrice dell'Associazione Internazionale delle Vittime di Incesto (*AIVI*): "Sono *ormai sei mesi che mi ricordo delle cose che mi ha fatto la persona*

---

[286] *The Myth of Sanity: Divided Consciousness and the Promise of Awareness* - Martha Stout, 2002.

[287] *'Sef-reported amnesia per abuso in adulti molestati da bambini'* - John Briere, Jon Conte, Journal of Traumatic Stress, Vol.6, N°1, 1993.

[288] *'Lo stupro a scuola...'* - stopaudeni.com, 2015.

che ha distrutto la mia vita. Per sette, otto, nove anni... non so... avevo dimenticato tutto, o almeno l'avevo sepolto nelle profondità della mia memoria... Ora i flash mi sono tornati alla mente e non riesco a smettere di pensarci. Ricordo una frase che oggi non posso sentire senza pensarci. Quando i miei genitori non c'erano e non erano molto presenti, non so come è iniziato, non so quanto è durato, non so quanto è andato avanti, non so quando è successo, so solo che è stato quando ero alle elementari... voleva che lo massaggiassi... non so, so che non era solo un massaggio alla schiena... credo che fosse nudo, ma non so. Mi mancano molte cose di quei momenti e trovo molto difficile non sapere fino a che punto. Credo che mi piacerebbe sapere cosa è successo veramente. A quel tempo pensavo che fosse normale quello che stavo facendo, ero consenziente. Ma ora soffro molto. Mi mutilo, mi faccio vomitare, a volte mangio molto e a volte per niente. Nei momenti di disperazione comincio a bere, a prendere medicine a pacchi. Questo passato mi divora e non riesco a liberarmene. Penso che quello che sono diventato sta danneggiando i miei amici e devono essere molto comprensivi per riuscire a sopportarmi. Vorrei vedere qualcuno, uno strizzacervelli, ho i numeri ma non posso prendere il telefono. Ho sempre più incubi di stupri, incesti, suicidi. I miei amici non sanno cosa fare. Non l'ho detto a nessuno della mia famiglia e mi sembra impossibile!"[289]

Nel 2013, in un articolo per il Nouvel Obs intitolato 'Stuprata a 5 anni, se lo ricorda a 37: con il terrore il cervello può rompersi', la psichiatra Muriel Salmona ha scritto: "Quando nel 2009, durante una prima seduta di ipnoterapia, dopo aver rivissuto in modo molto brutale e preciso - come un film - una scena di violenza sessuale commessa da un parente stretto quando aveva 5 anni, Cécile B. voleva presentare una denuncia, ha saputo che i fatti erano caduti in prescrizione (...) Aveva 37 anni all'epoca. Cécile B. aveva presentato questo ricorso per contestare la validità della prescrizione per quanto la riguardava, poiché 32 anni di amnesia traumatica le avevano impedito di prendere coscienza degli atti di stupro che aveva subito all'età di 5 anni e che erano durati 10 anni, e che di conseguenza non era mai stata in grado di denunciarli prima che fossero ricordati (...) Come specialista in psicotraumatologia che si occupa delle vittime di violenza sessuale, non posso che capirla e sostenerla perfettamente. Molti dei miei pazienti sono nella sua stessa situazione, hanno avuto lunghi periodi di amnesia traumatica e non sono stati in grado di denunciare in tempo i crimini sessuali che hanno subito da bambini perché i termini di prescrizione sono scaduti (a volte di pochi giorni), altri sono stati impediti di denunciarli per molti anni a causa di comportamenti di evitamento, o a causa dell'influenza e delle minacce del loro entourage, e quando finalmente sono pronti, non possono più presentare una denuncia."

Nel 2015, la giornalista francese Mathilde Brasilier ha pubblicato un libro autobiografico intitolato *'Il y avait le jour, il y avait la nuit, il y avait l'inceste'* in cui racconta la sua amnesia traumatica. Per 30 anni, questa donna ha avuto un'amnesia che ha totalmente oscurato i ricordi dello stupro di suo padre che aveva subito da bambina. Anche suo fratello fu vittima degli abusi del padre e

---

[289] 'Come ho superato l'incesto: dalle conseguenze alla cura' - Isabelle Aubry, 2010.

purtroppo si suicidò nel 1985 pochi giorni dopo aver detto *al* padre: *"Dopo quello che mi hai fatto, non ho più niente da dirti"*. Fu dopo questa tragedia che Mathilde Brasilier cominciò a interrogarsi e a consultare un terapeuta... Per molto tempo ha pensato di *aver vissuto un'infanzia perfettamente felice in un ambiente privilegiato*, senza avere alcun ricordo di abusi sessuali. In un'intervista radiofonica ha detto di suo padre: *'Il rapporto era difficile perché non riuscivo a guardarlo negli occhi (...) Questo era uno degli argomenti che discutevo con mia madre: "È strano, mi piace papà, ma non riesco a guardarlo negli occhi. Ma non sapevo perché (...)* Mathilde Brasilier ha detto che i suoi ricordi traumatici *sono tornati tutti insieme (...) uno dopo l'altro (...) È come un film che si svolge improvvisamente."[290]

Il 16 gennaio 1998, l'attrice e cantante francese Marie Laforêt ha testimoniato al telegiornale delle 8 di France 2 di un'amnesia traumatica. All'età di tre anni è stata violentata più volte da *un "vicino"*, e questo ricordo è stato represso per anni prima di riapparire nei suoi quarant'anni. Ecco la trascrizione della sua testimonianza:

- **Marie Laforêt**: Ho rivissuto esattamente quello che era successo, il nome dell'uomo, il suo costume, il suo modo di fare, tutto... Tutto è tornato subito. Mi è stato impossibile parlarne per tre giorni e tre notti di pianto... Ho ricevuto questo in faccia, non si può in nessun modo confonderlo con altro, né con una premonizione, né con una storia di confusione mentale... Non si tratta di confusione mentale, al contrario, lei è eccessivamente preciso.

- **Giornalista**: Come può spiegare che la sua memoria ha sepolto questo evento per così tanti anni?

- **ML**: Penso che sia nella stessa area dell'autismo, dello svenimento o del coma. C'è un episodio doloroso, e si deciderà di terminarlo.

- **Carole Damiani** (Psicologa): Il ricordo che rimane nell'inconscio non è stato distrutto e a volte è dovuto a legami associativi, cioè di memoria in memoria si finisce per avvicinarsi all'evento traumatico. Questo può anche significare che la persona era pronta ad affrontare l'evento in quel momento, quando prima non lo era.

Marilyn Van Derbur, la *Miss America* del 1958 e figlia del milionario Francis Van Derbur, ha rivelato nella sua autobiografia le conseguenze dell'incesto paterno che ha subito da bambina. Dice che fino all'età di 24 anni aveva completamente represso il ricordo degli stupri di suo padre. Nella sua autobiografia *Miss America By Day*, rivela pubblicamente: *Per sopravvivere, mi sono diviso in un felice e sorridente "bambino del giorno" e in un rannicchiato "bambino della notte" alla mercé di mio padre... Fino all'età di 24 anni, il bambino diurno non era consapevole dell'esistenza del bambino notturno (...) Durante il giorno, non c'era rabbia o sguardi imbarazzati tra me e mio padre, perché non ero consapevole dei traumi e dei terrori del bambino notturno. Ma più il bambino notturno peggiorava, più era necessario che il bambino diurno eccellesse; dalla squadra di sci dell'Università del Colorado, al Phi Beta Kappa,*

---

[290] 'Incesto: dopo l'amnesia, una ricostruzione dolorosa' - Mathilde Brasilier, VivreFm.com, 20/05/2015.

all'essere nominata Miss America, pensavo di essere la persona più felice che fosse mai vissuta."

Fu un giovane pastore della sua chiesa che intuì questo oscuro segreto. All'età di 24 anni, riuscì ad abbattere le barricate che lei aveva costruito nella sua mente e i ricordi emersero. In seguito, ha investito se stessa nella sua carriera pubblica ad un ritmo incredibile per reprimere una seconda volta tutti questi pesanti ricordi traumatici. All'età di 45 anni, la sua vita è stata sconvolta... Dai 45 ai 51 anni, è entrata in un vortice totale, i ricordi violenti sono riaffiorati, questa volta con dolore fisico e paralisi. Il suo corpo è uscito completamente dai binari, non poteva più muovere le braccia e le gambe ed è stata ricoverata in un istituto psichiatrico. Ha scritto che non *avrebbe* mai *potuto immaginare che l'incesto potesse avere tali ripercussioni! Chi potrebbe credere che l'incesto possa avere tali effetti sul corpo 30 anni dopo?*

Marilyn Van Derbur ha avuto un'amnesia traumatica e dissociativa per diversi anni in seguito ai ripetuti stupri di suo padre. Quello che descrisse più tardi, a partire dai 45 anni, fu un disturbo di conversione (o disturbo dissociativo di conversione), cioè un'improvvisa perdita delle funzioni motorie e della sensibilità, senza alcuna spiegazione medica. Per Marilyn Van Derbur, è stata una paralisi molto probabilmente legata all'abuso sessuale che ha subito da bambina. Nel suo libro scrive anche di suo padre: *"Ha 'lavorato' su di me notte dopo notte. Come un delicato pezzo di cristallo frantumato nel cemento, mio padre mi ha spogliato del mio sistema di credenze e del mio 'io', ma anche della mia anima, che ha fatto a pezzi."*

L'autobiografia di questa Miss America contiene sia la gloriosa storia della fulminea ascesa alla fama di Marilyn Van Derbur, ma anche una fonte essenziale di informazioni sull'abuso sessuale infantile con il suo meccanismo di dissociazione e compartimentazione dei ricordi traumatici.[291]

L'attrice e cantante americana Laura Mackenzie racconta anche che durante la sua infanzia è stata regolarmente violentata da suo padre, la leggenda del rock John Phillips... Nel 2009, ha letto un passaggio del suo libro di memorie *'High on Arrival'* allo show televisivo *'The Oprah Winfrey Show'*: *"Mi sono svegliata quella notte da un blackout, realizzando che ero stata violentata da mio padre... Non ricordo quando è iniziato l'abuso o come è finito, era la prima volta? Era già successo prima? Non lo so e sono ancora in dubbio. Posso solo dire che era la prima volta che ne ero consapevole. Per un momento sono stato nel mio corpo, in questa orribile realtà, e poi sono tornato in un blackout. Tuo padre dovrebbe proteggerti, dovrebbe proteggerti, non "fotterti"."*[292]

Mackenzie dice che aveva 17 o 18 anni quando ha iniziato a ricordare gli stupri di suo padre. A quel tempo, era conosciuta da milioni di persone come la star bambina della sitcom *One Day at a* Time. Nessuno si rendeva conto di quello che stava passando in privato...

---

[291] 'Miss America By Day: Lessons Learned from Ultimate Betrayals and Unconditional Love' - Marilyn Van Derbur, 2003.

[292] 'High on Arrivals: A Memoir' - Laura Mackenzie, 2011.

Molto presto ho cominciato a compartimentare e reprimere i ricordi difficili. E questa è stata la radice di tutte le esperienze difficili che sono venute dopo.

Ha anche detto di suo padre: "Non ho nessun odio per lui. Capisco che è un uomo davvero torturato, in qualche modo lui prende quell'infelicità attraverso di me (...) È una specie di sindrome di Stoccolma in cui si inizia ad amare il proprio abusatore. Ho provato un grande amore per mio padre."

Cathy O'Brien, vittima del MK-Monarch, descrive anche come funzionano i ricordi traumatici e dissociativi in un bambino piccolo che sperimenta l'incesto giorno dopo giorno: *"Anche se non riuscivo a capire che quello che mio padre mi stava facendo era sbagliato, il dolore e il soffocamento dei suoi abusi erano così insopportabili che ho sviluppato un disturbo dissociativo dell'identità. Era impossibile da capire, non c'era posto nella mia mente per affrontare un tale orrore. Così ho compartimentato il mio cervello, piccole aree separate da barriere amnesiche per bloccare i ricordi dell'abuso in modo che il resto della mia mente potesse continuare a funzionare normalmente, come se nulla fosse accaduto... Quando vedevo mio padre a tavola, non ricordavo l'abuso sessuale. Ma non appena si sbottonava i pantaloni, una parte di me, la parte del mio cervello che sapeva come affrontare questo orribile abuso si svegliava, era come se una giunzione neurale si aprisse in modo che questa parte della mia mente potesse soffrire mio padre più e più volte, come necessario... Avevo certamente molta esperienza in questo 'compartimento cerebrale' che stava affrontando l'abuso di mio padre, ma non avevo l'intera gamma di percezioni, avevo una percezione molto limitata, una visione molto limitata."[293]*

Régina Louf, testimone X1 nel caso Dutroux, ha riferito che una parte dissociata di se stessa non è mai stata "presente" durante l'abuso sessuale. Questa parte di sé poteva quindi continuare a vivere "normalmente" senza dover affrontare il pesante ricordo dell'abuso nella sua coscienza. Al contrario, la parte di lei che era presente e quindi violata durante l'abuso, *Ginie*, era poco consapevole della vita che conduceva a scuola o in famiglia. Era come se *Ginie* fosse stata messa da parte fino a quando non è riemersa e ha preso il sopravvento quando l'abusatore è tornato da Regina.[294]

In un articolo intitolato *"Multiple Personality Disorder in Childhood"*, M.Vincent e M.R. Pickering danno l'esempio di una donna che ha descritto loro la sua esperienza all'età di 3 e 4 anni quando fu ripetutamente violentata dal suo padre adottivo. Questa è una descrizione dello stato dissociativo con un passaggio in una realtà alternativa, dove troviamo la scissione in due diversi sé: *"Divenne abituale per lei rimanere passiva e aspettare il cambiamento di stato di coscienza che l'avrebbe trasportata da una pesante agonia a uno stato di calma e persino di gioia. Lo ha fatto senza nemmeno sapere che si stava salvando la pelle ad ogni passo, alimentando due 'sé' dentro di lei, ognuno*

---

[293] *'Mind-control out of control'* - conferenza di Cathy O'Brien e Mark Phillips, Granada Forum, 31/10/1996.

[294] 'Zwijgen is voor daders - De getuigenis van X1' - Regina Louf, Houtekiet Publishing, 1998.

ignaro dell'esistenza dell'altro... Amare ciò che ti sta uccidendo è impossibile. Non poteva farlo. È un dilemma infernale nella mente del bambino. Così si è lasciata libera di amare, e ha lasciato l'altro libero di odiare...".[295]

Per diagnosticare correttamente un disturbo dissociativo dell'identità, sono le personalità alterne che vengono cercate per prime, non l'amnesia traumatica in sé. Le persone con disturbo da stress post-traumatico, disturbo di personalità *borderline* o altri disturbi dissociativi specifici possono anche sperimentare amnesie occasionali. L'amnesia dissociativa è causata da eventi traumatici che possono essere rintracciati attraverso flashback, mentre la vera amnesia nel disturbo dissociativo d'identità è causata dall'alternarsi di personalità ben distinte tra loro.

4 - DISTURBO DISSOCIATIVO DELL'IDENTITÀ
DISTURBO DELL'IDENTITÀ (DID)

a/ Alcuni casi storici

Nel 1793, il dottor Eberhardt Gmelin scrisse la prima relazione dettagliata di 87 pagine su un caso di "doppia personalità", che descrisse come *"umgetaushte Persönlichkeit"* (scambio di personalità) nella sua pubblicazione *"Materialien für die Anthropologie"*. Il caso fu ripreso e descritto in dettaglio nel 1970 da Henri Hellenberger in *"Discovery of the Unconscious"*. Si trattava di una donna di 21 anni di Stoccarda che improvvisamente ha mostrato una nuova personalità parlando il francese molto meglio del tedesco e adottando un completo cambiamento di comportamento. Le due personalità, ognuna delle quali parlava una lingua diversa, erano completamente ignare l'una dell'altra. La "donna francese" ricordava sistematicamente tutto quello che aveva detto o fatto, mentre la "donna tedesca" dimenticava le sue azioni. Gmelin aveva scoperto che poteva facilmente innescare il cambiamento di personalità semplicemente con un movimento delle mani... Questo ricorda il sistema di codici di attivazione programmati negli schiavi MK, come vedremo nel capitolo 7.

Nel 1840, lo psicoterapeuta Antoine Despine descrisse il caso di Estelle, una bambina svizzera di 11 anni che aveva una paralisi con estrema sensibilità al tatto. Aveva una seconda personalità che poteva camminare e giocare ma non tollerava la presenza della madre, una reazione forse dovuta a un ricordo traumatico legato alla madre. Estelle ha mostrato una chiara differenza di comportamento da una personalità all'altra. Tra la fine del XIX e l'inizio del XX secolo, il dottor Pierre Janet riportò un certo numero di casi di personalità multiple nei suoi pazienti: Léonie, Lucie, Rose, Marie e Marceline. Léonie aveva tre, se non più, personalità tra cui un alter ego bambino chiamato "Nichette". Nel caso di Lucie, che è stata anche descritta come avente tre personalità, c'era un alter chiamato "Adrienne" che aveva regolarmente dei flashback di un trauma

---

[295] *The Canadian Journal of Psychiatry* / La Revue canadienne de psychiatrie, Vol 33(6), 08/1988.

della sua prima infanzia. Rose aveva stati sonnambulici e alternava la paralisi alla capacità di camminare.[296]

La prima osservazione di uno sdoppiamento di personalità resa popolare nel grande pubblico è conosciuta come la *"Signora di MacNish"*. Questo famoso caso fu pubblicato più volte tra il 1816 e il 1889. Questa giovane donna, il cui vero nome era Mary Reynolds, ha alternato due personalità tra i 19 e i 35 anni. Alla fine una delle due personalità prevalse sull'altra. Il suo caso è menzionato nel libro del filosofo e storico francese Hippolyte Taine *"De l'intelligence"*, e fu lui a ribattezzare Mary Reynolds la *"Signora di MacNish"*. La ragazza, che viveva negli Stati Uniti, era tranquilla, piuttosto riservata e malinconica per natura e in buona salute. I suoi problemi iniziarono all'età di 18 anni con sincopi prolungate e cominciò ad alternare due personalità molto diverse. Uno di loro era molto allegro e socievole, una personalità dal carattere vivace e allegro che non aveva paura di nulla e non obbediva a nessuno. Dopo circa dieci settimane ebbe di nuovo una strana specie di sincope e si svegliò con la sua personalità originale. Non aveva memoria del periodo appena trascorso, ma aveva ritrovato lo stesso carattere riservato e malinconico. L'alternanza tra queste due personalità continuò per anni, spesso di notte, mentre lei dormiva. Quando una delle personalità scomparve, Mary Reynolds si ritrovò esattamente nello stesso stato in cui era stata la volta precedente, ma senza alcuna memoria di ciò che era successo nel frattempo. Cioè, con una personalità o l'altra, non aveva idea di quale fosse il suo secondo carattere. Se, per esempio, le si presentava qualcuno in uno di questi stati, non lo riconosceva più nell'altro stato. Fu verso i 35 anni che la personalità socievole cominciò ad affermarsi più spesso e per periodi più lunghi. Questa personalità si afferma fino al 1853, quando *Lady McNish* muore all'età di 61 anni.

Un altro caso noto del XIX secolo è quello di Felida, descritto dal dottor Azam che la seguì dal 1860 al 1890. Azam è l'autore del libro *"Ipnotismo e doppia coscienza"* (1893) in cui descrive il caso di questa giovane donna. Nel 1860, fece conoscere il suo paziente alla Società Chirurgica e all'Accademia di Medicina, e questo caso ebbe una notevole influenza sulla questione del fenomeno dello sdoppiamento della personalità. Ora c'è un'intera biblioteca su questo caso. Il dottor Azam ha incontrato Félida per la prima volta nel 1856 e l'ha seguita per 32 anni. Ecco come descrive i cambiamenti di personalità: *"Quasi ogni giorno, senza alcuna causa conosciuta o sotto l'influenza dell'emozione, è colta da ciò che chiama la sua crisi, in realtà, entra nel suo secondo stato. Avendo assistito a questo fenomeno centinaia di volte, posso descriverlo accuratamente... lo descrivo ora per quello che ho visto.*

Félida è seduta con un lavoro di cucito sulle ginocchia; improvvisamente, senza che nulla lo preveda e dopo un dolore alle tempie più violento del solito, la testa le cade sul petto, le mani rimangono inattive e scendono inerti lungo il corpo, dorme o sembra dormire, ma un sonno speciale (...) Dopo questo tempo, Félida si sveglia, ma non è più nello stato intellettuale in cui era quando si è addormentata. Tutto sembra diverso. Alza la testa e, aprendo gli occhi, saluta i

---

[296] Diagnosi e trattamento del disturbo di personalità multipla - Frank W. Putnam, 1989.

nuovi arrivati con un sorriso, il suo viso si illumina e respira allegria, il suo discorso è breve, e continua, canticchiando, il lavoro di cucito che nello stato precedente aveva iniziato. Si alza in piedi, la sua andatura è agile e non si lamenta quasi più dei mille dolori che, pochi minuti prima, la facevano soffrire (...) Il suo carattere è completamente cambiato: da triste è diventata allegra, per il minimo motivo, si muove in tristezza o in gioia. In questa vita come nell'altra, le sue facoltà intellettuali e morali, anche se diverse, sono indiscutibilmente intatte: nessun delirio, nessuna falsa valutazione, nessuna allucinazione. Direi addirittura che in questo secondo stato, in questa seconda condizione, tutte le sue facoltà appaiono più sviluppate e più complete. Questa seconda vita, in cui non si sente il dolore fisico, è di gran lunga superiore all'altra; lo è soprattutto per il fatto considerevole che Felida ricorda non solo quello che è successo durante le precedenti crisi, ma anche tutta la sua vita normale, mentre durante la sua vita normale non ha memoria di quello che è successo durante la crisi."[297]

Felida ha la particolarità di essere amnesica in una sola direzione, la sua personalità originale non ha memoria della sua seconda personalità mentre quest'ultima ha accesso a tutti i ricordi (torneremo su questo in relazione alla programmazione MK-Monarch). Il dottor Azam chiama questo fenomeno "amnesia periodica".

A poco a poco la seconda personalità, più allegra, cominciò a invadere la prima e alla fine prese il sopravvento sulla maggior parte del tempo. Quando la sua vecchia personalità riappariva a volte, si trovava di fronte a grandi buchi neri dove aveva dimenticato tre quarti della sua esistenza...

Félida mostrava episodicamente una terza personalità che Azam avrebbe visto emergere solo due o tre volte, il marito di Félida l'aveva osservata solo una trentina di volte in sedici anni. Questa terza personalità altera apparve in uno stato di terrore indicibile, le sue prime parole furono: *"Ho paura... ho paura..."*, non riconosceva nessuno tranne suo marito. Era un alter traumatizzato dai suoi ricordi? Bisogna notare che all'epoca, il legame tra dissociazione dell'identità e trauma non era ancora stato stabilito dai medici che trattavano questi pazienti.

Uno dei casi francesi più notevoli è quello di Louis Vivet. Tra il 1882 e il 1889, fu studiato da molti autori scientifici, in particolare Bourru e Burot che scrissero nel 1895: *"Questi fatti di variazione della personalità sono meno rari di quanto si creda'.* Nel 1882, Camuset nota nella sua relazione su Louis Vivet: *"Siamo tentati di credere che questi casi siano più numerosi di quanto si possa supporre, nonostante le osservazioni piuttosto rare che abbiamo".* Fu con Louis Vivet che il termine *'personalità multipla'* fu usato per la prima volta per sostituire *'doppia personalità'.* Louis Vivet aveva sei diverse personalità caratterizzate da cambiamenti di memoria, cambiamenti di carattere e cambiamenti di sensibilità e comportamento. Ad ogni cambio di personalità, si è notato che i suoi ricordi cambiavano di conseguenza e che le personalità si ignoravano a vicenda. Ecco come Bourru e Burot descrivono il suo cambiamento di personalità: *"All'improvviso, i gusti del soggetto sono completamente cambiati: carattere, linguaggio, fisionomia, tutto è nuovo. Il soggetto è riservato*

---

[297] 'Ipnotismo e doppia coscienza' - Dr. Azam, 1893, p.43-44.

nel suo abbigliamento. Non gli piace più il latte; è comunque l'unico cibo che prende abitualmente. L'espressione della sua fisionomia è diventata più morbida, quasi timida: il linguaggio è corretto ed educato. Il paziente che una volta era così arrogante ora è notevolmente educato, non si dà più del tu e chiama tutti "signore". Fuma, ma senza passione. Non ha opinioni, né in politica né in religione, e queste questioni, sembra dire, non sono affari di un ignorante come lui. È rispettoso e disciplinato. Il suo discorso è molto più chiaro di prima del trasferimento, la sua lettura ad alta voce è notevolmente chiara, la sua pronuncia è abbastanza distinta, legge perfettamente e scrive abbastanza bene. Non è più lo stesso personaggio (...) In pochi minuti la trasformazione è completa. Non è più lo stesso carattere: la costituzione del corpo è variata con le tendenze e i sentimenti che lo traducono. È un trasferimento totale. La memoria si è modificata, il soggetto non riconosce più né i luoghi in cui si trova, né le persone che lo circondano con le quali, pochi istanti fa, stava scambiando idee. Un cambiamento così inaspettato e radicale era di natura tale da stupirci e farci riflettere (...) Abbiamo ripetuto questa applicazione diverse volte nelle condizioni più diverse e il risultato è stato costante. Lo stesso personaggio riappariva, sempre identico a se stesso. Era una trasformazione, per così dire, matematica, sempre uguale per lo stesso agente fisico e lo stesso punto di applicazione."[298]

C'è anche il caso di Clara Norton Fowler (sotto lo pseudonimo di *Miss Christine Beauchamp*) che il dottor Morton Prince, un neurologo di Boston, incontrò nel 1898 quando aveva 23 anni. L'uso dell'ipnosi ha rivelato l'esistenza di quattro diverse personalità in lei. In questo caso particolare, è stato riferito che la ragazza aveva subito molti traumi durante la sua infanzia. La *signorina Beauchamp* era una giovane donna riservata e timida, mentre le altre personalità erano estroverse, irascibili e arrabbiate. Ma le polarità amnesiche tra ogni personalità erano piuttosto complicate: una era inconsapevole dell'esistenza di tutte le altre, un'altra era consapevole dell'esistenza di una sola altra personalità, e così via. Una delle sue personalità ha mostrato un'amnesia totale per gli ultimi sei anni prima della sua comparsa. Una particolarità nel caso di *Miss Beauchamp* era l'uso di nomi di battesimo per i diversi alter, una delle personalità scelse di chiamarsi "Sally". Il dottor Morton Prince considerava Sally la personalità più interessante ed era con lei che collaborava più volentieri. Prince ha cercato l'unica personalità che fosse l'autentica *signorina Beauchamp*, la vera personalità originale. Arrivò alla conclusione che questa personalità originale si era in realtà disintegrata in diverse identità specifiche. Usando l'ipnosi, ha gradualmente dissolto le barriere amnesiche che separavano gli alter e li ha fusi insieme.[299]

Un altro caso fu riportato nel 1916 dal Dr. James Hyslop e dal Dr. Walter Prince *nel Journal of the American Society for the Psychological Research*. Questa era Doris Fischer, nata in Germania nel 1889. Questa donna ha sviluppato

---

[298] *'Variations de la personnalité'* - H. Bourru e P. Burot, 1888, p.39-16.

[299] *'La Femme Possédée', streghe, isterie e personalità multiple'* - Jacques Antoine Malarewicz, 2005.

cinque personalità distinte, ognuna con un nome particolare. Le cinque personalità alterne hanno mostrato caratteristiche varie e molto diverse dal punto di vista psicologico. Come accade di solito, si sono sviluppati in seguito a profondi shock emotivi. Dietro la personalità di Doris, *'Real Doris'*, c'erano:

- **Margaret**: l'alter personalità creata dal primo shock dissociativo. Un alter ego con lo stato emotivo e mentale di un bambino di cinque o sei anni.

- **Sick Doris**: Questa è l'alter personalità emersa dopo il secondo shock traumatico. La *malata Doris* non aveva memoria degli eventi e nemmeno alcuna nozione di linguaggio verbale, non riconosceva nessuno e non poteva più usare gli oggetti quotidiani. Non ha mostrato alcun affetto.

- **Margaret** *dormiente*: questa alter personalità sembrava dormire tutto il tempo, non parlava quasi mai se non in una specie di discorso nebbioso difficile da capire.

- **Sleeping Real Doris**: questo era il nome dato da *Margaret* alla personalità sonnambula creata all'età di otto anni. Aveva dei ricordi che la *"vera Doris"* non aveva.

La *vera Doris* non era a conoscenza dei pensieri o delle azioni delle sue personalità secondarie. Non riusciva a ricordare nulla di quello che era successo durante i periodi in cui era emerso un altro alter. Le alter personalità si sono fuse una ad una durante le sessioni di terapia, lasciando alla fine solo la "vera Doris".

Nel 1928, un altro caso di personalità multipla fu riportato nel libro *Multiple Personality* (W. Taylor e M. Martin, 1944). Il paziente era un uomo di nome Sorgel che viveva in Baviera ed era epilettico. Ha mostrato due distinte organizzazioni di coscienza: una personalità criminale e una personalità onesta. La personalità onesta non aveva quasi nessun ricordo dell'altra vita, mentre la personalità criminale ricordava entrambe le vite molto bene.[300]

Qui troviamo di nuovo la nozione di amnesia "a senso unico", cioè una personalità altera più profonda accede a tutti i ricordi, mentre una personalità di superficie rimane totalmente ignara della sua "altra vita"... Un punto chiave su cui torneremo nel capitolo 7 sulla programmazione MK-Monarch.

I casi più pubblicizzati e quindi più conosciuti *del* XX secolo sono quelli di Christine Costner Sizemore (*The 3 Faces of Eve*), Shirley Ardell Mason (*Sybil*), Truddi Chase (*When Rabbit Howls*) e Billy Milligan (*The Man with 24 Personalities*).

La storia di Christine Costner Sizemore è stata raccontata in un libro scritto dai suoi psichiatri, Corbett Thipgen e Hervey M. Cleckly. La dolce e timida giovane donna era venuta da loro perché soffriva di terribili emicranie che sembravano incurabili. Durante la sua terapia, è emersa una nuova personalità ribelle e turbolenta. La prima personalità non aveva coscienza dell'esistenza di quest'altro alter, il turbolento, che era perfettamente consapevole dell'esistenza della prima. Questo caso di personalità multipla fu portato sullo schermo da Nunaly Johnson nel 1957, in un film intitolato *"The Three Faces of Eve"*. L'attrice Joanne Woodward interpretava le tre personalità, *Eve White*, una

---

[300] Personalità multipla e channeling - Rayna L. Rogers, Jefferson Journal of Psychiatry: Vol. 9: Iss. 1, articolo 3, 1991.

giovane donna docile e timida, *Eve Black*, la turbolenta seduttrice e infine *Jane*, una personalità molto più equilibrata, una sorta di fusione delle due *Eves*. Questo film è uno dei pochi che non è caduto nella rappresentazione stereotipata di un T.D.I. con un'alter personalità criminale. La versione cinematografica del 1957 è introdotta dal giornalista Alistair Cooke che afferma: *"Questa è una storia vera. Si sono visti spesso film che dicono una cosa del genere. A volte questo significa che un certo Napoleone è esistito, ma che qualsiasi somiglianza tra la sua vita reale e il film in questione sarebbe un miracolo. La nostra storia è vera. È la storia di una casalinga gentile e autosufficiente che, nel 1951, mentre viveva nella sua nativa Georgia, ha spaventato suo marito a comportarsi in un modo molto insolito. Questo non è raro: tutti abbiamo i nostri capricci, tutti reprimiamo l'impulso di scimmiottare qualcuno che ammiriamo. Uno scrittore ha detto che in ogni uomo grasso dorme un uomo magro. In questa giovane casalinga, spaventosamente, due forti personalità stavano letteralmente lottando per imporre la loro volontà su di lei. Era un caso di "personalità multipla". Lo si legge nei libri, ma pochi psichiatri lo hanno visto di persona. Finché il dottor Thigpen e il dottor Cleckley del Medical College of Georgia si imbatterono in una donna con una personalità in più del dottor Jekyll. Nel 1953 presentarono questo caso all'American Psychiatric Association, un caso che è diventato un classico della letteratura psichiatrica. Quindi questo film non era frutto dell'immaginazione di uno sceneggiatore. La verità stessa superava la finzione. Tutto quello che vedrete è realmente accaduto alla donna conosciuta come "Eve White". Gran parte del dialogo proviene dalle note cliniche del Dr. Lutero."*

Tuttavia, il film, che mostra solo due personalità (che alla fine si fondono), non riflette la vera realtà, poiché Christine Costner in realtà sviluppò più di venti personalità diverse, come rivelerà più tardi nelle sue memorie, pubblicate solo un anno dopo con uno pseudonimo.

Durante gli anni '70, il caso di *Sybil* è certamente quello che ha maggiormente pubblicizzato il disturbo dissociativo d'identità. Shirley Ardell Mason era una donna di 25 anni che, a causa di visioni, incubi e ricordi terribili, andò a vedere la dottoressa Cornelia Wilbur. Fu allora che durante la terapia emersero sei diverse personalità. Shirley ha scoperto di essere stata gravemente umiliata e abusata sessualmente da sua madre da bambina. Questo caso avrebbe potuto rimanere nell'ombra come molti altri, ma Flora Rheta Schreiber pubblicò un romanzo basato sulla vera storia di Shirley nel 1973, un romanzo chiamato *"Syblil"* che divenne un bestseller. In seguito a questo grande successo, qualche anno dopo, nel 1976, Daniel Petries produsse un film basato sul romanzo. Un film con lo stesso nome, *Sybil,* che fu anche un grande successo. Per molti terapeuti, questo caso ha segnato la storia dell'I.D.T. C'è stato un prima e un dopo di Sybil, che ha portato a tutta una controversia che ancora oggi circonda questo misterioso disturbo di personalità multipla...

Truddi Chase, nata nel 1935, è autrice di un'autobiografia intitolata *"When Rabbit Howls"* (1987), e il suo caso è stato anche oggetto di un film per la televisione: *"Voices Whithin The Lives of Truddi Chase",* trasmesso nel 1990 dalla *ABC (American Broadcasting Company)*. Fu durante la terapia che si scoprì che Truddi aveva una personalità multipla. È stata abusata dall'età di due anni fino all'adolescenza. Il suo patrigno abusava fisicamente e sessualmente di lei mentre sua madre la trascurava. Ha sempre ricordato gli abusi sessuali e i maltrattamenti, ma non ha mai potuto ricordarli in dettaglio fino a quando non ha iniziato la terapia con il dottor Robert Phillips. Truddi Chase ha sempre rifiutato di fondere le sue molte personalità, credendo che fossero una squadra cooperante. È morta nel marzo 2010 all'età di 75 anni.

Un altro caso storico di personalità multipla è quello di Billy Milligan, nato nel 1955 negli Stati Uniti. Nel 1975, Milligan fu arrestato per diversi crimini tra cui lo stupro. Questo caso è stato eccessivamente pubblicizzato al momento del processo a causa del particolare profilo psicologico dell'imputato... Il suo processo per stupro ha causato indignazione quando la difesa si è dichiarata non colpevole sulla base della *personalità multipla*. Milligan ha affermato che non era lui ad essere presente durante le aggressioni sessuali sulle studentesse, ma una personalità lesbica alterata. Il pubblico ha ovviamente trovato molto difficile credere alla versione dei fatti dello stupratore. Il caso Milligan è stato studiato per molti anni e riportato in dettaglio da Daniel Keyes, il biografo di Milligan. Keyes ha passato sedici anni della sua vita a raccogliere informazioni, indagando e intervistando *"il Professore"* (le molteplici alter personalità di Miligan fuse in una sola personalità) così come le persone che gli erano vicine. Il risultato furono due libri: *"The Minds of Billy Milligan"* e *"The Milligan Wars"*, disponibili in francese con i titoli: *"Billy Milligan, l'homme aux 24 personnalités"* e *"Les mille et une vies de Billy Milligan"*.

Nella biografia di Milligan di Keyes, si afferma che il suo sdoppiamento di personalità avvenne quando fu costantemente umiliato e picchiato dal patrigno che abusava anche sessualmente di lui. A Milligan è stato diagnosticato un totale di 24 personalità. Alcune di queste alter personalità avevano tendenze criminali e distruttive, il che lo ha messo nei guai. D'altra parte, le sue altre personalità hanno mostrato capacità e abilità straordinarie. *Arthur'* era una delle sue alter personalità che insegnava medicina e parlava diverse lingue, ed era lui che riusciva a collegare tutte le alter personalità: *Arthur fungeva da* mediatore nel sistema interno. Altre personalità alterne avevano un vero talento artistico per la pittura, ognuna con uno stile diverso. C'erano anche personalità alterne che avevano l'età di un bambino, un evento comune in I.D.T. Nella sua biografia, Milligan spiega i vantaggi di avere personalità multiple, compreso il bambino alterato: *"Ti dà una nuova prospettiva sul mondo. Ti dà una prospettiva completamente nuova sul mondo, una prospettiva completamente nuova che ti permette di vedere cose che qualcun altro non vedrebbe."*

Nel 1979, Billy Milligan fu internato nell'ospedale statale per i pazzi criminali di Lima, Ohio. Lì subì un vero inferno: racket, pestaggi, elettroshock, camicia di forza chimica... Rimase a Lima fino al 1983, quando tornò all'ospedale psichiatrico di Atene dove progredì nella sua terapia e riuscì finalmente a fondere tutte le sue alter personalità. Ecco cosa dice della fusione (integrazione, concetti che saranno sviluppati in seguito) delle sue alter personalità: *"Mi è stato detto che l'unione di tutte le mie parti sarebbe stata ancora più forte della somma delle mie singole personalità. Ma nel mio caso questo non è vero, l'unione delle mie personalità è meno forte."*

Nonostante la fusione del suo alter, il suo stato mentale rimase molto precario e instabile a causa dei molti anni durante i quali subì il carcere, l'internamento psichiatrico, le aggressioni psicologiche e fisiche, le minacce di morte, ma anche la strumentalizzazione politica da parte di senatori, magistrati, direttori d'ospedale o di carcere... il suo recupero fu dunque tutt'altro che favorito da un clima di sicurezza e stabilità. Ci sono state segnalazioni di comportamenti sadici da parte del "personale infermieristico" e ovunque sembrava esserci brutalità e strumentalizzazione intorno a lui. Daniel Keyes denuncia il sistema carcerario americano per il suo opportunismo, la corruzione all'interno della sua leadership e la sua incapacità di trattare efficacemente casi delicati come quello di Billy Milligan.

Un caso meno conosciuto perché non è criminale ed è molto meno pubblicizzato è quello di Robert Oxnam. Quest'uomo è stato presidente per più di dieci anni dell'*Asia Society*, una prestigiosa istituzione culturale americana. Robert Oxnam è uno specialista della cultura e della lingua cinese e ha accompagnato persone come Bill Gates, Warren Buffet e George Bush nei loro viaggi in Asia. È autore di un'autobiografia intitolata *"A Fractured Mind"* in cui rivela che soffre di un disturbo dissociativo dell'identità. Nel 2005, è stato presentato[301] su *60 Minutes* di *CBS News* per esporre questo particolare disturbo mentale.

Robert Oxnam ha avuto un'educazione molto rigida e c'era molta pressione su di lui per avere successo a livello sociale e professionale. Suo padre era un presidente universitario e suo nonno era un vescovo e presidente del Consiglio Mondiale delle Chiese (WCC). Dopo una brillante educazione, Oxnam fu presto alla ribalta nei media tradizionali e si guadagnò presto una posizione prestigiosa ed elitaria. All'età di trent'anni, è stato nominato presidente dell'*Asia Society*. Robert Oxnam era in *cima al mondo*, ma dentro di lui c'era un misto di depressione, rabbia e collera. Da un lato, c'era questo scintillante successo sociale e professionale, e dall'altro un malessere permanente e una depressione che stava peggiorando. Negli anni '80, Oxnam è stato curato per alcolismo e bulimia, ed è stato durante questo periodo che il suo primo matrimonio è crollato. Le visite da uno psichiatra per i suoi problemi di dipendenza e i suoi blackout ricorrenti non hanno migliorato nulla. A volte si svegliava con lividi e ferite sul corpo senza avere idea di cosa potesse averli causati e nemmeno in quale contesto potessero essere accaduti. Un giorno era perso tra la folla nella Stazione Centrale di New York, era in uno stato di trance e sentiva delle voci che lo assillavano, dicendogli che era cattivo, che era la persona peggiore che fosse mai esistita. Nel 1990, durante una sessione di terapia con il dottor Jeffrey Smith, Robert Oxnam divenne improvvisamente un'altra persona... Il suo psichiatra riferisce che ci fu un cambiamento completo nella sua voce, nel suo atteggiamento e nei suoi movimenti. Durante una seduta, il dottor Smith ha riferito che le mani di Oxnam erano *come artigli*, era in preda a una

---

[301] *'Inside A Fractured Mind'* - Morley Safer, CBS News, 09/2005.

rabbia terribile. Questa rabbia proveniva da un bambino di nome *"Tommy"*. Quando Smith disse a Oxnam cosa era successo durante la seduta, Oxnam disse che non conosceva questo *Tommy* e che non aveva alcun ricordo di ciò che era successo nell'ufficio del terapeuta. Fu allora che il dottor Smith si rese conto che poteva avere a che fare con un caso di personalità multipla. Alla notizia di questa possibile diagnosi, Robert Oxnam ha reagito con forza, dicendo: *"Sono sciocchezze, ho visto Sybil, non sono come Sybil!"*

Nel corso della terapia, undici distinte alter personalità emersero indipendentemente l'una dall'altra. Tra loro c'erano *"Tommy"*, un ragazzo arrabbiato, la *"Strega"*, un alter ego terrificante o *"Bobby"* e *"Robby"*. *Bob"* era la personalità dominante, cioè la personalità "ospite": il volto pubblico, in questo caso un intellettuale che lavorava all'*Asia Society*. Nella sua vita pubblica, Robert Oxnam si è occupato dei suoi affari, incontrando alti dignitari come il Dalai Lama. Ma questa vita pubblica non dava alcun indizio del suo profondo disturbo di personalità... Il trauma infantile è di solito la causa dell'I.D.D., e Oxnam sembra non fare eccezione. Durante la sua terapia, un alter ego chiamato *"Baby"* ha riportato ricordi di abusi infantili. Si trattava di gravi abusi sessuali e fisici, sempre accompagnati dalle parole: *"Sei cattivo, questa è una punizione".*[302]

Robert Oxnam ha subito un abuso rituale? Ha subito uno sdoppiamento intenzionale della personalità da bambino? Era un membro di una di quelle famiglie elitarie che praticavano il controllo mentale sistematico sui suoi discendenti? Da dove viene il terrificante alter *"Witch"*? Si è sottoposto a una programmazione mentale per prepararsi alla futura carriera elitaria in cui è stato rapidamente spinto? Tuttavia, il suo caso dimostra come un individuo possa avere un disturbo dissociativo dell'identità mentre conduce affari in una posizione elevata e mantiene una facciata pubblica completamente normale. È a questo che Fritz Springmeier si riferisce quando parla di *schiavi controllati dalla mente totalmente inosservabili*, per descrivere questi individui volontariamente scissi e programmati?

b/ Definizione dell'I.D.T.

Negli ultimi trent'anni, la valutazione e il trattamento dei disturbi dissociativi sono stati migliorati da una migliore identificazione clinica, da numerose ricerche e pubblicazioni accademiche e da strumenti specializzati. Pubblicazioni internazionali di clinici e ricercatori sono apparse in molti paesi, tra cui studi di casi clinici, psicofisiologia, neurobiologia, neuroimaging, ecc. Tutte queste pubblicazioni confermano l'esistenza di disturbi dissociativi. Tutte queste pubblicazioni confermano l'esistenza dell'I.D.T. e quindi gli conferiscono una validità paragonabile ad altre diagnosi psichiatriche ben stabilite. Uno studio del 2001 intitolato *"An examination of the diagnostic validity of* dissociative *identity disorder"* di David H. Gleaves, Mary C. May e

---

[302] *A Fractured Mind: My Life with Multiple Personality Disorder* - Robert B. Oxnam, 2006.

Etzel Cardena dimostrano che questo disturbo psichiatrico è da prendere molto sul serio.[303]

Il disturbo dissociativo dell'identità ha avuto molti nomi nel corso della storia: 'doppia esistenza', 'doppia personalità', 'doppia coscienza', 'stato di personalità', 'transfert di personalità', 'doppia personalità', 'personalità plurale', 'personalità dissociata' (DSM-I, 1952), 'personalità multipla', 'split personality', 'identità alternata' e 'disturbo di personalità multipla' (DSM-IV, 1980).

Si tratta di un disturbo dissociativo post-traumatico complesso e cronico che si sviluppa, nella maggior parte dei casi, come risultato di gravi abusi sessuali e/o fisici ripetuti nella prima infanzia. Si tratta di un disturbo nelle funzioni di identità, memoria o coscienza. La menomazione può essere improvvisa o progressiva, transitoria o cronica. L'identità o la personalità abituale della persona viene quindi dimenticata e viene imposta una nuova personalità (un alter). Questo è spesso accompagnato da un deterioramento della memoria con eventi importanti che non possono essere ricordati (DSM III, 1987). Il Dr. Richard Kluft definisce un alter come segue: *"Funziona allo stesso tempo come un ricevitore, processore, centro di immagazzinamento di percezioni, esperienze e la loro elaborazione in connessione con eventi e pensieri del passato e/o del presente e anche del futuro. Ha un senso della propria identità e ideazione, così come una capacità di avviare processi di pensiero e di azione."*

La maggior parte dei pazienti con IDD soffre anche di vari disturbi mentali come depressione cronica, stress post-traumatico, ansia, gravi dipendenze, disturbi alimentari, disturbi narcisistici e somatizzazioni. Possono essere diagnosticati con un disturbo di personalità *borderline*, schizofrenia, disturbo bipolare o psicotico se la dissociazione e la presenza delle personalità alterne non è stata rilevata o addirittura indagata. Queste diagnosi errate si verificano soprattutto se l'intervista di valutazione non contiene domande sulla dissociazione e il trauma o si concentra solo sui problemi co-morbidi più evidenti (cioè i disturbi associati elencati sopra).

Il Manuale diagnostico e statistico dei disturbi mentali, DSM-IV (2000), definisce i seguenti criteri per il disturbo dissociativo dell'identità:

A. Presenza di due (o più) identità o stati di personalità - ognuno con il proprio modo relativamente permanente di percepire, relazionarsi, pensare all'ambiente e a se stessi.

B. Almeno due di queste identità o stati di personalità prendono il controllo - ripetutamente - del comportamento della persona.

C. Incapacità di ricordare informazioni molto personali: dimenticanza significativa che deve essere distinta da ciò che viene comunemente dimenticato.

D. Il disturbo non è dovuto agli effetti fisiologici diretti di una sostanza (es. intossicazione da droghe o alcol) o a un problema medico generale (es.

---

[303] Linee guida per il trattamento del disturbo dissociativo di identità negli adulti (2011), International Society for the Study of Trauma and Dissociation (ISSTD).

epilessie parziali complesse). Nota: nei bambini, i sintomi non sono dovuti a compagni immaginari o altri giochi di fantasia.

L'individuo non è in grado di ricordare importanti informazioni personali e ha vuoti di memoria troppo grandi e profondi per una semplice dimenticanza. Molti pazienti lamentano anche gravi emicranie. Questo disturbo può portare alla *fuga dissociativa*, che è una partenza improvvisa e inaspettata da casa o dal lavoro, accompagnata dall'incapacità di ricordare il passato. C'è confusione sull'identità personale o l'adozione di una nuova identità (parziale o completa).

Nel suo libro *"Discovery of the Unconscious"*, Henri F. Ellenberger ha stabilito, sulla base di vari casi storici, una classificazione dei diversi aspetti che queste personalità scisse possono presentare:

1: Personalità multiple simultanee.

2: personalità multiple successive:

a/ reciprocamente consapevoli l'uno dell'altro.

b/ reciprocamente amnesico.

c/ amnesia a senso unico.

Ogni personalità vive con la sua storia personale e individuale, i suoi ricordi, il suo carattere e può anche avere un nome diverso. Queste personalità possono anche conoscersi e interagire tra loro all'interno di un complesso mondo interiore. È un sistema interno in cui gli alter possono coesistere pacificamente, ma conflitti di varia gravità possono anche dividerli. Nella maggior parte dei casi, c'è una personalità dominante, chiamata "personalità primaria" o "personalità ospite", che è circondata da una serie di personalità secondarie, di solito organizzate gerarchicamente.

I due maggiori studi di casi su questo argomento sono *"The clinical phenomenology of multiple personality disorder: Review of 100 recent cases"* del Dr. Frank Putnam (*Journal of clinical Psychiatry* 47 - 1986) e lo studio del Dr. Colin Ross su 236 casi.

Alla domanda su cosa pensano di essere, le personalità alterate dicono: un bambino (86%), un aiutante o un assistente (84%), un demone (29%), una persona del sesso opposto (63%) o nominano un'altra persona (viva) (28%) o un familiare morto (21%).[304]

Le terapeute tedesche Angelika Vogler e Imke Deister hanno elencato i tipi di personalità alterate che si trovano frequentemente nei pazienti con IDD.:[305]

- <u>Host/Hostess</u>: la funzione primaria dell'host o hostess è quella di assicurare il corretto funzionamento del sistema multiplo nella vita quotidiana. La loro età di solito corrisponde all'età fisica del corpo e la loro identità sessuale corrisponde al sesso del corpo. L'host/hostess di solito sa poco o niente dell'esistenza delle altre personalità del sistema e ha grandi vuoti di memoria. Il padrone di casa/la padrona di casa di solito si presenta come una persona molto

---

[304] Disturbo di personalità multipla - Demoni e angeli o aspetti archetipici del sé interiore ' - Dr. Haraldur Erlendsson, 2003.

[305] Imke Deistler und Angelika Vogler: Einführung in die Dissoziative Identitätsstörung - Multiple Persönlichkeit, Junfermann Verlag Paderborn, 2005 - Traduzione: www.multiples-pages.net.

affidabile, ma il suo temperamento di base è spesso depressivo. Come vedremo nel capitolo 7 sulla programmazione di Monarch, sono queste personalità 'Host' che servono come la persona di facciata, il personaggio pubblico, negli schiavi MK.

- *L'osservatore*: in quasi tutti i sistemi c'è almeno un osservatore che tiene d'occhio tutto quello che succede e quindi non ha vuoti di memoria. Questa personalità reagisce piuttosto razionalmente e non mostra sentimenti, poiché ha bisogno di mantenere una grande distanza dal mondo interno ed esterno per svolgere il suo ruolo. Per questo motivo l'osservatore non emerge in primo piano (non prende il controllo del corpo) ma può prendere contatto con diverse alterazioni del sistema.

- *Il Protettore*: Le personalità protettive di un sistema emergono e prendono il controllo del corpo quando un alter o il sistema si sente minacciato da una certa situazione. Queste personalità protettive possono essere molto aggressive ed è importante capire e valorizzare la loro funzione protettiva.

- *Personalità che si identificano con i torturatori*: sono le personalità che rimangono fedeli al culto. Queste personalità si identificano con i loro tormentatori e i loro valori. La loro funzione è spesso quella di punire altre personalità alter (per esempio con l'automutilazione) che desiderano rompere il contatto con la setta o che vorrebbero, per esempio, rivelare informazioni sulla setta in una sessione di terapia. Se la persona multipla è ancora in contatto con la setta, queste personalità alterate possono trasmettere loro il contenuto della sessione di terapia senza che le altre personalità del sistema se ne accorgano.

- *Bambini e adolescenti "prigionieri"*: in quasi tutti i sistemi multipli ci sono bambini. Sono rimasti prigionieri per un certo periodo di tempo. Ci sono bambini che mantengono una certa età per un lungo periodo di tempo, mentre altri maturano. È anche possibile che un alter-bambino che ha mantenuto la stessa età per molto tempo cominci ad invecchiare più tardi.

Una caratteristica sorprendente dell'I.D.T. è che all'interno dello stesso individuo, le personalità alterate possono mostrare notevoli differenze fisiologiche nell'acuità visiva, nella reazione ai farmaci e agli psicofarmaci, nelle allergie, nella frequenza cardiaca, nella pressione sanguigna, nella tensione muscolare, nella funzione immunitaria, ma anche nel tracciato elettroencefalografico. Differenze fisiologiche irrazionali poiché queste personalità alter condividono lo stesso corpo fisico.

Già nel 1887, Pierre Janet aveva dimostrato che alcuni individui potevano sviluppare diversi centri psichici, ognuno con le proprie particolarità e attività. Aveva già chiamato questi centri dissociati "personalità". Janet ha lavorato con quelle che allora erano chiamate "isteriche", donne le cui diverse personalità coesistevano e operavano a livello subconscio, prendendo solo occasionalmente il controllo della coscienza normale durante le sessioni di ipnosi o di scrittura automatica. Janet aveva scoperto che le personalità subconsce di questi "isterici" erano state create in risposta ad un evento traumatico che si era stabilito nel subconscio per diventare il seme di nuove personalità. Con questa comprensione, il sistema terapeutico di Janet divenne finalmente efficace nel comprendere e trattare questo disturbo in cui una varietà di personalità emergeva spontaneamente per interagire con il mondo esterno. Da questo punto in poi, il modello *Dissociazione/Trauma* si è affermato in psicoterapia e ha cominciato ad apparire nelle descrizioni di casi di personalità multiple.[306]

Nel 1993, durante le ricerche sul disturbo di personalità multipla, il dottor Adam Crabtree scrisse: "Il riconoscimento del fenomeno della dissociazione come mezzo di trattamento di un episodio traumatico attraverso la creazione di centri psichici multipli, porta ad una psicoterapia efficace del disturbo di personalità multipla. Il ruolo eziologico dell'abuso infantile non è stato affatto riconosciuto fino ai tempi moderni. Ma l'evidenza statistica dei crimini contro i bambini della fine del XIX secolo può offrire una strada fruttuosa per la ricerca. L'esame dei casi storici solleva domande sull'equivocità del fenomeno della personalità multipla; rivela anche dati che non sono stati ancora pienamente riconosciuti dai clinici moderni."[307]

L'I.D.D. si sviluppa durante l'infanzia. Come abbiamo visto, il processo di dissociazione è un meccanismo naturale di protezione di fronte a una situazione psicologicamente insormontabile. Proprio come un interruttore impedisce un corto circuito, questa funzione umana ci permette di sopravvivere a traumi gravi e ripetitivi in modo da poter continuare a vivere in modo relativamente normale. Questo processo ha l'effetto di incapsulare i ricordi, gli affetti, le sensazioni o anche le credenze per attenuare i loro effetti sullo sviluppo generale del bambino. A seconda della gravità del trauma, l'impatto della dissociazione può arrivare fino alla scissione della personalità. L'I.D.T. sembra essere il livello più estremo di dissociazione. Pierre Janet stesso ha riconosciuto che *la "dissociazione estrema"* ha portato alla creazione di una personalità multipla. L'origine di questo disturbo, in almeno l'80% dei casi trattati dalla psichiatria, risiede in un trauma infantile, soprattutto prima dei 5 anni. Il dottor Philip M. Coons ha confrontato venti pazienti con I.D.D. con un gruppo di controllo di venti persone dello stesso sesso ed età, non dissociate, non schizofreniche, non psicotiche. Mentre due persone nel gruppo di controllo avevano sofferto di negligenza infantile o di abuso sessuale, l'85% dei pazienti con IDD aveva subito un abuso fisico e/o sessuale.[308]

Il Dr. Richard Kluft trova dati simili che collegano l'I.D.T. al trauma della prima infanzia: 'In due grandi gruppi, il 97% e il 98% aveva subito abusi fisici e sessuali nell'infanzia, o abusi psicologici e abbandono.'[309]

---

[306] La personalità multipla prima di 'Eve' - Adam Crabtree, Journal 'Dissociation', Vol.1 N°1, 03/1993.

[307] Ibidem.

[308] Aspetti psicofisiologici del disturbo di personalità multipla: A Review' - Philip M. Coons, Journal 'Dissociation', 03/1988.

[309] Kluft, R.P. (1988). I disturbi dissociativi. In: J.A. Talbott, R.E. Hales & S.C. Yudofsky (Eds.). Libro di testo di psichiatria, 557-585. Washington, DC: American Psychiatric Press.

Il Dr. James P. Bloch ha scritto che il trauma infantile è ora visto come un fattore eziologico primario nella formazione dei disturbi dissociativi.[310]

Secondo il dottor Colin Ross, *'il grado di dissociazione è chiaramente legato alla gravità e alla cronicità dell'abuso'*. Ross ritiene che, in media statistica, i pazienti che hanno sviluppato IDD avrebbero subito abusi fisici per quindici anni e abusi sessuali per quasi tredici anni.[311]

Possiamo quindi capire perché molte vittime di abusi rituali satanici hanno sviluppato un disturbo dissociativo dell'identità. Infatti, il DID è certamente un forte indicatore di una storia di abuso rituale. Il Dr. Frank Putnam ha dichiarato nel 1989: *"Sono colpito dal livello di estremo sadismo riportato dalla maggior parte delle vittime con I.D.D. Molti di loro mi hanno detto di avere una storia di abuso rituale. Molte di loro mi hanno raccontato di essere state abusate sessualmente da gruppi di persone, costrette alla prostituzione dalle loro famiglie, o offerte come esca sessuale per gli amanti delle loro madri. Dopo aver lavorato con un certo numero di pazienti con IDD, è diventato chiaro che l'abuso grave e ripetuto nell'infanzia è una delle cause principali del disturbo di personalità multipla."*

I ricordi traumatici possono quindi essere "immagazzinati", o "incapsulati", in una personalità altera e la personalità ospite non avrà coscienza di questa realtà. È quando questa personalità altera emerge che sarà in grado di esprimere e trasmettere questo ricordo (di solito rivivendo fisicamente ed emotivamente il trauma, un fenomeno noto come abreazione). Descriverà nei minimi dettagli come è avvenuto l'abuso, poiché è stato lui (o lei) a sperimentarlo direttamente, mentre la personalità ospite è stata "disattivata"/dissociata per fare spazio all'alter. Il dottor Adam Crabtree riferisce che nel 1926, lo psicologo americano Henry Herbert Goddard pubblicò una relazione che descriveva il trattamento di una giovane donna, Bernice R., con diagnosi di personalità multipla. Goddard ha usato l'ipnosi per cercare di fondere due personalità. Ha fatto questo mettendo una delle personalità alter in uno stato di trance nel tentativo di renderla consapevole dell'esistenza dell'altra per farle fondere. Attraverso questo processo, Goddard ha fatto un ottimo lavoro per liberare emotivamente i ricordi traumatici del paziente. Tra questi ricordi, la giovane donna aveva ricordi chiari e persistenti degli stupri di suo padre. Sfortunatamente Goddard classificò questi ricordi di abuso sessuale come allucinazioni, spiegando che gli atti incestuosi che presumibilmente avvennero all'età di 14 anni non furono menzionati da Bernice fino all'età di 19 anni. Questo ci dice che Henry Goddard non aveva alcuna conoscenza reale del funzionamento della dissociazione e dell'amnesia traumatica. Stava quindi convalidando la frivola teoria *della "allucinazione sessuale isterica"... Una* teoria che viene usata ancora oggi per screditare le vittime, dato che l'*"isteria"*

---

[310] Assessment and Treatment of Multiple Personality and Dissociative Disorders - James P. Bloch, 1991, p.3.

[311] Disturbo di personalità multipla, diagnosi, caratteristiche cliniche e trattamento ' - Colin Ross, 1989.

ha lasciato il posto alla *"sindrome dei falsi ricordi"* (che svilupperemo nel capitolo 10).[312]

Ci vorrà del tempo prima che la questione del trauma infantile sia veramente presa in considerazione e riconosciuta come una delle cause principali della scissione della personalità. Oggigiorno molti clinici hanno l'idea che l'I.D.T. sia un disturbo molto raro o semplicemente non ne riconoscono l'esistenza. Ciò è dovuto principalmente alla mancanza di informazioni e di formazione dei clinici sulla dissociazione, i disturbi dissociativi e gli effetti del trauma psicologico; quindi, questa diagnosi è raramente considerata, per non parlare di quella accettata. Tuttavia, l'I.D.D. e i disturbi dissociativi non sono rari. Studi in Nord America, Europa e Turchia hanno dimostrato che tra l'1 e il 5% dei pazienti nei reparti psichiatrici per adulti e adolescenti, così come nei reparti di abuso di sostanze, disturbo alimentare e disturbo ossessivo-compulsivo (OCD) possono soddisfare i criteri diagnostici per il BDD. Ma molti di questi pazienti non saranno mai diagnosticati clinicamente con un disturbo dissociativo.[313]

Nel suo libro *Cult and Ritual Abuse*, il Dr. James Randall Noblitt fornisce alcune statistiche sul riconoscimento dell'I.D.T. nella comunità psichiatrica professionale:

Uno studio del 1994 ha intervistato 1120 psicologi e psichiatri impiegati dalla *Veterans* Administration, l'80% dei quali era d'accordo con la diagnosi di I.D.D.[314]

Un altro studio condotto nel 1995 su 180 psichiatri canadesi ha riportato che il 66,1% di loro credeva nella validità della diagnosi di I.D.D. contro il 27,8% che non convalidava questa diagnosi, il 3,3% era indeciso.[315]

Nel 1999, un sondaggio su 301 psichiatri ha mostrato che il 15% pensava che l'I.D.D. non dovesse essere incluso nel DSM, il 43% che dovesse essere incluso con riserve e il 35% che dovesse essere incluso senza riserve. Sulla questione delle prove della validità scientifica della diagnosi di I.D.D., il 20% ha risposto che c'erano poche o nessuna prova di validità, il 51% ha risposto che c'erano prove parziali di validità e il 21% ha sentito che c'erano prove chiare che convalidavano l'I.D.D.[316]

Nel 1999, la Corte Suprema dello Stato di Washington ha stabilito che la diagnosi di I.D.D. soddisfa i criteri dello standard *Frye* (il *test Frye* è usato per

---

[312] La personalità multipla prima di 'Eve' - Adam Crabtree, Journal 'Dissociation', Vol.1 N°1, 03/1993.

[313] Linee guida per il trattamento del disturbo dissociativo di identità negli adulti (2011), International Society for the Study of Trauma and Dissociation (ISSTD).

[314] 'Credenza nell'esistenza del disturbo di personalità multipla tra psicologi e psichiatri' - Dunn, Paolo, Ryan, Van Fleet, Journal of clinical psychology, 1994.

[315] 'Atteggiamenti degli psichiatri verso il disturbo di personalità multipla: Uno studio con questionario' - F.M. Mai, The Canadian Journal of Psychiatry, 1995.

[316] 'Attitudini verso le diagnosi di disturbi dissociativi del DSM-IV tra gli psichiatri americani certificati dal consiglio' - Pope, Oliva, Hudson, Bodkin, Gruber, American Journal of Psychiatry, 1999.

determinare l'ammissibilità delle prove scientifiche in un contesto legale). Questo significa che la testimonianza dell'esperto sull'I.D.D. è ammissibile nella corte federale perché è stato determinato che questa diagnosi è generalmente riconosciuta nella comunità della salute mentale.[317]

Ci sono ora alcuni test che possono essere utilizzati per rilevare la presenza di disturbi dissociativi in un paziente. La *Dissociative Experiences Scale* (DES*) fu* sviluppata dagli psichiatri Eve Bernstein Carlson e Frank W. Putnam nel 1986 (Appendice 3). Putnam nel 1986 (Appendice 3). Un altro test è *il Multidimensional Inventory of Dissociation* (MID) sviluppato da Paul Dell. Questo test è dello stesso tipo del precedente ma con molti più elementi. Tuttavia, questi test non permettono di fare una diagnosi; è solo attraverso interviste professionali più strutturate che si può stabilire o escludere un D.I.

c/ I.D.T. e neurologia

Negli ultimi decenni, gli strumenti di imaging medico per studiare la funzione del cervello sono migliorati notevolmente. Tecniche come la risonanza magnetica (MRI) e la tomografia a emissione di positroni (PET) permettono, tra l'altro, di visualizzare l'attivazione di diverse aree cerebrali durante determinati compiti o comportamenti.

Nel novembre 2001, i ricercatori di Melbourne, Australia, si sono riuniti in quello che l'*Herald Sun ha* descritto all'epoca come "il primo studio al mondo" sul disturbo di personalità multipla. Lo scopo della riunione era quello di cercare di risolvere la controversia all'interno della comunità scientifica psichiatrica. Lo studio ha concluso che *"gli individui con disturbo di personalità multipla (MPD) non fingono i loro cambiamenti di identità"*. Le onde cerebrali di individui con diagnosi di MPD sono state confrontate con quelle di attori che simulavano cambiamenti di personalità. Anche se gli attori hanno riprodotto in modo convincente i cambiamenti di identità, i ricercatori hanno scoperto che c'erano cambiamenti distinti nelle onde cerebrali di coloro che hanno effettivamente cambiato la loro personalità, mentre questi cambiamenti non sono apparsi nel cervello di coloro che hanno simulato una personalità diversa.[318]

Questo stesso tipo di studio comparativo è stato condotto da Annedore Hopper e dal dottor Joseph Ciorciari alla Swiburne University di Victoria, Australia. Cinque pazienti con IDD e cinque attori professionisti hanno partecipato all'esperimento. Lo studio ha mostrato chiaramente una differenza elettroencefalografica (EEG) tra la personalità ospite e quella alter nei pazienti con I.D.D., mentre questo cambiamento EEG non è stato visto negli attori che stavano simulando, per esempio, la personalità di un bambino. Per il Dr. Joseph Ciorciari, questo studio dimostra che i pazienti con I.D.D. non simulano le loro diverse personalità, ha detto: *"I pazienti con I.D.D. sono stati confrontati con*

---

[317] U.S. v. Greene, 1999 / 'Dissociative identity disorder and criminal responsibility' Farmer, Middleton, Devereux, in 'Forensic aspects of dissociative identity disorder', Sachs & Galton, 2008.

[318] Programmed to Kill: The Politics of Serial Murder' - David McGowan, 2004, p.xiv.

attori professionisti che hanno riprodotto l'età e la personalità corrispondente a ciascuna delle personalità alter dei pazienti e a ciascuna delle loro personalità ospiti. Differenze EEG significative tra le personalità alter e le personalità ospiti non sono state trovate quando gli attori hanno interpretato le personalità, il che è una chiara prova fisiologica dell'autenticità dell'I.D.D.'319

Nel dicembre 1999, *Tomorrow's World* della BBC ha trasmesso un servizio che mostrava uno studio neurologico sulla DID condotto dal dottor Guochuan Tsai (*Harvard Medical School*). Per la prima volta, un paziente con disturbo dissociativo dell'identità è stato sottoposto a una risonanza magnetica durante la transizione da una personalità all'altra. Louise, la paziente che si è offerta volontaria per questo studio, aveva sviluppato, con l'aiuto del Dr. Condie (il suo terapeuta), una capacità di innescare volontariamente cambiamenti di personalità. Questa capacità di cambiare personalità su richiesta ha permesso di osservare in prima persona come funziona il suo cervello nello scanner MRI mentre passa da una personalità alterata all'altra. Il dottor Tsai dice: "*Prima non avevamo uno scanner MRI, quindi non potevamo fare questo tipo di studio velocemente e correttamente. Inoltre, non avevamo il soggetto giusto che potesse controllare i cambiamenti di personalità degli alter. Perché dobbiamo avere questo cambiamento durante la risonanza magnetica.*

La scansione ha mostrato cambiamenti significativi nel cervello proprio mentre Louise stava cambiando personalità. Curiosamente, l'ippocampo, un'area associata alla memoria a lungo termine, si spegneva durante l'interruttore e si riattivava una volta che la transizione era completa. È stato effettuato anche un test di controllo: a Louise è stato chiesto di immaginarsi semplicemente come una bambina di otto anni, senza passare ad un altro alter. Il test non ha mostrato nessuno dei cambiamenti visti in precedenza. Per il dottor Tsai, questa è una base scientifica sufficiente per ulteriori ricerche. Per Louise, è una prova da dare a tutte quelle persone che negano l'esistenza dell'I.D.T. Dopo il documentario, il dottor Raj Persaud ha detto alla BBC: "*Come la maggior parte degli psichiatri, prima che uscisse questo studio, ero molto scettico sul disturbo di personalità multipla. Questo perché in Inghilterra facciamo questa diagnosi meno frequentemente che negli Stati Uniti. In Inghilterra, generalmente pensiamo che queste persone possano fingere di avere questo disturbo per ottenere un po' di attenzione per se stessi. Ma la cosa importante e molto persuasiva di questo nuovo studio è che quando questa donna era nello scanner e passava a un'altra personalità, c'era un cambiamento significativo nella sua attività cerebrale, al contrario di quando immagina semplicemente di avere un'altra personalità. Questa è la prova che il disturbo di personalità multipla non è solo finto, ma esiste davvero.*"

La ricerca neurologica ha dimostrato che gli abusi infantili ripetuti hanno un effetto significativo e misurabile sul volume di alcune aree cerebrali come l'ippocampo e il complesso dell'amigdala. Uno studio del 2006 ha scoperto che

---

319 EEG Coherence and Dissociative Identity Disorder ', Journal 'Trauma & Dissociation', Vol.3, 2002.

il volume dell'ippocampo e dell'amigdala è significativamente più piccolo nelle persone con diagnosi di I.D.D. rispetto a un gruppo di soggetti senza I.D.D.[320]

Uno studio pubblicato nel 2003 intitolato *"Un cervello, due* sé" ha confrontato le aree attivate del cervello di due diverse personalità di un soggetto con IDD. Le aree cerebrali di 11 donne con I.D.D. sono state esplorate utilizzando una tecnica di neuroimaging, la PET (tomografia a emissione di positroni). Dopo un certo lavoro terapeutico, le donne sono state in grado, come Louise, di controllare i cambiamenti di personalità richiesti per lo studio. Durante la scansione PET, i soggetti hanno ascoltato registrazioni con contenuti autobiografici e traumatici in due diversi stati di personalità. Solo una delle due personalità studiate ha confermato che il contenuto era autobiografico in quanto era la personalità che aveva vissuto il trauma, l'altra personalità non ricordava di aver vissuto il trauma. I risultati dello studio hanno mostrato che questa diversa percezione dello stesso contenuto si trova nelle diverse aree attivate del cervello: l'alter personalità che riconosce il contenuto perché è registrato nella sua memoria, mostra un profilo di attivazione cerebrale diverso dall'alter personalità che non riconosce il contenuto. Per i ricercatori, una tale differenza nel livello di attività di alcune aree cerebrali non può essere spiegata semplicemente dall'immaginazione o da un cambiamento di umore del soggetto.[321]

Quando siamo inondati da stimoli di pericolo in una situazione traumatica, la collaborazione del complesso dell'amigdala con l'ippocampo è fortemente disturbata. L'elaborazione incompleta dell'informazione fa sì che non sia integrata in un ordine spazio-temporale e che quindi rimanga come ricordi isolati.

La ricerca sui processi fisiologici del cervello nelle persone traumatizzate con la tomografia computerizzata permette di localizzare le aree del cervello dove avvengono i cambiamenti del metabolismo, in questo caso del glucosio. Con questa tecnica di imaging, è possibile visualizzare l'aumento del consumo di glucosio in alcune aree del cervello e dedurre quali aree sono più o meno attivate. In uno studio condotto da Bessel Van der Kolk, alle persone traumatizzate è stato chiesto di ricordare un trauma personale. Rispetto alle persone non traumatizzate (gruppo di controllo) a cui è stato chiesto di ricordare un evento grave della loro vita, le persone traumatizzate hanno mostrato un'attivazione significativamente più alta del complesso dell'amigdala, dell'insula, dell'aspetto mediale del lobo temporale e della corteccia visiva destra. Durante l'evocazione dei ricordi traumatici, l'emisfero destro del cervello era particolarmente attivo, mentre si osservava una diminuzione dell'attivazione dell'emisfero sinistro. La diminuzione era particolarmente pronunciata nel lobo frontale inferiore e nell'area di Broca, che gioca un ruolo importante nel linguaggio. Il professor Van der Kolk ha dedotto da questi risultati che il cervello

---

[320] 'Hippocampal and Amygdala Volumes in Dissociative Identity Disorder, American Journal of Psychiatry' - Vermetten, Schmahl, Lindner, Loewenstein, Bremner, 2006.

[321] *Un cervello, due sé NeuroImage 20* - Reinders, Nijenhuis, Paans, Korf, Willemsen, J.den Boer, 2003.

non può elaborare e comprendere completamente uno stimolo traumatico perché l'area di Broca, che è responsabile della verbalizzazione, è inibita. Questi studi neurologici ci mostrano quanto sia fisiologicamente difficile, se non impossibile, per le vittime di un trauma profondo verbalizzare e spiegare chiaramente ciò che hanno vissuto o stanno vivendo quando riaffiora un ricordo traumatico. Van der Kolk spiega che *"quando queste persone rivivono le loro esperienze traumatiche, i loro lobi frontali sono colpiti, con il risultato che il pensiero e la parola sono danneggiati". Non sono più in grado di comunicare agli altri quello che sta succedendo (...) L'impronta del trauma non si trova a livello verbale, a livello della parte del cervello legata alla comprensione. È molto più profondo nell'amigdala, nell'ippocampo, nell'ipotalamo e nel tronco cerebrale, aree che sono solo marginalmente collegate al pensiero e alla cognizione. "*[322]

Le esperienze traumatiche non sono quindi registrate attraverso il linguaggio, ma principalmente attraverso il ricordo delle sensazioni corporee, attraverso gli odori e i suoni. Quando uno stimolo (come il contatto fisico, certi odori, rumori motori, urla) attiva il ricordo di un evento traumatico, non c'è necessariamente un recupero della memoria con contenuto narrativo. Mentre la memoria narrativa è capace di integrazione e adattamento, i ricordi traumatici non narrativi sembrano essere inflessibili, attivati automaticamente e totalmente dissociati dall'evento. Questa dissociazione dei ricordi traumatici spiega perché non svaniscono nel tempo, ma conservano la loro forza iniziale e diventano ciò che Van der Kolk chiama *"parassiti dell'anima"* (vedremo nel prossimo capitolo che questi ricordi traumatici isolati sono più probabilmente legati a *"frammenti di anima"*). L'informazione sulle esperienze traumatiche è presente nella memoria a qualche livello, ma è quindi completamente dissociata dalla memoria narrativa. Senza un'ulteriore elaborazione per integrarli nella memoria narrativa e analitica, cioè la memoria autobiografica, questi ricordi traumatici possono potenzialmente essere riattivati negativamente per tutta la vita. Si manifesteranno, per esempio, con ipermnesia, flashback, iperattività, amnesia, disturbi emotivi e comportamenti di evitamento. Nella programmazione MK informata dal trauma, sono queste memorie traumatiche inconsce che permettono l'accesso ad alterare le personalità attraverso codici di stimolo e innescare certi comandi impiantati durante il trauma allo stesso modo.

Gli studi fisiologici del cervello sono ora in grado di spiegare perché le persone traumatizzate spesso non possono collocare i loro ricordi traumatici nel tempo. Quando lo fanno, sperimentano il ricordo traumatico come se stesse accadendo nel presente. Alcune ricerche spiegano anche perché i metodi terapeutici che si basano solo sul linguaggio verbale non sono generalmente efficaci nel trattamento del trauma. Una psicoterapia efficace deve tenere conto della memoria narrativa ed esplicita (situata nell'emisfero sinistro del cervello) ma anche della memoria implicita legata ai sentimenti e alle emozioni (situata nell'emisfero destro del cervello). Gli eventi che sono registrati solo come memoria implicita devono essere integrati per diventare memoria esplicita e

---

[322] Bessel van der Kolk vuole trasformare il trattamento del trauma' - Mary Sykes Wylie, Psychotherapy Networker Magazine, 2004.

autobiografica. In altre parole, le intrusioni negative di questi ricordi dovrebbero essere sostituite da una memoria integrata, coerente e cronologica in modo che non danneggi più la persona.[323]

d/ I.D.T. e schizofrenia

A livello fenomenologico, c'è una sovrapposizione significativa tra i sintomi dei disturbi dissociativi (in particolare l'I.D.D.) e la schizofrenia. Queste somiglianze creano confusione negli ambienti ospedalieri e quindi portano a diagnosi errate con ripercussioni significative per i pazienti.

La dissociazione causata da una scissione in più personalità comporta la separazione di strutture normalmente ben integrate come la percezione sensoriale, la memoria, l'attenzione, il pensiero; mentre nella schizofrenia questi processi rimangono integrati, sono semplicemente deteriorati. Nell'I.D.D., il legame con la realtà rimane intatto, mentre nella schizofrenia c'è una rottura quasi totale con la realtà. Nell'I.D.D. la scissione della personalità avviene tramite una divisione all'interno della persona, proprio come una divisione cellulare, come se ogni cellula fosse una nuova e diversa personalità. Nella schizofrenia, questa divisione avviene tra il "sé interno" e il mondo esterno, la connessione con la realtà è persa e la persona vive nel proprio mondo.[324]

Uno studio ha mostrato che un gruppo di pazienti con diagnosi di schizofrenia da parte di uno psichiatra o psicologo, ai quali si fa un'intervista standardizzata relativa ai sintomi dissociativi, ha mostrato che il 35-40% di questi pazienti, supposti schizofrenici, emergerà con una diagnosi di disturbo dissociativo dell'identità. Al contrario, in un gruppo di pazienti con diagnosi di DID che sono intervistati per sintomi schizofrenici, due terzi emergeranno con una diagnosi di schizofrenia. Un gruppo di 236 pazienti con IDD ha mostrato che il 40,8% di loro aveva precedentemente ricevuto una diagnosi di schizofrenia.[325]

Uno dei punti in comune tra la schizofrenia e l'I.D.D. possono essere le allucinazioni uditive, che spesso comportano "voci nella testa". Queste voci possono venire da dentro o da fuori, possono essere amichevoli o ostili. Non esiste una caratteristica affidabile per determinare automaticamente con certezza se si tratta di una "voce schizofrenica" o di una "voce dissociativa". Alcuni terapeuti usano il criterio della voce esterna o interna per discernere se si tratta di schizofrenia o D.I.D. Le allucinazioni uditive che sembrano provenire dall'esterno mostreranno più una tendenza schizofrenica, mentre le voci che provengono dall'interno possono essere quelle di personalità alterne, nel qual caso c'è probabilmente uno sdoppiamento della personalità. Secondo il dottor

---

[323] Imke Deistler e Angelika Vogler: Einführung in die Dissoziative Identitätsstörung - Multiple Persönlichkeit, Junfermann Verlag Paderborn' 2005-www.multiples-pages.net.

[324] Ero io l'assassino! O il disturbo dissociativo d'identità nel cinema' - Beatriz Vera Posek, 2006.

[325] I pazienti con disturbo di personalità multipla con una precedente diagnosi di schizofrenia - Colin Ross, G. Ron Norton, Journal 'Dissociation', Vol.1 N°2, 06/1988.

Colin Ross, un altro indizio è che le personalità scisse di solito sentono più voci di bambini che gli schizofrenici. Nell'edizione 1994 del DSM, i sintomi di voci che parlano tra loro o commentano sistematicamente il comportamento della persona erano considerati schizofrenici. Il medico potrebbe quindi fare una diagnosi di schizofrenia solo su questo sintomo, tuttavia molti professionisti hanno scoperto che queste voci sono più comuni nelle personalità multiple che negli schizofrenici.[326]

Molti psicoterapeuti che lavorano con pazienti IDD hanno scoperto che il fenomeno delle voci nella testa è un evento comune in queste persone. Sempre più studi sembrano collegare la dissociazione a queste "allucinazioni uditive". Alcuni studi si sono concentrati esclusivamente su questo tema, come *"Abuse and dysfunctional affiliations in childhood: An exploration of their impact on voice-hearer's appraisals of power and expressed emotion"* di Charlotte Connor e Max Birchwood, o *"Exploring the experience of hearing voices: A qualitative study"* di Vasiliki Fenekou e Eugenie Georgaca.

La questione delle *'voci nella testa'* è delicata, sapendo che le tecnologie psicotroniche come *'The Voice of God'* o *'Voice to Skull'* possono anche produrre questo tipo di fenomeno. (Vedi Capitolo 1: Psicotronica)

Uno studio[327] condotto con la *Dissociative Experience Scale* (appendice 3) ha mostrato che il 21% dei pazienti psichiatrici ricoverati e il 13% dei pazienti psichiatrici ambulatoriali hanno un punteggio dissociativo superiore alla soglia patologica. Essi concludono che i disturbi dissociativi sono ancora significativamente sotto-diagnosticati.[328] In uno studio intitolato *"Dissociazione e schizofrenia"* pubblicato nel 2004 sulla rivista *"Trauma and Dissociation"*, il dottor Colin Ross e il dottor Benjamin Keyes hanno valutato i sintomi dissociativi in un gruppo di 60 individui trattati per la schizofrenia. Hanno trovato che 36 soggetti avevano caratteristiche dissociative significative, che rappresentano il 60% del loro campione. Questi sintomi dissociativi erano accompagnati da un alto tasso di traumi infantili e da disturbi maggiori come la depressione, il disturbo di personalità *borderline* e l'I.D.D. Sia nel BDD che nella schizofrenia, la dissociazione è una caratteristica di fondo, così come l'origine traumatica di questi disturbi di personalità.

Nonostante gli studi che hanno mostrato chiaramente il legame tra i disturbi psicotici e i disturbi dissociativi, c'è stato un forte calo nell'uso della diagnosi di disturbi dissociativi. Una ragione di questo declino è l'introduzione del termine 'schizofrenia' per descrivere i pazienti con questi sintomi. Tra il 1911 e il 1927, il numero di casi riportati di disturbo di personalità multipla, ora chiamato I.D.D., diminuì di quasi la metà dopo che lo psichiatra svizzero Eugen Bleuler sostituì il termine *"dementia preacox"* con "schizofrenia". Il Dr. Rosenbaum lo spiega in dettaglio nel suo articolo *'Il ruolo del termine*

---

[326] 'I medici della CIA e la truffa della psichiatria' - Intervista con il dottor Colin Ross, sott.net, 2013.

[327] *'Disturbo dissociativo tra i pazienti psichiatrici'* - T.Lipsanen, J.Korkeila, P.Pelolta, J.Järvinen, K.Langen, H.Lauerma, Eur Psychiatry 2004.

[328] 'Dissociazione e acting out violento: una revisione della letteratura' - Jérémie Vandevoorde, Peggy Le Borgne, 2014.

schizofrenia nel declino delle diagnosi di personalità multipla'.[329] Nell'*Oxford Textbook of Psychopathology*, Paul H. Blaney ci dice che una ricerca su PubMed (il principale motore di ricerca per dati bibliografici in tutti i campi della biologia e della medicina) per la schizofrenia genera un risultato di 25.421 articoli, mentre una ricerca per I.D.D. produce solo 73 pubblicazioni.

Una delle conseguenze negative di queste diagnosi errate è che il trattamento dato per la "schizofrenia" sarà basato principalmente su farmaci pesanti, che creano dipendenza e persino pericolosi. Mentre, come vedremo, nella terapia I.D.D., il trattamento con i farmaci è qualcosa di secondario. Possono essere usati per trattare la comorbidità, ma non sono terapeutici in quanto tali. Abbiamo visto che, in primo luogo, l'I.D.D. è stato sostituito da una diagnosi generica chiamata "schizofrenia", e in secondo luogo che il protocollo di trattamento per lo "schizofrenico" sarà un pesante farmaco chimico, di solito inappropriato, che non aiuterà mai il paziente a capire e liberarsi dai suoi disturbi. Disturbi che sono per lo più legati a traumi infantili. In effetti, l'istituzione psichiatrica sembra avere poca volontà di aiutare veramente le vittime e i sopravvissuti al trauma, trascurando o ignorando totalmente il tema della psicotraumatologia. La psicotraumatologa Muriel Salmona dice: *'Siamo molto poco informati sulla psicotraumatologia, non c'è formazione negli studi medici, nessuna formazione durante la specializzazione in psichiatria. Ci sono anche molti esperti che non sono formati in psicotraumatologia, quindi non hanno alcuna conoscenza della memoria e dei processi traumatici (...) Spesso gli psichiatri che si prendono cura degli aggressori non hanno alcuna formazione in psicotraumatologia. Li tratteranno senza tener conto della memoria traumatica, e di conseguenza non tratteranno ciò che rende le persone molto pericolose.'*[330]

La sopravvissuta all'abuso rituale e al controllo mentale Lynn Moss Sharman ha detto in un'intervista radiofonica con Wayne Morris (testimonianza nel capitolo 7): *"Mi ero imbattuta in alcune informazioni - in una biblioteca - che il Rito Scozzese (Massoneria) negli Stati Uniti aveva finanziato la ricerca sulla schizofrenia attraverso le sue donazioni 'caritatevoli'. Ricordo di aver letto questo e di aver pensato che era piuttosto curioso, persino agghiacciante, che gli alti ranghi di questa società segreta scegliessero di usare i loro fondi 'caritatevoli' per finanziare la ricerca sulla schizofrenia (ndr: Scottish Rite Schizophrenia Research Program, SRSRP). Un disturbo che è molto simile per certi aspetti alla diagnosi di disturbo di personalità multipla o di disturbo dissociativo dell'identità che viene diagnosticato nel 99% dei sopravvissuti ad abusi rituali, e certamente anche nei sopravvissuti al controllo mentale. Ho chiesto molto ingenuamente al signor Tooey (Peter Tooey, massone, ex ufficiale di polizia) se era al corrente che i fondi venivano utilizzati per questi scopi, e lui molto orgogliosamente ha risposto: 'Beh sì, qui a Thunder Bay, tutti i soldi che il Rito Scozzese ha contribuito sono andati a finanziare un progetto di ricerca sullo studio della schizofrenia alla UBC. 'Ho trovato molto inquietante, e di*

---

[329] *Esiste la schizofrenia discorsiva?* Marie-Christine Laferrière-Simard e Tania Lecomte, 2010.

[330] 'Les conséquences psychotraumatiques' - Muriel Salmona, Pratis TV, 2011.

nuovo, molto spaventoso che il denaro di questa comunità dell'Ontario nord-occidentale, ricevuto da questa società segreta, andasse direttamente ad un'università sulla costa occidentale del Canada. E poco dopo mi sono imbattuto in un'altra informazione: Ci sono borse di ricerca disponibili alla York University - qualcosa chiamato Rohr Institute, finanziato dalla Masonic Foundation of Canada e con sede a Hamilton, Ontario. Questo istituto offre sovvenzioni per la ricerca e la sovvenzione di 35.000 dollari proviene direttamente dalla Scottish Rite Charitable Foundation of Canada, attraverso il Rohr Institute. Lo scopo è quello di fornire sovvenzioni per studi/ricerca nel campo della "disabilità intellettuale". Non credo che sia qualcosa di molto conosciuto e mi chiedo che tipo di studi vengono effettivamente condotti all'Università di York con questi fondi. "[331]

Abbiamo visto che l'IDD e la schizofrenia sono due disturbi psichiatrici interconnessi, ma la schizofrenia sembra essere una sorta di *"cassetto pigliatutto"* che serve piuttosto ad affollare diagnosi che potrebbero essere più precise, più dettagliate, e quindi più appropriate per trattare i pazienti.

e/ I.D.T. e variazioni psicofisiologiche

Un certo numero di studi e rapporti indicano che ci sono significative variazioni psicofisiologiche tra le alter personalità di un paziente con IDD. Questi possono includere differenze nelle reazioni allergiche o gastrointestinali, la qualità della visione può anche variare tra gli alter: ci sono prove che la cecità può variare a seconda della personalità dell'alter. I cambiamenti nella voce e nella scrittura sono ricorrenti. Ci sono anche differenze nella sensibilità al dolore, nella frequenza cardiaca, nella pressione sanguigna, nella circolazione del sangue e nella funzione immunitaria. Altre differenze sono state notate nei livelli di glucosio negli alter di pazienti diabetici.[332] È stato dimostrato che le persone che simulano personalità alterate non possono causare tali differenze fisiologiche. Queste variazioni, a volte estreme, convalidano quindi il fatto che i pazienti con I.D.T. non stanno giocando un ruolo, ma stanno subendo un vero cambiamento di personalità che colpisce funzioni biologiche normalmente non controllabili.[333]

In una conferenza tenuta nel 2009 sul fenomeno delle personalità multiple, padre François Brune cita diversi esempi di questi notevoli cambiamenti fisiologici: *'In effetti hanno già fatto delle scoperte assolutamente straordinarie, in particolare che possiamo trattare delle differenze molto forti*

---

[331] 'Wayne Morris, intervista con Lynne Moss-Sharman' - CKLN-FM Mind-Control Series, Parte 16.

[332] Linee guida per il trattamento del disturbo dissociativo dell'identità negli adulti, terza revisione", Journal of Trauma & Dissociation, vol.12, 2011 - Società internazionale per lo studio del trauma e della dissociazione - ISSTD.

[333] *Caratteristiche psicobiologiche del disturbo dissociativo d'identità: uno studio sulla provocazione dei sintomi.* - Reinders, Nijenhuis, Quak, Korf, Haaksma, Paans, Willemsen, den Boer, Biol Psychiatry, volume 60, 2006.

secondo le personalità che invadono la personalità principale. Siamo quindi costretti a parlare finalmente di "persone primarie" e "persone secondarie". Come facciamo a distinguerli? La persona principale è quella che controlla il corpo per la maggior parte del tempo, a differenza degli altri (...) Per esempio, vedremo che non hanno bisogno degli stessi occhiali (...) Vedremo anche che per certe medicine dovremo cambiare le dosi, soprattutto per i diabetici. Troveremo che alcune persone sono mancine in un momento e destre in un altro quando la loro personalità cambia. Troveremo anche che non sono tutte sensibili agli stessi anestetici (...) Un malato mentale (ufficialmente considerato tale) che soffriva di personalità scisse e persino triple e quadruple, che doveva essere operato, mostrò che l'anestesia evitava la sofferenza ad alcune delle personalità che lo abitavano mentre le altre si lamentavano di aver sofferto. Potevano descrivere l'intera operazione, quindi non stavano affatto dormendo. Quando qualche anno dopo, questa stessa persona ha dovuto essere operata di nuovo, abbiamo dovuto aspettare pazientemente che tutte le personalità emergessero una ad una per sapere quale anestetico sarebbe stato adatto ad ognuna (...) siamo qui in California con medici competenti... ma in Francia, ovviamente è difficile da prevedere... Immaginate un ospedale francese che accetta di entrare in questo? Allora la loro carriera sarebbe finita molto rapidamente! Ci sono anche allergie che non sono le stesse. Ci sono casi di persone che normalmente non vedono i colori, che quando sono abitati da altri, riferiscono di poterli distinguere di nuovo. Un altro caso studiato in modo molto scientifico fu quello di una persona a cui fu chiesto di osservare una lampada flash per studiare con un elettroencefalogramma le reazioni nel suo cervello. Quando la stessa personalità non aveva il controllo, le reazioni del cervello non erano affatto le stesse. Questo è stato stabilito scientificamente in ricerche molto serie e rigorose. (Per padre François Brune, questo fenomeno delle personalità multiple è il risultato della possessione di anime umane disincarnate. Tratteremo la questione dei beni nel prossimo capitolo)

Un aspetto particolarmente strano di questi cambiamenti fisiologici riguarda gli effetti dei farmaci sulle personalità alterate. Secondo alcuni rapporti, sembra che i loro effetti possano essere totalmente compartimentati e persino annientati. Kristin Constance, australiana sopravvissuta all'abuso rituale e al controllo mentale, è stata ricoverata tre volte in ospedale prima di ricevere finalmente la diagnosi di I.D.T. Nel 2011, durante una conferenza, ha descritto come ha tentato il suicidio ingerendo un cocktail di ansiolitici, antidepressivi e antipsicotici... Non si è nemmeno addormentata... Il cocktail chimico sarebbe stato bloccato in una certa alter personalità e non avrebbe avuto alcun impatto sulla personalità che aveva il controllo del corpo (la sua testimonianza è trascritta per intero nel capitolo 7).

Un fenomeno totalmente irrazionale, ma come vedremo nel prossimo capitolo, l'I.D.T. può anche essere paranormale.

Un altro sopravvissuto all'abuso rituale con I.D.T. ha anche testimoniato nel 1997 nel programma *FOX13 News "Your Turn"*. Dejoly Labrier ha descritto come una delle sue alter personalità chiamata *"Ginger"* aveva bisogno del *Prozac* perché era depressa. *Loro* (il sistema alter) hanno preso questo farmaco per questo alter *Ginger* per due anni... ma secondo Labrier, solo *Ginger ha* sentito gli effetti... (la sua testimonianza è anche trascritta per intero nel capitolo 7).

Le personalità alter sembrano essere in grado di bloccare o potenziare gli effetti dei farmaci, così come di "ingannare" altri alter non prendendo i farmaci o assumendo dosi più elevate mentre gli altri alter vorrebbero seguire correttamente il trattamento, ma non sono consapevoli di questi comportamenti sabotatori da parte di altri alter a causa delle pareti amnesiche.

Un articolo sulla rivista *"Dissociation"*, pubblicato nel settembre 1994, racconta il caso di una serie di operazioni chirurgiche in anestesia generale effettuate su un paziente con IDD. Si è scoperto che le sue esigenze anestetiche erano piuttosto atipiche: ha ricevuto una dose normale di rilassante muscolare, tuttavia la dose di analgesici era totalmente diversa dalla norma, ha richiesto solo il 16-33% della dose che viene solitamente utilizzata per un paziente adulto senza IDD. La dose di anestetici era anche più bassa della norma, al 50-80% della dose normale utilizzata nella chirurgia di routine. Il paziente ha spiegato che una personalità altera infantile aveva il controllo del corpo prima di ogni operazione, il cambiamento alter sembra essere stato indotto dall'ansia. Questo potrebbe spiegare perché le dosi di antidolorifici e anestetici richiesti erano molto più basse rispetto a quelle di un adulto. Questo fenomeno è stato comunemente osservato dai clinici in diversi paesi, che riferiscono che i pazienti con IDD richiedono dosi minori di sedativi quando un bambino alterato ha il controllo del corpo.[334]

Anche le variazioni psicofisiologiche sono legate alla cecità. Nel novembre 2015, il Dailymail ha pubblicato un articolo intitolato 'Blind woman, 37, with multiple personalities lost her sight after an accident but can still see when in her teenage boy character'. Questo articolo descrive il caso di una donna tedesca a cui è stata diagnosticata una cecità corticale all'età di 20 anni in seguito a un incidente. Da allora camminava con l'aiuto di un cane guida. La sua cartella clinica mostra che ha ricevuto una serie di esami che hanno confermato la cecità. Dato che non c'erano danni fisici ai suoi occhi, si è supposto che il problema fosse probabilmente un danno cerebrale dovuto all'incidente. 13 anni dopo, in psicoterapia, le fu diagnosticato che soffriva di I.D.D. con una decina di alter personalità... Fu durante il trattamento del suo disturbo dissociativo che accadde qualcosa di notevole: mentre il suo alter ego adolescente era "al comando", la sua vista recuperò. I suoi terapeuti hanno riferito che la visione della donna passava dal buio alla luce in pochi secondi, a seconda delle alter personalità che emergevano. Gli psicologi tedeschi Hans Strasburger e Bruno Waldvogel, che hanno condotto lo studio, hanno usato un EEG (elettroencefalogramma) per misurare come l'area della sua corteccia legata alla visione rispondeva agli stimoli visivi. Si è scoperto che quando la paziente era in un'alterazione "cieca", il suo cervello non rispondeva alle immagini, mentre con una personalità alterata "vedente", le misurazioni erano normali. La sua cecità andava e veniva secondo

---

[334] *'L'effetto del disturbo di personalità multipla sull'anestesia: un rapporto di caso'* - Moleman, Hulscher, van der Hart, Scheepstra, Journal 'Dissociation' Vol.7 N°3, 09/1994.

le alter personalità che controllavano il corpo. I medici credono che la sua cecità sia stata causata da una forte reazione emotiva all'incidente. Il dottor Strasburger ha detto: 'Probabilmente serve come funzione di ripiego (...) In una situazione emotivamente intensa, il paziente può talvolta reagire diventando cieco, e quindi non avendo bisogno di vedere. Ci sono altri casi in cui la cecità varia a seconda dell'alterazione che emerge, come la testimonianza di Diana in un documentario sull'I.D.T. nella serie "The Extraordinary", trasmessa sull'Australian Seven Network negli anni '90.

Bisogna notare qui che come la psicofisiologia può variare da un alter ego all'altro, anche lo stile di scrittura può cambiare completamente da una personalità all'altra. La grafia di un individuo è un segno attraverso il quale può essere identificato e il suo profilo psicologico analizzato, è unico e definitivo, e quindi la polizia a volte utilizza tecniche di grafologia nelle sue indagini. Gli psicoterapeuti che lavorano con i pazienti IDD hanno notato marcate differenze nello stile di scrittura tra le personalità alter della stessa persona, e l'analisi grafologica di questa scrittura può rivelare informazioni su un particolare alter. È quindi possibile identificare le personalità alterate dal loro stile di scrittura.[335]

f/ Transgenerational T.D.I.

"È comune per le donne adulte in trattamento per l'I.D.D. descrivere chiaramente i sintomi dell'I.D.D. in uno o entrambi i loro genitori. Le testimonianze possono includere descrizioni chiare di personalità alternate, così come i nomi delle personalità alterne dei genitori." *Il complesso di Osiride* - Dr. Colin Ross

Nel suo libro *Childhood Antecedents of Multiple Personality*, il Dr. Richard Kluft riporta casi di pazienti che avevano diversi membri della famiglia che soffrivano di stati dissociativi, di generazione in generazione. In particolare, descrive il caso di un uomo di 22 anni che fu sottoposto a un esame psichiatrico da un giudice, durante il quale fu presa in considerazione la possibilità che soffrisse di I.D.D. L'uomo era sotto processo per l'omicidio di suo padre. Ha detto alla polizia che suo padre era un noto farmacista, uno dei "pilastri" della comunità locale. Ma ha anche riferito che suo padre era coinvolto nel traffico di droga e aveva legami con il crimine organizzato. L'imputato ha confessato che lui stesso era un complice nel traffico di droga di suo padre, poiché a volte faceva delle consegne di merce. Ha anche confessato che suo padre aveva grandi debiti e che aveva chiesto a suo padre di ucciderlo in modo che i soldi dell'assicurazione sulla vita potessero essere usati per pagare questi debiti. Il padre pensava anche che un "suicidio" potesse cancellare il debito. Tutte queste informazioni sono state convalidate da altre persone durante l'indagine. Il giovane non poteva uccidere suo padre da solo, così reclutò un'altra persona per commettere l'omicidio. Sia il figlio che l'assassino sono stati infine arrestati dalla polizia.

---

[335] *Variazioni di scrittura a mano in individui con MPD'* - Jane Redfield Yank, Journal 'Dissociation', Vol.4 N°1, 03/1991.

Il dottor Kluft ha parlato con questo giovane uomo quotidianamente per qualche tempo e ha confermato la diagnosi di personalità multipla. Kluft stesso ha osservato i cambiamenti negli atteggiamenti, nella voce, nell'espressione facciale e nel linguaggio del corpo dell'individuo. Inoltre, le interviste con i suoi due fratelli, sua sorella, sua moglie, i suoi cugini e i suoi vicini hanno confermato che il giovane aveva cambiamenti comportamentali caratteristici dell'IDD. Sulla base delle dichiarazioni dell'imputato, della sua famiglia e di sua moglie, si è anche constatato che il padre era molto probabilmente affetto da IDD. È stato descritto come un uomo imprevedibile che andava in collera inappropriata con cambiamenti di voce e comportamenti insoliti. Sia l'imputato che alcuni membri della sua famiglia hanno riferito che il padre si comportava come se *fosse due persone diverse*, sostenendo di essere sia uno *"spacciatore"* che un *"pilastro della comunità"* (cioè aveva un'attività criminale nascosta da un lato e una facciata pubblica molto rispettabile dall'altro). Queste dichiarazioni possono essere coerenti con un IDT.

Le informazioni raccolte dal giovane imputato, da sua moglie, dai fratelli e dalla sorella, hanno anche suggerito che anche la madre stava sperimentando episodi dissociativi. Tutte le fonti hanno testimoniato che era instabile e aveva un umore molto variabile, ed è stata descritta come *isterica*. Questa donna, che di solito era su una sedia a rotelle, aveva periodi di sorprendente miglioramento fisico in cui camminava senza problemi, qualcosa che era medicalmente inspiegabile (è possibile che si trattasse di un disturbo dissociativo di conversione, che può manifestarsi come una paralisi puntuale). Le informazioni fornite dal figlio e dalla sua famiglia suggeriscono anche che la nonna paterna soffriva di I.D.D.: era costantemente descritta come *"imprevedibile"*, *"mutevole"* e afflitta da *"problemi di memoria"*. Tutti i membri della famiglia l'hanno descritta come un *"terrore"* a causa delle sue urla inappropriate e del suo comportamento incontrollabile. Inoltre, il suo atteggiamento con i suoi figli era totalmente casuale. Ci sono stati rapporti di abusi fisici sui suoi figli, ma paradossalmente a volte ha mostrato grande affetto. Questo illustra il modello incompatibile di amore e abuso frequentemente riportato nelle famiglie di pazienti con IDD. In questo caso, la giuria ha ignorato la perizia psichiatrica fornita dalla difesa e il paziente è stato condannato a 25 anni di prigione.

I dati raccolti dal Dr. Richard Kluft da un certo numero di pazienti supportano l'ipotesi che la dissociazione e l'I.D.D. sono probabilmente transgenerazionali. Prove di disturbi dissociativi sono state osservate e riportate in diciotto famiglie di pazienti con diagnosi di I.D.D. e seguiti dal Dr. Kluft. Questo dimostra una certa connessione transgenerazionale, tuttavia, ci sono diversi fattori che devono ancora essere chiariti sui meccanismi di questa connessione. Il Dr. Kluft afferma legittimamente che questo tipo di informazioni sono raccolte ad hoc, ma dovrebbero essere studiate sistematicamente e metodicamente per trarre statistiche e conclusioni. Studi più dettagliati permetterebbero di identificare i meccanismi alla base della trasmissione dell'I.D.T. di generazione in generazione.[336]

Come si trasmettono questi disturbi dissociativi da una generazione all'altra? Forse possiamo rispondere a questa domanda in parte attraverso la pratica dell'abuso rituale transgenerazionale all'interno delle reti occulte? Il caso riportato sopra da Richard Kluft ci mostra un giovane che soffre di un D.I., quindi profondamente traumatizzato fin dalla prima infanzia. Suo padre era un importante farmacista con una solida reputazione che ovviamente conduceva una doppia vita trafficando droga parallelamente alla sua attività professionale. Secondo Kluft, ci sono tutte le ragioni per credere che il padre stesso soffrisse di I.D.D., così come sua moglie e sua madre... Così abbiamo il classico contesto di una famiglia che pratica abusi rituali di generazione in generazione, in cui tutti i membri sono impantanati in stati dissociativi. Le I.D.D. sono causate da traumi estremi e ripetitivi, non appaiono da un giorno all'altro dopo una *brutta influenza*. Inoltre, le attività illegali del padre, che conduce una doppia vita, rafforzano l'idea che si tratta di una famiglia che fa parte di una rete occulta, essendo il traffico di droga un fatto comune in questi ambienti.

Il processo di ripetizione sistematica dei traumi sulla prole è un circolo vizioso alimentato da ricordi traumatici che richiedono un'anestesia dissociativa. Questo processo ha certamente molto a che fare con la trasmissione generazionale degli stati dissociativi e in particolare del D.I.T. La vittima si autotratterà con la violenza fisica e psicologica contro gli altri, di solito i figli, che a loro volta si dissoceranno e ripeteranno la violenza, e così via di generazione in generazione. Questo fenomeno può avvenire senza rituali di tipo satanico, "semplici" violenze familiari ricorrenti e incesti possono creare questo circolo vizioso se i disturbi non vengono trattati e curati. L'abuso sessuale segna anche il DNA della vittima, quindi la predisposizione alla dissociazione e altre conseguenze negative (depressione, bipolarità...) si trasmettono anche geneticamente. Questo fattore genetico legato alla dissociazione è un marchio ricercato e coltivato da certe famiglie luciferiane (torneremo sulla questione dei traumi che segnano il DNA nel capitolo 7).

Ricordiamo qui un caso che ha avuto luogo a Parigi nel 2012. Il caso riportato da *BFMTV* riguardava i figli di una coppia parigina il cui uomo era (giustamente) un farmacista. Sono *stati i medici dell'ospedale Necker ad allertare la polizia. La bambina di due anni e mezzo è stata portata al pronto soccorso per convulsioni un mese fa. I suoi risultati del sangue e delle urine hanno mostrato che aveva assunto regolarmente cocaina per quasi un anno. Suo fratello di quattro anni si è sottoposto agli stessi test. Stessa conclusione. A parte il fatto che il ragazzo consuma anche crack e in grandi quantità* (!!)' Come possono i bambini piccoli consumare cocaina e crack? Non c'è dubbio che questi bambini sono stati volontariamente drogati da adulti... in quali circostanze e per

---

[336] 'Childhood Antecedents of Multiple Personality', Cap: 'The transgenerational incidence of dissociation and multiple personality' - Richard P. Kluft, 1985, p.127-150.

quali scopi? Un'inchiesta giudiziaria è stata aperta dalla procura di Parigi, a che punto è oggi questo grave caso? Dove sono questi bambini oggi?[337]

g/ T.D.I. e alterazione animale

In un I.D.T., la presenza di alter personalità infantili o di sesso opposto è molto comune. Ciò che è meno comune è la presenza di un alter ego non umano. In alcuni casi, l'alter personalità può essere totalmente disumanizzata al punto di credere di essere in realtà un animale. La presenza di questi "alter ego animali" di solito indica che la persona ha subito un abuso rituale. Lo sviluppo di un'alterazione animale avviene durante un trauma estremo nella prima infanzia. Il bambino può essere stato costretto a comportarsi e a vivere come un animale. Per esempio, il bambino può aver assistito alla mutilazione di un animale, essere stato costretto a partecipare o assistere ad atti di zoofilia o essere stato costretto ad uccidere un animale. Nel controllo mentale Monarch, la disumanizzazione e l'alterazione animale sono creati deliberatamente dal programmatore in modo estremamente sadico. Tuttavia, questi alter ego disumanizzati possono essere presenti senza alcuna programmazione mentale volontaria, ma in ogni caso è il risultato di un trattamento traumatico disumano, disumanizzando volontariamente la piccola vittima.

Ecco alcuni dei casi che la rivista *Dissociation ha* riportato nel 1990 in un articolo intitolato: *"Animal alters: case reports"*. È stato scritto dalla psichiatra Kate M. Hendrickson, dal professor Jean M. Goodwin e da Teresita McCarty. Il contenuto di questo articolo è stato presentato alla Sesta Conferenza Annuale sulla Dissociazione e le Personalità Multiple a Chicago nell'ottobre 1989.

Il primo caso riportato era quello di una donna di 38 anni che faceva frequenti riferimenti agli animali durante la sua terapia. La paziente ha descritto come suo padre a volte catturava gli uccelli e li chiudeva nel bagno con lei quando veniva punita, e loro venivano a morderle la testa con i loro becchi. Questo la terrorizzava, ha spiegato: *"Quando sono troppo terrorizzata, mi trasformo in un uccello e volo in bagno"*. A volte suo padre appendeva conigli o uccelli morti sul suo letto. Poi diceva a sua figlia che poteva essere strangolata proprio come questi animali se non avesse fatto quello che le veniva detto o se avesse parlato degli abusi. Era anche costretta a mangiare gli avanzi di una ciotola per cani, ecc. Quando la gatta di famiglia partorì, il padre mostrò alla figlia cosa le avrebbe fatto se fosse rimasta incinta. Per fare questo, apriva l'addome dei gattini dopo averli strangolati e smembrati. Questi orrori fatti agli animali erano un modo per terrorizzare e traumatizzare la bambina.

Quando suo padre la violentò all'età di otto anni, divenne terrorizzata dall'idea di rimanere incinta e di subire il destino dei gattini. Quando questi orrori cominciarono ad insinuarsi nella terapia, disse che sentiva *"strani pianti di bambini dentro di lei"*. Queste grida che sentiva erano inconsolabili e aveva il

---

[337] Parigi: due bambini di 2 e 4 anni drogati alla cocaina e al crack - Sarah-Lou Cohen e Cathelinne Bonnin, BFMTV, 02/03/2012.

terrore di lasciare l'ufficio del terapeuta perché diceva che *"tutti lo avrebbero saputo"*. Era terrorizzata che altre persone sentissero le urla e sapessero che lei stessa aveva partecipato alla mutilazione dei gattini. Ha detto che aveva cercato di aiutare la madre gatta prendendo lei e i suoi gattini dentro di sé, in modo che il padre non potesse più far loro del male. Era terrorizzata da un suo alter ego in cui si interiorizzava la sofferenza della madre gatta. Questo gatto alterato era a sua volta terrorizzato dal padre del paziente. Dopo aver descritto e compreso come i gattini erano stati interiorizzati, le è stato possibile parlare delle sue gravidanze incestuose all'età di quattordici e sedici anni. Il padre aveva ucciso i bambini appena nati, da qui le *strane grida* di *bambini inconsolabili* dentro di lei. Dice che uno dei suoi bambini è stato smembrato come i gattini.

Dopo che la paziente ha parlato dei gattini dentro di lei, è stata in grado di richiamare i ricordi dissociati e repressi di incesto, gravidanza e infanticidio. All'inizio poteva parlare di questi pesanti ricordi traumatici solo attraverso il suo gatto alter. Questo alter ego gatto poteva *"parlare" di* queste storie terribili mentre la personalità principale del paziente non poteva. Si è scoperto che quando la paziente era "innescata" dal ricordo di non essere stata in grado di salvare i suoi figli o i gattini, si autolesionava con una lametta sulla punta delle dita, dita che arrivavano ad assomigliare ad artigli. Descriveva anche un comportamento simile quando era ambivalentemente a letto con gli uomini: il gatto alterno faceva numerosi graffi sul loro viso o sul petto.

Un altro caso riportato è quello di una donna di 35 anni che, terrorizzata, si è trasformata in un cane. Questo può sembrare divertente, ma non c'è niente di comico. I suoi genitori tedeschi la punivano facendole mangiare da una ciotola per cani a quattro zampe, costringendola a comportarsi come un cane. In terapia individuale, le fu diagnosticato l'I.D.D. e rivelò di essere stata violentata da suo padre, che coinvolgeva anche il cane di famiglia in atti zoofili. Qualsiasi riferimento al sesso, all'essere cattivi o malvagi la faceva "trasformare" in un cane. Quando questo accadde in terapia, la paziente cominciò a comportarsi come un cane e a parlare in tedesco (la sua lingua abituale era l'inglese, è possibile che i genitori parlassero in tedesco durante gli atti traumatici). Le dichiarazioni sul trattamento disumanizzante costringendola a comportarsi come un animale hanno preceduto le dichiarazioni sull'abuso sessuale.

L'articolo *Dissociation* riporta anche un caso criminale di una donna con disturbo dissociativo che è stata condannata per omicidio per sventramento. C'era la prova che potrebbe aver usato i suoi denti e le sue unghie ad un certo punto del crimine. Lo pensava anche per il sapore di sangue che le rimaneva in bocca, dato che aveva un'amnesia totale sul crimine. Durante l'indagine è stata interrogata sotto ipnosi. Quando era in trance ipnotica, le fu suggerito di immaginarsi in un luogo tranquillo, lei descrisse allora che era in una giungla e che lei stessa era una pantera tra i rami di un albero. Dopo diverse sedute di ipnosi per cercare di ricostruire e capire il crimine, ha dichiarato in trance che un facocero aveva attaccato la pantera e che questa era stata sventrata. Le prove hanno mostrato che le sue unghie erano state usate nel crimine, ma stranamente non è stato trovato sangue sotto le sue unghie. Una spiegazione è che li abbia leccati proprio come un felino si lava le zampe. L'amnesia della donna copriva anche gran parte della sua prima infanzia, ma non è stato possibile trovare alcuna storia di violenza.

Quando un paziente si comporta come un animale, questo può sembrare un comportamento psicotico particolarmente grave. Ma questi strani sintomi devono essere osservati ed esaminati attentamente, così come i sogni e i frammenti di memoria devono essere sistematicamente esplorati e sezionati. Le alterazioni animali possono essere in parte legate ai ricordi dissociati e possono servire a bloccare l'accesso a una specifica area di memoria. Quando le ragioni del suo sviluppo e le funzioni dell'alterazione animale sono state scoperte e comprese, questo alter può allora essere collegato ai ricordi della prima infanzia e al trauma che li ha causati. Il contatto con questi alter ego animali è una porta verso gli alter ego più violenti della vittima (che possono essere animali o umani). Queste alterazioni rappresentano l'identificazione della vittima con gli atti più violenti degli autori.[338]

Nell'abuso rituale satanico, la tortura e l'uccisione di animali è comunemente usata per intimidire e ridurre al silenzio le vittime. Al bambino viene detto che subirà lo stesso destino se parla di qualcosa. Inoltre, il bambino è costretto a partecipare agli atti barbari per farlo sentire colpevole al fine di renderlo "colpevole" a sua volta, come abbiamo visto nel capitolo 4. L'animale può così interiorizzarsi per diventare una frazione della personalità dissociata dai traumi, un alter che può mostrare una rabbia estrema. Ma attraverso il contatto e la riconciliazione, si può creare un'alleanza con l'animale alterato per renderlo uno strumento prezioso che può aiutare la vittima nella sua guarigione.

h/ I.D.T. e terapie

Questo sottocapitolo sulla terapia non è inteso come una guida medica o terapeutica. Ha lo scopo di dare alcune informazioni aggiuntive per aiutare a capire un po' di più su come funziona uno sdoppiamento di personalità e come avvicinarsi al problema per ottenere supporto e aiuto.

La strategia terapeutica per l'I.D.D. è quella di "riunire", o "fondere", le alter personalità tra loro. Si tratta di ridurre il loro numero fino a che ce ne sia solo uno, generalmente quello che era presente in origine, la cosiddetta personalità "ospite". Questo meccanismo si chiama *"integrazione"* e si basa sui seguenti principi elencati dal dottor Colin Ross:
- Contattare tutte le personalità usando l'ipnosi.
- Raccogliendo tutti gli elementi della storia di tutte le alter personalità.
- Considerate ogni personalità come parte del tutto.
- Sviluppare la comprensione reciproca e la cooperazione tra le diverse personalità di alter.
- Il controllo dei cambiamenti di personalità altera. (*interruttore*)
- Fare accordi con ogni personalità per sorvegliare l'intero sistema.

---

[338] *'Animal alters: case reports'* - Kate M. Hendrickson, Jean M. Goodwin, Teresita McCarty, Journal 'Dissociation', Vol.3 N°4, 12/1990.

- In primo luogo, stabilire delle fusioni tra le personalità secondo le loro affinità.

- Progredire verso e consolidare l'integrazione finale sostenendo le relazioni sociali del paziente.

I seguenti sono i tipi di domande che si possono fare quando si entra in contatto con una personalità altera, avendo cura di rispettare il libero arbitrio e di chiedere il permesso di fare certe domande:

- Come ti chiami?
- Quanti anni hai?
- Qual è la sua funzione?
- Perché sei qui?
- Da quanto tempo sei qui?
- Dopo quale evento?
- Cosa si ricorda?
- C'è qualcun altro?
- Quanti siete?
- Ci sono dei bambini?
- Chi è in difficoltà?
ecc...

In un articolo intitolato *"Fenomeni dissociativi nella vita quotidiana dei sopravvissuti al trauma"*, la psicoterapeuta Janina Fisher dà quattro semplici "leggi" per capire il sistema interno di una personalità dissociata e per lavorare con essa/lui:

- <u>Un alter è solo una frazione di un tutto:</u> non importa in quale stato si trovi il paziente in un dato momento, non importa quanto regressivo, impotente e confuso possa essere, ci saranno sempre altri alter adulti che sono sicuri e competenti per andare avanti positivamente nella terapia. Non importa quanto il paziente possa essere autodistruttivo in un dato momento, ci sono altri alter che vogliono vivere e lottare per sopravvivere. Ci sono sempre degli alter che combatteranno per vivere e lotteranno per mantenere il controllo su quei sentimenti schiaccianti di impotenza e demoralizzazione. Il paziente deve tenere a mente che non importa quale o quali alter sono dominanti in un dato momento, essi sono solo una frazione di un sistema progettato per essere in equilibrio.

- Il <u>sistema è progettato per la sopravvivenza, non per la distruzione:</u> questa "legge" risparmierà al terapeuta inutili esaurimenti durante le crisi ricorrenti ed eviterà inutili ricoveri. Il lavoro terapeutico consiste nell'aiutare il paziente ad adattarsi a questo sistema affinché possa affrontare la sua complessità e le sfide che pone nella sua attuale vita adulta. Queste funzioni dissociative, questi cambiamenti di personalità, possono essere utilizzati in modo costruttivo per essere in grado di mantenere la rotta e per essere in grado di vivere una vita significativa, per essere in grado di trovare piacere nel viverla e crearla. Il fatto che questo sistema sia stato progettato per essere adattivo significa anche che ogni crisi, ogni nuovo "intoppo" che si verifica, in realtà fornisce l'opportunità di riadattare il sistema in un altro modo per renderlo ancora più rilevante per la vita del paziente. Queste crisi ci permettono quindi di capire un po' meglio il funzionamento del sistema interno.

- Per ogni azione, ci sarà una reazione uguale e contraria: ciò significa che ogni frazione, ogni parte dell'io, avrà la sua polarità opposta o il suo contrario. Per esempio, gli alter suicidi e autodistruttivi avranno alter opposti determinati a vivere e combattere e alter terrorizzati di morire o di dover provare dolore. Gli alter che vivono nella vergogna e vogliono nascondersi ed essere invisibili saranno bilanciati da alter narcisisti e persino esibizionisti. In qualsiasi momento, un sentimento, una decisione o un punto di vista espresso esteriormente sarà bilanciato internamente da una reazione uguale e contraria. Questo bilanciamento sistematico degli opposti può avere conseguenze sia positive che negative, poiché c'è anche una risposta opposta ai cambiamenti o agli eventi positivi. Per esempio, se alcuni alter sviluppano una maggiore fiducia e vicinanza con il terapeuta, altri alter si sentiranno minacciati e tenteranno di sabotare la terapia per allontanarsi dal terapeuta. Se alcuni alter metteranno inesorabilmente alla prova la competenza, la coerenza e l'affidabilità del terapeuta, altri alter proveranno tristezza e desolazione e vorranno allora raddoppiare i loro sforzi per compiacere il terapeuta.

- Il terapeuta è il terapeuta di tutto l'alter: Il terapeuta è il terapeuta di tutto il sistema e quindi di tutte le sue parti. Lavorare solo con alcuni degli alter e trascurare altre parti sarebbe come dire che si lavora solo con una metà del paziente. Che si tratti della "metà simpatica", della "metà giovane", della "metà autodistruttiva" o della "metà buona" del paziente, il lavoro terapeutico non può essere efficace prendendo in considerazione solo una parte di un tutto. Se il terapeuta è il terapeuta di tutte le parti, sarà neutrale, non prenderà parti e non manterrà segreti. Scoprirà il potenziale e l'utilità che ogni alter porta alla terapia e al sistema nel suo insieme, compresi gli alter violenti, suicidi o autodistruttivi. Vedrà le interazioni tra i diversi alter, che faranno emergere i conflitti interni, proprio come farebbe un terapeuta familiare. Allo stesso modo in cui funziona il sistema familiare, il paziente non sarà identificato con nessuno dei suoi alter, ma piuttosto con il sistema complessivo degli alter. Poiché nei pazienti dissociativi il sistema e il paziente sono la stessa persona, il terapeuta deve evitare una trappola comune nel trattamento della dissociazione: cioè, parlare al sistema come se fosse una singola persona che agisce come una "porta girevole" per i diversi "membri della famiglia" che vengono a raccontare le loro storie in successione. Di solito è più utile lavorare principalmente con i "genitori", cioè l'alter adulto o la personalità ospite, per insegnare loro le abilità necessarie a favorire la comunicazione e la cooperazione interna tra tutti gli alter.

All'inizio della terapia, a causa dell'amnesia dissociativa traumatica, il paziente con I.D.D. riferirà inizialmente un'esperienza frammentata e incoerente. La sua storia personale completa e cronologica arriverà con il tempo, attraverso la progressiva integrazione dei ricordi e delle personalità dissociate. Il processo di integrazione può essere paragonato alla costruzione di un puzzle che non potrebbe prendere forma senza i diversi pezzi che compongono le esperienze di vita che sono state spezzate dalla dissociazione. L'integrazione consiste quindi nel mettere insieme questi pezzi di puzzle per ricreare un insieme coerente che comprenda tutti i ricordi, validi o meno. I pezzi di memoria appartenenti ai diversi sensi (udito, olfatto, tatto, vista, gusto: memoria non semantica) sono gestiti dall'ippocampo il cui ruolo è quello di trasferirli alla corteccia cerebrale affinché possano essere elaborati e integrati coscientemente. In questo modo, passano da un modo inconscio a uno cosciente, da un modo dissociato a uno associato o *risolidificato*. Diventano una memoria integrata che ora può essere verbalizzata in modo coerente.[339]

Il termine fusione è usato anche per descrivere il processo di integrazione. Una mente libera da traumi e dissociata lavora in modo unificato. Per una mente dissociata e scissa, la fusione è il momento in cui due (o più) personalità alternative diventano consapevoli della reciproca esistenza. Sperimentano allora una sorta di fusione, una dissoluzione delle pareti amnesiche che significa che non avranno più alcuna separazione e condivideranno quindi gli stessi ricordi. La "fusione finale" è l'obiettivo della terapia. Il paziente passa da uno stato di identità multiple a un sé soggettivo unificato, *l'unificazione*.

I terapeuti riconoscono che ci sono tre fasi principali nel processo di integrazione. Prima di tutto, però, è essenziale stabilire una sensazione di sicurezza fisica e psicologica nel paziente, così come una stabilizzazione e una riduzione dei sintomi (comorbidità). Questa stabilizzazione permetterà di lavorare sui ricordi traumatici, ricordi che devono essere integrati coscientemente. L'integrazione, o fusione delle alter personalità, e la riabilitazione sono la fase finale. Queste tre fasi possono sovrapporsi perché un'alterazione può trascinarsi più delle altre, ma di solito il terapeuta tratta una fase alla volta.

- Fase 1: sicurezza, stabilizzazione e riduzione dei sintomi:

Il primo passo è quello di creare una sorta di alleanza tra il paziente e il terapeuta per stabilire fiducia e stabilità. In questa fase, si tratta di minimizzare i comportamenti che possono essere pericolosi sia per il paziente che per chi lo circonda. È anche necessario ridurre i pensieri negativi che possono rendere il paziente vulnerabile a ulteriori attacchi esterni. La gestione e il controllo dello stress post-traumatico è anche una priorità della fase 1. Altri comportamenti che dovranno essere regolati sono i disturbi alimentari, l'assunzione di rischi, la violenza, l'aggressività, ecc. Le personalità alterate coinvolte in comportamenti violenti e l'identificazione con l'aggressore (o gli aggressori) possono essere particolarmente difficili da gestire. È quindi importante identificarli rapidamente per cercare di raggiungere un accordo, una sorta di contratto con loro per aiutare il paziente a sentirsi sicuro. Questi alter ego spaventosi, arrabbiati e violenti hanno spesso un ruolo protettivo, nonostante le apparenze, sono lì per proteggere il paziente.

Gli alter "osservatori" possono essere molto utili per ricostruire cronologicamente i ricordi frantumati per sapere cosa è successo, il corso degli eventi (o l'illusione e la manipolazione che i torturatori volevano creare).

In generale, le personalità alter si vedono come una persona veramente separata, fuori dal gruppo alter e autonoma. È quando prendono coscienza dell'esistenza di altri alter che si rendono conto che sono multipli e che appartengono allo stesso corpo fisico. Questa consapevolezza preverrà, per

---

[339] 'Healing The Unimaginable: Treating Ritual Abuse and Mind Control' - Alison Miller, 2012.

esempio, l'autolesionismo e si può prendere un impegno con ognuno di loro per evitare comportamenti autodistruttivi. Molti alter si sentono vuoti, spersonalizzati o insicuri della loro identità proprio perché sono solo una parte di un tutto. Insieme formano una persona completa. Si tratta quindi di creare una forma di coesione in cui ogni alter conosce gli altri e trova il suo posto nel gruppo, o sistema interno.

Rendere gli alter assistenti nella terapia è una grande risorsa, ma è anche necessario sviluppare strategie per migliorare la loro comprensione e comunicazione reciproca, poiché il paziente perde molta energia nell'affrontare i conflitti interni tra loro. Lo sviluppo di una relazione di fiducia e il dialogo con le alter personalità saranno la chiave per scoprire il trauma (fase 2) e raggiungere la stabilità e l'integrazione (fase 3).

Anche la comunicazione non verbale ed emotiva è importante. Alcuni alter avranno bisogno di essere abbracciati, mentre altri prenderanno questo gesto come un tentativo di approccio sessuale. Alcuni alter sono incapaci di guardare la persona di fronte a loro dritto negli occhi. Alcuni si esprimeranno in modo estroverso mentre altri saranno totalmente terrorizzati e avranno solo bisogno di sentire parole rassicuranti. Alcuni non possono parlare, avranno bisogno di comunicare attraverso la scrittura, il disegno o attraverso un altro alter che farà da mediatore. Il terapeuta non deve mostrare favoritismi e deve trattare ogni alter ego. Il terapeuta non deve anche essere spaventato da coloro che appaiono ostili, perché usano la rabbia per proteggere gli alter più vulnerabili, che di solito sono bambini piccoli. Durante questa fase ci può essere anche l'uso di tecniche di ancoraggio nel momento presente e metodi di autoipnosi. A volte sarà necessario usare i farmaci per affrontare i comportamenti a rischio, ma questo non dovrebbe essere l'obiettivo del trattamento. Si tratta anche in questa prima fase di sviluppare l'accettazione e l'empatia per ogni parte della personalità scissa, ogni alterazione deve essere considerata per quello che è e come avente il suo ruolo da svolgere nella terapia e nella vita del paziente.

- Fase 2: Confronto e integrazione dei ricordi traumatici:
La seconda fase si concentra sui ricordi traumatici del paziente. Qui c'è ancora molto lavoro da fare per aiutare il paziente ad accettare le diverse parti della sua personalità e gli alter devono continuare a conoscersi e vivere insieme. In questa fase, il lavoro consiste anche nel superare i problemi di blocco del paziente nel suo passato. Uno dei compiti più difficili in questa fase sarà superare la paura dei ricordi traumatici per poterli integrare efficacemente. Il paziente e il terapeuta dovranno discutere insieme per raggiungere un accordo su quali ricordi dovrebbero essere prioritari per l'elaborazione. Una volta che questi ricordi traumatici sono elaborati e integrati, devono essere condivisi con ogni personalità altera che non ne era a conoscenza. Questa condivisione di esperienze traumatiche con tutti gli alter del sistema si chiama *"Sintesi"*. Una volta raggiunta questa Sintesi, essa deve continuare a portare alla piena consapevolezza che i traumi sono stati vissuti e trattati, e che ora fanno parte del passato: questo si chiama *"Realizzazione"*. Il paziente sarà allora in grado di dare un posto preciso al trauma nella cronologia della sua vita. Di conseguenza, i pezzi del puzzle della

memoria si ricostituiranno poco a poco per formare un vero fregio cronologico. Alla sintesi segue anche la *"personificazione"*, cioè la consapevolezza che questi ricordi traumatici appartengono al paziente e a nessun altro. Infine, grazie a questo lavoro sui ricordi traumatici, il paziente può trasformare i suoi ricordi, prima dissociati e sparsi, in una narrazione coerente e comprensibile, questa è la *"Narrazione"*. Questo è il passaggio da una memoria non verbale a una memoria narrativa e analitica.

Durante questa fase, forti emozioni esploderanno mentre il contenuto traumatico dei ricordi emerge alla coscienza. Il paziente può provare vergogna, orrore, disgusto, terrore, rabbia, impotenza, confusione o dolore. È importante dare un tempo adeguato per il recupero tra una sessione e l'altra per non destabilizzare o ritraumatizzare il paziente. Ma anche con un'attenta pianificazione terapeutica, può essere necessario tornare alla fase 1 per un'ulteriore stabilizzazione quando il riemergere di un ricordo si rivela particolarmente violento. Man mano che le esperienze traumatiche vengono integrate, le alter personalità diventano sempre meno separate e distinte. La fusione spontanea può anche verificarsi, ma un tentativo prematuro di unificazione globale può causare uno stress che sarebbe negativo per il paziente. Man mano che la frammentazione del paziente si attenua, egli acquisisce una certa calma interiore con un senso di pace, specialmente quando la terapia è accompagnata da un rinnovamento spirituale. Con questo nuovo stato interiore, il paziente sarà meglio in grado di affrontare la propria storia traumatica e i problemi della vita quotidiana. Il paziente comincerà a concentrarsi meno sui traumi del passato e a canalizzare la sua energia nel momento presente, il che lo aiuterà molto a sviluppare nuove prospettive per il futuro.

- Fase 3: integrazione e riabilitazione:

La terza fase mira all'integrazione (unificazione finale) della personalità. Nelle prime due fasi, il paziente ha imparato a superare la paura di altre parti della sua personalità e la paura dei suoi ricordi traumatici. Ha anche accettato e integrato l'idea di essere stato abusato da bambino. Come in un lutto doloroso, il paziente dovrà lasciare andare le vecchie credenze per vedere nuove prospettive. Lui o lei dovrà ora imparare a gestire le emozioni che possono sorgere come la vergogna, la paura, il terrore, la rabbia e il dolore. La manifestazione emotiva del trauma può verificarsi per più di due anni, dopo di che l'unificazione è considerata sicura. Durante questo periodo, il paziente può ritornare spontaneamente alla fase 2, poiché nuovi ricordi traumatici possono ancora emergere. Dopo l'integrazione finale, l'unificazione di tutte le personalità alter, il paziente manterrà di solito le abilità e gli attributi dei diversi alter che erano dissociati dalla sua personalità.

Queste tre fasi del trattamento del PTSD sono probabilmente ispirate dal lavoro di Pierre Janet nel XIX secolo. Il suo metodo psicoterapeutico per il trattamento dello stress post-traumatico comprendeva le seguenti tre fasi:

1: La stabilizzazione dei sintomi in preparazione alla liquidazione dei ricordi traumatici.

2: L'identificazione, l'esplorazione e la modifica dei ricordi traumatici.

3: Sollievo dei residui sintomatologici. Reintegrazione e riabilitazione della personalità. Prevenzione delle ricadute.

Per quanto riguarda l'uso di farmaci, non è un trattamento primario per i disturbi dissociativi, ma può essere utile. Infatti, alcuni pazienti richiedono un trattamento specializzato per l'abuso di sostanze o per i disturbi alimentari. Molti terapeuti usano l'ipnosi per calmare, lenire, contenere o rafforzare il "sé". L'ipnosi permette anche di accedere a personalità alterne che non sono direttamente accessibili senza uno stato di coscienza modificato. Fin dall'inizio del XIX secolo, l'ipnosi è stata utilizzata per il trattamento dell'I.D.D., con numerosi studi che hanno dimostrato che questi pazienti sono altamente ipnotizzabili rispetto ad altri gruppi clinici. Più alta è l'ipnotizzabilità dell'individuo, più efficace è la terapia. L'ipnosi e l'autoipnosi possono anche essere molto efficaci nel trattamento del disturbo post-traumatico da stress (PTSD), che è solitamente presente nei pazienti con IDD.

Altri metodi terapeutici specializzati possono essere utili per questi pazienti, come la terapia familiare o espressiva, la rimodulazione e la terapia dialettica del comportamento (DBT), la psicoterapia sensomotoria, la terapia "primordiale", l'integrazione neuro-emotiva dei movimenti oculari (EMDR), ecc.

L'EMDR (*Eye Movement Desensitization and Reprocessing*) è una terapia di desensibilizzazione e rielaborazione rapida dei movimenti oculari, che è stata inizialmente utilizzata per eliminare lo shock post-traumatico e può essere usata per trattare una vasta gamma di traumi psicologici. I dispositivi di *biofeedback* o *neurofeedback* possono anche essere un ulteriore aiuto per il paziente, così come l'agopuntura e persino i cambiamenti nella dieta.

La terapia di gruppo non è raccomandata per l'I.D.T., poiché molti di questi pazienti trovano difficile tollerare un processo che incoraggia la discussione di gruppo delle esperienze traumatiche dei partecipanti. Tuttavia, dopo una certa fase di integrazione, l'energia di gruppo può essere un sostegno efficace per il paziente. Il trattamento dell'I.D.T. è di solito fatto su base ambulatoriale (non richiede l'ospedalizzazione), tuttavia, il trattamento in ricovero sarà necessario se il paziente mostra rischi per se stesso (autolesionismo, tentativi di suicidio) o per gli altri durante le fasi dissociative.

Anche le terapie espressive avranno un ruolo positivo nel recupero del paziente. Il journaling, l'arteterapia, la musicoterapia, l'orticoltura e la terapia con gli animali (specialmente con i cavalli), la terapia del movimento, lo psicodramma, la terapia occupazionale e la terapia ricreativa offrono al paziente l'opportunità di utilizzare una vasta gamma di tecniche che possono fornire un mezzo di espressione e stabilizzazione. Questo faciliterà la concentrazione, il pensiero pragmatico, l'organizzazione e la cooperazione del mondo interno (l'alter). Le pratiche artistiche come la pittura, la scrittura, il collage, la scultura, ecc., possono servire come una registrazione visiva e palpabile dell'esperienza delle personalità alterne, produzioni che possono così essere esaminate in qualsiasi momento durante il trattamento.

Per concludere questo sottocapitolo sulle terapie, ecco alcuni consigli pratici ed esercizi[340] rivolti direttamente ai pazienti con disturbi dissociativi:

Si tratta di diventare consapevoli *del "qui e ora"*. Per fare questo, è utile osservare e percepire se stessi consapevolmente, senza giudizio. Quando vi accorgete che state entrando in uno stato dissociativo, in altre parole che cominciate ad uscire, che non siete più del tutto lì, che vi percepite meno bene, provate a fermarvi per un po'. Esercitandosi, e forse anche con il supporto terapeutico, si può imparare a rispondere alle seguenti domande:

- Qual era la mia situazione quando ho iniziato a dissociarmi?
- Cosa ho provato a livello fisico e psicologico?
- Qual è l'ultima cosa che ricordo?
- Sapevo che stavo entrando in uno stato dissociativo perché:

1/ Ho cominciato, per esempio, a ondeggiare, a sentirmi come se fossi nella nebbia, ad avere mal di testa....

2/ Ho smesso per esempio di parlare, di pensare chiaramente, di stabilire un contatto visivo...

3/ Ho cominciato a dirmi che potrei morire, che non ci si può fidare di nessuno, che non faccio mai niente di giusto...

- Cosa ho cercato di evitare?
- Cosa avrei potuto fare invece?

Se, con il tempo, il paziente è in grado di rispondere sempre meglio a queste domande, sarà in grado di controllare meglio i suoi comportamenti dissociativi e avrà più controllo.

Cosa si può fare quando si entra in uno stato dissociativo?

- Siate consapevoli che siete in uno stato dissociativo, uno stato che passerà come tutto passa.

- Siate anche consapevoli che questo comportamento avviene perché una volta vi ha protetto. Ora non ne hai bisogno, hai altri modi.

- Trova una frase come: *"Ora sono sicuro e cresciuto"*. Dite questa frase ad alta voce a voi stessi.

- Tieni gli occhi aperti e senti la terra sotto i tuoi piedi.

- Ha un oggetto che amava (per esempio un peluche o un altro compagno di cura)? Trapanare in esso consapevolmente.

- Attiva i tuoi sensi con qualcosa di freddo (per esempio cubetti di ghiaccio o acqua fredda sulle tue mani, braccia, viso).

- Siate consapevoli della differenza tra allora e oggi. Dite ad alta voce a voi stessi la data di oggi, dove siete e quanti anni avete.

- Respira consapevolmente. Senti l'aria che entra ed esce dai tuoi polmoni. Respira con gli occhi aperti, concentrandoti un po' di più sull'espirazione.

- Fai qualcosa che richiede la tua attenzione e attiva i tuoi sensi: leggi o guarda un'immagine, ascolta la musica, tocca una pietra, annusa un fiore o un

---

[340] *EMDR Europe HAP Suisse romande* di Eva Zimmermann e Thomas Renz, basato su Dr. Reddemann e Dr. Cornelia Dehner-Rau.

olio essenziale, assapora consapevolmente l'aroma di un'uva sultanina, dei semi di girasole o qualcosa di piccante.

- Muoviti: cammina, scuoti gli arti, batti i piedi, balla...

- Fare qualcosa con le mani: scrivere, dipingere, fare giardinaggio, un puzzle, artigianato, ecc.

- Fai una doccia e concentrati sulla sensazione dell'acqua.

- Sii comprensivo con te stesso. Meriti di essere gentile con te stesso.

- Assicurati di circondarti di persone che sono buone con te e con le quali non ti senti minacciato.

- Quando sei sicuro di questo, puoi dire a te stesso: ora sto con questo e quello, so che mi vuole bene. Se ora entro in uno stato dissociativo, ha a che fare con vecchi ricordi. Nel momento presente sono al sicuro.

- Immaginate di mettere in una cassaforte tutte le cose del passato che vi pesano. Una volta rinchiusi, non vi daranno più fastidio.

5 - SVILUPPO DELL'I.D.T. NEI BAMBINI

a/ Introduzione

L'I.D.D. ha origine nella prima infanzia, il suo sviluppo sarà a lungo termine e di solito sarà più evidente e riconoscibile in età adulta. Il Dr. Greaves scrive che *"le frazioni di personalità si manifestano di solito nella prima infanzia, già a 2 anni e mezzo di età e tipicamente all'età di 6 o 8 anni".*[341]

In un articolo intitolato "Incipiente personalità *multipla nei* bambini: quattro casi", il dottor Fagan e il dottor Mc Mahon hanno riferito di quattro bambini che hanno sviluppato un incipiente sdoppiamento della personalità. Il più giovane aveva 4 anni e il più grande 6 anni. Fagan e Mc Mahon affermano in questo articolo che *'la molteplicità è stabilita da 5 a 8 anni al più tardi, ma questo non sarà di solito diagnosticato fino all'età adulta.*[342]

In un articolo intitolato "Psicoterapia con un bambino di 3 anni abusato ritualmente: innocenza ingannevole", la psicoterapeuta Leslie Ironside riferisce che "le identità dissociate sono state diagnosticate in un bambino di tre anni, che è stato abusato ritualmente e ha subito livelli estremi di trauma.[343]

L'esistenza dell'I.D.T. nei bambini fu stabilita dal dottor Antoine Despine nel 1840. Ha riportato il caso di una bambina svizzera di 11 anni, Estelle, che è stato descritto in precedenza in questo capitolo. Il Dr. Richard Kluft ha anche pubblicato diversi articoli su bambini e I.D.T., incluso il caso di un

---

[341] Personalità multipla: 165 anni dopo Mary Reynolds - G.B. Greaves, Journal of Nervous Mental Disease, 1980.

[342] 'Incipiente personalità multipla nei bambini: quattro casi' - J. Flagan & P. Mc Mahon, Journal of Nervous Mental Disease, 1984.

[343] 'Psicoterapia con un bambino di 3 anni abusato ritualmente: innocenza ingannevole' L. Ironside, 1994, in 'Treating Survivors of Satanist Abuse' V. Sinason.

bambino di 8 anni, Tom, che sarà descritto più avanti. Morris Weiss, Patricia Sutton e A.J. Utecht hanno riportato nel 1985 nel *Journal of the American Academy of Child Psychiatry il* caso di una bambina di 10 anni in un articolo intitolato "*Multiple Personality in a 10-Year-Old Girl*".

Nel suo libro Healing The Unimaginable, la terapeuta canadese Alison Miller scrive: "Ho trattato una bambina di 10 anni che aveva solo un'alter personalità oltre alla sua personalità ospite, un'alter di 3 anni (...).Quando si annoiava a scuola, la bambina di 10 anni "entrava nella sua testa", l'alter ego di 3 anni emergeva e prendeva il controllo del corpo e si comportava come una bambina di 3 anni, il che era ovviamente inappropriato in un'aula. La bambina di 10 anni si sarebbe poi ritrovata nell'ufficio del preside senza avere idea di cosa fosse successo."[344]

Naturalmente, la risposta sistematica a tale comportamento in un bambino sarà quella di dire che si tratta di capriccio, una regressione volontaria del bambino *"essere un bambino"*. Ma il disturbo dissociativo e l'amnesia dissociativa fanno luce su questo tipo di comportamento *"capriccioso"* da una prospettiva completamente diversa. Certo, i bambini fanno i capricci e a volte si comportano in modi che non sono appropriati all'età, ma ci sono criteri per determinare se si tratta di un disturbo dissociativo, come in questo caso in cui la bambina non sembra ricordare il suo comportamento da bambina.

Molti pazienti hanno riferito che le loro alter personalità hanno avuto origine nell'infanzia. Purtroppo nei bambini, i disturbi dissociativi sono di solito non diagnosticati per diversi motivi:

- I bambini con IDD di solito mostrano segni e sintomi secondari del disturbo. Avranno spesso deficit di attenzione, iperattività, problemi comportamentali, ansia elevata, depressione, somatizzazione, stress post-traumatico, dissociazione e sintomi che possono apparire di natura psicotica. Vomito e nausea, mal di testa e svenimenti sono le somatizzazioni più comuni in un bambino. Gli stati di trance o i sintomi di conversione (paralisi dissociativa), che sono comuni nei pazienti adulti, sono più rari nei bambini. Le voci interiori che il bambino può sentire possono essere mal diagnosticate come "schizofrenia".

- Poiché la dissociazione e condizioni simili sono più comuni nei bambini sani che negli adulti sani, questi sintomi dissociativi possono essere ignorati e mal interpretati come un normale comportamento infantile.

- L'abuso intrafamiliare, un ambiente familiare caotico e i disturbi psichiatrici dei membri della famiglia non solo complicano la diagnosi, ma impediscono anche un adeguato follow-up del bambino.

- Ma soprattutto, la causa più importante dell'errore di diagnosi è la formazione inadeguata dei clinici e la loro mancanza di esperienza con l'I.D.D.

---

[344] 'Healing The Unimaginable: Treating Ritual Abuse and Mind Control' - Alison Miller, 2012, p.28.

La loro incredulità nella legittimità della diagnosi di Disturbo Multiplo di Personalità li porterà a non cercare affatto la sua presenza.[345]

Nei bambini, l'amnesia, l'alternanza di comportamenti totalmente diversi e le allucinazioni (di solito uditive) sono sintomi di un disturbo dissociativo. L'amnesia può manifestarsi come "vuoti" nella giornata, il che significa che si è verificata una dissociazione ad un certo punto. Nell'adolescenza, i sintomi cominceranno ad essere più pronunciati che nei bambini sotto gli 11 anni, quindi gli adolescenti avranno più probabilità di ricevere una diagnosi di DID. Qualsiasi bambino con una storia di abuso fisico o sessuale dovrebbe essere valutato per il disturbo dissociativo. Quando l'abuso è iniziato nella prima infanzia, è stato ricorrente e sadico, ha coinvolto pratiche rituali e i genitori stessi hanno gravi disturbi psichici, allora si dovrebbe fare un'osservazione prolungata del bambino, così come una storia di qualsiasi incontro che il bambino può aver avuto con gli adulti. Questo lavoro dovrebbe essere accompagnato da accurate sessioni di interviste per stabilire una diagnosi accurata. I bambini i cui genitori stessi soffrono di un disturbo dissociativo dovrebbero essere particolarmente monitorati su base regolare. Diversi autori hanno riportato il legame tra i pazienti dissociati e la loro famiglia dissociata. La maggior parte di questi genitori dissociati ha una storia di abuso fisico o sessuale dalla prima infanzia.[346] Questo è un circolo vizioso che deve essere compreso, specialmente nel caso delle famiglie sataniche transgenerazionali...

La seguente è una lista di problemi comportamentali nei bambini che possono essere collegati a IDD:

Depressione intermittente - Stato di trance o autoipnotico - Fluttuazione delle capacità intellettuali e dell'umore, rapide regressioni - Amnesie - Allucinazioni uditive (specialmente con voci interne) - Ricorrenti compagni immaginari - Parla da solo - Sonnambulismo - Terrori notturni - Paralisi improvvisa - Sintomi isterici - Si riferisce a se stesso in terza persona - Risponde ad un altro nome, o usa un altro nome - Cambiamenti significativi nella personalità e nel comportamento - Dimenticanza o confusione su cose elementari e basilari - Lavoro scolastico fluttuante da un opposto all'altro - Comportamento iperdistruttivo - Autolesionismo - Violenza contro gli altri - Discorso o comportamento suicida - Comportamento sessuale inappropriato - Isolamento sociale, comportamento antisociale.

b/ Il caso di un bambino di tre anni

Nel settembre 1988, la rivista dell'*International Society for the Trauma and Dissociation* (ISSTD) *"Dissociation"* pubblicò un articolo che descriveva il caso di una bambina che mostrava una dissociazione della personalità causata da traumi ripetitivi. Gli autori dell'articolo, intitolato *"Lo sviluppo dei sintomi del*

---

[345] Disturbo dissociativo d'identità nell'infanzia: cinque casi turchi - Journal 'Dissociation', Vol.9 N°4, 12/1996.

[346] Riconoscimento e diagnosi differenziale dei disturbi dissociativi nei bambini e negli adolescenti' - Nancy L. Hornstein, Journal 'Dissociation', Vol.6 N°2/3, giugno/settembre 1993.

disturbo di personalità multipla in un bambino di tre anni", sono il dottor Richard Riley, che ha lavorato per l'esercito degli Stati Uniti nell'*Exceptional Family Member* Program (EFMP) in Belgio, e il dottor John Mead, un medico privato di Pasadena, California.

La bambina è stata seguita dall'età di 14 mesi, ha subito molteplici traumi ripetitivi che hanno sviluppato in lei uno stato dissociativo. La progressione del suo disturbo dissociativo è stata videoregistrata durante un follow-up ordinato dalla legge.

Cindy (pseudonimo) è stata vista per la prima volta dal Dr. Riley all'età di 14 mesi. Fu deciso che aveva bisogno di essere visitata per una valutazione a seguito di una disputa tra la famiglia adottiva, Joan e David (pseudonimo) e la madre biologica Diane (pseudonimo). Cindy era stata affidata alle cure della famiglia adottiva il secondo giorno dopo la sua nascita. Aveva avuto contatti molto limitati con la sua madre biologica tra i 3 mesi e i 4,5 mesi, ma da allora non ha più avuto alcun contatto.

Nella prima sessione di valutazione, Cindy ha mostrato un atteggiamento molto positivo. Era curiosa ed esplorava l'ufficio, visibilmente felice e sicura di sé. Si è presentata come una bambina che riceve molto amore e affetto, c'era chiaramente un forte attaccamento tra lei e la sua famiglia ospitante. È stata anche in grado di far uscire la coppia dalla stanza senza mostrare alcuna ansia.

Quando Cindy fu vista in clinica all'età di 16 mesi, la sua madre biologica venne a trovarla per alcune ore due volte alla settimana nella casa di accoglienza. È stato riferito che Cindy dormiva male, che il suo appetito era peggiorato e che faceva i capricci. In contrasto con l'incontro precedente, era agitata, si aggrappava alla madre adottiva e diventava molto ansiosa quando lasciava la stanza per stare da sola con il medico. Tutti questi risultati sono stati riferiti al giudice, tuttavia, la custodia del bambino è stata data alla madre naturale con accesso graduale da parte dei genitori affidatari per permettere a Cindy di adattarsi al cambiamento. Tuttavia, la madre naturale rispettava questo programma di visite molto sporadicamente e si è saputo troppo tardi che durante questo periodo aveva dato alla luce un'altra bambina che è morta di SIDS all'età di 3 mesi.

All'età di 20 mesi, Cindy tornò per una visita in clinica, accompagnata da Diane, la madre biologica e Joan, la madre adottiva. Cindy aveva accettato la compagnia di tutti e sembrava a suo agio in questa situazione. All'età di 23 mesi, durante un'altra visita con la sua madre adottiva, Cindy era molto spaventata e si aggrappò alla sua madre adottiva. Nei mesi successivi il suo stato emotivo si deteriorò completamente, insisteva per essere tenuta in braccio e piangeva se non era in contatto fisico con la sua madre adottiva. Aveva ricorrenti problemi di salute e una volta arrivò per una visita con un livido sul lobo dell'orecchio. Ha poi confessato che la sua madre biologica l'aveva picchiata. Ha anche dichiarato di essere stata chiamata *"Lila"* dai suoi familiari biologici. Ha chiarito ripetutamente che il fratellastro le toccava i genitali e le inseriva oggetti nella vagina. Ha denunciato regolarmente abusi fisici e sessuali.

Come risultato di queste dichiarazioni, fu presa la decisione di limitare la custodia con la famiglia biologica al solo giorno, quando Cindy aveva 2,5 anni.

Le sue condizioni migliorarono e la sua ansia diminuì, ma era ancora molto arrabbiata e continuava ad aggrapparsi alla madre adottiva. Voleva persino dormire con lei e si svegliava diverse volte di notte per controllare che fosse lì. Joan ha riferito che la piccola parlava nel sonno, ripetendo *"il mio nome è Cindy R." (il nome della famiglia adottiva).* (il nome della famiglia affidataria). Cindy ha continuato a parlare di abusi fisici e sessuali durante le visite diurne con la sua famiglia biologica e ha cominciato a replicare questi abusi sulla sorella adottiva, la figlia biologica di David e Joan...

Un altro *esperto* medico è stato poi nominato per esaminare la bambina nell'ambiente della sua famiglia biologica. Ha riferito che Cindy era *"allegra ed estroversa e non ha mostrato alcun comportamento anormale o insolito".* Durante questo periodo, la madre adottiva fece una visita inaspettata alla famiglia biologica di Cindy e la bambina non sembrava riconoscerla o si comportava come se non la conoscesse...

La prima sessione filmata ha avuto luogo quando Cindy aveva 3 anni. Furono programmate tre sedute per determinare lo stato della relazione tra Cindy, la sua madre biologica e la sua famiglia adottiva, e per videoregistrare tutte le dichiarazioni di abuso. Ha ribadito spontaneamente la sua testimonianza sugli abusi sessuali da parte dei suoi fratelli e sul fatto che la sua famiglia biologica la chiamava costantemente *"Lila"* invece di usare il suo vero nome. Ad un certo punto di una sessione, ha reagito quando è stata menzionata la parola Lila dicendo *"Cosa?* Ha negato le sue visite alla sua famiglia biologica, ma ha parlato di loro in modo diretto. Ha anche riferito che la sua madre biologica l'ha chiamata *"puttanella".* Quando parlava dei membri di questa famiglia biologica, il modo in cui parlava di loro e il suo comportamento diventavano completamente diversi. Il suo linguaggio è diventato immaturo, le posture del suo corpo e i suoi manierismi erano come quelli di una bambola. Questa serie di registrazioni video è stata presentata come prova di abuso alla giuria. Di conseguenza, la durata della custodia con la famiglia biologica è stata ulteriormente ridotta.

Tre mesi dopo, la madre biologica ha chiesto, tramite il suo avvocato, di filmare una seduta con sua figlia: la personalità dell'alter *Lila* si è presentata direttamente in questa seduta con la madre biologica. Ci sono state poi cinque sessioni, quattro delle quali sono state registrate. Durante la prima sessione, Cindy era pronta a rispondere a tutte le domande sulla famiglia adottiva senza esitazione. Ha dato risposte emotive sulla morte del nonno paterno della famiglia adottiva, mentre le domande sulla famiglia biologica sono state generalmente ignorate o hanno risposto solo con *"non so".* Quando le fu detto che sarebbe tornata il giorno dopo per un'altra seduta, accettò; ma quando fu aggiunto che sarebbe venuta con la sua madre biologica, prima rimase in silenzio, poi rispose negativamente, e infine negò che le era stato detto che avrebbe fatto una seduta il giorno dopo con la sua madre biologica.

In seguito, la bambina si presentava alternativamente con una delle due personalità distinte, a seconda delle domande che le venivano poste. Queste personalità erano Cindy o Lila. Lila diceva che voleva essere chiamata così, e non rispondeva alle domande sulla famiglia adottiva o diceva che non lo sapeva.

A volte si nascondeva dietro la casa delle bambole o la sedia, fuori dalla vista della madre biologica, e Cindy emergeva. Alla fine di una sessione, la bambina ha voluto rimanere a pulire il casino che aveva fatto nella stanza, il che era totalmente fuori dal carattere di Cindy. Durante le tre sedute successive, Cindy e Lila si sono alternate nell'apparire: con la madre biologica presente, Lila era la personalità attiva, ma Cindy poteva talvolta emergere per giocare in modo aggressivo mentre criticava Lila per il suo comportamento. Lila poteva rispondere ad alcune domande sulla famiglia adottiva, ma aveva una conoscenza molto limitata della famiglia. Ha identificato Joan R., la madre adottiva, come la "babysitter". Oltre a questo vuoto di memoria nella sua storia personale, Lila sembrava psicologicamente più giovane e la sua conoscenza generale era più limitata di quella di Cindy. Quando Lila faceva un errore, Cindy poteva emergere per correggerlo. Lila ha anche mostrato un comportamento sessuale inappropriato in alcuni giochi. Il suo linguaggio era meno sviluppato di quello di Cindy e foneticamente più immaturo. Un punto importante da notare è che Lila non sembrava conoscere Cindy, mentre Cindy era consapevole di Lila, ricordando ogni piccola cosa che faceva. Non le piaceva e non le piaceva nessuno della sua famiglia biologica. Cindy era sicura di sé e dominante quando non era minacciata. Ha anche mostrato senso di colpa e rimorso quando il suo comportamento ha offeso qualcuno.

Le registrazioni video delle sessioni sono state presentate come prova, ma non sono mai state utilizzate. La corte ha spiegato che poiché tutti gli *esperti* non erano d'accordo nelle loro conclusioni e raccomandazioni, la corte non aveva bisogno delle registrazioni. Invece, tutti gli affidamenti e le visite con la madre biologica sono stati interrotti, ed è stata impostata una psicoterapia per la ragazza. Dodici sessioni sono state programmate in un periodo di quattro mesi. La sua madre adottiva era sempre presente e la sua sorella adottiva, Cheri, era presente per tre sessioni. Nella prima sessione, Cindy ha mostrato rabbia verso i suoi abusatori ed è stata incoraggiata ad esprimerla nel suo gioco. Fu allora che fece uscire la paura della sua madre naturale. L'alter Lila è emersa a intermittenza durante questa sessione e alcune altre in seguito. Man mano che le sedute progredivano, Cindy cominciò a chiamare la sua sorella adottiva con il nome dell'alter Lila. Faceva richieste o dava ordini con lo stesso tono severo della sua madre biologica. A poco a poco a Cindy cominciò a piacere l'alter ego e volle che Lila vivesse con lei nella casa di accoglienza. Ha poi permesso all'alter ego di partecipare più liberamente ai giochi. Entrambe le personalità hanno anche iniziato a dare informazioni sulla famiglia biologica senza mostrare ansia. Ad un certo punto Cindy ha dichiarato di essere più grande di Lila, ha anche stranamente identificato la sua madre adottiva come *"la mamma di Lila"*. Durante un'altra sessione, Cindy ha risposto positivamente all'idea che lei e Lila potessero riunirsi. Come risultato, sembrava stare molto meglio e ha iniziato ad andare a scuola. In una delle ultime sessioni, ha spiegato che lei e sua sorella erano entrambe Lila, ma una era cresciuta più velocemente.

Il caso della piccola Cindy ha quindi mostrato due criteri relativi all'I.D.T:

- La presenza di due identità o stati di personalità, ognuno con il proprio modo di percepire, relazionarsi con gli altri e pensare all'ambiente e a se stessi.

- Almeno due di queste identità o stati di personalità prendono il controllo del comportamento della persona su base ricorrente.

Sia Cindy che Lila sono personalità complesse, ognuna con i propri ricordi, il proprio comportamento e diverse relazioni sociali. Cindy ha dichiarato di essere più vecchia ma anche più grassa di Lila. Si riferiva a Lila come a qualcuno che era separato da lei e che viveva altrove. Lila era più immatura di Cindy, sia nel linguaggio che nei modi di fare. Il suo livello di conoscenza generale era inferiore a quello di Cindy. L'alter ego di Lila sembrava anche più dipendente e sottomesso, mentre la personalità di Cindy era aggressiva, assertiva e intraprendente: incolpava Lila per le cose che aveva detto o fatto. Per Cindy, Joan era sua madre, mentre per Lila era semplicemente la sua babysitter. Cindy conosceva Lila mentre Lila non sembrava conoscere Cindy. Entrambe le personalità hanno mostrato un'amnesia. La bambina poteva cambiare personalità semplicemente muovendosi o spostando la posizione del suo corpo: le transizioni (*switch*) erano molto veloci.

Il caso della piccola Cindy corrisponde a cinque sintomi di I.D.D. elencati dal dottor Fagan e dal dottor McMahon nel loro articolo citato sopra:

1- A volte mostrava un comportamento stordito o di trance.

2- Rispondeva a più di un nome.

3- Ha mostrato cambiamenti molto marcati nel suo comportamento.

4- Aveva perdite di memoria su eventi recenti.

5- Ha mostrato variazioni nelle sue conoscenze e abilità.

Gli autori dell'articolo concludono: "Cosa sarebbe successo a questa bambina se non fosse stata allontanata dalla sua famiglia biologica? Probabilmente avrebbe continuato a sviluppare e rafforzare il suo disturbo di personalità con questa alter Lila che le permetteva di far fronte a circostanze di vita traumatiche."[347]

c/ Il caso di un bambino di sette anni

La psicologa Wanda Karriker ha riportato il caso di una bambina di 7 anni, che lei chiama Katie (pseudonimo). I suoi genitori l'avevano portata per una valutazione psicologica su consiglio della sua insegnante perché si comportava in modo strano a scuola. Aveva risultati estremamente variabili e a volte si succhiava il pollice mentre si comportava come un bambino. A volte sembrava essere chiusa nel suo mondo. Nell'intervista con i genitori, la madre ha detto: "*È come se avesse due estremi, a volte è totalmente passiva e a volte diventa violenta, è di cattivo umore*".

Dopo una sessione di valutazione del Q.I., la piccola Katie guardò la lavagna cancellabile e chiese se poteva disegnarci qualcosa, al che lo psicologo rispose ovviamente in modo affermativo. La bambina chiese allora: "*Dimmi cosa*

---

[347] 'Lo sviluppo dei sintomi del disturbo di personalità multipla in un bambino di tre anni' - Richard Riley, John Mead, Journal 'Dissociation', Vol.3 N°1, 09/1988.

disegnare? Perché non una foto della sua famiglia? Karriker ha risposto. Katie ha poi iniziato a disegnare tre figure fantasma sulla lavagna, intitolandole "Papà", "Mamma" e "Lucy". Rappresentava una bambina della sua famiglia di nome Lucy, ma senza rappresentare se stessa come Katie... *'Sai una cosa?'* disse, guardando sotto la camicia, *'Posso premere il mio ombelico per far uscire Lucy.* La psicologa chiese allora se questa Lucy le assomigliava e la bambina rispose: *"È carina, ha i capelli corti e biondi e gli occhi azzurri.* (Katie aveva lunghi capelli castani e occhi scuri). La ragazza ha continuato: *"Sai una cosa? Mi dà sempre le risposte in matematica.* La psicologa le chiese allora se poteva parlare direttamente con Lucy e ancora una volta Katie guardò sotto la camicia, si premette l'ombelico e disse: *"Lucy, vieni qui! '.* Fu allora che la sua espressione facciale cambiò in una bambina molto più matura, con un evidente cambiamento nel linguaggio del corpo. Si è presentata dicendo: *"Ciao, sono Lucy".* Lo psicologo chiese allora dove fosse ora Katie, al che la bambina rispose *"Lassù",* indicando un angolo del soffitto... *"Non la vedi lassù?* ' ha detto. Il bambino sembrava sperimentare la depersonalizzazione, un fenomeno in cui una persona si sente distaccata dal suo corpo (di più su questo nel prossimo capitolo).

Quando la ragazza ha visto la telecamera nell'ufficio del terapeuta, ha iniziato immediatamente a ballare e cantare, e poi improvvisamente si è buttata a terra, scalciando i piedi in aria e gemendo: *"No, no! Non farmi questo",* mentre si metteva le mani sulla bocca e si rotolava in posizione fetale. Fu dopo questo che Wanda Karriker cominciò a mettere seriamente in dubbio che la piccola Katie fosse stata abusata al punto da sviluppare questi profondi disturbi dissociativi. Un disturbo che la sua insegnante ha descritto come un ritiro nel *proprio mondo.*

Quando Karriker ha dato le sue scoperte ai genitori, ha sottolineato il cambiamento di comportamento tra Katie e Lucy, un cambiamento drammatico che era stato catturato su nastro. Lo psicologo ha detto ai genitori: *'Non devo fare una diagnosi formale, ma credo che vostra figlia abbia creato almeno un amico immaginario, se non forse una personalità alternativa, per aiutarla a far fronte a qualcosa che non poteva gestire.* La psicologa spiegò ai genitori dubbiosi che lei stessa non aveva mai osservato un disturbo di personalità multipla in un bambino. Ha spiegato che quando un bambino si confronta con un trauma insopportabile, lui o lei può inconsciamente creare diversi *"stati d'animo"* per aiutarlo mentalmente ed emotivamente a far fronte al dolore. Dopo questo colloquio con i genitori e la spiegazione del problema del trauma, la psicologa non vide più la piccola Katie per poterle dire addio...

Qualche settimana dopo, la madre di Katie richiamò Karriker per dirle che le era stata diagnosticata una STD (Sexually Transmitted Disease) e che il pediatra aveva raccomandato uno psichiatra per la bambina. Poco dopo, Wanda Karriker fu contattata dall'avvocato del padre di Katie, informandola che presto avrebbe ricevuto una citazione... In effetti, la bambina aveva appena confidato allo psichiatra che suo padre le aveva fatto fare *cose brutte... un* abuso sessuale che è stato quindi denunciato ai servizi sociali.

Durante la sua deposizione in presenza degli avvocati della difesa, la psicologa Wanda Karriker ha dichiarato che la bambina non le aveva mai verbalizzato l'abuso, ma che era stata allontanata dalla terapia quando aveva suggerito la possibilità che il trauma potesse aver indotto i comportamenti dissociativi della bambina... Wanda Karriker ha potuto conoscere l'esito del caso solo attraverso gli avvocati, ma sembrerebbe che le accuse di abuso sessuale siano state confermate. La piccola Katie è stata tolta alle cure dei suoi genitori ed è stata messa sotto la custodia dei servizi sociali.

In seguito, una terapeuta contattò Karriker per avere le copie dei vari test psicologici che aveva fatto con la piccola Katie all'epoca, e le scrisse: *"Katie è un enigma. Non stiamo facendo molti progressi con lei. Entra sempre in conflitto, ma poi nega di aver fatto qualcosa di sbagliato. A volte si comporta come un bambino, ha un sacco di scoppi d'ira mentre altre volte può essere totalmente passiva, non rispondendo a nulla. Per esempio il modo in cui si rifiuta di vedere sua madre o suo padre quando vengono per le visite sorvegliate."*

Wanda Karriker allora non poté fare a meno di chiedere a questo terapeuta se la bambina fosse stata trattata per i suoi profondi disturbi dissociativi... Al che il terapeuta rispose: *"Ma Dr. Karriker, questa bambina non mostra sintomi di personalità multipla"*...

Più tardi, ricordando quanto fosse dissociata la piccola Katie, e come si comportava quando una telecamera girava nell'ufficio, Karriker si rese conto che se avesse potuto lavorare con lei più a lungo, la bambina avrebbe sicuramente rivelato di più sull'abuso. Il suo comportamento davanti a una telecamera ha fatto pensare allo psicologo che i suoi genitori la stavano usando per produrre pornografia infantile e Dio sa quali altri orrori...[348]

Il caso di questa bambina illustra alcune delle pratiche denunciate nel capitolo 3, cioè tutti quei bambini dissociati e frazionati dall'abuso intrafamiliare, bambini allontanati dalle loro famiglie per essere affidati e che potenzialmente diventano obiettivi e prede di reti pedocriminali e programmi di controllo mentale. Nel caso riportato qui dalla dottoressa Wanda Karriker, abbiamo una bambina visibilmente fratturata dal trauma che viene separata dai suoi genitori ed è interessante notare che lo psichiatra incaricato della cura di Katie una volta che è stata collocata, afferma che lei non mostra assolutamente alcun sintomo di personalità multipla... In altre parole, sta tenendo chiuso il vaso di Pandora ignorando totalmente i disturbi dissociativi della bambina, oppure non è affatto preparato per questo...

d/ il caso di un bambino di otto anni

Il libro *Childhood Antecedents of Multiple Personality* del Dr. Richard Kluft riporta alcuni casi di bambini con sdoppiamento di personalità. In particolare, descrive in dettaglio il caso di un bambino di otto anni.

Tom era un ragazzo che soffriva di un disturbo di personalità multipla. Si scoprì in seguito che anche sua nonna aveva un D.I.D. .... Uno degli alter ego della nonna ha ammesso di aver abusato della madre, che probabilmente soffriva

---

[348] 'Incesto - L'ultimo tradimento: risultati di una serie di indagini internazionali sugli abusi estremi' - Wanda Karriker, 2008.

anche di un grave disturbo dissociativo. Quindi siamo di nuovo in un contesto di identificazione transgenerazionale.

Tom era di solito un bambino buono ed esemplare, ma poteva diventare improvvisamente estremamente difficile pur negando qualsiasi cattivo comportamento che poteva avere, anche se era successo solo pochi istanti prima. Mentiva spudoratamente negando totalmente il suo coinvolgimento in atti di cui tutta la sua famiglia era stata testimone. La sua voce, il linguaggio verbale e corporeo, e le amicizie variavano con quelli che sembravano essere i suoi "umori"... A volte diceva anche di essere una ragazza e poi si comportava in modo effeminato. In seguito a questi episodi ammetteva in modo molto imbarazzato che pensava di essere una ragazza, ma che non ricordava di essersi comportato in quel modo... Era incline agli incidenti ma non sembrava imparare nulla da essi. I suoi risultati scolastici erano estremamente irregolari. Spesso i suoi insegnanti scoprivano che non capiva certi argomenti e quando veniva interrogato sosteneva che non gli erano mai state insegnate queste cose... I suoi insegnanti hanno quindi concluso che era *lento di mente* e che aveva semplicemente difficoltà di apprendimento.

Tom diceva anche spesso che alcuni dei vestiti nel suo guardaroba non erano suoi e si confondeva quando sua madre cercava di ricordargli quando li avevano comprati insieme. Il bambino era spesso depresso, in particolare quando veniva chiamato bugiardo, soprattutto quando veniva messo di fronte ad atti a cui aveva appena negato di aver partecipato. Il bambino era ben consapevole dei suoi sforzi per coprire i suoi ricorrenti vuoti di memoria, poiché sapeva di essere spesso *"al buio"*.

Tom ha confessato che sentiva delle voci nella sua testa, sia voci di ragazzi che di ragazze.

Durante il colloquio con il terapeuta, sono stati notati diversi tipi di comportamento, così come i cambiamenti nella sua voce. Inoltre, c'era una palese amnesia sul contenuto dell'intervista. Il suo terapeuta ha usato l'ipnosi per esplorare la personalità di Tom. Il terapeuta riferì che non appena Tom fu in trance ipnotica, una personalità con una voce profonda emerse spontaneamente. Questo alter ego diceva di chiamarsi *"Marvin"* e di essere un astronauta. Marvin ha detto al terapista che Tom aveva bisogno di aiuto perché *"voleva essere una ragazza"*, questo alter ego ha anche dato al terapista alcuni consigli per iscritto. Dopo questa sessione di ipnosi, Tom aveva un'amnesia totale della conversazione tra Marvin e il terapeuta. Si è anche scoperto che la calligrafia di Tom e quella di Marvin erano completamente diverse. In tutto, cinque alter personalità sono state scoperte in questo bambino. Tom era depresso e piuttosto debole, il che è classico per la personalità "ospite". Il ruolo dell'alter Marvin era quello di aiutarlo con la sua inconcepibile rabbia e paura. Tom aveva un altro alter ego di nome Teddy, così come due personalità femminili di nome Wilma e Betty. Le loro caratteristiche erano quelle di una madre, mentre Marvin e Teddy erano più una rappresentazione del padre con un carattere razionale e brutale.

Durante la terapia fu chiaro che il giovane paziente si era dissociato durante una *NDE* (esperienza di pre-morte) all'età di due anni e mezzo. Era caduto in uno stagno ed era quasi annegato. Era stato sollevato dall'acqua senza vita e finalmente "resuscitato".[349]

e/ Rapporto su cinque casi

Ecco cinque casi che sono stati descritti in un programma sui disturbi dissociativi presso il Dipartimento di Psichiatria dell'Università di Istanbul in Turchia. Lo studio è stato condotto dal dottor Salih Zoroglu. I casi sono stati riportati nel 1996 dalla rivista *"Dissociation"* in un articolo intitolato *"Dissociative disorder in childhood: five Turkish cases".*

Hale:

Hale era una bambina di dieci anni che aveva emicranie e nausee ricorrenti. Era irritabile e piangeva senza motivo apparente, parlava da sola, rideva in modo inappropriato, aveva stati di trance e si autolesionava. Si comportava anche come una delinquente e si truccava e si vestiva in modo inappropriato. Inoltre aveva terrori notturni e allucinazioni visive.

Sua madre la portò prima da un 'Hoca' (guaritore tradizionale) che disse che era posseduta dai *jinn* (demoni nella tradizione musulmana), ma questa consultazione non migliorò il suo stato mentale.

Durante la prima sessione clinica, disse al terapeuta che da molto tempo sentiva delle voci nella sua testa. Una di queste voci era quella di *"Cisem"*, una ragazza molto simpatica. Le altre voci erano cattive, appartenevano a "persone" di età e sesso diversi. Queste erano le voci che la costringevano a fare cose brutte e commentavano sistematicamente il suo comportamento. Con il progredire della terapia, apparvero undici alter personalità. Tra loro c'era Cisem, una ragazza più grande che voleva che Hale fosse felice e ben educato. Cisem aveva paura degli altri alter che potevano punirla quando voleva aiutare Hale. Il *"Grande Capo"* era un uomo anziano che era il leader del gruppo di alter ego cattivi. Hale ha confidato che questo alter ego *"Big Boss"* e i suoi compari potevano collegarsi direttamente a ciò che lei diceva e faceva attraverso un computer (interno). Potevano anche usare questo computer in modalità di *osservazione* e sapere tutto quello che stava facendo nei minimi dettagli. Così Hale a volte si sentiva come un robot quando era sotto il controllo di questo computer. C'erano un totale di sei alter personalità che erano sotto il controllo *del Big Boss*. Inoltre, c'erano altri due alter ego suicidi completamente separati dagli altri.

Hale è stato duramente picchiato da bambino. Durante la terapia, ha rivelato che Cisem era stata violentata da un uomo di nome Erhan. Più tardi divenne uno dei persecutori di alter, uno degli assistenti del *"Grande Capo"*. I ricordi dello stupro tornavano a sprazzi, ma Hale non accettava il fatto che era stata lei ad essere violentata e insisteva che era totalmente separata da Cisem.

---

[349] Antecedenti infantili della personalità multipla - Richard P. Kluft, 1985, p.179-180.

Alla fine, dopo molto lavoro terapeutico, tutte le personalità alter sono state integrate e tutti i sintomi sono scomparsi.

Il mio:

La bambina di nove anni è stata portata nel reparto di psichiatria infantile della clinica dove si trovava già sua madre. Suo padre e suo fratello avevano notato che il suo comportamento cambiava bruscamente quando il padre tornava a casa. Era molto lunatica e aggressiva. Piangeva spesso e si comportava come se vedesse dei volti di cui sembrava avere paura e parlava continuamente.

Un giorno andò alla polizia e disse che due uomini la stavano seguendo. Questi due uomini erano infatti suo padre e suo fratello che lei non riconosceva più... Ha poi passato la notte nella stazione di polizia (per la sua sicurezza), e la mattina dopo, dopo essere tornata al suo stato normale, non riusciva a ricordare nulla di quello che era successo il giorno prima.

La ragazza ha detto a sua madre che aveva un amico dentro di lei. Un amico che poteva vedere e con cui poteva giocare, e che la aiutava anche a tenere a bada suo padre e i ragazzi a scuola. La mia sentiva delle voci nella sua testa, una delle quali era quella di una ragazza più giovane di lei di un anno. Questo alter è emerso in una sessione di terapia chiamandosi *"Ayse"*. Questa alter personalità ha dichiarato di essere stata con Mine per tre anni e di essere in buoni rapporti con lei. Quando le è stato chiesto dove fosse la mia in quel momento, ha risposto che non lo sapeva mentre continuava a giocare con un puzzle. Più tardi, quando Mine "tornò", guardò il puzzle ricostruito per metà da Ayse ma non aveva idea del tempo che era passato o di quello che Ayse aveva fatto durante quel tempo. Più tardi, un'altra personalità altera del sesso opposto è stata identificata. È stato riferito che suo padre era un alcolizzato cronico che picchiava la moglie e i figli. Nel caso di Mine, la terapia è stata purtroppo molto casuale perché dipendeva dai ricoveri della madre.

Mehmet:

La famiglia di Mehmet aveva notato regolarmente che il suo comportamento stava cambiando drasticamente. L'undicenne a volte ha iniziato a leggere e scrivere in un modo che era totalmente immaturo per la sua età. Non riusciva più a pronunciare la lettera "R", non sapeva nemmeno il suo nome e la sua età. L'unica cosa che ricordava erano i suoi genitori. In questi momenti diventava come un bambino introverso e giocava con giocattoli inappropriati per la sua età. Inoltre, non aveva il senso del tempo durante le sue "crisi".

Mehmet ha ricevuto la terapia una volta alla settimana per due mesi. Alla quarta seduta è arrivato con la sua personalità premorbosa, non ha riconosciuto il suo terapeuta e non sembrava ricordare le sedute precedenti. Questa personalità era quella di un ragazzo amichevole con un comportamento e un discorso molto maturo per la sua età. Era particolarmente interessato alla scienza. Aveva un'amnesia completa dei tempi in cui si comportava come un bambino molto giovane.

I suoi genitori hanno riferito che i cambiamenti di personalità erano iniziati tre mesi prima. Ogni personalità emergeva per tre o quattro giorni, poi non ricordava più nulla quando un altro alter prendeva il sopravvento. Mehmet a volte aveva una paralisi in un braccio che durava dai dieci ai trenta minuti, dopo di che fu ricoverato quattro volte in diversi ospedali, tra cui due cliniche universitarie. Gli esami completi (neurologici, craniali, elettroencefalogramma) non hanno mostrato nulla di anormale, la paralisi del braccio è stata diagnosticata come disturbo dissociativo di conversione. La prescrizione di antipsicotici, antidepressivi, tranquillanti e antiepilettici non lo ha aiutato affatto, al contrario, questi farmaci hanno provocato in lui un comportamento violento.

Nel corso della sua terapia, sono state osservate altre due alter personalità. Uno in cui ha perso la capacità di camminare e parlare: questo era chiaramente un alter ego nella fase di bambino, come attestano la sua voce e le sue espressioni. Nell'altra alter personalità gridava *"Sono pazzo, sono pazzo!* e non ha riconosciuto nessuno.

Nel suo caso, non è stato rivelato alcun trauma psicologico o fisico. La sua sorella maggiore ha anche dichiarato che non c'è stato alcun abuso o trascuratezza in famiglia. Nessuna delle personalità alter di Mehmet aveva allucinazioni visive o uditive, né manifestazioni simili attraverso le quali un alter poteva comunicare. Il ragazzo poteva essere facilmente ipnotizzato, ma le alter personalità non emergevano con questo metodo. Invece, i cambiamenti sono avvenuti spontaneamente e Mehmet ha avuto un'amnesia completa di queste "crisi". La famiglia alla fine interruppe la terapia e un anno dopo riferì che i disturbi dissociativi erano cessati e che Mehmet aveva riacquistato un buon livello di maturità.

Emre:

Emre era un bambino di cinque anni quando fu ricoverato in una clinica su richiesta della madre. Il ragazzo ha avuto improvvisi comportamenti aggressivi durante i quali ha rotto oggetti, attaccato amici, estranei e anche sua madre. Ha avuto anche brevi periodi in cui era in uno stato simile alla trance, sentendo voci, avendo orribili visioni e molti sintomi somatici come emicranie e nausea. A volte sembrava parlare da solo, ridendo e chiacchierando per ore con chissà chi... Il suo comportamento era completamente polarizzato e aveva atteggiamenti sessuali inappropriati per la sua età.

Ha confidato che poteva sentire nella sua testa le voci di quattro ragazze e sei ragazzi, tutti di età compresa tra i quattro e i dodici anni. Poteva vederli, giocare con loro e parlare con loro quando era solo. Una delle ragazze, *"Gamze la strega"*, aveva una pistola con cui spaventava Emre e gli altri bambini. A volte picchiava Emre e rompeva i suoi giocattoli, o si divertiva a spaventarlo di notte. Alla terza sessione di terapia, Emre disse che una bambina di dodici anni di nome *"Cunyet"* voleva parlare con i presenti. Così si presentò l'alter Cunyet: era la maggiore e fu lei a proteggere Emre e gli altri bambini dalla strega Gamze, l'alter persecutrice. Quando il terapeuta chiese dove fosse Emre, Cunyet indicò una sedia vuota e disse che era seduto lì ad ascoltarli. Anche se è stato riferito dai genitori che il bambino aveva spesso amnesia, non c'era alcuna prova di amnesia tra queste due personalità alterate durante la terapia. Nessun passato traumatico è stato riportato nel caso di questo ragazzo.

Nilgun:

Questa bambina di 10 anni è stata portata in terapia da suo padre. I suoi sintomi erano noia ricorrente, tristezza, pianto senza motivo apparente, perdita di appetito, stati di trance, gravi emicranie, svenimenti, nausea, dolori di stomaco e capricci estremi.

A Nilgun è stata diagnosticata la depressione da due psichiatri. Durante il primo colloquio, la ragazza ha detto che dentro di lei c'era una ragazza più grande, chiamata *"Fatma"*. Mi ha confidato che sentiva la sua voce quasi ogni giorno da più di due mesi. Questa voce la confortava e la incoraggiava, e commentava il suo comportamento, i suoi sentimenti e i suoi pensieri. Ha anche avvertito Nilgun di non parlare mai di questo con nessuno, compreso il terapeuta. All'inizio l'alter Fatma si rifiuta di parlare con il terapeuta, poi comincia a comunicare attraverso Nilgun, e infine emerge completamente: Fatma dice al terapeuta che ha dovuto "entrare" in Nilgun dopo un evento disastroso che solo lei conosce, per aiutare la ragazza. Ha detto che non aveva gli stessi genitori di Nilgun e che aveva preso il controllo diverse volte per aiutarla ma che Nilgun non sapeva cosa stesse facendo perché non poteva vederla. Ha anche detto che non sapeva tutto quello che faceva Nilgun...

Quando l'alter Fatma emerse, le espressioni facciali di Nilgun, il modo in cui parlava e il modo in cui interagiva con le persone cambiarono completamente. Sembrava molto seria e dava risposte concise e precise. Durante le sessioni, a Nilgun piaceva giocare con giocattoli o puzzle, ma Fatma non era affatto interessata. Ha detto che era troppo vecchia per giocare in questo modo. Ha anche detto che Nilgun era dentro di lei. Mentre Nilgun era una bambina bionda con gli occhi azzurri, Fatma si descriveva con occhi e capelli castani. Nilgun aveva un'amnesia sui periodi di tempo in cui Fatma aveva il controllo. Nessuna esperienza traumatica passata è stata trovata nel caso di questa bambina.[350]

6 - I.D.T. NEI MEDIA

a/ Documentari

Negli anni 1990, la rete televisiva australiana *Seven Network ha* dedicato un documentario al fenomeno delle personalità multiple nella sua serie *'The Extraordinary'*.

---

[350] *'Disturbo dissociativo d'identità nell'infanzia: cinque casi turchi'* - S. Zoroglu, L. Yargic, M. Ozturk, Journal 'Dissociation', Vol.9 N°4, 12/1996.

Nel 1993, il canale americano *HBO ha* trasmesso *"Multiple* Personalities: *The Search for Deadly Memories",* un documentario interamente dedicato all'I.D.T.

Nel 1999 è uscito un documentario in lingua francese nella serie *'Phénomènes inexpliqués'* dal titolo *'Dédoublement de la personnalité'* (originariamente diretto da *Gloria Sykes* e prodotto da *A&E Television Network*). Questo sembra essere l'unico documentario in lingua francese sull'argomento.

Nel 1999, un documentario intitolato *"Mistaken Identity"* è stato trasmesso su *BBC2* (nella serie *"Horizon"*), in cui hanno parlato diversi pazienti e terapisti IDD.

Nel 2004, un rapporto intitolato *"The Woman With Seven Personalities"* mostra la dottoressa Ruth Selwyn che accompagna Helen, una donna che ha sviluppato personalità multiple come risultato di un abuso rituale, compresa la violenza sessuale.

Il documentario più recente sembra essere del 2010, intitolato *"When The Devil Knocks"* e prodotto dalla *Bountiful Films* (Canada). Racconta la storia di Hilary Stanton, una donna a cui è stato diagnosticato l'I.D.D. e che viene curata dalla terapeuta Cheryl Malmo.

b/ Cinema e serie TV

È interessante notare che nonostante il fatto che questo disturbo psichiatrico sia più o meno nascosto al grande pubblico, molte produzioni cinematografiche lo hanno utilizzato come base per la loro sceneggiatura:
- Il caso di Becky (1921)
- Dr Jekyll & Mr Hyde (1941)
- Lo *specchio scuro* (The Double Riddle, 1946)
- *I tre volti di* Eva (1957)
- *The Manchurian Candidate* (Un crimine nella testa, 1962)
- Il professore matto (1963)
- *Arancia Meccanica* (1971)
- *Sibilla* (1976)
- *Vestito per uccidere* (Pulsioni, 1980)
- *Zelig* (1983)
- Voices Within: The Lives Of Truddi Chase (Demons Within, 1990)
- *Raising Cain* (Lo spirito di Caino, 1992)
- Trame (1997)
- Fight-Club (1999)
- Sessione 9 (2001)
- *The Bourne Identity* (La memoria nella pelle, 2002)
- *Dedalo* (2002)
- Identità (2003)
- *Finestra segreta* (2004)
- *Hide & Seek* (Trouble jeu, 2005)
- Mr Brooks (2007)
- Shutter Island (2010)

- Frankie & Alice (2010)
- La stanza affollata (2015)

Possiamo anche citare la serie televisiva *Dollhouse*, con lo sfruttamento di *'bambole'* umane programmate e amnesiche, o *United State of Tara*, che racconta la storia di una madre affetta da IDD, ma anche la serie canadese *Shattered*, il cui protagonista è un poliziotto con personalità multiple... Il cortometraggio *'Inside'* di Trevor Sands presenta un paziente con una personalità multipla piuttosto eterogenea. La serie web *Neuroblaste*, prodotta nel 2011 da *Radio-Canada* in formato *motion comic*, è ispirata al lavoro sul lavaggio del cervello MK-Ultra effettuato a Montreal negli anni '60 dallo psichiatra Ewen Cameron.

Generalmente nelle produzioni cinematografiche, l'IDD è ritratta in modo stereotipato e parziale, mostrando solo il lato attraente e sensazionale della personalità multipla e mettendo in ombra le altre caratteristiche della malattia. Inoltre, la maggior parte dei film che trattano questo argomento presentano personaggi estremamente conflittuali, violenti e persino assassini. Questa visione dell'I.D.T. è limitante. Inoltre, i film tendono a mescolare e confondere la schizofrenia e l'I.D.D., il che aggrava ulteriormente la confusione generale tra queste due diagnosi. Poiché il cinema è un'arte visiva, la rappresentazione cinematografica abituale dell'I.D.D. non permette la distinzione tra vero sdoppiamento di personalità e allucinazione, il che rafforza la confusione tra schizofrenia e I.D.D.[351]

Per quanto riguarda l'immagine mediatica del controllo mentale basato sull'I.D.T., questo è ciò che scrive la terapeuta Alison Miller: "La rappresentazione mediatica popolare del controllo mentale di solito coinvolge spie o assassini che lavorano per la CIA o altri gruppi militari, politici o anche di affari privati, senza che ne siano consapevoli. Questo perché hanno altre "personalità" coinvolte in queste attività. Prendete per esempio Jason Bourne, l'eroe del film "Complotti", o Echo nella serie "Dollhouse", tra altre produzioni americane. Questi drammi che presentano agenti speciali suggeriscono al pubblico che sono stati reclutati da adulti, anche facendo una scelta deliberata di partecipare a queste cose. Una volta che sono stati reclutati, la storia inizia, i loro vecchi ricordi vengono cancellati e viene creata una nuova personalità con abilità specifiche. Tuttavia, c'è solo una fase della vita in cui i programmatori possono creare un individuo che può fare tali attività senza alcuna consapevolezza, senza alcuna resistenza... C'è solo un modo per farlo ed è l'abuso e la tortura di un bambino piccolo. La brutta realtà è che non ci sono adulti che si impegnano volentieri in queste cose, ci sono solo piccole vittime."[352]

c/ L'incredibile Hulk...

---

[351] 'Ero io l'assassino! O il disturbo dissociativo d'identità nel cinema' - Beatriz Vera Posek, 2006.

[352] 'Becoming Yourself: Overcoming Mind Control and Ritual Abuse' - Alison Miller, 2014, p.15.

Tutti conoscono il personaggio "Hulk", l'uomo che si trasforma in una specie di gigante verde con una forza decuplicata quando qualcosa scatena in lui una rabbia estrema. L'Incredibile Hulk è stato creato dallo scrittore Stan Lee e dal fumettista Jack Kirby. Il personaggio immaginario è stato reso popolare dalla *Marvel Comics*, dove è apparso per la prima volta negli Stati Uniti nel 1962. Quello che la gente non sa è che la storia dell'Incredibile Hulk è basata su un disturbo psichiatrico che non è altro che l'I.D.T. con la sua amnesia dissociativa. Senza una doppia personalità, l'eroe Bruce Banner non si trasformerebbe nell'Incredibile Hulk...

Sul sito della casa editrice[353] possiamo leggere una descrizione molto dettagliata del mondo di Hulk e soprattutto della sua doppia personalità. L'editore descrive perfettamente il contesto traumatico e dissociativo dietro la storia del "gigante verde". Impariamo che Bruce Banner è il figlio di un alcolizzato che lo odiava profondamente. Suo padre abusava e lo terrorizzava, uccidendo persino sua madre, prima di essere internato in un ospedale psichiatrico. All'inizio, Bruce ha mostrato segni di grande intelligenza ma anche di essere ritirato. Possiamo leggere su *Marvel.com* che avrebbe 'sviluppato una doppia personalità per aiutarlo a gestire il suo dolore e la sua rabbia', il famoso e incredibile Hulk soffre quindi di un disturbo dissociativo dell'identità...

A scuola, Bruce Banner era così asociale e violento che finì per piazzare una bomba nel seminterrato della sua scuola... che attirò l'attenzione dell'esercito su questo piccolo genio che sarebbe poi diventato un fisico che lavorava per loro. Fu un'accidentale irradiazione di raggi gamma a causare questa radicale trasformazione fisica. All'inizio della saga, Bruce si trasforma in un Hulk grigio al tramonto e ritorna alla sua forma umana all'alba. Più tardi, il suo cambiamento in un "gigante verde" sarà innescato da un forte rilascio di adrenalina quando Bruce va in una rabbia estrema in qualsiasi momento della giornata. Hulk Verde non ha la stessa intelligenza di Bruce, né ha la stessa memoria, è un alter ego furioso che può essere una vera minaccia per la società. È importante notare che Bruce Banner soffre di amnesia, non ricorda mai ciò che Hulk ha fatto e deve ricostruire gli eventi dai danni che il suo alter verde ha causato sul suo cammino... Questa è chiaramente una rabbia incontrollabile in cui Bruce Banner entra in uno stato dissociativo. Ci viene detto che lotta costantemente per controllare questi *"interruttori"* e mantenere una stabilità della propria personalità...

La storia continua... Un giorno, lo psichiatra Leonard *"Doc"* Samson cattura Hulk e riesce a separare la personalità di Bruce Banner da quella di Hulk. Senza la personalità di Bruce che lo incanala e lo trattiene, Hulk diventa ancora più pericoloso. Bruce decide che l'unico modo per controllare il "gigante verde" è quello di fondersi con il mostro. Ma lo stress della reintegrazione crea un altro alter: *"Joe Fixit"*. Questo alter è un bullo di cattivo umore la cui personalità assomiglia a quella del padre di Bruce. Da questo punto in poi, c'è una vera e propria battaglia nel subconscio di Bruce su quale alter personalità prenderà il controllo e avrà la supremazia. Tuttavia, attraverso sessioni di ipnosi, Banner,

---

[353] Marvel Universe Wiki: Hulk (Bruce Banner), www.marvel.com.

Hulk e Joe Fixit sono tutti portati allo stesso livello di coscienza in modo che insieme possano affrontare questioni irrisolte, affrontando finalmente i loro demoni interiori... Bruce Banner deve poi affrontare i ricordi di suo padre che abusa di lui e uccide sua madre. Integrando questo, Bruce diventa in grado di fondere le alter personalità per trovare finalmente la pace interiore: un'altra personalità emergerà quindi, un nuovo Hulk che avrà le capacità mentali e l'intelligenza di Bruce Banner pur mantenendo la forza dell'Incredibile Hulk. Questa nuova personalità si chiamerà *"Il Professore"*...

Come potete vedere, siamo proprio nel mezzo del tema del funzionamento delle personalità multiple, o anche del processo di controllo mentale.

Hulk è uno di quei supereroi americani (l'universo Marvel dei *fumetti*) che sono spesso implicitamente legati al disturbo dissociativo di identità. Supereroi con un'identità civile classica da un lato e un'identità segreta con superpoteri dall'altro, come *Batman*, *Superman* e *Spiderman* (tutti e tre conservano la memoria della loro trasformazione). Possiamo citare personaggi come *Double* Face (uno dei *supercriminali* dell'universo di Batman) con una personalità benevola e una malevola, o il personaggio *Legion*, abitato da personalità multiple ciascuna con poteri psichici. C'è anche il supereroe *Moon Knight*, che ha anche un I.D.T. con tre alter personalità. Inoltre, ha una relazione con un dio egiziano che gli permette di diventare ancora più forte, soprattutto nelle notti di luna piena... Tutti questi personaggi illustrano la forte presenza dell'I.D.T. nella cultura dei *fumetti* e dei supereroi. È presente anche un'amnesia dissociativa: Il personaggio degli *X-Men*, James Howlett, ha un alter chiamato *Wolverine* che è incline all'amnesia, non ricorda mai i massacri che compie regolarmente, così come Hulk non ricorda le sue furie distruttive. Questa è una perfetta illustrazione del fenomeno delle pareti di amnesia traumatica negli stati dissociati.

Da notare che nel 1992, la serie *X-Men ha* fatto un chiaro riferimento al programma MK-Ultra in uno degli episodi della quarta stagione intitolato *'Arma X, bugie e videotape'*. In questo episodio gli *X-Men* scoprono un laboratorio dove sono stati controllati mentalmente anni prima. Trovano una videocassetta che contiene una descrizione degli esperimenti che sono stati fatti su di loro, e la vignetta dice: *"I soggetti anonimi sono stati testati e condizionati con il trauma. Siamo in grado di reintegrare questi uomini nella società quando i servizi segreti ne hanno bisogno, senza che abbiano alcun ricordo di essere stati programmati. Sono condizionati e non ricordano nulla... La chiave è raggiungere il loro subconscio. La chiave è raggiungere il loro subconscio. Per fare questo il soggetto deve essere ripetutamente esposto a simulazioni di traumi emotivi estremi. Usando droghe, imprimiamo falsi ricordi nella mente del soggetto per saturarlo emotivamente e dividerlo per renderlo controllabile... Questo processo sembra funzionare meglio quando i traumi sono reali..."* ... Il programma MK-Ultra riassunto in poche righe, ma naturalmente questa è tutta fantascienza per adolescenti ritardati...

7 - CONCLUSIONE

Per il dottor Colin Ross, lo studio serio dell'I.D.T. avrebbe dovuto provocare un vero cambiamento di paradigma nella psichiatria moderna, egli scrive: *"L'I.D.T. è il disturbo più importante e interessante della psichiatria, ed è per questo che lo studio. Credo che sia una diagnosi chiave in questo imminente cambiamento di paradigma in psichiatria, perché l'I.D.T. illustra al meglio la risposta caratteristica dell'organismo umano a un grave trauma psichico; ma anche perché il trauma è una delle principali cause di malattia mentale dal punto di vista della salute pubblica. Credo che il trauma sia una delle principali cause alla base di molte malattie mentali, come la depressione, i disturbi alimentari, i disturbi della personalità, l'abuso di sostanze, i disturbi psicosomatici e tutte le forme di autolesionismo e violenza. La psichiatria biologica dovrebbe ottenere risultati molto migliori se si concentra sulla psicobiologia del trauma."* [354]

Sembrerebbe che la psichiatria francofona sia poco formata, se non per nulla, in psicotraumatologia e ancor meno in disturbi dissociativi.... Le risorse francofone (pubblicazioni di studi scientifici, pubblicazioni di testimonianze, libri specializzati, inchieste e reportage giornalistici) riguardanti la D.I.D., e più globalmente la psicotraumatologia, sembrano molto limitate se non inesistenti. Questo è piuttosto strano quando questo disturbo è ufficialmente riconosciuto nel DSM e quando c'è un gran numero di opere in lingua inglese sull'argomento. Perché c'è un tale divario nel mondo francofono? Perché la psicotraumatologia non è più sviluppata? Questo ci permetterebbe di aiutare meglio le vittime. Perché l'esistenza della I.D.T. è attaccata vigorosamente e screditata da una certa élite medica o da pseudo esperti? Non solo non riconoscono il fenomeno della scissione della personalità, ma relativizzano anche le conseguenze che il trauma infantile può avere sulla vita futura del bambino.

È una vera e propria copertura di piombo per il vaso di Pandora dell'abuso rituale e del controllo mentale basato sul trauma: il processo neurologico della dissociazione e dell'amnesia traumatica. Insegnare nelle scuole di medicina il funzionamento scientifico della dissociazione, dei muri amnesici e della scissione della personalità sarebbe rivelare pubblicamente e accademicamente una certa conoscenza occulta. Questa conoscenza è vecchia come le colline ed è usata sistematicamente e malignamente da certi gruppi di potere oggi. Il processo di funzionamento degli schiavi sotto programmazione mentale non dovrebbe raggiungere la sfera pubblica e laica. La maggior parte degli studenti di psicologia e psichiatria non crede che tale controllo mentale sia possibile. Questo perché non hanno alcuna conoscenza del concetto di base dietro MK, cioè l'I.D.D., un disturbo della personalità che è necessario per un umano per lavorare come un robot in operazioni clandestine... o no.

In un articolo intitolato *"The Dissociative Disorders, Rarely Considered and Underdiagnosed"*, il dottor Philip M. Coons conferma che i disturbi dissociativi sono generalmente sottodiagnosticati a causa di una mancanza di formazione. Il Dr. Coons nota che i professionisti della psichiatria non hanno

---

[354] 'Il complesso di Osiride: studi di casi nel disturbo di personalità multipla' - Colin Ross, 1994, p.xii.

familiarità con questa diagnosi o anche con la sintomatologia dissociativa perché, secondo lui, i *professionisti mancano seriamente di dati epidemiologici riguardanti i disturbi dissociativi*. Perché una tale omissione nella comunità psichiatrica?

Abbiamo l'inizio di una risposta nell'autobiografia di Cathy O'Brien, *"Trance formation of america"*. Ecco cosa scrive Mark Phillips sulle istituzioni psichiatriche: *"Ad oggi, né l'American Psychiatric Association né l'American Psychological Association hanno pubblicato un modello per lo sviluppo di un protocollo terapeutico efficace per i disturbi dissociativi (considerati il risultato di traumi ripetuti). Un certo numero di fattori rende difficile lo sviluppo di un tale modello. Il primo di questi è la segretezza che la Sicurezza Nazionale applica alla ricerca classificata sul controllo mentale. Nel clima attuale, riferire le vittime del controllo mentale a professionisti psichiatrici per il trattamento sarebbe come riferire un paziente che ha bisogno di un intervento chirurgico d'urgenza a un chirurgo che è stato bendato e ammanettato (...) Ciò che potrebbe permetterci di porre le basi per una spiegazione sarebbe identificare "chi" nel nostro governo ha interesse a bloccare i risultati cruciali della ricerca medica e altre informazioni tecnologiche dalle professioni psichiatriche (...).) Facendo il passo successivo e procurandosi una copia dell'Oxford's Companion To The Mind del professore di facoltà (Oxford Press, 1987), si può trovare quasi tutto sulla ricerca sulla mente senza alcun riferimento al controllo mentale. Forse ora avrà l'opportunità di rendersi conto, attraverso le omissioni di Random House, Webster e altre Oxford Press, che lei è una vittima del controllo delle informazioni."*[355]

La sopravvissuta dell'MK-Monarch Cathy O'Brien scrive in questo libro: "Ci sono molte strutture di questo tipo nel nostro paese, all'interno di vari complessi della CIA, dell'esercito e della NASA, dove la conoscenza governativa iper-avanzata viene sviluppata, testata e modificata. Le persone che ho incontrato, che avevano studiato a fondo i meccanismi scientifici del cervello e i pro e i contro della mente, usavano questo accumulo di conoscenze segrete per manipolare e/o controllare gli altri (...) (ndr: Senatore) Byrd mi ha spiegato che il 'Nuovo Ordine Mondiale' è stato 'autorizzato' permettendo alla sua lobby, l'Associazione Psichiatrica Americana (APA), solo un'informazione parziale e/o una deliberata disinformazione della comunità psichiatrica riguardo alle modalità di trattamento dei gravi disturbi dissociativi derivanti dal controllo mentale! I suoi autori credevano che l'occultamento della conoscenza e la proliferazione della disinformazione deliberata permettessero loro di controllare i loro segreti e, successivamente, l'umanità. Questo potrebbe essere il caso se nessuno potesse o volesse rispondere alle informazioni presentate in questo libro."[356]

Ecco un dialogo dal libro *"Per la sicurezza nazionale"* che illustra la mancanza di conoscenza del mondo psichiatrico su questo argomento:

---

[355] *'L'America nel mezzo della trasformazione'* - Cathy O'Brien & Mark Phillips, 2013, pp.62-19.

[356] Ibidem, pp. 327-328.

- Ho fatto un sacco di telefonate", inizia Marsha, "è davvero difficile avvicinarsi ai professionisti psichiatrici su un argomento 'riservato' come il controllo mentale. A loro piace pensare di sapere già tutto. Mark e io annuiamo in accordo.
- Avete provato a usare il termine 'lavaggio del cervello'?
- Sì", dice Marsha, "ho anche trovato il termine 'modifica del comportamento', e sto ancora avendo problemi a descrivere il disturbo, figuriamoci a trovare una struttura che se ne occupi. Se siete d'accordo, inizierò di nuovo una ricerca, ma questa volta per trovare qualcuno che possa diagnosticarle ilDD.
- C'è qualcuno in questo stato che sa come trattare questo disturbo? Secondo gli standard psichiatrici di oggi, ci vogliono in media otto anni e mezzo per diagnosticare questa sindrome, e durante questo periodo ci deve essere un trattamento. Finché i "ragazzi dell'intelligence" non faranno uscire i dati nella comunità psichiatrica per una diagnosi e un trattamento accurati, la nostra unica soluzione sono le vecchie, obsolete, terapie a lungo termine. Come pensa di trovare qualcuno in questo stato per diagnosticare le conseguenze dell'abuso di Cathy da parte della CIA?[357]

I professionisti della salute mentale non sono chiaramente formati per poter diagnosticare correttamente una persona che soffre di Disturbo Dissociativo d'Identità... Questo disturbo psichiatrico non viene insegnato nelle facoltà, quindi non lo si cerca e se non si cerca qualcosa, non lo si trova... quindi non esiste, il cerchio è chiuso. La mancanza di una diagnosi corretta, che priva il paziente di un trattamento adeguato, è il problema più importante e comune per i pazienti con I.D.D.. Questi ultimi saranno generalmente diagnosticati come schizofrenici, bipolari o *borderline*... senza dimenticare ovviamente la pesante prescrizione di psicofarmaci che fanno parte del protocollo *terapeutico*, ingrassando copiosamente i laboratori farmaceutici, tra l'altro...

Nel libro della terapeuta canadese Alison Miller, Healing the Unimaginable, una paziente (LisaBri) testimonia: "Nei primi anni 90 mi è stato diagnosticato di tutto, dalla schizofrenia alla sindrome premestruale. Mi è stato detto di trovare un hobby e di non bere di notte. Lo psichiatra portava fuori dal suo ufficio una scatola di pillole bianche ogni volta che mostravo un segno emotivo. Ogni terapeuta, medico e psichiatra che ho incontrato voleva che chiudessi le mie emozioni o che le tenessi lontane da me. Ma dove potrebbero andare queste emozioni? Più le reprimevo, più peggioravo, finché un giorno mi ritrovai a vagare nel reparto protetto di un ospedale psichiatrico... Riuscii a liberarmi dalla droga e dall'alcol e finalmente trovai un terapeuta competente con cui lavorare. Ero determinato a fare tutto il possibile per frenare gli intensi stati emotivi che stavo vivendo. Mi è stato presto diagnosticato l'I.D.D."[358]

Uno sguardo più attento all'I.D.T. mostra che le funzioni dissociative e amnesiche della mente umana possono essere sfruttate a scopo di manipolazione

[357] *'Per il bene della sicurezza nazionale'* - Cathy O'Brien & Mark Phillips, 2015, p.101-102.

[358] 'Healing the Unimaginable: Treating Ritual Abuse and Mind Control' - Alison Miller, 2012, p.136.

e sfruttamento dell'individuo. Questa è una vera scienza psichiatrica parallela, che nelle mani sbagliate diventa una scienza traumatica e un'arma di controllo mentale non rilevabile. Se questo disturbo di scissione della personalità con le sue pareti amnesiche non è insegnato nelle scuole di medicina ed è sistematicamente controverso e screditato da una élite di *esperti*, è per la semplice ragione che è l'asse principale del controllo mentale praticato da certe organizzazioni occulte dominanti. Questa è la pietra angolare della "religione senza nome": gli abusi rituali che permettono la programmazione MK, che è a sua volta basata sulla strutturazione e l'organizzazione di un sistema interno risultante da un I.D.T.

Inoltre, l'I.D.T. apre la strada alla questione della possessione demoniaca e alla possibile esistenza di una scienza occulta che padroneggia i parametri di questa possessione da parte di certe entità. Perché, come vedremo nel prossimo capitolo, l'I.D.T. e la possessione demoniaca sono intimamente collegate. Oggi la capacità di studiare sia gli aspetti spirituali che quelli psicologici dei fenomeni di controllo mentale è spesso carente, ma ci sono delle eccezioni, come il libro della dottoressa Loreda Fox *"The Spiritual Dimensions of MPD"*. È inevitabile che la questione della possessione demoniaca nel processo di controllo mentale basato sul trauma venga affrontata ad un certo punto. Traugott Konstantin Oesterreich, che era professore di filosofia all'Università di Tubingen in Germania, ha studiato da vicino le personalità multiple e la possessione demoniaca. Ha scritto un libro seminale su di esso, che è stato tradotto in inglese nel 1930 con il titolo *"Possession: Demoniacal and Other"*. La sua antologia sull'argomento fornisce casi documentati che rivelano indirettamente che il controllo mentale indotto dal trauma è stato praticato in Germania, Francia e Belgio molto prima del XX secolo. La ricerca di Oesterreich nei primi anni del 1900 era il tipo di ricerca che i programmatori nazisti del MK conoscevano molto bene. Nel 1921, tedeschi come Oesterreich descrissero bruschi cambiamenti di personalità con il termine *"possessione sonnambuliforme"* (stati ipnotici) o *"sonnambulismo demoniaco"* o quello che può essere chiamato *"Besessenheit von Hypnotismus und bösen Geistern"* (possessione da ipnosi e spiriti maligni).[359]

---

[359] 'La formula degli Illuminati usata per creare uno schiavo totale non rilevabile controllato dalla mente' - Fritz Springmeier & Cisco Wheeler, 1996.

CAPITOLO 6

TRAUMA, DISSOCIAZIONE E
CONNESSIONE AD ALTRE DIMENSIONI

Se camminiamo nella carne, non combattiamo secondo la carne. Perché le armi con cui combattiamo non sono carnali, ma sono potenti al cospetto di Dio, per abbattere le fortezze. 2 Corinzi 10:3-4

Padre Hilarion Tissot crede che tutte le malattie nervose accompagnate da allucinazioni e deliri siano possessioni demoniache, e intendendo le cose in senso cabalistico, avrebbe pienamente ragione. La storia della magia - Eliphas Levi, 1913

In 1 Cor 15,44 leggiamo*: "È seminato nel corpo animale, risorge nel corpo spirituale, c'è un corpo animale e c'è un corpo spirituale". Quindi sappiamo che abbiamo un corpo fisico e un corpo spirituale. È attraverso questo corpo biologico che abbiamo un contatto fisico con il mondo materiale che ci circonda. Non siamo consapevoli di avere un corpo spirituale finché il nostro corpo fisico non muore. Questo è ciò che Dio ha voluto per noi. Attraverso i rituali, i satanisti usano i demoni per separare il corpo spirituale dal corpo fisico. Quando l'anima e lo spirito sono stati separati e il corpo spirituale è stato separato dal corpo fisico, allora la persona entra in modo pienamente cosciente in tutta un'altra dimensione. Questa è la dimensione che chiamo il mondo interiore. Questo mondo è tanto vasto e tanto reale per l'individuo quanto il mondo fisico lo è per noi. Noi pensiamo agli spiriti come ad uno stato "vaporoso", ma le persone che sono state in questa dimensione mi hanno riferito che i demoni hanno peso e sostanza."* Ripristinare i sopravvissuti all'abuso rituale satanico - Patricia Baird Clark, 2000

1 - INTRODUZIONE

Ora entreremo in un'altra dimensione, nel paranormale... Stabiliremo se c'è un legame tra il disturbo dissociativo d'identità e le possessioni demoniache; dissociazione e poteri psichici; con quello che sembra essere un fattore comune: traumi infantili. Vedremo che un grave trauma provoca una sorta di 'sblocco' spirituale che crea un'apertura a quello che potremmo chiamare il *mondo degli spiriti*, cioè le dimensioni al di là della nostra realtà fisica e materiale. La dissociazione che un grave trauma provoca apre certe porte spirituali, ma plasma anche la costruzione neurologica nel bambino. Come vedremo, queste due cose combinate possono portare a facoltà psichiche paranormali come la medianità, la chiaroveggenza, la visione a distanza, ecc. Ma questo processo traumatico è anche la porta aperta a certe entità che approfitteranno di queste brecce, o fratture, per introdursi nel mondo spirituale della vittima.

I rituali *iniziatici che* provocano deliberatamente un trauma sono praticati per aprire le porte ad altre dimensioni e collegare spiritualmente l'*iniziato* (il bambino vittima) con il mondo degli spiriti. Il fenomeno della dissociazione psichica legata al trauma sarebbe quindi una sorta di ponte che collega le funzioni cognitive *normali* alle funzioni cognitive *paranormali*, collegando il mondo fisico al mondo metafisico. La metafora corrispondente è quella di Alice che *passa attraverso lo specchio* per accedere ad un altro mondo. È l'accesso a questo *"mondo interiore"* di cui parlano molti sopravvissuti all'abuso rituale e al controllo mentale, una frattura psichica e spirituale che crea un'apertura ad un'altra dimensione dell'essere umano... Il processo di dissociazione è la base di tutte le pratiche spirituali che mirano ad accedere ad altre dimensioni (dalla medianità al *"Viaggio Astrale"*), e le società segrete di tipo massonico studiano e insegnano queste cose

Esplorare il legame tra il fenomeno della dissociazione e il fenomeno della possessione demoniaca può porre un certo problema che deve essere superato. In effetti, i clinici e gli altri terapeuti che lavorano sulla psicotraumatologia e la dissociazione trovano già molto difficile far riconoscere in modo credibile la realtà dei disturbi dissociativi, senza doverla collegare al mondo *"arcaico, selvaggio e primitivo"* dei guaritori indigeni tradizionali e di altri esorcisti *a caccia di demoni*. Eppure questi due mondi sono inseparabili se vogliamo capire bene il soggetto: la dissociazione e la possessione sono parti integranti delle tradizioni religiose preindustriali e persino antiche. Il mondo della medicina moderna potrebbe imparare molto dal mondo dei guaritori tradizionali, specialmente nel campo psichiatrico. Il lato spirituale dei disturbi di personalità è di solito trascurato dai terapeuti e deriso dalle menti cartesiane che criticheranno rapidamente il tema della demonologia, relegandolo a *diablerie superstiziose*, reliquia di un *oscuro passato medievale*... Perché no? Ma sapendo che ci sono veri adepti dell'occultismo, dei rituali di ogni tipo e della magia nera, persone che credono fermamente di lavorare mano nella mano con Lucifero, il principe di questo mondo, e il suo esercito di demoni: rifiutare il problema del "diavolo" non è un'opzione perché equivarrebbe a cadere nella sua trappola, cioè a negare la sua esistenza... Ci troveremmo allora totalmente sottomessi alle sue astuzie e in balia dei suoi attacchi spirituali. Anche se non ci credi, devi sapere che alcune persone ci credono da morire e applicano certi rituali alla lettera...

L'autore Fritz Springmeier fa un'interessante analogia tra la demonologia e la microbiologia. La maggior parte delle persone non ha mai visto un demone così come non ha mai visto un virus. Eppure negano l'esistenza dell'uno e prendono antivirali per proteggersi dall'altro. Ci saranno sempre differenze di opinione sulla demonologia, ma proprio come è stato utile alla salute di molti pazienti trattare i virus, le vittime di abusi rituali e di controllo mentale hanno trovato utile trattare i demoni, cioè il lato spirituale dei loro disturbi psichici. Non è stato padre Georges Morand a dichiarare su France Culture nel 2011 che le vittime dei culti satanici che aveva incontrato erano fuggite solo pregando un esorcismo? Le entità che gli sciamani siberiani incontrano o combattono nei loro viaggi astrali non sono altro che vento congelato? Una delle principali attività di Gesù Cristo quando camminava su questa terra non era forse quella di scacciare i demoni, di liberare i malati attraverso la preghiera? Alcuni di coloro che sono stati guariti da Cristo avevano una personalità scissa e persino un'anima scissa? Nel suo libro *Jesus: The Evidence*, Ian Wilson suggerisce che le molte persone possedute guarite da Gesù Cristo potrebbero aver sofferto di I.D.D.

- Appena Gesù scese a terra, gli venne incontro un uomo dalle tombe, posseduto da uno spirito impuro. Aveva la sua casa nelle tombe, e nessuno poteva più legarlo, nemmeno con una catena. Per molte volte era stato incatenato e legato con catene, ma lui aveva rotto le catene e spezzato le pastoie, e nessuno aveva la forza di domarlo. Era costantemente notte e giorno nelle tombe e sulle montagne, gridando e ferendosi con le pietre. Egli vide Gesù da lontano, corse da lui, si prostrò a lui e gridò a gran voce:

- Cosa vuoi da me, Gesù, Figlio dell'Altissimo? Vi supplico in nome di Dio, non tormentatemi. Perché Gesù gli disse:

- Esci dall'uomo, spirito immondo. E Gesù gli chiese:

- Come ti chiami?

- Legione è il mio nome", rispose, "perché siamo in molti.

Marco 5:2-9

L'indemoniato risponde a Gesù Cristo che è una *legione* e che ce ne sono *molti*. È un esercito di demoni? Una personalità divisa in mille pezzi? O un misto di entrambi? Qualunque sia la risposta, il Signore ha liberato e reso libero quest'uomo.

Lo Spirito del Signore, l'Eterno, è su di me,
Perché il Signore mi ha unto.
Mi ha mandato a portare buone notizie agli oppressi;
Per guarire chi ha il cuore spezzato,
Per proclamare ai prigionieri la loro liberazione
E ai prigionieri la liberazione.
(Isaia 61:1)

Quando la Bibbia parla di *"cuore spezzato"*, è naturale pensare all'inizio che si tratti di un significato figurato, una metafora usata a volte per descrivere una relazione romantica: *"le ha spezzato il cuore"*. Ma proprio come Gesù Cristo ha detto *"mangiate, questo è il mio corpo, bevete, questo è il mio sangue"*, non c'è nulla di figurativo o simbolico nell'espressione *"cuore spezzato"*.

John Eldredge, l'autore di *Wild at Heart: Discovering the Secret's of a Man's Soul,* ha questo da dire al riguardo:

Quando Isaia parla del "cuore spezzato", Dio non sta usando una metafora. In ebraico si chiama "leb shabar" ("leb" per "cuore" e "shabar" per "rotto"). Isaia usa la parola "shabar" per descrivere un cespuglio i cui rami secchi sono rotti (27:11), per descrivere gli idoli di Babilonia che giacciono rotti a terra (21:9) così come una statua si rompe in mille pezzi quando la si getta a terra; o per descrivere un osso rotto (38:13). Qui Dio sta parlando letteralmente, dice: "Il tuo cuore è a pezzi, voglio guarirlo".

La parola ebraica *"leb"*, oltre a significare *"cuore"*, può essere tradotta anche come *"spirito"*, *"anima"* o *"coscienza"*. I teologi ci dicono che nel Nuovo e nell'Antico Testamento, i riferimenti a spirito, anima e cuore si riferiscono a una stessa cosa. Questo significa che in Isaia il *"cuore spezzato"* equivale alla coscienza spezzata o allo spirito spezzato, letteralmente rotto in mille pezzi. È un riferimento alla dissociazione? A una scissione della personalità? Si noti che nell'Antico Testamento, la parola ebraica per il male è *"ra"*, dalla radice *"Ra'a"*, una parola che significa anche rompere, frantumare, fare a pezzi.

I rituali traumatici che portano a stati di trance e di possessione, con il processo psicospirituale di dissociazione della personalità, erano necessariamente presenti nei tempi biblici, ma anche nei tempi antidiluviani e babilonesi. L'*Epopea di Gilgamesh*, scritta nel terzo millennio a.C. in Mesopotamia, o l'*Iliade di Omer intorno all'800* a.C., riportano testimonianze che corrispondono a ciò che oggi chiameremmo una dissociazione durante un trauma. Oggi l'immagine della crepa e della rottura è un tema ricorrente nel simbolismo del controllo mentale di Monarch esposto nell'industria dello spettacolo. Una bambola o un manichino con una faccia incrinata o rotta, che simboleggia un alter, è una classica rappresentazione di uno schiavo MK con una personalità scissa (maggiori informazioni su questo nel capitolo 9)

2 - PERSONALITÀ MULTIPLA E POSSESSIONE DEMONIACA

Un fenomeno curioso che è stato osservato per secoli ma che non ha ancora ricevuto una spiegazione completa è quello in cui l'individuo sembra essere il veicolo di una personalità che non è la sua. La personalità di qualcun altro sembra "possederlo" ed esprimersi attraverso le sue parole e azioni, mentre la vera personalità dell'individuo è temporaneamente assente. Dr. D. Laing - Il Sé Diviso

Il dottor James Randall Noblitt, riferendosi alle recenti scoperte sui disturbi dissociativi, ha detto: "Forse ci stiamo avvicinando a una nuova teoria naturalistica della possessione spiritica. Una teoria non solo applicabile alla salute mentale, ma anche all'antropologia e alle interpretazioni storiche della stregoneria europea."

Nel disturbo dissociativo d'identità, *l'io* è frammentato, mentre nella possessione, il corpo è diviso. Nella D.I.D., è l'entità *"io"* (la personalità principale) che si divide in più pezzi, mentre nella possessione c'è l'invasione di un'entità esterna. In altre parole, nell'I.D.T., gli alter, sebbene separati, sono considerati come diversi aspetti di un unico individuo. Mentre nel possesso, si suppone che ci siano diverse entità esterne indipendenti e distinte dall'individuo. Nell'I.D.T., gli alter dovranno essere integrati e fusi per ricostruire la personalità in psicoterapia, mentre nella possessione, le entità esterne sono esorcizzate e scacciate dalla persona in un esorcismo. Ma come vedremo, questi due fenomeni, che sono molto vicini l'uno all'altro, a volte si sovrappongono e sembrano addirittura fondersi. È quindi difficile affermare che tutti i casi di possessione demoniaca siano sistematicamente legati a un disturbo psichiatrico, così come è difficile affermare che l'intervento di un'entità esterna sia solo una superstizione.

Nel suo libro "Occult Bondage and Deliverance", il Dr. Kurt E. Koch scrive Koch scrive: Il medico e famoso predicatore, Dr. Martyn Lloyd-Jones, mi invitò a parlare a un gruppo di psichiatri sul tema dell'esoterismo e dell'occulto (...) Di conseguenza, fui attaccato da due psichiatri che sostenevano che i racconti biblici di possessioni demoniache a cui mi riferivo erano in realtà casi di malattia mentale, come l'epilessia o l'isteria (...).Un uomo si è poi alzato in mia difesa, affermando che dalla sua esperienza di praticante, lui solo poteva citare undici diversi casi di possessione demoniaca. Un altro psichiatra ha poi concordato con ciò che il suo collega aveva appena detto, aggiungendo che lui stesso aveva incontrato tre o quattro casi.[360] Come abbiamo visto nel capitolo precedente con il lavoro del Dr. Janet, ciò che veniva chiamato "isteria" un tempo si riferiva generalmente a casi di personalità multipla.

In *The Discovery of the Unconscious*, Henri Ellenberger ha rintracciato le origini della psichiatria dinamica nei mondi magici degli sciamani e degli uomini della medicina, includendo i rapporti storici di possessione demoniaca in Europa. Scrive nel suo libro che *"la possessione può essere scomparsa, ma è stata sostituita dalla personalità multipla"*. Con l'era moderna dello scientismo, il fenomeno della possessione demoniaca ha lasciato il posto a un sintomo psichiatrico poco razionale, di cui la medicina accademica non è ancora molto consapevole...

Si tratta di spazzare via un fenomeno "diabolico", "superstizioso" e sostituirlo con un fenomeno puramente "neurologico"? Le due cose non sono collegate? Certi disturbi psichici causati da fratture traumatiche non potrebbero provocare una "apertura" per entità esterne? Ma stiamo davvero cercando di scoprire la causa principale di questi disturbi della personalità? È vero che oggi si comincia a puntare seriamente il dito contro il trauma e a capire il suo impatto a livello neurologico. Ma questo fenomeno della personalità multipla nasconde ancora molti segreti, e notiamo che pochissimi mezzi sono messi in atto per studiare seriamente la questione... che come abbiamo visto, rimane sepolta sotto una spessa coltre di piombo.

I primi casi riportati di *personalità multiple* menzionano individui posseduti dal diavolo o dai demoni. Questo è il caso di Jeanne Fery, una suora domenicana francese di 25 anni che viveva nella zona di Mons nel XVI secolo. Il suo caso fu descritto dal dottor Désiré Bourneville nel 1886 nel libro *'La Possession de Jeanne Fery'*. Bourneville stesso ha detto che Jeanne Fery rappresenta *"il caso più perfetto di sdoppiamento della personalità"*.

Bourneville parla di un caso di "personalità scissa" e la sua descrizione contiene tutti i criteri a cui fa riferimento il manuale psichiatrico del DSM per descrivere l'IDD. Il prete esorcista di Jeanne Fery ha descritto una

---

[360] 'Occult Bondage and Deliverance: Counseling the Occultly Oppressed' - Kurt E. Kock, 1972, p.11.

"frammentazione della sua identità" e menziona anche una storia di trauma nella sua prima infanzia. Jeanne Fery era posseduta da diversi "demoni" che avevano funzioni diverse. C'era un demone che controllava i suoi disordini alimentari e un altro chiamato *'Sanguinario'* che la faceva scarificare perché *voleva pezzi di carne*. Un terzo 'diavolo' era chiamato *'Garga'*, la cui funzione era quella di proteggerla dal dolore delle percosse ricevute da bambina. Tuttavia, le ha fatto rivivere i traumi facendole colpire la testa e il corpo. Garga l'ha anche fatta tentare più volte il suicidio tramite scarificazione o strangolamento.

Jeanne Fery ha anche mostrato sintomi dissociativi come l'amnesia durante questi cambiamenti di *personalità*, stati di trance, voci interiori e secondi stati in cui mostrava estrema rabbia o estrema tristezza. A volte è stata descritta come *"pazza furiosa"*, incapace di sedersi, figuriamoci di sdraiarsi, fino a sette giorni e sette notti. Fery ha dichiarato di avere visioni di Santa Maria Maddalena che a volte si frapponeva tra lei e i demoni. Alcuni autori sostengono che questa era un'altra delle sue personalità, l'alter *Maria Maddalena*, la personalità più razionale e utile, che di solito appariva nei momenti più critici per calmare la situazione.

Cornau' fu il primo 'diavolo' ad averla posseduta, e rivelò alla suora che era stato suo padre da quando lei aveva quattro anni. Si seppe allora che la bambina era stata maledetta dal suo padre biologico quando aveva 2 anni, il che aveva aperto la strada a questo *Cornau* che le provocava dei disturbi alimentari molto strani. Jeanne poteva vedere questi "diavoli", poteva sentirli dentro di lei e a volte prendevano violentemente il controllo del suo corpo con capricci durante i quali doveva essere trattenuta e rinchiusa. Si manifestavano anche con un comportamento infantile, o con singhiozzi e intenso dolore fisico. Il quadro clinico era molto simile a quello dei pazienti di oggi con gravi disturbi dissociativi.

Durante il periodo in cui sono stati eseguiti i rituali di esorcismo, ci sono stati miglioramenti e ricadute in cui i sintomi si sono aggravati, ma nel complesso le condizioni di Jeanne sono migliorate. Il suo trattamento, durato 21 mesi, comprendeva la cura continua delle sorelle e il consenso di Jeanne a far esorcizzare i suoi "demoni" che avevano il ruolo di *padre* e *nonno*. Jeanne Fery tenne un diario del proprio esorcismo nel 1584, che fu anche descritto in dettaglio dal prete che eseguì il rito:

- 12 aprile 1584: il demone "Namon" rivela il suo nome. Jeanne ha perso tutte le sue conoscenze religiose.

- 28 giugno 1584: Maria Maddalena appare di nuovo e Giovanna le racconta dei contratti scritti nel suo corpo, quelli scritti col sangue la collegano ai demoni.

- 25 agosto 1584: Maria Maddalena appare e parla per la prima volta. Joan firma un contratto scritto per rompere il legame con i suoi demoni. Un altro episodio di scarificazione, ma si decide di continuare l'esorcismo. I demoni restituiscono un pezzo della sua carne che Jeanne aveva dato loro. L'esorcismo è considerato un successo perché i demoni hanno rotto una piastrella mentre se ne andavano, un segnale che era stato concluso in precedenza.

- Settembre 1584: Giovanna è molto malata e soffre per le sue ferite autoinflitte. Ora si sente libera dai suoi demoni, tranne Garga e Cornau.

- 9 novembre 1584: quando ha 4 anni, Cornau diventa suo padre. L'ha sedotta con dolci e caramelle. Senza di lui, sarebbe muta e ignorante. Il canonico Jean Mainsent parla a Cornau e promette di diventare il padre di Jeanne al suo posto. Maria Maddalena appare di nuovo e offre protezione. Joan diventa come un bambino. Lei chiede all'arcivescovo di diventare suo nonno, cosa che lui accetta.

- 12 novembre 1584: durante la messa, gioca con l'immagine sacra di Maria Maddalena come un bambino con una bambola. Mostra anche il suo cuore, indicando che c'è del dolore. Jeanne regredisce allo stadio pre-verbale. L'arcivescovo comincia allora a insegnarle come se avesse davvero 4 anni. Benedice ogni parte del suo corpo e legge la sua precedente confessione scritta. Dopo aver ascoltato la sua confessione, Jeanne si comporta ancora come una bambina, ma può camminare e parlare di nuovo in modo più deciso. Per nove giorni, l'arcivescovo la interroga sulla sua prima infanzia. Riceve l'assoluzione e va a vivere per un anno nell'arcidiocesi con la sua infermiera, suor Barbe, per completare la sua liberazione dai demoni e per la sua riabilitazione. Maria Maddalena scompare. Anche il difetto di vista all'occhio destro, che era presente da 10 anni, è scomparso.

- 6 gennaio 1586: Giovanna cade in estasi durante la messa e vede Maria Maddalena. Jeanne dice all'arcivescovo che Maria Maddalena ha mantenuto la promessa fatta un anno prima ed è ora libera dai demoni. Ha recuperato la sua forza spirituale e ritorna al convento per riprendere il suo posto nella vita comunitaria.

Ecco alcune note basate su ciò che Jeanne stessa ha riportato nel suo diario sull'evoluzione dei suoi problemi: "All'età di 2 anni, viene data al diavolo da suo padre che la maledice. All'età di 4 anni, fu sedotta dal diavolo Cornau che apparve come un bel giovane che le offriva mele e pane bianco. Lei allora lo accetta come suo padre. Dai 4 ai 12 anni, appare un altro diavolo (forse Garga). Il diavolo Garga le promette che non sentirà mai più i colpi che riceve. Da adolescente, per avere più libertà, vive con sua madre. Fa l'apprendista da una sarta nella città di Mons. Deve fare tutto quello che i suoi demoni le chiedono o sarà torturata. Una moltitudine di nuovi demoni entra in lei. Prima ne aveva solo due o tre (probabilmente Namon, Cornau e Garga). Promette ai demoni di tenere segreta la loro presenza. Alla sua prima comunione, deve combatterli. Minano le sue risoluzioni in ogni modo, prendono il controllo della sua lingua durante la confessione, uno le dà dei dolci durante il digiuno eucaristico, un altro le fa male alla gola per farle sputare l'ostia, ecc. Nonostante questi ostacoli, Giovanna entra nel convento domenicano, ma il conflitto interiore continua. Appaiono nuovi demoni: "Traditore", "Arte magica", "Eresia" e molti altri. Esigono il controllo della sua memoria, intelligenza e volontà. Comincia a farsi coinvolgere in false cerimonie, firma patti scritti in alfabeti stranieri con il suo sangue. I demoni le chiedono di rinunciare a tutti i legami tranne quelli che la legano a loro. Le danno banchetti, le danno piacere, le causano anche dolore quando cerca di mangiare nei giorni di festa cristiani, fanno rifiutare il cibo al suo corpo. I demoni Vera

Libertà, Eresia e Namon la coinvolgeranno persino nel sacrilegio. I demoni 'Bloody', 'Bow' e altri le fanno tagliare pezzi di carne, accetta persino di essere impiccata dai demoni e quasi muore. Sente che ama solo i demoni e ha paura delle persone.

Jeanne Fery ha dichiarato che non era più in grado di controllare il suo corpo e che diceva sempre il contrario di quello che voleva dire, un sintomo che ora è considerato un segno clinico di I.D.D. Un altro segno clinico è l'amnesia che ha avuto quando ha avuto un'identità infantile o gli oggetti persi "nascosti" dai demoni. L'alternanza tra un buon funzionamento e una disfunzione estrema, la visione dei "demoni" che sente e che dialogano tra loro, suggeriscono anche che si tratta di uno sdoppiamento della personalità. Oltre all'amnesia e alle manifestazioni di personalità diverse, Jeanne Fery aveva gravi disturbi somatici: soffriva regolarmente di perdite di sangue, vomito, soffocamento, movimenti spasmodici degli arti, dolori fisici (testa, cuore e addome), insonnia, perdita dell'appetito, perdita della parola, cecità... ma anche talvolta di estrema forza muscolare... che è un criterio di possessione demoniaca secondo i preti esorcisti. Diceva che certi "diavoli" abitavano e disturbavano zone particolari del suo corpo, come la sua lingua blasfema, il suo occhio cieco o il suo mal di gola.

Il caso di Jeanne Fery dà qualche indicazione di abuso fisico nella prima infanzia, forse anche di abuso sessuale. Una delle sue prime dissociazioni apparve come un "diavolo" quando fu picchiata da bambina. Più tardi, il diavolo *Garga* l'ha aiutata a non sentire più le percosse. Jeanne menziona anche che suo padre l'*ha* maledetta e *"offerta al potere del diavolo"* quando aveva due anni. Fu poi sedotta dal diavolo *Cornau* all'età di quattro anni e lo prese come padre. Questo potrebbe suggerire un abuso sessuale da parte di suo padre quando aveva 4 anni, dato che Jeanne sembra aver creato un alter ego per sostituirlo. Infatti, un bambino di 4 anni non è in grado di fondere l'immagine del buon padre con quella dell'abusatore. Oggi, i bambini molto piccoli attribuiranno i loro abusi a mostri o vampiri. Il contesto culturale in cui Giovanna ha vissuto potrebbe averle dato questa immagine del diavolo.[361]

Un altro caso, risalente al 1623, è quello di suor Benedetta Carlini in Italia. Questa donna è stata descritta come posseduta da tre *"ragazzi angelici"* che a volte prendevano il controllo del suo corpo. Ognuno di questi "ragazzi" parlava attraverso di lei con un dialetto diverso, una voce diversa e aveva espressioni facciali diverse. Benedetta aveva un'amnesia totale su ciò che stava accadendo quando i diversi "ragazzi" sono emersi.

Aveva anche disturbi alimentari e automutilazione. Nel suo caso, c'erano anche riferimenti a traumi infantili, si diceva che i suoi genitori fossero posseduti... La bambina era stata messa in un convento all'età di 9 anni, età in cui il suo alter ego abusato sessualmente *'Splenditello'* era rimasto fisso. I suoi sintomi sono diventati incontrollabili dopo la morte del padre....

Jeanne Fery e Benedetta Carlini hanno "semplicemente" avuto uno sdoppiamento di personalità senza alcun intervento di entità malevole esterne?

---

[361] 'Jeanne Fery: un caso di sedicesimo secolo di disturbo dissociativo dell'identità' - Onno van der Hart, Ruth Lierens e Jean Goodwin, The Journal of Psychotherapy 24, 1996.

È difficile da dire... Uno psichiatra normale direbbe che si tratta solo di un grave disturbo dissociativo, mentre un prete normale direbbe che si tratta di spiriti maligni fuori dalla persona. Ma i ricercatori credono che i due fenomeni siano strettamente legati...

In una conferenza tenuta nel 2008, padre François Brune cita un caso di possessione avvenuto in Italia. Un caso riportato dal demonologo Mons. Corrado Balducci. Questo caso è durato sette anni, dal 1913, quando è iniziata l'infestazione, al 1920, quando è stata partorita: *"Dopo la benedizione, si è confidata con il prete. Gli disse che in certi momenti della giornata, una forza misteriosa, superiore alla sua, si impadroniva del suo corpo e della sua anima, e che allora, nonostante la sua resistenza, ballava al ritmo di un tango per ore e ore fino a cadere per sfinimento. Diceva che con una bella voce cantava versi, romanze, pezzi d'opera che non aveva mai sentito prima. Teneva interminabili conferenze in lingue straniere che non conosceva, davanti a una folla immaginaria. Cantava poesie che predicevano la sua morte imminente e quella di tutte le sue sorelle. Spesso strappava tutto quello che poteva con i denti. Terrorizzava tutti in casa, ruggendo, miagolando e urlando sempre più forte, tanto che in certi momenti tutta la casa diventava un serraglio di bestie feroci."*

Padre Brune ci dice che la donna avrebbe addirittura mostrato un fenomeno di levitazione a 50 centimetri da terra... Una cosa che uno psicotico da solo non può fare, nessuno può fare di solito una cosa del genere. Questa donna era perfettamente consapevole delle sue strane azioni dirette da una forza malvagia al di fuori di lei. Una situazione che l'ha fatta disperare e persino considerare il suicidio. In questo caso, non c'era un muro amnesico tra i suoi stati posseduti e il suo stato normale, e c'era una "forza esterna" che influenzava la persona. Le persone possedute dai demoni hanno spesso mostrato comportamenti che sono soprannaturali e persino oltre il regno dell'inimmaginabile. Le possessioni demoniache più *"spettacolari" non possono essere* spiegate nemmeno dal più estremo disordine mentale psicotico. C'è necessariamente un intervento di forze esterne che trascendono le leggi della fisica. In una conferenza del 2008 intitolata *"Possessioni demoniache"*, padre François Brune ha descritto alcuni casi piuttosto impressionanti. In particolare, racconta un esorcismo condotto in Germania nel 1842 da un pastore protestante per liberare una giovane donna di nome Gottliebin. Le uniche armi del pastore erano la preghiera, la fede e il digiuno... I medici dell'epoca che assistevano a questi fenomeni non capivano nulla. Le entità che possedevano la giovane donna si rivelarono essere una vera e propria legione. I demoni si dichiararono prima 3, poi 7, poi 14, poi 175, poi 425... È possibile che i numeri dati da queste entità siano ovviamente fantasiosi, ma una cosa è certa, è che una schiera di demoni *abitava* questa donna. In questo caso, apparentemente non si parla di alcun cambiamento di personalità, amnesia o passato traumatico riguardante la donna, il pastore parla solo di atti di stregoneria. Nella sua conferenza, padre Brune ha citato alcuni passaggi della relazione di questo pastore tedesco, Johan Christoph Blumhardt, da lui tradotta in francese:

"Fu terrificante per me rendermi conto che ciò che prima era stato considerato come la più ridicola superstizione popolare stava emergendo dal mondo delle fiabe nel mondo reale. Ha cominciato col vomitare sabbia e vetro. A poco a poco arrivò a pezzi di acciaio di tutti i tipi, vecchi chiodi di legno tutti piegati. Ho visto un giorno, dopo un lungo soffocamento, dodici di fila cadere nella bacinella che tenevamo davanti alla sua bocca. Poi c'erano lacci di diverse forme e dimensioni, spesso così lunghi che era difficile capire come potessero uscire dall'esofago. Una volta un pezzo di metallo così grande e largo da farle perdere il respiro e rimanere come morta per diversi minuti. C'erano anche quantità incredibili di spilli, aghi e pezzi di ferri da maglia, a volte da soli e a volte mescolati con carta e piume (...) Anche dal naso ho tratto molti spilli (...) Dagli aghi ho tratto quantità dalle mascelle inferiori e superiori. All'inizio aveva un terribile mal di denti, anche se non si vedeva nulla, e alla fine si potevano iniziare a sentire le punte. Continuavano ad uscire sempre di più e arrivò un momento in cui potevo afferrarli, ma ci voleva ancora molto sforzo per toglierli. Due vecchi pezzi di filo metallico, tutti piegati alla lunghezza di un dito, una volta sono comparsi nella sua lingua. In un'altra occasione, aveva due lunghi fili attorcigliati e aggrovigliati in diversi punti sotto la pelle. Io e mia moglie abbiamo impiegato un'ora per rimuoverli completamente e Gottliebin ha perso conoscenza più di una volta, come spesso accadeva. Inoltre, pezzi di ferri da maglia o aghi interi uscivano dalla sua parte superiore del corpo così spesso e in vari momenti che posso stimare che siano almeno una trentina. Erano sdraiati o bloccati verticalmente, in quest'ultimo caso spesso proprio nella zona del cuore. Se gli aghi erano già a metà strada, ci ho messo mezz'ora a tirare con tutte le mie forze. Non posso davvero biasimare nessuno per essere scettico su queste storie, perché è troppo da credere o da immaginare. Ma ho potuto fare tutte queste osservazioni ed esperimenti per quasi un anno intero e sempre in presenza di molti testimoni. Ci tenevo molto ad evitare le cattive voci, ed è per questo che posso raccontare questi eventi in tutta serenità, perché sono assolutamente sicuro, se non altro per il carattere di Gottliebin, che non c'è mai stato il minimo inganno. Ogni volta che andavo a trovarla in quel periodo, che mi chiamassero o meno, succedeva di nuovo qualcosa e dopo un po' un nuovo trucco di stregoneria in qualche parte del suo corpo. Il dolore era sempre terribile e quasi ogni volta perdeva conoscenza. Di solito gridava: "Sto per morire! ma la sola preghiera si occuperebbe di tutto. Se cominciava a lamentarsi del dolore da qualche parte, tutto quello che dovevo fare era mettere la mia mano, di solito sulla sua testa. Istruito da una lunga esperienza nella Fede, ero sicuro di vedere subito l'efficacia della breve preghiera che ho detto. Ha sentito immediatamente la cosa muoversi in lei o girarsi per trovare una via d'uscita. La parte più difficile era l'attraversamento della pelle, e spesso si sentiva per molto tempo che qualcosa stava spingendo dall'interno verso l'esterno. Non sanguinava mai, non era come una ferita. Al massimo potevamo riconoscere per un momento da dove veniva qualcosa, almeno finché era stato fatto con la sola forza della preghiera."

In un programma di *Planet* Channel sugli esorcisti trasmesso nell'aprile 2004, Msg Laroche, un vescovo ortodosso, ha affermato di aver visto personalmente una donna posseduta sputare piccoli rospi e vermi...

Al contrario, certi fenomeni soprannaturali, questa volta di ordine divino, si manifestavano regolarmente nella vita dei santi, come lo sgorgare di petali di rosa freschi dalla bocca. Padre Brune nota che c'è un parallelismo tra i fenomeni di possessione e i mistici. Sono lo stesso tipo di manifestazioni ma in modo positivo, in qualcosa di bello. È il caso di Madre Yvonne-Aimée de Jésus del monastero di Malestroit che, nel suo letto, sentendosi oppressa, vide un garofano rosso uscire dal suo corpo all'altezza del suo cuore. *"Mi sembra di sentire la carne che si incrina, si strappa, poi quando il garofano è uscito, la ferita nel suo cuore si è chiusa senza una cicatrice. (...) 'Le rose continuavano ad uscire dal cuore di Aimée. Ora ne abbiamo cinque. L'ultima è arrivata mentre era ai piedi dell'altare. (...) La rosa si stava arrampicando verso il suo collo, la tiravo con forza, il suo lungo stelo spinoso lottava per uscire. Era quest'ultima rosa che faceva soffrire di più Aimée, le altre erano senza spine."*

Nel suo libro intitolato *Cosa fare con tutti questi diavoli?* l'esorcista italiano Raul Salvucci scrive: "Nel caso della possessione o dell'ossessione diabolica, la personalità dell'essere umano scompare; al suo posto, un'altra entità si impadronisce del corpo, dei sensi, delle facoltà, e parla, agisce, si muove e si esprime attraverso questo corpo umano. Quando avviene la liberazione, la persona ha due sensazioni:

- Il primo è che non ricorda nulla di quello che ha detto o di quello che è successo, come se fosse stata anestetizzata per un'operazione chirurgica. A volte chiede anche: "Che ora è, dove sono? Dopo la sua liberazione, guardando i lividi sui polsi, causati da coloro che avevano cercato di tenerla ferma per diverse ore, una persona posseduta dice: "Chi mi ha fatto questo?"

- La seconda è che si sente completamente esaurita dalla violenza che le è stata fatta per disattivare la sua personalità "cattiva".

Perché alcune persone possano essere così crudelmente colpite e come si ottenga questa terribile forma di possessione diabolica è difficile da dire."[362]

Nel 2010 è stato condotto uno studio in Uganda. Il suo scopo era quello di esplorare le relazioni tra possessioni demoniache, sintomi dissociativi e traumi. Lo studio consisteva in un gruppo di 119 individui diagnosticati da guaritori tradizionali come posseduti, confrontati con un gruppo di controllo di 71 individui non posseduti. Le valutazioni includevano elementi demografici, criteri di dissociazione ed elementi potenzialmente traumatici della vita degli individui. Rispetto al gruppo di controllo, il gruppo posseduto ha mostrato disturbi dissociativi più gravi ma anche più elementi traumatici nella loro vita. I legami tra questi eventi traumatici e i disturbi dissociativi erano significativi. Lo studio ha concluso che la possessione da parte di entità è un disturbo dissociativo, o più precisamente uno *"stato di trance dissociativa"* legato ad eventi traumatici. Ecco un breve estratto dallo studio che mostra la forte somiglianza tra la possessione demoniaca e i disturbi dissociativi: *'Entrare in un altro stato di coscienza e parlare in una lingua che le persone non hanno mai imparato prima. Più tardi, non ricordano di aver parlato in queste lingue.'*[363]

---

[362] Cosa fare con tutti questi diavoli? La testimonianza di un esorcista - Raul Salvucci, 2001, p.41-42.

[363] Sintomi dissociativi e traumi riferiti tra pazienti con possessione spiritica e controlli sani in Uganda' - van Duijl, Nijenhuis, Komproe, Gernaat, de Jong, 2010

Il DSM-IV definisce la trance dissociativa come segue:

Disturbi della coscienza, dell'identità o della memoria che si verificano una volta sola o episodicamente, specifici di certi luoghi e culture. La trance dissociativa comporta un restringimento del campo di percezione dell'ambiente immediato, così come comportamenti o movimenti stereotipati che i soggetti sentono essere fuori dal loro controllo. Nello stato di possessione, invece di un senso della propria identità, c'è una nuova identità, attribuita all'influenza di uno spirito, potere, divinità o altra persona. Questo può essere accompagnato da amnesia. È forse il disturbo dissociativo più comune in Asia. Amok (Indonesia), Behainan (Indonesia), Latab, (Malaysia), Pibloktoq (Artico), Ataque de Nervios (America Latina) sono esempi noti.

Un altro studio sul legame tra possessione, stati di trance dissociativa e I.D.T. è stato condotto in Italia da Stefano Ferracuti nel 1995. I soggetti sono stati reclutati attraverso l'esorcista della diocesi di Roma, Don Gabriele Amorth. In questo studio, dieci persone che stavano subendo sessioni di esorcismo contro le possessioni demoniache sono state studiate con i criteri diagnostici per i disturbi dissociativi e con il test di Rorschach. Queste persone sono state sopraffatte da manifestazioni paranormali, affermando di essere possedute da un demone. Ovviamente avevano grandi difficoltà a mantenere una vita sociale normale. Queste persone avevano molto in comune con i pazienti affetti da I.D.D. e i test di Rorschach mostravano che anche loro avevano un'organizzazione complessa della personalità. Le trance dissociative di queste persone "possedute" mostravano grandi somiglianze con l'I.D.D. Il rapporto dello studio afferma che gli stati di trance dissociativa, specialmente il disturbo di possessione, sono probabilmente più comuni di quanto si pensi, ma che i dati clinici precisi su questo argomento sono troppo pochi. In questo studio, i soggetti hanno riferito che il trattamento psichiatrico non ha migliorato i loro sintomi, mentre i rituali di esorcismo hanno portato qualche miglioramento. Quasi tutti hanno detto che l'esorcismo ha aiutato a tenere il demone sotto controllo, che li ha molestati meno dopo le preghiere.[364]

Per padre Angelo, esorcista di una diocesi italiana, la possessione non ha niente a che vedere con l'I.D.T. Nel libro 'Confidences d'un Exorciste', ecco cosa ha confidato alle due giornaliste francesi Nathalie Duplan e Valérie Raulin:

"Il demone, nel caso della possessione, invade il corpo dell'uomo e ne prende il controllo, come se fosse il suo. Le creature spirituali che ne sono prive, usano gli organi e le membra della persona posseduta per muoversi e parlare, senza che il malcapitato possa fermarle. Nonostante i tormenti inflitti dal diavolo, l'anima rimane libera. Questo dimostra che il diavolo non ha un potere illimitato sull'uomo, poiché Dio non gli permette di possedere l'anima. Ho anche insistito sul fatto che la possessione non è un "disturbo di personalità multipla" o un "disturbo dissociativo della personalità", come sostengono gli psichiatri, ma una realtà spirituale che va oltre la nostra comprensione ed è, in modo misterioso,

---

[364] Disturbo Dissociativo della Trance: risultati clinici e rorschach in dieci persone che hanno riferito di possessione demoniaca e trattate con esorcismo' - Stefano Ferracuti, Roberto Sacco e Renato Lazzari, Dipartimento di Psichiatria e Psicologia, Università di Roma. 1995.

parte del piano di Dio. Il demone non può intraprendere ciò che Dio proibisce e il suo potere di nuocere non è illimitato (...) È molto impressionante vedere Satana, o qualche altro demone, abitare un corpo, muoverlo a volontà, manipolarlo in modo improbabile, e poi essere sottomesso, incapace di resistere quando il sacerdote vi impone le mani. Di nuovo, la sottomissione non è immediata, specialmente quando si ha a che fare con demoni molto potenti. Ricordo che, come gli angeli, i demoni sono spiriti all'interno dei quali esiste una gerarchia. Gli arcangeli sono più potenti degli angeli. Tra i demoni è lo stesso, alcuni sono superiori ad altri. I demoni potenti si riconoscono rapidamente perché, all'inizio, non reagiscono, resistono, mentre i demoni di grado inferiore sono costretti ad andarsene per primi."[365]

Nel suo libro "Esorcismi e poteri dei laici: influenze diaboliche", padre Ovila Melançon scrive: "Non si sa che ci sono nevrosi-malattie e nevrosi-demoniache. Si attribuirà talvolta ad una scissione della personalità ciò che sarà, in realtà, solo l'intervento di uno spirito caduto. Bisogna anche sapere che una vera possessione diabolica è quasi sempre accompagnata da disturbi mentali e nervosi, che sono prodotti e amplificati dal demone e le cui manifestazioni e sintomi sono medicamente identici a quelli prodotti dalla nevrosi (...)Padre Francesco Palau, beatificato da Papa Giovanni Paolo II il 25 aprile 1988, aveva ragione ad accogliere i malati di mente e ad esorcizzarli tutti, affinché "chi era posseduto fosse guarito; chi era malato rimanesse malato", come ha sottolineato Padre Gabriele Amorth nel suo libro "Un esorcista racconta". Lo stesso autore aveva ragione di scrivere: "Sono d'accordo con tutti gli altri esorcisti che ho consultato che il ricorso a un esorcismo, nei casi in cui non era necessario, non è mai stato dannoso". Questa è la vera pastorale che si dovrebbe trovare nella Chiesa, una pastorale che corrisponde all'autentica dottrina della Chiesa sugli esorcismi!"[366]

In un'intervista del 2011, l'esorcista della diocesi di San José negli Stati Uniti, padre Gary Thomas, ha detto: "Generalmente, le persone possono essere toccate (dal demone) quando hanno vissuto cose difficili nella loro vita. Questa è la mia opinione basata sulla mia esperienza. Con le persone che hanno una storia di abuso sessuale, è ancora più significativo. Queste sono profonde ferite dell'anima e influenzano la vita della persona a tutti i livelli (...) I demoni vogliono attaccarsi alle persone con una storia di abuso sessuale. Direi che otto persone su dieci che vengono da me con problemi di possessione demoniaca sono state abusate sessualmente, di solito da un genitore, un fratello o un altro membro della famiglia. Questo non significa che tutti coloro che hanno subito abusi sessuali avranno problemi di possessione demoniaca, ma il rischio è maggiore."[367]

Nel DSM-IV, sia la possessione che il DID sono stati classificati come "disturbi dissociativi". Nella sua nuova definizione di disturbo dissociativo

---

[365] *Confidenze di un esorcista* - Nathalie Duplan e Valérie Raulin, 2012.

[366] 'Esorcismi e poteri dei laici - influenze diaboliche' - Padre Ovila Melançon, 1996, p.62.

[367] 'Intervista: Padre Gary Thomas, ispirazione per "Il Rito"' - Peg Aloi, 2011.

dell'identità, il DSM-V 2013 afferma: *"L'interruzione dell'identità da parte di almeno due personalità distinte, che può essere descritta in alcune culture come un'esperienza di possesso".*

Così vediamo che l'ambiguità è reale e che nessuno studio serio, almeno pubblico, è stato fatto per capire questo fenomeno. I sintomi della possessione demoniaca e della personalità multipla sono infatti notevolmente simili, il professore e psicologo clinico James Randall Noblitt ha elencato questi punti in comune:[368]

- Sia la possessione che l'I.D.T. sono più comuni nelle donne che negli uomini. Un fenomeno sette volte più comune nelle donne che negli uomini, con le donne che sembrano dissociarsi più facilmente degli uomini.
- Sono entrambi riportati come risultato di esperienze traumatiche, rituali o prove di iniziazione.
- Sono entrambi associati a culti primitivi o pre-industriali, ma anche a quelli moderni.
- La segretezza è spesso un fattore comune nel possesso e nell'I.D.T.
- Gli individui riportano amnesia sia nel possesso che nell'I.D.T.
- Le esperienze di trance sono comuni.
- Gli individui sperimentano ad un certo punto una coscienza comune condivisa con l'alter personalità o entità.
- Gli individui agiscono con un comportamento che non è nelle loro caratteristiche abituali.
- L'identità che di solito è presente viene chiamata *"ospite"*.
- Le entità o gli alter ego che prendono il controllo del corpo possono presentarsi come animali, spiriti, demoni o divinità.
- Gli individui possono comportarsi oltre i limiti fisici del corpo umano, in particolare per quanto riguarda il dolore.
- Un numero significativo di individui affetti da possessione o I.D.D. crede di avere poteri psichici speciali.

Nei disturbi psichici o "malattie mentali", il lato spirituale, che tocca le altre dimensioni dell'essere, è oggi totalmente ignorato dalla medicina moderna. Mentre nelle culture tradizionali preindustriali, questo lato spirituale era al contrario la prima cosa da trattare nei disturbi fisici o mentali, in particolare attraverso lo sciamanesimo e l'esorcismo. Per esempio, in India, è stato riportato che il 75% dei pazienti psichiatrici consulta anche un guaritore religioso. Allo stesso modo, in una comunità rurale della Corea del Sud, dal 15 al 25% dei pazienti psicotici sono stati trattati con terapie sciamaniche.[369]

È importante prendere in considerazione tutte le dimensioni dell'essere umano quando si affronta la questione dell'I.D.D., che sembra andare ben oltre il semplice funzionamento fisico/neurologico.

---

[368] *'Cult & Ritual Abuse'* - James Randall Noblitt & Pamela Perskin Noblitt, 2014, p.45.

[369] Prospettive storiche, religiose e mediche dei fenomeni di possessione' - SN Chiu, Hong-Kong Journal of Psychiatry, 2000.

Il professor Emilio Servadio, esperto di psicoanalisi e presidente onorario della Società Psicoanalitica Italiana, specialista anche di manifestazioni paranormali, ha detto al giornalista Renzo Allegri a proposito degli esorcismi: *"Ci sono ovunque individui con problemi molto più complicati e manifestazioni patologiche inspiegabili e talvolta spaventose, che non siamo in grado di classificare, né tantomeno di curare. Di fronte a questi casi, la scienza laica si ferma, cessa la sua ricerca, perché non sa più in che direzione indagare e si rifiuta di formulare ipotesi. Ma gli psichiatri e gli psicoanalisti più aperti sentono che si trovano di fronte a fenomeni che vanno oltre i limiti della scienza medica in aree inesplorate dalla ragione umana. Sono consapevoli di non poter fare nulla e capiscono che è loro dovere lasciare il campo aperto ai teologi e, eventualmente, agli esorcisti stessi. Ritengo che la scienza debba effettivamente riconoscere i propri limiti."*[370]

Il professor Chris Cook del Dipartimento di Teologia e Religione dell'Università di Durham ha scritto un articolo intitolato *"Demon Possession and Mental Illness: Should We Be Making a Differential Diagnosis? da cui sono tratti i seguenti estratti: "Demon Possession and* Mental Illness: Should We Be Making a Differential Diagnosis? da cui i seguenti sono estratti: La *possessione demoniaca e la malattia mentale non sono semplicemente due diagnosi diverse (...) Tuttavia, se queste due cose sono correlate, dobbiamo conoscere la natura della connessione tra le due (...) Dobbiamo distinguere con quale di queste due cose abbiamo a che fare, ma dobbiamo anche identificare quale dei due problemi causa l'altro come "complicazione" secondaria (...).La possessione demoniaca è essenzialmente un problema spirituale, ma la malattia mentale è un affare multifattoriale, in cui fattori spirituali, sociali, psicologici e fisici devono giocare un ruolo eziologico. La relazione tra questi due concetti è quindi complessa. Diverse diagnosi possono avere un ruolo nell'aiutare coloro il cui problema può essere di origine demoniaca o medica/psichiatrica. Tuttavia, il discernimento spirituale è di importanza uguale, se non maggiore, del discernimento scientifico."*[371]

Il pastore James Friesen è l'autore dei libri *"Uncovering the Mystery of M.P.D." e "More Than Survivors.* (e *"More Than Survivors".* Ha lavorato con molti pazienti e ha descritto in dettaglio come il disturbo di personalità multipla sia collegato all'abuso rituale satanico. Secondo lui, la possessione demoniaca è direttamente collegata all'I.D.D. Egli afferma che gli individui con disturbo dissociativo d'identità sperimentano sia lo sdoppiamento della personalità che la possessione da parte di entità esterne, ma che questi due tipi di *"prese di possesso"* sono ben distinti l'uno dall'altro.

Anche il Dr. Haraldur Erlendsson arriva alla stessa conclusione riguardo alla simultaneità della possessione e dell'I.D.D. In un articolo del 2003 intitolato *"Multiple Personality Disorder - Demons and Angels or Archetypal Aspects of the Inner Self"*, scrive: *"Se le diverse personalità affermano di avere una storia*

---

[370] *Gente'* - Renzo Allegri, 30/12/1984, p.113.

[371] "Possessione demoniaca e malattia mentale: dovremmo fare una diagnosi differenziale?" - Chris Cook, Christian Medical Fellowship - rivista Nucleus, 09/1997.

AsOK.

diversa dalla personalità principale, dovremmo tenerne conto dopo aver posto una serie di domande come: 'C'è qualcuno? Chi è lei? Da quanto tempo sei qui? Dov'eri prima? Che effetto ha sulla persona? Perché non sei andato avanti?'. Quando le risposte danno chiaramente la convinzione che l'entità viene dall'esterno della persona, dobbiamo prendere queste risposte al valore nominale? Dovremmo usare le risposte date per differenziare la possessione e la personalità multipla? Forse la diagnosi di I.D.D. dovrebbe includere la trance da possesso. Il problema qui è che molti clinici non sono a loro agio con la nozione di una vita dopo la morte o di entità che possono vivere in mondi diversi. Il Dr. Colin Ross, che ha scritto il libro più completo sull'I.D.D. (Dissociative Identity Disorder, Diagnosis, Clinical Features, and Treatment of Multiple Personality Disorder, 1997), ha usato lui stesso a volte tecniche legate al mondo degli spiriti, come molti altri in questo campo. Tuttavia, preferisce trattare gli alter che pretendono di venire dall'esterno allo stesso modo di tutte le altre parti della personalità scissa. Li aiuta ad affrontare il contenuto traumatico dei ricordi e cerca di raggiungere la piena integrazione con il resto della persona. La mia opinione è che la possessione e la personalità multipla non avvengono separatamente, ma piuttosto insieme."

Abbiamo visto che il nesso causale tra il trauma grave e i disturbi dissociativi che portano alla personalità multipla è ormai stabilito. Le possessioni demoniache hanno anche origine da un trauma? Sembrerebbe che questo sia davvero uno dei tanti punti in comune tra I.D.D. e Possession. Padre Jeffrey Steffon nel suo libro *Satanismo: è reale?* (descrive una serie di cause che possono portare alla possessione da parte di una o più entità: *"In primo luogo, uno spirito demoniaco può attaccarsi a qualcuno attraverso lesioni o traumi (...) Uno spirito demoniaco può anche attaccarsi a una persona attraverso il coinvolgimento nell'occulto."*

L'abuso rituale satanico è particolarmente attraente per le entità demoniache a causa delle pratiche di magia nera, ma anche per il trauma estremo che si verifica durante le cerimonie. I demoni sono attratti dalla sofferenza, dal dolore e dal terrore che portano la vittima ad essere impotente e totalmente sottomessa agli abusatori... ma anche agli spiriti. Questo tipo di emozione estrema è una forza di attrazione e di nutrimento per gli spiriti caduti, tanto più se viene versato del sangue. Le vittime profondamente dissociate diventano allora dei veri e propri ricettacoli per queste entità attratte dai protocolli magici e dagli incantesimi che accompagnano il rito. Inoltre, queste cerimonie sono spesso eseguite in siti con particolari energie telluriche che facilitano le interazioni tra le diverse dimensioni. Proprio come un vaso incrinato permette alla *luce di passare*, la scissione permetterà a certe entità di passare e di mescolarsi con le fratture della personalità che sono i *frammenti dell'anima*, una nozione che sarà sviluppata più tardi...

Nel 2010, il reverendo Thomas J. Euteneuer ha identificato "sette livelli di persecuzione demoniaca". Secondo lui, l'abuso rituale satanico è il livello più critico: *"I bambini nati in una linea familiare di streghe o culti satanici sono iniziati in essi attraverso riti e consacrazioni. Sono i più difficili da guarire. Il trauma emotivo e fisico dei rituali, inflitto fin dalla prima infanzia, anche nel grembo materno, è così estremo che frattura la personalità del bambino e lo rende totalmente soggetto alla possessione, deliberatamente consegnato ai demoni del culto. Tali individui feriti e contusi hanno bisogno dell'aiuto compassionevole della Chiesa, ma non possono essere guariti solo dall'esorcismo. In realtà hanno bisogno di diversi elementi combinati insieme perché avvenga la vera guarigione. In primo luogo, devono rompere completamente con tutte le attività occulte e con tutte le persone coinvolte nel loro abuso. In secondo luogo, hanno bisogno di un terapeuta qualificato con buone conoscenze per trattare il loro disturbo dissociativo d'identità. In terzo luogo, hanno bisogno di un esorcista qualificato e di una buona squadra di supporto che offra preghiere regolari e mobiliti tutte le risorse spirituali della parrocchia per questo caso particolare. Infine, hanno bisogno di un gruppo di sostegno che li riabiliti in una vera comunione cristiana basata su forti relazioni di amore e verità. Hanno un lungo viaggio di guarigione davanti a loro e quindi hanno bisogno del massimo sostegno e aiuto. Come per tutte le afflizioni demoniache, la guarigione è possibile solo con la grazia di Dio e la cooperazione attiva dell'individuo. La completa guarigione può richiedere anni di duro lavoro da parte di tutte le persone coinvolte, ma è davvero possibile."*[372]

Nel libro *"Healing the Unimaginable"*, la sopravvissuta agli abusi rituali Stella Katz, che ha praticato lei stessa il controllo mentale su bambini piccoli in una setta satanista, testimonia: *"Secondo alcuni scritti antichi, è chiaro che la scissione dei bambini è qualcosa che è stato praticato per molte generazioni in alcune di queste religioni, con lo scopo di legare i demoni ai bambini. Quando un alter emerge, sarà il suo comportamento a determinare che tipo di demone è, quindi il gruppo chiamerà questo alter con un nome particolare di demone. In seguito, il gruppo può usare il nome del demone per chiamarlo e farlo emergere per prendere possesso del corpo. Tuttavia, quando un demone emerge senza permesso, cosa che di solito accade, il bambino dovrà essere esorcizzato. I bambini che non possono essere esorcizzati possono finire in un ospedale psichiatrico. Man mano che questi gruppi occulti hanno capito il processo e le conseguenze della scissione di un bambino, le loro attività e i protocolli che hanno creato sono diventati sempre più sofisticati.*[373] Di nuovo, c'è questa ambiguità tra alter personalità interna ed entità demoniaca esterna, ma la nozione di scissione (*sblocco spirituale*) del bambino è sempre presente.

L'autore Fritz Springmeier fa una distinzione tra la possessione demoniaca e l'I.D.T., ma riconosce che ci sono molte caratteristiche comuni e che le due sono intrinsecamente collegate nei protocolli di controllo mentale basati sul trauma: *"Se prendiamo la programmazione MK dal punto di vista del programmatore, il programmatore crede sia nella scissione della personalità che nella possessione demoniaca. Per un programmatore MK, bisogna creare delle alter personalità e allo stesso tempo "demonizzarle", cioè collegarle a dei demoni. Diversi ex programmatori hanno detto a Springmeier che se qualcuno*

---

[372] 'Sette gradi di persecuzione demoniaca' - Thomas J. Euteneuer, 'Libera nos a malo', New Oxford Review, p.39, 05/2010.

[373] 'Healing the Unimaginable: Treating Ritual Abuse and Mind Control' - Alison Miller, 2012, p.94.

vuole veramente capire il controllo mentale di Monarch, deve rendersi conto che è qualcosa di fondamentalmente demoniaco (...) La programmazione e il controllo mentale non possono essere separati dalla demonologia e dai riti occulti. "[374]

Le entità demoniache potrebbero quindi legarsi agli alter dissociati. Lo sostiene anche il reverendo Tom Ball, per il quale i demoni sono entità reali che sono state *"attaccate"* a personalità alterate attraverso *"maledizioni"*, cioè protocolli di magia nera.[375]

Come ha scritto il dottor Haraldur Erlendsson: "La mia opinione è che la possessione e la personalità multipla non avvengono separatamente, ma piuttosto insieme."

Secondo i vari dati che abbiamo, è più che probabile che questi due fenomeni siano davvero intimamente legati. A differenza delle personalità alterne, che hanno un ruolo protettivo di base (anche se alcune sono molto ostili e persino violente), le entità demoniache provenienti dall'esterno non sono lì per aiutare la persona scissa, il loro scopo è quello di rubare, distruggere, ingannare e uccidere: portano alla follia e all'autodistruzione. In un quadro di programmazione Monarch MK, il ruolo di queste entità demoniache è quello di cooperare con il programmatore per mantenere il controllo dello schiavo (da discutere nel prossimo capitolo). Il ruolo delle alter personalità è quello di sostenere e aiutare la persona a sopravvivere al trauma nel miglior modo possibile. La loro funzione non è distruttiva ma piuttosto protettiva. Le alter personalità di solito si prendono molta cura della personalità originale. I pesanti ricordi traumatici e il dolore che contengono sono "incapsulati" nei vari alter, che hanno la funzione di preservare la vittima affinché possa continuare a vivere. È per questo che le personalità alter devono essere capite, accettate e amate; in opposizione alle entità esterne distruttive che possono anche tormentare queste alter come tormentano la personalità ospite. Nel libro seminale sul fenomeno delle possessioni, *Possession Demoniacal and Other*, Oesterreich parla di spiriti maligni ma parla anche di possessioni "buone". Cita un caso riportato da un certo van Müller *nel* libro *Gründliche Nachncht*, dove la possessione si alternava tra uno spirito maligno e uno spirito buono. Può darsi che[376] lo "spirito buono" non provenisse dall'esterno ma fosse in realtà una frazione della personalità della persona, un alter il cui ruolo era quello di aiutarla e proteggerla. Se l'altra "coscienza" è considerata come una parte della personalità scissa, il trattamento sarà quello di integrarla (fusione o integrazione) con la personalità principale, ma se l'altra "coscienza" è considerata come uno spirito o demone esterno, il trattamento sarà quello di espellerla (espulsione tramite preghiera di esorcismo).

---

[374] 'La formula degli Illuminati usata per creare uno schiavo totale non rilevabile controllato dalla mente' - Fritz Springmeier & Cisco Wheeler, 1996.

[375] Ritual Abuse in the 21st Century ', Cap: 'The use of prayer for inner healing of memories and delivrance with ritual abuse survivors' - Tom Ball, 2008.

[376] 'Possessione demoniaca e altro tra le razze primitive, nell'antichità, nel medioevo e nel tempo moderno' - Traugott Konstantin Oesterreich, 1930, p.27.

Lo psichiatra Ralph B. Allison, nel suo lavoro con pazienti affetti da I.D.D., si trovava occasionalmente di fronte ad entità che si comportavano in modo insolito. La loro "nascita" non poteva essere localizzata nel tempo, erano visibilmente inutili, e di solito si presentavano come "spiriti".[377] Con una personalità altera, di solito è possibile sapere quando è avvenuta la scissione (dissociazione), cioè quando è "nata". Inoltre, ogni alter ha normalmente una funzione ben definita nel sistema interno: osservatore, protettore, figlio, ecc.

Nel suo libro *Uncovering the mystery of MPD*, il Dr. James G. Friesen ha fatto una distinzione per determinare cosa è una personalità altera e cosa è un'entità esterna (demone). Friesen ha fatto una distinzione per determinare ciò che è un'alter personalità e ciò che è un'entità esterna (demone):

Alterare le personalità	Demoni
La maggior parte degli alter, e anche gli "alter tormentatori", possono diventare potenti alleati nella terapia. È possibile stabilire un rapporto positivo con loro (anche se all'inizio può essere negativo)	I demoni sono arroganti e non c'è modo di stabilire un rapporto con loro
Col tempo, l'alter diventa ego-sintonico, cioè può fondersi e armonizzarsi con la personalità originale	I demoni rimangono come 'ego-alieni', entità esterne impossibili da fondere e 'integrare
La confusione e la paura si risolvono quando si tratta solo di modificare la situazione.	Confusione, paura e lussuria persistono nonostante la terapia quando i demoni sono presenti
Gli alter tendono a conformarsi al loro ambiente	I demoni forzano un comportamento indesiderabile e poi incolpano una personalità
Gli alter hanno le loro personalità con voci specifiche	I demoni hanno una voce negativa senza una personalità corrispondente
Irritazione, malcontento e rivalità tra alter sono molto comuni	L'odio e l'amarezza sono i sentimenti più comuni tra i demoni
L'immagine dell'altare rappresenta una forma umana e rimane coerente	L'immaginario demoniaco varia tra forme umane e non umane, con molte variazioni

Il dottor James Friesen mette bene in guardia sulla pratica dell'esorcismo: la lotta contro i demoni. È necessario avere una solida base spirituale e non impegnarsi mai in questo tipo di cose per mera curiosità o interesse finanziario. Il rischio è quello di "combattere demoni" che non sono demoni, o peggio ancora, di combattere demoni senza averne la reale capacità.

---

[377] 'E i demoni? Possessione ed esorcismo nel mondo moderno' - Felicitas D. Goodman, 1984.

Secondo padre Gabriele Amorth, capo esorcista del Vaticano, in una possessione ci può essere la presenza di demoni, ma anche la presenza di *anime dannate*, cioè l'anima di un defunto che è servilmente attaccata a Satana. Nel suo libro *"Confessioni"*, padre Amorth riporta il caso di una donna posseduta. Durante le prime preghiere di esorcismo, entrò in trance e divenne molto violenta, parlando in diverse lingue con voci diverse. Dopo ogni sessione, la donna usciva dal suo stato di trance e chiedeva cosa aveva fatto e cosa aveva detto. Essendo totalmente amnesica, non aveva memoria di quello che era successo, era solo stanca e dolorante. Dopo vari esorcismi, obbedendo agli ordini del prete, un primo demone rivelò il suo nome: *"Zago"*. Disse che era il capo di una setta in un villaggio vicino, vicino a una chiesa in rovina, e che c'era una legione di demoni minori in questa possessione. L'altro demone si presentò come *"Astarot"*, questo si preoccupava di distruggere l'amore della coppia e l'affetto tra genitori e figli. Un terzo demone chiamato *"Serpente"* aveva la missione di portare la donna al suicidio. Con grande sorpresa del prete esorcista Gabriele Amorth, tra queste entità demoniache c'erano tre anime dannate: *"Michelle"*, una donna che aveva lavorato al Moulin Rouge e che era morta di droga a 39 anni. Era Michelle che spesso faceva dire alla donna italiana posseduta le frasi francesi che ripeteva per sollecitare i clienti. Durante questi momenti, il volto della donna è diventato morbido e persuasivo. C'era anche *"Belzebù"*, un marocchino che aveva decapitato tre missionari nel 1872 e poi si era suicidato, sopraffatto dal rimorso. La terza anima dannata era *"Jordan"*, uno scozzese che aveva ucciso sua madre. Spesso interveniva parlando in inglese durante le trance di possessione. Più tardi, durante un esorcismo, Amorth sentì una nuova voce femminile, quindi le chiese con forza: *"Chi sei? Al che* la voce rispose: '*Sono Vanessa, ho ventitré anni. Ero uno studente dell'università. Ho incontrato un giovane che mi ha portato alle messe nere vicino alla chiesa in rovina. Quello è stato il giorno in cui ho iniziato a servire il diavolo. Una notte in cui avevo bevuto sangue ed ero ubriaco della cerimonia, ho attraversato la strada e sono morto, investito da una macchina.*' Quindi c'era la presenza di una quarta anima dannata. Durante le ultime preghiere di esorcismo, una croce rossa sbiadita è apparsa sulla fronte della donna. Quando il marito ha toccato la croce, ha scoperto che era sangue. L'esorcista interrogò allora l'entità per scoprirne la causa, e la risposta del demone fu: *"È il sangue di un bambino di quattro giorni che mi ha offerto sua madre, una delle mie ex seguaci."*[378]

Un altro caso di ciò che sembra essere la possessione dell'anima umana è stato descritto nello studio in Uganda menzionato prima in questo capitolo.[379] Si trattava di una donna di 33 anni che soffriva da anni di attacchi spirituali, secondo la sorella aveva comportamenti strani e aggressivi durante i quali parlava con voci diverse. Questi attacchi avvenivano quando la famiglia stava per andare in chiesa o dire certe preghiere. Alla clinica, la paziente entrava in

---

[378] Confessioni: Memorie dell'esorcista ufficiale del Vaticano' - Padre Gabriele Amorth, 2010, p.145.

[379] Sintomi dissociativi e traumi riferiti tra pazienti con possessione spiritica e controlli sani in Uganda' - van Duijl, Nijenhuis, Komproe, Gernaat, de Jong, 2010

trance, agitando le mani come se avesse degli artigli e ringhiando come un animale selvaggio. Poi cominciava a parlare in una lingua strana con una voce altrettanto strana. Sua sorella spiegò che era la voce di uno zio che era morto da molti anni. Questo zio aveva mantenuto i valori e le credenze della cultura pagana tradizionale, mentre il padre si era convertito al cristianesimo. C'era un conflitto irrisolto tra il loro padre e questo zio perché il padre si rifiutava di eseguire i riti per gli antenati. Questa donna era posseduta dall'anima di suo zio?

Uno studio condotto nel 2000 in un ospedale psichiatrico di Singapore ha riportato il caso di un uomo malese che, posseduto dagli spiriti degli antenati, ha cominciato a parlare il *"Sundak"*, un dialetto giavanese non più usato dal suo popolo e che lui stesso non aveva mai imparato.[380]

Per padre François Brune, c'è una distinzione tra la possessione demoniaca e la personalità multipla, per lui il fenomeno della personalità multipla si spiega solo con l'incorporazione di un'anima umana disincarnata ed errante. Un'anima che si impadronisce del corpo dell'individuo per esprimersi attraverso di lui.

Questa questione della possessione da parte delle anime dei defunti è forse legata ad una forma di "culto degli antenati" praticata da satanisti e luciferiani. Certe famiglie che praticano l'abuso rituale e la scissione sistematica della personalità sui loro discendenti offrirebbero così una porta aperta ai loro antenati affinché possano "rivivere" nella carne attraverso la possessione puntuale o permanente dei loro discendenti (scissi e quindi aperti alla medianità). Se l'antenato era già diviso durante la sua incarnazione, frammenti del suo spirito possono anche rimanere legati ai suoi discendenti incarnati. Otterrebbero così una sorta di "immortalità", tanto ricercata da certi occultisti.

Il libro *"Possessione demoniaca e altro"* è uno studio sul fenomeno della possessione che è stato riconosciuto in tutto il mondo e rimane oggi un riferimento nel campo. In esso, Oesterreich fa una chiara differenziazione tra possessione *volontaria* e *involontaria* e anche una distinzione tra possessione *lucida* e *sonnambulistica*. Nella possessione lucida, l'individuo è cosciente e se ne ricorda più tardi. Un esempio contemporaneo di possessione volontaria è quello dei *"canali"*, i medium *New Age* che si lasciano volontariamente possedere da un'entità. Alcuni di questi medium sono lucidi, altri no. La possessione sonnambolica si verifica quando l'individuo non è in grado di ricordare il suo comportamento e ciò che stava accadendo intorno a lui durante lo stato di trance; mentre nella possessione lucida è uno spettatore passivo di ciò che sta accadendo dentro di lui e delle sue azioni dirette da un'altra forza. Le persone con I.D.D. descrivono gli episodi dissociativi nello stesso modo in cui Oesterrich ha descritto gli stati di possessione, possono essere lucidi, dove la personalità principale e l'alter sono in coscienza comune, o possono essere separati da un muro amnesico.

Sembrerebbe, quindi, che un grave trauma che porta ad una profonda dissociazione possa provocare sia una frammentazione dell'*io* in diverse

---

[380] 'Fenomenologia degli stati di trance visti in un ospedale psichiatrico a Singapore: una prospettiva interculturale' - Transcultural Psychiatry, 12/2000.

personalità alter, o *frammenti d'anima* come vedremo; e in parallelo un fenomeno di possessione da parte di entità esterne che possono essere di natura demoniaca o umana, o anche frammenti di anime umane disincarnate. L'I.D.T. è dunque intimamente legato al fenomeno della medianità e della possessione a causa della "breccia spirituale" che è stata causata dai traumi. Casi che potrebbero essere scambiati per possessione demoniaca possono quindi rivelarsi I.D.T. con personalità alterne che possono far credere che si tratti di entità esterne, così come entità esterne possono effettivamente parassitare e infestare una persona "fratturata", con una personalità scissa e multipla.

Nella sua autobiografia *Thanks For The Memories,* Brice Taylor (sopravvissuto a MK Monarch) scrive: "Ho incontrato persone con un disturbo di personalità multipla che pensavano di essere sensitivi e di canalizzare entità, quando in realtà stavano contattando parte della loro stessa struttura di personalità. Un giorno, un 'canale' femminile di nome Shirley mi ha gentilmente offerto una sessione privata di 'canalizzazione' (...) Le ho detto che sarei stato felice di farle qualsiasi domanda su se stessa quando era in stato di trance, e lei ha accettato. Alla domanda se Shirley fosse stata coinvolta in qualche attività di tipo abuso rituale, la risposta fu che "Shirley non era ancora pronta ad affrontare quella realtà". Il channeling può essere un modo intelligente per coprire la realtà del disturbo di personalità multipla quando i frammenti di personalità vengono alla coscienza, spiegando che si tratta di una "entità" esterna."[381]

In un articolo intitolato *"Multiple Personality and Channeling"* (*Jefferson Journal of Psychiatry*), *la* dottoressa Rayna L. Rogers fa dei paralleli tra i canali *new-age* e le persone con I.D.D. Conclude che le trance di questi medium (quando sono autentici e non una frode) sono molto simili per molti aspetti alle persone che soffrono di sdoppiamento della personalità. Come vedremo più avanti, le persone scisse sono anche più aperte al "mondo degli spiriti", ad altre dimensioni, e quindi hanno più probabilità di avere accesso alle facoltà medianiche (una sessione di *"channeling"* non è altro che una possessione una tantum, può essere inconscia o cosciente, e poi svanisce proprio come il ricordo di un sogno). Da un punto di vista esterno, per esempio per un pubblico che assiste ad una seduta spiritica, è difficile determinare se il *canale sta* canalizzando un'entità esterna, o se si tratta di un alter interno che sta comunicando al mondo esterno (torneremo alla canalizzazione degli spiriti nel capitolo 9).

3 - DISSOCIAZIONE E FUORI DAL CORPO: LA PORTA DEL POSSESSO?

Nel libro *Diagnosis and Treatment of Multiple Personality Disorder*, il Dr. Frank Putnam dice che ci sono due campi sulla questione dell'esperienza fuori dal corpo. Frank Putnam dice che ci sono due campi sulla questione delle

---

[381] Grazie per i ricordi: La verità mi ha reso libero' - Brice Taylor, 1999, p.114.

esperienze fuori dal corpo, un gruppo che chiama "separatisti", quelli che credono che ci sia un'"anima", un "corpo astrale", che può effettivamente lasciare il corpo fisico e spostarsi in altri luoghi, e poi ci sono gli psicologi per i quali queste esperienze fuori dal corpo sono semplicemente uno stato alterato di coscienza e che è una semplice allucinazione. Le numerose testimonianze tendono a provare che esiste effettivamente un corpo astrale che può muoversi al di fuori del corpo fisico.

Le persone descrivono una sensazione di galleggiare senza peso al di fuori del loro corpo. Alcune persone che hanno avuto una *NDE* (*Near Death Experience) sono state in grado di* descrivere in dettaglio l'intervento chirurgico che veniva eseguito su di loro dopo un incidente, mentre erano in coma... Erano anche in grado di riferire il numero di persone nella sala operatoria e cosa si dicevano tra loro. Il loro corpo energetico era sopra la scena e poteva osservare tutto nei minimi dettagli mentre il loro corpo fisico era incosciente sul tavolo operatorio. Queste esperienze di pre-morte studiate dal dottor Raymond Moody, ma anche il lavoro di Robert Monroe o del dottor Jean Jacques Charbonier, mostrano che un corpo energetico, conosciuto come corpo eterico o corpo astrale, con una coscienza, può lasciare il corpo fisico e poi reintegrarlo. Alcune persone padroneggiano questo fenomeno e possono provocarlo a volontà, il che ovviamente non è raccomandabile. Secondo un sondaggio Gallup del 1982, dal 25 al 30% delle persone hanno avuto questo tipo di esperienza dopo essere stati ricoverati in ospedale o dopo un grave trauma.

Gli occultisti conoscono la tecnica del *"Viaggio Astrale"*, o la proiezione astrale del *"corpo di luce"* fuori dal corpo fisico. È una disciplina studiata da società segrete come la Golden Dawn o la Massoneria, ma è una pratica principalmente padroneggiata dagli sciamani delle culture preindustriali, che viaggiano attraverso le diverse dimensioni utilizzando questa tecnica.

Il fenomeno della dissociazione descritto nel capitolo precedente è talvolta accompagnato da una sensazione di separazione tra mente e corpo. Alcune vittime di abusi sessuali descrivono chiaramente un'uscita concreta dal corpo fisico durante la loro dissociazione innescata da violenza estrema, dolore e terrore. La psicotraumatologa Muriel Salmona, specialista della dissociazione, si riferisce a questi casi come a una "decorporazione". Marie-Ange Le Boulaire, l'autrice del libro *"Le viol"*, descrive bene come si è trovata fuori dal suo corpo, osservando il suo stupro e analizzando la situazione in cui si è trovata in modo molto lucido. Ha descritto questo fenomeno durante la sua apparizione al programma televisivo 'Allô Docteur' su France 5 nel gennaio 2014: *"Mi sentivo un metro di distanza, come in un film. Ero un metro dietro e guardavo la scena, che analizzavo molto chiaramente, chiedendomi cosa potevo fare per uscirne... Questo era molto chiaro."*

Nel documentario 'Una vita dopo la setta' (*Planète +*, 2014), Flora Jessop, nata in una famiglia di fondamentalisti mormoni, testimonia sulla sua infanzia martirizzata: *"È iniziato con delle carezze, mi diceva che non dovevo parlarne, che era il nostro segreto. All'inizio ero orgoglioso, ma allo stesso tempo mi sentivo sporco e non capivo perché. Era molto strano, stavo condividendo un segreto con mio padre e mi faceva venire voglia di vomitare.*

Ero terrorizzata ogni volta che voleva parlarmi. Sono diventato molto bravo a staccarmi da me stesso. Galleggiavo sopra di me e lo guardavo mentre mi toccava e mi sentivo come se stesse succedendo a qualcun altro. In questo modo potrei ancora amare mio padre. Ogni bambino vede suo padre come suo eroe, è il primo eroe di un bambino. Quello che ho imparato presto è che i mostri non si nascondono sotto il nostro letto, i mostri attraversano le porte e hanno facce familiari. Il mio eroe era un mostro..."

Il libro *Wife Rape* riporta una serie di resoconti di dissociazione con un'uscita fuori dal corpo durante lo stupro: *"Una delle strategie di sopravvivenza più comuni è descritta da Debbie come una 'uscita orbitante', lei ricorda: 'Lui era completamente sdraiato sopra di me, e così sono semplicemente uscita con la mia mente, non ero più lì. Mi ero trasportato da un'altra parte e mi sono reso conto più tardi che l'avevo fatto spesso, anche crescendo, quando qualcosa mi faceva male, uscivo... diventavo totalmente insensibile. (...) Karen descrive anche di aver avuto un'esperienza extracorporea: 'E' come se stessi guardando la scena da un angolo della stanza e non potessi sentire nulla. Questo è successo solo durante l'abuso sessuale ma non durante l'abuso fisico. Annabel ha anche descritto di aver avuto un'esperienza fuori dal corpo durante il suo stupro, ha detto: "Mi stavo concentrando sul mio braccio mentre ero da qualche parte sopra, il mio braccio era attorcigliato sotto il mio corpo, come una bambola di pezza. Non vedevo lo stupro come se stesse accadendo a me, ma come se stesse accadendo a qualcun altro con un braccio storto. "[382]*

Nel libro *Reach for the Rainbow*, Lynn Finney riporta il racconto di una sopravvissuta alla sua dissociazione psichica e alla successiva esperienza fuori dal corpo:

"Non posso sopportare questo un altro minuto. Sento che sto per morire. Voglio morire. Oh, ti prego, lasciami morire. Cosa c'è? Non sento più dolore. Perché non sento alcun dolore? Non sento niente... mi sento così tranquillo. Sto fluttuando, fluttuando verso il soffitto. Cosa sta succedendo? Vedo il corpo nudo di mio padre sul letto sotto di me. Posso vedere la sua schiena e la parte posteriore delle sue gambe. È sopra una bambina, una ragazza con lunghi capelli neri come me. Ma quello sono io! Sono così confuso... non capisco. Come posso essere lì e qui sul soffitto allo stesso tempo? Vedo mio padre e la ragazza (io) che si muovono sul letto, ma le mie emozioni e il dolore sono completamente spariti. Non sento più niente, ma la sento piangere. Sono contento di non essere più laggiù, non voglio tornarci."[383]

Il dottor David Gersten ha riportato una testimonianza su questo processo di dissociazione estrema. Nel suo libro *"Ti stai illuminando o stai perdendo la testa?* scrive: *'Amanda è stata abusata fisicamente e psicologicamente e anche sessualmente. Il suo padre alcolizzato iniziò a violentarla quando aveva otto anni, e questo continuò per sei anni. Anche un fratello maggiore ha abusato di*

---

[382] *Wife Rape: Understanding the Response of Survivors and Service Providers* - Raquel Kennedy Bergen, 1996, p.30-31.

[383] *Reach for the Rainbow: Advanced Healing for Survivors of Sexual Abuse* - Lynne D. Finney, 1992.

*lei (...) Amanda ha imparato ad affrontare l'agonia "lasciando il suo corpo".
Nella psichiatria tradizionale, potremmo dire che stava "dissociandosi". La
domanda a cui la psichiatria non risponde è "dove va la coscienza quando si
dissocia? Credo che ciò che chiamiamo dissociazione debba essere spesso
un'esperienza fuori dal corpo. La coscienza di Amanda si stava dissociando, o
separando dal suo corpo fisico. La sua mente e la sua coscienza stavano
temporaneamente lasciando i confini del suo corpo fisico. Così, Amanda non ha
più vissuto personalmente la devastazione emotiva e fisica. Infatti, ha imparato
a "lasciare il suo corpo" a volontà e spesso si è trovata in stati estatici di
beatitudine mentre era fuori dal suo corpo. Da allora ho intervistato decine di
altre persone che hanno vissuto abusi estremi, e più della metà di loro ha riferito
di aver lasciato il proprio corpo durante l'abuso."*[384]

I rituali traumatici estremi sono utilizzati per ottenere questa
"illuminazione": la trascendenza del corpo fisico attraverso il fenomeno
dissociativo. Il nucleo della perversione satanica è quello di *"strappare l'anima"*
della vittima per vampirizzare la sua energia e controllare la sua mente. Non sono
i rituali in sé che contano veramente, ma piuttosto i loro effetti a livelli al di là
del mondo materiale...

Alcuni energetisti spiegano che uno shock o un trauma, specialmente nei
primi anni di vita, sblocca il corpo astrale in modo che possa staccarsi dal corpo
fisico. Eileen Nauman descrive questo fenomeno come segue: *"Le persone che
hanno subito shock e traumi, specialmente nella prima infanzia, hanno il loro
corpo astrale che esce sopra la loro testa. Il corpo astrale sbloccato appare
come un palloncino colorato che fluttua intorno alla testa. Un chiaroveggente
può vedere questo e sapere che siete "sradicati" (disconnessi) a causa di questo
evento. La ragione per cui il corpo astrale vuole "scappare" è perché è la nostra
"scheda madre" per tutte le nostre emozioni e sentimenti. Durante l'attacco,
quando una persona è profondamente ferita e traumatizzata, il corpo astrale
uscirà attraverso la parte superiore della nostra testa (Crown Chakra),
semplicemente non vuole sperimentare quel dolore e quella sofferenza, fugge
dall'angoscia, dal dolore o dall'agonia. Se si sblocca e si lascia andare, allora
si sentiranno meno queste emozioni traumatiche. Le persone che lo
sperimentano riferiscono anche una sensazione di intorpidimento e paralisi.
Questo è un altro segno che il corpo astrale è sbloccato e fuori. Sotto una
violenza estrema, il corpo astrale si sblocca e fugge. È così semplice? Cosa
succede quando questo accade? Ci sentiamo scollegati dalla violenza e dal
trauma, non c'è o c'è molto meno emozione. Molte persone dicono di aver
"galleggiato" sopra la scena della violenza, con totale distacco e senza alcuna
emozione. Lo descrivono come se stessero guardando un film a colori, ma senza
alcuna connessione emotiva alla scena. Con il tempo, il corpo astrale impara a
fuggire invece di rimanere nel corpo fisico e sperimentare le potenti emozioni
della violenza, del trauma e dello stress post-traumatico. Questo permette di
rimanere sbloccato dopo un evento o una serie di eventi. Chiunque abbia avuto*

---

[384] Stai diventando illuminato o stai perdendo la testa? - David Gersten, 1997, p.147.

un'infanzia traumatica o molto disturbata può aver sbloccato il proprio corpo astrale per sfuggire al continuo dolore emotivo. "[385]

Sembrerebbe che il fenomeno neurochimico che provoca la dissociazione con anestesia sia fisica che emotiva sia quindi legato a questo distacco del corpo astrale dove la vittima vede la scena dall'esterno e non prova più alcuna emozione. Così, le parti "energetiche" del nostro corpo possono staccarsi da esso per evolvere su altri piani. Come vedremo più avanti, questi possono essere semplici frammenti dell'anima che vengono "strappati" durante il trauma. Nei casi di I.D.D. si parla di scissione della personalità, ma in realtà si tratta della scissione "energetica" di un insieme unificato che l'essere umano forma alla nascita.

È interessante notare che gli indiani Quechua del Perù usano la parola *"Susto"*, che significa *"paura"*, per parlare di questo fenomeno di uscita dal corpo, che chiamano la "perdita dell'anima" (o frammenti dell'anima). Per loro, questa "perdita dell'anima" è chiamata la malattia di *Susto*: la malattia della paura... Nel suo libro *"El mito del Jani o Susto de la medecina indigena del Perù"*, il dottor Frederico Sal y Rosas riferisce che *gli indiani Quechua credono che l'anima (o forse una parte di essa) possa lasciare il corpo, spontaneamente o essendo costretti a farlo. La malattia di 'Susto' può avvenire in due modi: o per un grande spavento, come un tuono, la vista di un toro che carica o di un serpente, ecc, o in un modo malizioso che non richiede spavento. "*[386]

Che dire degli esempi dati sopra come la paura del tuono, di un toro o di un serpente che possono scatenare la scissione dell'anima, rispetto all'abuso rituale satanico? Rituali che includono scene che non potrebbero essere più terrificanti e dolorose, stupri, torture e sacrifici (reali o anche simulati). Nell'abuso rituale, il terrore del bambino viene deliberatamente spinto all'estremo, portando a una dissociazione estrema. In questo stato profondamente dissociato, la mente si distacca dal corpo. Le porte energetiche e spirituali del bambino vengono quindi lasciate spalancate, permettendo l'intrusione di entità demoniache attirate dal rituale, dal terrore, dal sangue, dalla magia nera e dagli incantesimi. Poiché la natura aborrisce il vuoto, quando una parte dell'anima si divide e "scappa", crea uno "spazio" che può essere invaso da un'entità esterna. Questo fenomeno di possesso da parte di uno spirito quando l'anima si divide è qualcosa che troviamo nelle tradizioni sciamaniche. Come risultato del trauma, il bambino si disconnette dal suo "io", non è più *ancorato*. Così come la sua personalità è frammentata, anche la sua anima (il suo corpo spirituale) è divisa. Inoltre, il bambino può trovarsi parassitato da una o più entità demoniache che si attaccheranno a lui e interagiranno con il suo mondo interiore, quella particolare dimensione a cui era collegato durante i rituali traumatici.

Ora arriva l'inquietante testimonianza di un ex membro dell'ordine luciferiano degli *"illuminati"*. La donna che ha lottato per uscire da questa setta

---

[385] Il corpo astrale - e come "metterlo a terra" nel tuo corpo fisico - Eileen Nauman, allthingshealing.com

[386] La scoperta dell'inconscio: La storia e l'evoluzione della psichiatria dinamica - Henri F. Ellenberger, 1981, p.8.

si è convertita a Gesù Cristo e ha deciso di rivelare ciò che ha vissuto fin dalla sua prima infanzia, essendo nata in una famiglia che praticava questi orrori. Svali' (il suo pseudonimo) è stata vittima di abusi rituali e di programmazione mentale, ma lei stessa ha praticato il controllo mentale sui bambini del gruppo di San Diego negli USA, di cui faceva parte. La seguente testimonianza è stata pubblicata online nel 2001, e riguarda un rituale che è arrivato al punto di causare la morte imminente della vittima. Questo significa che la vittima si decora da sola a causa dei traumi estremi che spingono volontariamente il suo corpo fisico ai confini della morte. Questo tipo di pratica è una delle più estreme e complesse della programmazione MK. Anticiperemo quindi un po' il capitolo seguente dedicato al controllo mentale di tipo Monarch.

Il trauma è la base del controllo mentale luciferiano e il metodo più estremo è certamente quello che Svali chiama la *"cerimonia della resurrezione"*. Secondo lei è uno dei metodi più antichi dell'Ordine degli *Illuminati*. La cerimonia, o rituale, è di solito eseguita per un bambino di 2 o 3 anni di età. Il bambino sarà fortemente traumatizzato con vari mezzi: violenza fisica e sessuale, scosse elettriche, asfissia, droghe, con lo scopo di farlo dissociare il più possibile e portarlo in uno stato vicino alla morte. È un metodo di programmazione mentale che spinge volontariamente un bambino sull'orlo della morte. La piccola vittima sente allora delle presenze intorno a sé, sono entità che osservano questo piccolo corpo incosciente tra la vita e la morte... In questi riti di *"resurrezione"*, ci sarà sempre la presenza di personale medico competente con attrezzature adeguate per monitorare le condizioni del bambino e poterlo *"rianimare"* al momento opportuno... Quando riprende conoscenza in un dolore estremo, si troverà di fronte a una scelta: affrontare una morte certa o scegliere di vivere integrando in lui un potere demoniaco. Il bambino ovviamente sceglie di vivere e un'entità parassita si aggrappa a lui. Più tardi, il bambino si sveglierà in abiti puliti, in un letto morbido, ricoperto di pomate curative, ma in uno stato di shock e di estrema debolezza. È allora che una persona verrà a dirgli con voce dolce e rassicurante che era morto ma che il demone *"lo ha riportato in vita"*, e che deve quindi essere in debito con esso così come con le persone che lo hanno salvato facendo ripartire il suo battito cardiaco. Al bambino viene anche detto che se chiede all'entità demoniaca di andarsene, sarà riportato allo stato di quasi morte in cui si trovava quando è entrato.

Questo tipo di programmazione di pre-morte è usato per terrorizzare, dividere, demonizzare e infine controllare totalmente un bambino molto giovane fisicamente, psichicamente e spiritualmente. Costringe il bambino ad accettare una spiritualità totalmente satanico/luciferiana nelle peggiori circostanze traumatiche e coercitive possibili. Il rituale influenzerà profondamente le credenze del bambino e questa esperienza traumatica altererà soprattutto la realtà più fondamentale del bambino. Lo scopo di questa programmazione è di rimuovere il libero arbitrio e la forza di volontà dai giovani soggetti e renderli schiavi di forze superiori non incorporee.

Un'altra tecnica di controllo mentale basata sulla *NDE, o quasi morte, è stata descritta da Svali come praticata in un ambiente governativo, come MK-Ultra.* Un'altra tecnica di controllo mentale basata sulla NDE, o quasi morte, è stata descritta da Svali come praticata in un ambiente governativo, tipo MK-Ultra. Il soggetto è legato alla vita e al collo ed è avvolto in una camera di isolamento sensoriale (sopprimendo tutte le sensazioni negli arti). In questo stato di privazione sensoriale, viene nutrito per via endovenosa e il suo cervello viene bombardato con rumori sonori estremamente violenti. Il buio totale della stanza sarà intervallato da luci bianche abbaglianti e il soggetto perderà presto la cognizione del giorno e della notte. Quando la vittima si avvicina al *punto di rottura* ed è sul punto di *cedere,* le vengono somministrate scosse elettriche e droghe. Il livello di dolore e di terrore è al massimo e gli si dice ripetutamente che stanno morendo, cosa che è... se necessario, possono essere messi in supporto vitale. È allora che il soggetto sperimenta questo stato di pre-morte e si trova a fluttuare fuori dal suo corpo, finalmente libero dalla tortura fisica e psicologica. È allora che un programmatore entra come un 'salvatore' dicendogli che merita di vivere e che non lo lascerà morire... Alla fine, la vittima gli dovrà la vita... I messaggi pre-registrati sono anche riprodotti in loop (il metodo di *guida psichica* del programma MK-Ultra). Messaggi che contengono la programmazione e il destino futuro del soggetto nella *"Famiglia".* Iper-traumatizzata, la vittima è allora molto ricettiva a questi messaggi che saranno profondamente integrati nel suo subconscio. Alla fine, la vittima viene lentamente riportata ad uno stato di coscienza *corretto,* sempre accompagnata dal costante messaggio che sono *"nati di nuovo"* per la *"Famiglia".*

Di nuovo, una o più persone verranno a confortare la vittima in modo gentile e lei si sentirà estremamente grata di essere viva, di essere stata liberata da tutti questi orrori. Sarà anche come una bambina che si aggrappa alle persone che la circondano...

Questo tipo di programmazione MK basata sulla morte imminente e sull'uscita fuori dal corpo si impianta nella vittima al livello più profondo, poiché tocca il nucleo stesso dell'essere: la sua vita. Successivamente, la persona che ha subito questo tipo di protocollo avrà la certezza (programmazione) che morirà se cerca di rompere il controllo mentale, e che si troverà di nuovo in uno stato di quasi morte con il rischio che il suo cuore si fermi definitivamente. Qualsiasi menzogna e orrore che viene detto e impiantato in questi stati di quasi incoscienza sarà profondamente incorporato a livello subconscio. Il bambino in una tale situazione ha un disperato bisogno di credere agli adulti che tengono la sua vita nelle loro mani. Il bambino, totalmente rotto e programmato, integrerà tutti i dati ricevuti come verità profonda.[387]

Nella sua autobiografia, Cathy O'Brien scrive: "Che lo volessi o no, ho ascoltato una conversazione tra Aquino e un assistente di laboratorio sulla morte e il cervello mentre giacevo profondamente ipnotizzata su un tavolo di metallo ghiacciato. Aquino ha detto che sono stato spesso vicino alla morte, il che "ha aumentato la mia capacità, essendo morto, di entrare in altre dimensioni (della mente). Avevo ascoltato Aquino parlare all'infinito di questo tipo di concetti, come se stesse cercando di convincersi dell'esistenza di una teoria di viaggi interdimensionali nel tempo. Che si tratti di un principio o di una teoria non

---

[387] Esperienze di quasi morte / Programmazione di quasi morte - Svali, 2001.

cambia i risultati", ha affermato - il concetto stesso di tempo è astratto. Ipnotizzarmi con la verbosità passato-presente-futuro mi ha dato un impulso che, combinato con i concetti di Alice nel Paese delle Meraviglie/NASA del mondo a specchio, mi ha dato l'illusione di dimensioni senza tempo (...) Dopo avermi spostato dal tavolo in un contenitore dall'aspetto complesso (ndr: Dopo avermi spostato dal tavolo a un contenitore dall'aspetto complesso, Aquino ha poi commutato la mia mente in un'altra area del mio cervello, sostenendo di avermi portato in un'altra dimensione per mezzo della "porta della morte". Ha fatto questo mentre ero privato di tutti i miei sensi, combinato con la riprogrammazione usando l'ipnosi e le armoniche. La struttura simile a una bara in questione fu trasformata nella mia mente in un forno crematorio, dove fui sottoposto a una crescente sensazione di calore mentre "bruciavo lentamente" come suggerito ipnoticamente. Aquino, allora, "mi ha portato oltre la soglia della morte" in un'altra dimensione "vuota di tempo".[388]

4 - ALLA RICERCA DI FRAMMENTI DI ANIMA PERDUTA

Come abbiamo appena visto, l'anima umana può staccarsi dal corpo fisico durante un trauma estremo. La vittima rimane viva, il che indica che l'anima non si è staccata completamente dal corpo, ma si è piuttosto frammentata. Anche se la vita può tornare alla normalità dopo questa esperienza estrema, 'frammenti d'anima' possono rimanere separati dall'io, frammenti persi, carichi di memoria traumatica e che navigano in altre dimensioni... Nel suo libro 'Wife Rape', Raquel K. Bergen riporta le parole di Sonya: 'Ho perso una parte di me. Credo che una parte profonda di me sia morta.'[389]

Nel libro La scoperta dell'inconscio, Henri F. Ellenberger spiega che nelle antiche tradizioni, le malattie e i disturbi mentali possono verificarsi quando l'anima lascia il corpo (spontaneamente o per incidente) o se viene rubata da uno spirito o da uno stregone. Il guaritore, o sciamano, andrà allora alla ricerca di quest'anima perduta per riportarla indietro e ripristinare così il corpo e la psiche del malato. Questo si chiama 'recupero dell'anima'. Questa pratica è diffusa ma non universale, e si trova tra i Negritos della penisola malese, gli indigeni delle Filippine e dell'Australia, tra gli altri. Questa credenza è presente anche in altre culture come la Siberia, l'Africa nord occidentale, l'Indonesia e la Nuova Guinea. La natura dell'anima, le cause della perdita dell'anima, la destinazione dell'anima perduta e il modo di guarire il malato possono variare secondo ogni cultura locale.

Queste culture tradizionali ci insegnano che durante il sonno o lo svenimento, l'anima può separarsi dal corpo fisico. Questa è la teoria che uno "spirito-fantasma" è presente nel corpo durante la vita normale, ma è in grado di lasciare temporaneamente il corpo fisico, in particolare durante il sonno. Lo

---

[388] 'L'America nel mezzo della trasformazione' - Cathy O'Brien & Mark Phillips, 2013, p.328.

[389] Wife Rape: Understanding the Response of Survivors and Service Providers - Raquel Kennedy Bergen, 1996, p.60.

spirito viaggiatore può allora perdersi, essere attaccato, catturato e tenuto prigioniero da uno spirito maligno o da una strega. Lo spirito può anche lasciare il corpo bruscamente durante uno stato di risveglio, in particolare durante uno shock che causa grande paura. Può anche essere costretto a uscire dal corpo da fantasmi, demoni o anche streghe. Il trattamento del guaritore tradizionale è quindi quello di andare a *caccia astrale* per trovare il frammento d'anima, riportarlo indietro e ripristinare così il paziente. In Siberia, questa guarigione può essere effettuata solo da uno sciamano che è stato messo in contatto con il mondo degli spiriti durante la sua iniziazione. Ha la capacità di mediare tra quest'altra dimensione e quella dei vivi. L'etnologo russo Ksenofontov riferisce: "*Quando un essere umano "perde la sua anima", lo sciamano si mette in uno stato di trance per mezzo di una tecnica speciale durante la quale la sua anima fa un viaggio nel mondo degli spiriti. Gli sciamani sono in grado di rintracciare l'anima perduta nell'altro mondo nello stesso modo in cui un cacciatore rintraccia un animale nel mondo fisico. Spesso devono fare un accordo con gli spiriti che hanno catturato l'anima, conciliarsi con loro e fare dei regali. A volte devono anche combattere gli spiriti, preferibilmente con l'aiuto di altri spiriti che sono loro alleati. Anche se sono vittoriosi nella loro ricerca, devono comunque anticipare la vendetta degli spiriti maligni. Una volta recuperata l'anima perduta, la riportano indietro per reintegrarla nel corpo, ottenendo la guarigione del malato.*"[390]

L'etnologo Guy Moréchand descrive così il ruolo dello sciamano: "L'esercizio dello sciamanesimo è materialmente tradotto dalla trance. Quando entra in trance, lo sciamano deve intraprendere un viaggio. Lascia il suo corpo che, sul posto, man mano che la sessione procede, mima e racconta le fatiche e gli episodi di avventure che si svolgono in mondi diversi da quello terreno. Le rappresentazioni di questi viaggi sciamanici culminano in una cosmogonia di tre mondi, con un cielo e un inferno, simmetrici alla terra, situati sopra e sotto di essa, l'inferno essendo a volte sotterraneo, a volte subacqueo. I tre mondi (o serie di mondi) sono attraversati da un asse verticale che è la loro via d'accesso. Il cielo si raggiunge salendo con l'aiuto di un genio animale alato. Il cavallo è, per molte popolazioni, la cavalcatura che conduce agli inferi. In questi mondi, praticamente sconosciuti e inaccessibili all'uomo comune, lo sciamano va alla ricerca di un'anima fuggita la cui assenza ha causato la malattia. La fine delle peregrinazioni o il rapimento di quest'anima da parte di uno spirito maligno è talvolta il regno di una divinità, celeste o infernale, da cui lo sciamano è obbligato ad andare a reclamarla e comprarla."[391]

Nel suo libro intitolato *Animismo e sciamanesimo per tutti*, Igor Chamanovich descrive così le trance degli "uomini medicina": "L'uomo medicina è un estatico per eccellenza. Ora, nelle religioni primitive, l'estasi significa il volo dell'anima in cielo, o il suo vagare sulla terra, o infine la sua

---

[390] *Schamanen-Geschichten aus Sibirien* - J.G. Ksenofontov, Adolf Fiedrich e Georges Buddrus, 1955.

[391] '*Principaux traits du chamanisme mèo blanc en Indochine*' - Guy Moréchand, Bulletin de l'Ecole française d'Extrême-Orient. Tomo 47 N°2, 1955. p. 511.

discesa nelle regioni sotterranee tra i morti. Lo sciamano intraprende tali viaggi estatici per incontrarsi faccia a faccia con il dio del cielo e presentargli un'offerta a nome della comunità, per cercare l'anima di un malato che si suppone si sia allontanato dal suo corpo o sia stato violentato dai demoni (...) L'abbandono del corpo da parte dell'anima durante l'estasi è equivalente a una morte temporanea. L'"uomo medicina" è dunque l'uomo che è in grado di "morire" e "risorgere" un numero considerevole di volte.[392]

L'estasi (*ekstasis* = lasciare il corpo) corrisponde qui ad uno stato dissociativo profondo e controllato in cui lo sciamano viaggia in altre dimensioni. Come abbiamo visto nel capitolo 2, lo sciamano stesso è probabilmente passato attraverso rituali traumatici durante la sua iniziazione, che ha creato una scissione in lui e ha portato all'apertura di una breccia verso il mondo degli spiriti. È un guaritore auto-guaritore che controlla i suoi stati dissociativi.

In altre tradizioni, lo sciamano non lavora in uno stato di trance e non si avventura così lontano nel mondo degli spiriti. La sua tecnica è semplicemente quella di eseguire delle evocazioni, una specie di esorcismo, come presso gli indiani Quechua che, come abbiamo visto, chiamano questa frattura dell'anima *la malattia della paura* (*Susto*).

Nella tradizione Kahuna troviamo anche questa nozione di scissione dell'anima. Per questo popolo hawaiano, lo spirito di un uomo può dividersi in diverse parti durante un incidente o una malattia. Nel suo libro *"The Secret Science Behind Miracles"*, Max Freedom Long riporta i quattro tipi di *"fantasmi"* o *"spiriti"* umani che la tradizione Kahuna ha elencato. Queste descrizioni possono essere paragonate alle diverse alter personalità e amnesie traumatiche che caratterizzano un I.D.T.:

- 1/ Lo spirito in stato normale di un defunto: Questa entità è composta da una mente subconscia e da una mente cosciente, proprio come nella vita fisica. Pensa e ricorda come qualsiasi uomo incarnato ordinario (...)
- 2/ La mente subconscia dell'uomo separata dalla sua coscienza per incidente o malattia, prima o dopo la morte. Questa mente ricorda molto bene, ma è illogica, ha la capacità di ragionamento di un animale. Risponde alle suggestioni ipnotiche. È come un bambino e spesso provoca "poltergeist" per divertimento.
- 3/ La mente cosciente dell'uomo separata dal suo subconscio prima o dopo la morte. Questa mente non ricorda nulla, è uno spettro quasi totalmente indifeso, che vaga senza meta (...) si comporterà come una vera e propria 'anima perduta' finché non sarà salvata e ricollegata alla sua mente subconscia, che le fornirà allora i ricordi per ripristinare il suo potere (...)
- 4/ Lo spirito della supercoscienza, compresi quelli che si chiamano "spiriti della natura" o "anime di gruppo" nella terminologia teosofica. Le informazioni su questa categoria di spiriti sono vaghe, anche se possiamo concludere che spesso prendono il sopravvento sulle due categorie

---

[392] 'Animismo e sciamanesimo per tutti' - Igor Chamanovich, 2010, p.108.

inferiori di spiriti menzionate sopra, unihipili (subconscio) e uhane (coscienza), aiutandoli a volte a fare cose di natura spettacolare.[393]

La *"perdita dell'anima"*, o piuttosto la perdita di *"frammenti d'anima"*, è quindi una credenza diffusa nelle culture sciamaniche tradizionali. È caratterizzato da una perdita di energia vitale, di potere personale e di parte dell'identità. Questi frammenti d'anima possono essere persi in un altro mondo, un'altra dimensione, specialmente quando c'è stato un abuso, una sofferenza e un trauma nell'infanzia. Proprio come alcuni sciamani sudamericani associano la perdita dell'anima alla paura, per alcuni sciamani del sud-est asiatico la "caduta dell'*ovile"* è di solito il risultato di un incidente materiale, per esempio un colpo, una caduta, o la paura, l'ansia o il troppo lavoro.

Un corpo con un'anima frammentata è come un albero senza radici, è indebolito. Questo è simile a ciò che alcuni chiaroveggenti riportano sullo 'sblocco' del corpo astrale che si separa dal corpo fisico nei traumi estremi, lasciando la vittima in una sorta di stato 'disconnesso'. Non sono più fisicamente ancorati alla materia e questo li indebolisce notevolmente.

Gli sciamani fanno sistematicamente un lavoro di radicamento prima di intraprendere un viaggio in un'altra dimensione, è importante e persino necessario per loro mantenere i *"piedi per terra"* durante un'uscita astrale. Nel suo libro *The Way of the Shaman*, Michael Harner nota che in tutte le tradizioni preindustriali, quando una persona era fisicamente malata o si comportava in modo anormale, di solito era perché aveva perso una parte di sé che era stata sradicata. Questo problema potrebbe talvolta essere aggravato da entità esterne perché il trauma, causa scatenante della perdita di una parte dell'anima, potrebbe permettere l'intrusione di spiriti demoniaci nello spazio psichico della persona e causare danni significativi.

In tutte queste tradizioni, si riconosce chiaramente che la perdita dell'anima avviene come risultato di un trauma psichico, fisico o spirituale. Come abbiamo già visto, il compito dello sciamano è quello di trovare i pezzi perduti dell'anima e restituirli alla persona spezzata, ma a volte eseguirà un esorcismo per scacciare le entità che possono parassitare il paziente. Alcuni antropologi che hanno studiato le tecniche di guarigione degli sciamani tradizionali hanno descritto cerimonie volte a ripristinare prima l'anima scissa e poi ad esorcizzarla da entità parassite.

Ecco quindi lo schema: Trauma - Scissione dell'anima/personalità - Possessione.

Un modello che sembra essere comune ai sopravvissuti all'abuso rituale satanico che hanno sviluppato l'I.D.D. Proprio come il grado di gravità del trauma influenzerà il livello di dissociazione, così il grado di gravità del trauma influenzerà la possibilità di possessione da parte di entità. La scissione della personalità è legata a questa *"perdita dell'anima"*.

Il fenomeno che la psicologia chiama dissociazione ha dunque un aspetto neurochimico e uno metafisico, eppure la psichiatria non è in grado di spiegarci *dove* vanno i diversi pezzi della personalità con le loro amnesie dissociative... e

---

[393] La scienza segreta dietro i miracoli" - Max Freedom Long, 1948, cap. 5.

ancor meno di spiegarci dove vanno i *frammenti di anime* che gli sciamani cercano nei loro viaggi astrali per guarire i malati...

Alcuni psicotraumatologi spiegano schematicamente che un ricordo traumatico dimenticato è *perso e immagazzinato in una 'scatola nera' nell'ippocampo nella parte posteriore del cervello*... Ma sappiamo cos'è esattamente un ricordo? La memoria non è una cosa ma un processo. Non è né solido né statico, né è letteralmente "immagazzinato" in una forma tangibile. Non giace da qualche parte in un armadio e non ha una forma fisica manifesta, nel senso che non può essere toccato, visto o sentito.[394]

I nostri ricordi non sono fatti di neuroni, ma piuttosto di un'energia "subatomica" che va oltre la nostra dimensione fisica, essendo i neuroni solo un'interfaccia biologica per l'espressione dell'informazione. Da lì, si possono fare diverse domande:

- La personalità alterata di un bambino in un adulto dissociato è un frammento dell'anima (più che "personalità") che si è bloccato nel passato, in una dimensione alternativa, conservando l'età e la memoria che aveva quando si è separato dal corpo fisico nel trauma? Questi bambini alterati possono essere spiegati da questa teoria dei frammenti d'anima perduti in un'altra dimensione fuori dal nostro spazio-tempo?

- L'I.D.T. è collegato ad un altro spazio-tempo in cui le "alter personalità" possono essere contattate, elaborate, consegnate e reintegrate nel momento presente con tutti i ricordi che le accompagnano?

Nel suo libro Il segreto perduto della morte, Peter Novak ci dà l'inizio di una risposta: "Quando gli sciamani viaggiano in queste altre realtà per trovare i frammenti d'anima perduti degli altri, riferiscono che questi frammenti non sono affatto inattivi. Al contrario, appaiono come entità autonome e autocoscienti, impegnate nella loro realtà parallela. Tuttavia, finché sono separati dalla coscienza della persona, questi frammenti non sembrano progredire affatto. Rimangono congelati nello stesso stato di sviluppo emotivo e intellettuale che avevano quando si sono separati dalla mente della persona. Il frammento d'anima che si è separato quando il bambino aveva 4 anni continuerà a comportarsi e a pensare come se avesse 4 anni. Si crederà di avere 4 anni, anche se il resto della persona è cresciuto fino a diventare un vecchio. Questi frammenti alienati non sembrano crescere e maturare finché non avviene la guarigione e il pezzo mancante viene ripristinato. Questi frammenti avranno di solito le loro qualità personali, le loro abilità, i loro sentimenti e una coscienza di loro stessi che conducono le loro vite in questo mondo fantastico. La parte dell'anima che si è persa nell'infanzia sarà lasciata a giocare nel cortile della scuola, o forse a rabbrividire sotto le scale, nascondendosi da una punizione che ha già avuto luogo 40 anni prima.

È compito dello sciamano cercare di far capire a questo frammento d'anima la realtà della sua situazione per convincerlo a ritornare e unirsi al resto dello spirito della persona che vive nel "momento presente". Spesso il frammento d'anima non avrà idea di cosa lo sciamano stia parlando, pensando di essere una

---

[394] L'insostenibile verità sull'acqua" - Jacques Collin, 1997.

persona veramente autonoma (...) alcuni giorni o settimane dopo la reintegrazione del frammento d'anima perduto, i ricordi associati a quel frammento inizieranno ad emergere nella coscienza della persona. Quando il frammento d'anima ritorna, i ricordi associati ad esso ritornano con esso. Questi ricordi sono persi e dimenticati quando l'anima si divide, quindi la persona non ha più accesso a quel frammento di memoria. Una volta tornati, questi ricordi di solito richiedono molta attenzione perché contengono emozioni e sensazioni traumatiche che devono essere integrate. Questo è di solito ciò che ha causato la scissione nella mente."[395]

Qui troviamo esattamente gli stessi sintomi e caratteristiche del funzionamento dell'I.D.T., con pareti amnesiche traumatiche che scompaiono man mano che le personalità alterne emergono e si fondono, mentre i relativi ricordi dissociati vengono gradualmente resi coscienti e integrati. Le alter personalità di un I.D.T. sembrerebbero essere frammenti di anima perduta con il loro contenuto di memoria. La terapeuta Alison Miller ha scritto: *"I pazienti di I.D.T. mi hanno detto che è impossibile mantenere gli alter separati l'uno dall'altro una volta che i ricordi traumatici che li hanno divisi sono stati completamente elaborati.* Questo significa che l'integrazione e la fusione delle alter personalità avviene automaticamente quando l'amnesia dissociativa scompare e i ricordi diventano coscienti.

Nel 2006, la sopravvissuta all'abuso rituale e al controllo mentale Lynn Schirmer ha descritto in una conferenza il processo di fusione con le sue alter personalità *"congelate"* in un altro spazio di tempo: *"Si integrano nel presente, in effetti... non so come spiegarlo: Passano attraverso una specie di processo... C'è una certa integrazione, ma quando recupero un ricordo, di solito il processo consiste nel portare quell'alter fuori dal suo stato 'congelato', dissociato... Devo portare l'alter che detiene quel ricordo nel presente, lo familiarizzo con il momento presente e trasferisco quel ricordo isolato in una linea temporale coerente. Allora i miei alter devono solo adattarsi a questo nuovo mondo, cioè il presente. Quindi devono evolversi e abituarsi."[396]*

Quando Lynn Schirmer recupera un ricordo, deve quindi condurre l'alter associato nel momento presente dove deve evolvere per adattarsi... parla qui molto chiaramente di frammenti d'anima bloccati, "congelati" come dice lei, in quello che sembra essere un altro spazio-tempo. Un passato oscuro in cui gli alter continuano a vivere "in loop" con questa memoria traumatica...

La sopravvissuta Jen Callow descrive la riluttanza che i frammenti dell'anima possono avere a fondersi con la loro personalità principale: *"Ho parti* (alter) *bambini che sono desiderosi di 'crescere' fondendosi con un'altra parte. Tuttavia, ci sono molte parti che hanno paura dell'integrazione. Alcuni vedono il mondo interiore restringersi, con la perdita dei compagni di gioco, degli amici... quando queste diverse parti si fondono, può portare ad un grande senso di perdita per gli altri. Questa riduzione del numero di alter può anche essere*

---

[395] Il segreto perduto della morte: le nostre anime divise e l'aldilà - Peter Novak, 2003, cap. 6.

[396] Lynn Schirmer - La nona conferenza annuale sull'abuso rituale, le organizzazioni segrete e il controllo mentale, S.M.A.R.T., 08/2006.

*interpretata come persone reali che "scompaiono" e alcune parti possono avere
paura di scomparire anche loro (...) Per molti dei miei alter, l'integrazione è
qualcosa di terrificante, perché significa rinunciare alla propria identità e
diventare qualcuno di nuovo e sconosciuto.* "[397]

L'esistenza di questi frammenti di anima perduta in un altro spazio-tempo
è stata convalidata dalle esperienze di viaggio astrale di Robert Monroe, il
fondatore del Monroe Institute fondato nel 1974 in Virginia, USA. Era un ricco
uomo d'affari che possedeva numerosi media e aveva avuto lui stesso molte
esperienze extracorporee. Monroe è diventato uno dei principali specialisti
mondiali in viaggi astrali. Lo scopo iniziale dell'istituto era la ricerca sulla
visione a distanza, e oggi è uno dei più grandi centri di ricerca sulle esperienze
fuori dal corpo, il rilassamento, la meditazione e le tecniche *Hemi-sync*
(sincronizzazione degli emisferi cerebrali tramite frequenze sonore). Secondo
alcuni autori, l'Istituto Monroe è anche coinvolto (probabilmente attraverso
l'acquisizione dell'istituto da parte della CIA) nel controllo mentale basato sul
trauma, poiché le tecniche *Hemi-sync* possono essere utilizzate per lavorare sugli
emisferi cerebrali nei programmi MK *Delta* e *Theta* (maggiori informazioni su
questo nel prossimo capitolo).

Secondo il ricercatore Tom Porter, Robert Monroe è il figlio di James
Monroe, che ha lavorato per anni per la CIA ma era anche il direttore di una
società di facciata chiamata *Human Ecology Society*. Come menzionato nel
capitolo 3, questa società di facciata è stata utilizzata dalla CIA per finanziare il
programma MK-Ultra. James Monroe avrebbe supervisionato personalmente
persone come il dottor Ewen Cameron. È quindi possibile che Robert Monroe,
il principale esponente mondiale dei viaggi astrali, sia stato lui stesso sottoposto
ai programmi di controllo mentale MK-Ultra. Secondo Andrijah Puharich,
Robert Monroe stesso stimolò le sue capacità di viaggio astrale per le quali
sembrava avere una certa predisposizione, forse a causa di traumi infantili? Una
caratteristica comune delle persone che sperimentano uscite astrali spontanee è
il trauma.

Monroe ha scritto molto sulle sue esperienze extracorporee iniziate nel
1958. Nel 1994, ha pubblicato il libro *"Ultimate Journey"* in cui descrive
profondi viaggi extracorporei durante i quali a volte ha incontrato anime di
persone decedute. Monroe descrive queste entità come confuse, disorientate e
apparentemente intrappolate in un particolare spazio di tempo, emozione e
memoria. Li descrive come entità semicoscienti incapaci di rendersi conto di
essere morti. Come notato sopra, la tradizione Kahuna descrive questi tipi di
entità come la mente cosciente separata dalla sua mente subconscia, che poi
diventa un'anima vagante amnesica che ha bisogno di riconnettersi alla sua parte
mancante per accedere ai ricordi riparatori. Monroe racconta anche come queste
entità, queste anime perdute, potrebbero a volte essere anche le sue. Quindi non
erano solo anime di persone morte, erano anche frammenti di anime di persone
vive, compresa la sua... Nel suo libro riferisce che a volte incontrava quella che

---

[397] 'Healing the Unimaginable: Treating Ritual Abuse and Mind Control' - Alison Miller, 2012,
pp.269-270.

sembrava essere un'altra parte della sua stessa mente, frammenti persi che sembravano essere intrappolati nel passato e incapaci di evolversi. Quando ha incontrato e consegnato i suoi frammenti d'anima perduti, essi sono stati reincorporati nella sua mente ad un livello particolare, che lui chiama *"l'Io-là"*.[398]

Proprio come descrive Lynn Schirmer con il suo alter, ha riportato i frammenti della sua anima perduta nel momento presente, nel nostro spazio-tempo. Le esperienze di Monroe in altre dimensioni potrebbero convalidare la tradizione sciamanica della *"caccia alle anime perdute"* durante i viaggi astrali per recuperare i frammenti di anima spezzata di una persona da guarire. Tuttavia, sarebbe piuttosto la tradizione sciamanica ancestrale che dovrebbe convalidare la testimonianza di Monroe, perché ciò che aveva appena scoperto era esattamente ciò che gli sciamani avevano praticato per secoli...

Nel suo libro *"The Ultimate Journey"*, Monroe ci parla dei suoi studenti che vanno a caccia di frammenti d'anima perduti per riportarli nel momento presente: *"Ciò che sorprende molti candidati è che quando si imbarcano in questa missione, scoprono che allo stesso tempo stanno recuperando parti perdute di loro stessi... Altri possono apparire come frammenti di personalità della vita quotidiana, che erano scappati o erano stati strappati dal nucleo della personalità. Per esempio, bambini che erano fuggiti dal trauma e dal dolore degli abusi fisici e psicologici nelle loro famiglie e che ora cercavano di riunirsi con gli altri frammenti (...) Ammassi di luce, fuochi di energia umana che formavano un infinito tappeto multidimensionale... come ho potuto non vederli prima? Ora capisco l'afflusso e il deflusso... il mio flusso è lì e devo rimanere in pista... il deflusso di coloro che vengono ad aiutare e trovare le parti perdute del loro cluster... l'afflusso che li riporta indietro... migliaia e migliaia... inserimenti di cluster di unità di personalità in individui umani del sistema di vita terrestre."*[399]

Se Robert Monroe è passato attraverso un programma di tipo MK-Ultra da bambino, lui stesso aveva un I.D.T. e speciali facoltà psichiche causate da un violento "sblocco" spirituale precoce? Il libro di Ron Russell *"Journey of Robert Monroe"* riporta una citazione di Lesley Frans che dimostra che ovviamente aveva una personalità complessa e multipla: *"Tra le cose di cui parlavamo spesso con Bob (Robert) c'erano i diversi aspetti della sua personalità che venivano fuori a volte. Zio Bob o papà, Business-man Bob, Manager Bob, Old Man Bob, Cosmic Bob, Paranoid Bob, ecc. Questi erano i principali Bob che conoscevo, ma erano tutt'altro che gli unici. Una volta che potevi finalmente capire quale Bob era di fronte a te e provare a comunicare con lui, whoosh! Sarebbe cambiato in pochissimo tempo. C'era un Giocoliere Bob che causava molta frustrazione. Bob Business-man aveva abbandonato la sua etica, era duro e privo di emozioni (...) Alcuni degli altri Bob stavano confutando il male che*

[398] Il segreto perduto della morte: le nostre anime divise e l'aldilà' - Peter Novak, 2003, cap. 6.

[399] *The Ultimate Journey'* - Robert Monroe, 1996, cap. 15.

aveva fatto, e Bob Parano stava cercando di recuperare e seguire una certa etica. "400

Nel caso dell'abuso rituale satanico e del controllo mentale, gli stregoni catturano i frammenti dell'anima delle vittime? I frammenti d'anima possono essere tenuti prigionieri da entità esterne, che potrebbero influenzare e manipolare i pensieri, il comportamento e creare problemi emotivi e fisici alla vittima? Questa sembra essere l'opinione di alcune tradizioni sciamaniche che *l'anima perduta* possa essere tenuta prigioniera da spiriti maligni o stregoni. Questo è affermato anche da alcuni sopravvissuti all'abuso rituale. È solo una credenza superstiziosa o si tratta davvero di tecniche occulte operative?

Nel satanismo, l'abuso sessuale è usato per ottenere l'accesso alla mente della vittima, la prostituzione infantile e la produzione di pornografia infantile sono usate solo per guadagno finanziario. L'abuso sessuale è usato per ferire e dominare la mente della vittima, per *"portare via l'anima"*. Le vittime descrivono come i satanisti possono catturare una parte del loro spirito per tenerlo con loro in modo permanente. Al contrario, i torturatori possono anche introdurre una parte della loro anima, un frammento del loro spirito, nella vittima quando questa si trova in stati alterati di coscienza (apertura spirituale). Per questo usano i loro fluidi corporei (sangue mestruale, sperma, ecc.) o altre sostanze per *impiantarsi* dentro la vittima durante uno stupro per esempio. I frammenti dell'anima dello stregone rimarranno poi attaccati alla vittima per rinforzare continuamente i comandi di controllo e obbedienza. Tutto questo è pura stregoneria, che combina anche l'orgasmo e il dolore per *placare le divinità della fertilità.*

La teoria dei frammenti di spirito creati dal trauma che possono attaccarsi ad una persona è familiare nel campo del paranormale e della possessione. Come abbiamo visto, i satanisti che praticano l'abuso rituale sono di solito dissociati e scissi, quindi è concepibile che possano deliberatamente legare alcuni dei loro frammenti alle vittime. Questo tipo di manipolazione combinato con l'I.D.T. crea una schiavitù spirituale, psicologica e fisica. Il pastore americano Tom Hawkins ha scritto: *"La maggior parte dei sopravvissuti agli abusi rituali sono stati costretti a partecipare a rituali che coinvolgono voti, giuramenti, sacrifici o alleanze fatte con il regno spirituale del male. Queste "transazioni legali" danno agli spiriti maligni, o demoni, il diritto di legare specifici alter ego che sono stati coinvolti in queste pratiche e di esercitare influenza e controllo su di loro in vari gradi. Possono avere un ruolo, per esempio, nel rinforzare la programmazione, nel bloccare i ricordi o nel ritraumatizzare gli alter che hanno fallito nei loro compiti, divulgato segreti o cercato aiuto esterno. Questi alter ego demonizzati sono stati solitamente asserviti a Satana e al suo piano (...) Queste connessioni possono anche essere fatte con entità di ordine superiore ai demoni (...) Le personalità dissociate possono essere torturate in profondi stati di trance che le collegheranno a ciò che chiamiamo il 'secondo cielo', riferendosi al 'regno dell'aria' di cui Satana è il principe dominante (Ef. 2:2).*

---

400 Il viaggio di Robert Monroe: da esploratore del fuori del corpo a pioniere della coscienza - Ronald Russell, 2007.

Lì, gli alter possono essere tenuti "prigionieri" da entità malvagie e usati per il piano mondiale di Satana, trasmesso direttamente dal regno spirituale. Nel sistema interno di queste persone, questi alter appaiono di solito fuori dal corpo fisico e sono considerati assenti o addirittura morti dagli altri alter."[401]

Quest'altra dimensione in cui i frammenti dell'anima si evolvono può essere vista nelle distorsioni del tempo e della realtà che sono molto frequenti e talvolta intense nei pazienti che soffrono di IDD. I ricordi traumatici, in cui la persona rivive realmente la scena con le immagini, i suoni, gli odori, il dolore fisico e il terrore psicologico, non sono forse un viaggio nel tempo? È un accesso ad un altro spazio-tempo in cui una scena precisa è ben registrata *"da qualche parte" nei* minimi dettagli, con tutto il sistema sensoriale ed emozionale legato a questa capsula di memoria. Gli psicotraumatologi spiegheranno questo fenomeno con il processo neurologico e chimico dei ricordi dissociativi non elaborati dall'ippocampo, ma non tengono conto di questa nozione di *"frammenti d'anima perduta"*... Come spiegano i viaggi sciamanici in un'altra dimensione per cercare e riportare questi frammenti d'anima... con i loro pezzi di ricordi dissociati?

Nel suo libro '*Essere e tempo*', Martin Heidegger si riferisce al passato, al presente e al futuro come alle *estasi* della temporalità, la parola estasi significa 'essere fuori'. Nella sua analisi della temporalità Heidegger scrive che passato, presente e futuro si possono trovare trascesi e indissolubilmente unificati. Lo chiama l'*unità estatica della temporalità*. L'"*illuminazione dissociativa*" è talvolta descritta come un'uscita dal nostro spazio-tempo dove presente, passato e futuro sono tutti sulla stessa linea temporale. L'esperienza del trauma diventa in qualche modo congelata e intrappolata in un eterno presente.

Pierre Janet ha notato che quando un ricordo traumatico viene riattivato, la persona di solito perde la cognizione del tempo e del momento presente, il suo "presente" è l'esperienza traumatica che si sta ripetendo. In un articolo intitolato *"Disturbi funzionali della memoria"*, si nota che *l'immersione nella memoria automatica è a volte così intensa che l'orientamento temporale viene perso e il trauma viene rivissuto come se stesse accadendo nel momento presente, piuttosto che come un semplice ricordo."[402]*

Nell'articolo *"Time Distortions in Dissociative Identity* Disorder*"*, il Dr. Onno van der Hart e la psicoterapeuta Kathy Steele riportano la testimonianza di una personalità alterata che sperimenta distorsioni temporali durante i flashback di ricordi traumatici: *"It continues to be a storm in my head. C'è un sacco di rumore con tutti i tipi di flash per tutto il tempo, a volte film. Ho paura, non riesco a guardarli e sono difficili da fermare (...) Fa paura perché succede così all'improvviso, ma anche perché mi rende totalmente confuso. Confusione sul tempo soprattutto, è difficile sapere se queste cose fanno parte del momento presente o del passato. È anche sempre più difficile mantenere la presa sul tempo*

---

[401] 'Dissociative Identity Disorder, Vol.1 Psychological Dynamics' - Tom R. Hawkins, 2010, p.62.

[402] 'Disturbi funzionali della memoria' - Spiegel, D., Frischholz, EJ., & Spira,J., American Psychiatric Press Review of Psychiatry, 1993.

presente. Non riesco più a fidarmi dell'orologio. È improvvisamente un'ora dopo, e poi cinque minuti sembrano essere durati più di tre giorni. ' [403]

Questa testimonianza ci mostra che questo disturbo è un fenomeno che va al di là della nostra 'matrice' e che dobbiamo quindi prendere in considerazione il suo aspetto multidimensionale se vogliamo iniziare a studiarlo seriamente... I clinici, con la loro formazione scientifica 'classica', non sono generalmente attrezzati intellettualmente per affrontare questo lato del problema.

Le personalità alterne infantili sono spesso incapaci di darsi un senso del tempo, di segnare le ore o i giorni. Sono in uno spazio infinito, senza confini, bloccati in un tempo senza tempo o "congelati nell'eterno presente" della loro esperienza traumatica. La nozione di tempo sembra essere qualcosa di specifico della nostra esistenza in questo mondo fisico tridimensionale, ma questa nozione di tempo sembra scomparire per questi alter, il che proverebbe che stanno evolvendo (o ristagnando, dovremmo dire) in un'altra dimensione. In un certo senso, possiamo dire che il trauma può creare "buchi" o "lacune" nel nostro spazio-tempo. Da qui le connessioni con certe entità e i poteri psichici paranormali che possono svilupparsi in alcune vittime, come vedremo più avanti.

Questa nozione di frammenti d'anima intrappolati o addirittura prigionieri in un'altra dimensione è un punto chiave per comprendere la natura dell'I.D.T. e come funziona la programmazione MK-Monarch. Il controllo mentale di Monarch crea deliberatamente questi frammenti d'anima per controllarli e sfruttarli. Il "mondo interno" dello schiavo Monarch non sarebbe altro che la dimensione in cui vivono questi frammenti d'anima, intrappolati in strutture allestite dal programmatore e legati a entità demoniache che fungono da guardiani. I programmatori interagiscono così con questo spazio-tempo per imprigionare e dominare questi frammenti dissociati. La terapeuta Patricia Baird Clarke descrive questa dimensione come segue: *"Attraverso i rituali, i satanisti usano i demoni per separare il corpo spirituale dal corpo fisico. Quando l'anima e lo spirito sono stati separati e il corpo spirituale separato dal corpo fisico, allora la persona entra in modo pienamente cosciente in tutta un'altra dimensione. Questa è la dimensione che chiamo "mondo interiore". Questo mondo è tanto vasto e tanto reale per l'individuo quanto il mondo fisico lo è per noi. Noi pensiamo agli spiriti come se fossero in uno stato "vaporoso", ma le persone che sono state in questa dimensione mi hanno riferito che i demoni hanno peso e sostanza."* [404]

Ecco come la terapeuta Alison Miller descrive questo mondo interno, questo spazio-tempo dove vivono gli alter: "Non tutti i mondi interni dei pazienti sono uguali. Alcuni, come quello descritto da Trish Fotheringham, hanno castelli e foreste magiche; altri hanno prigioni, fortezze, camere di tortura e varie installazioni militari (cioè strutture deliberatamente introdotte nel mondo interno dai programmatori). Alcuni descrivono luoghi che sembrano rappresentare un altro mondo o altri pianeti. Le persone il cui I.D.T. è stato creato spontaneamente

---

[403] Distorsioni temporali nel disturbo dissociativo d'identità: Janetian Concepts and Treatment' - Onno van der Hart e Kathy Steele, Journal Dissociation, 1997.

[404] Ripristinare i sopravvissuti all'abuso rituale satanico ' - Patricia Baird Clark, 2000.

(cioè, senza un tentativo deliberato da parte di altri di dividerli per la programmazione), di solito hanno case interne in cui vive l'alter. Queste sono spesso rappresentazioni interne della casa in cui vivevano al momento dell'abuso."[405]

Jen Callow è stata sottoposta ad abusi rituali e protocolli di programmazione mentale, ecco come descrive questo mondo interiore dove si trovano i suoi frammenti d'anima: *"Quando noi (alter) finalmente iniziamo la terapia con qualcuno che capisce cosa sia la dissociazione, molti di noi sono isolati e vivono nel terrore. Siamo chiusi nel nostro mondo interiore: in scatole, in freddi scantinati, o in altri luoghi legati ai nostri ricordi. Siamo chiusi nei nostri programmi, spesso affamati o sofferenti. Il nostro sistema interno può infliggere torture e abusi simili a quelli che i nostri abusatori hanno fatto a noi."*[406]

Questa nozione di un mondo interiore dove l'alterazione ristagna, un mondo senza limiti e totalmente astratto, dotato di ogni sorta di cose, potrebbe sembrare implausibile, assurdo e psicotico se non tenessimo conto di questo fenomeno di una dimensione alternativa alla nostra. Descriveremo in dettaglio le tecniche per strutturare questo mondo interno nel prossimo capitolo sulla programmazione di Monarch.

Le credenze sciamaniche tradizionali sulla scissione dell'anima non sono probabilmente così lontane dal nostro concetto psichiatrico di *anima persa*. Anche se ignoriamo gli elementi culturali e le radici ancestrali di queste cose, abbiamo alcuni punti in comune con questi concetti ancestrali: non diciamo forse che un paziente è "alienato", "estraneo" a se stesso, che la sua personalità si è deteriorata o è stata addirittura distrutta? Il terapeuta che lavora con un paziente cosiddetto *"schizofrenico" non* cerca di stabilire un contatto con la parte rimanente della personalità che ha ancora *"i piedi per terra"*? Non cerca forse di ricostruire la personalità scissa allo stesso modo del moderno successore di quegli sciamani che rintracciano le anime perdute nel mondo degli spiriti e combattono i demoni che le tengono prigioniere, per riportarle nel mondo dei vivi?[407]

5 - TRAUMA E CAPACITÀ PSICHICHE PARANORMALI

Ecco alcuni dei fattori che ho identificato riguardo alle "persone infestate". Di solito sono bipolari, di solito hanno subito abusi sessuali o traumi nel loro passato (spesso nell'infanzia). La maggior parte dei casi comporta una disfunzione estrema nella famiglia. Si tratta di persone che

---

[405] 'Healing the Unimaginable: Treating Ritual Abuse and Mind Control' - Alison Miller, 2012, p.69.

[406] Ibidem, p. 272.

[407] La scoperta dell'inconscio, Henri F. Ellenberger, 1970.

hanno sperimentato il paranormale fin dalla prima infanzia. 'Haunted People, Haunted Minds' - Bobbie Atristain, 2006

Nel 1784, il marchese di Puységur (Armand Marie Jacques de Chastenet), che stava lavorando sul magnetismo animale e l'imposizione delle mani, riportò un caso particolare con uno dei suoi dipendenti, un contadino di nome Victor Race, che mostrò un evidente cambiamento di personalità con una separazione della coscienza accompagnata da amnesia. Durante una sessione di imposizione delle mani per alleviare Victor da una congestione polmonare, il marchese fu sorpreso di vedere che il giovane si era tranquillamente addormentato... Scoprì che non si trattava di un sonno normale, ma di uno speciale stato di coscienza in cui era in trance. Una volta in questo stato, Victor Race mostrò abilità speciali: divenne estremamente sensibile alla suggestione e la sua personalità cambiò completamente. Mentre di solito era piuttosto lento, quest'altra personalità mostrava un'intelligenza notevole con un'agilità mentale fenomenale. Inoltre, in questi stati alterati di coscienza, era in grado di leggere la mente del Marchese e fare diagnosi mediche accurate per sé e per gli altri. Poteva anche prevedere il progresso di una malattia e prescrivere un trattamento, spesso con grande successo. Victor ha anche mostrato strani problemi di memoria. Infatti, quando uscì da questo insolito stato di coscienza, non aveva assolutamente alcun ricordo di ciò che era successo, mentre nello stato di trance era pienamente consapevole delle sue due personalità. Il marchese de Puységur decise di chiamare questa scoperta lo stato di *"sonno magnetico"*, che collegò agli stati di sonnambulismo artificiale che chiamò anche *"sonnambulismo magnetico"*.[408]

34 anni dopo, il marchese incontrò nuovamente Victor Race e lo mise in uno stato di trance. Fu sorpreso di scoprire che il suo ex dipendente ricordava nei minimi dettagli tutti i suoi precedenti stati di *sonno magnetico*. Nel suo libro *"La scoperta dell'inconscio"* Ellenberger racconta che nell'agosto del 1785, il marchese de Puységur ricevette l'ordine di comandare il reggimento di artiglieria di Strasburgo. Fu allora che la loggia massonica locale gli chiese di insegnare i principi del magnetismo animale ai suoi membri, che erano sempre molto interessati ad acquisire poteri paranormali che potessero condurli alla *"luce"* ed elevarli al di sopra del profano. La storia non ci dice se Victor Race abbia subito un trauma nella sua prima infanzia, ma ci mostra che una personalità multipla può sviluppare poteri psichici paranormali.

Il trauma può essere la causa di certi fenomeni paranormali? Possono aprire la strada a certe facoltà psichiche? Creano una breccia, l'apertura di una porta verso altre dimensioni? Come abbiamo visto sopra, sembrerebbe così. Le emozioni aprono le porte ad altri mondi e quelle che emanano da un trauma sono particolarmente potenti. Tuttavia, i poteri psichici non derivano necessariamente da un trauma infantile. Possono venire da certi "doni" transgenerazionali più o meno affilati. Possono essere sviluppati attraverso certe pratiche energetiche ed esercizi. Ma possono anche essere il risultato di patti stipulati con entità. I

---

[408] La personalità multipla prima di 'Eve' - Adam Crabtree, Journal 'Dissociation', Vol.6 N°1, 03/1993.

satanisti e i luciferiani cercano questi poteri paranormali per aumentare il loro potere, ma ottengono solo la sottomissione ai demoni in cambio di questi "poteri"... Lo Spirito Santo può anche trasmettere grazie di questo tipo, come la chiaroveggenza per esempio.

Joseph Mahoney, un sacerdote cattolico di Detroit (USA) che lavora con i pazienti I.D.D., ha elencato una serie di strani fenomeni che si osservano in queste persone scisse.[409] Generalmente, una facoltà paranormale sarà specifica di una personalità alterata e assente in altre. Ecco cosa scrive il sacerdote su questi fenomeni paranormali legati alla D.I.D. (si noti che alcuni dei fenomeni riportati in questa lista sono spesso riportati anche in casi di possessione demoniaca):

- Una grande sensibilità all'ipnosi e una rara capacità di indurre stati ipnotici e di trance negli altri.
- Ricordi del corpo che si manifestano fisicamente. Si tratta di traumi del passato che si manifestano sul corpo allo stesso modo del classico fenomeno delle stigmate. Possono apparire e scomparire senza alcun intervento esterno. Possono essere eruzioni cutanee, segni, tagli, ustioni, perdite di sangue, lividi, gonfiori o altri cambiamenti fisiologici significativi.
- Telepatia, chiaroveggenza e conoscenza inspiegabile, memoria fotografica, ipersensibilità che porta a una lettura molto sviluppata del linguaggio del corpo degli altri, abilità mentale insolita.
- Forza fisica al di là di ciò che è umanamente possibile.
- Guarigioni accelerate, controllo delle emorragie e capacità di autoregolazione degli stati fisiologici in modi che di solito sono impossibili da fare.
- Una capacità di far sentire l'osservatore freddo, a disagio o minacciato.
- Autolesionismo estremo, odio verso Dio e gli oggetti religiosi.
- Una capacità di andare per lunghi periodi senza cibo o sonno.
- Una capacità di anestetizzare una specifica personalità altera o di bloccare la trasmissione nervosa del dolore.

Nel suo libro *The Secrets of Psychic Success*, la sensitiva Angela Donovan scrive che nella sua esperienza ci sono tre modi in cui le capacità psichiche possono svilupparsi, uno dei quali è direttamente collegato alle esperienze traumatiche: *"Ci sono quelli che hanno vissuto un grave trauma emotivo. Ho incontrato molti sensitivi che sono entrati in questo campo attraverso la morte di una persona cara, o che hanno subito uno shock fisico, come un colpo alla testa. Questo può letteralmente aprire le "porte" e creare uno stato ricettivo. Questo è qualcosa che può essere positivo se la persona sta cercando di capire cosa le sta succedendo, ma se non lo è, può essere molto sconcertante."*[410]

---

[409] 'Esorcismo e disturbo di personalità multipla da una prospettiva cattolica' - Padre. Joseph Mahoney.

[410] *The Secrets of Psychic Success: The Complete Guide to Unlocking Your Psychic Gifts* - Angela Donovan, 2007, Chap.1.

Lo sviluppo di poteri psichici paranormali è stato talvolta riportato in seguito a incidenti che hanno causato traumi fisici o esperienze di pre-morte. Questo è il caso della famosa medium italiana Eusapia Paladino che ha subito un trauma cranico (osso parietale) in un incidente durante la sua prima infanzia. Questo è anche il caso del famoso medium olandese Peter Hurkos che ha acquisito poteri extrasensoriali dopo un trauma alla testa e un coma di tre giorni dopo essere caduto da una scala... Hurkos era considerato uno dei più importanti chiaroveggenti del mondo, lavorando per risolvere molti casi di persone scomparse e omicidi irrisolti. Hurkos ha detto: *'Vedo le immagini nella mia mente come su uno schermo televisivo. Quando tocco qualcosa, posso poi dire cosa vedo in relazione a quella cosa.'*

Nel libro *'The Psychic World of Peter Hurkos'*, Norma Lee Browning riporta ciò che Hurkos le raccontò del suo trauma:

"Mi ricordo quando sono caduto e non volevo morire, allora era buio pesto. Quando mi sono svegliato non avevo la mia mente. È stato allora che ho ricevuto il mio regalo. Ero nella mente di qualcun altro e avevo paura perché non sapevo cosa stesse succedendo. Mio padre e mia madre dicevano che non ero più lo stesso Peter di prima. Dissero che ero morto e che ero tornato con due spiriti. Puoi chiedere a mio padre, te lo giuro. Vi dirà che il suo vero figlio Peter è morto e sono tornato con due spiriti diversi. Ci sono due spiriti qui, mia cara, due spiriti, capisci? (...) Sai che ci sono persone con due personalità? Beh, ho due pensieri. Mio padre aveva ragione quando diceva che non ero lo stesso Peter. Questo è morto ed è tornato sentendo voci e vedendo immagini (...) Era davvero un sensitivo o uno psicotico? Era possibile che fosse schizofrenico o una vera personalità multipla? Era "nato di nuovo" come chiaroveggente a causa del trauma cranico, proprio come Bridey Murphy era nata di nuovo sotto ipnosi? Aveva davvero un sesto senso o era malato di mente? Queste domande mi hanno incuriosito. Se la storia dell'incidente di Peter potesse essere verificata, si farebbe luce sui cosiddetti "poteri psichici". Ho sempre avuto l'idea che questi fenomeni paranormali psichici fossero qualcosa di naturale, piuttosto che soprannaturale. Un fenomeno fisico piuttosto che metafisico, fisiologico piuttosto che psicologico. Sono convinto che un giorno si dimostrerà che tutto ciò che si chiama 'esperienze psichiche' ha una spiegazione fisica con i vari componenti elettrochimici della più meravigliosa macchina di calcolo che ci sia: il cervello umano."[411]

Gli stati alterati di coscienza, o stati dissociativi, sono la chiave delle capacità psichiche paranormali. Come abbiamo visto, un trauma estremo causa la dissociazione, che è un profondo stato alterato di coscienza. La dissociazione crea una certa apertura verso un mondo alternativo, verso altre dimensioni, verso l'immateriale e l'invisibile... Questa è sicuramente la ragione per cui fenomeni più o meno straordinari possono verificarsi con certi individui. Le persone che hanno sviluppato un I.D.T. (avendo subito un trauma e una forte dissociazione) hanno mostrato straordinarie capacità fisiche, superando il normale potenziale umano, ma possono anche mostrare certi poteri psichici paranormali. Un trauma

---

[411] Il mondo psichico di Peter Hurkos - Norma Lee Browning, 2000, Cap.1.

estremo e ripetitivo sembra cambiare o creare sinapsi particolari (connessioni neurali, di cui parleremo nel prossimo capitolo), ma anche attivare parti del cervello che di solito sono dormienti. Questo provoca una specie di *"bug nella matrice"*, sapendo che tutta la nostra "realtà" è basata sulle nostre percezioni, e che queste percezioni (i nostri cinque sensi) dipendono esclusivamente da queste connessioni neurali e dai flussi elettrici che vi circolano. Se a questo aggiungiamo il fatto che utilizziamo in media solo il 10% del nostro cervello, allora possiamo dire che la nostra percezione della "realtà" è in effetti molto limitata e che è quindi possibile che possa essere molto modificata da alcune connessioni neurali che si creano o si modificano durante il trauma. Come vedremo nel prossimo capitolo, è l'esperienza del bambino che forma le sinapsi e il funzionamento del cervello. I traumi estremi modellano il cervello mentre scindono i corpi energetici, creando un'apertura ad altre dimensioni e lo sviluppo di certe facoltà psichiche.

Il Dr. John Smythies spiega questo fenomeno della 'Matrice' a cui è collegato il nostro cervello: "Ci sono ampie prove neurologiche che dimostrano che i nostri dati sensoriali, compresi quelli somatici, non possono essere identici a oggetti esterni ma solo a specifici stati cerebrali. Se rimuovessimo il cervello di un bambino e lo collegassimo a un computer gigante che inviasse stimoli appropriati ai nervi sensoriali, l'individuo in questione condurrebbe una specie di vita media perfetta; in effetti, vivrebbe qualsiasi vita programmata da noi. I campi sensoriali della coscienza sono costruzioni del sistema nervoso, non l'apprensione diretta di oggetti materiali esterni. In altre parole, i meccanismi fisiologici della percezione funzionano come la televisione, non come un telescopio."[412]

Le facoltà psichiche ed extrasensoriali che possono essere portate dalla dissociazione e dalla connessione con altre dimensioni è una realtà pienamente integrata e utilizzata nella maggior parte delle tradizioni preindustriali, ma anche dalla "religione senza nome" dominante, per la quale la capacità di dissociazione è un criterio genetico molto importante. L'antropologa Ruth Inge-Heinz, che ha studiato le possessioni in molte culture, scrive: *"Il concetto che definisce una 'mente sana' differisce notevolmente da cultura a cultura (...) Può essere molto distruttivo mettere l'etichetta di 'malattia mentale' su uno stato di coscienza straordinario. Uno stato di dissociazione mentale non significa necessariamente che un individuo sia in una camicia di forza. Molti stati dissociativi che si verificano nel sud-est asiatico, per esempio, sono abbastanza controllati e integrati nella cultura tradizionale."[413]*

Come abbiamo visto nel capitolo 2, lo sciamano trasforma uno stato sottomesso in uno dominato, una dissociazione passiva in una attiva: è un guaritore auto-guaritore. In alcune culture, le persone che si comportano con caratteristiche di malattia mentale sono tradizionalmente associate al divino,

---

[412] I poteri sconosciuti dell'uomo: Conoscenza preliminare - Cap: 'Conclusione sulla mente e sul cervello' - Dr John R. Smythies, 1977, p.284.

[413] Sciamani o medium: verso una definizione dei diversi stati di coscienza. Ruth Inge-Heinz, Journal of Transpersonal Anthropology, 1982.

specialmente se ricevono visioni o messaggi specifici. Il possesso da parte di un'entità esterna è spesso visto come un aiuto per diventare un guaritore o un indovino. Il *DSM-IV Casebook* (un supplemento al *DSM* con casistiche e testimonianze) riporta il caso di una donna che è riconosciuta dalla sua comunità come capace di comunicare con gli antenati e di prevedere il futuro: *'A volte Dio entra in me, è molto caldo quando mi dà delle visioni. (...) 'Questa donna ha sintomi che sarebbero considerati psicotici se fossero visti da qualcuno di una società che non condivide la sua cultura e le sue credenze (Guinea). Lei crede di avere dei poteri speciali, mentre per alcuni è solo un'allucinazione. Nella sua cultura locale, questi fenomeni sono molto comuni. La sua comunità le attribuisce il ruolo di guaritrice e accetta le sue esperienze e i suoi comportamenti anormali come qualcosa di abbastanza normale per qualcuno in questo ruolo. In effetti, è una guaritrice di grande successo. La sua comunità le attribuisce quindi il ruolo di guaritrice e il suo comportamento non è visto come qualcosa da curare e guarire.'*

Nel libro "Le Défi Magique: Satanisme et Sorcellerie", Jean Baptiste Martin scrive:

"Ernesto De Martino inizia facendo notare che nelle culture che sono solitamente oggetto di studi etnologici, molto spesso si è osservato che certi stati psichici particolari sono molto comuni, come se gli indigeni sembrassero essere naturalmente predisposti ad essi. Questi stati sorgono in seguito a traumi o emozioni che precipitano il soggetto in una condizione particolare, caratterizzata dalla perdita dell'unità dell'Io..."[414]

In altre parole, l'etnologo De Martino descrive qui una dissociazione che può causare una scissione (*perdita dell'unità dell'io*) e una separazione del corpo fisico dal corpo spirituale creando un'apertura ad un'altra dimensione e l'accesso alla possessione e ai poteri paranormali. Questo è un processo comune nelle culture pre-industriali, ma anche praticato dai culti satanici/luciferiani.

Nell'ottobre 2014, *Sept à huit* di TF1 ha trasmesso un servizio sul *'Mah Song'* della Thailandia, noto anche come i *'cavalli posseduti'*. Questi uomini, venerati come dei, entrano in profondi stati di trance dissociativa sostenendo di essere posseduti da dei. In questi stati alterati di coscienza, i Mah Songs compiono cose piuttosto straordinarie. In particolare, il rapporto ha seguito *Ae*, un uomo di 36 anni, che, quando è in trance, parla con la voce di un bambino in un dialetto cinese che non ha mai imparato. Di nuovo, è possibile che si tratti di una I.D.T., ma il rapporto non menziona traumi precedenti o amnesie come risultato degli stati di trance di *Ae*.

Secondo *Ae*, la divinità che si impossessa di lui è un "dio-bambino", ed è per questo che ha questa voce particolare quando è posseduto. Il giornalista ci dice che ci sono anche "dei bambini" che prendono possesso del Mah Song...

Una volta in trance, questi uomini si trafiggono le guance, le orecchie e la pelle del corpo con lunghe aste di metallo. Non mostrano segni di dolore e non scorre sangue. I principali chirurghi francesi che hanno osservato il fenomeno

---

[414] *'Le Défi Magique: Satanisme et Sorcellerie'*, Vol.2 - Jean Baptiste Martin, François Laplantine, Massimo Introvigne, 1994, p.154.

non lo spiegano perché le guance sono normalmente una zona altamente vascolarizzata e tagliarle può persino causare la paralisi del viso. Durante le cerimonie, i Mah Song, in trance, daranno anche prova dei loro poteri attraverso sfide folli come salire una scala di 18 metri i cui pioli sono lame finemente affilate, senza aprire le piante dei piedi, o camminare su braci incandescenti senza bruciarsi. Esecuzioni che sono impossibili da fare senza gravi conseguenze fisiche, per cui lo stato di trance dissociativa (e l'aiuto dei demoni) è altamente raccomandato in questo tipo di pratica...

Mircéa Eliade scrive che "tra i Manciù, la cerimonia di iniziazione pubblica prevedeva un tempo che il candidato (sciamano) passasse sui carboni ardenti: se l'apprendista aveva davvero gli "spiriti" che diceva di avere, poteva camminare impunemente sul fuoco."[415]

Nel 1992, in un articolo intitolato *"Esperienze paranormali nella popolazione generale"* (*Journal of Nervous and Mental Disease*), il dottor Colin Ross e il dottor Joshi affermano che esiste un legame tra esperienze paranormali e dissociative. Secondo loro, le esperienze paranormali sono un aspetto naturale della dissociazione. Come la dissociazione, queste capacità psichiche possono essere innescate da un trauma fisico o psicologico, di solito nell'infanzia. Diversi studi mostrano che tali esperienze paranormali sono più comuni negli individui con un passato traumatico.

Nel suo libro *The Osiris Complex*, il Dr. Collin Ross è molto chiaro sul legame tra trauma, dissociazione e capacità psichiche: *"Secondo i miei dati, analogamente parlando, i geni per la dissociazione e il paranormale sono strettamente correlati tra loro sullo stesso cromosoma (...) Qualsiasi fattore extra-genetico che attiva uno tenderà ad attivare l'altro perché sono correlati. Un grave e ripetitivo trauma della prima infanzia è uno di questi fattori (...) Le persone altamente psichiche tendono ad essere dissociative (...) Un altro modo di vedere la cosa è dire che il trauma apre una porta al paranormale. Questa porta è di solito chiusa nelle nostre culture occidentali piuttosto ostili. La frammentazione dissociativa della psiche come risultato di un trauma infantile agirà su questa porta che normalmente rimane chiusa (...) Queste sfaccettature della psiche umana (trauma, dissociazione e paranormale) furono improvvisamente bandite alla fine del XIX secolo in concomitanza con la rinuncia di Freud alla sua teoria della seduzione. Freud aveva deciso che l'incesto rivelatogli dal suo paziente con un disturbo dissociativo doveva essere una fantasia, il che gli poneva un problema: se il trauma non era mai esistito, perché il suo paziente aveva questi sintomi e pseudo ricordi? Per risolvere questo problema, abbandonò l'ipnosi come trattamento sostanziale, scartò la dissociazione a favore della repressione, continuò ad ignorare il paranormale, ruppe con Jung e si allontanò completamente dalle teorie che ponevano il trauma grave e le sue conseguenze psicologiche al centro della psicopatologia. Per eliminare un elemento che non capiva, ha dovuto eliminare quattro*

---

[415] Lo sciamanesimo e le tecniche arcaiche dell'estasi - Mircéa Eliade, 1951, p.104.

componenti essenziali, il che lo ha portato a prendere le distanze da Jung, che ha continuato a interessarsi da vicino alla dissociazione e al paranormale."[416]

In uno studio sul legame tra dissociazione e fenomeni paranormali, Douglas G. Richards nota che: 'Le esperienze psichiche strettamente legate alla dissociazione rivelano chiaroveggenza, precognizioni, apparizioni, psicocinesi e telepatia (...) Le esperienze psichiche sono una componente evidente della dissociazione. Richards chiarisce che queste esperienze psichiche possono anche essere una funzione naturale in un processo di sviluppo sano senza un passato traumatico.[417]

In un articolo del 2003 intitolato 'Multiple Personality Disorder - Demons and Angels or Archetypal aspects of the inner self', il Dr. Haraldur Erlendsson scrive: 'Un aspetto particolare del MPD è la frequenza di mal di testa (79%) e percezioni extra-sensoriali; come telepatia, telecinesi, chiaroveggenza, visione di 'fantasmi'.Un aspetto particolare dell'I.D.D. è la frequenza di mal di testa (79%) e di percezioni extrasensoriali; come telepatia, telecinesi, chiaroveggenza, visione di 'fantasmi', esperienze fuori dal corpo... Queste sono le principali caratteristiche non cliniche dell'I.D.D.'

Nel libro "Les pouvoirs inconnus de l'homme: les extra-sensoriels", il Dr. Gustave Geley scrive che i problemi principali nello scoprire le seconde personalità sono due, ugualmente difficili:

1° Il problema della differenza psicologica con la personalità normale: differenza non solo di direzione, di volontà; ma di carattere generale, di tendenze, di facoltà, di conoscenze; differenze così radicali a volte, che implicano, tra l'io normale e la seconda personalità, una completa opposizione e ostilità.

2° Il problema delle capacità sopranormali, che sono frequentemente legate a manifestazioni della seconda personalità.

Ora, se i lavori sulle personalità multiple sono oggi innumerevoli e hanno messo in luce la frequenza, l'importanza e il carattere polimorfo di queste manifestazioni, non hanno fatto nulla per la soluzione del secondo problema, che rimane irrisolto (...) Hanno mostrato soprattutto la totale impotenza delle spiegazioni della psicofisiologia classica riguardo alle facoltà sopranormali.[418]

Il Dr. James Randall Noblitt riporta nel suo libro Cult and Ritual Abuse il caso di uno dei suoi pazienti con abuso rituale. Aveva sviluppato un I.D.T. con un'alter personalità che vedeva le aure (l'alone energetico che circonda una persona). "Per qualche ragione, questi pazienti a volte riferiscono di avere capacità psichiche, come la convinzione di avere la capacità di vedere le aure. Queste persone a volte credono di aver ricevuto un dono che permette loro di vedere la luce intorno ai corpi delle altre persone; e che dal colore e da altri aspetti di quella luce, possono interpretarla e fare una sorta di diagnosi sulla

---

[416] Il complesso di Osiride: studi di casi nel disturbo di personalità multipla - Colin A. Ross, 1994, p.69-70.

[417] 'Hauntings and Poltergeists: Multidisciplinary Perspectives' - James Houran, Rense Lange, 2008.

[418] I poteri sconosciuti dell'uomo: Les Extra-sensoriels - Cap: 'Rôle du subconscient' - Dr. Gustave Geley, 1976, p.221.

persona (...) Mentre stavo scoprendo di più su questa personalità alternativa, mi spiegò che aveva la capacità di vedere le aure a causa dei rituali a cui era costretta a partecipare. Suo padre l'aveva avvertita che questi esperimenti dovevano essere tenuti strettamente segreti."[419]

Lo psichiatra Milton H. Erickson vide il disturbo di personalità multipla come qualcosa di non necessariamente patologico ma piuttosto come una fenomenale risorsa di potenziale da sfruttare. Ha usato l'ipnosi per accedere a personalità alterate e per trasformare comportamenti involontari in azioni volontarie. Si tratta di invertire una forza a priori negativa, incontrollabile e talvolta distruttiva in una forza controllabile per un beneficio positivo e costruttivo. Il controllo mentale MK-Monarch cerca di sviluppare e sfruttare il pieno potenziale di un individuo con I.D.D.

Nel 2014, è stato condotto uno studio in Turchia per determinare la possibile relazione tra esperienze di possessione, fenomeni paranormali, stress traumatico e dissociazione. Lo studio è stato condotto su un campione rappresentativo di 628 donne che sono state testate in interviste cliniche strutturate intorno a disturbi dissociativi, disturbo post-traumatico da stress, disturbo *borderline* di personalità e abuso e abbandono infantile.

Nelle donne con un disturbo dissociativo, i fenomeni paranormali e le possessioni erano più frequenti che in quelle senza un disturbo dissociativo. Le donne con una storia di trauma infantile, o trauma adulto con disturbo da stress post-traumatico, hanno riportato il possesso più frequentemente di quelle senza trauma. I fenomeni paranormali erano anche associati a traumi infantili. Il gruppo di donne con disturbi dissociativi legati al trauma aveva i punteggi più alti per la possessione o il contatto con entità demoniache, la comunicazione extrasensoriale, la possessione da parte di un'entità umana e le precognizioni. Questo studio dimostra che i fenomeni paranormali e la possessione sono legati alla questione del trauma e della dissociazione. Tuttavia, i medici che hanno condotto questo studio lo considerano ancora preliminare a causa della piccola dimensione del campione.[420]

Nella sua tesi di dottorato, la psicologa Margo Chandley ha scoperto che *"molti 'canali' sembrano aver subito negligenza o abusi."*[421]

In uno studio intitolato *"A Study of the correlations between subjective psychic experience and dissociative experiences"* (*Dissociation* Journal, 1991) Douglas Richards conclude che la dissociazione è molto spesso legata a chiaroveggenza, premonizioni, psicocinesi e telepatia. Egli riferisce che le esperienze fuori dal corpo, la *canalizzazione* e il contatto con gli *"spiriti guida"* implicano necessariamente un processo dissociativo....

---

[419] *'Cult and Ritual Abuse'* - James Randall Noblitt & Pamela Perskin Noblitt, 2014, p.33.

[420] Esperienze di possessione e fenomeni paranormali tra le donne nella popolazione generale: sono legati allo stress traumatico e alla dissociazione? ' - Sar, Alioğlu, Akyüz, Journal 'Trauma & Dissociation', 2014.

[421] 'Personalità multipla e channeling' - Rayna L. Rogers, Jefferson Journal of Psychiatry: Vol. 9: Iss. 1, articolo 3.

Nella sua autobiografia, *'Adventures in the Supernormal'*, la rinomata sensitiva Eileen Garrett descrive la connessione tra il trauma della prima infanzia, i fenomeni paranormali e lo sviluppo di speciali abilità psichiche. Garrett ha perso entrambi i genitori per suicidio pochi giorni dopo la sua nascita. Nella sua prima infanzia, è stata abusata quasi quotidianamente da una zia che l'ha cresciuta...

All'età di quattro anni ha sentito la presenza di quello che si chiama solitamente un "amico immaginario", ha cominciato a vedere auree e ad avere visioni e premonizioni. Da adulto, Garrett ha cercato di capire come ha acquisito le sue capacità psichiche, scrivendo: *"Penso che lo stato di trance sia parte della spiegazione di come ho sviluppato le mie capacità psichiche. Ho cominciato a capire come il dolore e la sofferenza dei miei primi giorni mi hanno fatto ritirare dal mondo materiale. Mi sono ritirato da quel mondo a tal punto che, anche se vedevo le labbra di mia zia contrarsi quando mi maltrattava, non mi entrava nelle orecchie una parola di quello che poteva dire. Ricordo che quando il dolore e la paura diventavano insopportabili, potevo entrare in me stesso e diventare insensibile e non sentire il dolore. Avevo sviluppato inconsciamente una tecnica di fuga per evitare il dolore. Ora posso capire come questo processo ha aperto la strada allo sviluppo dei miei stati di trance medianica."*[422]

Kenneth Ring, l'autore di *The Omega Project*, ha osservato che gli adulti che hanno testimoniato di esperienze di pre-morte e di contatto con i fenomeni UFO hanno anche frequentemente riportato abusi e traumi della prima infanzia. Per Ring, queste prove infantili possono aver sviluppato una particolare sensibilità ad altre dimensioni dell'essere e a mondi paralleli: *"Dopo tutto, un bambino che è esposto ad abusi fisici, abusi sessuali o altri gravi traumi sarà fortemente spinto a disconnettersi dal suo mondo fisico e sociale dissociandosi. Ma così facendo, è più probabile che si connetta con altre realtà."*[423]

Nel libro Reframing Consciousness, l'artista Kristine Stiles discute la relazione tra dissociazione, iper-vigilanza e mondi paralleli: "Credo che la capacità di dissociarsi possa essere collegata alle facoltà psichiche attraverso l'iper-vigilanza, che è un sintomo comune in risposta al trauma. L'iper-vigilanza è un'attenzione eccessiva a uno stimolo esterno oltre il livello di minaccia richiesto. L'iper-vigilanza gioca un ruolo vitale nel proteggere la vittima da un ambiente rischioso (...) L'iper-vigilanza permette anche di sviluppare un potere di concentrazione molto elevato. Gli stati ipnotici e dissociativi sono stati a lungo associati a effetti insoliti sul corpo. Si tratta di funzioni mentali in cui le risorse cognitive sono interamente concentrate su un punto specifico, con poche o nessuna distrazione e con un maggiore controllo sulle funzioni somatiche e neurofisiologiche. Nel caso di Joseph McMoneagle alle prese con le sue nuove facoltà psichiche acquisite dopo la sua esperienza di pre-morte, egli ricorda che uno psicologo gli suggerì che questa esperienza di pre-morte lo aveva reso più sensibile ad altre forme di dettagli. Descrive questa nuova capacità come "conoscenza spontanea", un "nuovo funzionamento psichico". L'ipervigilanza

---

[422] *'Adventures in the Supernormal'* - Eilen Garrett, 2002, p.90-91.

[423] *Il progetto Omega: esperienze di quasi morte* - Kenneth Ring, 1992, p.142-144.

dissociativa blocca letteralmente il rumore, o l'inquinamento esterno, che di solito interferisce con il punto di messa a fuoco, permettendo alla coscienza di accedere alla visione remota o ad altri fenomeni psichici (...) La mia ipotesi è che l'ipervigilanza possa essere una caratteristica primaria nella connessione tra trauma e capacità multidimensionali. Questo può anche spiegare perché sia le forme orientali di meditazione che le tecniche di concentrazione occidentali stanno diventando sempre più importanti in processi come la visualizzazione a distanza (...) A mio parere, la dissociazione traumatica e l'iper-vigilanza possono risultare in un processo che filtra il 'rumore mentale' e quindi permette alla coscienza di funzionare in una modalità multidimensionale."[424]

Nel libro *The* Shattered *Self: A Psychoanalytic Study of* Trauma, *gli* psicoanalisti Richard Ulman e Doris Brothers riportano la testimonianza di una donna di 36 anni, Jean, vittima di un incesto iniziato a 10 anni con lo zio e continuato con il patrigno e il cognato. I traumi sembrano aver sviluppato alcune particolari facoltà psichiche in questa donna: *"La reazione abituale di Jean agli stupri era quella di 'disconnettersi completamente dal suo corpo', ripetendo a se stessa che 'questo non è veramente reale'. Jean era orgogliosa della sua capacità di mantenere il controllo durante gli stupri, non mostrando segni visibili di ansia. Ha anche ricordato un rituale prima di andare a letto in cui avrebbe rallentato il suo respiro fino a strisciare e sarebbe rimasta immobile come una donna morta per rassicurare se stessa che era in "controllo totale" del suo corpo. Jean ha detto che spesso durante il giorno "ascoltava il silenzio", convinta di avere poteri extrasensoriali per rilevare il pericolo. Camminava tra i bungalow con gli occhi chiusi per testare la sua capacità paranormale di percepire qualsiasi cosa che potesse minacciare la sua sicurezza (...)*

Jean ha anche riferito di aver avuto premonizioni sul tentativo di suicidio di sua madre. Ha descritto "visioni" ricorrenti di sua madre che le tagliava la gola alcuni mesi prima che accadesse. Ha descritto una premonizione simile all'età di 17 anni, prima che il suo padre biologico apparisse improvvisamente alla sua porta (...)

Jean ha anche descritto la sua relazione con un uomo "sensitivo" e carismatico che produceva e vendeva film pornografici sadomaso (...) Jean ha detto che spesso partecipava a scene sadomaso, che a volte duravano diversi giorni, e che poi si trovava in uno stato di distacco: "Era come se lasciassi il mio corpo e mi concentrassi a non essere ferita. Dopo queste sedute, Jean dice che i suoi ricordi di ciò che era successo erano estremamente vaghi e che solo il dolore e i segni sul suo corpo potevano ricordarle la sua esperienza. Jean trovava molto soddisfacente essere in grado di separare le sue emozioni dal dolore fisico nel suo corpo. I dolori mi fanno sentire speciale. I segni e i lividi sono il modo in cui misuro la mia autostima. dice.

Diversi anni dopo, Jean tornò a scuola per ottenere una laurea in criminologia in modo da poter perseguire una carriera nella polizia. Tuttavia, dopo aver superato l'esame di ammissione, ha deciso di non entrare nel servizio

---

[424] Reframing Consciousness: Art, Mind and Technology - Cap: 'Transcendence' - Kristine Stiles, 1999, p.53-54.

civile. Lei stessa aveva aperto un ufficio di investigazione privata in collegamento con le forze di polizia (...) Aiutava a risolvere casi criminali con i suoi 'poteri psichici', dice. Entrava in uno stato di trance in cui forniva agli investigatori informazioni come le targhe o i nascondigli dei criminali (...)

Una mattina Jean si svegliò con la febbre alta, forti dolori e gonfiori alle articolazioni. I sintomi erano così gravi che ha dovuto camminare con le stampelle e poi su una sedia a rotelle. Il medico che ha consultato non è stato in grado di trovare la causa dei sintomi. Ha provato diversi trattamenti medici, ma senza successo. In preda alla disperazione, Jean entrò in uno stato di trance in cui riviveva gli abusi sessuali del suocero e del cognato (...) Secondo lei, dopo ogni episodio di trance, i sintomi inspiegabili scomparivano, per riapparire più tardi, rendendo necessaria la ripetizione del processo (...)

Per alcuni anni, Jean ha lavorato in un negozio di salute alternativa. Scoprì che aveva un notevole successo nella guarigione di vari disturbi fisici attraverso l'uso di erbe e gemme (pietre semi-preziose e preziose). Ha notato che senza alcun addestramento, istintivamente "sapeva" come guarire le persone che venivano da lei (...) Ha anche riferito di avere molti sintomi di disturbo da stress post-traumatico come iper-vigilanza, reattività accentuata e disturbi del sonno."[425]

Secondo Gardner Murphy, ex presidente dell'*American Psychological Association*, malattie gravi, o più in generale elementi di disturbo o situazioni allarmanti, possono portare allo sviluppo di una sensibilità psichica accentuata. Possiamo prendere come esempio il caso di persone con un D.I. il cui senso della vista è stato modificato, il che ha portato alla creazione di una memoria fotografica eccezionale. Questa memoria fotografica è anche legata all'ipervigilanza e all'ipersensibilità sviluppate in risposta al trauma. Il cervello dei sopravvissuti all'abuso sviluppa una costante ipervigilanza e una capacità di *leggere* molto accuratamente le altre persone. Saranno in grado di decifrare e analizzare automaticamente e inconsciamente il comportamento, il linguaggio del corpo, le espressioni facciali, il tono della voce e altri segnali dei maltrattanti, nel tentativo di avere un vantaggio per evitare la violenza o addirittura la morte. Questa ipervigilanza sistematica rimarrà per molto tempo e in tutti i tipi di situazioni. Con lo stress post-traumatico, il cervello sviluppa anche facoltà sensoriali molto forti, aumentando udito, olfatto, gusto, vista e tatto. In uno sdoppiamento di personalità, uno dei cinque sensi può essere iper-sviluppato in un alter, mentre un altro alter ha altre particolarità.

La terapeuta e assistente sociale Susan Pease Banitt, autrice di *"The Trauma Tool Kit"*, spiega anche come certe capacità paranormali possono svilupparsi in un individuo che ha vissuto un grave trauma. Crescere in un ambiente violento costringe il bambino ad anticipare gli umori degli aggressori e a diventare iperintuitivo come risultato della loro ipervigilanza. Il bambino può così sviluppare capacità telepatiche così come una maggiore sensibilità dei suoi neuroni specchio e la sensibilità alle energie elettromagnetiche emanate dalle

---

[425] *The Shattered Self: A Psychoanalytic Study of Trauma* - Richard Ulman e Doris Brothers, 1993, pp.92-96.

persone. La violenza fisica o l'abuso sessuale disturba anche il funzionamento dei *chakra* (centri di energia) nella vittima. La terapeuta energetica Barbara Brennan, che ha lavorato sul flusso di energia nel corpo umano, ha notato che certi tipi di violenza, come gli abusi sessuali, possono *"strappare"* i *chakra*, sbloccandoli in modo brutale e inappropriato, causando un'apertura energetica squilibrata. Questa breccia anormale renderà il corpo energetico della persona più permeabile e quindi più vulnerabile. Come abbiamo visto, questo può portare ad una particolare connessione con altre dimensioni con fenomeni paranormali incontrollabili. La dissociazione è uno stato alterato di coscienza, e tutti gli sciamani che si dissociano, che vanno in trance, devono imparare ad ancorarsi, a "connettersi alla terra" quando accedono ad altre dimensioni. Un bambino che subisce una dissociazione profonda durante un trauma non ha questa conoscenza e capacità di ancorarsi, di "tenere i piedi per terra" per conservare il suo equilibrio. Lui o lei non è più a terra, non è più centrato, e quindi può diventare soggetto ad attacchi di entità demoniache e ad esperienze paranormali incontrollabili.

In un articolo pubblicato nel *Journal of Spirituality and Paranormal Studies* intitolato *"Childhood* Influences *That Heighten Psychic Powers"*, Sylvia Hart Wright cita diversi studi e testimonianze sul legame tra trauma e poteri paranormali. Nel corso degli anni, Wright ha intervistato centinaia di persone con esperienze di pre-morte, capacità medianiche e altre capacità extrasensoriali. Da queste interviste, è chiaro che lo stress della prima infanzia è un fattore importante nello sviluppo dei poteri psichici negli adulti. Ha intervistato un *telespettatore di* fama internazionale che ha avuto un'infanzia molto difficile, e lui le ha detto: *"Tutte queste cose che i bambini non dovrebbero affrontare, le abbiamo affrontate molto spesso. È una specie di Jekyll e Hyde. Si diventa ultrasensibili per poter valutare lo stato della situazione con uno dei due genitori. Più bevevano, più diventavano Mr Hyde."*

Diverse altre persone con speciali capacità psichiche hanno riferito che i loro padri alcolizzati avevano loro stessi delle capacità extrasensoriali. Questo rafforza il fatto che i poteri psichici possono essere trasmessi geneticamente, così come le capacità dissociative. Inoltre, un genitore che è stato lui stesso vittima, e che riproduce la violenza o l'abuso sui suoi figli, scatenerà e rinforzerà questa predisposizione alla dissociazione e alle facoltà extrasensoriali in questi ultimi: sempre questo circolo vizioso transgenerazionale...

Uno studio su 1.400 americani (*NORC-Luce Foundation Basic Belief Study, National Opinion Center*, Università di Chicago) ha trovato che le persone con capacità psichiche avevano sperimentato più conflitti familiari nella prima infanzia rispetto a quelle senza. Il sociologo americano Andrew Greeley conclude, tra l'altro, che le esperienze psichiche paranormali sembrano essere in parte dovute a un'infanzia con gravi tensioni familiari.[426]

Uno studio canadese ha anche mostrato un legame tra la creatività degli adulti e la qualità delle relazioni familiari nella prima infanzia. È stato riportato che gli adulti creativi spesso provenivano da famiglie ad alto conflitto e che

---

[426] *La sociologia del paranormale: una ricognizione* - Andrew Greeley, 1975.

questi traumi avevano un impatto significativo sul livello di creatività del futuro adulto.[427]

Un altro studio del 2011 mostra che ci può essere davvero una connessione tra creatività e trauma, in particolare con lo stress post-traumatico. All'inizio della loro ricerca, Robert Miller e David Johnson pensavano che lo stress post-traumatico avrebbe diminuito le facoltà creative di una persona. Ma lo studio ha rivelato che il gruppo di individui che avevano subito un trauma, rispetto a un gruppo senza trauma, aveva capacità molto migliori di fare rappresentazioni simboliche.[428]

Anche i disturbi psicologici, in particolare i disturbi della personalità, sembrano essere legati a quello che viene comunemente chiamato "genio". Il disturbo bipolare è stato descritto da alcuni come una *"follia geniale"* a causa dell'espansione psichica a cui può talvolta portare, sia verso la creatività costruttiva che verso la psicosi distruttiva. Daniel Smith, un professore dell'Università di Glasgow, ha condotto uno studio che dimostra che i disturbi mentali, tra cui il bipolarismo, sono effettivamente più comuni nelle persone con un QI e una creatività superiori alla media. Ha detto al quotidiano britannico *The Guardian*: *'È possibile che gravi disturbi del comportamento, come il bipolarismo, siano il prezzo che paghiamo per avere capacità di coping come l'intelligenza, la creatività e il controllo verbale.'* Tuttavia, come spiega Daniel Smith, se esiste una correlazione, non c'è nulla di automatico nel meccanismo, e il disturbo bipolare non produce geni su base regolare...

In passato, la *malattia* mentale era addirittura considerata un dono ed è ancora considerata un dono in alcune culture. Aristotele disse: *'Non è mai esistito un grande genio senza un tocco di follia'*. Uno degli scienziati più rappresentativi è certamente Nikola Tesla, il genio serbo-americano che ha inventato innumerevoli brevetti come il motore elettrico, la corrente elettrica alternata, la radio, il telecomando, la robotica, il laser, le lampadine fluorescenti, l'energia libera, ecc. Tesla parlava correntemente non meno di dodici lingue e la sua memoria fotografica combinata con la sua capacità di animare la mente era una risorsa eccezionale per il suo lavoro di ingegnere. Quest'uomo estremamente ingegnoso e iperproduttivo soffriva di diverse malattie mentali: disturbo da deficit di attenzione (spesso legato all'iperattività), disturbo ossessivo compulsivo (OCD) e disturbo bipolare. Nikola Tesla soffriva anche di numerose fobie o, al contrario, di passioni eccessive. Una spiegazione dei suoi disturbi psichici e del suo genio è che ha avuto esperienze di pre-morte in gioventù. Da bambino è quasi annegato e si dice che abbia avuto un'esperienza extracorporea. Più tardi nella sua carriera, Tesla ebbe un incidente mentre lavorava su una bobina elettrica, entrò in contatto con una carica elettromagnetica di diversi milioni di volt. Ha riferito che durante questa esperienza di pre-morte, è entrato in uno stato in cui poteva vedere il passato, il futuro e il presente sullo stesso

---

[427] Childhood parenting experiences and adult creativity - R. Koestner, M. Walker, Journal of Research in Personality, 1999.

[428] La capacità di simbolizzazione nel disturbo post traumatico da stress - R. Miller e D. Johnson; Psychological Trauma: Theory, Research, Practice, and Policy, 2011.

piano, in quella che ha chiamato *"visione mistica"*. Ha dichiarato di aver viaggiato attraverso lo spazio e il tempo, il che è comune ai racconti di esperienze fuori dal corpo nelle esperienze di pre-morte. Questa nozione di spazio-tempo alternativo si ritrova anche con i frammenti di anima perduta.

Alcuni scienziati come il dottor Yehuda Elkana e il dottor Gerald Holton hanno sostenuto che le scoperte e le grandi innovazioni scientifiche sono associate all'intuizione creativa. L'intuizione' è definita come *'la capacità di sentire o conoscere le cose immediatamente senza alcun ragionamento'*. Carl Jung definisce l'intuizione come *"percezione dell'inconscio"*. Un trauma che causa ipervigilanza e iperintuitività può quindi sviluppare indirettamente una certa creatività nella vittima. Secondo uno studio scientifico svedese: *'Le persone creative (nelle arti e nelle scienze) hanno un rischio maggiore di disordine bipolare e schizofrenia...* È importante notare che è la configurazione del cervello e lo stato psichico che portano a capacità creative superiori al normale, non la creatività che porta al rischio di disturbi mentali...

Il team scientifico del *Karolinska Institute* ha dimostrato che gli artisti e gli scienziati sono più numerosi nelle famiglie affette da disturbo bipolare e schizofrenia, rispetto alla popolazione generale.[429]

Se ci riferiamo ad alcuni studi che dimostrano che i disturbi della personalità come il disturbo bipolare, il disturbo *borderline* o la schizofrenia hanno più spesso un'origine traumatica nell'infanzia, si può quindi stabilire il legame tra trauma e creatività. Il genio artistico o scientifico potrebbe avere la sua origine in un *difetto* nell'organizzazione delle connessioni cerebrali, o dovremmo dire un particolare *cablaggio* del cervello. Questo cablaggio si sviluppa durante le esperienze di vita del bambino piccolo, perché sono le esperienze del bambino che modellano l'organizzazione neuronale del cervello. Ecco quello che la pittrice Lynn Schirmer, una sopravvissuta all'abuso rituale e al controllo mentale, ha detto su questo argomento in una conferenza *S.M.A.R.T.* nel 2006

- Pensa che l'abuso l'abbia resa più creativa?

- Sì, lo so. Una volta pensavo che gli artisti nascessero con il loro talento, ma non ci credo più. Penso che accada a causa degli effetti dei traumi della prima infanzia su diverse parti del cervello.

L'attrice Meg Ryan ha detto nel 2003 al *Los Angeles Times*: "Non credo che si coltivino volentieri esperienze traumatiche o drammatiche nella propria vita per diventare un'artista". Allora penso che ti sbaglieresti. Ma puoi usarlo... C'è un potere redentore nella tua vita quando passi attraverso le difficoltà. '

Il processo creativo nell'arte e nella scienza è stato talvolta descritto in termini molto vicini alla dissociazione, alla trance o persino alla possessione. In effetti, il secondo stato che accompagna l'attività di certi creatori porta talvolta a fenomeni così sconcertanti che sono stati talvolta classificati come occulti e paranormali. La persona svanisce e lascia il posto al genio artistico o scientifico, e diventa il mezzo di qualcosa che spesso lo supera, qualcosa che si esprime

---

[429] 'Malattia mentale, suicidio e creatività: 40 anni di prospettiva in uno studio di popolazione' - Dr Simon Kyaga, Journal of Psychiatric Research, 2012.

attraverso di lui. Questo è un tratto comune a molti dei grandi artisti del nostro mondo, come vedremo nel capitolo 9 sull'industria dello spettacolo. Esiste una stretta relazione tra ipnosi, dissociazione, immaginazione ed esperienze paranormali come la medianità, sia negli artisti che nelle persone con un passato traumatico, che sono spesso le stesse...

Negli anni '80, alcuni psicologi hanno scoperto che le persone che avevano subito gravi traumi nella prima infanzia molto spesso riportavano esperienze psichiche paranormali. Hanno concluso che i traumi infantili li avevano portati a dissociarsi e che invece di essere nel momento presente, avevano rivolto la loro attenzione al loro mondo immaginario... il che spiegava i loro "deliri" paranormali. Ma più tardi, lo psicologo britannico Tony Lawrence lavorò su una serie di studi statistici che dimostravano che il legame tra il trauma e le esperienze psichiche paranormali era più forte del legame tra il trauma e il mondo immaginario. *'Lei ha un legame diretto tra il trauma della prima infanzia e le esperienze paranormali. Non bisogna necessariamente avere una buona immaginazione per avere un'esperienza paranormale. Anche le persone che hanno un'immaginazione debole possono sperimentare il paranormale, a causa del fatto che hanno avuto un trauma infantile.'[430]*

Il dottor Richard Boylan, che ha scritto molto sul tema degli alieni e degli UFO, ha incontrato e intervistato molti testimoni. Ha trovato cinque punti in comune tra i rapiti e gli avvistamenti alieni/UFO:

- Questi individui hanno un alto livello di abilità psichica.
- Fenomeni simili si osservano con altri membri della famiglia (multi o transgenerazionale)
- Bambini che hanno subito gravi abusi o traumi.
- Individui o intere famiglie legate al governo e/o alle agenzie di intelligence o ai ministeri.
- Molto spesso erano amerindi, indigeni.

C'è anche una forte correlazione tra i siti di attività occulte, come gli abusi rituali, le installazioni militari segrete e le manifestazioni UFO e i rapimenti ET. Non ci soffermeremo qui sulla questione degli alieni, che è legata all'esistenza degli angeli caduti, i "demoni", l'esercito luciferiano. Ecco un estratto *dal* libro *Satanic Ritual Abuse, Principle of Treatment* in cui il Dr. Colin Ross spiega le forti somiglianze tra i due. Ci sono *"migliaia di persone nel Nord America oggi che hanno flashback di rapimenti alieni da astronavi, con esperimenti eseguiti su di loro (...) Questi "rapiti" vengono in terapia con periodi di tempo mancanti e inspiegabili sintomi post-traumatici, proprio come i sopravvissuti ad abusi rituali satanici. I rapiti riferiscono di aver avuto barriere di amnesia ipnotica deliberatamente impiantate dagli ET, i sopravvissuti alle sette sataniche descrivono esattamente la stessa programmazione da parte dei loro tormentatori. I sopravvissuti agli abusi rituali satanici descrivono anche gravidanze forzate, esperimenti medici di laboratorio e aborti pre-termine. La*

---

[430] L'esperienza paranormale e la mente traumatizzata - Tony Lawrence, 1999.

differenza è che i satanisti userebbero i feti per le cerimonie, mentre gli ET li alleverebbero.[431]

Nel suo libro *Mind-Control, World Control*, Jim Keith scrive che il business dei rapimenti alieni viene usato per coprire gli esperimenti di controllo mentale da parte di veri umani.

Brad Steiger, autore di libri sul paranormale e l'ufologia, ha intervistato molti sensitivi e altre persone con capacità extrasensoriali. Riferisce che la maggior parte di loro ha subito una serie di traumi durante la loro prima infanzia o gioventù.[432] *Secondo* lui, questi individui con un passato traumatico sembrano essere i primi candidati per certi programmi militari, specialmente per esperimenti psichici paranormali come *la* visione *remota*. Lyn Buchanan, un ex *telespettatore*, definisce queste tecniche psichiche come segue: *"È lo sfruttamento strutturato e scientifico del potenziale umano naturale a fini di intelligenza. È lo sfruttamento strutturato e scientifico del potenziale umano naturale a fini di intelligenza, senza bisogno dei cinque sensi abituali o di attrezzature come la fotografia, l'elettronica o altri dispositivi."*[433]

Joseph McMoneagle, un altro veterano dei programmi di visualizzazione *a distanza* del governo degli Stati Uniti, ha riconosciuto che queste tecniche sono utilizzate per l'identificazione, cioè per apprendere dettagli specifici su qualcosa a cui si può accedere solo attraverso la percezione extrasensoriale. Persone come McMoneagle e David Morehouse sono state reclutate in questi programmi a seguito di eventi paranormali nella loro vita: un'esperienza di pre-morte, un contatto con un UFO ed esperienze spontanee fuori dal corpo. Spiega che per i programmi di *visualizzazione a distanza*, il governo degli Stati Uniti ha reclutato veterani del Vietnam che avevano vissuto situazioni estremamente traumatiche durante la guerra. Nel suo libro *Mind Trek*, McMoneagle afferma che il trauma è una parte necessaria per sviluppare le capacità di visione remota. Egli afferma che la prima conseguenza della sua esperienza di pre-morte fu uno stato di depressione. La seconda conseguenza era quella che lui chiama *"conoscenza spontanea"*, cioè sapeva cosa pensavano le persone quando gli parlavano. Sapeva certe cose private delle persone, cose che non avevano mai rivelato apertamente e di cui non doveva essere a conoscenza. Il terzo effetto di questa NDE erano le uscite spontanee dal suo corpo fisico, a volte si ritrovava in bilico su coste oceaniche sconosciute.[434] Uno degli studenti di *visione remota* di Lyn Buchanan descrive una delle sue esperienze come molto simile alla dissociazione della personalità: *"Stavo fluttuando con una diversa base di*

---

[431] 'Abuso rituale satanico, principio di trattamento' - Colin A. Ross, 1995, p.26.

[432] *Il mondo oltre la morte* - Brad Steiger, 1982.

[433] L'emergere del progetto SCANATE Il primo esperimento di Remote Viewing degno di spionaggio richiesto dalla CIA, 1973' - Ingo Swann, 1995.

[434] Mind Trek: Exploring Consciousness, Time, and Space Through Remote Viewing - Joseph McMoneagle, 1993.

personalità, sentivo un leggero ma evidente cambiamento di personalità che aveva luogo."[435]

Come abbiamo visto nel capitolo su MK-Ultra, la CIA ha avuto un forte interesse per i fenomeni paranormali psichici. Quando ha funzionato sulla dissociazione e la scissione della personalità, ha aperto una porta verso altre dimensioni (che gli sciamani conoscono da migliaia di anni). Anche la NASA ha fatto ricerche sul paranormale. Nel programma radiofonico *Coast to Coast* di Mike Siegel, l'astronauta Gordon Cooper ha confermato l'esistenza di un programma di controllo mentale che coinvolge i bambini. Un progetto condotto dalla NASA negli anni '50 e '60. Durante il programma, Mike Siegel ha chiesto all'astronauta di questi "*Star Kids*". Cooper ha detto che si trattava di bambini con capacità mentali eccezionali, che venivano sfruttati in una sorta di programma MK. Ha descritto come questo programma della NASA coltivava e sfruttava i poteri psichici di certi bambini. Abilità come la telepatia, la *visione remota* e le esperienze fuori dal corpo. I "gruppi di studio" includevano anche protocolli di apprendimento che permettevano ai soggetti di assimilare grandi quantità di conoscenza in modo molto rapido, così come di sviluppare una memoria ad alte prestazioni. Il programma consisteva anche nello sviluppare in questi bambini la chiaroveggenza e l'immaginazione guidata, che sono la base per un'efficace *visione a distanza*.[436]

Ecco cosa riferisce la sopravvissuta all'MK-Monarch Cathy O'Brien sul legame tra i programmi di controllo mentale della NASA e del governo: "*Sia che mi trovassi in edifici militari, della NASA o del governo, la procedura di tenere la mia mente sotto controllo assoluto continuava ad essere coerente con i requisiti del progetto Monarch. Questo includeva, prima di qualsiasi trauma fisico e/o psicologico, privazione di sonno, cibo e acqua, elettroshock ad alto voltaggio e programmazione ipnotica e/o armonica di specifici compartimenti/personalità della memoria. Ciò che ho sopportato da quel momento in poi, attraverso varie apparecchiature ad alta tecnologia e altri metodi, ha dato al governo degli Stati Uniti il controllo assoluto sulla mia mente e la mia esistenza (...) Wayne Cox ed io abbiamo visitato la Florida in diverse occasioni, i genitori di sua madre vivevano a Mims, che era solo a pochi minuti dal NASA Kennedy Space Center di Titusville. Come mio padre, ha fatto in modo che ci andassi su ordine per i test e altre sessioni di programmazione relative al controllo mentale. Cox mi considerava un "Prescelto", e spesso usava per me il termine del progetto "Monarch" della CIA per "giustificare" con orgoglio il fatto di avermi lasciato alla struttura della NASA (...) Il controllo mentale militare era veloce, efficace e ad alta tecnologia, ma fu la mia programmazione da parte della NASA che mi lanciò come "manichino presidenziale". Anche se Aquino ha fatto la mia programmazione sia nelle strutture militari che in quelle della NASA, è stato attraverso la NASA che ha avuto accesso agli ultimi progressi nella tecnologia e nelle tecniche. Questi includevano "trucchi mentali" come*

---

[435] Reframing Consciousness: Art, Mind and Technology - Roy Ascott, 1999.

[436] L'astronauta rivela il programma di controllo mentale della NASA che coinvolge i bambini - Andrew D. Basiago, 2000.

contenitori di deprivazione sensoriale, realtà virtuali, simulatori di volo e altre armoniche. All'età di due anni, Kelly (la figlia di Cathy) era già stata sottoposta ad Aquino e alla sua programmazione attraverso questi ultimi progressi tecnologici, che hanno frantumato la sua fragile mente infantile prima che la sua personalità di base avesse la possibilità di formarsi (...) nel profondo seminterrato del laboratorio di controllo mentale della NASA al Godard Space Flight Center vicino a D.C., Bill Bennett iniziò a prepararmi per il programma in questione. La NASA utilizza varie "droghe progettate dalla CIA" per generare chimicamente trasformazioni neurali e indurre lo stato mentale richiesto in un momento specifico. 'Train'-quility', la droga scelta per la NASA a Huntsville, in Alabama, creava una sensazione di tranquilla sottomissione e dava l'impressione di camminare su una nuvola. "[437]

Kathleen Sullivan è anche una sopravvissuta all'abuso rituale e alla programmazione MK in ambienti governativi e militari. Descrive nel suo libro *"Unshackled"* come il suo disturbo di personalità multipla è stato sfruttato per sviluppare speciali abilità psichiche: *"Le mie personalità alter 'Theta' hanno ricevuto uno speciale addestramento psichico. I bambini come me venivano scelti per questo tipo di programmazione perché, come tutte le vittime di abusi traumatici, eravamo molto sensibili agli umori e ai pensieri degli altri, specialmente a quelli dei nostri abusatori. Sono convinto che alcune persone che lavoravano o erano collegate alla CIA erano a conoscenza di questo legame tra il trauma e il paranormale molto prima che i professionisti della salute mentale lo scoprissero. Credo che il continuo trattenere le informazioni su queste facoltà umane, così come la decredibilizzazione e la disinformazione sistematica, sia avvenuto perché la CIA e altre agenzie di intelligence che finanziavano la ricerca paranormale avevano un interesse personale a mantenere questa conoscenza fuori dal dominio pubblico.*

Ho ricordi ricorrenti della mia infanzia di una certa programmazione Theta da parte di James Jesus Angleton, capo del controspionaggio della CIA. Poiché forse sapeva che frequentavo una chiesa cristiana ogni settimana, ha usato il contenuto del Nuovo Testamento per insegnarmi ad espandere la mia coscienza. Ha iniziato la mia programmazione mentale citandomi le parole di Gesù Cristo: "Tu farai opere più grandi di quelle che ho fatto io"... con la nostra mente, ha aggiunto. Angleton mi ha poi insegnato che il più grande muro che impedisce alle persone di accedere e usare le loro facoltà psichiche naturali è la loro convinzione che non possono o non devono. Mi ha insegnato che se avessi aggirato questo blocco mentale, allora avrei potuto fare tutto ciò che volevo con la mia energia psichica. Disse che avrei potuto spostare telepaticamente anche una montagna, purché credessi di poterlo fare (...) Disse che il cervello umano ha un potenziale che non abbiamo nemmeno iniziato a sfruttare e mi incoraggiò ad usarlo il più possibile. Altri programmatori MK hanno anche condizionato il mio alter Theta a credere di poter leggere la mente degli altri, comunicare telepaticamente ed eseguire la visione remota. Alcune di queste programmazioni hanno avuto successo (...) Se queste capacità sono legittime, allora non credo

---

[437] *'L'America nel mezzo della trasformazione'* - Cathy O'Brien & Mark Phillips, 2012, p.164.

che siano altro che una facoltà umana naturale. Tuttavia, penso che possano essere considerati come parte del frutto proibito menzionato nel libro della Genesi, poiché una persona che li usa potrebbe facilmente pensare di essere un Dio. Ho scelto di smettere di usare la mia programmazione Theta, non perché ho paura dei demoni, ma perché voglio semplicemente rispettare l'integrità mentale, emotiva e fisica degli altri."[438]

Torniamo ora al tema delle esperienze di pre-morte. Il trauma evidente di un'uscita dal corpo fisico sembra innescare particolari esperienze psicologiche e fisiologiche. È come se si sbloccasse qualcosa nei corpi energetici/elettromagnetici della persona. Phyllis Marie Atwater, l'autrice di *"Dying to Know You: Proof of God in the Near-Death Experience"*, che ha vissuto lei stessa tre NDE, ha scritto: *"Circa l'ottanta per cento delle persone che hanno sperimentato uno stato di pre-morte hanno riferito che la loro vita è stata cambiata per sempre. Un esame più approfondito, tuttavia, mostra che emergono dimensioni sorprendenti. Le persone che hanno fatto questa esperienza non sono tornate solo con un maggiore entusiasmo per la vita e una visione più spirituale. Hanno manifestato specifiche differenze psicologiche e fisiologiche di una grandezza mai sperimentata prima."*

Atwater ha intervistato più di 4.000 persone che hanno sperimentato una NDE per scoprire quale impatto ha avuto sulla loro vita. Ha trovato che c'era generalmente un notevole aumento delle capacità intuitive e medianiche, la comunicazione con gli spiriti, le piante e gli animali per esempio. Ma la sua ricerca ha anche rivelato che molte persone avevano sperimentato un cambiamento nel campo elettromagnetico del loro corpo: *"Dall'inizio della mia ricerca sugli stati di pre-morte nel 1978, ho costantemente notato che una grande maggioranza di persone che avevano fatto l'esperienza (sia nel mio studio che nelle conversazioni esterne con loro) hanno riferito di essere diventati più sensibili ai campi elettrici e magnetici - disturbi da apparecchiature, elettrodomestici, orologi da polso - dopo il loro episodio NDE."*

Questi cambiamenti fisiologici duraturi, che creano una sorta di elettrosensibilità, portano a delle interferenze tra la persona e le apparecchiature elettroniche che la circondano: problemi di guasti e malfunzionamenti degli elettrodomestici, batterie che si scaricano più rapidamente, lampadine che si bruciano sistematicamente, ecc, ma anche un'estrema sensibilità agli eventi terrestri come temporali, terremoti o tornado.[439]

6 - L'UOMO DELLA MEDICINA E I SUOI ANIMALI TOTEM...

Ora ecco un caso interessante di un "uomo di medicina" (guaritore) nativo americano. Nel 1989, la rivista *Dissociation* ha pubblicato un articolo intitolato *"Multiple personality disorder with human and non-human subpersonality*

---

[438] *Unshackled: A Survivor Story of Mind Control* - Kathleen Sullivan, 2003, p.66-67.

[439] 'I bizzarri postumi elettromagnetici delle esperienze di quasi morte' - Buck Rogers, Waking Times, 2014 / BistroBarBlog traduzione: 'I bizzarri postumi elettromagnetici delle NDE'.

components". Questo articolo descrive il caso di un paziente nativo americano di 70 anni a cui è stato diagnosticato l'IDD. Quest'uomo aveva poteri di guarigione ed era *un uomo di medicina* molto conosciuto e rispettato nella sua comunità, una tribù di nativi americani che aveva conservato le sue tradizioni ancestrali. La sua personalità era divisa in undici alter, quattro umani e sette non umani. Si scoprì che l'abuso della prima infanzia era la causa del suo I.D.D. Inoltre, lo sviluppo e la manifestazione di queste alter personalità erano state rafforzate e mantenute dal contesto culturale in cui questo nativo americano era cresciuto. La forte connessione con gli spiriti della natura e gli animali totem nella cultura tradizionale dei nativi americani ha rafforzato il suo sistema di personalità alterata. L'uomo si era presentato per un aiuto terapeutico. La battaglia interiore tra l'alter ego umano e quello animale stava diventando troppo violenta e interferiva con la sua capacità di eseguire rituali di guarigione.

Il primo alter ego a formarsi fu quello di un ragazzo di undici anni, chiamato *"Il Piccolo"*. Si scoprì che tutte le altre alter personalità si erano dissociate da questa. All'età di tre anni, la paziente era stata violentata da uno zio. In terapia, l'alter ha descritto che stava giocando con una tartaruga quando è avvenuto lo stupro. Racconta come poi si è concentrato sulla tartaruga come se stesse strisciando via, proprio come lei, dissociandosi dalla realtà traumatica. Lo zio violentava il bambino sempre più frequentemente ed era l'alter *Le Petit* che sopportava sistematicamente gli abusi grazie a questa dissociazione legata alla tartaruga. Un giorno, all'età di cinque anni, *Le Petit* osservò un guaritore che utilizzava un guscio di tartaruga nei suoi rituali terapeutici. Poco dopo, un suo parente maschio si ammalò di cancro e fu confinato a letto. L'alter personalità *Le Petit* ha detto che quando si dissociava nell'alter tartaruga, spesso si allungava per toccare l'uomo malato e dopo un po' l'uomo guariva, il suo cancro era in remissione. Fu allora che *Le Petit ottenne* un posto d'onore nella sua famiglia. Sua madre disse che il giorno del suo compleanno aveva un arcobaleno sopra la testa, segno che aveva in sé il potere di diventare un grande uomo di medicina. Da allora, la sua famiglia e i suoi vicini cominciarono a venire da lui per dei consulti.

La sua tartaruga alter (chiamata *Power*) possedeva facoltà legate al mondo degli spiriti, che potevano essere utilizzate per controllare il dolore e curare gravi malattie. Questa alterazione ha cominciato a svilupparsi quando il paziente aveva tre anni. Le caratteristiche fisiche di questa alter personalità erano una postura china, movimenti molto lenti, la testa che oscillava da destra a sinistra e un discorso molto lento e limitato.

Un altro alter ego era *"Il Vecchio"*, una personalità di 70 anni. Questa scissione si è verificata quando il paziente era in formazione con un vecchio uomo di medicina. Ha subito un'iniziazione durante la quale ha dovuto rimanere nella foresta per diversi giorni sottoponendosi a riti di purificazione con il divieto di mangiare e bere. Inoltre, doveva consumare erbe allucinogene e correre per lunghe distanze. Durante questo periodo di intensa iniziazione, gli fu detto ripetutamente che per diventare un buon uomo di medicina, doveva diventare come il suo maestro. Sotto l'effetto traumatico del digiuno, l'intenso esercizio fisico, le erbe allucinogene e le continue richieste dell'alter *Il Piccolo* di diventare simile al maestro, il vecchio sciamano che ha abusato di lui durante l'iniziazione, si è dissociato in questo alter Il *Vecchio*, che rappresenta il suo maestro. È stato questo alteratore *Il Vecchio* che ha così permesso al paziente di diventare un vero uomo di medicina. Va notato che la violenza e le percosse non fanno normalmente parte dei rituali di iniziazione all'apprendimento tra gli amerindi; questa è una grave deviazione. Il comportamento di questo alter è stato quello di un vecchio, tanto nella postura quanto nei modi e nella voce.

L'uomo aveva anche un alter ego maschio d'aquila chiamato *Spirito del Vento*, che apparve anche durante la sua iniziazione con il vecchio uomo di medicina. Secondo lui, la piuma d'aquila è una grande fonte di potere per la *"medicina dissociativa"* dei guaritori nativi americani. Durante l'iniziazione, a *Le Petit* è stato insegnato che l'aquila è un mezzo tra la terra e i *"thunderbirds"*, potenti spiriti nella tradizione dei nativi americani. Ancora sotto l'influenza del digiuno, dell'esaurimento fisico, delle percosse e delle erbe allucinogene, *Le Petit* si dissocia anche in questo alter ego d'aquila: lo *Spirito del Vento*. Nel sistema I.D.T. di questo sciamano, questo alter permette la comunicazione con i Thunderbirds per ottenere informazioni per diagnosticare un malato e ottenere il potere per la sua guarigione. Uno di questi poteri è la capacità di indurre nel malato una sensazione di leggerezza, simile a quella di un uccello, che avrebbe un effetto analgesico.

Questo paziente nativo americano aveva anche un alter ego di lupo, un alter ego di pantera, un alter ego di orso, un alter ego di gufo e un alter ego di serpente. Le altre sue alter personalità umane erano quelle di una donna di 28 anni (*Moon Walker*), create quando lo zio iniziò a condividere sessualmente *Le Petit* con i suoi amici alcolisti. C'era anche un alter ego guerriero chiamato *"Killer Man"*.

Durante la terapia, la fusione/integrazione delle personalità alter è stata complicata per diverse ragioni. Prima di tutto, la moglie del paziente e le persone che aveva in cura pensavano che con questa fusione, lo sciamano avrebbe perso i suoi poteri e la sua capacità di contattare il mondo degli spiriti. Inoltre, il gruppo di alter animali e il gruppo di alter umani erano in conflitto e la loro fusione era molto complicata. Era necessario fondere gli animali tra di loro e gli umani tra di loro, preservando i bisogni spirituali del paziente e le sue capacità di uomo di medicina, in modo che potesse continuare ad aiutare la sua comunità. Durante questa terapia, ogni alter personalità si è dimostrata altamente ipnotizzabile. I test di acuità visiva e le valutazioni neuro-sensoriali hanno mostrato notevoli differenze tra ogni personalità alterata.[440]

Questo caso indica che l'I.D.T., questo meccanismo di difesa dissociativa di fronte al trauma, si può trovare in una varietà di culture e può talvolta spiegare perché alcuni sciamani possiedono alter personalità animali. Alterazioni che si rivelano durante gli stati di trance, come abbiamo visto nel capitolo 2 con i

---

[440] Disturbo di personalità multipla con componenti di subpersonalità umane e non umane - Stanley G. Smith, Journal 'Dissociation', Vol.2 N°1, 03/1989.

guerrieri *Berserk* che diventano *lupi, orsi* o *cinghiali* superpotenti, capaci di imprese incredibili.

7 - CONCLUSIONE

Così vediamo che trauma, dissociazione, uscite astrali, esperienze paranormali e poteri psichici vanno di pari passo, l'uno scatenando gli altri, anche se non sistematicamente. Questo legame tra trauma/dissociazione e connessione ad altre dimensioni è un punto chiave della programmazione mentale MK-Monarch. Nell'abuso rituale, lo scopo è di "sbloccare" il bambino per iniziarlo e renderlo così sacro al culto luciferiano. L'aspetto spirituale e metafisico della programmazione è altrettanto importante, e certamente più importante dell'aspetto puramente scientifico (neurologico e psichiatrico). In effetti, la connessione tra i membri di questa rete di culto/mondo e il mondo degli spiriti è indispensabile per il successo del progetto di dominazione qui sulla terra. In modo sistematico, la prole incaricata di portare a buon fine l'Ordine Mondiale deve quindi essere collegata spiritualmente alle milizie luciferiane da un lato, mentre è psicologicamente e fisicamente legata alla rete terrestre (famiglie e reti di potere, società segrete) dall'altro. Una rete terrestre ben incarnata nel mondo materiale e che realizza così un piano stabilito da altre sfere: la ribellione luciferiana che continua la sua realizzazione sulla terra... Senza questo protocollo di scissione sistematica dei bambini in queste linee di sangue e più globalmente in tutti questi culti luciferiani, la connessione con le altre dimensioni e la 'radice della violenza' non potrebbe essere trasmessa da una generazione all'altra e il *culto dell'orrore* non potrebbe certamente sussistere per secoli. La dissociazione profonda causata dai traumi, che può essere descritta come un violento "sblocco spirituale" (un vero e proprio stupro spirituale), praticato sistematicamente sull'*equipaggio di terra* produce così dei medium che ricevono *l'illuminazione* e la connessione con il *portatore di luce:* Lucifero. Questi individui totalmente sdoppiati e multipli possiedono quindi certe personalità alterne legate al regno spirituale di Satana. Questo è ciò che il pastore Tom Hawkins descrive quando scrive che le *personalità dissociate possono essere addestrate durante il trauma ad entrare in stati di trance che le collegheranno al "secondo cielo", il "regno dell'aria" di cui Satana è il principe. Questi frammenti di personalità sono legati e tenuti prigionieri in questo regno e sono usati per attuare il piano mondiale di Satana qui sulla terra.*

È interessante notare qui che la Massoneria si riferisce anche a misteriose entità di un'altra dimensione che ispirano (per non dire dettano) le proprie azioni nella creazione dell'Ordine Mondiale. Il massone Charles Webster Leadbeater (un prete anglicano e teosofo, lui stesso accusato di pedofilia) scrisse chiaramente che la massoneria stabiliva certe connessioni con *"esseri splendenti"* dall'aldilà: *"Quando uno di questi spiriti luminosi si attacca a noi con una cerimonia massonica, non dobbiamo pensare a lui in termini di un sovrano o un servitore, ma semplicemente come un fratello. Il nostro egocentrismo è così radicato che quando sentiamo parlare di un'associazione così meravigliosa, il nostro primo pensiero, anche inconsciamente, è quello di chiederci cosa potremmo guadagnare da questa relazione. Cosa potremmo imparare da questo essere splendente? Ci guiderà, ci consiglierà, ci proteggerà? O è un servo che possiamo usare per i nostri scopi?[441]*

Anche il massone Oswald Wirth si riferisce esplicitamente a questo quando scrive che i Maestri - perché così li chiamano gli Iniziati - si avvolgono in un mistero impenetrabile; rimangono invisibili dietro la spessa cortina che ci separa dall'aldilà... Essi lavorano solo sulla tavola da disegno, cioè intellettualmente, concependo ciò che deve essere costruito. Sono le intelligenze costruttive del Mondo, poteri efficaci per gli Iniziati che si relazionano con i Superiori Sconosciuti della tradizione.[442]

Ecco un massone che dichiara chiaramente che i *Maestri* dell'*aldilà* dettano ai *Superiori sconosciuti* delle logge massoniche come costruire il mondo, perché essi sono, nelle sue parole, le *intelligenze costruttive del mondo...*

La convinzione che gli umani possano entrare in contatto ed essere usati e manipolati da entità cosiddette "superiori" per uno scopo specifico non è qualcosa di nuovo. In effetti, gli umani possono servire come strumenti per le forze di un'altra dimensione. L'autore Malidoma Somé scrive nel suo libro *The Healing Wisdom of Africa*: *"Gli antenati sono in svantaggio perché sanno come migliorare le cose ma non hanno il corpo fisico per agire con ciò che sanno. Noi stessi siamo in svantaggio perché anche se abbiamo corpi fisici, spesso non abbiamo la conoscenza per fare le cose correttamente. Ecco perché allo Spirito piace lavorare attraverso di noi. Una persona con un corpo fisico è un veicolo ideale per lo Spirito per manifestare le cose in questo mondo."*

Il corpo fisico umano è quindi potenzialmente uno strumento di espressione per entità al di là della nostra dimensione terrena. L'umano può essere lo strumento di entità luciferiane così come può essere anche lo strumento dello Spirito Santo. In questo mondo di dualità due forze si confrontano, ma si potrebbe anche dire che si completano a vicenda per organizzare questo grande teatro, questa grande scuola in cui ci evolviamo. Queste due forze, comunemente chiamate "Bene" e "Male", hanno molte somiglianze, essendo ovviamente l'una la copia negativa dell'altra, l'una che imita l'altra a modo suo perché non è in grado di creare nulla realmente. Troviamo questa dualità a tutti i livelli, compreso il legame che l'uomo può stabilire con altre dimensioni. L'abuso rituale ultra-violento forzerà bruscamente l'apertura delle porte spirituali del bambino attraverso la tortura, lo stupro, il battesimo di sangue e traumi di ogni tipo; mentre nella tradizione divina, le porte spirituali si aprono gradualmente attraverso la cura amorevole dei genitori per il bambino, attraverso il battesimo dell'acqua e dello Spirito Santo, attraverso la gentilezza e l'aiuto di angeli e arcangeli fedeli a Dio. Da un lato, i poteri spirituali sono acquisiti attraverso la connessione con le entità luciferiane ribelli, gli angeli caduti, e dall'altro lato, questi poteri sono dati dallo Spirito Santo proveniente direttamente da Dio. Da una parte le messe nere con il sacrificio e la consumazione di sangue e carne

---

[441] La vita nascosta nella massoneria - Charles Webster Leadbeater, p.334.

[442] 'La Massoneria resa intelligibile ai suoi seguaci' Volume III - Oswald Wirth, 1986, p.219-130.

umana, dall'altra la Santa Messa con il sacrificio di Gesù Cristo che dona il suo corpo e sangue nell'Eucaristia: la riforma di quegli antichi culti demoniaci babilonesi basati sui sacrifici di sangue, pratiche che la "religione senza nome" continua a perpetuare. Il processo di abuso rituale traumatico per "iniziare", "sacralizzare" e "battezzare" i bambini non è altro che un'inversione della santificazione, una contro-iniziazione o contro-rivelazione, volta a stabilire un regno luciferiano di ordine soprannaturale. Lucifero è considerato da questi gruppi come il dio civilizzatore, che porta la conoscenza e la luce agli umani...

Dio lo perdona, "ha detto il (senatore) Leahy, riferendosi tanto al mio ruolo nel NAFTA quanto alle sue pratiche pedofile su mia figlia. Non è di quel Dio che ti devi preoccupare, naturalmente. È un Dio passivo, un Dio che si è spento e vive solo in una Bibbia. Il Dio di cui ti devi preoccupare è il Dio onniveggente e onnisciente. Quel grande, grande occhio nel cielo. Vede tutto, registra tutto e passa le informazioni esattamente dove è necessario. Lasciate che vi dia un buon consiglio: non apritelo, perché non c'è bisogno di sapere nulla di tutto questo. Probabilmente solo il vostro vicepresidente (Bush) lo saprà, e lui ha mantenuto segreti per tutta la vita. Non voglio dire che George Bush è Dio. Oh no, lui è molto più di questo. È un semidio, il che significa che è a cavallo tra il piano terrestre e quello celeste, per cui agisce in base a ciò che vede con il suo occhio eternamente vigile in cielo." - *America nel mezzo della trasformazione* - Cathy O'Brien

Alcune delle cose riportate in questo capitolo vanno oltre le leggi della fisica comunemente accettate, ma i fatti sono lì. Ma come detto nell'introduzione al capitolo, non si vede il germe, ma lo si previene con gli antibiotici, perché la scienza lo ha insegnato. La capacità umana di interagire con altre dimensioni e con certe entità è una vasta area che la moderna scienza razionalista ha a lungo trascurato. Non sembra aver ancora esplorato queste aree, quindi non può capirle, né tanto meno insegnarle a voi. Eppure, a poco a poco, andando sempre più a fondo nella materia, questa scienza finisce paradossalmente per raggiungere il regno immateriale e spirituale. Lo studio strettamente materialista che ha portato a scavare nel cuore della materia con la fisica quantistica è ora in grado di trascendere questa materia per entrare nel mondo spirituale... che non è altro che il cuore del mondo materiale, una sorta di frattale infinito. Un giorno, il cerchio sarà chiuso, le scienze fisiche e biologiche troveranno il loro "invisibile" anello mancante per una piena comprensione del mondo in cui viviamo, una sorta di campo unificato. Per il momento, proprio come per l'I.D.T., la fisica quantistica è poco discussa nelle università... il filtraggio dell'informazione e dell'insegnamento è ovviamente una chiave per il controllo delle masse. È probabile che oggi, in alcuni laboratori, i fisici più avanzati, soprattutto nella fisica quantistica, stiano cominciando a rendersi conto che c'è davvero un Creatore con la sua Creazione. A meno che questi signori non si prendano per dei creatori della propria realtà e dimentichino il Creatore principale... e la loro condizione di semplice creatura...

CAPITOLO 7

PROGRAMMAZIONE MONARCH

Forse c'è una ragione per cui i media non aprono pubblicamente il vaso di Pandora della leggenda. Sarebbe plausibile allora considerare che un esame più attento - da parte dei media e del pubblico - dei leader di questi culti distruttivi, potrebbe rivelare legami molto reali con la ricerca sul controllo mentale finanziata dal governo? Sono domande che, se veramente affrontate per quello che sono, fornirebbero risposte importanti a questa epidemia sociale che include l'abuso fisico e psicologico. Le risposte fornite da un'indagine seria e approfondita potrebbero essere l'inizio di una soluzione alla miriade di problemi che questi culti distruttivi, serial killer e stupratori di bambini stanno causando alla società - Mark Phillips

Per un programmatore MK, bisogna creare personalità alterne e allo stesso tempo demonizzarle, cioè collegarle ai demoni (...) se si vuole veramente capire il controllo mentale Monarch, bisogna rendersi conto che è qualcosa di fondamentalmente demoniaco (...) La programmazione e il controllo mentale non possono essere separati dalla demonologia e dai riti occulti - Fritz Springmeier.

1 - INTRODUZIONE

P er iniziare questo capitolo sulla programmazione Monarch, ecco tre esempi riportati dal Dr. James Randall Noblitt nel suo libro *Cult and Ritual Abuse* che mostrano casi di abuso sessuale con un controllo mentale piuttosto misterioso. Il primo caso è tratto *dal* libro *Criminal History of* Mindkind, in cui Colin Wilson racconta la storia di una donna che viaggia in treno verso Heidelberg in Germania. Vuole vedere un medico lì per dolori persistenti allo stomaco. Secondo la Wilson, durante il suo viaggio incontrò un certo Franz Walter che si presentò a lei come "guaritore" sostenendo di essere in grado di curarla... Riuscì a convincerla a lasciare il treno in una stazione per andare a prendere un caffè...

Era riluttante, ma è stata persuasa. Mentre camminavano entrambi lungo il molo, lui le afferrò il braccio e "sembrava che non avessi più volontà", disse lei. L'ha portata in una stanza d'albergo a Heidelberg, l'ha messa in trance toccandole la fronte, poi l'ha violentata. Lei cercò di spingerlo via ma era totalmente incapace di muoversi (...) Lui mi accarezzò e mi disse: 'Sei addormentata, non puoi chiamare aiuto e non puoi fare altro'. Poi mi ha bloccato le braccia e le mani dietro la schiena e ha detto: "Non puoi muoverti affatto.

Quando ti sveglierai, non ricorderai nulla di quello che è appena successo. Più tardi, Walter fece prostituire la donna a diversi uomini, dando ai suoi clienti la parola in codice per immobilizzarla (...) La polizia iniziò a sospettare che fosse stata ipnotizzata, e uno psichiatra, il dottor Ludwig Mayer, fu in grado di recuperare i ricordi sepolti delle sedute di ipnosi. Walter è stato condannato a dieci anni di prigione... Come ha potuto Franz Walter metterla sotto controllo mentale così rapidamente e facilmente?"[443]

Colin Wilson si interroga quindi su un tale potere di controllo, ma non fornisce alcuna risposta se non le possibili facoltà paranormali che Walter potrebbe aver sviluppato per indurre una trance profonda in questa donna. Il caso della Wilson è simile a molti racconti di sopravvissuti ad abusi rituali. Il dottor James Randall Noblitt nota che ha avuto diversi pazienti che hanno descritto uno scenario identico. Hanno ricordato di essere state violentate o abusate sessualmente da qualcuno che le ha rese completamente incapaci di reagire dopo che ha detto una parola, una frase, o ha fatto qualche tipo di segno con la mano o ha toccato il loro viso in un certo modo. In terapia, questi pazienti erano inizialmente incapaci di spiegare questo fenomeno con questi segnali o codici di attivazione. Dopo alcune sessioni di terapia, spesso emergeva un'altra personalità con la capacità di spiegare il processo e persino di dare una spiegazione di come era stata impostata la programmazione. Queste sono le alter personalità che servono come oggetti sessuali e a cui si accede tramite determinati *trigger*. Questa programmazione è di solito installata nella prima infanzia e può rimanere in vigore per molto tempo. Chiunque abbia i codici di attivazione per indurre lo stato di trance o far emergere l'alter personalità può poi abusare sessualmente della vittima.

Nel caso riportato da Wilson, non c'è alcuna indicazione che lo stupratore Walter conoscesse già la donna incontrata sul treno. Per questo motivo, come possiamo sapere che si tratta di un caso di pre-programmazione? Secondo il Dr. Noblitt, sarebbe possibile per un individuo identificare e comprendere le leve sottostanti della programmazione per identificare i codici di attivazione. Questo può essere fatto semplicemente parlando con la persona e osservando le sue palpebre e altre risposte corporee in reazione a potenziali fattori scatenanti che sono stati tranquillamente introdotti durante la conversazione. Ci sono infatti alcune parole chiave di base, o gesti, che sono sistematicamente utilizzati nella programmazione MK. Potremmo chiamarli grilletti "standard".

Un altro caso riportato da Colin Wilson, questa volta nel libro Beyond the Occult, descrive una storia del 1865: "Dopo pranzo, Castellan fece un segno con le dita, come se stesse facendo cadere qualcosa nel piatto della ragazza, e lei sentì tutti i suoi sensi abbandonarla. Poi l'ha portata nella stanza accanto e l'ha violentata. Più tardi avrebbe testimoniato che era cosciente ma totalmente incapace di muoversi."[444]

---

[443] Una storia criminale dell'umanità - Colin Wilson, 1984.

[444] *Oltre l'occulto* - Colin Wilson, 1988.

Questi due casi riportati da Colin Wilson descrivono una vittima totalmente paralizzata e alla mercé dell'aggressore. Può trattarsi di un disturbo dissociativo di conversione (che può manifestarsi come una paralisi una tantum).

Nel suo libro *Transe: A Natural History of Altered States of Mind*, Brian Inglis descrive un caso che andò in giudizio in Galles nel 1988, quello dell'ipnotista Michael Gill. Ha usato un dispositivo a luce lampeggiante per ipnotizzare una donna e violentarla mentre era in uno stato alterato di coscienza. Tecniche di controllo mentale che coinvolgono lampi di luce sono state riportate da sopravvissuti al controllo mentale, anche nel programma MK-Ultra. Questi tre casi criminali illustrano come le donne possono essere abusate sessualmente mentre sono in stati di trance indotti in modo rapido e potente da uno stimolo scatenante. L'ipnosi da sola non è in grado di permettere un tale abuso su una persona.[445]

In una conferenza *S.M.A.R.T.* nel 2003, la sopravvissuta Carole Rutz ha spiegato che la sua programmazione basata sul trauma poteva essere raggiunta e attivata con l'ipnosi: *"Tutta la programmazione che è stata fatta su di me dalla CIA e dagli 'illuminati' era basata sul trauma come l'elettroshock, la deprivazione sensoriale e le droghe. Più tardi, i traumi non erano più necessari, l'ipnosi da sola, combinata con i trigger impiantati e talvolta gli aggiornamenti potevano bastare. "[446]*

Nel controllo mentale Monarch, la programmazione per schiavizzare sessualmente una persona è la più comune. Questi tipi di programmazione *"Beta"* sono usati per creare schiavi sessuali, a volte indicati come *"modelli presidenziali" nel* caso di schiavi MK per l'élite. Ma ogni soggetto Monarch può avere una o più personalità alter programmate per questa funzione, questo tipo di alter è anche chiamato *"Kitten"* o *"Sex Kitten"*.

Nell'ottobre 2001, una famosa modella francese ha fatto delle rivelazioni scioccanti durante la registrazione di un programma televisivo. Ha denunciato il suo presunto sfruttamento sessuale da parte della sua famiglia, del suo entourage e di alcune figure di alto profilo. Ha detto di essere stata violentata da suo padre quando aveva due anni, e di essersene resa conto qualche mese prima, quando i suoi ricordi sono riaffiorati in flashback. Ha anche rivelato di essere stata regolarmente violentata dai suoi datori di lavoro (una famosa agenzia di modelle), da persone vicine a lei e da membri del gotha (famiglie reali). Lei dirà che l'oblio dei suoi abusi era dovuto all'ipnosi o a ciò che lei pensava fosse ipnosi...

Poco dopo queste rivelazioni durante la registrazione di un programma televisivo con Thierry Ardisson, ha rilasciato un'intervista alla rivista *VSD*, un dossier intitolato *'Le cri de détresse d'un grand super model'* pubblicato nel gennaio 2002 in *VSD* N°1271. La rivista rivela che questa donna è stata ricevuta dal capo della brigata per la repressione della prostituzione e che gli ha raccontato delle cene organizzate tra giovani modelle e *vecchi uomini ricchi.*

---

[445] *'Cult and Ritual Abuse'* - James Randall Noblitt & Pamela Perskin Noblitt, 2014, p.86-87.

[446] 'Healing From Ritual Abuse and Mind Control, a Presentation to the Sixth Annual Ritual Abuse, Secretive Organizations and Mind Control Conference', Rutz, C., 2003, S.M.A.R.T. Conference.

L'intervista fornisce diversi indizi sul fatto che è stata sottoposta a un controllo mentale simile a quello di Monarch. Ecco alcuni estratti dell'intervista:

Una persona della mia famiglia (fa un nome) ha abusato sessualmente di me quando avevo due anni. È uno psicopatico. Mi ha messo sotto ipnosi. Da allora, chiunque abbia autorità e conosca il mio segreto può manipolarmi. Finché non avevo evacuato il terrore della mia infanzia, chiunque mi spaventava poteva avere una presa su di me (...) Hanno cercato di fare di me una prostituta: era così facile, non ricordavo nulla, dimenticavo tutto (...) Ero un giocattolo che tutti volevano avere. Tutti si sono approfittati di me (...) Non avevo volontà propria, così hanno organizzato la mia vita per me: tutto, tutto, tutto (...) Mi hanno fatto cose ipnotiche (...) Sì, è enorme. C'è tutto un complotto intorno a me, da molto tempo, riguarda persone nel governo, nella polizia. Tutto nella mia vita è stato organizzato! Tutto, tutto, tutto! Non avevo nessuna volontà propria (...) Durante i "Restos du Cœur", un artista mi ha detto: "Qualcuno vicino a te ha abusato di te, si sta organizzando perché tu sia violentata di nuovo e perché tu non sappia nulla". Una famosa cantante mi ha detto: "Uno dei tuoi parenti (cita un nome) mi ha detto che sei stata violentata, puoi dimenticarlo? Guardami, lo dimenticherai! E lei rideva. E ha funzionato: l'ho dimenticato (...) Ho cominciato a soffrire davvero, è stato allora che ho avuto i primi flash. Prima di tutto di qualcuno vicino a me che mi stava violentando. Mi sono detto: ho scoperto perché ero così cattivo (...) In effetti, tutte le persone che la mia famiglia ha incontrato erano pedofili. È un circolo vizioso, e oggi l'ho rotto! (...) Ero una risorsa. La mia immagine, la mia gentilezza, la mia bontà, servivano a coloro che volevano nascondere le cose. E qui, abbiamo a che fare con persone molto, molto, molto cattive... Quelli che volevano parlare sono morti oggi (...) È uno dei miei parenti a New York che mi ha fatto violentare dal presidente di una grande azienda. Un giorno mi chiama e mi dice: "Ti ricordi cosa ti hanno fatto quando eri piccola? Ho detto: "Oh sì, oh sì!" "Bene, X verrà da te, farà sesso con te e tu otterrai il più grande contratto che ci sia. Non volevo, ma ero come una bambola senza volontà (...) Voglio giustizia, ecco tutto! La pedofilia è ancora un tale tabù. Sono le ragazze così che vogliono diventare modelle. Così è facile per i delinquenti avere poi potere su di loro."

Questa donna è sotto il controllo mentale di Monarch? È un *"manichino presidenziale"*? Quello che lei descrive come vuoti di memoria dopo gli stupri, *"non riuscivo a ricordare nulla"*, potrebbe essere un grave disturbo dissociativo con pareti amnesiche. Il fatto che abbia detto alla rivista *VSD* di essere stata violentata sotto ipnosi *dall'età di due anni*, che la sua famiglia *ha frequentato solo pedofili*, che è un *circolo vizioso che vuole rompere*, e che il suo sfruttamento sessuale sembra essere continuato per tutta la vita, suggerisce fortemente che potrebbe aver subito il triste percorso di una schiava MK-Monarch, prigioniera di una rete che sfrutta il suo disturbo dissociativo. Durante la registrazione del programma televisivo nel novembre 2001, ha anche menzionato diversi nomi legati all'industria dello spettacolo, dicendo che queste persone erano a conoscenza o erano esse stesse stupratori o vittime. Ha fatto il nome di un'altra nota star francese, dicendo che anche lei è stata sottoposta a tale trattamento.

Nonostante una denuncia e l'apertura di un'inchiesta giudiziaria, la sua famiglia l'ha rapidamente fatta internare in un ospedale psichiatrico poco dopo le sue rivelazioni... È stata rilasciata solo tre mesi dopo. Era necessario un aggiornamento della programmazione MK? Infatti, dopo una certa età, le pareti amnesiche tendono a dissolversi, da cui la ricomparsa di certi ricordi sotto forma di flashback. La sua famiglia cercò di far passare l'*incidente* come un attacco paranoico delirante, ma nessuno riuscì a dimostrare che si trattava davvero di un caso di follia e che ciò che aveva detto era falso. La denuncia che la donna ha presentato è stata rapidamente archiviata, quindi nessuna indagine è stata fatta per confermare o smentire queste accuse molto gravi... Qualche tempo dopo il suo ricovero forzato, la top model ha rilasciato un'intervista a Benjamain Castaldi nel programma M6 *'C'est leur destin'* nel settembre 2002. Un'intervista in cui c'è ancora qualche dubbio che abbia davvero cercato di rivelare la sua condizione di schiava MK, senza nemmeno sapere lei stessa esattamente in cosa era coinvolta. Ecco alcuni estratti:

- **Benjamin Castaldi**: Se dovesse riassumere il suo destino in poche parole, cosa direbbe?

- **Top-model**: Da un lato è una favola, e dall'altro è un film horror, un vero incubo. E quando è venuto fuori tutto questo, c'è stata gente che ha cercato di impedirmi di parlare. Mi hanno messo in una clinica per non farmi parlare. Sono uscito con l'aiuto di un avvocato, è stata tutta una faccenda... Oh cielo, è stato piuttosto complicato! (...) L'avvocato mi ha telefonato direttamente nella mia stanza. Lei disse: "Senti, tu non sembri affatto un pazzo! Verrò a prenderti nelle prossime due ore". Ho fatto le valigie e sono uscito così. (...) Una volta raggiunto il mio obiettivo nella modellazione, tutto andava bene in superficie ma nel profondo sentivo che qualcosa non andava. Così ho fatto psicanalisi per cinque anni, e mi sono tornate in mente cose così gravi che sono diventato una specie di paranoico (...) Ho provato a parlare, ma non mi hanno creduto. C'era una certa parte che era paranoia, perché è vero che quando le cose sono così enormi, dopo si degenera un po'. C'è un po' di delirio. Ma più passa il tempo e più mi rendo conto che in realtà non lo è affatto (...) Avete visto il film True Romance? Questa è un po' la mia vita. Tutto era pronto. Tutto è stato manipolato. Io ero uno che non vedeva niente. In effetti, credo di essere stato davvero pazzo, ma ora non lo sono più.

L'attrice Marie Laforêt ha detto della vicenda: 'Non so cosa sia successo a X, è la stessa storia, parlava delle stesse persone, solo che è stata tagliata fuori... Così si è fatta fare un piccolo disco per timbrarla da allora. Quindi sa che se mai dirà qualcosa di quello che voleva dire in quel momento, avrà un destino ancora più miserabile di quello che ha in questo momento. Quindi è nel suo interesse schiantarsi... Tutto qui... Ma ha fatto un tentativo! Ha fatto un tentativo e l'ha pagato. L'abbiamo divertita facendole fare un disco, un promo... Ma allora tutti sono coinvolti? Ti risponderai da solo... Ovviamente!'

2 - DEFINIZIONE

Il termine Monarch deriva dalla farfalla Monarch, un insetto che inizia la vita come bruco (il potenziale non sviluppato), che poi si evolve in un bozzolo (il processo di scissione e programmazione) per diventare una farfalla (lo schiavo Monarch). Un bruco è consapevole che diventerà una farfalla? La farfalla è consapevole di essere un bruco? No, e questa immagine si adatta perfettamente all'immagine della programmazione basata sulla dissociazione e l'amnesia traumatica. Le farfalle svolazzanti rappresentano i frammenti d'anima sparsi. Il termine Monarch si riferisce anche alla sensazione di dissociazione, che può essere una sensazione di galleggiamento, come una farfalla, dopo una scossa elettrica per esempio. Le scosse elettriche sono comunemente usate dai programmatori perché è un metodo di tortura molto efficace, lasciando poche tracce.

Nell'autobiografia di Brice Taylor (ex modello presidenziale), Thanks For The Memories, la programmazione Monarch è così definita: "Una marionetta è una bambola legata a dei fili e controllata da un padrone. La programmazione del monarca è anche chiamata "sindrome del burattino", "condizionamento imperiale" è un altro termine usato. Alcuni terapeuti della salute mentale riconoscono questo tipo di controllo mentale come "condizionamento stimolo-risposta". Il Progetto Monarch può essere descritto come una combinazione di trauma strutturato, dissociazione e occultismo per compartimentare la mente in personalità multiple in modo sistematico. Nel processo, un rituale satanico, che di solito coinvolge il misticismo cabalistico, viene eseguito con lo scopo di legare un demone o un gruppo di demoni all'altare corrispondente. Naturalmente, la maggior parte delle persone vedrà questo come un semplice rinforzo del trauma all'interno della persona, negando la convinzione irrazionale che la possessione demoniaca possa realmente accadere..."[447]

La farfalla Monarch sembra essere il simbolo forte che viene fuori regolarmente nell'industria dello spettacolo per rappresentare questo processo di scissione della personalità. Questa nota farfalla ha la particolarità di migrare da sud a nord durante diverse generazioni, mentre il viaggio da nord a sud viene fatto in una sola generazione. Queste creature uniche e affascinanti tornano sempre sugli stessi alberi delle generazioni precedenti, anche se non ci sono mai state. Come è possibile? Significa che la farfalla Monarch trasmette geneticamente le informazioni su dove è nata alla sua prole. Questo insetto è stato studiato scientificamente per questa sorprendente caratteristica genetica.

Questa sarebbe una delle ragioni principali del nome del progetto Monarch, poiché la genetica è un punto importante nella selezione dei soggetti. Certe informazioni relative agli antenati attraversano il tempo e i secoli e si trasmettono quindi di generazione in generazione. È una sorta di influenza trascendente, in linea con gli studi sulla psicogenealogia, una *carica*, sia positiva che negativa, che si trasmette ai discendenti. Nel libro *"Satanismo: è reale?"*, padre Jeffrey Steffon spiega: *"Un terzo modo (di legami demoniaci) è l'eredità generazionale. Se i genitori sono stati coinvolti nell'occulto, questo legame*

---

[447] Grazie per i ricordi: la verità mi ha reso libero - Brice Taylor, 1999, p.16.

generazionale sarà trasmesso ai loro figli. Nelle culture sciamaniche, il ruolo di sciamano è spesso ereditario e viene solitamente trasmesso di padre in figlio. Come le stirpi sciamaniche asiatiche trasmettono certe capacità paranormali o poteri psichici, così le stirpi luciferiane che praticano l'occultismo e gli abusi rituali trasmettono un patrimonio intangibile con un pesante bagaglio di legami demoniaci. La dissociazione, l'ipersensibilità, la medianità e altri poteri psichici fanno anche parte del corredo genetico e saranno attivati e rinforzati da rituali e traumi della prima infanzia.

È interessante notare qui che uno studio scientifico svizzero del 2012 ha dimostrato che i traumi (soprattutto gli abusi sessuali) nell'infanzia lasciano tracce nel DNA fino alla terza generazione. È di questo che parla la Bibbia quando afferma che "l'*iniquità del padre*" viene trasmessa ai suoi discendenti fino alla terza e quarta generazione? (Esodo 20:5-6)

Il team ha scoperto che il DNA di una ragazza la cui nonna era stata violentata dal padre portava gli stessi cambiamenti epigenetici della nonna, e che questi cambiamenti erano molto più grandi che nella madre e nella nonna. La bambina che è il prodotto di un incesto e che non è mai stata violentata porta la più grande cicatrice nel genoma di tutte le sue cellule. (Ricerca UNIGE 2012)

Si è scoperto che questi segni genetici non mutano il DNA, ma influenzano lo sviluppo del cervello e si trasmettono alle generazioni successive. Il gruppo di ricerca del professor Alain Malafosse del Dipartimento di Psichiatria della Facoltà di Medicina di Ginevra ha condotto una ricerca su soggetti adulti che erano stati abusati da bambini (abuso fisico, sessuale ed emotivo, deprivazione emotiva, abbandono) e che soffrivano di un disturbo *borderline di* personalità. Esaminando il loro DNA, ottenuto da un semplice esame del sangue, i ricercatori hanno osservato modifiche epi-genetiche, cioè nei meccanismi di regolazione dei geni: "*Questa è la prima volta che abbiamo visto un legame così chiaro tra un fattore ambientale e una modifica epi-genetica. Il legame è tanto più forte perché più grave è stato l'abuso durante l'infanzia, maggiore è la modifica genetica*", sottolinea Ariane Giacobino del Dipartimento di Genetica e Sviluppo. Inoltre, si è [448]scoperto che il trauma vissuto in età adulta non segna i geni così profondamente e permanentemente come il trauma vissuto nell'infanzia.[449]

Sembrerebbe che la codifica genetica che porta a comportamenti autogenerati totalmente devianti avvenga dopo tre generazioni di abusi infantili, il che spiegherebbe perché alcune famiglie sono totalmente impantanate in queste cose. Le famiglie luciferiane che praticano sistematicamente l'abuso rituale e il controllo mentale sulla loro prole sono quindi profondamente segnate nella loro genetica. Queste linee di sangue sono conservate dalla disposizione quasi sistematica delle unioni e dei matrimoni.

Nel lontano passato, gli esseri umani (specialmente i bambini) avevano buone capacità dissociative. Quando sono stati esposti al trauma, hanno avuto un

---

[448] 'L'abuso infantile lascia tracce genetiche' - 24 Heures, 2012.

[449] Il maltrattamento infantile è associato a profili genomici ed epigenetici distinti nel disturbo post-traumatico da stress' - Divya Metha, PNAS, 2012.

vantaggio di sopravvivenza molto maggiore rispetto a quelli che non l'hanno fatto. Come abbiamo visto, la dissociazione ha uno scopo iniziale di sopravvivenza di fronte a un trauma grave, cioè preservare l'individuo in modo che sia in grado di continuare a funzionare correttamente. Poiché la vita tribale nomade è stata gradualmente sostituita dalla vita sedentaria del villaggio, riducendo così i fattori traumatici naturali, anche questa genetica umana associata alla dissociazione è regredita. Alcuni lignaggi perpetuano e mantengono ancora questa trasmissione genetica della dissociazione *"preziosa"*, la porta d'accesso al mondo degli spiriti. Il bagaglio genetico gioca un ruolo importante nelle gerarchie luciferiane e le capacità dissociative sono uno di quei marchi genetici ricercati.

Perché la dissociazione è così importante per questi culti? In un cervello giovane e in via di sviluppo, il trauma e la dissociazione che provoca modellano i percorsi neurali in un modo particolare e creano così certe facoltà intellettuali, fisiche e psichiche. Come abbiamo visto nel capitolo precedente, il trauma estremo e la dissociazione profonda apriranno anche dei varchi verso altre dimensioni. Sono questi ponti con il mondo degli spiriti che permetteranno di stabilire certe comunicazioni e di ricevere il "potere". Inoltre, la scissione della personalità dell'individuo con pareti amnesiche permette il controllo e la programmazione della prole per portare avanti gli obiettivi di queste linee di sangue luciferiane, che si estendono per secoli. Tutti i bambini della "religione senza nome" sono sistematicamente *"messi sotto torchio"*: il processo di scissione e "velatura" delle loro sinapsi con tecniche estremamente traumatiche e dissocianti.

Il condizionamento e la programmazione MK saranno sistematici e le capacità dissociative del bambino saranno testate e rafforzate in una fase precoce. Più facilmente il bambino si dissocia, più velocemente sarà fatto il lavoro di programmazione. Nel suo libro *"Ascent From Evil"*, la psicoterapeuta e sopravvissuta Wendy Hoffman spiega: *"Il culto insegna l'arte della dissociazione. La vita delle vittime dipenderà dalla loro capacità di impararlo rapidamente e fin dalla più tenera età. La dissociazione è una materia che viene insegnata, proprio come la matematica (...) È facile per i membri della setta capire, semplicemente guardando qualcuno, se sta dissociando. Possono controllare le capacità dissociative di un membro con la stessa facilità con cui possono controllare se la sua addizione è corretta."*[450]

Come abbiamo visto nel capitolo 2, gli antichi rituali di iniziazione delle religioni misteriche incorporavano elementi che simboleggiavano la morte e la resurrezione. L'iniziazione a volte comprendeva anche l'amnesia (dovuta a droghe, privazioni e traumi), la cancellazione della memoria per la formazione di una nuova identità: è quando l'iniziato riceve un nuovo nome. I sopravvissuti all'abuso rituale e al controllo mentale riferiscono esattamente le stesse cose. La programmazione Monarch è una sorta di iniziazione al trauma, che crea nell'*iniziato* (bambino vittima) una connessione con il mondo degli spiriti e fa nascere una o più altre personalità alter. Alter che hanno nomi diversi e sono

---

[450] Ascent From Evil: The Healing Journey Out Of Satanic Cult Abuse - Wendy Hoffman, 1995.

programmati per funzioni diverse. Il figlio *"Monarca"* dell'Ordine Gerarchico Luciferiano è un eletto ed è considerato sacro. Questi sono rituali di iniziazione che mirano a rendere il bambino sacro attraverso profondi stati dissociativi e la rinascita come un bambino Monarch; un *assassino* piuttosto che una *vittima*, un membro completo del culto luciferiano collegato a entità superiori.

Nel 2009, il Dr. Lowell Routley ha scritto un articolo in cui ha descritto la programmazione Monarch, anche se non ha usato il termine. Il documento, intitolato '*Restoring The Lost* Self: *Finding* Answers *to Healing from* Traumatic *Socialization and Mind Control in Twenty-first Century Neurocognitive Research'*, è *stato* presentato da Routley in una conferenza a Ginevra alla conferenza internazionale annuale dell'International *Cultic Studies Association* (*ICSA)* il 4 luglio 2009. Ecco un estratto dall'introduzione: *"Questi sopravvissuti hanno imparato a dissociarsi in età molto giovane attraverso certe pratiche transgenerazionali trasmesse attraverso la famiglia. L'uso della socializzazione traumatica è progettato per compartimentare la mente del bambino, per mantenere la segretezza e per mantenere lo status quo. L'asfissia, la privazione, l'isolamento e il dolore sono noti per dissociare il bambino, per assicurare la conformità comportamentale, per sopprimere l'autonomia e l'identità, per creare un'amnesia sulle attività anormali, e per creare una fedeltà indiscutibile (...) il terrore mantiene e rinforza la compartimentazione dissociativa. Il grado di dissociazione che risulta nella mente della vittima è determinato dall'età in cui è avvenuta questa socializzazione traumatica, dalla sua frequenza e intensità. Il lavoro clinico con i sopravvissuti ha portato a una nuova scoperta sui cambiamenti programmati nella struttura della 'mente', del 'sé' e della coscienza che si dice siano stati fatti con mezzi tecnologici o scientifici. Man mano che la fenomenologia della programmazione veniva esplorata clinicamente, i modelli di compartimentazione della mente che emergevano indicavano una sofisticata manipolazione della mente del bambino (...) Le osservazioni cliniche indicavano inoltre che la sofisticazione della 'programmazione' si evolveva in parallelo alle scoperte scientifiche. L'intervento terapeutico richiede in primo luogo una diagnosi appropriata dei sintomi traumatici, e in secondo luogo un mezzo per risolvere le credenze detenute dalle barriere dissociative e amnesiche. Questi fattori hanno spinto la ricerca a determinare strumenti efficaci per la guarigione. Le osservazioni cliniche dei sopravvissuti cresciuti in queste famiglie transgenerazionali, così come i risultati della ricerca neurocognitiva del XXI secolo, sono diventati la base su cui è emerso un modello di intervento."*[451]

Il termine "programmazione" è usato in due modi per i metodi di controllo mentale. Più comunemente, si riferisce alla persuasione coercitiva praticata nei culti distruttivi o nei gruppi militari, nei gruppi mafiosi, ecc. Il secondo uso del termine "programmazione" è molto più specifico e si riferisce alla *manipolazione*

---

[451] Restoring the Lost Self: Finding Answers to Healing from Traumatic Socialization and Mind Control in Twenty-first Century Neurocognitive Research' - Lowell Routley, 2009.

o traumatizzazione di personalità alterne, frammenti, stati mentali dissociati o entità allo scopo di controllare la mente.[452]

È quest'ultimo tipo di programmazione che viene applicato nel protocollo MK-Monarch. Nel libro *"Healing From The Unimaginable"*, la terapeuta Alison Miller dà questa definizione di programmazione: *"La programmazione è l'atto di impostare internamente delle reazioni predefinite in risposta a stimoli esterni in modo che la persona reagisca automaticamente in un modo predeterminato a cose come spunti uditivi, visivi, tattili, o sia in grado di eseguire una serie di azioni in relazione a una data o un tempo specifico."*

In uno dei suoi libri, la psicotraumatologa tedesca Michaela Huber dà la sua definizione di questo tipo di programmazione mentale: *"La programmazione nel contesto del trauma è un processo che può essere descritto come apprendimento sotto tortura". La metafora 'programmazione' è certamente di origine informatica e rappresenta in questo contesto ciò che gli psicologi chiamano condizionamento. Questo significa che la persona che è stata "programmata" deve reagire in modo stereotipato a certi stimoli. La reazione della persona ad uno stimolo è in questo caso automatica, quindi non è né un riflesso naturale né una reazione cosciente e volontaria. Per ottenere questo, "il programmatore", che chiamerò il torturatore, si è servito del fatto che la sua vittima è un bambino piccolo, preferibilmente già dissociato (con una personalità scissa) per realizzare il processo di apprendimento torturandolo. La tortura può includere abusi fisici, sessuali, emotivi e spesso la vittima viene minacciata di morire se non si adegua. Una volta che una vittima è stata programmata, è possibile controllarla con gli stimoli che sono stati "impiantati" (questi sono chiamati trigger). Un'alter personalità che è stata programmata di solito non è un'identità complessa ed è quindi chiamata anche "programma". Di solito questa persona è stata programmata per servire certi scopi: prostituirsi per arricchire il padrone, rubare, contrabbandare droga, ecc. Con l'aiuto della programmazione il maestro può anche fare in modo che la vittima abbia un'amnesia sull'abuso e sulla programmazione, può anche far sì che la vittima si suicidi quando sta per denunciare i suoi tormentatori."*[453]

Jeannie Riseman, membro del gruppo di attivisti americani *Survivorship*, descrive la programmazione MK di alto livello, cioè l'utilizzo di tecnologie sofisticate, come segue: *"Ciò a cui ci riferiamo quando parliamo di esperimenti di controllo mentale è la manipolazione deliberata e abile di diverse parti della mente di una persona, in modo che la persona diventi controllata da altri. Gli sperimentatori, i programmatori e i controllori hanno un obiettivo specifico in mente e selezioneranno le tecniche che meglio realizzano tale obiettivo. Conoscono diverse tecniche e quando non sono soddisfatti dei risultati di una di esse, modificano e adattano i loro metodi. Sanno esattamente cosa stanno facendo. La tecnologia che hanno a disposizione è molto più complessa e sofisticata di quella che è solitamente disponibile per i gruppi che praticano abusi rituali. Usano attrezzature che sono all'avanguardia, attrezzature che*

---

[452] *'Cult and Ritual Abuse'* - James Randall Noblitt & Pamela Perskin Noblitt, 2014, p.85.

[453] Multiple Persönlichkeit, Überlebende extremer Gewalt, Ein Handbuch' - Michaela Huber, 1995.

possono essere molto costose. Questa tecnologia include l'elettroshock, gli impianti, l'attrezzatura per iniettare informazioni in certe parti del cervello, la tecnologia per dividere gli emisferi cerebrali, ecc. ["454]

Questo è ciò a cui si riferisce il Dr. Lowell Routley quando scrive che le osservazioni cliniche hanno ulteriormente indicato che la sofisticazione della 'programmazione' si è evoluta in parallelo alle scoperte scientifiche.

Come abbiamo visto nel Capitolo 2, la programmazione Monarch è una lontana eredità di antichi culti misterici e rituali traumatici che portano a profondi stati dissociativi. MK-Monarch è il culmine di secoli di sforzi da parte di vari culti luciferiani per ottenere il controllo totale su un essere umano. Oggi, queste tecniche di programmazione mentale sono molto sofisticate e utilizzano generalmente apparecchiature elettroniche, in particolare legate all'uso delle armoniche (frequenze vibrazionali). In effetti, tutto su questo pianeta vibra ad una certa frequenza e questa moltitudine di frequenze può essere utilizzata per influenzare il cervello umano attraverso percorsi neurali (vedi il tema della psicotronica sviluppato nel capitolo 1). Nella ricerca MK, le armoniche sono utilizzate per attivare una particolare rete neurale al fine di compartimentare una data memoria. Nei laboratori che stavano già sviluppando queste tecniche elettroniche di controllo della mente negli anni '70 e '80, l'applicazione delle armoniche era chiamata *"allenamento del cervello"*.[455] Queste armoniche mirano a penetrare in profondità nel subconscio dello schiavo MK per controllare, per esempio, la sua respirazione, la frequenza cardiaca, ecc. Questa tecnologia potrebbe facilmente sostituire la pillola di cianuro per assicurare che spie e altri agenti muoiano con i loro segreti...

Ciò che è presentato in questo capitolo è basato su testimonianze di sopravvissuti e terapeuti di molti anni fa. L'evoluzione di qualsiasi tecnologia è esponenziale e lo sono anche le pratiche MK, quindi potremmo saperne di più quando i documenti saranno declassificati, proprio come alcuni sono stati declassificati riguardo all'MK-Ultra degli anni '50 e '60.

Il MK-Monarch comprende diverse discipline, le principali sono (le prime tre sono strettamente collegate)
- La scienza della tortura e del trauma.
- La scienza della droga.
- La scienza degli stati alterati di coscienza (ipnotici, dissociativi, trance)
- La scienza dello sviluppo psicologico e comportamentale del bambino.
- Scienza neurologica e psicotraumatologica.
- Scienza psico-elettronica o psicotronica.
- La scienza della menzogna e della manipolazione del linguaggio (psicologia inversa).
E probabilmente il più importante:
- La scienza paranormale, o il modo di usare mezzi spirituali e occulti per controllare qualcuno. In questa categoria rientra anche la demonologia.

---

[454] 'Healing The Unimaginable: Treating Ritual Abuse and Mind Control' - Alison Miller, 2012, p.15.

[455] *'Per il bene della sicurezza nazionale'* - Cathy O'Brien & Mark Phillips, 2015, p.404.

Nei livelli più alti della gerarchia luciferiana, il risultato sono soggetti che sono in grado di lavorare per la "Rete" essendo perfettamente integrati nelle posizioni chiave della società. La "Rete" è costituita da tutte le organizzazioni che applicano una dottrina luciferiana e lavorano più o meno ardentemente per l'instaurazione di un *Nuovo Ordine Mondiale* (la "religione senza nome"). Questi metodi MK sono quindi riservati ad una certa "élite", agli iniziati. Il livello di programmazione dei bambini in queste famiglie transgenerazionali o gruppi militari e politici varierà secondo diversi criteri:

- La conoscenza e la comprensione che il gruppo (o la famiglia) ha di questo tipo di controllo mentale.
- La capacità di dissociazione del bambino, il suo QI e il suo livello di creatività.
- La regione o il paese in cui cresce.
- Le risorse finanziarie e le attrezzature disponibili per i programmatori.

La componente essenziale del controllo mentale di Monarch è la creazione deliberata di un I.D.T. con un certo numero di identità, frammenti di personalità/anima, separati da pareti amnesiche. Ogni alter personalità è creata per ricevere un addestramento particolare che le assegna un ruolo specifico all'interno del culto o fuori nella società. Più complesso è l'abuso rituale e il controllo mentale che il bambino ha subito, più complesso sarà il suo I.D.T. e il suo mondo interiore. Nel complesso, si tratta di mettere in piedi un sistema che comprende le cosiddette personalità alter di *superficie* o di *facciata* che potranno interagire con il mondo profano, cioè nella società civile, mentre altre personalità alter molto più profonde avranno ruoli e attività occulte legate esclusivamente alla setta e alla sua rete.

Il 25 giugno 1992, la quarta conferenza annuale della regione orientale sull'abuso rituale e la personalità multipla si è tenuta al Radisson Plaza Hotel di Alexandria, Virginia. Il Dr. Corydon Hammond ha tenuto una conferenza inizialmente intitolata *"Hypnosis in Multiple Personality Disorder"* che è stata poi rinominata *"The Greenbaum Lecture"* perché il contenuto della conferenza era totalmente diverso da quello annunciato originariamente nel programma. [456]

Per lo stupore del pubblico, Corydon Hammond descrisse poi ciò che aveva scoperto in alcuni dei suoi pazienti. Ha rivelato pubblicamente l'esistenza di persone che sono state vittime del controllo mentale e della programmazione. Persone che soffrivano tutte di disturbo dissociativo dell'identità. Tra le altre cose, rivelò i diversi livelli di programmazione: *Alpha, Beta, Theta, Delta, Omega* e *Gamma* che erano emersi in alcuni dei suoi pazienti. Ha descritto le caratteristiche di questi diversi tipi di programmazione:

- *Alpha* è la programmazione di base, le prime scissioni di personalità che porranno le basi per il controllo mentale sullo schiavo, con una dissociazione dei due emisferi cerebrali.
- *Beta* è una programmazione sessuale volta ad eliminare ogni moralità e a stimolare gli istinti sessuali primitivi.

---

[456] *The Greenbaum Speach* - Una conferenza sponsorizzata dal *Center for Abuse Recovery and Empowerment* e dallo *Psychiatric Institute di Washington, D.C.*

- *Delta* e *Theta* sono assassini programmati, agenti speciali, soldati d'elite che possono avere certe abilità psichiche.

- *Omega* è la programmazione autodistruttiva, comprese le tendenze suicide e/o autolesioniste che si attivano quando il recupero dei ricordi comincia ad essere troppo grande.

- *Gamma* sarebbe la programmazione protettiva del sistema interno, cioè una funzione progettata per ingannare e disinformare.

Fritz Springemeier cita anche i programmi *Epsilon* (alterazione di animali) e *Zeta* (alterazione legata al film snuff).

In un'intervista del 1997 con Wayne Morris alla radio della Ryerson Polytechnic University di Toronto, Ontario (CKLN FM 88.1), la sopravvissuta Kathleen Sullivan ha descritto i diversi livelli di programmazione che lei stessa ha subito: *"Il programma Alpha era il programma base. Questo è quello che diceva mio padre. Era il programma che attivava le onde Alfa nel cervello. Bisognava iniziare con quello e poi passare agli altri. Il programma Beta, per me, si chiamava "Barbie". Un politico molto legato a questi programmi MK mi ha detto una volta che era Klaus Barbie che stava dietro a questa programmazione, che fu poi chiamata "Beta". È stata una programmazione che mi ha trasformato in un vero e proprio robot, soprattutto in ambito sessuale. Sono stato schiavo sessuale di diverse personalità dalla prima infanzia all'età adulta. In questo stato "Beta", non potevo più resistere, non avevo nemmeno una reazione di rabbia. Ero una schiava sessuale assolutamente docile e facevo tutto quello che questi uomini mi chiedevano di fare. Non avrei mai fatto queste cose se fossi stato nel mio normale stato cosciente. Il programma Delta riguardava soprattutto i militari. Sono stato messo in uno stato 'Delta' quando ero sotto gli ordini dei militari. Attraverso questa programmazione sono stato assolutamente fedele ai miei superiori. C'erano diversi sottocodici per attivare diverse parti del programma Delta, erano tre: Delta 1, Delta 2 e Delta 3. Erano attivati da numeri codificati. Quando ero nello stato mentale Delta, se parlavano questi codici potevo uccidere una persona nella stanza. L'ho fatto senza fare domande perché obbedivo alla persona che mi controllava in modo assoluto. In questo stato, non pensavo più, non riflettevo più. Questo programma fa molto uso dell'amnesia, nell'interesse della mia sopravvivenza. Lo sapevo ed ero abituato a questo. Il programma Theta riguardava soprattutto le capacità paranormali. Non mi piace molto questa parola perché ha un sacco di connotazioni negative. Ma stavano usando la mia energia mentale per fare una serie di cose che sono considerate paranormali... Alcuni film o romanzi hanno questi scenari... Ci hanno insegnato che si potevano usare queste tecniche per fare del male alle persone. Eravamo pieni di rabbia estrema e usavamo questa energia molto violenta per attaccare le persone con i nostri pensieri."*[457]

Il sistema interno delle persone che hanno subito abusi rituali e controllo mentale è diverso da quello delle persone con I.D.D. derivanti da abusi meno gravi e meno sistematici, non avendo uno scopo diretto di programmazione MK.

---

[457] *'Sopravvissuti degli Illuminati'* (3) - A.204: Intervista con Kathleen Sullivan, traduzione di Word of Life.

Le vittime di queste organizzazioni criminali che creano deliberatamente un D.I. per realizzare una programmazione complessa, mostreranno quindi alcune caratteristiche identificabili nei loro disturbi dissociativi. La terapeuta canadese Alison Miller ha notato[458] diverse di queste caratteristiche comuni ai sopravvissuti al controllo mentale:

- Presenza di un mondo interno complesso e di strutture interne ad incastro in cui sono imprigionate le personalità dissociate (frammenti d'anima).
- Uso di giochi e attività adatti all'età per facilitare la programmazione.
- Le alter personalità sono programmate per avere una funzione specifica.
- Presenza di un 'dump' per le alterazioni che non sono state sfruttate, quindi non vengono utilizzate dai programmatori ma rimangono nel sistema.
- Presenza di una gerarchia nell'altare.
- Assegnare l'alterazione a colori particolari.
- Presenza di osservatori e cronisti alterati che sanno tutto quello che è successo alla persona, tutto quello che fa, e che possono riferirlo agli insegnanti o ai programmatori.
- Presenza di un sistema di sicurezza che include punizioni per la disobbedienza.
- Presenza di alter con funzione di custode.
- Presenza di un sistema di archiviazione delle memorie, specialmente per le sessioni di programmazione.
- Presenza di alter che credono di essere animali, demoni o alieni.
- Il blocco si altera a una certa età in modo che non possano discernere la realtà dalla fantasia.
- Creazione di copie interne degli aggressori (alter executioners, identici agli aggressori)
- Presenza di un calendario interno con ruoli da svolgere in determinate date.
- Presenza di alterazioni la cui funzione è quella di inviare determinati sentimenti o impulsi.
- Presenza di "fattori scatenanti" posti deliberatamente per causare certi comportamenti o sintomi.
- Presenza di "trappole" che causano disperazione o innescano comportamenti suicidi quando si recuperano i ricordi e si espongono gli abusi.
- Uso di attrezzature tecnologiche per la programmazione.

Le tecniche MK mirano a spezzare la vittima, a raggiungere il *punto di rottura* da cui nascono gli stati dissociativi profondi. Si tratta quindi di manipolare questi stati dissociativi di coscienza per programmare i frammenti. Quella che segue è una lista di tecniche barbare per creare gli stati dissociativi necessari alla programmazione. Questi sono metodi che si trovano costantemente nelle testimonianze dei sopravvissuti e nei rapporti dei terapeuti.

---

[458] 'Healing the Unimaginable: Treating Ritual Abuse and Mind Control' - Alison Miller, 2012, p.46.

Queste sono le pratiche più violente e traumatiche perché i peggiori traumi saranno i più efficaci per la dissociazione e lo "sblocco" spirituale:

- Privazione sensoriale, privazione del cibo e del sonno, ma anche saturazione sensoriale (odori, suoni, flash di luce).
- Confinamento e reclusione in scatole, gabbie, bare, ecc.
- Modifica sistematica del comportamento e uso dell'ipnosi.
- Trattenimento con corde, catene, manette.
- Appeso in posizioni dolorose o a testa in giù.
- Soffocamento, quasi annegamento.
- Esperienze al limite della morte.
- Rotazione estrema su un perno, "come una trottola".
- Luce accecante o lampi di luce.
- Scossa elettrica.
- Stupro e tortura sessuale.
- Droghe (ingestione o endovena).
- Senso di colpa, vergogna, umiliazione e sminuizione.
- Minacce con armi da fuoco.
- Contenimento con insetti, ragni, ratti, serpenti, ecc.
- Ingestione forzata di sangue, feci, urina o carne.
- Tortura e/o stupro forzato di animali o umani (bambini, neonati).
- Doppio vincolo che rende una situazione a priori insolubile.
- Dissacrazione delle credenze cristiane e impegno con Satana.
- Uso di ninnananne, fiabe, libri, film e musica per la programmazione.
- Teatralità, inganno, manipolazione verbale, inversioni, illusioni e bugie.
- Attori, oggetti di scena, costumi e trucco per i rituali.

Fritz Springmeier spiega che i soggetti MK-Monarch sono creati per diversi scopi, sia gerarchici che non gerarchici. Alcuni soggetti saranno destinati a lavorare all'interno di potenti circoli di potere, sotto ottima copertura. Questi sono quelli che fanno parte della gerarchia, le linee di sangue. Di solito ricevono una programmazione complessa e multifunzionale e vengono utilizzati per assistere nella programmazione di altri schiavi. Su di loro, l'abuso non sarà fisicamente visibile, a differenza di coloro che non sono destinati a far parte dell'élite come i soggetti sacrificabili come gli schiavi del sesso, i corrieri della droga, gli allevatori, ecc. I figli sacrificali MK-Monarch sono quelli che non discendono dalle linee di sangue dell'élite, saranno programmati per certe funzioni e poi generalmente *"buttati giù dal treno della libertà"* (sacrificati, assassinati, "uccisi") quando raggiungono i 30 anni. Questo è il motivo per cui un *manichino presidenziale* di solito finisce per essere sacrificato. Bisogna quindi fare una grande distinzione tra gli schiavi Monarca dell'alta gerarchia, l'Ordine Luciferiano, e quelli che non lo sono. Come abbiamo visto, le linee di sangue sono estremamente importanti in questi gruppi, per i quali il sangue è un mezzo per acquisire potere (attraverso i rituali). Per questi culti, il potere è immagazzinato nel sangue, quindi il modo più efficace per trasmetterlo è attraverso il lignaggio transgenerazionale.

Il figlio di una stirpe luciferiana è concepito secondo certi rituali. Tutti i passi che questo bambino passerà per la programmazione sono ben pensati e seguono un protocollo dettagliato, a differenza dei bambini dissociati da case o famiglie incestuose ordinarie che non saranno sottoposti allo stesso regime. I soggetti MK della gerarchia saranno a loro volta utilizzati per programmare e addestrare altri bambini d'élite, mentre gli schiavi di seconda classe saranno abbandonati dopo una certa età. Le donne e gli uomini della gerarchia luciferiana continueranno a lavorare per il gruppo per tutta la vita con aggiornamenti regolari della programmazione.

La disponibilità di una persona per la programmazione riguarda anche il suo potenziale di possessione demoniaca, un punto che è strettamente legato al suo potenziale di dissociazione. Le famiglie transgenerazionali luciferiane sono tutte vendute e legate a Satana, e i loro figli gli appartengono. A causa dei legami occulti transgenerazionali incisi geneticamente e della connessione con queste forze demoniache, questi bambini sono i primi candidati per la programmazione Monarch. Mentre un bambino non-Monarca può essere programmato per diventare, per esempio, un giocatore di baseball o un corriere della droga, la programmazione più complessa che porta il bambino alle posizioni più alte sarà data a soggetti che hanno già un eccezionale potere demoniaco generazionale. In effetti, le entità demoniache legate a queste famiglie luciferiane sono un criterio importante che certificherà il successo di una programmazione.

Parte del processo MK-Monarch prevede la partecipazione a rituali di sangue per evocare i demoni più potenti. I rituali *Moon Child* sono concepiti per legare il feto ad entità demoniache. La creazione di questi *Bambini della Luna* all'interno del Progetto Monarch implica quindi un'alta magia nera e potenti demoni.[459]

Aleister Crowley è l'autore del libro *"Moonchild"*, pubblicato per la prima volta nel 1917. I rituali che devono essere eseguiti per catturare un'anima e creare un *Moonchild* sono più o meno descritti in tre dei suoi libri. Il protocollo magico inizia molto prima della nascita del bambino prescelto, che ovviamente avrà genitori biologici di un certo lignaggio. Il suo concepimento sarà ritualizzato in modo ben definito, niente di meno che consacrare un bambino ai demoni attraverso la magia sessuale al momento del suo concepimento. I traumi per dividere il bambino cominceranno nell'utero, un feto può essere violato in diversi modi: scosse elettriche, colpi di ago, vari traumi della madre che avranno ripercussioni sul bambino. L'obiettivo è quello di trasformarlo in un *bambino magico* che servirà da ospite per un'entità superiore. Il *Bambino della Luna* sarebbe quindi una sorta di avatar cresciuto secondo la programmazione del Monarca per realizzare la sua incarnazione qui sulla terra servendo un piano di ordine superiore. Nel suo libro *"Blood on the Altar"*, Craig Heimbichner afferma che in un'istruzione segreta del nono grado dell'O.T.O. (Ordo Templi Orientis), si parla della creazione di un *"Moon Child"* attraverso la possessione demoniaca di un feto durante una copula rituale... Questa è l'eredità della tradizione assiro-babilonese, mantenuta da satanisti come Aleister Crowley.

---

[459] La formula degli Illuminati usata per creare uno schiavo invisibile a controllo totale della mente - Fritz Springmeier & Cisco Wheeler, 1996, cap.1.

Il film *Rosemary's Baby*, diretto da Roman Polanski nel 1968, rappresenta la nascita di questo demoniaco *Moon Child*, il cui concepimento è avvenuto durante un rituale specifico. Il film ritrae un'oscura rete satanista i cui membri sono socialmente insospettabili. Va notato qui che il giovane cantante *Kerli*, il cui video molto popolare *'Walking On Air'* (che rappresenta esplicitamente il processo di programmazione Monarch nel suo simbolismo, ha chiamato i suoi fan i *"Moonchilds"* (maggiori informazioni su questa giovane artista nel capitolo 9 sull'industria dello spettacolo).

L'infanzia è centrale in tutte queste pratiche. Nel libro di Alison Miller, *Healing the Unimaginable*, l'ex satanista Stella Katz descrive un tipo di organizzazione gerarchica composta da tre *Circoli* che illustrano come possono funzionare le reti sataniste/lucifere:

- Il 'Primo Cerchio' del gruppo in cui sono stato cresciuto comprende i membri del gruppo che sono nati in questo Primo Cerchio o nel gradino più alto del Secondo Cerchio. I bambini nati in questo Circolo sono addestrati dalla nascita alla programmazione.

- Il "Secondo Cerchio" comprende persone che non sono nate nel gruppo ma vi sono state introdotte in età molto giovane, di solito prima dell'età di un anno. Per esempio, il figlio di un membro del Terzo Cerchio o un bambino reclutato da una babysitter o da un vicino. Anche loro ricevono una programmazione, ma non inizierà così presto come nel Primo Cerchio.

- Il 'Terzo Cerchio' include persone che si sono unite al gruppo nella loro adolescenza o nell'età adulta. Se queste persone hanno figli di età inferiore ai due anni, o bambini di intelligenza brillante di età inferiore ai quattro anni, allora questi si uniranno al Secondo Cerchio. I bambini più grandi rimarranno nel terzo cerchio. Saranno usate per "produrre" bambini, per la prostituzione, o per agire come "talpe" (infiltrazione, spionaggio). Non sono mai autorizzati ad assistere ad un rituale da vicino, sono rinchiusi nelle ultime file, i loro corpi formeranno il cerchio esterno mentre le loro spalle sono rivolte alla cerimonia, o saranno posti più indietro per la sorveglianza. Le persone che vengono portate in un gruppo da adolescenti o da adulti di solito non hanno un disturbo dissociativo dell'identità perché dopo i nove anni non si può scindere un individuo.[460]

Troviamo qui la nozione di una gerarchia elitaria descritta sopra, che conserva le linee di sangue nel *Primo Cerchio*, mentre i figli dei livelli inferiori della rete saranno gli schiavi MK di seconda categoria (*Terzo Cerchio*). Questo esempio di organizzazione gerarchica ci mostra l'importanza dei bambini per questi culti, che possono solo perpetuare le loro pratiche iper-violente e assassine da una generazione all'altra attraverso la corruzione e la programmazione della prole. Il controllo mentale basato sulla dissociazione è quindi il fondamento di questa "religione senza nome", una programmazione sistematica senza la quale probabilmente crollerebbe. Inoltre, se lo *"sblocco spirituale"* dei bambini

---

[460] 'Healing the Unimaginable: Treating Ritual Abuse and Mind Control' - Alison Miller, 2012, p.94.

dovesse cessare, il contatto - il potere e la "guida" - con i demoni sarebbe molto diminuito.

I soggetti che passano attraverso questi protocolli sistematici MK sono anche soggetti a regole severe che formano il collante protettivo della rete:
- La legge del silenzio: non rivelare le attività della setta al di fuori della rete.
- Sii leale con gli abusatori passati e presenti.
- Obbedire a tutti gli aggressori passati e presenti e all'alter responsabile del sistema I.D.T.
- Non stabilire relazioni strette con persone al di fuori della rete.
- Mantenere una facciata pubblica di normalità, o di pazzia se c'è stato un allontanamento dal gruppo.

La lealtà e la fedeltà al gruppo e la legge del silenzio sono quindi le prime cose che si incidono profondamente nel bambino. Ma tutta la sua programmazione sarà basata su tre principi fondamentali senza i quali non potrebbe essere mantenuta nel tempo:
- Terrore.
- Il rifiuto di Dio.
- Il legame (incatenamento) con entità demoniache.

Se la vittima è psicologicamente e fisicamente paralizzata dal terrore, non potrà rivolgersi a Dio per chiedere aiuto. Inoltre, se sono legati/catenati ai demoni, allora la programmazione sarà effettivamente mantenuta nel tempo. La setta vuole fare in modo che tutto il potenziale di empatia e di potere di cui il bambino è naturalmente dotato venga totalmente neutralizzato, l'obiettivo è addirittura quello di distruggere questi potenziali positivi. La vittima dovrà anche sentirsi totalmente rifiutata e ignorata da Dio, ed è per questo che l'opera di sabotaggio spirituale inizia molto presto. La programmazione spirituale è una parte molto importante del controllo mentale. Un individuo traumatizzato e scisso, necessariamente molto instabile e in balia delle dottrine luciferiane/sataniche del programmatore, subirà quello che può essere paragonato al lavoro alchemico: *"Disolve - Coagula"*: dissolvere per ricomporre. Nel caso dell'MK-Ultra o dell'MK-Monarch, questo corrisponde al trauma che porta ad una dissociazione, un frazionamento (la dissoluzione, la *tabula rasa*), poi viene la ricomposizione (programmazione con una nuova identità e nuove funzioni). La formula massonica *"ordo ab chao"* (ordine attraverso il caos) si applica anche al controllo mentale basato sul trauma. In effetti, il programmatore è l'unico che potrà mettere *ordine* (organizzazione e programmazione del sistema interno) nel *caos* psichico che ha volontariamente creato nella vittima (traumi successivi che portano alla rottura della personalità e dei ricordi). Lo schiavo MK avrà quindi bisogno del programmatore o del suo padrone per poter funzionare di nuovo, in modo che l'ordine possa tornare dopo il caos... Queste formule alchemiche sono fondamentalmente neutre, ma possono essere usate per schiavizzare e controllare gli umani, e lo sono. Queste tecniche sono più efficaci con un bambino molto giovane il cui subconscio è ancora una pagina bianca *in modalità di registrazione*.

Negli elaborati protocolli di MK per creare una futura élite, i bambini sono profilati dall'età di 18 mesi. Cioè, i programmatori fanno una valutazione del carattere e della personalità del bambino per determinare il suo potenziale. John Gittinger (che si unì al progetto MK-Ultra nel 1950) è il progettista del P.A.S. (*Personality Assessment System*), un sistema di valutazione della personalità per valutare il comportamento futuro di un individuo. Questo sistema permette di distinguere i diversi tipi di persone e quindi di identificare il potenziale del bambino per adattare la sua programmazione al suo futuro ruolo nella società. Il P.A.S. è rimasto classificato, anche se alcuni lavori di Gittinger sono sfuggiti alla segretezza delle agenzie di intelligence e sono diventati di dominio pubblico.[461] Gli EEG (elettroencefalogrammi) sono usati anche in parallelo con il P.A.S.. Queste tecniche di valutazione neurologica e psicologica forniscono quindi ai programmatori MK lo strumento perfetto per valutare il bambino piccolo ancora prima che acquisisca competenze linguistiche. Questo permette loro di mettere a punto la programmazione per il singolo bambino. Il bambino seguirà poi il copione che è stato impostato per lui fin dai primi anni... Più tardi, nell'adolescenza e nell'età adulta, riceverà tutto il sostegno necessario e il denaro dalla Rete per essere strategicamente iniettato nella società dove apparirà con una personalità di facciata.[462] L'obiettivo è quello di mettere individui "sicuri" in posizioni chiave, poiché gli "anelli deboli" non sono un'opzione in un tale sistema. La programmazione MK ottimizza il potenziale iniziale degli individui e li rende i migliori in vari campi di attività, dalla politica allo sport di alto livello, alla scienza e all'arte.

Il bambino avrà di solito lo stesso programmatore per diversi anni. Il bambino si alternerà a vivere con la famiglia e il programmatore, con i genitori che riceveranno istruzioni specifiche per mantenere e rafforzare il lavoro in corso. La testimonianza di Cathy O'Brien mostra come suo padre ricevette informazioni sulle tecniche di controllo mentale per applicarle ai suoi figli: *"Poco dopo, mio padre volò a Boston per un corso di due settimane ad Harvard su come crescermi in relazione a questo ramo del Progetto Monarch legato a MK-Ultra. Quando tornò da Boston, mio padre era sorridente e felice della sua nuova conoscenza di quella che lui chiamava "psicologia inversa". Questo è simile alle "inversioni sataniche", e comporta giochi di parole e altre frasi che mi hanno bruciato nella mente, come: "Tu guadagni abbastanza per essere ospitato, e io ospiterò quello che guadagni. A me diede un gingillo, un braccialetto commemorativo fatto di cagnolini, e a mia madre la notizia che avrebbero "avuto altri figli" da crescere come parte del progetto (ora ho due sorelle e quattro fratelli, di età variabile dai 16 ai 37 anni, che sono ancora sotto controllo mentale). Mia madre ha seguito i suggerimenti di mio padre, padroneggiando gradualmente l'arte di manipolare il linguaggio. Per esempio,*

---

[461] An Introduction to the Personality Assessment System - John Winne and John Gittinger, Journal of Community Psychology Monograph Supplement No.38. Rutland, Vermont: Clinical Psychology Publishing Co, Inc. 1973. 'The CIA Won't Go Public' - rivista Rolling Stone, 18/07/74.

[462] *La formula degli Illuminati usata per creare uno schiavo invisibile a controllo totale della mente* - Fritz Springmeier & Cisco Wheeler, 1996.

quando non riuscivo a chiudere i bottoni del mio pigiama da cima a fondo, in un tentativo infantile di negare l'accesso a mio padre, chiedevo a mia madre: "Per favore, chiudili. Lei si adeguava premendo i suoi indici contro la mia pelle come se fossero dei pungoli. Il dolore che provai fu psicologico, poiché mi provò ancora una volta che lei non aveva alcuna intenzione di proteggermi dagli abusi sessuali di mio padre. Pur rispettando le istruzioni impartitegli dal governo, mio padre cominciò anche a lavorarmi come la Cenerentola della favola. Ripulivo il camino dalla cenere, portavo i ceppi per il fuoco e li ammucchiavo, rastrellavo le foglie morte, frantumavo il ghiaccio e spazzavo - "perché", diceva mio padre, "le tue piccole mani sono proprio fatte per il manico del rastrello, la scopa, la pala per la cenere e la scopa". A quel tempo, il suo sfruttamento sessuale di me includeva la prostituzione con i suoi amici, mafiosi e massoni locali, parenti, satanisti, estranei e agenti di polizia. Quando non venivo lavorata fino allo sfinimento, filmata in modo pornografico, prostituita o coinvolta in relazioni incestuose, mi dissociavo da me stessa nei libri. Avevo imparato a leggere alla tenera età di quattro anni grazie alla mia memoria fotografica, una conseguenza naturale della mia I.D.T. "[463]

Lo stato già pesantemente dissociato del bambino era la porta per iniziare un processo di programmazione Monarch. Earl O'Brien ha venduto sua figlia a un'élite senza legge che ha coperto in cambio le sue attività illegali di pedopornografia.

Molti dei medici che praticano la programmazione MK sono anche attivi nei culti, se non partecipano ai rituali sono almeno consapevoli di queste attività occulte e usano l'alterazione creata dal trauma nelle varie programmazioni. Questa è una delle ragioni per cui i bambini nati in ambienti incestuosi, luciferiani/satanici, sono prede ideali per i progetti MK del governo. È anche importante capire che un programmatore è lui stesso in uno stato dissociato quando viola e divide il bambino per la programmazione. Di solito è una delle sue alter personalità, totalmente priva di empatia, che ha il controllo durante queste sessioni. La maggior parte dei programmatori di oggi soffre quindi di una doppia personalità. Secondo Fritz Springmeier, siamo attualmente nella seconda o terza generazione di schiavi MK-Monarch, che a volte sono diventati essi stessi programmatori. Secondo lui, gli umani programmati stanno attualmente facendo la maggior parte del lavoro nel controllo mentale basato sul trauma.

3 - SPEZZARE IL CUORE E RICABLARE IL CERVELLO

a/ il cuore

Preferibilmente il bambino nascerà prematuramente. Secondo Fritz Springmeier, una nascita prematura è importante perché la cura di un tale

---

[463] *L'America nel mezzo della trasformazione* - Cathy O'Brien & Mark Phillips, 2013, p.129.

bambino è "naturalmente" traumatica: catetere nella vescica, linee endovenose, maschera di ossigeno, ecc.

La Rete farà in modo che la prima cosa che il bambino vede quando nasce sia uno degli individui che lo programmeranno. Durante i prossimi mesi, il programmatore parlerà regolarmente al bambino in modo molto dolce, amorevole e ipnotico in modo che il bambino si leghi naturalmente al suo futuro *allenatore*. Un neonato è in uno stato di totale dipendenza dai suoi genitori o dal suo tutore e man mano che cresce deve acquisire gradualmente autonomia e indipendenza. Tuttavia, in termini di relazioni, rimarranno molto dipendenti dalla protezione e dalla benevolenza dei loro genitori o tutori per molto tempo. Questo ovviamente richiede che i genitori o i tutori siano disponibili per offrire al bambino una presenza incoraggiante, amorevole e rassicurante.

Quando i genitori o i tutori sono ostili o addirittura sadici e violenti, il bambino si trova allora di fronte a un dilemma per il quale non ha soluzione; perché qualunque cosa accada è obbligato a fidarsi e ad affidarsi totalmente ai suoi genitori, anche se sente una forte negatività emanare da loro. Non ha scelta e di fronte a questa missione impossibile, il giovane bambino perderà molta energia psichica, si dividerà in un *"doppio pensiero"*, una premessa di dissociazione. Il bambino non può fuggire esternamente, quindi fuggirà internamente attraverso il distaco, la passività, l'"assenza".[464]

Nel protocollo di programmazione Monarch descritto da Fritz Springmeier, il bambino sarà inondato d'amore (*love bombing*, una classica tecnica di culto) durante i primi mesi di vita in preparazione al brusco ritiro delle cure e della tenerezza a partire da circa 1,5 anni. Secondo Stella Katz, altri protocolli MK non aspettano che il bambino abbia 18 mesi per scindere la personalità e la programmazione Alpha (le prime scissioni di base) viene fatta tra i 6 e i 10 mesi, il processo dissociativo può anche iniziare su un feto.

Questo primo stadio, descritto da Springmeier, consiste nel privare brutalmente il bambino di tutto ciò che è tenero e piacevole in questo mondo. Attraverso il trauma e la saturazione sensoriale, si dissocerà profondamente dalla dura realtà: gabbia, scosse elettriche, nudità, privazione di cibo, contatto e consumo forzato di escrementi... È allora che arriva l'*aiuto*: il programmatore che aveva svolto il ruolo di *"papà chioccia"* entra in scena per far soffrire il bambino nel suo lato più sadico e violento... L'individuo che lo ha amato e nutrito per 18 mesi non solo lo rifiuta ma addirittura lo fa soffrire volontariamente. Questa situazione estrema e inestricabile crea una scissione nel bambino che si aggiunge al trauma della nascita prematura.

Durante i primi mesi, una fusione *amorevole* tra il bambino e il programmatore deve necessariamente essere stabilita per creare una rottura netta quando il primo grande trauma viene imposto al bambino. Una frattura *"pulita"* del bambino si verifica quando il bambino si trova di fronte alla dualità estrema di una persona che significa molto per lui. Il bambino non può conciliare i due aspetti totalmente opposti dello stesso individuo, uno essendo un essere

[464] *Trauma e memoria: quando il dolore si infiltra nel corpo e nell'anima* - Dr Ansgar Rougemont-Bücking.

amorevole e protettivo, e l'altro il peggior delinquente. La persona di cui il bambino si fidava di più diventa la persona di cui il bambino avrà più paura. Springmeier chiama questa violenza iniziale, che è la prima grande spaccatura nella vita di un bambino, 'Breaking the Heart'.

Paradossalmente, in seguito a questa rottura violenta, si svilupperà un attaccamento malsano tra la vittima e il perpetratore. L'ambiguità tra amore e odio così come la mescolanza tra piacere e sofferenza saranno coltivate e mantenute permanentemente nel bambino dissociato. La sindrome di Stoccolma è una realtà e queste reti che praticano l'abuso rituale e il controllo mentale la sfruttano deliberatamente: le vittime si affezionano ai loro tormentatori.

Nel suo libro 'Dialogues with Forgotten Voices: Relational Perspectives on Child Abuse Trauma and the Treatment of Severe Dissociative Disorders', Harvey Schwartz spiega che la scioccante assenza di rabbia contro gli abusatori è radicata e rimarrà intatta. È come se questa immersione prolungata nell'abuso sadico e nel trauma estremo abbia quasi completamente invertito il sistema di autoprotezione della vittima.

Judith Herman descrive un processo che chiama *"legame traumatico"* tra la vittima e il perpetratore. Nel suo libro *Trauma and Recovery*, descrive questo processo come segue: *"Questo è il legame traumatico che si verifica con gli ostaggi o le vittime di abusi, che vedono i loro rapitori come salvatori... La ripetizione del terrore e delle minacce, in particolare in un contesto di isolamento, può portare ad un intenso senso di dipendenza, quasi di adorazione di qualche autorità onnipotente, quasi divina. Alcune vittime hanno riferito di essere entrate in una sorta di mondo esclusivo, quasi delirante, abbracciando totalmente il sistema di credenze magniloquenti del torturatore e sopprimendo volontariamente le proprie facoltà critiche in segno di lealtà e sottomissione. Tale comportamento è regolarmente riportato da persone che sono state sottoposte a culti religiosi totalitari."*[465]

Questo fenomeno della sindrome di Stoccolma è comune tra gli ostaggi. Brian Keenan è stato tenuto prigioniero per un anno a Beirut, in Libano. Nella sua autobiografia *'An Evil Cradling'* descrive come si affezionò alla sua prigionia: *"I miei giorni passavano in un lento e dolce delirio, come quel conforto e quella sicurezza che deve provare un bambino quando sua madre gli canta una ninna nanna. Nella mia cella guardavo selvaggiamente un insetto morto appeso nel suo bozzolo e provavo una strana soddisfazione. Non sentivo alcun desiderio di lasciare questo posto. Mi sono persino sorpreso con l'inizio di un panico che saliva in me all'idea di andarmene da qui, non volevo andarmene. Cominciai allora a temere la mia libertà, se fosse arrivata."*[466]

Il processo di attaccamento a una situazione di prigionia o di sottomissione si trova anche nei culti satanico/luciferiani che praticano lo MK. La vittima cresce in un ambiente dove sembra impossibile fuggire, dove sembra impossibile rompere l'ambiguo attaccamento psicologico ai perpetratori, che

---

[465] Trauma e recupero: le conseguenze della violenza, dall'abuso domestico al terrore politico" - Judith Lewis Herman, 1997, p. 92.

[466] *Una culla del male* - Brian Keenan, 1993, p.73.

rinforzano deliberatamente questa sindrome di Stoccolma. Le catene di programmazione tesseranno meticolosamente una specie di bozzolo... la culla della farfalla monarca schiava.

Questo processo di attaccamento si rafforza quando l'individuo si sente in pericolo e in estremo bisogno di aiuto. Questo è il motivo per cui l'abuso rituale a volte comporta una situazione in cui la vittima (di solito un bambino) crede effettivamente di morire, o come abbiamo visto, arriva addirittura a indurre un *DND*. Queste tecniche creeranno un forte attaccamento psicologico tra il *"salvatore"* e la vittima totalmente terrorizzata e dissociata. È l'applicazione del metodo *"pompiere-piromane"*, che consiste nel creare volontariamente un disordine per portare "ordine"... Sempre le stesse manipolazioni sataniche, sia su scala individuale che globale.

Il programmatore lavora quindi sull'attaccamento tra vittima e carnefice, sulla dipendenza dal trauma, quello che lo psicoanalista tedesco Karl Abraham ha chiamato *"traumatofilia"* (probabilmente legato alla neurochimica), ma anche sulla mescolanza delle nozioni di piacere e dolore, al fine di manipolare le vittime e le loro alter personalità. Questo fenomeno di "attaccamento traumatico" o sindrome di Stoccolma è un punto importante nella programmazione MK perché il programmatore diventa l'unico che può mettere ordine nel caos interiore che ha causato nello schiavo che fatalmente gli si sottomette.

Questa è la testimonianza di una vittima del controllo mentale che fu programmata dal dottor Joseph Mengele a Kansas City nei primi anni '60. Questa testimonianza è riportata da Carol Rutz nel suo libro *A Nation Betrayed*: *"Nella programmazione di base (Alpha), cioè i traumi che mirano a moltiplicare il numero di alter che saranno poi programmati e utilizzati per funzioni specifiche nella struttura interna, ho un ricordo di Mengele che crea un legame traumatico specifico. Ha rotto l'altare con una frazione che lo ricordava con grande affetto (ma con molti abusi sessuali), mentre l'altra frazione era totalmente terrorizzata dalla sua crudeltà. Con la prima scissione dell'alter ego, ha programmato la convinzione che lui era dentro di esso e che lo stava nutrendo e insegnando così bene che questa frazione di personalità si è attaccata ad esso e non voleva lasciarlo. Poi più tardi l'ha bruscamente rifiutato, facendolo sentire inutile e abbandonandolo. "[467]*

Rutz riporta anche la testimonianza di una donna sopravvissuta che fu ripetutamente programmata dal dottor Joseph Mengele in Florida nel 1954 e in Tennessee nel 1955 e 1956:

"Essendo diventato vecchio e grigio, lui (Mengele) si chiamava "nonno". Ha usato il film "Heidi" con me e ha preso il ruolo del nonno di Heidi. Credo che la parte insidiosa del suo lavoro su di me sia stata "l'amore". Mi ha amato e mi ha torturato. Deve aver addestrato anche mio padre, perché mio padre faceva esattamente la stessa cosa. Una delle frasi preferite di Mengele era "Il dolore è

---

[467] 'Una nazione tradita: l'agghiacciante storia vera degli esperimenti segreti della guerra fredda eseguiti sui nostri figli e altre persone innocenti' - Carol Rutz, 2001.

piacere e il piacere è dolore mio caro". Sono qui per rendervi molto felici. Mi amerai per sempre!"[468]

La maggior parte dei sopravvissuti al controllo mentale riferisce che i programmatori inducono questo attaccamento malsano con le loro piccole vittime fin dai primi anni della loro vita. Carol Rutz ricorda che il suo programmatore, Sydney Gottlieb, disse a uno dei suoi nuovi alter: *"Io sono la tua mamma e il tuo papà, tu ami solo me e io sono l'unico che ti ama. Io ti nutro e ti porto, tu appartieni solo a me. La nostra 'parte bambina' (alter) è cresciuta fino a dipendere e amare 'Papa Sid' come unica fonte di amore e nutrimento. Da allora, si era stabilito un legame profondo... Non importa quali esperimenti facesse su di me, lo amavo e rimanevo fedele all'uomo che il mio bambino altera considerava il suo unico fornitore delle cose più elementari della vita: amore e cibo. "*[469]

b/ Il cervello

Il biologo americano Bruce Harold Lipton ha scoperto che i bambini costruiscono le basi del loro subconscio tra la nascita e i 6 anni. Durante questo periodo, possiamo dire che il cervello del bambino è in *modalità di registrazione*. La mente subconscia formata durante questi primi anni sarà la base della psicologia del futuro adulto. Bruce Lipton afferma che tutti i bambini fino all'età di 2 anni hanno onde cerebrali in frequenza *delta*, una frequenza d'onda ultra-lenta. Poi, dai 2 ai 6 anni, i bambini sono per lo più in uno stato di onda *theta*. Queste basse frequenze cerebrali *delta* e *theta* faranno sì che il bambino si trovi in uno stato particolarmente programmabile, uno stato chiamato "trance ipnagogica". Questo è lo stesso stato cerebrale che gli ipnoterapeuti usano per indurre nuovi comportamenti nel subconscio dei loro pazienti. In altre parole, durante i primi sei anni di vita, i bambini passano la loro vita in una sorta di stato di *trance ipnotica* permanente. Ecco perché a questa età sono in grado di immagazzinare grandi quantità di informazioni... e perché continuano a fare domande. D'altra parte, il bambino non è in grado di differenziare criticamente la moltitudine di informazioni che riceve attraverso i suoi cinque sensi, registrerà tutto come un hard disk vuoto, integrando tutto come una verità. È questa costruzione della mente subconscia, una specie di programmazione al computer, che guiderà la vita futura del bambino. Ogni bambino è quindi *programmato* dal modo in cui viene educato e dalle sue esperienze di vita. È una lavagna vuota, un disco rigido vuoto, un pezzo di argilla sul tornio del vasaio, la domanda è quale sarà la natura dello 'scultore'...

Anche senza stati dissociativi, è molto facile programmare e indottrinare un bambino prima dei 6 anni. Come abbiamo visto, i bambini dei culti luciferiani sono sistematicamente programmati in primo luogo per rimanere fedeli al

---

[468] Ibidem.

[469] Ibidem.

gruppo. Questa è la prima cosa che viene inculcata profondamente in loro, una base per poter realizzare progetti a lungo termine con persone sicure e leali.

Durante gli anni '90, i neurobiologi hanno cominciato a capire che il cervello del bambino contiene un numero enorme di connessioni indefinite tra i neuroni, in attesa di essere impostate in base alle esperienze di vita. Questi neuroni si collegano tra loro attraverso sinapsi (o connessioni neurali) che si svilupperanno quindi in risposta alle esperienze e ai bisogni del bambino. Man mano che il bambino si sviluppa e impara, queste connessioni sono raffinate e perfezionate dai dati in arrivo. Le esperienze della prima infanzia hanno quindi un impatto cruciale su come il cervello organizzerà le sue basi. Le esperienze traumatiche durante i primi anni di vita hanno ovviamente un grande impatto sulle strutture di base più profonde del cervello.

Di fronte a un trauma, il cervello deve rispondere a questo stress in un certo modo, in primo luogo con una modifica chimica con il rilascio di alcuni ormoni, ma anche con la modifica o la creazione di connessioni neuronali. Gli stimoli ordinari della vita arricchiranno le reti neurali in un certo modo, ma il forte sovraccarico rappresentato dai primi traumi avrà anche un grande impatto sulle sinapsi. I geni contengono le informazioni per l'organizzazione generale della struttura del cervello, ma sono le esperienze di vita a determinare quali geni saranno attivi, come e quando. L'espressione di questi geni è legata alla produzione di proteine che permettono la crescita neuronale e la formazione di nuove sinapsi. Sono quindi le esperienze del bambino, sia positive che negative, che influenzano direttamente l'attivazione di specifiche vie sinaptiche e modellano il substrato neurale complessivo del cervello. Il dottor Daniel Siegel chiama questa "neurobiologia comunicativa", che è il modo in cui il cervello umano si sviluppa secondo le esperienze di vita del bambino. Recenti studi di neuroscienze hanno dimostrato che il cervello cambia costantemente e adatta le sinapsi durante tutta la vita, a seconda dell'ambiente e delle esperienze dell'adulto, ma è chiaro che questo processo di adattamento neurale è particolarmente attivo durante la fase di crescita del cervello.[470]

In un articolo intitolato "Retraining the Brain: Harnessing our Neuralplasticity", la psicoterapeuta Janina Fisher scrive: "Dalla rivoluzione delle neuroscienze nei primi anni '70 (con i progressi radicali nella tecnologia degli scanner che ci hanno permesso di studiare il funzionamento del cervello in tempo reale) ora sappiamo che tutte le aree del cervello sono 'plastiche'. Sono capaci di riorganizzarsi, facendo crescere nuove cellule e reti neurali mentre rendono obsolete altre aree, in risposta alle esperienze della vita. Lo psichiatra e ricercatore Norman Doidge, autore di *The Brain That Changes Itself*, chiama questa neuroplasticità il 'paradosso della plastica'.

Un bambino che subisce un trauma ripetitivo ed estremo nella prima infanzia (causando la dissociazione e la modificazione chimica del cervello) svilupperà quindi una rete neurale con connessioni particolari che normalmente non svilupperebbe. Userà quindi parti del suo cervello che non sono

---

[470] 'La mente in sviluppo: verso una neurobiologia dell'esperienza interpersonale' - Daniel Siegel, UCLA School of Medicine, 1999.

normalmente utilizzate per far fronte a esperienze di vita estreme. La perturbazione chimica del cervello traumatizzato porterà anche ad una dipendenza dissociativa che contribuirà all'asservimento dello schiavo Monarch. Poiché tutto questo lavoro di costruzione neurale avviene principalmente durante la prima infanzia, il trauma precoce influenzerà sia il quoziente d'intelligenza che la creatività del bambino: iperattività, ipersensibilità, ipervigilanza, ipermnesia, il tutto potenzialmente porta a percezioni extrasensoriali e facoltà paranormali. In un processo MK, un programma di allenamento e stimolazione lavorerà per rafforzare alcune aree del cervello che di solito non sono attive. Il bambino traumatizzato si dividerà in diverse personalità alterne le cui facoltà fisiche, intellettuali e psichiche possono quindi essere coltivate e sfruttate nella loro programmazione. La grave dissociazione risultante da un trauma estremo in un giovane cervello in costruzione porta così ad una profonda modificazione delle sinapsi e svilupperà i tre criteri principali del controllo mentale di tipo Monarch:

- Una personalità multipla con pareti amnesiche.

- Eccellenti capacità fisiche, intellettuali e psicologiche.

- Uno "sblocco spirituale" che apre un varco verso altre dimensioni e una connessione con certe entità. Questa *lacerazione dell'anima* dà accesso al vasto mondo interiore della vittima, di cui abbiamo parlato nel capitolo precedente, una dimensione dove si trovano i frammenti dissociati dell'anima, una dimensione che sarà organizzata e strutturata dal programmatore come vedremo più avanti.

La genetica del bambino è di grande importanza perché contiene il potenziale di intelligenza e creatività, ma anche il potenziale di dissociazione e le facoltà extrasensoriali. La programmazione lavorerà per rafforzare questa o quella capacità secondo il ruolo futuro che sarà determinato e assegnato al bambino. Una mente debole difficilmente può essere programmata con questi metodi estremi basati sul trauma. Gli individui che passano attraverso questo tipo di programmazione I.D.T. sono formattati per superare il solito 10% della nostra capacità cerebrale.

Una buona intelligenza e creatività della materia è estremamente importante per un programmatore. Nella programmazione MK, la stimolazione dell'emisfero destro (analogico e intuitivo) o sinistro (logico e analitico) del cervello è usata per far lavorare i due lati del cervello indipendentemente l'uno dall'altro. Queste tecniche mirano a sviluppare e rafforzare una capacità particolare, ma anche a bloccare certe funzioni per favorirne altre. Il neuroscienziato Roger Wolcott Sperry ha dimostrato che gli emisferi cerebrali separati (per callosotomia, *'split-brain'*) potevano funzionare indipendentemente e portare a ragionamenti distinti basati sulle informazioni a cui ogni emisfero aveva accesso. Sperry ha anche avanzato l'ipotesi, molto discussa, che ci siano personalità separate o forme di coscienza in ogni emisfero. Proprio come c'è una scissione della personalità nel processo Monarch, si sta lavorando anche sulla scissione del cervello nei due emisferi in modo che possano funzionare indipendentemente l'uno dall'altro.

Una personalità altera può, per esempio, essere programmata per funzionare con l'emisfero sinistro mentre un'altra funzionerà con l'emisfero destro. I lati destro e sinistro del corpo, legati agli opposti emisferi cerebrali - fenomeno della controlateralità - possono contenere da una parte (sinistra) l'alter legato alle attività occulte e dall'altra (destra) l'alter della vita quotidiana e pubblica. Questo lavoro di separazione degli emisferi cerebrali permetterà anche di integrare programmi o ricordi che interesseranno solo una metà del corpo della vittima (vedi la testimonianza dell'australiana Kristin Constance nella seconda parte di questo capitolo, lei descrive chiaramente le tecniche di programmazione volte a disaccoppiare la parte sinistra e destra del corpo e quindi del cervello). Il processo consiste nel disconnettere, o staccare la spina, uno degli emisferi per poter lavorare pienamente con l'altro e quindi essere in grado di alimentarli con informazioni diverse. Le tecniche per stimolare un emisfero possono includere l'invio di messaggi chiari e udibili all'orecchio destro mentre l'orecchio sinistro è saturo di rumore confuso. O mostrare certe immagini o film a un occhio mentre l'altro occhio riceve una visione completamente diversa. Una parte del cervello può guardare un film horror sanguinoso mentre l'altra guarderà scene di famiglia felici. Questo ovviamente crea una scissione nel cervello e i due emisferi lavoreranno in modo diverso, uno cercando di dissociarsi dalla scena horror, mentre l'altro sperimenterà qualcosa di totalmente diverso. Una personalità alter di facciata della vita quotidiana vedrà scene felici attraverso l'emisfero sinistro, attraverso l'occhio destro, pensando di vivere in un mondo perfetto, mentre l'alter satanico legato all'emisfero destro vedrà scene di orrore attraverso l'occhio sinistro. Questi metodi di programmazione possono sembrare assurdi e come qualcosa uscito da un brutto film di fantascienza, ma la realtà supera la finzione... Ancora di più con la tecnologia di oggi.

Per creare degli alter ego iperintuitivi in grado di accedere ad altre dimensioni dell'essere, è necessario bloccare l'emisfero logico, cioè il lato sinistro del cervello. Quando questo emisfero è "spento", o messo in attesa, allora l'emisfero destro (che controlla la parte sinistra del corpo) può funzionare pienamente senza "competere" con l'altro emisfero. Quando questo emisfero destro è pienamente funzionante, anche il lato intuitivo, soggettivo e spontaneo è pienamente funzionante... Il soggetto Monarch deve quindi essere in grado di sviluppare le sue facoltà intuitive al 100% per accedere a certe dimensioni. Le personalità alter più profonde (legate all'occultismo più oscuro) avranno questa particolare programmazione del cervello destro per rafforzare al massimo questa iperintuitività creando facoltà extrasensoriali. Questa padronanza dei due emisferi cerebrali così come il pieno accesso alle funzioni del cervello destro fanno parte degli obiettivi da raggiungere nell'occultismo, il cervello destro permette l'accesso all'atemporalità, all'altro spazio-tempo. Il giornalista Pierre Manoury scrive a proposito del cervello destro: *"Questo emisfero destro è troppo 'magico', le sue verità, anche quando sono evidenti, sono respinte come appartenenti al dominio dell'irrazionale. Il cervello destro è capace di costruire "ponti", di immaginare soluzioni totalmente nuove, di ricevere e integrare sensazioni e impressioni dall'inconscio collettivo, di percepire influenze che non sono normalmente ricevute dai cinque sensi. È una fonte di ispirazione. È quello che deve essere risvegliato per imparare a conoscerlo al fine di acquisire la coscienza magica.*[471]

Al contrario, un alter ego sinistro avrà grandi facoltà per le lingue, il calcolo, la matematica, il pensiero razionale e analitico. Queste sono competenze essenziali per formare scienziati o geni del computer che lavorino per la Rete. Cathy O'Brien, il cui intero gruppo di fratelli fu sottoposto al programma di controllo mentale Monarch, riferisce che suo fratello Tom O'Brien fu formattato per essere un *"Compu-Kid"* (letteralmente un *Ordi-Kid*). Cioè un genio del computer con la programmazione MK. Nei protocolli per la creazione di super-schiavi, la manipolazione del tronco cerebrale è usata per creare bambini prodigio che possono lavorare, tra le altre cose, a programmi informatici super-potenti. Secondo Fritz Springmeier, questo consiste in un intervento chirurgico sul tronco cerebrale in modo che il cervello affronti una sovracompensazione a livello della cicatrice, con il risultato di alcune facoltà come un'eccezionale memoria fotografica. Il lavoro di programmazione mentale con la tortura, le droghe, l'ipnosi e l'I.D.T. migliora la capacità di memorizzazione delle vittime (ricordi consci o inconsci).

"I ricercatori federali coinvolti nel Progetto Monarch relativo all'MK-Ultra erano, ovviamente, consapevoli di questo aspetto della memoria fotografica dell'I.D.T., così come delle altre caratteristiche "sovrumane" che ne derivavano. L'acutezza visiva dell'I.D.T. è 44 volte superiore a quella della persona media. La mia acquisizione di una soglia del dolore anormalmente alta, unita alla compartimentazione della mia memoria, erano "necessarie" per applicazioni militari e altre operazioni segrete. Anche la mia sessualità era stata distorta fin dall'infanzia. Il fascino e l'utilità di tale programmazione (cioè il manichino presidenziale) era per i politici perversi che pensavano di poter nascondere le loro azioni nelle profondità della mia memoria compartimentata, che i clinici chiamano personalità." - Cathy O'Brien, *America nel mezzo della trasformazione*, p.130

Proprio come la dissociazione, la creatività del bambino è un fattore importante nel successo della programmazione MK-Monarch. Per questo motivo, il programmatore lo stimolerà al massimo. Il bambino è naturalmente creativo e costruisce un mondo immaginario molto facilmente. Il programmatore sarà in grado di raccontare al bambino storie, script o scenari di programmazione in modo molto vivido, in modo che si imprimano profondamente nella mente del bambino: l'obiettivo è che il bambino possa davvero "toccare", "gustare" e "sentire" lo scenario che si sta mettendo in scena nella sua mente. Il terrore e le droghe aumentano l'attenzione della piccola vittima in modo che possa integrare al meglio un mondo di fantasia nel profondo. Come abbiamo visto nel capitolo precedente, la creatività è potenziata a livello neurologico dal trauma della prima infanzia; se tutto è stato in ordine e in armonia nella vita di una persona, la sua energia veramente creativa non funzionerà o funzionerà solo in minima parte.

Affinché la creatività sia ottimizzata, deve essere incanalata. Secondo Fritz Springmeier, il programmatore guiderà quindi attentamente la creatività del

---

[471] 'Cours de haute magie de sorcellerie pratique et de voyance', Vol.2 - Pierre Manoury, 1989, cap.1.

bambino e ne definirà i limiti, la scintilla della creatività si verifica quando c'è un'alternanza tra concentrazione intensa (focus) e rilassamento (release). Il programmatore lavorerà quindi sia sul lato della sofferenza con la tortura (focus) che sul lato della bontà con un'attenzione sicura e premurosa (release). Una trance leggera permetterà alle idee creative di emergere, un processo che gli artisti conoscono bene. Nella programmazione Monarch, la creatività così come la dissociazione devono essere insegnate e incoraggiate perché se il bambino non sviluppa queste capacità, può finire per perdere la sua mente e infine la sua vita. La ricchezza della sua creatività alimenterà il suo mondo immaginario che agisce come un'ancora di salvezza proprio come la dissociazione è un interruttore di riserva. Dissociazione e creatività lavorano insieme per preservare in qualche modo la vita del bambino di fronte agli orrori traumatici.[472]

La programmazione Monarch lavora anche con quello che si chiama *Biofeedback*. La pressione sanguigna, la frequenza del polso, la frequenza cardiaca, la temperatura del corpo o di una parte del corpo, ecc. possono essere controllate consapevolmente e volontariamente dal cervello. Queste sono capacità psicofisiologiche che gli yogi indiani padroneggiano da secoli. Il controllo della pressione sanguigna, tra le altre cose, così come la capacità di raggiungere stati di trance profonda in modo controllato, sono facoltà che sono programmate in un soggetto MK. Secondo Fritz Springmeier, la programmazione Monarch consiste nel controllare il corpo fisico della vittima per rafforzare il fenomeno di essere una "bambola" totalmente sottomessa e controllata da un padrone esterno. Se un programmatore ha il potere, attraverso un trigger ipnotico, di alterare, per esempio, il battito cardiaco, la pressione sanguigna o la temperatura corporea del soggetto, il soggetto si sentirà né più né meno che una bambola o un giocattolo le cui funzioni biologiche sono attivate a volontà. Il corpo, così come la mente dello schiavo, è proprietà del padrone e allo schiavo non è permesso controllare il proprio corpo; sono le alter personalità che sono soggette a questi feedback biologici causati da trigger esterni.[473]

4 - LA MOLTIPLICAZIONE DELLE ALTER PERSONALITÀ

I metodi e i protocolli per creare deliberatamente un I.D.T. in una vittima al fine di programmarla variano certamente da gruppo a gruppo, ma le basi rimangono le stesse.

La programmazione alfa consiste nello stabilire i primi frammenti di personalità che serviranno come base/radice per creare tutti gli altri alter che saranno partizionati in diversi gruppi e diversi livelli del sistema interno.

La sopravvssuta Stella Katz ha descritto il protocollo del culto satanico, a cui apparteneva, per lo sdoppiamento delle personalità dei bambini: il primo sdoppiamento del bambino, l'alter primitivo, è chiamato il "primogenito" e avrà

---

[472] 'La formula degli Illuminati usata per creare uno schiavo totale non rilevabile controllato dalla mente' - Fritz Springmeier & Cisco Wheeler, 1996.

[473] Ibidem.

un ruolo di guardiano per il bambino. (È interessante notare qui che in alcune culture sciamaniche ci sono varie tecniche per il bambino molto giovane per ottenere uno "spirito guardiano", compreso l'uso di droghe allucinogene. Gli "spiriti guardiani" degli sciamani sono personalità dissociate alterate? Alcuni autori lo pensano, ma una cosa è certa: l'occultismo dietro il controllo mentale satanico/luciferico è direttamente collegato ad una conoscenza ancestrale presente ai quattro angoli del pianeta. Una conoscenza il cui punto centrale è la dissociazione della psiche umana). Stella Katz descrive poi la seconda scissione della personalità, che lei chiama il *"Gatekeeper"*. Un alter che sarà sempre presente quando viene creata una nuova personalità alter. Il gatekeeper non sperimenterà più alcun trauma (scissione) a seguito della sua nascita, il suo ruolo è quello di osservare tutto ciò che accade e di registrare tutti i nuovi alter creati. Secondo Stella Katz, questi primi due alter nel ruolo di "guardiani" avranno la stessa età del corpo fisico, cresceranno allo stesso tempo perché non ricevono più traumi dopo la loro nascita. Katz afferma che l'alter che sarà responsabile del sistema, quello a cui tutti gli altri devono sottomettersi, viene designato durante una traumatica cerimonia di rinascita in una carcassa di animale. Egli controllerà poi tutti gli altri alter legati alle pratiche occulte: *'Se un alter già esistente emerge durante la rinascita, diventerà il nuovo leader, perché se questo alter è abbastanza forte da assumere la cerimonia di rinascita senza lasciare il corpo, sarà abbastanza forte da guidare tutto il sistema, quindi merita questa posizione.'*[474]

Spiega anche che il processo di scissione della personalità deve essere fatto meticolosamente per ottenere alter controllabili e sfruttabili: *"Noi (e con questo intendo il gruppo con cui lavoravo) scindiamo volontariamente il bambino perché quando si scindono, senza guida, gli alter che si creano non sono in grado di diventare membri produttivi del gruppo, non possono essere controllati. Siamo consapevoli che un bambino che deve sopportare tutto il dolore e le torture che gli infliggiamo, morirebbe se non avesse dentro di sé delle parti per assorbire il trauma. È anche importante che il bambino che addestriamo abbia una personalità "normale" che sia accettabile per il mondo esterno. Una personalità che può andare a scuola e giocare con bambini esterni senza mostrare o rivelare nulla."*[475]

Gli anni successivi alle prime grandi scissioni che formano l'alter ego di base vedranno susseguirsi sessioni di traumi inimmaginabili per creare una moltitudine di frammenti separati tra loro da muri amnesici. Il processo dissociativo è la chiave di volta della programmazione e tutto sarà fatto per provocare questi stati modificati di coscienza: una violenta apertura psichica e spirituale. Durante le sedute, viene esercitata una forte pressione sul bambino per sfuggire al dolore dissociandosi, *passando attraverso lo specchio*, lui/lei fugge così da una situazione insopportabile accedendo ad altre dimensioni dell'essere. La dissociazione di fronte a un trauma estremo e all'evidente

---

[474] 'Healing the Unimaginable: Treating Ritual Abuse and Mind Control' - Alison Miller, 2012, p.110.

[475] Ibidem, p. 94.

minaccia di morte si manifesta paradossalmente con una calma improvvisa e sorprendente, con un'assenza di paura e dolore, indipendentemente dalla gravità della violenza. Questo è il risultato neurochimico del processo dissociativo descritto nel capitolo 5. In questo stato, la vittima diventa intensamente concentrata, sviluppa iperacuità sensoriale, rapidità mentale e una sorta di espansione della nozione di tempo.[476]

In un tale stato dissociato e ipnotico, il bambino diventa iper-ricettivo all'apprendimento e alla programmazione. Per questo motivo, nelle sessioni di programmazione del trauma, il bambino è incoraggiato verbalmente a dissociarsi, ad *andare attraverso lo specchio* o *oltre l'arcobaleno* per sfuggire al dolore = *il punto di rottura*.

Molti sopravvissuti descrivono questo stato di dissociazione profonda come uno stato di base, neutrale, senza alcuna identità. Ellen P. Lacter riporta un sopravvissuto che lo paragona a una *specie di chiavetta USB per un computer: un semplice oggetto su cui scrivere qualcosa.* Questo paragone ricorda il principio *della "tabula rasa",* la tabula rasa descritta dai padri dell'ingegneria sociale del Tavistock Institute.

Secondo alcuni sopravvissuti della MK, un programmatore esperto può facilmente riconoscere il *"punto di rottura",* cioè il momento in cui viene creata una nuova alterazione. Questo è il momento in cui il bambino non reagisce più al terrore e al dolore. Ogni nuovo frammento, o alter, sarà immediatamente nominato con un codice, un nome, ecc.

La dissociazione estrema sblocca il subconscio, espone la mente e permette di registrare le informazioni senza che la mente possa mettere in discussione o criticare nulla perché non c'è più alcuna barriera emotiva o di autocoscienza. Questa porta sul subconscio sarebbe accessibile prima che la vittima crei un nuovo alter (che, ricordiamolo, ha una funzione protettiva), è una finestra psichica profondamente dissociata dove nessun alter ha ancora il controllo del corpo fisico. È in questi stati di dissociazione profonda, dove la mente subconscia è totalmente sbloccata, che si installano le strutture del mondo interno, gli stati dissociativi profondi lasciano anche la porta aperta a entità che avranno un ruolo nel mantenimento della programmazione. Entità che non sono percepite dalle vittime come parte della loro personalità scissa, sono "corpi estranei" nel sistema interno dell'I.D.T.. Sono "installati" (demonizzati) dal programmatore quando il bambino è completamente dissociato e sbloccato. Le informazioni, le strutture e la programmazione immagazzinate nel subconscio quando questa finestra viene aperta non saranno mai integrate coscientemente dai diversi alter, sono dati che sono molto più profondi ma influenzeranno e controlleranno notevolmente lo schiavo MK-Monarch.

Durante le *sessioni* MK, il cervello della vittima può essere monitorato per rilevare quando le onde cerebrali integreranno meglio la programmazione.

Lo psicologo tedesco Hans Ulrich Gresch, egli stesso un sopravvissuto dell'MK, descrive questo processo di programmazione quando viene raggiunto il *"punto di rottura"*: *"Per ottenere questa 'tabula rasa', la tortura deve*

---

[476] 'Dissociazione e disturbi dissociativi: DSM-V e oltre' - P. Dell & J. O'Neil, 2009.

continuare fino a quando la vittima cessa di resistere, fino al punto di totale sottomissione, quando abbandona ogni volontà personale. Poi i programmatori spingono il processo ancora di più, fino a raggiungere questo stato di "tabula rasa"... È allora che la vittima diventa calma e ricettiva. Questo processo è una reazione fisiologica alla tortura quando viene applicata 'correttamente' (...) La vittima raggiunge uno stato in cui diventa estremamente suggestionabile, uno stato profondamente ipnotico in cui è pronta ad accettare qualsiasi cosa. Grazie a questo stato di iper-ricettività, i programmatori possono allora impiantare una 'personalità', uno script di personalità (...) Questo nuovo stato (alter) non registrerà coscientemente la tortura che è stata usata per crearlo. Ma questo terrore e dolore inconscio alimenterà continuamente la sua ricettività e iper-vigilanza. Anche se lo stato dissociativo isola il modo (la memoria) in cui questa esperienza si è verificata, essa rimane inscritta in qualche misura nella sua mente. L'informazione programmata sarà conservata intatta, con pochissimo deterioramento nel tempo, in gran parte grazie a una rete di neuroni che collegherà questa informazione con il dolore e il terrore che hanno preceduto il suo impianto."[477]

I programmatori si concentrano quindi principalmente sulla creazione di una dissociazione nella vittima. Attraverso l'uso di torture e droghe, riescono a scollegare le esperienze dalla coscienza che rimarrà bloccata nelle identità dissociate che hanno creato. Questo non è né più né meno che lo sfruttamento delle funzioni naturali di difesa neurologica che abbiamo descritto nel capitolo 5. Il libro *"Ritual Abuse and Mind Control: The Manipulation of Attachment Needs"* contiene la testimonianza di un sopravvissuto dell'MK che descrive questo processo di creazione di alterazioni: *"Quello che il programmatore faceva, per esempio, era farti morire di fame, farti girare (sedia rotante) per ore, metterti sotto certe frequenze sonore, legarti per infliggerti delle scosse elettriche fino a quando sente il momento in cui la tua mente si è 'rotta' (il punto di rottura) e vede che hai lasciato il tuo corpo (dissociazione). Questo è il momento in cui ti darà un altro nome, darà un nome a questo nuovo alter e dirà per esempio: "Sei una dea egiziana e la tua vita è dedicata alla morte e alla distruzione". Ci sarà un rituale in cui le persone sono vestite con abiti, cantano e bruciano cose. All'inizio, per il mio condizionamento e la mia programmazione, mi è stato insegnato come uccidere gli animali e come torturare gli altri bambini, e poi un sacco di altre cose..."[478]*

Stella Katz descrive il processo secondo le pratiche del gruppo a cui apparteneva: "Il programmatore osserva attentamente il bambino. Si pensa che una scissione si verifichi quando le grida del bambino diventano particolari (...) quando i suoi occhi rotolano indietro, si rilassa improvvisamente e diventa improvvisamente silenzioso. A questo punto, il programmatore ha una finestra da quindici secondi a un minuto in cui nominerà il nuovo alter del bambino e gli

---

[477] 'Abuso rituale e controllo mentale' - Cap: Controllo mentale basato sulla tortura: meccanismi psicologici e approcci psicoterapeutici per superare il controllo mentale - Ellen P. Lacter, 2011, p.78.

[478] *'Abuso rituale e controllo mentale: la manipolazione dei bisogni di attaccamento'* - Orit Badouk Epstein, Joseph Schwartz, Rachel Wingfield Schwartz, 2011, p.146-147.

assegnerà un colore e un simbolo magico. Il programmatore indossa questo colore con un simbolo nero sulla spalla o sul petto. Poi prende il bambino e lo avvolge in una coperta dello stesso colore. Il bambino riceve poi molta attenzione e affetto per circa un'ora. Il bambino viene nutrito, lavato, cambiato e coccolato. Gli si parla continuamente nella sua lingua, che può essere o non essere quella di sua madre, usando il suo nuovo nome che gli è stato appena dato. Poi finalmente viene cullato per farlo dormire (...) Questo processo può durare qualche ora o qualche giorno a seconda del bambino."[479]

La sopravvissuta Trish Fotheringham descrive la dissociazione e la programmazione come segue: "Il loro abuso era attentamente pianificato. I miei allenatori (programmatori) hanno usato abbastanza traumi per raggiungere i loro obiettivi. Fumo e specchi" (inganni e illusioni, accompagnati da droghe) significava che ogni aspetto specifico dell'addestramento (programmazione) era collegato ad una particolare personalità altera in un modo molto attentamente pianificato. Per la massima efficacia e potenzialità, la scienza dello sviluppo mentale del bambino è stata presa in considerazione per adattare i livelli di programmazione. Questi allenamenti, che il mio alter intendeva come 'lezioni di vita', divennero progressivamente più frequenti e traumatici man mano che crescevo (...) 'Io', la persona che gestiva la vita quotidiana in casa e fuori, non era consapevole che personalità alternative detenevano altri pezzi della mia vita. Mi sembrava naturale che la mia vita fosse a pezzi, quindi i "vuoti" nel mio programma passavano inosservati. La continuità cronologica mi era sconosciuta, quindi non sapevo che ci fosse una discontinuità. Non ero consapevole che si era instaurato uno stile di vita dissociato e che per far fronte alle difficoltà, il mio cervello si spegneva per creare semplicemente un altro alter!"[480]

La programmazione alfa formerà la base del sistema creando un certo numero di alter primari che formano una sorta di base. Questi alter saranno poi scomposti in una moltitudine di frammenti potenzialmente programmabili. Questi frammenti di anima, o personalità, sono una sorta di file neutro e vuoto in attesa di programmazione. Un alter di base, o primario, può quindi essere a sua volta scisso in una moltitudine di altri "sub-alter" da traumi ripetitivi, e così via... proprio come le bambole russe attaccate alla stessa grande bambola. Si tratta di una vera e propria catena di programmazione che viene impostata. La sopravvissuta Kathleen Sullivan descrive come suo padre ha incatenato i suoi alter primari: *"Anche se l'ipnosi non traumatica avrebbe potuto essere efficace nel controllare la mia mente, papà ha chiaramente preferito una programmazione basata sul trauma per creare un nuovo sistema di alter (gruppo). Per prima cosa innescava (chiamava) un alter primario che aveva precedentemente creato, e quando quell'alter emergeva lo torturava (con l'elettricità, per esempio) finché quel frammento non poteva più sopportare il dolore. Dissociandosi, questo alter farebbe spazio ad un'altra parte della mia mente (un nuovo frammento) per prendere il prossimo trauma. Papà chiamava*

[479] 'Healing the Unimaginable: Treating Ritual Abuse and Mind Control' - Alison Miller, 2012, p.101.

[480] Ibidem, p. 74.

questa tecnica di programmazione a catena. Traumatizzava un alter ego dopo l'altro, dando verbalmente a ciascuno un nome in codice, fino a quando non ce l'ho fatta più e il processo si è fermato da solo. A questo punto sapeva di essere andato il più lontano possibile. Lo rifaceva poi un altro giorno in un'altra seduta, tirando fuori un altro alter primario per traumatizzarlo e creare una nuova serie di personalità legate a quell'alter primario (...) Ripeteva spesso che io ero il suo prototipo e spiegava che se una tecnica funzionava bene con me, l'avrebbe poi usata su altri bambini. "[481]

Il sistema interno, che non è altro che la creazione e il funzionamento deliberato di un I.D.T., può così diventare *una* sorta di complesso *albero genealogico* composto da una moltitudine di alter dissociati e amnesici. È quindi essenziale per i programmatori e i maestri avere una sorta di *mappa mentale* o schema strutturale con i codici d'accesso per poter gestire lo schiavo multiplo Monarch. I "padroni" sono le persone che si occuperanno dello schiavo MK (seconda zona) una volta che la programmazione è completa. Negli stati alterati di coscienza e nella dissociazione profonda, il programmatore sarà in grado di integrare il "software", o programmi, nei diversi frammenti di personalità per dare loro varie funzioni. Quindi ci sono diverse fasi di sviluppo dell'alterazione. Alcuni possono essere "danni collaterali", cioè frammenti creati involontariamente durante i traumi e non sfruttati, alcuni possono essere stati lasciati da parte volontariamente perché non possono essere sfruttati (ecco perché a volte troviamo una "discarica" nel mondo interiore, contenente gli alter non sfruttati), alcuni possono essere frammenti addestrati ad obbedire a comandi semplici e basilari, in modo robotico. Ma gli alter possono anche essere addestrati e raffinati attraverso un processo di condizionamento più lungo e complesso per programmare funzioni molto più elaborate e specifiche. La maggior parte degli alter di un soggetto Monarch prende il controllo del corpo solo quando viene chiamato (con codici di attivazione) dai programmatori o dai master.

L'alterazione sarà organizzata, o "alloggiata", in diversi livelli, o strati, del sistema interno del soggetto. Come i file in un computer, i dati devono essere facilmente accessibili e soprattutto non essere mescolati, da qui l'importanza dei "muri amnesici" per dividere i frammenti di personalità e tutti i ricordi che contengono. I numerosi alter saranno raggruppati in "blocchi" o gruppi che li riuniscono secondo le diverse categorie di attività che saranno loro assegnate e programmate. Il programmatore organizza e assembla questi frammenti e gruppi multipli come vuole con diagrammi strutturali, simboli, sottosistemi, codici d'accesso, script, ecc. Si tratta davvero di creare un mondo interno iper-strutturato per ospitare tutte le diverse alter personalità e naturalmente per potersi orientare facilmente. Tutti i dati della programmazione di un bambino sono registrati in un quaderno o in un portatile che il programmatore tiene regolarmente aggiornato. Questi dati includono ciò che è stato fatto sul bambino, quanto tempo ci è voluto per creare una divisione e cosa ha funzionato meglio per ottenere quella divisione. I nomi delle personalità alter sono archiviati

---

[481] *Unshackled: A Survivor Story of Mind Control* - Kathleen Sullivan, 2003, p.59.

insieme al loro ordine di nascita, il sesso dell'alter, la lingua che parlano, così come i colori, i simboli e le parole o frasi associate a loro (i trigger). Si specifica anche la funzione di ogni alter e il tipo di "corpo fisico" con cui è stato programmato: umano, animale, robot, ecc. Tutte queste informazioni saranno trasmesse ai vari padroni successivi che saranno responsabili del funzionamento dello schiavo Monarch.

Questa moltitudine di alter sarà organizzata in una gerarchia molto rigida dove ogni frammento avrà una funzione molto precisa. I culti satanico/luciferiani sono essi stessi organizzati in modo molto gerarchico, quindi riproducono questo schema piramidale all'interno della vittima per rafforzare la fedeltà all'organizzazione del culto. I più alti alter ego di questa gerarchia interna saranno coloro che hanno ricevuto i peggiori abusi e sono stati costretti a praticare essi stessi le peggiori atrocità. Questi sono gli alter più oscuri e profondi del sistema, quelli che sono legati all'occultismo più oscuro. I tormentatori provano piacere nel far credere al bambino che è così cattivo che nessuno lo vorrebbe tranne il gruppo in cui vive. Il bambino è programmato a credere di essere un carnefice, un abusatore e un criminale piuttosto che una vittima, e se mai inizierà a ricordare certi ricordi questa programmazione lo sommergerà. Come abbiamo visto nel capitolo sull'abuso rituale, si tratta di creare *figli della rabbia*. Queste alter personalità avranno la funzione di far ricordare alla vittima che è solo un assassino o uno stupratore che andrà all'inferno quando morirà. La naturale funzione umana di scegliere il bene sul male e di entrare in empatia con gli altri è un obiettivo da distruggere nel bambino sottoposto alla programmazione MK. La programmazione Monarch toglie alla vittima il libero arbitrio, l'abuso forzato di animali e di altri bambini toglie la capacità di fare buone scelte. Il gusto della dissociazione, dell'adrenalina e delle endorfine che alleviano i propri ricordi traumatici, alla fine prevale sull'empatia naturale. Questa programmazione sistematica della violenza permette a questi gruppi di continuare la loro esistenza attraverso le generazioni. È necessario ricordare ancora una volta che una tale cultura iper-violenta non può durare senza l'attuazione sistematica della "violenza iniziale" che corrompe l'innocenza dell'infanzia fin dai primi anni di vita. Di solito, uno degli alter nel sistema si identificherà con l'abusatore. La maggior parte dei pazienti con IDD hanno una frazione della loro personalità che rappresenta il perpetratore, con lo stesso tipo di comportamento sadico e violento. In uno studio pubblicato nel 1997, il Dr. Colin Ross ha scoperto che su 236 pazienti con IDD, l'84% ha detto di avere un alter ego persecutore/esecutore: *'Al primo incontro, erano figure spaventose, odiose, simili a demoni, totalmente focalizzate ad abusare e molestare maliziosamente il paziente.'*

Nel caso della programmazione Monarch, l'alter executioner è deliberatamente creato e programmato con le caratteristiche del programmatore, spesso portando anche il nome o lo pseudonimo del programmatore. La vittima dovrà poi eseguire i suoi ordini anche quando non è presente, e si impianterà addirittura nella mente della vittima. Il ruolo di questo alter "boia" sarà quello di mantenere la presenza del programmatore nella vittima in ogni momento per controllare la vittima supervisionando tutti gli alter. Questo va ben oltre la semplice obbedienza, è l'iniezione interna del predatore. Il culto coltiva così il lato predatorio della sua prole creando volontariamente degli aguzzini alimentati da una rabbia interiore. Sono questi alter ego ultra-violenti che diventeranno a loro volta aggressori e a volte programmatori su altre piccole vittime. Il sopravvissuto Svali spiega che *"molti addestratori* (programmatori) *si mettono dentro la vittima, al fine di supervisionare i programmi interni... Il sopravvissuto può essere inorridito nello scoprire una rappresentazione del proprio aguzzino in se stesso, ma questo è un meccanismo di sopravvivenza... Il sopravvissuto* (l'alter tormentatore) *sarà in grado di riprodurre le espressioni facciali del programmatore, l'accento, i manierismi, e persino relazionare la vita del programmatore come la propria vita."*

Kathleen Sullivan scrive anche: "Poiché io stessa ho avuto molti conflitti e lotte per accettare il lato 'malvagio' o 'demoniaco' della mia personalità, capisco perché alcuni sopravvissuti altamente dissociati non vogliono credere che le loro alter personalità 'malvagie' o 'oscure' siano pezzi della loro personalità originale. La mia personalità è stata polarizzata con il "troppo buono" da una parte e il "troppo cattivo" dall'altra. Questo mi ha impedito di fondere le due cose e di poterle integrare in una personalità equilibrata. Accettare il nostro "lato oscuro" pienamente umano richiede un grande coraggio ma anche una forte volontà di perdonare noi stessi."[482]

In generale, quando un programmatore implementa qualcosa nella vittima, sarà in qualche modo un riflesso di se stesso, così come la scrittura e l'arte riflettono la persona che le ha prodotte. Anche se il paragone tra la creazione artistica e la programmazione mentale può sembrare fuori luogo, non è così per i programmatori.

I gruppi militari o politici programmano i loro assassini usando l'indottrinamento e l'addestramento per fare del bambino scisso un soldato d'elite. Questi bambini vengono di solito torturati per produrre personalità alterate che possono commettere atti di estrema crudeltà senza doverne affrontare le conseguenze psicologiche. In Uganda, *il Lord's Resistance Army* (LRA) pratica questo tipo di addestramento al trauma e al controllo mentale, le cui vittime sono i "bambini soldato". Un documentario canadese intitolato *"Uganda Rising"* (2006) si è concentrato su questi bambini che sono stati costretti nelle file dell'*LRA*. Questi bambini che sono stati presi con la forza dalle loro famiglie (spesso decimate) raccontano di essere stati torturati, mutilati, violentati, a volte costretti a commettere un omicidio, e poi ammassati in campi e usati come soldati. Il documentario non menziona l'*abuso rituale* o il *controllo mentale*, ma la strategia sembra essere la stessa.

Nella programmazione di Monarch, molte delle alter personalità saranno disumanizzate e condizionate a credere di essere qualcosa di diverso dall'umano. La disumanizzazione di un alter sarà fatta facendogli sperimentare, per esempio, le condizioni estreme di un animale in gabbia. Proprio come per la chirurgia magica che descriveremo più avanti, si possono fare tutti i tipi di manipolazioni

---

[482] Ibidem, p. 289.

mentali per impiantare nell'alter la convinzione di essere un gatto, una dea, un robot, un burattino, ecc...

Uno o più alter saranno programmati per agire come reporter. Cioè, saranno condizionati a registrare tutto e a riferire ai carnefici ogni disobbedienza o rivelazione di segreti da parte dello schiavo. Questi alter 'reporter' sono anche programmati per informare il culto di tutti i movimenti della vittima. Il paradosso è che questo tipo di alter è condizionato dal dolore e dal terrore a credere che i torturatori "sanno già tutto" e che lui stesso sarà punito se non denuncia ciò che fa la vittima.

Affinché lo schiavo Monarch possa funzionare correttamente nella società senza essere scoperto, ha bisogno di un'alter personalità, una sorta di guscio che mascheri i molteplici stati dell'individuo. Questa è la personalità "ospite" o "pubblica", la personalità principale che si comporta "normalmente" ed è totalmente amnesica dell'abuso e dell'esistenza del sistema interno con gli alter multipli. La terapeuta Alison Miller chiama questo tipo di alterazione la *"personalità apparentemente normale"*. La maggior parte delle personalità alter saranno disumanizzate, mentre a questa sarà permesso di essere umana, di avere un senso della famiglia, una vita sociale ed emotiva, ecc. La personalità ospite è di solito ben orientata nello spazio e nel tempo, cioè si evolve secondo il nostro calendario, mentre molti altri alter saranno bloccati nello spazio-tempo in cui è avvenuto il trauma. Per capire come funziona l'interfaccia tra questa personalità ospite e gli altri alter, prendiamo l'esempio di un caso noto di un esperimento ipnotico di Pierre Janet: Janet ipnotizza Lucia per farle eseguire suggestioni post-ipnotiche. Lucia esegue i comandi ma dimentica tutto subito dopo. Al contrario, un'altra alter ego di Lucie, Adrienne, ricorda tutto quello che è successo quando Lucie è stata ipnotizzata, e sostiene di essere stata lei a eseguire le suggestioni post-ipnotiche all'insaputa di Lucie. Questa è un'amnesia a senso unico. Il muro amnesico isola la personalità ospite, ma alcuni alter che non sperimentano questo muro sono pienamente consapevoli dell'esistenza della personalità ospite e conservano la memoria di tutte le sue azioni. Nella programmazione Monarch, la personalità ospite è totalmente inconsapevole della programmazione, ma gli alter più profondi e importanti del sistema I.D.T. sono pienamente consapevoli della sua esistenza e possono quindi controllarla. Secondo la terapeuta Elle P. Lacter, di solito c'è una struttura di base che separa il sistema della personalità alter in due parti. Il lato "ospite", che non sarà consapevole dell'esistenza del sistema I.D.T., e dall'altro lato il gruppo alter più profondo, legato all'occulto, che sarà consapevole dell'esistenza di queste personalità di superficie e potrà persino controllarle.

Il sistema interno di uno schiavo MK comprende quindi una o più personalità ospiti compartimentate e totalmente amnesiche, varie personalità alter con funzioni diverse installate più o meno profondamente nel sistema, e infine rimane sempre il nucleo, l'essenza dell'*io*, la personalità originale che Satana (o il programmatore) non può toccare o distruggere. Può solo isolarlo come meglio può, ma questo seme divino sarà sempre presente nella vittima per la sua eventuale ristrutturazione e guarigione. L'alter personalità individuata come la più giovane è probabilmente la personalità originale da cui si sono separate le altre.

Alcuni alter avranno anche una programmazione di negazione. Il loro obiettivo è quello di negare l'abuso rituale e tutte le attività occulte della rete. Se si verificano perdite, il loro obiettivo è quello di fornire spiegazioni come "falsi ricordi", incubi che non sono affatto reali, un libro o un film che può aver influenzato la persona, ecc. Queste personalità alter credono di preservare la vittima e persino di salvarla. Queste alter personalità credono di preservare la vittima e persino di salvarle la vita. Queste personalità alterne hanno un interesse personale a fare questo: credono che la loro stessa esistenza e sopravvivenza dipenda da questo e che se si verificasse una reale consapevolezza degli eventi traumatici, la violenza e persino la morte avverrebbero come punizione per non aver fatto il loro lavoro. Questa programmazione della negazione inizia nei primi anni di vita del bambino. Per esempio, lui o lei sarà terribilmente abusato e traumatizzato, e poi la mattina dopo gli adulti intorno a lui o lei si comportano normalmente, come se nulla fosse successo. Questo è il modo in cui modellano uno stile di vita di negazione nel bambino. Questo è rafforzato da frasi come: *"Era solo un brutto sogno"*, *"Come puoi credere a una cosa del genere? È solo la tua immaginazione, non è successo davvero"*. I membri della famiglia che soffrono di stati dissociativi saranno anche in una certa negazione delle attività notturne occulte. La negazione viene anche rafforzata dicendo al bambino che nessuno gli crederà comunque se ne parla. L'obiettivo finale è quello di formattare il bambino in modo che non si fidi più della propria realtà, ma guardi invece agli adulti per la *realtà*. Per esempio, l'adulto mostrerà al bambino un'arancia e gli chiederà che cos'è, e il bambino sarà sistematicamente maltrattato quando risponderà che è un'arancia e sarà martellato sul fatto che è una mela... Il processo sarà ripetuto finché il bambino, terrorizzato e temendo il dolore, risponderà che è una mela e finirà persino per crederci...[483]

Un altro metodo per dimostrare al bambino che i suoi ricordi sono inaffidabili è quello di mettere in scena un omicidio simulato di una persona a cui il bambino è costretto a partecipare. Il giorno dopo, il bambino vedrà questa persona viva e vegeta davanti a sé, anche se si suppone che sia stata assassinata davanti ai suoi occhi il giorno prima, dando luogo a una forma di dissonanza cognitiva. Se il bambino fa domande, gli verrà detto che questo evento atroce era sicuramente solo un brutto sogno e un prodotto della sua immaginazione. Poiché le vittime soffrono spesso di amnesia traumatica con una ripartizione cronologica dei ricordi, è molto facile per le persone che hanno potere sulle loro vite convincerle che non gli è successo niente. Quando i genitori dicono alla piccola vittima che i suoi incubi o flashback sono pura immaginazione e che questo genere di cose non succede mai, questo ovviamente rassicura il bambino che rimarrà in questi stati dissociati tra due mondi, due realtà opposte...

Il controllo mentale Monarch basato sul trauma viene praticato sui bambini prima dei 6 anni. Dopo quell'età, diventa più complicato praticare questo tipo di programmazione I.D.T., ma ciò non significa che le persone non

---

[483] *Breaking The Chains: liberarsi dalla programmazione di culto* - Svali, 2000.

siano programmate dopo i 6 anni. I frammenti di personalità indotti dal trauma e dalla dissociazione rimangono meglio isolati nella mente rispetto ai frammenti di personalità indotti dalla semplice ipnosi, ma la maggior parte delle persone può essere ipnotizzata in personalità alterate. Alcuni sopravvissuti all'abuso rituale satanico sono stati programmati ma non hanno un sistema interno con personalità alterate, hanno solo alcuni stati dissociativi, come un *sé notturno* e *un sé diurno*.[484]

5 – 'CHIRURGIA MAGICA' E LA STRUTTURAZIONE DEL 'MONDO INTERNO'

Per capire di cosa stiamo parlando qui, è importante capire che lo schiavo Monarch è passato attraverso un processo traumatico di scissione psichica e spirituale che apre le porte ad altre dimensioni dell'essere. Questo gli dà accesso ad un mondo *interiore* (molto al di là della sua *testa*) che è tanto vasto e reale quanto il mondo fisico lo è per noi, un mondo composto dai suoi vari frammenti di anima (alter), entità demoniache e l'hardware impostato come parte della programmazione. Questo mondo interno, o 'sistema interno', sarà organizzato dal programmatore con diverse strutture, architetture, oggetti, paesaggi, ecc., rappresentazioni materiali o simboliche che servono come supporto per lavorare in questa particolare dimensione. A volte è possibile identificare il tipo di setta che ha perpetuato la programmazione dal tipo di strutture e simboli che formano il mondo interno. L'organizzazione gerarchica delle alter personalità riflette spesso anche il tipo di gruppo che ha programmato la vittima, può essere un gruppo militare, satanico, druidico, cabalista, neonazista, ecc.

La "chirurgia magica" è uno strumento per alimentare e organizzare questo sistema interno. Consiste nell'ipnotizzare e/o drogare il bambino dicendogli che sta per essere operato per inserirgli un oggetto o un animale. L'operazione chirurgica sarà solo una tappa dopo la quale il bambino crederà di avere realmente questo oggetto dentro di sé (questa programmazione dovrebbe rimanere impiantata per tutta la vita). Il dolore estremo può essere causato nel luogo dell'intervento e il sangue può essere spalmato sul bambino per rafforzare la convinzione che lui o lei abbia effettivamente subito un intervento chirurgico. Il bambino sa cos'è l'oggetto o l'animale e qual è la sua funzione. È programmato a credere che questa "cosa" dentro di lui attaccherà, esploderà o lo denuncerà se parla, che ora sta scansionando i suoi pensieri e lo influenzerà a diventare cattivo e a comportarsi male. Il bambino è programmato a credere che questi corpi estranei lo tormenteranno e lo tormenteranno se non si conformerà alle dottrine del culto. I bambini abusati ritualmente riferiscono spesso somatizzazioni come dolori addominali in relazione a questo fenomeno di "chirurgia magica".

---

[484] 'La formula degli Illuminati usata per creare uno schiavo totale non rilevabile controllato dalla mente' - Fritz Springmeier & Cisco Wheeler, 1996.

Nel fascicolo dei verbali e delle deposizioni del caso Dutroux, la pagina 261 contiene una lettera di un certo *Van Aller* datata 13 dicembre 1996 che si riferisce a quello che sembra essere un intervento di magia. Questa è una testimonianza riguardante gli abusi rituali che sarebbero stati praticati nelle ville dai notabili olandesi: *'Per esempio, questi disturbi* (IDD) *sono provocati facendo credere ai bambini piccoli che si introduce in loro un gatto, che crescerà fino a diventare una pantera che li guarderà se vogliono parlare o lasciare il clan, questo permette un controllo continuo, anche tra gli adulti, e rende vittime tutti gli autori. L'IDD è mantenuto da psicoterapeuti.* '[485]

Uno psichiatra britannico ha riportato un esempio di controllo mentale basato sullo stesso principio: il bambino viene costretto a mangiare un ragno e gli viene detto che si moltiplicherà e che tutti questi ragni lo guarderanno poi dall'interno. Essendo costretto a mangiare vermi, il bambino crederà di potersi trasformare in mosche che lo denunceranno ai suoi abusatori se parla. Fritz Springemier dice che la *'Pene d'oro di Osiride'* è posta all'interno degli schiavi Monarch. Può anche essere l'"*Occhio di Lucifero*" o l'"*Occhio di Horus*" che è *posto* nel grembo del bambino per una costante osservazione e sorveglianza. Questo processo di sorveglianza astratta del mondo interno sembra essere qualcosa di essenziale e sistematico nella programmazione MK. Al bambino può anche essere detto che il suo cuore carnoso è stato sostituito da una fredda pietra nera, rafforzando così la sua disumanizzazione di fronte all'orrore. Questa "chirurgia magica" è limitata solo dall'immaginazione dei programmatori. Le possibilità sono infinite, perché tutto in questo mondo fisico può essere trasferito al mondo interiore. Ma come vedremo più avanti, questo mondo interiore molto malleabile può anche essere usato per aiutare il sopravvissuto in terapia.

Nel cervello umano, gli emisferi destro e sinistro sono collegati dal corpo calloso, che media e rende possibile l'analisi razionale. Tuttavia, questa struttura raggiunge la maturità solo intorno ai 10 anni. Le esperienze del cervello destro del bambino (che percepisce il mondo in dati grezzi) non vengono quindi trasmesse al cervello sinistro per l'analisi razionale. L'emisfero sinistro traduce le percezioni in dati semantici e fonetici, cioè in parole, concetti e linguaggio. Prima del decimo anno, molte cose rimarranno inconsce per il bambino perché la rete di informazioni del cervello non è ancora completamente costruita. Finché il corpo calloso non è completamente sviluppato, il bambino può, per esempio, credere perfettamente che Babbo Natale gli porterà i regali il 25 dicembre nel suo salotto, pur sapendo che è troppo grasso per scendere dal camino. Il [486]processo di "chirurgia magica" sfrutta quindi questa mancanza di maturità cerebrale. Il bambino sotto i 10 anni può credere che una casa di bambola, un castello, una giostra o un animale sia stato inserito in lui perché non ha ancora la capacità di razionalizzare qualcosa di così fantasioso. Questa non è ingenuità o "sogno ad occhi aperti" da parte sua, ma una limitazione cerebrale che, nel contesto della programmazione MK, permette la manipolazione per un

---

[485] Lettera di Van Aller del 13/12/1996 (Z200) - *Belgio: Dutroux X-Dossier riassunto*, 1235 pagine, 2005 - Wikileaks.org.

[486] 'Neuropsicologia della sofferenza, causa della repressione' - Jean-Luc Lasserre.

formidabile controllo mentale. Questi "interventi" saranno impiantati tanto più profondamente se il bambino li riceve in stati di trance, dissociazione estrema e sotto l'effetto di droghe.

Prima dei 5 o 6 anni, il bambino piccolo non ha assolutamente la capacità cerebrale di difendersi dal controllo mentale "invasivo". La corteccia cerebrale, che permette il ragionamento, la deduzione, la riflessione, l'analisi logica delle situazioni, la presa di decisioni, la gestione delle emozioni, la moralità e l'organizzazione, non è matura fino ai 6 anni, quando comincia a maturare molto gradualmente. Quindi possiamo capire perché alcune fonti dicono che la programmazione MK dovrebbe essere attuata prima dei 6 anni.

I supporti, o strutture, utilizzati per organizzare il mondo interno possono essere introdotti o "programmati" in modi diversi dalla "chirurgia magica". Ecco alcuni esempi di supporti che possono essere usati per strutturare e organizzare il sistema interno di un I.D.T. Queste cose sono state riportate da sopravvissuti e terapeuti:

La doppia elica (simbolo dell'infinito), lettere o simboli, geometrie 2D come il pentagramma, il triangolo o il cerchio, volumi geometrici 3D elaborati, bambole, ragnatele, specchi o frammenti di vetro, scacchiere (dualità della scacchiera bianca e nera con disposizione dei pezzi secondo la programmazione), maschere, castelli, labirinti, templi, piramidi, muri per rafforzare l'amnesia, demoni / mostri / alieni, robot, conchiglie, clessidre, orologi, farfalle, serpenti, soli che rappresentano il dio Ra, nastri, fiori, diagrammi di comando, circuiti di computer che possono essere usati come diagrammi di flusso per una programmazione complessa Un reticolo bidimensionale può contenere una categoria di alterati alloggiati e operanti sullo stesso livello. Una terza dimensione può essere creata per formare un cubo con ogni lato corrispondente a un particolare livello del sistema interno con una particolare categoria di alterazione. Un cubo che può essere ruotato secondo il gruppo di alterazioni a cui si deve accedere. Questa struttura cubica è collocata in un pozzo di ascensore a spirale come il DNA: attraverso questo sistema, gli alter possono "salire" (emergere) o "scendere" (affondare) a seconda delle necessità.

La complessità delle strutture varierà secondo la capacità del bambino di memorizzarle e rappresentarle nel suo mondo interno. L'*Albero della Vita* cabalistico (Albero delle *Sephiroth*) è una struttura che è stata riportata anche dai sopravvissuti dell'MK e sembra essere un elemento essenziale per l'organizzazione interna dello schiavo. L'alter ego *"Key"* della pittrice di split Kim Noble ha raffigurato l'albero cabalistico in diverse sue opere, in particolare nel suo quadro intitolato *"Seven Level"* che sembra descrivere il processo di programmazione passo dopo passo (un quadro che viene analizzato più avanti in questo capitolo e può essere visto nell'appendice 4). L'albero Sephiroth rappresenta la struttura dell'uomo e dell'universo. Contiene e fornisce un "sistema" di corrispondenza coerente e pronto all'uso: ogni *Sephiroth* (mondo, dimensione, campo di coscienza) è associato ad un numero, un pianeta, una nota, una qualità, un difetto, un giorno della settimana, ecc. È una struttura perfetta per organizzare e classificare le molteplici alter personalità, i frammenti di anime. Questo albero cabalistico rappresenta fondamentalmente la struttura dell'uomo e dei diversi mondi, le dimensioni parallele di cui abbiamo parlato nel capitolo precedente.

Secondo Fritz Springmeier, certe forme geometriche incorporate nel mondo interno dello schiavo servono come punti focali per entità demoniache, porte attraverso le quali i demoni possono entrare nel corpo umano. Infatti, le geometrie che emettono una certa forma d'onda sono utilizzate nei rituali magici per interagire con altre dimensioni.

Un'altra struttura è la giostra, un classico carosello con cavalli di legno che vanno su e giù mentre girano in cerchio. La giostra fa anche parte dei sistemi di strutturazione del mondo interno e di accesso ai suoi diversi livelli. Sarà utilizzato per far "salire" o "scendere" le alter personalità durante gli stati di trance e di dissociazione. Nella sua autobiografia *Thanks For The Memories*, l'ex modello presidenziale Brice Taylor descrive così questo carosello interiore: *"Quel giorno che il carosello fu creato nella mia mente, ero in piedi al centro del carosello mentre la programmazione veniva fatta lentamente mentre girava. Poi si è fermata su richiesta di Henry in un posto nella mia mente, proprio come la Ruota della Fortuna. Poi mi disse: 'C'è tutto un altro mondo nei file della tua mente. La giostra permette ai file nella tua mente di girare facilmente e senza sforzo' (...) Non ero in grado di recuperare tutta questa memoria, perché girava come una giostra, roteava e girava come una trottola, quindi non potevo afferrarla per ricordarla. Questa programmazione è chiamata 'programmazione di rotazione', ha lo scopo di disorientare e indurre confusione."*[487]

Quando la vittima subisce una rotazione estrema su una sedia girevole, la fa sentire male e terrorizzata, attraversa ogni sorta di sensazioni fisiche ed emotive. Queste sensazioni si trasferiranno alle alter personalità che hanno il controllo del corpo in quel momento e che quindi stanno subendo questo trattamento. In seguito, queste sensazioni di rotazione programmate saranno innescate da questi alter, ogni volta che l'individuo ricorda qualcosa dell'abuso, questo ricordo si presenterà con la sensazione di rotazione che causerà confusione mentale e disagio fisico.

Ecco come la sopravvissuta Svali descrive il protocollo utilizzato dal suo gruppo per inserire una struttura nel mondo interno del bambino per ospitare uno o più alter: *"Le strutture saranno integrate nel mondo interno della vittima mentre sono drogate, ipnotizzate e sottoposte a elettroshock. La persona è totalmente traumatizzata e in un profondo stato di trance. È in questo stato alterato di coscienza che sono costretti ad aprire gli occhi e a guardare un'immagine proiettata della struttura. Questo può essere un modello 3D della struttura, un'immagine olografica o anche una cuffia di realtà virtuale. L'immagine sarà "iniettata e impressa" utilizzando shock successivi e portandola sempre più vicino al campo visivo del soggetto. Si può ordinare al soggetto di entrare nella struttura se è un tempio o una piramide. Sotto l'effetto di un'ipnosi profonda, essi (le alter personalità interessate) vivranno ora*

---

[487] Grazie per i ricordi: La verità mi ha reso libero' - Brice Taylor, 1999, p.68.

"dentro" questa struttura. Questo servirà anche a rafforzare la programmazione dell'amnesia e dell'isolamento interno, questa struttura rafforzerà i muri di compartimentazione tra il frammento di personalità racchiuso in essa e gli altri alter del sistema."

Le alter personalità possono essere intrappolate all'interno di queste strutture, o possono essere collegate o connesse ad esse in vari modi. Gli alter si definiscono in base alla realtà che il programmatore ha impiantato in loro. Oggetti, strutture e simboli servono quindi per organizzare e controllare il sistema interno, ma è anche strutturato con scenari o script che servono come supporti pittorici e simbolici su cui i programmatori costruiranno l'alter. In generale, tutto ciò che di solito fa sognare un bambino sarà usato per programmarlo. Un libro, un film o un videogioco possono in teoria essere usati come supporto alla programmazione MK, tanto più efficacemente con i bambini piccoli. Si tratta di codificare le loro menti con temi fiabeschi o altri scenari fantastici per confondere la fantasia e la realtà, cioè per farli stare a cavallo di due mondi. *Alice nel paese delle meraviglie"* è un classico della programmazione, così come *"Il mago di Oz"* o alcune produzioni Disney come *"Pinocchio"*, il burattino di legno intagliato, e *"Cenerentola"*, la piccola schiava sporca che si trasforma in una bella principessa. Gli schiavi Monarch, o piuttosto le loro alter personalità, sono condizionati ad essere messi in tali scenari per rafforzare l'effetto della programmazione. Vivono quindi in un mondo completamente immaginario. Alcune frasi dello script serviranno come un linguaggio criptico impiantato per controllare gli schiavi. In *Alice in Wonderland*, la bambina deve seguire il coniglio bianco che le permette di accedere a luoghi misteriosi e normalmente inaccessibili. Nella programmazione MK, il coniglio bianco è una figura importante, che rappresenta il maestro o programmatore che ipnotizza la vittima o la induce a dissociarsi dalla realtà per accedere a un mondo alternativo durante la tortura. Il famoso passaggio attraverso lo specchio rappresenta l'accesso ad uno stato dissociativo, un cambiamento di realtà. Il programmatore incoraggia il bambino a passare *attraverso lo specchio* come Alice, lo incoraggia a passare attraverso la porta di un'altra dimensione del suo essere, essendo lo specchio la porta che faciliterà la programmazione... Nel film *"Matrix"*, quando Neo esce per la prima volta dalla matrice, tocca uno specchio che diventa liquido e che finisce per coprirlo completamente, ingoiandolo e portandolo in un altro mondo... dove sarà deprogrammato. Per arrivarci, Neo aveva *seguito il coniglio bianco* tatuato sulla spalla di una donna... Sono simboli molto forti, radicati in questa cultura occulta. Nel *Mago di Oz*, il soggetto si dissocia dalla realtà andando *oltre l'arcobaleno* ('Somewhere *over the* Rainbow', che è il tema del film), cioè andando oltre il terrore e il dolore grazie alla dissociazione. L'orrore diventa allora un sogno, la realtà diventa finzione e il mondo immaginario diventa realtà. La vittima dissociata registrerà il trauma come un'illusione, una realtà che ha comunque sperimentato per un po', ma che è comunque registrata dalla mente come una specie di sogno. Si tratta di una cripto-amnesia che sabota il processo abituale di ricordare attraverso il trauma e l'ipnosi. Il mondo interno dello schiavo diventa la sua "realtà" e il mondo esterno diventa, per esempio, la terra di Oz. Va notato che in alcune culture sciamaniche, l'ascensione celeste si ottiene con la sovrapposizione dell'arcobaleno. Un numero considerevole di culture vede l'arcobaleno come un ponte tra la terra e il cielo, un ponte tra gli dei e gli uomini. È spesso attraverso l'arcobaleno che gli eroi mitici raggiungono il cielo, la sua scalata serve a raggiungere il mondo degli spiriti. Gli "uomini di medicina" ascendono alle sfere celesti usando, tra gli altri mezzi, l'arcobaleno. Sembrerebbe che le tecniche di programmazione MK-Monarch riprendano questo simbolismo dell'arcobaleno, che rappresenta niente meno che un processo dissociativo che apre la porta ad altre dimensioni. Come abbiamo già visto, le tecniche di controllo mentale basate sul trauma sono intimamente legate a certe culture ancestrali e pratiche psicospirituali, in particolare lo sfruttamento degli stati dissociativi.

Un altro importante simbolismo nel Mago di Oz è la *strada di mattoni gialli*. Lo schiavo deve seguire *la strada di mattoni gialli* attraverso la quale l'alter emerge dal mondo interiore per prendere il controllo del corpo. *Seguendo la strada di mattoni gialli"* sono parole chiave usate per attivare una particolare programmazione in uno schiavo. Un altro esempio riguardante il Mago di Oz è il personaggio *Uomo di Latta* che è una specie di carcassa metallica vuota. Questo personaggio sarà utilizzato per creare *una macchina ben oliata* che esegue perfettamente i comandi, questa è la programmazione dell'Uomo di Latta che alcuni alter riceveranno.

L'autore del Mago di Oz, L. Frank Baum, occultista e membro della Società Teosofica, si dice sia stato ispirato da uno spirito che gli ha dato la *"chiave magica"* per scrivere questa storia per bambini. In altre parole, Baum era un medium e ha scritto questa storia incanalando un'entità. Nel libro *The Annotated Wizard of Oz*, Baum scrisse: *"Fu pura ispirazione... Mi venne in qualche modo inspiegabile. Penso che a volte il "grande autore" ha un messaggio da trasmettere e deve usare lo strumento a disposizione. Si dà il caso che io sia stato quel medium, e credo che mi sia stata data una chiave magica per aprire le porte della simpatia, della comprensione, della gioia e della pace.* [488]Il Mago di Oz in 14 volumi è stato pubblicato nel 1900, questo racconto che può essere descritto come "teosofico" incorpora l'"antica saggezza" delle religioni misteriche, che altri chiamerebbero sataniche o luciferiane... il suo contenuto iniziatico è stato ripreso e utilizzato come mezzo per il controllo mentale basato sul trauma. Le entità che hanno ispirato questa storia probabilmente conoscevano il potenziale che conteneva e l'uso occulto che ne sarebbe stato fatto.

Il film *"Frankie and Alice"*, basato sulla storia vera di una donna che ha sviluppato l'I.D.D., contiene una scena che mostra una sessione di ipnosi in cui emerge una personalità alterata di un bambino che parla del Mago di Oz... solo un occhiolino. In un video del *New York Times del* 2009 *(Screen Test)*, l'attrice e modella Megan Fox ha raccontato a Lynn Hirschberg la sua ossessione per il Mago di Oz da bambina: "*Ricordo molto bene il Mago di Oz perché è stato il*

---

[488] '*The Annotated Wizard of Oz*' - Michael Patrick Hearn edition, New York: Clarkson N. Potter, 1973.

mio film preferito per molto tempo. Ne ero ossessionato e l'ho guardato più e più volte. Per anni ho voluto essere Dorothy! Fino a sei anni portavo i codini e credo che mia nonna mi abbia fatto il costume da Dorothy, avevo anche le scarpette di rubino. Mia madre mi chiamava Dorothy, io non le rispondevo né l'ascoltavo se mi chiamava Megan, perché non era il mio nome."

Il sopravvissuto Svali ha descritto i metodi usati per impiantare una sceneggiatura cinematografica in un bambino piccolo e frazionato: *"Il programmatore mostra al bambino il film e gli dice che gli verrà chiesto cosa ha visto, il che fa scattare automaticamente il bambino ad usare la sua memoria fotografica. Il programmatore può mostrare al bambino tutto il film o solo alcune scene, o anche una sola scena. Dopo aver visto tutto il film o solo alcuni passaggi, il bambino viene drogato per rilassarsi e poi gli viene chiesto cosa ricorda. Il bambino sarà abusato se non ricorda ciò che il programmatore ritiene importante e sarà costretto a guardare queste scene più e più volte. Quando il bambino ha finalmente memorizzato tutto ciò che si ritiene importante, il programmatore dirà al bambino che lui o lei è uno dei personaggi del film. Il bambino sarà pesantemente traumatizzato per creare un'alter personalità vuota che diventerà il personaggio in questione. La prima cosa che questa nuova tabula rasa (il nuovo alter) vedrà è l'intero film o una scena del film, quindi questo sarà il suo primo ricordo. Il programmatore collegherà poi la scena del film all'ideologia "illuminata" (luciferiana), insegnerà al bambino il "significato nascosto" del film e si congratulerà con lui/lei per essere uno dei pochi "illuminati" che può capire il suo vero significato. La programmazione degli script sarà di solito collegata ad altre programmazioni già presenti nel bambino. Per esempio, la programmazione di tipo militare può essere collegata al film Guerre Stellari, la programmazione del labirinto interno può essere collegata al film Labyrinth, ecc. La musica del film, o una scena particolare, può essere usata come un trigger per accedere alla programmazione o per far emergere l'alter personalità corrispondente."*

Secondo Fritz Springmeier, la cultura popolare americana nella seconda metà del XX secolo si è trasformata in un grande catalogo per la programmazione MK. Serie come *Star Trek* o *Star Wars* sono state sfruttate dai programmatori, così come le produzioni della *Walt Disney, Alice in Wonderland* o *Il mago di Oz*. Al giorno d'oggi, è probabile che i programmatori utilizzino produzioni recenti, anche se i *classici* rimarranno certamente dei media efficaci e importanti. Per esempio, nella cultura di *Star Trek, c'è* stata tutta una serie di manuali altamente tecnici che descrivono in dettaglio tutto l'universo della serie, cioè equipaggiamento, navi, pianeti, ecc. Secondo Springmeier, quando si guardano questi manuali ultra-dettagliati, il modo migliore per spiegare il tempo e il denaro spesi per sviluppare descrizioni così complesse per una semplice finzione è che servono a scopi di programmazione MK. Per esempio, questi manuali contengono mappe dell'universo di *Star Trek* e una tale mappa può essere usata come supporto per organizzare un sistema T.D.I. Quando si scinde la personalità di una vittima, si ha poi bisogno di questo tipo di schema / supporto per ristrutturarla, come se si ricreasse o riorganizzasse la sua anima frantumata in mille pezzi. Un ammasso stellare o un pianeta può essere usato per isolare o raggruppare alterazioni, potendo lasciare quel luogo solo entrando in una dissociazione e viaggiando nello spazio-tempo quando viene indotta una scossa elettrica, un flash di luce o un altro innesco. Come per la chirurgia magica, il numero di script dipenderà dall'immaginazione dei programmatori, che hanno a disposizione un intero catalogo di strutture sfruttabili per organizzare il mondo interno del soggetto scisso.

Brice Taylor riferisce come il suo mondo interiore potrebbe essere un vero e proprio cosmo: "Henry ha lavorato con me piuttosto presto, per impostare tutti i miei sistemi. Ha anche segnato una croce sulla mia fronte per delineare quella che lui chiamava la "mappa stellare" del mio sistema. Poi mi ha messo davanti allo specchio per farmi vedere questa piccola faccia, 5 o 6 anni, con i capelli corti, con questa croce nera su di me. Disse che c'erano dei pianeti nel mio universo interiore e che stavano dormendo in attesa del giorno in cui sarebbero stati occupati. Più tardi aggiunse altre aree e disse che erano piccoli mondi per i diversi pianeti. Questo sistema manteneva le informazioni totalmente separate e isolate perché i pianeti non avevano modo di comunicare tra loro. Tutti i dati e le informazioni erano tenuti separati, autonomi e in orbita nella grande vastità blu delle stelle. Tutte queste stelle sono state usate come file per le star del cinema o per i politici che mi usavano. Le stelle più grandi contenevano file più grandi di alter personalità ed erano legate a persone che vedevo regolarmente, mentre le stelle più piccole erano riservate a persone che vedevo solo occasionalmente. Le stelle più grandi erano riservate all'élite. L'onnipotente gruppo di uomini che aveva segretamente orchestrato questo orrore aveva messo in piedi un sofisticato sistema satellitare che poteva viaggiare ovunque nella mia mente, monitorando costantemente i miei "mondi interiori". Henry mi ha detto che i file nella mia mente sono illimitati perché l'universo è illimitato e assolutamente vasto, e mi ha anche detto che ci saranno sempre nuove aree da mappare."[489]

Gli oggetti possono essere trasferiti nel mondo interno con un intervento magico, ma possono anche essere usati come mezzo esterno per la programmazione. Alcuni oggetti possono essere usati come strumenti per manipolare il bambino dissociato. Nella sua autobiografia, Brice Taylor spiega che suo padre aveva creato per lei un guardaroba speciale per le bambole. Questo armadio era pieno di una collezione di varie bambole. Erano bambole provenienti da tutto il mondo, giocattoli che le venivano sempre regalati con "amore". Suo padre li usava come un mezzo per manipolare e programmare le alter personalità di sua figlia, che era fratturata da abusi ripetuti, notte dopo notte: *Spesso, quando mio padre mi torturava, mi dava una nuova bambola per creare un'altra parte di me con una nuova identità, io la affrontavo e la mia giovane mente (dissociata) si identificava poi con questa bambola che avevo in mano. Mi diceva che questa bambola nella mia mano era una parte di me mentre entrambi erano separati, e poi le dava un nome. C'era la bambolina con i capelli rossi e le lentiggini, la bambola Baby, Cindy la sposa, Rebecca, Sally, Barbie, la signora Alexander... per nominarne alcune. Ero letteralmente circondata da*

---

[489] *Grazie per i ricordi: la verità mi ha reso libero* - Brice Taylor, 1999, p.66.

bambole (...) mio padre diceva che non potevo giocare con loro finché non mi dava il permesso, finché non mi diceva che era il momento di uscire dall'armadio. Di notte, quando mi svegliava per abusare di me, tirava fuori la bambola relativa all'alter personalità che doveva emergere dal mio sistema interno. Quando tirava fuori una bambola, diceva: "Non è più nell'armadio, ora può uscire e giocare", e a quella tenera età, mi calavo immediatamente nella personalità che mio padre chiamava. Poi diceva: "Tu, Susie, ti ritirerai quando Doll sarà completamente dentro il tuo corpo. Ogni volta che schiocco le dita per tre volte, Doll entrerà nel corpo e Susie si ritirerà di lato. Lui schioccò le dita tre volte e io seguii perfettamente il comando di mio padre."[490]

La programmazione MK utilizza anche i colori per organizzare i sistemi interni e manipolare facilmente gli alter. Con una personalità divisa in una moltitudine di alter, i colori saranno un modo per organizzare un gruppo e accedervi facilmente. Inoltre, i bambini piccoli riconoscono i colori prima di saper leggere, sono molto sensibili ad essi. Questa programmazione può quindi essere fatta molto presto, dall'età di due anni. Il bambino sarà programmato in una stanza dipinta o illuminata in un certo colore. Se si tratta del colore blu, il programmatore farà apparire uno degli alter ego del bambino per dirgli che imparerà a *diventare blu* e imparerà cosa significa questo colore. La stanza sarà immersa nel blu, il programmatore sarà vestito di blu, possibilmente con una maschera blu. Tutti gli oggetti saranno anche blu. Una personalità altera sarà chiamata ad emergere e poi drogata, ipnotizzata e traumatizzata su un tavolo o su una barella. Quando sono in uno stato di trance, gli verrà detto che il blu è qualcosa di buono e che loro stessi sono blu. Le verrà detto che il blu la proteggerà dai pericoli, che le persone blu non si fanno male, che indosserà bei vestiti blu, ecc. Se la bambina resiste e non vuole *diventare blu*, verrà torturata finché non si sottomette. In seguito a queste sessioni di programmazione, il bambino sarà immerso nel blu per un periodo di tempo, riceverà occhiali o lenti a contatto colorate di blu e indosserà abiti dello stesso colore. Poi, a passi graduali, si insegna al bambino il significato di questo colore e la funzione legata ad esso, che deve integrare. Le sessioni di trauma si moltiplicheranno mentre questo colore si imprime sempre più profondamente nel suo subconscio. Il colore diventa così un innesco attraverso il quale il programmatore o il master può accedere a un particolare gruppo di alter o alter della vittima. La codifica dei colori è un metodo di base per organizzare i sistemi interni.[491]

Ecco un estratto da una conferenza della sopravvissuta australiana Kristin Constance, che descrive un processo di programmazione dei colori dell'MK (la trascrizione completa della sua testimonianza si trova più avanti in questo capitolo): *"La programmazione dei colori che ho subito si è svolta in stanze sotterranee. Ogni stanza aveva un colore diverso, corrispondente a una diversa programmazione. I colori sembravano corrispondere a quelli della Stella dell'Est: blu, giallo, bianco, verde, rosso e nero per il centro. La stanza rossa aveva una luce rossa, una barella, un tavolo pieno di strumenti di tortura e*

---

[490] Ibidem, p. 48.

[491] Rompere la catena: liberarsi dalla programmazione del culto - Svali, 2000.

attrezzature per l'elettroshock. Il lato destro del mio corpo era coperto mentre il lato sinistro era sottoposto a torture elettriche. Mi sono stati messi degli elettrodi sulle articolazioni sinistre, causando un dolore paralizzante... che sento ancora oggi. Mi è stato sussurrato all'orecchio sinistro e mi sono state applicate delle scosse elettriche alle tempie. Questo è il modo in cui il 'Rosso' è stato creato, e rafforzato... Una donna mi faceva domande sulla programmazione, e qualunque fosse la mia risposta, mi sbagliavo sempre. Mi sono dissociato molte volte... "Red" e il suo alter sembrano essere programmati per non avere alcuna reazione al dolore in nessuna circostanza durante l'abuso sessuale. Red ha subito molti rituali di sangue e stupri, e lei (ndr: un gruppo di alter) ha preso la maggior parte del mio dolore."

Nel libro *Healing the Unimaginable* *della* terapeuta Alison Miller, la sopravvissuta Trish Fotheringham descrive anche come i colori venivano usati per organizzare e strutturare le sue alter personalità: *"I miei alter creati deliberatamente erano tutti associati a colori particolari, ogni colore rappresentava un 'percorso' o un tipo di programmazione. Un alter che è stato addestrato a seguire un sentiero rosso indosserà solo abiti di quel colore, gli si parlerà in un certo modo e vivrà situazioni specifiche con un particolare tipo di persona. Le possibilità che anche i giocattoli con cui il bambino può giocare non facciano parte della sua programmazione sono minime (...) La programmazione consisterà poi nell'includere sempre più connessioni con i colori, collegando gradualmente ogni colore a suoni, parole, forme, simboli, ecc. (...) da bambino, quando venivo messo sulle ginocchia di un uomo, il mio primo alter ego del percorso rosso (sessuale) doveva comportarsi in modo sistematicamente sessualizzato, per esempio, doveva dimenarsi e ridere esplicitamente. Dall'età di 6 mesi a 2 anni, la mia programmazione si è concentrata sull'installazione di comandi e trigger di base nell'alterazione primaria. Alcuni programmi come "Obbedisci", "Non parlare", "Sii leale", così come le protezioni interne e gli allarmi, sono stati impostati fin dall'inizio e rinforzati man mano che crescevo. Più tardi, i miei maestri chiamavano questi alter usando frasi contenenti codici di attivazione o inducendo lo stato emotivo in cui mi trovavo al momento della scissione iniziale (...) Luci, vestiti e oggetti di scena, parole, frasi, contatti fisici specifici, odori, droghe, così come diversi codici di colore specifici erano tutti usati metodicamente. Questo ha permesso ai miei maestri e programmatori di creare e sviluppare in ogni alter un sistema di credenze individuale e autonomo formato da valori che modellano sistematicamente la sua concezione e comprensione di come funziona il mondo, quali sono le "regole della vita", e quasi tutto ciò che pensa, sente, dice o fa."*[492]

Fortheringham ha anche descritto i metodi usati per organizzare il suo mondo interiore durante i suoi stati dissociati: "Dovevo avere due anni quando i miei programmatori hanno usato per la prima volta una sedia speciale con cinghie e un casco. Poteva girare, ruotare, inclinare e inviare scosse elettriche. I miei programmatori mi hanno sempre detto che questa sedia era una "porta

---

[492] 'Healing the Unimaginable: Treating Ritual Abuse and Mind Control' - Alison Miller, 2012, p.75-76.

magica" che mi permetteva di "cavalcare attraverso l'arcobaleno" verso regni strani e lontani. All'inizio, la vibrazione e la stimolazione elettrica della sedia, combinata con la droga e il vento di un ventilatore puntato su di me, mi ha fatto sentire come se stessi galleggiando e come se mi stessi effettivamente muovendo nello spazio. Hanno dato alla sedia diversi scopi e diverse "destinazioni" a seconda dell'alterazione che emergeva. Usando luci specifiche, suoni o musica, creavano atmosfere particolari, realtà alternative. La sedia che si inclinava e girava su se stessa, combinata con impulsi elettrici, poteva creare un vero tornado con fulmini nel mondo interno (...) Quando ho 'cavalcato l'arcobaleno' su questa sedia, le luci e gli effetti speciali mi hanno fatto viaggiare. In seguito sono stato violentemente 'riparato' e punito su quella sedia (...) Il mondo interiore era facilmente organizzato, a volte veniva fatto all'esterno, a volte con una scenografia. I "fenomeni meteorologici" sono stati iniettati nel mondo interiore allo stesso modo di tutto il resto, semplicemente per suggestione, dicendo che erano lì, con alcuni effetti speciali. Come tutti i bambini di quell'età, credevo naturalmente a tutto quello che mi veniva detto. Tornado di polvere e trombe d'aria sono stati prodotti con ventilatori puntati su di me quando ero sulla "sedia magica". All'inizio mi è stato detto di 'controllare' questi fenomeni e poi di diventare io stesso questi fenomeni. Gli arcobaleni sono stati creati intorno a me su questa sedia, apparentemente da proiettori e spruzzi d'acqua. Mi è stato detto che questi arcobaleni erano magici sentieri multicolori verso altri mondi e che era la sedia a stabilire la destinazione finale. Questi altri mondi sono stati prima messi in scena esternamente, poi integrati e diventati parte del mio mondo interiore. Gli arcobaleni contengono tutti i colori, quindi possono essere usati per richiamare simultaneamente tutti gli alter legati ai colori (...) Dopo che i test hanno confermato che la programmazione è integrata in modo soddisfacente, il mondo interno viene sigillato, intrappolando le personalità alter all'interno con la loro realtà pre-programmata. Queste alter personalità intrappolate nelle strutture interne sono bloccate ad una certa età e livello di sviluppo dove credono ancora nelle favole e nella magia. Sono incapaci di discernere la realtà dalla finzione. Sono anche totalmente incapaci di distinguere tra il mondo interno e quello esterno (...) Sono isolati con solo il loro sistema di credenze personali, i tratti di personalità e le abilità, tutto ciò che è stato programmato per loro."[493]

Nel suo libro *"Restoring Survivors of Satanic Ritual Abuse: Equipping and Releasing God's People for Spirit-Empowered Ministry"*, la terapeuta Patricia Baird Clarke ha scritto un capitolo sulle strutture del mondo interno e la chirurgia magica. Basandosi sulle Scritture, spiega anche che l'abuso rituale satanico (attraverso il trauma e la dissociazione estrema) dividerà il corpo fisico e spirituale, aprendo una breccia verso altre dimensioni, come abbiamo visto nel capitolo precedente. Ecco il capitolo completo che spiega cos'è questo "mondo interiore" dal punto di vista di un terapeuta:

Vedremo cosa possiamo incontrare in una persona che ha subito un abuso rituale satanico, causando uno stato psichico molto complesso. Queste persone di solito nascono in famiglie che praticano il satanismo e gli abusi rituali di

---

[493] Ibidem, pp. 77-78.

generazione in generazione. Non tutti coloro che hanno subito questo tipo di abuso avranno le complesse strutture interne che ora discuteremo e dettaglieremo; tuttavia, c'è da aspettarsi che tali strutture e frammentazioni della personalità siano presenti, poiché queste persone non sono affatto rare. Coloro che sono chiamati a lavorare spiritualmente sul tema dell'abuso rituale avranno bisogno delle conoscenze pratiche fornite in questo capitolo.

L'abuso rituale satanico e l'I.D.T. che provoca creano uno stato interiore incredibilmente complesso. I seguenti concetti possono sembrare bizzarri o surreali a chi è nuovo all'argomento. Tuttavia, dobbiamo tenere presente che le cose che stiamo per descrivere, che sembrano straordinarie, rappresentano la percezione della vita e della realtà delle vittime. Tutto quello che dicono deve essere trattato con rispetto e grande attenzione, non importa quanto possa sembrarvi fantastico. I demoni sono evocati e "piazzati" nella persona per mantenere l'alter separato, inaccessibile alla vittima. Ad ogni alter vengono assegnate specifiche emozioni negative e attività di culto. Questi alter lavorano per portare la vittima completamente sotto il controllo della setta. La vittima diventa allora una specie di 'zombie', un vero inferno. L'individuo scisso è costretto a formare un mondo interiore oscuro attraverso una violenza costante e una programmazione demoniaca. La parola ebraica per le tenebre è 'cho-shek', che significa miseria, distruzione, morte, ignoranza, tristezza e cattiveria. L'obiettivo degli aguzzini occultisti è di imprigionare la loro vittima in una rete di miseria, distruzione, zombificazione dove non c'è scampo. L'anima della persona è frantumata e ogni pezzo (frazione, alter) è impigliato in un labirinto di segrete, prigioni, trappole, ecc... Questo è il loro mondo interiore.

Le vittime vengono lasciate estremamente traumatizzate e distrutte, sono in uno stato di grande confusione. La maggior parte di loro non capisce cosa gli sia successo. Tutto quello che sanno è che stanno soffrendo e che hanno bisogno di aiuto. L'unica comprensione che abbiamo su queste pratiche occulte, cosa fanno e perché lo fanno, la apprendiamo da queste preziose persone, vittime in grande dolore e totalmente perdute. È difficile ricostruire un quadro preciso del loro mondo interiore, come funziona e perché è stato creato. Combinando la mia esperienza con le vittime di abusi rituali con la mia conoscenza delle Sacre Scritture, ho sviluppato una mia teoria per spiegare con cosa abbiamo a che fare. Sappiamo dalle scritture che abbiamo uno spirito, un'anima e un corpo.

1 Tess 5.23: "Che lo stesso Dio della pace vi santifichi completamente, e che tutto il vostro essere, spirito, anima e corpo, sia conservato irreprensibile alla venuta del Signore nostro Gesù Cristo! Colui che vi chiama è fedele e lo farà."

In Genesi 2:7 "ci viene mostrato come siamo stati creati in tre parti. Il Signore Dio formò l'uomo dalla polvere del suolo e soffiò nelle sue narici un alito di vita, e l'uomo divenne un essere vivente."

Il soffio di Dio è diventato lo spirito dell'uomo. Quando il soffio di Dio entrò in contatto con il corpo dell'uomo, si formò l'anima e questi tre elementi sono uniti in noi. In Ebrei 4:12 leggiamo che Gesù (Lui stesso la Parola di Dio) ad un certo punto separò l'anima dallo spirito. Perché la Parola di Dio è vivente ed efficace, più affilata di qualsiasi spada a doppio taglio, penetrante fino alla divisione dell'anima e dello spirito, delle giunture e delle midolla, ed è un giudice dei pensieri e dei sentimenti del cuore.

Credo che finché la nostra mente è collegata alla nostra anima e al nostro corpo, non siamo in grado di "vedere" nel regno spirituale. Questo è ciò che Dio ha voluto per noi, poiché Satana e i demoni possono apparire come "angeli di luce" e ingannarci. Dio vuole che siamo innocenti del male.

Romani 16,19b: "Desidero che siate saggi in ciò che è bene e semplici in ciò che è male". Questo concetto della separazione dello spirito e dell'anima è difficile da spiegare perché c'è una separazione dell'anima e dello spirito da parte di Gesù, che è buono. Quando abbiamo maturato la nostra fede cristiana e messo a morte i nostri motivi egoistici, diventiamo consapevoli della separazione tra anima e spirito. Questo significa che le nostre buone opere che vengono dalla nostra anima non sono legate ai motivi carnali del nostro spirito. Questa separazione non è totale, poiché c'è ancora un legame che tiene la nostra anima nel nostro corpo. Diventiamo più consapevoli dello Spirito Santo e quindi abbiamo più discernimento spirituale, ma rimaniamo ancora "collegati" al corpo fisico. Tuttavia, attraverso l'abuso rituale satanico, c'è una separazione apparentemente improvvisa e totale di anima e spirito, che poi permette alla persona di vedere e sentire i demoni.

In Cor 15,44 leggiamo: "È seminato nel corpo animale, risorge nel corpo spirituale, c'è un corpo animale e c'è un corpo spirituale". Quindi sappiamo che abbiamo un corpo fisico e un corpo spirituale. È attraverso questo corpo biologico che abbiamo un contatto fisico con il mondo materiale che ci circonda. Non siamo consapevoli di avere un corpo spirituale finché il nostro corpo fisico non muore. Questo è ciò che Dio ha voluto per noi. Attraverso i rituali, i satanisti usano i demoni per separare il corpo spirituale dal corpo fisico. Quando l'anima e lo spirito sono stati separati e il corpo spirituale è stato separato dal corpo fisico, allora la persona entra in modo pienamente cosciente in tutta un'altra dimensione. Questa è la dimensione che chiamo il mondo interiore. Questo mondo è tanto vasto e tanto reale per l'individuo quanto il mondo fisico lo è per noi. Noi pensiamo agli spiriti come ad uno stato "vaporoso", ma le persone che sono state in questa dimensione mi hanno riferito che i demoni hanno peso e sostanza.

Questo mondo interiore è un mondo di spiriti demoniaci e di personalità alterate ed è accessibile attraverso la mente, attraverso il pensiero, in particolare attraverso l'immaginazione. Le persone che praticano la meditazione trascendentale o che cercano spiriti guida (non incarnati), per esempio, usano la loro immaginazione per comunicare con il regno degli spiriti maligni. Dio ci ha dato un'immaginazione, che non è una cosa negativa in sé, perché possiamo usarla per favolose invenzioni di grande utilità per l'umanità. Possiamo usare la nostra immaginazione come fece Gesù quando insegnò ai suoi discepoli e disse loro di gettare le reti sul lato destro della barca. L'immaginazione può essere usata sia per il bene che per il male.

Quando si fa un lavoro spirituale sulle personalità alterne, quando emergono i ricordi, arriva un momento in cui la persona è in grande difficoltà affermando che la sua "parte destra sembra essere separata dalla parte sinistra".

A questo punto, un demone deve essere espulso dalla persona. Questo sarà utile per la persona, ma non la libererà dalla connessione con quella particolare dimensione spirituale che sta sperimentando. Questo senso di divisione può avvenire attraverso il ricordo del rituale che ha causato la scissione. Una donna ha descritto una cerimonia in cui i satanisti usano le scritture di 'Ebrei 4:12', ma in un modo completamente distorto. In questo rituale, una vera spada è tenuta sopra la vittima e i demoni sono evocati per dividere e dividere la vittima.

A causa della dimensione spirituale in cui si trova quella persona, è in grado di vedere e sperimentare questi oggetti come se fossero una cosa reale identica al nostro mondo tridimensionale. I satanisti lo usano per scopi di controllo. Per esempio, il bambino potrebbe essere portato in un viaggio in Germania e gli si potrebbe mostrare un castello nei minimi dettagli, sia dentro che fuori. Il bambino vivrà alcuni giorni molto stressanti in questo castello, passando attraverso diversi rituali nelle varie stanze. Il bambino è costretto a memorizzare la disposizione del castello. Verrà costruita una replica in miniatura di questo castello nello stile di una casa di bambola, un modello tridimensionale con il quale il bambino potrà integrare profondamente la sua struttura. Una volta memorizzato il castello, il bambino viene sottoposto a una "chirurgia magica", cioè gli viene detto che il modello in miniatura del castello sarà messo dentro di lui così come lui stesso è messo dentro il castello (n.d.r.: qui troviamo uno schema di mise en abyme, proprio come le rappresentazioni grafiche del pittore Escher basate sulla dualità e sugli effetti specchio. Secondo Fritz Springmeier, le inversioni, le immagini speculari, le illusioni e altri trompe l'oeil contenuti nei dipinti di Escher sono ottimi supporti per la programmazione mentale dei soggetti scissi). Il castello è ora "dentro" il bambino e diventa una struttura funzionante per il mondo interno. In questo mondo interno, è ora possibile camminare attraverso le diverse stanze del castello in un modo che è reale come nel mondo fisico. Nei rituali che seguono questo "intervento chirurgico", il bambino si dissocia molte volte e le alter personalità che nascono saranno poi programmate per prendere residenza in diverse stanze del castello. Queste stanze saranno sorvegliate da entità esterne, demoni, e le trappole saranno posizionate strategicamente in modo che non ci sia scampo per l'alter ego partizionato. Questi castelli sono freddi e bui, pieni di ratti e serpenti e camere di tortura, è una potente struttura di controllo. Se un alter ego non si sottomette, non fa esattamente quello che gli viene comandato, sarà consegnato ai demoni in una camera di tortura del castello. Questo è estremamente doloroso per la vittima, poiché i sensi spirituali sono intensificati. Secondo alcuni racconti, i sensi spirituali sono più forti di quelli fisici. Il dolore sperimentato in questo mondo interiore si trasmette anche al corpo fisico. Quando un cristiano è disposto a dedicare la sua vita a Cristo, il Signore gli dà un'autorità eccezionale in questa materia. Gesù Cristo sa come proteggere l'altare quando inizia a parlare. LUI ci dà il potere di rinchiudere tutti i demoni e LUI mette gli alter ego in un luogo dove non possono essere trovati e ritrattati.

Con questa operazione magica, gli occultisti piazzano trappole in tutto il mondo interiore della persona. Naturalmente, queste cose non sono veramente dentro, ma poiché il bambino crede che ci siano, i demoni possono usarle per controllarlo. I satanisti sanno bene che un alter ego alla fine avrà l'opportunità di iniziare a parlare e testimoniare al di fuori del culto. Per tenerli in silenzio, o per punirli se parlano, vengono piazzate strategicamente delle trappole che si attivano con determinati trigger ogni volta che il sistema è minacciato. Queste trappole possono essere le più perverse che un demone possa immaginare. Una trappola molto comune è la bomba. Un pomeriggio ho notato che una donna che aveva appena avuto accesso ad alcuni ricordi di abuso non aveva bevuto tutto il giorno. Dopo aver consultato il Signore, mi ha rivelato che c'era una bomba dentro di lei pronta ad esplodere se avesse bevuto qualcosa. Era assolutamente terrorizzata. Ho chiesto al Signore di toglierglielo, cosa che ha fatto. È stata poi in grado di bere due grandi bicchieri d'acqua. In questo mondo interiore, sono le sue convinzioni che legano e trattengono la vittima. Un demone può simulare l'esplosione interna di una bomba e la persona avrà il suono e il dolore di quella "esplosione". Molti di questi strumenti sono progettati per distruggere la vita o la sanità mentale della persona che inizia a parlare. Questo è solo un esempio del perché questo tipo di trattamento può essere fatto con successo solo da un cristiano che si affida a Gesù Cristo per fare il lavoro. Se un ateo avesse cercato di rimuovere questa bomba, sarebbe esplosa e la donna avrebbe avuto bisogno di medicine e forse anche di un ricovero. Una volta una signora mi descrisse cosa le era successo quando dei credenti ben intenzionati avevano cercato di scacciare i demoni da lei. Una bomba è esplosa e lei ha sentito letteralmente delle schegge perforare ogni parte del suo corpo. Le schegge erano in realtà entità demoniache che venivano spinte nelle sue braccia, gambe, testa... ogni parte del suo corpo... lo scoppio della bomba era accompagnato da un comando impiantato che le diceva di uccidere coloro che cercavano di aiutarla, e poi di correre fuori e buttarsi sotto una macchina. Sapeva cosa stava succedendo, ma era totalmente fuori controllo. Due uomini erano presenti per controllarla, ma altre due persone sono dovute intervenire per aiutarla a tenerla ferma.

Attraverso la chirurgia magica, qualsiasi cosa del mondo fisico può essere collocata nel mondo interiore di una persona. Queste sono alcune delle cose che si trovano comunemente in quest'altra dimensione dell'essere. Questi oggetti, destinati a controllare la vittima, possono essere rimossi solo dalla Grazia del Signore. La maggior parte di essi sono legati a ricordi dolorosi di abuso e saranno rimossi man mano che la memoria viene elaborata e integrata, ma questo non è sempre il caso. Ecco perché è importante lasciare le redini al Signore.

- Computer: Il computer può essere usato dai demoni e/o da un alter per controllare un oggetto o una personalità alterata nel sistema.

- Telefoni: la persona può effettivamente sentire la voce dell'abusatore che dà istruzioni, la voce è ovviamente quella di un demone. Se l'abusatore vuole che la persona vada in un certo posto ad una certa ora, chiama un demone che attiva il telefono per trasmettere le istruzioni alla vittima. Un demone ha la capacità di riprodurre perfettamente la voce di un umano ma anche il suo aspetto fisico.

- Registratori: questi possono riprodurre cose umilianti, commenti cattivi e offensivi. Possono riprodurre le istruzioni più e più volte per ottenere certi comportamenti. Per esempio, se la persona riceve un complimento esterno, una voce "registrata" reagirà dicendo cose umilianti. Di nuovo, questo è un trucco demoniaco.

- Nastri video/DVD: con questi strumenti, scene orribili di torture umane o di altro tipo possono essere proiettate nella mente della persona.

- Sveglie: queste possono essere impostate per suonare in diversi momenti della notte o del giorno in modo che la persona non possa mai dormire bene. (Nota dell'editore: Cathy O'Brien riporta nella sua autobiografia come "sveglie mentali" automatiche furono impiantate a lei e a sua figlia in modo che non dormissero mai più di due ore di seguito).

- Forno: Un forno può essere usato per succhiare tutta l'energia dalla persona o prosciugare energeticamente un alter per la distruzione. Il forno può mantenere la persona surriscaldata per perpetuare il trauma.

- Labirinti: gli alter sono spesso intrappolati nei labirinti. Gesù sarà in grado di farli uscire e di distruggere il labirinto.

Questi sono solo alcuni esempi di cose che si trovano comunemente nel mondo interiore delle vittime di abusi rituali satanici. Le possibilità sono infinite, perché con questa magica operazione, tutto ciò che si trova in questo mondo fisico può essere trasferito al mondo interiore.

Per le persone nate in famiglie sataniche transgenerazionali, l'abuso può iniziare alla gestazione, nel grembo materno. Un feto può essere traumatizzato in vari modi, con scosse elettriche, aghi, scosse al ventre della madre, stupro della madre, ecc.

È probabile che stiano usando un dispositivo per misurare la frequenza cardiaca del bambino. Quando la frequenza cardiaca aumenta e poi improvvisamente scende significativamente, è un segno che il bambino sta entrando in uno stato di dissociazione nell'utero. Gli occultisti cercano di ottenere 6, 13 o anche 18 frammenti dalla gestazione, questi sono numeri satanici di potere. Tuttavia, non sempre riescono ad ottenere questi numeri desiderati. Ogni frammentazione del feto nel grembo materno diventa un "seme" che sarà poi scisso di nuovo per alimentare i diversi livelli della struttura interna della persona con personalità alterate.

L'organizzazione del mondo interno non è casuale. È una struttura in cui ogni alterazione della personalità e ogni oggetto sono collocati meticolosamente e strategicamente.

Questa struttura avrà tanti livelli, quante erano le frammentazioni nel grembo materno. Se la vittima è stata frammentata 13 volte nel grembo materno, la struttura interna avrà 13 livelli. In alcuni casi, il numero di divisioni nell'utero non sarà il numero desiderato, quindi il neonato sarà immediatamente diviso per completare il numero di livelli. Questi diversi livelli, che possono anche essere chiamati strati o livelli, dovrebbero avere una forma geometrica che spesso sarà la stessa per ogni livello. Per esempio, se è stato usato un quadrato, ogni livello sarà quadrato. Possono anche essere formati da combinazioni di forme geometriche, per esempio quadrati combinati con triangoli o cerchi.

Ogni livello è diviso in sezioni, o stanze, in cui gli alter sono "agli arresti domiciliari". I guardiani (demoni) sono posizionati in punti strategici di ogni livello. Sotto tutti questi strati, di solito c'è una specie di fossa, che a volte avrà tanti livelli quanti la struttura di base stessa. I diversi livelli sono collegati da scale (spesso circolari, a spirale) con una porta che divide ogni livello. Questo sistema è simile a quello di un condominio, ma il design può essere più sofisticato. I livelli non sono necessariamente della stessa dimensione e possono essere ad angoli diversi l'uno dall'altro. Spesso i livelli sono progettati per ruotare o a spirale (nota: sistema carosello). L'intera struttura complessa viene quindi "iniettata" nel mondo interno del bambino in un'età molto giovane. Si può costruire un modello della struttura in modo che il bambino possa visualizzarla e memorizzarla. Il bambino alla fine lo memorizzerà perfettamente, compresa la posizione delle entità guardiane in ogni livello e la posizione dei semi-alteranti in ogni livello. Poi, con una chirurgia magica, la struttura viene messa dentro di lui e gli viene detto che deve crescere con essa. Durante l'"intervento", il bambino crede di essere stato aperto dalla gola fino al basso ventre e che questa struttura riempia ora tutto il tronco del suo corpo.

Ogni alter creato nell'utero da una scissione dissociativa sarà assegnato ad un livello particolare della struttura. Questo alter diventa il "seme fondatore" che riempirà quel livello della struttura con molteplici altri alter, tutti scissi da questo alter-core. Ciò significa che questo alter-core subirà tutta una serie di scissioni durante i traumi successivi.

Il livello superiore della struttura è chiamato "livello pubblico". È qui che sono alloggiati gli alter che svolgono i compiti della vita quotidiana (personalità ospite). Questi sono quelli che gestiranno la vita familiare, ecc., questi sono quelli che comunicano con il mondo esterno... Questi alter sono generalmente inconsapevoli dell'esistenza di altri alter più profondi finché non si rivelano un giorno attraverso un aiuto esterno. Questi alter "pubblici" non sanno nulla degli alter di livello inferiore, e nemmeno che può esistere una struttura complessa a più livelli. Gli alter di livello superiore sono stati programmati nella vittima per far fronte alla vita quotidiana, questi gruppi di alter sono talvolta chiamati "sistema domestico" o "livello pubblico". Questo livello ha di solito un piccolo numero di personalità: 7 o 8. L'area di questo livello superiore sarà la più piccola di tutti i livelli (la punta dell'iceberg). Man mano che progrediamo attraverso la struttura fino alle sue profondità, troveremo livelli più grandi e più densamente popolati. È comune trovare centinaia di alterazioni nei livelli inferiori. Più profondo è il livello, più oscuri saranno gli alter in quanto impegnati nel "lato oscuro", cioè nelle attività occulte del gruppo. Gli alter che risiedono nei livelli inferiori più profondi sanno assolutamente tutto dei livelli superiori e sono in grado di prendere il controllo dell'intero sistema superiore. L'alterazione più potente e più oscura si trova al livello più basso, nel livello di programmazione più profondo. Quando questi alter ego degli strati più profondi vogliono prendere il controllo del corpo, salgono attraverso le porte, danno una password ai demoni guardiani e accedono così ai livelli superiori, i livelli pubblici. Le personalità ospiti di questo livello pubblico non hanno il potere di resistere all'alter ego occultista del profondo. Un alter della profondità può punire e torturare un alter del 'livello pubblico' se quest'ultimo ha parlato o commesso qualsiasi altra infrazione delle regole. Dopo un po' di tempo nel ministero, può essere utile pregare e chiedere al Signore di sigillare le porte in modo che gli alteri e i demoni del livello inferiore non possano più salire al "livello pubblico" per causare disordine. Tuttavia, questo non è qualcosa da fare sistematicamente... Dio mi ha portato a fare questo per alcune persone, ma con altre, mi ha istruito diversamente. Dobbiamo essere aperti alla guida del Signore.

Un alter può essere programmato per essere chiunque o qualunque cosa, a seconda della volontà del programmatore o dei bisogni della vittima. Qualcuno che è stato torturato in un modo così complesso conosce solo un meccanismo di coping: la dissociazione. In questo modo, la setta crea deliberatamente personalità alterne per servire il suo scopo malsano, e la vittima crea personalità alterne per far fronte alla vita che deve continuare a condurre. Pertanto, alcune alter personalità saranno designate a lavorare per la setta, mentre altre avranno un ruolo nell'aiutare e sostenere la persona abusata. Ci sono anche gli alter neutrali, che non rientrano in nessuna delle due categorie. Gli alter ego di culto sono creati da particolari rituali, hanno varie funzioni come insegnare, immagazzinare informazioni, eseguire rituali specifici, far seguire alla vittima un certo programma quando va alle cerimonie, attirare i demoni verso di loro, immagazzinare energia satanica, bloccare qualsiasi consiglio dai cristiani, gestire la programmazione, ecc. Questo complesso sistema farà sì che ci saranno molti alter ego incaricati di uccidere la vittima se questa entra in contatto con i consulenti cristiani che possono cominciare a liberarla. I programmatori danno un'identità completa all'alter ego del culto, a volte anche con le proprie caratteristiche fisiche. Per esempio, la vittima può essere in sovrappeso e anziana, ma per l'alter ego che la controlla, il suo corpo è quello di una giovane e snella adolescente. Questi alter ego del culto possono andare contro il benessere dell'individuo fino al punto di tentare di ucciderlo, quando è necessario ricordare che essi abitano lo stesso corpo... eppure spesso negano con veemenza questa realtà dicendo cose degradanti sull'aspetto fisico o sulla personalità della persona. A questo punto è utile farli guardare in uno specchio per mostrare come il culto li ha ingannati. Non è raro che dicano che gli specchi sono cose di cui la setta li ha avvertiti. Poi dico loro di stare zitti mentre si guardano allo specchio, questo spesso li convincerà che sono stati totalmente ingannati. Molti di loro rinunceranno volentieri alla loro programmazione di assassini autodistruttivi quando si renderanno conto che in realtà si sarebbero suicidati. I satanisti accedono all'alterazione attraverso l'uso di trigger, come nomi, luci lampeggianti, toni, numeri, ecc. Attraverso l'abuso e la programmazione, la vittima diventa effettivamente come un computer umano accessibile a chiunque abbia il programma e i codici di accesso. Queste alterazioni possono essere attivate anche con altri mezzi. Alcuni sono attivati da demoni che il culto evoca durante i rituali. Altri alter sono stati creati e programmati per emergere e diventare attivi in un momento specifico. Per esempio, se la setta ha deciso che una persona deve morire all'età di 50 anni, un alter con programmazione di autodistruzione si attiverà all'età di 50 anni. Gli astrologi del culto sanno da secoli quando si verificheranno certi fenomeni celesti. Per esempio, una luna piena che cade lo stesso giorno di un'eclissi in un venerdì 13 (che è successo nel marzo 1998). Queste cose sono previste con anni di anticipo dai satanisti. Alcuni alter possono quindi essere stati programmati per emergere in quel giorno per condurre la persona in un rituale dove avranno una funzione particolare. Ogni alter ego del culto deve essere liberato dai demoni e convertito a Gesù Cristo. Questo viene fatto di solito in 15-30 minuti. Gesù dà loro una nuova funzione in modo che possano lavorare in modo costruttivo e contribuire al benessere della persona. Questi altari di culto hanno molte informazioni che saranno molto utili per raggiungere altri altari. Per esempio, ho incontrato un caso in cui un alter di nome Bobby aveva cercato di uccidere la personalità ospite in mia presenza. Gesù gli diede il compito di rivelarmi dove erano tutte le trappole del sistema. Bobby era stato programmato per memorizzare le trappole dei primi 7 livelli su un totale di 13 livelli che compongono la struttura interna. Una volta che era "dalla nostra parte", questo alter è diventato una risorsa preziosa per il recupero della vittima. Altri alter ego del culto sono pienamente consapevoli di vivere nel corpo della personalità ospite, ma lavorano comunque contro di essa. Alcuni di questi alter, che io chiamo "alter kamikaze", sono così attaccati al lato oscuro che sacrificheranno volentieri la propria vita per uccidere la vittima. Alcuni saranno conquistati da Gesù Cristo, altri no, anche se possono vederlo e sentirlo. In questo caso, Gesù li rimuove semplicemente. Una donna con un I.D.T. molto complesso avrà molte alterazioni maschili. Possono apparire all'inizio del ministero di guarigione, o possono non apparire per diversi mesi, ma ci sono. È anche comune incontrare un alter ego che crede di essere un cane. Non sarà in grado di parlare ma solo di abbaiare. Bisogna allora chiedere ad un altro osservante di parlare per lui, sarà un aiuto prezioso. Una domanda che si può fare è come si può arrivare a credere di essere un cane? Ai satanisti piace disumanizzare le loro vittime. Meno umani si sentono, meglio entreranno in contatto con i demoni adottando il loro comportamento (i demoni sono bestiali). Questo tipo di programmazione è davvero brutale. Per esempio, metteranno il bambino nudo in un recinto con i cani fino a una settimana. Al bambino non è permesso di comportarsi come un umano. Non gli è permesso di stare in piedi, parlare, mangiare e bere con le mani, e dormirà sul pavimento. Deve andare in giro a quattro zampe per mangiare e bere da una ciotola come un cane. Sarà violentato più volte da cani maschi. Qualche alterazione può essere un gattino. Ho incontrato uno di questi alter mentre ascoltavo la vittima parlare delle sue tecniche/tentativi di far fronte alla violenza. L'alter ego di una bambina mi disse allora che aveva notato che i gattini della sua fattoria di famiglia venivano trascurati. Pensava che forse se fosse diventata lei stessa una gattina, i suoi abusatori l'avrebbero lasciata in pace. Alcuni di questi animali alter non saranno in grado di parlare se non con un semplice "miao", ma altri avranno bisogno di un alter mediatore che parli per loro. Altri ancora, a causa di varie programmazioni, possono credere di essere alieni o robot. Una donna ha ricordato di essere stata sottoposta a una settimana di programmazione di cani, seguita da una settimana di programmazione di ET e da una terza di programmazione di robot. Alla fine delle tre settimane non aveva idea di chi fosse, sapeva solo che non era umana. Uno degli alter più memorabili che ho incontrato è stato "Rubber Man". Faceva parte del "livello pubblico", era stato creato dalla vittima per fare cose incredibili che la sua orribile matrigna lo costringeva a fare. Essendo fatto di gomma, poteva allungare le braccia e le gambe per raggiungere luoghi inaccessibili ed eseguire compiti apparentemente impossibili. Era particolarmente bravo a lavare le finestre o a pulire le grondaie. Ma l'"uomo di gomma" non parlava mai... cantava con una forte voce in rima e gli piaceva rallegrare la personalità dell'ospite quando si sentiva triste (ndr: Cathy O'Brien riferisce che una delle sue sorelle, Kelly Jo, ha un alter con programmazione per la prostituzione con cui diventa flessibile come "Gumby").Molti alter, specialmente gli alter ego di bambini o neonati, non avranno alcuna funzione particolare. Possono essere rinchiusi in sotterranei bui, fosse, prigioni, ecc., sono terrorizzati e miserabili. Questi alter sono spesso "residui", o "danni collaterali", creati quando la persona è sottoposta a gradi crescenti di dolore e terrore durante i rituali e la programmazione. Per produrre l'alterazione di culto desiderata, i satanisti sottopongono la persona a un dolore insopportabile che porterà a diverse dissociazioni, con ogni alterazione successiva creata più forte e più collegata all'oscurità della precedente. Per esempio, se la persona si dissocia cinque volte prima di creare l'alter desiderato, i primi quattro alter non sono presi in considerazione dalla setta, che non si interesserà a loro. Sono quindi considerati inutili e vengono rinchiusi in una sorta di prigione o dungeon, vengono "messi nell'armadio". A volte un alter ego con poche intuizioni può presentarsi ma non rispondere alle domande. È probabile che si tratti di un alter ego pre-verbale (neonato o bambino). È necessario chiedere se un altro alter può poi venire a parlare in suo nome. Recentemente mi sono imbattuto nel caso di una donna di 53 anni. Con i capelli che le coprivano il viso, mi fissava mentre si succhiava il pollice e si strofinava la parte superiore del naso con l'indice. Era ovviamente molto spaventata ma anche curiosa. Quando non ha risposto a nessuna delle domande che le ho fatto, ho chiesto se qualcuno poteva parlare per lei. Fu allora che incontrai Lisa, 11 anni, che mi raccontò degli abusi che Rini aveva subito. Rini è poi tornata e ho chiesto a Gesù di liberarla, e come spesso fa, le ha mandato un agnellino. Ho visto come accarezzava l'agnello, come rideva quando si accoccolava al suo collo. Dopo poco tempo con l'agnello, lei guardò Gesù in totale soggezione e poi alzò le braccia perché Lui venisse a prenderla. Poi sembrò rilassarsi e appoggiò la testa sulla Sua spalla mentre Lui la portava in un luogo sicuro.[494]

6 - LO STATO DI TRANCE E I "TRIGGER

Lo stato di trance può essere definito da tre criteri:
- Coscienza alterata.
- Amnesia parziale o totale come risultato della trance.
- Presenza di almeno una personalità alternativa durante la trance.
Le condizioni fisiche ed emotive estreme dell'abuso rituale hanno un impatto pesante sul bambino, specialmente con la combinazione di questi stati di trance. È importante esaminare il ruolo di questi stati alterati di coscienza nel

---

[494] *Restoring Survivors of Satanic Ritual Abuse: Equipping and Releasing God's People for Spirit-Empowered Ministry* - Patricia Baird Clark, 2000.

processo di controllo mentale dei bambini. Quando sono in uno stato di trance sono più aperti all'indottrinamento e alle tecniche per controllare la loro mente e il loro comportamento. Per esempio, un bambino in trance che sente un adulto dirgli che Satana è al comando, integrerà profondamente questa convinzione, molto più che se fosse in un normale stato di veglia. Ci sono molti modi per mettere il bambino in questi stati alterati di coscienza durante l'abuso rituale. Il rituale stesso contiene diversi elementi che inducono alla trance: canto, isolamento, privazione sensoriale e dolore attraverso tutte le forme di tortura estrema. Gli stati di trance sono anche indotti dall'ipnosi e dalle droghe. Queste esperienze hanno un impatto profondo e duraturo sulle credenze, i sentimenti e i comportamenti delle vittime, nonostante il fatto che non sempre possano ricordarle coscientemente. Solo più tardi nella vita, di solito con l'aiuto di un terapeuta esperto, alcune vittime di abusi rituali saranno in grado di ricostruire faticosamente ciò che è successo quando erano in uno stato di trance o dissociativo.[495]

La programmazione funziona con *trigger*, che sono codici di accesso come nomi, frasi, lampi di luce, un tono, una voce con un tono particolare, che permettono ai programmatori, maestri o superiori della setta di avere accesso alle alter personalità delle vittime. Questo permette anche al programmatore di avere accesso alle strutture interne per modificarle o recuperare informazioni se necessario. Il sistema interno può infatti essere utilizzato per immagazzinare informazioni che saranno conservate da un alter ego ipermnesico, dati a cui si può accedere solo con determinati codici di accesso. Le informazioni possono anche essere immagazzinate nel subconscio, che viene poi utilizzato come un vero e proprio hard disk sicuro. Tutte queste manipolazioni vengono fatte senza che la vittima ne sia consapevole.

Le funzioni precedentemente programmate vengono eseguite inconsciamente, o con una certa consapevolezza dell'obbligo di fare o non fare qualcosa. Gli alter intrappolati nelle strutture interne obbediranno ai comandi impiantati finché non saranno liberati. Questi tipi di programmazione possono controllare i pensieri e le azioni di una persona per decenni, di solito senza alcuna consapevolezza. I sopravvissuti ad abusi rituali e MK iniziano a recuperare i ricordi tra i 30 e i 50 anni. Ci vogliono molti più anni prima che la vittima diventi consapevole della programmazione e dei suoi effetti continui su di lei. Scoprire queste strutture interne spesso richiede un aiuto esterno per permettere al sopravvissuto di accedere a queste informazioni in modo sicuro a causa della programmazione autodistruttiva.[496]

La denominazione delle personalità alterne è un punto centrale del controllo mentale. Il programmatore darà sistematicamente un nome all'alter creato perché si percepirà automaticamente come appartenente alla persona che lo ha identificato dandogli un nome. I nomi dell'alter, i codici d'accesso, i vari stimoli scatenanti, permetteranno di attivare i meccanismi di controllo mentale e di accedere alla programmazione.

---

[495] 'Rapporto della task force sugli abusi rituali', Los Angeles County Commission for Women, 1989.

[496] *La relazione tra la programmazione del controllo mentale e l'abuso rituale*, Ellen P. Latteria.

Il controllo mentale basato sul trauma si basa sulla capacità di indurre inconsciamente nella vittima la paura di rivivere l'abuso e la tortura, in modo che si conformi alle direttive e ai comandi impiantati durante la programmazione. Lo psicologo americano Joseph LeDoux, che ha studiato la memoria emotiva, ha concentrato le sue ricerche sul legame tra memoria ed emozione, in particolare sui meccanismi della paura. Il suo lavoro ci dà un'idea di come funziona la programmazione MK. Nel suo libro *"The Emotional Brain: The Mysterious Underpinnings of Emotional Life"*, mostra che ci sono due sistemi di memoria a lungo termine negli esseri umani: un sistema di memoria esplicita, cosciente, cognitiva e verbale e un sistema di memoria implicita, inconscia, emozionale e non verbale (come abbiamo già visto nel capitolo 5). La sua ricerca rivela che il sistema di memoria inconscia della paura e del dolore può *"rappresentare una forma indelebile di apprendimento"*. Nelle risposte post-traumatiche, scrive che *"uno stimolo associato al pericolo del trauma può diventare un trigger incorporato che può provocare risposte emotive in noi.* LeDoux chiama questa forma di condizionamento *"condizionamento della paura"*. È questo condizionamento della paura che sembra essere un elemento fondamentale nel funzionamento della programmazione MK. La ricerca di LeDoux mostra che l'informazione emozionale è trasmessa attraverso l'amigdala durante i meccanismi automatici e inconsci di coping durante il trauma, e che questo *condizionamento della paura* opera indipendentemente dalla coscienza, che lui chiama *l'inconscio emozionale*. Questo sistema emozionale, in gran parte inconscio, influenza il sistema cognitivo cosciente più fortemente che il contrario. Così, dice, *"le persone di solito fanno ogni sorta di cose per ragioni di cui non sono consapevoli, perché questi comportamenti sono prodotti da meccanismi nel cervello che operano inconsciamente"*. I sopravvissuti riferiscono che i programmatori usano intenzionalmente torture e droghe per cercare di bloccare la capacità di elaborazione cognitiva cosciente delle vittime. Questo condizionamento della paura del trauma controllerà quindi le personalità alterne. Le risposte condizionate dalla paura saranno eseguite automaticamente senza consapevolezza, senza coscienza cognitiva. Gli inneschi condizionati e programmati, come la voce del colpevole, un segnale con la mano, una parola o una serie di parole, ecc. possono quindi indurre paura e dolore incontrollati nella memoria emotiva inconscia. Questo farà sì che la persona si comporti in modo condizionato e programmato per evitare di sentire effettivamente il dolore e il terrore che già percepisce inconsciamente in questo ricordo emotivo traumatico.[497]

Il fatto che alcuni eventi non siano ricordati coscientemente non significa che non abbiano un impatto significativo sulla vita dell'individuo. Finché i ricordi non ritornano e possono essere lavorati e integrati in un ambiente sicuro, la vittima di tali abusi sarà sempre controllata in qualche misura dalle sue esperienze passate. Il sopravvissuto può quindi reagire fortemente quando

---

[497] 'Ritual Abuse and Mind-Control', Cap: The manipulation of attachment' - Torture-based mind control: psychological mechanisms and psychotherapeutic approaches to overcoming mind control, Ellen P. Latteria.

qualcosa o qualche evento gli ricorda questo pesante passato (consciamente o inconsciamente). Per esempio, se il sopravvissuto è stato abusato ritualmente da bambino durante ogni luna piena, da adulto potrebbe sentirsi obbligato a unirsi al culto per partecipare alle cerimonie di luna piena. Oppure può essere "spinto" a compiere un atto di violenza fisica o sessuale in una data particolare o in risposta a un fattore scatenante nell'ambiente. Questo può anche manifestarsi come compulsioni autodistruttive per far fronte all'ansia associata a questo ricordo dissociativo dell'evento traumatico.

Terapista Ellen P. Lacter ha osservato diversi indicatori di programmazione nei suoi pazienti. Per esempio, cambierà improvvisamente il suo stato in risposta a un dettaglio che scatena una sorta di stato robotico con una postura rigida, occhi vuoti e un'incapacità di sentire o rispondere a qualsiasi cosa. Poi comincerà a desiderare di andare da qualche parte o di andare al telefono... Quattro dei suoi pazienti hanno riportato un identico codice di attivazione legato allo stesso tipo di programmazione. Il codice era lungo una decina di caratteri con gli stessi prefissi o suffissi e con poche variazioni ortografiche. Eppure questo codice non è citato in nessun libro o su internet e queste persone vivevano in zone remote.[498]

Il dottor James Randall Noblitt riferisce che alcuni dei suoi pazienti hanno riferito che le telefonate o i colpi alla loro porta in un modo particolare fanno emergere una personalità altera programmata per sottomettersi a chiunque usi quel segnale di attivazione. Molti terapeuti hanno riportato informazioni simili che si sovrappongono da paziente a paziente. Il dottor Cory Hammond, nella sua conferenza intitolata *"The Greenbaum Lecture"*, ha detto: *"Quando si iniziano a raccogliere le stesse informazioni, di natura altamente esoterica, in diversi stati dalla Florida alla California, e in diversi paesi, si inizia a pensare che stia succedendo qualcosa... Che questo è un fenomeno su larga scala, molto ben coordinato, sistematico e altamente organizzato.... Così abbiamo trovato lo stesso fenomeno in molti luoghi diversi (...) È il momento di condividere più informazioni tra i terapeuti."*

Nel suo libro *Cult and Ritual Abuse*, il Dr. James Randall Noblitt riferisce che alcuni dei suoi pazienti descrivono gli stessi tipi di abuso infantile che coinvolgono rituali e atti sadici. Questi pazienti non avevano alcuna interazione tra loro, provenivano da diverse località geografiche, religioni e background socio-economici. Nonostante queste notevoli differenze, questi individui non solo condividevano ricordi simili di rituali traumatici, ma mostravano anche sistemi interni di I.D.D. strutturati in modo simile. Alcune personalità di pazienti alterati sembravano persino riconoscere altri pazienti, scrive il Dr. Noblitt: *"Stavo salutando un paziente maschio a cui era stato diagnosticato l'I.D.D. e ho invitato un altro paziente, 'Alice', nel mio ufficio. Una volta nella stanza, Alice si trasformò in un altro alter ego, ora si comportava come una bambina spaventata: "Perché Robert James è venuto a trovarti? Non sai che è molto pericoloso? A causa del segreto medico non potevo dire nulla su questo paziente che aveva appena lasciato il mio ufficio. Non potrei nemmeno dire che era un*

---

[498] Ibidem.

mio paziente. Il suo vero nome era Robert Dale. Robert James era uno dei suoi nomi segreti di culto. Come mai Alice lo ha riconosciuto e identificato con il suo nome di culto? Che io sappia non aveva parlato a nessuno di questo nome, almeno al di fuori della setta, così come che io sappia non aveva mai incontrato Alice. Non sembrava nemmeno riconoscerla quando si sono incontrati nella sala d'attesa. Alice aveva anche identificato altri tre miei pazienti, due dei quali con i loro nomi di culto, che lei diceva essere legati a rituali a cui si era sottoposta nella prima infanzia (...) Alice fu anche riconosciuta dalle alter personalità di altri due pazienti che, in consultazione, rivelarono che ognuno di loro si conosceva per attività di culto passate. "[499]

Noblitt scrive anche che il potere che esiste all'interno dei culti satanico/luciferiani si riflette in un'organizzazione gerarchica piramidale molto rigida. Alcune delle posizioni più alte sono tenute permanentemente dagli stessi individui, tuttavia in alcune tradizioni gnostiche, le posizioni relativamente importanti (sacerdotessa, sacerdote) possono essere a rotazione. Questi livelli gerarchici variano in numero da un'organizzazione all'altra e avranno anche nomi diversi come Cavaliere, Principe, Sacerdote, Gran Sacerdote, Re, ecc.

Man mano che un membro sale nella gerarchia, gli vengono rivelate più informazioni sulla programmazione e sui codici di attivazione usati nelle cerimonie sugli altri membri del culto. Alcuni di questi trigger sono generici, codici di accesso di base che possono essere utilizzati per controllare un numero relativamente grande di persone. Questo è il motivo per cui la terapeuta Ellen Lacter ha riferito che quattro dei suoi pazienti avevano trigger identici legati alla stessa programmazione. Secondo il Dr. Noblitt, il trigger *"Deep"* o *"Deeper"* sembra essere una parola chiave comune. Quando usato ripetutamente o discretamente inserito in una conversazione, molti sopravvissuti di questi culti entreranno tipicamente in uno stato di trance dove mostreranno segni evidenti di un cambiamento di coscienza, come un cambiamento di sguardo e di postura.

Noblitt spiega che i membri del culto che salgono nella gerarchia non solo avranno accesso a una varietà di codici di innesco che possono usare per controllare le persone ai livelli inferiori, ma subiranno anche un "aggiornamento" in modo che questi inneschi generici non abbiano più tanta presa e controllo su di loro. Così, i sopravvissuti che sono saliti ai più alti ranghi di questi gruppi di culto sono stati condizionati e programmati con trigger molto più specifici e complessi in modo che la maggioranza degli altri membri non possa controllarli avendo accesso alla loro programmazione. Tale controllo è riservato all'élite nelle alte sfere della gerarchia, essi hanno una conoscenza più avanzata degli inneschi e codici di accesso più sofisticati alla loro programmazione. Mentre i membri delle sette di basso livello sono usati dai leader per ogni sorta di cose, in alcuni casi possono salire nella gerarchia ed essere istruiti sui protocolli per accedere alla programmazione degli altri membri, e così a loro volta detengono un incredibile potere di controllo.[500]

---

[499] *'Cult and Ritual Abuse'* - James Randall Noblitt e Pamela Perskin Noblitt, 2014, p.90.

[500] Ibidem p.158.

Il controllo mentale con i suoi codici di accesso alla programmazione è dunque un punto essenziale dell'occultismo luciferiano, della "religione senza nome". È il principale strumento di dominazione perché non è rilevabile. Nella conferenza di Greenbaum, il dottor Cory Hammond riferisce che alcuni sopravvissuti possono anche avere dei codici di identificazione. Questo codice include la loro data di nascita, può anche includere dove sono stati programmati, così come altre informazioni sulla loro famiglia o sul culto. Come notato sopra, la mente subconscia e gli alter possono servire come un disco rigido per immagazzinare ogni sorta di informazioni. Quando Mark Phillips ha iniziato a deprogrammare Cathy O'Brien, ha scoperto i numeri di conto corrente bancario, per esempio. Secondo lui la deprogrammazione è proprio come l'hacking. Proprio come si può entrare in un computer, si può entrare nel 'disco rigido' di uno schiavo MK...

Molto presto, una volta che le personalità alter sono state create, i bambini di questi gruppi saranno programmati con trigger semplici e basilari utilizzando i sensi tattili e visivi. Questi trigger tattili sono molto importanti per controllare un bambino. Per il mondo esterno, la maggior parte di questi gesti innocui sembrano solo tocchi affettuosi. Questi trigger saranno di solito appresi attraverso una combinazione di gioco e dolore, punizione e ricompensa. Queste programmazioni sono fatte attraverso la ripetizione quando il bambino è in stati alterati di coscienza.

Le alter personalità di *Gran Maestro*, *Gran Sacerdote* o *Gran Sacerdotessa*, sono considerate le più importanti e gerarchicamente più alte. Un bambino destinato a tali posizioni avrà personalità alterne che riceveranno vari addestramenti in linguaggi esoterici segreti, alte forme di magia nera e demonologia. Secondo Fritz Springmeier, nelle gerarchie luciferiane, queste personalità alter più profonde, cioè quelle legate al mondo dell'occultismo, avranno nomi da dea o da dio, nomi da re o da regina. Questi sono i nomi che il programmatore o il culto userà per identificarli, ma non sono codici di attivazione di per sé. I codici di accesso seguono degli schemi, può essere un codice standard e unico. Passaggi della Bibbia sono molto spesso usati per codificare i trigger, ma anche estratti da libri di narrativa popolare. I codici di accesso ai livelli più profondi della programmazione avranno un contenuto esoterico, per esempio in lingue enochiane, spesso si useranno lingue straniere al paese d'origine. La natura dei codici sarà anche legata al ramo del culto, per esempio un gruppo druidico userà simboli druidici, un gruppo cabalista userà codici cabalistici. Un sistema interno può facilmente avere sei lingue diverse usate come codici di programmazione, ma si possono anche implementare parole immaginarie e codici del linguaggio dei segni. La Gematria (insegnamenti cabalistici sui numeri) gioca anche un ruolo importante nella creazione di codici di accesso alle personalità alter più profonde e oscure, legate all'occultismo e alla stregoneria. Detto questo, la maggior parte delle personalità alter sono state tutte più o meno indottrinate nell'occulto. Ci sono diverse ragioni per cui gli schiavi Monarch hanno molti codici e strutture interne legate all'esoterismo e alla stregoneria. Prima di tutto, è perché i programmatori di solito praticano essi stessi l'occultismo elevato e la loro visione del mondo è basata su queste cose, quindi trascrivono questo nella programmazione MK. In secondo luogo, gli schiavi sono ricondotti alla loro connessione con Satana e il suo culto non appena vengono innescati da questi codici di natura occulta. In terzo luogo, l'uso di parole "magiche" come trigger rafforzerà anche la convinzione che la programmazione è una vera magia.[501] In generale, qualsiasi cosa legata all'abuso rituale che la vittima ha subito può potenzialmente essere un innesco per il ricordo traumatico: colori, gioielli, vestiti, libri, film, cibo, bevande, una nascita o un compleanno...

Il sopravvissuto Jay Parker afferma che il sistema MK-Monarch usa anche la natura e la sua simbologia per rafforzare e perpetuare la programmazione. La ripetizione degli abusi rituali secondo un certo calendario occulto basato su cicli lunari e planetari permeerà ogni cellula delle piccole vittime, ancor di più quando vengono "sbloccate" spiritualmente durante i rituali, come abbiamo visto nel capitolo precedente. In seguito, sono i campi gravitazionali specifici della data che agiscono come trigger. Per esempio, durante i pleniluni, quando la memoria traumatica è particolarmente carica a causa degli importanti rituali che vi si svolgono sistematicamente, così come ai solstizi estivi (20-21 giugno) o invernali (21-22 dicembre). Quando i pianeti sono in certe posizioni, che la vittima abbia 15 o 50 anni, il campo gravitazionale inconsciamente percepito a livello cellulare aiuterà a far scattare di nuovo la memoria traumatica nella vittima, per portarla in "fase" con le cerimonie che devono aver luogo. Perché la programmazione sia efficace, deve essere attivata, rinforzata e aggiornata regolarmente da stimoli visivi o uditivi. Questi "promemoria" o "trigger" devono essere onnipresenti nella vita quotidiana per raggiungere i soggetti MK. La sopravvissuta Trish Fotheringham ha scritto: *"Ninnananne, canzoni, storie, produzioni televisive e film famosi; ogni volta che sento queste cose nella mia vita quotidiana, al di fuori della programmazione formale, le credenze delle mie alter personalità si solidificano inconsciamente."[502]*

Secondo alcuni autori, questa è una delle ragioni per cui vediamo fiorire sempre di più il simbolismo occulto nei mass media, specialmente nell'industria dello spettacolo (musica e moda); il segno di 'innesco' più ricorrente è *il singolo occhio* rappresentato di solito da un individuo che in qualche modo ha un occhio mascherato (innesco generico). Questi diversi segni servono da un lato a stimolare i comandi impiantati nei soggetti MK, dall'altro sono impiantati nella cultura popolare laica, nell'inconscio collettivo. La programmazione di tipo MK è anche coordinata con la propaganda generale dei media a cui il pubblico è sottoposto. Questo crea una sorta di continuum di programmazione mentale che consiste nel controllare la massa ma anche i leader della società. Molti politici in posizioni chiave sono individui controllati dalla mente che sono stati programmati con comandi impiantati. La coordinazione (corrispondenza) di una frase impiantata in una vittima con una frase di propaganda ripetuta più e più

---

[501] 'La formula degli Illuminati usata per creare uno schiavo totale non rilevabile controllato dalla mente' - Fritz Springmeier & Cisco Wheeler 1996.

[502] 'Healing the Unimaginable: Treating Ritual Abuse and Mind Control' - Alison Miller, 2012, p.77.

volte nei mass media impedisce alla mente della vittima programmata di diventare discorde. Il politico sottoposto a lavaggio del cervello crederà di essere perfettamente allineato con la società perché la sua programmazione si riflette costantemente in essa attraverso i mass media: la matrice. La società moderna è basata sul controllo mentale individuale e globale e sulla massiccia propaganda che sostiene tutta questa programmazione. Come vedremo nel capitolo 9 sull'industria dello spettacolo, l'occultismo luciferiano viene volgarizzato per creare una sorta di cultura MK egemonica che si imprime gradualmente nell'inconscio collettivo. Ciò significa che queste pratiche occulte sono applicate su larga scala, con mezzi molto grandi, e che colpiscono direttamente le classi dirigenti.

7 - ALCUNE TESTIMONIANZE:

a/ Jay Parker

Jay Parker è nato in una famiglia che praticava abusi rituali satanici e programmazione MK-Monarch di generazione in generazione. Nell'aprile 2011, Parker ha tenuto un discorso a Filadelfia (*Free Your Mind: A Conference On Consciousness, Mind-Control & The Occult*), di cui sono stati estratti alcuni brani:

L'abuso rituale satanico è un sistema occulto di controllo mentale. Questo sistema occulto è l'opposto della Verità, della vita, è in totale opposizione alle leggi naturali. È essenzialmente l'antitesi della natura... un'enorme bugia. È un sistema compartimentato e controllato da una minoranza, mentre la natura e la nostra realtà è in realtà un sistema basato sull'apertura dove dobbiamo condividere tutto equamente. Il sistema religioso dell'abuso rituale satanico e dell'occultismo si trova in un certo misticismo. Il loro misticismo è una pratica religiosa in cui un potere esterno controlla la tua vita e il tuo destino. Sei allora un semplice ingranaggio di una macchina. Questo misticismo è una completa menzogna perché siamo nati con facoltà spirituali, mentali ed emotive che ci danno la possibilità di vivere una vita creativa e pienamente positiva. Gli Illuminati hanno un sistema di caste e questo sistema è basato sulle linee di sangue. È una gerarchia molto rigida, quindi se nasci nella famiglia Rockefeller, per esempio, sei già "nel giro", sarai uno dei grandi controllori. In questo sistema, se la setta rileva che avete particolari facoltà mentali o medianiche, potrete accedere a determinate posizioni. Oggi, sono questi lignaggi Illuminati dell'antica Babilonia che hanno il controllo completo del sistema. Non c'è assolutamente nessuna condivisione con questo gruppo, è tutto tra di loro, lavorano tra di loro... con questa vecchia vibrazione molto particolare...

L'abuso rituale è un sistema di traumi fisici ed emotivi, il cui scopo è quello di creare uno schiavo controllato dalla mente che obbedirà e servirà i peggiori occultisti per tutta la sua vita. Alla nascita siete in allineamento e in armonia con le energie naturali di questo pianeta. Le vostre connessioni sinaptiche, nei primi sei anni, sono in pieno sviluppo, siete in modalità "registrazione", non potete differenziare criticamente le informazioni che vi arrivano. Lo immagazzini e ci costruisci la tua mente subconscia, che in seguito dirigerà il 99% della tua vita adulta. Quindi immaginate il risultato se durante i vostri primi sei anni di vita siete stati programmati con negatività, bugie e misticismo, invece che con la Verità... Quando i percorsi sinaptici, o neurali, sono interrotti, per esempio, da scosse elettriche, il vostro corpo mentale e il vostro corpo emozionale saranno in un tale stato di terrore che il vostro corpo fisico produrrà e rilascerà certi ormoni. Questi ormoni diventeranno una chimica di cui il tuo corpo si nutrirà quotidianamente. Proprio come i cani di Pavlov, che salivano al suono della campana, pensando di morire di fame... Il sistema di controllo mentale di Monarch ha lo stesso effetto dei cani condizionati di Pavlov.

Ci vogliono anni per programmare un individuo. È qualcosa di sistematico che va avanti da centinaia di anni. Il 10% della popolazione mondiale pratica questa antica religione che risale alle vecchie stirpi sataniste. Chiunque passi attraverso questo sistema, che tu sia un semplice meccanico nato in una famiglia satanista, o che tu sia un banchiere di nome Rockefeller: tutti passano attraverso questo sistema per "velare" le connessioni neurali! L'energia che emettono e quella che ricevono è l'antitesi stessa della natura, è totalmente negativa. Questo è il motivo per cui ci troviamo in una tale situazione su questa terra. Quando le vie neurali sono offuscate, finisce per provocare una chimica particolare nel corpo, per cui si viene gradualmente programmati come schiavi di Monarch. Per esempio, soffrirai di depressione in certi momenti del ciclo lunare, quando vengono eseguiti particolari rituali, e questo continua per tutti i tuoi primi sei anni di vita. Così, quando la Luna si trova in certi punti, che abbiate 15, 20 o 40 anni, il campo gravitazionale scatenerà nuovamente l'esperienza del trauma, a livello subconscio. È un sistema molto sofisticato che utilizza tutto ciò che c'è in natura, sia i campi gravitazionali che la simbologia, per innescare e perpetuare continuamente la programmazione. È così che si rimane in uno stato di obbedienza permanente (...) Politicamente, sia i repubblicani che i democratici sono coinvolti in questo business del controllo mentale. Non si tratta di poche persone, è un sistema globale di controllo (...)

Lasciate che vi racconti un po' della mia famiglia... Mio padre proveniva da una stirpe di Illuminati. La sua famiglia veniva dall'Irlanda del Nord e si unì all'Ordine intorno al 1720. Quando si dice che l'Ordine degli Illuminati fu fondato in Baviera nel 1776, in realtà era solo una riorganizzazione della setta per annunciare i loro piani di una rivoluzione globale per stabilire un Nuovo Ordine Mondiale. Come abbiamo visto con la rivoluzione francese e la rivoluzione americana, agiscono a livello internazionale, in modo globalizzato e coordinato. Così questa data del 1776 in Baviera, non è la data di fondazione dell'Ordine degli Illuminati, era solo un punto di partenza per iniziare attivamente la presa di possesso delle nazioni del mondo.

Nella vita pubblica, mio padre non era una persona importante, era un insegnante. Ma nel mondo occulto, a causa del suo lignaggio familiare, della sua conoscenza e del suo potere occulto, aveva ovviamente un certo carisma. Mia madre sosteneva di discendere da una stirpe di 5000 anni, un'eredità di stregoneria tramandata di madre in figlia e proveniente direttamente da un'antica civiltà. Mio nonno paterno era un modesto uomo d'affari di una piccola città del New Jersey. Ma una cosa interessante da notare è che quando morì, al suo funerale vennero 300 persone da cinque stati vicini, che la mia famiglia e la gente del posto non avevano mai visto prima... Ora ho 54 anni, quindi sono stato a qualche funerale, di solito ci sono persone della città in cui vivi... e mio nonno era un modesto uomo d'affari in quella città... e c'erano 300 persone a partecipare al suo funerale, alcune di loro dall'Ohio! Cosa ha scatenato una tale riunione? La risposta è che questo era un vero leader degli Illuminati. Non era molto importante dietro la sua scrivania... Ma nel campo della manipolazione occulta della società, era qualcuno di importante...

Quando avevo cinque anni, mentre visitavo i miei nonni materni in Pennsylvania, mi regalarono una piccola statua della libertà. Ho detto: 'Fico! Mi dissero che non era quello che pensavo, ma che era Semiramide, la regina di Babilonia... Ricordo distintamente di aver insistito per almeno dieci minuti che era la Statua della Libertà e non una stupida regina di Babilonia! Una cosa che vorrei dire sulla mia famiglia è che anche se sono tutti satanisti, praticano il controllo mentale e lavorano per i poteri che sono; ci sarà un tempo in cui la vera coscienza emergerà la loro vera umanità... Puoi programmare una persona per essere un vero psicopatico, ma non puoi distruggere la sua coscienza. Ho visto i miei genitori andare completamente fuori strada con la loro programmazione. Hanno ucciso con gioia perché erano sotto controllo, influenzati da qualche "potere". Dovrebbe arrivare un giorno in cui vorranno sapere chi erano, perché sono nati, in modo che si rendano conto che questo è andato troppo oltre, in modo che possano finalmente dire "No" a questo culto... Ma non lo fanno.

b/ Svali

L'autore anonimo conosciuto con lo pseudonimo 'Svali' è un ex occultista, nato in una famiglia di stirpe luciferiana, che era un addestratore (programmatore) nel gruppo degli *Illuminati* a San Diego. Dopo aver lottato per uscire dalla setta e dalla programmazione, si è convertita a Gesù Cristo. Pur rimanendo anonima, ha deciso di rivelare tutto ciò che sapeva su questa rete e sui pericoli di questo culto luciferiano mondiale.

Ha scritto due libri, "*Rompere la catena*" e "*Svali parla*", che non sono stati pubblicati ma sono liberamente disponibili come PDF su internet. Nel 2006, ha anche rilasciato un'intervista radiofonica esclusiva al giornalista Greg Szymanski (*The Investigative Journal*). Svali è misteriosamente scomparso dalla circolazione poco dopo questa intervista, il suo sito web è stato chiuso e la sua linea telefonica interrotta.

In questa intervista rivela ciò che sa al suo livello sulla struttura e l'organizzazione gerarchica dell'Ordine degli *Illuminati*. Descrive come programmano sistematicamente i loro figli, con la programmazione dell'obbedienza, della lealtà e della fedeltà al gruppo che è la prima e più importante da installare. Spiega che da un lato si può avere un bambino addestrato per la prostituzione e, all'altra estremità dello spettro, un bambino addestrato per essere una figura importante del governo, che richiede una programmazione molto più complessa. Gli adulti ricevono aggiornamenti alla loro programmazione durante tutta la loro vita, è un processo continuo.

Svali spiega che questo culto lavora su sei rami principali di apprendimento: scienza, militare, politica, leadership (leader di alto livello), educazione e spiritualità. I bambini devono essere formati in ogni ramo. Saranno testati e profilati fin dalla più tenera età per scoprire le loro capacità, e poi saranno indirizzati a specializzarsi in uno o due rami particolari a seconda del loro potenziale e delle attività future previste dalla setta. La formazione dei bambini comprende anche dodici discipline di vita che sono:

1/ Non c'è bisogno.

2/ Nessun desiderio.

3/ Nessun desiderio.

4/ Nessuno scrupolo.

5/ Essere il più possibile in forma per la sopravvivenza.

6/ Legge del silenzio.

7/ Valori del tradimento.

8/ Viaggi nello spazio-tempo (il bambino imparerà i principi del "viaggio", sia interno nella coscienza che esterno nello spirito. L'obiettivo è anche quello di raggiungere *"l'illuminazione"*, uno stato estatico di dissociazione.

9,10,11/ Trauma sessuale, imparare a dissociarsi, cancellare i sentimenti, queste tre fasi variano a seconda del futuro ruolo del bambino nella rete.

12/ Essere fedeli alle cerimonie/rituali. Uno degli obiettivi è anche quello di creare una separazione completa tra le attività diurne e notturne del bambino.

Svali testimonia che è stata programmata e allo stesso tempo addestrata all'età di cinque anni da un medico dell'Università di Washington per diventare lei stessa una programmatrice. Dice che queste persone credono che i loro metodi siano benefici e utili ai bambini e al loro culto, e lei stessa credeva sinceramente di aiutare gli altri a sviluppare il loro potenziale. Svali divide la programmazione in cinque "specialità" principali:

1/ allenamento in silenzio:

Questa formazione iniziale inizia in tenera età, anche prima che il bambino possa parlare. Questa programmazione sarà fatta in diversi modi: il bambino viene interrogato dopo una cerimonia su ciò che ha visto e sentito, e se parla di "cose brutte", sarà punito, cioè maltrattato severamente. Questo verrà ripetuto finché il bambino non avrà imparato che deve nascondere i rituali. Generalmente, queste punizioni estreme creeranno un alter ego che sarà un "guardiano" il cui ruolo sarà quello di assicurare che il bambino non ricordi ciò che ha visto durante l'abuso rituale. Questo alter è condizionato a temere la violenza se il bambino ricorda. Il bambino può anche essere sottoposto a trance ipnotiche per far sembrare le peggiori atrocità un "brutto sogno".

2/ allenamento della forza:

Questo tipo di addestramento inizia anche in età molto giovane, spesso addirittura da bambino. Il bambino è sottoposto a una serie di esercizi di condizionamento finalizzati a:

- Aumentare la resistenza al dolore.
- Aumentare la forma fisica.
- Aumentare la capacità di dissociazione.
- Creare una memoria fotografica.
- Creare paura e sottomissione attraverso il desiderio di compiacere.

3/ Addestramento alla lealtà:

La programmazione per la fedeltà al culto è la più importante. La lealtà è un impegno totale alle credenze e alle dottrine del gruppo. La diserzione o la messa in discussione di queste dottrine è rara e le rappresaglie sono ovviamente molto severe. Una persona che mette in dubbio la dottrina o si rifiuta di fare il suo lavoro, tornerà a "riqualificarsi", cioè la sua programmazione sarà aggiornata e rinforzata. Per fare questo saranno scioccati e torturati finché non si sottometteranno. Generalmente gli adulti sono sufficientemente condizionati a credere che le pratiche e gli obiettivi del gruppo siano davvero cose positive e costruttive. Sono convinti di aiutare veramente i bambini. I bambini sentono parlare di sviluppo gerarchico all'interno della rete e si mette loro in testa che possono diventare leader a loro volta. Le posizioni di potere nella gerarchia sono carote alla fine di un bastone per far lavorare duro i membri per il loro successo. Perché una posizione più alta nella gerarchia significa meno abusi e più controllo sugli altri, il che è importante in una vita che ha così poco controllo su se stessa.

4/ formazione per una o più funzioni all'interno del gruppo:

Questa formazione è orientata al lavoro svolto all'interno del culto. Ogni membro ha un ruolo specifico che gli verrà assegnato fin dalla prima infanzia. Ecco una lista non esaustiva di funzioni:
- Sacerdoti e sacerdotesse.
- Pulitori (dopo i rituali).
- Corrieri/trasportatori.
- Giustizieri incaricati di punire i membri recalcitranti o erranti.
- Insegnanti (storia del culto, lingue morte, ecc.).
- Prostitute (Beta Kitten).
- Assassini (Theta, Delta).
- Formatori (programmatori MK).
- Scienziati (scienza del comportamento).
- Medici, infermieri, personale medico, psicologi, psichiatri.
- I capi militari (per le esercitazioni di tipo militare).
ecc...

Questi ruoli sono intercambiabili e un membro può avere diverse funzioni allo stesso tempo. La durata della formazione di cui un bambino ha bisogno dipenderà dalla complessità del futuro ruolo che gli è stato assegnato. Questi allenamenti si basano sulla riproduzione di un "modello" di comportamento, chiamato programmazione neuro-linguistica (PNL). Si mostra al bambino come l'adulto o l'adolescente svolge la sua funzione, e una volta che il modello comportamentale è stato visualizzato e integrato, si dice al bambino che deve essere insegnato dando chiare linee guida su ciò che ci si aspetta da lui. L'opera è divisa in diverse fasi cronologiche. Il bambino può essere abusato per indurre una "tabula rasa", una personalità "vuota" che farà qualsiasi cosa gli si chieda di fare. La programmazione fa un ampio uso dello schema gratificazione contro punizione. Se il bambino esegue correttamente i comandi, viene lodato e persino coccolato, altrimenti viene maltrattato gravemente. Una volta che il condizionamento è in atto, il programmatore elogia il bambino dicendogli che è bravo e che sta facendo un lavoro meraviglioso per la "Famiglia" (la setta mondiale degli *Illuminati*). Le alter personalità del bambino cercano disperatamente di eseguire i comandi nel modo più perfetto possibile, perché cercano costantemente l'approvazione del o dei tormentatori: il programmatore e i genitori. Questo legame malsano basato sul trauma e sull'attaccamento emotivo durerà per tutta la loro vita adulta, poiché le personalità alter sono spesso alla ricerca di approvazione e rimangono allo stadio di maturità in cui sono state formattate ma in un corpo adulto.

5/ formazione spirituale:

L'occultismo e la demonologia giocano un ruolo importante nel gruppo, per cui i bambini sono sottoposti a un'intensa programmazione spirituale. Il bambino è dedicato a una "madre celeste" o a una divinità, anche prima della nascita. Molto rapidamente, sarà immerso in un quadro religioso dove la partecipazione alle cerimonie lo obbligherà a ripetere queste attività occulte. Il bambino sarà sottoposto a un battesimo di sangue, a numerose consacrazioni e ad altri rituali che creano un legame con gli spiriti dei membri della famiglia, come la madre o il nonno. Qualsiasi sessione di programmazione MK richiede l'invocazione di demoni per guidare il programmatore o per infondere energia nella programmazione in corso. Lo spiritismo, la medianità/canalizzazione degli spiriti, le predizioni, le guerre psichiche per il potere, la magia di tutti i tipi, sono tutti comuni e necessari in questi gruppi luciferiani.

c/ Kristin Constance

Kristin Constance è nata in Australia in una famiglia che praticava abusi rituali di generazione in generazione, quindi ha subito lei stessa gli orrori e si è sottoposta a terapia per circa 20 anni. Ora è un'assistente sociale e consulente. Lavora con persone disabili, alcune delle quali hanno subito gravi abusi.

Nell'agosto 2011, Kristin Constance ha tenuto una conferenza agli incontri annuali *S.M.A.R.T.* sull'abuso rituale, le società segrete e il controllo mentale (Connecticut, USA). La conferenza era intitolata *"Presunti abusi rituali da parte dei massoni dell'Ordine della Stella Orientale in Australia.* Ecco la trascrizione completa della sua testimonianza:

Mi chiamo Kristin Constance e ho 43 anni. Sono nato in Australia. Sono stato abusato ritualmente e programmato mentalmente tra i 3 e i 9 anni nell'Australia orientale. L'abuso rituale è qualcosa che esiste in Australia ed è al centro di una rete criminale che produce pornografia infantile. Alcune delle persone di questi gruppi criminali sono state arrestate, ma i gruppi stessi e le reti non vengono mai disturbati. I sopravvissuti agli abusi rituali in Australia devono affrontare una serie di ostacoli alla loro sicurezza. Un ex ufficiale di polizia del Nuovo Galles del Sud, che ha indagato su casi di abuso rituale, ha detto: 'Non appena si incontra qualcuno che è determinato a fornire prove, può trovarsi rapidamente sul fondo del porto. In Australia, ci sono poche organizzazioni di supporto alle vittime ed è un problema che non è ben riconosciuto dalla legge e dal governo. Anche se l'Australia ha riconosciuto l'abuso rituale come un motivo legittimo per lo status di rifugiato, ha solo una manciata di procedimenti che provano il legame tra lo stupro di bambini e il culto di Satana. L'abuso rituale include atti sadici, ma non si limita a questo.

Nel 1998, il tribunale australiano per i rifugiati ha accettato un tedesco vittima di abusi rituali. Il tribunale ha dichiarato, e cito: "Il governo tedesco è stato inefficace nel fermare queste attività illegali". A Melbourne, Australia, un'indagine ha identificato 153 casi di abuso rituale tra il 1985 e il 1995. 98 assistenti sociali, psicologi e consulenti hanno contribuito all'indagine (ASCA - Advocates for Survivors of Child Abuse - 2006). 38 cittadini australiani hanno risposto all'Extreme Abuse Survey (EAS - 2007), più della metà di loro (55%) ha riportato abusi rituali e controllo mentale. Michael Salter, che ha scritto un capitolo sull'abuso rituale nel libro Ritual Abuse in the Twenty-First Century, ha appena completato un dottorato dal titolo Adult Evidence of Organised Child Sexual Abuse in Australia. Nel suo studio ha intervistato 15 sopravvissuti all'abuso rituale e io ero uno di loro. Nella mia intervista con lui, sotto pseudonimo, ho descritto i dettagli della programmazione mentale per colori. Ho anche intervistato un noto psicologo australiano che ha lavorato con i sopravvissuti agli abusi rituali per oltre 20 anni. Aveva circa 20 pazienti che erano stati vittime di abusi rituali e controllo mentale e di questi 20 pazienti, due erano stati abusati da massoni. Mio nonno era un massone di 33 gradi, era legato a diverse logge. Lui e mia nonna avevano fondato una loggia dell'Ordine della Stella Orientale nella periferia di Sydney.

Sono stato in terapia per 20 anni... 16 anni con il mio attuale terapeuta. La parte più difficile del mio recupero è stata la guarigione da una programmazione mentale basata sui colori e sullo sfruttamento del lato destro o sinistro del mio corpo. Questa programmazione mi provocava regolarmente delle dissociazioni. All'età di 18 anni, nel mio secondo anno di scuola per infermieri, ho iniziato ad avere problemi di memoria e questo è ciò che mi ha impedito di passare gli esami. Ho iniziato a ricordare l'incesto all'età di 24 anni, e l'abuso rituale e il controllo mentale subito dopo. Sono stato ricoverato tre volte in ospedale. Durante il mio primo soggiorno in un grande ospedale psichiatrico sulla costa occidentale dell'Australia, mi fu diagnosticata una "breve psicosi reattiva", la tiroidite di Hashimoto, più un elettroencefalogramma anormale che indicava un'epilessia del lobo temporale. Quel giorno ho dimenticato di mangiare e bere e non riuscivo a smettere di piangere... Così sono andata io stessa all'ospedale. Il mio primo psichiatra mi ha diagnosticato un disturbo di personalità borderline. Ma ha rapidamente corretto la diagnosi in Disturbo Dissociativo d'Identità (D.I.D.) quando hanno cominciato ad emergere personalità alterne. Poco dopo, ho tentato il suicidio in un parco di fronte a un edificio massonico. Sono sopravvissuto a un cocktail di farmaci piuttosto forte, avevo ingoiato una fiala di ansiolitici, una scatola di antidepressivi più antipsicotici... Non mi sono nemmeno addormentato...

Mi considero fortunato perché la mia famiglia si è trasferita dalla costa orientale a quella occidentale quando avevo 9 anni. Da quel momento in poi, gli abusi rituali da parte dei membri della setta cessarono. Altri tipi di abuso continuarono, ma l'essere portato via nel cuore della notte per i rituali era finito. Anche mia sorella, che ha 7 anni più di me, ricorda di essere stata sottoposta ad abusi rituali. Un giorno, quando avevo 26 anni, mi ha chiesto se mi ricordavo delle stanze sotterranee, le ho detto di sì... Poi mi ha chiesto se mi ricordavo dei bambini che urlavano, le ho detto di no, ma sapevo che erano lì in altre stanze. Mia sorella non si ricorda tanto, ma sono sicuro che ha molti più postumi di me perché non ha lasciato la East Coast fino a 16 anni. Pensa di essere passata attraverso un processo che gli scientologist chiamano P.D.H. (Dolore, Droga, Ipnosi). Alcune organizzazioni impiegano questa tecnica usando il dolore combinato con farmaci e suggestioni ipnotiche. Questi suggerimenti o "comandi" sono anche conosciuti come "impianti". Gli scientologist hanno descritto questo protocollo già negli anni '50 (Scienza della Sopravvivenza, 1951). Quando mia sorella ha fatto una seduta con un Galvanic Skin Response Monitor o E-meter, che gli scientologist usano, il dispositivo ha indicato che in passato si era effettivamente sottoposta all'ipnosi. L'E-meter è un dispositivo di biofeedback che dà istantaneamente lo stato nervoso e le reazioni emotive del paziente. Poco prima di venire a questo fine settimana di conferenze, mia sorella mi disse che l'E-meter aveva dato una risposta positiva ad alcuni ricordi sull'essere violentata su un altare, sull'essere sottoposta a scosse elettriche, sull'essere costretta a bere sangue e a mangiare escrementi umani.

Mi considero anche fortunato perché 17 anni fa, quando ho affrontato mia madre e mio padre sul tema dell'abuso rituale, mia madre mi ha detto che non era coinvolta, ma mi ha dato la valigia con tutto l'armamentario massonico di mio nonno. Si è scusata per non essere stata una buona madre per me. Penso che questa sarà l'unica risposta che avrò da lei sull'abuso rituale. Quella valigia mi ha confermato molte cose. C'erano carte con password, segni delle mani e informazioni per i rituali massonici. C'erano anche i grembiuli, i gioielli e le medaglie che mio nonno e mia nonna indossavano alle riunioni. Ho poi ricordato i colori della Stella e le mie alter personalità intrappolate nei punti della Stella. Mi sentivo come se avessi finalmente trovato la chiave... Sull'emblema dell'Ordine della Stella dell'Est (ndr: un pentagramma rovesciato con i rami di diversi colori), il colore rosso è nel ramo superiore sinistro e il colore blu nel ramo superiore destro. Nella mia mente, il Rosso controlla la parte sinistra del mio corpo e il Blu controlla la parte destra del mio corpo. Questo emblema massonico si trovava sull'armamentario trovato in tutta la casa di mio nonno.

Ho integrato un totale di 26 personalità durante i miei anni di terapia. Oggi ne ho solo 2 che rimangono ostinati e hanno bisogno di più sondaggi e domande prima di poterli integrare definitivamente. Ho avuto alter personalità animali, la maggior parte delle quali erano gatti e tigri. I miei alter ego animali mi hanno aiutato a sopravvivere a situazioni pericolose per la vita, le mie tigri mi hanno sostenuto nelle difficoltà e nella reclusione. La mia divisione Rosso/Sinistra (n.d.r.: gruppo alter legato al colore rosso e al lato sinistro del corpo) ha preso tutto il dolore, mentre la mia divisione Blu/Destra (n.d.r.: gruppo alter legato al colore blu e al lato destro del corpo) è stata forte e continua a diventare più forte. Ho ancora molte domande senza risposta sul mio abuso, quindi ho bisogno di viaggiare per trovare più informazioni. Non ho mai potuto lavorare in modo stabile, ma ora lavoro a tempo pieno con i pazienti.

Ricordo di essere stata messa in gabbia, ricordo l'elettroshock, la scarificazione, lo stupro, la fotografia, la droga, l'ipnosi, la privazione di cibo/luce/ossigeno/sonno. Sono stato anche chiuso in una bara con dei ragni. Ho partecipato a rituali interni ed esterni. Sono stato legato agli altari. Ho partecipato a simulacri di morte e nascita. Mi ricordo di botole sotterranee nei corridoi, ma anche di essere stato svegliato innumerevoli volte nel cuore della notte per essere portato ai rituali. Sono stato tagliato, trafitto, punzecchiato perché il mio sangue fosse usato nei rituali. Ho subito una mutilazione genitale, che è l'abuso più traumatico che può essere inflitto a un essere umano, secondo l'Organizzazione Mondiale della Sanità.

La programmazione dei colori a cui sono stato sottoposto si svolgeva in stanze sotterranee. Ogni stanza aveva un colore diverso, corrispondente a una diversa programmazione. I colori sembravano corrispondere a quelli della Stella dell'Est: blu, giallo, bianco, verde, rosso e nero per il centro. La stanza rossa aveva una luce rossa, una barella, un tavolo pieno di strumenti di tortura e attrezzature per l'elettroshock. In questa stanza, il lato destro del mio corpo era coperto mentre il lato sinistro era sottoposto alla tortura elettrica. Mi sono stati messi degli elettrodi sulle articolazioni, che hanno causato un dolore paralizzante che sento ancora oggi. Mi è stato sussurrato all'orecchio sinistro e mi sono state applicate delle scosse elettriche alle tempie. È così che "Red" è stato creato e rafforzato... Una donna mi faceva domande sulla programmazione, e qualunque cosa le dicessi, mi sbagliavo sempre. Mi sono dissociato molte volte... "Red" e le sue varie alterazioni sembrano essere progettate in modo che durante l'abuso sessuale, ci sia una reazione passiva al dolore, in qualsiasi circostanza. Red' è passato attraverso molti rituali di sangue e stupri, e ha preso la maggior parte del mio dolore.

Nella stanza blu c'era una luce blu, una barella, attrezzature per l'elettroshock, secchi e un lavandino. Il lato sinistro del mio corpo era coperto, ed era il lato destro a ricevere le scosse elettriche. Qui le scosse venivano applicate ai miei muscoli, e spesso mi sentivo più forte dopo queste sessioni. Blue' sembra essere una personalità creata per obbedire agli ordini e non sentire dolore. Può essere molto arrabbiato e aggressivo e farà di tutto per sopravvivere. Sento di essere programmato principalmente con questi due colori. Mia sorella sarebbe più programmata con White. Non ho ancora capito bene lo scopo di questa divisione sinistra/rossa e destra/blu. Ma spero di trovare più risposte un giorno... Ho preso coscienza di questa divisione Rosso/Blu all'inizio della mia terapia, 20 anni fa. Man mano che ne prendevo coscienza, arrivavo a capire come potevano controllare ogni lato del mio corpo indipendentemente dall'altro. Ho trovato cinque fonti di prove sulla programmazione dei colori e ci sono forti somiglianze. Il blu è descritto come protettivo, indolore, non violento, forte, a volte di tipo militare. Red riguarda la schiavitù sessuale e i rituali di sangue. Non so se ogni persona programmata dai massoni riceve questo tipo di protocollo basato sui colori. Ho il sospetto che a seconda del tipo di personalità, certi colori saranno enfatizzati e lavorati più di altri. Forse le date di nascita influenzano i colori scelti. Non capisco cosa stanno cercando di fare o di creare... Mi chiedo davvero quale sia la linea guida dietro a questo.

Rosso" ha provato dolore alla caviglia sinistra, al ginocchio sinistro, all'anca sinistra, al gomito sinistro, all'orecchio sinistro e alla tempia sinistra... Quando sono stato "innescato", mi sono ritrovato rannicchiato sul fianco sinistro davanti a un termosifone nel dolore... Sento che il mio lato Destro/Blu non è stato toccato dall'abuso. Non ho più tanti incubi come una volta, ma ho ancora problemi a dormire. Non sono mai stato in grado di mantenere relazioni, ma sono orgoglioso di avere una cerchia di amici in crescita ora. Non ho mai voluto avere figli. Mi sono sempre chiesta perché la gente voglia mettere al mondo dei figli... probabilmente perché devo pensare inconsciamente che tutti i bambini passerebbero automaticamente quello che ho passato io, quindi ho scelto di non averne...

I metodi che mi hanno aiutato di più nel mio recupero sono la terapia Gestalt, il massaggio e l'esercizio. Sto facendo un sacco di passeggiate e di allenamento incrociato al momento, che aiuta a sincronizzare i miei due emisferi cerebrali. È un processo lungo per i lati destro e sinistro del mio cervello per imparare a comunicare e sincronizzarsi di nuovo. La parte sinistra del mio corpo ha subito molte ferite ed è come se il mio cervello avesse quasi sacrificato tutta quella parte per la mia sopravvivenza.

Quindi l'abuso rituale è cessato quando la mia famiglia si è trasferita dall'altra parte dell'Australia. Ma gli incesti e gli stupri sono continuati fino ai 18 anni, quando me ne sono andata per sempre. Mio padre era un alcolizzato e mia madre continua a vivere nella negazione, anche se risponde alle mie domande quando può... Mia sorella continua a lottare con la sua malattia mentale... Ora lavoro con i pazienti e la mia terapia sta per finire. Mi sono reso conto che non potrei mai essere completamente integrato/fuso, ma il lavoro di consapevolezza mi ha aiutato a raggiungere molti obiettivi che non avrei mai pensato possibili... Come fare questo discorso... Ma il mio più grande risultato è rimanere vivo... e qualsiasi cosa accada ora è un bonus.

d/ Lynn Moss Sharman

Lynn Moss-Sharman è la fondatrice del giornale *The Stone Angels* e portavoce di *ACHES-MC* Canada (*Advocacy Committee for Human Experimentation Survivors & Mind-Control*). È stata vittima di abusi rituali e di controllo mentale da bambina. Quando ha fondato il giornale *The Stone Angels* nel 1993, ha iniziato a connettersi con altri sopravvissuti. Questo l'ha portata ad incontrare circa 60 adulti della zona di Thunder Bay e dell'Ontario nord-occidentale in Canada. Insieme hanno deciso di pubblicare in questa rivista scritti e disegni di sopravvissuti e terapeuti, nonché informazioni sul moderno controllo mentale. Il comitato *ACHES-MC* Canada si è formato nel 1996 quando Sharman ha partecipato ad una conferenza di Claudia Mullen e Chris Denicola in Texas (le cui testimonianze sono trascritte nel capitolo 3). A questo evento ha anche incontrato altri sopravvissuti, tra cui Blanche Chavoustie. Fu a questo punto che decise di fare tutto il necessario per formare un comitato per difendere i diritti delle vittime del controllo mentale in Canada. A poco a poco, è stato costruito un database e il comitato è stato ufficialmente istituito nell'ottobre 1996, con l'obiettivo di raccogliere abbastanza informazioni per produrre un rapporto affidabile. I dati raccolti includevano le aree geografiche in cui gli esperimenti avevano luogo negli Stati Uniti e in Canada, così come una lista di presunti perpetratori.

Man mano che venivano presi contatti con altre vittime, Sharman si rese conto che molte di loro erano state coinvolte in abusi rituali legati alla massoneria. I loro padri o nonni erano massoni, compresi gli Shriners (*AAONMS: Ancient Arabic Order of the Nobles of the Mystic Shrine*), cosa che sembrava essere un comune denominatore in tutti questi racconti. Ha anche trovato forti somiglianze tra le testimonianze dei cittadini statunitensi vittime del controllo mentale MK-Ultra e quelle delle vittime canadesi che hanno riportato lo stesso tipo di esperienza. Inoltre, le vittime erano spesso cresciute vicino a una base militare. Un altro denominatore comune tra le vittime è che il padre era spesso nelle forze armate (canadesi o americane). Secondo la Sharman, il 90% delle vittime che ha incontrato ha detto di aver ricevuto "offerte" di abuso rituale con conseguente scissione della personalità e controllo mentale. Questi casi non sono rapimenti di bambini, ma uno o entrambi i genitori sono sempre consenzienti e addirittura partecipano attivamente al processo di programmazione MK sul bambino.

Nel 1994, Lynn Moss Sharman ha organizzato una serie di conferenze e incontri a Thunder Bay. L'evento si chiamava *"Making Up for The Lost Time"*, una serie di tre conferenze che hanno avuto luogo tra novembre 1994 e giugno 1995. L'obiettivo era quello di portare al pubblico il maggior numero possibile di informazioni e testimonianze di vittime e terapeuti. L'obiettivo era quello di rendere le informazioni disponibili pubblicamente e quindi rendere sicuro che le persone iniziassero a parlarne apertamente, e allo stesso tempo permettere alle vittime di mettersi in contatto tra loro. Questo tipo di raccolta è importante perché dà alle vittime fiducia e rassicurazione sulle loro esperienze. Non sono più soli e questo li rassicura che non sono pazzi. L'oratore principale del primo incontro nel novembre 1994 fu Shirley Turcotte, una consulente e terapeuta clinica con licenza a Vancouver, British Columbia. È diventata nota per il film documentario *"To a Safer Place"*, che mostra il suo viaggio come vittima, lei stessa sopravvissuta a un giro di pornografia infantile. Tra i molti altri oratori c'era la dottoressa Louise Million, psicologa e autrice di *"Breaking The Silence"*, uno studio sull'abuso e la tortura dei *First Nations* nelle case e nelle scuole. I bambini nativi americani in Canada sono stati particolarmente presi di mira dalla Rete Pedocriminale con esperimenti di controllo mentale.

Sharman riferisce che queste riunioni a Thunder Bay hanno ricevuto un'ampia copertura mediatica. Racconta che l'allora premier canadese, Robert Keith Rae, ricevette delle lamentele da parte dei massoni di tutta la provincia a proposito degli *Stone Angels*... un'organizzazione che metteva i piedi per terra, puntando il dito contro la pedofilia e il controllo mentale della rete! In effetti, la massoneria è stata regolarmente citata in conferenze e testimonianze come collegata agli abusi rituali e alla MK. La stessa Sharman riceveva messaggi dai massoni sulla sua segreteria telefonica. Afferma persino che la moglie di un massone anziano della *Moose Factory* che era un editore di giornale a Dryden si rifiutò di stampare l'annuncio delle conferenze perché suo marito era un massone. Come redattrice di un giornale regionale, ha deliberatamente scelto di non far sapere alla gente di questo incontro. Questi incontri pubblici volti a denunciare l'abuso rituale e il controllo mentale causarono un'indignazione generale tra i massoni perché fu annunciato che non era loro permesso assistere alle conferenze (sebbene fosse ovviamente impossibile fare un tale filtro all'ingresso, l'effetto dell'annuncio ebbe un certo impatto...). Inoltre, le registrazioni delle conferenze erano strettamente riservate alle vittime, ai terapeuti e a certe associazioni.

La maggior parte dei sopravvissuti incontrati da Sharman erano nativi americani, *Ojibway* di Thunder Bay o delle riserve dell'Ontario nord-occidentale. Ben presto, sono state trovate somiglianze nelle testimonianze degli ex residenti dei rifugi. Per esempio, si è parlato di una sedia elettrica nella scuola residenziale di Fort Albany, vicino a *Moose Factory*, dove sono stati trovati anche scheletri di bambini. Gli ex residenti hanno raccontato di essere stati violentati nel cuore della notte da uomini in abito bianco, alcuni hanno anche parlato di aborti forzati, ecc. Queste sono le stesse pratiche di culto descritte dai sopravvissuti agli abusi rituali americani. Tali attività di culto sono segnalate anche sull'isola di Manitoulin, e alcune vittime hanno anche riferito che persone bianche e ricche volano da New York o dalla California per partecipare agli abusi rituali su quell'isola. Tutto questo è ben noto alla comunità aborigena in Canada, perché stanno facendo le loro indagini su questo argomento. Sono ben consapevoli dell'esistenza di tali pratiche e conoscono i luoghi dove queste attività hanno luogo. Secondo loro, questa rete di culto coinvolge, tra gli altri, gli assistenti sociali infantili e familiari, e molti bambini amerindi sono stati vittime di queste persone (questa connessione della Rete con i servizi sociali infantili è ricorrente, sia in America che in Europa). Gli anziani vedono quello che è successo a molti dei loro fratelli e sorelle nelle scuole residenziali e nelle case, ma anche nel sistema carcerario, molte delle quali erano vicine alle basi militari americane o canadesi (*NORAD* e *DEW* Line). Lo stesso padre di Lynn Moss-Sharman ha lavorato nell'esercito canadese.

I ricordi di Sharman hanno cominciato ad emergere con gli abusi sessuali di suo padre, di suo zio e di un gruppo di uomini dell'esercito che erano anche coinvolti nello sfruttamento sessuale dei bambini. I suoi ricordi riguardavano questo gruppo di uomini, ma le era difficile determinare quale legame potessero avere con suo padre, o il ruolo esatto che lui aveva in questo gruppo. Sharman ha ricordi di abusi rituali in età molto precoce (già a tre anni) quando viveva con i suoi genitori in Maria Street a Toronto. Ricorda un rituale che lei chiama *"perdonare con il sangue"*, che si svolgeva vicino al mattatoio o nelle chiese vicino a Hamilton e Toronto. Ricorda anche di essere stata trasportata in vari luoghi, tra cui siti affiliati ai militari, come la *Stone Mountain* Underground o la Uplands Air Force Base a Ottawa. Sharman fu sottoposta a deprivazione sensoriale e a terapia di elettroshock, ricorda che le fu detto: *"Prima ti spezziamo, poi ti ricostruiamo..."* (*Ordo Ab Chao*). È stata sottoposta a progetti MK finanziati dall'Università di Rochester alla fine degli anni '40 e all'inizio degli anni '50. Cita un certo Dr. George Estabrooks del Dipartimento di Psicologia della Colgate University di Hamilton, USA, e affiliato all'*Oswego State Teatcher's College*. Il Dr. Estabrooks era direttamente coinvolto nella creazione dei Manchurian Candidates, era in contatto con J. Edgar Hoover (FBI) già nel 1937, così come con José Delgado, Martin Orme, Ewen Cameron e molti altri... Troviamo qui l'intera cricca di scienziati che stavano lavorando all'epoca sul lavaggio del cervello e sul controllo mentale basato sul trauma.

Sharman insiste sul fatto che è essenziale che la gente si renda conto che questi esperimenti di controllo mentale sono condotti principalmente sui bambini e che la ricerca è ampia e ha portato allo sviluppo di tecniche sempre più sofisticate. I bambini nascono addirittura in questi laboratori per essere sottoposti ad esperimenti senza mai vedere la luce del giorno. Queste piccole vittime vengono rinchiuse in gabbie, sottoposte a elettroshock, droghe, deprivazione sensoriale, ecc., tutte tecniche che serviranno a dissociarle profondamente e a scindere la loro personalità. Sharman riporta anche esperimenti genetici e di irradiazione, o trattamenti chimici per accelerare la pubertà, al fine di ottenere rapidamente soggetti riproduttivi. Le vittime sono letteralmente usate come cavie per testare i farmaci per determinare quale sarà il più efficace e veloce nel processo di lavaggio del cervello che precede la programmazione MK. Sharman si interroga sulla misura in cui questi esperimenti di controllo mentale sono stati condotti nella comunità dei nativi americani in Canada. Ricorda di essere stata portata in un posto dove c'era una donna Inuit con la testa rasata e un bambino in braccio. Si interroga anche sul destino di un certo numero di aborigeni che sono stati mandati nell'Ontario meridionale o nei confini statali per il cosiddetto trattamento della tubercolosi negli anni '50 e '60.

Il processo di recupero di Sharman è stato molto lungo e ha ancora uno stato di disabilità. In effetti, tale frammentazione è devastante e a suo parere irreversibile. Descrive come il suo corpo ha conservato la memoria di ogni livello di programmazione grazie al fatto che la memoria cellulare registra tutto ciò che la vittima ha vissuto. Questi ricordi traumatici di solito emergono con una potente abreazione (scarica emotiva, la persona rivive il ricordo traumatico dal vivo). Per Sharman, i suoi ricordi hanno cominciato ad emergere quando ha attraversato una crisi personale, l'ennesima relazione abusiva e malsana che alla fine l'ha portata al collasso totale. I primi ricordi ad emergere sono stati quelli degli stupri, e poi col tempo, frammenti di ricordi più enigmatici come l'essere rinchiuso in una gabbia o l'essere sottoposto a scosse elettriche, sono tornati violentemente. Quando questi flashback emergevano, lei poteva, per esempio, vedere il volto di qualcuno ma un intenso dolore fisico le attanagliava tutto il corpo e diventava totalmente incapace di parlare. Non poteva spiegare al suo terapeuta cosa stava ricordando o cosa stava succedendo nella sua testa. Ha attraversato un lungo periodo in cui non era in grado di parlare dei suoi ricordi traumatici. A volte doveva scriverle o disegnarle. Durante questi ricordi violenti, si è trovata in situazioni in cui si è nascosta sotto il tavolino, per esempio, avvolgendosi nel tappeto del terapeuta. Il suo corpo e la sua mente stavano letteralmente rivivendo l'esperienza traumatica che aveva subito anni prima, con un dolore altrettanto intenso. Dice che si è trovata in posture fisiche che non era assolutamente in grado di assumere in uno stato normale. Il suo corpo si contorceva in modi incredibili e lei aveva degli spasmi mentre la memoria cellulare delle scosse elettriche ritornava.

Il suo terapeuta le disse che l'ipnosi non sarebbe stata una buona cosa per lei a causa dell'intensità delle sue reazioni fisiche quando i ricordi tornavano. In effetti, l'ipnosi potrebbe inondarla di troppi ricordi che avrebbero un tale effetto sul suo corpo da non poterlo sopportare. Il terapeuta ha preferito prendere le cose delicatamente, passo dopo passo, in modo che Sharman fosse in grado di gestirle, sia emotivamente che fisicamente. Il suo corpo, la sua mente, il suo spirito e il suo "io" dovevano essere in grado di elaborare le informazioni traumatiche e capire come questi diversi ricordi potevano essere collegati tra loro. Un altro puzzle da mettere insieme...

Un punto importante da notare è che Lynn Moss Sharman non ha mai dovuto prendere farmaci durante la sua terapia e ha accuratamente evitato qualsiasi intervento psichiatrico. Eppure in molte occasioni ha voluto porre fine alla sua vita e andare in ospedale per ricevere le cure che avrebbero potuto aiutarla. È anche riuscita ad evitare le dipendenze sistematiche e l'autodistruzione.

e/ Dejoly Labrier

Dejoly Labrier è cresciuta in un ambiente militare, entrambi i suoi genitori erano nell'esercito e praticavano abusi rituali. Dejoly ha sviluppato una personalità multipla come risultato del grave trauma che ha vissuto in questi gruppi militari. È l'autrice di *"All* Together *Now*: *A Multiple* Story *of Hope & Healing"*. Nel 1997, è stata ospite del programma di Kathy Fountain *"Your Turn"* su *FOX 13 News*. Ecco la trascrizione del programma in cui ha dato la sua testimonianza:

- **Kathy Foutain**: I disegni che vedrete ora sono stati fatti da personalità diverse con nomi diversi, ma provengono tutti da una sola persona... Una donna con un disturbo dissociativo dell'identità. Un disturbo che si crede essere causato da traumi ripetitivi inflitti nella prima infanzia. Questa donna dice di essere stata abusata dalla madre e dal padre in una strana setta ultra-violenta che opera in un ambiente militare (...) Diamo quindi il benvenuto a Dejoly Labrier. Ci vuole molto coraggio per parlare di queste cose e sono felice di poterne parlare con voi. Vorrei aiutare la gente a capire quello che hai passato... I tuoi genitori erano entrambi militari, "Marines".

- **Dejoly Labrier**: Erano entrambi "marines".

- **KF**: Una disciplina di ferro?

- **DL**: Sì, molto rigido. Fin dalla prima infanzia, mia madre si vantava che i suoi bambini di tre anni erano disciplinati come un "Marine" nel rifare il letto o nel rispondere sull'attenti gridando: "Sì, signore! o "No Sir! Eravamo continuamente limitati a fare le nostre faccende quotidiane. Ogni sabato dovevamo anche pulire la casa da cima a fondo.

- **KF**: E il culto, la setta? Ne facevano parte entrambi? Era un culto satanico o qualcos'altro? Cosa stavano facendo?

- **DL**: C'erano rituali satanici che venivano praticati... Quello che ho capito dai ricordi delle mie alter personalità era che erano entrambi coinvolti. Mio padre era il capo e mia madre era sua complice, la chiamo la sua 'complice' perché non ci ha mai protetto da tutta questa violenza (...) Ci sono bambini che vengono violentati, ma che vengono anche fatti a pezzi... Questo 'alimenta il partito' affinché i membri della setta ricevano potere e potenza. C'è il consumo di sangue, ma c'è anche il cannibalismo con i bambini sacrificati.

- **KF**: Dove portano i bambini?

- **DL**: All'interno del gruppo stesso, alcune donne stanno avendo dei bambini. Ci sono anche giovani ragazze in età fertile. Non appena raggiungono la pubertà, vengono messe incinte dagli stupri durante i rituali. Trovano anche bambini dove nessuno si preoccupa veramente.

- **KF**: Nel tuo libro dici in modo dettagliato che sei stata usata sessualmente da questa setta, quindi sei stata violentata da tuo padre e da altri uomini.

- **DL**: Sono stato violentato da molte persone, comprese le donne, da molti "marines"... Ci spostavamo regolarmente nel paese. Nell'esercito mio padre era un reclutatore ed era anche in servizio di riserva in diverse basi del paese per il reclutamento e l'addestramento, specialmente l'addestramento anfibio.

- **KF**: E in ogni posto in cui è stato inviato, ha trovato un nuovo gruppo di persone per fare questo tipo di cose?

- **DL**: Sì, è così...

- **KF**: L'esercito sa di queste cose? Non li senti mai su questo...

- **DL**: C'è molta rabbia da parte di alcuni dei miei alter verso i militari. Ma quello che posso dire è che la gerarchia superiore dell'esercito era ben consapevole di quello che stava succedendo. Stanno succedendo molte cose di cui sono a conoscenza, ma non fanno nulla per fermarle. Non arrestano mai i responsabili.

- **KF**: Quando tuo padre arrivò ad un nuovo sito, da quello che ci racconti gli bastò mettere un annuncio nel giornale militare locale per trovare persone interessate...

- **DL**: Esiste una rete di sfruttamento sessuale militare a livello nazionale. Ci entri a seconda di chi sei e di quali sono le tue connessioni. Una cosa tira l'altra, attraverso incontri e discussioni, si finisce per incontrare persone legate a questo genere di cose. Così possono costruire una rete molto rapidamente, a volte sono solo tre persone, ma a volte sono molte di più: 20 o 30 persone.

- **KF**: Quali sono gli obiettivi di questi rituali? Quali sono i loro obiettivi? Hai detto che era satanico... È il sacrificio? Perché lo fanno?

- **DL**: C'è la credenza che mangiare sangue e carne umana nei rituali ti dia potere. Pensano che questo li renderà molto potenti. D'altra parte, c'è un tipo di satanismo in cui prendono le credenze cristiane e le invertono, che è qualcosa di essenziale per loro. Dà loro un senso di superiorità sugli altri: "Siamo potenti, possiamo uccidere senza che nessuno lo sappia, chi sarà il prossimo? Così si sentono molto potenti e superiori agli altri.

- **KF**: Ho avuto modo di parlare al telefono con la tua terapeuta poco tempo fa e mi ha confermato che si trattava effettivamente di un disturbo dissociativo dell'identità. Mi ha anche detto che ha visto emergere le vostre diverse personalità nel suo studio. Fa parte della terapia portare questi alter ego in un luogo dove sono al sicuro per raccontare le loro storie. A volte possono comportarsi violentemente verso di voi o verso altre persone. Si tratta di sapere perché queste alter personalità agiscono nel modo in cui agiscono per potervi aiutare, le alter hanno bisogno di potersi esprimere. Avete disegnato una mappa, una specie di diagramma che rappresenta una cinquantina di personalità diverse. È stato disegnato diversi anni fa, questi sono gli alter che successivamente sono emersi e hanno dato i loro nomi. Chi è quello grosso in mezzo, "quello competente"... Sei tu o qualcun altro?

- **DL**: È un alter ego, non sono io. Io sono tutto questo... combinato in una sola persona.

- **KF**: Avete personalità molto distruttive...

- **DL**: Sì... contro di me, internamente, ma non fanno niente agli altri. Quello che vorrei sottolineare è che ognuno di loro ha il proprio comportamento, perché sono stati creati per proteggere un altro alter o me stesso. Quindi può sembrare che si comportino male, ma in realtà non sono cattivi, lo fanno per proteggerci.

- **KF**: Nel disegno, questa donna nera è una delle tue alter?

- **DL**: Sì.

- **KF**: Che ruolo ha?

- **DL**: È la guardiana del nostro sistema. Protegge e ama incondizionatamente ognuna delle personalità alter. Quando ci sono conflitti tra alcuni di loro, è lei che li prende da parte per parlare con loro individualmente.

- **KF**: E chi è "Silent one? '

- **DL**: 'Silent one' è uno degli alter che è stato abusato militarmente e satanicamente. Non parla, è muta...

- **KF**: Lei dice che oggi ha stabilito un consenso con tutte le alter personalità. Ciò significa che sono tutti d'accordo ad andare d'accordo e a cooperare. Sono qui ad ascoltare la nostra conversazione?

- **DL**: Sì... Un sacco di alter fanno quelle che chiamano "riunioni di consiglio", riunioni tra di loro, quel genere di cose...

- **KF**: Quindi avete avuto una specie di incontro prima di venire a parlare in televisione?

- **DL**: (ride) Assolutamente.

- **KF**: Hanno detto tutti che era una buona idea perché ....

- **DJ**: ... Perché bisogna dirlo, la gente deve sapere che questo tipo di abuso esiste, e che esiste anche questo tipo di disturbo psichico (I.D.D.). Molte vittime con sdoppiamento di personalità sono mal diagnosticate in psichiatria. A volte sono trattati con farmaci inappropriati che non affrontano il problema delle personalità multiple.

- **KF**: Sì, il suo terapeuta ha detto che spesso le vittime sono mal diagnosticate e ricevono un trattamento chimico pesante che non le aiuta affatto. È meglio lasciarlo venire, lasciare che le alter personalità emergano nella terapia e riconoscere le loro diverse funzioni per cercare di avere una buona cooperazione...

- **DL**: Sì, aiutarli ad avere diverse funzioni. Ho un alter chiamato "Druggie", la sua funzione è quella di mettere il sistema a dormire, come misura protettiva. Se c'è un innesco che accade che potrebbe essere un problema per uno degli alter, allora Druggie emerge e ci mette tutti a dormire. Ci fa letteralmente addormentare...

- **KF**: Ora una domanda di Lydia che ci chiama da Ruskin.

- **Lydia**: Ha provato a parlare con qualcuno di quello che stava succedendo in quel momento? C'era qualcuno con cui parlare?

- **DL**: Purtroppo non c'era nessuno con cui parlare... Tutta la mia famiglia era coinvolta. Quando si è abusati così violentemente da bambini, si impara rapidamente a tacere e a non parlare con nessuno perché si potrebbe essere la prossima vittima sacrificata... Quindi la paura è lì...

- **KF**: Avevi paura di essere ucciso?

- **DL**: Ero completamente terrorizzato di essere ucciso.

- **KF**: Sai, gli scettici della tua testimonianza diranno: "Come faccio a sapere che questo culto è reale? È tutto vero? I bambini vengono davvero uccisi e mutilati? Alcuni possono anche dire che potresti essere stato abusato sessualmente dalla tua famiglia ma che la tua mente ha creato il resto della storia.

- **DL**: Posso capire questa reazione, perché tutto questo può sembrare davvero molto strano. Tuttavia oggi ci sono sempre più persone che rivelano la verità su ciò che hanno vissuto. Questa è la mia vita. Non sto dicendo che ogni persona che viene aggredita sessualmente svilupperà una personalità multipla, o che viene da una setta satanica, o che i militari sono tutti stupratori... Quello che devo dire è che questa è la mia verità, ma non dovete credermi. Ci sono molte persone che sanno che questo è reale e si stanno facendo avanti. All'inizio del mio processo di guarigione ho incontrato persone di tutto il mondo che disegnavano lo stesso tipo di cose, raccontavano le stesse storie, avevano personalità alterne con gli stessi nomi, e avevano tutti lo stesso disturbo psichiatrico a causa della loro infanzia traumatica...

- **KF**: Lei ha due sorelle e un fratello, sono al sicuro oggi?

- **DL**: No, perché ci vuole molto coraggio e lavoro per superarlo e per essere in grado di recuperare. È proprio come una cipolla che si sbuccia strato dopo strato per scoprire un altro livello di dolore e diventarne consapevole. Mio fratello è stato gravemente abusato da bambino (...) Mio padre mi scrisse una lettera in cui ammetteva di aver violentato me e altri bambini... compreso mio fratello. Mia madre è in totale negazione e accusa mio padre di essere quello che ci ha tradito...

- **KF**: Suo padre non vuole lasciare la setta?

- **DL**: Oggi non ne ho idea...

- **KF**: Alcune persone hanno chiamato e hanno fatto questa domanda: è possibile che il terapeuta possa impiantare questi ricordi nella tua mente?

- **DL**: Loro (n.d.r.: la Rete) hanno molto potere, e in tutto il mondo cercano di mettere nella testa della gente che questo genere di cose è immaginario, che tutti questi orrori non possono esistere davvero... Tutto questo è nato attraverso il mio lavoro, se andavo da un terapeuta, era perché lui mi guidasse, non per fare il lavoro per me, o per dirmi cosa pensare...

- **KF**: Abbiamo Tammi online, fai la tua domanda.

- **Tammi**: Ciao Dejoly, vorrei sapere quanti anni avevi quando finalmente sei uscito da tutto questo? E come ne sei uscito? Lei ha detto che l'abuso sessuale è cessato nella tarda adolescenza...

- **DL**: Sì, in realtà l'abuso sessuale è cessato al mio ventesimo compleanno. Sono tornata a casa per la festa e mio padre era lì, tutto solo... Quel giorno mi ha violentato. Quel giorno mi ha violentato e dopo non l'ho più visto, perché sono scappata. Sono scappato dopo aver capito che ci sarebbe stato un aiuto all'esterno, persone che potevano davvero aiutarmi (...) Quando si è dissociati, con una personalità multipla, si è anche disconnessi dalle relazioni umane. Sono stata sposata quattro volte... e ora, nel mio quarto matrimonio, posso finalmente dire che amo mio marito e sono stata in grado di connettermi con lui. Prima di questo non ero in grado di stabilire una vera relazione, ora posso...

- **KF**: La terapia ti ha aiutato molto...

- **DL**: Sì.

- **KF**: Ora una domanda di Barbara...

- **Barbara**: Ciao, che tipo di terapia hai fatto? In particolare per quanto riguarda l'ipnosi e il tipo di farmaco.

- **DL**: Ho avuto una terapeuta per 5 anni, ma è morta improvvisamente... Per 5 anni abbiamo lavorato senza farmaci, perché non funzionano davvero... Ma ho un alter ego, "Ginger", che aveva bisogno del Prozac quando era depressa. Così abbiamo preso il Prozac per due anni e mezzo.

- **KF**: È stato l'alter ego o tutti quelli che l'hanno preso?

- **DL**: È molto difficile da spiegare... Io la prendevo per lei, ma lei ne aveva gli effetti... Anche il mio terapeuta di allora usava l'ipnosi. Anche il mio terapeuta di allora usava l'ipnosi. Abbiamo anche disegnato, ho tenuto un diario in cui ho scritto domande con risposte, e poi ci siamo tornati con il terapeuta. Abbiamo anche fatto una terapia sperimentale con il movimento, la musica, ecc.

- **KF**: Ma non vi siete mai 'integrati' e fusi per diventare uno con tutti gli alter?

- **DL**: No. Personalmente penso che a volte il piano o il metodo del terapeuta non è necessariamente nell'interesse di tutti gli alter.

- **KF**: C'è una sorta di cooperazione e di consenso tra gli alter...

- **DL**: Sì. (...)

Sembra che anche in Europa ci siano queste pratiche nell'esercito. Nel luglio 2011, il magistrato italiano Paolo Ferraro ha denunciato pubblicamente l'esistenza di una *"setta satanico-militare"* durante una conferenza stampa nel suo paese. Un canale televisivo italiano ha trasmesso le dichiarazioni del magistrato. Ecco la trascrizione del breve rapporto italiano sull'argomento:

Una setta satanica basata sul sesso e la droga, che forma una rete di alto livello, si dice che pratichi manovre oscure per far sì che le indagini non siano mai concluse. Dopo che il Consiglio Superiore della Magistratura ha deciso di sospendere un magistrato per quattro mesi per un presunto problema di salute, ha deciso di rendere pubblico questo caso iniziato nel 2008.

Paolo Ferraro: Mi sono limitato ad una semplice osservazione: in una casa, diverse persone, alcune delle quali erano "funzionari", ci vivevano, con donne e bambini, e partecipavano ad attività che non erano affatto normali... Ho scoperto un mondo sotterraneo, sconosciuto, oscuro e ambiguo... C'erano anche attività sessuali praticate in un contesto che mi era completamente sconosciuto fino ad allora.

I difensori del Ministero Pubblico denunciano anomalie nell'azione del Consiglio Superiore della Magistratura e hanno già pianificato un ricorso per invalidare questa sospensione mentre il magistrato Ferraro farà ricorso.

Paolo Ferraro: La scelta che hanno fatto è forse perché non hanno letto bene tutto quello che ho denunciato nel mio rapporto. Ma anche perché non hanno capito bene l'essenza del problema. '

f/ Cisco Wheeler

Cisco Wheeler è un sopravvissuto della rete Luciferiana degli *Illuminati*. È la coautrice con Fritz Springmeier dei libri: *"La formula degli Illuminati per creare uno schiavo totale di controllo mentale non rilevabile"* e *"Approfondimenti sulla formula degli Illuminati"*.

Wheeler è stata programmata fin dalla prima infanzia da suo padre, che proveniva da una famiglia luciferiana transgenerazionale. Secondo lei, suo padre era un programmatore per l'Ordine degli *Illuminati* e il governo degli Stati Uniti. La sua famiglia aveva molti contatti politici. Il suo prozio (un discendente diretto del generale Ulysses Grant) era il generale Earl Grant Wheeler, un capo di stato maggiore che comandò le forze americane in Vietnam. Suo padre era un massone di 33° grado e Gran Maestro degli *Illuminati*, ed era membro del *Gran Consiglio dei Druidi*. A causa di questo status, aveva forti legami con l'establishment politico americano. Secondo lei, suo padre era anche un "programmatore multiplo", cioè lui stesso aveva subito traumi nell'infanzia che avevano scisso la sua personalità. Quindi è un problema generazionale e lui stesso era prigioniero degli stati dissociativi, proprio come sua figlia Cisco. Era un genio in tutti i sensi, un musicista eccezionale. Esteriormente questo satanista dava un'immagine molto brillante di sé, amando la sua famiglia e facendo un buon lavoro nell'esercito. In apparenza era socievole, gli piaceva la gente e lui piaceva alla gente. Wheeler crede che ad un certo punto della sua vita abbia preso coscienza di chi era e di cosa faceva veramente in privato e in segreto, alcune delle barriere amnesiche si sono rotte ma deve essere stato completamente al di là di lui... cambiare direzione gli sarebbe costato la vita perché era andato troppo oltre.

Dalla nascita Wheeler è entrato in un mondo altamente strutturato con protocolli sistematici. Da bambina, è stata addestrata per servire come schiava sessuale alla cosiddetta "élite" della scena politica americana. Cisco Wheeler ha iniziato ad avere dei flashback dopo la morte di suo padre. Per molto tempo, la sua personalità ospite, o anteriore, non ha avuto accesso ai ricordi delle personalità alter più profonde associate all'occulto, fino a quando i muri amnesici traumatici si sono finalmente rotti all'età di quarant'anni. Non capendo questi flash di memoria e le sue tendenze suicide, ha cercato aiuto ed è stata ricoverata per nove settimane. Questo fu l'inizio della sua terapia e dell'esplorazione del suo disturbo dissociativo d'identità.

La sua famiglia aveva programmato la sua vita da zero. L'avevano strutturata e condizionata per diventare ciò che avevano deciso per lei. Questa programmazione era progettata per disumanizzarla e degradarla al punto che a volte credeva veramente di essere una fighetta. Quando si guardò allo specchio, vide una bambola di porcellana con la testa di un gattino. Uno dei suoi alter era stato programmato per essere uno schiavo sessuale, un docile gattino, la programmazione *"Beta Kitten" di* cui abbiamo parlato all'inizio di questo capitolo. Per disumanizzarla e creare queste alterazioni animali, descrive come avevano allestito due gabbie, una piena di gattini belli e sani e l'altra per lei... Chiusa nella gabbia, aveva accanto una ciotola collegata a un filo elettrico che le dava delle scosse ogni volta che voleva mangiare o bere. In questa gabbia, veniva umiliata e sputata ogni volta che si comportava come una bambina. Nella gabbia successiva, i gattini erano sempre ben nutriti, non mancava loro nulla, ricevevano molto amore, venivano accarezzati, ecc. Questo calvario e questa tortura non era solo una vergogna, ma era una vera e propria vergogna. Questo calvario e questa tortura, che non era altro che la programmazione MK, durò per giorni e Wheeler racconta come il suo piccolo cervello decise ad un certo punto che non doveva più essere una bambina ma che era anche un piccolo gatto. I gatti sono stati nutriti e non hanno dovuto giacere nelle loro stesse feci come la bambina, non sono stati picchiati come lei. La sua personalità è stata dissociata da questa situazione profondamente traumatica e così si è identificata con i gattini. Quando i suoi ricordi tornarono, il suo corpo aveva conservato la memoria di tutti i colpi che aveva ricevuto durante questa programmazione. Il dolore veniva fuori man mano che i ricordi emergevano. Parla anche di essere stata chiusa in una gabbia con delle scimmie. Quando recuperò i suoi ricordi per ricostruire la sua vera identità, fu estremamente difficile e doloroso per lei accettare di essere stata una vera bambina. Ogni volta che esprimeva qualcosa di umano, veniva duramente torturata fino a quando alla fine spinse fuori dalla sua testa la realtà che era una ragazza umana, perché *era troppo doloroso essere una ragazza!*

Dice anche di aver subito una "chirurgia magica" in cui il suo cuore è stato "rimosso" in una finta operazione accompagnata da ipnosi e droghe. Ha presto seguito le orme di suo padre allenandosi per diventare lei stessa una programmatrice. Cita alcuni dei luoghi in cui si sono svolte le sessioni di programmazione MK: la base navale di China Lake in California, la base Presidio a nord di San Francisco, l'ospedale Letterman vicino alla base Presidio, la prigione di Alcatraz, il castello Scotty nel parco nazionale della *Death Valley*, l'ospedale psichiatrico Salem in Oregon e il grande ospedale massonico

Dorenbecker a Portland. Tutto questo ha avuto luogo dalla metà degli anni '40 alla metà degli anni '60.

Wheeler racconta come, con un gruppo di quattro o cinque sopravvissuti MK della stessa estrazione sociale, si sono incoraggiati a vicenda e hanno trovato la forza, grazie a Dio, di combattere contro la programmazione, le molestie e le continue intimidazioni della rete. Insieme hanno lottato per riconquistare la libertà e la salute. Durante i primi cinque anni di terapia, la Wheeler dice che la rete era ancora in contatto con lei e che la riportavano regolarmente per torturarla ancora: scosse elettriche, droghe, stupri ripetuti, ecc. Nonostante i ripetuti abusi durante cinque anni, dice che la forza che l'ha mantenuta in terapia è stata che per la prima volta era consapevole di essere un vero essere umano: "*Non sono un gattino! Sono una donna! Ero una bambina! Quei programmi erano tutte bugie!* '. Era pronta a morire perché la verità venisse fuori.

Wheeler descrive bene il fenomeno dell'ambiguità che si crea nella relazione tra la vittima e il carnefice. Da ragazzina, racconta come un bambino che non apparteneva alla gerarchia luciferiana fu ucciso freddamente davanti a lei. È così che i carnefici mostrano il loro potere e si crea un legame emotivo morboso affinché la bambina si affezioni incondizionatamente all'assassino... perché l'assassino l'ha risparmiata, per uccidere l'altro bambino... Cercate di capire cosa può succedere in quel momento nel cervello di un bambino che ha solo quattro o cinque anni. Come già notato in precedenza in questo capitolo, il trauma è un fattore importante nel legame emotivo tra il bambino e il perpetratore. La vittima non sa mai quando sarà "amata" o quando sarà "odiata". In effetti, gli autori cambiano il loro atteggiamento *"come una camicia"* e possono in qualsiasi momento passare all'orrore a causa dei loro stessi stati dissociativi. Il padre di Wheeler poteva essere estremamente gentile durante una sessione di programmazione così come abominevole e privo di qualsiasi sentimento umano. Diventava più cattivo di un animale selvatico e non si fermava davanti a nulla per far capire qualcosa alla sua vittima. Dice che alcune delle sue alter personalità amano ancora molto suo padre e probabilmente lo ameranno per sempre. Per lei l'incesto era una prova d'amore, considerava che l'amore di un padre o di una madre consisteva nello stuprare i loro figli... Questa è una convinzione che ha mantenuto finché è stata in questo sistema luciferiano dove l'incesto è una pratica "culturale".

Wheeler aveva tre *"madri"* che formavano il fondamento del suo sistema interno. Queste *"madri"* erano i suoi tre grandi alter ego di base che erano posti su un piedistallo nel suo mondo interiore. Si tratta di alter ego profondamente legati all'occulto il cui unico scopo è quello di regnare con l'Anticristo come regine quando egli salirà sul suo trono. Lucifero ha una sposa che è composta da tutte le *"Madri delle Tenebre"*, cioè tutte le Alte Sacerdotesse alterne.

Secondo Wheeler, questo è l'aspetto essenziale del loro sistema, la programmazione mentale e le azioni di questa rete escono veramente dal cuore stesso di Lucifero. Vuole schiacciare il popolo di Dio e il mondo intero. Gli *Illuminati* si considerano degli dei e il loro unico padrone è Lucifero. Hanno fatto un giuramento al loro principe, il loro *"padre della luce"*. Hanno firmato per attuare i suoi piani con ogni mezzo necessario, per realizzare ciò che è previsto per i tempi finali e alla fine installare l'Anticristo sul suo trono. Stanno lavorando per questo da secoli e la programmazione MK dei bambini dell'Ordine Luciferiano ne è una parte fondamentale.

Queste persone non hanno paura dell'inferno. Se regnano come dei, se obbediscono alla chiamata di Lucifero e rimangono fedeli ai loro giuramenti di sangue, regneranno con lui all'inferno, questa è la loro convinzione... Sono convinti che se si attengono a questo, saranno dei all'inferno, con Satana. È un'enorme bugia ma ci credono... Vogliono tutti essere degli dei, questa è davvero la base della loro dottrina e l'unico maestro a cui obbediscono è Lucifero. Cisco Wheeler dice: *"Sono motivati dal potere, dal denaro e dalla fama, ma in realtà sono i demoni che li hanno motivati per generazioni... Lucifero e i suoi demoni. Sono completamente posseduti."*

g/ Brice Taylor

La testimonianza di Susan Ford è apparsa per la prima volta nel 1978 sotto lo pseudonimo di *"Lois"* nel libro di Walter Bowart *"Operation Mind Control"*, un lavoro seminale sul tema del controllo mentale. Nel 1999 ha pubblicato la sua testimonianza sotto lo pseudonimo di Brice Taylor in un libro intitolato *"Thanks for the Memories"* in cui descrive il suo viaggio come schiava Monarch fin dalla prima infanzia. Brice Taylor era uno di quei "modelli presidenziali" completamente dissociati e sfruttati da una certa élite americana. È stata usata come schiava MK ai più alti livelli della società ed è una delle poche che ha testimoniato pubblicamente su queste pratiche occulte.

Susan Ford ha iniziato a lavorare con le sue memorie scisse nel 1985 per trovare la sua strada verso la guarigione. Da bambina, l'abuso e la programmazione iniziarono con suo padre. Anche sua madre soffriva di disturbi dissociativi e di qualche forma di programmazione, ed era anche coinvolta nell'abuso di sua figlia. Tutta la famiglia era coinvolta, sia i nonni paterni che quelli materni, le zie, gli zii e persino i suoi fratelli. Quindi anche qui abbiamo a che fare con il satanismo transgenerazionale. Suo padre lo trascinò in cerimonie sataniche, in particolare con suo nonno che era un ricco politico, lui stesso appartenente a una famiglia che aveva praticato abusi rituali per generazioni. Brice Taylor crede che suo padre fosse lui stesso un "programmatore multiplo" che ha sofferto orrori da bambino, e dice di averlo visto spesso cambiare la sua personalità. Questo è il classico schema familiare di un circolo vizioso di traumi trasmessi come un morso di vampiro da una generazione all'altra...

Dall'età di 5 anni, è stata regolarmente portata nelle basi militari della California per sottoporsi ai protocolli di programmazione MK. Cita anche l'*UCLA* Neuropsychiatric Institute e i centri della *NASA dove si* dice che si facciano queste cose. Il legame della sua famiglia con l'esercito era attraverso il suo nonno politico. Quando lei aveva 10 anni, lui la introdusse in una rete pedofila di politici e altre persone di alto profilo di tutti i ceti sociali.

Taylor testimonia che gli abusi rituali che ha subito includevano l'essere punta con spilli e aghi, bruciata, appesa per i piedi e a volte legata in una croce.

I torturatori l'hanno anche fatta girare come una trottola, è stata violentata e privata del cibo e del sonno. Era anche costretta a partecipare a orge durante i rituali. Nei siti militari, è stata sottoposta a scosse elettriche, lampi di luce e suono, e torture con ogni sorta di strumenti sofisticati, uniti all'effetto delle droghe che le sono state somministrate. Tutte queste pratiche barbare avevano il solo scopo di dividere la sua personalità in una moltitudine di alter, creati per essere programmati. Descrive che durante queste sessioni di programmazione MK era legata ad una sedia speciale, proprio come quelle usate per addestrare gli astronauti. Secondo lei, usavano le stesse attrezzature degli astronauti: centrifughe, simulatori di assenza di peso, camere di isolamento sensoriale, ecc. Alcune delle attrezzature usavano segnali luminosi o altri segnali per far sentire gli astronauti a loro agio. Alcune attrezzature utilizzavano segnali luminosi o sonori combinati con scosse elettriche. Taylor spiega, per esempio, che ha ricevuto un suono nell'orecchio destro e un suono completamente diverso nell'orecchio sinistro. Era programmata per associare un suono ad un comando specifico, di solito in uno stato ipnotico.

Oltre a queste sessioni di programmazione nelle istituzioni militari, suo padre era coinvolto quotidianamente nel rafforzare il suo controllo mentale. Lei dice che lui aveva una personalità di facciata completamente ignara. All'esterno si comportava come un uomo affascinante, nessuno avrebbe sospettato quello che poteva fare in privato, le torture che infliggeva ai suoi figli, per dividerli e programmarli. Secondo Taylor, anche sua madre fu coinvolta nella tortura, e quando sua figlia recuperò i suoi ricordi e la mise di fronte a questa dura realtà, lei era in totale negazione, non ricordava di averla trattata in quel modo. La madre non ha contestato o negato ciò che la figlia le stava dicendo, ma sembrava ovviamente molto turbata dai suoi problemi di memoria. In seguito ha anche aiutato sua figlia a pubblicare il suo libro autobiografico.

Facciamo una piccola parentesi qui con Svali che riporta esattamente la stessa cosa con sua madre che aveva anche lei profondi disturbi dissociativi. La dissociazione ha l'effetto di una specie di "colla" che mantiene la negazione al suo posto e aiuta a perpetuare l'oscurità di tutte queste pratiche. In un articolo pubblicato nel 2001, Svali scrisse di sua madre: *"Ti stai inventando tutto, sai benissimo che non è vero! Non ricordo nessuna delle cose di cui state parlando! La persona che mi ha detto questo è stata mia madre due anni fa. Mi ha detto chiaramente che non mi credeva. La sua amnesia è intatta e la sta proteggendo. Volevo spiegarle che io e lei avevamo passato parte della nostra vita in una setta, che l'amavo e che volevo che anche lei ne uscisse. In quella telefonata, la prima in un anno, le ho dato i nomi esatti delle persone coinvolte che entrambi conoscevamo. Mamma, sei in uno stato di dissociazione, ecco perché non ricordi", dissi. No, non è vero, non è successo niente del genere", ha sostenuto. Sapeva molto bene che non avevo mai imparato coscientemente il tedesco durante il giorno, eppure era in questa lingua che mi parlava di notte fin da quando ero molto giovane. Lei stessa non capiva affatto la lingua coscientemente... 'Perché oggi parlo correntemente il tedesco? Le ho chiesto in tedesco e ho continuato: "Non ho mai imparato questa lingua, lo sai. Ho imparato lo spagnolo e il latino a scuola"... C'è stato allora un vuoto e lei ha risposto: "Forse sei una medium e l'hai imparato per telepatia"... Mia madre doveva mantenere la sua negazione a tutti i costi spiegando anche l'inspiegabile... Ma come aveva capito la mia domanda, che le avevo fatto in tedesco? (...) Penso che la negazione sia una seria barriera alla guarigione. Quando un sopravvissuto comincia a recuperare la memoria, di solito si confronta con i membri della famiglia con i suoi ricordi nel tentativo di convalidarli. Il sopravvissuto affronta spesso anche la mancanza di riconoscimento, il crudo rifiuto e persino l'abuso verbale da parte dei membri della famiglia. Persone che hanno bisogno di rimanere nella negazione per proteggersi da verità dolorose. Sei pazzo", "Sei malato", "Hai un'immaginazione malata", "Come puoi inventare queste cose? Hai bisogno di aiuto", "Hai bisogno di aiuto", anche frasi più crudeli possono essere gettate in faccia a coloro che vogliono mantenere la loro amnesia. "*[503]

Nel 1985 e nel 1987 Brice Taylor ha avuto due gravi incidenti. Fu lo shock di questi incidenti che iniziò a far emergere i ricordi del suo passato... molti ricordi. Questo ha innescato per la prima volta una programmazione che le ha fatto credere di stare diventando completamente pazza. Aveva dei flashback con visioni sempre più vivide, accompagnate da dolori fisici in alcune parti del corpo. In quel periodo, stava preparando un master in psicologia clinica e dovette interrompere i suoi studi, perché i suoi ricordi traumatici stavano emergendo così violentemente. Entrò in contatto con la terapeuta Catherine Gould, che la aiutò molto. Prima sono venuti fuori gli abusi sessuali nell'infanzia, poi i ricordi di abusi rituali satanici e infine i ricordi riguardanti la programmazione MK. Troviamo qui lo stesso processo di recupero dei ricordi traumatici come per Lynn Moss Sharman o Kristin Constance: prima l'incesto, poi l'abuso rituale e infine la programmazione MK, i ricordi più violenti che ritornano per ultimi, anche se è difficile stabilire una scala traumatica in questo genere di cose.

Taylor afferma che durante la sua terapia ha lavorato con una persona dei servizi segreti che le ha rivelato ciò che sapeva sulla programmazione MK, comprese le chiavi, o codici, per attivare e manipolare le alter personalità. Descrive come lui la faceva passare da una personalità all'altra per portare in superficie tutti i ricordi scissi tenuti dai molti alter. Man mano che gli alter emergevano in successione, prendeva una matita e scriveva pagine e pagine su ciò che era successo quando questa o quella personalità alter era attiva. Come per la maggior parte delle persone scisse che hanno sviluppato l'I.D.D., alcune delle personalità alterne hanno una memoria fotografica o un'ipermnesia che rivela i ricordi in grande dettaglio. Inoltre, i frammenti d'anima che rimangono "congelati" in uno spazio-tempo dove l'esperienza del trauma è costantemente presente, possono rivivere una scena come se la persona la vivesse in tempo reale, nel momento presente, il che permette una descrizione molto dettagliata. Questo fenomeno spiega come alcuni sopravvissuti siano in grado di dare informazioni molto precise su eventi che possono avere vent'anni, che si tratti di dialoghi o di descrizioni di luoghi.

---

[503] *Svali Speaks - Superare la negazione* - Svali, 05/2001.

Taylor è stata sottoposta all'ipnosi combinata con droghe, che è stata costantemente utilizzata da suo padre per incorporare i comandi in profondità nel suo subconscio e quindi programmarla poco a poco. Descrive anche come l'elettricità sia stata usata come strumento per frammentare la sua personalità. Secondo lei, l'elettroshock non solo crea un profondo stato dissociativo, ma colpisce anche l'intero campo energetico del corpo umano e quindi permette all'individuo di essere colpito ad un livello molto profondo. Quando era molto giovane, fu scossa con semplici fili elettrici, più tardi i torturatori usarono pungoli elettrici originariamente progettati per il bestiame. L'attrezzatura elettronica nelle basi militari era ancora più sofisticata. Secondo Brice Taylor e Fritz Springmeier, i pungoli elettrici sono usati per cancellare la memoria a breve termine, ma la memoria non sembra essere totalmente distrutta, come attestano le numerose testimonianze dei sopravvissuti.

Taylor descrive bene come un singolo elemento nel suo ambiente possa far affiorare ricordi tutti insieme. Non appena uno di questi ricordi le si presentava, si concentrava su di esso il più possibile per renderlo il più chiaro possibile nella sua coscienza. Il passo successivo è stato quello di scriverlo e convalidarlo il più possibile. Descrive molto bene come i suoi ricordi sono tornati in flash estremamente precisi, come se l'evento fosse appena accaduto, anche se è stato 10 o 20 anni fa. Questi erano pezzi e pezzetti di informazioni che col tempo hanno messo insieme un puzzle completo, il puzzle della sua vita come schiava MK.

Una certa programmazione è stata progettata per interrompere il suo funzionamento fisico e mentale quando ha iniziato ad accedere ai ricordi traumatici. Ha dovuto lottare per molti anni per rimanere in vita, lottando contro queste "bombe a tempo" che erano state piazzate dentro di lei per farla impazzire o per ucciderla.

La sua programmazione MK serviva gli interessi del governo, la sua memoria fotografica è stata sfruttata come strumento di comunicazione nella Rete. È stata anche usata come schiava sessuale per l'élite della Rete, usata per il riciclaggio di denaro, la pornografia e la prostituzione, come la sopravvissuta Cathy O'Brien, che è stata anche sfruttata come "modella presidenziale".

Brice Taylor ha rivelato che un ufficiale dei servizi segreti gli aveva parlato del caso delle schiave sessuali d'élite, le cosiddette "modelle presidenziali". Questo agente ha dato la cifra di 3000 donne programmate in questo modo negli Stati Uniti. Ma questo tipo di programmazione MK non riguarda solo la schiavitù sessuale, secondo lei, alcuni attori di Hollywood ma anche capi di stato hanno una personalità totalmente scissa e programmata, persone che avrebbero anche un gran bisogno di guarire i loro profondi traumi...

h/ Kathleen Sullivan

Kathleen Sullivan è l'autrice del libro Unshackled: *A Survivor's Story of Mind Control.*

Quando i suoi ricordi sono emersi dopo il suicidio di suo padre nel 1990, è diventata totalmente ritirata e scollegata dalle sue emozioni, comportandosi come un robot. I ricordi traumatici sono riaffiorati, prima l'abuso sessuale e poi i rituali sempre più traumatici...

Nel 1991, fu ricoverata in ospedale a Dallas e fu lì che cominciò ad affrontare i suoi ricordi dolorosi e a capire gradualmente che aveva subito la programmazione MK. Fu durante questo ricovero che si rese conto di avere personalità multiple e che ognuna di esse aveva un nome, un numero e un nome in codice.

Sullivan dice che i suoi ricordi traumatici tornavano attraverso i suoni, attraverso la voce di suo padre o di altre persone, voci che lei sentiva molto chiaramente. Sapeva in cuor suo che erano voci che aveva sentito da bambina. Un ricordo poteva anche tornare attraverso un odore o attraverso un cibo che improvvisamente sembrava diventare ripugnante... quando il ricordo traumatico (e cellulare) tornava, lei sentiva fisicamente gli stupri che aveva subito. Molti dei ricordi visivi sono tornati attraverso flashback o sogni ricorrenti. Fu allora che decise di scrivere tutto. Ha passato ore e ore a scrivere un diario mentre riviveva fisicamente ed emotivamente i traumi incapsulati nei suoi ricordi. In particolare, i ricordi che riguardavano la sua programmazione come assassina, qualcosa che la faceva impazzire, non sapendo se fosse la sua immaginazione o la realtà. In effetti, si rifiutava ostinatamente di accettare queste cose che le tornavano in mente, ma quando le altre sue alter personalità cominciarono a manifestarsi, non poté più rimanere nella negazione.

Quando fu ricoverato nel 1991, uno psichiatra dell'Università di Dallas gli chiese di scrivere la sua "mappa della personalità". Le tornarono in mente cinque livelli di programmazione: Alfa, Beta, Delta, Theta e Omicron. Naturalmente, nessuno si è preoccupato di rassicurarla e di spiegarle cosa significasse, perché nessun altro paziente ha descritto termini simili. Più tardi si rese conto che si trattava di programmi che erano stati impiantati nella sua mente attraverso l'ipnosi e altre tecniche. Questa era la programmazione MK a livello governativo.

Il padre di Sullivan era stato il suo principale programmatore fin dalla prima infanzia. Più tardi venne a sapere che lui stesso aveva subito un trauma estremo da bambino ed era quindi totalmente squilibrato. Era comunque un ingegnere competente alla *AT&T* (ex *Western Electric*), con una mente molto scientifica. Diceva regolarmente a sua figlia che era un "dio" per lei, e naturalmente la piccola Kathleen gli credeva... Ma lei era semplicemente una cavia e un prototipo; meglio il padre riusciva a dividere la personalità della figlia, meglio sarebbe stato visto dalla CIA, per la quale lavorava. Come tutti gli altri torturatori, il padre usava l'elettricità e la privazione del sonno e del cibo per programmarla. Era un occultista completamente immerso nell'abuso rituale satanico e gestiva un piccolo gruppo a Reading, Pennsylvania, in cui erano coinvolti molti bambini. Da bambina, dall'età di quattro anni, Kathleen Sullivan ha dovuto partecipare a sacrifici, rituali per desensibilizzare e condizionare la sua programmazione come assassina.

Suo nonno paterno era gallese e legato a una tradizione druidica. Le persone coinvolte in queste pratiche occulte di natura luciferiana non vogliono rinunciare alla loro antica religione e così queste tradizioni continuano oggi in modo "clandestino" ("la religione senza nome"). Padre Sullivan ha praticato lo sdoppiamento di personalità a *catena* su sua figlia, dando sistematicamente un nuovo nome ad ogni alter che nasceva. Poi ha impiantato in questi frammenti ciò che voleva: credenze, sentimenti e pensieri. Secondo Sullivan, suo padre era stato programmato da bambino. Era di origine tedesca ed era stato reclutato come interprete dall'aviazione durante la guerra. Più tardi ha trascorso molto tempo con gruppi neonazisti, ed è allora che si è interessato alle dottrine sataniche. Era molto vicino ad alcuni gruppi templari, secondo sua figlia non fu mai massone, ma lavorava regolarmente con iniziati di alto grado.

Kathleen Sullivan stima di essere stata sfruttata come schiava MK per circa 20 anni. Aveva una programmazione versatile e veniva utilizzata per varie funzioni: furti, traffico di bambini (fornendo piccole vittime alle reti pedofile), sicurezza (guardie del corpo di personaggi politici o altri), regolamenti di conti (assassinii), interrogatori, trasmissione di informazioni, ma anche programmazione su bambini e partecipazione a sacrifici rituali... Era usata da *molte persone*, dice, principalmente dalla CIA, poi dal Pentagono, dai Rangers, dalle Delta Forces, dalle forze militari speciali, ma anche dalla mafia, che secondo lei, è totalmente collegata alla CIA.

Quando non era in *missioni speciali*, veniva usata come guardia del corpo per i politici. Dice che a loro piace avere uno schiavo MK a portata di mano per fare il lavoro sporco, come fornire loro droga o bambini. Una guardia del corpo di solito entra nella privacy delle personalità che protegge, quindi un soggetto MK che non parlerà di ciò che vede e sente è preferibile ad un individuo non programmato che sarebbe un anello debole nella vasta rete che attualmente controlla questo pianeta.

Tutte queste persone impegnate in atti immorali e illegali vorrebbero ovviamente poter agire pubblicamente impunemente e invertire completamente i valori morali della società. Per Sullivan, queste persone sono spinte da una potente motivazione per stabilire e gestire un governo mondiale che permetterà loro di commettere in pace tutto ciò che attualmente è considerato immorale e illegale, come la pedofilia. In effetti, l'incesto è una pratica *culturale* unica in questo ambiente luciferiano, qualcosa che vorrebbero iniettare nella società legalizzando la pedomania. Vogliono solo una cosa: sbarazzarsi del codice morale cristiano, e per questo fanno avanzare le loro pedine passo dopo passo per stabilire il regno della loro dottrina: quello del *Nuovo Ordine Mondiale Luciferiano*.

i/ Cathy O'Brien

Cathy O'Brien è l'ennesima vittima del processo MK-Monarch per ridurla a schiava del sesso, servire come corriere diplomatico o mulo per trasportare la cocaina (il carburante delle nostre élite)... Il suo sdoppiamento di personalità con pareti di amnesia è stato utilizzato dai più alti livelli del governo americano. Lei e sua figlia Kelly (anche lei sottoposta alla programmazione MK) furono salvate nel 1988 da Mark Phillips che le portò in Alaska per essere al sicuro dalla Rete a cui erano legate. Lì, i ricordi di Cathy cominciarono a recuperare, liberandola gradualmente dalle catene delle mura dell'amnesia traumatica, e finalmente ottenne il suo libero arbitrio. Il risultato fu un libro autobiografico intitolato *"L'America nel mezzo della trasformazione"*.

Nel 1996, gli informatori Cathy O'Brien e Mark Phillips hanno tenuto una conferenza intitolata *"Mind-control out of control"* in cui descrivono sia il loro background che la nostra situazione rispetto a questo *Nuovo Ordine Mondiale*. La trascrizione completa si trova nell'appendice 2 di questo libro.

j/ L'artista dalle molteplici personalità: Kim Noble

Kim Noble è un pittore inglese. Dall'età di 14 anni in poi, è stata dentro e fuori dagli ospedali psichiatrici per circa 20 anni, finché non ha incontrato la dottoressa Valerie Sinason e il dottor Rob Hale. Nel 1995 le fu finalmente diagnosticato l'I.D.D., una diagnosi che fu convalidata dal professor John Morton dell'*UCL* (*University College London*). Nel 2004, durante le sessioni di terapia artistica, Kim Noble e le sue tredici personalità scoprirono un grande interesse per il disegno... Una dozzina di alter cominciarono ad esprimersi con pennelli e colori, ognuno con un nome e uno stile completamente diversi. I temi sono anche completamente diversi, alcuni dipingono paesaggi o personaggi apparentemente innocui, mentre altre opere sono molto più oscure e più esplicite sugli abusi rituali che Noble può aver subito da bambino. L'alter chiamato '*Ria Pratt*' rappresenta chiaramente scene di stupro e tortura di bambini, scene che Noble ha indubbiamente vissuto e i cui ricordi traumatici sono stati conservati da alcuni alter. In questi dipinti che rappresentano l'abuso rituale, troviamo una grande somiglianza con le varie testimonianze di altri sopravvissuti della MK.

Kim Noble ha avuto numerose mostre di pittura e giornali come *The Telegraph*, *The Guardian* e *The Independent hanno* presentato il suo lavoro e l'hanno intervistata. È apparsa anche al *The Oprah Winfrey* Show. Questi media la descrivono come un "originale", un'artista con personalità multiple, ma raramente approfondiscono per spiegare le cause di un tale stato psicologico. Ancora meno discutono il tema dell'abuso rituale e del controllo mentale, che è simbolicamente presente in alcuni dei suoi dipinti. La maggior parte degli articoli su di lei citano il suo grande coraggio e talento, ma nessuno di loro osa toccare il contenuto essenziale del suo lavoro artistico e ciò che descrive: rituali traumatici che causano stati dissociativi. La gente è affascinata dagli stili pittorici estremamente vari, ma è chiaro che le sue opere descrivono anche il suo passato di vittima del MK-Monarch.

I seguenti sono estratti da un articolo intitolato *"Kim Noble: una donna divisa"*, pubblicato nel 2006 da *The Independent*:

Ognuna delle alter personalità di Kim è un'artista a pieno titolo: Patricia dipinge paesaggi desertici solitari, Bonny disegna spesso figure robotiche che danzano, Suzy ha ripetutamente dipinto una madre inginocchiata, le tele di Judy sono molto grandi, mentre il lavoro di Ria rivela eventi profondamente traumatici che coinvolgono i bambini. Queste rappresentazioni inquietanti sono la radice della condizione psicologica di Kim, che soffre di disturbo dissociativo dell'identità, un disturbo che è una strategia mentale di sopravvivenza in cui la personalità si scinde in giovane età a causa di un trauma grave e ripetuto. Il numero di personalità dipende spesso dalla ripetizione del trauma. Kim stessa non ricorda di aver subito abusi da bambina. Negli anni è stata protetta dal suo alter: "Mi è stato detto che sono stata abusata, ma per me è ancora troppo presto, mi entra da un orecchio e mi esce dall'altro". Non è bene ricordare cose che non voglio sapere. '

Kim ha una buona ragione per temere il ritorno dei ricordi del suo passato perché è possibile che se riceve troppe informazioni, non sarà in grado di affrontare e "sparirà". È già successo due volte (...) È qui che diventa davvero strano - per Kim che non è proprio Kim...

L'alter personalità che intervisto è Patricia, gestisce la sua vita e quella di Aimée (sua figlia), ma Patricia non è sempre stata la personalità dominante. Prima che Patricia riemergesse, Bonny era l'alter dominante e due anni prima era l'alter Hayley.

Kim mi guarda molto attentamente mentre mi spiega: "Vedi, Kim è solo la 'casa', il corpo. Non c'è davvero una "Kim", è completamente divisa. Rispondiamo al nome Kim ma io sono Patricia. Quando la gente ci chiama "Kim" lo prendiamo come un soprannome. Ma una volta che la gente ti conosce bene, di solito non usa più quel nome. (...) Delle venti (o più) personalità che condividono "Kim", alcune sono state identificate 15 anni fa: Judy, che è anoressica o bulimica; la madre, Bonny; la suora, Salome; il depresso, Ken; le sensibili, Hayley, Dawn e Patricia; la muta, MJ.

Ci sono anche una manciata di bambini "congelati" nel tempo (bloccati in una certa età e luogo). Alcuni degli alter sanno di essere parte di un sistema I.D.T., ma molti non lo sanno o si rifiutano di accettarlo. Judy non crede in questa realtà", spiega Kim: "È solo un'adolescente che insulta il terapeuta quando lui cerca di spiegarle la situazione". È così giovane che non pensa nemmeno ad Aimee, che è sua figlia. Mi conosce e pensa che io sia una cattiva madre perché trascuro sempre Aimee. Per lei, è perfettamente normale andare e venire di continuo (dissociazione). Probabilmente pensa che tutti lavorano così. Ci sono alcuni fattori scatenanti che causano dissociazioni, cambiamenti di personalità, ma gradualmente Kim ha imparato ad evitarli. Tuttavia ci possono essere fino a tre o quattro cambi di alterazione al giorno."[504]

I dipinti dell'altera *Ria Pratt* sono certamente i più scioccanti di tutta la sua opera. Scopriamo bambini messi in gabbia, stupri di gruppo, una scena di aborto... I carnefici sono spesso rappresentati qui con in mano quelli che possono essere interpretati come pungoli elettrici. Ciò che è comune a tutti i dipinti di *Ria Pratt* è che, sia che si tratti dei bambini o dei colpevoli, ogni personaggio è dipinto con il suo "doppio" che fluttua sopra o accanto a lui o lei. I doppi rappresentano la stessa figura del personaggio, ma in modo trasparente e spettrale. Questo molto probabilmente simboleggia la dissociazione del corpo e della mente durante l'abuso rituale. *Ria Pratt* ritrae sistematicamente i bambini con il loro doppio, ma anche i perpetratori sono rappresentati con questo sdoppiamento, il che conferma che essi stessi sarebbero in uno stato di

---

[504] *'Kim Noble: una donna divisa'* - independent.co.uk, 08/2006.

dissociazione o di possesso quando scatenano la loro violenza durante l'abuso rituale. Un dettaglio morboso è che i carnefici sono sistematicamente rappresentati in questi dipinti con un sorriso sulle labbra...

L'altera *Alba Dorata* produce dipinti che raffigurano soprattutto manichini disarticolati e amputati. L'alter *Judy* dà un posto importante alla dualità nel suo lavoro, in particolare dipingendo scacchiere bianche e nere. I dipinti dell'alter *Key* meritano un'attenzione speciale. Come suggerisce il nome, i quadri di questo alter espongono gli elementi chiave della crittografia, cioè i protocolli e la metodologia per la programmazione MK. Il suo grafico "*Seven Level*" descrive in dettaglio sette passi per progettare uno schiavo Monarch (vedi grafico nell'Appendice 4). Il numero sette è un numero magico che viene associato alle note musicali, ai colori dell'arcobaleno, ai giorni della settimana, alle meraviglie del mondo, ai sette livelli di coscienza, ecc. Questa produzione è costruita in strati orizzontali che rappresentano diverse scene. Il processo descritto viene letto cronologicamente dal basso verso l'alto:

- Fase 1: nascita all'inferno
Questa scena rappresenta chiaramente l'inferno, l'ambiente dove nascerà il bambino: una famiglia devota a Satana/Lucifero. Questo è l'inizio del processo di programmazione MK. Possiamo leggere diverse parole scritte: *"Deep"*, *"Satan"*, "Dark", *"No Help"*, *"Blood"*, *"Death"*, *"All Around"* e *"No Life"*.

In questa prima scena, ci sono due rappresentazioni del diavolo personificato, con corna e un forcone, nonché croci cristiane invertite che confermano il carattere satanico del luogo. Sono raffigurati corpi striscianti e una donna che sembra essere in travaglio o in aborto. Un serpente e un drago sono anche raffigurati in questa scena.

- Fase 2: shock traumatico
Questa scena rappresenta le molteplici torture subite dalle piccole vittime di MK-Monarch. Questa fase comporta l'inflizione di un abuso estremo sul soggetto per creare gli stati dissociativi necessari alla programmazione. In questa parte del quadro sono raffigurati almeno 28 bambini. Sul pavimento, 13 bambini sono ridotti a schiavi e camminano a quattro zampe in fila indiana. Al centro della scena c'è un tavolo o un letto su cui giace un soggetto con dei fili collegati alla testa e alle mani, un disegno che rappresenta certamente la tortura tramite elettricità. Due figure spingono quelle che sembrano essere barelle su cui sono sdraiati dei bambini. Possiamo anche vedere in questa scena molte gabbie in cui i bambini sono rinchiusi, e altri sono appesi per i piedi. La violenza sessuale non è rappresentata in questa scena, ma è esplicitamente rappresentata nei dipinti dell'altera *Ria Pratt*.

- Fase 3: Dissociazione e scissione
Questa scena ci mostra le diverse alter personalità create dagli shock traumatici della fase precedente. Gli alter sono rappresentati come piccole persone che galleggiano e si perdono in meandri disegnati da sinuosità totalmente prive di qualsiasi organizzazione. Tuttavia, le sinuosità in cui gli Alter

si evolvono alla fine si fondono per unirsi alla fase successiva, il cui punto centrale è l'albero cabalistico della vita. Queste sinuosità che contengono le alter personalità formano, per così dire, le radici dell'albero della vita, che servirà come base, il fondamento, della fase n°4. In questa scena, le alter personalità sono isolate l'una dall'altra da queste radici sinuose che dividono i ricordi di ciascuna di esse. Questo simboleggia i muri traumatici amnesici creati nella fase precedente.

- Fase 4: Condizionamento e strutturazione del sistema interno

Una volta creati gli alter, bisogna organizzare una struttura per compartimentarli e renderli facilmente sfruttabili. Questo è ciò che rappresenta la scena 4: la strutturazione del mondo interiore dello schiavo MK. Il disegno sembra rappresentare una specie di labirinto o piano tecnico le cui diverse zone corrispondono a dei simboli. Vediamo i segni dello zodiaco così come gli occhi che sono lì per monitorare i frammenti dissociati nel mondo interiore. Il punto focale di questa fase è l'albero della vita della Kabbalah, chiamato anche l'albero delle Sephiroth. Diversi sopravvissuti hanno riferito di essere stati programmati con una tale struttura come quadro di riferimento per organizzare e accedere ai vari gruppi di alterazione. È probabile che l'alter personalità *Key* che ha dipinto questo quadro abbia rappresentato qui il modello reale di assemblaggio e strutturazione della personalità scissa di Kim Noble.

- Fase 5: integrazione dei codici di accesso

Questa scena mostra una pila di numeri e lettere con un libro al centro. Sul lato sinistro ci sono i numeri e sul lato destro le lettere. Il numero 666 è scritto sotto la pagina sinistra del libro. Questa è la fase di codifica della serie di parole e numeri che saranno utilizzati per far emergere questa o quella alterazione. Sono programmati anche i codici per accedere al mondo interno dello schiavo. Il libro al centro della scena rappresenta probabilmente il materiale di archiviazione che conterrà tutti i dati relativi alla programmazione dello schiavo MK.

- Fase 6: La transizione

La fase 6 rappresenta una specie di autostrada, un ponte su un mare o un fiume. Il rituale di iniziazione è completo, la farfalla Monarch può emergere dalla crisalide... Questa strada, la cui prospettiva dà l'aspetto di un triangolo o di una piramide, simboleggia anche il cammino della dissociazione, la *"strada di mattoni gialli"* del Mago di Oz sulla quale la vittima è incoraggiata a dissociarsi e attraverso la quale i diversi alter possono emergere secondo le necessità dei controllori. Una strada che porta qui alla prossima scena che rappresenta lo stato dissociativo in quanto tale, dove la vittima galleggia *attraverso l'arcobaleno*.

- Fase 7: Liberazione

Questa scena rappresenta il cielo della scena precedente, la dimensione in cui si evolve lo spirito dissociato della vittima. Questo cielo ha due soli, un arcobaleno e una figura con ali e un'aureola, è un angelo, una farfalla o una colomba? Questa scena simboleggia sia lo stato finale dello schiavo, che è stato spezzato e ricomposto dal processo Monarch e può ora essere 'liberato' nel mondo secolare per adempiere alla sua funzione di schiavo. Ma questa scena finale rappresenta anche lo stato dissociativo e senza tempo che sarà ormai la pietra miliare della vita dello schiavo. Vediamo anche in questa scena un occhio... l'occhio di Lucifero (*che vede tutto*) che controllerà permanentemente il nuovo schiavo MK-Monarch.

Questo dipinto dell'alter *Key* rappresenta l'evoluzione dello schiavo dall'inferno del trauma nei sotterranei dei primi livelli al 'paradiso' celeste (*illuminazione*) rappresentato dagli stati profondi di dissociazione causati dal dolore e dal terrore. La fase finale ci mostra che lo schiavo ha finalmente accesso all'arcobaleno per trascendere la sua realtà... in altre dimensioni. Tuttavia, questa fuga psichica non è la vera libertà, perché l'Occhio osserva...

È importante notare la presenza dell'albero delle Sephiroth nella posizione centrale del quadro, poiché è un elemento simbolico primordiale della Cabala, che è all'origine di molte pratiche magiche. Il dottor Cory Hammond descrive nella conferenza di Greenbaum la presenza dell'albero cabalistico come elemento strutturale del sistema interno di alcuni dei suoi pazienti.

La stregoneria e l'occulto sembrano essere al centro del processo di controllo mentale di Monarch. Anche se Kim Noble si rifiuta di ammettere l'abuso rituale, le sue alter personalità *Ria Pratt* e *Key* hanno ricordi che sono chiaramente legati all'abuso rituale e al controllo mentale basato sul trauma. Un terapeuta probabilmente imparerebbe molto parlando con l'alter personalità *Key... La* vera ispirazione interiore di Kim Noble è la programmazione MK-Monarch sepolta nei suoi ricordi traumatici, ma naturalmente questo non sarà mai menzionato nei media che sono interessati al suo lavoro...

Possiamo anche menzionare Lynn Schirmer che è un'altra pittrice che soffre di I.D.T. come risultato di abusi rituali e controllo mentale. Una donna che ha testimoniato pubblicamente e ha prodotto una mostra chiamata "DIDiva & The Mad Machines", in riferimento agli strumenti barbari utilizzati dai programmatori.

8 - RIASSUNTO

Nel 1997, Wayne Morris ha condotto un'indagine approfondita sul problema del controllo della mente in base al trauma. Per otto mesi ha intervistato 24 persone (sopravvissuti e terapeuti) su *CKLN FM 88.1*, la stazione radio della Ryerson Polytechnic University di Toronto, Ontario, Canada. Questa serie di interviste intitolata "Mind-Control Series" è stata completamente trascritta. Una parte è stata tradotta in francese dal gruppo cristiano "Parole de Vie" e messa su internet con il titolo "Survivors of the illuminati". Dopo aver esaminato tutti questi documenti e testimonianze, "Parole de Vie" ha prodotto una sintesi interessante, che viene presentata qui di seguito:

- 1 / La programmazione mentale degli esseri umani esiste. Questo è un fatto innegabile. È un fenomeno di cui la comunità scientifica ha preso coscienza solo recentemente, su scala storica. Qualche decennio fa, quasi nessuno ne parlava, e non c'erano quasi documenti seri pubblicati sull'argomento.

- 2 / D'altra parte, la tecnica della programmazione mentale è estremamente antica, e sembra risalire ai tempi di Babilonia e dell'antico Egitto. Sembra che gli uomini abbiano capito molto presto che era possibile trasformare altri esseri umani in schiavi mentali, attraverso un condizionamento appropriato, basato su traumi ripetuti.

- 3 / Anche gli Illuminati, o coloro che compongono l'"élite dominante" del pianeta, sembrano aver capito rapidamente il vantaggio che potevano trarre da queste tecniche di dominio del mondo. Infatti, i cristiani avranno riconosciuto che dietro queste abominevoli tecniche e torture si nasconde la mano di Satana, che vuole schiavizzare l'umanità, e farsi adorare come Dio, sotto forma dell'Anticristo annunciato dalla Bibbia.

- 4 / La programmazione mentale si basa sul fenomeno chiamato "dissociazione", o "frammentazione" della personalità in personalità multiple. È come se la personalità di un individuo potesse essere frammentata in diverse personalità, che possono prendere il controllo del corpo a turno. Inoltre, ci sono come dei "muri di amnesia" tra questi diversi frammenti di personalità, cosicché ogni frammento non ricorda cosa è successo agli altri frammenti. In effetti, non si tratta di personalità multiple in senso assoluto. L'individuo conserva una personalità unica, ma è frammentata in diverse componenti apparentemente indipendenti l'una dall'altra.

- 5 / Questa scissione della personalità è generalmente causata da un trauma violento e doloroso. Questo trauma provoca reazioni fisico-chimiche nel cervello. La scissione della personalità sarebbe una reazione di difesa del nostro organismo contro un trauma troppo violento. Il cervello crea una "zona di memoria speciale", che registra il trauma a livello subconscio o inconscio, per risparmiare alla memoria cosciente troppo dolore. Si crea così una frammentazione della personalità che permetterà di conservare il ricordo del trauma, ma ad un livello non più cosciente. Questa memoria nascosta sarà circondata da un "muro amnesico", in modo che la personalità sveglia non ne sia consapevole. Sono quindi le vittime di questi traumi che creano "naturalmente" questa scissione della loro personalità, per poter gestire e assorbire i traumi subiti. Questa scissione della personalità può quindi verificarsi naturalmente in tutti coloro che vivono un trauma violento. Ma può anche essere indotta artificialmente, infliggendo alle vittime traumi controllati, combinati con l'ipnosi o con varie droghe. È allora possibile non solo frammentare la personalità, ma anche condizionare, o programmare, ogni frammento della personalità. Tutti questi frammenti programmati rimangono dormienti a livello subconscio. Ma possono essere attivati, cioè possono salire al livello cosciente e prendere il controllo del corpo. Si attivano per mezzo di codici segreti definiti in anticipo. La ricezione di questo codice da parte della vittima la fa precipitare in uno stato ipnotico o secondo, e il frammento della sua personalità che è stato attivato prende allora il controllo del suo corpo, per realizzare il programma codificato in anticipo: spiare, assassinare, sedurre, ecc... Si capisce il vantaggio di questa tecnica abominevole per tutti i servizi segreti. La CIA o il KGB hanno condotto o sponsorizzato le ricerche più importanti in questo campo, ricerche finanziate dai governi americano e russo. Hanno anche "beneficiato" delle ricerche effettuate dai medici nazisti nei campi di sterminio, sotto la direzione del famigerato dottor Josef Mengele, che poi si rifugiò negli Stati Uniti.

- 6 / Negli ultimi decenni, molti medici, psichiatri, psicologi e altri terapeuti hanno visto un numero crescente di pazienti con sintomi simili arrivare nei loro studi. Avevano tutti vissuto un trauma sessuale infantile, avevano gravi disturbi della personalità e vari sintomi caratteristici: depressione, alcolismo, tossicodipendenza, disturbi alimentari, disturbi del sonno, ansia... Tutti questi pazienti raccontavano anche tutti i tipi di ricordi personali molto inquietanti, che parlavano di cerimonie sataniche, omicidi pianificati, riciclaggio di denaro, contatti con ambienti politici, religiosi ed economici, cospirazione mondiale, Nuovo Ordine Mondiale... Molti terapeuti si accontentavano di considerare questi pazienti come seriamente squilibrati mentalmente. Ma altri rimasero stupiti dalla somiglianza delle loro testimonianze e dei loro sintomi, e decisero di fare serie indagini su questo fenomeno, in modo scientifico e sistematico. Cominciarono a verificare i ricordi delle vittime, a conoscere i culti satanici e le loro pratiche, e ad avere accesso a informazioni o documenti altamente confidenziali che dimostravano che il governo aveva finanziato vaste ricerche sulla programmazione mentale, e aveva realizzato ogni sorta di esperimenti in basi militari, ospedali e centri di ricerca, centri della NASA, etc. Calcolarono che centinaia di migliaia di cittadini innocenti erano stati usati come cavie involontarie in questi esperimenti molto traumatici. Le popolazioni preferite erano i malati di mente, i prigionieri, i militari, le prostitute, gli orfani e i bambini in generale. Man mano che il numero dei sopravvissuti cresceva, essi si organizzavano e, aiutati da un gran numero di terapeuti, chiedevano indagini ufficiali. Furono nominate commissioni d'inchiesta presidenziali che raccomandarono di rendere pubblici i file segreti, compresi quelli della CIA. Il presidente Clinton ha riconosciuto i fatti e certe pratiche, tra cui gli esperimenti con l'uso di radiazioni. Si è scusato pubblicamente con le vittime e ha messo a disposizione dei fondi per risarcirle. Ma solo la punta dell'iceberg è stata trovata. La maggior parte degli specialisti e dei sopravvissuti sono convinti che questi esperimenti sono ancora in corso, e che si sta facendo di tutto per mettere a tacere la questione e screditare le vittime o i ricercatori più attivi. Il governo si nasconde spesso dietro il "segreto della difesa" o le esigenze della sicurezza nazionale. Poiché nessuno dei torturatori coinvolti nella programmazione mentale è mai stato perseguito per attività illegali o immorali, questo ha, ovviamente, incoraggiato la continuazione di queste pratiche.

- 7 / Lo studio delle testimonianze dei sopravvissuti e dei terapeuti che abbiamo pubblicato ci porta a fare le seguenti osservazioni:

Anche se le testimonianze dei sopravvissuti sono state portate a terapeuti competenti che le hanno analizzate e verificate, rimangono testimonianze personali. Data la complessità della psiche umana e delle tecniche di programmazione mentale, bisogna sempre essere prudenti quando si tratta di testimonianze personali. Se i sopravvissuti sono cristiani rinati, e alcuni lo sono, la loro testimonianza come sopravvissuti dovrebbe essere analizzata alla luce della loro testimonianza cristiana e dei frutti della loro vita.

Ciò che può indurre a credere che queste testimonianze siano vere nel loro insieme è il loro grande numero, così come la varietà delle origini geografiche e sociali dei sopravvissuti, la maggior parte dei quali non si conoscono tra loro. La probabilità matematica che si tratti di un'invenzione o di una manipolazione è praticamente nulla. Ma questo non significa che dobbiamo accettare automaticamente tutti i dettagli di queste testimonianze. È noto che la memoria umana può essere molto inaffidabile. A questo si aggiunge il problema di certi falsi ricordi, deliberatamente programmati dai torturatori nel loro desiderio di coprire le loro tracce.

Poiché gli Illuminati non mancheranno di screditare, spesso senza motivo, le testimonianze dei sopravvissuti e anche dei terapeuti o di coloro che assistono i sopravvissuti, questi ultimi devono sempre assicurarsi che la loro condotta e la loro metodologia di ricerca siano il più possibile sopra le righe, per non essere esposti a critiche, anche se la calunnia non potrà mai essere evitata.

Abbiamo appreso di recente, per esempio, che la casa di Fritz Springmeier in Oregon è stata oggetto di un'incursione da parte dell'FBI e della polizia, che avrebbe scoperto "attrezzature per la produzione di marijuana" e armi. È perfettamente possibile che queste cose siano state messe intenzionalmente a casa sua dagli investigatori, quando si sa quanto la CIA sia senza scrupoli. In ogni caso, il giudice ha messo Fritz Springmeier in libertà vigilata elettronica (con un braccialetto elettronico), in attesa del processo. Springmeier stesso afferma di essere completamente innocente in questo caso, e sostiene di essere la vittima di una montatura, il che è molto probabile. (ndr: Fritz Springmeier è stato infine condannato a 8 anni di prigione, è stato rilasciato nel 2011 e messo in libertà vigilata per 5 anni).

Allo stesso modo, è certo che la maggior parte dei sopravvissuti sono stati drogati e ipnotizzati. Questo non facilita la loro credibilità, ed è relativamente facile respingere la loro testimonianza all'ingrosso per questi motivi. Un ricercatore serio sarà consapevole di questi pericoli, e starà attento a non far distorcere il suo giudizio, ad attenersi ai fatti.

È importante che coloro che aiutano i sopravvissuti siano quindi ben consapevoli di tutti questi pericoli, e prendano tutte le precauzioni necessarie per non essere scoperti. A questo proposito, potremmo criticare Fritz Springmeier per essere stato, a dir poco, molto imprudente nell'occuparsi personalmente di Cisco Wheeler, come lei stessa dice, "24 ore al giorno, 365 giorni all'anno". Crediamo che un cristiano impegnato non dovrebbe mai essere coinvolto a lungo termine con una persona del sesso opposto in questo modo (a meno che non faccia parte di una grande squadra e non sia mai solo con la vittima), per non essere aperto alla tentazione o alla critica. Potrebbe essere facilmente accusato di adulterio o fornicazione da un calunniatore esterno che giudicherebbe sulla base dell'apparenza, anche se non fosse stato fatto nulla di male.

I cristiani (come Fritz Springmeier e Cisco Wheeler) mettono troppa enfasi sugli aspetti psichici o psicologici della programmazione mentale, e non abbastanza su quelli demoniaci. È vero che sono stati intervistati in programmi radiofonici rivolti al pubblico generale, per lo più non cristiano. Ma avrebbero potuto parlare di più dell'intervento dei demoni in questi disturbi della personalità. Alcune "frazioni" della personalità possono essere demoni che prendono il controllo del corpo delle vittime, che avrebbero dovuto essere scacciati nel nome di Gesù Cristo, invece di impegnarsi in una psicoterapia inefficace in questo campo. Cisco Wheeler ammette nella sua intervista, tuttavia, che tutti gli Illuminati sono completamente posseduti. È molto probabile che lo siano anche le loro vittime, e solo la loro conversione a Gesù Cristo può permettere loro di affrontare questo problema spirituale una volta per tutte.

Questo ci permette di parlare della terapia e della cura delle vittime. Questo è probabilmente il punto più debole di queste testimonianze. È chiaro che queste terapie, che utilizzano le competenze della psichiatria, della psicologia e delle scienze umane, sono totalmente insufficienti per guarire completamente le vittime della programmazione mentale. In effetti, queste terapie si limitano ad agire a livello della psiche, cioè dell'anima (pensieri, sentimenti e volontà), o del corpo (azione sulle onde cerebrali per controllare vari stati di coscienza). La mente delle vittime non è influenzata da queste terapie. Così, anche se queste terapie possono produrre effetti benefici a livello della psiche e la ristrutturazione della personalità delle vittime, sono impotenti a risolvere i loro profondi problemi spirituali. La vera terapia sarebbe quella di condurli a Gesù Cristo, di passare attraverso una rinascita spirituale, mentre si insegna loro tutti gli aspetti della croce, per imparare a camminare secondo lo spirito. Solo la potenza della predicazione della croce può permettere ai sopravvissuti di rompere definitivamente con un'eredità e un passato così pesante, e far loro capire che in Cristo tutte le cose vecchie sono passate e tutte le cose sono diventate nuove![505]

Possiamo aggiungere a questa sintesi l'importanza della nozione di frammenti d'anima durante il processo traumatico della programmazione di Monarch. Come abbiamo visto nel capitolo precedente, la scissione della personalità corrisponde ad una frammentazione dell'anima le cui diverse parti rimangono bloccate, come "congelate" in un altro spazio-tempo. Questa è una dimensione diversa dalla nostra, usata dai programmatori per gestire e controllare le alterazioni. È in questa dimensione che mettono in piedi le strutture di partizione per rinchiudere, dominare e condizionare i frammenti d'anima.

In questo processo di dissociazione della personalità durante i traumi, ci sono dunque da un lato le conseguenze puramente biologiche e fisiche dei cambiamenti neurologici e chimici, che sono ormai ben compresi dagli psicotraumatologi; e dall'altro lato le conseguenze metafisiche della separazione

---

[505] *'Sopravvissuti degli Illuminati'* (8), A209 - Parola di vita.

del corpo fisico ed energetico, lo "strappo dell'anima", creando una breccia verso altre dimensioni dell'essere. La programmazione del monarca è quindi sia un processo scientifico che, soprattutto, un processo spirituale e occulto in cui possono interagire entità esterne.

Tutto ha un lato materiale e un lato spirituale... L'aspetto spirituale influenza l'aspetto materiale e viceversa, sono due mondi che interagiscono continuamente. La metafora dello specchio di Alice nel paese delle meraviglie spiega molto bene questa nozione del mondo spirituale contro il mondo materiale. Cosa fanno gli occultisti per vedere nel futuro o nel passato, o per comunicare con i demoni? Usano (tra le altre cose) uno specchio per trascendere il nostro spazio-tempo (catoptromanzia)...

La demonologia è una chiave della programmazione di Monarch, dove le entità demoniache cooperano e hanno un ruolo di guardiano per ogni programmazione e memoria. È quindi imperativo prendere in considerazione questo dominio spirituale ed energetico per comprendere il soggetto nel suo insieme.

CAPITOLO 8

PROTOCOLLI DI DEPROGRAMMAZIONE

'C'è solo un modo per uccidere i mostri: accettarli' Julio Cortázar

1 - INTRODUZIONE

C uesto capitolo non vuole essere una guida medica o terapeutica. Ha lo scopo di fornire informazioni aggiuntive per aiutare a capire al meglio come funziona la memoria, la programmazione mentale e il sistema interno di una I.D.T. Questo capitolo è un'espansione della sezione intitolata *"I.D.T. e terapia"* nel capitolo 5.

Il termine "deprogrammazione" può sembrare esagerato o inappropriato, nel senso che una mente umana non è l'hardware di un computer e non sarà mai programmabile o deprogrammabile a piacimento nello stesso modo in cui lo può essere un computer; anche se il transumanesimo, che sostiene l'uso della scienza e della tecnologia per migliorare le caratteristiche fisiche e mentali degli esseri umani, solleva timori di queste cose. In effetti, è la vittima che si "deprogramma", il terapeuta si limita a guidarla nel processo di presa di coscienza del condizionamento basato sui ricordi traumatici. La deprogrammazione consiste nello scoprire il tipo di struttura presente nel mondo interiore, nel determinare i codici di attivazione e nel liberare gli alter (frammenti di anima) intrappolati nello spazio-tempo in cui hanno vissuto l'abuso e la programmazione. La deprogrammazione sarà fatta anche ricostruendo il puzzle della memoria in modo che si possa fare una comprensione razionale e cronologica. Le vittime di solito hanno una programmazione per combattere una possibile terapia, sia con l'autodistruzione che con il sabotaggio del lavoro terapeutico, il cui scopo è quello di far tacere la vittima se comincia a ricordare le cose e a parlarne al di fuori della setta.

La questione della deprogrammazione è ovviamente molto delicata, nel senso che non esiste un protocollo stabilito o una terapia ufficiale per disinnescare e cancellare la programmazione MK. Come abbiamo visto nel capitolo 5, la psichiatria moderna ha totalmente abbandonato lo studio e il trattamento dei disturbi dissociativi e dell'I.D.D., e più in generale della psicotraumatologia. Oggi, quindi, non fornisce alcuna risposta per stabilire diagnosi e protocolli terapeutici efficaci. I pochi terapeuti che lavorano con i sopravvissuti cercano i metodi migliori per stabilizzare il paziente, disinnescare la programmazione, scaricare i ricordi traumatici e infine fondere le alter personalità. A volte le preghiere di liberazione e persino l'esorcismo possono essere di grande aiuto per "pulire" le entità parassite. L'intervento di uno sciamano competente per il recupero dei frammenti d'anima può anche aiutare il sopravvissuto. La sopravvissuta Lynn Moss-Sharman ha riferito come i nativi americani in Canada hanno eseguito sessioni intensive di guarigione per aiutare le vittime di abusi rituali e controllo mentale nella loro comunità. Lei stessa ha partecipato a cerimonie di guarigione nelle *capanne del sudore* dove gli anziani lavorano con le vittime. Dice che hanno il maggior impatto sulla guarigione e dice che certamente non sarebbe viva se non fosse per il loro intervento. L'aspetto spirituale è quindi altrettanto importante, se non di più, di quello puramente psichiatrico e la preghiera per l'aiuto di queste vittime è essenziale. Molte testimonianze riportano una guarigione ottenuta grazie alla grazia di Dio e alla conversione a Gesù Cristo. Cristo è certamente nella posizione migliore per ristabilire l'ordine in un'anima che è stata fratturata da un trauma estremo, programmata e legata a entità demoniache.

2 - RIPRISTINARE UNA SANA SPIRITUALITÀ

I programmatori sono ben consapevoli del potere della preghiera per la guarigione sia fisica che psichica, ed è per questo che installeranno il condizionamento molto presto in modo che la vittima sia resistente e persino totalmente allergica all'idea di un Dio amorevole e salvatore. Condizionati fin dall'infanzia, non possono rivolgersi a qualcosa in cui non credono, o addirittura rifiutano violentemente. Tagliare la vittima fuori da Dio è un punto essenziale per tenerla sotto controllo spirituale, così il voltarla indietro verso il buon Dio può anche essere un punto cruciale per la sua guarigione. Soprattutto perché di solito c'è una qualche forma di spiritualità già presente in queste vittime a causa della pervasività dell'occulto nell'ambiente da cui provengono, hanno bisogno di essere guidati nella giusta direzione. I sopravvissuti che escono da una rete satanica/luciferiana avranno credenze fortemente radicate dalla prima infanzia, alcune delle quali devono essere disinnescate e spezzate:

- Satana è più forte di Dio, ha il potere, Dio non è in grado di fare nulla per proteggermi.

- Dio non mi ama, mi disprezza e mi rifiuta. Sono colpevole di crimini che Dio non potrà mai perdonarmi, non ho speranza di redenzione.

- Dio vuole punirmi, ho una paura profonda.

- La mia vita è controllata da Satana, io appartengo irrevocabilmente a Satana, lui ha preso la mia vita e sono posseduto da uno spirito o demone che controlla la mia vita. Molti sopravvissuti troveranno difficile accettare di avere un I.D.T. perché possono credere che le loro alter personalità siano demoni che li controllano. Questo mantiene la vittima isolata e separata dalla sua personalità originale. È quindi essenziale aiutare la persona a capire che è stata usata e tenuta in questi stati di coscienza a scopo di controllo e che non è responsabile di nulla.

- Sono *consacrato a Satana, ho fatto voto di servirlo per tutta la vita in cambio della sua protezione e dei suoi doni.* Questi legami o patti richiedono un potente lavoro spirituale, la liberazione deve venire attraverso la rinuncia a Satana, la preghiera di esorcismo e se possibile la conversione a Gesù Cristo, l'unico vero Salvatore e Guaritore. Bisogna anche rendersi conto e tenere a mente che le credenze religiose in cui erano coinvolte le personalità alterne sono basate su qualcosa di reale. Cercare di cambiarli da un giorno all'altro sarebbe come dire a un cristiano o a un musulmano che i fondamenti della loro religione non hanno senso. L'intero aspetto "magico" gioca anche una parte importante nelle credenze di un sopravvissuto di un culto satanista. Il lato religioso e spirituale è una parte importante del condizionamento del bambino, ma è il trauma fisico e psicologico (scissione) che rimane al centro della programmazione MK.

Il sopravvissuto Svali riferisce che in alcuni gruppi, un programma specifico orienta il bambino contro il cristianesimo. Il cristianesimo è l'antitesi delle pratiche occulte luciferiane, quindi vogliono che i loro membri non possano entrare in contatto con la speranza che Gesù Cristo potrebbe portare. Durante la tortura, il bambino spesso grida aiuto o si appella a Dio. A questo punto, il programmatore dirà al bambino: "Dio ti ha abbandonato, non poteva amarti, ecco perché fai così male. Se era così potente, poteva fermare tutto questo. Chiederanno persino al bambino di pregare e di chiedere a Dio di intervenire. Il bambino poi pregherà Dio e poi l'abusatore abuserà ulteriormente del bambino. Questa situazione creerà un profondo senso di disperazione nella piccola vittima, il bambino crederà veramente di essere stato abbandonato da Dio, che è rimasto sordo alla sua chiamata. Il bambino sarà anche sistematicamente abusato e torturato quando viene menzionato il nome di Gesù Cristo, al fine di creare una barriera psicologica alla sola menzione del Suo nome.[506]

Molti lettori potrebbero fare qui una domanda legittima: *"Ma perché Dio non interviene? '*. Perché non interviene nemmeno nelle guerre? Perché c'è così tanta miseria su questo pianeta, compresa tutta la sofferenza dei bambini, se Dio esiste? Queste sono domande che vengono fuori molto spesso. Viviamo in un mondo caduto sotto il giogo di Lucifero. L'angelo caduto non è chiamato *il principe di questo mondo* nella Bibbia: *Ora è il giudizio di questo mondo; ora il principe di questo mondo sarà cacciato* (Giovanni 12:31), *Il mio regno non è di questo mondo* (Giovanni 18:36). Questa è la ragione per cui queste sette sataniche/luciferiane tutte collegate agli angeli/demoni caduti stanno attualmente governando questo pianeta senza essere minimamente disturbate. La questione della sofferenza di questi bambini nelle reti è ovviamente inaccettabile e persino inconcepibile per molti di noi. Ma sta a noi, creature umane, prendere coscienza della situazione, reagire e lavorare per fermare queste cose al nostro livello.

Questo condizionamento estremo combinato con l'occultismo e la demonologia crea una potente programmazione spirituale (una santificazione al contrario) che è quindi essenziale rompere per stabilire nuove nozioni spirituali sane e costruttive. Questa programmazione spirituale può essere la parte più dannosa del sistema di uno schiavo MK-Monarch, poiché è progettata per tagliarlo fuori dalla vera fonte di guarigione. È una distorsione intenzionale della Verità che insegna e rafforza concetti falsi e invertiti di Dio. Alcune personalità alter possono essere molto violente verso tutto ciò che si riferisce al mondo

---

[506] *'Come il culto programma le persone'* - Svali, 2000.

cristiano, quindi ci vuole molta pazienza e comprensione per riconciliare il sopravvissuto a una spiritualità positiva basata sull'amore, la gentilezza, la speranza, la grazia e la misericordia. Una nuova fonte di spiritualità aiuterà molto il paziente a sciogliere i potenti attaccamenti occulti alla setta, a smettere di identificarsi con gli abusatori e a recuperare le parti di sé che sono state "catturate". Qualsiasi atto intenzionale per controllare e schiavizzare spiritualmente un bambino attraverso il terrore, che non è quindi in grado di fare una scelta contraria, può essere invertito durante la terapia con una semplice applicazione del libero arbitrio, poiché tutti noi abbiamo il controllo sulla nostra spiritualità. La consapevolezza del trauma e della programmazione MK, e l'applicazione del libero arbitrio, permetteranno di raggiungere questo distacco e questa autonomia. Si tratta di stabilire una separazione fisica, psicologica e spirituale con il gruppo di torturatori. Questa separazione avverrà progressivamente come:

- La figura o le figure di autorità del gruppo saranno screditate
- Saranno evidenziate le contraddizioni (ideologia contro realtà), ad esempio "come possono predicare l'amore quando violentano e sfruttano le vittime".
- Il paziente comincia ad ascoltare il terapeuta, cioè quando la realtà comincia a prendere il sopravvento sull'ideologia settaria.
- Il paziente comincia a rendersi conto e ad esprimere alcuni rimproveri verso il gruppo settario.
- Il paziente comincia a vedersi come un oppositore della setta piuttosto che un membro di essa.[507]

3 - SICUREZZA E STABILITÀ

Un punto chiave è che il sopravvissuto deve essere al sicuro prima che la deprogrammazione possa iniziare. Questo per assicurarsi che il sopravvissuto sia fisicamente e psicologicamente sicuro per iniziare un efficace lavoro terapeutico, poiché sarebbe inutile iniziare qualcosa se ci fosse il rischio che il sopravvissuto venga abusato gravemente per aver parlato. Se l'abuso è ancora in corso, la funzione protettiva dissociativa continuerà ad operare e a destabilizzare la persona. Cercare di smantellare e fermare questo processo dissociativo sarebbe allora come cercare di fermare l'unico mezzo di sopravvivenza e di protezione della vittima. Ecco perché il primo passo è quello di interrompere ogni contatto con i perpetratori per iniziare una terapia sicura che permetta la deprogrammazione. Se il problema della sicurezza si presenta, rallenterà la terapia perché l'energia sarà deviata su questa paura piuttosto che sul lavoro di scarico delle memorie traumatiche. Molti sopravvissuti sono ancora in contatto

---

[507] *All Gods Children: The Cult Experience - Salvation Or Slavery?* - Carroll Stoner, Jo Anne Parke, 1977, p.231.

con la setta quando iniziano la terapia, ma questa progredirà molto più rapidamente una volta che questo contatto è stato definitivamente interrotto.[508]

La stabilizzazione consiste nel ridurre i comportamenti a rischio e i cambiamenti di personalità. Nell'autobiografia di Cathy O'Brien, Mark Phillips fornisce un resoconto passo dopo passo delle linee guida che mise in atto per stabilizzare la O'Brien quando fuggirono in Alaska per tenerla al sicuro dalla Rete[509]:

1. Ho mantenuto una vigilanza costante per assicurare che Cathy fosse fisicamente e psicologicamente protetta da qualsiasi influenza esterna.

2. Nessun ricordo poteva essere verbalizzato da Cathy finché non l'avesse scritto. Le uniche domande che potevo fare dovevano essere legate alla sua storia e rivolte alla personalità consultata che stava rivivendo i suoi ricordi. Queste domande dovevano riguardare solo il chi, cosa, quando, come e dove della memoria. Anche se mi erano state date le risposte in anticipo, non dovevo intervenire. Le nostre percezioni potrebbero essere state radicalmente diverse, il che potrebbe creare ulteriori barriere di memoria tra i suoi frammenti di personalità.

3. In pratica ho spiegato a Cathy cosa fosse il controllo mentale e lei ha capito che quello che le era successo non era colpa sua. Tuttavia, ha anche capito che stava diventando responsabile delle sue azioni qui e ora. Fu attraverso la terapia che affermò il controllo della propria mente.

4. Abbiamo trascorso molte ore in "discussioni intellettuali" sulle credenze religiose che Cathy aveva appreso, in cui venivano smontate "logicamente" - proprio come se stessi spiegando come l'illusione indotta dai trucchi di un mago aiutasse a confondere la realtà.

5. A Cathy non sarebbe stato permesso di esprimere alcuna emozione quando i ricordi venivano tirati fuori e inseriti nel suo diario. Non le ho mai chiesto: 'Come ci si sente? '. Questo è importante quanto la questione della sicurezza per un rapido recupero della memoria.

6. Ho fornito a Cathy il cibo, le vitamine, l'acqua e il sonno necessari per migliorare la sua salute fisica carente.

7. Ho insegnato a Cathy a visualizzare i suoi ricordi su uno "schermo cinematografico mentale" piuttosto che riviverli attraverso il meccanismo della "realtà virtuale" della mente.

8. Ho insegnato a Cathy come mettersi in trance e controllare la profondità della trance attraverso una certa tecnica di autoipnosi (alcuni la considerano meditazione). Questo è stato messo in atto per evitare qualsiasi possibilità di contaminazione dei suoi ricordi o di confusione tra loro che si sarebbe potuta verificare se avessi usato questa tecnica di suggestione ipnotica conosciuta come 'immagini indotte'.

9. A Cathy non era permesso leggere libri, giornali o riviste, né poteva discutere dei ricordi recuperati con Kelly (sua figlia). Cathy aveva vissuto con il controllo delle informazioni per tutta la vita e quindi aveva avuto

---

[508] *Rompere la catena: liberarsi dalla programmazione del culto* - Svali, 2000.

[509] *'L'America nel mezzo della trasformazione'* - Cathy O'Brien & Mark Phillips, 2013, p.47-48.

poche opportunità di confrontarsi con la contaminazione dei ricordi. Questa regola era compresa e rispettata anche da Kelly i cui ricordi cominciavano ad affiorare.

10. Tutti i modi di comportarsi e le altre convenzioni sociali adottate da Cathy sono state riesaminate in discussioni logiche tra noi. Tutti i modi di comportarsi prestabiliti, comprese le routine quotidiane, sono stati rielaborati o completamente rimossi.

11. Ho preteso che portasse un orologio al polso giorno e notte per avvisarmi ogni volta che sentiva che stava sperimentando il minimo "buco nero". In assenza di trauma, il tempo mancante è un segno importante della transizione da una personalità all'altra. D'altra parte, riacquistare il senso del tempo indica che si sta recuperando.

Scrivilo, mi ordina Mark. "Non voglio sentirlo, voglio poterlo leggere, in modo da poterlo capire bene (...) Scriverlo farà rivivere la parte logica del tuo cervello. Quando si scrivono i propri ricordi, si trasforma un'emozione incomprensibile in qualcosa di logico e quindi la si rende comprensibile. Una volta che è comprensibile, puoi affrontare la realtà del tuo passato in modo logico (...) Basta trasferire quella visione su uno schermo nella tua mente, come lo schermo di un film. Questo vi permetterà di accedere ai vostri ricordi senza abreazione (...) Cioè, spiega, senza rivivere. Come ho detto, siete già sopravvissuti una volta. Non ha senso riviverlo. Sono solo ricordi ora, e tu lo sai già. Guarda lo schermo della tua mente attraverso gli occhi di chi ha sopportato quegli eventi. Annusare gli odori. E poi scrivi tutto. Ecco perché ho detto che la penna è più potente della spada. Questa tecnica vi ridarà il controllo della vostra memoria, e in definitiva della vostra mente."[510]

Prima di iniziare il lavoro di presa di coscienza e di superamento della programmazione, la terapeuta Ellen P. Lacter ha sviluppato una lista di strumenti che possono stabilizzare e rendere sicuro il paziente. Lacter ha sviluppato una lista di strumenti che possono stabilizzare e rendere sicuro il paziente[511]:

1 - Ottenere un albero genealogico, una storia educativa, professionale e residenziale per riferimento futuro.

2 - Creare una formula speciale o una preghiera per "proteggere lo spazio" all'inizio di ogni sessione.

3 - Mantenere un profondo rispetto per il libero arbitrio del paziente.

4 - Esplorare i valori e le credenze spirituali più profonde del paziente, per determinare il ruolo che questa "fonte spirituale" può giocare nel lavoro terapeutico.

5 - Creare una "scatola" (o contenitore) interna per immagazzinare dolore, paura, stati tossici (droghe, alcool...), tutto ciò che può essere indesiderabile e dannoso per il progresso della terapia. Ci possono essere diverse "scatole di immagazzinamento" nel mondo interno.

---

[510] *'Per il bene della sicurezza nazionale'* - Cathy O'Brien & Mark Phillips, 2015, p.21.

[511] 'Ritual Abuse and Mind-Control: The manipulation of attachment', cap: Torture-based mind control: psychological mechanisms and psychotherapeutic approaches to overcoming mind control, Ellen P. Lacter, 2011, p.116.

6 - Creare un luogo interiore di guarigione e recupero. Un "luogo di riposo" pacifico e sereno dove le personalità alter possono essere "liberate" dai luoghi dove è avvenuto l'abuso e ricevere aiuto da altri alter per guarire emotivamente e fisicamente.

7 - Creare uno spazio interiore per lavorare sulla consapevolezza della programmazione e sulla risoluzione. Questa "sala di lavoro" o "sala riunioni" avrà la funzione di lavorare con una visione d'insieme del sistema, ma anche su traumi e recupero di informazioni. Il paziente deciderà quale alterazione funzionerà in questa zona e progetterà la stanza a modo suo.

8 - Stabilire una procedura per ottenere informazioni in questa "stanza di lavoro".

4 - RECUPERARE IL "MONDO INTERIORE

La creazione virtuale di una "scatola di stoccaggio" o di diverse "stanze" può sembrare qualcosa di strano o fantasioso in terapia. Ma come detto nel capitolo precedente, il mondo interiore di una personalità scissa è molto grande, è una dimensione che forma un vero e proprio universo che può essere organizzato. Proprio come il programmatore organizza e struttura il mondo interiore per l'asservimento, anche il terapeuta e il paziente possono usare la loro creatività per portare elementi in questa dimensione. Elementi che aiuteranno a fissare il sistema interno con l'alter, così come a strutturare la terapia. La dottoressa Ellen Lacter ha riportato, per esempio, il caso di un paziente che metteva le sue domande in un secchio che poi immergeva nel fondo di un pozzo (che simboleggiava il suo subconscio) per farlo risalire al fine di ottenere informazioni o immagini.

In una conferenza *S.M.A.R.T.* del 2003, Carol Rutz, sopravvissuta ad abusi rituali e controllo mentale, spiega l'utilità di questi elementi terapeutici iniettati in questo mondo interiore. Può essere un deposito di ricordi o un luogo rassicurante e sicuro per l'alterazione: *"Quando ho lasciato l'ufficio del terapeuta, ho dovuto mettere via le cose su cui avevo appena lavorato in modo da poter vivere bene durante la settimana senza essere bombardato da nuove informazioni che erano venute fuori. Così ho creato un luogo interiore sicuro dove mettere i ricordi su cui stavamo lavorando in ogni sessione, con l'obiettivo di non essere affogato da tutta la roba tra le sessioni. Era una scatola di giocattoli e ci mettevo un orsacchiotto alla fine di ogni sessione prima di lasciare l'ufficio. Durante la settimana, potremmo anche tenere un diario e poi lasciare che i ricordi escano dalla scatola durante la terapia della settimana successiva. Questa scatola era diversa dal luogo sicuro che i miei alter erano stati in grado di costruire per ripararsi e guarire (...) La stessa visualizzazione che era stata usata dai carnefici per la programmazione ci permetteva di annullare quella stessa programmazione. Abbiamo creato un luogo di guarigione interiore dove qualsiasi alter che lo volesse, poteva entrare e rimanere per ricevere aiuto da altri alter. Ho scoperto che ci sono alter che non possono parlare a causa della programmazione o perché sono alter pre-verbali, e un'altra personalità alter si è offerta di essere usata per lavorare sul recupero della memoria. "[512]*

Per Svali, la buona notizia è che questo 'paesaggio interiore' è molto malleabile. Una volta che le diverse parti sono state "trovate", le strutture che le tengono prigioniere sono state scoperte e sono state finalmente liberate, possono essere incoraggiate e aiutate a stabilirsi permanentemente nei luoghi sicuri del mondo interiore. Le strutture installate nella mente per danneggiare e controllare la vittima possono essere rimosse. Il lavoro di guarigione e deprogrammazione del sopravvissuto usa quindi a suo vantaggio ciò che i programmatori usano per schiavizzare: cioè la malleabilità illimitata del "paesaggio interiore".

I pazienti possono creare molti altri luoghi nuovi e tranquillizzanti nei loro mondi interiori perché non ci sono limiti in questa dimensione dell'essere. La sopravvissuta Jen Callow scrive: *"Anche l'ambiente del nostro mondo interiore si è evoluto. Alla fine di ogni sessione, il nostro terapeuta si assicura che ogni nuova personalità alterata che è stata scoperta trovi un posto confortevole che fornisca i suoi bisogni fondamentali. Costruiamo un palazzo pieno di stanze con una grande area comune, bagni con grandi vasche per bagni di bolle, una grande cucina con grandi vasche e un grande tavolo, aree di gioco, ecc. Ogni stanza può essere arredata e decorata a seconda dell'individuo. Ogni stanza può essere arredata e decorata secondo i desideri del suo residente, può avere una porta con serratura e una finestra (...) Possiamo anche creare molti altri edifici se lo desideriamo. Ora abbiamo una zona curativa piena di piante medicinali, vari rimedi, con una vista molto bella: giardini e prati, un oceano con spiagge, foreste (...) Stiamo creando spazi per lo sport, la danza, le arti... Ogni cosa creata ci incoraggia a lavorare insieme, a cooperare, a interagire e ad avere più momenti di relax e divertimento. "[513]*

Questo mondo interno è stato impostato dai programmatori con diverse strutture interne; conoscere la loro natura aiuterà il terapeuta a scoprire quante personalità alter sono presenti nel sistema e con chi è più importante lavorare. L'approccio è quello di esplorare ogni parte della struttura per scoprire quali sono le sue funzioni e quanti alter "vivono" in essa o sono indirettamente collegati ad essa. Quando la programmazione è resa cosciente dal paziente e le alter personalità intrappolate nelle strutture capiscono che si tratta di un'illusione, la struttura di solito si dissolve. Quando grandi strutture scompaiono in questo modo, alcuni pazienti possono sentire un "vuoto" e possono essere sostituite da qualcos'altro. I programmatori di solito proteggono queste strutture con trappole e guardiani (demoni), o anche con un alter programmato per essere un *buon e leale soldato*.

---

[512] 'Healing from ritual abuse and mind control' - Ritual Abuse Secretive Organizations and Mind Control Conference, SMART 2003, www.ritualabuse.us.

[513] 'Healing the Unimaginable: Treating Ritual Abuse and Mind Control' - Alison Miller, 2012, p.273.

5 - L'ALLEANZA CON LE ALTER PERSONALITÀ

Poiché la programmazione MK è basata sulla I.D.T., i protocolli di stabilizzazione e la fusione dell'alter sono quindi applicati nella deprogrammazione (vedi *"I.D.T. e terapia"* nel capitolo 5). *L'alleanza* con gli alter consisterà nell'associarsi e cooperare con loro per farli partecipare al lavoro terapeutico. Ogni personalità altera in un sistema che è stato programmato si preoccupa molto di eseguire la funzione assegnata e di solito sono terrorizzati di fallire nella loro missione. È importante mappare questo sistema di personalità alterate sia orizzontalmente (il loro numero e le loro funzioni) che verticalmente (la loro organizzazione gerarchica). Come abbiamo già notato, le personalità alterate sono organizzate gerarchicamente, e coloro che si trovano nei livelli più bassi della gerarchia saranno puniti da quelli più alti. Gli alter ai livelli più alti della gerarchia hanno paura di essere puniti o uccisi dai responsabili esterni. Nessun alter dovrebbe essere trascurato, tutti hanno un ruolo da svolgere nella terapia. Secondo la terapeuta Alison Miller, è importante lavorare con gli Alter più 'carismatici' del sistema, quelli in cima alla gerarchia, specialmente quelli che hanno creduto alle bugie, alle false promesse e alle minacce dei loro tormentatori e che hanno finalmente preso coscienza dell'inganno. Questi sono gli alter "tormentatori", i persecutori di cui abbiamo già parlato. È molto importante riconoscere che questi alter non sono diversi da tutti gli altri in quanto il loro compito è anche quello di mantenere la sopravvivenza della vittima. È importante non bandire o tentare di mascherare o liquidare certi alter ego etichettando alcuni come "buoni" e altri come "cattivi". Lavorando con questi "leader", il terapeuta sarà in grado di ottenere la cooperazione di altri alter più bassi nella gerarchia interna. Nel documentario *"When the Devil Knocks"*, la terapeuta Cheryl Malmo dice di questi alter: *"Sapevo immediatamente che dovevo fare amicizia con 'Tim' perché vuoi avere questi alter arrabbiati e ostili come tuoi aiutanti. Quando il diavolo bussa alla porta, invitatelo a prendere il tè."*

Il terapeuta stabilirà così gradualmente la fiducia con questa gerarchia di alter. L'obiettivo è quello di mostrare loro gradualmente e in modo tranquillizzante ciò che è realmente accaduto, ma anche le loro false credenze. Gli osservatori e i reporter dell'alterazione possono anche aiutare molto il terapeuta partecipando alla ricostruzione del puzzle, perché aiuteranno a determinare su quali ricordi bisogna lavorare di più. I ricordi si scompongono in mille pezzi come i pezzi di un puzzle e ogni alterazione contiene certi pezzi. Quindi gli alter devono lavorare insieme per mettere insieme il puzzle della memoria. Alcuni terapeuti invitano quindi tutte le alter personalità colpite da un'esperienza particolare a riunirsi in una sala riunioni interna, per lavorare alla ricostruzione cronologica di questa memoria. Come abbiamo visto, molti sopravvissuti hanno testimoniato di aver avuto parti di loro stessi che uscivano dal loro corpo fisico durante l'abuso. Vedevano quindi la scena con l'occhio acuto di un uccello, in modo distaccato e oggettivo, mentre altri alter sembravano nascondersi nel profondo del corpo quando avveniva l'abuso. Questi diversi punti di vista esterni e interni faranno sì che queste scene siano registrate in modo molto più dettagliato rispetto all'altera che è stata direttamente violentata e torturata. La sopravvissuta Trish Fotheringham spiega che le *esperienze sono spesso frammentate nel momento in cui avvengono. Questo significa che un alter* potrebbe *essere "fuori" durante un evento, mentre uno o più altri alter si allontanerebbero dai sentimenti, dallo stato emotivo e dal dolore associati a ciò che si stava vivendo, senza essere effettivamente fuori dal corpo. È per questo motivo che ogni pezzo di memoria di ogni alter deve essere accessibile e consultato affinché le esperienze possano essere considerate recuperate e guarite.* "[514]

Nel libro *Ritual Abuse and Mind Control*, la terapeuta Ellen P. Lecter cita una conversazione avuta con la sopravvissuta Carol Rutz: 'Se si trattava di abuso rituale, ci potrebbero essere quattro o cinque alter coinvolti: uno potrebbe essere un bambino, l'altro potrebbe essere un adulto. La Lecter cita da una conversazione avuta con la sopravvissuta Carol Rutz: "Se si trattava di abuso rituale, ci potrebbero essere quattro o cinque alter ego coinvolti: uno per il dolore, uno per il rituale, uno per il trasporto, ecc. È perché di solito hai diverse alter personalità che emergono successivamente durante lo stesso evento. Quindi non è possibile ricordare l'intera esperienza se non si accede ai ricordi di ogni alter che è stato coinvolto. Se riuscite a far sì che l'alter ego che presenta vada oltre la sua paura e il suo dolore, allora sarete in grado di raggiungere il resto. Molte volte ho ricordato eventi di molto tempo prima, che mi hanno aiutato a mettere finalmente tutto insieme e a capire le ramificazioni di tutto questo."[515]

Quello che Carol Rutz descrive qui può essere illustrato in uno dei verbali del caso Dutroux che abbiamo già descritto nel capitolo 4 sull'abuso rituale in relazione ad una testimone X: "*Quando si è svegliata* (dalla trance ipnotica), *ha avuto l'impressione che c'erano diverse persone che erano presenti a quello che ha descritto* (rito sacrificale e orgia) *e che queste persone (queste Nathalie) sono svanite una di fronte all'altra. Pensa che è scomparsa una decina di volte.*"

In *Breaking the Chain*, Svali scrive che la primissima programmazione sul bambino, di "rompere il cuore", è difficile da annullare perché tocca il tema dell'abbandono e del rifiuto della personalità originale, infantile. Questo riguarda le prime esperienze di vita del bambino e coinvolge la sua relazione con i genitori e i membri della famiglia più stretti. Lavorare su questi ricordi richiede uno sforzo di tutto il sistema interno di alterazione per aiutare i frammenti di personalità che hanno sofferto questo estremo rifiuto iniziale dei genitori a riconoscere l'importanza del momento presente e il fatto che questi adulti erano veramente malsani. Renderli consapevoli del momento presente è essenziale perché di solito vivono bloccati nello spazio-tempo in cui questi traumi si sono verificati. Queste personalità di bambini alterati e persino di neonati si sentiranno spesso depressi e arrabbiati. Alcuni alter possono allora assumere il ruolo di

---

[514] 'Ritual Abuse in the Twenty-first Century: Psychological, Forensic, Social and Political Considerations' - James Randall Noblitt & Pamela Perskin Noblitt, 2008, p.497.

[515] 'Ritual Abuse and Mind-Control: The manipulation of attachment', cap: Torture-based mind control: psychological mechanisms and psychotherapeutic approaches to overcoming mind control, Ellen P. Lacter, p.113.

"nutrice" per confortarli e fargli capire che sono dei bambini adorabili, indipendentemente da quello che questi adulti possono aver fatto loro. Un aiuto terapeutico esterno e un buon sistema interno di "nutritori" di alter possono aiutare molto nel processo di guarigione, fornendo una nuova prospettiva e sollievo a questi alter giovani, feriti e abbandonati.

I primi abusi volti a scindere la personalità si verificano molto presto nella vita del bambino (da 0 a 24 mesi). Alcuni alter che non li hanno mai dimenticati saranno in grado di condividere i ricordi con altri alter che sono totalmente amnesici. Questo deve essere fatto molto gradualmente perché questi abusi sono avvenuti molto presto nella vita. Per questo, la creazione di un "vivaio" interno (allestito come richiesto) può aiutare il processo. La "tata" più grande e compassionevole sarà in grado di aiutare e prendersi cura dei bambini in questo asilo. È importante avere fiducia e convalidare ciò che questi bambini alterati diranno quando cominceranno a muoversi attraverso la terapia e a condividere le loro esperienze. Spesso si tratta di bambini alterati pre-verbali perché sono ancora molto piccoli, quindi hanno bisogno di un modo per esprimersi. La presenza di bambini alter più grandi, che sono vicini ai bambini alter, può aiutarli a verbalizzare i loro bisogni e le loro paure. In generale, i bambini alter non hanno fiducia negli adulti, nemmeno nelle personalità adulte alter del sistema a cui appartengono. L'aiuto terapeutico esterno è anche importante per la guarigione, per allenare e strutturare il sistema interno in modo che possa fornire aiuto e buone cure ai bambini feriti. Si tratta di bilanciare i bisogni del bambino alterato tra le cure esterne e il bisogno di cure interne del sistema alterato. Il bambino alterato può essere aiutato da sessioni di ancoraggio, concentrandosi sul momento presente e realizzando che il corpo fisico è ora più grande e vive una vita sicura.[516]

Bisogna tener presente che molti degli alter che hanno sofferto tali orrori sono stati deliberatamente tenuti nell'età in cui sono avvenuti gli abusi. Come abbiamo visto, sono frammenti d'anima bloccati in un certo spazio-tempo. Sono bloccati in un'epoca in cui credono ancora a tutto ciò che è stato detto loro dai loro abusatori, non importa quanto sia fantastico e irreale. Quando il paziente cerca di ricordare ciò che gli è successo, il terrore che è ancora presente nella sua giovane altera lo inonda, indipendentemente dalla sua età. Molti alter sono quindi bloccati nel passato, in un *eterno presente* dove sono ancora fisicamente quel bambino in contatto con l'aggressore o gli aggressori. Devono essere informati il più possibile della loro situazione attuale, affinché si rendano conto che non sono più in pericolo. Questo permetterà loro di smettere di punire l'altro alter e di imparare a lavorare in gruppo per ritrovare la loro compostezza. Bisogna spiegare a questi frammenti che hanno avuto a che fare con persone malsane e violente ma che oggi tutto questo è finito, che non sono più in contatto con loro e che non devono più seguire le direttive e le regole di questi torturatori. Ora possono tornare al momento presente per fare le loro regole. È anche possibile cambiare la funzione programmata di un alter in un nuovo ruolo in cui userà le sue capacità e qualità al servizio della terapia. Può essere utile spiegare

---

[516] *Rompere la catena: liberarsi dalla programmazione del culto* - Svali, 2000.

agli alter, con parole semplici per i più giovani, cosa sono lo stress post-traumatico, la dissociazione, l'amnesia, l'alter e i flashback.

Alcuni alter possono anche essere stati programmati per non comunicare direttamente con il mondo esterno (non emergendo mai per parlare "ad alta voce"), quindi può passare un tempo considerevole prima che questi alter vengano rilevati e comincino a prendere contatto con il terapeuta. Molti di loro non saranno usciti dall'infanzia, quindi non sanno nulla del mondo attuale. Sono degli alter che non dovrebbero comunicare con il mondo esterno fino a quando non vengono attivati da un controllore o da un programmatore. Sono frammenti che saranno molto spaventati e ostili quando "usciranno". È anche possibile utilizzare un alter ego intermediario, un mediatore, per dialogare con questi frammenti riluttanti. Anche se hanno già osservato il mondo esterno, il mondo *reale* (la nostra dimensione) dall'interno, raramente sono "usciti" per interagire direttamente con esso, cioè prendendo il controllo del corpo fisico. Avevano quindi un'esperienza di vita molto limitata, limitata alle attività del culto e all'"addestramento" (programmazione); le loro ricompense erano sesso, droga e potere. Il paziente può essere molto spaventato di rivelare certe informazioni, in relazione ai loro abusatori, ma anche perché alcuni alter saranno terrorizzati e umiliati dai loro stessi ricordi. Avranno quindi paura del rifiuto dell'altro se parlano di ciò che hanno fatto. Il terapeuta deve accettarli, indipendentemente da ciò che possono essere stati costretti a fare.

Nella terapia, è anche consigliabile sviluppare una visione olistica della storia traumatica della vittima e del suo sistema di alterazione. Un modo per accedere a questa visione globale è quello di entrare in contatto con il *vero sé* del paziente (la personalità originale) o la *"guida interiore"*, che a volte sono considerati la stessa cosa, ma non sistematicamente. Secondo alcuni terapeuti, c'è una parte in ogni sistema interno che ha la funzione di aiutare il paziente ad un livello superiore, una parte chiamata *ISH: Internal Self Helper*. Questo alter (se è uno) può essere considerato superiore agli altri, collegato a Dio. È una fonte di saggezza e una guida interiore che conosce tutte le altre personalità alter, accede a tutti i ricordi e alle esperienze di vita della persona. *"L'Inner Self Helper (ISH) dovrebbe essere identificato il prima possibile. Il terapeuta non deve temere di lavorare a stretto contatto con l'ISH, che sarà sempre un protettore delle personalità alterne e garantirà il rispetto del trattamento. Otterrà i migliori accordi possibili con l'alter ego."*[517]

Nel suo libro Reaching for the Light, la sopravvissuta Emilie Rose scrive di questo Inner Helper, questa speciale fonte di saggezza: "Ogni sopravvissuto all'abuso rituale ha una parte interiore che in qualche modo è rimasta collegata alla vita, anche in mezzo alla tortura e alla morte... Può avere molti nomi: il forte, lo spirito custode, il guaritore, il mistico, il nonno, il saggio. Comunque la chiamiamo, possiamo influenzare la nostra guarigione cercando questa parte di noi stessi, invitandola ad emergere, facendole amicizia, nutrendola e aiutandola a diventare più coinvolta nella nostra vita... Questa forte parte di noi stessi ha un

---

[517] 'Filosofie di trattamento nella gestione della personalità multipla' - D. Caul, American Psychiatric Association, Atlanta, Georgia, 1978.

naturale e innato desiderio di vita e di guarigione. Ha la conoscenza del dolore, della guarigione e dello spirito. Può essere il luogo dove risiede la nostra connessione con un potere superiore e ci guida in un vero viaggio di guarigione se gliene diamo la possibilità."[518]

La dottoressa Sarah Krakauer chiama questa parte la *saggezza interiore*. Nel suo libro *Treating* Dissociative Identity *Disorder: The* Power *of the Collective* Heart, riferisce di una paziente che si è collegata con questa guida interiore: *"Sette mesi dopo che Lynn ha iniziato la terapia con me, ha mostrato curiosità per il funzionamento della saggezza interiore. Mentre era in uno stato meditativo, chiese spontaneamente alla sua saggezza interiore: "Perché tu sai tutto questo e io no? La saggezza interiore rispose allora: Puoi pensare a me come al padre che non hai mai avuto, qualcuno su cui puoi contare e che ci sarà sempre, qualunque cosa accada... Conosco tutte le diverse parti e come si incastrano insieme, perché posso vedere la totalità..." Lynn ha riferito di aver visto una bellissima luce gialla interiore dopo aver sentito questa saggezza. Ha descritto: "È la prima volta che vedo un giallo come questo. È così bello. È un'esperienza davvero rassicurante, che non sono più solo. Un padre dovrebbe essere colui che si prende cura di te... Sento una vera calma, un senso di pace. Prima di scoprire questa luce gialla, Lynn aveva già scoperto che dopo aver cercato una guida nel teatro, era in grado di andare in un luogo dove vedeva una luce viola che era allo stesso tempo calmante ed energizzante. Era qualcosa che aveva scoperto da sola e ci andava spesso durante le sue meditazioni. "[519]*

Forse l'*ISH*, apparendo come una parte superiore dell'essere, corrisponde *allo "spirito di supercoscienza"* descritto nella tradizione Kahuna (nel capitolo 6), che può scavalcare tutte le altre categorie di frammenti d'anima. Nel suo articolo intitolato *"The inner self helper concepts of inner guidance"*, la terapeuta Christine Comstock conclude scrivendo: *"Come tutte le ipotesi psicologiche, l'esistenza dell'ISH non può essere né provata né confutata. Tuttavia, ci sono prove storiche e cliniche sufficienti per rendere ragionevole credere che una tale struttura possa esistere ed essere benefica. In passato, il concetto di dissociazione dell'io in un alter che osserva e sperimenta è stato trovato benefico per il paziente. L'estensione della nozione di "guida interiore" sotto forma di ISH ai pazienti con IDD sembra essere qualcosa di logico e coerente con l'esperienza descritta da questi pazienti. Secondo molti clinici esperti, questo fenomeno di guida interiore sotto forma di una struttura psichica separata può essere una concettualizzazione clinica utile nel trattamento dell'I.D.D.[520]*

È ovvio che il fenomeno dell'I.D.T. merita una ricerca scientifica molto approfondita, poiché conduce ad altre dimensioni dell'essere... ma ricordiamo

[518] 'Healing the Unimaginable: Treating Ritual Abuse and Mind Control' - Alison Miller , 2012, p.246.

[519] *Trattare il disturbo dissociativo dell'identità: il potere del cuore collettivo* - Sarah Y. Krakauer, 2001, p.130-131.

[520] *Il concetto di guida interiore: antecedenti storici, il suo ruolo nella dissociazione e l'utilizzo clinico* - Christine M. Comstock, Journal Dissociation, Vol.4, N°3, 09/1991.

ancora una volta che questo è il vaso di Pandora della "religione senza nome": tutte le scoperte riguardanti gli arcani della psiche umana (e ben oltre) che permettono il controllo individuale e globale non devono essere divulgate nel mondo profano, una regola essenziale che permette di mantenere il potere.

Le parole usate dai perpetratori e dai programmatori durante le sessioni di abuso, tortura e programmazione hanno un effetto profondamente devastante sulle vittime. Il lavoro di memoria mira a far sì che il sopravvissuto possa ricordare esattamente ciò che il programmatore gli diceva insieme alle immagini mentali che accompagnavano queste frasi durante le sessioni. Questo è un punto essenziale che aiuterà molto a disattivare la programmazione MK. È quindi importante elencare e lavorare su queste parole in modo che perdano il loro potere di influenzare la vittima. Queste parole o frasi perderanno il loro potere ancora di più quando i ricordi traumatici saranno gradualmente svuotati della loro carica negativa. La carica negativa è quel dolore interiore subconscio che, se innescato da stimoli, attiverà la programmazione. Queste parole o frasi possono essere state usate per definire il ruolo o la natura di un alter e per nominare l'alter, possono anche essere minacce, insulti, accordi (ottenuti sotto costrizione), comandi e direttive, specifiche parole di innesco volte a far uscire un alter, codici di accesso che possono anche includere numeri, ecc. Alcuni di questi comandi possono essere sostituiti, per esempio rinominando le personalità alter con nuovi nomi e assegnando loro nuovi ruoli. Preghiere e benedizioni possono anche essere usate per contrastare gli attacchi verbali (comandi di programmazione) che rimangono nel subconscio.

Durante il processo terapeutico, uno dei maggiori pericoli è la programmazione dell'autodistruzione e del suicidio. Secondo Svali, tra le élite luciferiane, questa programmazione è sistematica. Fin dalla prima infanzia, la vittima è condizionata a credere che morirà se lascia "la Famiglia", la Rete. Questa è la base della programmazione del suicidio, che è strettamente legata alla programmazione della lealtà e della fedeltà alla famiglia biologica e all'Ordine Gerarchico. Se la vittima comincia ad accedere a certi ricordi e decide di lasciare la rete, o inizia la terapia, questo sabotaggio o programmazione autodistruttiva dovrebbe essere innescato. Questo si manifesterà poi come una sensazione di essere improvvisamente sopraffatto da un senso di colpa schiacciante e uno stato profondamente depresso. Solo il programmatore e poche persone hanno il codice per disattivare questa programmazione, che assicura che la vittima contatterà di nuovo il gruppo. Se la vittima rompe questa programmazione, avrà bisogno di assistenza e aiuto, forse di un ricovero in ospedale perché la respirazione o il ritmo cardiaco possono essere gravemente compromessi. Le alter personalità possono essere programmate per commettere autolesionismo o persino suicidio se c'è un tentativo di rivelazione esterna o di deprogrammazione. Questi alter sono programmati per credere che l'unico modo per sfuggire al suicidio e all'autodistruzione è contattare il programmatore che conosce i codici per fermare il processo.

Un alter può punire un altro alter scarificandolo, per esempio, ed è per questo che è importante rendere l'intero sistema di alter consapevole che condividono lo stesso corpo fisico e che sono un unico individuo.

La programmazione di una personalità altera che può portare la vittima al suicidio viene fatta imprimendo la convinzione che è onorevole morire per la causa della "Famiglia"; che i traditori devono uccidersi rapidamente prima che il gruppo li trovi per ucciderli in modo lento e doloroso; che la loro vita sarà così insopportabile che è meglio uccidersi, ecc.

Secondo Ellen Lacter, quando i comandi impiantati *"non ricordare"* e *"non parlare"* cominciano a rompersi, il resto della programmazione diventa più facile da riconoscere e superare. L'accesso ai diversi ricordi traumatici, che porta alla ricostruzione del puzzle cronologico, libererà gradualmente tutta la carica emozionale inconscia che cementa e permette l'innesco della programmazione. Più le memorie traumatiche sparse e represse sono rese consapevoli e riassemblate, più la carica emotiva che contengono diminuirà, e più la programmazione perderà la sua efficacia. È così che la programmazione MK viene gradualmente disinnescata.

6 - ELABORAZIONE DEI RICORDI TRAUMATICI

a/ Generale

Lavorare con le memorie traumatiche (dissociative) è un processo terapeutico in cui si riassociano frammenti di memorie sia psicologiche che fisiche (memoria cellulare). Il trattamento di un ricordo dissociativo consiste dunque nel riassemblare e rendere consapevoli tutte le parti che lo compongono per poterlo integrare definitivamente, perché come abbiamo visto, il ricordo di un'esperienza può essere scomposto in più pezzi. In seguito a questa integrazione, le emozioni e le sensazioni fisiche associate a questo ricordo scompariranno e saranno sostituite da un ricordo dell'accaduto simile a qualsiasi altro ricordo cosciente. Questo significa che la memoria traumatica repressa diventa una memoria cronologica e autobiografica senza carica negativa. Una volta che questo processo è completo, le diverse alter personalità associate a questi ricordi possono essere fuse insieme. In alcuni casi, questo sembra avvenire automaticamente non appena i ricordi vengono elaborati e resi consapevoli.

A livello biologico, i ricordi sono legati ai diversi sensi (vista, udito, olfatto, tatto, gusto, ma anche dolore fisico o piacere sessuale), sono anche legati ai diversi tipi di emozioni. Questi ricordi sono gestiti dall'ippocampo, che li trasmette alla corteccia cerebrale affinché siano ben integrati nella coscienza. È così che passano dal livello inconscio a quello cosciente. I ricordi dissociativi rimangono scollegati dalla coscienza, questo si chiama amnesia traumatica, una memoria "dimenticata" che non è stata resa cosciente. Questi ricordi possono sorgere improvvisamente e inaspettatamente, di solito sotto forma di flashback, che sono eruzioni di ricordi che tornano improvvisamente alla coscienza, possono essere visivi, uditivi, emotivi e anche fisici. Infatti, questi flashback possono innescare memorie cellulari legate a certe zone del corpo, che possono manifestarsi come dolore, paralisi e persino segni fisici. Quando questi ricordi subconsci sorgono, vengono rivissuti come se stessero realmente accadendo nel momento presente. Quando una persona sperimenta un risveglio di ricordi traumatici con conseguente stato emotivo pesante, avrà assolutamente bisogno di ancorarsi al momento presente. Hanno bisogno di aprire gli occhi (di solito chiusi durante un flashback) e concentrarsi sul loro ambiente diretto: suoni (la voce del terapeuta, per esempio), nominare e toccare gli oggetti intorno a loro nella stanza, possono anche toccare i loro vestiti, nominandoli uno per uno, ecc. Le tecniche di ancoraggio sono importanti nel lavoro con le memorie traumatiche, poiché impediscono al paziente di essere sopraffatto dalle emozioni e dal dolore.

Generalmente, un paziente non sarà pronto a fare questo lavoro sulle memorie traumatiche fino a quando il sistema di personalità altera è cooperativo. Come abbiamo visto prima, si deve stabilire una relazione con gli alter perché tutti coloro che sono stati coinvolti nella stessa esperienza, lo stesso ricordo, possano partecipare al processo. Secondo la terapeuta Alison Miller, un ricordo non può essere pienamente integrato (e la programmazione dissolta) fino a quando tutti i frammenti della persona coinvolta nel ricordo traumatico si allineano per mettere insieme il loro pezzo di memoria, il loro pezzo di puzzle, per stabilire il quadro completo e cronologico dell'esperienza. Inoltre, se tutti i frammenti del paziente non sono cooperativi, alcuni alter possono punire quelli che rivelano le cose prematuramente.

I gruppi di controllo mentale creano deliberatamente personalità alterne che registrano tutto e conoscono l'intero sistema e la sua storia. Stella Katz chiama questo alter ego il *"Gatekeeper"*, la cui funzione è quella di osservare dall'interno e registrare tutto senza mai intervenire. Una volta accedute, queste personalità alter possono essere di grande aiuto nel determinare sia il contenuto di un ricordo che l'elenco cronologico degli alter del paziente che hanno successivamente vissuto l'esperienza traumatica.

C'è anche la questione dei ricordi traumatici dell'età pre-verbale, quando la vittima era ancora un bambino. Questo tipo di memoria non può essere verbalizzata per esprimere l'esperienza e i sentimenti. Tra l'età di 0 e 3 anni, il sistema di memoria dichiarativa o esplicita che richiede la maturazione dell'ippocampo non è ancora operativo. Queste saranno memorie implicite (emozionali, comportamentali, somato-sensoriali, percettive, non verbali). Queste memorie implicite sono legate all'amigdala dell'emisfero destro, che matura prima dell'ippocampo

b/ Il processo di rinascita

Il termine *"reviviscenza"* e il suo processo di restauro sono stati descritti dal sopravvissuto Brice Taylor. A differenza della terapia Fabian, di cui parleremo anche, che si occupa solo dei ricordi consci non traumatici, questo è il trattamento dei ricordi traumatici inconsci con l'obiettivo di integrarli completamente nella coscienza. La parte più difficile di questo lavoro è certamente il dolore emotivo e talvolta fisico che è associato a questi ricordi dissociati. La rivivificazione è uno strumento che può essere utile quando non è possibile fare una sessione di terapia ogni volta che un ricordo traumatico viene alla superficie della coscienza.

Brice Taylor introduce questa tecnica: "Come sopravvissuto ad un estremo trauma da parto, ho passato anni in terapia. Ho avuto abreazioni e flashback sul mio passato incestuoso, sull'abuso rituale e sul controllo mentale del governo, finché non sono stato in grado di praticare questo processo di rinascita. Per imparare ad usare questo strumento, sono stato aiutato da un membro della comunità di intelligence che aveva qualche conoscenza della programmazione e deprogrammazione MK. La reviviscenza è uno strumento estremamente prezioso che mi ha aiutato ad affrontare e archiviare l'enorme quantità di ricordi dolorosi. In questo modo ho potuto recuperare la memoria del mio passato e finalmente usare la mia mente in modo sano e costruttivo nel momento presente. Penso che sia importante condividere questa tecnica in modo che i sopravvissuti possano essere aiutati in modo semplice nel loro processo di recupero della memoria."

Il rivivere può iniziare quando il paziente non è più in fase di negazione del trauma passato e dopo che ha imparato a sentire ed esprimere le proprie emozioni. Secondo Brice Taylor, non è necessario rivivere continuamente le abreazioni o i flashback fisicamente ed emotivamente per svelare i ricordi. Secondo lei, i sopravvissuti hanno bisogno di rivivere i ricordi cellulari solo quando sono ancora in fase di negazione della realtà del loro passato. Risperimentare permetterà anche al paziente, che è sopraffatto da ricordi intrusivi, che di solito gli impediscono di funzionare nella vita quotidiana, di imparare a contenere, incanalare e gestire questi "flash" di ricordi fino a quando potrà finalmente elaborarli correttamente.

Quando un paziente ha dei flashback a casa, o quando un ricordo è "innescato" da qualcosa nel suo ambiente, in pubblico o in privato, può prendere un taccuino e scrivere una o due parole che serviranno in seguito a rinfrescargli la memoria su ciò che ha innescato il ricordo dissociato e il suo contenuto. Seguendo queste note, può riprendere le sue attività senza dover essere costantemente "molestato" da questo ricordo. Nelle 48 ore che seguono il/i flashback, si consiglia al paziente di prendere nota delle cause scatenanti e di esaminare il contenuto di questo ricordo. L'esame del ricordo viene fatto in un ambiente calmo, con una profonda introspezione, al fine di annotare in dettaglio il contenuto visivo e uditivo, ma anche gli aspetti di odore e sapore che sono legati a questo ricordo traumatico. Un criterio per determinare se questi sono autentici ricordi dissociati è che sono visivamente tridimensionali e contengono forti elementi sensoriali, come suoni e odori.

Per praticare questo tipo di esercizio di memoria amnesica, il paziente può prima esercitarsi a proiettare ricordi coscienti e non traumatici su uno "schermo mentale". Questo consiste nel concentrarsi sui dettagli di questo ricordo con "l'occhio della mente", cioè chiudendo gli occhi per immaginare la scena il più reale possibile. In questa scena, la persona può guardare, toccare, annusare e gustare ciò che era presente, ma anche ascoltare suoni, parole, frasi, ecc. Il lavoro può quindi iniziare con ricordi non dissociati che non hanno causato shock emotivi o dolore fisico. Una volta che il paziente è a suo agio con questo "schermo mentale", può affrontare i ricordi che prima erano amnesici e che cominciano ad emergere.

Ecco come Brice Taylor descrive le diverse fasi del processo:
- 1/ Prendi un quaderno.
- 2/ Il paziente deve aver elencato in precedenza elementi che possono scatenare ricordi traumatici.
- 3/ Il paziente dovrebbe essere in un luogo tranquillo e sicuro per elaborare questi ricordi (preferibilmente entro 48 ore dalla loro comparsa). Comincerà facendo riferimento alla sua lista di fattori scatenanti.
- 4/ È utile che il paziente abbia un diario o un computer in cui immagazzinare i ricordi dissociati che gli vengono riportati.
- 5/ Poi il paziente visualizza questo ricordo su uno schermo immaginario nella sua mente. Deve concentrarsi su questo ricordo con l'occhio mentale, concentrandosi sul sistema sensoriale, cioè gusto, olfatto, udito, tatto e vista. Deve essere interessato a tutto ciò che era presente al momento dell'esperienza traumatica. Dovrebbero anche concentrarsi sulle parole e le frasi che sono state pronunciate in quel momento. Nelle persone che hanno sperimentato l'abuso rituale e il controllo mentale, le parole pronunciate durante gli stati dissociativi sono molto importanti perché contengono il condizionamento e la programmazione. Gli alter che hanno sentito ciò che è stato detto possono non ripeterlo in tale sessione di terapia, possono, per esempio, raccontare la scena senza la "colonna sonora". Si dovrebbe chiedere loro di dare il contenuto completo del ricordo, compreso il contenuto uditivo. Il paziente dovrebbe cercare di vedere la scena attraverso gli occhi della o delle personalità alter che hanno vissuto l'evento. Non ha bisogno di rivivere la scena o di rivivere le emozioni dolorose o le sensazioni nel corpo. Hanno solo bisogno di guardare la memoria nello stesso modo in cui si guarderebbe un film su uno schermo, ma facendo attenzione a recuperare più informazioni possibili. Se il paziente è sopravvissuto una volta all'evento traumatico, ora è in grado di guardarlo con una certa distanza per recuperare l'essenziale: cioè tutti i dettagli che lo aiuteranno a prendere coscienza di ciò che è successo e quale personalità altera era/sono coinvolta/e in esso. Durante questo esercizio, il paziente non deve giudicare ciò che vede sullo schermo mentale, né cercare di cambiare il contenuto. Quando il paziente ha dissociato il contenuto emotivo dal ricordo, è allora possibile per lui/lei descrivere precisamente ciò che vede mentre il terapeuta prende nota delle informazioni. Il terapeuta può quindi chiedere al paziente di rallentare o ripetere qualcosa senza paura di ri-traumatizzarlo. È come se il paziente avesse un telecomando con cui può zoomare, rallentare o accelerare la scena, mettere in pausa, riavvolgere o fermare la storia.

Per questo lavoro di proiezione mentale di un ricordo traumatico, la terapeuta Alison Miller consiglia di iniziare il racconto nella "vita normale", cioè nella situazione che ha preceduto l'evento traumatico (per esempio il viaggio in macchina), e poi di terminarlo nella situazione che ha seguito il trauma. Questo per ampliare la cronologia della memoria, perché le personalità alterne all'inizio e alla fine di un'esperienza traumatica di solito non sono le stesse che hanno subito i traumi al centro della storia. Così, aiuterà il paziente a capire meglio come le sue esperienze traumatiche sono collegate alla sua vita quotidiana, alla sua memoria autobiografica cosciente e in quale contesto sono avvenute.

- 6/ Se il paziente comincia a sperimentare un'abreazione con sensazioni corporee durante la visualizzazione, può scrivere rapidamente su un pezzo di carta: *"Il mio corpo sta cercando di reagire a questo ricordo"*, e allora grazie al processo dissociativo già molto sviluppato in lui, si allontanerà da questo ricordo che provoca una reazione fisica. Dissociandosi dal dolore fisico o emotivo, può, per esempio, metterlo in una scatola nel suo mondo interiore. Può anche sostituire le immagini che scatenano l'abreazione con un problema di matematica. Questo gli permetterà di staccarsi dalle sensazioni dolorose, dato che attiverà un'altra area del suo cervello. Se il corpo continua a reagire nonostante queste misure, il paziente dovrebbe interrompere la sessione di proiezione mentale e ancorarsi al momento presente con i metodi elencati sopra. Il paziente può allora riprendere la sessione di proiezione mentale se è in grado di mantenere la barriera dissociativa tra il corpo fisico ed emozionale e il ricordo traumatico. Le stesse tecniche possono essere applicate quando il dolore emotivo diventa troppo grande. Durante questo processo, il paziente può anche scegliere di entrare volontariamente e completamente nel sentimento emotivo del ricordo per esprimerlo e farlo esplodere il più possibile.

- 7/ Se il paziente si sente triste, piange o si arrabbia a causa dei ricordi traumatici, può intraprendere un'altra attività. Un bambino giovane e sano che cade e si fa male piangerà per un po', ma molto presto concentrerà la sua attenzione su qualcosa che lo porterà fuori dal suo stato negativo. I bambini sono quindi in grado di cambiare rapidamente i loro stati emotivi. Il paziente può fare la stessa cosa scegliendo rapidamente di fare un'attività che lo metta in uno stato mentale ed emotivo positivo. Può fare sport, fare giardinaggio, chiamare un amico, portare a spasso il cane, dipingere, cantare, fare un bagno, guardare una commedia, tutte cose che possono portargli relax e gioia. Tuttavia, non si tratta di sopprimere emozioni negative come la tristezza o la rabbia. Il paziente dovrebbe essere in grado di sentirli ed esprimerli per tutto il tempo di cui ha bisogno e che vuole. Il processo di guarigione del paziente si basa in gran parte sull'avere il controllo su se stesso e sulle proprie esperienze. Questa parte del processo di rinascita può essere appropriata per i pazienti che sono costantemente bloccati in vecchie emozioni dolorose.

Quando i sopravvissuti sono in grado di farsi carico e amare se stessi invece di distruggersi, i loro abusatori (o controllori) hanno perso. I sopravvissuti devono rendersi conto che solo loro possono scegliere l'amor proprio invece della scarificazione, per esempio. Quando smettono di comportarsi come la programmazione li ha condizionati, diventano autonomi e liberi, con solo la propria mente come limite: recuperano la propria identità.

Brice Taylor sottolinea che in questo processo è più facile scrivere prima i ricordi traumatici piuttosto che verbalizzarli direttamente. Questo è anche ciò che Mark Phillips sostiene, ed è una delle regole che ha stabilito nel protocollo di recupero e deprogrammazione di Cathy O'Brien. L'atto di scrivere i ricordi provoca, grazie alla coordinazione degli occhi e della mano, certe connessioni neuronali nel cervello che daranno al paziente un migliore accesso alle proprie capacità cerebrali. Inoltre, scrivere i ricordi significa che saranno molto più ricchi di dettagli. Col tempo, le diverse "capsule" di ricordi traumatici cominceranno a riunirsi per formare un quadro di ciò che è realmente accaduto nella vita del paziente. Questo puzzle, più o meno ben composto, spiegherà molte cose che prima erano incomprese, come i comportamenti indesiderati o le fobie inspiegabili. Brice Taylor spiega che non è necessario soffermarsi su ogni dettaglio della memoria per sapere se è valida o meno, perché con il tempo e con un sufficiente recupero dei ricordi traumatici, i pezzi dei ricordi cominceranno a convalidarsi a vicenda incastrandosi per formare il puzzle della vita. È questa visione d'insieme della propria vita, fino ad allora in frantumi, che aiuterà a fornire al paziente l'autocompassione, l'amore per se stessi e l'autostima che sono così preziosi per la sua guarigione e la sua nuova vita.

Ecco un estratto dal libro di Cathy O'Brien *For National Security Purposes* che illustra il processo di recupero dai ricordi traumatici:

"Le risposte arrivano solo lentamente in superficie, ma fanno emergere anni di ricordi, tutti legati tra loro. L'intera faccenda mi sembra un incubo senza fine. Quando Mark torna a casa quella sera, ci sono fogli di carta sparsi ovunque, coperti di frammenti di ricordi scritti in tante scritture diverse.

- Ho ricordato molte cose, ma non ha senso. Non riesco a mettere in ordine gli eventi.

Gli mostro i pezzi di carta e inizio a piangere:

- Come posso ricordare quando queste cose sono accadute quando non avevo il senso del tempo?

- È semplice", dice Mark, "devi farti le domande giuste. Guarda oltre il momento. Che stagione è? C'è la neve? Riesci a sentire il calore del sole estivo? Riesci a sentire il profumo dei fiori di primavera? Sei a scuola? Chi è il tuo insegnante? Che cosa indossi? Quando hai indossato questi vestiti? Sono già nati i tuoi fratelli o sorelle? Quanti anni ha Kelly? Guardati intorno con gli occhi della persona che eri e alla quale è successo tutto questo. Le persone ti sembrano molto alte, come quando eri piccola? Cosa vedi all'altezza degli occhi? Le loro ginocchia? I loro occhi? Basta cronometrarlo il più accuratamente possibile e lasciare il resto agli investigatori (...)

Puoi guardare vecchie riviste e giornali (...) Dovresti iniziare a ritagliare immagini, frasi, titoli - qualsiasi cosa che catturi la tua attenzione. Quando hai una scatola piena di questi ritagli, puoi fare un collage. Sarà come rimettere insieme i pezzi della tua mente (...)

- Il Dr. Patrick ha usato il termine "poliframmentato" per descrivere quei piccoli pezzi che si incollano di nuovo insieme. Pensa anche che la mia idea di incollaggio potrebbe essere utile per voi.

Improvvisamente, i miei scarabocchi di ricordi sembrano avere uno scopo dopo tutto. Da quel momento in poi scrivo tutti i flash che arrivano, che sembrino significativi o meno. Tengo sempre con me carta e penna. I ricordi lampeggiano spesso sullo schermo della mia mente, a volte al punto di rompere la mia concentrazione nei momenti meno opportuni. Una rapida nota di una parola o di una frase è sufficiente per fermare queste intrusioni, e mi permette di tornare a quello che stavo facendo prima. È come se il mio cervello sapesse che scriverò tutto più tardi, e i flash si fermano momentaneamente. Poi, quando mi trovo in condizione di concentrarmi bene, mi lascio andare in uno stato più profondo, mi faccio le domande che Mark mi ha insegnato, ritrovo gli odori e comincio a scrivere ciò che aspetta di essere recuperato fotograficamente.

- Tieni presente, mi ha consigliato Mark, che se un ricordo sembra che non possa essere accaduto, allora devi esaminarlo da vicino per vedere se è qualcosa che ti è stato raccontato o intravisto in un film. Cominciate a deprogrammare il programma. Trova l'inizio e la fine, quello che è successo prima e quello che è successo dopo. Lascia fuori la traccia scritta di quel ricordo per tre settimane. La verità non scompare. Riempire i vuoti con ciò che sarebbe potuto accadere, d'altra parte, scomparirà (...)

Scrivere i miei ricordi come Mark mi ha insegnato mi permette di ricostruirli come sono accaduti, ma senza il dramma. Posso approfondire la mia trance con il rilassamento, guardare gli eventi svolgersi fotograficamente sullo schermo della mia mente, sentire gli odori e riconoscere le sensazioni fisiche senza doverle sperimentare di nuovo. Le emozioni non avevano esistenza propria nello stato dissociativo in cui mi trovavo, e non ce l'hanno ancora in questo processo di recupero della memoria. Mark mi ha insegnato ad evitare la domanda spesso posta dai terapeuti: "Come ci si sente?"[521]

c/ Il teatro interno

In una conferenza S.M.A.R.T. del 2006, la sopravvissuta Lynn Schirmer ha descritto uno strumento che aiuta a concentrarsi su ricordi particolari e può essere combinato con lo schermo mentale descritto sopra. È uno strumento di psicologia che è stato sviluppato dal dottor Lowell Routley e dai suoi colleghi, un modello di teatro, una metafora della coscienza e della mente ideata dal neurobiologo Bernard J. Baars.

In 'In the Theater of Consciousness The Workspace of the Mind', Bernard J. Baars descrive come funziona questo 'teatro', che può essere usato per lavorare sui ricordi. In un teatro c'è il palco, gli attori, le luci, il set, il regista e il pubblico. Quando si entra in un teatro prima dello spettacolo, si vede il palco, il pubblico e alcune porte laterali che portano ai camerini. Quando le luci iniziano

---

[521] *'Per il bene della sicurezza nazionale'* - Cathy O'Brien & Mark Phillips, 2015, p.29-30.

a scendere e il pubblico si ammutolisce, un singolo riflettore perfora l'oscurità per illuminare il palco. Si sa allora che gli scrittori, gli attori, i tecnici del suono e delle luci sono tutti lì, non visti ma che lavorano insieme nella stessa direzione e guidati da un copione che sta per essere rivelato al pubblico. Quando l'auditorium svanisce, rimane solo il centro della coscienza, cioè il riflettore che illumina il palco, mentre tutto il resto è nell'oscurità. Questa metafora teatrale ci permette di lavorare sui ricordi: gli attori e le scenografie rappresentano il contenuto del ricordo, traumatico o meno, i riflettori rappresentano la focalizzazione dell'attenzione su questo ricordo, il contenuto cosciente emerge quando i riflettori sono diretti verso gli attori sulla scena del ricordo. Questi riflettori hanno un ruolo essenziale perché non appena dirigono la luce verso un personaggio particolare, questo personaggio emerge nella coscienza. Solo i personaggi illuminati dai riflettori possono trasmettere informazioni al pubblico. In cambio, il pubblico, il pubblico, può applaudire o fischiare, chiedere di sentire di più o, al contrario, far allontanare un attore dal palco lanciandogli dei pomodori. Il pubblico di questo teatro può anche interagire con gli attori scambiando informazioni con loro. Ma c'è solo un modo per raggiungere il pubblico nel suo insieme, ed è attraverso un personaggio illuminato dai riflettori sul palco. Il pubblico è la ragion d'essere di tutto questo teatro sperimentale.

Il palcoscenico teatrale rappresenta l'interno del paziente, dove sperimenta le diverse percezioni, questo luogo si chiama spazio di fusione. Per accedere a questo luogo si usa un semplice esercizio: la persona deve visualizzare un oggetto di sua scelta e cercare di determinare il luogo in cui sente che sta succedendo qualcosa dentro di lei. Questo esercizio può sembrare molto semplice, ma per i sopravvissuti della MK, condizionati ad evitare qualsiasi tipo di introspezione, può essere qualcosa di abbastanza nuovo e una scoperta importante. La capacità di vedere nello spazio di fusione può essere uno strumento potente. Con la pratica, è qui che la persona sarà in grado di osservare gli elementi di programmazione, in questa "rappresentazione scenica", e anche di intervenire direttamente da soli.

L'attore principale dello scenario è di solito il nucleo, il vero "io", la personalità originale, che a volte può controllare il corpo. I vari attori (alter) che non sono sotto i riflettori, che sono fuori scena, rappresentano sottoinsiemi, routine, abilità, ricordi, sentimenti destinati a recitare particolari comportamenti o esperienze. Questi diversi attori possono entrare in scena in qualsiasi momento per condividere i riflettori con l'attore principale causando un processo di fusione in questo spazio di fusione. Un sopravvissuto al trauma può improvvisamente sperimentare un intenso dolore fisico che è in realtà un'altra parte di lui/lei bloccata in un ricordo traumatico, essendo l'alter capace di fondersi con l'altro. Secondo Lynn Schirmer, questa tecnica di introspezione nel teatro interiore ci permette di esaminare questo spazio di fusione. Il paziente può vedere gli oggetti e le impostazioni che sono stati impostati e utilizzati dai programmatori. È uno strumento per entrare in contatto con il mondo interiore e per interagire con esso.

7 - TERAPIA FABIAN

Mentre le terapie che mirano a far emergere i ricordi dissociativi usando l'ipnosi o altre tecniche come l'EMDR (desensibilizzazione e riprogrammazione dei movimenti oculari) porteranno il sopravvissuto faccia a faccia con il suo passato traumatico, esiste un metodo terapeutico non frontale che evita il "contatto" diretto con i ricordi dolorosi. Ricordi che possono innescare certi comandi impiantati come l'autodistruzione e la programmazione del suicidio.

Questa tecnica di elaborazione della memoria è stata rivelata da Kerth Barker, un *insider che era* egli stesso un sopravvissuto all'abuso rituale satanico ed era stato collegato alla Rete a qualche livello. Questo processo terapeutico gli è stato trasmesso da addetti ai lavori che hanno usato la loro conoscenza della programmazione MK per sviluppare e stabilire un protocollo sicuro ed efficace per scaricare i ricordi traumatici in modo graduale, senza doverli rivivere direttamente (sembra che all'interno della "Famiglia" ci siano opinioni diverse sulla questione MK).

Barker ha chiamato questa tecnica la terapia *"Fabiana"*, in riferimento alla strategia militare Fabiana di evitare un attacco frontale e diretto impostando una lotta indiretta e progressiva. L'obiettivo di questo protocollo terapeutico è quello di scaricare e annullare progressivamente l'impatto dei ricordi traumatici, il che ha come conseguenza la disattivazione della programmazione che si basa su questi ricordi dolorosi repressi a livello subconscio. Questi ricordi dissociativi sono "capsule" tossiche che rimangono bloccate nel subconscio, la loro presenza saboterà la capacità dell'individuo di pensare razionalmente e di agire secondo la propria volontà. Il lavoro terapeutico che mira a scaricare queste memorie tossiche inconsce è quindi essenziale per deprogrammare il condizionamento MK. Questo metodo agirà sulle memorie traumatiche represse in modo indiretto attraverso il lavoro sulle memorie coscienti: cioè la stimolazione sostenuta delle memorie semantiche ed episodiche, due forme distinte di memoria esplicita.

La memoria semantica è la memoria che contiene tutte le informazioni che sono state memorizzate coscientemente: numeri di telefono, lezioni di storia, ecc. La memoria episodica è costituita dalle vostre esperienze di vita. Si tratta di eventi reali che avete vissuto consapevolmente, come una passeggiata nei boschi o una partita di calcio. Questa memoria episodica è composta da immagini, suoni, odori, sapori ed emozioni. I ricordi episodici sono quindi come film che contengono percezioni sensoriali ed emozioni. C'è anche il ricordo di eventi soggettivi, come i sogni (a seconda della capacità di ricordarli) e l'immaginazione, cioè la capacità di immaginare un evento fittizio con la possibilità di ricordarlo in seguito.

La terapia Fabian è progettata per evitare l'attivazione inappropriata della programmazione impiantata. Questo tipo di terapia si occupa solo delle memorie coscienti, cioè quelle episodiche, semantiche e soggettive (sogni e immaginazione). Non ci sarà mai un confronto diretto con i ricordi traumatici dissociati e repressi. Un lavoro sostenuto sulle memorie coscienti potrà agire indirettamente sulle memorie represse. In effetti, tutti gli strati della memoria, fino al più profondo, sono interconnessi in quello che si può chiamare un "campo mentale energetico" che interagisce con il cervello e il sistema nervoso. Secondo la terapia fabiana, i ricordi non sono fatti di neuroni ma di energia subatomica stabile, essendo i neuroni solo un'interfaccia fisica per queste energie mnemoniche (tutti i processi che facilitano le operazioni della memoria). In questo "campo energetico", ogni memoria, che sia conscia o inconscia, è collegata a tutte le altre da una specie di rete. Questo significa che se si lavora intensamente su una certa area della memoria, questa influenzerà automaticamente tutte le altre aree del web: chiamata *"campo di memoria"*. Lavorando intensamente sulla memoria episodica, lavorerete sottilmente e indirettamente sul dolore, sul trauma e sull'amnesia di altri ricordi repressi. Questi ricordi traumatici dissociati contengono forti emozioni che rappresentano una potente carica emotiva negativa. Lavorare sui ricordi coscienti in modo strutturato e intenso rilascerà lentamente la carica negativa di questi ricordi repressi. Quando una quantità sufficiente di carica negativa viene rilasciata, la programmazione impiantata associata a questi ricordi cesserà di avere potere, liberando così gradualmente lo schiavo MK.

I comandi impiantati durante la programmazione sono composti da parole e immagini, principalmente parole, e le parole sono semantiche. Sarà quindi necessario lavorare sulla memoria semantica cosciente per liberare gradualmente la carica negativa dei comandi impiantati nella memoria repressa e inconscia. Gli scienziati che hanno sviluppato questa terapia hanno condotto esperimenti con persone che erano state sottoposte a controllo mentale. Erano collegati a un dispositivo di *biofeedback che* misurava la loro frequenza cardiaca e la loro respirazione. I ricercatori hanno poi letto lentamente ad alta voce una lista di vocabolario che mescolava parole neutre e parole di comando comunemente usate nella programmazione MK. Durante la lettura, il soggetto non prestava attenzione alle parole di comando, ma ogni volta che una di queste parole veniva pronunciata, il dispositivo di *biofeedback* mostrava una reazione. Le vittime MK collegate a questo dispositivo non erano consapevoli che queste parole erano dei trigger, eppure stimolano lo schiavo inconsciamente a causa del dolore contenuto nella memoria traumatica soppressa. Il potere di queste parole può essere disattivato lavorando sul vocabolario in modo strutturato.

La Terapia Fabiana è divisa in quattro aree:
- Tenere dei diari.
- E.M.A. (Analisi della memoria episodica) è l'analisi sistematica di certi ricordi coscienti non traumatici.
- La tecnica dell'estroversione.
- Esercizi di vocabolario per influenzare la memoria semantica, volti a liberare la carica negativa contenuta nelle parole legate ai comandi impiantati.

a/ Il giornale

Nella terapia Fabian, il paziente terrà tre diari:
- Il diario quotidiano della memoria episodica.
- Il diario quotidiano della memoria dei sogni.
- Il diario catartico e di memoria dell'immaginazione.

Il diario episodico: Ogni sera, il paziente scriverà in questo diario il suo nome completo (la personalità ospite), la data e un ricordo episodico della giornata (incontro con un vecchio amico, una gita al parco...). Il ricordo dovrebbe essere preferibilmente un episodio significativo e positivo, senza emozioni negative. Questo ricordo episodico deve essere qualcosa che è stato vissuto nel mondo reale e non qualcosa che è stato visto in televisione o su internet. Nel diario, il paziente descriverà semplicemente questo ricordo in modo da poterlo richiamare facilmente in seguito. Alla fine di ogni settimana, il paziente dovrebbe rivedere tutti i ricordi episodici della settimana. Allo stesso modo, alla fine del mese, rivedrà tutto quello che ha scritto nel suo diario durante quelle poche settimane. Queste revisioni di ricordi episodici devono essere fatte immaginando la scena nel modo più preciso possibile nella mente, per registrarla al meglio. Questo esercizio può essere fatto anche alla fine dell'anno.

In modo sottile, questo lavoro sulla memoria episodica aiuta a scaricare i ricordi negativi che pesano sul subconscio. Questo lavoro richiede un impegno a medio termine (alcuni mesi) o addirittura a lungo termine (diversi anni) per aspettarsi risultati tangibili. Rilevando i vuoti di memoria in certi giorni, il paziente saprà che un cambiamento di alterazione è avvenuto in quel giorno.

Il diario dei sogni: anche questo diario deve essere compilato quotidianamente se il ricordo del sogno è presente. Un certo numero di persone hanno scoperto che una volta che iniziano a scrivere il loro diario episodico quotidianamente, iniziano anche ad avere incubi vividi. Inoltre, una volta che il paziente ha intrapreso un E.M.A. (Analisi della memoria episodica) su base regolare, questo stimolerà anche indirettamente gli incubi durante il sonno. Gli incubi sono sgradevoli, ma questo è in realtà un buon segno, perché è attraverso di essi che la mente subconscia scarica la carica negativa contenuta nei ricordi traumatici.

Il paziente non deve analizzare i suoi sogni nel suo diario, deve semplicemente scriverne il contenuto nel modo più oggettivo possibile, indipendentemente dal fatto che il sogno fosse gioioso o terrificante. Concentrarsi sui sogni ricordandoli e scrivendoli libererà anche la carica negativa contenuta nel campo della memoria. Questo è un processo di guarigione naturale della mente.

Diario immaginario e catartico: questo diario non deve essere tenuto quotidianamente, ma solo quando il paziente ne sente il bisogno. Il suo scopo è quello di usare l'immaginazione per liberare le emozioni negative. Con questo diario, il paziente cercherà di purificare la negatività, non si tratta di intellettualizzare ciò che vi è scritto perché è un processo puramente catartico. Il contenuto del diario può essere costituito da parole, disegni, foto, ecc. È un diario molto personale. L'idea è quella di esprimere i cattivi sentimenti che a volte vengono fuori senza motivo apparente, mettendoli in immagini e parole. È un processo puramente emotivo e non intellettuale, un modo aggiuntivo di liberare la carica emotiva negativa dal campo della memoria.

b/ E.M.A. - Analisi della memoria episodica

Il M.E.A. è l'analisi sistematica dei ricordi episodici non repressi. Questa analisi richiede un terapeuta. Questi ricordi episodici non repressi sono ricordi coscienti che dovrebbero essere privi di dolore e di emozioni negative. Sono ricordi di esperienze ordinarie e felici della vita quotidiana. Il terapeuta agisce come una guida, ponendo una serie di domande per aiutare il paziente a scavare profondamente nei suoi ricordi. In questo processo terapeutico, le memorie inconsce negative sono indirettamente influenzate da questa intensa concentrazione sulle memorie coscienti positive.

Il campo della memoria è come una ragnatela in cui tutti i ricordi sono collegati da fili. Se si stimola un'area del web, si agita tutto il resto. Quindi, se si stimola intensamente un'area della memoria cosciente del paziente, questo influenzerà più o meno tutte le altre aree della memoria, anche le memorie dissociate. Lo scopo di questo tipo di analisi è di far immergere coscientemente il paziente in un ricordo per richiamarlo il più profondamente possibile nel suo "schermo mentale". Il ruolo del terapeuta è quello di usare la sua intuizione per guidare il processo, interrogando il paziente sul ricordo per incoraggiarlo ad immergersi sempre più profondamente in esso, senza intellettualizzare nulla. Questo protocollo non richiede uno stato ipnotico o qualsiasi tipo di stato alterato di coscienza, il paziente ha solo bisogno di chiudere gli occhi quando richiama i ricordi. Tutti i ricordi su cui si lavora nel M.A.E. devono essere di natura felice, non devono contenere emozioni negative. Inoltre, devono essere ricordi recenti che non sono stati ancora elaborati, cioè ricordi grezzi di cui il paziente non ha ancora parlato. Per aiutarvi a capire questo processo, ecco un esempio:

- **Terapeuta**: Puoi pensare a un ricordo appropriato su cui potremmo lavorare oggi?

- **Paziente**: L'altro giorno sono andato a una partita di calcio.

- **T**: Molto bene. Per ricordare meglio questo ricordo, qual è stata la data e l'ora in cui è iniziato questo episodio?

- **P**: È successo due giorni fa. Credo che fosse alle 4 del pomeriggio.

- **T**: Ok, cominciamo con la tua memoria olfattiva, ti ricordi gli odori?

- **P** (occhi chiusi): Ricordo l'odore dei popcorn nella coda dove aspettavo di comprare un hot dog. C'erano odori di cucina, di cani caldi.... Vediamo... C'era anche quell'odore di birra stantia sul pavimento vicino al punto di ristoro. Quando andavo in bagno, ricordo che c'era un forte odore di urina. In tribuna ero seduto accanto a un uomo che indossava un dopobarba disgustoso. Ricordo anche qualcuno che fumava un sigaro. Era una giornata calda, ricordo l'odore del corpo.

- **T**: Era il tuo odore corporeo o era quello di qualcun altro?

- **P**: C'erano gli odori di diverse persone. C'era qualcos'altro, non sono sicuro di cosa fosse.... Oh sì, il mio amico si era messo la crema solare sulle braccia, me ne ha data un po'...

- **T**: Cos'era questo odore?

- **P**: C'era un leggero odore di cocco, ma soprattutto un odore di prodotti chimici.

- **T**: Bene... C'è un altro ricordo di un odore?
- **P**: *No.*
- **T**: Ok, ora passiamo ai tuoi ricordi dei sapori di questo episodio.
ecc...

In modo metodico e sistematico, ciascuna delle percezioni sensoriali contenute in questa memoria episodica, questa scena di vita, sarà rivista. Le domande del terapeuta sono progettate per mantenere l'attenzione del paziente e per concentrarsi sull'esperienza e sul suo ricordo. Una sessione di questo tipo dovrebbe durare tra mezz'ora e quarantacinque minuti. La mente di una vittima di MK è stata alterata, quindi anche il richiamo della memoria episodica ordinaria può contenere distorsioni. Se il terapeuta sente qualcosa che sembra totalmente irrazionale, non deve interrogarlo o analizzarlo, ma semplicemente continuare il processo senza soffermarsi su di esso. Il terapeuta non dovrebbe esprimere giudizi o valutazioni, ma semplicemente aiutare il paziente a mantenere l'attenzione sull'esperienza e sul suo ricordo.

Ci sono un certo numero di percezioni contenute in una memoria episodica, la terapia Fabian lavora con una lista di otto percezioni come segue:

N°1: Olfattivo (odore)
No. 2: Gustativo (gusto)
No. 3: Auditoria (suono)
No. 4: Tattile (tocco)
No. 5: Vision (vista)
No. 6: Cinetica (movimenti)
No. 7: Emotivo
No. 8: Linguistica (lingua)

Il terapeuta lavorerà con ciascuna di queste percezioni nell'esatto ordine elencato. Queste otto categorie sono utilizzate in modo sequenziale, quindi il terapeuta deve dirigere il paziente a seguire questa sequenza nell'ordine corretto. La sessione termina quando l'ultima categoria è stata rivista. La revisione dell'odore, del gusto e del suono all'inizio della sessione permetterà al paziente di rivivere il ricordo direttamente senza alterazioni personali, non lo valuterà ma lo rivivrà. La revisione delle emozioni e del linguaggio avrà luogo alla fine della sessione, poiché queste percezioni saranno probabilmente valutate e modificate dall'Io. Per quanto possibile, il terapeuta dovrebbe evitare di mescolare le diverse categorie di percezioni della memoria. Per esempio, quando si analizza la categoria 3, che è la memoria dei suoni, non sarebbe bene incoraggiare il paziente a concentrarsi sul contenuto di una conversazione che ha sentito, perché questo è ciò che viene analizzato più tardi nella categoria 8 (linguaggio). Nella categoria 3, il terapeuta conduce il paziente nella pura percezione della memoria uditiva. Per esempio, il terapeuta chiederà se la conversazione era forte, dolce, e la confronterà con altre percezioni uditive. Concentrandosi sulle percezioni tattili (categoria 4) di un ricordo episodico, il terapeuta può fare domande come: *"È caldo o freddo?* Queste percezioni includono: temperatura, pressione/peso, disagio/comfort, umidità e secchezza sulla pelle, sazietà/fame...

La categoria 5 esamina la memoria visiva, coinvolgendo colori, forme, modelli, luminosità e oscurità. Si riferisce anche alla percezione visiva dei movimenti, come una palla che vola nell'aria o i movimenti di una folla. Ma questo tipo di percezione visiva del movimento deve essere distinto dai movimenti sperimentati dal proprio corpo che sono i movimenti che riguardano la categoria 6 che comporta la percezione del movimento fisico (cinetico) conservato nella memoria, sia i movimenti propri dell'individuo che i movimenti degli oggetti che lo riguardano direttamente. Per esempio, in un'automobile, ci sarà la sensazione del corpo che segue i movimenti dell'auto in curva, così come l'accelerazione e la frenata. Se è un ricordo di camminare per strada, è solo il movimento del corpo, a meno che non entri in contatto con qualcosa. In una partita di calcio, dove c'è molto contatto fisico, ci sono i movimenti dell'individuo e quelli degli altri che interferiscono e lo influenzano. Così ci può essere una certa confusione di percezioni tra le categorie 5 e 6. I movimenti personali rientrano nella categoria 6, ma un movimento come il volo di un uccello rientra nella categoria 5. Un modo di affrontare questa confusione è quello di trattare le percezioni del movimento nella categoria 5 (visiva) per ultima, e poi seguire questa logica con la categoria 6. La categoria 7, emozioni, è sia la percezione delle emozioni degli altri che la percezione soggettiva delle proprie emozioni. Il paziente può conoscere le proprie reazioni emotive soggettive, ma non può conoscere realmente le esperienze soggettive degli altri. Per evitare che il paziente speculi su ciò che le persone stavano realmente provando, il ricordo e la percezione delle emozioni degli altri dovrebbero essere limitati alla descrizione delle loro espressioni esteriori come l'espressione del viso, il tono della voce e il linguaggio del corpo. Con tali indicatori fisici, il paziente può essere in grado di rilevare le risposte emotive di base come rabbia, disgusto, paura, gioia, tristezza, noia, indifferenza e sorpresa. Il paziente non dovrebbe concentrarsi su ciò che stava succedendo dentro gli altri, ma solo sulle loro emozioni mostrate dal viso, dal corpo e dal tono di voce. In questa categoria 7, la percezione del paziente delle emozioni degli altri deve quindi essere oggettiva, mentre la percezione delle proprie emozioni è soggettiva. Le reazioni emotive soggettive del paziente possono effettivamente essere più complesse. Al paziente deve essere permesso di descrivere le proprie reazioni emotive a qualsiasi ricordo abbia scelto. Le emozioni soggettive del paziente possono essere descritte ad esempio con malinconia, ottimismo, smarrimento, conflitto, euforia, rabbia, ecc., mentre la descrizione delle emozioni degli altri è molto più semplice e oggettiva: ad esempio *"Sembrava arrabbiato perché la sua faccia era rossa"*, o *"La sua faccia esprimeva una sensazione di disgusto"*. La categoria 8, l'ultima, si occuperà delle percezioni relative al linguaggio e al significato che assume. Questa fase è quindi più intellettuale, qui il paziente è guidato a concentrarsi su tutte le conversazioni che hanno avuto luogo in questa memoria episodica. Il paziente si concentrerà anche su tutte le cose scritte che ha letto in questo episodio e sul significato dei simboli visivi come un cartello stradale o una croce sul campanile di una chiesa.

In generale, un ricordo episodico scelto per questo tipo di lavoro deve essere un ricordo positivo. Il paziente può quindi scegliere di programmare volontariamente un'esperienza "felice" nel suo programma in modo da poterla utilizzare più tardi in una sessione M.E.A. Per esempio, possono pianificare di andare a una partita di calcio in modo da poter rivedere questo ricordo episodico qualche giorno dopo in terapia. I ricordi recenti, che sono facili da richiamare, sono una buona scelta, ma i vecchi ricordi che sono anche facili da richiamare funzioneranno allo stesso modo. È meglio iniziare con sessioni che si occupano di ricordi recenti, una volta che il paziente si sente a suo agio con il processo, i ricordi più vecchi possono poi essere sfruttati.

In una sessione si può rivedere un ricordo della settimana precedente e nella sessione successiva rivedere un ricordo episodico di due anni fa. Il processo M.E.A. può essere applicato a qualsiasi ricordo che il paziente può ragionevolmente ricordare. Più questo processo viene applicato, più la capacità del paziente di richiamare ricordi episodici aumenterà. Con la pratica, il paziente può anche finire per accedere ai ricordi della prima infanzia.

Alcune regole imperative da seguire: è essenziale che il paziente non abbia consumato droghe o alcol nelle settimane o nei mesi precedenti le sessioni di M.E.A. Deve aver dormito bene per essere al massimo delle sue capacità. Tutti i ricordi elaborati devono essere positivi, senza perdita di coscienza, senza dolore e senza emozioni negative.

Così, il processo Fabian permetterà di evacuare indirettamente la carica negativa dei ricordi repressi o nascosti. Il M.E.A. agisce come un catalizzatore, i sentimenti contenuti nei ricordi traumatici repressi verranno in superficie in modi diversi, attraverso sogni, disegni, flashback di ricordi traumatici, ecc. Questo tipo di terapia non si sofferma sui ricordi negativi che emergono, semplicemente li lascia emergere. È la concentrazione sulla vita presente che permette di evitare di soffermarsi su di esse.

c/ Esercizi di estroversione

Gli esercizi di estroversione aiuteranno il paziente ad uscire dai ricordi dolorosi del passato che possono sorgere. Poiché i ricordi traumatici possono causare il crollo totale del paziente, questi esercizi consistono nel riportare il paziente nel momento presente per stabilizzarlo. Quando si pratica il M.E.A., il terapeuta dovrebbe sempre portare il paziente a concentrarsi sui ricordi positivi, ma se viene fuori un ricordo negativo o il paziente si arrabbia senza motivo apparente, il terapeuta dovrebbe usare tecniche di estroversione per riportare il paziente nel momento presente. Il principio di base è che qualsiasi emozione negativa inappropriata deriva da una dislocazione temporale, cioè un evento nel passato del paziente lo ha fatto arrabbiare, e ora questa rabbia può emergere in modo inappropriato di fronte al terapeuta. In questo caso, sia il paziente che il terapeuta devono concentrarsi sul momento presente e sull'ambiente presente. Il terapeuta può chiedere al paziente di dirgli la data attuale, di scrivere su un pezzo di carta dove si trova al momento e di descrivere la stanza attraversandola completamente. Poi il paziente può muoversi nella stanza toccando le cose, nominandole, sentendo le consistenze, ecc. Questo può essere fatto anche fuori durante una passeggiata. Come già descritto, queste tecniche di ancoraggio al momento presente utilizzano le diverse percezioni come la vista, l'udito, il tatto, ecc. Camminare, fare sport, fare giardinaggio, ecc., sono attività che aiutano il paziente a concentrare la sua attenzione "qui e ora". Si tratta di un atteggiamento e di uno stile di vita da adottare, il che significa che il paziente deve mirare ad essere socialmente estroverso: deve sviluppare un senso di sicurezza nelle sue relazioni sociali, che lo aiuterà a non rimanere concentrato "solo nel suo angolo" sul suo passato in modo negativo. L'estroversione è più di una tecnica terapeutica, è un atteggiamento globale che faciliterà l'accesso ad una vita equilibrata.

Durante le sedute di M.E.A., attraverso una revisione dei ricordi episodici, il terapeuta conduce il paziente in un profondo stato di introversione (immersione nel passato), ma quando questo processo è completo, è importante che il terapeuta riporti il paziente in uno stato di estroversione: torna al momento presente.

Il paziente in terapia Fabian non deve bloccarsi sui ricordi traumatici che possono emergere nel processo. Anche se questo è un segno che i ricordi dissociati stanno venendo fuori, quando questo accade, il paziente dovrebbe capire che durante la terapia è meglio stare lontano da questi ricordi. Se c'è un bisogno di rilascio emotivo, possono usare il loro diario catartico per rilasciare queste emozioni negative. Dopo questo rilascio catartico, il paziente dovrebbe tornare al momento presente.

Secondo Kerth Barker, la Fabian Therapy guarirà l'intero campo della memoria attraverso tutti quegli esercizi terapeutici volti a lavorare intensamente e a stimolare i ricordi coscienti. Ci sono due aspetti in questo "campo di memoria": i ricordi consci o inconsci e i meccanismi mentali che vi accedono. La terapia Fabian ripristina, attraverso un processo indiretto, la capacità della mente di accedere a questi ricordi traumatici e allo stesso tempo di scaricare le "capsule" negative.

d/ Tecnica di destimolazione semantica

Qui il termine "semantica" si riferisce al significato delle parole e dei simboli usati nella programmazione MK. Parole e simboli (grafici o gestuali) che spingono inconsciamente la vittima verso un'azione o la repressione di un'azione. Quindi la vittima è schiava della stimolazione di parole o simboli di comando. Per deprogrammare semanticamente la vittima, il potere di questi trigger deve essere ridotto. Tutti questi comandi impiantati contengono sistematicamente una carica emotiva negativa.

Prendete una donna con programmazione MK-Monarch che ha ricevuto un comando impiantato che dice, per esempio, *"Sei sessualmente servita da chiunque quando il tuo proprietario ti dice di farlo"*. Le parole di questo comando contengono una carica emotiva negativa che è stata indotta durante il trauma ed è l'incapacità di far fronte a questa carica negativa che costringe la vittima ad obbedire inconsciamente a questa programmazione. Le parole chiave in questa frase di comando sono *'sessualmente'*, *'proprietario'* e *'comando'*. La tecnica della destimolazione semantica mira a scaricare gradualmente questo impianto negativo.

Il terapeuta creerà tre liste di parole, ogni lista contiene una delle parole chiave di comando, come: *angelo, barca, cappotto, padrone di casa, portico, albero, cascata*. Il terapeuta chiederà poi al paziente di scorrere la lista e definire ogni parola con l'aiuto di un dizionario. Poi si chiede al paziente di comporre frasi con ciascuna delle parole della lista. Il terapeuta non presterà particolare attenzione alle parole chiave di comando, saranno trattate allo stesso modo delle parole neutre che non stimolano alcuna reazione. Facendo questo, il processo sarà in grado di influenzare la memoria e scaricare sottilmente le emozioni negative del ricordo traumatico che contiene una di queste parole di controllo. Il richiamo della memoria semantica è la capacità di capire e usare le parole per comunicare. In un certo senso, il processo di programmazione MK dirotta la funzione di richiamo della memoria semantica in modo che possa essere usata per controllare la vittima. Tuttavia, chiedendo al paziente di lavorare sul vocabolario, il paziente riacquisterà gradualmente il pieno controllo della sua capacità di richiamo della memoria semantica. L'idea qui è di rafforzare questa funzione nel paziente. Questo cambierà il modo in cui tratta il linguaggio contenuto nel campo della memoria. Un principio della terapia Fabiana è che aumentando le capacità mnemoniche della mente, si diminuisce il potere dei ricordi dissociati. Lavorando semplicemente con il vocabolario e chiedendo al paziente di fare frasi con parole definite con un dizionario, si diminuisce la potenza dei comandi impiantati.

e/ Sessione tipica di terapia

In una tipica sessione di terapia Fabian, il paziente si siede di fronte al terapeuta, ognuno con una matita e un quaderno davanti a sé per prendere appunti. Non sono richieste ipnosi o stati alterati di coscienza. Il terapeuta inizia chiedendo al paziente se c'è qualcosa che lo preoccupa e che potrebbe interferire con la concentrazione durante la sessione. Il paziente può, se lo desidera, portare il suo diario per condividere il contenuto con il terapeuta. Il primo esercizio sarà l'esercizio di destimolazione semantica descritto sopra. Quando il paziente crea frasi con le liste di parole, il terapeuta non interviene, ma ascolta. Una volta completato questo protocollo, si può fare una pausa di dieci minuti prima di iniziare l'analisi della memoria episodica, l'E.M.A., che è il cuore della sessione e durerà da trenta a quarantacinque minuti. Alla fine della sessione, il terapeuta deve riportare il paziente a terra nel momento presente, la sua attenzione deve essere focalizzata *nel qui e ora*. La sessione può essere seguita da una passeggiata fuori per pianificare la prossima sessione. La frequenza delle sessioni dipenderà dallo stato emotivo del paziente. In generale, le sessioni possono essere una volta alla settimana. Questo può essere distanziato a una volta al mese, ma possono anche essere giornalieri se il paziente lo ritiene necessario. Queste sessioni, mentre scaricano i ricordi traumatici, aiuteranno a stabilizzare emotivamente il paziente e ad ancorarlo nel momento presente.

f/ Tecnica E.M.A. avanzata

La tecnica M.E.A. descritta sopra è il protocollo classico, relativamente facile da capire e da praticare. Ma ci sono tecniche più avanzate, compreso uno schema per fare un lavoro M.E.A. molto più profondo.

Questo metodo utilizza un cerchio diviso in otto sezioni uguali che formano un grafico a torta, con raggi intersecati da otto cerchi concentrici che dividono questo grafico a torta in sezioni uguali. Gli otto raggi rappresentano le otto categorie menzionate sopra: olfattiva, gustativa, uditiva, tattile, visiva, cinetica, emozionale e linguistica. Mentre ogni cerchio concentrico rappresenta un periodo della vita del paziente: il cerchio centrale rappresenta le memorie inconsce del periodo prenatale e della nascita, gli altri cerchi concentrici simboleggiano l'evoluzione dalla prima infanzia, l'adolescenza, la giovane età adulta, ecc, fino all'ultimo cerchio esterno che rappresenta le esperienze di vita più recenti.

Questo schema sarà usato per aiutare il terapeuta a spostare l'attenzione del paziente su diverse aree del suo vasto campo di memoria. Il paziente dovrebbe essere calmo, profondamente rilassato e libero da conflitti interiori durante tale sessione. L'obiettivo è quello di guidare il paziente in diverse aree del modello circolare in modo casuale. Per esempio, il terapeuta può chiedere al paziente di ricordare un recente ricordo felice chiedendogli di immergersi in una singola percezione del ricordo in una delle otto categorie, come il richiamo di un odore per esempio. Il terapeuta guiderà poi il paziente ad un ricordo in un diverso fuso orario scegliendo una diversa categoria di percezione, come la vista o il linguaggio.

Una sessione classica di M.E.A. studia intensamente la memoria di un singolo ricordo episodico con le otto percezioni ad esso associate. Mentre questa tecnica M.E.A. avanzata, invece di analizzare intensamente tutte le percezioni di un episodio, si destreggerà di episodio in episodio, scegliendo ogni volta una sola categoria di percezione del ricordo. Per esempio, il paziente può ricordare l'odore di un fiore quando faceva giardinaggio una settimana fa, poi il sapore della pannocchia di un picnic di 10 anni fa, la sensazione di pioggia fredda dopo una giornata calda di escursioni sei mesi fa, e così via. Questo protocollo dovrebbe durare circa 20 minuti. È necessario aver già praticato molto l'E.M.A. classica per poter fare questo esercizio che a volte può permettere di accedere a ricordi completamente dimenticati della prima infanzia (non traumatici), o anche a ricordi prenatali.

8 - IL CASTELLO INTERIORE (TERESA D'AVILA)

Per concludere questo capitolo, ecco alcuni estratti dal capolavoro di Teresa d'Avila, *"Il castello interiore"* o *"Il libro delle dimore"*. È un castello che rappresenta metaforicamente l'anima umana che deve passare attraverso diversi livelli per raggiungere la perfezione. Proprio come il programmatore carnefice incorpora castelli oscuri e segrete nel mondo interiore degli schiavi MK per tenere imprigionati gli alter, qui c'è un castello interiore che porta gradualmente l'umano all'unione divina con il suo Creatore. Forse i sopravvissuti possono incorporare questo castello nel loro mondo interiore?

Oggi mi è stato offerto quello che sarà la base di questo scritto: considerare la nostra anima come un castello fatto interamente di un unico diamante o cristallo molto chiaro. Consideriamo che il castello ha molte dimore, alcune in alto, altre in basso, altre ai lati; e al centro, in mezzo a tutte, c'è quella principale, dove si svolgono le cose più segrete tra Dio e l'anima. Troverete, credo, una consolazione nell'assaporare questo castello interiore. Si può entrare e camminare a qualsiasi ora. La porta d'accesso a questo castello è la preghiera. Non dovete immaginare queste abitazioni una dopo l'altra, come una sfilza, ma fissare lo sguardo sul centro. Che l'anima, quindi, si abbandoni nelle mani di Dio, con la minima preoccupazione possibile per il suo progresso.

Prima di andare avanti, vorrei chiedervi di considerare cosa si prova a vedere questo splendente e bellissimo castello. Questa perla orientale, questo albero della vita piantato nelle acque vive della vita. Quest'acqua scorre in ogni casa e in ogni potere. È vero che non puoi entrare in tutte le dimore con le tue forze, per quanto grande possa sembrarti, a meno che il Signore del castello stesso non ti ci metta. Ama molto l'umiltà. E l'umiltà è camminare nella verità. Perché la conoscenza di sé è così necessaria, che non si può mai fare meglio (che conoscere se stessi).

Anche se parlo solo di sette palazzi, ce ne sono molti in ognuno, sotto, sopra, ai lati con bei giardini, fontane, labirinti... Vorrai essere trascinato nella lode del grande Dio che ha creato questo castello a sua immagine e somiglianza. Non vedo nulla che possa essere paragonato alla grande bellezza di un'anima e alla sua vasta capacità. E Lui stesso dice di averci creato a Sua immagine e somiglianza (Gen 1,26). Ora, se è così, ed è un fatto, non abbiamo motivo di stancarci di cercare di capire la bellezza di questo castello. Fissa i tuoi occhi sul Crocifisso e tutto ti sembrerà facile. Non mancherà, un giorno o l'altro, di chiamarci ad avvicinarci a Lui. (Estratti) "Il castello interiore" - Santa Teresa d'Avila

- Ci sono molte dimore nella casa del Padre mio - Giovanni 14:2

CAPITOLO 9

IL CONTROLLO DELLA MENTE NEL INDUSTRIA DELLO SPETTACOLO

Ho imparato che appena sotto la superficie, c'è un altro mondo, e poi altri mondi ancora quando si scava più a fondo. Lo sapevo da bambino, ma non riuscivo a trovare le prove. Era solo una sensazione. C'è della bontà nel cielo blu e nei fiori, ma c'è anche un'altra forza, un dolore selvaggio e decadente, che lo accompagna. - David Lynch

1 - INTRODUZIONE

L li antichi druidi usavano i rami sacri dell'*agrifoglio* per fare le loro bacchette magiche, con le quali incanalavano e amplificavano i poteri... L'agrifoglio era un simbolo di morte e resurrezione, di vita eterna e fertilità, fin dai tempi di Nimrod e della Grande Babilonia. La Babilonia di Nimrod è associata alla schiavitù e al culto del governo mondiale (Nimrod è riconosciuto dai massoni come il primo *"Gran Maestro"*).

Ogni anno gli Academy Awards (l'ultimo simbolo della cultura hollywoodiana) si tengono al Dolby Theatre (ex Kodak Theatre prima che il gruppo fallisse nel 2012) situato su Hollywood Boulevard a Los Angeles. Adiacente al teatro c'è *l'Hollywood & Highland Center,* chiamato anche *Babylon Courtyard.* È un enorme centro commerciale con un'ambientazione che è una replica esatta dell'antica Babilonia del film *"Intolerance" del* 1916. Visitando il luogo, possiamo scoprire quattro colonne monumentali sormontate da elefanti in piedi sulle zampe posteriori, che circondano un arco gigantesco con le rappresentazioni di due curiosi personaggi mitici: Enki, un dio sumero, e il dio assiro Nisroch... L'arredamento è impostato per un tempio di consumo dedicato a Hollywood...

Se volete vedere l'antico sistema babilonese all'opera oggi, non cercate oltre Hollywood: *The Sacred Wood*; un riferimento al legno di agrifoglio usato dai druidi per modellare i loro strumenti di magia. Oggi, Hollywood è il centro nevralgico della propaganda cinematografica e televisiva mondiale, la bacchetta magica che immerge la gente nell'illusione, fino a stregarla con il suo fascino...

Lo spettatore che guarda un film codifica inconsciamente dei comportamenti che riprodurrà o almeno integrerà come possibilità di comportamento da adottare. I copioni di Hollywood iniettano nella mente dello spettatore pensieri, comportamenti e atteggiamenti che diventano così cose potenzialmente riproducibili in tale e tal altra situazione, proprio come ha fatto l'attore... ma si dà il caso che un attore sia pagato per riprodurre emozioni e comportamenti che diventano così umani... anche se sono totalmente devianti e disumani... I copioni (da Hollywood ai reality) codificano così dei potenziali nella matrice, è una forma di programmazione globale.

Questa analisi può sembrare un'aberrazione, poiché la gente pensa che il suo spirito critico sia sistematicamente in guardia e che tutte queste produzioni non la influenzino in alcun modo, come si dice: *'È solo cinema'*. Ma come abbiamo visto nel primo capitolo, l'ingegneria sociale è una chiave per il controllo mentale delle masse, e il cinema gioca un ruolo importante nel condizionamento delle stesse attraverso la "psichiatria culturale": l'arte della propaganda che mira a colpire sistematicamente il subconscio delle masse. Le serie televisive e i reality, come il cinema, imprimono letteralmente nella mente dei giovani dei comportamenti da integrare e riprodurre. Si tratta di dottrine reali che vengono imposte indirettamente attraverso scenari sotto forma di "semplice intrattenimento", sia umoristico che totalmente orribile, e queste due cose si mescolano oggi in modo molto malsano (produzioni sempre più attraenti e coinvolgenti). Gli stili di vita sono così programmati nei copioni dell'industria dell'intrattenimento prima di essere effettivamente incarnati nella vita quotidiana, con le persone che purtroppo imitano ciò che consumano tutto il tempo sui loro schermi, grandi o piccoli. Gli stregoni-controllori hanno padronanza di questo, programmano la gioventù e codificano le loro dottrine nei cervelli precedentemente *cotti* per preparare il mondo di domani...

L'industria dello spettacolo sembra essere particolarmente colpita dall'occultismo e dal controllo mentale, probabilmente a causa del fatto che, tra tutte le industrie, è quella che si espone più pubblicamente, quindi inevitabilmente appaiono crepe sotto i riflettori e a volte rivelano sintomi di trauma e programmazione. Inoltre, come vedremo, l'industria della musica e della moda prova un grande piacere nell'esporre al pubblico un simbolismo MK sempre più esplicito. Questa industria dell'intrattenimento gioca un ruolo essenziale nel controllo mentale delle masse, quindi deve essere essa stessa perfettamente controllata e collegata al mondo degli spiriti per incanalare e diffondere la "luce luciferiana" qui sulla terra. Gli artisti destinati alla fama mondiale devono quindi essere dei perfetti medium e burattini per infondere questa "luce" nelle masse. La programmazione mentale basata sul trauma è lo strumento perfetto per questo. Siamo tutti vittime del controllo mentale in varia misura, ma le celebrità dello spettacolo sono probabilmente le più. La loro opulenza e il loro comportamento degenerato sono promossi dai media in modo che noi invidiamo il loro stile di vita e consumiamo le loro produzioni, senza sapere che per raggiungere tale situazione sono in assoluta schiavitù fisica, psichica e spirituale. I traumi che subiscono sono spesso espressi attraverso la loro arte distribuita globalmente, in modo che tutti possano essere indirettamente traumatizzati... e lo chiamano *intrattenimento*...

2 - LA PEDOCRIMINALITÀ NEL MONDO DELLO SPETTACOLO

Le piccole star che vengono introdotte nel "sistema Hollywood" passano spesso attraverso ogni tipo di trauma e abuso. Sta diventando molto chiaro oggi che gli abusi sessuali sui bambini non sono qualcosa di aneddotico a Hollywood e che tutto il mondo dello spettacolo ne è seriamente colpito. È un fenomeno diffuso, una specie di "epidemia" che si trasmette come il morso di un vampiro.

*Nell'*agosto 2011, in un'intervista a *Nightline* di *ABCNews*, l'ex attore bambino Corey Feldman, l'eroe de I *Goonies*, ha denunciato: *"Posso dirvi che il problema numero uno a Hollywood è stato, è e sarà sempre la pedofilia. È il più grande problema per i bambini in questo settore... Si fa tutto in silenzio, è il grande segreto (...) Ci sono così tante persone che sono cresciute in questa industria e ci sono state dentro per così tanto tempo che si sentono al di sopra della legge. Questo deve cambiare, deve finire."*

Feldman lo rivela anche nella sua autobiografia intitolata *"Coreyography"* uscita nel 2014. Ha detto che quando aveva 14 anni era letteralmente circondato da pedofili. Non ha capito cosa fossero realmente questi *'avvoltoi'* e cosa volessero fino a quando non è stato più grande... ma il danno era fatto...

Nel 2008, lui e il suo amico Corey Haim hanno rivelato nella serie reality *Two Corey* di essere stati stuprati in gruppo. Nel 2011, Alison Arngrim, l'attrice che ha interpretato la "peste bionda" Nellie Oleson nella serie *"La casa nella prateria"*, ha anche confermato che i due Corey hanno subito abusi negli anni '80. Ha detto a *FoxNews*: *"Quello che è stato detto all'epoca è che sono stati drogati per essere abusati sessualmente. È orribile, erano ragazzi minorenni. Ci sono tutti i tipi di storie su di loro, per esempio che sono stati abusati sessualmente e totalmente corrotti con tutti i mezzi possibili immaginabili, da persone che normalmente avrebbero dovuto occuparsi di loro (...) Non c'è solo una persona da incolpare, sono sicuro che non c'è stata solo una persona che ha violentato Corey Haim, e certamente non sono stati gli unici a subire questo. Sono sicuro che c'erano decine di persone che sapevano della situazione e che hanno scelto di tacere."*[522]

Anche Alison Arngrim, membro e portavoce di *protect.org*, un'organizzazione che protegge i bambini dagli abusi fisici e sessuali, confida che tutta questa lussuria hollywoodiana permette ai predatori sessuali di prosperare: *"Nessuno vuole fermare questo orrore"*, spiega, *"È quasi un sacrificio volontario dei loro figli che molti genitori stanno inconsapevolmente facendo (...) Ho sentito le vittime di tutto il paese. Raccontano tutti lo stesso tipo di storie e sono tutti minacciati... Corey Feldman può aver aperto un vaso di Pandora parlando finalmente, ma non deve finire lì."*[523]

Nel 2010, Allison Arngrim stessa ha rivelato nella sua autobiografia *"Confessioni di una puttana della prateria"* gli abusi sessuali che lei stessa ha subito da bambina.

*Un'*altra star bambina di un'altra epoca conferma che Hollywood ha un problema di lunga data con gli abusi e le molestie sui bambini. Paul Peterson, star dello show Donna Reed, una popolare sitcom degli anni '50 e '60, ha detto

---

[522] 'Le recenti accuse di abusi sessuali su bambini a Hollywood sono solo la punta dell'iceberg, dicono gli esperti' - Meagan Murphy, FoxNews.com, 05/12/2011.

[523] Ibidem.

a *FoxNews*: *"Quando ho visto questa intervista,* mi sono *venuti in mente tutta una serie di nomi e volti della mia storia (...) Alcune di queste persone, che conosco molto bene, sono ancora in giro (...) Dal mio punto di vista, Corey è stato molto coraggioso. Sarebbe davvero meraviglioso se queste accuse potessero superare i vari strati di protezione per identificare effettivamente queste persone. Coloro che fanno parte della rete di pornografia infantile di questo mondo, è enorme e non ha confini, così come non ha limiti di età per i bambini."*[524]

Martin Weiss, un agente di casting di Hollywood, è stato accusato nel 2011 di aver abusato sessualmente di un bambino sotto i 12 anni. La vittima ha riferito alle autorità che Weiss gli ha confidato che quello che stava facendo *"era una pratica comune nell'industria dell'intrattenimento"*.[525]

Un altro predatore di Hollywood è Jason James Murphy, anche lui agente di casting, arrestato per il rapimento e lo stupro di un bambino. Murphy aveva, tra l'altro, reclutato giovani attori per le produzioni di *"Bad News Bears"*, *"The School of Rock"*, *"Cheaper by the Dozen II"* e *"Three Stooges"*.

Fernando Rivas, il premiato regista della popolare serie *"Sesame Street"*, è stato accusato di possesso e distribuzione di pornografia infantile e *coercizione sessuale di un bambino...*

Nel 2004, l'attore Brian Peck, che ha recitato nei film *X-Men* e *Living Dead*, è stato condannato a 16 mesi di prigione per abusi sessuali su un attore bambino. Era un allenatore del canale per bambini *Nickelodeon*. Il documentario *'An Open Secret'* (Amy Berg, 2015) racconta la storia di cinque vittime che affermano di essere state violentate mentre frequentavano da bambine i principali studi cinematografici di Hollywood. Nel documentario, apprendiamo che Brian Peck è stato inizialmente accusato dei seguenti reati: *atti osceni su un bambino, sodomia di una persona sotto i 16 anni, tentata sodomia di una persona sotto i 16 anni, penetrazione sessuale con un oggetto, copulazione orale su una persona sotto i 16 anni, copulazione orale con anestesia o controllo tramite sostanze.*

Il duro documentario *"An Open Secret"* contiene anche la testimonianza di Todd Bridges, il Willy della famosa serie *"Arnold and Willy"*, *che ha* subito abusi sessuali dall'età di 11 anni. Include anche interviste a Michael Egan, che accusa il regista dei film di *X-Men*, Bryan Singer, di averlo violentato.

Anche Bill Cosby, famoso per il *"The Cosby Show"*, è stato accusato di abusi sessuali su minori da decine di donne. Lo scandalo è scoppiato nel 2014 quando l'ex top model Janice Dickinson ha rivelato pubblicamente che Bill Cosby l'aveva drogata e violentata nel 1982. Anche l'attrice Barbara Bowman lo ha accusato di aggressione sessuale quando era adolescente, così come l'attrice Andrea Constand. Un busto dell'attore è stato addirittura rimosso dai *Disney's Hollywood Studios* in Florida in seguito a tutte queste inquietanti accuse...

---

[524] Ibidem.

[525] Ibidem.

*L'*attrice Mia Farrow e sua figlia adottiva Dylan hanno dichiarato pubblicamente che Woody Allen ha violentato Dylan quando aveva 7 anni. Woody Allen, che ha sposato la sua figlia adottiva Soon-Yi nel 1997, è stato accusato di aver violentato Dylan... L'attrice Susan Sarandon ha detto su *The Daily Best*: '*Penso che abbia completamente distrutto la sua famiglia in un modo terribile, e poi se ne sia lavato le mani. Ha sempre avuto la reputazione di amare le ragazze giovani, intendo ragazze molto giovani. E poi questa donna Soon-Yi era molto vulnerabile. Penso che sia stata dura per i bambini, specialmente per Mia. Non puoi fare questo tipo di cose. Non si può e basta.*'

Possiamo anche citare il caso del regista Roman Polanski accusato (ma mai condannato) di aver violentato una ragazza di 13 anni, Samantha Geimer. Un giorno di marzo del 1977, era a casa di Jack Nicholson a Los Angeles per un servizio fotografico con Polanski. Le ha fatto bere dello champagne, le ha dato un sedativo e poi ha abusato di lei. Quella sera, tornando a casa, Samatha scrisse nel suo diario: "*Roman Polanski mi ha fatto una foto oggi. Mi ha violentato, dannazione!*"[526]

Nel 2003 nello spettacolo di Thierry Ardisson "*Tout le monde en parle*", l'oscuro cantante Marilyn Manson racconta come da bambino ha scoperto la sessualità nella cantina di suo nonno... Descrive che in questa cantina c'erano lingerie femminile, dildo "*spalmati di vaselina*" secondo le sue stesse parole, e foto zoofile... Marilyn Manson conclude su suo nonno dichiarando: *Vedi, quando ero piccolo, mio nonno mi sembrava mostruoso... ma quando sono cresciuto, ho capito che mio nonno era... beh, io sono come lui, quindi non è così male.* Perché suo nonno gli sembrava così *mostruoso*? Perché dopo è diventato *come lui*? Marilyn Manson molto probabilmente ha subito abusi rituali nella sua infanzia. Nella sua canzone '*Disassociative*', descrive i suoi stati dissociati: '*Non potrò mai uscirne, non voglio solo galleggiare nella paura come un astronauta morto nello spazio...*' La triste realtà degli schiavi Monarch.

Anche la situazione dell'industria dello spettacolo in Inghilterra è molto preoccupante. In effetti, la testimonianza dell'ex star dei bambini Ben Fellows è schiacciante. Da bambino ha partecipato a molti spettacoli e serie televisive e ora, da adulto, denuncia come la droga e il sesso, anche con minorenni, siano la norma nel mondo dello spettacolo: "*Infatti, in tutte le produzioni in cui sono stato coinvolto, che fosse sulla BBC o su altri canali televisivi, e anche in teatro, sono stato un bersaglio in un modo o nell'altro. Guardando indietro, non sarebbe esagerato dire che il problema è sia istituzionale che sistematico nell'industria dello spettacolo (...) Dopo un'audizione per uno spot della Coca Cola, la polizia venne a casa dei miei genitori. Hanno avvertito mia madre che ero diventato inconsapevolmente un potenziale bersaglio di un noto (mai smantellato) giro di pedofili. In effetti, si è scoperto che questo noto direttore del casting mi aveva fatto delle foto a torso nudo, e che queste foto avevano poi*

---

[526] '*Affare Polanski: mi ha violentato, dannazione!* ' - Doan Bui, Le Nouvel Observateur, 10/2013.

trovato la loro strada in quello che è stato descritto come un catalogo che è stato passato ad altri pedofili nella compagnia, ma anche a pedofili esterni. "[527]

Ben Fellows ha lavorato a lungo per la *BBC*, l'emittente televisiva britannica che si è trovata al centro di un enorme scandalo di pedofilia dopo il caso Jimmy Savile. Nel 2013, durante una protesta contro il Gruppo *Bilderberg*, Ben Fellows ha dichiarato pubblicamente in una conferenza stampa: *"Quando hanno detto che Jimmy Savile era l'unico pedofilo della BBC... io stesso sono stato un bambino della BBC... e posso dirvi che ci sono molti pedofili alla BBC! I bambini della BBC sono gestiti da pedofili! Quando andavo alle audizioni mi chiedevano di togliermi la maglietta e di far finta di leccare un gelato (...) Ero drogata, ero ubriaca, e non pensare che fosse una striscia di coca nel bagno... Era nel frullato... Ci mettevano questa droga per darti uno sballo negli spettacoli... Sono stata portata a casa di Esther Rantzen e ci hanno dato alcol e droga da bambini!! E ha anche dei figli! È stata interrogata dalla polizia? È stata interrogata?! No... Jimmy Savile deve essere morto prima che aprissimo il file..."*

Jimmy Savile, la popolare star della televisione britannica, nominato cavaliere dalla *regina madre*, amico intimo di Margaret Thatcher e amico del principe Carlo, è stato rivelato essere un "diavolo sulle gambe" dopo la valanga di rivelazioni che hanno seguito la sua morte nel 2011. Savile ha violentato centinaia di bambini e adolescenti, sia nel suo camerino che negli uffici della *BBC* (ci sono oltre 340 accuse contro di lui). La *BBC* è stata accusata di chiudere chiaramente un occhio sui crimini del suo presentatore di punta. L'attrice Julie Fernandez, per esempio, dice di essere stata violentata all'età di 14 anni da Savile in *"una stanza piena di gente"*...[528]

Nel 2007, una denuncia era già stata presentata contro Savile. Un investigatore privato, Mark Williams-Thomas, ha condotto un'indagine di 12 anni e ha parlato con diverse delle vittime del 42enne star di *Top of the Pops*. La sua indagine è stata usata come base per un breve documentario che espone le azioni perverse e criminali di Savile (*'The Other Side of Jimmy Savile'*, 2012). Il documentario fu acquistato dalla *BBC*, che ovviamente decise di non trasmetterlo perché implicava i dirigenti della BBC, e anche perché la *BBC* stava preparando uno show natalizio per celebrare il suo presentatore preferito: Jimmy Savile.

Savile aveva persino libero accesso a scuole, orfanotrofi e ospedali come parte della sua "opera di carità". Il *collegio Duncroft*, l'ospedale Leeds, l'ospedale *Stoke Mandeville*, tra gli altri, erano tra i suoi *terreni di caccia*. Nel 1988, ottenne persino un posto come capo squadra nell'ospedale psichiatrico *Broadmoor, di cui* possedeva le chiavi! Fece anche nominare il suo amico Alan Franey come direttore.

---

[527] 'Jimmy Savile non era l'unico alla BBC', dice il giornalista investigativo ed ex attore bambino Ben Fellows - 21stcenturywire.com, 10/2011.

[528] 'Sono stata aggredita sessualmente da Savile in Jim'll Fix It quando avevo solo 14 anni', dice l'attrice televisiva - *Daily Mail*, ottobre 2012.

Anche il nipote di Savile, Guy Marsden, ha testimoniato. Ha spiegato che aveva 13 anni nel 1967 quando Savile lo portò nella villa londinese di una celebrità dell'epoca "*per il primo di una serie di sordidi incontri sociali*". Durante 18 mesi, Marsden e altri bambini sono stati portati a numerose feste dove i ragazzi, i più giovani dei quali erano adolescenti, sono stati violentati da uomini.[529]

Il caso Savile contiene anche prove di abusi rituali con torture e omicidi. La dottoressa Valerie Sinason, presidente dell'Istituto di *Psicoterapia e Disabilità* di Londra, ha detto al *Sunday Express* di aver avuto una paziente che è stata abusata ritualmente da Savile e da altri allo *Stoke Mandeville* Hospital nel 1975, mentre lei era una paziente lì. Dice di essere stata portata in una zona molto appartata dell'ospedale, finendo nel seminterrato in una stanza piena di candele. Erano presenti diversi adulti, tra cui Jimmy Savile che, come gli altri, indossava un camice e una maschera. Lo riconobbe dalla sua voce caratteristica e dal fatto che i suoi capelli biondi spuntavano dalla maschera. Secondo lei, non era il leader del gruppo. È stata aggredita, violentata e picchiata. Il terapeuta Sinason ha avuto un primo contatto con questa vittima nel 1992. Nel 1993, una seconda vittima la contattò dicendo che le erano stati "prestati" favori sessuali durante una festa in una villa di Londra nel 1980. Ha detto che la prima parte della serata è iniziata con un'orgia, ma che poi è stata condotta in un'altra stanza per trovare Savile che agiva come una sorta di maestro di cerimonie in mezzo a un gruppo di persone che indossavano abiti e maschere e cantavano, ha detto, in latino. La giovane vittima era ormai adulta, ma ovviamente ha sofferto molto per l'abuso sessuale.[530]

Dopo le prime rivelazioni sugli abusi rituali satanici all'ospedale *Stoke Mandeville*, un'altra vittima di 50 anni, che all'epoca aveva solo 13 anni, ha contattato il *Sunday Express* per testimoniare: "*Sono stata portata in una cantina buia e messa di fronte a tre uomini in cerchio, con un uomo seduto al centro su un trono che indossava una veste lucida con un sigaro in bocca. Altri due uomini stavano in piedi ai suoi lati, indossando tuniche blu e maschere (...) Sono stato costretto a stare in piedi, con una tunica bianca senza niente sotto, davanti a questo trono mentre quest'uomo mi guardava, soffiandomi il fumo del suo sigaro in faccia per farmi star male, ero terrorizzato (...).Sono stata poi portata dall'uomo con il sigaro, che ho riconosciuto come Jimmy Savile, ad un altare dove il mio vestito bianco è stato rimosso e sono stata legata ad esso... Savile è poi salito sull'altare per violentarmi. Gli altri partecipanti gridavano il nome di Satana e ridevano istericamente, freneticamente.*"[531]

Un'altra giovane donna ha testimoniato sugli atti criminali di Jimmy Savile e della sua cricca: "Non devo dimostrare niente a nessuno, ma vorrei partecipare a smascherare la violenza e la corruzione che possono fiorire ai più alti livelli nelle democrazie occidentali". (...) Ho fatto una dichiarazione ufficiale

---

[529] 'Inghilterra: la star dei pedofili della BBC Jimmy Savile affliggeva anche gli orfanotrofi' - DondeVamos 10/2012.

[530] Jimmy Savile faceva parte di un giro satanico" - express.co.uk, 01/2013.

[531] 'Sono stata violentata a 13 anni da Jimmy Savile in un rituale satanista' - express.co.uk, 01/2013.

che è stata corroborata da altri due testimoni, dicendo che Savile era coinvolto in stupri e omicidi rituali negli anni '80 e '90. Lo so perché ero un "favorito". Ho vissuto molti degli stupri, filmati o no. Avevo stati dissociati, personalità e talenti che attiravano tutti. Questo testimone parla di cerimonie che si svolgevano in tutta l'Inghilterra, con stupri di bambini, orge, torture e omicidi rituali di bambini. All'età di 4 anni, si sarebbe imbattuta in Savile, che aveva già sperimentato gli stessi rituali molte volte. L'ha poi visto molte, molte volte...[532]

3 - ALCUNE CITAZIONI...

a/ Disturbi della personalità

> *Quando ero bambino, non avevo il mio "io". Crescendo, ho vissuto attraverso i personaggi che interpretavo mentre mi perdevo in diverse parti della mia personalità.* - Angelina Jolie - 'La storia della star più seducente del mondo', Rhona Mercer, 2009, cap.1

> *Non si può mai spendere abbastanza soldi per curare quella sensazione di essere rotto, di essere in confusione.* Winona Ryder

- Roseanne Barr:
Nel 2013, nello show di Abby Martin sul canale *Russia Today*, l'attrice Roseanne Barr (della famosa serie americana *"Roseanne"*) non ha battuto ciglio per esporre la situazione del sistema di Hollywood...

"Penso che la paura sia coltivata, non ci sono persone più spaventate di queste persone di Hollywood. Temono per le loro carriere, temono di non essere più in cima alla piramide, anche se potrebbero essere al centro... Sapete che Hollywood è un sistema che mantiene le sue strutture di potere con tutta la sua cultura di razzismo e sessismo... Lo alimentano continuamente e ci fanno un sacco di soldi. Sono agli ordini dei loro padroni che gestiscono tutto. Sono fortunato a poterne parlare, ma mi sento come se lo facessi a nome di tutti... A volte vado alle feste a Hollywood, e lì incontro delle persone, e alcune di loro, grandi celebrità, mi prendono per il braccio e mi portano in un angolo e dicono, "Voglio solo ringraziarti per tutto quello che stai dicendo..." Significa molto per me, ma chiaramente abbiamo a che fare con una cultura della paura. Sapete, c'è anche una grande cultura del controllo mentale, le regole del controllo mentale MK-Ultra a Hollywood. La programmazione mentale è la regola a Hollywood."

Non potrebbe essere più chiaro! Ha detto nello stesso programma Russia Today poco dopo: Qualche tempo fa abbiamo parlato qui del controllo mentale, MK-Ultra. Ne ho già parlato qui, ma quello che non ho detto è che questo tipo di controllo mentale funziona in modo che la gente non denunci mai i veri

---

[532] 'Inghilterra: sui riti satanici di Jimmy Savile' - *Donde Vamos*, 06/2013.

colpevoli. Invece di indicare ciò che potrebbe aiutarci... Non denunceranno mai i colpevoli...".

Roseanne Barr è una delle poche persone a Hollywood abbastanza coraggiose da parlare della questione più delicata di tutte, quella della programmazione mentale tipo Monarch. In questa intervista televisiva con Abby Martin, lei chiarisce che molte star non parlano perché semplicemente non possono, essendo le loro personalità divise e sotto il controllo di persone che gestiscono le loro vite da cima a fondo.

Roseanne sostiene di essere stata lei stessa una vittima e ha dichiarato pubblicamente nel 1994 di avere un disturbo dissociativo dell'identità. Ha rivelato le difficoltà che aveva nel fare le transizioni tra "*qualcuno*" e "*nessuno*", che sono i nomi di due delle sue alter personalità. Gli altri suoi alter nomi sono *Baby, Cindy, Susan, Joey e Heather*. L'ex regina delle *sitcom trova* difficile tenere per sé ciò che le è stato inflitto fin dall'infanzia. In un'intervista alla rivista *Esquire*, ha detto che le ci sono voluti dieci anni di duro lavoro terapeutico per fondere le sue diverse personalità. *Non ho avuto vuoti di memoria per molto tempo perché prima li avevo sempre* (una connessione - co-coscienza - tra tutti gli alter) (...) *C'era sempre un conflitto con le parti contrastanti in me, ma ho imparato a farle ascoltare l'una con l'altra. Ho imparato a fargli sapere che sono nella stessa squadra e che abitiamo nello stesso corpo, cosa che prima non sapevamo (...) È come vivere in un labirinto... ma gli alter non vanno d'accordo e alcuni di loro hanno modi davvero strani di difendersi...*[533]

Questa non è la prima volta che Roseanne Barr ha denunciato pubblicamente la programmazione MK in un'apparizione sui media mainstream. Il 16 agosto 2001, in un'intervista alla *CNN*[534] con il giornalista Larry King, ha detto:

- **Larry King**: Beh, alcune persone credono che quello che lei aveva, o ha ancora, è un grave disturbo psicologico.

- **Roseanne Barr**: Mi piace come vi state dando da fare...

- **LK**: Altri credono che questa sia solo una tendenza psicologica...

- **RB**: Una tendenza?

- **LK**: Si chiedono se questo disturbo sia stato indotto intenzionalmente o se sia avvenuto naturalmente.

- **RB**: Beh, ho uno psicologo che dice che è stato indotto intenzionalmente. La CIA ha iniziato a lavorare su questo dopo aver portato alcuni nazisti negli Stati Uniti per prendere il controllo dell'Associazione Psichiatrica Americana.

- **LK**: Cosa vuoi dire?

- **RB**: Ti sto dicendo la verità. È una manipolazione da parte loro, è una ricerca per creare persone con personalità multiple.

- **LK**: Quindi sei stato catturato dai nazisti?

- **RB**: Dal governo, in un certo senso. Credo che il governo abbia impiantato una specie di chip elettronico nella mia testa...

---

[533] Roseanne dice che avere 7 personalità è difficile - ABC News, 16/07/2001.

[534] Larry King Live - Roseanne racconta la sua storia, CNN, 08/2001.

(…)

- **LK**: Lasci che le legga un passaggio della rivista Esquire che cita una pagina del suo diario. Scrive note su se stesso?

- **RB**: Certo, ne ho migliaia e migliaia.

- **LK**: Migliaia di quaderni?

- **RB**: Sì.

- **LK**: Beh, ecco questo estratto: "Questa è la mia vita, la mia vera storia a Hollywood. È la storia di una donna con molte, molte sfaccettature: una donna, un giovane poeta, una ballerina, un'attrice, una cantante, una combattente per la libertà, una guerriera, una messaggera, una performer, una madre, un'amante, una moglie, un'attrice, una produttrice, una regista pioniera, una bambina autistica, una sopravvissuta a uno shock post-traumatico, una bipolare borderline, una donna in sovrappeso, una donna con la sindrome di Tourette e un disturbo di personalità multipla, una vittima della psichiatria, un'ossessiva-compulsiva, un'impiantatrice di falsi ricordi, una strega eretica, una vecchia strega... scegliete voi. Ci sono 300 diagnosi che dimostrano che i medici sono i miei unici amici. '

- **RB**: È vero che i medici sono i miei amici più cari.

(…)

- **LK**: Ti arrabbi mai con Dio per averti fatto questo, quando le tue personalità multiple prendono il sopravvento?

- **RB**: No perché credo che Dio... Onestamente credo che Dio ti dia una personalità multipla quando c'è troppo stress nella tua vita che non puoi gestire. È un regalo per un bambino.

- **LK**: Quindi qualcos'altro può prendere il sopravvento durante lo stress estremo?

- **RB**: Infatti.

- **LK**: Ci sono altre persone che fanno questa esperienza?

- **RB**: Sì.... ma voglio dire che non siamo noi ad essere incasinati. È il posto in cui ci troviamo che è sballato, quindi dobbiamo adattarci...

- Joan Baez:

Nel 1992, la famosa cantante Joan Baez scrisse una canzone, *'Play Me Backwards'*, in riferimento ai messaggi satanici presumibilmente codificati in alcuni dischi. Lei stessa afferma che il tema della canzone è l'abuso rituale satanico. È una canzone autobiografica? Ecco alcuni versi espliciti:

Non c'è bisogno di andare all'inferno per sentire la maledizione del diavolo...

Li ho visti accendere le candele, li ho sentiti battere il tamburo...

Un uomo con una maschera mi toglie i vestiti...

Mamma, sto congelando e non ho un posto dove andare...

Pago per la protezione, filtro la verità dalle bugie...

Inseguire i ricordi, recuperare le prove...

Starei al tuo altare e direi tutto quello che so...

Sono venuto a reclamare la mia infanzia nella cappella della Rosa bambina (sacrificale)...

Nel 2004 in un concerto a Charlottesville, Joan Baez disse al suo pubblico che aveva personalità multiple e che uno dei suoi alter ego era un adolescente nero di 15 anni di nome *Alice*. Il giornalista Ronald Bailey racconta come rimase sbalordito nel vedere la ricca e famosa cantante folk bianca trasformarsi in una povera adolescente nera dell'Arkansas che dava la sua opinione sulle attuali elezioni presidenziali. Il giornalista riferisce che il suo accento, il suo patois e il suo atteggiamento erano giusti, l'unica cosa che mancava era il colore della pelle del viso di *Alice*.[535]

- Britney Spears:
Nel gennaio 2008, TMZ.com ha riferito su Britney Spears: 'Alcune fonti dipingono un quadro molto inquietante di Britney Spears... Ci è stato detto che a volte ha un accento britannico... ma è più di un semplice accento britannico, si dice che Britney abbia personalità multiple, e alcune persone intorno a lei la chiamano 'la ragazza inglese'. È stato riferito che quando Britney Spears perde la sua personalità britannica, non ha idea di cosa ha fatto durante il periodo in cui aveva quella personalità. Un'altra fonte ci dice che Brit' ha una serie di altre identità come 'la ragazza che piange', 'la diva', 'quella inconsistente', ecc...'

Britney Spears spiega: "Questa altera prende il sopravvento quando sono sul palco, è davvero selvaggia e audace. È un'interprete molto più impulsiva di me. Il suo nome è 'Britannia'. Quando c'è lei, mi sento come se fossi il padrone del mondo, mentre di solito sono piuttosto timido."

Nel 2008, Britney Spears ha improvvisamente perso la testa. Si è rasata la testa con le forbici e quando le hanno chiesto perché l'ha fatto, ha detto che *era stanca che la gente la toccasse e che non voleva più avere cose dentro di sé...*

Era un deterioramento della programmazione? Infatti, ad una certa età, le pareti amnesiche tendono a dissolversi, il che può sbilanciare totalmente la persona.

Dopo questo episodio, è stata ricoverata nella Clinica delle *Promesse* a Malibu, dove ha inciso un 666 sulla sua testa calva e ha gridato di essere l'Anti-Cristo, prima di tentare di impiccarsi con un lenzuolo...

È stata poi messa sotto tutela, il che significa che suo padre (e il suo "*fidanzato*") hanno ora il pieno controllo sulla sua vita, la dieta, i vestiti, il conto in banca e le *cure* mediche. Dal suo impegno psichiatrico, Britney e tutti i suoi averi sono sotto il completo controllo dei suoi padroni. Ora è descritta da coloro che la circondano come "*una bambola a cui viene detto tutto quello che deve fare*". Un articolo del *Sun del* 2011 descrive Britney come uno zombie dal comportamento robotico che ha perso totalmente il controllo della sua carriera (probabilmente non lo ha mai avuto). Per essere più chiari, Britney è una persona controllata dalla mente, completamente manipolata dai suoi padroni/manager. Non è sola in questo, ma è diventato più ovvio e trasparente quando ha raggiunto i trent'anni, l'età in cui gli schiavi Monarch di solito sperimentano *scoppi di* violenza. Nello stesso anno, il 2011, le star Nickeloedon e Amanda Bynes hanno

---

[535] *Joan Baez e io* - Ronald Bailey, reason.com, 04/11/2004.

avuto lo stesso tipo di comportamento, che le ha fatte finire in ospedali psichiatrici.

- Amanda Bynes:

All'attrice Amanda Bynes, come a Britney Spears, è stato diagnosticato un disturbo bipolare. Le diagnosi ufficiali di Disturbo Dissociativo d'Identità sono rare, specialmente tra i VIP. Questo perché si suppone che il D.I.D. su cui si basa la programmazione MK non venga rilevato e nemmeno che esista. Se un disturbo di personalità comincia ad emergere e a causare danni, sarà diagnosticato come disturbo di personalità *borderline,* disturbo narcisistico, *con il* disturbo bipolare che è la diagnosi più comune tra le celebrità: Catherine Zeta-Jones, Jim Carrey, Tim Burton, Chris Brown, Axl Rose, DMX, Francis Ford Coppola, Linda Hamilton, Mel Gibson, Sinead O'Connor, George Michael, Brooke Shields, Carrie Fisher, Hugh Laurie, Maurice Benard, Jean Claude Van Damme, Ben Stiller, Owen Wilson, Winona Ryder, Rosie O'Donnell, Patty Duke... e molti altri...

Amanda Bynes è stata ricoverata nel 2013 (non per la prima volta) per gravi problemi di salute mentale e secondo i medici *"tendenze schizofreniche",* cioè un grave disturbo della personalità. L'ospedale psichiatrico ha dichiarato di essere consapevole che c'era una *"buona Amanda e una cattiva Amanda".* Quando parlava della cattiva Amanda, faceva contemporaneamente dei gesti di esorcismo, tirando il suo corpo e colpendosi come per tirare fuori il demone che era in lei. Il personale ha cercato di rassicurarla che era al sicuro con i suoi genitori, ma Amanda è diventata isterica, urlando per più di un'ora: *"Lo uccideranno! Proprio come hanno cercato di uccidere me!* Era così arrabbiata che *ha* dovuto essere trattenuta fisicamente.[536]

Foxnews ha riferito durante il ricovero che "le droghe non c'entrano nulla (ndr: i test erano negativi) e che si trattava solo di un disturbo mentale (...) Sono stati la rabbia profonda e il grave stress post-traumatico a scatenare questo episodio psicotico."[537]

La vita stressante di Hollywood sarà la spiegazione ufficiale del suo stress post-traumatico... e della sua *profonda rabbia...*

Nell'ottobre 2014, Amanda Bynes è stata nuovamente ricoverata in un reparto psichiatrico in seguito a una serie di *tweet che* aveva pubblicato. Le sue scioccanti dichiarazioni sul social network *Tweeter hanno* chiaramente descritto i sintomi di una schiava MK: abuso sessuale fin dalla giovane età da parte del padre e *"lavaggio del cervello".* I suoi *tweet* sono stati rapidamente rimossi, ma gli screenshot da internet[538] hanno rivelato:

- Ho bisogno di dire la verità su mio padre
- Mio padre ha abusato fisicamente e verbalmente di me da bambino.

---

[536] 'Ammanda Bynes: 10 ore di sanità mentale, 1 ora di follia' - TMZ.com, 2013.

[537] 'Amanda Bynes soffre di problemi di PTSD, vuole guarire' - Fox411, 2013.

[538] 'Amanda Bynes twitta sugli abusi del padre e sul microchip nel suo cervello; ora è sottoposta a fermo psichiatrico involontario' - TheVigilantCitizen.com, 10/2014.

- Quindi lasciatemi vivere la mia vita libera dalla tristezza e dall'infelicità.

- Non mi farò manipolare, non mi farò fare il lavaggio del cervello da nessuno, mai più.

- Non posso più sentire il suono della sua voce incestuosa e voglio solo essere onesto.

- Così oggi andrò da un avvocato per presentare una denuncia contro mio padre.

- Mia madre sa che mio padre ha violentato sua figlia e non ha mai chiamato la polizia, mentre io avrei potuto farlo arrestare e mettere in prigione per il resto della sua vita perversa.

Nel giro di poche ore, i *tweet sono stati* rimossi e la Bynes è stata nuovamente ricoverata in un reparto psichiatrico... Questo caso ci ricorda il tentativo di denuncia di una modella francese che abbiamo visto nell'introduzione al capitolo 7, una donna che è finita anche lei in un ospedale psichiatrico... Come Britney Spears, Amanda Bynes è stata internata secondo la legge californiana *5150-ed* che significa che un individuo può essere ricoverato forzatamente, di solito con pesanti farmaci antipsicotici. Bynes sta seguendo lo stesso percorso di Britney Spears? Una cosa è certa, questa tendenza degli *"episodi psicotici"* e dei confinamenti psichiatrici è viva e vegeta e si ripete ancora e ancora nell'industria dello spettacolo.

- Nicki Minaj:

Nel 2011, Nicki Minaj ha detto a V magazine: 'Voglio sempre comportarmi come 'Me', ma 'Me' cambia ogni giorno. Avvizzirei e morirei se dovessi svegliarmi ed essere la stessa persona ogni giorno. Non lascerei più tacere quelle voci, le lascerei parlare. '

Nicki Minaj ha avuto un'infanzia molto travagliata, compreso il costante conflitto tra sua madre e suo padre. Ha detto al New York Magazine: *"Per uscire da quella violenza, ho immaginato di essere una persona diversa. Cookie' è stata la mia prima identità che è rimasta con me per un po'. Poi fu "Harajuku Barbie", poi "Nicki Minaj".* '

Cita anche gli alter-ego: "Roman Zolanski", "Martha" e "Nicki Teresa".

Nel 2010, in un documentario di MTV intitolato *"My Time Now"*, la cantante parla della nascita del suo alter *Roman*:

- Nicki Minaj: Roman è un ragazzo pazzo che vive dentro di me, dice alcune cose che non vorrei mai dire. È nato solo pochi mesi fa. Penso che sia stata la rabbia a farlo... È stato concepito in preda alla rabbia, quindi parla male di tutti e minaccia persino di picchiare la gente. È violento.

- Giornalista: Deve essere bello avere uno spaccone ignaro a cui dare la colpa di tutto!

- Nicki Minaj: Lui vuole essere incolpato ma io non voglio incolparlo. Gli chiedo di andarsene, ma non può, è qui per un motivo. La gente lo ha portato fuori, la gente ha fatto un incantesimo per lui e così non se ne va.

Ai *Grammy Awards* 2012, la performance di chiusura è stata uno *spettacolo di* Nicki Minaj con l'esorcismo del suo alter *Roman*. All'inizio dello spettacolo, Nicki è in un confessionale dove sembra essere posseduta. Tutta la sua performance è una rappresentazione di un esorcismo cattolico volto a liberarla dal suo demone interiore: Roman... Una performance *artistica che* diventa una sorta di messa nera per il grande pubblico, glorificando l'entità demoniaca dentro di lei. Lei avrebbe poi detto al programma radiofonico di Ryan Seacrest: *"La gente intorno a Roman dice che non è abbastanza bravo, perché non può mescolarsi. Sua madre e le persone intorno a lui hanno paura di lui perché non hanno mai visto niente di simile. Vuole dimostrare che è una persona incredibile ma anche che è fiducioso, che è sicuro di sé. Ma non cambierà mai, non sarà mai esorcizzato, anche quando viene cosparso di acqua santa, si rialza sempre."*

È possibile che Nicki Minaj abbia inventato le sue diverse personalità e il suo demone interiore *romano* solo per scopi artistici, ma è interessante osservare come questa cultura delle *'personalità multiple'* venga trasmessa al pubblico, al mondo laico, durante una performance teatrale che raggiunge milioni di persone... Il suo alter *Roman*, che sia immaginario, un frammento di personalità realmente dissociata o un'entità demoniaca, viene così rappresentato al pubblico come un'identità indipendente e autonoma che prende possesso del corpo della cantante e che può essere scacciata da un esorcismo... Questo è un modo di glorificare e modellare la possessione demoniaca e le personalità scisse dal trauma, in altre parole, infondere una cultura di morte nella cultura popolare sotto forma di intrattenimento.

- Eminem:

Il rapper Eminem dice anche di avere un'altra personalità che vive dentro di lui, la chiama *Slim Shaddy*, sul suo sito web dice: '*Slim Shaddy è solo il demone nella mia testa, penso che non dovrei pensarci...*'.

Nella sua canzone 'Low Down Dirty' scrive: "Perché la mia doppia personalità ha una crisi d'identità. Sono Dr. Hyde e Mr. Jekyll, irrispettoso. Sentire le voci nella mia testa con quei sussurri che riecheggiano. O 'Tutte queste voci del cazzo nella mia testa, non ce la faccio più' nella sua canzone 'Elevator'.

Non c'è dubbio che un certo ambiente dell'industria musicale stia promuovendo le "personalità multiple" come *tendenza*... Avere un mucchio di alter-ego, uno più pazzo dell'altro, sta diventando una moda? ... È così che gli stregoni infondono la loro cultura del MK e dell'occultismo nel mondo secolare: con la sua volgarizzazione e banalizzazione. La massa che applaude e chiede di più viene così corrotta con qualcosa di altamente occulto che serve oltre lo spettacolo e il luccichio ad una vera e propria schiavizzazione dell'umano. Torneremo su questo più tardi...

È anche possibile che un alter ego di un soggetto realmente scisso e programmato possa divertirsi presentando diverse *personalità* al suo pubblico, giocando su nomi e personaggi diversi, mentre la sua vera alternanza di personalità non dipende da lui, ma dalla buona volontà del suo programmatore o dei suoi padroni.

- Christina Aguilera:

Nel 2002, Christina Aguilera pubblicò il suo album *"Stripped"* con il nome della sua alter personalità iper-sessualizzata: *Xtina*. Come ha fatto Janet Jackson che ha rivelato la sua alter *Damita Jo* nel 2004. Nel 2006, mtv.com ha pubblicato un articolo intitolato: *"Il nuovo album di Christina con* personalità divisa *è maturo e* "sporco"". Per Christina Aguilera, si parla anche di disturbo da stress post-traumatico e di disturbo *borderline della* personalità.

- Rihanna:

Più sono nuda, più sono sicura di me stessa", ha detto la famosa star su un set televisivo americano. Lo psicologo Jo Hemmings ha detto: *"Il comportamento imprevedibile di Rihanna può indicare che soffre di un disturbo narcisistico della personalità. I sintomi sono un esagerato senso di presunzione e un costante bisogno di ammirazione, che Rihanna dimostra pubblicando foto seminude di se stessa su Twitter. Se soffre davvero di questa condizione, con un aiuto psicologico potrebbe identificare il disturbo che la sta distruggendo e guarire."*[539]

- Miley Cyrus:

Forse la star più ipersessualizzata e zoccola del momento è Miley Cyrus, che ha iniziato la sua carriera da bambina nella serie di *Disney Channel Hannah Montana*. Cyrus spiega sulla rivista *Marie Claire*: *"Sei una pop star! Questo significa che devi essere bionda, avere i capelli lunghi e indossare cose strette e glitterate. In quel periodo, ero una ragazzina fragile che interpretava una sedicenne con una parrucca e tonnellate di trucco (...) Per molto tempo, ogni giorno mi facevano sembrare bella, e quando non ero sul set pensavo: 'Chi cazzo sono? Sono stato formattato per sembrare qualcuno che non sono.* '[540]

Secondo Nicole Knepper, psicologa specializzata nel comportamento degli adolescenti e influente blogger negli Stati Uniti, Miley Cyrus potrebbe avere un disturbo della personalità, che spiegherebbe il suo comportamento molto discutibile (ipersessualità, mancanza di controllo degli impulsi, improvvisi sbalzi d'umore e uso di droghe). Nicole Knepper ha detto a *RadarOnline*: *"Questo non è un comportamento normale. Anche per i ricchi e famosi! (...) Non sto dicendo che Miley Cyrus abbia necessariamente un disturbo dell'umore, sto solo dicendo che qualcuno che ha questi comportamenti e questi sintomi è motivo di preoccupazione e ti fa interrogare sulle cause (...).Qualcuno che ha un rapido cambiamento di umore, ha insonnia, beve alcol regolarmente, parla spudoratamente di sesso, droghe e alcol, questo è allarmante e questi sono segnali di avvertimento di qualcosa di molto più serio. "*[541]

Nel 2014, Miley Cyrus è stata ricoverata in un ospedale psichiatrico. I media hanno spiegato che era stata la morte del suo cane qualche tempo prima a

---

[539] 'Rihanna: elle souffrait de troubles psychologiques' - aufeminin.com, 2012.

[540] 'Miley Cyrus: come la Disney l'ha distrutta' - gala.co.uk, 2015.

[541] Miley Cyrus: il suo comportamento discutibile è dovuto a una malattia mentale? ' - closermag.co.uk, 2013.

destabilizzarla profondamente... Nello stesso periodo in cui è stata ricoverata, è uscito un videoclip psichedelico particolarmente folle con lei nei panni di una drogata sottoposta a lavaggio del cervello: 'Blonde SuperFreak Steals the Magic Brain' (una produzione ufficiale), in cui urla fin dal primo minuto: 'Where the fuck is my brain!!!'.

- Mary J. Blige:

La cantante Mary J. Blige dirà della sua altera 'Brook': 'Ho dovuto separare le due perché Mary è gentile e intelligente, mentre Brook è pazza, ignorante, non le importa di niente... Mary è tranquilla, quella selvaggia è Brook.'[542]

Mary J. Blige ha dichiarato pubblicamente al The Oprah Winfrey Show di essere stata abusata sessualmente da bambina e di soffrire di una grave malattia mentale: 'Sono stata abusata e ho abusato di me stessa... Ero stanca della vita... Ero suicida, pronta ad uccidermi. Odiavo la mia immagine, odiavo il suono della mia voce, mi odiavo completamente.'

- Beyoncé:

Beyonce ha mostrato pubblicamente un'altra personalità che lei chiama "Sacha Fierce". Ecco cosa ha detto in proposito in diversi media:

Quando vedo un mio video sul palco o in TV, penso: 'Chi è quella ragazza? Non sono io, non lo farei mai.' - Beyonce, 2003.

'Non vorrei Sacha se la incontrassi nel backstage' - Beyonce, Parade Magazine 2006.

Ho qualcun altro che mi sostituisce quando è il momento di lavorare e quando sono sul palco. Questo alter ego protegge me e chi sono veramente'.[543]

'Il conto di Sasha Fierce è saldato, l'ho uccisa io.' Beyonce, rivista Allure 2010

- Laurieann Gibson:

La coreografa Laurieann Gibson, conosciuta per il suo lavoro con Lady Gaga, ha iniziato una carriera di cantante nel 2014. L'introduzione al pubblico del suo alter chiamato 'Harlee' è stata fatta in un modo molto particolare... Lei ha introdotto questa alter personalità sulla scena dei media con un mini video clip di un minuto che mostra Harlee ferita e sequestrata in scantinati raccapriccianti e morbosi, i suoi tormentatori sono due uomini che la violentano e la spruzzano con un getto d'acqua ad alta pressione... Questo video in cui lei non canta (strano per una promozione della carriera di cantante) è intitolato 'Harlee coming soon! Forse è così che è nato l'alter Harlee... negli scantinati e nei traumi...

- Lady Gaga:

---

[542] 'Mary J. Blige svela l'alter ego 'Brook' nel video di Busta' - MTV News, 2006.

[543] 'Beyonce adotta un alter-ego 'Fierce'' - news.bbc.co.uk, 2008.

Stefani Joanne Angelina Germanotta, meglio conosciuta come Lady Gaga, nomina le sue alter personalità: *'Jo Calderone', 'Mother Monster'* e *'Gypsy Queen'*. Quando appare Jo Calderone, Gaga è vestita da uomo e si comporta esattamente come un macho. Nel 2011, agli *MTV Video Music Awards*, Jo Calderone è apparsa pubblicamente sul palco dichiarando:

Sono Jo, Joe Calderone, e mi hanno detto che sono un bastardo... Gaga? Quella... ha osato lasciarmi! Dice che è sempre lo stesso con i ragazzi, me compreso. Certo, sono un ragazzo, un vero ragazzo. Dicono che siamo tutti pazzi. Ammetto di essere impazzito, ma nel reparto pazzia, lei è praticamente la Gaga, vero? È una fottuta regina della follia! Prendiamo la mattina per esempio... Si alza, si mette i tacchi, va in bagno, sento l'acqua che scorre, e quando esce dal bagno bagnata, ha ancora i tacchi... E cos'hanno quei tacchi? All'inizio pensavo fosse sexy, ma ora sono confuso... Mi ha detto che non sono migliore dell'ultimo. Non è vero! ... Onestamente penso che sia fantastico, penso che sia fantastico che lei sia una fottuta super-star... Una stella della canzone come si dice... Ma come faccio a brillare?! Non mi dispiacerebbe stare nell'ombra se avessi l'impressione che fosse sincera con me... Forse lo è, pensa... A volte penso che sia così, che sia la sua vera natura. Dopo tutto, quando sale sul palco, non si pone limiti... E i riflettori? Tutte quelle grandi luci la seguono ovunque vada, la seguono anche a casa, te lo assicuro... Anch'io voglio la mia parte... Quando scopiamo, si copre la faccia perché non vuole che la veda. La ragazza è semplicemente incapace di essere sincera anche quando nessuno la guarda. Vorrei vedere la vera Gaga... Ma Jo, mi dice... Non sono reale, sto interpretando un personaggio. Ma io e te siamo reali...'.

Ovviamente c'è un serio conflitto interiore tra l'alter *Gaga* e l'alter *Calderone*... Nel caso sia tutto solo un gioco di recitazione, ancora una volta sta solo propagando una certa moda dello sdoppiamento della personalità. Si tratta di promuovere lo sdoppiamento della personalità nel mondo secolare rendendolo *fresco* e divertente. La trasmissione della cultura luciferiana al grande pubblico avviene attraverso tutto un simbolismo occulto ma anche attraverso la banalizzazione della personalità multipla scissa. L'obiettivo è quello di contaminare la cultura popolare con la sottocultura luciferiana in modo che il popolo finalmente acclami e richieda produzioni anticristiane e schiavizzanti... Torneremo più tardi su Lady Gaga...

- Tila Tequila:

Tila Tequila è una cantante, modella e star dei reality americani. Questa personalità instabile non solo ha un carattere *multistrato, ma* sembra anche non essere sola nel suo corpo... Nel 2010, ha dichiarato pubblicamente di avere un disturbo dissociativo dell'identità. Una delle sue personalità si chiama "*Jane*" e presumibilmente ha cercato di ucciderla. Ha detto sul social network *Twitter*: *'Jane era lì! Ha cercato di uccidermi! Ha tagliato il mio corpo con un coltello! Sono terrorizzata, c'è sangue ovunque! Tutto nella mia stanza è rotto! Mi sono svegliato con sangue ovunque! Jane ha cercato di uccidermi! Ho fatto delle foto, è davvero disgustoso... Vi ho detto che ho una personalità multipla... Mi sono addormentato e mi sono svegliato con coltelli ovunque, e tutto è rotto intorno a me! Per le persone che hanno una personalità multipla o un disturbo bipolare, sono cose del cazzo che succedono! Jane se n'è andata, io ho chiuso le porte a chiave.* Più tardi, Tila Tequila ha respinto le speculazioni di alcuni fan secondo cui si sarebbe fatta male o avrebbe tentato il suicidio: *'Non mi sono mai fatta male! Non l'ho mai fatto! Ti dico che è stata Jane!!!".*[544]

- Mel Gibson:

Molto più discretamente di una Tila Tequila, una Beyonce o una Lady Gaga, Mel Gibson ha confessato di avere un'altra personalità chiamata *"Bjorn"*... Il famoso attore ne ha parlato nel 2007 davanti al giornalista Michael Parkinson nel programma *"Parkinson"* della BBC:

'Ho un alter-ego chiamato Bjorn (...) Bjorn è un tipo vichingo (...) Risale a un'epoca oscura, da qualche parte dove il padre veniva a trovarmi, so che è qualcosa di brutto (...) Bjorn è un ex assassino (...) è un tipo selvaggio. Ha così tanta energia (...) Non voglio mai più essere Bjorn.'

Mel Gibson, a cui è stato anche diagnosticato un disturbo bipolare, dice che deve spingere questo alter ego nella *sabbia* dentro la sua mente, ma che a volte una mano affiora ancora e lui deve spingerla di nuovo fuori... Dice anche che a volte lascia che *Bjorn* partecipi e interpreti dei ruoli, il che ha senso con il film vichingo *Braveheart*. Secondo lo psichiatra Colin Ross, Mel Gibson ha anche rivelato il suo alter *Bjorn* al giornale investigativo tedesco *Der Spiegel*.

Va notato qui che Mel Gibson era l'attore principale nel film a tema MK-Ultra *'Conspiracy'*.

- Joaquin Phoenix:

Joaquin Phoenix è cresciuto in una famiglia di attori e i suoi genitori erano membri della setta dei *Bambini di Dio*. Ha debuttato in televisione e ha ottenuto il suo primo ruolo cinematografico all'età di 10 anni... Ha continuato la sua carriera attraverso numerosi film tra cui *8 millimetri, Firebomb, Hotel Rwanda, Two Lovers, Gladiator...*

Nel 2000, disse in un'intervista alla rivista australiana *Juice:*

- Giornalista: Chi porterà alla prima del "Gladiatore"?

- Joaquin Phoenix: Sarò onesto e so che sembrerà strano, ma il mio partner in questo momento sono io. Questo è quello che succede quando si ha un disturbo di personalità multipla e si è eccessivamente egocentrici.

- Lindsay Lohan:

Lindsay Lohan, una famosa attrice e cantante americana che è entrata e uscita dalla riabilitazione, ha detto in un documentario del reality su di lei: *'Tutto sta andando alla grande e poi sento una voce nella mia testa che dice: oh oh, è il momento di sabotare tutto! ('Lindsay' PROPRIO)*. L'attrice ha serie tendenze autodistruttive, sia attraverso la scarificazione, la droga e l'alcol. La sua vita è piuttosto caotica, come molte celebrità... I medici le hanno diagnosticato un

---

[544] 'Tila Tequila sciocca i fan con una sfuriata di 'personalità multipla'' - starpulse.com, 2010.

Disturbo Narcisistico di Personalità caratterizzato da un egocentrismo sproporzionato, mancanza di empatia e un esagerato senso di autoimportanza. In un articolo del 2010 di Bill Zwecker per il *Chicago Sun-Times*, è stato notato su Lindsay Lohan che *"personalità multiple affliggono l'attrice, che a volte si trasforma in 'Diane' o 'Margot'.*

Un collaboratore di lunga data di Lindsay Lohan ha detto alla stampa che crede che l'attrice abbia un disturbo di personalità multipla e che questo potrebbe essere uno dei motivi per cui soffre di queste dipendenze ricorrenti: *'Alcuni di noi si sono chiesti se Lindsay è bipolare a causa dei suoi ricorrenti sbalzi d'umore. Ma penso che sia molto più profondo di questo perché Lindsay a volte si chiamava Diane o Margot. '*

- Iggy Pop:

Nel libro *'Iggy Pop: Open Up and Bleed: The Biography'*, Paul Trynka racconta che nel 1975, il cantante James Newell Osterberg ('Iggy Pop' è un alterego) fu ricoverato in ospedale a causa della sua dipendenza dalla droga. Si sottopose a psicoterapia con il dottor Murray Zucker, che disse: *"Ho sempre l'impressione che Iggy si diverta a giocare con il suo cervello così tanto che lui stesso non sa cosa esce e cosa entra".* A volte sembra avere il controllo totale, giocando con diversi personaggi (...) Ma altre volte si ha la sensazione che non abbia il controllo, sta solo attraversando. Non è solo una mancanza di disciplina, non è necessariamente bipolare, è Dio sa cosa!"*

- Anne Heche:

L'attrice Anne Heche, star della serie americana *Ally Mac Beal*, ha scritto un'autobiografia intitolata *"Call Me Crazy"* in cui racconta l'incesto di suo padre e le spiacevoli conseguenze psicologiche che ha subito a causa di questo trauma.

Nel settembre 2001, ha rilasciato un'intervista a Barbara Walters su *ABC News*[545]:

"Non sono pazzo... ma ho una vita folle, sono stato cresciuto in una famiglia folle e mi ci sono voluti 31 anni per far uscire quella follia da me (...) Avevo un'altra personalità, avevo un mondo di fantasia. Ho chiamato quest'altra personalità "Celestia". Il mio altro mondo si chiamava 'Quarta Dimensione' e pensavo di venire da un altro pianeta."

Anne Heche ha interpretato il ruolo di due gemelle nella serie *Another World* dal 1988 al 1992, ed è stato allora, all'età di 25 anni, che dice che i suoi disturbi della personalità hanno cominciato a manifestarsi e a portare a momenti di follia. Celestia, l'altra sua personalità, credeva di essere la reincarnazione di Dio, parlava una lingua diversa e aveva poteri speciali...

- **Anne Heche**: Ho detto a mia madre, dopo sette anni di terapia, che ero stata abusata sessualmente da mio padre... e lei ha riattaccato (...) A New York, ho sentito la voce di Dio e ho pensato di essere completamente pazza. Non avevo idea di cosa fare. Sono esistito in due persone diverse.

---

[545] 'Esclusivo: Intervista ad Anne Heche' - 20/20 ABC News - 09/2001.

- **Barbara Walters**: Quindi anche se pensavi di essere Gesù o Celestia, eri anche consapevole che questa era un'aberrazione?

- **AH**: Assolutamente, è questo che ti fa impazzire, ne sei assolutamente consapevole. Da una parte ero Anne Heche, un'attrice con molti amici e pensavo che la gente avrebbe pensato che ero completamente pazza se glielo avessi raccontato... E allo stesso tempo sentivo Dio che mi diceva "Tu vieni dal cielo".

- **BW**: Come si è manifestato? Quanto controllo aveva sulla situazione?

- **AH**: Oh, in così tanti modi diversi! Cosa potrei fare? Quando ero Celestia, parlavo una lingua diversa. Parlavo una lingua che Dio ed io avevamo. Potevo anche vedere nel futuro, potevo guarire le persone...

- **BW**: Ti ricordi che lingua era?

- **AH**: Certo!

- **BW**: Puoi dire qualcosa in questa lingua in questo momento?

- **AH**: Beh, la parola Dio, per esempio. Ci sono molte preghiere. La parola per dio nella mia lingua è "kiness". A'kiness, a'ta fortatuna donna...

- **BW**: Ed è una lingua che non hai mai avuto...

- **AH**: ... Non so da dove venisse, ma sapevo cosa significava. Ero nella mia mente e Dio mi stava insegnando.

- **BW**: Lei dice di essere stato sotto l'influenza di voci e visioni quasi costantemente per quasi sette anni. Hai lottato con i demoni e sei riuscito, in modo inimmaginabile, a destreggiarti con la tua attività professionale.

- **AH**: Sì, è incredibile combinare queste due cose. Andavo al lavoro e poi tornavo nel mio camerino perché dovevo scrivere i messaggi che sentivo da Dio sull'amore.

- **BW**: Andavi nella tua loggia ed eri un'altra persona. Chiudevi la porta e poi eri un'altra persona, eri Gesù?

- **AH**: Ero Celestia.

- **BW**: Celestia è anche Gesù?

- **AH**: No, Celestia, come ho detto prima, è la reincarnazione di Dio, qui sulla terra.

- **BW**: Sai Anne, ci sono medici e terapeuti che potrebbero diagnosticare questo come una forma di malattia mentale, come lo sdoppiamento della personalità, la schizofrenia o il disturbo bipolare. Questo si applica a voi?

- **AH**: Non credo. La cosa più interessante è che sono andato da un terapeuta per anni... È incredibile quello che si può nascondere.

- **Megan Fox:**
Megan Fox che, come abbiamo visto nel capitolo 7, aveva una vera ossessione per il Mago di Oz da bambina, ha detto alla rivista *Wonderland* nel 2009: *"Potrei finire così* (riferendosi a Marilyn Monroe) *perché sono costantemente in lotta con l'idea che ho una personalità borderline, che ho sintomi di lieve schizofrenia. Credo davvero di avere problemi mentali, ma non sono stato in grado di scoprire esattamente quali siano."*

Ha anche detto alla rivista Rolling Stone nel 2009: "Ho molto di cui essere felice, ma questo non significa che non lotti, sono molto vulnerabile". Posso essere aggressivo, offensivo, prepotente ed egoista, troppo. Sono emotivamente imprevedibile, ovunque. Sono un maniaco del controllo. Il mio carattere è ridicolmente cattivo. Ho distrutto la casa. Da bambina aveva 'attacchi di panico che si manifestavano con violenza, capricci furiosi'. Come se non sapessi come controllarmi o cosa fare. L'intervista ci dice anche che non può addormentarsi con qualcuno che è in contatto con lei (ipersensibilità); ha bisogno di "bozzoli" e cuscini per sentirsi sicura; non può dormire al buio; non le piace guardarsi allo specchio; ammette (come Angelina Jolie) di prelevare sangue durante il sesso senza entrare nei dettagli... Ammette l'automutilazione e allude anche a un disordine alimentare e alla sua bisessualità.

- Sia Furler:

La star internazionale di origine australiana (i cui video *"Chandelier"* e *"Elastic Heart"* hanno suscitato polemiche per il loro contenuto pedofilo) ha dichiarato di soffrire di un disturbo bipolare a causa del fumo eccessivo di cannabis da adolescente... Nel 2014, in un famoso programma radiofonico americano, 'The Howard Stern Show', ha dichiarato: *'Quello che penso è che ho fumato troppi spinelli quando ero piccolo, il mio cervello non era ancora formato, mi sono fottuto il cervello'*... Ma nello stesso programma, ha anche confidato che suo padre, Phil B. Colson (anche lui musicista professionista), aveva una doppia personalità: *Phil* e *Stan*...

- **Sia Furler**: Aveva due personalità molto diverse, una si chiamava Phil e l'altra Stan...

- **Giornalista**: Ha chiamato lui stesso le sue personalità Phil e Stan?

- **SF**: Sì... Phil era il miglior padre, era divertente ma anche articolato, presente e molto premuroso. Quando Stan entrava, allora succedevano cose terrificanti (...) Era spaventoso, come una certa energia che entrava nella stanza. Un'energia intimidatoria... intimidiva tutti.

- **J**: Quanto spesso l'hai sperimentato?

- **SF**: Non lo so, non mi ricordo.

Sia ha sempre supposto che suo padre soffrisse di un disturbo dissociativo dell'identità, ma che non è mai stato diagnosticato o trattato. Lei ha affermato che lui non ha mai abusato fisicamente di lei. Tuttavia, quando si cresce con un genitore sdoppiato (non descrive quali *"cose terrificanti"* ha fatto l'alter Stan), purtroppo il rischio di traumi gravi è alto... Il suo disturbo bipolare potrebbe non essere causato dal THC (il principio attivo della cannabis). È possibile che la sua famiglia sia impantanata in questa *"dissociazione transgenerazionale"* che passa da una generazione all'altra attraverso esperienze traumatiche, forse con una programmazione sugli individui scissi. Sia non è arrivata in cima all'industria musicale per caso...

- Tyler Perry:

Il famoso produttore di Hollywood Tyler Perry ha avuto un'infanzia particolarmente difficile. Nel 2010 al *The Oprah Winfrey Show*, ha descritto in modo lacrimevole il processo dissociativo che gli ha permesso di sfuggire al dolore e al terrore del trauma: *'Potevo andare in questo parco (nella mia mente) dove mia mamma e mia zia mi portavano. Così sono lì in quel parco a correre e a giocare, erano giornate così belle. Così, ogni volta che qualcuno mi faceva qualcosa di orribile e insopportabile, potevo andare in quel parco, dentro la mia mente, finché non era finita (...) Tutto quello che ricordo è che lui* (ndr: suo padre) *mi ha afferrato con forza, sono stato sbattuto contro una recinzione così forte che le mie mani stavano sanguinando, e lui mi stava colpendo... Stavo solo cercando di preservare la mia vita... e sentivo che stavo cercando di raggiungere quel posto, quel parco, nella mia mente, dove potevo sopportarlo... stavo cercando di raggiungere quel parco e non potevo... Mi ha fatto arrabbiare così tanto... Ho continuato a provare e riprovare... Quando finalmente sono arrivato lì e ho visto l'erba nella mia mente... Ho visto me stesso correre fuori da me stesso... E non ho potuto prendere quel ragazzino... Non ho potuto prendere quel bambino per riportarlo da me... Non riuscivo a riportarmi alla mia persona... Credevo di morire e non capivo... Mi ci è voluto così tanto tempo per capire cosa era successo.'*

- Barbara Streisand:

La famosa cantante e attrice ha detto a Ladies Home Journal nel 1994: 'Vivo con molta ansia (...) Sto sempre cambiando. Così dico all'uomo che mi interessa che se gli piace avere relazioni con molte donne, allora sono perfetta per lui!'[546]

- Anna Nicole Smith:

Anna Nicole Smith, morta nel 2007 all'età di 39 anni, è stata un'ex *playmate*, attrice e cantante americana. Nell'agosto 2006 Nicole Smith fu filmata in casa sua, una registrazione privata che fu poi rivelata pubblicamente come il "*video del clown*". La registrazione mostrava Anna Nicole Smith in uno stato patetico di abbandono e trucco da clown.

Questo video è stato filmato nella sua proprietà in modo sadico dal suo compagno o presunto "padrone" Howard K. Stern. Il video è stato rilasciato al pubblico poco dopo la morte di Anna. Nel video, possiamo vedere la star completamente dissociata, che si comporta e parla come un bambino di 4 o 5 anni. I mass media hanno affermato che era sotto l'effetto di droghe durante questa registrazione video, il che è probabilmente il caso, ma le droghe da sole non possono spiegare un tale stato. C'erano chiari sintomi di un profondo trauma psicologico.

Quando Howard K. Stern le chiede, telecamera alla mano, se ha mangiato funghi allucinogeni, si vede che non ha idea di cosa sia un "*mushroom trip*"... perché in quel momento è una bambina di 4 anni, totalmente ignorante di queste cose. Quando Stern le dice che questa registrazione varrà molti soldi, lei risponde: "*Perché? Quale registrazione?* Questa donna è stata davanti a telecamere e obiettivi per tutta la sua vita, sa cos'è una videocassetta... ma non a 4 anni... Si vede in questo video che è completamente dissociata. Un disturbo della personalità che Howard K. Stern ha avuto il grande piacere di esporre in una registrazione video destinata a ridicolizzare la povera donna...

---

[546] *Grazie per i ricordi: la verità mi ha reso libero* - Brice Taylor, 1999, p.200.

Anna Nicole Smith era incinta di una figlia all'epoca di questo *'video clown'*, la piccola Dannielynn Birkhead, che sei anni dopo avrebbe incarnato la collezione primavera-estate 2013 della prestigiosa marca *Guess Kids*... Una bambina nata nella Rete e introdotta nel mondo della moda all'età di 6 anni, seguendo le orme di sua madre...

È ovvio che le celebrità giocano con le personalità che espongono pubblicamente, di solito fanno una distinzione tra persona *privata* e *pubblica*, è un modo per preservarsi ma anche per giocare con la loro immagine. A volte creano anche una nuova identità quando lavorano su un progetto insolito, come nel caso del musicista Garth Brooks che ha creato un alter-ego chiamato Chris Gaines per pubblicare un album in uno stile totalmente diverso. Un altro esempio è Ashlee Simpson che è diventata Vicky Valentine per passare dalla chitarra alla musica elettronica. Potremmo anche citare David Bowie e i suoi alter-ego *Ziggy Stardust* e *Thin White Duke*, ma anche Prince e il suo alter femminile *Camille*, Laurie Anderson e il suo alter *Fenway Bergamot*...

Chiaramente gli artisti del mondo hanno personalità molto complesse... e troviamo che in alcuni casi questo sembra andare ben oltre la semplice interpretazione di un ruolo o di un personaggio, e una linea è attraversata in quello che sembra essere un disturbo dissociativo dell'identità derivante da un grave trauma.

A volte le celebrità sembrano persino essere possedute e fungono da medium...

b/ I demoni del cinema e della musica

> *- So di avere dei demoni, non so se voglio liberarmene ma vorrei viverli in modo diverso. Magari trovarsi faccia a faccia con loro. Non ho mai avuto il tempo di andare in terapia, solo un po' qua e là... ma non abbastanza per aiutarmi.*
> *- Certo che ho dei demoni... A volte sono trenta persone diverse...* Johnny Depp - *Vanity Fair*, 1997 e *US Magazine*, 1999

> *- Keanu è un ragazzo molto complesso con un sacco di demoni in lui, e cercherò di usare e sfruttare questo.* Taylor Hackford sull'attore Keanu Reeves - *Movieline*, 2000

> *- Sono una persona tormentata, ho molti demoni dentro di me. Il mio dolore è grande quanto la mia gioia.* Madonna - Los Angeles Times, 1991

L'allenatore vocale di Whitney Houston, Gary Catona, ha detto al *Daily Mail* "che lei aveva dei demoni dentro di sé... che lei era molte persone in una, e la domanda era quale di loro sarebbe apparsa... e quando."[547]

Nel 2002, quando la giornalista americana Diane Sawyer chiese a Whitney Houston quale fosse il "peggior demone" nella sua vita, lei non disse "cocaina", "droga" o "alcol"... no, la risposta di Witney fu: *"Il peggior demone sono io". Sono il mio migliore amico o il mio peggior nemico. Un'*affermazione non sorprendente per qualcuno con un profondo disturbo della personalità. Whitney Houston ha rivelato alcune cose particolarmente inquietanti sulla sua relazione con Bobby Brown, un'altra celebrità... Ecco una clip da un'intervista del 2009 che la Houston fece con Oprah Winfrey:

- **Whitney Houston**: C'erano momenti in cui metteva tutto sottosopra, rompeva le cose di vetro in casa. Avevamo una foto gigante di noi con mio figlio e lui ha tagliato la mia testa dalla foto... Ha fatto cose del genere. Poi ho pensato che era molto strano... Tagliare la testa fuori da una foto era un po' troppo per me, era un segno. E poi c'erano altre cose... come quando ha iniziato a dipingere occhi per tutta la camera da letto. Solo occhi... occhi malvagi che guardavano per tutta la stanza.

- **Oprah Winfrey**: Ha dipinto sui muri?

- **WH**: Sì, sui muri, sui tappeti, sulle porte degli armadi. Quando aprivo una porta, c'era un disegno, e quando la chiudevo, c'era un altro disegno. Occhi e volti... Era davvero strano...

- **OW**: Cosa hai fatto allora?

- **WH**: Guardavo le cose e pensavo: "Signore, cosa sta succedendo qui? Mi stavo spaventando perché sentivo che qualcosa stava per esplodere, che qualcosa stava per succedere...".

Nel 2004, il suo compagno Bobby Brown, lui stesso cantante e attore e visibilmente disturbato, disse in un'intervista a Jamie Foster per la rivista *Sister 2 Sister*:

"Quando ero più giovane mi è stato diagnosticato un disturbo da deficit di attenzione, so che è la stessa cosa del disturbo bipolare (...) Quando sono arrivata alla Betty Ford mi chiedevo cosa ci fosse di sbagliato in me. Cercavo invano di capire perché avevo questi estremi sbalzi d'umore. Cioè, un minuto prima potevo essere felice e quello dopo ero in preda alla rabbia, pieno di fuoco e di furore, ma non sapevo perché. Sono andato dai medici, mi hanno parlato, mi hanno fatto dei test cerebrali e mi hanno diagnosticato come bipolare."

L'attrice Angelina Jolie ha detto di essere stata "molto sessualizzata dall'età di quattro anni all'asilo (...) Ho inventato un gioco in cui avrei baciato i ragazzi... Poi saremmo andati oltre e ci saremmo spogliati". Allora ero in un mare di guai!"

Per molti professionisti della prima infanzia, un atteggiamento ipersessualizzato in un bambino piccolo è visto come un segno di sospetto abuso sessuale. Angelina Jolie, che sembra essere anche psicologicamente molto

[547] 'Come Whitney ha perso la sua voce abbagliante a causa delle sue 'attività extra-curricolari' - dailymail.co.uk, febbraio 2012.

disturbata, ha ammesso di aver provato ogni tipo di droga, ma sembra avere un gusto particolare per il... sangue. Quando si è sposata per la prima volta con Johnny Lee Miller, ha scritto il nome del marito su una maglietta bianca con il suo sangue. Quando era sposata con Billy Bob Thornton, entrambi portavano al collo una fiala del sangue dell'altro. La sua biografia rivela anche che da bambina era affascinata dai coltelli, che li collezionava e che da adolescente la sua infelicità si manifestava nella scarificazione e in altri modi. Una biografia rivela: *"Alcune persone vanno a fare shopping, io mi scarnifico. Quando ho iniziato a fare sesso, il sesso non mi bastava, le mie emozioni non erano abbastanza forti, qualcosa voleva uscire... Un giorno, volendo provare una fusione ancora più intensa, ho preso un coltello e ho tagliato il mio ragazzo... poi lui ha tagliato anche me. Era davvero un bravo ragazzo, un bravo ragazzo che non era un tipo minaccioso o violento. Abbiamo avuto questo particolare scambio... Eravamo coperti di sangue e sentivo il mio cuore battere forte."*

La biografia della Jolie racconta anche che durante una sessione sado-masochista, la Jolie chiese al suo partner di tagliarle il mento, una piccola cicatrice che rimane ancora oggi. Lei dice: "Volevo che lui mi aiutasse e questo mi frustrava perché non poteva aiutarmi". La scarificazione ovviamente non poteva aiutarla, infatti l'ha quasi uccisa. In particolare, c'è stato un incidente in cui la Jolie si è tagliata il collo e lo stomaco e poi si è incisa una croce sul braccio. È finita al pronto soccorso e più tardi ha detto: "Mi sono quasi tagliata la giugulare".[548]

Angelina Jolie è stata così sessualizzata dall'età di 4 anni, poi più tardi 'adepta' di scarificazioni sanguinarie... Alcuni terapeuti riconosceranno chiaramente qui dei segni che suggeriscono fortemente che Angelina Jolie è stata vittima di abusi sessuali nella sua prima infanzia. Abusi che potrebbero aver scisso la sua personalità e la seguente dichiarazione sembra confermare che era sottoposta a stati dissociativi dalla sua infanzia: *'Quando ero bambina, non avevo il mio "Sé". Crescendo, ho vissuto attraverso personaggi che ho interpretato perdendomi in diverse parti della mia personalità.'*

Un altro esempio è l'attore David Carradine che è stato trovato morto in una stanza d'albergo a Bangkok all'età di 72 anni. Il tenente generale Worapong Siewpreecha ha detto che l'attore è stato trovato con *una corda legata intorno al collo e un'altra al suo organo sessuale, entrambe legate insieme e appese all'armadio.* Una pratica sadomasochistica di privare il cervello di ossigeno per aumentare l'effetto dell'orgasmo, un "gioco" che si è rivelato fatale...

Nell'industria dell'intrattenimento, non mancano esempi di comportamenti totalmente squilibrati e autodistruttivi, un mondo dove i confini tra finzione, realtà, follia e sanità mentale sembrano non esistere più. Un mondo dove il dramma e l'orrore sono scritti non solo negli scenari di finzione ma anche nella vita dei suoi attori... Ma è possibile che alcune delle più grandi star del cinema e della canzone siano possedute o influenzate da entità demoniache? Servono da medium per certe forze spirituali che influenzano la loro creatività o

---

[548] *Angelina Jolie - The Biography: The Story of the World's Most Seductive Star* - Rhona Mercer, cap.1, 2009.

le loro performance sul palco, consciamente o inconsciamente? Il "patto con il diavolo" è solo una leggenda?

Lo status dell'uomo in questo universo materiale è temporaneo e, come abbiamo visto, può essere influenzato da entità legate ad altre dimensioni. L'Antico e il Nuovo Testamento sono pieni di esempi in cui gli angeli sono intervenuti negli affari umani sotto la direzione di Dio. Ma la Bibbia parla anche della presenza indesiderata e costante dei *demoni* o del *diavolo*, cioè di entità spirituali decadute che influenzano negativamente gli uomini. La Bibbia descrive le diverse dimensioni in cui risiedono tali esseri: "*Gli angeli che non hanno conservato la dignità del loro rango, ma hanno lasciato la propria dimora, egli li ha tenuti in catene perpetue nelle profondità delle tenebre, in attesa del grande giorno del giudizio.* Jude 1:6

A parte l'aspetto biblico, oggettivamente e razionalmente, non possiamo negare oggi che l'industria dello spettacolo nel suo insieme propaga un'immagine di decadenza e di immoralità basata sulla violenza, il sesso, la droga e il materialismo esagerato... Come uno specchio, la nostra società occidentale riflette oggi il contenuto di questi *programmi di* spettacolo infusi permanentemente nei media.

Da dove viene questo spirito di decadenza? Viene infusa nel nostro mondo attraverso entità che usano certi esseri umani come medium per incarnare una sottocultura e quindi influenzare l'umanità intera? Questi medium sono "agenti" di contro-iniziazione che lavorano per contaminare la Creazione (consapevolmente o no)? Il capitolo 6 ci ha già dato l'inizio di una risposta a queste domande...

Nel 2011, la cantante Ke$ha ha bevuto il sangue di un (presunto) cuore di manzo sul palco durante il *Future Music Festival* di Sydney. La sua "performance" sanguinolenta in cui sollevava il cuore sopra la testa per far fluire il sangue nella sua bocca era un esempio della sua canzone *Cannibal*... Kesha Rose Seber è rimasta in piedi sul palco coperta di sangue per oltre 45 minuti davanti a migliaia di persone acclamanti.[549] Si noti qui che la copertina del suo album *Cannibal* raffigura il suo viso con una lacrima che lo divide verticalmente in due, un simbolismo classico nell'industria dello spettacolo che rappresenta la scissione della personalità.

Nel 2014, al *SXSW* Festival di Austin, Texas, Lady Gaga si è letteralmente e volentieri vomitata addosso. Durante questa "performance shock", l'artista Millie Brown ha ingoiato un liquido verdastro e poi ha messo le dita in gola per vomitare il contenuto del suo stomaco sulla Gaga seminuda. Tutti in una posizione sessualmente esplicita su un cavallo meccanico ....

La cantante Miley Cyrus è sempre più provocante e sessualmente perversa. Nel novembre 2015, durante un concerto a Chicago per il lancio del suo nuovo tour, Miley Cyrus è arrivata sul palco quasi nuda, sfoggiando un gigantesco dildo nell'inguine! È con questo vestito che è apparsa davanti ai fan, molti dei quali erano minorenni e persino preadolescenti.

---

[549] 'Ke$ha si trasforma in uno shock sanguinoso al Future Music Festival, beve sangue da un cuore' - *The Daily Telegraph*, 2011.

Si tratta di fare in modo che tutte queste pratiche devianti, perverse e ricorrenti non diventino scioccanti e che gradualmente diventino parte della nostra cultura... Ricordiamoci che Lady Gaga è la pop star più popolare del mondo e che le sue "performance" e i suoi comportamenti permeano milioni di giovani. Per esempio, Gaga ha fatto servizi fotografici vestita con vera carne rossa cruda, o con corna impiantate sulla fronte, scatti che sono ampiamente distribuiti in tutto il mondo e purtroppo acclamati.

Un impiegato dell'Hotel Chicos Intercontinental di Londra ha detto al giornale The Sun: 'Lady Gaga ha lasciato una grande quantità di sangue nella suite durante il suo soggiorno quest'estate. L'incidente è stato segnalato al portiere, al quale è stato chiesto di chiudere un occhio'. Un'altra fonte ha detto: 'Tutti nell'hotel sono convinti che Lady Gaga ha fatto un bagno di sangue, o per lo meno, ha usato tutto il sangue per un costume o la sua apparizione sul palco'.

Per alcuni, si tratta semplicemente di una cosa da ridere... e molti vedranno in questi atti estremi solo una provocazione a scopo pubblicitario: creare un *brusio* nella stampa *delle celebrità* e su Internet. Ma questo tipo di "performance artistiche" completamente squilibrate si moltiplicano e diventano sempre più estreme, proprio come una corsa al rovesciamento dei valori morali e al collasso di una civiltà. *L'ordo ab chao*... Ordine attraverso il caos o dal caos all'ordine... Tutto è chiaro per chi ha ancora occhi per vedere. L'inversione dei valori è in corso...

- Ma lo spirito dice espressamente che negli ultimi giorni alcuni si allontaneranno dalla fede e si atterranno a spiriti seduttori e a dottrine di demoni. 1 Timoteo 4:1
- Guai a coloro che chiamano bene il male e male il bene; che trasformano le tenebre in luce e la luce in tenebre; che trasformano l'amaro in dolce e il dolce in amaro! Isaia 5:20
- Sappiate che negli ultimi giorni verranno tempi difficili. Perché gli uomini saranno egoisti, amanti del denaro, vanagloriosi, superbi, bestemmiatori, ribelli ai loro genitori, ingrati, sacrileghi, insensibili, spietati, calunniatori, sfrenati, crudeli, nemici del bene, traditori, impulsivi, gonfi di orgoglio, amando il proprio piacere più che Dio. Essi manterranno la forma esteriore della pietà, ma negheranno il suo potere. State lontani da questi uomini. 2 Timoteo 3:1-5.

Alcune delle grandi stelle dello spettacolo sono forse i medium di una forza superiore? La domanda merita di essere posta e le dichiarazioni di alcuni artisti sembrano illuminarci su questo argomento, come vedremo di seguito...

Cos'è la medianità? Lo psicologo e medium Jon Klimo definisce la trance medianica come: 'La comunicazione di informazioni a un essere umano da una fonte che esiste su un altro livello rispetto alla dimensione fisica che conosciamo, e che non proviene dalla mente del medium. '

Ci sono due forme di medianità o canalizzazione: la canalizzazione intenzionale e la canalizzazione spontanea. La canalizzazione intenzionale si verifica quando una persona cerca volontariamente di prendere contatto ed essere posseduta da entità, in questi casi gli spiriti di solito aspettano il permesso prima di entrare nel corpo. Nella canalizzazione spontanea, gli spiriti prendono il controllo del corpo quando lo desiderano, e l'individuo è allora alla loro mercé.

Entrambi i tipi di canalizzazione possono assumere molte forme. Può essere una perdita di coscienza completa o parziale durante la trance. Può essere fatto anche attraverso il sonno, dove gli spiriti influenzano l'individuo nei suoi sogni e incubi. Un'altra forma di medianità è l'automatismo, dove l'entità prende il controllo di una parte del corpo, di solito la mano, per farla scrivere o dipingere, questo è chiamato scrittura o pittura automatica. Una trance medianica può comportare scrivere, dipingere, cantare, danzare, comporre musica, e persino tenere discorsi e insegnamenti sotto forma di conferenze. Il medium può anche sentire parole dettate nella sua mente, questo si chiama "chiarudienza", una facoltà uditiva paranormale. Una cosa da ricordare è che qualunque sia il modo di canalizzare e il risultato ottenuto, si riconosce che senza queste entità demoniache, il medium non ha assolutamente alcun potere.[550]

Il medium Jon Klimo conferma che gli stati medianici sono influenzati da entità esterne: "Se la vostra mente può agire sul vostro cervello, allora qualcosa di simile di natura non fisica può anche essere in grado di agire sul vostro cervello, facendovi sentire voci o avere visioni. Un'entità può parlare o scrivere controllando il vostro corpo nello stesso modo in cui voi di solito lo controllate con la vostra mente."[551]

'Gli dei non comunicano direttamente ai mortali, ma attraverso spiriti intermedi. Il mortale ha bisogno di figure per comunicare con gli dei, e così il demone diventa la figura necessaria... una fonte che porta a sacrifici, iniziazioni, incantesimi, profezie, divinazioni, incantesimi e poemi sacri.' Platone[552]

'Allo stesso modo, la musa ispira gli uomini perché sono ispirati e posseduti... Non è attraverso l'arte o la conoscenza che si dice ciò che si dice, ma attraverso la possessione.' Socrate[553]

Tenetevi costantemente aperti ai demoni che vi sussurrano all'orecchio. Il termine 'demone' ha un significato antico che si avvicina allo 'spirito guida', alla 'musa ispiratrice'. Anton Lavey[554]

Ci sono tre metodi principali per invocare un'entità (...) Il terzo è il metodo teatrale, forse il più attraente di tutti; è in ogni caso certo di fare appello al temperamento dell'artista, perché si rivolge alla sua immaginazione attraverso il suo senso dell'estetica. Aleister Crowley[555]

---

[550] *Cult Watch: What You Need to Know about Spiritual Deception* - John Ankerberg, John Weldon, 1991.

[551] *Channeling: Investigations on Receiving Information from Paranormal Sources* - Jon Klimo, 1987.

[552] *Il demone e l'angelo: alla ricerca della fonte dell'ispirazione artistica*, Edward Hirsch, 2003.

[553] 'Attori e recitazione' - Toby Cole, Helen Krich Chinoy (Eds.), Three Rivers Press, 1995.

[554] *Chiesa di Satana'* - Anton Lavey, p.110.

[555] *Libro 4'* - Aleister Crowley, 1980.

La Bibbia ci insegna che la canalizzazione degli spiriti non è altro che possessione demoniaca, anche se i medium *new-age* preferiscono parlare di "cooperazione reciproca" tra l'entità e il *canale*. Sembrerebbe che molti artisti intenzionalmente o involontariamente incanalino entità nel loro processo creativo, sia che si tratti di sceneggiatura, scrittura di canzoni, recitazione o performance sul palco.

Precisiamo che l'interesse del principe di questo mondo e del suo esercito non è quello di elevare spiritualmente la massa umana, ma piuttosto di farla cadere con lui... Nella nostra epoca, questa industria del divertimento che propone i suoi numerosi medium è usata contro la salute spirituale dell'essere umano, sebbene possa anche infondere e divulgare una parte della verità sulla nostra situazione attuale... L'ambiguità è lì, da un lato questa industria precipita le coscienze per deviarle e svilirle ma dall'altro può altrettanto facilmente risvegliare le persone attraverso il suo estremismo materialista, decadente e nauseante, spingendo così l'individuo a interrogarsi e a distaccarsi da essa per tornare al divino. Inoltre, questa industria distilla permanentemente una conoscenza simbolica occulta nelle sue produzioni, infatti tutto è esposto per coloro che hanno ancora occhi per vedere: *"Non parlarne, mostralo"*.

Una legge di questo grande teatro è quella di lasciare che la Verità risplenda nonostante l'apparenza di oscurità e confusione, per permettere al libero arbitrio di realizzarsi. Dio non permette la soppressione dell'accesso alla Verità nonostante questo *baccano* ambientale e il caos che cerca di deviare e controllare la coscienza umana. La guerra è spirituale, consiste nel deviare la coscienza dalla conoscenza di Dio. Il controllo mentale delle masse è il *modus operandi degli* stregoni che controllano... ma devono permettere l'accesso alla Verità, non hanno scelta.

Ecco una serie impressionante di citazioni che mostrano come la possessione demoniaca sia più presente che mai nel nostro mondo, e in particolare tra le star più influenti del mondo, sia nell'industria cinematografica che in quella musicale.

(Negli studi di John Livingstone Nevius:) Wang Yung-ngen di Pechino notò che persone che non avevano alcuna abilità per il canto diventavano cantanti di talento quando venivano possedute, e altre che non avevano alcuna abilità naturale per la poesia potevano facilmente comporre rime quando erano sotto il possesso di un 'entità.'[556]

➤ Cinema:

- Rodolfo Valentino:
Negli anni '20, l'attore Rodolfo Valentino e sua moglie Natasha erano entrambi adepti dell'occulto e praticavano lo spiritismo: *"Ogni notte Natasha teneva una seduta spiritica per invocare il mondo degli spiriti e farsi aiutare*

---

[556] 'Demonic Possession: a medical, historical, anthropological, and theological symposium' - John Warwick Montgomery, 1976.

nella sua creatività". Poi, con carta e penna in mano, entrava in trance e iniziava a scrivere. Una volta battuto a macchina, il lavoro sarebbe stato consegnato al direttore il giorno dopo."[557]

- Mae West:

Negli anni '30, l'attrice Mae West, conosciuta come la Regina del Sesso e persino la Statua della Libido, una volta disse: "Quando sono brava, sono molto brava, ma quando sono cattiva, sono ancora meglio".

Il suo lavoro ha contribuito a rovesciare i valori biblici del Nord America. Il contatto di West con il mondo degli spiriti ha portato a una produzione di sceneggiature di successo. Sceneggiature che l'hanno catapultata sulla scena cinematografica. Si lasciava possedere da entità e passava intere serate in letture psichiche. Uno dei suoi parenti, Kenny Kingston, ha detto: *"Quando era arrabbiata perché nessuno riusciva a trovare un'idea per una sceneggiatura, passeggiava per la sua stanza dicendo: 'Forze! forze! venite da me e aiutatemi a scrivere una sceneggiatura. Cominciava a sentire voci e a vedere immagini di una storia che si svolgeva davanti a lei. Mae chiamava allora una stenografa e per ore, sdraiata sul suo letto in uno stato di trance, dettava le cose come gli spiriti gliele passavano."*[558]

- Marilyn Monroe:

Il famoso sex symbol del 20° secolo era noto per entrare in profonde trance. Kenny Kingston ha detto che *"attira il mondo degli spiriti verso di lei per una guida".*[559]

Marilyn Monroe stessa ha detto: *"Jekyll & Hyde... Più che due, sono tante persone".* A volte mi scioccano, vorrei essere solo io!"[560]

Lloyd Shearer ha scritto: *"Prima di ogni ripresa, Marilyn chiudeva gli occhi ed entrava in una trance profonda."*[561]

Marilyn Monroe ha detto: "Hollywood è un posto dove ti pagano 50.000 dollari per un bacio e 50 centesimi per la tua anima".

- James Dean:

James Dean era un altro noto praticante dell'occulto. Ha riconosciuto pubblicamente: *"Ho una conoscenza abbastanza buona delle forze sataniche."*[562]

---

[557] *Madam Valentino* - Michael Morris, Abbeville Press, 1991.

[558] Guida alla salute e alla felicità del sensitivo Kenny Kingston - Kenny Kingston, (Windy Hill), 1984.

[559] *Parlo ancora con...* - Kenny Kingston, Valerie Porter, Seven Locks Press, 2000.

[560] *Goddess: The Secret Life of Marilyn Monroe* - Anthony Summers, 1996.

[561] Ibidem.

[562] *James Dean, The Mutant King: a Biography* - David Dalton, 2001.

Il suo caro amico Dennis Hopper ha detto di lui: "Era totalmente trasformato quando la telecamera ha iniziato a girare. Diventava improvvisamente il personaggio... Venivano fuori cose strane da lui."

Il consiglio di James Dean a Dennis Hooper sul lavoro con il mondo degli spiriti era semplice: *"Lasciati aperto".*

Infatti, James Dean credeva che un'altra entità lo abitasse quando recitava, la descriveva così: 'come se ci fossero due persone nella stessa pelle... una che telescopiava l'altra da dietro... quella dentro sembrava andare alla deriva sulla superficie della pelle.'

- Peter Sellers
L'attore britannico Peter Sellers, noto per il suo ruolo nella serie della Pantera Rosa, ha detto: "È un po' come essere un medium e aprirsi e dire: voglio che un personaggio abiti il mio corpo o prenda il mio posto per poter produrre ciò che voglio produrre."[563]

Quando a Sellers fu chiesto: "Senti la sua voce nello stesso modo in cui senti la mia adesso? Ha detto: 'Sì, assolutamente, chiaro come questo. Una voce molto chiara, come se qualcuno stesse parlando ma qui (indicando la sua testa). A volte chiamo per avere una mano e a volte succede così. Può accadere in qualsiasi momento, davvero in qualsiasi momento. (...) Gioco come un medium, se vuoi, lascio che il personaggio passi attraverso di me..."

Peter Evans, biografo di Peter Sellers, descriverà come "il demone ha cominciato ad abitare il suo corpo". Tutto cominciò a cambiare in lui. Non era solo la sua camminata e il suo modo di stare in piedi, non era solo la sua voce, ma le sue espressioni, i suoi occhi, i suoi gesti... tutto era diverso.

- Robin Williams:
Nel 1999, lo stesso attore Robin Williams disse al giornalista di *US Weekly* James Kaplan che si apriva alla possessione quando era sul palco: *"Sì! Letteralmente, è come una possessione. Tutto d'un tratto ci sei dentro, e mentre stai suonando davanti a un pubblico, hai questa energia che inizia a fluire in te... Ma c'è anche qualcos'altro, è il possesso, un tempo saresti stato bruciato per questo. Ma qualcosa ti dà potere lì dentro. Voglio dire, ci siete tutti dentro... È Dr Jekyll & Mr Hyde, potete davvero diventare quest'altra forza. Forse è per questo che non devo interpretare personaggi malvagi (nei film), sul palco puoi attraversare quella linea e poi tornare indietro."*

Nello stesso articolo, James Kaplan ha aggiunto: 'Con un dono per l'imitazione e l'improvvisazione che confina con la possessione demoniaca, Williams potrebbe persino avvicinarsi all'arte del suo idolo Jonathan Winters, un uomo il cui genio una volta o due lo portò a sconfinare nella follia.'

Si è scoperto che Robin Williams si è suicidato nel 2014.

- Leonardo DiCaprio:

---

[563] *Peter Sellers: The Mask Behind the Mask* - Peter Evans, 1980.

La regista di *Total Eclipse* Agnieszka Holland ha detto dell'attore Leonardo DiCaprio:

'Leo è come un medium. Apre il suo corpo e la sua mente per ricevere messaggi sulla vita di un'altra persona.'[564]

Il padre di Leonardo DiCaprio ha detto di suo figlio: 'Penso che Rimbaud era forse un medium, forse è stato visitato dagli alieni, e penso che anche Leo abbia questa capacità!'

Nel suo libro *Leonardo Di Caprio: The Modern Day Romeo*, Grace Catalano dice: "Con Leo, puoi vedere trenta persone emergere da lui in un giorno."

- Marion Cotillard:

Nel 2014, l'attrice Marion Cotillard ha detto di sentirsi posseduta *dal fantasma di Édith Piaf*. In un'intervista al quotidiano britannico *The Guardian*, l'attrice francese ha detto di essere stata così coinvolta nel suo ruolo di Édith Piaf da poter sentire la voce della cantante e sentirsi perseguitata dal suo fantasma per otto mesi. Ha detto che ha provato di tutto per liberarsene. *"Ho provato l'esorcismo con il sale e il fuoco. Ho anche viaggiato a Bora Bora per sfuggirvi. Sono andato a Machu Picchu in Perù, ho partecipato a cerimonie sciamaniche per purificarmi. Alla fine ho capito perché non potevo lasciarla andare. È stata abbandonata da sua madre. La sua più grande paura era essere sola."*[565]

➤ Musica:

Per introdurre questa sezione, prendiamo l'esempio del compositore Giuseppe Tartini, un violinista italiano del periodo barocco che scrisse più di 400 opere. Il suo pezzo più famoso si intitola "*Devil's Trill Sonata*". La storia di questa creazione musicale inizia in un sogno... Si dice che Tartini disse all'astronomo francese Jérôme Lalande che il diavolo gli apparve in sogno e gli chiese di essere il suo servo. Nel suo sogno, alla fine della lezione, si dice che Tartini abbia dato al diavolo il suo violino per testare la sua abilità, il diavolo allora cominciò a suonare con tale virtuosismo che Tartini rimase senza fiato. Quando il compositore si svegliò, prese immediatamente carta e penna per scrivere la sonata del diavolo, cercando disperatamente di recuperare ciò che aveva sentito in sogno. Anche se la sua composizione ebbe alla fine un grande successo e fu amata dal pubblico, Tartini si lamentava che era ancora lontano da quello che aveva sentito nel suo sogno. Quello che aveva scritto era, secondo le sue stesse parole, *"così inferiore a quello che ho sentito, che se avessi potuto sussistere con qualsiasi altro mezzo, avrei rotto il mio violino e avrei rinunciato alla musica per sempre"*.[566]

---

[564] *Leonardo DiCaprio'* - Nancy Krulik, 1998.

[565] 'Marion Cotillard si è sentita posseduta dal fantasma di Edith Piaf' - ici radio-canada.ca, 2014.

[566] 'Le Violon: les violonistes et la musique de violon du XVIe au XVIIIe siècle' - Arthur Pougin, 1924, p.106-107.

Cyril Scott, il *"padre della moderna musica britannica"*, fu un eminente compositore, poeta e scrittore durante la sua vita. Studiò anche la teosofia e si interessò all'uso della musica nell'occulto. Due dei suoi libri, *The Influence of Music on History* and *Morals* e *Music: Its Secret Influence Throughout the Ages*, *sono stati* ricevuti attraverso la canalizzazione di uno dei suoi spiriti guida teosofici. Nel secondo libro, Scott dice che come risultato del suo contatto con questo spirito, ha preso *un interesse particolare nell'evoluzione della musica occidentale*. Scott era convinto che *i grandi iniziati* (del mondo degli spiriti) *hanno piani vasti e importanti per il futuro musicale*. Qual è questo piano? Si tratta di usare la musica come un mezzo occulto attraverso il quale si possono sviluppare stati alterati di coscienza, certe capacità psichiche e uno stretto contatto con il mondo degli spiriti. Scott spiega che "La *musica del futuro deve essere usata per portare le persone in stretto contatto con i Devas (spiriti), in modo che possano ricevere l'influenza benefica di questi esseri assistendo a concerti in cui un tipo appropriato di suono è stato usato come invocazione (...) La musica scientificamente calcolata può raggiungere due obiettivi: quello di invocare i Devas e quello di stimolare le facoltà psichiche dell'ascoltatore, che sarà quindi aperto all'influenza di questi spiriti."*

Cyril Scott conclude il suo libro citando le parole della sua guida spirituale: "Oggi, mentre entriamo in questa nuova era, cerchiamo, principalmente attraverso la musica ispirata, di avviare lo spirito di unificazione e fratellanza, e quindi accelerare la vibrazione di questo pianeta. Siamo[567] nel mezzo di una nuova era qui...

- Elvis Presley:

In una delle biografie di Elvis intitolata *"If I Can Dream: Elvis' Own Story"*, Larry Geller scrive che il famoso cantante stesso ha riconosciuto di aver ricevuto aiuto dal mondo degli spiriti. Secondo Geller, che era il consigliere spirituale di Elvis, Presley portava sempre con sé dei libri quando viaggiava. Tra i suoi libri preferiti c'erano *"Iside svelata"* della teosofa Helena Blavatsky, *"Autobiografia di uno Yogi"* di Paramahansa Yogananda, *"L'insegnamento segreto di tutte le età"* del massone Manly P. Hall, *"Esoteric Healing"* di Alice Bailey, *"Aquarian Gospel of Jesus the Christ"* di Levi H. Dowling e i sei volumi di *"Life and Teachings of the Masters of the Far East"* di Baird T. Spalding. Spalding. Elvis Presley era quindi *un* primo *New-Ageer*, un grande fan della teosofa Blavatsky che un tempo pubblicava la rivista *Lucifer*. Era così affezionato al libro della Blavatsky *"La Via del Silenzio"* che a volte ne leggeva anche delle parti sul palco, e lo usava anche come ispirazione per il suo gruppo gospel *"Voice"*.[568]

Il giornalista Steve Dunleavy ha riportato alcune dichiarazioni fatte dalla guardia del corpo di Elvis, Red West: "Elvis Presley era a cavallo del suo microfono in una posizione molto suggestiva... si agitava in movimenti

---

[567] 'La musica e la sua influenza segreta nel corso dei secoli' - Cyril Scott, 2013.

[568] *Elvis* - Albert Goldman, 1981, p.436.

compulsivi come se fosse posseduto dallo spirito di un alieno. Per Red West, Elvis era posseduto: 'Aveva una specie di potere speciale, aveva poteri psichici, Elvis me lo ha dimostrato molte volte."[569]

Il suo biografo Larry Geller ha anche detto: "Elvis crede di lavorare sotto l'egida dei maestri... e che loro lo stanno aiutando... Nella mente di Elvis, la sua vita è divinamente diretta dai maestri e dagli esseri illuminati, entità ascese che hanno vissuto eoni fa. Credeva veramente di essere stato scelto per essere un Cristo moderno."

Elvis stesso ha ammesso: "Ho sempre sentito una mano invisibile dietro di me. Sento la stessa voce e penso che sia quella di mio fratello (deceduto). Questo è quello che penso. Sento questa guida che dirige tutta la mia vita. Ecco perché sono qui e perché lo faccio. Non è un caso. (...) Elvis disse che "la sua missione" era di usare il suo "nome e la sua influenza" per introdurre la gente nel "mondo spirituale" attraverso il quale veniva usato. Ha detto che questa 'Voce' lo ha usato come 'canale' per raggiungere milioni di persone attraverso il 'linguaggio universale della musica' (...) Un giorno nel futuro, vedremo come reagirà il ministero di Dio quando vedrà che la 'vecchiaia' comincia a sgretolarsi... Attendo con ansia questa Nuova Era..."[570]

Secondo Gary Herman, l'autore di *Rock and Roll Babylon* (2002), Elvis stesso 'ha riconosciuto che c'era un elemento diabolico nel suo successo.

- Little Richard:

Il famoso cantante americano e pioniere del rock'n'roll disse: "Il rock'n'roll non glorifica Dio. Non si può bere dalla sorgente di Dio e dalla sorgente del diavolo allo stesso tempo. Sono uno dei pionieri di questa musica, uno dei suoi costruttori. So di cosa è fatto perché l'ho costruito io."[571]

Richard ha anche testimoniato: "Ero diretto e comandato da un altro potere. Il potere delle tenebre... Un potere che molti credono non esista. Il potere del diavolo, Satana (...) La mia vera opinione sul Rock n' Roll, e ne ho parlato molto negli ultimi anni, è questa: penso che questo tipo di musica sia demoniaca... Molti dei ritmi nella musica di oggi vengono dal voodoo, dai tamburi voodoo. Se studiate la musica e i suoi ritmi, come ho fatto io, vedrete che questa è una realtà. Penso che questo stile di musica allontani le persone da Cristo. È contagioso."[572]

- Jimi Hendrix:

Posso spiegare le cose molto più facilmente attraverso la musica. Si ipnotizza la gente in questo modo... e quando si hanno le persone nel loro punto più debole, si può predicare nel loro subconscio ciò che si vuole.
LIFE, ottobre 1969

[569] 'Elvis: What Happened?' - Steve Dunleavy, 1977.

[570] *If I Can Dream: Elvis' Own Story* - Larry Geller, 1990.

[571] *The Dallas Morning News*, Little Richard, 10/1978, p.14A.

[572] 'La vita e i tempi di Little Richard' - Charles White, 2003.

Il signore lo sa, sono un bambino voodoo. Jimi Hendrix - Voodoo Chile, 1968

L'interesse di Jimi Hendrix per lo spiritismo ha prodotto la canzone *'Voodoo Chile'*. Kwasi Dzidzornu aka Rocky Dijon, un suonatore di conga di origine ghanese il cui padre era un sacerdote voodoo, che spesso suonava al fianco di Hendrix, ha detto: *"Una delle prime cose che chiesi a Jimi fu da dove avesse preso il ritmo voodoo... Molti dei ritmi che Jimi suonava alla chitarra erano molto spesso gli stessi ritmi che mio padre suonava alle cerimonie voodoo. Il modo in cui Jimi ballava al ritmo di ciò che suonava mi ricordava anche le danze cerimoniali ai ritmi che mio padre suonava per Oxun, il dio del tuono e del fulmine. Questa cerimonia è chiamata "Voodooshi".* "[573]

Per Hendrix, "Cose come la stregoneria e l'immaginazione, che sono una forma di esplorazione, sono state bandite dalla società ed etichettate come male. Questo perché le persone hanno paura di scoprire i pieni poteri della loro mente."[574]

Il produttore di Hendrix, Alan Douglas, ha detto: 'Una delle cose più grandi di Jimi era ciò in cui credeva... Credeva di essere posseduto da uno spirito, e anche io ci credo. Abbiamo avuto a che fare con questo tutto il tempo (...) lui ci credeva veramente e lottava tutto il tempo.'

La sua amante Fayne Pridgeon ha detto di Hendrix: "Era solito dire che un diavolo o qualcosa era dentro di lui, sai che non sapeva cosa lo facesse agire in quel modo e cosa gli facesse dire quello che diceva, le canzoni e così via, veniva fuori da lui (...) Continuava a dire, 'Non so cosa mi sta succedendo. Davvero non lo capisco. Sai che si prendeva i capelli o stava davanti allo specchio e urlava. Oh mio Dio, era così triste quando urlava... È stato forse il primo o forse l'unico uomo che ho visto piangere, mi ha spezzato il cuore quando ha pianto così... Mi sembrava che fosse molto tormentato, totalmente lacerato e che fosse davvero ossessionato da qualcosa di molto cattivo. A volte mi chiedeva: "Dato che sei della Georgia, devi sicuramente conoscere qualcuno che esorcizza i demoni"."[575]

- I Beatles:

John Lennon ha detto: "Quando la vera musica arriva a me, non c'è niente da fare perché sono come un canale. Mi sento come un tempio vuoto pieno di molti spiriti, ognuno che passa attraverso di me, ognuno che mi abita per un po' e poi se ne va e viene sostituito da un altro."[576]

---

[573] *Scuse Me While I Kiss The Sky' -* David Henderson, p. 251.

[574] *Jimi'* - Curtis Knight, Prayer Publishers Inc. New York, 1974.

[575] Dal film *'Jimi Hendrix'*, intervista con Fayne Pridgeon, citata in *Heartbeat of the Dragon*, p. 50.

[576] *People* magazine, 22 agosto 1988, p.70.

Anche la moglie di Lennon, Yoko Ono, ha detto: 'Erano sensitivi, non erano consapevoli di tutto quello che dicevano, ma veniva attraverso di loro.'[577]

Ecco come Paul McCartney descrive come ha ricevuto una delle sue canzoni più famose: "La musica per 'Yesterday' mi è arrivata in sogno. La melodia era completa. Bisogna credere nella magia. Io stesso non so nemmeno leggere o scrivere la musica."[578]

John Lennon dirà qualcosa di molto simile: "È incredibile, quella melodia (ndr: la canzone 'In My Life') mi è venuta in testa in un sogno. Ecco perché non pretendo di sapere nulla. Penso che la musica sia molto mistica."[579]

Il batterista della band, Ringo Starr, disse della canzone "Rain": "Mi sembrava che fosse qualcun altro a suonare."

Il pubblicitario dei Beatles, Derek Taylor, ha detto in un'intervista al Saturday Evening Post: "È incredibile, assolutamente incredibile. Ecco questi quattro ragazzi di Liverpool, sono duri, sono blasfemi, sono volgari, ma hanno conquistato il mondo. È come se avessero fondato una nuova religione. Sono completamente anti-Cristo. Voglio dire che lo sono anch'io, ma sono così anti-Cristo che mi scandalizzano persino, il che non è una cosa facile."[580]

Il *San Francisco Chronicle* del 13 aprile 1966 pubblicò questa dichiarazione di John Lennon: "Il cristianesimo scomparirà, diminuirà fino a svanire. Non voglio discuterne. Ho ragione e il futuro lo dimostrerà. Ora siamo più popolari di Gesù Cristo. Non so cosa scomparirà prima, il Rock'N'Roll o il Cristianesimo."

- David Bowie:

Bowie, che era un grande ammiratore del satanista Aleister Crowley, disse alla rivista Rolling Stone nel 1976: 'Il rock è sempre stato la musica del diavolo (...) Penso che il rock'n'roll sia pericoloso (...) Sento che stiamo solo proclamando qualcosa di più oscuro di noi stessi.'

Nella sua canzone "Quicksand" canta: "Sono vicino alla Golden Dawn, vestito con l'abito di Crowley (...) Non sono un profeta o un uomo dell'età della pietra, solo un mortale con un potenziale sovrumano."

Nella biografia di Angie Bowie (la sua ex moglie) è riportato che nel 1976 disse: "Il mio maggiore interesse è la Kabbalah e Crowley. Quel mondo oscuro e piuttosto spaventoso sul lato cattivo del cervello."

Nel 1983, in un'intervista alla rivista Musician, David Bowie disse: "Avevo questo interesse più che passeggero per l'egittologia, il misticismo e la cabala. All'epoca sembrava perfettamente ovvio che fosse una risposta alla vita. Tutta la mia vita si stava trasformando in questo strano mondo fantastico e nichilista di sventura imminente, personaggi mitologici e totalitarismo futuro."

---

[577] The Playboy Interviews with John Lennon and Yoko Ono, Berkeley, 1982.

[578] Paul McCartney, intervista con Larry King Live, CNN giugno 2001.

[579] The Beatles As Together - John Lennon, Reader's Digest, 2001.

[580] Saturday Evening Post, 08/1964, p. 25.

- Michael Jackson:

L'icona della cultura pop mondiale Michael Jackson ha detto: "Ho una stanza segreta, nascosta da un muro e piena di specchi. È lì che parlo con Lee... è lì che sento la sua voce e sento la sua presenza accanto a me. È come il mio angelo custode. Mi ha anche dato il permesso di registrare la sua canzone preferita "I'll be seeing you".[581]

Michael Jackson era soprannominato *"Bambi"* o *"Peter Pan"* perché non voleva crescere, chiudendosi in un "paese delle fate". Un paese immaginario illustrato in particolare nello sviluppo del suo ranch *Neverland* in un vero parco di divertimenti. Quest'uomo ha sofferto enormemente, probabilmente a causa di un'infanzia molto traumatica.

Ecco un'altra delle sue dichiarazioni molto esplicite sul fenomeno della possessione: "Quando salgo sul palco, c'è una magia improvvisa che viene dal nulla e si impossessa di me, e quando lo spirito si impossessa di te, perdi il controllo di te stesso."[582]

In un'intervista televisiva, Oprah Winfrey gli chiese della sua abitudine di mettersi la mano sull'inguine quando ballava, e Jackson rispose: *È un fenomeno subliminale. È la musica che me lo fa fare, non è premeditato, succede spontaneamente. Divento schiavo del ritmo.*[583]

Jackson ha anche detto: "Molte volte quando ballo, mi sono sentito toccato da qualcosa di sacro. In quei momenti, sento il mio spirito librarsi e diventare un tutt'uno con il tutto."[584]

Come per i Beatles, anche la medianità di Michael Jackson avveniva attraverso i sogni: 'Mi sveglio dal sonno e penso: Wow! Uscirò dal sonno e dirò: 'Wow, mettilo su carta'. È tutto strano, senti le parole ed è tutto lì davanti ai tuoi occhi. Sento che da qualche parte, in qualche luogo, è stato fatto tutto e io sono solo un messaggero per il mondo. Rolling Stone, febbraio 1983.

- Jim Morrison:

Il co-fondatore e tastierista della famosa band The Doors, Ray Manzarek, ha detto: 'Jim era autentico... Non era un uomo di spettacolo. Non era un intrattenitore, era uno sciamano. Era un uomo posseduto.'

In Siberia, quando lo sciamano è pronto per andare in trance, tutti gli abitanti del villaggio sono con lui e suonano qualsiasi strumento possibile per aiutarlo ad andare in trance... È lo stesso con i Doors quando suoniamo dal vivo... Penso che sia il nostro stato con la droga che ci fa andare in trance più velocemente... È come se Jim fosse uno sciamano elettrico e noi siamo la band che accompagna questo sciamano elettrico, battendo il tempo dietro di lui. A

---

[581] *'Michael Jackson'* - Notizie psichiche, 14/02/1987.

[582] 'Teen Beat: un omaggio a Michael Jackson', 1984.

[583] *The Evening Star* - Oprah Winfrey intervista Michael Jackson, 1993.

[584] *Dancing The Dream* - Michael Jackson, 1992.

volte non vogliamo entrare in questi stati, ma la musica martella e continua, e a poco a poco prende il sopravvento...'[585]

In una poesia, Jim Morrison scrive di aver incontrato lo spirito della musica dopo un'intensa scarica di energia per vedere un'apparizione del diavolo su un canale di Venezia... Ho visto Satana o Satiro... Un'ombra carnale della mia mente segreta.[586]

Morrison ha ammesso di aver bevuto per mettere a tacere le continue voci dei demoni.

L'amico e fotografo dei Doors, Franck Lisciandro, ha detto: "Jim beve per calmare le voci incessanti di demoni, fantasmi e altri spiriti che chiedono la loro liberazione... Beve perché ci sono demoni e voci che urlano nella sua testa e ha trovato un modo per placarle con l'alcol".[587]

- Carlos Santana:

Santana ha dichiarato di incanalare uno spirito per creare la sua musica, in un articolo della rivista *Rolling Stone* del marzo 2000, si legge: *"Metatron è un angelo. Santana è in contatto regolare con lui dal 1994. Carlos si siede lì di fronte al muro, le candele accese, un blocchetto giallo accanto a lui, pronto per le comunicazioni che stanno arrivando (...) È un po' come ricevere fax (...) Si medita con le candele e l'incenso e si canta... e all'improvviso si sente questa voce che dice, 'Scrivi questo...' (...) Metatron vuole qualcosa da me, e io so esattamente di cosa si tratta. Le persone che ascoltano la musica sono collegate a un livello più alto di se stesse. Ecco perché mi sto divertendo così tanto con questo album, perché è un invito personale da parte mia alla gente: ricordatevi della vostra divinità (...) L'energia degli angeli e dei demoni è la stessa energia, dipende da come la usate. È un carburante (...) C'è una stazione radio invisibile che Jimi Hendrix e Coltrane hanno captato, e quando l'hai captata, incanali quella musica."*

Santana ha anche detto: "A volte faccio cose sulla chitarra che non sapevo nemmeno fare. In realtà non so come fare, mi passa attraverso. È uno degli stati più alti che qualcuno può raggiungere."

- John Mc Laughlin:

John Mc Laughlin della Mahavishnu Orchestra ha testimoniato: "Una sera stavamo suonando, e improvvisamente lo spirito è entrato in me, e ho suonato... ma non ero più io a suonare." - Circus, aprile 1972

Quando mi lascio possedere dallo spirito, è un piacere intenso. Il mio ruolo di musicista è quello di rendere tutti consapevoli della propria divinità. ' - Newsweek, marzo 1972

- I Rolling Stones:

---

[585] *'Nessuno qui esce vivo'* - Jerry Hopkins e Daniel Sugerman, 1995, pp. 157-60.

[586] 'Jim Morrison alla ricerca di Dio' - Michael J. Bollinger, 2012.

[587] 'Break On Trought: The Life and Death of Jim Morrison' - Riordan & Prochnicky, 2006.

Keith Richards dei Rolling Stones non solo ha detto: *"Prendiamo le nostre canzoni dall'ispirazione come una seduta spiritica"*, ma ha detto al *Los Angeles Times* che la sua canzone *"Demon"* era auto-biografica e che lui stesso era posseduto da quattro demoni. Nella canzone *"Demon"* Richards canta: *"È come una massa. Demone in me, demone in me. Vive in me, il demone in me."*

- Led Zeppelin:
Il famoso Jimmy Page, che era un devoto seguace del satanista Aleister Crowley, credeva di essere usato come veicolo dagli spiriti demoniaci. Altri membri dei Led Zeppelin hanno ammesso di sperimentare la 'scrittura automatica': *'Lui* (ndr: Robert Plant) *diceva spesso che poteva sentire la sua penna spinta da un'autorità superiore.'*[588]

Robert Plant e Jimmy Page affermano entrambi di non sapere chi ha scritto la loro canzone cult/occulta *'Stairway to Heaven'*. Robert Plant ha detto: *"Pagey ha scritto gli accordi e li ha suonati per me. Così avevo in mano questo pezzo di carta con una matita, e per qualche motivo ero di pessimo umore... Poi all'improvviso la mia mano ha iniziato a scrivere delle parole... Mi sono poi seduto a guardare quelle parole e sono quasi caduto dalla sedia."*[589]

- Brian Wilson:
Il compositore dei più grandi successi dei Beach Boys una volta disse: "Stiamo facendo la stregoneria, stiamo cercando di fare musica stregonesca".[590]

Wilson ha riconosciuto apertamente che anche lui era tormentato dalle voci nella sua testa. Nick Kent ha scritto di lui: 'Quelle voci nella sua testa, non dicono nulla di distinto, sono un oscuro, spettrale sussurro nei profondi recessi del suo cervello.'[591]

Brian Wilson era amico del criminale satanista Charles Manson, disse addirittura di lui: "Lo stregone è Charley Manson, che è un mio amico. Pensa di essere Dio e il Diavolo. Canta, suona e scrive poesie e forse un giorno sarà un artista della Brother Records."[592]

Il presidente della *Warner Brothers* Records Larry Waronker ha detto di aver incontrato almeno cinque diverse personalità che abitano il corpo *di* Brian Wilson: *'Ci sono molte persone qui, ho incontrato cinque diverse personalità.'* - *Rolling Stone*, agosto 1988

- Fleetwood Mac:
La cantante dei Fleetwood Mac Stevie Nicks, che fu soprannominata "la sacerdotessa bionda dell'occulto" dalla rivista Rolling Stone, una volta disse: "È

---

[588] *Hammer of the Gods' '*, Stephen Davis, 2001, p. 262.

[589] Ibidem.

[590] The Dark Stuff: Selected Writings on Rock Music ' - Nick Kent, 2002.

[591] Ibidem.

[592] Ibidem.

incredibile, a volte quando siamo sul palco sento come se ci fosse una presenza che entra a muovere i pezzi... Non abbiamo alcun controllo su di esso ed è qualcosa di magico". - Circus, aprile 1971

- Kurt Cobain:
Nel suo libro *Kurt Cobain*, Christopher Sandford ha scritto: "Kurt aveva molti demoni interiori, molte debolezze e problemi fisici (...) Era una personalità timida e allo stesso tempo aggressiva, lottava con i demoni che lo affliggevano e lo tormentavano." Nell'aprile 1994, Kurt Cobain, un eroinomane, si suicidò sparandosi in testa, lasciando una lettera d'addio indirizzata a Boddah, il suo amico d'infanzia immaginario... Kurt Cobain è indicato come un membro del famigerato Forever 27 Club, un gruppo di famosi musicisti morti all'età di 27 anni, tra cui Brian Jones, Jimi Hendrix, Janis Joplin e Jim Morrison.

- Tori Amos:
La cantante Tori Amos ha detto: "Penso che la musica venga da altre dimensioni, sarebbe arrogante pensare che si possa creare musica da soli, c'è una co-creazione in corso". Non so con chi, ma è un fatto che tutti abbiamo accesso a quel rubinetto (...) Sento che è una cosa molto bella che vengano a usare il mio corpo per trasmettere quello che vogliono. È un'energia, una forza che viene a visitarmi."[593]

Tori Amos ha detto alla rivista SPIN nel 1996: "Voglio sposare Lucifero (...) Non vedo Lucifero come una forza malvagia (...) Sento la sua presenza e la sua musica. Mi sembra che venga a sedersi sul mio pianoforte. Ha persino scritto una canzone intitolata "Padre Lucifero" che inizia con le parole: "Padre Lucifero, non sei mai sembrato così sano..."

- D'Angelo
Nel giugno 2012, il cantante D'Angelo ha detto alla rivista GQ: "Sai cosa si dice di Lucifero, prima che fosse scacciato? Ogni angelo ha la sua specialità che viene lodata. Dicono che può suonare tutti gli strumenti con un solo dito e poi la musica è semplicemente fantastica. Era eccezionalmente bello, Lucifero, l'angelo che era. Ma poi è sceso all'inferno. Lucifero era temibile. Ci sono forze al lavoro e non credo che molti di questi stronzi che fanno musica oggi conoscano queste cose. È profondo, l'ho sentito, ho sentito forze esterne che mi influenzavano. È uno strumento psichico molto potente in cui siamo coinvolti. Ho imparato molto giovane che quello che cantavamo nei cori era importante quanto il lavoro del predicatore. Il canto è un ministero in sé. Il palcoscenico è il nostro pulpito, possiamo usare tutta quell'energia così come la musica, le luci, i colori e il suono. Ma bisogna fare attenzione..."

Nel 2014, al *Red Bull Music Academy Festival* di New York, D'Angelo ha rilasciato un'intervista a Nelson Georges in cui ha detto che è lo *"spirito"* che lo infonde nel processo artistico. Il cantante dice che si *arrende a un potere*

---

[593] *Axcess* magazine Volume 2, Issue 2; p.49.

superiore e diventa un mezzo attraverso il quale questo "spirito" lavora. La domanda è che tipo di spirito è...

- Nicki Minaj:

Quando scrivo rap, il mio cervello non pensa, non pensa affatto. Devi solo lasciarti andare senza pensare e succede e basta' ... Questa dichiarazione può davvero far sorridere venendo dall'ochetta Nicki Minaj...

Nel 2010, nel documentario di *MTV "My Time Now"*, Nicki Minaj ha detto dopo aver lasciato il palco dopo un concerto, quando le è stato chiesto come stava: *"Non lo so nemmeno io! Sono stato come in trance per tutto il tempo!"*

- Beyoncé:

Nel 2004, la rivista *Rolling Stone* ha pubblicato un articolo intitolato: *"Beyonce: una donna posseduta - Beyonce è posseduta da uno spirito così potente che ha persino un nome: Sasha!* Come abbiamo visto prima in questo capitolo, è la sua alter personalità chiamata *Sasha Fierce* che vive *dentro di lei*.

Beyoncé parla anche dei suoi stati di trance quando è sul palco, in un'intervista con la rivista *Marie Claire* nel 2008, ha descritto quello che sembra essere una trance dissociativa durante i concerti: *"Ho esperienze fuori dal corpo. Se mi faccio male alla gamba o cado, non sento nulla. Sono in uno stato speciale, non faccio nemmeno più attenzione al mio corpo o al mio viso."*

Nel 2013, Beyoncé ha detto a Amy Wallace della rivista GQ: "È come un blackout. Quando sono sul palco, non so cosa stia succedendo: sono altrove. L'articolo si conclude con una citazione della star: "Sono molto più potente di quanto la mia mente possa elaborare o persino capire".

In un'intervista del 2010 su BET TV, Beyoncé ha detto: "Sasha è il mio alter-ego. Quando le persone mi incontrano e parlano con me, di solito si aspettano di vedere Sasha, ma in realtà sono molto più riservato di lei, non è niente del genere. Nei camerini non ci sono più perché è Sasha che emerge, può fare certe cose che normalmente mi imbarazzerebbe fare, anche se cerco di comportarmi in quel modo, non funziona, da sola non funziona. Ricordo anche che poco prima di salire sul palco ho alzato le mani al cielo ed è stato come se qualcosa fosse entrato dentro di me e lì ho capito che avrei vinto un BET Award."

- Ke$ha:

Ke$ha ha dichiarato di aver avuto diverse esperienze soprannaturali che hanno influenzato il suo album *Warrior*. In un'intervista con Ryan Seacrest, ha rivelato di aver *"fatto sesso con un fantasma"* (incubus: un demone maschio che si suppone assuma un corpo per abusare sessualmente di una donna addormentata) e ha detto che questa relazione sessuale ha ispirato il suo ultimo singolo *"Supernatural"*: *"È una canzone su esperienze soprannaturali... ma erotiche. Ho avuto alcune esperienze con il soprannaturale... Non so il suo nome, era un fantasma! Sono molto aperto al riguardo."*

- Lady Gaga:

Lady Gaga ha imparato da sua madre che strani sogni e incubi possono essere rituali segreti... Gaga ha rivelato che i suoi incubi ispirano la sua musica, video e performance. Nel 2010, ha raccontato alla rivista *Rolling Stone di* un sogno spaventoso che fa in modo ricorrente: *"Questo fantasma mi trascina in una stanza, e c'è una giovane ragazza bionda le cui braccia e gambe vengono strappate con delle corde... Non la vedo mai mentre viene fatta a pezzi, ma la vedo gemere. Allora il fantasma mi dice: "Se vuoi che smetta di farle del male e se vuoi che la tua famiglia sia al sicuro, devi tagliarti il polso". Penso che debba avere uno strumento di taglio malato. E c'è questo miele... Vuole che mescoli questo miele in una crema e poi lo spalmi sulla ferita e sulla benda. Quando esco da questo sogno, apro gli occhi e non c'è niente di simile intorno a me... E mia madre mi disse: "Non è un rituale degli illuminati?*

Gaga ha detto che si è rivolta al suo amico e consigliere spirituale, il famoso Deepak Chopra, per aiutarla a interpretare un sogno in cui lei mangia un cuore umano...

- Questo è terrificante! Il diavolo sta cercando di prendermi... Deepak, sono una brava ragazza!

- Sei molto creativa, mia Gaga. Dovresti metterlo in un video clip...

- Suppongo che a suo modo mi stia insegnando a rispettare e onorare la mia follia. Fa parte di quello che sono (...) Ho sogni morbosi ma li metto in mostra. Molto del mio lavoro è un esorcismo per i fan, ma anche per me."[594]

La giovane cantante Gaga ha detto alla rivista *Vanity Fair* che crede che lo spirito della sua defunta zia sia dentro di lei... Crede che lo spirito di sua zia Joanne sia stato "trasferito" nel grembo di sua madre, ha detto: *"Quando sono nata, è stato quasi come se stessi portando avanti la sua attività non terminata. Era una poetessa e pura di cuore, una bella persona. È morta vergine (...) E una delle mie guide mi ha detto che poteva sentire che avevo due cuori nel petto, ed è quello che penso anch'io."*[595]

Nel 2011, Gaga ha anche detto alla rivista *Bazaar* che non ha scritto la sua canzone *'Born This Way'*, ma che il defunto stilista britannico Alexander McQueen ha passato il testo dai morti. Infatti, Lady Gaga e McQueen, che si è suicidato nel 2010, erano amici intimi: *"È tutto previsto, subito dopo la sua morte ho scritto 'Born This Way'. Penso che sia in cielo a tirare i fili della moda, a fare il burattinaio e a pianificare tutto..."* Dice Gaga...

Un articolo dell'*Herald Sun del* 2010 ha riportato che Lady Gaga crede di essere perseguitata da un fantasma chiamato "Ryan" e che la segue in giro per il mondo in tour. Ha detto che la presenza costante la terrorizza. Un membro del suo team ha detto al *quotidiano Daily Star*: *"Ci sta dicendo da mesi che c'è un fantasma chiamato 'Ryan' che viaggia per il mondo con lei (...) Non ha fatto nulla di particolarmente violento o spaventoso, ma lei è spaventata dalla sua presenza. È molto spirituale ed è una persona in sintonia con il mondo spirituale, ma tutto questo sta andando un po' troppo oltre, anche per lei."*

---

[594] The Broken Heart and Violent Fantasies of Lady Gaga - Neil Strauss, Rolling Stone, 2010.

[595] Lady GaGa: mia zia vive dentro di me - digitalspy.co.uk, 2010.

Gaga ha persino contattato un sensitivo e ha tenuto una seduta spiritica per comunicare con l'entità e dirle di andarsene. Lady Gaga sembra essere ossessionata dal mondo degli spiriti, a 24 anni aveva già speso decine di migliaia di dollari in "cacciatori di fantasmi", compreso un dispositivo che misura i campi elettromagnetici per rilevare gli spiriti...[596]

- Per concludere:
È chiaro che molte delle celebrità del mondo sono relitti emotivi, psicologici e spirituali, che conducono o hanno condotto una vita caotica, morbosa e distruttiva di dissolutezza. Molte delle più grandi star del mondo finiscono per morire prima del tempo e in circostanze simili (l'ufficialità della morte è talvolta da prendere con riserva in questi casi), ecco alcuni esempi:
- Whitney Houston: "overdose
- Heath Ledger: "overdose
- Phillip Seymour Hoffman: "overdose
- Jim Morrison: 'overdose
- David Carradine: 'asfissia
- Michael Jackson: 'overdose
- Robin Williams: 'asfissia
- Cory Monteith: "overdose
- Kurt Cobain: "pallottola in testa
- Jimi Hendrix: "overdose".
- Janis Joplin: 'overdose
- Marilyn Monroe: "overdose
- Anna Nicole Smtih: 'overdose
- Amy Winehouse: "overdose".
- Brittany Murphy: "overdose
- ecc...

Disturbi alimentari, disturbi ossessivo-compulsivi (OCD), disturbi bipolari e *borderline*, disturbi istrionici (narcisistici) della personalità, depressione e disturbi dissociativi dell'identità compongono la triste serie di condizioni psicologiche delle celebrità dell'industria dello spettacolo. Cosa hanno tutti in comune per soffrire così tanto? Qual è l'origine di questo malessere?

Lo psicoterapeuta e sessuologo francese Patrick Dupuis fa forse luce su questa questione con ciò che chiama la *"Violenza iniziale"*, cioè la fonte che genera la perversione, la violenza e l'autodistruzione: *"Senza vento, non c'è tempesta, senza traumi infantili, non c'è depressione, né fobie, né perversioni. Nessun sistema pulsionale naturale è capace di generare violenza da solo senza essere sottoposto a una costrizione violenta (abuso, forzatura, controllo, pressione) da parte dell'ambiente... L'homo sapiens non ha un istinto distruttivo o una pulsione di morte, più di qualsiasi altro animale sulla terra. Ha solo un istinto di costruzione che è reversibile nel suo opposto sotto l'effetto di uno shock traumatico. Il dispositivo psichico che chiamo istinto di costruzione (del sé e del*

---

[596] 'Lady Gaga tiene una seduta spiritica per liberarsi del fantasma' - *Herald Sun*, 11/2010.

mondo) è reversibile nel suo opposto (in istinto di distruzione) sotto l'effetto di gravi disturbi ambientali che chiamiamo traumi infantili. Il termine perversione descrive questo processo di inversione, che è un processo dinamico (e non una proprietà naturale della perversione), ma il più delle volte non si collega il comportamento violento o perverso alla violenza che lo ha generato, e questo per la mancanza di una valida teorizzazione del processo, e anche per la legge del silenzio che ancora pesa su questo tipo di violenza nascosta. "[597]

Questo caos e disagio che è onnipresente nell'industria dello spettacolo è necessariamente radicato in un passato traumatico ma anche in una stretta relazione con l'occulto e il mondo degli spiriti.

I traumi infantili sono il prezzo da pagare per accedere al genio creativo, a certi poteri psichici, alla capacità di aprirsi facilmente al mondo degli spiriti attraverso la dissociazione e la possessione, e infine alla gloria? Un bambino consacrato a Satana fin dalla nascita, che ha subito ripetuti abusi rituali traumatici, diventa suo malgrado strettamente legato ai demoni... Navigherà tra il mondo degli umani e il mondo degli spiriti in stati dissociativi, stati alterati di coscienza causati da droghe, alcol, musica, ma anche violenza su se stesso o sugli altri...

Il suo sdoppiamento di personalità e la sua programmazione MK miglioreranno solo la sua capacità di incanalare l'ispirazione da un *"Aldilà"* per servire come un mezzo ponte qui sulla terra, favorendo così l'agenda per l'istituzione del dominio luciferiano. Un umano che è dedicato a Lucifero/Satana dalla nascita, che è dissociato e scisso dal trauma, è ampiamente aperto alla possessione demoniaca (che non implica necessariamente *camminare sul soffitto e sputare chiodi*), servirà come schiavo umano per trasmettere la cultura luciferiana a questa terra attraverso lo strumento migliore: l'industria dello spettacolo... Questo senza sfuggire al caos interiore, all'autodistruzione e al sacrificio finale dello schiavo. Il Principe di questo mondo ha bisogno di agenti/schiavi sul terreno per influenzare efficacemente l'umanità intera, per trasmettere la dottrina - subcultura luciferiana - e per questo l'industria dello spettacolo è la piattaforma di propaganda per eccellenza.

c/ Il patto con il diavolo?

Diverse celebrità hanno dichiarato pubblicamente di aver letteralmente *venduto l'anima al diavolo* per fama e fortuna... Tutto questo può naturalmente far sorridere, poiché il mondo secolare è oggi totalmente chiuso a queste idee.

Il libro di Joseph Niezgoda *'The Lennon Prophecy, A New Examination of the Death Clues of the Beatles'* ha messo insieme un puzzle per dimostrare che John Lennon fece un accordo con Satana in cambio di fama e fortuna. Joseph Niezgoda, un fan dei Beatles di prima generazione che ha letto ogni libro mai scritto sulla famosa rock band, ha trovato l'amore per la musica, ma anche per Satana...

---

[597] *'La violenza iniziale'* - Patrick Dupuis, mondesfrancophones.com, 2010.

Niezgoda introduce il suo libro con la famosa frase di Lennon al suo amico Tony Sheridan a metà degli anni sessanta: *"Ho venduto la mia anima al diavolo"*. Descrive poi come questo gruppo di musicisti, composto da giovani inglesi, finì per raggiungere la fama mondiale...

Niezgoda cita la data del 27 dicembre 1960 come inizio del patto. Quella sera, i Beatles stavano suonando al *Town Hall Ball Room* di Litherland, in Inghilterra. All'epoca, Lennon era solo un cantante rock ventenne in un gruppo mediocre paragonabile a molte altre band. Ma quella sera i Beatles provocarono una reazione incredibile da parte del pubblico, una reazione completamente diversa dalle altre volte: mentre stavano suonando, la folla saltò inaspettatamente sul palco e tutte le ragazze iniziarono a diventare isteriche. Questo non era mai successo prima, ma sarebbe diventato un comportamento sistematico in seguito. E così, da un giorno all'altro, nacque la *Beatlemania*. I quattro giovani musicisti e cantanti ricordano quella notte come il punto di svolta della loro carriera. Il patto era stato fatto al solstizio d'inverno, qualche giorno prima? Il patto era stato fatto al solstizio d'inverno qualche giorno prima, preparando così la folla alla reazione totalmente esagerata del 27 dicembre? Una data ricordata come "l'anniversario della *Beatlemania*".

Niezgoda nota anche che questo concerto segna l'inizio del comportamento apertamente anticristiano di John Lennon. Diverse biografie di Lennon riportano numerose profanazioni pubbliche senza alcuno scopo apparente se non quello di bestemmiare Gesù Cristo.

Vent'anni dopo, il 9 dicembre 1980, Mark David Chapman sparò a John Lennon cinque volte con un revolver davanti al famoso Dakota Building di New York, dove lui e sua moglie Yoko Ono avevano un appartamento (sullo stesso piano dove fu girato il film occulto *Rosemary's Baby* di Roman Polanski). Lennon morì poco dopo l'attacco. Mark Chapman in seguito affermò che gli era stato ordinato di uccidere Lennon da una *"voce nella sua testa"* che insisteva: *"Fallo, fallo, fallo..."*. Cinque anni dopo, mentre era in prigione, Chapman chiese di essere esorcizzato da un prete, e più tardi affermò di essere stato liberato da cinque o sei demoni.

Gran parte del libro di Niezgoda indaga sugli "indizi" lasciati dagli stessi Beatles sulle copertine degli album e nella loro musica. Indizi che portano all'occulto. Per sostenere la sua tesi, Niezgoda fece ricerche sulla stregoneria, il misticismo, la numerologia, gli anagrammi, ecc. Sostiene che gli indizi della morte di Lennon sono rivelati nelle copertine degli album *Rubber Soul, Yesterday and Today, A Collection of Beatles Oldies, Sgt. Pepper's Lonely Hearts Club Band, Yellow Submarine, Magical Mystery Tour*, ma anche negli album solisti di Lennon come *Imagine* e *Walls and Bridges*.

La copertina dell'album 'Yesterday and Today' dei Beatles del 1966 non rivela nulla sulla morte di John Lennon, ma mostra esplicitamente che la band era coinvolta nel satanismo. La copertina, soprannominata 'The Butcher's Cover', mostra i Beatles in posa in camice da macellaio bianco con grandi pezzi di carne cruda sulle loro ginocchia, così come un manichino decapitato... Questa foto molto inquietante è un chiaro riferimento ai sacrifici di bambini nei rituali satanici. Questa non è un'opera d'arte d'avanguardia o un brutto scherzo, come sostengono alcuni fan dei Beatles.

Niezgoda riporta anche alcuni testi di canzoni che rivelano la misteriosa predizione della morte di John Lennon, così come la sua connessione con Satana. Le sue canzoni gli venivano spesso trasmesse in sogno, soprattutto quelle di maggior successo. In una delle sue ultime canzoni, *'Help me to help myself'*, sembra che abbia capito che la sua ora era arrivata. La canzone inizia con le parole: *'Beh, ho cercato in tutti i modi di rimanere vivo, ma l'angelo della distruzione continua a tormentarmi da ogni parte. Ma so nel mio cuore che non siamo mai andati via veramente...".* Alla fine della canzone, Lennon può essere sentito sussurrare: "*Vedo, vedo.* Come sottolinea Niezgoda, non c'è nulla nel suo libro che non sia già di dominio pubblico. Tutto ciò che ha fatto è legare insieme i pezzi per rivelare la questione dell'occulto e la forte probabilità che i Beatles abbiano ricevuto un aiuto soprannaturale nella loro ascesa alla fama.[598]

Nel dicembre 2004, il famoso Bob Dylan ha rilasciato un'intervista a Ed Bradley per il programma televisivo *60 Minutes* (*CBS*), ecco alcuni estratti:

- **Bradley**: Perché continui? Perché sei ancora qui?

- **Dylan**: È una questione di destino, ho fatto un buon accordo con lei... molto tempo fa e... sto arrivando alla fine.

- **Bradley**: Che caso è questo?

- **Dylan**: Per arrivare dove sono ora.

- **Bradley**: Posso chiederti con chi hai fatto questo 'buon affare'?

- **Dylan**: (ride) Con... sai, il comandante in capo.

- **Bradley**: ... di questa terra?

- **Dylan**: Di questa terra e del mondo che non possiamo vedere.

Qui, quando Bob Dylan parla del *comandante in capo,* si riferisce a Lucifero, comandante in capo degli angeli caduti (demoni), il principe di questo mondo. Un'intervista edificante in cui afferma anche:

- **Bradley**: Ti capita mai di guardare indietro alle tue produzioni e dire: "Wow, questo mi sorprende! '

- **Dylan**: Lo facevo, ma non lo faccio più. Non so come sono arrivato a scrivere queste canzoni.

- **Bradley**: Cosa vuoi dire con questo?

- **Dylan**: Tutte quelle prime canzoni sono state scritte come per magia... Buio allo spuntare del mezzogiorno, ombre anche il cucchiaio d'argento, una lama fatta a mano, il palloncino del bambino 'Beh, provate a sedervi e scrivere qualcosa del genere, c'è una magia in esso... e non è il tipo di magia alla Siegfried e Roy, sapete? È un tipo diverso di magia penetrante. E sapete, l'ho fatto, l'ho fatto per un po'.

Il famoso rapper Kanye West ha detto sul palco: "Ho venduto la mia anima al diavolo, so che è un affare marcio, ma arriva con qualche sorpresa come un happy meal.

---

[598] 'Il patto di John Lennon con Satana' - Margaret C. Galitzin / *La profezia di Lennon* - Joseph Niezgoda.

Katy Perry ha scherzato in un'intervista: *"Volevo essere la Amy Grant della musica. Ma non ha funzionato, quindi... ho venduto l'anima al diavolo."*... Ora è una star di fama mondiale, con una clip in particolare che si riferisce direttamente alla programmazione MK, di cui parleremo più avanti.

Roger Morneau, l'autore di *A Trip Into the Supernatural*, ha passato diversi anni in una setta canadese coinvolta nello spiritismo e nel culto dei demoni. Nel 1995, in un'intervista video con Dan e Karen Houghton dell'*Hart Research Center*, Morneau riportò le parole di un famoso musicista jazz con cui stava cenando ad una festa:

Se voglio il potere, vado direttamente alla sua fonte. Come pensi che sia diventato così famoso? Ho detto: "Devi essere fortunato. Ha detto: "Non esiste la fortuna. O c'è qualche potere che lavora per te da qualche parte, o non stai avanzando in questo mondo...' Poi abbiamo parlato del culto degli spiriti (...) Mi ha detto che i cosiddetti spiriti dei morti sono demoni. Sono angeli caduti, esseri bellissimi (...) Noi adoriamo gli spiriti. Noi adoriamo Lucifero e tutti i suoi angeli. Sono tutti belli come quando sono stati cacciati dal cielo (...) Quindi siamo in guerra, il bene contro il male. Siamo i cattivi, ma non siamo così cattivi. Vedo questo caso come le forze del bene e del male, una persona crede in Dio, l'altra crede in Lucifero, è come la politica."

L'ex pornostar Shelley Lubben ha testimoniato al 700 Club (Out of Pornography and Into the Light - CBN): 'Non appena la telecamera ha iniziato a girare, è stato come se Satana fosse venuto da me... Potevo quasi vedere il diavolo che mi diceva: "Vedi Shelley, ora tutti ti ameranno, ti renderò famosa". Il produttore era stupito: "Dove hai trovato questa ragazza? Sono passato immediatamente da dilettante a professionista facendo film per adulti con le pornostar. Mi stava distruggendo, avevo perso la mia femminilità, avevo perso tutta la mia personalità nel porno."

Ecco cosa dice del suo primo giorno sul set nel 1992: "Non appena sono entrata, mi sono sentita come se un'oscura presenza satanica mi stesse invadendo. Era terrificante, buio, non aveva niente a che fare con la prostituzione. Sapevo di essere nel territorio di Satana. Era come l'ultima frontiera di Satana. Ho pensato: "Oh, mio Dio, non posso credere che lo sto facendo. Shelley andò fino in fondo e la sua carriera decollò, fama e denaro divennero presto un'ossessione..."

4 - MARILYN MONROE: LA PRIMA SCHIAVA CONTROLLATA DALLA MENTE DI HOLLYWOOD

Marilyn Monroe è forse la figura più iconica della cultura americana e il sex symbol più riconoscibile di tutti i tempi. Tuttavia, dietro il sorriso fotogenico di Marilyn c'era una persona fragile che è stata sfruttata e sottoposta al controllo mentale da potenti "maestri".

Marilyn Monroe è il sex symbol per eccellenza, che incarna tutto ciò che Hollywood rappresenta: glamour e sfarzo. Il suo iconico personaggio di bionda sensuale ha rivoluzionato per sempre l'industria cinematografica, e ancora oggi, questa icona influenza notevolmente la cultura popolare.

Mentre Marilyn rappresenta tutto ciò che è glamour a Hollywood, la storia inquietante della sua vita privata rappresenta anche il lato oscuro di Hollywood... Marilyn fu effettivamente manipolata da "dottori della mente" di alto livello che controllavano ogni aspetto della sua vita e le rubarono effettivamente l'anima. La sua morte alla giovane età di 36 anni è uno dei primi *"misteri sulla morte delle celebrità"* nella cultura popolare. Mentre ci sono molti fatti che indicano un omicidio, la sua morte è ancora classificata come un *"probabile suicidio"*.

Mentre molti biografi spiegano che le disgrazie di Marilyn hanno avuto origine solo da "problemi psicologici", l'assemblaggio dei fatti della sua vita combinati con la conoscenza del lato oscuro di Hollywood rivelano qualcosa di ancora più oscuro: Marilyn Monroe è stata una delle prime celebrità sottoposte al controllo mentale Monarch. Attraverso traumi e un programma psicologico, Marilyn divenne gradualmente una marionetta di alto livello per l'élite americana, divenne persino la modella presidenziale di JFK.

Quando la programmazione della Monroe si deteriorò e cominciò ad affondare, alcuni dicono che fu *"buttata giù dal treno della libertà"*, il termine per gli schiavi che vengono eliminati quando non sono più utili ai loro padroni (e potenzialmente pericolosi a causa delle rivelazioni che potrebbero fare).

Marilyn, il cui vero nome era Norma Jeane, fu dichiarata sotto tutela dello Stato all'età di 11 anni. Non ha mai conosciuto suo padre e sua madre era psicologicamente molto instabile. La bambina è stata quindi messa in numerose case di accoglienza, orfanotrofi e altre case. È stata messa in un certo numero di case adottive, orfanotrofi e altre case, dove è stata maltrattata e abusata sessualmente. Questa gioventù instabile e traumatica l'ha resa una candidata ideale per il controllo mentale, compresa la programmazione Beta (schiavitù sessuale). Questi bambini che non hanno più una famiglia sono facili prede, sono alla mercé di adulti non identificabili e sono quindi obiettivi della Rete.

Norma Jeane iniziò la sua carriera come spogliarellista a Los Angeles, dove fu presentata a un certo Anton LaVey (che in seguito fondò la Chiesa di Satana). Secondo Fritz Springmeier, LaVey stesso era un programmatore MK e la giovane Norma Jeane divenne una delle sue schiave sessuali, così come Jayne Mansfield (attrice e cantante). Mansfield e Monroe avevano molto in comune: erano entrambe 'luscious blondes', il modello di donna a cui si attribuisce la sessualizzazione di Hollywood; lavoravano entrambe (*playmate*) per la rivista *Playboy*; avevano entrambe una 'relazione' con il satanista Anton LaVey; avevano entrambe una 'relazione' con Robert F. Kennedy e JFK (l'affare era in realtà giocare il ruolo di "modelli presidenziali"); entrambi sono morti a trent'anni.

La trasformazione fisica di Norma Jeane nell'iconica Marilyn Monroe iniziò quando si unì all'agenzia di modelle *Blue Book*. Si è sottoposta a chirurgia plastica, a un cambio di colore di capelli e infine a un cambio di nome... Una trasformazione radicale che le ha permesso di assumere molti ruoli cinematografici. Fu nel 1956 che cambiò ufficialmente e legalmente il suo nome da Norma Jeane alla futura icona mondiale: Marilyn Monroe. Un atto fortemente simbolico che in termini di controllo mentale rappresenta la soppressione della sua personalità originale, per permettere alla sua personalità altera di esistere pienamente. Da quel momento in poi, *Marilyn* era solo ciò che i suoi controllori volevano che fosse.

Come rivelano i suoi biografi, Marilyn aveva poca o nessuna libertà personale. I suoi padroni l'hanno isolata per controllarla meglio ed evitare che gli estranei l'aiutassero a prendere coscienza del fatto che era manipolata. Le uniche persone con cui aveva contatti erano i suoi psichiatri e i suoi maestri. La prova che queste persone erano le uniche nella vita di Marilyn è che hanno ereditato quasi tutta la sua fortuna. Monroe consultava gli psichiatri quasi quotidianamente, erano sessioni di condizionamento e programmazione? Una cosa è certa, stava peggiorando man mano che queste sessioni aumentavano di frequenza.

Nel 1955, durante il suo soggiorno al *Waldford Astoria Hotel* di New York, scrisse una poesia intitolata *"The Surgeon Story"*. In esso, descrive di essere stata drogata e *"aperta"* (chirurgia magica?) da Lee Strasberg (il suo "mentore") e Margaret Hohenberg (la sua psichiatra). Questo resoconto è solitamente descritto come un semplice ricordo di un incubo riportato da Marilyn, ma alcuni ricercatori sostengono che sia in realtà una descrizione di una sessione di controllo mentale. Descrive che l'operazione non l'ha disturbata, perché era preparata, era in uno stato di dissociazione e trance? Menziona anche il fatto che poteva vedere *solo "bianco"*, *il che* potrebbe riferirsi all'isolamento sensoriale (un metodo usato in MK-Ultra). Una volta *"aperta"*, i medici trovarono in lei solo una *"segatura fine, come quella che esce da una bambola di pezza"*. Marilyn si vede come una bambola vuota, tipica di una schiava MK che ha perso il contatto con la sua personalità originale. Questo è il testo intitolato *"La storia del chirurgo"*:

Strasberg - è il chirurgo migliore e più competente per aprirmi, cosa a cui non mi oppongo visto che la dottoressa H. mi ha preparato per questo - mi ha fatto l'anestesia ed è anche quella che ha diagnosticato il mio caso ed è d'accordo con quello che deve essere fatto - un'operazione - per riportarmi in vita e curarmi da questa terribile malattia o qualunque cosa sia (...). mi ha dato un anestetico per cercare di alleviarmi dal punto di vista medico, Strasberg mi apre - e dopo che tutto nella stanza diventa BIANCO, infatti non riesco a vedere nessuno, solo oggetti bianchi - mi aprono - Strasberg e la tipa di Hohenberg - e non c'è assolutamente nulla lì dentro - Strasberg è profondamente deluso ma ancora più intellettualmente stupito di aver potuto fare un tale errore. Pensava che avrebbe trovato molto di più di quello che aveva sperato di trovare... e invece non c'era assolutamente nulla - privo di qualsiasi creatura umana vivente senziente - l'unica cosa che veniva fuori era segatura molto fine - come quella che si trova dentro le bambole Raggedy Ann (bambola di pezza) - e la segatura si rovescia sul pavimento e sul tavolo, Dr. H. È sconcertata perché improvvisamente si rende conto che si trova di fronte a una nuova situazione in cui il paziente... esiste dal vuoto estremo. Strasberg vede cadere i suoi sogni e le sue speranze per la sala operatoria. Il dottor H. deve rinunciare ai suoi sogni e alle sue speranze di un trattamento psichiatrico duraturo - Arthur è deluso - Abbandonato.[599]

Si dice che Marilyn Monroe abbia avuto due gravidanze finite in aborti spontanei. Mentre i suoi biografi affermano che si trattava di aborti spontanei, altre fonti dicono che erano in realtà indotti. Lena Pepitone, che fu cameriera, sarta e confidente di Marilyn Monroe, scrisse un libro in cui riferì che la star disse: *"Non prendete il mio bambino". Me l'hanno portato via... e non lo vedrò mai più".* Il libro rivela che Marilyn non aveva abortito, ma che *avevano* preso il suo bambino, una pratica comune nel MK-Ultra e nel satanismo.

All'apice della sua carriera, la Monroe si trovò legata al presidente americano John F. Kennedy. Alcuni storici hanno descritto questa relazione come una semplice "scappatella", ma probabilmente veniva usata come "manichino presidenziale" - una schiava per il "piacere" di presidenti e altri notabili.

Adam Gorightly, nel suo libro An Interpretation of Kubrick's Eyes Wide Shut scrive: "Questi manichini presidenziali sarebbero stati usati da artisti e politici come giocattoli sessuali: marionette controllate dalla mente e programmate per eseguire vari atti perversi agli ordini del loro padrone manipolatore. Si presume che Marilyn Monroe sia stata la prima schiava sessuale Monarch a raggiungere lo status di "celebrità".

Gli ultimi mesi della vita di Marilyn Monroe furono caratterizzati da un comportamento incoerente e da diverse relazioni "intime" con individui al potere. Come schiava Beta, è stata anche usata sessualmente da persone del settore. Nel libro di June Dimaggio *"Marilyn, Joe & Me"*, l'autrice descrive come fu costretta a essere al servizio di vecchi e dovette dissociarsi completamente dalla realtà (un aspetto importante della programmazione MK) per poter compiere atti ripugnanti: *"Marilyn non poteva permettersi emozioni quando doveva dormire con vecchi rugosi per poter sopravvivere in questo business. Ha dovuto proteggersi "staccando" virtualmente la spina dalle sue emozioni in quei momenti - come se stesse recitando un ruolo per uscire dall'orrore della situazione. Quando questi ricchi magnati di alto profilo possedevano il suo corpo e la sua anima, lei non poteva vivere da sola. All'epoca, mi disse, tornava a casa esausta dai servizi fotografici e le telefonavano potenti vecchietti che le facevano venire la pelle d'oca. Dopo alcuni degli orrori di queste sessioni di sesso, rimaneva nella doccia per più di un'ora. Voleva lavare via la terribile esperienza che aveva appena subito."*

Nel 1962, Marilyn iniziò a girare *Something's Got to* Give ma era così psicologicamente instabile che alla fine fu licenziata e citata in giudizio dalla *20th Century Fox* per mezzo milione di dollari di risarcimento. Nel suo libro *Goddess: The Secret Lives of Marilyn Monroe*, Anthony Summers riferisce che il produttore del film, Henry Weinstein, disse che il comportamento di Marilyn durante le riprese era terrificante: *"Pochissime persone vivono nel terrore. Tutti noi sperimentiamo ansia, tristezza e dolore, ma questo era puro terrore animale".*

---

[599] Traduzione di *Eyael* da pensinemutine.eklablog.com.

Fu il suo psichiatra Ralph Greenson a trovarla morta nella sua stanza il 5 agosto 1962. Anche se la sua morte è stata classificata come un *"probabile suicidio"* per avvelenamento da barbiturici, rimane ancora una delle teorie più dibattute di tutti i tempi, poiché ci sono davvero molte prove a sostegno della teoria dell'omicidio. Sono state distrutte così tante prove che è difficile non credere ad un insabbiamento. Jack Clemmons, il primo ufficiale della polizia di Los Angeles che indagò sulla scena della sua morte, scrisse un rapporto in cui affermava di sospettare chiaramente un omicidio. Tre persone erano presenti nella casa di Marilyn Monroe al momento della sua morte: la sua governante Eunice Murray, il suo psichiatra Dr. Ralph Greenson e il suo medico generico Dr. Hyman Engelberg. L'indagine sulla morte di Monroe ha rivelato che il dottor Greenson ha chiamato la polizia più di un'ora dopo che il dottor Engelberg lo aveva dichiarato morto. Il comportamento delle tre persone presenti sulla scena è stato descritto come "incoerente". Questo ricorda molto le circostanze della morte di Michael Jackson, la cui vita può essere paragonata per molti aspetti a quella di Marilyn Monroe, soprattutto per il fatto che era il loro entourage a gestire le loro vite dalla A alla Z... come bambole preziose dell'industria dello spettacolo (lo stesso vale per Britney Spears e molti altri...).

Marilyn Monroe divenne rapidamente un'eccezionale icona globale che rappresentava il lato sexy e glamour di Hollywood, ma divenne anche, nel famigerato mondo di MK-Ultra, il simbolo della Programmazione Beta. Oggi, più che mai, le giovani star cresciute nell'industria dello spettacolo hanno seguito le sue orme (come se tutto fosse previsto per loro). Queste giovani donne, manipolate da "allenatori", sono condotte alla fama e alla fortuna. Donne che sono state generalmente sottoposte a controllo mentale fin dalla più tenera età, portando in seguito a rotture psicotiche e talvolta anche a una misteriosa morte precoce. Sistematicamente, queste celebrità sono messe in scena ad un certo punto della loro carriera per incarnare l'immagine di Marilyn Monroe, come se fosse un bisogno malato di coloro che tirano i fili per fare un punto di rivelare simbolicamente la schiavitù MK. C'è una pletora di video o foto con grandi star che incarnano l'immagine mitica di Marilyn Monroe. Ce ne sono troppi perché sia una coincidenza, e in alcuni casi, la somiglianza non è solo estetica, tanto simili sono i tragici destini...[600]

5 - CANDY JONES: 'MANCHURIAN CANDIDATE

Il caso Candy Jones è uno dei casi più documentati di controllo mentale nell'industria della moda. Come ha fatto una famosa modella americana ad essere sottoposta agli esperimenti di controllo mentale della CIA? Nel 2001, il

---

[600] 'The Hidden Life of Marilyn Monroe, The Original Hollywood Mind Control Slave' - Vigilantcitizen.com - 'The Hidden Life of Marilyn Monroe, Hollywood's First Mind Control Slave' - BistroBarBlog.

giornalista Colin Bennett scrisse un articolo per la rivista[601] *Fortean Times* esponendo l'intera vicenda:

Per tutti era conosciuta come la più famosa modella americana degli anni 40. Ma ha condotto una vita segreta come Manchurian Candidate lavorando per i servizi segreti durante la guerra fredda. Colin Bennett ha analizzato questo caso di personalità multipla e controllo mentale ipnotico.

Il 31 dicembre 1972, in un lussuoso appartamento di New York di proprietà di amici avvocati, il famoso presentatore radiofonico Long John Nebel, 61 anni, si sposò con Candy Jones, 47 anni, una modella di fama internazionale. Gli ospiti di questo lieto evento avrebbero certamente molto di cui parlare.

John Nebel era l'Arthur William 'Art' Bell dell'epoca, e il suo programma radiofonico notturno aveva un pubblico di milioni di persone, ma quella sera la sua testa non era al Watergate o in Vietnam... Aveva appena sposato una donna il cui volto era stato sulla copertina di undici delle maggiori riviste del paese nello spazio di un mese nel 1943. Durante l'offensiva del Pacifico nella seconda guerra mondiale, immagini di Candy Jones in un costume da bagno a pois adornavano gli interni di navi, carri armati e trincee.

Fu un matrimonio molto rapido, organizzato sulla base di un amore a prima vista, quindi Nebel non conosceva bene sua moglie. Durante il ricevimento, notò per un breve momento che lei aveva perso tutta la sua esuberanza e il suo fascino naturale. La sua voce divenne quella di un'altra donna e la sua postura solitamente fluida divenne rigida. La serata continuò in un ristorante cinese chiamato "Ho Ho", dove Nebel notò di nuovo la trasformazione; era come se fosse a disagio con l'arredamento, gli specchi e le candele cinesi. Quando fu ora di andare a letto, Candy parlò di nuovo con quella strana voce che Nebel aveva sentito all'inizio della serata. Ciò che era ancora più allarmante era il fatto che questa strana personalità Candy aveva un atteggiamento completamente diverso nei suoi confronti. Sembrava crudele, beffarda e fredda. Quando Nebel le chiese di spiegarlo, Candy rimase sorpresa; in effetti, non aveva notato l'emergere di un'altra voce o personalità. Tuttavia, poche settimane dopo il loro matrimonio, lei ha finalmente confidato a Nebel che una volta aveva lavorato per l'FBI per un po', aggiungendo misteriosamente che avrebbe potuto lasciare di nuovo la città senza dare alcuna spiegazione. Nebel si chiese allora se ci fosse una connessione tra l'altra personalità di Candy e questi strani viaggi che lei diceva di aver fatto per l'FBI.

Candy Jones, il cui vero nome è Jessica Wilcox, è nata nel 1925 ad Atlantic City, New Jersey. È cresciuta fino a diventare una bella giovane donna bionda di 1,93 metri. Il suo tipico viso da regina di ghiaccio americana, come quello di Grace Kelly, Jayne Mansfield e Marilyn Monroe, era molto alla moda in quel periodo. Anche se è cresciuta in un ambiente piuttosto agiato, suo padre e sua madre maniaco-depressivi (bipolari) hanno abusato di lei. Suo padre, separato da sua madre, una volta le schiacciò le dita su una grattugia per la noce moscata. Sua madre le picchiava così tanto le gambe che Candy doveva indossare calze spesse per nascondere i segni. Non le era permesso di stare con

---

[601] *Manchurian Candy'* - Colin Bennet, *Fortean Times* 148, 07/2001.

altri bambini ed era spesso chiusa in una stanza buia da sua madre. Fu in questa stanza buia che la piccola Candy, in preda al panico, sviluppò una serie di personaggi immaginari per tenerle compagnia. Nell'oscurità della sua prigione, ha visualizzato questi personaggi che apparivano nei pochi riflessi di un grande specchio a muro. Il nome di una delle sue amiche magiche era Arlene, che in seguito avrebbe avuto un ruolo cruciale nella vita di Candy. A differenza degli altri personaggi di questo mondo fantastico, Arlene non è scomparsa quando Candy è diventata adulta. È cresciuta e maturata con lei, proprio come una personalità secondaria. La personalità di Arlene era una specie di immagine speculare di quella di Candy, aveva tratti di Candy. Aveva tratti della madre di Candy: era dura, spietata, sarcastica e crudele, con una voce piccola e stridula molto diversa da quella di Candy.

Fu questa voce che Nebel sentì per la prima volta il giorno del suo matrimonio. Quando era in sé, Candy era la più affettuosa, affascinante e socievole delle donne. Ma quando era Arlene, poteva diventare pericolosamente viziosa, tentando anche una notte di strangolare il suo nuovo marito in modo militare e professionale. Nebel si rese presto conto e concluse, non senza ragione, che la mente della sua nuova moglie era molto disturbata. Candy sembrava essere terrorizzata da tutte le cose cinesi, aveva anche una grande paura di medici, psichiatri e dentisti, così come dei farmaci in generale. Le droghe erano ciò di cui Candy aveva più paura, ogni volta che ne sentiva parlare, la "protettrice" di Candy, Arlene, dichiarava con veemenza che tali cose non sarebbero mai dovute entrare nel "suo" corpo.

Nebel scoprì che i cambiamenti di personalità di Candy avevano una lunga storia, e la sua ricerca lo portò direttamente al cuore di un'organizzazione di cui molti dei suoi ascoltatori gli avevano parlato per anni: La Central Intelligence Agency (CIA) degli Stati Uniti d'America. Nebel ha poi corso un grosso rischio, dato che praticava l'ipnosi da molti anni come dilettante e ha deciso di mettere Candy in una leggera trance per farle alcune domande e registrare le risposte. Questo fu l'inizio di una delle storie più incredibili del nostro tempo, come raccontato nel libro di Donald Bain "The Control of Candy Jones".

Nel 1945, mentre visitava le basi militari americane nelle Filippine, Candy si ammalò e fu ricoverata al Gulf Hospital di Leyte. Fu lì che incontrò un certo Dr. Gilbert Jensen (Questo è uno pseudonimo scelto da Donald Bain per ragioni legali. Bain disse che Nebel gli confidò che sapeva molto bene chi era questo medico e che aveva pensato molte volte di ucciderlo). Questo giovane medico ha poi prescritto iniezioni di vitamine, che probabilmente gli hanno salvato la vita, o almeno il suo aspetto fisico. Jensen le ha poi lasciato il suo biglietto da visita e le ha detto che sperava di rimanere in contatto con lei. Diversi anni dopo questo evento, incontrerà di nuovo il dottor Jensen, con conseguenze disastrose...

Nel 1946, sposò il re della moda Harry Conover, che fu poi imprigionato per frode. Il matrimonio finì con un divorzio nel 1959, lasciandole la custodia dei suoi tre figli e un'agenzia di modelle a New York. Nel 1960, una vecchia conoscenza di Candy, un generale dell'esercito in pensione, le fece visita in agenzia per chiederle un piccolo favore. Voleva che lei permettesse all'FBI di usare la sua agenzia come casella postale. Lei accettò e si offrì persino di consegnare la posta a loro quando lui era via per lavoro. All'epoca, considerava questo accordo niente di più e niente di meno che un'attività patriottica. Non aveva idea di cosa l'aspettasse.

Uno dei primi incarichi dati da questo generale (nome sconosciuto) fu quello di consegnare una lettera a un uomo a San Francisco durante uno dei suoi viaggi. Quest'uomo era il dottor Gilbert Jensen, che lei ricordava solo vagamente. Ha cenato con quest'uomo il 16 novembre 1960, un giorno che avrebbe segnato la sua vita per sempre. Jensen le rivelò che ora lavorava per la CIA e che aveva un ufficio a Oakland. Disse a Candy che se avesse voluto, avrebbe potuto essere più coinvolta in questioni di intelligence segreta, aggiungendo che poteva essere redditizio per lei. Con i suoi tre figli nelle scuole pubbliche, Candy era a corto di soldi e accettò l'offerta.

La prima cosa che Jensen ha fatto è stato ipnotizzare Candy. Così facendo, ha scoperto l'alter personalità di "Arlene". Ha poi rafforzato questa personalità attraverso l'uso di tecniche ipnotiche e iniezioni endovenose di farmaci sperimentali. Riuscì a fare di Arlene una personalità di spicco nella mente di Candy in modo da poterla inviare (con la voce e il comportamento di Arlene) in varie missioni, sia a livello nazionale che internazionale. Il cambiamento da Candy ad Arlene fu radicale, oltre al cambiamento di personalità, voce e comportamento, indossava una parrucca e un trucco specifico. Jensen voleva creare il "messaggero perfetto", colui che non poteva rivelare nulla del messaggio da trasmettere, né da dove veniva, né chi lo inviava, nemmeno sotto tortura.

Questa operazione è stata estesa e molto ben organizzata. Candy, nei panni di Arlene, lo zombie virtuale, ha viaggiato per campi di addestramento, basi militari e strutture mediche segrete in tutti gli Stati Uniti. È stata addestrata in tutte le aree dell'azione segreta, compreso il maneggio degli esplosivi, il combattimento corpo a corpo, le armi improvvisate, la mimetizzazione e la comunicazione. Arlene ha imparato a uccidere a mani nude, è stata condizionata a resistere al dolore e addestrata a resistere alle tecniche di interrogatorio. Jensen, che era molto orgoglioso del suo lavoro, l'ha promossa all'interno dell'esercito in diverse occasioni come un successo "narco-ipnotico", il guerriero perfetto. Un punto importante per Jensen era dimostrare che il condizionamento era così profondo che Arlene poteva anche uccidersi a comando. Per darvi un'idea dei valori morali delle persone coinvolte in questo tipo di programma, Jensen una volta ha messo una candela accesa nella vagina di Candy senza alcuna reazione di paura o dolore da parte sua. Lo ha fatto di fronte a 24 medici in un auditorium del quartier generale della CIA a Langley, in Virginia.

Candy, come Arlene, è stata mandata a Taiwan almeno due volte in una missione di prova per consegnare delle buste. Lì è stata torturata con bastoni elettrici per vedere se avrebbe ceduto, cosa che non ha fatto. La sessualità perversa sembra essere stata un elemento importante in questo piano di programmazione mentale. Spesso veniva messa nuda su una barella, ipnotizzata e torturata su diverse parti del corpo. È stata sottoposta a interrogatori coercitivi "tipo Gestapo" e abusata sessualmente da donne contro la sua volontà. L'abuso sessuale è stato fatto sotto ipnosi dallo stesso Jensen.

Naturalmente, niente di tutto questo faceva parte della cosiddetta lotta contro il comunismo. Era più un esempio di ciò che Churchill chiamava "scienza perversa" che opera in un servizio di intelligence. Le tecniche di ipnosi e di programmazione mentale usate su Candy Jones provenivano dalla ricerca tattica e strategica americana fatta in Vietnam, così come la saturazione di bombardamenti inutili, l'uso di defolianti, ecc. Gli americani avrebbero fatto meglio a dare via più delle loro conoscenze e competenze di quanto abbiano fatto in passato. Gli americani avrebbero fatto meglio a dare ai vietnamiti dei televisori giapponesi gratis per farli addormentare, sarebbe stata la via d'uscita più facile. Ma forse stiamo parlando di qualcosa di più sinistro di un'arma della guerra fredda fallita. Armi che hanno fallito contro i comunisti, ma hanno fallito quando si sono rivolte contro lo stesso Stato americano? Mark Chapman, Shiran-Shiran, John Hinckley, James Earl Ray e Lee Harvey Oswald sono la prova che c'erano altri "Dr. Jensens" al lavoro in America.

Jensen sapeva che stava correndo dei rischi enormi. Non poteva essere sicuro che Arlene non sarebbe emersa inaspettatamente in qualsiasi momento della vita quotidiana di Candy. Nonostante le sue precauzioni, questo naturalmente è successo, senza il quale niente di tutto ciò sarebbe stato noto al pubblico. Candy non aveva idea che avesse fatto dei viaggi o fatto qualcosa al di fuori delle sue visite a Jensen e delle sue consegne di posta. Era tutto ciò che sapeva, tutto il resto era un'amnesia completa. Una volta che il suo viaggio e la sua missione erano finiti, Jensen la faceva uscire dalla sua trance e lei tornava di nuovo alla sua vita quotidiana.

Conosciamo questa storia dai nastri audio delle sedute di ipnosi in cui Nebel ha intervistato Candy. Quando a Candy furono mostrati questi nastri, non poteva credere di aver subito le cose che Arlene aveva descritto. Da questi numerosi nastri registrati durante diversi anni, Donald Bain (l'autore di "The Control of Candy Jones") ha articolato abilmente i quattro complessi personaggi di Arlene, Nebel, Jensen e Candy. Arlene è un'astrazione nella testa di Candy, Nebel un personaggio reale e Jensen un personaggio che rimane nell'ombra. Questo dramma fu rafforzato dall'accumulo di prove che Jensen era effettivamente esistito ed era probabilmente impegnato nel tipo di attività che Candy/Arlene aveva descritto. A metà degli anni 70, Nebel si ammalò di cancro e, sconvolto dalla storia di Candy e dal sospetto che lei avesse visto Jensen più volte di nascosto durante il loro matrimonio, pensò bene di vendicarsi. Ha detto a Bain che avrebbe ucciso Jensen, ma Bain è riuscito a dissuaderlo.

Come "America in Trance-Formation" di Cathy O'Brien e "Paperclip Dolls" di Annie McKenna, il libro di Bain è una produzione brillante. Trascurando il solito quadro commerciale, ha speso un'enorme quantità di tempo per estrarre l'intera storia di Candy Jones da centinaia di nastri audio. Il lavoro è stato fatto in diversi anni, ma la voce di Jensen mancava, quindi le informazioni su di lui dovevano essere ricostruite dal dialogo registrato. Anche se era solo una figura in ombra, Nebel era convinto che ci fossero abbastanza prove esterne per dimostrare che era molto più reale di Arlene.

Il problema più difficile era rimuovere le molte barriere poste come strati di cemento da Jensen nella mente di Candy. Nebel cercava spesso di impersonare Jensen durante le sedute di ipnosi; tuttavia, Arlene notava sempre questa tattica e glielo faceva sapere. Ad Arlene piaceva Jensen, mentre a Candy non piaceva affatto. Anche Nebel fingeva di essere l'alter ego di Arlene. Candy era molto più a suo agio a parlare di sé in questo modo, e rivelò molte informazioni sulle attività di questo dottor Jensen.

Donald Bain suggerisce che Candy, come Arlene, ha svolto molti altri incarichi sperimentali per Jensen che non sono mai stati scoperti. Andò anche all'agenzia di Candy per controllare, con l'aiuto del direttore commerciale, gli orari di presenza durante gli anni '60. In un periodo di 10 anni, si è scoperto che Candy era spesso assente con la scusa di "viaggi d'affari" per i quali nessuna azienda era elencata. Frammenti di questi viaggi sono emersi sotto ipnosi, in un'occasione ha detto che doveva consegnare un fucile per Jensen.

(...) Ma ciò che preoccupava maggiormente Nebel prima della sua morte erano i tentativi della CIA e di Jensen di contattare Candy. Le sue avventure si svolsero apparentemente tra il 1960 e il 1971, ma Bain ha detto di non poter essere del tutto sicuro che non sia andata avanti. Il coraggioso Nebel è morto di cancro poco dopo la pubblicazione del libro di Bain. È morto senza aver trovato tutte le risposte che cercava sulla vita segreta di sua moglie. Ha avuto qualche consolazione per un breve periodo, dato che ha cominciato a strappare la maschera ai controllori nascosti dell'America. In modo simile ad altre personalità glamour, Candy Jones è entrata inconsapevolmente nel mistero del potere elitario, che viene costantemente negato. Se Jayne Mansfield cadde preda delle forze del consumismo e Marilyn Monroe cadde vittima degli intrighi dell'alto stato, Candy Jones fu certamente una delle vittime sia dell'intelligence americana che delle istituzioni mediche e psichiatriche. Entrambi hanno dato origine al rinvigorito complesso militare-industriale americano negli anni '50 e '60.[602]

Anche in età adulta, queste donne di alta statura come Candy Jones rimangono bambini da favola, proprio come i giovani modelli Jon Benet Ramsey e Sylvia Plath. Candy fu probabilmente scelta non solo perché era considerata facilmente ipnotizzabile, ma anche perché era una delle prime bambole mediatiche, una specie di prototipo. L'America è sempre stata il leader mondiale nel controllo mentale e nei sogni illusori, dalla televisione ai mobili per le case delle bambole. Come le bambole, le persone diventano automi, e tutti i tipi di esperimenti e i profondi cambiamenti della società rendono questo semi-transito della mente uno stato naturale.

Jensen potrebbe essere stato coinvolto nei primi esperimenti come parte del programma MK-Ultra. Il primo marito di Candy Jones aveva già fatto di lei una "super-doll", un soggetto perfetto per Jensen. La conclusione di Bain è che Jensen stava lavorando per l'intelligence, ma che potrebbe anche aver avuto un progetto molto più complesso. Se Candy rappresenta l'immaginazione

---

[602] The Mind Manipulators - Alan Scheflin e Edward Opton, 1978 / Operation Mind-Control - Walter Bowart, 1978.

innocente, situata tra il mondo di Jules Verne e George Adamski, Jensen rappresenta il lato oscuro della scienza. Questo è il mondo oscuro di Auschwitz che, come sappiamo, era gestito da una comunità di scienziati, medici e industriali.

Come Marilyn Monroe, Candy Jones potrebbe essere stata una vittima delle prime ricerche dell'esercito americano su quelle che ora sono chiamate "armi non letali". Forse la nozione di "Grande Fratello", come i minatori di carbone, è finalmente diventata qualcosa di arcaico e obsoleto, e forse Orwell aveva torto e Huxley aveva ragione. Il piacere illimitato a buon mercato, senza dolore o sofferenza, è l'arma definitiva usata per spezzare la volontà del popolo senza che venga versata una goccia di sangue.

(...) John Nebel deve essersi chiesto quando la sua vita ha preso una certa piega con Candy Jones. Per molti anni, questo conduttore radiofonico di New York aveva sentito molti ascoltatori chiamarlo per raccontargli quelle cose che Candy descriveva ora quando era in trance... Non appena Nebel sentì la voce di Arlene, entrò nel mondo della trance americana. Un mondo in cui le ferite d'entrata diventano ferite d'uscita e in cui le ultime ore di Jack Ruby da uomo libero rimangono enigmatiche come le ultime telefonate di Marilyn Monroe... o i misteriosi viaggi di Candy Jones.

6 - IL SIMBOLISMO MK-MONARCH NELL'INDUSTRIA MUSICALE

'Segni e simboli governano il mondo, non leggi e parole' - Confucio

L'industria musicale gioca un ruolo importante, è un potente strumento di indottrinamento delle masse e c'è molto più del denaro in gioco... La musica offerta/imposta al popolo è un potente strumento di controllo come il sistema scolastico o il telegiornale quotidiano. Questo tipo di ingegneria sociale plasma e forma gli atteggiamenti e i valori di un'intera gioventù. Da qui l'interesse a spendere milioni di dollari per promuovere costantemente nuove stelle globali idolatrate da milioni di giovani. Così come i bambini dei culti satanico/luciferiani sono programmati fin dalla più tenera età, anche la gioventù del mondo è sottoposta a un controllo mentale sistematico. Anche se molto meno diretto e coercitivo dell'abuso rituale, non è meno efficace nel condizionare le menti.

Molti dei clip che sono visti milioni di volte sulla piattaforma video *YouTube* sono in realtà solo rappresentazioni simboliche del processo di programmazione mentale Monarch basato sul trauma. Queste produzioni si riferiscono simbolicamente a un processo psicologico che è la scissione della personalità, l'obiettivo finale di MK-Monarch. Gli stessi simboli sono sistematicamente usati dall'élite luciferiana per promuovere la loro *cultura* decadente e caduta tra i laici. Lo fanno infondendo il simbolismo del controllo mentale in produzioni di alto profilo, sia nell'industria del lusso, che nella moda e nelle produzioni musicali con clip contenenti letture multiple. La nozione di personalità multiple e di "pazzi alter-ego" sta diventando una cosa *cool* e si sta diffondendo tra gli idoli scintillanti. L'obiettivo è quello di creare una *cultura MK* egemonica e ineluttabile con un'estetica e dei simboli che sono ormai onnipresenti nei media, il tutto avvolto in un intrattenimento attraente e coinvolgente. Inconsciamente, la giovane generazione associa quindi questo occultismo volgarizzato e semplificato a qualcosa di positivo, a una moda, a un modello da seguire. I simboli luciferiani come il triangolo e l'occhio unico appaiono sempre di più nel mondo secolare. Acclamiamo, reclamiamo e consumiamo queste suggestioni demoniache, e così convalidiamo inconsciamente tutta una cultura luciferiana come qualcosa di buono per noi. Ci piace la nostra musica, ci piacciono i nostri programmi televisivi, i nostri cartoni animati e i nostri videogiochi, ci piacciono i contenuti che molto spesso mostrano chiaramente una natura luciferiana. Di conseguenza, il nostro libero arbitrio sceglie deliberatamente di consumare la zuppa del diavolo, perché è così dolce...

Nel marzo 2014, una pubblicità della *BBC* che promuoveva 'Match of The Day' (una partita di calcio) conteneva diversi flash raffiguranti triangoli con un occhio al centro. I flash duravano una frazione di secondo, durante la quale potevano imprimersi nella mente degli spettatori. Che senso aveva l'apparizione così casuale di simboli massonici in una pubblicità di partite di calcio? Ma cos'altro possiamo aspettarci da un'emittente televisiva che per anni ha protetto un individuo come Jimmy Savile? Un mostro che ha violentato centinaia di bambini...

MTV ama anche inserire sistematicamente il simbolismo massonico occulto nelle sue pubblicità. Il gruppo *MTV* ha installato i suoi studi di Toronto in una ex loggia massonica.

L'*iHeartRadio Ultimate Pool Party* a Miami Beach è uno di quei grandi raduni che servono a impregnare il subconscio dei giovani di un particolare simbolismo. Nel giugno 2013, durante il concerto di Ke$ha, lo schermo gigante ha trasmesso per un'ora flash e serie di immagini ipnotiche basate su triangoli, occhi, pentagrammi e altre tipiche simbologie massoniche e luciferiane.

Le foto di moda e le copertine delle riviste sono piene del simbolismo del Lucifero con un occhio solo, così come si vede sempre più spesso sull'abbigliamento dei nostri grandi rivenditori.

Un altro esempio è il videoclip di Justin Bieber *"Where Are U Now"*, che è costruito con una moltitudine di disegni che rispecchiano l'immagine del giovane cantante, ogni disegno appare per una frazione di secondo sullo schermo. Si scopre che in queste centinaia di illustrazioni lampeggiate su Bieber, troviamo molte croci invertite in mezzo alla sua fronte, o piramidi massoniche con il singolo occhio, 666s, immagini che ricorrono in tutto il clip. Può essere un'ironia malsana, ma checché se ne dica, questo è un clip che lampeggia subliminalmente il simbolismo luciferiano, un clip che viene visto milioni di volte, imprimendo direttamente queste immagini nella mente dei giovani. Insomma, come molti hanno già capito, tutti questi *"ammiccamenti"* non sono altro che l'impregnazione del culto luciferiano mondiale nella cultura popolare e secolare. Precisiamo qui che non si tratta di demonizzare la geometria e il triangolo equilatero per esempio, queste persone non hanno inventato nulla, riprendono solo codici e simboli appropriandosene.

Il nostro spirito è la cittadella in cui lo Spirito di Dio desidera lavorare con noi per l'eternità, ma Satana cerca di fare sua questa cittadella per farne il suo trono... Bisogna fare una scelta di fronte a questa industria corrotta e corruttrice, la piattaforma perfetta con cui Satana può raggiungere le masse per agitarle, manipolarle e pervertirle; qui citiamo Alexandre Dumas: *"Dio pesca le anime con una lenza, Satana le pesca con una rete"*.

L'industria musicale è ben consapevole del modello di alimentare una gioventù impressionabile che richiede contenuti sempre più estremi. Man mano che il pubblico diventa sempre più insensibile alle cose che accadono, le clip diventano sempre più esplicite nell'esporre apertamente il tema del controllo mentale basato sul trauma senza alcuna censura, anche se è probabilmente la pratica più spregevole del mondo. Il mondo degli schiavi Monarch è così chiaramente esposto in alcune clip che presentano violenza, torture, abusi sessuali e umiliazioni, per non parlare delle droghe, il tutto presentato come qualcosa di *fresco* e alla moda... Questa è di nuovo ingegneria sociale, controllo mentale globale.

Cosa c'è di più appropriato del formato "video musicale" e della grande libertà artistica che permette di dare libero sfogo alla diffusione massiccia di conoscenze occulte appena celate dal simbolismo e trasmesse in loop sui canali televisivi e sul web, 24 ore su 24? Gli stessi codici sono instancabilmente iniettati in queste produzioni... Non è una coincidenza, una storia ci viene raccontata in modo velato se abbiamo ancora occhi per vedere... Una delle cose più nascoste di questo mondo è dunque una conoscenza che paradossalmente è la più diffusa quotidianamente sotto il naso di milioni di persone che sono totalmente ignare di ciò che viene loro trasmesso in modo più o meno diretto. Questa è probabilmente una forma di arroganza o di umorismo nero, o anche un modo di far convalidare inconsciamente all'umanità queste pratiche ignobili come qualcosa di positivo. Il fatto che il processo di controllo mentale Monarch sia simbolicamente codificato in alcune delle più grandi produzioni mediatiche del mondo (musica, film, moda), è una seria indicazione che si tratta di una pratica non marginale, applicata sistematicamente nelle più alte sfere della nostra società. Ma è anche un modo di divulgare massicciamente una conoscenza occulta in questo grande teatro, dove finalmente tutto viene mostrato alla luce del sole... Ci sono Leggi al di sopra delle leggi di questo mondo che la "religione senza nome" deve imperativamente rispettare.

I video musicali e anche alcuni film sono quindi un mezzo ideale per rivelare visivamente e simbolicamente qualcosa di molto più profondo di una semplice canzone di tre o quattro minuti. Secondo la credenza occulta dell'Ordine Luciferiano, il *sé superiore* può essere comunicato solo attraverso il mito, il simbolismo o la musica, per penetrare efficacemente nell'inconscio. In altre parole, non parlarne, mostrarlo... Questo ermetismo permea sistematicamente le grandi produzioni cinematografiche e musicali: *"parlare senza parlare, mostrare senza mostrare e nascondere senza nascondere"*, un'arte molto sottile che l'industria dello spettacolo persegue con zelo. Tutto questo simbolismo MK è massicciamente diffuso nel mondo secolare affinché la gente *veda senza vedere e senta senza capire*. Gli stregoni-controllori pensano di essere degli dei, e così trasmettono la loro "luce" in modo più o meno codificato con produzioni di intrattenimento che contengono doppi sensi e simboli espliciti che trasmettono una dottrina occulta che viene finalmente esposta agli occhi di milioni di laici. Questa divulgazione indiretta permette loro di compromettere le masse in modo che non si possa dire *"Mio Dio, non lo sapevamo"*. Così rispettano in qualche modo la legge del libero arbitrio e la capacità di fare la propria scelta quando espongono chiaramente le cose più spregevoli.

Nel caso della pedocriminalità istituzionale, accettare le menzogne sistematiche e abbandonare così le piccole vittime al loro destino, mentre l'evidenza è ormai sempre più lampante, rende le persone moralmente complici di questi crimini non reagendo e permettendo che accadano... L'ingegneria sociale permanente e la negazione da parte della gente della corruzione e delle atrocità commesse dall'élite al potere, che sono oggi più evidenti che mai, sono due punti chiave su cui si basa questo precario equilibrio. Un equilibrio che garantisca che l'opinione pubblica non si ribalti completamente, ma che allo stesso tempo la comprometta... perché è chiaro che oggi tutto è rivelato ed esposto per coloro che scelgono di cercare se stessi emancipandosi dai programmi di ingegneria sociale.

Ma torniamo all'industria musicale e ai suoi legami con il MK-Monarch. Nell'introduzione al video '*Mary The Night*', Lady Gaga dà un monologo che definisce abbastanza chiaramente la situazione di una vittima sotto controllo mentale. Spiega 'artisticamente' i traumi che ha attraversato per diventare una *super star*. La clip mostra Lady Gaga sdraiata su una barella spinta da due infermiere, che descrive come percepisce la sua triste realtà: "*Quando guardo indietro alla mia vita, non è che non voglio vedere le cose esattamente come sono accadute, è solo che preferisco ricordarle in modo poetico. E ad essere onesti, la bugia di tutto ciò è molto più onesta, perché l'ho inventata io. La psichiatria ci insegna che il trauma è probabilmente il killer per eccellenza. I ricordi non si riciclano come gli atomi e le particelle nella fisica quantistica. Possono essere persi per sempre. Il mio passato è un quadro incompiuto e come il pittore devo riempire tutti i brutti buchi per abbellire la tela. Non è che io sia disonesto, è solo che odio la realtà...*"

Un certo numero di clip a grande budget presentano costantemente lo stesso simbolismo, come l'artista rappresentato come una bambola rotta, un manichino, un automa o una marionetta a corda e l'ambientazione che rappresenta il "mondo interiore" dello schiavo. Il processo di dissociazione e scissione è spesso rappresentato dal passaggio attraverso uno specchio o dalla frantumazione dello specchio a significare che non c'è modo di tornare indietro o che la programmazione è rotta; l'arcobaleno ha lo stesso simbolismo del passaggio attraverso lo specchio. L'occhio singolo luciferiano o "occhio che tutto vede" è molto comune, così come la grafica che rappresenta la dualità come la scacchiera bianca e nera... e naturalmente troviamo la farfalla Monarch ricorrente in queste produzioni, come firma. Pentagrammi e teste di capra, maschere, piramidi, sono anche simboli classici che impregnano questa sottocultura luciferiana... Non parlarne, mostralo... e così impregnano la cultura popolare profana per corromperla indirettamente.

Ecco alcuni esempi di produzioni particolarmente esplicite e invito il lettore a scoprire queste clip da solo su internet, ci sono anche analisi molto più dettagliate del loro contenuto simbolico. È ovvio che un'interpretazione simbolica può apparire molto soggettiva, ma una certa conoscenza dei processi MK ci permette di identificare indicatori chiari, soprattutto quando troviamo gli stessi codici, lo stesso immaginario simbolico sistematicamente utilizzato in molte produzioni a grande budget.

- Cominciamo con il video della canzone *"Self Control"* di Laura Branigan del 1984, che è il precursore dei video sul simbolismo del controllo mentale. A prima vista, la canzone, che è stata un *successo* internazionale, rácconta la storia di una ragazza che ama la scena del nightclub. Ma è il video che rivela l'aspetto importante della canzone. Mostra la cantante perseguitata da un uomo mascherato, il tutto combinato con il simbolismo per rendere questa produzione un tributo all'élite occulta, una celebrazione della loro pratica più sadica: il controllo mentale Monarch. Nel 1984, quando questo clip fu rilasciato, l'industria musicale stava appena iniziando ad abbracciare il formato video come strumento promozionale e il clip di *Self Control* fu una rivoluzione nell'industria dell'intrattenimento. Questo video non rappresenta la vita notturna del frequentatore medio delle feste, ci mostra chiaramente una donna che perde la sua volontà e il suo libero arbitrio per mano di un padrone senza volto. Il ritornello lo riassume perfettamente:

Tu prendi il mio "me".
Tu prendi il controllo su di me
Mi fai vivere solo per la notte
Prima che arrivi il mattino, si dice la messa
Tu prendi il mio "me".
Tu prendi il controllo su di me

In questa clip, il mondo notturno è una metafora della dissociazione. Le prime immagini ci mostrano una bambola con i capelli castani che simboleggia Laura Branigan. La vediamo poi prepararsi per la sua serata, con strani personaggi intorno a lei che sembrano emergere dal nulla: quando si passa una mano tra i capelli, l'immagine successiva mostra una persona accanto a lei che si passa una mano tra i capelli. La clip qui rappresenta ciò che sta succedendo nella testa di Laura, mostrando le sue personalità alternative. La scena successiva mostra la giovane donna che inizia la sua serata, è in strada in piedi davanti a una vetrina che contiene due manichini che galleggiano orizzontalmente nell'aria, un modo eccellente per rappresentare una schiava MK dissociata. Poi un uomo mascherato appare nel retro di una macchina di lusso, il suo padrone, l'élite dell'occulto. La scena successiva mostra Laura che balla in una discoteca mentre l'uomo mascherato appare di nuovo, con diverse maschere raggruppate insieme sullo sfondo, a simboleggiare che gli stessi programmatori e schiavisti hanno una personalità dissociata. Stranamente, Laura decide di seguire la strana e inquietante figura. Lei lo segue perché non ha più il controllo su se stessa, il testo della seconda strofa descrive perfettamente lo stato di uno schiavo MK alla mercé del suo padrone quando è in uno stato di dissociazione, qui simboleggiato dal "mondo di notte":

Durante la notte, nessun controllo
Attraverso il muro, qualcosa perfora
vestito di bianco mentre cammini lungo la strada della mia anima
Una notte senza pericolo, vivo nella foresta della mia anima
So che la notte non è come sembra
Devo credere in qualcosa
Così mi persuado a credere che questa notte non finirà mai

Laura non può combattere la volontà dell'uomo mascherato che alla fine la porta ad un'orgia, una parte del clip che ricorda la famosa scena del film *Eye Wide Shut* in cui personaggi mascherati fanno sesso in un castello. In questa scena, Laura viene simbolicamente portata nel mondo sotterraneo e occulto dell'élite dove viene usata come schiava sessuale. Infatti, vediamo l'uomo mascherato spogliare la giovane donna, che sembra essere in uno stato alterato di coscienza, per essere rilasciata nella *"festa"*. Questa scena mostra chiaramente una donna usata come schiava sessuale in un'orgia elitaria.

Tornata a casa, Laura si rende conto che non è al sicuro da nessuna parte, nemmeno nella sua camera da letto, dove ci sono persone mascherate che abusano di lei. In questa scena finale, l'uomo "senza volto" è anche presente nella camera da letto e abusa di Laura. La clip termina con un'immagine molto simbolica: un primo piano della bambola che ha introdotto la clip. Ma qui il suo vestito è strappato, i suoi capelli sono in disordine e uno dei suoi occhi è chiuso, un cenno a Lucifero.

Questa produzione, uscita all'inizio dell'era dei video musicali, conteneva già tutte le caratteristiche e i codici di un clip che rappresentava l'MK. Trent'anni dopo, gli stessi scenari, codici e simbolismi sono ancora presenti. Oggi più che mai, vediamo giovani starlette cantare sul loro controllo mentale in video musicali che celebrano il sistema MK della "religione senza nome".[603]

- Il clip *'Wide Awake'* di Katy Perry inizia mostrandoci Katy seduta nel suo camerino, a fissare uno specchio, mentre si toglie la parrucca: una rappresentazione del cambiamento di alter. Questa prima scena introduttiva simboleggia la dissociazione che la conduce in un mondo fantastico, che non è altro che il suo mondo interiore... Infatti, è da questo momento che il clip passa ad un'altra realtà mostrando la star che vaga nel suo mondo interiore rappresentato da un oscuro labirinto pieno di vicoli ciechi e trappole. Sembra che non sappia da che parte andare nella sua mente e rimane intrappolata nelle varie trappole tese dal programmatore. Katy si rende conto che non uscirà dal labirinto senza l'elemento principale, quello che le è stato tolto quando è stata programmata, cioè la sua vera natura, quello che è veramente. Poi una bambina appare e le viene incontro, che rappresenta l'opportunità di riconnettersi con la

---

[603] 'Self Control' di Laura Branigan: un inquietante video anni '80 sul controllo della mente' - vigilantcitizen.com, 2015.

sua personalità originale, diventerà poi la sua guida per trovare il cammino verso la libertà. La scena successiva mostra Katy e la bambina mano nella mano in un corridoio pieno di specchi, con la bambina che non appare negli specchi, il che significa che non è reale, ma solo una parte della psiche di Katy. In questa scena, vediamo che il vestito di Katy è completamente coperto di farfalle... che voleranno via in una nuvola quando Katy finalmente rompe uno degli specchi per fuggire da questo mondo interiore, da questa programmazione.

La scena successiva è in completo contrasto con il mondo fantastico del labirinto, siamo fuori dalla testa di Katy e torniamo a una triste realtà: Katy appare completamente distrutta su una sedia a rotelle in quello che sembra essere un ospedale psichiatrico, ancora con la bambina al suo fianco e un'ultima farfalla che svolazza sopra di lei. Due uomini con la testa di capra fanno la guardia fuori dalle porte d'uscita dell'ospedale, ed è la bambina che li fa sparire battendo il piede sul pavimento per liberare Katy da questo universo psichiatrico.

Alla fine della clip vediamo questa stessa bambina consegnare a Katy una farfalla Monarch, scopriamo poi che il nome della bambina è Katheryn (il vero nome di Katy Perry, la sua personalità originale). Tornata nel suo camerino, Katy si accorge allora, mentre apre la mano, che le è stata regalata una farfalla che lei lascia scappare, questa farfalla ci porta dal camerino al palco per un nuovo concerto... in altre parole, il ciclo è completo e la clip ci riporta al punto di partenza. Katy, che sembra essere andata alla ricerca della conquista dei suoi "demoni", è tornata nel suo personaggio di "sexy pop star", un puro prodotto dell'industria musicale. Le clip 'Monarch' rappresentano spesso questa nozione di loop infinito.

- La clip di Kerli 'Walking On Air' è anche molto esplicita, mostrando il processo di programmazione attraverso il simbolismo della bambina che si trasforma in una bambola tenuta da fili, come una marionetta. L'inizio della clip ci mostra uno strano personaggio che porta un regalo a Kerli, una bambola con le sue sembianze. Una bambola che Kerli porta dentro una casa che rappresenta simbolicamente il suo mondo interiore. Possiamo vedere che in questa casa, Kerli e questa bambola (un alter) sono costantemente osservati da un grande occhio che li scruta attraverso uno schermo televisivo. Il fatto che siano guardati da uno schermo televisivo, piuttosto che essere guardati da loro stessi, è rappresentativo delle inversioni sistematiche praticate nel controllo mentale. I programmatori fanno di tutto per far sentire il bambino costantemente osservato e controllato. In questa clip, le inversioni sono ovunque: la neve esce da un ombrello, il forno congela il pollo, mentre il frigorifero viene usato per cucinarlo. In un'altra scena, l'inversione dei valori di piacere e dolore è rappresentata simbolicamente quando Kerli giace su un letto con un materasso fatto di grandi pietre. La confusione tra dolore e piacere fa parte della programmazione MK. È su questo letto di sassi che Kerli lascia uscire delle lacrime (che simboleggiano il suo dolore) che si trasformano in... farfalle. Vediamo allora che lo strano personaggio dell'inizio del filmato, probabilmente il programmatore, appare dall'"altra parte" di uno specchio posto accanto al letto di pietre, ordinandogli con dei segni di passare attraverso lo specchio per raggiungerlo... Il passaggio attraverso lo specchio sarà la finalità della trasformazione. La scena successiva ci mostra la bambola Kerli, che è diventata una marionetta manipolata da una bambola gigante che porta la farfalla Monarch sulla sua tracolla. La scena finale mostra questa bambola gigante che taglia i fili del burattino Kerli con uno scalpello e lo chiude in una scatola. Vediamo allora la giovane Kerli che si sveglia a casa e si interroga sulle corde che le pendono dai polsi... Scopriamo allora che Kerli è in effetti rinchiusa in questa scatola tenuta in mano dalla bambola gigante, sempre con questa nozione di loop infinito, una sorta di mise en abyme o frattale.

- Il clip 'Fjogur Piano' dei Sigur Ros è difficile da capire perché è impossibile estrarne una narrazione coerente, come la maggior parte di quei clip di 'Monarch' che sembrano a prima vista ermetici e misteriosi. È il contenuto simbolico che dà loro un vero significato. Questo clip descrive in modo pittorico e simbolico il ciclo infinito della vita di uno schiavo Monarch, con l'amnesia, la violenza e la droga che lo accompagnano. L'inizio di questa produzione ci mostra un uomo e una donna su un letto, che si svegliano nel mezzo di una strana stanza, sono molto confusi e non sembrano sapere cosa sia successo loro il giorno prima. Inoltre sono circondati da farfalle Monarch disposte meticolosamente sul loro letto. La stanza in cui si trovano presenta segni di cornici sulle pareti, vedremo più tardi che questi segni sono quelli di cornici contenenti collezioni di farfalle. La coppia si sveglia con ogni sorta di segni e lividi sul corpo, sono perplessi, non sembrano conoscerne la causa. È allora che due personaggi oscuri entrano in scena e vengono a prendere la "coppia", iniziando a bendarli e dando loro dei lecca-lecca contenenti scorpioni, che simboleggiano le droghe psicotrope, l'uomo e la donna che succhiano avidamente queste caramelle mostrando che ne sono dipendenti. Poi i due controllori conducono la coppia fuori dalla stanza semplicemente soffiando su di loro, senza alcun contatto fisico, simboleggiando il controllo mentale autosufficiente per condurre gli schiavi senza dover usare la forza. La scena successiva mostra la coppia sul retro di un'auto fittizia, "guidata" dai controllori e posta di fronte a uno schermo cinematografico che mostra immagini che fanno sembrare che si stiano realmente muovendo. Questa scena fittizia dell'auto si riferisce alla dissociazione, il processo di spingere la mente del soggetto a disconnettersi dalla realtà, cioè a trasportarlo da qualche parte ma mai fisicamente. Dopo questa strana scappatella, si ritorna alla stanza... ora piena di cornici con collezioni di farfalle, la donna brandisce con rabbia una di queste cornici contenente una farfalla sotto il naso dell'uomo, come se cercasse di fargli capire qualcosa: "Guarda, siamo schiavi di Monarch". Poi improvvisamente la donna scompare dalla stanza e l'uomo rimane solo. Questo è un altro indizio che si tratta probabilmente di uno sdoppiamento di personalità e che la donna e l'uomo sono in realtà una stessa persona sdoppiata. L'uomo allora va in collera e rompe uno specchio con un pugno, che simboleggia il tentativo di rompere la programmazione, e poi distrugge la stanza fino a quando la donna riappare. Poi comincia a prenderla a pugni e a sfregiarla, in effetti una scarificazione autoinflitta. Alla fine la coppia va a dormire... ed è allora che vediamo i due controllori oscuri entrare di nuovo nella stanza per pulire e rimettere tutto in ordine. La clip termina con la stessa immagine con cui è iniziata: la coppia si sveglia di nuovo confusa, ignara della causa di tutte le cicatrici. Un altro giorno nel ciclo infinito che è la vita di uno schiavo Monarch.

- Il video di *'Prison Sex'* dei Tool, il cui tema è la ripetizione della violenza sessuale da parte delle vittime, ha un simbolismo legato alle pareti amnesiche traumatiche e al recupero della memoria. Il video presenta un piccolo manichino smembrato e torturato da un essere inquietante, una sorta di umanoide di gomma nera. La clip mostra questo piccolo manichino con un occhio solo chiuso in un grande cubo composto da una moltitudine di cassetti che rappresentano i suoi ricordi, che lui scava per capire il suo stato fatiscente. A poco a poco, si ricollega ai ricordi che gli permettono di accedere al bambino che era una volta. In questa clip di animazione, non è la farfalla Monarch ma il suo bruco che firma la produzione, uscendo da uno dei cassetti... Anche qui, la clip si conclude con la nozione di loop infinito e frattale: il cubo composto da una moltitudine di cassetti in cui è rinchiuso il piccolo manichino, è in realtà solo l'interno del cassetto di un altro cubo molto più grande composto, come il primo, da una moltitudine di cassetti, ecc.

- Anche la clip "*Shatter Me*" della violinista Lindsay Stirling è 100% MK-Monarch. Rappresenta il processo di dissociazione e scissione della personalità attraverso il simbolismo di una ballerina *umano-meccanica* racchiusa in un globo di vetro e che cerca di fuggire. Anche qui l'immagine dello specchio rotto e la scissione della donna meccanica che letteralmente esplode in mille pezzi è simbolicamente molto esplicita. Ancora di più quando le farfalle Monarch svolazzano per tutto il clip. In questi clip di "Monarch", la doppiezza è sistematica, la canzone *"Shatter Me"* parla di liberazione dalla paura... Ma il suo simbolismo comunica esattamente il contrario: espone chiaramente il processo di sottomissione di uno schiavo della programmazione MK.

- La clip di Candy Brooke *'A Study in Duality'* è anche pura propaganda implicita del MK-Monarch. Una clip che riassume ciò che tutta questa industria è veramente: una combinazione di occultismo e MK che mira a svilire e disumanizzare. La clip è costruita sul concetto di dualità con la "brava ragazza" contro la "cattiva ragazza", un tema particolarmente appropriato per MK-Monarch. La produzione mostra una donna con una farfalla Monarch sulla bocca, un'immagine fortemente simbolica intervallata da lampi quasi subliminali di tortura come un volto che viene strappato alla bocca e alle palpebre; chiaramente ricorda le immagini del film *Arancia Meccanica*. Immagini shoccanti che alludono alle torture inflitte per indurre gli stati dissociativi necessari al controllo mentale. Perché queste immagini di tortura appaiono solo per una frazione di secondo in questa clip? Perché questi orrori subliminali sono messi in parallelo con le immagini di una donna con una farfalla Monarch sulla bocca? Perché questa particolare specie di farfalla viene scelta così spesso? Un'altra scena in questa clip mostra un boia mascherato vestito con una tunica nera che mette una donna, ovviamente robotica, in una vasca da bagno con attrezzature per trasfusioni intravenose accanto a lei, suggerendo che qualcosa di terrificante sta per accadere. Questo è il tipo di simbolismo occulto totalmente inquietante e disumanizzante che permea sempre più la cultura popolare attraverso l'industria dell'intrattenimento.

- Anche i clip *"Zombie"*, *"Mirrors"* o *"Wonderland"* di Natalia Kills propagano una decadenza legata al MK-Monarch. Mostrano l'*artista* come una donna abusata, umiliata e controllata da forze invisibili. Nella clip *'Mirrors'*, si vede che viene forzata attraverso uno specchio. Nella clip *"Zombie"* la vediamo legata a un tavolo in quello che sembra essere un laboratorio dove viene torturata da un torturatore invisibile, accompagnata da immagini esplicite che mostrano teste di manichino che coprono il suo viso e lo sostituiscono, manichini smembrati contribuiscono anche all'atmosfera oscura di questa produzione. Il clip *'Wonderland'* mette in evidenza la droga che permette di *seguire il coniglio bianco nella tana del coniglio...*

- Il video di *'Brick by Boring Brick'* dei Paramore racconta la storia di una bambina che cerca il suo vero 'Sé' dietro un muro che ha costruito nella sua coscienza. Il tema della canzone ci dice che questo muro è la credenza nelle 'favole' che deve essere rotto. La bambina vaga con le ali di farfalla Monarch che le pendono dalla schiena in un castello che rappresenta il suo mondo interiore. In questo castello la vediamo riflessa in molteplici specchi ingannevoli. Di nuovo, ci sono riferimenti sistematici ad *"Alice nel paese delle meraviglie"*.

- Le clip *"Love Me"* di Lil' Wayne, *"Work B*tch"* di Britney Spears e *"Change Your Life"* di Iggy Azaela glorificano esplicitamente la programmazione Beta, cioè la schiavitù sessuale.

- Il video di *'Price Tag'* di Jessie J raffigura la cantante come una ridicola marionetta tenuta insieme da fili o un automa su un carillon.

- Il video di Willow Smith *'21st Century Girl'* è pura propaganda babilonese dove la farfalla Monarch accompagna la ragazza come una staffetta trasmessa di generazione in generazione.

- Il video di *"Style"* di Taylor Swift rappresenta sottilmente il disturbo dissociativo d'identità giocando con due personaggi che si specchiano l'un l'altro, sempre con questa nozione di scissione e rottura.

Questa sottocultura morbosa MK non è confinata solo al mondo occidentale. In Asia, la popolarissima scena K-pop (pop sudcoreano) usa esattamente gli stessi codici:

- Il clip *'Insane'* di A-JAX ci mostra un giovane ricoverato in un reparto psichiatrico e sottoposto a ipnosi, il simbolismo della dissociazione e della scissione è molto significativo e ripetitivo, in particolare ancora una volta dal passaggio attraverso lo specchio.

- La clip *'Hate You'* da Ladie's Code è anche molto esplicita. Mostra due giovani ragazze totalmente disumanizzate e robotizzate, ritratte come bambole o marionette tenute da fili e manipolate da un "allenatore".

- Il video di 'Waiting' di Andamiro (la Lady Gaga coreana), che, sotto l'apparenza di una canzone su una ragazza-ragazzo dal cuore spezzato, rappresenta in realtà il rapporto tra padrone e schiavo Monarch, come spesso accade, è il simbolismo del video che rivela qualcosa di molto più pesante del semplice testo della canzone. Anche qui, la farfalla firma la produzione.

- Il brano dei Muse del 2015 "The Handler" è una delle produzioni più esplicite sul controllo mentale dei Monarch che sia stata prodotta, sia in termini di testo che di simbolismo del video, con le sue ovvie farfalle Monarch. Handler è un termine spesso usato per descrivere colui che manipola e gestisce lo schiavo MK, un termine difficile da tradurre in francese e che significherebbe: addestratore, manipolatore o padrone, colui che "tiene il guinzaglio". Ecco il testo della canzone, che a prima vista sembra essere una canzone d'amore, ma il cui sfondo si riferisce direttamente al rapporto tra uno schiavo MK e il suo padrone, tutta l'ambiguità è lì, una rappresentazione della sindrome di Stoccolma:

> Eri il mio oppressore e sono stato programmato per obbedire Ora sei il mio manipolatore ed eseguirò tutte le tue richieste
> Lasciami in pace, devo dissociarmi da te
> Ammira la mia trance-formazione e hai il potere di fare ciò che vuoi La mia mente era completamente persa e il mio cuore una macchina fredda e insensibile
> Non ti lascerò più controllare i miei sentimenti E non farò più quello che mi viene detto Non ho più paura di camminare da solo Lasciami andare, lasciami essere
> Devo liberarmi dalla tua presa Non mi possiederai mai più

È interessante riportare qui anche il testo della canzone "I Get Out!" di Lauryn Hill:

> Sto uscendo, sto uscendo da tutte le tue scatole,
> Non potete trattenermi con queste catene, io esco,
> Il Padre mi ha liberato da questa schiavitù,
> Conoscendo la mia condizione, è per questo che devo cambiare,
> Le vostre risoluzioni puzzolenti non hanno niente a che vedere con una soluzione,
> ma tenetemi lontano dalla libertà e mantenete le vostre polluzioni,
> Non posso più sopportare le tue bugie,
> Non voglio più provare,
> Se dovessi morire, oh Signore
> Ecco perché ho scelto di vivere,
> Non voglio più essere compromesso, non posso più essere maltrattato,
> Non voglio più simpatizzare,
> Perché ora capisco che vuoi solo usarmi
> Parli d'amore e mi inganni
> Non hai mai pensato di liberarmi
> Ma altrettanto rapidamente dimentichiamo che nulla è certo
> Pensavi che sarei rimasto lì a soffrire

Il tuo piano per farmi sentire colpevole non sta funzionando, mi sta sopprimendo a morte
Per ora scelgo la vita, faccio sacrifici
Se tutto deve andare, allora andiamo
Questo è il modo in cui scelgo di vivere
Niente più compromessi
Ti vedo prima che tu sia travestito
Accecare attraverso questo controllo mentale
Rubando la mia anima eterna, intenerendomi con la materia
Per tenermi come schiavo, ma me la cavo
Quello che vedi è quello che diventerai
Oh, non hai ancora visto niente
Non mi interessa se sei arrabbiato
Guarda e non distorcere la verità
E i tuoi sentimenti feriti non sono scusati
Per tenermi in questa scatola, chiusura psicologica
Reprimere la vera espressione, cementando la repressione
Organizzare questo enorme inganno
Mentre nessuno può essere curato
Non rispetto il vostro sistema
Non voglio proteggere il tuo sistema
Quando parli non ascolto
Lascia fare a mio padre
Fatemi uscire da queste catene,
Tutte queste tradizioni uccidono la libertà
Ho appena accettato quello che hai detto
Tenendomi tra i morti
L'unico modo per sapere è camminare per imparare, imparare e crescere
Ma la fede non cresce rapidamente, e tutti ti hanno creduto
Mentre tu avevi l'unica autorità
Appena seguito dalla maggioranza
Chi ha paura della realtà
Questo sistema è una farsa
È meglio che tu sia intelligente per salvare la tua anima
E fuggire da questo controllo mentale
Passi la tua vita a sacrificarti per questo sistema di morte
Dov'è la passione in questo modo di vivere?
Sei sicuro che è Dio che stai servendo?
Impegnato in un sistema
Sempre meno bene, anche se te lo meriti
Chi fa queste scuole? Chi fa queste regole?
Una condizione animale, oh tenerci come schiavi
Oh, esci da questo purgatorio sociale...

7 - IL SIMBOLISMO MK-MONARCH
NELL'INDUSTRIA CINEMATOGRAFICA

Alcune produzioni cinematografiche mostrano anche il simbolismo del controllo mentale di Monarch. Come per i video musicali, si tratta di identificare le diverse griglie di lettura contenute in tutte queste produzioni.

Guardiamo prima il film *'Trouble jeu'* (*Nascondino* in V.O.) uscito nel 2005. Questo film è stato molto criticato negativamente a causa della sua stranezza, è stato descritto come illogico con un finale considerato assurdo. Si scopre che questo film non può essere pienamente compreso senza conoscere l'elemento chiave su cui si basa, cioè il controllo mentale basato sul trauma: MK-Monarch. In modo simbolico e teatrale, questo film descrive questo spregevole processo. La farfalla Monarch appare di nuovo regolarmente in questa produzione per confermare il suo tema triste.

Il film parla di una bambina di nome Emily che ha assistito al suicidio di sua madre e soffre di gravi sintomi traumatici. Suo padre, David (interpretato da Robert De Niro) decide di aiutare sua figlia lasciando il suo studio psichiatrico e trasferendosi in campagna con lei per occuparsi di lei a tempo pieno. Il comportamento di Emily diventa sempre più preoccupante quando afferma di avere un nuovo amico di nome Charlie con cui si diverte molto. David crede che questo sia un amico immaginario creato da Emily per affrontare il suo trauma. Tuttavia, alcune delle cose orribili che stanno accadendo in casa, come il gatto trovato annegato nella vasca da bagno, cominciano a sembrare molto preoccupanti, soprattutto perché Emily sostiene che Charlie è responsabile. Charlie ucciderà anche la ragazza del padre. In una scena in cui vediamo David che pattuglia la casa alla ricerca di un possibile assassino, si rende conto in un breve lampo di intuizione che lui stesso è il "famoso" Charlie. Il film rivela che questo Charlie è in realtà un'altra personalità del padre di David, che è completamente ignaro della sua esistenza. È questa alter personalità, Charlie, che traumatizza e manipola la piccola Emily e commette crimini orribili.

Questa produzione descrive la relazione tra un boia programmatore e il suo schiavo, in questo caso uno psichiatra totalmente dissociato che programma la propria figlia. Gli stessi programmatori di solito hanno profondi disturbi dissociativi. La scena finale del film ci mostra un disegno della piccola Emily che si rappresenta con due teste su un solo corpo... un'immagine simbolica che rivela che lei è dissociata e multipla.

Il film d'animazione *"Coraline"* (2009) è anche una produzione che si riferisce simbolicamente alla programmazione MK-Monarch. Da notare che la bambina che fa la voce di Coraline è Dakota Fanning che ha interpretato il ruolo della bambina nel film *'Trouble Jeu'* che abbiamo appena descritto sopra.

Fin dall'inizio, i titoli di testa riassumono chiaramente l'intero processo: vediamo minacciose mani di metallo che restaurano una vecchia bambola in una nuova. Il suo vecchio vestito viene completamente tagliato via, viene letteralmente rivoltato come un calzino, l'imbottitura interna viene rimossa e sostituita con della sabbia. Le vengono fatti nuovi capelli, nuovi occhi e le vengono cuciti nuovi vestiti. La creazione di questa nuova bambola simboleggia la creazione di un'alter personalità.

Coraline è una bambina che si è appena trasferita in una nuova casa con i suoi genitori. È infelice e costantemente annoiata perché i suoi genitori non le danno l'attenzione che vorrebbe. Esplorando la sua nuova casa, scopre una piccola porta che conduce a una versione alternativa della sua realtà, un luogo dove i suoi genitori sono divertenti e le danno molte attenzioni. Troviamo qui lo stesso tema de 'Il *mago di Oz*' o '*Alice nel paese delle meraviglie*', cioè un personaggio principale come una bambina che si annoia nella sua vita quotidiana ed entra in un mondo strano, meraviglioso e magico. In *Coraline, la* bambina attraversa una porta che la proietta in una sorta di vortice che dà accesso alla 'meravigliosa' realtà alternativa, proprio come Alice attraversa lo specchio: il simbolismo del processo dissociativo, la disconnessione da una certa realtà. In questa realtà alternativa, i suoi "altri genitori" chiamano Coraline *"la nostra bambolina"* e le dicono che se accetta che le cucano dei bottoni sugli occhi, presto *"vedrà le cose a modo loro"* e potrà stare con loro per sempre... Cucirle i bottoni sugli occhi significa che diventerà permanentemente la marionetta del programmatore boia, che poi, come dice il film, *"le divora l'anima"*. Ma Coraline rifiuta questa proposta e l'illusione dell'altro mondo va in frantumi... Vediamo l'"altra madre" andare in collera mostrandola nella sua vera luce. Coraline vede finalmente il vero aspetto della sua "altra madre", una specie di mostro scheletrico con mani metalliche, precisamente quelle che ha fatto la bambola nei titoli di testa. Tutto il film si basa su questa mano minacciosa, che rappresenta il programmatore che manipola la bambina e inganna la sua psiche con un mondo creato dal nulla grazie al passaggio attraverso la piccola porta: il processo dissociativo.

Nel 1985, la Disney ha prodotto il film *"Ritorno a Oz"*. Mentre la maggior parte degli spettatori si aspettava un seguito logico del famoso *Mago di Oz del* 1930, questo film sorprese molti mostrando la piccola Dorothy rinchiusa in uno squallido ospedale psichiatrico, legata a una barella per la terapia dell'elettroshock... Questa produzione Disney ritrae esplicitamente la situazione di una bambina sottoposta a un controllo mentale basato sul trauma

L'inizio del film mostra Dorothy che trova una chiave con il simbolo di Oz, una chiave che rappresenta la chiave della sua personalità originale. La scena successiva mostra questa stessa chiave nelle mani di uno psichiatra al quale è stata portata per un trattamento di elettroshock (per problemi di sonno)... questo psichiatra che ora possiede la chiave potrà diventare il suo programmatore.

Mentre Dorothy guarda la macchina che deve essere usata per l'elettroshock, vede in una finestra di vetro non il suo riflesso ma quello di un'altra bambina, anzi, questa macchina è la *porta della* sua alter personalità chiamata "Ozma". La scena successiva mostra Dorothy legata a una barella in procinto di ricevere delle scosse elettriche, ma proprio in quel momento si verifica un'interruzione di corrente... Tuttavia, il resto del film suggerisce chiaramente che Dorothy ha subito un profondo trauma che l'ha fatta dissociare dalla realtà, poiché è da questo punto che il film si sposta in un mondo immaginario. Infatti, Dorothy ritorna poi nel mondo magico di Oz, un mondo che rappresenta la sua psiche dissociata e interamente manipolata dal programmatore (lo psichiatra). È la sua alter personalità Ozma che la accoglie sulla sua barella e la porta nella terra di Oz...

Poi parte per una sorta di ricerca attraverso questo mondo alternativo. Una scena particolarmente inquietante è l'incontro tra Dorothy e la strega Mombi, che non è altro che la capo infermiera dell'ospedale psichiatrico. In questa scena, vediamo la strega portare Dorothy in una stanza piena di teste di donne, allineate dietro teche di vetro e che osservano la bambina con la coda dell'occhio... È allora che la strega Mombi toglie la propria testa, proprio come svitare un giocattolo, e la sostituisce con una delle tante altre teste presenti dietro le teche di vetro. Questa scena è puro simbolismo MK-Monarch, la collezione di teste che rappresentano le diverse alter personalità che possono emergere.

L'obiettivo finale della programmazione MK è la scissione della personalità di base in alterazioni multiple, e questo è esattamente ciò che le ultime scene di questo film ci mostrano. Vediamo la piccola Dorothy, ancora nel mondo di Oz, nel suo mondo interiore, fissando se stessa in un grande specchio che riflette non la sua immagine ma quella di Ozma, l'altra bambina che rappresenta la sua alter personalità. La scena mostra Dorothy che si avvicina allo specchio, prende la mano del "riflesso di Ozma" e la tira attraverso lo specchio in modo che sia "in carne ed ossa" davanti a lei. Lo specchio che riflette un'altra identità è un forte simbolo del MK-Monarch. L'alter personalità di Dorothy, Ozma, passa attraverso lo specchio e diventa così reale. Così la programmazione di Dorothy è completata, il suo alter programmato è presente nella sua mente scissa, Ozma è ora parte di Dorothy...

L'ultima scena mostra Dorothy di nuovo a casa nel mondo reale. Scopre di nuovo Ozma guardandosi nello specchio della sua stanza. Questo conferma che la sua personalità è stata scissa e che ora è multipla e programmata.

In questa produzione, Disney ha introdotto un gran numero di elementi che lo rendono un vero e proprio *inno* MK, ancora più esplicito de *'Il mago di Oz'*.

Nel suo film *"Death Proof"* (2007), Quentin Tarantino fa un chiaro riferimento al MK-Monarch, un triste ammiccamento... Non parlarne, ma mostralo...

A prima vista, questa produzione sembra essere niente più o meno che un omaggio ai vecchi B-movies, ma incorpora qualcosa di molto esplicito che non è banale.

Ma prima di tutto, dobbiamo tornare a un film del 1977 intitolato *"Un espion de trop"* (*"Telefon"* in V.O.) con personaggi sotto controllo mentale MK-Ultra che vengono attivati da una poesia recitata durante una telefonata. In seguito a questa chiamata per far emergere un'alter personalità pre-programmata, queste persone entrano in uno stato di trance per realizzare missioni kamikaze su diversi obiettivi.

Ecco la poesia che viene usata per innescare gli schiavi programmati:
Il bosco è affascinante, scuro e profondo,
Ma ho promesse da mantenere e miglia da percorrere prima di dormire,

Ricorda... (nome dell'alter personalità), le miglia da percorrere prima di dormire.

Nel suo film *"A prova di morte"*, Quentin Tarantino ha avuto cura di usare la stessa identica poesia. In una scena, vediamo un uomo avvicinarsi a una giovane donna e offrirle una birra mentre dice *"Salute farfalla"*, e poi inizia a recitare la stessa poesia MK parola per parola...

Tarantino prende l'esatta poesia che scatena gli schiavi MK nel film *'Telefon'* del 1977 e la adatta a modo suo nel 2007. Mentre in *"Telefon"* la poesia è usata per innescare i kamikaze controllati dalla mente, in *"Death Proof"* la poesia è usata per innescare la programmazione Beta, la schiavitù sessuale di una giovane donna. E per confermare che si tratta di un riferimento all'MK-Monarch, Tarantino ha scelto la parola *"butterfly"* come codice d'accesso all'alter personalità, questa poesia ha l'originalità di variare secondo l'alter a cui è indirizzata... *"Ricorda 'butterfly', miles before you sleep"*...

La scena successiva mostra la giovane donna presa di mira che inizia una danza erotica davanti a quest'uomo seduto su una sedia al centro di un bar. Questa donna, che non lo conosceva prima, finisce per abbandonarsi tra le sue braccia...

Ecco un estratto di dialogo dal film *'Telefon'* del 1977, dove Charles Bronson si riferisce direttamente al progetto MK-Ultra per creare i Manchurian Candidates:

- Mi dica, Borzov, chi è l'agente più segreto del mondo?
- Quello che riesce a rimanere eternamente segreto?
- Certo, ma quello che li supera tutti è l'agente ideale, quello che non sa di essere un agente.

8 - SUPER-ATLETI SOTTO CONTROLLO MENTALE

L'industria dello spettacolo comprende anche lo sport di alto livello e i metodi di controllo mentale sono applicati anche per allenare i *super-atleti*... Il campione è come un soldato d'elite la cui forza fisica e psichica deve essere ottimale in un mondo dove *"lo spettacolo deve continuare"*, dove le performance devono essere sempre più spettacolari. Lo sport di alto livello è un vero e proprio show business e i risultati devono eccellere anno dopo anno per soddisfare il pubblico e gli sponsor. In questo contesto, è facile capire perché il MK è usato anche nel campo dello sport.

Nella sua autobiografia, Cathy O'Brien racconta di come un individuo con una personalità multipla possa avere capacità fisiche straordinarie, in particolare per quanto riguarda il sonno e la fame. Il passaggio da una personalità alter a un'altra in qualche modo "resetterà l'orologio", cioè l'orologio biologico sarà diverso da un alter all'altro e le sensazioni di fame e fatica varieranno quindi a seconda di quale alter ha il controllo del corpo. Questo è un fenomeno difficile da capire a causa delle necessità biologiche di base del corpo fisico, così come è difficile capire come un alter possa essere l'unico a sentire gli effetti di una droga.

Gli schiavi MK possono funzionare con pochissimo sonno o con cibo molto limitato, il che significa che le loro menti, i loro cervelli, rimangono in uno stato facilmente controllabile, facilmente ipnotizzabile. Cathy O'Brien, che ha seguito il protocollo MK-Monarch fin dalla prima infanzia, descrive anche che quando si allenava a correre, il suo allenatore le induceva una trance in modo che non avesse il senso del tempo e della distanza. I metodi di controllo mentale le rendevano più facile liberarsi del dolore e della fatica all'istante. Questo fenomeno provoca una resistenza eccezionale nei soggetti MK, sia nello sport che nell'esercito.

Cathy O'Brien sostiene che alcuni giocatori di baseball americani sono controllati da codici a chiave e da altri fattori scatenanti. Secondo lei, i membri della squadra dei *Dodgers* erano sotto controllo mentale e condizionati a vincere o perdere secondo le scommesse e i desideri dei loro proprietari. Brice Taylor sostiene che la stessa squadra dei *Dodgers* (allenata all'epoca da Tommy Lasorda) era ricompensata con schiave del sesso (sia donne che bambini) secondo i loro risultati sportivi...

Un fatto poco noto è che la famosa tennista Serena Williams ha diversi alter, uno dei quali è chiamato "Psycho-Serena", l'alter presente sul campo da tennis, il *super-atleta*. Sembra che la tennista numero uno al mondo abbia sviluppato un disturbo dissociativo dell'identità. Nel documentario biografico *'Venus and Serena'* (2012), rivela ed elenca le sue diverse alterazioni davanti alla telecamera: *"Sì, ho davvero diverse personalità e diversi atteggiamenti. C'è Psycho-Serena, è sempre in campo, si allena, è nel gioco, è incredibile, è una super-atleta. C'è "Summer", mi aiuta molto, per esempio quando ho una lunga lettera da scrivere o per altre cose, è "Summer" che lo fa. E c'è quest'altra ragazza, Megan, che è una ragazza arrapante, non riesci a starle dietro. C'è anche "Taquanda", è una dura, non è cristiana (ride), viene dal ghetto. Era agli US Open nel 2009* (ndr: il rapporto mostra poi una clip di una partita in cui si vede "Taquanda" insultare volgarmente e minacciare violentemente un raccattapalle). *In quella particolare partita, io non c'ero, ma ho avuto il feedback."*[604]

Quest'ultima affermazione - *"io non c'ero"* - significa che non ha alcun ricordo di quella scena di rabbia perché non era "lei" a giocare quella partita degli US Open, il che dimostra che ci sono davvero muri amnesici tra i suoi diversi alter. Serena afferma chiaramente in questo documentario biografico che ha diverse personalità indipendenti, quindi avrebbe un disturbo dissociativo dell'identità, qualcosa di comune agli schiavi MK.

Durante una partita a Wimbledon nel luglio 2014, Serena, considerata da molti la migliore tennista di tutti i tempi, apparve sul campo completamente disorientato, letteralmente non sapendo come giocare a tennis o anche come tenere una palla, una scena che era totalmente incredibile. *I* titoli dei giornali recitano: *"disagio incredibile", "disorientata e incapace di tenere la palla", "al limite del ridicolo"...* La federazione americana di tennis ha dichiarato che la giocatrice era *"affetta da un virus"* senza fornire ulteriori dettagli... ma allora

---

[604] 'Venus e Serena - Scopri la verità dietro le leggende' - Maiken Baird, Michelle Major, 2012.

perché è scesa in campo per rendersi ridicola in quel modo? O era l'alter ego di *Psycho-Serena che* non c'era quel giorno?

Sapevi che Tiger Woods, il miglior golfista di tutti i tempi, soffre di amnesia durante le gare e non riesce a ricordare i suoi colpi migliori?

Eldrick Woods è il figlio di Earl Woods, un ex colonnello e berretto verde delle forze speciali in Vietnam. Eldrick era soprannominato "Tigre" da un soldato vietnamita che aveva combattuto al fianco di suo padre. Tiger ha iniziato a giocare a golf all'età di due anni. È apparso nel 1978 al *The Mike Douglas* Show, dove il piccolo ha dimostrato il suo swing pulito. Tiger Woods è stato una star infantile fin dalla più tenera età, adorato dai media e destinato a diventare il migliore, allo stesso modo del cantante Michael Jackson. Un ex golfista e commentatore della *Professional Golfers' Association of America* (PGA) ha detto che Woods è stato *programmato da suo padre.*

Infatti, la sua incredibile abilità nel golf sfida la logica, le norme e le statistiche. Ma questo è dovuto solo all'ipnosi usata su di lui? Il padre di Tiger era coinvolto in operazioni psicologiche e di controllo della memoria sui soldati quando era nell'esercito, in particolare in Vietnam. Earl Woods decise di usare le stesse tecniche su suo figlio e incaricò uno psichiatra militare, Jay Bunza, di riprogrammare Tiger come un computer. Bunza ha lavorato ad uno strano progetto per ipnotizzare Tiger prima delle sue partite di golf. Nelle interviste, Tiger ha dichiarato di dimenticare completamente intere sezioni di alcune gare. Nel documentario *Tiger's Prowl: His Life,* rivela: "*Ho questi momenti di blackout, non ricordo. So che ero lì, ma non ricordo come ho giocato (...) È come una trance, lascio giocare il mio subconscio e non so quale sarà il risultato. Ci sono molti scatti in cui non ricordo nulla. Ricordo solo di essermi preparato, di aver preso la mazza dalla borsa e così via, ma una volta che ho colpito la palla non ricordo di averla vista partire... È una cosa molto strana."*

Le tecniche di Jay Bunza hanno prodotto risultati straordinari, ma come è possibile che Tiger non ricordi i suoi colpi più belli?

Nel 2008, l'ex atleta "multifunzionale" Herschel Walker ha rivelato di avere un disturbo dissociativo dell'identità. Lo spiega in dettaglio nel suo libro '*Breaking Free*: *My Life with* Dissociative *Identity Disorder'.*

Nello stesso anno, il canale americano *ABC News* gli ha dedicato un servizio.[605] È stato riferito che Walker è una vera leggenda dello sport: ha giocato per la squadra di football dei Georgia *Bulldogs* negli anni '80, ha stabilito diversi record mondiali di atletica e ha vinto il famoso Trofeo Heisman nel 1982. Ma Walker ora sostiene che non fu *lui a* vincere il famoso trofeo all'epoca. Un campione che ha giocato 15 stagioni di football americano, che è stato persino un ballerino del *Fort Worth Ballet,* un uomo d'affari, un personaggio pubblico, un marito, non è nessuna di queste cose, dice: "*Queste sono personalità che possono fare diverse cose per te. In competizione, sono una persona completamente diversa."*

Herschel Walker dice che il suo alter chiamato '*Warrior'* si è fatto carico delle partite di calcio prendendo tutto il dolore che poteva venire dal violento

---

[605] Herschel Walker: dire al mondo la mia verità - Bob Woodruff, ABC News, 2008.

contatto fisico. L'alter *"Eroe"* è la figura pubblica e mediatica, mentre il ruolo dell'alter *"Sentinella"* era quello di proteggere i suoi amici e la sua famiglia. Nel 1983 l'atleta ha sposato Cindy Grossman, oggi la coppia è separata e Cindy dice: *"All'inizio era solo un comportamento molto strano (...) aveva la capacità di nasconderlo perché penso che tutti gli alter ego interni fossero concentrati sul calcio.* Quando la sua carriera e le sue competizioni finirono, Cindy dice che il sistema subconscio interno di suo marito iniziò ad andare in tilt: *"Ho iniziato a scoprire gli alter (...) Ho notato i cambiamenti nella sua voce, a volte diventava rauca e diceva cose strane, come se non sapesse chi ero. Mi chiamava "Miss Lady". È difficile da spiegare, anche la sua faccia cambierebbe. La prima cosa che ho pensato è che aveva il diavolo dentro di sé. Non chiedevo necessariamente un esorcismo, cercavo solo di avere delle risposte (...) Credo che abbia molti alter, ma non so quanti, non posso dirlo, ma ne ho incontrati diversi."*

Quando la sua carriera sportiva finì, Walker racconta come le sue alter personalità cominciarono a prendere il controllo in modo anarchico. Fu da questo punto che iniziò a sviluppare un fascino morboso per le armi e la morte. Scrive nel suo libro: *"Il godimento viscerale che provo nel vedere l'impatto e poi l'irrorazione del cervello con il sangue è come i fuochi d'artificio".* È stato più volte sul punto di uccidere con una pistola, anche contro sua moglie: *'Mi ha puntato la pistola alla testa e ha detto: 'Ti faccio saltare il cervello'. Dovevo avere la forza di Dio in me allora, perché l'ho guardato negli occhi e gli ho detto: 'Vai avanti e premi il grilletto, io so dove sto andando, ma tu sai dove stai andando? C'era qualcuno fondamentalmente sbagliato davanti a me."*

Walker non ha mai negato di aver minacciato la moglie in questo modo, ma dice che non lo ricorda. Durante una sessione di terapia con sua moglie, il dottor Jerry Mungadze, il suo terapeuta, ha detto di aver visto emergere una personalità alterna totalmente infuriata che voleva letteralmente uccidere tutti nella stanza. Il dottor Mungadze riferisce: *"I suoi occhi sono cambiati. Gli occhi che sono emersi se ne sono fregati di me, e quando ha detto che mi avrebbe ucciso, gli ho prontamente creduto... Non era Herschel, era un alter ego infuriato.* Finalmente quel giorno, Walker ha deviato la sua rabbia facendo un buco nella porta dell'armadio, e poi è emerso un altro alter, questa volta un ragazzo: *"Era in un dolore terribile perché si era appena rotto la mano.* Anche Herschel non ricorda questa scena violenta, ma mette in chiaro che deve affrontare tutte queste cose e che la sua malattia non è una scusa per la violenza. Dopo 8 anni di terapia, senza alcun farmaco, ha molto più controllo sulle sue alter personalità.

CAPITOLO 10

PROPAGANDA E TECNICHE DI RETE
OFFENSIVE E DIFENSIVE

I crimini contro i bambini prosperano su una cospirazione di silenzio e intimidazione. Speriamo che un giorno i pedofili siano arrestati e perseguiti. Ma cosa si può fare quando questi stessi criminali sono a capo del sistema giudiziario? 'Ingiustizia olandese: quando i trafficanti di bambini governano una nazione. Ingiustizia olandese: quando i trafficanti di bambini governano una nazione, 2012)

Che disgrazia per quelle persone che agiscono in segreto per nascondere i loro piani al Signore. Preparano i loro affari nell'ombra. Dicono: 'Chi può vederci? Chi sa cosa stiamo facendo?' - Isaia 29:15

Beati quelli che hanno fame e sete di giustizia, perché saranno saziati. - Matteo 5:6

1 - RETI DI ALIMENTAZIONE

Definiamo prima la parola "rete". È un termine che deriva dal latino *'retis'*, plurale *'retes'*, *'rets'*, che significa *'rete'*. Il termine *'rets'*, usato più spesso al plurale, significava una rete per catturare uccelli, pesci o selvaggina. In senso figurato, significava un artificio con cui ci si impadronisce di qualcuno o della sua mente. In termini scientifici, è un insieme di punti che comunicano tra loro.

La parola "rete" è attualmente definita come, tra le altre cose
- Un insieme organizzato i cui elementi, dipendenti da un centro, sono distribuiti in vari punti.
- Un'organizzazione clandestina i cui membri lavorano in collegamento tra loro.

Le reti sono un raggruppamento di entità (individui, associazioni, organizzazioni varie, ecc.) che sono collegate tra loro. Le reti sono impiegate in molti campi: la politica, la magistratura, i media, la religione, il campo scientifico e medico, le associazioni, lo sport, ecc. L'obiettivo di queste reti è di riunire il massimo numero di persone e di creare ponti da una rete all'altra. Queste reti possono essere più o meno evidenti e anche totalmente nascoste. Questo sistema di funzionamento non è di per sé una cosa negativa, ed è generalmente molto efficace. Tuttavia, viviamo in un'epoca in cui le reti elitarie sono semplicemente utilizzate per schiavizzare una massa di umani alla base di una grande gerarchia piramidale. Le connessioni tra queste diverse reti come la massoneria (le varie logge luciferiane), le organizzazioni mafiose e certe comunità settarie e religiose sono a capo di quella che si può chiamare una "meta-rete" che sembra strutturare la nostra società odierna. Una meta-rete organizzata per controllare e manipolare la società a tutti i livelli, in modo globale, per stabilire un *Nuovo Ordine Mondiale*, il regno del "dio civilizzatore e liberatore": Lucifero.

La massoneria è una delle organizzazioni che ha costruito la rete più potente ed estesa. In effetti, i suoi membri sono presenti in tutti i continenti e in tutti i campi, compresi gli ambienti più influenti: politica, giustizia, aiuti umanitari, intelligence, media, istruzione, sanità, polizia, ecc. La massoneria forma attualmente una sorta di struttura della nostra società, una maglia che passa attraverso le banche, la pubblica amministrazione (tasse, sicurezza sociale, ecc.) fino all'educazione nazionale e ai tribunali (due punti essenziali). Funziona come una cinghia di trasmissione che si occupa di trasmettere informazioni da una sezione all'altra quando è necessario. Si tratta quindi di una rete che attraversa tutta la società, con molteplici ramificazioni e pedine che possono essere mosse a seconda delle questioni in gioco.

Una delle caratteristiche di queste società segrete, ma anche dei servizi segreti e dei progetti governativi classificati, è quella di mantenere una compartimentazione delle informazioni all'interno della rete. Infatti, ogni individuo nella rete riceve solo ciò che è *"buono da sapere"*, cioè avrà accesso solo a ciò che deve sapere per fare il suo *lavoro*. Rimangono totalmente all'oscuro della globalità del progetto (o dei progetti), ricevendo solo ciò che è strettamente necessario in termini di informazione per il lavoro che stanno facendo al loro livello. Ecco come questa nozione di compartimentazione sistematica delle informazioni è descritta da Mark Phillips:

"Infatti, "need to know" è una frase usata ufficialmente dalla CIA e da altre agenzie "alfabeto" come l'FBI, la NSA e la DIA. Fondamentalmente, significa che ti viene detto solo ciò che "devi sapere" per svolgere la tua parte di un'operazione senza che tu sia pienamente consapevole di ciò per cui stai lavorando. Nel mio caso, credevo che il governo stesse sviluppando il controllo mentale per liberare la società dal crimine e dalla malattia mentale. Nessuno ha sentito il bisogno di dirmi che lo scopo era in realtà quello di controllare la popolazione, di creare le macchine da guerra sovrumane delle 'Forze Speciali' o di usarle per torturare e brutalizzare persone innocenti (...) Non avevo idea di niente di tutto questo. Ero solo concentrato sulla 'mia parte' ed eccitato dalle prospettive, e non mi è mai venuto in mente per un momento che avrei potuto contribuire alla più grande minaccia che l'umanità abbia mai affrontato."[606]

Di fronte a queste reti, in particolare quelle massoniche, è difficile stabilire una nozione di contropotere, poiché i membri (i *fratelli*) sono sistematicamente presenti in ogni organizzazione e in ogni partito politico cosiddetto opposto... Il tutto sapendo che hanno tutti giurato di servire gli stessi interessi occulti (quelli del GADLU, il *Grande Architetto dell'Universo*) e di coprirsi sistematicamente a vicenda in caso di problemi. Non importa il partito politico o la gravità dei reati di cui sarebbero incriminati, il giuramento di fedeltà

---

[606] *'Per motivi di sicurezza nazionale'* - Cathy O'Brien & Mark Phillips, 2015, p.186.

ad un "fratello" viene sempre prima... Non si può dunque parlare di indipendenza e di neutralità nei confronti della giustizia francese, che è oggi totalmente infiltrata dalla rete massonica. I massoni si fanno sistematicamente dei favori a vicenda, un "fratello" di loggia verrà sempre prima di un laico, quindi abbiamo a che fare con una sorta di conflitto di interessi massonico generalizzato, estremamente dannoso per la nostra società e per il buon funzionamento di un vero sistema di giustizia che si suppone sia reso in nome del popolo. Quando assumono le loro funzioni, ogni magistrato e ogni avvocato giura di rendere giustizia in modo equo a tutti i cittadini. La domanda che si pone oggi è questa: il giuramento massonico, questa solidarietà sistematica tra "fratelli", non ostacola la manifestazione della verità in molti procedimenti giudiziari? Bisogna notare che l'Italia e l'Inghilterra obbligano i professionisti legali a dichiarare la loro appartenenza a qualsiasi obbedienza massonica, cosa che purtroppo non avviene in Francia.

I membri delle reti occulte possono anche manipolarsi a vicenda per vari interessi. La tecnica del "ritorno dell'ascensore" permette di rendere conto alle persone a cui si è fatto un "favore" al momento opportuno. Le informazioni compromettenti contenute nei file pesanti permettono anche di mantenere una pressione e un ricatto costante sui membri della rete. I file possono anche includere vere e proprie trappole (come foto o video presi durante una situazione sessuale in cui vengono introdotti dei bambini) per mantenere un costante ricatto e controllo sulla persona. Come dice il proverbio: *"si tengono tutti per i capelli"*, *per non* dire per il c.... I membri della rete sono condizionati ad obbedire e a tacere, perché di solito sono tutti coinvolti in affari sporchi. Molti soffrono di disturbi dissociativi legati alla loro prima infanzia, che li porta a perpetuare atti spregevoli, il che rafforza i registri che servono a controllarli e a tenerli in silenzio. È un circolo vizioso in cui regna la legge del silenzio.

Il traffico d'influenza di queste reti è particolarmente virulento nella magistratura, e per una buona ragione... Hubert Delompré, l'amministratore del sito deni-justice.net, denuncia, per esempio, i segni massonici inseriti in certe lettere che circolano tra i magistrati. Questi segni (chiamati triponctuation) indicano al destinatario che legge la lettera che deve prestare particolare attenzione al paragrafo tra due di questi segni. Ciò significa che il contenuto è vincolante per tutti i "fratelli" e che essi devono fare tutto il possibile perché il messaggio abbia successo, che il giudizio sia giustificato o meno. Questo è ciò che è noto come traffico d'influenza e quando le lettere contengono questo tipo di segno, il giudizio finisce sempre in una condanna contro il profano. Chantal Arnaud (ardechejustice.fr) parla in questi casi di *'sentenze massoniche'*, cioè le false informazioni e le accuse sono fatte dagli stessi giudici che si prendono la libertà di scrivere qualsiasi cosa. Secondo lei, queste pratiche, riguardanti certi magistrati, possono essere attaccate per falsificazione, poiché le manipolazioni sono così flagranti. Questi malcostumi arrivano persino a far sparire certi documenti dal fascicolo come prova. Ci sono davvero delle aberrazioni nelle sentenze emesse in nome del popolo senza che nessuno possa reagire, poiché tutto questo avviene nei tribunali, spesso a porte chiuse... e dagli stessi magistrati. La difficoltà di queste sentenze vergognose è che sono imposte di fatto, poiché la magistratura incarna "la legge". È quindi molto difficile per un comune cittadino contrastare tali azioni di un sistema giudiziario che impone un rullo compressore quasi inattaccabile, intimidatorio e minaccioso. Il termine generalmente usato dai media per addolcire queste aberrazioni è: *"disfunzione giudiziaria"*... Non si tratta di disfunzioni, ma di un'organizzazione che non lascia spazio al minimo errore...

Questo mondo della giustizia è un mondo corporativista dove impiegati, ufficiali giudiziari, avvocati, giudici, procuratori, mangiano insieme, escono insieme e si sposano... Troviamo questo stesso funzionamento nel mondo politico e giornalistico. Così tutti si proteggono, è una specie di casta al di sopra del popolo. La struttura piramidale della società non è qualcosa di nuovo, ma il problema è il traffico d'influenza e i conflitti d'interesse che affliggono la società, sia a livello legale, mediatico, politico o farmaceutico... Quando il sistema giudiziario abusa chiaramente del suo potere, è il momento di suonare l'allarme. Tutte le decisioni dei tribunali sono rese in nome del popolo francese, quindi le *"disfunzioni"* e gli altri *"errori"* giudiziari dovrebbero essere giudicati a loro volta dal popolo francese per condannare e licenziare questi magistrati che abusano del loro potere. Alcuni chiamano questo sistema di corruzione: '*La Repubblica degli Amici*'; ma dovremmo dire '*La Repubblica dei Fratelli*'?

Ciò che è perverso in queste reti è il segreto con la "S" maiuscola, è una gerarchia parallela, un potere invisibile. Nel documentario di France 5 '*Grand-Orient: les frères invisibles de la république*', il massone Alain Bauer dichiara senza ritegno davanti a una telecamera che '*quello che si studia in una loggia il lunedì diventa una proposta di legge il venerdì e una legge la settimana seguente, il processo, anche se lo accelero per amore del soggetto, è estremamente veloce perché tutto è lineare*'.

Fred Zeller, che fu capo del Grande Oriente di Francia dal 1971 al 1973, dichiarò: "L'influenza della massoneria è forse ancora più importante che sotto la terza o la quarta repubblica, è posta ad un altro livello. Non c'è associazione, raggruppamento o unione in cui non si trovino massoni e nelle più eminenti posizioni di responsabilità." (Archivio video INA.fr)

2 - FUNZIONAMENTO DELLA RETE QUANDO UN GENITORE PROTETTORE SUONA L'ALLARME

I numerosi casi legati alla pedocriminalità hanno aiutato a determinare come la Rete lavora per coprire sistematicamente il caso e alla fine recuperare il bambino o i bambini al centro del caso.

Tutto inizia con una denuncia presentata dal genitore protettivo (di solito la madre che ha ancora piena fiducia nel sistema giudiziario del suo paese) che scopre che suo figlio o i suoi figli vengono abusati sessualmente dal padre (o da altri membri della famiglia). Da quel momento in poi, questa famiglia viene identificata e la prima denuncia viene di solito archiviata senza ulteriori azioni, ma in Francia questo porta di solito al collocamento del bambino nell'ASE (Aide Sociale à l'Enfance). Il giudice, ignorando totalmente le prove di abuso che il genitore protettivo porta nel suo dossier, metterà il bambino in una casa. Secondo il rapporto del comitato CEDIF sulla protezione dell'infanzia: *"L'allontanamento dei bambini dalle loro famiglie è diventato un vero fenomeno sociale in Francia. D'altra parte, gli scandali poco pubblicizzati che riguardano i collocamenti involontari mostrano anche che i servizi sociali possono diventare lo strumento della sfortuna dei bambini, attraverso interventi maldestri e a volte malintenzionati. Inoltre, come riconosce Pierre Naves, ispettore generale degli affari sociali, la metà dei collocamenti decisi non sono giustificati."*

Alcune fonti affermano che i consigli generali ricevono diverse migliaia di euro al mese dalle nostre tasse per ogni bambino preso in carico dall'ASE. In Francia, i collocamenti abusivi sono in continuo aumento... per quale motivo?

Come abbiamo visto nel Capitolo 7, i bambini in cura sono obiettivi ideali per la rete, specialmente quelli con disturbi dissociativi come risultato di abusi sessuali. Sono le vittime di seconda classe, non destinate a posizioni d'élite. Il genitore protettivo è ignorato, o addirittura privato dei suoi diritti nei confronti del bambino, perché le *"perizie psicologiche"*, effettuate dai membri della rete, serviranno a svalutare la sua parola. Se il genitore insiste diventando troppo virulento (soprattutto se è socialmente isolato), può essere sottoposto a un internamento psichiatrico abusivo, permettendo così che la sua salute mentale sia rovinata dal trattamento chimico d'urto (vedi il caso Patricia Poupard). Tutte queste decisioni arbitrarie passano attraverso i tribunali, che come abbiamo visto sono incancreniti. Se l'abusatore non fa già parte della "famiglia", si farà un accordo con lui: in cambio dell'immunità, dovrà "prestare" il suo bambino alla rete. Tutto questo processo è coperto dagli interventi successivi di vari "parafulmini" (servizi sociali, pseudo associazioni di protezione dell'infanzia, avvocati disonesti, ecc.) la cui funzione è quella di incanalare il caso affinché venga soppresso e non diventi una minaccia per la rete (la nozione di "parafulmine" sarà definita più avanti).

Si può notare che questi metodi per isolare il bambino dal genitore protettore e in generale per finire il bambino nelle mani del genitore violento, funzionano perfettamente grazie ad un sistema di rete, una macchina ben oliata, i cui membri sono tutti collegati e conoscono perfettamente le misure da prendere nei casi di crimine pedofilo. In effetti, il processo è sempre lo stesso, l'obiettivo è innanzitutto quello di ottenere il genitore protettore:

- È rovinato dal costo di procedimenti infiniti, con grande gioia degli avvocati coinvolti.

- Isolato, è visto come un pazzo e un cattivo genitore... e quando la rete massonica viene coinvolta, si trova in situazioni in cui anche l'amministrazione sembra danneggiarlo a tutti i livelli. Viene messa in atto una forma più o meno sottile di molestia sociale.

Quello che segue è una panoramica generale di ciò che è stato trovato nei casi di abuso sui bambini (attraverso la ripetizione sistematica dei protocolli):

- Non viene fatta nessuna indagine seria per verificare le accuse del bambino (denuncia solitamente archiviata).

- Nessuna protezione per le vittime e i genitori che denunciano gli abusi.

- Nessun esame medico appropriato del bambino (compresa la risonanza magnetica del tratto inferiore o l'anoscopia).
- La parola del bambino sistematicamente negata. L'affare Outreau è ormai sistematicamente utilizzato per sostenere che non ci si può fidare della parola dei bambini: vedi il libro del giornalista Jacques Thomet *'Retour à Outreau: contre-enquête sur une manipulation pédocriminelle'*.
- Nessuna statistica sullo stupro (e la scomparsa) di minori. In effetti, questo argomento sembra così tabù che non esistono cifre sul numero di bambini violentati, sul numero di condanne e sul numero di casi che sono stati archiviati.
- Silenzio totale dei media sulla questione molto delicata dei casi di abuso sui bambini.

3 - LA STRATEGIA DEL PARAFULMINE

Nel suo libro *L'affaire Vincent: au cœur du terrorisme d'état* (2010), l'attivista francese Christian "Stan" Maillaud, un ex gendarme, descrive una tecnica che chiama la *"strategia del parafulmine"*. È un metodo d'infiltrazione per recuperare e incanalare i file sensibili al fine di coprirli. Ecco come Stan Maillaud definisce questi metodi:

La "strategia del parafulmine" è semplice, praticamente inarrestabile, e sistematicamente impiegata nei casi di crimine pedofilo, o qualsiasi caso che possa disturbare l'ordine del crimine organizzato (nota: la Rete).

Consiste nella creazione di una messinscena intelligente il cui scopo è quello di interferire con qualsiasi difesa, legale, di comunicazione o altro, intrapresa o suscettibile di essere intrapresa dalle vittime o dalle famiglie delle vittime. Le azioni in questione devono allora essere incanalate e dirette, così come l'attenzione e il dibattito pubblico, in una direzione che non minacci profondamente gli interessi del crimine organizzato. Il terreno preferito sul quale il crimine organizzato vuole confinare le vittime e le famiglie delle vittime è ovviamente la sua finzione giudiziaria diffusa nelle nostre società perverse.

Così, il "parafulmine" è più spesso sotto forma di ausiliari giudiziari, ma anche di associazioni, la combinazione dei due è la più efficace per il crimine organizzato. Per quanto riguarda queste associazioni, o altre organizzazioni civiche, ci sono da un lato quelle che sono create dal nulla dal crimine organizzato - come la famosa "Child Focus", una cosiddetta associazione contro il crimine pedofilo sponsorizzata dal re belga "lui stesso" - e dall'altro lato quelle la cui origine è sincera ma che sono rapidamente infiltrate da veri agenti del crimine organizzato.

Lo scopo delle operazioni è allora quello di eccellere nell'illusione, al fine di ingannare tutte le vittime e le famiglie delle vittime così come il grande pubblico e di attirare nella sua rete il maggior numero possibile di vittime in cerca dell'aiuto che è loro negato dalla finzione giudiziaria e politica.

E quando si tratta di illusionismo, gli impostori hanno solo una scelta di procedure, padroneggiando le regole del campo di gioco truccato, e non avendo più stati d'animo o senso morale dei criminali che servono e proteggono. È così che è frequente vedere le imposture delle associazioni commesse in cerimonie o galà di beneficenza dove lo champagne - di Rothschild! - Le torte e i petits fours rallegrano generosamente intere assemblee di notabili benestanti, un po' come le manifestazioni che pretendono di combattere la povertà e la fame nel mondo. Con le sovvenzioni che scorrono come acqua per queste associazioni, tali feste pompose sono de rigueur nella più spessa oscenità e cinismo (...)

Per quanto riguarda gli ufficiali giudiziari, nel contesto in cui ci troviamo oggi, la loro professione è in sostanza una perfetta farsa, proprio come la magistratura in generale. Perché per non rischiare di essere radiato, nessun avvocato si avventura ad affrontare in profondità gli eccessi criminali di un'istituzione alla quale è altrimenti sottomesso, ma si limita di fatto a trattare solo i sintomi. Ogni avvocato è solo un pezzo della scacchiera truccata e lo sa, un pezzo "maestro", senza il quale non sarebbe più un avvocato. Perché un buon avvocato, nel nostro contesto reale di impostura giudiziaria e sociale, è un avvocato "morto", cioè uno che è caduto in disgrazia dell'istituzione e non sopravviverà a lungo per mancanza di clienti; o un avvocato che è stato radiato o sta per essere radiato, o un avvocato che coraggiosamente rinuncia al suo cappello.

Naturalmente, lo stesso vale per qualsiasi magistrato, ma qui mi occupo solo della strategia dei parafulmini, è l'ausiliario servile della giustizia che è alla ribalta, perché a parte il fatto che ho appena sollevato, riguardo alla profonda disonestà di tale professione nello stato attuale della nostra istituzione giudiziaria e della nostra società, bisogna temere la propensione che gli avvocati hanno volentieri a servire da parafulmine per la vostra difesa. Molti sono abituati a questo tipo di manovra, dove un oscuro negoziato con la parte avversa, con un procuratore o un presidente di tribunale, interviene alle vostre spalle per definire l'esito del vostro caso. Il cliente credulone, il più delle volte, non si accorge di essere ingannato, ed è vittima delle illusioni di una vera e propria commedia in cui il suo assistente legale trabocca di effetti melodrammatici per fargli credere di difendere strenuamente la sua causa...

4 - LA "SINDROME DELLA FALSA MEMORIA" E SINDROME DI ALIENAZIONE PARENTALE

La *sindrome della falsa memoria* è una teoria secondo cui la memoria può essere fabbricata o "contaminata" da ricordi illusori. Questa teoria, inventata dall'ex pastore luterano Ralph Underwager, è di solito usata per difendere i genitori accusati di incesto. Molti terapeuti sono stati citati in giudizio per aver impiantato falsi ricordi nei loro pazienti, diventando così i perpetratori invece che gli abusatori. Nella maggior parte dei casi, si tratta di un attacco alla parola della vittima adulta quando ricorda l'abuso sessuale durante l'infanzia. Questa *"sindrome da falsa memoria"* non è una diagnosi riconosciuta, né dall'American

Psychiatric Association né dall'OMS (Organizzazione Mondiale della Sanità). Il termine "sindrome" è completamente inappropriato perché questa teoria non descrive alcun insieme di sintomi che possano essere usati per stabilire una vera diagnosi. Tuttavia, ancora oggi, "esperti di falsi ricordi" vengono in tribunale per screditare la parola delle vittime. Richard J. Lowenstein (Presidente della *Società Internazionale per lo Studio della Dissociazione*) ha dichiarato nel 1992: *"Non conosco nessuna ricerca o descrizione clinica che convalidi empiricamente l'esistenza di un tale sintomo. La sindrome della falsa memoria è una sindrome senza segni e sintomi (le caratteristiche che definiscono una sindrome)'.*

In un'intervista alla rivista pedofila olandese *"Paidika: The Journal of Paedophilia"* sul tema "amare i bambini", il dottor Ralph Underwager ha chiaramente invitato i pedofili ad affermare con orgoglio le loro scelte sessuali: *"I pedofili sprecano molto tempo ed energia per difendere la loro scelta. Non credo che un pedofilo debba farlo. I pedofili possono orgogliosamente e coraggiosamente difendere la loro scelta. Possono dire che quello che vogliono è trovare il modo migliore per amare. Sono anche un teologo e come tale credo che sia volontà di Dio che ci sia vicinanza, intimità e unità della carne, tra le persone. Un pedofilo può dire: "Questa vicinanza è possibile anche per me secondo la scelta che ho fatto". (...) Quello che penso è che i pedofili possono dire che la ricerca dell'intimità e dell'amore è una loro scelta. Con coraggio possono dichiarare: "Credo che questo faccia parte della volontà di Dio". "[607]*

Ralph Underwager, ex direttore dell'*Istituto per le Terapie Psicologiche* di Minesota (USA), veniva regolarmente chiamato a testimoniare in tribunale dove attaccava sistematicamente la credibilità delle persone che facevano accuse di abusi sessuali. Nel 1993, è venuto a testimoniare in Francia, a Aix en Provence, per difendere i membri della setta *'La Famille'* (ex *Figli di Dio*) che erano sotto inchiesta per *'prostituzione aggravata, violenza volontaria sui minori, sequestro e corruzione di minori'*. I 22 membri della setta sono stati tutti assolti in parte grazie a Underwager.

Ralph Underwager è il fondatore ufficiale della *False Memory Syndrome Foundation*. Questa fondazione, che non è un'organizzazione scientifica competente nel campo della psichiatria, è regolarmente chiamata ad assistere in casi di pedofilia che implicano ricordi traumatici, specialmente quelli legati ad abusi rituali satanici. Quando Underwager e altri membri fondatori della *FMSF* sono stati accusati di pedofilia, Underwager è stato rapidamente costretto a dimettersi ed è stato sostituito da Pamela Freyd, che sostiene di essere una vittima delle false accuse di abuso sessuale che sua figlia, Jennifer J. Frey, sta facendo contro di lei e suo marito. Sua figlia, una professoressa di psicologia all'Università dell'Oregon, ha accusato pubblicamente i suoi genitori in una conferenza intitolata *"Controversie intorno alle memorie recuperate di* incesto *e di abuso rituale"*. Una conferenza tenuta nell'agosto 1993 ad Ann Arbor, Michigan (USA). La madre si è allora rivolta allo psichiatra Harold Lief (membro del consiglio di amministrazione della *FMSF*) per diagnosticare il

---

[607] Giuseppe Geraci: Hollida Wakefield e Ralph Underwager - *Padaika: Journal of Paedophilia*, Vol.3, N°1, 1993.

"disturbo" di sua figlia: secondo questo psichiatra, le coppie eterosessuali non violentano i loro figli e i ricordi repressi degli abusi sessuali non esistono, quindi il caso è chiuso...

Nel 1995, in una conferenza di terapeuti riuniti nella *Società per l'Investigazione, il Trattamento e la Prevenzione degli Abusi Rituali e dei Culti*, Walter Bowart (autore *del* libro *Operation Mind Control*) ha dichiarato che la FMSF, tutte quelle persone che lavorano per far passare i ricordi traumatici e dissociativi come *"falsi ricordi"*, era una creazione della CIA progettata per screditare e disinformare la comunità della salute mentale, e che serviva principalmente per mettere a tacere le vittime degli esperimenti di controllo mentale del governo.

Nel mondo francofono, questa teoria della sindrome della falsa memoria è promulgata principalmente da Hubert Van Gijseghem e Paul Bensoussan. Questi *"esperti"* intervengono in numerosi casi legali per proporre questa teoria a magistrati, poliziotti o assistenti sociali. Van Gijseghem usa regolarmente la *"sindrome di alienazione parentale"* (PAS) per difendere i padri accusati di abusi sessuali... Un'altra *"sindrome"* senza base scientifica, inventata dal pedofilo Richard Gardner. Infatti, per Gardner, le attività sessuali tra adulti e bambini fanno parte del repertorio naturale dell'attività sessuale umana. Crede persino che la pedofilia possa migliorare la sopravvivenza della specie umana servendo a *"scopi procreativi"*. Secondo lui: *"La pedofilia è stata considerata la norma da una grande maggioranza di persone durante tutta la storia del mondo (...) è una pratica diffusa e accettata da letteralmente miliardi di persone"*. Gardner ritiene che i bambini si impegnino spontaneamente in comportamenti sessuali e che possano iniziare gli incontri sessuali *"seducendo"* l'adulto.[608]

Richard Gardner definisce la Sindrome di Alienazione Parentale: la PAS è un disturbo specifico dei bambini, che si verifica quasi esclusivamente nelle dispute di custodia, dove un genitore (di solito la madre) condiziona il bambino ad odiare l'altro genitore (di solito il padre). I figli di solito si schierano con il genitore che fa questo condizionamento, creando una propria cabala contro il padre.

Questo significa incolpare la madre per qualsiasi problema nella relazione del padre con il bambino, con l'obiettivo di rimediare a ciò aumentando il contatto del bambino con il padre e riducendo quello con la madre. Tutto questo è ovviamente imposto da decisioni giudiziarie. Questo è uno dei motivi per cui nei casi di abuso sui minori, il genitore protettivo che denuncia l'abuso viene travolto dai tribunali e gli viene tolta la custodia del figlio, e il bambino viene automaticamente dato al presunto abusatore.

Sherry Quick, avvocato e presidente dell'*American Coalition for Abuse Awareness (ACAA)*, riferisce che i giudici "tendono a credere coerentemente" agli esperti nominati dal tribunale quando dicono che la madre ha fabbricato le accuse di abuso sui bambini e poi ha fatto il "lavaggio del cervello" al bambino per fargli credere all'abuso per vendicarsi dell'ex marito... Se la madre persiste nelle sue pretese, viene percepita come ossessiva e instabile e può anche essere

---

[608] Accuse vere e false di abusi sessuali su minori - Richard Gardner, 1992.

ricoverata in un ospedale psichiatrico mentre la custodia dei bambini sarà data al padre...

In sintesi, la teoria PAS di Gardner e le sue varie scale per distinguere tra rapporti veri e falsi di abuso sessuale infantile non sono informati dalla scienza e non sono stati riconosciuti dalla maggior parte degli esperti di abuso infantile. Piuttosto che sottoporre le sue teorie ad una valutazione scientifica, Gardner pubblica la maggior parte del suo lavoro attraverso la sua propria casa editrice o in riviste non scientifiche. Poiché le teorie di Gardner sono basate sulle sue osservazioni cliniche - non su dati scientifici - devono essere interpretate nel contesto delle sue opinioni atipiche sulla pedofilia e su quello che lui chiama il clima di isteria che circonda i casi di abuso sessuale sui bambini. Le teorie di Gardner si basano sulla sua presunzione che non c'è nulla di intrinsecamente sbagliato nel sesso tra un bambino e un adulto, e la sua convinzione che ci sia un'epidemia di false accuse di abuso sessuale fatte da mogli vendicative nelle dispute di custodia. Gardner persiste in queste convinzioni nonostante una ricchezza di prove cliniche e sperimentali che dimostrano il contrario. Questo non vuol dire che tali accuse siano sempre accurate o che i genitori non tentino mai di manipolare i loro figli nelle dispute sulla custodia. Tuttavia, tutte le perizie psicologiche da cui dipenderà la sicurezza di un bambino devono essere sottoposte a prove empiriche. Quando una teoria non è in grado di evolversi e migliorare in risposta ai risultati della ricerca, lascia il regno della scienza per quello dell'ideologia e del dogma. Dati i danni ai bambini e alle loro famiglie in quest'area, i professionisti legali e della salute mentale devono costantemente sfidare le loro conoscenze per assicurare che le decisioni di custodia siano basate sulla migliore scienza disponibile, piuttosto che su opinioni infondate, pregiudizi o ideologie.[609]

Torniamo a Hubert Van Gijseghem... È stato chiamato come "esperto" al terzo processo Outreau che ha avuto luogo a Rennes nel maggio 2015. Le udienze erano pubbliche, quindi molte persone hanno potuto assistere al suo intervento e riportare i fatti. Questo adepto della teoria dei "falsi ricordi" e della SAP ("alienazione parentale") ha poi spiegato al bar i mezzi migliori, secondo lui, per raccogliere la parola del bambino in modo che sia il più affidabile possibile. Ha sottolineato il fatto che più il bambino è interrogato *"fuori dal quadro"*, più la sua testimonianza sarà *"inquinata"*... Secondo lui, una testimonianza raccolta dai genitori, da assistenti d'asilo, da un insegnante, ma anche da associazioni di assistenza all'infanzia o da uno psicologo è senza valore e deve essere evitata a tutti i costi... Proibisce anche di ascoltare il bambino in luoghi come la casa, la camera da letto o la scuola per non stabilire un legame di familiarità... Raccomanda che il bambino sia ascoltato solo in una stazione di polizia, in un'unica udienza durante la quale il bambino deve sentire la pressione di dire la verità, *'qui si deve dire la verità, il bambino deve essere*

---

[609] *La sindrome di alienazione parentale ha una base empirica? Una revisione critica delle teorie e delle opinioni di R. Gardner* - Stephanie J. Dallam, RN, MScN, operatore di assistenza familiare e legale.

impressionato', ha detto Van Gijseghem, mentre raccomanda che i genitori non siano presenti durante questa udienza.

Raccomanda anche di escludere il genitore protettore o qualsiasi altra persona che potrebbe prendere una testimonianza inquietante (per la rete), poiché questa sarebbe automaticamente *"contaminata"* dall'interazione del bambino con gli altri. Secondo le dichiarazioni di Van Gijseghem, che è attento ad escludere qualsiasi attore esterno alle istituzioni che potrebbe ascoltare la testimonianza del bambino, il bambino stesso deve andare alla stazione di polizia per essere interrogato una volta da uno sconosciuto... Inoltre, mette in guardia contro l'uso di disegni, giocattoli, bambole o progetti per far esprimere al bambino le sue esperienze traumatiche, sostenendo che la *"ricerca scientifica"* invalida tutto questo.

Durante la sua testimonianza in tribunale, Van Gijseghem userà ripetutamente il termine *"ricerca scientifica contro l'uomo della strada"*, come lo standard sgargiante dell'"esperto" che è. Ma di quale ricerca scientifica sta parlando esattamente? Non lo sapremo in questo tribunale. Van Gijseghem non sapeva come rispondere al signor Forster (avvocato della parte civile) quando questi gli chiese il titolo della sua tesi di dottorato di cui non aveva trovato traccia... Forster lo mise anche di fronte a tutta una serie di studi e ricerche contraddittorie riguardanti le sue frivole teorie sulla raccolta della parola e dei falsi ricordi del bambino. Di fronte a queste contraddizioni, Van Gijseghem non ha avuto niente da dire ed è rimasto in silenzio, poiché il lavoro di quest'uomo è davvero molto controverso negli ambienti della psicologia infantile.

Van Gijseghem ha spiegato che i genitori, gli insegnanti e i terapisti devono essere totalmente esclusi per convalidare correttamente la parola del bambino. Ha detto: 'C'è il rischio che il bambino finisca per dire sciocchezze... *Il bambino comincerà a raccontare favole, riti satanici, sacrifici, cannibalismo, ecc... miti di cui non sappiamo la provenienza...*' Van Gijseghem scredita così tutto ciò che riguarda l'abuso rituale traumatico, invalidando queste testimonianze con il fatto che il bambino sta *scivolando* perché la sua memoria è stata *contaminata* dagli adulti: si tratta dunque di falsi ricordi, il caso è chiuso, non c'è bisogno di indagare...

Van Gijseghem afferma anche che una storia vera tenderà a diminuire nei dettagli, mentre una storia falsa diventerà sempre più dettagliata nel tempo, ma di nuovo non approfondisce la ricerca e le fonti dietro queste affermazioni. Tuttavia, i ricordi traumatici possono riaffiorare col tempo in un dettaglio sensoriale sempre maggiore, rendendo così la testimonianza sempre più completa. Ma secondo lui: *"i ricordi repressi sono il risultato di una ricostruzione non realizzata, la persona riempie i vuoti con falsi ricordi"*.

Ma se ci sono dei *"buchi"*, è perché c'è un'amnesia traumatica, e l'amnesia traumatica significa ricordi nascosti che possono andare più indietro nel tempo. Si tratta di frazioni di ricordi che devono essere ricomposti come un puzzle per poterli integrare e verbalizzare in un quadro cronologico: questa è la sfida delle testimonianze dei sopravvissuti, che vengono attaccate proprio perché non possono dare un resoconto preciso e cronologico degli eventi. È così che i sopravvissuti che soffrono di gravi disturbi dissociativi si trovano totalmente screditati, purtroppo...

È classico in questo tipo di casi mettere in evidenza lo stato psicologico della vittima dissociata per screditare la sua testimonianza. La diagnosi di disturbi dissociativi dovrebbe, al contrario, essere una prova in più nel dossier per sostenere il fatto che la vittima ha effettivamente vissuto un grave trauma, o addirittura un controllo mentale nel caso di un disturbo dissociativo dell'identità. Logicamente, di fronte a gravi disturbi dissociativi (come conseguenza di un grave trauma), l'indagine dovrebbe essere più approfondita piuttosto che liquidata...

Durante il processo, Van Gijseghem ha ammesso chiaramente al presidente del tribunale di non essere competente in scienze neurobiologiche o psicotraumatologiche, anche se sono proprio queste aree di ricerca che permettono di capire il funzionamento dei ricordi traumatici legati agli stati dissociativi.

Oggi ci troviamo in una situazione in cui la magistratura sembra a prima vista essere totalmente all'oscuro della psicotraumatologia, e la magistratura non sembra volersi aggiornare su queste conoscenze che sono tuttavia indispensabili per comprendere e trattare correttamente i casi di abuso sui minori. Sembrerebbe che qualsiasi cosa lontanamente collegata ai disturbi dissociativi e alle memorie traumatiche non dovrebbe avere alcun credito nei casi di abuso sessuale su minori. Si fa di tutto per soffocare e screditare questo campo di ricerca, soprattutto quando queste questioni vengono sollevate in un tribunale penale... L'ultima cosa di cui abbiamo bisogno è aprire un vaso di Pandora nel mezzo di un'aula di tribunale!

C'è quindi una guerra di comunicazione, o meglio una *"guerra della memoria", nei confronti della* ricerca scientifica che ci permette di capire come funziona il cervello di fronte al trauma. Di conseguenza, la disinformazione e l'occultamento di informazioni sono in atto per impedire che questi studi siano ampiamente diffusi e insegnati nelle scuole di medicina, il che potrebbe finire per pesare molto nei tribunali (vedi la conclusione del capitolo 5).

Il trattamento delle vittime in vista della loro guarigione è quindi influenzato da tutta questa "negligenza" istituzionale. Ecco cosa ha detto la psicotraumatologa Muriel Salmona su questo argomento: *"Il problema dei poteri pubblici è che da una parte stanno lottando contro la violenza, hanno approvato leggi recenti, come la legge sull'incesto nel febbraio 2010; ma normalmente queste leggi avrebbero dovuto includere l'informazione e la formazione dei medici, perché i medici non sono formati su tutte le nuove ricerche e tutte le nuove conoscenze che abbiamo. Ci dovrebbe essere anche la creazione di centri di cura, cioè dovremmo essere in grado di ricevere le vittime, ma non si fa nulla! E qui abbiamo assolutamente bisogno di un'enorme volontà politica per poterci prendere cura delle vittime. Prendersi cura delle vittime significa davvero evitare la sofferenza, evitare l'aggravarsi delle disuguaglianze, evitare situazioni di emarginazione, esclusione, angoscia... E un punto importante: significa evitare la ripetizione della violenza. Quando si è stati vittime di violenza, si può essere di nuovo vittime di violenza (...) Ma uno dei modi di autotrattamento è anche la violenza contro gli altri (...) La violenza contro gli altri è una droga, e in una società diseguale ci possono essere persone che sono designate come vittime pronte, disponibili a usarle e a "drogarsi" con esse.*[610]

Durante il processo Outreau 3 a Rennes, la psicoterapeuta Hélène Romano ha dichiarato su Europe1: Questo è un gran peccato perché ci sono raccomandazioni sull'ascolto dei bambini e degli adolescenti che non sono affatto o difficilmente applicate al momento per mancanza di mezzi e di volontà, perché si dice che ascoltare i bambini non serve più a molto...[611] La farsa del primo processo Outreau nel 2004 ha giocato un ruolo importante nell'ancorare nell'opinione pubblica che i bambini "mentono e dicono sciocchezze" riguardo agli abusi sessuali.

5 - CONCENTRARSI SULLO STRUMENTO INTERNET (CYBER-POLIZIA)

Ci sono migliaia di siti web pedofili e milioni di file pedopornografici che circolano su internet. Questo è il motivo per cui i governi, i media e le associazioni si concentrano sul web, credendo che sia il luogo in cui si concentra tutta la pedocriminalità. L'Interpol e quasi tutte le forze di polizia nazionali stanno creando unità di controllo su internet. Le campagne pubbliche mirano sistematicamente a far conoscere la pedofilia sul web, mantenendo così l'idea che tutto il problema è noto e che i governi stanno quindi fornendo le risposte necessarie a questo flagello. Non c'è dubbio che i contenuti pedo-pornografici sul web devono essere individuati, rimossi e puniti, ma la questione della lotta alla pedo-criminalità non può essere limitata solo a internet...

L'attivista belga Marcel Vervloesem sull'attenzione del governo su internet, mentre le reti reali e non quelle virtuali continuano le loro attività senza alcuna preoccupazione giudiziaria: *"Le foto che finiscono su internet sono state prima prodotte. Il bambino è stato violentato nel momento in cui la foto è stata scattata e non è internet che violenta i bambini. Gli autori che violentano i bambini e producono questo materiale, sono loro gli stupratori e sono loro che mettono le loro foto su internet. Questo è quello che ho sempre detto al Congresso Internazionale, ho sempre detto loro che non dobbiamo occuparci del problema di internet. No, non è internet che stupra, non è internet che tortura, no, i bambini che appaiono su internet sono stati vittime di queste pratiche. Chi sono gli autori di queste pratiche? Questo è ciò che è importante, internet non è importante. Questo è quello che ho detto al Congresso in Olanda, di fronte agli avvocati internazionali, ho chiarito questa posizione e ho detto loro: "No! Internet è la fine della catena, prima che il bambino sia violentato, torturato o altro, e dopo che la foto sia pubblicata trasmettendola su Internet, questo è un altro passo (...) Quando si vedono servizi in televisione, si sente*

---

[610] Muriel Salmona - UPP Femmes debout, tavola rotonda sulla violenza contro le donne, 2011.

[611] Hélène Morano, Europe-Midi, Europe 1, 19/05/2015.

sempre: "Abbiamo scoperto una rete pedofila su Internet"…. Questa è una sciocchezza!"[612]

Infatti, il cuore del problema sono i produttori di questi materiali pedopornografici che violentano, torturano e uccidono i bambini. Quando la cyber-polizia attacca le reti virtuali su Internet, attacca i consumatori di immagini e video, non il nucleo della rete pedofila, che non è virtuale ma reale. I pedofili più pericolosi, come Marc Dutroux, di solito non sono affatto collegati a internet.

Inoltre, Internet è una rete globale senza alcuna regolamentazione, un iceberg la cui parte sommersa (il *dark web*, dove gli internauti circolano in totale anonimato) contiene le pratiche più ignobili degli esseri umani. Quindi, da un punto di vista tecnico, i pochi siti chiusi dalle autorità sono solo una goccia nel mare, altri dieci fioriranno il giorno dopo. La lotta contro il crimine pedofilo non è virtuale, le reti pedofile non sono virtuali. Questa strategia governativa di concentrarsi su internet è anche una sorta di parafulmine per le forze di polizia per concentrarsi sul virtuale, lasciando il campo libero ai veri produttori di pornografia infantile organizzati in reti. Come abbiamo visto nel capitolo sugli abusi rituali, le testimonianze delle vittime di queste reti sataniste riferiscono molto spesso che gli stupri, le torture e gli omicidi sono fotografati e filmati. Tuttavia, la polizia ovviamente non rintraccia la fonte di tutte queste atrocità, la sua funzione non è quella di smantellare la rete pedofila, poiché il contenuto digitale diffuso su Internet è solo la fine della catena.

6 – "SICUREZZA NAZIONALE"

Negli Stati Uniti, il *National Security Act* fu firmato nel 1947 per riorganizzare le forze armate e i servizi di intelligence. Il suo scopo principale era quello di proteggere i segreti militari e di spingere la CIA in una "guerra segreta" contro i sovietici: la guerra fredda. Questa legislazione fu l'inizio dell'insabbiamento del piombo che oggi, più che mai, permette l'insabbiamento di tutti i progetti governativi "sensibili", come i programmi di controllo mentale. È sotto la protezione di questa "sicurezza nazionale" che sono stati sviluppati progetti come Bluebird, Paperclip, Artichoke, MK-Ultra, ecc. Tutte le ricerche psicotroniche sono anche coperte dal *National Security Act*, il che rende impossibile rivelare pubblicamente (ufficialmente) qualcosa su questi programmi. Con i vari emendamenti che sono stati aggiunti nel corso degli anni, compreso quello di Reagan nel 1984, il governo degli Stati Uniti è ora in grado di nascondere e censurare tutto ciò che vuole… Semplicemente nascondendosi dietro le due parole: "sicurezza nazionale", è così semplice. È una vera cortina fumogena dietro la quale alcuni membri del governo nascondono i crimini commessi contro civili innocenti. Il controllo mentale è certamente la pratica più scioccante che deve essere nascosta ai cittadini a tutti i costi grazie a ciò che è diventato il *National Security Act*: un aberrante abuso di potere. La segretezza

---

[612] *'Les reseaux de l'horreur'* - Stan Maillaud & Janet Seemann, 2010.

dell'informazione, o il trattenere l'informazione, è un modo eccellente per esercitare il potere. Così, questo governo ha carta bianca per violare le leggi della terra e i diritti dei suoi cittadini.

L'esempio più eloquente di ciò per cui può essere usato il *National Security* Act è il caso di Cathy O'Brien, vittima del MK-Monarch. Questo caso dimostra chiaramente come funziona il sistema, bloccando letteralmente qualsiasi ricorso legale nonostante la quantità di prove accumulate - alcune delle quali sono state fornite da funzionari dell'FBI nel caso O'Brien - che dovrebbero logicamente portare a indagini, sentenze e condanne, e infine a una rivelazione pubblica da parte dei media di tutte queste attività di controllo mentale occulto. Il compagno di Cathy O'Brien, Mark Phillips, ha detto che il suo paese non è stato in grado di risolvere il problema in termini di giustizia, gli è stato ripetutamente detto *che non potrà mai ottenere giustizia a causa della 'Sicurezza Nazionale'*.

Questa "sicurezza nazionale" pone anche un problema in termini terapeutici, poiché tutte le conoscenze sui disturbi dissociativi, la programmazione MK e la deprogrammazione sono censurate, bloccate. Alcune conoscenze e tecnologie sono quindi inaccessibili ai terapeuti e alle vittime. Questo abuso di potere permette anche di interpretare la legge in un certo modo e di soffocare le testimonianze dei sopravvissuti, sempre per ragioni di "sicurezza nazionale". L'accesso ai tribunali per le sfortunate vittime è anche ostacolato dall'astuzia dei molti "esperti" giudiziari che fanno di tutto per screditarli.

Così, privata del beneficio delle molte scoperte portate dalla ricerca del DoD e delle tecnologie che ha sviluppato, la medicina psichiatrica è ancora sulla curva di apprendimento in termini di istituzione di protocolli di cura del paziente all'avanguardia. In altre parole, gli stessi attori psichiatrici stanno diventando il secondo gruppo di vittime del controllo della mente/informazione.

La professione di psichiatria è ora in crisi e si trova al classico bivio tra fallimento e successo. Sembrerebbe che la via del successo attraverso l'applicazione delle tecnologie attualmente disponibili sia bloccata per motivi di sicurezza nazionale.

Come risultato diretto della gestione della segretezza della ricerca psichiatrica da parte del DoD e delle risultanti pratiche federali di non divulgazione delle informazioni, gli operatori psichiatrici sono sulla difensiva contro i loro pazienti, i tribunali e, più recentemente, i gruppi di difesa degli interessi speciali. Questi gruppi lanciano attacchi ai professionisti della psichiatria che mirano a distruggerli. Organizzazioni ben finanziate con programmi molto dubbi, come la False Memory Foundation (FMF) e la Chiesa di Scientology, hanno denunciato pubblicamente la professione psichiatrica. L'*America nel mezzo della trasformazione* - Cathy O'Brien & Mark Phillips, 2012, p.61

Cathy O'Brien descrive anche come il giudice del tribunale minorile che decide sul caso di sua figlia - anch'essa vittima di abusi rituali e programmazione MK - ha chiuso la porta ai media e al pubblico per motivi di "sicurezza nazionale", mentre si verificavano scioccanti violazioni di varie leggi. Cathy

O'Brien scrive sulla situazione di sua figlia sotto il *National Act Security* come segue *"Nonostante una protesta pubblica che è cresciuta fino ad includere una vasta gamma di organizzazioni internazionali per i diritti, così come numerosi documenti/lettere al governatore/ai governatori del Tennessee, la maggior parte dei quali ho ricevuto copie, Kelly deve ancora ottenere il suo diritto ad un processo di rieducazione specializzato per i provati abusi di controllo mentale che ha subito dalla nascita, attraverso l'operazione 'MK-Ultra' finanziata dal governo USA. La manciata di criminali alla guida del nostro paese, della nostra informazione e, di conseguenza, del nostro sistema di giustizia "criminale", si rifiuta di fornire gli antidoti tecnologici noti - ma classificati - a un problema che non vogliono ammettere che esista. Oltre 70.000 documenti (declassificati), varie prove, video, cartelle cliniche, affidavit, e altre testimonianze di insider del governo - che sono solo una parte di ciò che Mark ed io abbiamo accumulato nel corso degli anni - stabiliscono la realtà dell'abuso del controllo mentale che Kelly ed io abbiamo subito in "MK-Ultra". È quindi assolutamente imperdonabile che questi insabbiamenti continuino o, come Andy Shookhoff, l'unico "giudice" coinvolto in questo caso, ha dichiarato durante un'udienza del tribunale minorile di Nashville, Tennessee, che "la legge non si applica in questo caso a **causa della sicurezza nazionale"**. Dopo un decennio di vari soffocamenti, Kelly è stato rilasciato dallo Stato del Tennessee senza cure. Collocata in un ambiente sicuro, è ora in attesa della riabilitazione di cui ha disperatamente bisogno. "*[613]

Mark Phillips dice che quando hanno consegnato il loro dossier contenente tutte le prove al giudice Andy Shookhoff, questi si è alzato e ha detto: *'Non conosco nessuna legge per il vostro caso'*. Il giudice ha poi detto in aula: *"Le leggi non si applicano in questo caso per ragioni di sicurezza nazionale"*. Questa è stata una dichiarazione piuttosto sorprendente che è stata fatta di fronte all'intero pubblico del tribunale, tra cui decine di avvocati e molti cittadini e giornalisti... Così la gente sapeva di cosa si trattava. Per Mark Phillips, significava che questo giudice aveva in qualche modo convalidato il loro caso e forse anche salvato le loro vite. Questo giudice ha dichiarato pubblicamente che il governo degli Stati Uniti ha la responsabilità di insabbiare questo caso e di non doverlo giustificare... Fu a questo punto che Mark Phillips e Cathy O'Brien si resero conto che non avrebbero mai potuto ottenere giustizia in nessun tribunale statale o penale degli Stati Uniti. Tuttavia, questa dichiarazione ufficiale e pubblica del giudice è stata un grande passo avanti. (Per maggiori informazioni su questo caso, vedere l'Appendice 2)

La verità è che il National Security Act è stato chiaramente interpretato non per preservare l'integrità dei segreti militari, ma piuttosto per proteggere attività criminali della massima gravità. Agiremmo costituzionalmente abrogando questa legge e sostituendola con le regole già esistenti per la condotta dei militari in termini di sicurezza nazionale, regole che non violano i diritti costituzionali dei cittadini americani o quelli dei loro alleati.[614]

---

[613] *'L'America nel mezzo della trasformazione'* - Cathy O'Brien & Mark Phillips, 2012, p.369.

[614] Ibidem p.24.

Secondo Mark Phillips, tutti i paesi con un trattato di pace con gli Stati Uniti sono soggetti ai termini del *National Security Act* del 1947. Questo significa che la questione della programmazione MK rimane sotto una spessa coltre di segretezza in molti paesi...

7 - SOVVERSIONE SESSUALE

Questo argomento meriterebbe un libro a sé, poiché la questione è così importante e c'è così tanto da dire. Quello che segue è un tentativo di smascherare questo fenomeno recente (iniziato a metà del XX secolo), che inverte i valori morali e cerca di corrompere i bambini impregnando la società di tutti i "capricci" della subcultura luciferiana: dove l'incesto e la pedofilia sono un patrimonio che si perpetua di generazione in generazione...

Questa *cultura della pedofilia e dell'ipersessualizzazione* viene gradualmente impregnata nella cultura popolare per rendere accettabili e comuni le relazioni sessuali tra adulti e bambini, e infine per legalizzarle. Notiamo anche che le condanne contro i pedocriminali sono sempre più leggere anno dopo anno, un lassismo da parte delle istituzioni giudiziarie che indica che questi crimini stanno diventando sempre meno gravi? ... Quando si tratta di prendere in considerazione la dignità del bambino (la sua parola e la sua sofferenza), questo è qualcosa che al giorno d'oggi è totalmente messo in secondo piano e per una buona ragione, il bambino sta gradualmente diventando un *bene di consumo* nella nostra società dei consumi che è andata alla deriva... Questo argomento pesante è davvero un boccone molto duro da ingoiare, tuttavia c'è ancora tempo per aprire gli occhi!

a/ Alfred Kinsey

Alfred Charles Kinsey era un professore di entomologia e zoologia. Divenne famoso dopo aver pubblicato due importanti studi sul comportamento sessuale di uomini e donne. Nel 1948 pubblicò *'Sexual Behavior in the Human Male'* e nel 1953 *'Sexual Behavior in the Human Female'*. Nel 1947, fondò l'*Istituto per la ricerca sul sesso all'*Università dell'Indiana a Bloomington, che fu poi rinominato *Istituto Kinsey per la ricerca sul sesso, il genere e la riproduzione* (attivo ancora oggi). Fu in questo istituto che Alfred Kinsey intraprese la compilazione di migliaia di dati per scrivere il suo famigerato rapporto sulla sessualità degli adulti... ma anche dei bambini. Secondo i dati del Kinsey Institute, centinaia di bambini e persino neonati sono stati usati nella ricerca sulla sessualità.

Lo scopo degli studi di Kinsey e delle persone che finanziarono la sua "ricerca scientifica" fu quello di normalizzare una serie di comportamenti che erano sempre stati considerati socialmente inaccettabili, come l'adulterio, la sodomia, l'incesto e la pedofilia. Questi studi miravano anche a dimostrare che questi comportamenti erano molto più diffusi di quanto il pubblico percepisse, rendendoli così molto più accettabili...

L'Istituto Kinsey non è né più né meno che un'operazione di ingegneria sociale. Tutti i suoi "studi" sulla sessualità avevano lo scopo di infondere nella società americana una propaganda finanziata, tra gli altri, dalla Fondazione Rockefeller. In effetti, i rapporti prodotti dall'Istituto Kinsey (negli anni '50) sono stati il punto di partenza della *rivoluzione sessuale* (o liberazione sessuale), che ha interessato sia gli adulti che i giovani, in quanto hanno avuto una sicura influenza sui programmi di educazione sessuale nelle scuole. Alfred Kinsey è uno dei precursori della sessualizzazione precoce.

Dopo aver pubblicato i suoi due rapporti sulla sessualità umana, Kinsey cominciò a viaggiare per gli Stati Uniti tenendo conferenze nelle università e ai politici. Divenne rapidamente la principale autorità in materia di sessualità e fu salutato come *"il principale esperto mondiale di sessualità umana"*. Ha mirato in particolare a portare un cambiamento nelle leggi riguardanti i delinquenti sessuali e l'educazione sessuale dei bambini. Il modello di diritto penale adottato dopo il 1955 si basava, tra l'altro, sulle ricerche di Kinsey. Non solo il suo lavoro ha influenzato i programmi di educazione sessuale per i bambini, ma ha anche influenzato le leggi americane, in particolare per quanto riguarda la protezione delle donne e dei bambini, così come un ripensamento dell'incarcerazione dei pedocriminali.

Kinsey ha affermato, per esempio, che i bambini sono orgasmici al 100% dalla nascita e che possono trarre beneficio dal fare sesso con gli adulti, compreso l'incesto. Sosteneva l'abbassamento dell'età del consenso, ma in realtà mirava a legalizzare completamente la "pedofilia". Per esempio, nei suoi studi afferma che *"I bambini hanno bisogno di essere educati al sesso il più presto possibile, poiché sono sessualizzati dalla nascita (...) Bisogna insegnare loro la masturbazione eterosessuale e omosessuale"*. Secondo la dottoressa Judith Reisman, la principale informatrice dei falsi rapporti Kinsey, egli sosteneva anche che i criminali sessuali raramente ripetono gli abusi, e quindi non dovrebbero essere imprigionati ma messi in libertà vigilata.

Ecco i tipi di risultati estremi notati negli studi di Kinsey in forma tabellare: un bambino di 4 anni si dice abbia avuto 26 orgasmi in 24 ore. Il dottor Reisman si chiede legittimamente dove e in quali circostanze Kinsey avrebbe potuto ottenere tali informazioni? Nella tabella 31, Kinsey afferma che i dati si basano su osservazioni di 317 soggetti maschi. Poi a pagina 177 del rapporto sul comportamento sessuale maschile, Kinsey scrive: *'L'orgasmo in una bambina di 4 mesi è incluso nel nostro rapporto...'* Come si potrebbe riconoscere una cosa del genere in una bambina di 4 mesi? Kinsey scrive anche: *"Tra i ragazzi prepuberi e tra le ragazzine, l'orgasmo non è facilmente riconosciuto, in parte a causa della mancanza di eiaculazione."*[615]

La domanda è come quest'uomo ha chiamato l'orgasmo. A pagina 161 del suo rapporto sul comportamento sessuale dell'uomo, descrive specificamente quello che considera un orgasmo in questi bambini: *"Un processo graduale e talvolta prolungato, che porta all'orgasmo, che comporta violente convulsioni di tutti i corpi, respirazione rapida, grugniti o urla violente, con talvolta*

---

[615] *Il comportamento sessuale nel maschio umano* - Alfred Kinsey, p.159.

un'abbondanza di lacrime (soprattutto nei bambini piccoli). Afferma anche che ci sono sei categorie di ciò che considera l'orgasmo di un bambino: urla, dolore isterico (soprattutto nei bambini più piccoli), convulsioni, il bambino che colpisce il *"partner"* (usa la parola partner per riferirsi allo stupratore), ecc. Per Kinsey, tutto questo faceva parte degli orgasmi ed era usato per costruire i suoi rapporti fumosi.

Kinsey era molto chiaro che tutti questi dati sui bambini erano forniti da *"osservatori adulti"*, definiti pedofili dai membri della sua stessa squadra. Il Dr. Bankroft del Kinsey Institute ha detto che seguendo l'esempio del suo mentore, il Dr. Dickinson, Kinsey ha addestrato i propri predatori, uomini che raccoglievano dati su quello che è puramente e semplicemente un abuso sessuale di bambini, anche neonati.

Nel 1990, al *Phil Donahue* Show, la dottoressa Judith Reisman fu affrontata dal dottor Clarence Tripp, uno stretto collaboratore di Kinsey. Ha detto nel programma: *'Penso che dovremmo parlare del caso dei bambini ora, perché molte cose sono mescolate. Sai, non dobbiamo avere fretta... Vogliamo assaporarlo, perché è meraviglioso! È una delizia.* Judith Reisman ha detto nel programma: *"Sai cosa mi ha detto il dottor Gebhard? Mi ha scritto una lettera, che ho a disposizione per chiunque la voglia, in cui spiega che "sono state usate tecniche orali e manuali sui bambini"! Se quello che dico è sbagliato, fatemi causa!'*

Questa lettera è stata scritta nel marzo 1981. In esso il Dr. Gebhard spiega da dove provengono i dati sessuali sui bambini. In questa lettera ammette che molti pedofili furono impiegati per raccogliere informazioni per i rapporti Kinsey. Egli scrive: *"Poiché la sperimentazione sessuale su neonati e bambini è illegale, abbiamo quindi dovuto trovare altre fonti, alcuni erano genitori, altri erano infermieri o insegnanti, o uomini omosessuali (...) uno di loro era un uomo che aveva avuto molti incontri sessuali con uomini, donne, bambini e neonati, ed essendo orientato scientificamente, teneva registrazioni dettagliate di ogni incontro (...).Alcune di queste fonti erano accompagnate da prove scritte, fotografie e talvolta filmati (...) Le tecniche utilizzate erano l'automasturbazione del bambino, scene di sesso tra bambini e il contatto sessuale manuale o orale adulto-bambino."*

La lettera di Gebhard confuta completamente le teorie pedofile del Dr. Bankroft, ma è in perfetto accordo con quanto Kinsey aveva scritto nel suo rapporto sul comportamento sessuale maschile. Geibhard menziona nella sua lettera che foto e film sono stati inviati direttamente ad Alfred Kinsey, il che spiega la triste scoperta fatta dal direttore del suo istituto, June Reinisch... Nel 1984, su *Newsweek, la* Reinsich dichiarò di aver scoperto una collezione di pedo-pornografia all'interno dell'istituto stesso che era così disgustosa che non poteva continuare a guardarla.

Nel 1998, nel rapporto 'Secret History: Kinsey's Paedophiles' (Yorkshire TV), Gebhard ha detto: 'C'è anche un'organizzazione di pedofili in questo paese, hanno collaborato con noi, e per alcuni di loro che ovviamente non erano incarcerati, ci hanno dato informazioni. Il Dr. Reisman ritiene che l'organizzazione pedofila a cui Geibhard si riferisce era quella che poi è diventata NAMBLA (un'associazione americana che sostiene l'amore tra uomini e ragazzi). Ancora oggi, le organizzazioni pro-pedofilia come la NAMBLA fanno sistematicamente riferimento agli studi Kinsey sugli impostori per fare le loro affermazioni e per banalizzare la pedofilia.

Nello stesso rapporto, il dottor Clarence Tripp afferma: "La pedofilia è praticamente inesistente, e la cosa che lui (Kinsey) odiava di più era che la gente usasse parole come 'abuso di bambini'. Che cos'è? Nessuno lo sa (ride) Abuso di minori? Stiamo parlando di tirargli le orecchie o di colpirlo con un tubo? O stiamo parlando di fargli un po' di solletico? Metti il 'petting' e l'attacco' nello stesso cesto? Come disse Kinsey: "Con questo tipo di paranoia, si fa più male al bambino di tutti i pedofili del mondo messi insieme"."

Secondo le ricerche che sono state fatte su questo triste individuo, egli stesso era un pervertito malato. Le tendenze sadomasochiste di Alfred Kinsey sono state documentate da molti biografi, tra cui James Jones che riferisce che Kinsey una volta si circoncise con un coltellino in una vasca da bagno senza anestesia. James Jones riferisce anche che dopo che la Fondazione Rockefeller gli concesse un finanziamento, *'Kinsey andò nel seminterrato, legò una corda ad un tubo e l'altra estremità intorno al suo scroto, poi salì su una sedia e saltò'*. Il suo abuso sessuale autoinflitto è stato chiaramente identificato al momento della sua morte. Ufficialmente, Kinsey è morto per un attacco di cuore, sarebbe infatti imbarazzante dire che il padre della rivoluzione sessuale mondiale è morto in seguito ad un'automutilazione.

Per concludere riguardo a questo impostore, notiamo che era un grande ammiratore del satanista Aleister Crowley. Dopo aver pubblicato i suoi "famosi" rapporti sulla sessualità maschile e femminile, Kinsey viaggiò all'estero per studiare la sessualità in vari paesi. Secondo Wardell Pomeroy, coautore di Kinsey, Kinsey cercava anche il documento *"Un oggetto prezioso, i diari di Aleister Crowley"*. Pomeroy scrive che due settimane dopo che Kinsey andò in Inghilterra per trovare il documento, andò in Sicilia per visitare il 'tempio' che Crowley aveva costruito lì, l'Abbazia di Thelema, dove praticava riti satanici. Kinsey cercò persino di acquisire i *Diari Magici* di Crowley per il suo istituto.[616] Da notare che Aleister Crowley fu espulso dall'Italia perché accusato di pedocriminalità, compresi i sacrifici.

Alfred Kinsey ha legittimato la rivoluzione sessuale, l'ha fatto in modo accademico ma non scientifico, il vero motivo non era la scienza ma un piano di ingegneria sociale ben orchestrato per cambiare la morale di un intero paese... e per implicazione l'intero mondo occidentale, essendo gli USA la cultura influente che si riversa nel mondo. Uno dei suoi biografi, Jonathan Gathorne-Hardy, ha detto: *"È davvero interessante quando ci si addentra, è un vero e proprio piano sociale malato... Non voleva solo un po' più di tolleranza della sessualità, è qualcosa di molto più mostruoso"*. Era un potente piano sociale perfettamente orchestrato dalle persone che lavoravano al suo fianco. "

---

[616] *Kinsey: Crimini e Conseguenze la Regina Rossa e il Grande Schema* - Judith Reisman, 1998.

b/ Sessualizzazione precoce

Alfred Kinsey è il precursore della sessualizzazione precoce, che oggi prende la forma dell'educazione sessuale che viene imposta ai bambini in età sempre più giovane, soprattutto nei programmi scolastici.

In un opuscolo intitolato *"Documento sulla base dell'educazione sessuale"* pubblicato dall'Università Pedagogica della Svizzera Centrale (PHZ), si afferma che il lavoro di Kinsey ha avuto successo ed è stato implementato nei programmi scolastici: "In *contrasto con le opinioni piuttosto ostili sulla sessualità che prevalevano nella prima metà del ventesimo secolo, la maggior parte delle opinioni sullo sviluppo sessuale nel corso della vita sono ora basate su conoscenze scientifiche e hanno una visione favorevole della sessualità. Riconoscono che i bambini e gli adolescenti sono esseri sessuali (...) Fin dall'infanzia, gli esseri umani sono esseri sessuali con bisogni specifici dell'età e forme individuali di espressione. Così, per esempio, i neonati sperimentano il piacere per la prima volta attraverso la suzione e l'allattamento. La curiosità e la sperimentazione sessuale non appaiono alla pubertà ma esistono fin dall'infanzia, nei ragazzi e nelle ragazze, in forme diverse a seconda dell'età (...).Uno dei compiti importanti della scuola è quello di fornire a tutti i bambini e i giovani questa opportunità di conoscere la sessualità, i ruoli di genere e le relazioni tra i sessi, spiegando i cambiamenti sociali o il senso comune nella società, in modo che possano accedere ai valori e alle norme della nostra società (...) La scuola integra i compiti educativi dei genitori o degli assistenti nell'ambito dell'educazione sessuale. Ha un ruolo importante nella trasmissione di norme e valori sociali."*

L'educazione sessuale non è un problema in sé, ma è l'età in cui è obbligatoria in un ambiente scolastico che è un vero problema. La mania generale per l'educazione sessuale dei bambini è di iniziarla all'asilo. Questo opuscolo ufficiale svizzero, destinato a stabilire le basi dell'educazione sessuale nelle scuole, contiene una tabella con una lista delle tappe dello sviluppo psicosessuale dei bambini. Si nota che i bambini di quattro anni hanno *"reazioni simili all'orgasmo"*, *"piacere nell'esposizione e nel gioco genitale"* e *"interesse erotico per i genitori"*. Il documento afferma che un bambino di 5 anni pratica *"giochi di ruolo come giocare a fare sesso"*.

Ecco cosa dice l'opuscolo sugli educatori sessuali che sono responsabili della "formazione" dei bambini nelle scuole: "*Nel contesto dell'empowerment degli alunni, la trasmissione dei temi della salute e dei diritti sessuali e riproduttivi o la conoscenza delle offerte psicosociali regionali è di primaria importanza. Le competenze rilevanti sono trasmesse da questi specialisti nel contesto dell'educazione alla sessualità in modo prezioso e sostenibile. Hanno una solida base scientifica, conoscenze tecniche aggiornate, materiali di educazione sessuale e concetti didattici collaudati nel lavoro con i giovani e gli adolescenti in base all'età.*"

Questi educatori sessuali avrebbero quindi una 'solida formazione scientifica (preziosa e duratura)', basata sul lavoro di figure come Alfred Kinsey. Si tratta di un intero programma che mira a far accettare come norma un comportamento marginale e criminale, continuando così la rivoluzione sessuale in corso, la cui continuazione è la teoria del *gender*. La teoria del gender consiste nell'insegnare ai giovanissimi (e ai più grandi) che non sono né maschi né femmine ma che spetta a loro decidere il loro sesso... Tutto questo in nome dell'*uguaglianza* e della *libertà*, concetti cari alle logge massoniche che sono molto attive nel campo dell'educazione nazionale... In effetti, gli "educatori specializzati" nel campo dell'educazione sessuale (spesso provenienti da associazioni LGBT - Lesbiche, Gay, Bi, Trans -) sono solo l'ultimo anello della catena. Questi programmi sono organizzati nei rettorati e nei ministeri, che applicano le decisioni prese a monte nelle logge massoniche che controllano completamente lo stato repubblicano.

Daniel Keller, Gran Maestro del Grande Oriente di Francia, ha detto a una commissione del Senato nel marzo 2015: "Vi ringrazio per il vostro invito e per avermi ricordato che presiedo un'obbedienza con più di 50.000 membri. Come probabilmente sapete, il Grand Orient de France comprende tra le sue fila un gran numero di attori del mondo dell'educazione, che si tratti di insegnanti o di tutti coloro che sono coinvolti in attività extracurricolari, dalla scuola primaria all'università. Consideriamo che la scuola pubblica è il pilastro e il crogiolo della Repubblica. Regola fondamentale: il condizionamento verso una certa ideologia deve iniziare nella prima infanzia...

c/ Iper-sessualizzazione

C'è anche un fenomeno che si sta sviluppando sempre più, che è l'ipersessualizzazione dei bambini e degli adolescenti. La *sessualizzazione precoce* mira a "educarli" fin da piccoli alla sessualità, mentre l'*ipersessualizzazione* mira a renderli fisicamente desiderabili, a *"adultizzarli" in un* certo senso.

Sylvie Richard Bessette (professoressa di sessuologia all'Università del Quebec a Montreal) definisce l'ipersessualizzazione come: *"Uso eccessivo di strategie incentrate sul corpo per sedurre"*. Il problema è che oggi in alcuni ambienti i bambini sono sottoposti a queste pratiche, soprattutto nei concorsi di "Mini-Miss" dove le bambine vengono vestite e truccate per sembrare "donne in miniatura". Adottano codici di seduzione non consoni alla loro età (dimenarsi, ammiccare, ecc.). Le bambine diventano così, loro malgrado, oggetto di desiderio.

La psicoanalista Monique de Kermadec scrive a proposito dei concorsi di Mini-Miss: "La loro immagine è eccessivamente erotizzata con abiti di giovani donne. Questo può portare a problemi di immagine di sé durante l'adolescenza e talvolta a disturbi alimentari come l'anoressia. E questo danno è ancora maggiore quando la bambina si mette in una situazione di seduzione davanti al pubblico. Sorrisi maliziosi e altri ammiccamenti stuzzicanti sessualizzano il comportamento in modo anomalo."[617]

---

[617] *'Una pressione troppo pesante da sopportare'* - actu-match / www.parismatch.com, 14/01/2009.

Globalmente, l'ipersessualizzazione permea tutta la società, in particolare attraverso l'industria dello spettacolo che mette in scena starlette sempre più nude, che fanno balli sempre più espliciti sessualmente, persino pornografici (Miley Cyrus, Beyoncé, ecc., bambole MK destinate appunto a trasmettere questa ipersessualizzazione ai giovani). Le clip e le rappresentazioni teatrali sono viste da milioni di ragazzine il cui subconscio è impregnato di tutte queste cose. Una delle grandi tendenze della nostra società decadente è l'ipersessualizzazione.

Nel documentario canadese 'Sexy inc, nos enfants sous influence' (2007), la sessuologa Francine Duquet afferma: 'Abbiamo davvero assistito a una rottura negli ultimi cinque o sei anni in cui siamo bombardati da più messaggi sessuali. I bambini lo ricevono come se fosse normale. Inoltre, quando si tratta di bambini o adolescenti in particolare, sono in un'età in cui vogliono adattarsi alla norma. Vogliono essere come i loro idoli, vogliono essere popolari e l'idea di popolarità è un concetto importante nell'adolescenza. Al giorno d'oggi, essere popolare significa essere sexy. Devi avere un qualche tipo di energia sessuale, devi emettere qualcosa di sessuale. Ma a 11 o anche a 14 anni, è tutt'altro che ovvio... Così vediamo il mimetismo: mi vesto allo stesso modo, faccio lo stesso... C'è anche tutto questo fenomeno della moda, tranne la moda al momento per i bambini, che è preoccupante a certi livelli perché i vestiti sono erotizzati, soprattutto per le bambine. '

I programmi di ingegneria sociale sono particolarmente concentrati sulla società di domani: cioè il controllo della coscienza (e soprattutto del subconscio) dei bambini e degli adolescenti di oggi. Vediamo chiaramente questa propaganda per l'ipersessualizzazione quando i media incoraggiano costantemente i bambini a diventare piccole donne o uomini, specialmente nelle pubblicità dell'industria della moda o dei cosmetici. Un esempio tipico è la piccola Thylane Lena-Rose Blondeau (figlia della conduttrice televisiva Véronika Loubry e del calciatore Patrick Blondeau) che ha posato nel 2011, a 10 anni, per la rivista *Vogue*. Immagini sciocanti che sono diventate un tipico esempio di ipersessualizzazione di un bambino.

Ci sono ora vestiti sexy a forma di perizoma in taglie da ragazza, che non hanno seno, ma che sono anche offerti reggiseni. Ci sono anche *pantofole con il tacco* per i bambini... Si è aperto un nuovo mercato, e i pedofili se lo godono...

d/ Propaganda pro-pedofilia

Parallelamente all'educazione sessuale precoce e all'ipersessualizzazione dei nostri bambini, esiste una propaganda pro-pedofilia il cui scopo è quello di infondere progressivamente una certa banalizzazione e tolleranza di queste attività criminali nella nostra società. Oggi i pedocriminali hanno le loro giornate internazionali: *International Love Boy Day* per gli "amanti dei ragazzi" e *Alice Day* per le "amanti delle ragazze".

Create nel 1998, queste giornate internazionali hanno i loro loghi e slogan, segni distintivi e un vocabolario particolare che formano una vera e propria "cultura pedofila", mettendo in campo opere "scientifiche" come quelle di Alfred Kinsey per giustificare le loro gravi devianze. Hanno anche i loro forum di scambio su Internet, che possono essere molto moderati in quello che dicono, mentre alcuni sono molto più virulenti, in particolare sul *dark web.*

La propaganda pedofila appare anche nelle riviste (per esempio *Lolita*) e in certi giornali, in particolare il quotidiano *Libération*, che il 10 aprile 1979 pubblicò un appello di Gabriel Matzneff e Tony Duvert a favore degli *"amori minoritari".* Questo stesso giornale ha pubblicato negli anni 70 una petizione che chiedeva al Parlamento di abrogare gli articoli della legge relativi alla maggiore età sessuale e la depenalizzazione delle relazioni sessuali tra un adulto e un minore di 15 anni. Questa petizione fu firmata da molte personalità note dell'epoca come Jack Lang, Simone de Beauvoir, Louis Aragon, Bernard Kouchner, André Glucksmann, ecc.

Nel 1979, *Libération ha* persino offerto una rubrica completa al pedocriminale Jacques Dugé per difendere la sodomia sui bambini. La rubrica intitolata *'Jacques Dugé s'explique'* era una lettera aperta al giudice istruttore incaricato di studiare questo grave caso, Dugé è stato infatti perseguito per prostituzione e abuso sessuale di minori. Ecco cosa scriveva all'epoca il pedocriminale in un famoso quotidiano nazionale: *"Un bambino che ama un adulto sa molto bene che non può ancora dare, quindi capisce e accetta molto bene di ricevere. È un atto d'amore. È uno dei suoi modi di amare e dimostrarlo. Questo era il comportamento con me dei pochi ragazzi che ho sodomizzato. E poi diciamo le cose come stanno. Gli piace sentire nel suo corpo il membro virile di colui che ama, essere unito a lui, dalla carne. Questo dà grande soddisfazione. Ha anche la soddisfazione di essere soddisfatto da colui che lo sodomizza, che viene dentro di lui. Anche questo gli dà una grande gioia, perché amare è dare oltre che ricevere. Questo può essere difficile da ammettere per i profani, ma è la realtà."* - *Libération*, 25, 26/01/1979.

Fu durante gli anni 70 che questa propaganda pedofila fu più virulenta, approfittando della rivoluzione sessuale allora in corso (iniziata da Alfred Kinsey). Nel maggio 1977, si poteva ancora leggere su *Libération:*

Nascita del 'Fronte di liberazione della pedofilia'.

Un nuovo gruppo è stato appena creato: FLIP, la cui piattaforma costitutiva potete leggere qui sotto. Chi sono? Per la maggior parte, i lettori di Libération che, in seguito a una lettera aperta ai pedofili nel nostro numero del 9/2/77, ci hanno inviato un'abbondanza di posta - ne abbiamo riportato una parte in una doppia pagina del 24 marzo 77 intitolata: Relazioni adulto-bambino. Il 2 aprile 1977 si è tenuta una prima riunione a Jussieu con una trentina di persone. Era una semplice riunione di contatto. È deplorevole che le principali preoccupazioni fossero di natura giudiziaria. In effetti, si trattava solo di repressione, difesa e perseguimento dei pedofili. Senza ignorare queste dure realtà, un tale gruppo ha tutto da guadagnare se allarga il suo campo di riflessione. Il FLIP (Front de libération des Pédophiles) è nato. Alcuni obiettivi essenziali sono già stati lanciati:

- Combattere l'ingiustizia penale e riflettere criticamente sulla famiglia e la scuola, a partire da un'analisi politica della sessualità tra minori e adulti.

- Unirsi alla lotta dei bambini che vogliono cambiare il loro modo di vivere e di qualsiasi gruppo politico che mira alla creazione di una società radicalmente nuova dove la pederastia esista liberamente.
- Sviluppare una cultura pederastica che si esprime in un nuovo modo di vivere, e l'emergere di una nuova arte.
- Parlare nei media che gli danno i mezzi e attraverso i canali che sono appropriati.
- Mostrare solidarietà ai pedofili imprigionati o alle vittime della psichiatria ufficiale.

La "tirannia borghese" trasforma l'amante dei bambini in un mostro leggendario che schiaccia le casette di paglia. Insieme romperemo mostri e casette di paglia.

Ci sono molte associazioni che fanno campagna portando la parola dei pedocriminali nell'arena pubblica. La loro strategia è quella di minimizzare l'impatto degli atti pedofili sui bambini, di relativizzare la nozione di minore e di minoranza sessuale per abbassare l'età legale e infine di banalizzare le dichiarazioni pedofile. Due delle più grandi associazioni di questo tipo sono *NAMBLA* (*North American Man/Boy Love Association*) e *Martijn*, un'associazione olandese per l'accettazione delle relazioni sessuali tra adulti e bambini fondata a Hoogeveen nel 1982. Un tentativo è stato fatto per sciogliere quest'ultimo nel 2012, in quanto il tribunale ha trovato che l'associazione, che ha un sito web, ha offerto una *"rete digitale e sociale per i criminali sessuali"*. *La* corte d'appello ha poi dichiarato che i testi e le immagini pubblicate sul sito web dell'associazione erano legali perché non hanno mai invitato direttamente al sesso con i bambini. L'associazione era tuttavia contraria a certi principi del diritto olandese perché *"banalizzava i pericoli del contatto sessuale con bambini piccoli, parlava positivamente di tale contatto e addirittura lo glorificava"*. Nel 2014, i Paesi Bassi hanno finalmente deciso di vietare definitivamente le attività dell'associazione *Martijn*. *La Corte Suprema (Hoge Raad), il più alto organo giudiziario del regno, ha ritenuto che l'integrità del bambino fosse più importante del principio della libertà di espressione."*[618]

Lo scopo principale della propaganda pedofila è quello di minimizzare le conseguenze di questi atti sui bambini. Le associazioni utilizzano quindi opere "scientifiche" come il rapporto di Robert Bauserman sugli effetti degli abusi sessuali sui bambini. In effetti, questo rapporto considera che le "relazioni sessuali" con i bambini non sono sistematicamente dannose per loro. Bauserman è stato indicato come un attivista che usa la scienza in modo inappropriato nel tentativo di legittimare le sue opinioni e tendenze.

A poco a poco, i pedofili guadagnano terreno, mentre i diritti dei bambini vengono costantemente erosi. L'obiettivo finale è quello di imbiancare i perpetratori e negare lo status di vittime dei bambini, classificando infine l'incesto e la pedocriminalità come un semplice *"orientamento sessuale"* proprio

---

[618] 'Diritti dei bambini o libertà di espressione, l'Olanda ha scelto' - Jean-Pierre Stroobants, lemonde.fr, 19/04/2014.

come l'eterosessualità o l'omosessualità. Questo è ciò che è programmato per la società di domani...

Per concludere questo capitolo, torniamo al programma *'Ce soir ou jamais'* su France 3, trasmesso il 31 maggio 2011, con una rassegna stampa che rivisitava le accuse del politico Luc Ferry su un ex ministro pedofilo che era stato *'braccato a Marrakech'*, secondo i suoi termini... Durante questo programma, il famoso avvocato Thierry Lévy si è rivelato in diretta durante uno scambio tempestoso e vergognoso con la regista italiana Cristina Comencini:

- **Thierry Lévy**: Sto parlando della tolleranza in generale. La tolleranza è qualcosa che al momento sta scomparendo completamente. E lei parla degli eventi recenti come se avessero liberato una situazione che era bloccata fino ad allora. Ma il turismo sessuale è stato represso per più di vent'anni, molto severamente, molto duramente, spietatamente. (...) Lei ci parla della bellezza del mondo e della bellezza del sesso, ma nel concreto, nell'azione, cosa fa, cosa fa se non brandire costantemente il bastone, il bastone della moralità. Ma sì, cosa fai?

- **Cristina Comencini**: Sui bambini?! Bambini... la bellezza del sesso sui bambini?! Pensavo che il dibattito fosse molto arretrato in Italia ma mi rendo conto che in Francia è molto più...

- **TL**: (interrompendo il suo interlocutore)... Per favore! Il sesso con i bambini... Questo è un argomento che non può più essere discusso oggi. Nessuno osa più parlare della sessualità dei bambini (...) C'è una specie di coltre plumbea che cade dai riccioli biondi (ndr: riferendosi alla sua interlocutrice) su tutta la società, che vieta tutti i comportamenti un po' diversi, un po' anomali....

- **CC**: Un po' diverso!

- **TL**: Ma certo, e poi torniamo ogni volta alla pedofilia. La pedofilia è ormai un argomento totalmente proibito, non si può dire una parola su di essa senza essere demonizzati.

- **CC**: Perché non parlarne? Al contrario, penso che dovremmo parlarne...

- **TL**: Davvero?!...

- **CC**: Sì, penso di sì...

- **TL**: E come ne parlate allora?

- **CC**: Senza dire che è.......

- **TL**: (interrompendolo di nuovo) Dire cosa, dire cosa? Che tutti coloro che sono attratti dai bambini sono criminali? Che debbano essere messi in prigione per sempre?

- **CC**: Avete un sistema di parlare che è molto autoritario e non permette all'altra persona la libertà di esprimersi...

CONCLUSIONE

Acquisite verità, saggezza, istruzione e discernimento e non abbandonateli - Proverbi 23:23

Solo i piccoli segreti devono essere protetti. I più grandi segreti rimangono protetti dall'incredulità del pubblico - Marshall McLuhan

L'uomo è fuoco per le bugie ma ghiaccio per la verità - Jean de La Fontaine

Il silenzio diventa un peccato quando prende il posto della protesta e fa di un uomo un codardo - Abraham Lincoln

Il tema del controllo mentale basato sul trauma ha al suo centro l'abuso fisico e psicologico dei bambini. Il bambino è al centro dell'occhio del ciclone che se ne nutre, è il vaso di Pandora che sta devastando la nostra società... Purezza e innocenza incarnate nel mirino degli stregoni-controllori.

Di tanto in tanto un caso di pedofilia viene gettato nell'occhio del pubblico, di solito lo smantellamento di una rete informatica, ma tutto questo è l'albero che nasconde la foresta...

Perché in Francia, il sistema giudiziario sembra proteggere sistematicamente gli stupratori di bambini a scapito dei protettori di bambini che li denunciano? Perché non appena c'è un caso di pedocriminalità, il rullo compressore giudiziario si mette in moto per schiacciare non solo il caso ma anche le persone? Perché la Francia è stata richiamata all'ordine in un rapporto delle Nazioni Unite del 2003? Un'inchiesta che è stata condotta in Francia dal relatore Juan Miguel Petit e che è stata presentata alla 59a sessione della Commissione dei Diritti Umani dell'ONU. Questo rapporto ufficiale ha richiesto *un'indagine urgente da parte di un organismo indipendente sulle carenze del sistema giudiziario nei confronti dei bambini vittime di abusi sessuali e di coloro che cercano di proteggerli (...) Dato il numero di casi che indicano una grave negazione della giustizia per i bambini vittime di abusi sessuali e per coloro che cercano di proteggerli, sarebbe opportuno che un organismo indipendente, preferibilmente la Commissione consultiva nazionale per i diritti umani, indagasse urgentemente sulla situazione attuale.*

Per esempio, a pagina 14 del rapporto, si nota che: "Il relatore speciale ha fatto riferimento alle enormi difficoltà affrontate dagli individui, in particolare dalle madri, che presentano denunce contro coloro che sospettano abbiano abusato dei loro figli, sapendo che possono essere perseguiti per false accuse, che in alcuni casi possono portare alla perdita della custodia dei loro figli. Alcune di queste madri ricorrono ai rimedi legali fino a quando non possono più permettersi i costi dell'assistenza legale, a quel punto sono lasciate con la scelta di continuare a consegnare il bambino alla persona che credono stia abusando di loro, o cercare rifugio con il bambino all'estero. Sembrerebbe addirittura che alcuni giudici e avvocati, consapevoli delle debolezze del sistema giudiziario, abbiano informalmente consigliato ad alcuni genitori di farlo. Questi genitori si espongono a procedimenti penali per tali azioni in Francia e, spesso, nel paese in cui si recano."

Infatti, come i due esempi riportati nelle testimonianze francesi del capitolo 4, molte madri hanno dovuto letteralmente fuggire dalla Francia per mancanza di una reale protezione dalla rete pedocriminale istituzionale. Perché tante madri sono molestate e perseguitate, persino rinchiuse in ospedali psichiatrici, per aver denunciato naturalmente lo stupro dei loro figli? Perché un dossier così pesante come quello dei dossier Zandvoort[619] rimane nelle scatole del Ministero *della Giustizia*, senza che sia stata avviata alcuna inchiesta? Perché una trentina di testimoni chiave sono stati trovati morti nel caso Dutroux? [620]Questo famoso caso belga è un caso da manuale per capire come un caso viene soppresso quando comincia a risalire al *"pesce grosso"* della Rete... Perché tutto è orchestrato per far metodicamente apparire i bambini come bugiardi? Perché si fa di tutto per screditare sistematicamente la parola dei sopravvissuti adulti, per esempio utilizzando la *"sindrome dei falsi ricordi"* o facendo leva sui loro disturbi psicologici per annullare la loro parola? Perché il campo della psicotraumatologia è così trascurato dalle cosiddette istituzioni sanitarie pubbliche? Perché le conseguenze del trauma profondo, cioè la dissociazione e l'amnesia traumatica, sono generalmente nascoste ed evitate nel dibattito pubblico?

Il *consumo* e il *modellamento* dei bambini sembrerebbero essere appannaggio di una certa élite ignara, ma è anche una macchina istituzionale ben oliata che permette loro di praticare il loro vizio in tutta tranquillità; fino a quando?

Il rapporto dell'ONU citato sopra, che chiedeva un'azione urgente sulla situazione francese, ci dice anche che *in diversi casi comunicati al relatore speciale, è stato riferito che le persone accusate di aver commesso abusi erano strettamente legate a membri della magistratura o a individui che ricoprivano alte posizioni nella pubblica amministrazione, che erano in grado di influenzare l'esito del procedimento a loro danno, un argomento che è stato fatto anche dalla Divisione nazionale per la repressione dei reati contro le persone e la proprietà ....* Ma secondo le autorità politiche, giornalistiche, poliziesche e giudiziarie, non c'è nessuna rete pedofila in Francia, andiamo avanti! ... Non dovremmo piuttosto dire che è in *'buone mani'*? ...

Nel documentario di Karl Zéro 'Le fichier de la honte' (13[ème]Rue - 2010), vediamo il relatore dell'ONU Juan Miguel Petit dichiarare: 'Ci sono state lamentele e denunce specifiche di madri che dicono di essere perseguitate da

[619] Vedi *'Les réseaux de l'horreur'* - Stan Maillaud, Janet Seeman, Marcel Vervloesem e *'Le livre de la honte'* - Laurence Beneux e Serge Garde, 2001.

[620] *30 testimoni morti...* - Douglas De Coninck, 2004.

gruppi, che possono essere paragonati a mafie o logge, che organizzano la pornografia infantile.'

Il silenzio dei media *tradizionali* francesi su tutte queste questioni è inquietante! Molti giornalisti - spesso pagati dai contribuenti - che dovrebbero informarci sulla realtà della nostra società, sembrano ora partecipare pienamente a un programma di ingegneria sociale volto a mantenere le persone in una certa realtà paragonabile a una matrice.

*Nell'*aprile 2005, François Léotard (ex ministro della difesa) ha detto ai giornalisti di fronte a lui in una grande radio francese: *"Penso che voi e i vostri colleghi, se posso dirlo, sottovalutate una parte della notizia che è completamente sotto il radar, completamente sconosciuta ai media. Attualmente avete da 35 a 40.000 persone in Francia che scompaiono ogni anno... che scompaiono! È abbastanza affascinante e nessuno indaga su queste migliaia di sparizioni. Ci sono suicidi che sono falsi suicidi, incidenti d'auto che sono assassinii, ci sono persone che se ne vanno e non vengono trovate perché hanno voluto cambiare identità... Quello che voglio dire è che c'è un mondo occulto, nascosto, sotterraneo, sottomarino, che fondamentalmente nessuno cerca di scoprire."*[621]

Quando François Léotard parla di *'persone che partono e non si trovano perché hanno voluto cambiare la loro identità'*, possiamo probabilmente includere in questa categoria tutte le madri che sono fuggite dalla Francia per proteggere i loro figli dalla persecuzione pedocriminale istituzionale. Come ha ben notato Juan Miguel Petit nel suo rapporto per l'ONU.

Il 2 marzo 2009, Rachida Dati (allora ministro della giustizia) ha tenuto una conferenza stampa in occasione della *"Giornata dei bambini"*. Quando Aude Chaney, rappresentante dell'associazione *Estelle Mouzin, ha chiesto al* ministro: *"Quante sparizioni inspiegabili, come il caso di Estelle Mouzin, ci sono in Francia?"* Rachida Dati sembrava incapace di dare una risposta chiara a questa semplice e precisa domanda. Poi si rivolse ai suoi consiglieri, ma nessuno fu in grado di dare una cifra esatta a questa domanda ovviamente molto imbarazzante. Un palpabile imbarazzo si è posato sulla stanza piena di giornalisti e familiari delle vittime. È sorprendente che in un paese come la Francia il numero di bambini che scompaiono ogni anno sia ignorato... o non reso pubblico perché è troppo alto?

Su questo tema inquietante, il giornalista Serge Garde dice: "La Francia è un paese pieno di statistiche, dove sappiamo, per esempio, quanti salmoni risalgono la Loira ogni anno, ma non sappiamo quanti bambini spariscono."[622]

Nel 2001, Serge Garde aveva già chiesto a un parlamentare di porre la stessa domanda all'allora ministro della Giustizia, Marylise Lebranchu, e lei aveva risposto in modo imbarazzato: *"Non posso darvi delle cifre, perché... è impossibile".*[623]

---

[621] 'Les Grandes Gueules' - RMC, 7/04/2005.

[622] *'Les faits Karl Zéro'* - 13ème Rue, 22/05/2009.

[623] 'Scomparsi: cosa gli è successo?' - Karl Zéro, 2014.

Il 20 novembre 2001, Marylise Lebranchu ha dichiarato davanti all'Assemblea Nazionale che 800 bambini sono scomparsi in Francia nel 2000, pur confermando che non esistono cifre sulla scomparsa dei minori.

Il numero di sparizioni deve essere molto più alto se si tiene conto dei bambini stranieri che scompaiono o di quelli non dichiarati alla nascita (soprattutto nelle reti). Su 1000 bambini stranieri (nel 2001) che arrivano senza documenti in Francia, solo 200 rimangono sotto controllo sociale. Gli altri 800 spariscono nel nulla.[624]

Nel documentario di France 3 *'Viols d'enfants: la fin du silence?'*, una ragazza ha dichiarato di aver assistito a sacrifici di *'bambini piccoli che erano un po' arabi o cose del genere'*. Nella sua testimonianza su TF1 nel 2001, la sopravvissuta Véronique Liaigre ha dichiarato: *"I bambini che vengono sacrificati non sono dichiarati, o sono bambini stranieri. In particolare, quando ero ad Agen, erano piccoli africani, erano neri. A Jallais ne ho visti anche a Nanterre, ma erano bambini bianchi, bambini francesi, ma erano bambini nati da uno stupro. Bambini nati da uno stupro? Sì, che non era stato dichiarato. Sono stati partoriti nella casa dei genitori in condizioni abominevoli. Quindi, nella misura in cui non sono stati dichiarati, sono stati sacrificati? Questo è tutto..."*

———————

La programmazione basata sul trauma è come un disastro ferroviario che si ripete, come un virus o un morso di vampiro che trasmette l'abominio di generazione in generazione. Gli schiavi sono programmati per diventare essi stessi degli abusatori, ma anche dei programmatori. Non tutti coloro che sono abusati sessualmente e psicologicamente riprodurranno automaticamente l'abuso, ma questa funzione umana di autotrattamento attraverso comportamenti anestetici e dissociativi come la violenza contro gli altri è sfruttata all'estremo da alcuni gruppi per perpetuare l'abominio di generazione in generazione. La violenza è una droga, letteralmente, crea uno stress estremo che fa spegnere la persona con una produzione improvvisa di ormoni come la morfina endogena, per anestetizzare la carica negativa della propria memoria traumatica. Ma questi comportamenti dissociativi ricaricano anche questa memoria traumatica, rendendola sempre più esplosiva. Questi comportamenti dissociativi diventano quindi sempre più necessari ai perpetratori e questo crea un vero e proprio circolo vizioso, una dipendenza dalla violenza, dalla distruzione e persino dall'autodistruzione. Queste persone, che possono essere qualificate come psicopatici la cui empatia è stata ridotta a zero fin dalla prima infanzia, non considerano il dolore degli altri se non quando gli procura piacere...

Questo fa di tutti i perpetratori delle vittime malate e irresponsabili che ripetono modelli distruttivi senza alcuna possibilità di fare un'altra scelta? Una scelta è sempre possibile nonostante le enormi difficoltà (pressione psicologica,

———————

[624] 'Marylise Lebranchu rivela una cifra spaventosa 800 bambini scomparsi nel 2000' - Serge Garde, l'Humanité, 14/12/2001

familiare, di rete). Si tratta di una questione delicata, ma il giorno in cui dovremo affrontarla davvero, avremo fatto un passo enorme. Significa che i criminali saranno identificati e messi fuori gioco. Significherà anche che la Rete sarà smantellata e che questo treno infernale di violenza sarà finalmente fermato. Quindi sì, possiamo interrogarci sul destino di tutte queste persone, ma il giudizio finale non verrà certamente dalla giustizia degli uomini.

Sarebbe interessante scansionare il cervello di alcune delle nostre "élite" per vedere lo stato del loro complesso di amigdala e dell'ippocampo, strutture cerebrali che possono effettivamente provare con i nostri strumenti scientifici che c'è stato un trauma profondo nella persona. Gli studi hanno scoperto che queste strutture cerebrali hanno un volume significativamente più piccolo nelle persone che hanno subito un grave trauma, compresi quelli con un disturbo dissociativo dell'identità. Questa conoscenza neurologica sulla variazione dei volumi dell'ippocampo e dell'amigdala in relazione ai traumi gravi potrebbe, per esempio, essere usata per convalidare le testimonianze delle vittime che affermano di aver subito le peggiori atrocità ma non sono in grado di fornire una narrazione coerente.

Come abbiamo visto, il sistema giudiziario scredita sistematicamente qualsiasi testimonianza inquietante relativa all'abuso rituale, mettendo in evidenza lo stato mentale "disturbato" del testimone, quindi "inaffidabile" e di conseguenza senza peso nella bilancia della nostra *giustizia*... Tuttavia, una risonanza magnetica cerebrale potrebbe provare e certificare che c'è stato effettivamente un grave impatto traumatico su questa persona, da cui il fatto che è in uno stato che le impedisce di spiegare la sua esperienza in modo chiaro e cronologico. Dopo un tale esame medico che convalida il fatto che c'è stato effettivamente un trauma profondo che ha portato a gravi disturbi dissociativi, le dichiarazioni della persona dovrebbero quindi essere studiate più attentamente per condurre un'indagine seria. Invece, la *giustizia si affida* a pseudo-esperti di "falsi ricordi" che non sono formati in psicotraumatologia: il caso viene così rapidamente chiuso...

È una domanda complicata, ma il fatto è che la Rete sta cercando di nascondere le informazioni sui progressi scientifici in psicotraumatologia e tutti i recenti studi neurologici relativi all'impatto che il trauma può avere sul cervello umano. Questo affinché queste informazioni non possano essere presentate in modo ufficiale nei tribunali penali per difendere efficacemente le vittime. Infatti, se le università di medicina non formano (o formano poco) gli studenti su tutte le recenti scoperte in psicotraumatologia e sui processi dissociativi, diventa molto difficile per un avvocato mettere alla sbarra qualcuno che possa spiegare queste cose in modo chiaro e scientifico... Quando si tratta di chiedere ai *tribunali* di ordinare scansioni cerebrali per provare che c'è stato un trauma grave, sono tutte le istituzioni chiuse che si frappongono. In effetti, è chiaro che la risonanza magnetica delle voci inferiori e l'anuscopia, che sarebbero esami indispensabili nei casi pedocriminali, si fanno molto raramente... quindi una risonanza magnetica del cervello è impensabile...

L'intera questione del riconoscimento delle vittime permetterebbe soprattutto di prendersi cura di loro in modo efficace, fornendo loro terapie adeguate.

Il fenomeno della dissociazione nei bambini, deliberatamente sfruttato da certi gruppi, è una conoscenza occulta, la pietra angolare della segretezza e del potere, sia nella sfera politica, militare, religiosa o mafiosa. Gli iniziati sono ben consapevoli dell'importanza che questi stati alterati di coscienza possono avere per il controllo mentale di un individuo. La programmazione MK non è quindi semplicemente la creazione di una schiava del sesso, di una *super starlet* o di un'assassina, è soprattutto uno strumento essenziale per il controllo politico globale.

Fritz Springmeier descrive la portata di questa piaga nel nostro mondo moderno, un'affermazione che a prima vista sembra allarmante ma che alla fine si rivela piuttosto illuminante per comprendere alcuni dei funzionamenti (e dei blocchi) della nostra società moderna: *"Il controllo mentale consiste nell'infiltrarsi e controllare la società da dietro le quinte. Bisogna integrarlo se si vuole controllare un'istituzione come la lobby medica, per esempio. Bisogna mettere persone sicure nelle posizioni chiave, perché un anello debole della catena si romperà sempre. Non ci si può permettere di avere degli anelli deboli. Se vuoi controllare una lobby molto potente come il sistema medico, allora devi controllare uno spettro molto ampio di cose come il sistema ospedaliero, le scuole di medicina, l'associazione medica, ecc. Tutto questo richiede schiavi MK a tutti i livelli del sistema, in tutti i punti strategici. Non si possono avere anelli deboli. Per esempio, una rete di medici indipendenti che praticano la medicina alternativa; allora bisogna controllare il sistema giudiziario per poter condannare questi medici "fuori dagli schemi". Bisogna mettere in piedi un vasto apparato nascosto. Se non capite i pro e i contro della programmazione mentale, non potete capire come si possa avere questo tipo di controllo generale sulla società."*[625]

Come già citato nella prefazione, il famoso hacker Kevin Mitnick ha detto: *"L'anello debole di qualsiasi sistema di sicurezza è il fattore umano"*. Al fine di assicurare un sistema di dominio globale, è quindi imperativo *hackerare* le menti delle pedine umane in posizioni strategiche dietro le facciate democratiche.

Possiamo ricordare qui le dichiarazioni della dottoressa Catherine Gould nel 1994 nel documentario "In Satan's Name". Possiamo ricordare qui le dichiarazioni della dottoressa Catherine Gould nel 1994 nel documentario "In Satan's Name": "Ci sono certamente banchieri, psicologi, gente dei media, abbiamo anche sentito i servizi di protezione dell'infanzia ma anche i poliziotti... perché hanno interesse ad essere presenti in tutti questi ambienti socio-professionali... Quando ho iniziato questo lavoro, pensavo che le motivazioni della pedofilia si limitassero al sesso e al denaro, ma nel corso dei miei dieci anni di ricerca ho cominciato a capire che le motivazioni sono molto più sinistre... I bambini vengono abusati a scopo di indottrinamento. L'abuso rituale dei

---

[625] Intervista con Fritz Springmeier di Wayne Morris - *'Survivors of the Illuminati'*, 1998.

bambini è un protocollo di formattazione degli umani per un culto. Si tratta di formattare bambini che sono stati così abusati, così controllati mentalmente che diventano molto utili alla setta, a tutti i livelli... Penso che lo scopo di tutto ciò sia quello di ottenere il massimo controllo, sia in questo paese che in un altro."

Anche il dottor Lawrence Pazder parla di infiltrazione sistematica: "A prima vista sembrano normali e vivono una vita normale. Sono presenti in tutti gli strati della società, che hanno accuratamente infiltrato. Qualsiasi posizione di potere o di influenza sulla società deve essere considerata per loro come un obiettivo di infiltrazione. I boia hanno soldi a disposizione, molti hanno posizioni impeccabili: medici, ministri, professioni di ogni tipo."

Per stabilire una tale infiltrazione nelle istituzioni e nelle varie organizzazioni, la Massoneria - la maggior parte dei cui membri non conosce l'attività delle logge posteriori di alto grado - gioca un ruolo essenziale che oggi non è più in discussione. La rete massonica pratica una sovversione sistematica dei valori cristiani tradizionali a favore di valori *illuministi* e *umanisti* che sostituiscono Dio con l'uomo; in altre parole, è la dottrina luciferiana, la contro-rivelazione, o contro-iniziazione, applicata dall'Alta Massoneria, ma anche da altre società segrete iniziatiche di tipo piramidale che formano l'insieme della Grande Babilonia: "la religione senza nome".

Questa dottrina luciferiana corrisponde alle quattro menzogne che hanno portato al peccato originale, mirando ad applicarle e ancorarle nella società moderna. Nel giardino dell'Eden, il serpente fece quattro promesse ad Adamo ed Eva se avessero assaggiato il frutto proibito:

- I *vostri occhi saranno aperti"*: siete stati tenuti in una sorta di cecità intellettuale per non vedere i misteri di Dio. Satana dice che può aprire i loro occhi a tutte queste cose occulte. Gli gnostici cercano questo: *aprire gli occhi* per scoprire quali segreti Dio ha nascosto agli uomini.

- *Non morirai"*: questo è il passaggio da creatura a creatore. Se la creatura diventa eterna, allora diventa Dio.

- *Diventerete come dei"*: anche la creatura e il Creatore sono messi sullo stesso piano. Tutte queste idee sono legate alla Gnosi e alla dottrina massonica. La gnosi si riflette oggi nel movimento *new age*, la nuova era, che sostiene la deificazione dell'essere umano che diventa un cosiddetto creatore, un essere divino: *"siamo dei"*.

- *Tu deciderai ciò che è bene e ciò che è male"*: anche qui la creatura si mette al posto di Dio e ne vediamo le tristi conseguenze nella nostra società moderna.

Il "famoso" frutto proibito sembra quindi essere legato alla conoscenza occulta che promette all'uomo l'accesso a certe dimensioni, a certi poteri, sviluppando nel contempo certi poteri. Questo è in parte ciò che è contenuto in questo libro. Vediamo che queste quattro promesse di Satana corrispondono a ciò che le società segrete luciferiane stanno lavorando duramente per applicare in questo mondo da diversi secoli, per spazzare via il Creatore e mettere la sua creatura umana al centro di tutte le cose con la promessa di deificarlo. La rete globale luciferiana sta quindi lavorando per stabilire il suo dominio per infondere la sua filosofia e il suo credo spirituale in tutta l'umanità.

Oggi, vediamo questa dottrina venire alla ribalta, andando di pari passo con la degenerazione programmata della nostra civiltà, seguendo una sorta di messianismo apocalittico. Il luciferismo è rappresentato simbolicamente da due figure mitiche: Prometeo o Lucifero, che è considerato da alcuni circoli come il benefattore dell'umanità, il dio "civilizzatore" che porta la luce (conoscenza divina) agli umani ignoranti. Lucifero, il portatore di luce, darebbe così agli uomini la possibilità di diventare essi stessi un dio, con i propri mezzi. Questa dottrina maligna e ingannevole sta gradualmente permeando il mondo moderno in modo che i profani adottino questi concetti di vita e pensiero decaduti contro la loro volontà. La ribellione che è stata condotta in cielo dagli angeli ribelli continua sulla terra, e si fa di tutto perché essa trascini con sé il maggior numero possibile di umani. Lucifero voleva essere il proprio dio e così trascina le creature umane nella sua dinamica ribelle promettendo all'uomo di raggiungere lo status di un dio lui stesso.

Luciferiani, satanisti, neognostici, cabalisti, martinisti, teosofi di tutti i tipi, hanno tutti questa convinzione di dover evolvere spiritualmente per ottenere il potere ed eventualmente l'immortalità per diventare essi stessi degli dei. Ma questo richiede certe fonti di "potere", un raduno all'Angelo Caduto per ricevere "luce". I rituali di sangue (magia rossa), la magia nera, la demonologia, gli abusi rituali sui bambini e la magia sessuale sono strumenti per accedere a questo potere e a queste aperture verso altre dimensioni per ricevere *l'illuminazione... Gli* occultisti più incalliti, assetati di potere, cadranno in queste pratiche totalmente perverse e demoniache, tanto più se viene loro promesso di diventare un dio creatore nel processo. I protocolli di abuso rituale satanico sono direttamente legati alla magia sessuale e alla trance dissociativa, due potenti catalizzatori per ottenere potere e accesso ad altre dimensioni nella ricerca dell'immortalità. I bambini sottoposti a torture e stupri, totalmente dissociati e aperti ad altre dimensioni, sono sfruttati come ponti tra due mondi e come serbatoio di potere demoniaco. Servono come mediatori, intermediari che lo stregone-abduttore utilizzerà con la magia sessuale per sfruttare al massimo questa falla spirituale rappresentata dal bambino in stato di dissociazione. È una vera e propria rapina spirituale, uno stupro fisico, energetico e spirituale.

La programmazione MK basata sulla *scissione dell'anima* simboleggia perfettamente il culmine della ricerca dell'uomo luciferiano di diventare egli stesso un dio creativo. Praticando questi orrori, crea bambole umane, gusci vuoti, golem che può riempire e programmare secondo i suoi desideri. Manipola il mondo interno dello schiavo a suo piacimento, proprio come un piccolo dio che manipola un umano robotico, giocando in quest'altra dimensione che è lo spazio-tempo dell'universo interno della sua vittima. Un universo che lui organizza come meglio crede. La creazione di un golem è il fine ultimo degli occultisti luciferiani, cabalisti e satanisti di tutti i tipi. Lucifero non è un vero creatore, non è il creatore del cielo o della terra, ed è per questo che prova piacere nel creare nelle sue vittime un mondo interiore con un cielo, una terra e un inferno di sua creazione. Organizzerà questo mondo a modo suo con un esercito di entità demoniache che collaboreranno con il programmatore per controllare la vittima. Si stabilisce così una sorta di trinità satanica: *il Padre* (il programmatore), il

Figlio (il bambino 'Monarca') e lo *Spirito Santo* (i demoni). Una trinità oscura che formerà l'ultima offesa a Dio: il sabotaggio, l'appropriazione indebita e lo sfruttamento della sua amata creatura, l'essere umano. Il sabotaggio della coscienza dell'uomo per allontanarlo da Dio è applicato oggi tanto sugli schiavi MK nel modo più duro quanto sull'umanità intera in modo più diffuso ma ugualmente abietto.

Senza gli strumenti di controllo mentale basati sul disturbo dissociativo dell'identità, le droghe, l'ipnosi, la psicotronica, ecc., queste organizzazioni occulte fallirebbero nel loro piano di dominio perché non sarebbero in grado di mantenere segrete le loro azioni scellerate su così vasta scala. Gli stregoni hanno capito che questo metodo di controllo mentale che utilizza il trauma e la dissociazione è applicabile anche su scala sociale e che è qualcosa che è necessario per poter governare "facilmente e tranquillamente". Questo è quello che ci dice William Sargant quando scrive che *i metodi delle iniziazioni religiose sono spesso così simili alle moderne tecniche politiche di lavaggio del cervello e di controllo del pensiero che l'uno fa luce sui meccanismi dell'altro.*

'Ordo ab Chao', l'ordine nasce dal caos, è il motto della massoneria ma è anche il cuore dei segreti alchemici. Questa formula può essere usata per raggiungere la perfezione sia nel lato buono che in quello cattivo. Per la maggior parte dei massoni, è soprattutto una nozione di sviluppo personale, un lavoro che consiste nello sconfiggere il *mostro interiore che* semina il caos, le forze oscure della mente e dell'ego, che devono essere combattute e trascese per ritrovare l'Ordine Divino. In alchimia, le due operazioni più importanti sono *"Dissolvere"* (caos) e *"Coagulare"* (ordo). *Dissoluzione* significa la decomposizione degli elementi, poi viene la *Coagulazione,* che consiste nel solidificare l'elemento dissolto in un nuovo stato, un nuovo ordine. Vediamo oggi che questa formula massonica *Ordo ab Chao,* questo lavoro alchemico di decomposizione e ricomposizione, è coscienziosamente applicato nei programmi di controllo mentale, sia su scala individuale che collettiva. Attualmente, l'*Ordo ab Chao* non è applicato in una dinamica di elevazione spirituale, ma in una dinamica di controllo totale (anche se questa situazione serve paradossalmente a creare l'elevazione spirituale di pochi).

Il controllo mentale delle masse si ottiene innescando una "dissociazione" (caos sociale) dove l'individuo non si identifica più con se stesso, ma diventa la società stessa (per esempio i movimenti *"Je suis Charlie"* o *"Je suis Paris"* in seguito ad atti di terrorismo). Questa dissociazione sociale è causata da tutta una serie di destabilizzazioni della società che creano le condizioni ideali per stabilire un nuovo ordine, una nuova struttura sociale. Questa è la teoria della "*tabula rasa*" di Kurt Lewin, Eric Trist e molti altri...

Il lavaggio del cervello di un individuo passa attraverso la cancellazione, la dissoluzione della sua personalità originale per installare un nuovo sistema interno, è lo stesso per i popoli: distruggere le loro radici, i loro valori, le loro tradizioni, le loro credenze, la loro famiglia, persino la loro nozione di uomo o di donna (teoria del *gender*), tutto questo per ottenere una massa totalmente dissociata/disconnessa, senza punti di riferimento, infantilizzata e malleabile a volontà. L'obiettivo è quello di costruire facilmente un *Nuovo Ordine Mondiale*.

Il motto di creare il *caos* per stabilire un nuovo *ordine* è applicato, come abbiamo visto nel capitolo 7, ai soggetti MK-Monarch che avranno inevitabilmente bisogno del programmatore per poter funzionare di nuovo dopo il caos psichico creato volontariamente in loro dai traumi. Questa formula, come un frattale, la ritroviamo su larga scala nell'attuale caos sociale: per poter funzionare di nuovo in seguito al caos che sta inevitabilmente prendendo forma, la società (in uno stress post-traumatico generalizzato) avrà bisogno degli stregoni-controllori (i programmatori su larga scala) per ristabilirsi e funzionare di nuovo in un *Nuovo Ordine Mondiale,* con una religione mondiale luciferiana. Questo è il progetto in corso, e come abbiamo visto i codici di questa sottocultura luciferiana stanno gradualmente permeando le masse popolari secolari psicologicamente incanalate in questo *Nuovo Ordine Mondiale.* Un nuovo ordine in cui i popoli e le culture tradizionali (*il vecchio mondo*) saranno totalmente dissolti... Questa è l'"opera babilonese", una programmazione mentale mondiale con al centro il transumanesimo. Il transumanesimo sostiene l'uso della scienza e della tecnologia per migliorare le caratteristiche fisiche e mentali degli esseri umani, arrivando persino a considerare la vecchiaia come una malattia... Si tratta di una continuazione del progetto volto alla *"deificazione luciferica dell'uomo"*... Ma la *scienza senza coscienza è la rovina dell'anima* (François Rabelais).

Nel 1736, Andrew Michael Ramsey tenne un famoso discorso, noto come *"Ramsey's Speech",* alla St Thomas Lodge di Parigi. Questo discorso ha rivelato chiaramente lo spirito babilonese dell'Ordine massonico, che sta lavorando per *unire i sudditi di tutte le nazioni in un'unica fratellanza in modo da creare un nuovo popolo la cui coesione sarà cementata dai legami della Virtù e della Scienza.* Questo sta avvenendo sotto i nostri occhi, ed è qualcosa che è più visibile e comprensibile oggi che mai, nonostante il caos che maschera le vere questioni spirituali. Siamo nati e immersi in questa matrice a tal punto che non riusciamo nemmeno a discernere i pro e i contro di essa. Quindi c'è una vera battaglia tra due norme, *"la battaglia della città terrena contro la città celeste",* tra Babilonia, la città di Satana, e Gerusalemme, la città di Gesù Cristo, il mondo del peccato contro il mondo della grazia. Va da sé che in questa situazione bisogna fare una scelta.

Il professor Jean-Claude Lozac'hmeur scrive su questo *Nuovo Ordine Mondiale*:

Gli scritti dei teorici più rappresentativi di queste tradizioni occultiste (Thomas More, Francis Bacon, Comenius, Guillaume Postel, Campanella) così come la storia contemporanea, ci permettono di precisare i contorni di questo futuro stato totalitario.

Da questi dati sappiamo:

- che questa civiltà (originariamente destinata ad essere puramente collettivista) sarà con ogni probabilità una sintesi di capitalismo e socialismo,
- che si diffonderà in tutto il mondo,
- Anche se apparentemente democratico, sarà guidato da un despota che è sia "re" che "prete", circondato da una nomenklatura privilegiata,

- che in questo universo razionalizzato la famiglia e il matrimonio saranno scomparsi,
- che l'eugenetica e l'eutanasia saranno praticate,
- che l'unificazione politica ed economica sarà completata dall'unificazione delle religioni, sostituite da un unico culto, quello della "religione naturale" detta "di Noè".[626]

La creazione di pedine MK programmate strategicamente posizionate nella nostra società è il prerequisito per l'applicazione di strategie di controllo mentale globale per manipolare e dominare la massa. Oggi, sempre più persone si rendono conto che la nostra società sta *camminando sulla sua testa*, che i nostri leader mostrano un'illogicità (o una logica disumana e distruttiva) sempre più grossolana e palese, nonostante l'abbellimento mediatico. La parola *"psicopatico"* per descrivere i nostri governanti sta diventando sempre più comune sulla bocca della gente. Ci sono certamente gravi patologie mentali tra le nostre élite e la loro infanzia è probabilmente un fattore. Questi gravi disturbi psichiatrici sono camuffati dietro una personalità che è stata lavorata nel buio dietro le quinte e igienizzata sotto i riflettori del grande teatro politico-mediatico. Nel suo libro '*Dialogues with Forgotten* Voices: *Relational* Perspectives *on Child Abuse Trauma and the Treatment of Severe Dissociative Disorders*', Harvey Schwartz spiega che la dipendenza dal potere è il risultato di queste subculture occulte: '*Coloro che non sono stati personalmente esposti a questi estremi non saranno in grado di comprendere pienamente la spirale degenerativa di questa ossessione del potere. La storia ha dimostrato che quando una persona o un gruppo ottiene il potere (Hitler, Idi Amin Dada, Pol Pot, Stalin, per citarne solo alcuni), un modello di stravagante sadismo, irrazionale crudeltà gratuita e infine distruttiva violenza esibizionista porta alla sua esplosione e collasso. La storia deve ancora rivelare che queste stesse dinamiche diaboliche sono all'opera fuori dal contesto della guerra e della politica nei gruppi criminali che impongono il loro potere sui bambini di tutto il mondo sotto forma di abusi inimmaginabili.*'

Durante l'abuso rituale, i bambini ricevono la trasmissione dell'*"iniziazione"*, la "violenza iniziale" che li prepara a diventare adulti che lavorano per il "lato oscuro". Poiché il progetto luciferiano si estende su diversi secoli, e quindi su diverse generazioni, il condizionamento e ancor più la programmazione mentale dei figli dell'élite formano un protocollo indispensabile. La programmazione della lealtà, della fedeltà e della legge del silenzio è la base per controllare questi bambini, che sono destinati a perpetuare il progetto globalista luciferiano. L'obiettivo è quello di ottenere una società le cui istituzioni e i vari livelli di controllo sono bloccati e tenuti con il pugno di ferro da individui al servizio dei loro demoni interiori... Questi bambini, dissociati e scissi fin dalla tenera età, hanno un cervello "ricablato" che dà loro certe facoltà intellettuali e creative, ma anche un corpo energetico totalmente aperto al mondo degli spiriti, alla medianità conscia e inconscia. Nel luciferismo,

---

[626] 'Les origines occultistes de la Franc-maçonnerie' - Jean Claude Lozac'hmeur, 2015, p.184.

il processo dissociativo è visto come uno stato di illuminazione spirituale, che permette l'accesso ad altre dimensioni.

A questi bambini viene dato *potere, potere* e *luce,* diventano canali utilizzati dagli angeli caduti per incarnare e stabilire la dottrina luciferiana su questa terra. Così, a poco a poco, si è creato un mondo governato indirettamente da entità esistenti su un altro piano. Entità che hanno bisogno di esseri umani ben incarnati in carne e ossa per agire qui sotto nella materia. Nello stesso modo in cui lo Spirito Santo si infonde in certi esseri umani in stato di grazia per ispirare loro saggezza, intelligenza, forza, carità, fede, speranza... Una forza anticristiana e controiniziatica può anche infondersi negli esseri umani, più particolarmente in quelli che hanno avuto le *porte spalancate* fin dalla prima infanzia durante la loro "iniziazione" da traumi estremi. Alcuni frammenti delle loro anime sono totalmente legati e asserviti al regno caduto, al "Principe di questo mondo". Questo processo non è altro che un'inversione della santificazione. Queste stirpi luciferiane, *legate mani e piedi ai* demoni per generazioni, rappresentano il subumano, risultante da questa contro-iniziazione. Abusi rituali traumatici, sacrifici, magia, demonologia, dissociazione/possessione/*"illuminazione",* controllo dei frammenti dell'anima, ma anche siti cerimoniali con una particolare energia tellurica, tutta questa conoscenza occulta è lo strumento che permetterà la connessione con queste entità cadute che offrono a questa gerarchia umana luciferiana il potere di stabilire un dominio temporaneo qui sulla terra.

Queste stirpi, detentrici di un sangue particolare ereditato da un antico "patto" con gli angeli caduti, ricreano o risvegliano deliberatamente società segrete, scuole, sette, attraverso l'intermediazione di certe individualità appositamente preparate, che potrebbero essere considerati come un tipo particolare di "posseduti" e caricati di poteri necessari, sempre di natura psichica, naturalmente, che permettono loro di provocare, per un certo periodo di tempo, più o meno lungo ma sempre limitato, fenomeni che costituiscono l'elemento "catalizzatore" attorno al quale si creeranno questi raggruppamenti. *Memoria del sangue: contro-iniziazione, culto degli antenati.* - Alexandre de Dànann.

La massoneria fa riferimento a misteriosi *"Maestri",* estranei all'umanità, che ispirerebbero, attraverso la medianità, certi alti iniziati collegati ad un'altra dimensione... Questo allo scopo di ricevere "oracoli", cioè informazioni che permettono di agire "meglio" nel mondo materiale. Come abbiamo già visto, il massone Oswald Wirth è stato abbastanza chiaro su questo argomento: *"I Maestri - perché è così che gli iniziati si riferiscono a loro - si avvolgono in un mistero impenetrabile; rimangono invisibili dietro la spessa cortina che ci separa dall'aldilà... Essi lavorano solo sul tavolo da disegno, cioè intellettualmente, concependo ciò che deve essere costruito. Queste sono le intelligenze costruttive del Mondo, poteri efficaci per gli Iniziati che entrano in relazione con i Superiori Sconosciuti della tradizione."*[627] Le intelligenze costruttive del mondo... che guidano le alte logge massoniche per instaurare il Nuovo Ordine Mondiale Luciferiano. Oggi, questo è molto chiaro...

---

[627] 'La Massoneria resa intelligibile ai suoi seguaci' Volume III - Oswald Wirth, 1986, p.219-130.

Come abbiamo visto, in un cervello in via di sviluppo, i traumi estremi ripetitivi che causano la dissociazione modellano i percorsi neurali e portano (sotto *una "buona guida"*) a certe capacità fisiche e intellettuali, ma anche a straordinarie facoltà psichiche. Questo violento *'sblocco spirituale'* apre la porta del mondo degli spiriti. È probabile che in certi ambienti elitari, il fatto di essere *multiplo*, di avere una personalità scissa in diversi alter, sia visto come un marchio spirituale di qualità, un marchio iniziatico, *il* marchio dell'*illuminazione* che dà la chiave d'accesso ad altre dimensioni. È anche il "marchio di fabbrica" della gerarchia luciferiana conosciuta come "*illuminati*". È probabile che alcuni iniziati (o dovremmo dire *"traumatizzati"*) con personalità multiple possano padroneggiare la loro I.D.T. cambiando personalità alterne a volontà e secondo i loro bisogni (vedi il caso di Louise che padroneggiava totalmente il suo passaggio da una personalità all'altra - capitolo 5). Gli Alter più profondi, legati alle attività della setta occulta, sono perfettamente consapevoli del sistema interno e possono emergere quando vogliono, a differenza degli Alter di superficie che sono totalmente all'oscuro dello *"sfondo"*.

Ma fino a che punto si può parlare di superiorità rispetto all'uomo *comune*, visto che i metodi "iniziatici" non sono altro che dolore, trauma e, infine, schiavitù ai demoni e al Principe di questo mondo? Alla fine, questi inframani rimangono legati mani e piedi alle entità da cui dipendono i loro poteri e la loro potenza. Questa schiavitù luciferiana viene perpetuata sistematicamente su una progenie scelta per instaurare un *Nuovo Ordine Mondiale*. Tutto questo si compie in uno stato d'animo di estrema superiorità sul popolo profano e *non illuminato*, che viene considerato come bestiame che nutre "la bestia"... da corrompere e abbattere ad ogni costo...

Una cosa importante da capire è che i bambini intrappolati e sfruttati da questi culti rientrano in diverse categorie. In primo luogo, ci sono i figli di influenti famiglie luciferiane che programmano sistematicamente la loro prole; in secondo luogo, ci sono bambini che vengono introdotti in questi circoli in età molto giovane e che sono anche destinati a formare l'élite di domani senza avere un legame di sangue con la "Famiglia". Infine, ci sono bambini che vengono letteralmente usati come carne fresca: bambini nati da stupri e non dichiarati, bambini rapiti o bambini stranieri, tutti destinati ad essere abusati, torturati e infine sacrificati durante i riti. Questi bambini sono usati per "iniziare" gli altri bambini della rete, che sono considerati gli "eletti", alle pratiche ignobili di questi gruppi.

Poiché la scissione di un umano, cioè la creazione deliberata di un disturbo dissociativo d'identità, può essere fatta solo su bambini molto piccoli, è chiaro che essi diventano automaticamente obiettivi prioritari per la perpetuazione della contro-iniziazione e dell'*illuminazione*. Questa è una gran parte della spiegazione dell'esistenza delle reti *pedo-sataniste*. Reti in cui i membri coinvolgono i propri figli nel processo di "iniziazione", coinvolgendo anche bambini di "seconda classe", che possono servire sia come carne fresca che come futuri schiavi MK per il lavoro sporco. Come detto all'inizio della conclusione: il bambino è al centro di questo ciclone devastante...

È giunto il momento di smascherare questa catena infernale affinché il popolo sappia cosa succede dietro le quinte di questo mondo. Questi dossier sono sistematicamente soppressi per non aprire la minima falla nella massima segretezza del dominio. Potenzialmente tutto può fermarsi, quindi va da sé che in questo grande teatro, ognuno deve fare la sua parte, con la Provvidenza che forse aspetta solo il momento giusto per intervenire.

Nonostante il caos e le costanti cortine fumogene che cercano in tutti i modi di accecarci, è molto più facile oggi avere una visione globale del mondo in cui viviamo rispetto a 50 anni fa o anche 20 anni fa. Il globalismo, nonostante tutte le sue conseguenze negative, ha il merito di darci la possibilità di comprendere pienamente il mondo in cui viviamo.

Man mano che l'agenda luciferiana del *Nuovo Ordine Mondiale* avanza, si rivela inevitabilmente e in modo esponenziale. Il dirottamento, la corruzione e l'indottrinamento delle coscienze si rafforza così in proporzione allo svelamento sempre più flagrante. È un effetto valanga che paradossalmente combina la rivelazione totale con un oscurantismo sempre maggiore, il tutto formando una specie di *caos* di cui la mente umana è fortunatamente ancora capace di discernere i pro e i contro... se fa lo sforzo.

La *luce di* questa "religione senza nome" è ora così radiosa nel nostro mondo che finalmente viene completamente esposta per quello che è veramente. La parola *Rivelazione*, che descrive i tempi in cui viviamo, deriva dalla parola greca *Apokalupsis* che significa rivelazione e istruzione. In effetti, oggi "tutto è chiaro" per coloro che non si nascondono più nella negazione perché si staccano dalla virulenta propaganda mediatica per cominciare a ri-informarsi. Questa nozione di svelamento, di rivelazione, man mano che l'agenda luciferiana avanza, è una legge alla quale non possono sottrarsi: è la grande "esposizione" propria dell'Apocalisse. Questa ineluttabile esposizione/rivelazione è quindi a loro rischio e pericolo, ma non hanno altra scelta che portare avanti l'instaurazione di questo *Nuovo Ordine Luciferiano*. Perciò attualmente si affidano al massimo all'ingegneria sociale (controllo mentale delle masse) per corrompere e dirottare la coscienza (e il subconscio) con tutti i mezzi nel tentativo di mantenere la società in una certa matrice, un "bozzolo confortevole" (anche se ovviamente sempre più instabile) che permette di infondere qualsiasi cosa senza problemi, senza che la gente reagisca. Ma vediamo anche un inasprimento dei *diritti* e delle *libertà con il* pretesto della lotta al terrorismo; un modo ideale per sopprimere tutte le opinioni che vanno contro la doxa ambientale mantenuta costantemente dai media *mainstream* controllati. I media seminano questa "opinione pubblica" automaticamente accettata e creano così il fenomeno della *pressione dei pari*, un fenomeno descritto nel primo capitolo che può essere riassunto come segue: Le pecore sorvegliano le pecore, colui che si allontana dal gregge essendo troppo critico nei confronti di quello che viene chiamato il pensiero unico, diventa una pecora nera agli occhi delle altre pecore. Così, questa costante pressione sociale fa temere l'esclusione dal gruppo.

La constatazione è che le masse sono appesantite dal lavoro, dai debiti e dalla routine quotidiana a cui sono impegnate, indulgendo la sera davanti a una televisione, usandola principalmente - e inconsciamente - come strumento di rilassamento. *Panem et circenses* (pane e circo/giochi), questa espressione dell'antica Roma è più che mai applicabile alla nostra società dei consumi. Una situazione in cui è difficile far muovere le cose, visto che la gente è così asservita e manca visibilmente la volontà di emanciparsi dal brodo "giornalistico" e dall'intrattenimento infantilizzante e debilitante che viene servito loro di continuo durante la *prima serata*. La gioventù è ovviamente presa di mira soprattutto.

L'argomento di questo libro è particolarmente difficile da integrare e accettare perché può sconvolgere un intero paradigma. La questione di una rete *pedo-satanista* globale che si abbevera all'innocenza dei bambini sta diventando nota, e la gente può ora capire questa dura realtà più facilmente che anche 10 anni fa, perché lo svelamento è esponenziale. Grazie a tutti i ricercatori e investigatori indipendenti che hanno partecipato o stanno ancora partecipando a chiarire ed esporre questo difficile argomento per diffondere l'informazione a tutti i costi, molti dei quali hanno perso le loro penne e persino la vita...

La dichiarazione fatta dall'ex procuratore aggiunto di Bobigny, Martine Bouillon, alla giornalista Élise Lucet durante un dibattito televisivo illustra molto bene questo punto: *"Abbiamo appena capito che la pedofilia esiste, non possiamo ancora capire che ci sono cose ancora peggiori della pedofilia, direi 'semplici', e le persone resistono con tutta la loro forza, con tutta la loro forza interiore."*

È abbastanza naturale che la gente mostri una forte resistenza, persino una totale negazione, di fronte all'orrore assoluto che sono la pedocriminalità, il satanismo e la corruzione massiccia dei loro governi... Ma è ora di vedere chiaramente e se non accettiamo tutto, dobbiamo almeno fare le nostre ricerche per convalidare o meno questi orrori. Tanto più che oggi tutto è rivelato, è solo grazie alla corruzione diffusa delle istituzioni e dei media e alla cecità volontaria o involontaria delle persone sottoposte all'ingegneria sociale che questo sistema infame si mantiene in vigore.

Più un argomento viene studiato e compreso da un numero crescente di persone, più diventa accessibile e comprensibile per le masse perché sarà "sdoganato" in un certo modo. In effetti, più un percorso di comprensione viene chiarito e approfondito, più si allarga per dare accesso a questa conoscenza a un numero crescente di persone che saranno così in grado di comprenderla molto più facilmente dei ricercatori iniziali...

Più l'informazione circola, più persone raggiunge, e più diventa mentalmente accessibile alla maggioranza che può allora integrarla più facilmente nel suo paradigma. Queste informazioni non sono ovviamente disponibili a tutti di punto in bianco, ma argomenti come la pedocriminalità, il satanismo, la programmazione MK, ecc. diventeranno sempre più accessibili alle menti umane perché alcune persone avranno già fatto il lavoro di *sgombero del percorso*, cioè il lavoro di comprensione e integrazione.

Possiamo forse paragonare questo processo alla teoria della *centesima scimmia*: quando un numero sufficiente di individui ha scoperto qualcosa e l'ha integrato completamente, diventa automaticamente più accessibile e comprensibile per altri individui della stessa specie. Tuttavia, questo richiede un minimo di apertura e di ricerca, poiché il libero arbitrio è sempre lì per permetterci di scegliere se aprire o chiudere una porta, ma il cammino della comprensione sarà già sgombro e più navigabile di quanto non fosse prima... Da qui la determinazione dei nostri stregoni-controllori a compartimentare la coscienza umana in solchi profondi affinché non diriga la sua attenzione verso soggetti che rivelino i loro veri strumenti di controllo, che, loro malgrado, stanno diventando ineluttabilmente più evidenti giorno dopo giorno...

Allo stesso tempo, abbiamo bisogno dell'aiuto provvidenziale di Dio per poter avanzare in questa lotta, poiché la parte avversa è essa stessa sostenuta da potenti forze di ordine soprannaturale. La Rete è organizzata tanto militarmente (una rigida organizzazione gerarchica) quanto spiritualmente (un culto al Principe di questo mondo), a differenza dei popoli profani di cui si è fatto ogni sforzo per distrarli e soprattutto per tagliarli fuori dalla loro relazione con Dio... Da soli, senza l'aiuto di Dio, non siamo all'altezza di questa dominante Rete Luciferiana, che lavora con entità spirituali decadute da cui riceve le sue direttive e il suo potere, da cui il fatto del suo attuale dominio.

Questo aiuto divino, questa provvidenza, può dipendere dal numero di esseri umani che hanno preso o prenderanno coscienza di queste cose e agiranno al loro livello per invertire il sabotaggio e la corruzione dell'essere umano che sta avvenendo.

La teoria di una massa critica cosciente in grado di rovesciare e sbloccare una situazione che prima era totalmente cementata e inestricabile si applica a temi molto pesanti, cose che sono così scioccanti da essere generalmente impensabili e inimmaginabili per la maggior parte delle persone... Ma più questi argomenti saranno compresi e accettati da un numero crescente di persone, più ci sarà la possibilità di muovere i pezzi della Scacchiera; la Vera Scacchiera, non quella della giustizia degli uomini, dei massoni e delle istituzioni, che oggi è totalmente truccata.

Se un intero popolo non è pronto ad *accettare* una dura realtà, cioè ad affrontare una pesante verità che può danneggiarlo per lo shock o peggio, farlo cadere in una caotica follia, è logico, dal punto di vista della legge divina che dovrebbe preservare gli individui, che accederà a questa informazione solo con grande difficoltà, se mai... Quando le coscienze cominciano a risvegliarsi e ad emanciparsi dalla matrice (il controllo mentale delle masse), allora possono cominciare ad accedere ad informazioni più o meno sconvolgenti.. ma alla fine salva la vita.

In altre parole, il Cielo aspetta che i frutti maturino prima di rivelare certe cose, rispettando l'evoluzione della coscienza; nonostante le forze opposte che cercano di impedire alle masse di accedere alle informazioni che potrebbero portarle ad un altro livello di comprensione della matrice in cui sono immerse dalla nascita. Quindi, più le coscienze si emancipano da ciò che vengono nutrite quotidianamente in termini di informazione e si rivolgono ad altre fonti di informazione, più saranno pronte a ricevere queste pesanti verità che possono davvero essere molto scioccanti. Nonostante l'orrore, queste sono cose che devono essere rivelate in modo che il maggior numero possibile di persone si occupi di questi problemi. Soprattutto quando si tratta di bambini...

Attualmente, in termini di informazione, tutto è disponibile per coloro che hanno ancora il tempo e il coraggio di intraprendere un processo di emancipazione da questo sistema basato sul controllo mentale globale: Dio non permette che siamo lasciati senza risorse per capire il mondo in cui viviamo: questa è una Legge essenziale.

Il Satanismo/Luciferismo elitario rispetta scrupolosamente questa Legge (non hanno scelta) che dà eternamente alle anime umane la possibilità di accedere alla Verità. Hanno solo il potere che Dio ha concesso loro per un periodo di tempo limitato, e la guerra che conducono in questo grande teatro che è il nostro mondo è principalmente contro la coscienza/subconscio. Non possono censurare tutto, quindi l'obiettivo è quello di incanalare la coscienza attraverso la propaganda sistematica dei media: il controllo dell'informazione e l'ingegneria sociale sono gli strumenti principali per condizionare le persone. La questione della tecnologia psicotronica si pone anche per quanto riguarda la sua capacità di controllare il nostro cervello tramite onde scalari o microonde pulsate, applicate in modo massiccio facendo letteralmente piovere sulla popolazione onde elettromagnetiche che possono potenzialmente influenzare il cervello a seconda del tipo di frequenza trasmessa. Quanto alla forte dipendenza della popolazione dalla rete *GSM* (*Global System for Mobile communications*), non è più necessario dimostrarlo, basta camminare per strada e nei trasporti pubblici per rendersene conto...

La Verità è lì per chi cerca un minimo e soprattutto per chi chiede aiuto al Cielo. Si tratta di una vera e propria guerra spirituale e noi abbiamo, nonostante le apparenze, abbastanza risorse per imparare e per poter uscire dai solchi fangosi creati dalla Grande Babilonia con il suo strumento principale: il Controllo Mentale. Ma Dio non permetterà che siamo lasciati senza le risorse per guidarci alla Verità e alla nostra salvezza. Il *Nuovo Ordine Mondiale* è suo malgrado soggetto a questa Legge, quindi non può censurare la totalità delle cose che permettono alle anime umane di accedere alla Verità. In questo grande teatro terrestre, sia il bene che il male giocano un ruolo nell'evoluzione delle anime umane, come lo descrive molto bene il vescovo Delasso con queste parole: *"Non sanno, o vogliono ignorare, che sopra il loro padrone Satana, infinitamente sopra, c'è Dio, Dio Onnipotente. Ha creato il mondo per la sua gloria, la gloria inesprimibile che gli sarà eternamente resa da tutte le sue creature, senza eccezione, anche se in modi diversi, alcuni manifestando la sua bontà, altri la sua giustizia. Fino al giorno del supremo castigo, li lascia al loro libero arbitrio, in modo che sia il male che il bene, il male e il bene, servano a compiere gli scopi della sua infinita saggezza (...) Dio permette, ne siamo, ahimè, testimoni, gli errori dell'uomo e persino la ribellione contro di Lui, ma in una misura che non sarà superata; Egli aspetta. Tutto servirà ai Suoi scopi, e quando la prova sarà cessata, tutto sarà al suo posto; ci sarà allora il male solo per gli ostinati colpevoli.* "[628]

Questo libro mira prima di tutto a *liberare i bambini dalle cantine,* cioè a lottare al proprio livello contro il pedo-satanismo informando i cittadini su questa realtà. Si rivolge quindi in particolare a terapeuti, psichiatri, avvocati, magistrati, poliziotti, giornalisti, politici e membri di associazioni per l'assistenza all'infanzia... Insomma, a tutti coloro che sono ancora onesti e hanno un'integrità e possono eventualmente far accadere le cose al loro livello.

Allo stesso tempo, e questo è essenziale, questo libro mira a rendere consapevole il lettore che non lo ha ancora fatto, che c'è davvero una guerra spirituale qui sulla terra. Se c'è una guerra spirituale, la tua anima ha bisogno di trovare la strada giusta, quella del Signore Gesù Cristo, che si è fatto carne e sangue per la nostra salvezza e per riformare tutte le atrocità parzialmente descritte in questo libro. Il suo sacrificio di sangue sulla croce doveva essere l'ultimo, il sacrificio definitivo... La grande riforma finale del Figlio di Dio di fronte a tutti questi abomini.

Per affrontare queste generazioni che perpetuano a tutti i costi l'adorazione dell'angelo caduto, che rappresenta l'infraumano santificato da Lucifero, e che quindi possiede una forza d'ordine soprannaturale, santifichiamoci in Gesù Cristo per consegnare anche la nostra vita ad una forza d'opposizione soprannaturale indispensabile in una tale lotta.

Anche in questi tempi apparentemente più oscuri, Dio ci sta dando costantemente conoscenza e saggezza per opporsi e controbilanciare l'abominio babilonese.

- *Chiedete e vi sarà dato; cercate e troverete; bussate e vi sarà aperto.* Matteo 7:7

- *Tutto ciò che è nascosto deve essere portato alla luce, tutto ciò che è segreto deve essere rivelato.* Marco 4:22

---

[628] *La Conjuration Antichrétienne - Le Temple Maçonnique voulant s'élever sur les ruines de l'Église Catholique* - Mons. Henri Delassus, Ed. Saint-Rémi 2008, p.310, 311.

ALLEGATI

ALLEGATO 1

TRAUMA E DISSOCIAZIONE
NELLA MITOLOGIA MASSONICA. '

**Estratti dal libro "Terrore, trauma e l'occhio nel triangolo",
Lynn Brunet - 2007, da 64 a 83**

Il Tempio di Salomone è stato spesso interpretato come una metafora del corpo umano. L'autore massone Albert Mackey lo conferma quando scrive: "Le cerimonie di terzo grado in cui un edificio fatiscente rappresenta metaforicamente il deterioramento e le infermità associate all'età del corpo umano". Le due colonne, Jakin e Boaz, rappresentano l'ingresso al Tempio. Nella letteratura cabalistica, questi due pilastri corrispondono ai lati destro e sinistro del corpo con il loro effetto di rispecchiamento (...) È qui che si fa il collegamento con le funzioni destra e sinistra del cervello umano che controllano ciascuna il lato opposto del corpo, si chiama controlateralità. Questi due pilastri possono anche rappresentare qualità come la severità e la clemenza, il concetto di bianco e nero (ndr: alcuni altari O.T.O. sono circondati da una colonna bianca e una nera), Adamo ed Eva, maschio e femmina, ecc. (ndr: come abbiamo visto nel capitolo 7, queste nozioni di controlateralità e la divisione dei due emisferi cerebrali sembrano essere un punto importante nel MK)

Il Tempio di Salomone doveva fornire una sede permanente all'Arca dell'Alleanza, che fin dai tempi di Mosè era stata ospitata in una tenda (...) In una pianta del Tempio di Salomone, raffigurata in un documento massonico intitolato "I due pilastri", l'Arca dell'Alleanza è situata nel Santo dei Santi con accanto l'altare dell'incenso. (Nota dell'editore: Lynn Brunet fa un parallelo tra l'Arca dell'Alleanza e il talamo, una struttura nel cuore del cervello)

La parola talamo deriva dalla parola greca per "camera interna", comunemente usata come camera nuziale. Il talamo si trova al centro del cervello, è completamente coperto dall'emisfero corticale ed è la porta principale che trasmette le informazioni sensoriali alla corteccia cerebrale, i principali flussi di input alla corteccia devono passare attraverso il talamo. Come nota Francis Cricks, 'l'idea che il talamo sia una chiave della coscienza non è nuova. Il suo ruolo è quello di mantenere il sistema somatosensoriale, così come l'attività mentale ed emotiva di un individuo in armonia. Egli osserva anche che una grande parte del talamo è chiamata 'pulvinar', una parola che originariamente significava un 'cuscino' o 'pillow' (...) un'altra variazione significa 'divano sacro' o 'sede d'onore'. Questa scelta terminologica potrebbe riferirsi al trono di grazia dell'Arca dell'Alleanza ospitata nel Santo dei Santi? Se è così, il posizionamento dell'altare dell'incenso proprio accanto al Santo dei Santi potrebbe essere un riferimento simbolico al fatto che l'olfatto è l'unico senso che non comporta un incrocio di vie nervose tra il cervello e il corpo: il lato destro del naso è collegato al lato destro del cervello. La stretta relazione del senso dell'olfatto con la memoria è ben nota (...) Quando Salomone ricreò una "casa" per l'Arca, mise i cherubini in modo tale che le loro ali toccassero il lato di ogni parete. In termini fisiologici, le ali dei cherubini possono rappresentare simbolicamente i due lati della corteccia cerebrale che toccano l'interno delle pareti del cranio e si incontrano faccia a faccia nella camera interna dove risiede la coscienza. Visto in questo modo, il 'Trono di Grazia' potrebbe allora rappresentare simbolicamente la capacità del cervello di organizzare il caos, cioè la massa continua di informazioni sensoriali in arrivo elaborate istantaneamente dal talamo (...) La Camera di Mezzo (che segna la fine dell'iniziazione dei primi tre gradi massonici: Apprendista, Compagno e Maestro) e la sua scala a chiocciola sono due importanti simboli massonici (...) Mackey scrive che i Compagni, i lavoratori del Tempio, salgono la scala a chiocciola per raggiungere la Camera Media. Egli interpreta questa Camera di Mezzo come il luogo dove si riceve la Verità e la scala a chiocciola come simbolo della progressione spirituale.

La ricerca sul talamo ha dimostrato che contiene una serie di centri di attività, chiamati "nuclei". Il principale è chiamato "nucleo caudale ventrale (o posteriore)". Il neurologo Chihiro Ohye scrive che "nel nucleo caudale ventrale c'è un'area chiamata nucleo intermedio ventrale che contiene gruppi sparsi di cellule. La stimolazione elettrica di questa parte del nucleo induce una sensazione di rotazione o di elevazione, una specie di ascensione. (...) La psicologa Susan Blackmore afferma che alcune esperienze allucinogene possono avere un impatto sulle cellule cerebrali producendo una visione composta da strisce a spirale che possono apparire come un tunnel sulla corteccia visiva. In termini fisiologici, il simbolo della scala a chiocciola può quindi essere un modo di illustrare questo senso fisico di girare e salire con questa visione allucinatoria. Per quanto riguarda questo luogo dove si riceve la "Verità", è possibile che questa Camera di Mezzo possa essere un luogo familiare per coloro che studiano la meditazione, una zona del cervello che non è né destra né sinistra, uno stato di calma totalmente centrato dove l'individuo può sentire un senso di connessione con il divino...) Situata da qualche parte nel talamo, la stanza interna o "camera nuziale" può essere un altro modo di rappresentare il concetto mistico di matrimonio alchemico (o nozze chimiche), rappresentato come il concetto di ermafrodito, o in termini junghiani, una condizione in cui gli aspetti maschile e femminile della psiche sono in totale armonia (...)

In termini di trauma, la leggenda di Hiram può essere vista come un testo metaforico che rappresenta ciò che accade fisiologicamente quando il terrore è usato per produrre l'esperienza della "luce interna". Questa 'luce interiore' è quel senso di coscienza cosmica o di immortalità che si raggiunge attraverso la lenta ascesa spirituale rappresentata nel secondo grado (...) La massoneria appartiene alla tradizione gnostica. La figura di Lucifero, il 'Portatore di Luce', la luce dell'esperienza mistica, è al centro di questa tradizione. La relazione tra Lucifero e la psicologia del trauma è evidenziata in un'opera teatrale intitolata 'La tragedia dell'uomo', scritta dall'ungherese Imre Madach e analizzata dall'antropologo Geza Roheim. Lucifero, che è il personaggio centrale dell'opera, è chiamato "lo spirito della negazione". Nella commedia, Lucifero invita Adamo a volare nello spazio (cioè a dissociarsi dalla realtà) per sfuggire alla feccia della vita terrena: "il dolore cesserà quando avremo ceduto e l'ultimo legame che ci lega alla Madre Terra sarà scomparso". Questa capacità umana di sfuggire al terrore e all'intenso dolore emotivo o fisico attraverso la negazione e la dissociazione può essere stata sfruttata dalla massoneria per ottenere esperienze mistiche. Interferendo con il processo cerebrale attraverso un trauma fisico o psichico (shock, terrore, ipnosi), la mente può sperimentare un'interruzione del senso del tempo e un senso di assenza di tempo (...)

Il mito di Iside e Osiride, usato nel Rito Scozzese, può anche essere un'illustrazione metaforica del processo traumatico. Mackey scrive che 'Osiride fu ucciso da un tifone e il suo corpo tagliato a pezzi, i suoi resti mutilati gettati nel Nilo e sparsi ai quattro venti. Sua moglie Iside, in lutto per la morte e la mutilazione del marito, cercò per diversi giorni le parti del corpo, e dopo averle trovate, ricompose i pezzi per dargli una degna sepoltura. Osiride, così restaurato, divenne una delle principali divinità egizie e il suo culto fu unito a quello di Iside, per formare una divinità fertile per la

fecondazione della natura' (...) *Se interpretiamo i personaggi Iside e Osiride in termini di strutture cerebrali, Iside rappresenta il cervello destro, attributi intuitivi, e Osiride rappresenta il cervello sinistro, attributi logici e linguistici. I danni causati da un trauma possono portare a problemi con l'immagazzinamento della memoria nell'emisfero sinistro e possono quindi influenzare la capacità dell'individuo di parlare degli eventi che ha vissuto perché il trasferimento di informazioni dal cervello destro è "mutilato" o frammentato. È allora difficile per l'individuo ricostruire i frammenti di memoria che sono come pezzi di un puzzle. Queste divinità egizie potrebbero essere interpretate come l'incarnazione di questo fenomeno di disturbi della memoria della mente frammentata dopo un'esperienza traumatica* (...) *I riferimenti alla mutilazione o all'automutilazione di divinità mitologiche sono abbondanti nella letteratura magica e religiosa dell'antico Egitto. Le mutilazioni autoinflitte dagli dei sono solitamente dovute a stress emotivi di vario tipo. Budge nota che in altri scenari relativi al tema della morte e della resurrezione nel mito osiriano di Horus, figlio di Iside e Osiride, Horus ha il ruolo di restituire la vita in un abbraccio, un gesto che ricorda i "Cinque punti di compagnia" massonici. Horus venne da Osiride, che era in stato di morto, e lo abbracciò. Con questo abbraccio trasferì a lui il proprio KA (doppio), o parte del potere che abitava in esso. L'abbraccio è infatti un atto con cui l'energia vitale si trasferisce dall'abbracciatore all'abbracciato. Budge osserva che l'abbraccio può anche essere metaforicamente visto come un ripristino delle informazioni nel centro linguistico del cervello sinistro allo scopo di una guarigione psichica dopo un grande trauma. Alan Watt, studiando il tema della scissione nel mito di Osiride e in altri miti antichi, sostiene che lo smembramento sacrificale di un essere divino è un processo volontario, quello del sacrificio di sé. Scrive: "Ne consegue logicamente che dove c'è smembramento (decostruzione) all'inizio, c'è ricostruzione alla fine* (ndr: Ordo ab Chao o Dissolvere e poi Coagulare) *È il gioco cosmico di scoprire ciò che è nascosto e ricordare ciò che è stato disperso. La conclusione di Watt è legata a una nozione sulla memoria nei processi spirituali e sul ruolo della concentrazione nel ridurre i pensieri sparsi. Direi che questo mito è ancora più appropriato se applicato alla natura della memoria traumatica, alla sua repressione e al suo ricordo* (...) (ndr: il massone) *Leadbeater suggerisce che l'iniziazione nella sua forma più pura implica un qualche tipo di connessione con il divino e questo è ciò che i vari gradi massonici rappresentano. La 'lacerazione in frammenti' suggerisce che l'iniziazione richiede una comprensione dell'uso degli shock per produrre un certo stato di coscienza, che se prodotto correttamente, può creare la sensazione di essere 'uno con l'universo'. Un tale stato di coscienza è ora considerato dal campo medico come un esempio di stato dissociativo. Casavis, in un'analisi dell'origine greca della Massoneria, nota il ruolo che la frammentazione gioca nei Misteri Osiriani. Egli osserva che la pianta sacra di questo culto dei Misteri era Erica, dalla parola greca "eriko" che significa "rompere in pezzi".*
'

     Mackey riferisce che il simbolo egizio più rilevante per la massoneria è quello dell'"occhio onniveggente", interpretato misticamente come l'occhio di Dio, ma anche come "il simbolo della vigilanza divina e della cura dell'universo". L'adozione del triangolo equilatero è un simbolo di divinità, che si trova in diverse culture. Mackey scrive: 'Tra gli egiziani, la lepre era il geroglifico per gli occhi aperti, quindi è perché questo fragile animale non dovrebbe mai chiudere i suoi organi di visione, è sempre alla ricerca dei suoi nemici. La lepre fu allora adottata dai sacerdoti come simbolo dell'illuminazione mentale o luce mistica che si rivela ai neofiti durante la contemplazione della verità divina, nel corso della loro iniziazione. Così, secondo Champollion, la lepre era anche il simbolo di Osiride, un dio principale, mostrando così la stretta connessione tra il processo di iniziazione nei loro riti sacri e la contemplazione della natura divina. '

Una delle conseguenze di un trauma grave è uno stato noto come "ipervigilanza". Si tratta di uno stato di attenzione costante e di paura estenuante, dove la vittima, come il coniglio o la lepre, è costantemente alla ricerca del pericolo. Quando Osiride fu resuscitato, possedeva l'"occhio onniveggente". Se la ricostruzione di Osiride rappresenta il recupero dei ricordi traumatici, allora questa capacità di "vedere tutto" può essere tradotta come la capacità di affrontare la morte o il male. Queste nozioni di fronte alla morte, l'idea del viaggio e della rinascita nei testi massonici assumono così un certo significato con le teorie contemporanee della memoria e del trauma.

Da un punto di vista fisiologico, è interessante notare che i neuroni che sembrano essere più associati alla coscienza sono descritti come cellule piramidali. Possiamo fare un parallelo con il simbolismo della scoperta di Isaac Newton della scomposizione della luce bianca nei diversi colori dell'arcobaleno attraverso un prisma di vetro triangolare. L'occhio nel triangolo massonico incarna la fisica di Newton in quanto può essere una rappresentazione visiva della scissione riferita alla dissociazione, l'illuminazione della coscienza (...)

Qui, la filosofia illuminista del legame tra Terrore e Sublime descritta da Edmund Burke diventa rilevante. Tutte le cose che trasmettono terrore, dice, "sono una fonte del Sublime, producono l'emozione più forte che la mente è capace di provare". Forse questo riecheggia la ricerca neurologica. Il luogo dove tutte queste funzioni sembrano coordinarsi è chiamato sistema limbico, che comprende il talamo, l'amigdala, l'ippocampo e altre strutture. Come dice Pierre-Marie Lledo: "Come il limbo nella mitologia cristiana, il sistema limbico è l'intermediario tra il cervello neo-mammifero del cielo e il cervello rettiliano dell'inferno. ' (...)

Sul grembiule massonico del 21° grado, il grado Noachite o Prussiano, c'è un umano alato che tiene l'indice della mano destra alle labbra e una chiave nella mano sinistra. Questa rappresentazione è conosciuta come la figura egizia del Silenzio (...) Nel sistema massonico, la Torre di Babele è un'immagine legata ai ricordi e all'oblio, legata alla confusione e alla perdita del linguaggio. Secondo i massoni: 'Passare davanti alla Torre ti fa dimenticare tutto quello che sai' (...) La figura alata del Silenzio sul grembiule massonico del 21° grado può anche rappresentare questo processo di dissociazione. L'incapacità di parlare dell'esperienza traumatica è rappresentata dall'indice destro tenuto davanti alla bocca, essendo la mano destra controllata dal cervello sinistro, il lato del cervello che influenza il linguaggio. La mano sinistra (che simboleggia l'accesso alla parte destra del cervello dove sono immagazzinati i ricordi traumatici dissociati) tiene la "chiave" per accedere a questi ricordi (...)

Le storie del Diluvio e della Torre di Babele possono essere interpretate come un'altra metafora di come il cervello funziona durante un trauma. In gran parte della letteratura sul trauma, l'esperienza è descritta come "lasciare il corpo", un fenomeno legato al processo di dissociazione. Un senso di pace viene sperimentato mentre la persona si disconnette psichicamente dal terrore, trovando un modo naturale per fuggire. La fuga dell'"anima" dal corpo in situazioni traumatiche è rappresentata dalla liberazione della colomba dall'Arca di Noè e simboleggia, in termini fisiologici, l'effetto oppioide rilasciato nel cervello quando il terrore "inonda" il corpo fisico (...)Dopo il diluvio (del terrore), l'arcobaleno (identità dissociata) diventa allora un simbolo di speranza perché il diluvio del terrore è dimenticato e l'individuo può sopravvivere (...) Le vite degli individui diventano psicologicamente 'divise' dopo aver sperimentato qualcosa che avrebbe potuto ucciderli. Nei testi cabalistici, l'arcobaleno è anche legato alla Via del Camaleonte, l'animale che cambia colore secondo il suo ambiente. Questo è legato al fenomeno della personalità multipla, dove l'individuo è in grado di adattarsi a diverse situazioni con diverse personalità (alter o frammenti di personalità). Tutto questo simbolismo fa nascere la possibilità che la storia dell'Arca di Noè e l'Arca dell'Alleanza possano corrispondere anche a metafore di processi legati al cervello umano (...)

ALLEGATO 2

TRASCRIZIONE DI UNA CONFERENZA DI CATHY O'BRIEN E MARK PHILLIPS: "MIND-CONTROL OUT OF CONTROL 31 OTTOBRE 1996

Parte 1: Mark Phillips

Grazie a John e grazie a tutto il forum di *Granada*. Voi tutti rappresentate ciò che spero che un giorno accadrà in questo paese, ma anche nel mondo intero. Avete sentito molte persone in passato che vi hanno illuminato su molti argomenti. Quella di stasera - che è molto appropriata per Halloween - è probabilmente la peggiore storia che sentirete mai. Ho passato molto tempo a cercare di convincermi che non poteva essere vero. Ma purtroppo l'evidenza è che non si tratta solo della storia di Cathy O'Brien. Vale la pena notare che il senatore John DeCamp del caso Franklin in Nebraska ha convalidato e sostiene tutto quello che sentirete stasera... Oltre a questo, c'è una grande quantità di informazioni emerse negli ultimi tre anni. Informazioni che provengono da persone che si sono confrontate direttamente con l'argomento. Non solo terapeuti, ma anche generali, colonnelli di diversi rami dell'esercito, così come membri della comunità di intelligence che ci hanno fornito tonnellate di documentazione. Questo non è solo a sostegno di Cathy, ma anche per le centinaia di altri nello stesso caso... Il caso di Cathy O'Brien non è unico, vorrei che lo fosse, perché se lo fosse, non sarei qui stasera. Infatti, questo significherebbe allora che questo problema non è diffuso, purtroppo, non è così. Quello che è successo a Cathy O'Brien è qualcosa che accade in tutto il mondo. Sta accadendo negli asili, sta accadendo nelle famiglie... e non specialmente in selvaggi Appalachi totalmente incolti, che hanno praticato l'incesto per secoli (ride)... Sta accadendo in uno sforzo coordinato della comunità di intelligence, di nuovo a livello globale.

Il mio ruolo in tutto questo è relativamente semplice, ma comunque complesso. Stasera vi farò una piccola presentazione... Mi prenderò anche qualche minuto per darvi alcune informazioni su MK-Ultra (...) Non posso, come Cathy, parlare di altri casi di vittime, tranne quelli ovvi come Timothy Mc Veight. Ma non abbiamo studiato questa testimonianza, non abbiamo prove, abbiamo solo la confessione del signor McVeight e qualche altra informazione a sostegno di questo caso.

Abbiamo passato 5 anni e mezzo a fare conferenze alle autorità di polizia e ai terapeuti. Questo è ciò che ci protegge oggi. Abbiamo anche scavato quante più informazioni possibili da altri sopravvissuti, ma anche informazioni dal sistema delle forze dell'ordine, o dovrei dire da persone cooperative: liberi pensatori, proprio come voi. Sapevano che c'era qualcosa di sbagliato nel sistema, ma non capivano cosa fosse.

Vi darò alcune informazioni su di me in modo che possiate capire il mio viaggio con Cathy. Ma la nostra principale preoccupazione, la cosa su cui ci stiamo concentrando, è naturalmente quella di far arrivare queste informazioni alla gente di questo paese e a tutti gli altri paesi che sono interessati, la domanda è: quali non lo sono? Questo riguarda anche la figlia di Cathy O'Brien, Kelly, che è stata in vari istituti psichiatrici da quando aveva 8 anni, subito dopo che li ho salvati. È ancora oggi "impegnata". Non so quanti di voi possano immaginare cosa significhi essere un bambino che è stato cresciuto negli istituti psichiatrici... Ma posso assicurarvi che non è un bello spettacolo, anche se Kelly non è maltrattata come lo era prima di andarci...

Il controllo mentale non è qualcosa di nuovo, è vecchio di migliaia di anni. È scritto nel *Libro dei Morti egiziano* sotto le parole: *"La formula esatta per il controllo mentale basato sul trauma"*. Adolf Hitler era particolarmente interessato al controllo mentale, lo aveva affidato al suo braccio destro: Henrich Himmler. La ricerca si è concentrata in particolare sulle famiglie del Nord Europa che abusano sistematicamente dei loro figli sessualmente, fisicamente e psicologicamente di generazione in generazione. Quelli di noi che leggono la Bibbia e comprendono la sua interpretazione dei *"peccati del padre"* capiranno cosa significano i transgenerazionali. Nel caso di queste famiglie, l'abuso transgenerazionale, che inizia alla nascita, comporta terribili abusi sessuali, fisici e psicologici da parte dei genitori sui loro figli, o da parte di altri caregiver. Adolf Hitler sapeva che le persone che sono vittime di tali abusi diventano molto "ricettive" al controllo mentale. Sviluppano anche abilità incredibili, come l'acutezza visiva sovrasviluppata. Ora, so che non ci vuole un genio - scusate il gioco di parole - per capire come possiamo usare una persona con tali capacità... Questo si chiama *Forze Speciali*. Gli individui che compongono queste "forze speciali" sono controllati molto attentamente.

Ora torniamo al periodo in cui lavoravo per il Ministero della Difesa in un progetto conosciuto come MK-Ultra. Era esattamente il progetto che Hitler e Himmler avevano iniziato con questi bambini abusati nelle famiglie transgenerazionali. A quel tempo non ho visto nulla di ciò che Cathy O'Brien mi ha riferito più tardi, non ho visto alcun abuso. Quello che ho visto nel sistema carcerario e negli ospedali psichiatrici erano persone che avevano la possibilità di riavere la loro vita e la loro mente. Per me queste erano cose positive e premurose e credevo veramente che questo programma MK-Ultra potesse alla fine ridurre la nostra popolazione carceraria e psichiatrica. Questo perché vedevo una vera riabilitazione senza l'uso di traumi. Ho giurato di mantenere il segreto sulle cose a cui ho assistito, sull'equipaggiamento che è stato sviluppato, e posso assicurarvi che dal 1967 al 1973, quando ero coinvolto in questa ricerca come subappaltatore del Dipartimento della Difesa, ho visto allora che c'era un progresso tecnologico di 25 o 30 anni, cose che erano totalmente sconosciute su questo pianeta (...).Sono stato assunto per questo lavoro dopo mesi e mesi di test psicologici per verificare la mia capacità di mantenere il segreto; poi mi è stato dato un lasciapassare dal Dipartimento della Difesa. Sapevo degli studi di Himmler sotto Adolf Hitler, sapevo che aveva voluto addestrare persone "molto serie" per collocarle strategicamente a controllare diverse regioni in quello che lui chiamava, e che anche George Bush chiama: il Nuovo Ordine Mondiale. Vedete, Bush non è stato il primo a fantasticare su questa terrificante idea di un governo totalitario, schiavizzando il mondo intero attraverso il controllo mentale...

Il controllo mentale assume molte forme. Tutti voi qui in questa sala non cadete in questa enorme trappola di controllo e manipolazione dell'informazione, e ringrazio ancora il forum di *Granada* per averci permesso di parlare qui, perché abbiamo bisogno del vostro sostegno. Questo libro (*Transe-Formation of America*) è difficilmente distribuito nelle librerie e i pochi librai che lo distribuiscono trattano direttamente con noi, per preservare la completezza del contenuto ed evitare qualsiasi censura. Inizialmente, questo libro è stato pubblicato con i nostri mezzi.

Oggi abbiamo un'opportunità davanti a noi, perché molte delle persone di cui Cathy parla nel libro sono state incriminate per vari motivi; affrontando le accuse, alcune sono addirittura fuggite dai loro paesi o si sono dimesse dalle loro alte cariche. La corruzione di cui parleremo qui va molto al di là di quello che si sa (...)

Cathy O'Brien è certamente una persona notevole, ma posso assicurarvi che la prognosi per il recupero di qualcuno che è stato estremamente abusato prima dei 5 anni, prima che il cervello sia completamente formato, è molto buona. Queste persone possono condurre una vita normale ed equilibrata, anche se hanno vissuto un periodo di vita con orribili abusi. Questa è la cosa che mi ha sorpreso di più. Oggi ci sono molti sopravvissuti in diverse fasi di recupero e Cathy è l'unica che ha testimoniato scrivendo un libro. Tutto questo è stato convalidato e non siamo stati bloccati. Vorrei che tutti in questa stanza capissero che né Cathy né io siamo suicidi. Siamo appena tornati dall'Arkansas, Cathy ed io siamo stati invitati a passare quattro giorni con gli investigatori perché avevano identificato un capitolo del libro che erano in grado di convalidare. Ho detto loro: *"Passate questo alla stampa!* Ma queste sono persone che considero amici vostri e miei... Ora, se ci sono agenti della CIA in questa sala conferenze, non dovete alzare la mano (ride) ma vorrei che veniste a vedermi direttamente faccia a faccia. Soprattutto se stai cercando di minare quello che stiamo facendo. Perché questo progetto che Adolf Hitler ha sviluppato, noi a nostra volta lo abbiamo sviluppato attraverso l'operazione Paperclip, che era l'esfiltrazione di scienziati nazisti e fascisti dall'Europa all'America dopo la seconda guerra mondiale. Si sono infiltrati nelle nostre università, nelle nostre più grandi aziende, nella NASA, direi addirittura che hanno sviluppato la NASA... Questa infiltrazione è stata fatta a tutti i livelli della nostra società con tutto questo m****: pedopornografia, rituali di sangue così come vili credenze che coinvolgono il sacrificio umano... tutto ciò che può traumatizzare la mente umana.

Ho avvicinato alcuni ricercatori che dicono che c'è Satana dietro tutto questo... Voglio dirvi che ci sono anche persone reali dietro tutto questo! Ho lavorato per una compagnia aerea che era coinvolta in questo. Non avevo idea del perché fossi stato reclutato da *Capital International Airways*. E' stato perché sono stato capace di tacere. La maggior parte degli agenti non sanno per chi stanno realmente lavorando. Ce ne sono più di 86.000 in questo paese, ora dividete quel numero per 50 e vedrete con cosa abbiamo a che fare (una media di 1.720 agenti per stato). Questo paese pullula di *Grande Fratello*... Il KGB (Russia) non ha mai avuto tanti agenti di alto livello quanti ne abbiamo noi in questo paese. Il libro *"1984"* di George Orwell era davvero una profezia oscura che si è avverata.

Molta gente dice: *"Dobbiamo fermare questo Nuovo Ordine Mondiale facendoci carico di noi stessi",* ma è già qui, ci siamo in mezzo. Ora cerchiamo di capire chi sono gli attori e quali sono i loro strumenti!

Il controllo mentale basato sul trauma ripetitivo per creare effettivamente un essere umano totalmente robotico è uno di questi strumenti. *Per fortuna*, ci vogliono molti traumi orribili per arrivare a quel livello di schiavitù. Richiede altri mezzi oltre alla semplice pressione di un pulsante o di una console (n.d.r.: nulla è meno certo al momento). Oggi è disponibile del materiale da cui non possiamo proteggerci. La cosa sorprendente è che questi dispositivi sono disponibili per tutti. Non capisco bene la filosofia dietro la costruzione di tali generatori. Esiste un dispositivo chiamato MDD1 che utilizza un sistema a doppia bobina che fa pulsare onde elettromagnetiche che agiscono sulla nostra corteccia cerebrale fermando il pensiero logico. Non potresti nemmeno controllare i tuoi libretti degli assegni se queste cose fossero accese, e nemmeno pensare di spegnerle... più di quanto Cathy O'Brien avrebbe pensato di scappare dal suo calvario. Questa non è la *sindrome della donna maltrattata*, non ha niente a che fare con la dipendenza economica, ha a che fare con il controllo mentale robotico e ci sono tonnellate di documentazione su questo. *America in Trasformazione* è l'autobiografia di Cathy, ho scritto la prima parte per introdurre l'argomento. Quello che c'è nel libro è ciò che ha vissuto e possiamo provarlo. Quando è stato stampato, avevamo più di 27.000 documenti in 5 raccoglitori. Oggi abbiamo tre tonnellate di documenti sull'argomento! (...)

Ora so perché i servizi segreti non mi volevano come ufficiale. Ora so perché non ero al corrente di certe cose... che purtroppo ora sono al corrente... Perché credo di aver fatto saltare certe cose. Ci sono molti informatori al giorno d'oggi (...) Posso assicurarvi che sarebbe contro Dio e contro ciò che sono, se non mi alzassi qui per parlare e presentarvi Cathy O'Brien perché possa raccontare la sua storia. (applausi)

Cathy ed io siamo molto commossi dal numero di persone che avrebbero fatto la nostra stessa cosa. La gente ci dice spontaneamente: *"Apprezziamo molto quello che state facendo"*, oppure: *"È difficile da credere, ma leggerò questo e tutti i documenti che lo accompagnano"*. Per favore, fatelo! Leggete i riferimenti alla fine del libro, avrete alcuni libri scritti da medici, ufficiali dell'intelligence e molti altri professionisti che presentano cose relative a ciò che Cathy ha vissuto.

Nel 1977, il Congresso degli Stati Uniti ha ammesso ufficialmente l'esistenza del programma MK-Ultra, e questa è una buona cosa perché non avrei uno straccio di credibilità se non fosse stato rivelato pubblicamente. Se non fosse stato declassificato, non potrei nemmeno dire il suo nome in codice qui davanti a voi.

Nel 1977, il Congresso prese anche il caso del dottor Ewen Cameron, il fondatore dell'Associazione Psichiatrica Americana, una lobby di Washington, che controlla ciò che gli psichiatri fanno alla *nostra testa* quando abbiamo dei disturbi... La psichiatria è la più giovane delle scienze della medicina ed è la più primitiva di tutte (applausi). Ci possono essere psichiatri in questa stanza, questi terapeuti sapranno esattamente di cosa sto parlando perché le informazioni che ottengono dalla loro lobby sono accuratamente controllate / filtrate... Le informazioni sulla riabilitazione delle vittime del controllo mentale sono scarse. Ci sono voluti sforzi incredibili da parte di alcuni terapeuti con integrità che sono stati citati in giudizio perché non volevano violare i diritti civili dei loro pazienti (riservatezza medica).

La situazione mia e di Cathy era molto diversa perché io non sono un medico o uno psichiatra, quindi non avevo nessuna autorizzazione a praticare e nessuna licenza di protezione. Quando l'ho salvata, l'8 febbraio 1988, non sapeva il suo nome, la sua età, e nemmeno dove si trovava... Avevo già visto questo genere di cose con persone coinvolte nello spionaggio, così ho subito pensato che Cathy fosse una talpa. Era vestita come una prostituta, camminava come una prostituta, ma parlava come una persona che avrebbe guidato un coro cristiano... Un contrasto estremo che non potevo capire. Questo fino a quando non ho avuto abbastanza informazioni da alcune persone legate all'intelligence in questo paese, ma anche dall'estero.

Ero disperato di trovare finalmente un trattamento appropriato che potesse far sì che Cathy O'Brien venisse liberata per la seconda volta nella sua vita... la prima volta fu al momento della sua nascita e fu così. Cathy O'Brien è stata vittima del più orribile sistema di abuso conosciuto dall'uomo. È il tipo di controllo mentale che Adolf Hitler pensava di poter usare su certe persone per metterle in grandi posizioni di potere, avendo dei fili invisibili per burattinare le loro menti, azioni e parole. Non so se abbiamo politici così adesso, perché sembra che non sia necessario metterli sotto controllo mentale. Infatti, fanno tutto quello che i membri corrotti del Congresso dicono loro di fare. Ho conosciuto diversi membri del Congresso, non devono essere ricattati sessualmente, non devono essere sedotti dal denaro o dalla droga... Sono semplicemente corrotti... Vedete, uno psicopatico è una persona molto sociale, sono leader, sono capi... Purtroppo questi psicopatici non hanno coscienza, cioè, nessuna espressione dell'anima. Non considerano il dolore degli altri, eccetto quando dà loro piacere.

MK-Ultra è stato costruito con molti sottoprogetti, tra cui lo sviluppo del soldato perfetto, o della spia perfetta. Quello che mi è stato detto è che ha coperto la nostra sicurezza nazionale più di quanto qualsiasi soldato o diplomatico potrebbe mai fare. Nessuno mi ha detto che venivano usati (ndr: schiavi MK) per il traffico di droga e la prostituzione. Nessuno mi ha detto che li stavamo usando per l'allevamento, cioè per fornire bambini agli sceicchi, ai leader mondiali... Nessuno mi ha detto che li stavamo usando per il riciclaggio di denaro.

Quando ho salvato Cathy e sua figlia, mi ci è voluto un anno per recuperare Cathy mentalmente, con molto aiuto e molto amore. I terapeuti non forniscono tutto questo, non possono amare i loro pazienti, non possono tenerli lontani dal telefono, dai giornali, dalla

TV, ecc. I pazienti poi finiscono spesso per avere delle ricadute perché sono molto suggestionabili. Vedono una pubblicità di pollo fritto e ne sentono persino l'odore... Come ex dirigente pubblicitario, sognavo di poter produrre queste pubblicità. Ho lavorato molto duramente per far dire a qualcuno: *"Questo è un buon annuncio"*, ma nessuno ha mai sbavato quando ha visto le mie produzioni. Ma ho usato il subliminale, ho usato una forma di neuro-linguistica. Quelli che non lo sanno dovrebbero informarsi. Tony Robbins è un sostenitore della neuro-linguistica, l'ha insegnata a George Bush e Bill Clinton. Non è un cattivo ragazzo, Tony Robbins è un uomo d'affari intelligente e ogni uomo d'affari intelligente conosce il valore della neuro-linguistica. È il linguaggio dell'inconscio, beh, per me è il subconscio.

Il linguaggio del subconscio contiene codici, chiavi e trigger. Chiavi che sono state usate per aprire tutte le porte nella mente di Cathy che erano specificamente collegate all'abuso che aveva subito. Ho poi avuto accesso a informazioni come i numeri di conto corrente. Le persone che lavorano su MK-Ultra sanno molto bene che la deprogrammazione non è altro che hacking... Così come posso hackerare un computer, posso hackerare il disco rigido di un cervello umano. È stato questo lavoro di *hacking* che mi ha dato informazioni incredibili come i numeri di conto corrente. Piuttosto che andare a saccheggiare quei conti bancari e poi dovermi nascondere nel lusso per il resto della mia vita, li ho dati all'FBI. Non perché sapevo che fossero soldi sporchi o meno, ma perché non volevo perdere la pelle. Ho fornito tutto quello che c'è in questo libro alle autorità durante un periodo di tre o quattro anni: a tutti gli stati federali e alle forze dell'ordine che sono direttamente coinvolte in questo caso. Ho anche fornito i nomi di più di mille agenzie e individui. Volevo che questo fosse presentato al Congresso come nel 1977, quando la moglie di un membro del gabinetto canadese fu ricoverata in un ospedale psichiatrico a Montreal dove esercitava il dottor Ewen Cameron (ndr: Velma Orlikow, moglie del politico canadese David Orlikow)... Ne uscì un vegetale... Questo membro del gabinetto, di cui non ricordo il nome, fece di tutto per cercare di scoprire cosa era successo a sua moglie. L'avevano sottoposta a elettroshock e altre orribili torture insieme a droghe e ipnosi. Purtroppo, molte altre persone sono state sottoposte agli esperimenti del dottor Ewen Cameron... Alcuni si sono ripresi bene e sono in contatto con due di loro. Queste persone sono molto funzionali e uno di loro farà la stessa cosa di noi in un futuro molto prossimo. Non so quanti siano stati in grado di riprendersi completamente come Cathy in questo paese, perché nessun terapeuta può dedicare sedici o diciotto ore al giorno, sette giorni su sette ad un paziente, violando i suoi diritti civili per tirarlo fuori legalmente... Possono far uscire legalmente il loro paziente dalle grinfie del loro padrone/i, farli uscire legalmente da questa schiavitù e accedere agli elenchi? In uno di questi elenchi (quello di Cathy) c'era il numero di telefono personale di Bill Clinton. Era un *affare di* cocaina da 20.000 dollari con Dick Thornburgh... e la lista continua!

Questo è un piccolo gruppo, una banda... Se prendi tutta la popolazione degli Stati Uniti, è una frazione molto piccola, sono questi banditi che ci controllano tutti... Sono una tale minoranza che ti chiedi come possono fare tutto questo (n.d.t.: in collegamento diretto con una forza soprannaturale). Ci si chiede anche come Clinton sopravviva a tutti gli attacchi contro di lui. Come ha fatto George Bush a sopravvivere agli attacchi contro di lui? Beh, non l'ha fatto, ha lasciato l'incarico, ma questo non ha cambiato nulla. Chiunque lo abbia sostituito ha fatto esattamente ciò che Bush voleva, come l'attuazione del NAFTA (North American Free Trade Agreement) e l'accordo generale sulle tariffe e il commercio (GATT).

Ma questo è il loro lavoro, il mio lavoro e quello di Cathy è di stare davanti alle assemblee dei cittadini come questa di fronte a voi. Vogliamo fare in modo che le informazioni che ricevete vi sfidino abbastanza da andare a diffonderle, ma anche che studiate l'argomento e ne parliate ancora e ancora: è tutto ciò che vogliamo. Sono assolutamente convinto che le informazioni contenute in questo libro raggiungeranno gli occhi di coloro che possono vedere. Così come questo video girato qui a questa conferenza raggiungerà coloro che possono ancora sentire e vedere la verità. In modo che la gente si alzi e cominci a chiedere perché Shiran-Shiran aveva lo stesso psichiatra di Lee Harvey Oswald o Timothy McVeight. Questo psichiatra (ndr: Louis Jolyon West, morto nel 1999) è molto popolare, ha praticato alla *UCLA* (Università della California a Los Angeles). È stato anche la prima persona a chiamarmi sul mio numero di telefono di casa, un numero non in elenco e sotto falso nome! Dritto nella boscaglia, lassù in Alaska, dopo aver salvato Cathy e sua figlia.

All'epoca non avevo abbastanza conoscenze perché la gente mi informasse su ciò che non dovevo fare per conto mio; e a quel tempo era fuori questione per me sentire quel tipo di cose... Ho sofferto di un disordine da stress post-traumatico perché ero totalmente sopraffatto da ciò che Cathy e sua figlia Kelly mi stavano dicendo... Poi ho mostrato queste informazioni ai membri della comunità dell'intelligence e ad altri agenti federali che le hanno convalidate, grazie a loro.

Ora vorrei presentarvi Cathy O'Brien, la persona che ha restaurato la mia spiritualità. Non ero un cattivo ragazzo, ma avevo bisogno di una spinta. Sono orgoglioso di essere stato con lei per più di otto anni.

Parte 2: Cathy O'Brien

Vorrei ringraziare ognuno di voi per averci accolto qui stasera per conoscere uno strumento che viene usato in segreto per annunciare quello che Adolf Hitler e George Bush chiamano il Nuovo Ordine Mondiale. Sto parlando del controllo mentale...

Mi è piaciuto parlare con alcuni di voi questa sera, persone che dicono di essere state sottoposte personalmente al controllo mentale o di esserlo state sottoposte da persone vicine a loro. Il controllo mentale è diffuso in questo paese e in tutto il mondo.

Questi criminali che gestiscono il nostro paese operano sulla filosofia del *"sapere segreto = potere"*. Molti segreti governativi e reputazioni personali erano basati sulla convinzione che non potevo essere deprogrammato per ricordare cose che avrei dovuto dimenticare. Avevano torto... Per quanto questi funzionari siano intelligenti, il loro ragionamento è ostacolato dalla loro stessa immoralità. Non hanno saggezza, non pensano profondamente e non considerano mai la forza dello spirito umano. Non hanno mai considerato cosa accadrebbe se un uomo benevolo come Mark Phillips imparasse i loro segreti e li usasse per ripristinare lo spirito piuttosto che per controllarlo.

So di essere stato molto fortunato a sopravvivere dopo essere stato vittima del controllo mentale MK-Ultra usato dalla CIA, dalla Casa Bianca e dal Pentagono: la programmazione informata dal trauma.

Ora che ho riacquistato i miei mezzi e finalmente il mio libero arbitrio: testimonio. Parlo di tutto ciò di cui sono stato testimone, di tutto ciò che ho visto e sentito. Tutto ciò che ho registrato fotograficamente dietro le quinte di questo tentato *Nuovo Ordine Mondiale*.

Smascherando i loro segreti, il loro potere viene eroso (applausi).

Parlo anche a nome delle molte vittime del controllo mentale e dei sopravvissuti che non possono pensare da soli per dire quello che sanno e che hanno sopportato.

Parlo a nome di mia figlia Kelly che ora ha sedici anni, una vera prigioniera politica. Attualmente si trova nello stato del Tennessee dove le è stata negata la grazia a causa dell'influenza politica dei suoi aguzzini. Lei conta su Mark e me per diffondere il messaggio per lei. Per il bene di Kelly e per il vostro, Mark ed io non abbiamo risparmiato alcuno sforzo nei fatti e nelle verità registrate nel nostro libro, che è stato auto-pubblicato e quindi non censurato. Così troverete fatti che avete il diritto e il bisogno di conoscere.

Queste realtà ci sono state a lungo nascoste con il pretesto della cosiddetta *"sicurezza nazionale"*. È questo stesso pretesto della sicurezza nazionale che ci ha impedito di vedere fatta giustizia nonostante tutte le prove e i documenti in nostro possesso. Abbiamo più di 27.000 documenti e prove: testimonianze di funzionari governativi, cartelle cliniche, molto più del necessario per qualsiasi processo legale in questo paese, compreso il Congresso. Ma questo pretesto di sicurezza nazionale ha bloccato il nostro accesso alla giustizia. È tempo che la verità trionfi. È tempo che queste verità siano portate alla luce in nome dell'umanità.

Vorrei iniziare definendo il controllo mentale attraverso la mia esperienza. Mi rendo conto che quello che ho vissuto è stato estremo, ma anche che questo controllo robotico assoluto che ho subito è più limitato del tipo di controllo mentale globale che prolifera nella società.

Ci sono molti livelli di controllo mentale, come una scala... Ad un livello c'è il controllo robotico totale e ad un altro livello c'è il controllo mentale come l'occultismo che sta proliferando anche in questo paese, o il programma *Global Education 2000* dove i bambini stanno perdendo la loro libertà di pensiero e la capacità di pensiero critico. Ci sono così tanti livelli diversi della società che sono colpiti dal controllo mentale che diventa imperativo che tutte queste informazioni siano diffuse.

La mia esperienza di vittima può certamente essere applicata a tutte le sfaccettature del controllo e della manipolazione mentale (...) È un argomento che ci riguarda tutti, e improvvisamente tutto il *Nuovo Ordine Mondiale ha un* senso. L'erosione dei valori costituzionali, l'erosione della moralità di questo paese, diventa improvvisamente più chiara quando prendiamo coscienza di questa questione del controllo mentale globale.

Sono nato nel 1957 a Muskegon, Michigan, in una famiglia che ha praticato l'incesto per generazioni. Il che significa che mio padre è stato abusato sessualmente da bambino, mia madre è stata abusata sessualmente da bambina, e loro a loro volta hanno abusato di me... Mio padre ha abusato sessualmente di me da quando ho memoria. L'ho sentito spesso dire che ha iniziato a sostituire il capezzolo di mia madre con il suo pene quando ero solo un neonato.

Ve lo dico per farvi capire che la mia sessualità è stata incasinata fin dalla prima infanzia. È stato messo in un'area del mio cervello che è molto simile alla sopravvivenza, come mangiare e bere... Vi dico questo perché siate meglio equipaggiati per capire cosa sta succedendo nella società e per chiamare le cose con il loro nome.

Mark e io facciamo dei nomi nel nostro libro, non per poter dire che sono stato alla Casa Bianca con questo e quello, non tiro fuori tutta la parte glamour. Ma è per sapere chi è il problema e dove si trova.

L'abuso sessuale che ho subito è stato così orribile che ho sviluppato il disturbo dissociativo dell'identità, di solito chiamato disturbo di personalità multipla. Sono contento che abbiano cambiato il termine in disturbo dissociativo dell'identità perché descrive molto meglio la compartimentazione che si verifica quando una persona subisce un trauma che è troppo orribile da comprendere.

Anche se non riuscivo a capire che quello che mio padre mi stava facendo era sbagliato, il dolore e il soffocamento dei suoi abusi erano così insopportabili che ho sviluppato un disturbo dissociativo dell'identità. Era impossibile da capire, non c'era posto nella mia mente per affrontare un tale orrore. Così ho automaticamente compartimentato il mio cervello, piccole aree separate da barriere amnesiche per bloccare i ricordi dell'abuso in modo che il resto della mia mente potesse continuare a funzionare normalmente, come se nulla fosse accaduto... Quando vedevo mio padre a tavola, non ricordavo l'abuso sessuale. Ma non appena si sbottonava i pantaloni, una parte di me, la parte del mio cervello che sapeva come affrontare questo orribile abuso si svegliava, era come se una giunzione neurale si aprisse in modo che questa parte della mia mente potesse soffrire mio padre più e più volte secondo necessità... Avevo certamente molta esperienza in questo "comparto cerebrale" che si occupava dell'abuso di mio padre, ma non avevo l'intera gamma di percezione, avevo una percezione molto limitata, una visione molto limitata delle cose. Per questo sono contento che non si parli più di questo disturbo in termini di *personalità*.

Ho costruito un altro compartimento nella mia testa per far fronte agli abusi di mia madre. Il suo abuso era principalmente psicologico. Lei stessa soffriva di un disturbo dissociativo dell'identità e non la ritengo responsabile delle sue azioni come faccio per mio padre, che era pienamente consapevole di ciò che stava facendo. Mia madre, nonostante la sua incapacità di controllarsi, stava distruggendo ogni traccia di autostima che potevo ancora avere. Il suo abuso era così orribile che ho creato un altro compartimento nella mia mente solo per affrontare le interazioni malsane che avevo con lei. Ho anche sviluppato un altro compartimento per affrontare la pedo-pornografia a cui mio padre mi sottoponeva. Questo perché si guadagnava da vivere scavando lombrichi per la pesca, dato che aveva frequentato solo la scuola elementare, quindi integrava il reddito familiare producendo pedo-pornografia. Produzioni che ha poi distribuito attraverso la rete locale della mafia del Michigan.

All'epoca, c'era una fazione criminale nel nostro governo che prendeva di mira i bambini come me per il controllo mentale. Questo è dovuto a questa compartimentazione della memoria che è qualcosa che hanno ritenuto ideale per mantenere i segreti del governo. Dopo tutto, se non potessi ricordare, come potrei parlarne? Inoltre, le persone con disturbo dissociativo dell'identità sviluppano una memoria fotografica dietro queste barriere amnesiche. Infatti, il cervello ha un meccanismo di difesa che gli fa registrare gli eventi legati al trauma in modo estremamente preciso e dettagliato. Per darvi un esempio, i molti di voi abbastanza vecchi da ricordare l'assassinio di John F. Kennedy ricorderanno esattamente dove eravate e cosa stavate facendo in quel momento. Fu un evento che traumatizzò l'intera nazione e illustra come la mente registra fotograficamente gli eventi che circondano il trauma. Quindi, dietro queste barriere di amnesia, avevo una memoria fotografica che il governo riteneva perfetta per la programmazione. Potrei consegnare e ricevere messaggi dai leader, o nel mio caso anche dai signori della droga coinvolti nel finanziamento dei fondi neri del *Nuovo Ordine Mondiale*. Erano interessati a programmarmi in modo che potessi trasmettere messaggi verbalmente. Quando consegnavo questi messaggi, trasmettevo esattamente parola per parola ciò che mi era stato detto, usando le inflessioni di voce dei miei aguzzini, senza alcuna comprensione cosciente di ciò che dicevo. Ero solo un registratore, che ripeteva come un pappagallo ciò che era stato registrato nella mia memoria.

Un altro aspetto che interessava il governo era che il mio disturbo dissociativo toglieva ogni senso del tempo. Questo perché mi muovevo da un compartimento all'altro del mio cervello senza ricordare ciò che era successo prima. Non ero quindi in grado di tenere il conto del tempo e la sua nozione mi era assolutamente estranea. Non sapendo cosa stavo facendo prima, stranamente non avevo il concetto di fatica, eppure stavo facendo davvero troppo... Una persona con un disturbo dissociativo di identità ha una grande resistenza fisica, è come una forza sovrumana con la capacità di andare avanti all'infinito. Le persone con questo disturbo sviluppano anche un'acuità visiva molto più acuta della media. È per questo che sono spesso visti con gli occhi spalancati, prendono più elementi del loro ambiente di una persona normale. Questo li rende cecchini perfetti per operazioni di commando o per i servizi di intelligence. Quindi il governo era molto interessato a sviluppare il controllo mentale.

Quindi ero un *prescelto*, un candidato primario per il controllo mentale a causa di ripetuti abusi sessuali. La mia sessualità era stata esaltata, quindi venivo usata come schiava sessuale e ricevevo anche messaggi da funzionari del governo. Questa fazione criminale del nostro governo, così interessata alle persone con disturbo dissociativo d'identità, sapeva bene che ogni bambino sottoposto a pornografia infantile doveva aver subito traumi così orribili che erano destinati a soffrire di questo disturbo. Questo gruppo criminale governativo si è quindi dedicato a questa rete di pornografia infantile per identificare e prendere di mira i bambini come me per i loro progetti. All'epoca, il politico collegato a questa mafia locale del Michigan, il politico che proteggeva questo giro di pornografia, era Gerald Ford. Questo è lo stesso Gerald Ford che fu eletto presidente degli Stati Uniti... Non l'ho mai visto come un politico, l'ho visto come un altro stupratore, lo stesso tipo di mio padre. Perché Gerald Ford ha violentato anche me da bambina e per tutto il tempo sono stata sotto controllo mentale, fino a quando Mark è venuto in soccorso di me e di mia figlia nel 1988.

Gerald Ford non è un pedofilo di per sé, è quello che io chiamo un *"sperimentatore sessuale"*. Proverà qualsiasi cosa, a qualsiasi età, in qualsiasi momento, in qualsiasi luogo... finché non avrà preso il controllo. Questo perché aveva una perversione del potere oltre ad avere questo interesse per il controllo della mente.

Fu Gerald Ford che venne a casa per spiegare a mio padre come educarmi secondo le direttive del governo. Mio padre era stato sorpreso a spedire pornografia infantile per posta, così fu contattato per fargli sapere che se mi avesse venduto per questo progetto, avrebbe ottenuto l'immunità legale... Da quel giorno, mio padre non ha più avuto problemi con la legge, grazie alla famosa "Sicurezza Nazionale".

Mio padre ovviamente pensava che questa fosse un'idea "meravigliosa" e mi ha venduto immediatamente il progetto. Pensava che il governo chiudesse un occhio sugli abusi sui bambini... come faccio anch'io. Mio padre ha continuato a crescere gli altri cinque figli per il progetto, sette in tutto. Gli altri stanno ancora aspettando la loro libertà mentre parliamo...

Una volta che mio padre ha accettato di vendermi al progetto, sono stato regolarmente portato a *Mackimac Island*, nel Michigan. È un paradiso politico dove vive il governatore del Michigan. È una specie di *Bohemian Grove* (club dell'occulto) dove i politici si incontravano e discutevano del *Nuovo Ordine Mondiale* e del controllo mentale: controllo mentale delle masse, controllo mentale nel sistema scolastico, come usare l'occulto come trauma di base, ecc.

Uno dei miei abusatori sessuali all'epoca era il primo ministro del Canada: Pierre Trudeau. Pierre Trudeau è di fede gesuita, oggi sono il braccio armato del Vaticano. C'è una fazione criminale all'interno di questi gesuiti. Non sto certo dicendo che tutti i cattolici sono cattivi, così come non lo sono tutti gli agenti della CIA o tutti i nostri politici. C'è del buono e del cattivo in ogni cosa. Ma tuttavia, Pierre Trudeau rappresentava quella fazione criminale di gesuiti cattolici che volevano il controllo mentale delle masse per diventare la Chiesa Mondiale in questo *Nuovo Ordine Mondiale*. Il denaro portato da questa chiesa ha finanziato i controllori del *Nuovo Ordine Mondiale*.

Un altro dei miei abusatori sessuali fu l'allora senatore del Michigan e poi deputato Guy Vander Jagt. Fu lo stesso Guy Vander Jagt che rimase a capo del Comitato Nazionale Repubblicano e installò George Bush nell'ufficio presidenziale.

Fu sull'*isola di Mackimac*, quando avevo 13 anni, che fui consegnato a un senatore che divenne il mio padrone di casa in questo progetto di controllo mentale. Questo senatore degli Stati Uniti era Robert C. Byrd.

Il senatore Byrd è un democratico del West Virginia, e ancora una volta noterete che sto rivelando tutti i nomi indipendentemente dal partito politico. Sia i democratici che i repubblicani sono coinvolti in queste cose. Non si tratta dei partiti, si tratta di chi è per il *Nuovo Ordine Mondiale* e chi no...

Il senatore Byrd era in carica allora ed è in carica adesso. Era a capo della nostra commissione per gli stanziamenti del Senato. Ciò significa che teneva i cordoni della borsa del nostro paese e decideva dove sarebbero stati spesi i soldi. So da dietro le quinte che il senatore Byrd stava mandando il denaro dove avrebbe beneficiato i controllori del *Nuovo Ordine Mondiale.*

Mio padre, che mi ha venduto questo progetto, per esempio, aveva un contratto lucrativo con l'esercito per produrre alberi a camme per veicoli militari. È così che mio padre è diventato estremamente ricco... per uno che non è mai andato oltre la scuola elementare...

Fu il senatore Byrd, che divenne il mio padrone di casa, a decidere dove sarei andato e quando sarei andato; quali operazioni avrei eseguito durante le amministrazioni Reagan e Bush; e dove sarei stato portato per una specifica programmazione MK. Il senatore Byrd ha gestito tutta la mia vita.

Fu in quel periodo che feci la mia prima comunione nella chiesa di *San Francesco d'Assisi* a Muskegon. Dopo questa prima Comunione, mi sono anche sottoposto a un rito chiamato *"rito del silenzio"*. Questo rituale è stato condotto dal vice Vander Jagt e dal rettore della nostra chiesa, padre Don... un rituale di sangue occulto. Era così orribile, era questa inversione della messa cattolica che mi confondeva la mente, perché quando una persona funziona a livello inconscio, è così traumatizzata che la coscienza non trova posto per affrontare quello che sta passando. Il subconscio non ha modo di discernere, interrogare e ragionare come fa la solita mente cosciente. E questa inversione della messa cattolica nell'occulto mi ha totalmente incasinato la mente. Era assolutamente vile... Questo rituale di sangue era così orribile che la mia mente accettò immediatamente la manipolazione mentale a cui mi sottoposero: linguaggio ipnotico, programmazione neuro-linguistica, controllo mentale... Ha poi cambiato il modo in cui il mio cervello ha lavorato fino ad oggi. Ricordate, quella parte del mio cervello di cui vi ho parlato, un'area che è stata attivata per affrontare l'abuso perpetuo di mio padre... In questo rituale l'hanno cambiata, così che ora possono decidere quando, dove e come quel particolare compartimento del mio cervello sarebbe stato aperto e accessibile. Hanno sostituito il meccanismo del grilletto con codici ipnotici: chiavi e grilletti, segnali a mano. Ci sono anche certi toni che possono aprire queste giunzioni neurali e permettere l'accesso ai ricordi compartimentati. Hanno poi rielaborato tutto questo.

Come risultato di questo rito del *"tacere"*, è diventato tranquillo anche nella mia testa... Perché fino ad allora sentivo la mia voce discutere avanti e indietro con tutte queste diverse percezioni provenienti dai molteplici compartimenti prima di poter formulare una decisione su qualsiasi cosa. Mi ricordo che prima di questo rituale avevo ancora le mie idee, avevo la speranza che ci fosse un posto nel mondo dove le persone non si maltrattassero a vicenda. Avevo la speranza di avere dieci figli che sarebbero stati almeno dieci bambini su questa terra che non avessero subito abusi... Avevo speranza per queste cose, ma con questo rituale ho perso la capacità di pensare liberamente. Avevo persino perso la capacità di sperare. Avevo perso completamente il mio libero arbitrio. Questo rituale mise a tacere questo dibattito che spuntava costantemente nella mia testa e tutto ciò che potevo sentire invece, a quel punto, erano le voci dei miei tormentatori che mi dirigevano, dicendomi esattamente cosa dovevo fare. Potevo solo seguire roboticamente queste istruzioni per eseguirle.

Quando ero pronto per la scuola superiore, il senatore Byrd ordinò che fossi mandato al Central Catholic College di Muskegon. A quel tempo c'erano molte informazioni che i cattolici studiavano da molto tempo gli effetti del trauma sulla mente umana. Avevano studiato e registrato queste cose per molto tempo, soprattutto dopo l'Inquisizione spagnola. Questa informazione si collega alla ricerca su Hitler e Himmler che la CIA aveva intrapreso e su cui stava facendo progressi. L'incrocio delle informazioni che stavano emergendo era molto significativo.

Il Muskegon College è stato un luogo dove sono state raccolte queste informazioni. È stato a Muskegon che sono state realizzate le basi e la struttura di *Global Education 2000*. Ci sono molti nomi diversi per questo programma che viene attuato nel nostro sistema scolastico e che il governo fa rispettare rigorosamente ai bambini e ai giovani. *Global Education 2000 è* progettato per aumentare la capacità di apprendimento dei nostri giovani mentre diminuisce la loro capacità di analisi critica. Accettano immediatamente tutto quello che gli viene detto senza fare domande e ingoiano semplicemente tutte le informazioni che ricevono.

A scuola avevo tutte A, ero molto bravo perché registravo le lezioni in modo fotografico. Mi sono anche sottoposto a riti occulti nella cappella di questo collegio, come molti altri studenti, ero lontano dall'essere l'unico. In effetti, all'epoca pensavo davvero che tutti fossero coinvolti in questo tipo di abusi. Tutto il mio ambiente ne era saturo... Questo occultismo, questi traumi, hanno creato una documentazione fotografica di tutto ciò che ho studiato a scuola. Non avevo la capacità di analizzarlo criticamente o di usarlo in modo creativo, ma tutti i dati erano perfettamente memorizzati nella mia testa.

È stato mentre ero al college che Gerald Ford è diventato presidente. In quel periodo ero stato condizionato a pensare che *"non avevo un posto dove scappare, un posto dove nascondermi"*. Questa è una frase specifica che serve a mettere nella testa delle vittime del controllo mentale che non c'è assolutamente nessun posto dove scappare e nessun posto dove nascondersi: *"ti teniamo sempre d'occhio"*. Naturalmente è quello che ho pensato, a chi potevo rivolgermi? Non i miei genitori, non la mia chiesa, non la mia scuola, non i politici locali... Non potevo nemmeno rivolgermi al presidente degli Stati Uniti! Mi sentivo davvero in trappola, che è esattamente quello che vogliono per il controllo totale della mente. Da allora, naturalmente, ho scoperto tutt'altro e Mark mi ha saggiamente insegnato durante la mia deprogrammazione che avevo un posto dove correre: direttamente da loro! ...e che non avevo bisogno di nascondermi. Ovviamente sono loro che si nascondono, nascondono tutti i loro abusi usando la *sicurezza nazionale* come copertura.

Dopo essermi laureato, il senatore Byrd ordinò che fossi mandato a Nashville, Tennessee. All'epoca, Nashville era pesantemente coinvolta nel controllo mentale attraverso l'industria della musica country, ma soprattutto attraverso la proliferazione della cocaina della CIA all'interno della comunità della musica country. Questo era già in pieno svolgimento e la corruzione politica nel Tennessee stava raggiungendo la febbre. L'industria della musica country forniva una copertura per schiavi controllati dalla mente come me da portare in giro per il paese per distribuire e consegnare grandi carichi di cocaina della CIA.

Secondo la mia esperienza, ciò che la CIA chiama la cosiddetta *"guerra alla droga"* non è altro che l'eliminazione dei loro rivali per conquistare l'industria mondiale della droga (applausi). Stanno conducendo la loro *"guerra antidroga"* ad ogni angolo di strada e oggi le nostre strade sono diventate un bagno di sangue.

L'industria della musica country forniva una copertura per il traffico di cocaina, così il senatore Byrd voleva che entrassi nel business. Allo stesso tempo, Byrd si credeva una specie di artista e occasionalmente suonava il violino al *Grand Ole Opry*. La prima volta che sono stato mandato a Nashville, lui stava suonando proprio quella sera in quella grande sala da concerto. Al suo fianco (o meglio dietro di lui) c'era un musicista di nome Wayne Cox... che più tardi mi disse che suonare accanto a Byrd non era solo un accompagnamento musicale, ma anche politico. Quella sera, dopo lo *spettacolo*, fui di nuovo sottoposto a un rituale occulto. L'occulto è frequentemente usato come base per i traumi per il controllo della mente. Chi può capire questo tipo di trauma? I rituali di sangue assolutamente orribili sono una base perfetta per il trauma necessario al controllo mentale mirato alla compartimentazione della memoria. Ho assistito a una scena in cui Wayne Cox ha ucciso un senzatetto alla stazione ferroviaria di Nashville, un posto che all'epoca era abbandonato e occupato da senzatetto. Gli ha sparato in mezzo agli occhi e gli ha tagliato entrambe le mani. Questo era il *modus operandi* di Cox per l'omicidio. Dopo questo rituale di sangue, questo orribile trauma, fu deciso che Cox sarebbe diventato il mio primo "maestro", "supervisore", nel controllo mentale MK-Ultra. Come mio "maestro" e "supervisore", Wayne Cox avrebbe seguito le direttive e le istruzioni del senatore Byrd. Per lo più mi faceva passare altri traumi, abbastanza per soddisfare i molti compartimenti che il senatore Byrd voleva creare nel mio cervello per la programmazione MK. Questo per poter poi eseguire varie operazioni durante l'amministrazione Reagan/Bush.

Così in seguito ho sopportato molti rituali occulti. A quel tempo, Wayne Cox lavorava direttamente sotto il senatore della Louisiana J. Bennett Johnston. Cox mi ha portato a casa sua a Chatham, in Louisiana. Bennett Johnston stava conducendo operazioni di controllo mentale in collaborazione con una banda di mercenari. Questi mercenari andavano avanti e indietro per il Sud America, il commercio di armi era molto attivo. Ma soprattutto, quando gli aerei lasciavano questi ragazzi in Sud America, tornavano carichi di cocaina, che veniva poi distribuita nelle nostre strade. Wayne Cox innescava il funzionamento MK di questi mercenari mostrando loro la mano mozzata di una delle sue vittime, che li riportava nel trauma di un rituale che avevano già subito, facendoli accedere ad un compartimento specifico del loro cervello. Diceva loro anche che Bennett Johnston voleva che "raggiungessero", poi dava loro istruzioni che i ragazzi seguivano alla lettera. Quindi anche Bennett Johnston era coinvolto in questo...

Nel 1978, fu deciso che avevo subito abbastanza traumi per fare un primo test, questa sarebbe stata la mia prima operazione. Una grande quantità di cocaina era arrivata in aereo e io dovevo consegnarla nel vicino stato dell'Arkansas. A quel tempo, il traffico di droga intorno a Bill Clinton era in pieno svolgimento. All'epoca era governatore dell'Arkansas. Così ho consegnato la cocaina a un aeroporto nella *foresta di Ouachita* che da allora ho identificato come l'aeroporto di Mena. Ho anche passato informazioni e una piccola quantità di cocaina dalla scorta personale di Bennett Johnston a Bill Clinton. Gli consegnai il pacchetto e lui sniffò immediatamente due linee di cocaina... non era la prima volta che vedevo Bill Clinton fare uso di cocaina. Le mie esperienze sessuali con Bill Clinton erano molto limitate, anche se ero una schiava del sesso. Secondo la mia esperienza, Bill Clinton è bisessuale, piuttosto fortemente orientato all'omosessualità. L'ho visto coinvolto soprattutto in attività omosessuali. Ho avuto molta più esperienza con Hilary Clinton. Hilary è anche bisessuale, con una forte inclinazione omosessuale. Era lei che accedeva alla mia programmazione sessuale per soddisfare le sue perversioni.

Sempre in quel periodo, Bennett Johnston mi sottopose ad altre manipolazioni mentali che non riguardavano l'occulto ma il tema degli alieni. Questi tipi che manipolavano la mia mente e mi programmavano per MK, veri criminali a capo del nostro paese, fingendo di essere dei, demoni, alieni... Questo per farmi sentire totalmente impotente, per farmi integrare il fatto che erano sempre lì dietro di me per farmi del male. E funzionava molto bene a quel tempo...

Bennett Johnston mi ha detto di essere un alieno. Mi disse che aveva partecipato all'"Esperimento Filadelfia" e che quando la nave scomparve, lui tornò in un'astronave... Questo è in linea con il tema dello "specchio aria/acqua" usato frequentemente dalla NASA, è un'inversione/inversione. Perché, di nuovo, il subconscio non ha capacità di ragionamento. Bennett Johnston mi ha poi mostrato, sul sito della *General Dynamics*, un velivolo stealth "top secret". Era una cosa triangolare che non si trovava in nessun libro di testo, di cui nessuno parlava, che non si vedeva sui giornali, ma era lì, appesa in aria davanti ai miei occhi... Era un altro di quei sistemi militari top secret. A me, all'epoca, sembrava un'astronave! Non avevo mai visto niente di simile. Quindi tutto quello che ha fatto Bennett Johnston era legato agli alieni per me. Quindi è stato facile farmi accettare l'idea che tutto ciò che stava accadendo fosse in realtà perpetrato dagli alieni. Non sto dicendo che gli alieni non esistono, sarebbe stupido da parte mia, ma quello che sto dicendo è che queste sono persone che affermano effettivamente di essere ET. Se esiste una realtà di influenza extraplanetaria, dobbiamo chiarire la disinformazione e il controllo mentale che il nostro governo sta praticando.

Ho saputo da una buona autorità che il loro piano è di farci sentire tutti impotenti... sotto la cosiddetta dominazione aliena e che il nostro *"Giorno dell'Indipendenza" sta arrivando...* Quindi state attenti! Comprendete che questi criminali ci stanno prendendo informazioni e tecnologia con la scusa della "sicurezza nazionale". Sono almeno 25 anni avanti a noi nella tecnologia! Riuscite a immaginare cosa hanno oggi? Cosa è successo negli ultimi 25 anni? Il forno a microonde, i computer, ma stanno ancora facendo progressi e sono molto avanti. Quindi quando dicono: *"Viene dagli alieni!* mostrandoci una tecnologia incredibile, non cadete nella trappola di sentirvi totalmente impotenti. La superstizione inizia dove finisce la conoscenza, e noi siamo stati isolati da questa conoscenza per molto tempo. Le persone hanno sempre avuto credenze diverse e sono sicuro che ognuno di voi ha diversi sistemi di credenze. Qualunque sia il vostro sistema di credenze, è imperativo che sappiate che questi criminali sono esseri umani, sono tra noi per farci del male. Devono essere ritenuti responsabili delle loro azioni e dei loro crimini contro l'umanità. (applausi)

Nel 1980, quando è nata mia figlia Kelly. È entrata in questo programma MK-Ultra ad uno stadio tecnologico molto più sofisticato di quello a cui sono stato sottoposto io. Oltre al trauma, è stata sottoposta alle "armoniche" (sistema di programmazione MK) nei siti della NASA fin dalla nascita, prima ancora che il suo cervello avesse la possibilità di costruirsi.

Appena nata Kelly, il senatore Byrd, sapendo che ero stato sufficientemente traumatizzato, ordinò che fossimo entrambi trasferiti a Nashville per operare sotto l'amministrazione Reagan. In questa industria della musica country, siamo stati poi consegnati al nostro secondo "maestro", "supervisore", il suo nome è Alex Houston. Alex Houston era un ventriloquo, ipnotizzatore e performer di musica country. Ha effettuato principalmente operazioni criminali per la CIA per finanziare programmi classificati. Questo comportava la distribuzione di grandi quantità di cocaina in tutti gli Stati Uniti e in Canada. In quel periodo, lavorava per fornirmi una copertura per viaggiare fuori dal paese, in Canada, Messico e Caraibi, per operazioni criminali. Il mio 'supervisore' (Houston) mi portò in varie strutture militari e della NASA per la programmazione MK, per operazioni specifiche a cui fui costretto a partecipare (...) Si trattava di leader come l'allora presidente del Messico, De la Madrid, e l'ex presidente Salinas.

Nel 1984, una base della CIA fu stabilita a Lampe, nel Missouri, un centro traumatologico che lavorava specificamente sulle esperienze di quasi morte (NDE). Questo sito si chiama *"Swiss Villa Amphiteater".* Usano l'industria della musica country per trattare grandi quantità di cocaina e poi ridistribuirla. Lampe, Missouri è appena al di là del fiume dall'Arkansas, ed è strettamente legata alle operazioni di spaccio di cocaina di Bill Clinton... che all'epoca erano in pieno boom. È anche interessante notare che l'operazione Lampe è stata il luogo dove l'industria country è stata abilmente trasferita, proprio lì a Branson, in modo da essere vicino all'operazione di Clinton.

Lampe è stato anche il luogo dove ho sentito parlare George Bush e Bill Clinton... Dal mio punto di vista, sembravano chiaramente amici, non c'era alcun conflitto politico tra loro allora. È tutta una cortina fumogena per ingannare il pubblico. Infatti, non aderiscono a questi "conflitti politici" perché hanno esattamente la stessa agenda, che è la costruzione di questo *Nuovo Ordine Mondiale.*

A quel tempo, ho sentito George Bush dire a Bill Clinton che quando gli americani saranno disillusi dai repubblicani che li conducono verso il *Nuovo Ordine Mondiale,* sarà Bill Clinton, il democratico, ad essere messo nell'ufficio presidenziale. Tutto questo è stato deciso nel 1984! E anche molto prima! Nel 1984 discutevano già di queste cose come un fatto assoluto. In questa discussione sono stati discussi anche i preparativi per il NAFTA (North American Free Trade Agreement). All'epoca in cui

George Bush divenne presidente, Salinas divenne presidente del Messico, e insieme stavano per creare il NAFTA. Questo fu l'inizio del controllo per un *Nuovo Ordine Mondiale.*

Sono stato costretto a partecipare alla creazione di questo NAFTA criminale. L'apertura della frontiera messicana di Juarez al libero scambio. Il libero commercio della droga, il libero commercio dei nostri figli... Le radici criminali del NAFTA sono assolutamente spaventose... È interessante che queste mosse politiche siano già decise in anticipo.

Una volta deprogrammato, rimasi completamente sconcertato quando mi resi conto che la gente non aveva consapevolezza di questo... Era così ovvio per me... Non potevo rendermi conto che la gente non era consapevole della situazione e che era stata ingannata da una cortina di fumo, senza aver mai cercato di scoprire cosa stava realmente accadendo dietro le quinte, dietro il velo.

Ma posso capire che le persone oneste e sincere non la pensano così, non hanno una mente criminale e la loro coscienza non è diretta verso quel tipo di cose. Proprio come questi ragazzi (criminali elitari) sono essi stessi limitati nel loro pensiero dalla loro immoralità, le persone oneste sono in qualche modo accecate da questo tipo di attività criminale estrema... Finché i loro occhi non vengono aperti alla verità.

Le persone coinvolte in queste attività criminali erano agli ordini di George Bush. Non pretendo di sapere tutto e non pretendo che George Bush fosse in cima a tutto, ma era la persona di più alto livello che conoscevo a quel tempo (...) Bush senior era rispettato per la sua grande conoscenza della costruzione del *Nuovo Ordine Mondiale.* Guardate il suo passato: George Bush ha iniziato all'ONU, poi è diventato il capo della nostra CIA. Poi ha guidato indirettamente il nostro paese attraverso tre amministrazioni: la presidenza Reagan, la sua stessa presidenza e poi la presidenza Clinton. Infatti, sia Reagan che Clinton rispondono a Bush senior. Anche il presidente messicano De la Madrid risponde a Bush senior. (...) Anche il re Fadh dell'Arabia Saudita ha seguito gli ordini di George Bush, così come il primo ministro canadese Brian Mulroney.

Nel 1983, ho sentito Ronald Reagan e Brian Mulroney discutere del *Nuovo Ordine Mondiale.* In effetti, il senatore Byrd ha agito come un pappone facendomi fare da pappone a Reagan quando ho partecipato a un cocktail party alla Casa Bianca.

Ronald Reagan ci ha certamente affumicato tutti meravigliosamente. Per quelli di voi che non vogliono credere che sia coinvolto in queste cose, vi ha detto di essere un attore! (ride) E ha fatto un ottimo lavoro, per un lungo periodo di tempo. Questo era il suo ruolo, questo era quello che doveva fare.

Ho sentito Reagan dire a Mulroney che credeva che l'unico modo per raggiungere la pace nel mondo fosse il controllo mentale di massa... So per esperienza che non c'è pace nella mente sotto il controllo mentale. Come potrebbe esserci la pace nel mondo senza che la gente abbia la pace nella mente?

Le ramificazioni del controllo mentale vanno molto lontano. Sotto il controllo della mente, non c'è libertà di pensiero. Senza libertà di pensiero, non c'è libero arbitrio. Senza il libero arbitrio dato da Dio, non c'è espressione dell'anima. Che tipo di *"pace mondiale"* possiamo raggiungere senza il libero arbitrio, senza l'espressione dell'anima e senza la spiritualità?

Il controllo mentale in tutte le sue forme deve essere smascherato in modo che le persone conservino la loro libertà di pensiero. Affinché conservino il loro libero arbitrio e l'espressione della loro anima, la loro spiritualità. Quando le persone hanno un'anima e una spiritualità, sono in grado di amare. Questa è la pace nel mondo! Non il controllo della mente! (applausi)

Nel 1988 sono stato costretto a partecipare a molte operazioni contro la mia volontà. Cose che certamente non avrei mai fatto nella mia mente cosciente. Suppongo che se avessi avuto una parte di me disposta a fare queste cose, il controllo mentale non sarebbe stato necessario. Sono inorridita da ciò a cui sono stata costretta a partecipare, ma sono sollevata dal fatto che questa informazione si stia diffondendo, che la gente si passi il libro di mano in mano. Così, mano nella mano, possiamo riprenderci il nostro paese. Avete il diritto e la necessità di conoscere queste informazioni, e il loro controllo sui media non sopprimerà la Verità. La verità è necessaria! ... (applausi)

Nel 1988 Mark ha salvato me e mia figlia Kelly. Non potevamo pensare di scappare, non potevo pensare di salvare mia figlia, così come non potevo pensare di salvare me stesso. E tutte le mie speranze e i miei sogni di bambino erano certamente venuti meno... Quando Mark ci ha salvati, non avevamo la capacità di sperare di incontrare una persona buona, non sapevamo nemmeno che esistesse. Non avevamo la capacità di fidarci di nessuno al di fuori del nostro ambiente (rete). Quindi non potevo dire a me stesso che Mark fosse un bravo ragazzo, ma vedevo il suo atteggiamento con i suoi animali, e anche se non avevo capacità di ragionamento, di consapevolezza, qualcosa è successo a un livello extra sensoriale. Abbiamo sentito cose molto forti allora. Dopotutto, considerando che usiamo solo il 10% del nostro cervello, eravamo stati divisi in certe parti del nostro cervello, aree che erano molto ricettive ai vari livelli psichici, un po' come l'istinto animale. Io e mia figlia avevamo notato che gli animali amavano Mark. Aveva tre procioni che aveva salvato e che gli volevano molto bene, gli mettevano le zampe intorno al collo e lui gli dava dei baci... Per noi è stato qualcosa di molto importante assistere a questo, perché fino ad allora avevamo conosciuto solo gli abusi sui nostri animali. Avevamo vissuto in un ranch, avevamo cani, gatti, cavalli, mucche, galline, ecc. Se non avessimo partecipato agli abomìni, questo sarebbe successo ai nostri animali domestici, che amavamo più di ogni altra cosa.

Per favore, tenete a mente che coloro che abusano dei bambini spesso abusano degli animali. Se vedete qualcuno che maltratta un animale, siate vigili. Assicuratevi di sapere che i loro figli sono al sicuro. Non ho mai visto un'eccezione a questa regola.

Quindi è stato molto rivelatore per noi vedere che questi animali amavano Mark. Inoltre, all'epoca in cui ci ha salvati, eravamo minacciati dalla CIA. Avevo 30 anni all'epoca, dovevo essere ucciso come la maggior parte degli schiavi MK vengono uccisi intorno ai 30 anni. Ero considerato "troppo vecchio" per il sesso, quindi dovevo essere soppresso. Mark mi ha salvato da una morte certa e ha salvato mia figlia da un destino molto peggiore della morte... Si è anche preso il tempo di salvare i nostri animali. Ha portato in salvo cavalli, mucche e galline. Questo ha avuto un impatto profondamente positivo su Kelly e me, e da quel momento abbiamo iniziato a fidarci di lui. Mark ci ha portato fino in Alaska in sicurezza e serenità. Mentre ci trovavamo al sicuro per la prima volta nella nostra vita e veramente amati per la prima volta, i ricordi del passato hanno cominciato a tornare a sprazzi. Attraverso questi lampi di memoria, ho cominciato a rendermi conto di quello che era successo a me e a mia figlia, soprattutto durante le amministrazioni Reagan e Bush.

Quando sono venuta a conoscenza di tutto questo, sono diventata furiosa, avevo rabbia per quello che mia figlia aveva passato, per tutte le torture inflitte, e per l'umanità intera. Sarei stato totalmente accecato e immobilizzato da questa rabbia se non fosse stato per la saggezza di Mark che mi disse che la migliore vendetta era la completa guarigione. Questo perché attraverso questa guarigione, attraverso la registrazione fotografica di tutti questi eventi, ho potuto esporre queste persone per quello che sono veramente! Per smascherare il loro piano, per smascherare questo *Nuovo Ordine Mondiale*, e anche per essere in grado di ottenere aiuto per mia figlia che ha un disperato bisogno in questo momento...

Così da allora ho iniziato a scrivere i miei ricordi traumatici. Mettendoli su carta, usavo una parte del mio cervello diversa dalla verbalizzazione, aggirando così l'emotivo. Bypassare l'emotivo è qualcosa di necessario per portare la logica, per rendere l'incomprensibile finalmente comprensibile. Mi ha permesso di capire e afferrare ciò che ci era successo e cosa potevamo fare con tutte queste informazioni.

Kelly non è stata fortunata come me a causa della programmazione che ha subito, una programmazione basata sugli armonici. I ricordi del trauma e la deprogrammazione non le hanno permesso di accedere a tutte le parti del suo cervello come ho fatto io. Questo tipo di programmazione richiede attrezzature speciali per aiutarla a recuperare e guarire. Attualmente ha bisogno di ricevere un trattamento sui suoi percorsi neurali con apparecchiature armoniche. Senza questo, è finita all'*Humana* Hospital di Anchorage, Alaska, in un'unità di terapia intensiva. A questo punto soffriva terribilmente e rispondeva solo agli interventi psicologici e non ai farmaci convenzionali. Kelly ora soffre di insufficienza respiratoria... Il controllo della mente si è evoluto al punto in cui conoscono i pro e i contro del cervello e della mente umana così bene che possono non solo programmare la mente subconscia, ma anche andare nella mente primitiva, che è l'area della nostra mente dove sono regolati i riflessi biologici di base come l'ammiccamento, la respirazione e la frequenza cardiaca. Possono lavorarci sopra e mettere in atto programmi mortali. Nel caso di mia figlia, si tratta di un'insufficienza respiratoria che significa che non può parlare se si ricorda qualcosa, non è mai stata costretta a farlo, ma nel mestiere di spia può succedere. Con il lavaggio del cervello, possono accedere ai ricordi della spia intrappolata. Così oggi le spie non devono più portarsi dietro la vecchia pillola di cianuro, ma soffrono di insufficienza respiratoria o cardiaca. Così nessuna informazione sarà trasmessa al nemico, nessuna possibilità...

Mia figlia, geneticamente selezionata, è stata cresciuta e addestrata con il controllo mentale per essere poi introdotta nel business delle spie. Quindi aveva questo programma in atto, che poi purtroppo è stato innescato. A causa dell'assistenza medica di cui aveva bisogno, cadde presto nella detenzione illegale e immorale dello stato del Tennessee. Dove rimane tuttora... Le violazioni delle leggi e dei diritti che hanno proliferato nel suo caso sono numerose.

Abbiamo avuto un procuratore distrettuale onesto che è intervenuto e ha detto al giudice che stava violando i diritti costituzionali e umani nel caso di mia figlia Kelly. Mentre stava citando un'intera lista di leggi, il giudice lo ha interrotto per dire: *"Ma le leggi non si applicano a questo caso per ragioni di sicurezza nazionale.* Questo solleva alcune domande: cosa ha a che fare la "sicurezza nazionale" con lo stupro e la tortura del corpo e della mente di un bambino? Soprattutto se convalidato da prove e documenti di supporto!

Per il bene di Kelly e di tanti altri sopravvissuti al controllo mentale, dobbiamo sollevare questo velo di "sicurezza nazionale". Dobbiamo far abrogare la legge *sulla sicurezza nazionale* del 1947. (applausi)

Non è più "sicurezza nazionale", ma una minaccia per la nazione quando viene usata per coprire un crimine contro l'umanità come il controllo mentale. Quando copre la cosiddetta "guerra alla droga" della CIA, o copre la vendita del nostro paese al *Nuovo Ordine Mondiale.* Questa "sicurezza nazionale" che non ha nulla a che vedere con la sicurezza della nostra nazione.

Questa "Sicurezza Nazionale" ha tenuto nascoste a tutti voi le informazioni sul controllo mentale per troppo tempo. Dobbiamo far uscire queste informazioni. Dobbiamo armare tutti con la conoscenza di MK, perché la conoscenza è la nostra unica difesa contro il controllo mentale. Abbiamo bisogno di ottenere informazioni dettagliate in modo da poter essere tutti più efficaci nei nostri rispettivi campi, in modo da poter riprendere il paese e infine il nostro mondo; per il bene di Kelly; per il bene di tutte le altre vittime e sopravvissuti al controllo mentale e so che ce ne sono molti. Per amore dell'umanità come la conosciamo. È la verità che ci rende liberi. Aiutateci a diffondere la notizia, grazie. (applausi)

ALLEGATO 3

SCALA DELLE ESPERIENZE DISSOCIATIVE (DES)
LA SCALA DELLE ESPERIENZE DISSOCIATIVE

La Dissociative Experiences Scale (DES) è un questionario autosomministrato per adulti. È stato sviluppato da Eve Bernstein Carlson e Frank W. Putnam nel 1986. Il DES consiste di 28 item che valutano la frequenza di vari sintomi dissociativi nella vita quotidiana del paziente. Questa scala è stata sviluppata per misurare le esperienze di dissociazione mentale negli adulti ed è lo strumento più utilizzato per lo studio dei disturbi dissociativi in psichiatria. Gli stati di coscienza alterati sotto l'influenza di droghe o alcol non devono essere considerati per questo test.

Il risultato finale è una media dei punteggi dei 28 item, che viene poi divisa per 28. Questo dà un punteggio tra 0 e 100. Il punteggio medio DES per la popolazione generale varia da 3,7 a 7,8. I risultati per i ricoverati psichiatrici vanno da 14,6 a 17,0. Nei Paesi Bassi, 71 pazienti con disturbo dissociativo dell'identità avevano un punteggio di 49,4. I pazienti con un punteggio DES di 25 o superiore hanno un'alta probabilità di avere un disturbo dissociativo.

Oltre al DES, esiste anche il *Multidimensional Inventory of Dissociation* (MID), che si basa sullo stesso principio ma contiene più di 200 item (disponibile su internet). Sia il DES che il MID non forniscono una diagnosi definitiva; solo con l'aiuto di un esame strutturato e approfondito si può identificare o escludere un disturbo dissociativo dell'identità.

Cerchia un numero per indicare la percentuale di volte che questo ti succede.

1. Alcune persone sperimentano mentre guidano o stanno in macchina (o in metropolitana o in autobus) che improvvisamente si rendono conto di non ricordare cosa è successo durante tutto o parte del viaggio.

0% Mai	10%	20%	30%	40%	50%	60%	70%	80%	90%	100% Sempre

2. A volte le persone che stanno ascoltando qualcuno parlare si rendono improvvisamente conto di non aver sentito ciò che è stato appena detto (in tutto o in parte).

0% Mai	10%	20%	30%	40%	50%	60%	70%	80%	90%	100% Sempre

3. Alcune persone sperimentano di trovarsi in un posto e non avere idea di come ci siano arrivate.

0% Mai	10%	20%	30%	40%	50%	60%	70%	80%	90%	100% Sempre

4. Alcune persone hanno l'esperienza di ritrovarsi con addosso dei vestiti che non ricordano di aver indossato.

0% Mai	10%	20%	30%	40%	50%	60%	70%	80%	90%	100% Sempre

5. Alcune persone sperimentano di trovare nuovi oggetti tra le loro cose senza ricordarsi di averli comprati.

0% Mai	10%	20%	30%	40%	50%	60%	70%	80%	90%	100% Sempre

6. Alcune persone vengono avvicinate da persone che non riconoscono. Questi sconosciuti li chiamano con un nome diverso ma affermano di conoscerli.

0% Mai	10%	20%	30%	40%	50%	60%	70%	80%	90%	100% Sempre

7. Alcune persone a volte hanno la sensazione di essere in piedi accanto a se stessi o di vedersi fare qualcosa, e in realtà si vedono come se stessero guardando un'altra persona.

0% Mai	10%	20%	30%	40%	50%	60%	70%	80%	90%	100% Sempre

8. Alcune persone non riconoscono gli amici o i membri della famiglia.

0% Mai	10%	20%	30%	40%	50%	60%	70%	80%	90%	100% Sempre

9. Alcune persone scoprono di non avere ricordi di eventi importanti della loro vita (ad esempio, cerimonie di matrimonio o di laurea).

0% Mai	10%	20%	30%	40%	50%	60%	70%	80%	90%	100% Sempre

10. Alcune persone sperimentano di essere accusate di mentire quando credono sinceramente di non aver mentito.

0% Mai	10%	20%	30%	40%	50%	60%	70%	80%	90%	100% Sempre

11. Alcune persone hanno l'esperienza di guardarsi allo specchio e non riconoscersi.

0% Mai	10%	20%	30%	40%	50%	60%	70%	80%	90%	100% Sempre

12. Alcune persone a volte sperimentano altre persone, oggetti e il mondo intorno a loro come irreali.

0% Mai	10%	20%	30%	40%	50%	60%	70%	80%	90%	100% Sempre

13. Alcune persone a volte sentono che il loro corpo non gli appartiene.

0% Mai	10%	20%	30%	40%	50%	60%	70%	80%	90%	100% Sempre

14. Alcune persone sperimentano che a volte ricordano un evento passato in modo così intenso che si sentono come se stessero rivivendo l'evento.

0% Mai	10%	20%	30%	40%	50%	60%	70%	80%	90%	100% Sempre

15. Alcune persone sperimentano di non essere sicure se le cose che ricordano sono realmente accadute o se le hanno solo sognate.

0% Mai	10%	20%	30%	40%	50%	60%	70%	80%	90%	100% Sempre

16. Alcune persone sperimentano di trovarsi in un luogo familiare, ma lo trovano strano e insolito.

0% Mai	10%	20%	30%	40%	50%	60%	70%	80%	90%	100% Sempre

17. Alcune persone trovano che quando guardano la televisione o un film, sono così assorbiti dalla storia che non sono consapevoli degli altri eventi che accadono intorno a loro.

0% Mai	10%	20%	30%	40%	50%	60%	70%	80%	90%	100% Sempre

18. Alcune persone trovano che a volte sono così coinvolte in un pensiero immaginario o in un sogno ad occhi aperti che hanno l'impressione che stia realmente accadendo a loro.

0% Mai	10%	20%	30%	40%	50%	60%	70%	80%	90%	100% Sempre

19. Alcune persone trovano che a volte sono in grado di ignorare il dolore.

0% Mai	10%	20%	30%	40%	50%	60%	70%	80%	90%	100% Sempre

20. Alcune persone si limitano a fissare il vuoto, senza pensare a niente e senza rendersi conto del passare del tempo.

0% Mai	10%	20%	30%	40%	50%	60%	70%	80%	90%	100% Sempre

21. A volte le persone si rendono conto che quando sono sole parlano ad alta voce tra di loro.

0% Mai	10%	20%	30%	40%	50%	60%	70%	80%	90%	100% Sempre

22. Alcune persone reagiscono in modo così diverso in situazioni simili che sembra quasi che siano due persone diverse.

0% Mai	10%	20%	30%	40%	50%	60%	70%	80%	90%	100% Sempre

23. Alcune persone a volte trovano che in certe situazioni sono in grado di fare cose che non sono normalmente in grado di fare, con sorprendente spontaneità e facilità (ad esempio, sport, lavoro, situazioni sociali, arte...).

0% Mai	10%	20%	30%	40%	50%	60%	70%	80%	90%	100% Sempre

24. Alcune persone trovano che a volte non possono determinare se un ricordo è qualcosa di concreto che hanno fatto o se è solo il pensiero che stavano per fare quella cosa (ad esempio, confusione sul fatto che hanno effettivamente spedito una lettera o se hanno solo pensato di spedirla).

0% Mai	10%	20%	30%	40%	50%	60%	70%	80%	90%	100% Sempre

25. Alcune persone non ricordano di aver fatto qualcosa quando trovano le prove di averlo fatto.

0% Mai	10%	20%	30%	40%	50%	60%	70%	80%	90%	100% Sempre

26. Alcune persone a volte trovano scritti, disegni o appunti tra le loro cose che devono aver fatto ma di cui non hanno memoria.

0% Mai	10%	20%	30%	40%	50%	60%	70%	80%	90%	100% Sempre

27. Alcune persone scoprono di sentire voci nella loro testa che dicono loro di fare delle cose o che commentano le cose che fanno.

0% Mai	10%	20%	30%	40%	50%	60%	70%	80%	90%	100% Sempre

28. Alcune persone a volte hanno la sensazione di guardare il mondo attraverso una nebbia, così che le persone e gli oggetti appaiono lontani o indistinti.

0% Mai	10%	20%	30%	40%	50%	60%	70%	80%	90%	100% Sempre

ALLEGATO 4

Il quadro *'Seven Level'* prodotto dall'alter *Key* (Kim Noble)

ALTRI TITOLI PUBBLICATI

OMNIA VERITAS
OMNIA VERITAS LTD PRESENTA:
ROGER GARAUDY
I MITI FONDATORI DELLA POLITICA ISRAELIANA
ROGER GARAUDY
I MITI FONDATORI DELLA POLITICA ISRAELIANA
Chi è colpevole? Chi commette il crimine o chi lo denuncia?

OMNIA VERITAS
Omnia Veritas Ltd presente:
La Mia Battaglia
Mein Kampf
E 'stato in questo momento che i miei occhi sono stati aperti a due pericoli per l'esistenza del popolo tedesco: il marxismo e l'ebraismo.
ADOLF HITLER
La Mia Battaglia
Mein Kampf
Un documento di interesse storico

www.ingramcontent.com/pod-product-compliance
Lightning Source LLC
Chambersburg PA
CBHW060947280326
41935CB00009B/649